南江县志

NAN JIANG XIAN ZHI

1986—2000

四川省南江县地方志编纂委员会 编

中国文史出版社

南江县行政区划图

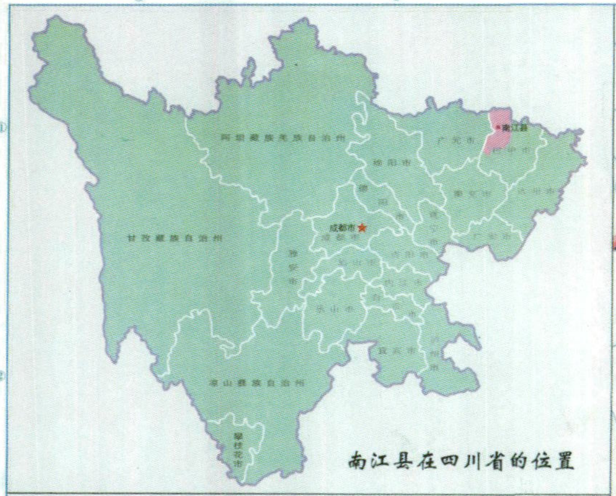

南江县在四川省的位置

南江县简介

南江县位于四川省北缘米仓山南麓，东邻巴中市通江县，南接巴州区，西邻广元市旺苍县、苍溪县，北靠陕西省南郑县。幅员面积3383平方千米，总人口63万人，辖48个乡镇，522个村。境内地势北高南低，最低海拔370米，最高海拔2508米。南北长84.3千米，东西宽31千米。

南江县历史悠久，古属巴国，后为集州，先秦西汉就有政区建置。南江县有光荣的革命传统，第二次国内革命战争时期，徐向前、李先念领导的红四方面军曾在这里战斗两年多。南江县风景秀丽，全县森林覆盖率60.3%，绿化覆盖率95.5%，境内有米仓山国家森林公园、光雾山国家风景名胜区。大坝林区被中外专家称为“四川盆地北缘山区重要的生物基因库”，大小兰沟自然保护区以“珍稀物种种质资源基因库”享誉中外，特有的巴山水青杠被誉为“植物活化石”。南江县资源富饶，享有大巴山“百宝箱”之美誉，煤、铁、霞石、花岗石、白云石等50种矿产资源储量丰富。

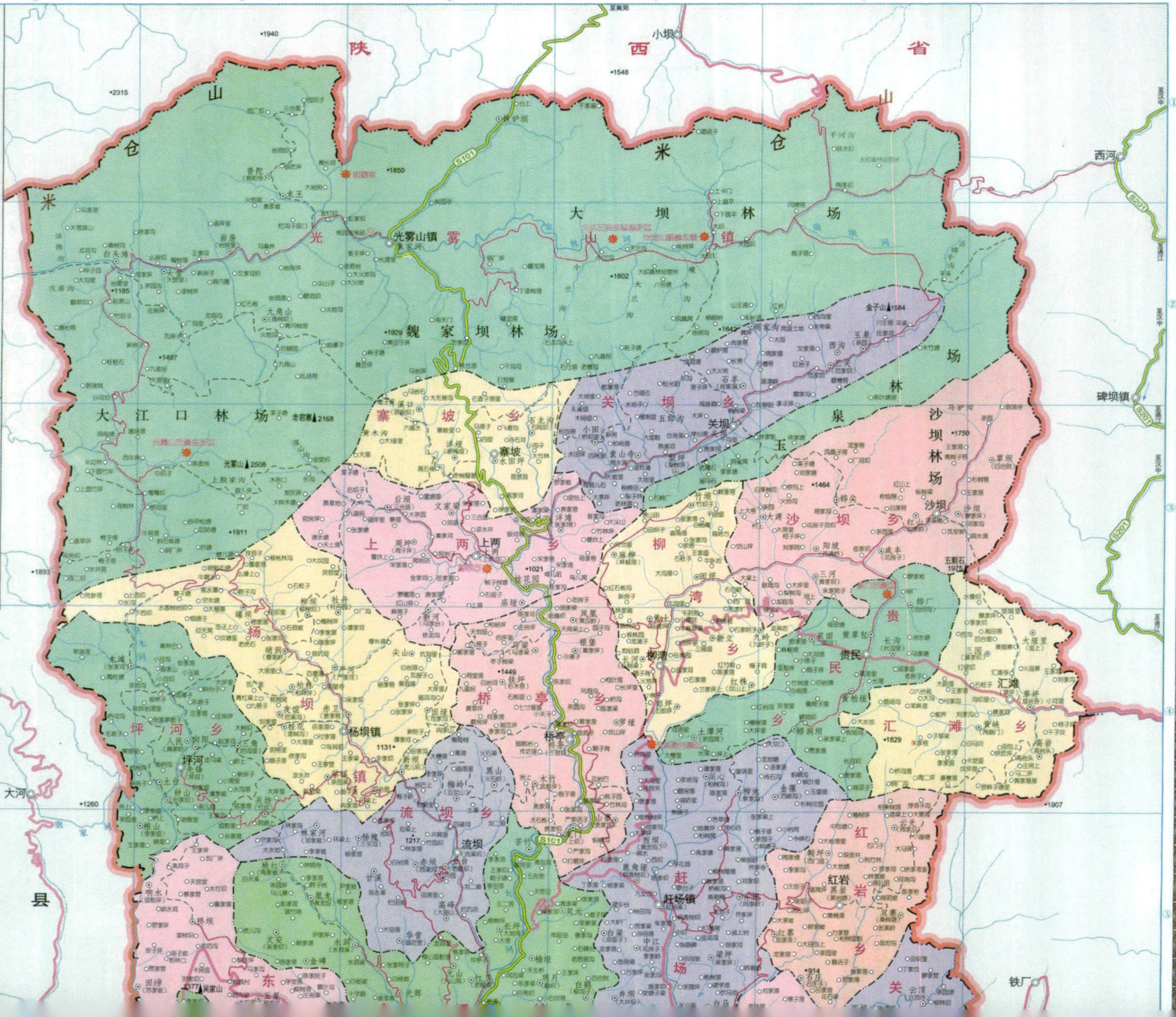

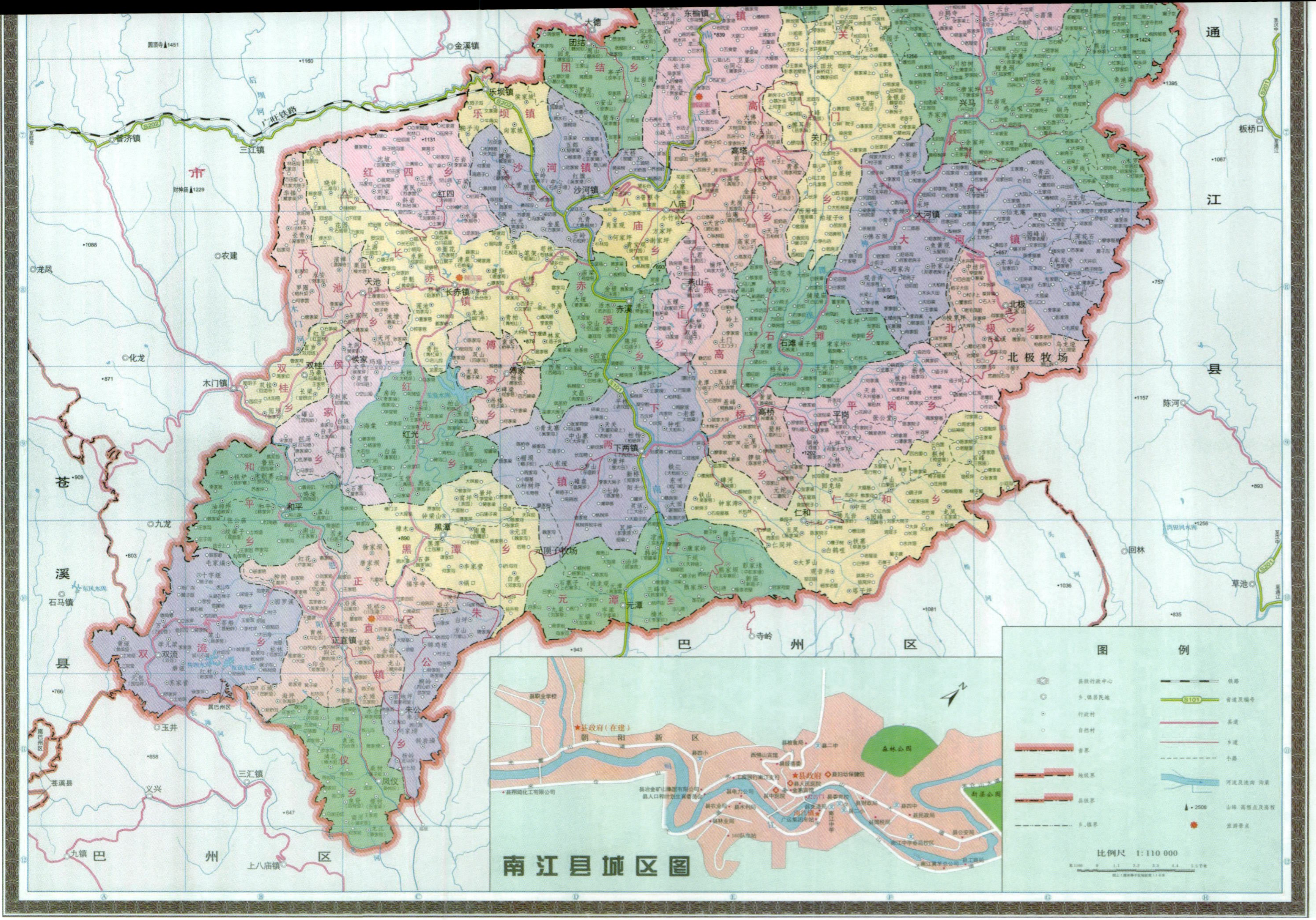

成都地图出版社

南江县行政区划图

审图号：川S（2006）22号

南江县民政局 成都地图出版社联合编制 2006年5月

南江县城全貌

县城夜景

县城夜景一角

1998年3月11日，在第九届全国人民代表大会第一次会议上，国务院总理李鹏接见了南江县全国人大代表梁大碧

1997年10月15日，全国政协副主席洪学智（右二）视察南江

1998 年 4 月，全国政协副主席杨汝岱（中）视察南江

1998 年 1 月，中组部部长张全景（左）在北京接见县委书记陈延荣

1998年4月5日，省委书记谢世杰（前排右二），省委常委、省总工会主席甘道明（前排右一）在地、县领导陪同下视察沙河镇联盟村饮水工程

1999年4月5日，省委书记谢世杰（右一）、代省长张中伟（左一）在地、县领导的陪同下视察沙河镇联盟村

1995年12月27日，省委副书记秦玉琴（中）在县委书记陈延荣（右二）的陪同下视察碾盘乡明月村

2000年3月13日，省委副书记、省纪委书记杨崇汇（前排中）视察南江

1992年12月，原国家主席李先念的夫人、国家关工委主任林佳媚亲切接见县政协委员、县少工委主任陈家富

1999年10月12日，农业部常务副部长刘成果（前排左一）、四川省副省长敬正书（前排左二）在沙河镇联盟村检查指导工作

1999年11月18日，曾为毛泽东主席的警卫员何载（右二）视察光雾山镇

1998年7月，原全国政协常委王定国（前排中）在省人大、省政协及地、县领导陪同下视察南江

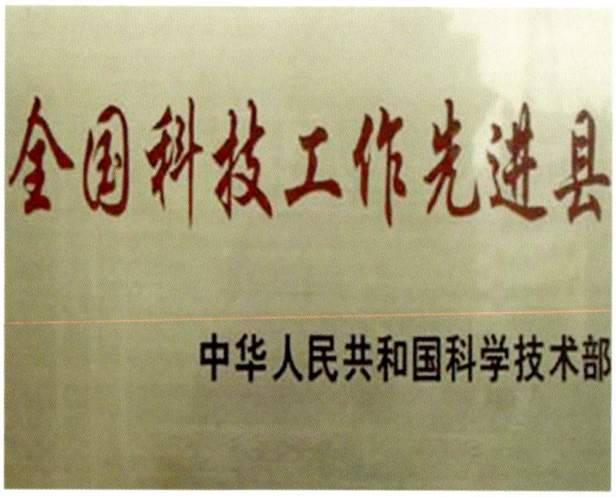
全国科技工作先进县
中华人民共和国科学技术部

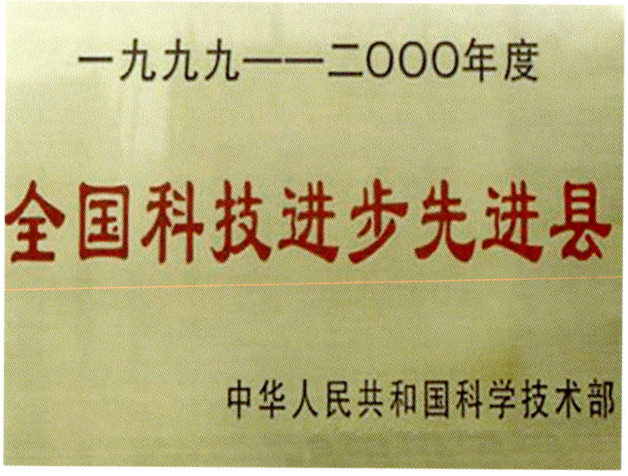
一九九九——二OOO年度
全国科技进步先进县
中华人民共和国科学技术部

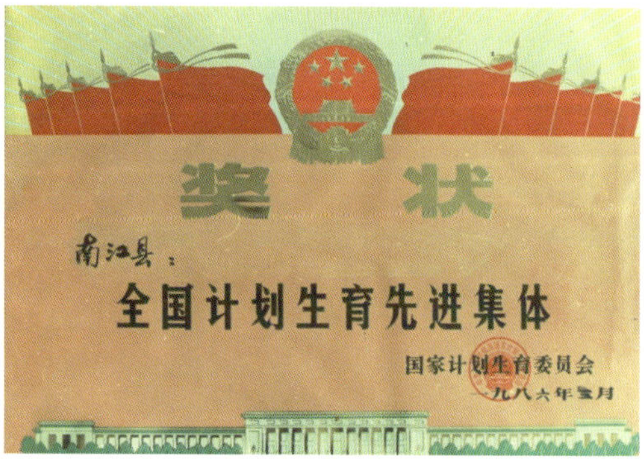
奖状
南江县：
全国计划生育先进集体
国家计划生育委员会

全国乡镇企业管理基础工作
一级企业
中华人民共和国农业部
一九九四年十二月

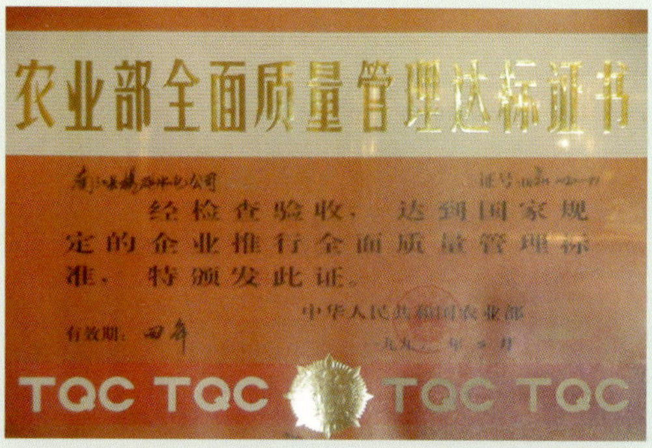
农业部全面质量管理达标证书
经检查验收，达到国家规定的企业推行全面质量管理标准，特颁发此证。
中华人民共和国农业部
有效期：四年
TQC TQC TQC TQC

奖状
四川省南江县农技推广站
在组织贫困地区推广地膜玉米栽培技术、实施国家“温饱工程”工作中做出优异成绩，特此表彰。

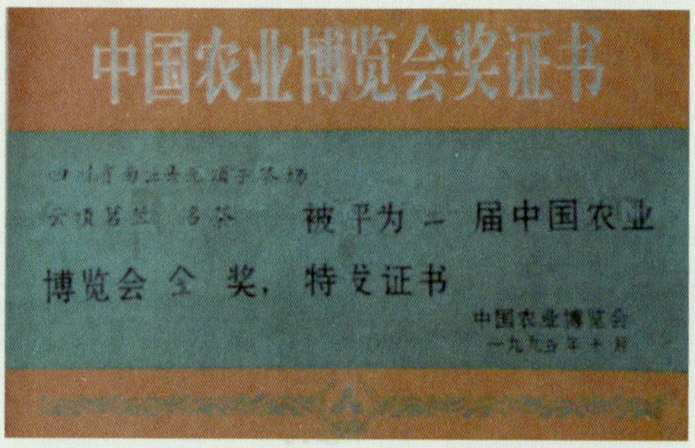
中国农业博览会奖证书
被评为 届中国农业
博览会 奖，特发证书
中国农业博览会

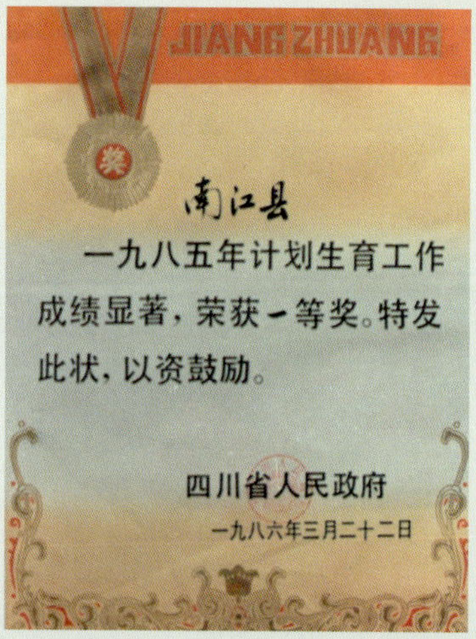
JIANGZHUANG
南江县
一九八五年计划生育工作成绩显著，荣获一等奖。特发此状，以资鼓励。
四川省人民政府
一九八六年三月二十二日

县城旧貌一角

改造后的县城新貌一角——南河丽景

2000年5月竣工的日产2万立方米的县自来水厂

南江煤电有限责任公司全貌

竹坝铁矿矿山机车运输线一角

高龙坎电站

农网改造

乐坝国家粮食储备库

1994年改造拓宽后的
S101线沙南路段

钢混结构的洛坪大桥

1999年竣工的乐坝火车站

1998 年完成的野羊溪改土工程

南江大叶茶

微水工程

南江黄羊

南江黄羊母羊

南江黄羊种公羊

南江金银花

南江野生猕猴桃

南江板栗

南江核桃

南江中学

南江二中

南江县人民医院

南江县中医院

南江县疾控中心

群众文化生活

位于川陕交界处 S101 线、二南公路上的蜀门秦关

巴山游击队纪念馆

清代张公塘蜡虫园公议碑

唐代释道合龛造像

唐代记事碑

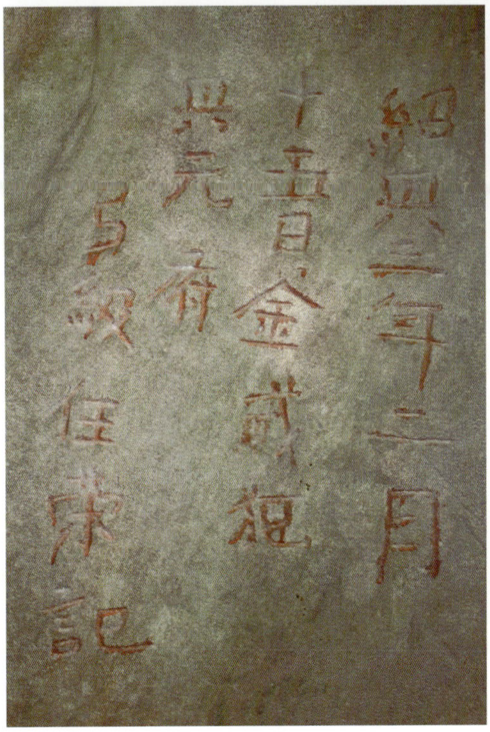

宋代记事碑

清代文庙

唐代银臂镯

唐代陶瓷化妆水盂

宋代彩釉墓地砖

中华苏维埃共和国川陕省银币

明代鎏金铜佛像

清代瑞兽陶枕（冥器）

山花烂漫——杜鹃花

光雾山——猕猴

七女峰

九龙争艳

贾郭山——红叶

香炉山——云海

香炉山——日出

巴山水青冈（又称植物活化石）

大坝秋色

大坝滑雪场

《南江县志》（1986—2000）评议会全体同志合影

南江县人民政府县长、县志编委会主任刘凯合影时缺

前排左起：

孟玉泽　南江县地方志办公室主任
方友先　平昌县地方志办公室主任
王　闵　巴中市地方志办公室主任
石文格　巴中市人民政府副秘书长
陈　俊　南江县人民政府副县长
聂步兴　巴中市地方志办公室副县级调研员
冯其富　巴州区地方志办公室主任
郭安林　通江县地方志办公室主任

二排左起：

罗　静　杨　浩　王　胜　王春明　周立帮　邓尚贵　罗　娅　刘　富

三排左起：

陈玉萍　惠煜贤　朱浩然　岳俊峰　蹇黎明　宋仲良　秦万承

四排左起：

岳占仁　冯登第　闫柱国　孙　印

南江县地方志编纂委员会

主　任： 刘　凯
副主任： 李善君　罗鸿宾　杨秀华　陈　俊
委　员： 李祥俊　马安国　张继伟　李玉君　杨　静　孟玉泽
齐正荣　赵文忠　黄显岳　惠煜贤

南江县地方志办公室

主　　任： 孟玉泽
副 主 任： 罗　静
工作人员： 惠煜贤　陈玉萍

《南江县志》编辑部

特邀顾问： 聂步兴
主　　编： 陈　俊
副 主 编： 孟玉泽　惠煜贤　罗　静
编　　辑： 秦万承　王洪星　闫柱国
资料整理： 郭江东　张明银　张茂生　熊丽萍　冯登第　杨百川
陈玉萍　李雪平　岳占仁

序言一

志书之要，贵在其用。

到南江工作四年多来，我经常翻阅有关南江史志方面的书籍，以便在工作中立足县情，掌握规律，正确决策，从中获得裨益。旧志载，南江因全境皆山，江水难涉，始建县时名为“难江”，行路之难可见一斑。人民生活之闭塞，落后与艰辛状况，莫不囊括其中。而难江变南江，历经千年沧桑。但至民国后期，县城也才仅有沿河一条街的容貌。

20 世纪 30 年代初，在中国共产党领导下，南江儿女四万人参加了红军，参与了川陕革命根据地的创建和发展，为风云激荡的中国革命作出了重大牺牲和卓越贡献。新中国成立后，南江人民传承红军精神，自力更生，积极投入新中国建设的熔炉，经过 60 年艰苦奋斗，初步建立起了一个畅通、富足、文明的新南江。

只有在实践中创造出辉煌成就，才能在志书中留下灿烂华章。续修《南江县志》(1986—2000)，全面真实地记录了南江自改革开放以来，其间十五年社会经济发展的轨迹以及政治、文化等方面所取得的丰硕成果，成为又一部前有所稽、后有所鉴的方舆之书。

新世纪、新南江、新形象。近年来，南江 70 万人民团结一心，坚持以科学发展观为指导，攻坚破难，扎实苦干；注重规划，抓项目攻重建，抓园区建产业，抓民生促和谐，抓党建强基础；正倾心打造体育、会展和融服务三大中心，全力建设城乡统筹、产业发展、风清气正、平安和谐的新南江；切实大抓交通、教育、卫生、文化、政权建设项目灾后恢复重建县、乡、村的全覆盖；筹谋并逐步实施建设东榆建材、乐坝中小企业创业、坪河非金属建材、农产品加工、富硒茶产业、光雾山生态旅游产业等六大产业园区。相信不久的将来，南江将会以更殊美的形象光耀巴山，为子孙续史，再铺锦绣。

今天的文化就是明天的经济，愿《南江县志》能够为各行各业各地各部门从中研究出发展规律，温故知新，锐意改革，为加快建设美好新南江更好地服务。

中共南江县委书记　张长云

序言二

国有史，邑有志，家有谱。史不修则兴替不明，志不修则古迹无考。《南江县志》（1986—2000）历经9个春秋，经县地方志办公室全体职工和聘请人员的笔耕墨种与艰辛努力，现已付梓成书，这是全县70余万人民政治、文化生活中的一件大事，是南江“四大文明”建设成果的真实展现，凝聚着全县人民奋斗的心血。

《南江县志》（1986—2000）真实地记述了南江县15年来经济社会发展的状况；历史地记载了南江县自然地理、建置区划、人文地貌的现状；客观地反映了南江县体制改革、经济建设、经济管理、政治建设、文化建设等所取得的丰硕成果。整个志书文朴言简，内容真实，资料性与著述性结合，权威性与可读性并重，既能存史，又能资政，是南江人民开展爱国主义教育、革命传统教育、国情和县情教育的好教材，是南江今人乃至后人了解认识南江、借鉴宝贵历史经验不可多得的“百科全书”。

《南江县志》从2001年启动，到2009年总纂成书，其间数易其稿，从资料收集考证到整理钩沉，不少热心志士为其劳心劳力、含辛茹苦，辑成此卷。同时，在编纂过程中，得到了省、市相关领导、专家、学者的大力支持，得到了其他县、区的无私帮助，得到了县内各级各部门的密切配合，特别是编辑部的同志，清虚淡泊，潜心修志，其一心存史、秉笔直书的精神，让人可钦可佩。值此志书付梓之际，我代表南江县人民政府表示诚挚的感谢，并祝愿南江人民在建设有中国特色的社会主义各项建设事业中，以史为鉴，扬长避短，开拓拼搏，取得更加辉煌的成绩，为南江未来的画卷再添华章。

南江县人民政府县长　刘凯

凡 例

一、《南江县志》（1986—2000）（以下简称“本志”）以邓小平理论和“三个代表”重要思想为指导，全面贯彻落实科学发展观，坚持辩证唯物主义和历史唯物主义的立场、观点和方法，实事求是，秉笔直书。

二、本志上限为1986年，下限为2000年，个别事项为保持其连续性和终记其事，作了些历史性回顾或前志接续。

三、本志体例采用述、记、志、传、图、表、录等体裁，以志为主。

四、本志篇目设置，根据国务院《地方志工作条例》和《四川省地方志工作条例》，按科学分类和社会分工实际，由概述、大事记、专志各篇及附录、后记等部分组成。概述着重记述15年间全县经济、社会事业所取得的巨大成就，正确反映历史发展中的曲折和问题。大事记采用编年体，简略记述1986—2000年15年间大事、要事。专志按事物属性，横陈门类，纵述史实，分设建置·区划、自然地理、人口、综合经济、农业、水利·水产、林业、畜牧业、工业、交通运输、邮政通信、城乡建设、商业、粮食油料、乡镇企业、风景旅游、财政税务、金融保险、扶贫开发、政党、政权、政府、人民政协、群团组织·工商联、民政、人事·劳动、军事、公安司法、教育、科技、文化·体育、新闻媒体、卫生、社会生活、人物等35篇。

五、本志人物的收录范围和标准。人物传仅限1986—2000年间逝世的，并对南江县政治、经济、社会事业有较大影响者；人物简介系在断限内受到省级以上表彰的劳动模范、先进工作者（不含阶段性或单项工作奖励）和有影响的社会各界代表人士；人物表录主要是受市级以上表彰的先进个人和具有高级专业技术职称的人员。

六、艺文中的诗歌、散文选录标准为1986—2000年间发表并获省级以上奖励的优秀作品，以及在国家级刊物上刊载的有较大影响的作品。

七、本志使用的基本数据，多以县统计局公布的数据为准，个别采用部门数据。数字一律使用阿拉伯数字。

八、本志行文一律用语体文，以文为主，辅之以表、图和照片，增强志书的直观性和可读性。

九、本志中人物称谓，直呼其名；机构称谓，分两种情况而定：一是沿用本志上限之前的机构称谓，一律使用简称，例如“中共南江县委”、“南江县人大常委会”分别简称为“县委”、“县人大”；二是本志断限内成立的机构，首次出现时使用全称，并括注其惯用的简称。地名、专业名词、特殊用语，按历史称谓记载，适当加注。

十、本志计量单位，原则上使用法定计量单位，但在个别篇章中的个别事项，使用法定计量单位容易发生歧义或不被读者理解的，仍使用人们习惯的非法定计量单位。例如：农业、水利·水产、林业、畜牧业等篇中的“亩”。

十一、本志所引用的法律均系国内法，故省去“中华人民共和国”字样，统一使用简称，例如：《劳动法》、《婚姻法》等；涉及外币的，如实记述外币的名称、数量，一律未换算为人民币的币值。

目 录

第三篇　人　口

第四篇　综合经济

第五篇 农 业

第六篇　水利·水产

第七篇　林　业

第八篇 畜牧业

第九篇　工　业

第十篇　交通运输

第十一篇 邮政通信

第十二篇 城乡建设

第十三篇　商　业

第十四篇 粮食油料

第十五篇　乡镇企业

第十六篇　风景旅游

第十七篇　财政税务

第十八篇　金融保险

第十九篇 扶贫开发

第二十篇 政 党

第二十一篇 政 权

第二十二篇 政 府

第二十三篇　人民政协

第二十四篇　群团组织·工商联

第二十五篇 民 政

第二十六篇 人事·劳动

第二十七篇　军　事

第二十八篇　公安司法

第二十九篇　教　育

第三十篇　科　技

第三十一篇　文化·体育

第三十二篇　新闻媒体

第三十三篇 卫 生

第三十四篇 社会生活

第三十五篇 人 物

附 录

概 述

一

南江县位于四川盆地东北部边缘，米仓山南麓。东与通江县毗邻，南与巴中县（2000年12月更名为巴州区）接壤，西与旺苍县相连，北与陕西省南郑县相依。地跨北纬31°52′~32°44′，东经106°26′~107°07′。全县境域南低北高，地域狭长，南北长84.3公里，东西宽31公里，全县面积3417.18平方公里，2000年起全县面积更正为3382.8平方公里，是根据《四川省土地利用调查规范》的要求，开展了全县土地利用现状调查结果的数据，与原统计面积相比，减少了34.38平方公里（其原因：一是南江大江口林场与旺苍县大河、水磨乡的边界纠纷经省政府发文调解划出28.44平方公里给旺苍县；二是过去因面积量算手段不同引起的差异减少了5.94平方公里）。海拔370米（凤仪乡桑树坝）至2507米（光雾山），平均海拔1100米。2000年，县辖10个区、3个区级镇、60个乡和4个乡级镇、525个村、40个居民委员会、75个居民小组、2416个村民小组；年末总人口61.37万人，其中非农业人口7.23万人，人口自然增长率3.77‰；耕地面积则由1985年的32489公顷下降到2000年的29229公顷，下降10.03%，人均耕地0.048公顷（0.71亩）。2000年底，全县职工总数3.19万人；全县社会总值17.3亿元（可比价），国民生产总值8.45亿元，国内生产总值7.93亿元，农村社会总产值8.41亿元，分别比1985年增长5倍、1.91倍、1.74倍和2.79倍。2000年社会消费品零售总额5.17亿元，其中国有经济占9.8%，集体经济占4%，个体经济占60.8%，其他经济占25.4%；固定资产投资3.17亿元，其中全民所有制单位投资占46.9%，集体所有制单位投资占9.1%，个人投资占44%。

二

南江县自改革开放以来，一直以市场为导向，以效益为中心，积极稳妥调整农业种植结构，以实现稳粮增收的目的。至2000年，全县粮食总产达31.46万吨，油菜总产1.2万吨，畜牧业总产值3.08亿元，分别比1986年增长49.8%、65.78%和9.77倍。农业产值占农业总产值的比重，由1985年的59.8%下降到2000年的47.7%，下降12.1个百分点；林业产值比重下降10.9个百分点，而牧业产值却上升了27.1个百分点，渔业产值上升0.7个百分点。南江矿产资源丰富，1985年全县有工业企业233个，年总产值1409万元（可比价，以下同）；1995年有工业企业3822个，年总产值12720万元。1998年，县委、县政府确立了“工业兴县”的发展战略，推进结构调整，努力构建以非公有制为主体的县域经济框架，采取拍卖、股份、租赁、兼并、破产等方式，大力推进了资产重组步伐，促进企业向集团化、集约化方向发展。至2000年底，工业企业改制面达94%，盘活资金1.5亿元，县属工业企业效益开始扭亏转盈，产值达15163万元，实现利润180万元，上缴税金1300万元。

南江商贸虽历史悠久，但因县民购买力低下，一直不甚景气。1978年实行“对外开放对内搞活”政策后，国营、集体和个体私营多渠道流通，商贸业呈现出了新的局面。1986年后，随着改革开放的深入，管理和经营方式也随之发生深刻变化，逐步推进产权制度改革，调整所有制结构，积极构建市场经济体系。到1998年底，全县商贸企业改制面达87%，私营经济成分占有相当比例，市场经济体系基本形成。2000年，全县社会消费品零售总额51729万元，比上年增长8.3%，比1986年增长5.1倍。

1978年改革开放在南江拉开帷幕，源于农村手工业和副业的乡镇企业异军突起。1984年至1988年，总产值年均递增率为10.75%；1991年至1993年年均递增率为44.26%；1995年至2000年年均递增率为42%。乡镇企业由1978年的1107个增长到1985年的4698个；2000年发展到13846个。从业人数由1978年的9023人增长到1985年的13524人，2000年达到34953人。总产值由1985年的3392万元增长到2000年的14.10亿元（按90不变价计算）。

三

南江县因地质特殊，发展特色产业有较好的基础。其中南江黄羊采用杂交育种方法，经过40余年培育，成为中国第一个肉用山羊新品种，并由农业部鉴定、命名，誉为“亚洲第一，世界第二”。其羊种销往江西、福建、浙江等省内外30多个县（市）。2000年底，全县已建成南江黄羊万羊乡8个，千羊村60个，千羊社10个，养羊户达816户，年末饲养量达46万只。南江“翡翠米”，系由南江县农技站和长赤翡翠米业有限公司共同协作，推优选定的无公害绿色品种，是巴中地区最先获得A级绿色食品认证的米类产品，曾出口法国、古巴。“长赤”牌系列翡翠米先后获“'97中国新技术新产品博览会银奖”、“'98四川用户满意产品”称号、“'99四川名优特产品博览会银奖”。1999年，翡翠米生产销售达140万公斤，市场供不应求。1981年5月，南江被国家定为全国金银花生产基地县。1997年开始，建起了以金银花为原料的深加工企业，从金银花中提取植物中间体——“绿原酸”，成为出口产品。“金银花露”饮料，被省卫生厅批准为“加药饮料”，产品远销省内外。1999年10月，南江县被中药现代化科技产业（四川）基地协调领导小组定为金银花种植示范县。南江县以“大叶茶”为原料，研制出的“云顶绿芽”、“云顶茗兰”于1990年分别获得中国西部地区“陆羽杯”第一、第三名。1992年，“云顶茗兰”和“云顶绿芽”双双获中国首届农业博览会银奖。南江县林业资源丰富，植物种类繁多。到2000年底，全县森林面积13.6万公顷，林木蓄积量达863万立方米，森林覆盖率达41%。林产品中的核桃闻名遐迩，素有“中国核桃之乡”的美称。南江县的煤炭储藏量达4000余万吨，2000年开采量达45万吨。南江县冶金业始于18世纪中叶，2000年产铁原矿石29万吨、铁精矿18.9万吨。南江大理石在民国时期就有少量开采利用。成都天府广场的毛泽东塑像，就是利用南江大理石雕塑而成。2000年全县花岗石板材产量达3.1万平方米，比1995年的5.31万平方米下降41.62%。

四

南江县虽物产丰富，人民勤劳，但因各种原因，至2000年仍属国定贫困县，城乡建设滞后。自改革开放后，国家加大了对贫困地区的建设资金投入力度，贫困地区的落后面貌逐步得到改变。至2000年底，南江县城开发新区、改造旧城房屋面积达31.85万平方米。房屋质量、城市配套设施、街面硬化、城市绿化和美化等，均与大中城市接轨。与此同时，集镇建设也有新的变化。1985年，县设赶集场镇64个，全县场镇占地总面积140.7万平方米，新旧房屋面积65万平方米，9个场镇有自来水厂，23个场镇用上了照明电。1994年，国家颁布实施《村庄和集镇建设管理条例》后，南江县抓住省政府在全省实施100个小城镇建设试点机遇，将乐坝镇跻身于试点之中，新建房屋8.3万平方米，投资8亿元建成火车站、汽车站、广场、市场各一处，跨河桥2座、防洪堤2000米、公路硬化4000米、混凝土结构路面5000米、修建村道路35千米、建移动电话通讯站2个。已成为巴中地区新兴的工业开发区和仓储转运中心。1995年至2000年，南江县坚持以基础设施建设先行，推动集镇综合配套建设开发，加大对原10个区所在地的场镇规划，进行分期分批改造开发。

1986年后，县委、县政府把公路建设作为发展县域经济的重点项目，采取多种形式大办交通，拓宽改造省道、县道，提升公路等级。建设专线公路，大修乡、村公路。到2000年底，全县实现通车里程2336公里（含村道公路1141公里），其中修建山重二级水泥路145公里，上等级公路841公里，47个乡镇公路达到了等级改造。同时，修建了县境内长1.5公里的首条铁路——普（济）乐（坝）铁路。共有省道桥梁112座4191延米，县道桥梁71座2603延米，乡道桥梁28座869延米，专用公路桥梁3座82延米；并在省道101线“二南”段公路建隧道6处，长480米。

南江县自中华人民共和国成立之后，便加强能源建设，特别是电力建设发展较快。到1983年，全县共有大小水力发电站120个，火力发电厂1座，共装机138台，容量10493千瓦，年发电量862万千瓦时。1987年中咀火电厂第一台机组发电，到1997年3台机组全部投产，总装机3×3000千瓦，累计投资2190万元，已成为南江的骨干发电企业。1998年后，全县新建水（火）电站（厂）52处，装机88台；建成35千伏变电站9座，容量32550千伏安，110千伏输电线路58千米，35千伏低压输变电线路167千米，10千伏输变电线路1270千米，400伏低压线路5130千米，配电变压器994台，容量54695千伏安。至2000年底，发电量已达8463万千瓦时，其中水电3819万千瓦时，火电4644万千瓦时。全县100%的乡、98%的村、95%的户用电问题得到彻底解决。

中共十一届三中全会后，南江县加大了通信建设力度。至1985年，全县有电信线路1462千米，电话装机容量1390门。1993年，西安至成都光缆干线纵贯南江境内143千米，为南江提供了720条出局电路。到2000年底，全县固定电话交换机容量2.5万门，实装2.1万户，电话平均普及率为3.6%，其中市话1.1万户，普及率45%，农话1万户，普及率1.8%；县内光缆总长400余千米，基本实现乡乡通电话，手机用户5030户、寻呼机用户7800户。

五

南江县在加快社会主义经济建设的同时，也同步进行了卓有成效的社会事业建设。尊师重教，重知识、重科学，开展健康有益的文体活动，有病求医不求神的社会风貌，在全县初步形成。在教育上，结构日趋合理，设备不断完善，师资力量和教育质量逐步提高。到2000年底，全县的幼儿园由1985年的253所（班）减少到214所，入园幼儿则由1985年的7883人增加到14272人。小学教育由1985年的756所学校、92838名在校学生减少到512所、66177人；中学教育由1985年的18所学校、在校学生17469人，增加到20所、26248人。2000年，全县有职业教育学校两所，在校学生1624人；有县、乡、镇成人教育学校75所（班），常年培训各类人员1168人次。2000年全县有教职工4925人，其中幼儿园307人、小学2928人、中学1514人、职中及成人中专176人，分别比1986年增长5.52%、减少7.53%、减少5.3%、增加32.23%、增加79.59%；中小学专职教师占中小学教职工总数的84.19%，比1986年增加6.52%。

1986年，“南江县文学创作协会”成立后，文学创作者积极开展文学创作。至2000年底，主要文学创作出版物9部（篇、集），在国家、省级报刊、台刊播作品70篇（首）。其作品主要是诗歌、散文，偶有小小说见诸报端。在国家、省级展演及获奖文艺作品25部（集、份），主要是书法、摄影、舞蹈、川剧、电视剧、小品、歌曲等。南江县馆藏图书42237种，馆藏文物33190件，馆藏档案32968卷（册、盒），馆藏县志（含资料）4部、乡镇志74部。1985年至2000年，全县共有183项科技成果获奖，其中国家部委级奖10项，省政府奖7项，省厅、地级奖70项，地区主管局奖22项，县级奖81项。

南江县的卫生事业也在国家扶持、对口援助、项目支持下，与其他事业一样，得到了长足发展。县、乡医疗机构虽由1985年的96个减少到2000年的68个，但医疗队伍却由1985年的1122人增加到2000年的1272人，增长率13.37%；病床由1985年的777张，增加到2000年的1078张，增长率38.74%；医疗设备由一般到精密，至2000年底，全县拥有1万元以上的诊疗设备198台（件）。医疗技术由落后到先进，内科能诊治消化、呼吸、循环、神经、泌尿、血液等系统疾病；外科能作上腹部肝、胆、食道、心包、颅脑，下腹部直肠癌、泌尿系统、子宫合切等手术；能开展生化、免疫、细菌学、血液学、骨髓图、脑血管、心电图、超声波、纤维胃镜、纤维膀胱镜、CT等检查治疗。同时，增设皮肤、性病专科，新开展股骨颈骨折带肌骨移植术、鼻咽癌根治技术等，推广引进中西药科研成果治疗技术和介入治疗等。通过计划免疫、健康教育、爱国卫生运动及初级卫生保健工作，使法定传染病发病率由1985年的416.61/10万下降到2000年的200.85/10万，病死率由1985年的3.1%下降到2000年的0.41%；婴幼儿死亡率由1985年的53.22‰下降到2000年的31.49‰。

六

南江县在社会主义市场经济建设中取得的辉煌成就，令人振奋。但与发达地区相比差距甚远。经济基础脆弱，农民收入增长速度缓慢，企业效益低下，财政收支矛盾突出，基础设施建设任务繁重，特别是高山区农民生产生活条件亟待改善。“长风破浪会有时，直挂云帆济沧海”，县委、县政府已清醒认识到这些问题，结合实际，直面矛盾。南江人民将发扬“红军精神”，团结一致，艰苦奋斗，求真务实，开拓前进，把南江建设得更加美好。

大事记

1986年

1月3日 县经济开发领导小组及办公室成立。

1月5日 四川农业大学著名动物遗传育种学专家陈济栋教授、陈圣禺副教授和养羊专家廖景亚、高级畜牧师王教勋应邀到南江，制定南江黄羊选育方案。

1月18日 中央英模报告团到南江，在赶场区公所礼堂举行英模报告会。

1月20日 县委制发《关于大力发展南江黄羊的意见》，决定把南江黄羊作为县优势产业。

1月25日 县刺梨开发被国家轻工业部和四川省列为科技开发项目。

3月12日 县文学创作、美术、摄影协会成立。

3月26日 县“二战”肃反、错案复查领导小组及其办公室成立。

4月10日 南江县首个村级农村基金会在兴马乡八村成立。

4月16—21日 政协南江县第二届三次全委会召开，补选何文成为县政协主席（兼）。

4月17—21日 县十届人民代表大会第三次会议召开，选举刘宗寿为南江县人民政府县长。

4月28日 全县土地清查工作开始。

5月13日 全县定购粮实行“以粮食交纳、以货币结算办法”交纳农业税。

5月14日 南江籍残疾人周建国在江苏南京参加全国邀请赛再次破1500米长跑全国纪录。

6月8日 中国人民解放军南江县人民武装部改归地方建制，更名为四川省南江县人民武装部。

是日 中纪委王鸣生、黄子行、徐国桢一行到南江县视察。在听取县委书记杨清镛的汇报后，就继承和发扬革命根据地的光荣传统，纠正作风上的官僚主义、思想上的个人主义、政治上的自由主义作出明确指示。

6月24—29日 省情报局、达县地区科技开发领导小组在南江召开大巴山情报网技术协作交流会。

6月27日 县委、县政府制发《关于基层教育实行分级管理的试行意见》。

6月30日 县第一座卫星电视地面接收站在城南塔子山建成并试播。

6月 达县地区南江综合林场下放给南江县管理经营，并更名为“南江县魏家坝综合林场”。

是月 县人民政府驻汉中办事处成立。

是月 县委组织部摄制的《改革中的共产党员》专题电视片被省委宣传部定为全省首创，并翻录作为全省党员教育的参考资料。

7月13日—8月2日 省科委在成都专为南江开办首批科技专干培训班，共86人参加培训学习。

7月 县委组织各级干部3800多人编成500多个工作组，深入区、乡、村、组和街道，开展普法教育，调解民事纠纷。

9月10日 县隆重举办首届教师节庆祝会。

9月21日 全县20多个乡遭受冰雹袭击，受灾户达11845户，杨坝乡受灾最为严重。

9月25—26日 国务院贫困地区经济开发领导小组常务副组长朱荣等一行到南江赶场、贵民等地视察扶贫工作。

9月 县内第一座立体交叉桥——关路大桥动工，单孔跨径80米，时居县桥梁跨径之最。

10月3日 赶场乡中江村二社村民岳××等3人爬杆盗窃电线，3人当场触电身亡。

10月 林业部与加拿大合作投资，为大坝林区引进无线电通讯设备。

是月 南江电视专题片《南江好》摄制成功，在省、地广播电视台播放。

11月3日 成立南江县扶贫开发办。

11月11—18日 四川省自然资源研究所党委顾问、原南江县委书记冯晋彪一行，受省委、省政府委托，到南江检查指导扶贫救灾工作。

11月16日 县委组织有关领导和干部20余人前往陕西省留坝等县学习考察香菇生产。

12月1日 总投资358万元的南江县植物油厂建成投产。

12月16日 省委副书记、省长蒋明宽到南江视察工作。

12月18日11时20分 县汽车运输公司客车驾驶员夏××驾驶8号客车从贵民返南江，行至柳贵公路37公里+200米下坡转弯处，翻于左侧88.7米的高岩下，造成死亡12人，轻、重伤27人的特大恶性交通事故。

是年 县落实知识分子政策，平反冤假错案22人，解决家属子女“农转非”102人。

1987年

1月7日 县委、县政府制定《关于国营企业租赁经营试行规定》、《关于集体企业试行资产股份经营的规定》。

1月20日 县专业人才普查领导小组成立。

1月 共青团南江县委第九次代表大会召开。

2月15日 南江县标准计量管理局成立。

2月26日 国家计委派员到南江考察扶贫开发工作，研究扶贫资金的使用办法。

2月 省委批准南江县委党校为中专体制党校。

3月4—10日 县政协三届一次全委会议召开，选举产生政协南江县第三届委员会，何文成当选为县政协主席。

3月5日 县十一届人民代表大会第一次会议召开，选举产生县十一届人大常委会常委、正副主任和县政府正副县长、县法院院长、县检察院检察长。

3月13日 县农村经济委员会成立。

3月30日 县委、县政府发出《关于认真及时处理当前严重危害社会治安有关问题的紧急通知》。

3月 县水利局在县城东庙子岭建成全县第一个商品鱼养殖基地——淡水养鱼场。

4月27日 南江县颁发居民身份证领导小组成立，下设办公室，办公地点设在公安局。同时启动第一代居民身份证颁证工作。

4月30日 县首次使用扶贫贴息贷款444万元。

5月20日 县建设工程招标办公室成立。

5月 县公安局破获长赤朱开银、钟光仁、姜义贵为首，两年作案598次的团伙盗窃案。

6月1日 县政协委员、县妇幼保健站站长张寿媛带领全站职工为南江镇720多名儿童作义务健康检查，为200多名儿童进行义务治疗。

6月2日 县经济体制改革办公室成立。

6月8—28日 沙河、下两公路沿线发生农民上路拦车哄抢化肥事件，人数达2000余人，时间持续20天。

7月8—11日 奥地利UDI有限公司畜牧兽医专家罗斯博士和樊祖康先生（兼翻译）在省畜牧局生产处罗天福、王乃真的陪同下到南江考察山羊胞羔生产项目。

7月17—18日 全县普降暴雨，总降水量为254.8毫米。南江河水位高达5.5米，超过警戒水位1米余，水灾造成直接经济损失1786万元。

7月23日 县女子足球队参加在南充举行的全省女足（甲组）锦标赛，荣获冠军。

7月 全县开展文物普查工作。共查出文物1157处，上四川省文物公布一览表的269处，并征集文物234件。

是月 南江县被国家抽中“全国儿童情况抽样调查”，全县由统计、卫生、公安、民政、妇联等单位组织3个分队，130多人深入乡村开展调查，历时30天。调查结果，经省上验收合格，获奖现金200元。

8月4日 县政协委员、全国优秀少先队辅导员陈家富出席全国第三届辅导员北戴河夏令营会议，受到张爱萍、宋任穷、王兆国、严济慈、康克清、荣高棠等领导人的接见。

8月14—18日 县第六次党代表大会召开。会议选举产生中共南江县第六届委员会委员23人，候补委员4人，常务委员11人。选举产生杨清镛为县委书记，刘宗寿、李先哲、刘多发为县委副书记。

8月 县十一届人大常委会第四次全委会议作出《关于推行厂长（经理）离任经济责任审计的决议》。

是月 县人大常委会先后与10所大学（四川大学、西南民族学院、成都地质学院、西南工学院、四川农学院、四川师范学院、重庆师范学院、重庆商学院、西昌林学院、昆明林学院）联系，为县培养学生85名，毕业后回南江安排工作。

9月下旬 全县流行“牛流行热病”。63个乡894头牛发病，经畜牧部门组织技术人员抢救防疫，仅死亡2头。

10月20日 陕西、四川两省七县（市）男子篮球、中国象棋邀请赛在南江举行。

10月26日 县二轻局工会主任姚昌华被中华全国总工会表彰为“工会工作积极分子”。

10月29日 县国营企业固定职工实行退休金统筹办法。

10月 县征兵办公室政审组长、县公安局副局长谢仕忠被国防部授予“征兵政审先进工作者”称号。

11月10日 县残疾人福利基金会成立。

11月18日 中国作家协会四川分会和县委、县政府联合举办桃园笔会，参会330余人。

11月25—26日 省开发办主任刘成勋一行到南江检查指导扶贫开发工作。

12月13日 县委组织部在乐坝乡开展农村基层政权建设试点工作。

12月16日 省委副书记、省长蒋明宽一行到南江视察。

12月20日 县烟草公司从湖北利川及四川西昌等地聘请烤烟栽收技术员12名，分赴沙河、赶场两区6乡进行烤烟栽收技术指导，烤烟首次试种成功。

是日 县农机局在赶场乡五村二社建成首座微型水力发电站，为24户107人解决了照明问题。

12月 县委在红四乡开展处理不合格党员试点工作。

是年 全县73个乡（镇）建立党校。

是年 县老干部活动中心竣工并投入使用。

是年 在全县整党工作中，共开除、除名、劝退123名党员，发展322名新党员。

1988年

1月1—20日 县首次开展全国性的投入产出调查。调查结果，1987年末全县工业总产值6952万元，工业增加值1891万元，增加值率为27.2%。

1月26日 县计划委员会、县经济委员会合并，成立县计划经济委员会。同时恢复县工业局。

2月15日 南江米面厂生产的蛋清精粉挂面荣获“四川省粮食优质产品”称号。

3月2日 县计委等19个政府工作部门的党组被撤销。

3月15日 县国土局、县监察局成立。

4月5—6日 农业部畜牧兽医司科技处处长张其盈、高级研究员张冀汉、四川省畜牧局副局长刘昌模等及毗邻各县的同行共80余人，到南江出席四川省南江黄羊育种委员会成立大会。并赴北极种畜场考察指导南江黄羊生产、育种工作。南江黄羊肉用品种选育和开发利用研究项目列入全国“七五”重点科研项目。

4月22日 达县地区行政公署批准小河乡6个村民组、碾盘乡6个村民组、水洞乡2个村民组，划归南江镇管辖。

4月27日 桥亭乡山寨村团支部书记刘德成赴京出席共青团十二次全国代表大会，是达县地区唯一的农民代表。

4月30日 全县组织750余名干部到基层传达四川省第五次党代会精神。

5月3日 全县遭受严重风雹灾害，风力达7～9级。

5月20—22日 南江县召开首届残疾人运动会。

是月 县公安局在红顶、赤溪、下两、高桥等地破获张兴初贩卖鸦片案，缴获鸦片900克，已售850克。

是月 县八庙乡移交县博物馆唐代葡萄铜镜一面，经省鉴定为一级文物。

6月9日 南江县城开始安装自动电话。

6月中旬 大河区粘虫暴发，受灾7个乡23个村93个组，水稻受灾1105.6公顷，占总面积41.5%，玉米受灾68.2公顷，占播面的15.3%。

6月24日 县饲草饲料站职工刘明初推广饲料青贮成绩显著，获农牧渔业部奖励。

7月28日 全县召开乡级经济典型流动现场会，参观县内有代表性的各类经济典型、经济实体和典型农户发展商品经济，引导各级干部进一步更新观念。

8月23日 县委、县政府决定修建南江县红军石刻标语陈列园。

8 月 24 日 县城有线电视开通。

9 月 10 日 县委、县政府制发《关于大力发展乡镇企业的五项决定》。

9 月 29 日 县委、县政府制发《关于建立农业发展基金会和农村合作基金会的试行意见》，并在关坝乡进行试点。

10 月 19 日 赶场区团委书记王宏被共青团中央表彰为“全国优秀团干部”，荣获“中国共青团五四奖章”。

10 月 四川省作家协会约 30 人在桃园召开散文诗笔会，甘肃省作家高平就桃园风光赋诗：“九寨看水、桃园看山、山水不全看、不算到四川”。

11 月 5 日 撤销中共南江县委政法党委，成立中共南江县委政法领导小组。

11 月 9—13 日 南江黄羊、刺梨、香菇项目在西安全国“星火计划”成果展览交易会上获得好评。

12 月 1 日 成立县地籍领导小组，开展城乡土地使用权申报登记工作。

12 月 2—3 日 县召开第七次妇女代表大会。

12 月 18 日 全县在职干部职工享受山区工作补贴政策出台。

12 月中旬 县组织 2500 人的检查团，对扶贫开发工作进行全面大检查。人均纯收入 232 元，人平占有粮食 300 公斤。

12 月 南江县被省确定为全省农村资源动态监测试点县。

是年 县委组织部在 100 个党支部中，开展了历时 8 个月妥善处置不合格党员的试点工作，对 1780 名党员中的 72 名不合格党员给予了组织处理。

是年 长赤小学少先队大队部被全国少工委授予“红旗大队”称号。

是年 下两区少先队总辅导员唐嗣发被评为“全国德育教育先进个人”。

1989 年

1 月 28 日 县少工委被全国少工委表彰为“达标创优先进单位”。

1 月 县小河职业中学被团中央表彰为“社会实践活动先进集体”。

2 月 28 日 县法院院长郑开清在成都开往西安的 442 次列车上果断处置突发事件，枪击搜窃钱物的歹徒，受到省高级法院记二等功和晋升工资的奖励。

3 月 11 日 赶场养鹿场酿造的“鹿茸酒”荣获省优质产品称号。

3 月 21 日 县经济体制改革办公室更名为县经济体制改革委员会。

3 月 22 日 县委、县政府作出增加农业投入和科技人员下乡搞农业技术承包的“八条决定”。

3 月 长赤区人民法庭创办《天平》月刊，省高级人民法院院长任凌云为《天平》题词。

4 月 15 日 川陕两省 28 县、市的 815 名教师和省教科所在南江举行小学语文课研讨会。

4 月 24 日 县农经委分设为南江县农业经济委员会和南江县财贸经济委员会。

4 月 民政部、解放军总政治部授予南江县“开发使用退伍军人两用人才先进单位”荣誉称号。

4—5 月 青冈叶致牛中毒在全县 9 个乡流行，经全力抢救发病牛 342 头，死亡 157 头。

5 月 县引进世界银行贷款建设国营林场商品林基地项目贷款 547.9 万美元。

是月 县人民法院在全省率先成立“巴山女子法庭”。

6月6日 县交通局副局长何粹忠一行前往也门共和国援建公路。

6月上旬 全县开展打击拐卖人口犯罪活动的专项斗争，查处案件65件，涉嫌犯罪144人，收审100人，逮捕44人，解救妇女儿童41人。

6月19日 县委、县政府全面开展清理县城干部职工以权谋私和私人违法建房行为。

6月中旬 副省长刘昌杰一行到南江视察农业经济工作。

6月 省农牧厅到南江拍摄的《南江黄羊》科教片，先后在中央电视台、四川省电视台播放。

是月 成都科技大学副校长李德宪一行19人赴南江考察科技扶贫情况，协助解决了10个企业技术攻坚难题。

7月18日 中国农业电影制片厂到北极种畜场拍摄南江黄羊科技纪录片。

7月20日 在都江堰市举行的男子排球乙组赛中，南江获第二名。

8月9日 铁道部设计院总工程师李泽民一行到南江研究修筑普（济）乐（坝）铁路及乐（坝）南（江）铁路可行性方案。

8月 朱公乡九村四社妇女蔡含清被成都军区授予“边防军人优秀妻子”称号，解放军总政治部、民政部、全国妇联给予了表彰（11月21日受到江泽民总书记的亲切接见）。

9月22日 以中共中央候补委员、省委秘书长徐世群为团长，省军区副司令员、少将张凤蛟，达县地区行署副专员潘志久为副团长的慰问团一行35人，到南江慰问老区人民。

9月28日 全县首届农民运动会在县城举办，10区1镇组队参赛。

9月 南江县城机关和南江镇发生特大反革命传单案，县公安局与达县地区公安处成立联合指挥部，组成20人专案组，历时11天全案侦破。

10月11—15日 省黄羊研究协会在北极种畜场举办首期四川山羊繁育改良培训班。

10月13日 经四川省政府批准将正直乡、长赤乡、大河乡、沙河乡改为四个乡级镇，管辖区域不变。

10月20日 县农业局局长、高级农艺师谭昌伟被四川省人民政府授予“四川省农业劳动模范”称号。

10月29日 八庙乡无臂学生、少先队员成洁被评为全国首届“十佳”少先队员，受到江泽民、李鹏、邓颖超等党和国家领导人接见。

11月1日 县医院首次作白内障复明手术3例，成功率达100%。

11月24日 甘孜、阿坝、凉山、乐山、渡口等州、市开发办主任及所辖部分县主管扶贫开发的副县长，由省开发办主任颜继禄带队，到南江参观考察扶贫开发工作。

12月1日 县城千门程控电话开通。

12月2日 县公安局破获沙河乡五郎村唐永吉将情妇王翠连杀死并碎尸沉塘的恶性案件。

12月15日 省冶金厅副厅长君湘任一行8人代表省委、省政府到南江检查验收扶贫开发工作。

12月 撤销县劳动人事局，分设县劳动局和县人事局，并将县经济体制改革委员会列入政府序列。

是月 在开展党员“创先争优”活动中，1人被省委组织部表彰为“优秀党务工作者”，64人分别被地委表彰为“优秀党务工作者”和“优秀共产党员”，7个党组织被地委表彰为“先进基层党组织”。

是月 全县三级广播电视网络建成，县城首次开通15000户闭路电视。

是月 南江县县级机关妇委会成立，并首次召开妇代会。

是年 团县委被团中央授予全国“红领巾建设活动”组织奖。

是年 全县在开展“全国红领巾小建设竞赛”活动中，全国24个少先队组织获得竞赛优秀奖，其中南江少工委是四川唯一的获奖单位。

是年 双流乡小学教师陈喜朝自办全国第一家山洞博物馆——郑家洞苏区博物馆。

是年 县植物油厂年实现利税113.2万元，为南江首个突破百万元大关的利税大户企业。

1990年

1月1日 南江县被联合国儿童基金会、人口基金会、国家卫生部列为“加强中国基层妇幼卫生计划生育服务合作项目”县。

1月21—23日 在全县开展除“六害”（赌博、吸毒、拐卖妇女儿童、卖淫嫖娼、封建迷信、传播淫秽物品）大清查行动中，抓获违法犯罪嫌疑人56人，查处53人。

2月16日 县启动第四次全国人口普查工作。

2月23日 县印刷厂原料仓库被大火烧毁，直接损失17.52万元，为新中国成立以来县最大火灾事故。

2月23—26日 发生雪灾，全县8个区、52个乡遭受不同程度的损失。

2月26日 县委宣传部报道双流乡青年民兵彭忠理一家三代义务赡养孤老罗大保56年的先进事迹，同时，要求全县开展向彭忠理学习的活动。

3月7—11日 召开县人大十二届一次代表大会、县政协四届一次委员会，分别选举产生了县人大第十二届常委会、县政协第四届委员会，杨清镛当选为县人大常委会主任，刘宗寿当选为县政府县长，何文成当选为县政协主席。

3月27日 中共南江县委报道组成立。

3月29日至4月3日 中共中央政治局委员、四川省委书记杨汝岱，副省长刘昌杰率省财政厅、交通厅、开发办负责人到南江视察广旺矿务局南江煤矿、县竹坝铁矿、“二南”公路。

4月8日 中共南江县委财贸政治部、农委政治部、计经委政治部成立。

4月12日 撤销县文教局，分设南江县教育委员会、南江县文化局。

4月24日 新编《南江县志》（1911—1985）出版发行。

4月下旬 根据县委《关于政府各部门成立党组的通知》精神，全县先后有34个县级部门成立了党组。

4月 恢复南江县农业机械局、医药管理局、物资局。

5月24日 红四门吊桥中部70米处25号吊板突然折断，南江中学10名女学生掉入河中，造成4人重伤，6人轻伤。

5月24—26日 副省长刘昌杰率省农业厅、财政厅、救灾办负责人视察长赤、大河、上两区“双抢”和救灾工作。

5月 “川陕苏区”少先队员联谊会在南江召开。

是月 县委党史研究室主任刘蜀北一行3人赴京，向曾在南江战斗过的老一辈革命家汇报南江发展变化情况，并请徐向前、李先念、秦基伟、魏传统、傅崇碧、徐深吉、王定国为《川陕革命根据地南江斗争史》一书题词，徐向前为其题写了书名。

是月 以“南江大叶茶”研制的“云顶茗兰”、“云顶绿芽”，分别被省农牧厅评为全省优质名茶第一名和第三名。

是月 南江应用技术研究所发明的无燃料自燃烧结砖技术获得国家专利，并列入国家“八五”重点推广项目。

6月12日 成立普（旺苍普济）乐（南江乐坝）铁路南江建设领导小组和工程指挥部。县委副书记、县长刘宗寿任组长。

6月 南江县被列为国家以粮代赈项目县。

7月 全县抽调232名党员干部组成60个工作组，分赴60个后进村，开展党支部整顿工作。

8月6—10日 县第七次党代表会召开，选举产生中共第七届南江县委员会和中共南江县纪律检查委员会。杨清镛当选为县委书记，张新荣当选为县纪委书记。

8月9日11时30分 流坝乡金台村二社村民岳××无证驾驶手扶拖拉机，搭乘12人，行至南（江）流（坝）公路5.3公里处，翻于28.6米高岩下，造成6人死亡、3人重伤的特大交通事故。

8月17日 县植物油厂被四川省人民政府评为“四川省省级先进企业”。

8月31日 县农业局参加承担的“盆东北山区100万亩水稻低产变高产”项目，获农业部丰收三等奖。

8月 县公安局破获县茶厂精制茶5800公斤被骗的特大诈骗案，茶叶被全部追回。

9月1—13日 无臂“十佳”少先队员成洁应日本全国肢残儿童者父母联合会邀请，随中国残联组派出访日本。

9月30日 南江县正直、长赤、沙河、大河乡撤乡建镇。

9月 县科教电影协会被国家广电部、中国科协等12个部委联合表彰为科教片放映先进单位。

10月6日 中央军委派专机将徐向前元帅骨灰撒到徐帅曾战斗过的南江桃园一带。县委、县政府、县人武部组织上两、贵民、杨坝的干部群众举行迎接骨灰撒放仪式。

10月10日 国家“七五”重点科研项目《南江黄羊选育技术研究》、《南江黄羊肉用性能选育和开发利用研究》课题通过国家农牧渔业部鉴定验收。

10月16日 县编制委员会更名为县机构编制委员会。

11月3日18时 县人民医院门诊部发生重大火灾事故。

11月7—9日 国家农业区划办公室农业资源动态监测技术组，组织省地农业区划办公室领导及专家，对南江农业资源动态监测内外布点和监测运转等方面进行验收，成果上报国家。

11月 南江县被省护林防火指挥部授予“连续8年无森林火灾先进县”称号。

是月 林业系统职工姜用贤被国家绿化委员会、团中央表彰为全国青少年绿化祖国突击手。

是月 县委书记杨清镛应邀赴京参加徐向前元帅诞辰90周年纪念活动。

是月 县研制的“无燃料自燃烧结砖”，在广州第二届国际专利技术展览会上荣获国际发明铜奖。

12月19日 县科委成立专利技术转让办公室，向四川、广东、湖北等八省市转让“无燃料自燃烧结砖”、“旋窝播种机”等专利技术，获转让费60万元。

是月 县农机局组织实施的《提灌机械节能新技术》获四川省农牧厅科技进步二等奖。

1991年

1月15日 县运输公司驾驶员宋××驾驶峨眉牌大客车，载客38人，从贵民返南江时，在长滩河翻车，造成死亡3人、轻伤12人的交通事故。

2月22日　南江县被中国烟草总公司定为“全国优质晾烟开发县”。

2月　南江县光荣院成立。

3月7—8日　省委常委、省纪委书记杨崇汇一行到南江检查纪律检查工作。

3月9日　正直镇十三村一组民工何××等4人修筑村道公路时违章爆破作业，造成炸死3人、炸伤10人的重大事故。

3月　县公安局破获长期流窜50多个县（市），作案140余起，以包××为首的14人盗扒团伙案。

是月　县公安局破获以吴××（山东人）、夏××、秦××、傅××为首拐卖妇女儿童30人的重大团伙案。

是月　县老年门球队在参加川、陕、甘三省“协作杯”老年门球赛中荣获冠军。

5月3日　南江县植物油厂生产的“亦奇牌”二级菜油荣获“四川省优质产品”称号。

5月初　县政协委员、高级农艺师黄恕在小河乡五星村负责指导的86.67公顷良种板栗基地建成，高枝嫁接的40公顷4400株良种板栗的6500个枝条全部成活。

5月7日　全国高校机械工程测试技术研究会西南分会暨四川省振动工程学会1991年学术年会在南江召开。

5月19日　县首次开展“全国助残日”活动。

5月　县被省列入国家长江中上游防护林体系工程建设周边县。

是月　县广播站选送的广播专稿《山乡教坛启明星》获全国优秀广播节目三等奖。

是月　由中商部批准修建的太子洞粮库竣工。该库总投资198万元，仓容1万吨。

6月8日　县委计经委政治部、财委政治部、农委政治部分别更名为县委工交政治部、县委财贸政治部、县委农村工作政治部。

7月11—21日　全国政协委员、中国教育协会副主席王定国在省委副书记聂荣贵的陪同下到南江视察，并题写“红色南江在前进”、“发扬革命传统，建设老区南江”、“发挥资源优势，振兴南江经济”。

7月13日　县第一个企业联合实体——县茶叶公司正式成立。

7月　在部分县国、合商贸企业中开展“四放开”（即经营放开、价格放开、分配放开、岗位放开）试点工作。

8月7日　贵民税务所会计张莲玉获全省税务系统“三八红旗手”称号。

9月3日　南江县技术监督局成立。

9月3—5日　省委副书记、省长张皓若一行到南江视察工作。

9月21日　县委组织全县干部9200多人参加哲学考试，发行《毛泽东选集》一至四卷17800多套。

9月30日　县委、县政府召开优秀党外知识分子表彰暨知识分子联系座谈会，表彰邓继富等47名党外优秀知识分子。

9月　桥亭乡乐垭小学三年级学生石波、邓伟元，四年级学生贾娜、贾可在参加国家税务局组织的《我是小小税法宣传员》暑假征文比赛中获三等奖，国家税务局颁发了荣誉证书和奖章。

10月1日　县始发“残疾人证”，持证残疾人可依照《残疾人保障法》的有关规定，享受优惠政策。

10月6日　副省长蒲海清来南江协调处理广旺矿务局南江煤矿与南江地方煤矿资源纠纷问题。

11 月 29—30 日 重庆市计委副主任、规划办主任庞举率川东地区国土总体规划考察组一行 31 人，来南江考察大坝森林资源。

11 月 国家工商总局捐资贵民乡 10 万元修建“希望小学”，全国青少年基金会救助南江失学青年 50 名。

是月 县委组织部撰写的《加强农村党支部书记队伍建设的做法和经验》一文，被新华社《内参选编》刊发。

是月 县公安局查获长征小学万某等多人组织的“雄鹰帮”、“青龙帮”、“利民自卫团”等非法组织。

12 月 27 日 以储粮为中心的南江县在全省全方位安全大检查中，再次荣获四川省粮食局“四无粮仓县”（即无虫害、无变质、无鼠雀、无事故）称号。

12 月 31 日 第四次全国人口普查工作全面结束，全县共有人口 562198 人。

12 月 县科技拔尖人才、农业局长、高级农艺师谭昌伟的事迹被《人民日报》以《奉献者的足迹》为题予以报道。

是月 南江县被国务院表彰为粮食生产先进县。

1992 年

1 月 10 日 桃园风景区管理处成立。

1 月 22 日 中国烟草总公司将南江县定为全国优质晾烟开发县、全国优质白肋烟基地县。

1 月 24 日 刘宗寿任中共南江县委书记。

1 月 26 日 省人大常委会主任何郝炬一行到南江视察工作。

1 月 29 日 启动县级机关住房改革。

1 月 全县民兵开展“四个一”达标活动，受到省委、省政府、省军区的通报表彰。

是月 国家税务局授予县税务局、县妇联、桥亭乡乐垭小学“1991 年度全国税法宣传教育工作先进单位”称号。

3 月 24—28 日 县人大第十二届三次代表会议召开。同意杨清镛辞去县第十二届人大常委会主任职务，补选刘宗寿为县第十二届人大常委会主任，何茂兴为县人民政府县长。

3 月 高塔乡青春村妇代会主任梁大碧被省人民代表大会推选为第八届全国人大代表，为新中国成立以来南江县首位全国人大代表。

4 月 碾盘乡共产党员、明月村科技副主任董立龙被团中央、国家科委授予“全国农村青年标兵”称号，并获“全国农村青年星火带头人”称号。

5 月 4 日 县发生特大雹灾，致 13 个乡 76 个村 255 个社受灾，直接经济损失达 94. 96 万元。

5 月 10—13 日 南江农广分校被农业部评为全国科技兴农先进分校。

6 月 10 日 以县供销社为龙头的“四发农业综合开发公司”在海口成立，成为县供销社对外经济交流窗口。

6 月中旬 省委宣传部“川东片区理论工作经验交流会”在南江召开。

6 月 29 日 中国科学院遗传研究所原所长、研究员杨太兴到南江考察沙河镇联盟村改土工程及开发利用情况。

6 月 县邮电局开通无线寻呼业务。

7月1日 原国家主席李先念的骨灰，由中央派专机撒放于他曾经战斗过的红色土地“光雾山”一带。县委、县政府组织干部群众实地举行庄重、肃穆的迎接骨灰撒放仪式。

7月9—15日 县遭受特大风雹及洪涝灾害，全县直接经济损失达2383.47万元。

7月15日 县委老干部局与县老龄委员会办公室合署办公。

7月22日 成立南江县特殊教育学校，开办盲、聋哑、弱智班各2个。

7月至8月上旬 贵民、上两、杨坝等区出现罕见的持续高温天气，时间长达45天，最高气温40℃以上，农作物触火即燃。

8月 全县开展“第一个全民普法月”活动。

是月 省文物处拨款5万元维修省级文物保护单位——长赤禹王宫。

是月 县委书记、县人武部第一政委、县委武委会书记杨清镛被中央军委、国家人民武装委员会办公室评为“全国百佳党管武装好书记”。

9月29日 县植物油厂生产的“亦奇牌”二级菜油获四川省首届巴蜀食品节银奖。

9月 在全国畜禽品种改良及种畜场工作会议上，县畜牧局被评为“全国羊品种改良先进单位”，北极种畜场被评为“全国先进种育场”。

10月1日 南江县畜牧局高级畜牧师王维春从1992年10月起享受国务院特殊津贴。

11月1日 全县粮食市场告别了统购统销40年的历史，由计划经济转向市场经济。

12月5日 长赤区委书记何超德一行，在中南海受到李先念主席夫人林佳媚的接见。

12月26日 民政部、解放军总政治部授予南江县“开发和使用退伍军人两用人才先进单位”称号。

12月 “无燃料烧结砖”专利技术荣获商业部“科学技术进步三等奖”。

是年 南江县有线广播电视台成立。

是年 县老干局组织老年门球队在川、陕、甘三省老年门球邀请赛上获第3名。

1993年

1月20日 县委、县政府制定对有重大贡献的科技人员实施奖励的政策。

1月24日 碾盘乡拼花木地板砖厂陈义才等人研究的拼木画砖获国家专利。

2月15日 光雾山风景区被省人民政府批准为省级风景名胜区。

2月 县委决定恢复《南江报》出版发行，并将《南江报》更名为《南江周报》。

3月5—9日 县十三届人民代表大会第一次会议召开，选举产生了县人大第十三届常务委员会委员，县委副书记刘多发当选为县十三届人大常委会主任，县委副书记何茂兴当选为县人民政府县长。同期召开县政协五届一次会议，何文成当选为县政协第五届委员会主席。

3月21—24日 县第八次党代会召开，刘宗寿当选为县委书记，何永健当选为县纪委书记。

3月26日 县委、县政府、县人武部组织全县干部、民兵3万余人，会战西（安）成（都）光缆通讯工程。

是日 省委副书记聂荣贵陪同原中央顾问委员会委员王定国视察赶场“忆红塔”。

是月 共青团南江县第十次代表大会召开。

4月5日 县委、县政府决定由县技术监督局牵头，会同县法院、检察院、工商局组成“南江劣质钢材索赔调查组”，对县工商局购进的480吨（价值152万元）劣质钢材进行调查索赔。

4月19日 县光雾山风景名胜管理局成立。

5月 花桥乡唐家坝、徐家坝村4名学生中午放学路过水井灌漫水桥时，突遇洪水卷走，无一生还。

6月5日 县公安局破获关门乡张××等车匪团伙抢劫作案十多起的特大案件。

6月23日 邮电部副部长杨贤足在省邮电局局长张居平的陪同下到南江视察西（安）成（都）光缆建设情况。

7月5日 国务院批准设立巴中地区，南江县从达县地区分离、隶属于巴中地区。

7月25—26日 国家机关团工委书记杜渊泉一行到南江开展青年志愿者送温暖服务活动。

7月 南江首次开展全国第三产业普查，全县共有各类第三产业单位918个，从业人数6985人。

8月23日 县公安局破获兴马乡五村二社邵××长期流窜强奸、杀人、抢劫、盗窃作案44起的特大系列案。

9月1日 新民乡发生冰雹灾害，94户农户房屋严重受损，农作物受损133.33公顷，直接经济损失达48万余元。

9月8日 省总工会派员到南江调研工会办企业及工会经费收缴管理情况。

10月1日 县中医院副院长蒲顺发、县林业总场总工程师卢家健被国务院授予“全国优秀专家”称号，享受政府特殊津贴。

10月7日 南江白肋烟被列入全国《晾晒烟名录》。

10月 省水电厅厅长敬正书一行，到南江视察水电建设情况。

11月1—3日 川陕两省6个地区、19个县（市、区）统战、政协理论研讨会第五次会议在南江召开，出席会议140余人。

11月13日 县水泥集团公司成立。

11月25日 县公安局在桥亭乡五村查获袁××（村主任）及窜来南江发展“门徒会”成员的吴××等7名“门徒会”骨干分子，缴获证据20余件。

11月30日 省以工代赈办公室主任陈琳一行到南江视察。

12月17—18日 县第八次妇女代表大会召开。

12月27日 南江5000门程控电话设备安装竣工投入运行。

12月 国家总投资2407万元，仓储容量为2500万公斤的乐坝粮食储备库及其870米长的专用铁路线全面竣工交付使用。

是年 南江农业基点调查工作受农业部表彰，并获省农牧厅一等奖。

是年 南江县以工代赈基本农田建设项目获省农牧厅三等奖。

1994年

1月1日 全县施行新税制。

1月13日 省税务局局长何明刚、巴中地区行署专员周登全一行6人到南江视察税收工作，了解新税制实施情况。

1月23日 县邮电局开通HJD04程控数字交换机4096线，首次实现国际国内长途电话直拨。

1月31日 赵其伟任南江县十三届人大常委会主任，免去刘多发县人大常委会主任职务。

1月 全县开展第三个“全民普法月”活动。

是月 台湾东盛发木业开发公司吴国俊先生与南江林业总场，各投资50万元的巴中地区第一家合资企业——四川东盛发木业发展有限公司开业。

2月25日 省计委主任陈宽金一行来乐坝镇、霞石矿厂考察重点项目建设情况。

3月5日 新民乡硝洞沟村女青年杨琼被全国妇联、国家林业部授予“三大绿色奖章”。

3月19日 县十三届人大常委会第八次会议决定，撤销县计划经济委员会、县工业局、县文化局、县体育运动委员会，设立县计划委员会，县工业经济管理局、县文化体育局。

3月30日 南江县旅游局成立，挂靠县建委，同县风景名胜管理局合署办公。

4月9日 “南江黄羊推广技术综合开发项目”被四川省列入“星火计划”。

4月17日 县纪委、监察局机关在全国率先开展重点纠风部门行风评议工作，其做法被中纪委、监察部在全国推广。

4月25日 省、地、县领导及有关部门在乐坝火车站举行隆重的普（济）乐（坝）铁路通车典礼，结束了南江无铁路的历史。该路总投资2.2亿元，总长23公里，县境内主线长1.5公里，支线长2.05公里。

4月28日 省纪委常委李崇禧、省监察厅正厅级巡视员刘毅一行到南江检查纪检监察工作。

4月 乐坝镇被省列入首批100个小城镇建设试点镇。

是月 县广电局引进“广乐牌GI—1”广播电话为一体的高科技程控设备，在长赤镇“一线两用”试用成功，居巴中地区之首。

5月4日 县实验小学团支部书记王昕被团中央表彰为“全国优秀共青团员”。

5月10日 县委成立“希望小学”筹建领导小组，正式启动“希望工程”。

5月20日 省直机关捐资20万元兴建的巴中地区第一所“希望小学”——乐坝“希望小学”奠基。

5月21日 县政府授权县国土局对春场坝和断渠的两宗面积共1280平方米的国有土地使用权进行首次公开拍卖。

5月28日 省卫生厅、财政厅、计划委员会联合检查组到南江检查农村卫生“三项建设”工作。

6月3日 南江县被省供销合作社列入供销系统综合改革试点县。

6月9日 成都电视台、川陕老区采编组到南江县参加“南江希望小学捐赠仪式”，并捐赠桃园乡失学儿童3万元人民币。

6月16—19日 巴中地区首次人大工作会议在南江桃园召开。

6月 陈义林的“拼木瓦砖”、姚海清的“防水拼木地板”、杨鹄昉的“天然皂粉生产技术”及任宗炬的“高节能烧结砖”等专利技术，在江西、成都、云南、广东、湖北、汉中、达县等地转让成功。

6—10月 县妇联组织摄制的专题片《南江女英豪》，在省、地上映后，得到好评，省妇联颁发摄制奖4000元。

7月1日 省旅游局局长何一心一行到南江考察光雾山风景区。

7月7日 省纪委副书记吴才荣一行到南江检查反腐败工作。

7月7—8日 兴马乡遭受特大旱灾，受灾水稻2481亩、烟叶690亩，玉米受灾932亩。有1481户6056人、2105头牲畜饮水困难。

7月9日 县委、县政府作出《关于加快小康村建设步伐的决定》，规定了小康村建设的10条标准。

7月14日 九顶乡计划生育办公室干部陈奇荣获国家计生委“计划生育先进工作者”称号。

7月25—26日 国家机关团工委书记杜渊泉率领国家机关18名团委书记，到南江开展“青年志愿者送温暖”服务活动。

7月 县广电局送评的广播短消息《山乡有个技术市场》获国家一等奖。

8月14—16日 省佛教协会副秘书长、成都文殊院监院释大恩、办公室主任杨伯明一行4人到南江实地考察失学儿童情况，并捐资11500元，为红顶乡小学购置课桌200张和维修校舍。

8月 反映南江农村改革开放的3集电视连续剧《时代变奏曲》在中央电视台一频道播出。

9月6日 县委、县政府在成都举行“抗灾自救”新闻发布会。

9月6—11日 省佛协“慈善功德会”释大恩等为南江贫困儿童捐款64720元。

9月22日 中国畜牧兽医学会养羊分会肉羊专业组，在北极种畜场召开全国肉羊学术交流会。

9月24日 乐坝镇升格为科级镇。

9月30日 撤销南江县税务局，分设南江县国家税务局、南江县地方税务局。

10月13—17日 县部分企业参加国家科委在成都举办的“’94中国新技术新产品交易会”，县食品厂开发生产的“晶滢牌”天然维C王刺梨汁易拉罐饮料荣获金奖，县酒厂开发生产的“集州牌”烧老二酒获银奖。

10月18日 《人民日报》以《家家种银花　户户抱金娃》为题，报道兴马乡红岩观村户平栽植银花500丛，人均收入500元，跨入全省100个专业村行列的情况。

10月中旬 全县森林严重出现病虫害，面积达29426.67公顷，受灾严重的树种有马尾松、华山松、油松、柏树、桤木。主要病虫害有松疱锈病、松赤枯病、柏毛虫、松梢螟、桤木叶甲等。采用工程防治和面防两种办法，使病虫害得到控制。

10月20—24日 国家科委委员陈祖涛到南江视察科技工作。

10月 红顶乡青柏小学教师郭兴政、大河镇张家梁小学教师张立德、赶场乡小学校长罗开书被团中央、中国青年发展基金会授予“全国希望工程园丁奖”。

是月 县教研室杨光泉撰写的《构建复式教学法指导系统初探》一文，在中国复式教学研究会第三届年会上获一等奖。

11月12日 全县普降大雨，降水145毫米，气温急降7℃，局部大风冰雹，粮食作物受灾11万亩，直接损失350万元，死亡1人。

11月13—14日 省人大常委会副主任孟俊修到南江视察工作。

11月28日 中国工商银行总行派员到南江进行扶贫考察。

是日 省政府授予县农业局“十年以工代赈先进集体”称号。

12月29日 成都长途汽车运输7队驾驶员高×驾驶四川01—23348号大客车，载客26人，行至下两至大河16公里+900米处，压垮路基翻于50米高岩下，造成当场死亡7人、轻重伤15人的特大交通事故。

是年 农业部授予县农技站六年（1989—1994年）实施贫困地区“温饱工程”项目先进集体。

是年 县风景管理局、县旅游局摄制的《光雾山风光》录像带、风景画册及相关资料呈送国家建设部、国家科委、国家旅游局。

是年 谭守勋撰写的《山乡有个造田公司》获国家级三等奖。

1995 年

1 月 14 日 川东北地区第一条高等级公路，巴中至乐坝全长 64 公里、投资 7299 万元的二级混凝土水泥路面铺筑竣工，在乐坝镇举行通车典礼。

1 月 25 日 副省长徐世群到南江慰问教师，代表省委、省政府发给教师慰问金 4 万元。

1 月 27 日 中国工商银行总行机关干部自发为南江县“希望工程”捐款 10 万元。

1 月 竹坝铁矿创新《模拟市场价格倒推成本控制管理办法》，受到地委、行署的肯定，并发文号召全地区企业“远学邯钢，近学竹坝”。

2 月 13 日 县委、县政府从县级机关抽派 110 名干部到村任职。

2 月 县地方税务局推出地税征管“十法”，当年减少税收流失 503 万元，其经验在全省地税系统推广。

3 月 1 日 寨坡乡水田坪村被国家绿化委员会表彰为“全国造林绿化最佳村”。

3 月 5—19 日 全国人大代表、高塔乡青春村妇代会主任梁大碧，在全国人代会上向国家交通部部长黄镇东汇报了南江群众集资办交通的情况，引起交通部高度重视。

3 月 11 日 省林业厅批准建立大坝林场米仓山森林公园，区域面积为 40155 公顷。

3 月 16 日 省政协副主席章玉钧一行到南江调研精神文明建设。

3 月 22 日 受成都文殊院监院释大恩法师之托，觉智师一行 17 人到南江第二次捐资助学。此次共捐助资金 48520 元。

3 月 23 日 省林业厅派出定点帮扶工作联络组，到南江定点帮扶林业工作。

3 月 26 日 南江县人民武装部更名为“中国人民解放军四川省南江县人民武装部”。

3 月 南江县被国家抽中为 1% 人口抽样调查县，历经半年时间，高标准完成了调查任务。

4 月 12 日 沙（河）南（江）公路改造竣工。该路总长 30 公里，改造总投资 3800 万元，改造后为山重二级标美路。

4 月 16 日 省水电厅厅长敬正书到南江视察春耕生产情况。

4 月 28 日 竹坝铁矿矿山车间党支部书记刘宗武、团结电站站长周继银、高塔乡青春村妇代会主任梁大碧被省政府授予“劳动模范”称号。

4 月 29 日 县委、县政府组织县级机关干部 267 人，组成 12 个抗旱工作组，深入区镇抗旱救灾。

4 月 全国著名的动物遗传育种专家盛志廉教授在省畜牧食品办领导、专家陪同下到南江考察“南江黄羊”。

5 月 1 日 大江口林场九角山工区森林采伐班班长邓荣富获全国总工会“五一”劳动奖章。

5 月 12 日 省委“严打”检查组组长、省检察院副检察长苟兴和一行到南江检查“严打”工作。

5 月 12—13 日 省政协副主席刘昌杰一行到南江考察扶贫开发工作。

5 月 21 日 南江镇个体驾驶员舒××驾驶小客车载客 22 人，途中搭乘 10 人，行至南（江）贵（民）公路 27 公里 +150 米转弯处，因制动失灵，致车驶出路面腾空撞向左侧岩石，悬于 5 米高的水沟上，造成死亡 7 人、轻重伤 24 人的特大交通事故。

5 月 县委组织部为全县 1153 名流动党员颁发“流动党员活动证”。

是月 县司法局在关门、石滩、兴马等乡首批挂牌成立“法律服务所”。

是月 “中国共产党南江县级机关工作委员会”更名为“中国共产党南江县直属机关工作委员会”。

是月 桥坝乡田榜大院发生火灾，受灾15户56人，损失50余万元。

6月上旬 县公安局开展打击拐卖妇女儿童专项斗争，组成10个办案组，摧毁团伙15个，逮捕拐卖人口嫌疑人51名，解救妇女2人。

6月14日 陈延荣任中共南江县委书记。

6月20日 县委成立公路建设领导小组，县委书记陈延荣任组长。

6月21日 县境华山松虫害严重，造成华山松成片死亡，其中大坝林场最为严重，虫害造成华山松死亡面积达200多亩。

6月27—28日 省政协副主席韩邦彦率省级有关部门领导到南江视察教育工作。

6月 县委、县政府决定县财政局在成都设立南江县驻蓉办事处。

7月16日 中共中央委员、省委书记谢世杰率省级相关部门负责人到南江察看灾情，了解民情。

是日 省政府立项修建的重点市场项目之一的南江县城“红四门市场”竣工开市，建筑面积计10205平方米，投资500万元。

7月 高塔乡青春村妇代会主任梁大碧被中国科协、全国妇联表彰为“科技致富能手”。

8月22日 原县人大常委会副主任何崇寿的书画作品获全国艺术大赛一等奖，作品被邓小平故乡广安市收藏。

8月23日 红山铁矿“铁、铜、钴、硫综合利用研究”项目被国家科委列入国家重点科技研究项目。

8月23—28日 中央电视台、北京电视台一行4人，到光雾山景区拍摄风景专题片。

9月5—14日 法国切博教授夫妇、北京林业大学李俊清博士后等一行对大坝、魏家坝林区的水青冈进行科学考察，称其品质超过欧洲水青冈。

9月10日 省规划设计院高级绘画师陶衡德一行应邀对光雾山风景旅游区编制总体规划。

9月23日 全县遭受特大风雹袭击，共有18个乡、92个村、531个社、19684户、86574人受灾。

10月1日 桃园、槐树、玉泉、旭光、桥坝5乡开通程控电话，自此，全县实现了程控电话乡乡通。

10月6日 省佛教协会办公室主任杨伯明一行到南江代表成都文殊院慈善功德会，第三次捐款5万元，资助失学儿童。

10月13—15日 农业部在南江召开鉴定会，来自全国近20个省（市）60余名养羊专家，通过资料和现场鉴定，确认“南江黄羊”是我国目前肉用性能最好的山羊新品种。

10月14—15日 全国人大常委会委员、原省人大常委会副主任、公安厅长白尚武到南江视察公安工作。

10月16日 省直机关援建，投资55万元，占地1347平方米的“乐坝希望小学”教学楼竣工。

10月26日 省统计局局长夏代川一行到南江视察统计工作。

10月 县妇联干部林泓撰写的《青春无悔》被《中国农村信息》评为二等奖。

是月 在国家科委、省人民政府主办的中国新技术及新产品交易博览会上，县经济技术开发有限公司的“光雾茗峰”绿茶、县酿造厂的“玉泉牌”特鲜酱油、县生物蛋白厂的“建友牌”酵母菌蛋白获国家金奖；元顶子茶场的“云顶牌富硒茶”获国家银奖。

是月 乐坝希望小学教师张兴惠、长赤镇乐台小学校长向桂华获团中央、中国少年发展基金会颁发的“希望工程园丁奖”，县实验小学学生魏勇荣获“全国一级雏鹰奖”。

是月 县工业经济管理局更名为县经济贸易委员会。

11月11日 省委常委、宣传部长席义方到南江检查指导工作。

11月15日 在全国青少年生物科技活动中，南江中学李军同学撰写的《巴山水青冈生态调查》一文获第二届全国青少年生物百项活动“优秀奖”，受到中国科协、国家教委、环保局、自然科学基金会的联合表彰。

11月20日 县城第一座旅游文化公园——断渠公园正式动工修建。

11月23日 正直镇海坪村火烧梁发生山火事故，烧毁天然马尾松幼林面积12亩，烧毁树木3000余株。

11月 全县最大的水电站——2×1250千瓦的高龙坎电站动工（于1997年12月31日竣工发电）。

12月1日 县邮电局移动电话基站设备、铁塔安装就绪，县城开通移动电话。

12月17日 南江县被国家林业部列为经济林基地县。

12月27日 省委副书记秦玉琴率省级有关部门负责人，深入沙河镇洛坪村、碾盘乡明月村调查研究。

12月31日 南江县被省委、省政府评为农村基层组织建设工作先进县、计划生育工作先进集体、完成粮食定购任务先进单位、省党建宣传先进单位。

是年 南江农业基点调查获省农牧厅一等奖。

是年 全县电视台、站发展到135个，电视覆盖率达80%以上，居巴中地区首位。

1996年

1月23日 县纪委、县监察局被中纪委、监察部、人事部表彰为全国纪检监察系统先进集体。县纪委书记何永健应邀出席表彰大会，受到江泽民、李鹏、乔石等党和国家领导人接见。

1月25日 副省长徐世群率省政府慰问团一行47人，到南江乐坝“希望小学”慰问教职工。

1月 县委决定，在全县党员干部中开展“讲党性、讲学习、讲团结、讲奉献、讲规矩”和“思想要宽、节奏要快、工作要实”的“五讲三要”活动。

是月 县住房公积金管理中心挂牌成立，当年全县参加住房公积人数达1460人。

2月 断渠公园一期主体工程完工，县委、县政府在断渠公园举办春节游园活动，城区2万余人参加。

是月 南江县被国务院列为“全国第三批农村初级电气化建设县”。县委副书记魏文通代表巴中地区赴京参加全国第三批初级电气化县会议，受到国务院总理李鹏接见。

3月6日 省公安厅授予南江派出所“优秀派出所”称号，并记集体二等功。

3月22日 省政协副主席章玉钧一行8人，到南江考察精神文明建设情况。

3月25日 成立南江县残疾人康复办公室，副县长沈万刚任主任。

3月26日 全国政协常委、省检察院副检察长、民建四川省委副主委王恒丰到南江检查指导工作。

4 月 4 日 县财经工作领导小组成立，县委书记、县长分别担任正、副组长。

4 月 6 日 5 时 40 分 “二南”公路红四乡工段出现山体滑坡，造成民工 6 人死亡，掩埋手扶式拖拉机 2 台和简易空压机 10 台的特大安全事故。

4 月上旬 省长宋宝瑞、省政协副主席章玉钧到南江视察工作。

4 月 11—13 日 省佛协慈善功德会一行 17 人，第四次到南江救助学生，发放救助款 54620 元。同时向修建二南路遇难的红四乡 6 户家属捐资 2400 元。

4 月 12 日 省规划设计院评审通过《光雾山风景名胜区总体规划方案》。

4 月 12—13 日 省军区司令员丁兆乾少将一行，到南江检查验收县人民武装部归编中国人民解放军建制工作。

4 月 15 日 县首次颁发“国有林权证”。

4 月 22—26 日 省政协群法委主任、省高级人民法院副院长魏彬，省政协群法委副主任、省人民检察院副检察长赵希尧一行 7 人，到南江检查执法情况。

5 月 7 日 南江县被列为秦巴山区扶贫世行贷款项目县。成立县世行项目领导小组，代理县长舒维霖任组长。

5 月 8 日 省公安厅长吕卓、办公室主任巫定云一行到南江视察公安工作。

5 月 20 日 省人大常委会副主任牟绪珩率有关部门负责人到南江检查《科技进步法》贯彻实施情况。

5 月 21 日 魏家坝林场九角山工区采伐班班长邓荣富被全国总工会授予“五一”劳动奖章。

5 月 27 日 全县大部分区、乡遭受特大风雹、暴雨袭击，农作物受灾 6737.67 公顷，损失粮食 544.3 万公斤，冲毁公路 59 公里，有 129 个村、226 个社、26186 户、98994 人受灾。国务院副总理姜春云，省委常委、副省长张中伟发来慰问电。

5 月 28 日 省人大常委会副主任孙自强率有关部门负责人到南江检查野生动物保护工作和野生动物立法调查。

5 月 南江镇在黄金村推行“立体农业”开发试点。

6 月 4 日 新华社记者、香港大公报记者一行 10 人到南江采访干线公路建设情况。

6 月 5—6 日 省民政厅派员到南江察看“5·27”风雹灾害情况。

6 月 6 日 南江县被省委、省政府表彰为“八五”发展乡镇企业先进单位。

6 月 15 日 18 时 50 分 乐坝镇供销社商场发生火灾，造成经济损失 20 余万元。

6 月 18 日 县首次开展银杏树普查工作。经查实，全县零星分布的银杏树仅 407 株，雌株为 253 株，雄株为 154 株，其中百年以上的古树 106 株，并对大树、古树进行登记。

6 月 22 日 舒维霖任南江县代县长。

6 月 南江县被省委组织部确定为党建宣传工作联系点。

7 月 12 日凌晨至 13 日 赶场区旭光乡等 18 个村遭受暴雨、大风、冰雹袭击。农作物大面积受灾，房屋倒塌，公路损毁，牲畜死亡，直接经济损失达 450 余万元。

7 月 18 日 省交通厅组织的“走红军长征路、看交通大发展”新闻采访组一行 9 人，到南江察看、采访大办交通情况。

是日 县委组织部撰写的《南江县下派干部到后进村任职》一文，被中央组织部《基层组织建设情况通报》刊发。

7 月 全县拍卖、租赁、承包集体荒山 400 公顷，价值 6 万多元，兴办股份制合作林场 24 个。

8 月 10 日　省总工会主席佟柏芬一行 5 人到南江检查指导工作。

8 月　乐坝镇人民政府被表彰为全国 1% 人口抽样调查先进单位，闫紫阳被表彰为全国 1% 人口抽样调查先进个人。

是月　县统计局副局长李兆廷撰写的《南江县洛坪村朝着“工业村”目标奋进》一文，在全国第三届“两个转变与财会统计工作研讨会”论文评选中获三等奖。

9 月 3 日　县委、县政府组织医务人员对 163 名县级领导干部和副高级以上职称的专业人才进行健康检查。

9 月 3—6 日　法国波尔多第一大学系主任贡普斯教授及其子二人在北京林业大学教授李俊清博士后兼翻译、省林科院林研所彭培好硕士陪同下，再次到南江对大坝林区的四种水青冈树进行科学考察，采集枝叶标本。并嘱托水青冈是世界珍贵树种，应按“森林经理学”进行科学管理，使树种得以保护，永续利用。

9 月 16 日　县委、县政府发出《关于在机构改革中办理离退休手续的机关工作人员享受工资待遇的通知》。规定男满 55 周岁、女满 50 周岁且工龄满 20 年和 30 年以上的干部，可提前退休，可增加职务和级别工资。

9 月 23 日　县委发出《关于成立南江县精神文明建设委员会的通知》，县委书记陈延荣任主任。

9 月 24 日　成都文殊院慈善功德会宗兴法师一行 9 人，到南江第五次捐资 4 万元助学。

10 月 7 日　农业部农垦局常务副局长陈欣成到南江元顶子牧场视察工作。

10 月 8 日　省委宣传部、人民日报社、中央电视台和省内各大报刊及省广播电视台组成的“巴山行”新闻采访团到南江采访。

10 月 8—9 日　省政协主席聂荣贵到南江视察，并为断渠公园题词“乱石奇观”。

10 月 8—10 日　川陕鄂三省巴山地区护林联防委员会第 39 届林业经济经验交流会在南江召开。

10 月 9 日—11 月 2 日　县人大常委会主任赵其伟受县委的委派，在省外事办的统一组织下，前往法国、德国、卢森堡、比利时、荷兰、意大利等地考察钢铁连铸连轧技术。

10 月 18—19 日　四川电视台国际部记者李平受中侨办委托，到光雾山景区九角山、铁炉坝、普陀寺村等处为拍摄风情片《山里的故事》踩点。

10 月 21—23 日　四川省关心下一代工作委员会副主任李培根一行，到南江对关心下一代工作和“希望工程”实施情况进行检查指导。

10 月 22 日　全县隆重举行红军长征胜利 60 周年纪念活动。县委书记陈延荣等领导与老红军热情座谈，同时为原国家主席李先念题写的“南江县红军石刻标语陈列园”开园剪彩。

10 月 23—26 日　成都市金牛区人大常委会副主任吴义林一行，到天池乡为白顶村小学捐资 5 万元助学。

10 月 25 日　县委、县政府发文，在全县开展向在蓉务工抢救落水妇女而英勇献身的青年农民周绪兵同志学习的活动。

是日　“南江县北极种畜场”更名为“四川南江黄羊原种场”。

10 月　南江镇在黄金村、朝阳村和庄房村大力兴修微水工程，成为川北水利大样板示范片。

11 月上旬　国家畜禽遗传资源管理委员会根据南江黄羊新品种鉴定结果的意见，再次组成专家组对南江黄羊进行复审，确认南江黄羊是“中国目前肉用性能最好的山羊新品种”。

11 月 16 日　成都市青羊区教委为桃园小学捐款 4 万元改善办学条件。

11月22日 全国扶贫基金会副秘书长何载一行到南江视察桃园乡铁炉坝村、小河乡华光村、赤溪乡庙梁村万亩改土工程。

11月24日13时 南江镇驾驶员孙××驾驶川Y0693号野马牌小客车，由沙滩到南江行至二南路7公里+500米处，车熄火后退，坠于65米高的崖下，造成死亡3人、轻重伤5人的特大交通事故。

11月 国家税务总局经济师王力一行到南江检查指导税务工作。

12月7日20时 巴州镇驾驶员陈××驾驶川Y01743号东风牌大货车，由巴中至汉中，行至二南路8公里（马跃溪大桥），因车速过快，操作不当，撞断左侧桥栏杆后，坠于15米高的坡地，造成死亡3人、伤1人的特大交通事故。

12月11日 省计划生育委员会考核组赴南江代表巴中地区的流坝乡金台村考核，多项考核指标均符合要求，统计误差为零。

12月16日17时10分 正直镇大巴山鞭炮厂因工人违章作业，发生特大爆炸事故，当场炸死4人，重伤2人，轻伤4人，炸毁车间3间。

12月17日 南江镇黄金村党支部书记邹光兴被省委、省政府表彰为“优秀村干部”。

12月18日 县公安局破获11月27日发生在白院乡五村三峦溪无头男尸案，抓获犯罪嫌疑人李星全、张仕慧。

12月22日 省人大常委会副主任李永寿一行到南江考察县大理石厂、磷肥厂、中咀火电厂等企业。

12月28日 在全县实施“十万亩地膜玉米工程”。

是年 中国驻美国使馆文化参赞卢铁成捐赠1000美元救助县失学儿童。

是年 全县推进村社干部制度改革，充分调动基层干部积极性的做法和经验，被《半月谈》刊发推广。

1997年

1月3—9日 中国工商银行总行机关向南江县关坝乡中心小学“希望工程”赠款10万元。

1月7日 县纪委建立警示、廉政专书、廉政监督卡三项信访工作制度，得到中央、省纪委的肯定。

1月16日 中国农业发展银行南江支行成立。

1月18日 省科技下乡宣讲团一行68人到南江开展送科技下乡，带着140多个技术项目，在大堂坝街心广场开展“'97春季送科技下乡活动”。

1月25日 地区行署作出《关于大力发展南江黄羊的决定》，要求迅速将南江黄羊育种成果转化为生产力，形成全区的特色支柱产业。

1月27日 地委、行署制发《关于县（市）党政机构改革方案》，规定南江县设党政部门机构37个。其中县委部门机构6个，县政府部门机构31个；部、委、局管理机构5个，议事协调机构3个。县纪委与监察局继续合署办公，县人大、县政协、县法院、县检察院和人民团体机构改革与党政机构改革同步进行。全县减员650名，比1996年底实有人数减少259人。

1月 县科技顾问团顾问、高级农艺师黄恕被中央宣传部、国家科委、中国科协等八部委表彰为“全国文化、科技、卫生‘三下乡’先进个人”。

是月 县实行“双改”、“双聘”人事制度改革，改中层干部任命制为聘任制，改一般干部的分配调动制为聘用制，此举受到省人事厅的肯定和好评。

是月 长赤镇耕地保护工作受到省政府表彰。

2月2日 南江电视台与中国电视文化发展中心影视公司联合摄制的电视连续剧《时代变奏曲》在中央一台播出。

2月13日 县委、县政府在断渠公园举行上万人参加的“火把节”及游园活动。

2月15日 “南江黄羊肉用新品种选育”科技成果获省人民政府科技进步一等奖。

2月下旬 “南江黄羊肉用新品种选育”课题获国家科技进步二等奖。

3月1—2日 财政部监督司副司长周秉健、处长胡贵春，财政部驻川办事处专员陈国定等一行6人到南江检查财政扶贫工作。

3月5日 团省委追授抢救落水妇女而英勇献身的在蓉务工农民工周绪兵“舍己救人优秀共青团员”称号。

3月8日 高塔乡青春村妇代会主任梁大碧再次当选为第九届全国人大代表，被全国妇联授予“三八红旗手”光荣称号。

3月13日 县人大第十三届五次会议和县政协五届五次全委会召开。

3月24日 县人力资源库建成，劳务输出先导工程正式启动。

3月24—26日 成都文殊院功德会仁缘法师一行7人到南江第六次捐资助学。

3月27日 中国人民武装警察部队南江县消防大队成立。

3月 南江县最大的火电厂——中咀火电厂3号机组改扩建工程竣工发电，使该厂装机容量达到900千瓦。

4月2日 县公安局破获1994年4月县财政局被盗国库券5万元的特大盗窃案。

4月7—9日 川北大样板“双保”（人畜保饮水、农田保灌溉）水利工程建设示范现场会在南江召开。

4月16日 全省“双学”（学习“党章”、学习邓小平理论）活动交叉检查组到南江检查“双学”活动开展情况。

4月17日 长赤镇被省政府表彰为省耕地保护先进单位。

4月22日 南江县被省科委确定为省科技扶贫综合开发试点县。

5月2日 县粮食局安排救灾粮50万公斤，帮助长赤、沙河、下两区受灾群众抗灾自救。

5月17日 小河乡东榆小学被列为国家计委扶贫教育工程单位。

5月22—25日 省人大常委会副主任孙自强一行到南江，对南江县人民代表评议公安工作进行检查验收。

5月25日 川陕两省、四地、八县（市）男子篮球邀请赛在南江举行。

5月29日 长赤、沙河、下两三区遭受严重风雹袭击，计有15个乡113个村477个社35775户125212人受灾。农作物受灾7180公顷，直接经济损失达1424.5万元；林木损失20666.67公顷；吹断电杆68根，断线6200米，损坏农房250间，猪牛圈548间；垮塘5口，微水池28口，渠堰3800米，冲垮田坎7300处；死伤畜禽22万只。

5月29—30日 省委常委、省纪委书记沈国俊一行到南江检查工作。

6月11日 县委、县政府批准39个乡群众集资385.2万元，用于改善办学条件。

6月26日 县秦巴扶贫世行贷款项目技术委员会成立。

6月 普乐铁路分局成立。

是月 在成都召开的“’97中国新技术新产品交易博览会”上，南江的米仓醇酒、刺梨果醋、亦奇牌菜籽油、寒暑空心两用床垫4个项目获金奖。长赤牌翡翠米、南江烧老二酒、拼花木地砖三个项目获银奖。

7月1日 县委表彰28个红旗党支部、80名优秀党务工作者、300名优秀共产党员。

7月7—9日 开展查禁取缔“门徒会”的专项斗争。

7月16日 省委书记谢世杰率省级有关部门领导，到南江考察扶贫工作。

7月24日 南江县刑警大队教导员岳映斌被国安部、人事部授予“全国优秀人民警察”称号。

7月 全县361名考生上高考录取线，万人比居巴中地区第一。南江中学15岁的高二学生许月华被中国科技大学少年班录取，是全省当年被录取的唯一科大少年班学生，是南江历史上第一个少年大学生。

8月11日凌晨2时 “二南路”陈家山段发生特大抢劫案，被抢现金2.2万元。县公安局接案后，仅用70小时全案告破，5名犯罪嫌疑人2名归案，3名负案在逃。

8月18日 四川省南江国家粮食储备库（原乐坝粮库）竣工挂牌，该库占地4公顷，总投资2407万元，库容量2500万公斤。

8月 中国工商银行总行捐款10万元修建凉水乡“希望小学”。

9月3日 贵民乡近年黑熊繁殖迅速，严重损害庄稼，要求猎捕。经省林业厅批准，同意该乡猎捕黑熊三只。

9月7—10日 建设部专家组到南江对光雾山国家重点风景名胜区进行实地检查验收，确认为合格。

9月9—13日 省佛协副会长释大恩一行来南江代表成都文殊院慈善功德会，为洛坪“慈光希望小学”捐赠建校款20万元。

10月14日 南江中学荣获“全国群众体育先进集体”称号。

10月15—16日 全国政协副主席、老红军洪学智上将偕夫人、老红军张文一行，在省委常委、省军区政委耿全礼，省政协副主席杨岭多吉的陪同下，到南江视察当年战斗过的黄花碥、断渠等红军遗址及公路建设，扶贫攻坚项目。

10月20日 省扶贫开发办主任颜继绿、副主任杨永宪一行到南江，深入村、社检查扶贫资金、世行资金等到位使用情况和扶贫攻坚情况。

10月25日 省政协副主席曾平江率省政协文史委主任陈国志等专家、学者到南江视察文物、文史工作。

10月 对县境内原生珍贵树木分布情况进行调查，其中二级有杜仲、银杏，三级有巴山水青冈、厚朴、红豆杉、灰叶稠李、南江枫杨、银鹊树（又名瘿椒子）。

是月 撤销南江县工业经济管理局、县二轻局，成立县经济贸易委员会。

是月 建设部风景名胜专家、清华大学一级教授朱畅中对光雾山风景区实地考察后，书写了“巴山翡翠、永生光辉”的题词，建设部风景名胜专家顾问钱振越书写了“光雾山水，奇秀天下”的题词。

11月8日 投资198万元，库容量40万立方米的断渠公园“水上乐园”建成。

11月9—10日 省精神文明办副主任、《精神文明报》总编赖干生一行到南江检查验收“省级文明单位”，县医院、县邮电局、县农发行均合格。

11月10日 南江县汽车运输公司、装卸运输公司、县车站、县汽车配件公司合并，成立“南江县交通运输总公司”。

11月28日 县委书记、县人武部党委第一书记陈延荣被省委宣传部、省委组织部、省军区政治部评为四川省第四届“国防后备力量建设十佳人物”。

11月30日 全县万门程控电话开通。

是日 省总工会副主席吴正兴一行到南江调研，在地、县领导的陪同下考察了部分企业的工会工作。

11月 县人武部、县医院被省委宣传部、省军区政治部、省精神文明办授予“军民共建社会主义精神文明先进单位”称号。

是月 撤销南江县畜牧局，成立南江县畜牧食品局。

是月 副省长敬正书到南江镇黄金村考察并题词：“调整结构增收，依靠科技致富”。

是月 省人事厅和北京市劳动局将南江列为“北京市劳动力基地县”。

12月5日 省委党史研究室副主任赵庆东一行到南江调研“巴中经验”、“南江精神”，检查指导党史工作。

12月5—6日 省委统战部副部长王勇策、省宗教局副局长余孝恒等人一行到南江检查指导统战、宗教工作。

12月8日 南江县贸易局正式挂牌成立。

12月31日 全县最大的水电站——2×1250千瓦的高龙坎电站竣工发电。

是年 南江县争取国拨、集资、捐款54万元，使全县仅有的226户925人结束长期住岩洞和窝棚的历史。

是年 县委组织部按县委“精干队伍、竞争上岗、目标管理、绩效挂钩”的原则，在试点的基础上，对全县407个村的干部实施公推公选。

是年 县文化体育旅游局组织创作近百件歌曲、戏曲和电视片。其中歌曲《山妹子喔喝》获省文化厅举办的《人口、婚姻、家庭》文艺汇演创作二等奖。专题片《巴山女代表》于翌年2月在中央电视台《农家女》专栏播出。

是年 南江有线电视台与四川电视台合拍的《深山故事》在美国洛杉矶熊猫电视节中展播。

是年 全县有60个乡（镇）、200多村共建有线电视台（站）152个，电视覆盖率达90%，有41个乡（镇）实现了县、区、乡广播电视微波联网，有200多个村开通了零线广播，县城开通了21个频道的加密电视，位居地区前列。

是年 成都市贝特发展集团公司证券投资部向南江县“希望工程”捐款20万元，修建“希望小学”。

1998年

1月9日 县护林防火指挥部被省护林防火指挥部表彰为“1995—1997年度森林防火先进单位”。

1月16日 在北京举行的全国“三下乡”先进集体、先进个人表彰会上，南江县农业局高级农艺师黄恕被表彰为“全国‘三下乡’先进个人”。

1月 中国科协与联合国儿童基金会将南江列为社区非正规教育合作项目第五周期项目县。

是月 省政府确定南江为信息联系点，县委、县政府可直接向省政府反映情况，报送信息。

2月21—24日 县委第九次党员代表大会召开。陈延荣当选为县委书记，何长洋、侯中文、何敏章当选为县委副书记。

2月25—28日 县十四届人民代表大会第一次会议，县政协第六届委员会第一次会议召开。陈延荣当选为县人大常委会主任，何长洋当选为县人民政府县长，侯中文当选为县政协主席。

3月5—19日 党外人士、全国人大代表梁大碧赴京参加第九届全国人民代表大会。

3月10日 省妇联党组书记、副主席罗彤到南江了解基层组织妇女干部公推公选工作情况。

3月11日 省委副书记秦玉琴和省委常委、组织部长陈文光等一行到南江深入碾盘乡明月村了解贫困户发展南江黄羊情况。

3月12日 省委授予县委书记陈延荣“三年农村基层组织建设和整顿工作优秀个人”称号。

是日 赤溪乡党委、水田坪村党支部分别荣获省“先进党委”、“先进党支部”称号。

3月16日 长赤原“苏维埃县政府”旧址被巴中地区行署公布为“第一批地级文物保护单位”。

是日 沙河派出所被省公安厅表彰为“先进集体”，并记集体三等功。

3月26日 省1997年秦巴扶贫世行项目完成情况总结会在南江召开。

3月30日 南江县被国家列为全国山区综合开发示范县。

是月 县妇联组织摄制的专题片《红色南江半边天》，真实反映了南江妇女良好的精神风貌。

3—4月 全县开展禁娼禁赌的专项斗争。历时两月，查处案件54件，抓获违法人员238人，收缴淫秽物品12件，淫秽光碟24盘，捣毁赌博窝点12个，查处赌博团伙9个，取缔电子娱乐城2家。

4月14日 县检察院监所科科长张××被盗手枪案破获，枪支被找回。

4月17日 农业部批准“南江黄羊”为肉用山羊新品种，并颁发“畜禽新品种（配套系列）”证书。确认南江县畜牧局为培育单位，省畜牧兽医研究所、省畜禽繁育改良站、南江县北极种畜场、南江县元顶子牧场、南江黄羊育种科研所、达川地区畜禽品种改良站为参加培育单位。

4月18日 《人民日报》记者部主任记者、传真版主编贺广华到南江采访扶贫攻坚情况。

4月20日 农业部发布公告，正式对“南江黄羊”命名。

4月25—26日 全国政协副主席杨汝岱到南江视察。

4月27日 县委、县政府首次召开全县旅游工作会议。

4月 省青少年基金会给南江拨款20万元，兴办“希望工程”。

是月 南江县被国务院列入长江中上游水土保持重点治理县。

5月8日 省军区科技扶贫工作队到南江进驻正直镇、关门乡，免费为农户传授快速养猪新技术。

5月11日 “南江县农业机械局”更名为“南江县农业机械事业局”。

5月22日 花桥乡沿溪河村二社发生长1500米、宽700米，全乡面积1.05平方公里的大面积山体滑坡，毁农房202间，猪牛圈156间，造成39户151人无家可归。压死猪牛252头，家禽524只，损毁家储粮食1.5万斤，7.27公顷已栽秧田、4.2公顷玉米全部被毁。损坏耕地12.2公顷，菜籽1.5万斤，沿溪河电站全部掩埋，直接经济损失达800多万元。

5月31日 副省长敬正书率省救灾办等有关负责人赴正直花桥灾区，慰问灾民，查看灾情。

5月 县检察院成功办理的全国首例适用简易程序审判的抗诉案例，被选入《最高人民检察院案例选编》。

6月1日 中国人寿保险公司南江县营业部更名为“中国人寿保险公司南江县支公司”。

6月17日 仪陇县金城镇驾驶员陈××驾驶川R11336号北京213小车，由南江载客去汉中，行至二南路38公里+600米弯道处，因路况不熟，超速行驶，致车辆驶出左侧路外，翻于150余米高的岩下，造成车上6人全部死亡的特大交通事故。

6月28—29日 共青团南江县第十一次代表大会召开。

7月1日 省政府在蓉举行“南江黄羊命名颁证仪式”。省委副书记、代省长张中伟莅会；南江县委、县政府主要领导参加颁证仪式。

7月2日 四川省山区公路建设会议在南江召开。

7月4—5日 国务院扶贫开发领导小组杨钟、省扶贫开发办副主任黄德益一行，到南江深入农户调查扶贫开发工作。

7月5日 经省政府批准，撤销桃园乡、槐树乡合并建立桃园镇。

7月6—9日 南江遭受十年未遇的特大暴雨洪涝灾害，60小时内降雨量达321毫米，农作物受灾8533.33公顷，成灾3000公顷，损失粮食610万公斤。全县干部群众、公安干警全力抗洪抢险，帮助受灾群众316户，抢救伤员18名，救出被洪水围困的群众1名，协助308户1388名群众撤离山体滑坡危险地带。

7月10日 东垭乡党委书记罗尚勇在落口村三社督促税费收缴工作中，与拒交税费村民陈××发生口角，被失去理智的陈××持刀刺穿罗尚勇大腿动脉，因失血过多，抢救不及时死亡。

7月上旬 县林业局对10区2镇古树名木全面普查。普查结果全县有古树4068株。沙河镇联盟村四社八元山的1株银杏树树龄600余年，树高18.5米，胸围565厘米，冠幅19米。

7月25—26日 原全国政协常委、中国干部教育协会副秘书长、老红军谢觉哉的夫人王定国到南江，重游在红四方面军时生活、战斗过的地方。

7月27日 省农业厅文正经厅长到南江视察寨坡乡水田坪村旱作农业。

7月28日 中央电视台拍摄的“南江黄羊”饲养管理科教片，在中央一套《田野》栏目首次播出。

是日 在县城务工的石滩乡青年农民杨勇为抢救2名落水儿童而英勇献身。8月14日县委、县政府追授杨勇为“见义勇为青年”，其事迹在中央电视台《新闻30分》播出。

7月29日 县公安局果断地处置一起挟持人质与公安机关对抗案，当场击毙长期虐待父母妻儿、手持火药枪四处威胁村社干部和群众，并追赶派出所民警的关田乡二村六社村民刘××。

7月30日 副省长李达昌一行到南江视察南江畜产品交易中心。

7月 省委副书记、代省长张中伟到南江镇黄金村考察立体农业。

8月3日 南江县大坝林区建场40周年暨重庆知识青年上山下乡35周年庆祝会在县城大礼堂召开。

8月8日 团县委追认抢救落水儿童英勇献身的杨勇为“优秀共青团员”，授予抢救落水儿童而奋不顾身的罗斌、刘俊、王晓东“见义勇为好青年”称号。

8月9日 中国工商银行总行驻南江扶贫组将总行职工的17万元捐款赠送给了上两区卫生院。

8月15日 科技部副部长韩德乾、省科委副主任任绍辉一行22人到南江检查科技工作，称赞南江的科技工作是“贫困地区的典范”。

9月6日 中共南江县桃园镇委员会、南江县桃园镇人民政府正式挂牌成立。

9月12日 全县天然林采伐工作全面停止，实行封山育林。

9月20—24日 省作家协会一行50余人到光雾山风景名胜区采风。

9月30日 县邮电局正式分设为“南江县电信局”和“南江县邮政局”。

9月 省政协部分老领导、《四川日报》新闻记者及地区有关领导组成“希望工程考察团”到南江“乐坝希望小学”考察。

是月 南江黄羊专题片在中央电视台第一、二套节目中播出。

10月8日 南江县电信局开通互联网通信业务。

10月13日 县水泥集团公司停薪留职职工岳××无证驾驶川Y00804号北京212型越野小客车，行至赶（场）关（路）公路9公里，关路桥头左转弯处，由于车速过快，操作不当，致使撞倒左侧桥栏杆，翻于11.6米高的桥下，造成6人当场死亡的特大交通事故。

10月19—20日 国务院扶贫开发领导小组办公室主任高鸿宾、副主任蒋晓华，省扶贫开发办主任颜继禄一行赴南江检查扶贫工作。

10月22—23日 省政协农委副主任陈谦等组成的省政协视察团赴南江对水利和池园经济建设进行视察。

10月23—25日 中央电视台“’98农民晚会种养业大赛”在山东省龙口市举行。南江黄羊获得畜禽品种“擂主”称号。

10月29日 南江县委被省委表彰为“四好班子”。

10月30日 经普查，全县有天然林面积138146公顷（活立木蓄积792万立方米），其中集体林与私有林101542公顷，国有林场29893公顷，零星国有林4729公顷，非林业单位1982公顷。

11月6日 储备1亿斤的四川南江国家粮食储备库扩容工程破土动工，国拨资金2698万元。

11月27日 川陕鄂渝巴山地区护林联防委员会13支会第38次会议在南江县杨坝区召开。

11月 南江县科委被省委宣传部、省科委、省科协表彰为“科普工作先进集体”。

12月28日 南江镇首次召开民主竞选镇党委书记、副书记大会。

12月 南江县被列为四川省首批创建“科普示范县”。

是月 省公安厅授予长赤派出所“1998年度达标创优优秀派出所”称号，并记集体二等功。

是年 全县投资5600多万元，完成了南江至桃园76公里水泥路、县城至通江铁厂乡44公里油路建设，上两至桃园35千伏输变电站、桃园镇日产500吨自来水的工程建设。

1999年

1月16日 原国务院发展中心常务副主任马宾、中央政策研究室经济局局长王超平一行到南江考察沙河镇联盟村、碾盘乡明月村文明新村建设。

1月19日 省委书记、省人大常委会主任谢世杰率省级有关部门领导到南江检查指导工作。

2月3日 全国绿化委员会授予南江县关田乡东坝村“全国造林绿化千佳村”称号。

2月5日 县交通运输总公司驾驶员李××驾驶扬州牌卧铺车从南江驶往西安，途经陈家山时翻车，致3人死亡，轻重伤39人。

2月10日19时左右 元顶子牧场南巴交界处林区发生森林火灾，失火面积近百亩。

2月20—25日 新华社记者谭熙鹏一行到南江采访。

2月 县公安局在全县开展整顿爆炸物品管理秩序的专项斗争，查处重大隐患48起，取缔非法销售爆炸物品摊点3个，查处违法人员13人，收缴炸药6500公斤，雷管4800枚，导火索5200米，民用枪5支。

3月1日 何长洋任中共南江县委书记。

3月2日 中央电视台记者一行5人到南江采访。

3月5—7日 人民日报社、《人民日报》论坛常务副总编杨绍华一行3人到南江实地采访。

3月22日 全国基层组织建设检查组一行到南江检查基层组织建设情况。

3月22日凌晨3时 巴中地区运输公司驾驶员王××驾驶川Y02233号大客车，载客22人从广元向巴中行驶。行至省道101线473公里+420米处，驶入修补路面所挖的长7米、宽3米、深0.3米的坑内，车越过坑后，方向失控，向左行驶30米后，驶出路面左侧，翻于15米高的斜坡下河中。造成当场死亡3人，抢救途中死亡1人，轻重伤14人的特大交通事故。

4月1日 被誉为"当代徐霞客"的徐景佑先生"单骑和平50万里游"途经南江下两，受到当地党政热情接待。

4月2—5日 副省长敬正书、省扶贫办副主任黄德益一行到南江寨坡乡水田坪村、桃园镇铁炉坝村、南江镇黄金村调研扶贫攻坚工作。

4月5—7日 省委书记谢世杰，省委副书记、代省长张中伟率省第十四次扶贫开发工作会议的全体参会人员350人，到沙河镇联盟村、南江镇黄金村、南江黄羊集散中心参观考察。

4月6日 县畜牧食品局组织10名专业技术人员，向省内21个地、市、州和63个贫困县、市赠送南江黄羊种羊600多只，价值达30多万元。

4月8日 副省长欧泽高一行，到南江县花桥乡沿溪河村二社慰问"5·22"山体滑坡受灾户。副省长王恒丰一行，到南江县国家粮食储备库检查指导扩建工作。

是日 香港商人李嘉诚向南江县残联捐赠残疾人专用轮椅20辆，价值近万元。

4月10日 县委决定，在县级机关抽派政治素质高、精通业务的年轻干部，到县规划的153个文明新村中任党支部书记、副书记、科技副主任。

4月12日 县畜牧食品局代表县委、县政府，将382只南江黄羊送往全省10个地区、21个贫困县（市），并传授其养殖和发展技术。

4月13日 将元顶子牧场"拐字岩"的200公顷牧地，划拨给南江黄羊育种科研所，作为南江黄羊试验基地。

4月14日 水利部农水司司长陈志军一行到南江考察微水池建设。

4月25日 省公安厅给南江县公安局副局长胡继安记三等功一次，给县看守所记集体三等功一次。

5月7日 县委召开"三讲"（讲学习、讲政治、讲正气）动员大会。县级领导、机关股所级以上干部和区（镇）党委书记1000余人参加会议。

5月中旬 在全县范围内开展集中整治社会治安，打击突出犯罪的专项斗争。破获了九顶乡宋××私藏弹药案，收缴手榴弹8枚，五四式手枪子弹140发，步枪子弹113发。共破刑事案件80件，逮捕4人，刑事拘留19人，劳教1人，治安处罚73人。

5月24日 县公安局在沙河破获一起购买、贩卖、使用假钞团伙案，涉案人员19人，涉及假人民币金额5万多元。

6月17—18日 省政协副主席郝振贤一行到南江检查指导工作。

6月 县公安局在全县开展反盗专项斗争，共破获盗窃案件68件，其中重特大案16件，捣毁犯罪集团3个，抓获犯罪嫌疑人12名。

7月18日 南江县移动通信正式从南江县电信局分离，组建为"南江县移动通信营销维护部"。

7月中旬 县林业局从四川农业大学经济林木实验场引进核桃芽苗嫁接新技术，科学选择核桃挂果优树1291株，采剪优良穗条20万枝，在流坝乡建起核桃示范苗圃30亩，培育核桃芽苗砧优质嫁接苗木20万株。

7月22—31日 县公安局开展取缔非法组织的专项斗争。依法取缔辅导站1个，练功点17个，规劝教育、谈话268人，收缴各类书籍345本，录像带11盒，录音带173盒，宣传资料519份，布标11幅，徽章1枚，挂图4张。

7月27—30日 县政协召开六届三次全委会，应到会委员216人，实到173人，列席67人。大会补选了县委副书记陈思隆为县政协第六届委员会主席，统战部部长余柱石为县政协第六届委员会副主席。

7月28日 南江县行政学校正式挂牌成立，行政学校与县委党校两块牌子一套班子。

7月 县公安局在全县范围首次开展声势浩大的网上追逃专项斗争，抓获“五逃”人员72名，其中负案在逃53名，批捕在逃19名。

8月2日 《四川经济日报》副总编唐德建一行到南江县采访文明新村建设。

8月10日 县委、县政府在桃园镇街道召开野生动物保护现场会，将依法没收的野生动物皮、肉公开焚烧，活野生动物放归大自然，对违法捕猎野生动物的人公开依法处理。

8月16—17日 在巴中参加全国贫困地区县级领导干部培训班学习的300多名学员及出席培训班开班仪式的中央委员、国务院扶贫开发领导小组副组长胡富国，国务院扶贫办副主任蒋小华，副省长敬正书等领导，参观了南江县沙河镇联盟村、天桥村、碾盘乡明月村等地扶贫工作。

8月19日 省扶贫办组织省歌舞团、省杂技团等6家省级文艺单位到南江慰问演出。

8月25日 县旅游开发有限公司在桃园镇正式挂牌成立。

8月26日 南江县被省人民政府评为“科技工作先进县”。

9月5—6日 省政协副主席曾平江一行到南江视察计划生育工作。

9月上旬 杨坝乡柏林村突发猪瘟，死亡生猪138头。

9月20日 省政府授予南江县“四川省科技工作先进县”荣誉称号，并授奖牌一块。

9月26日 省科协与联合国儿童基金会社区非正规教育合作项目1999年度审评暨儿童学科技经验交流会在南江召开。

9月 省农业厅给南江拨付以工代赈、坡改梯专项资金400万元，支援文明新村建设。

是月 县选派残疾人参加省第四届残疾人运动会，其中苏明元游泳，董良平卧举、立举分获金牌。

10月6日 省基督教协会副主席、基督教“三自”爱国运动委员会副主席魏康与四川神学院院长助理龙尚勇到南江了解高桥乡基督教灵恩堂的活动情况。

10月9日 黑龙江省克东县和杜原伯特县党政干部一行15人到南江考察扶贫工作。

10月12日 农业部常务副部长刘成果在副省长敬正书的陪同下，到南江县沙河镇联盟村检查农业生产和文明新村建设。

10月25日 南江县冶金矿山集团有限公司控股兼并县非金属矿工业公司，组建南江县霞石矿业有限公司。

10月30日 县公安局破获了一起流窜于通江、南江、巴州、平昌长期盗窃作案的特大团伙案，涉案金额达10万余元。

10月31日 《四川政协报》副总编刘光甫、通联部主任尹兆国到南江考察采访旅游工作情况。

10月 南江县被列为全省退耕还林试点县。

11月6—10日 澳大利亚援助巴中地区卫生项目设计组一行，在考察团长凯伦、赫尔女士带领下，到南江考察农村卫生服务工作。

11月10日 省农业厅厅长文正经到南江沙河镇联盟村检查指导该村科技兴农工作。

11月14日 省委、省政府越温达标检查验收工作组到南江实地调查和现场抽样认可，并经县公证处公证，南江已达到了《国家“八七”扶贫攻坚计划》规定的越温标准，顺利通过确认。

11月17日 省委、省政府组织的“巴山文化列车”慰问演出团，到南江从事新闻采访和慰问演出。

11月20日 中国人民解放军总后勤部原常务副部长、老红军胥光义，到南江回访战斗故地，视察了沙河镇天桥村文明新村建设。

11月 南江实施《大巴山养羊项目》，获省农牧厅、科技厅科技进步一等奖。

是月 省公安厅授予南江县岳映斌“追逃先进个人”称号，并记个人三等功一次。

12月24日 在省政协办公厅、省委宣传部、省新闻工作者协会联合举办的第三届四川省宣传中国共产党领导的多党合作和政治协商制度的好新闻颁奖会上，南江县政协被评为“先进集体”并获二等奖。

12月30日 省公安厅给县公安局局长薛举元、政委马良辉记三等功一次；授予民警冯星光“人民满意责任区民警”称号，并记个人二等功一次。

12月 南江县被省水利厅评为“全省水利建设先进县”，并获一等奖。

是月 省公安厅授予南江县公安局“全省优秀公安局”称号。

是月 县公安局被省公安厅评为“全省队伍正规化建设先进单位”。

是月 省公安厅政治部、交管局授予县公安局交警大队“争创人民满意活动先进单位”称号。

是月 省纪委常委、监察厅副厅长曾祥禄到南江乐坝镇视察党风廉政建设。

是年 南江县团结中心小学获全国第十届“双龙杯”少年儿童书画大赛优秀组织奖，其中有5件作品获银奖、3件作品获铜奖。

是年 县国土局共清理存量土地10.8公顷，闲置土地19宗2.89公顷；房地产开发用地95宗1.25公顷；企业改制流转宗地143宗3.87公顷；小城镇用地流转宗地109宗0.51公顷。

是年 全县完成土地开发复垦933.33公顷。其中：项目改土366.67公顷（下湿田改造66.67公顷、坡改梯300公顷）；面上改土613.33公顷（庭园改土366.67公顷、聚土改土13.33公顷、田坎建设233.33公顷）。

是年 县内发现第一例艾滋病。至年底，累计报告艾滋病病例41例，已病死19例。

是年 仁和乡离退休人员党支部书记、离休干部杨绍谷被中央组织部授予“党务工作先进个人”称号。

2000年

1月1日 县公安局破获南江首例伪造票证案，抓获犯罪嫌疑人谭×等4人，缴获伪造的50余万元计划生育费用收缴定额票据。

1月11—12日 在巴中出席全省农机排灌工作会议的120余人到南江参观。

1月12—13日 中央电视台第七套春节特别节目《巴山欢歌》摄制组总导演张丹梅、执行导演张燕一行，在联盟村、水田坪村、南江黄羊交易中心进行采访拍摄。

1月18日 在南江县沙坝乡与陕西省南郑县碑坝乡接壤处的木竹垭深山密林内，发现一具已现白骨的尸体，县公安历时月余，犯罪嫌疑人苏××被抓获归案。

1月25日 国家投入180万元改建官房沟水库工程竣工。扩建后库容量达到177万立方米，既解决了长赤镇居民的人畜饮水困难，又灌溉农用地134公顷。

1月 省委、省政府授予乐坝镇“社会治安综合治理模范镇”称号。

2月28日 全县退耕还林首批政策兑现大会在沙滩乡举行。

2月 县检察院被省检察院表彰为“五好检察院”。

3月1日至6月30日 全县开展“打击拐卖妇女儿童、打击涉枪涉爆等严重暴力犯罪和反盗窃反抢劫”专项斗争。捣毁了5个盗窃集团，破获盗窃案件65件，破获了高大斌持火药枪连杀2人的恶性案件。刑拘40人，批捕24人。查处涉枪涉爆治安案件2件，捣毁一制炸药窝点，收缴炸药5000余公斤，雷管542枚。捣毁14个拐卖妇女儿童的犯罪集团，共抓获人贩子416人，刑拘67人，逮捕47人，解救妇女165人，解救儿童121名。县公安局被省公安厅表彰为“打拐先进集体”。“6·6”专案组被省公安厅表彰为“打拐先进集体”，并记集体二等功一次，民警张元智荣立个人二等功一次。

3月9—10日 省委驻南江“三讲”教育巡视组组长邓仕才一行，深入赶场、大河、下两部分文明新村检查指导工作。

3月14—15日 省纪委常委、省监察厅副厅长陈华江一行4人，到南江乐坝镇专题调研“三最佳”创建活动。

3月17日 受科技部委托，省科委牵头，由省级有关部门及专家组成的验收委员会，在成都对1999年度15个创建全国科技县（市）进行评审。南江县通过评审，并报科技部审批。

3月 县公安局破获首例合同诈骗案，涉案金额达7万余元，为受害人挽回经济损失。

4月5日 长春电影制片厂赴南江拍摄“南江黄羊”科教片，于当年11月在全国发行放映。

4月6—7日 省人大常委会主任谢世杰率省以工代赈办主任王光洲、省扶贫办主任颜继禄等一行到南江视察沙河乡九清村、沙河乡联盟村、南江镇红塔村、桃园镇焦家河村。

4月24日 县冶金集团公司董事长岳俊聪、水泥集团公司红潭河煤矿矿长方维林、杨坝乡桂花村党支部书记刘太仲赴成都参加四川省第四届劳动模范和先进工作者表彰大会。方维林、刘太仲被省政府授予“省劳动模范”称号；冶金矿山集团有限公司被省政府授予“先进单位”称号。

4月底 县畜牧食品局高级畜牧师王维春、竹坝铁矿车间主任岳廷华赴京出席全国劳动模范和先进工作者表彰大会，被国务院分别授予“全国‘五一’先进工作者”、“全国劳动模范”称号。

4月 县广播电视局被省政府评为“村村通”工程先进集体。

5月15日 省委副书记、省长张中伟率省有关部门负责人到沙河乡九清村视察文明新村建设。

是日 县公安局成功侦破销售伪劣香烟案，将价值50余万元的劣质香烟全部焚烧。

5月29日 县委九届四次全委会召开。审议通过《中共南江县委关于贯彻落实江总书记“三个代表”重要思想的意见》和《中共南江县委关于进一步加强自身建设的决定》。

5月 县公安局破获山西省代县滩上镇滩上村农民杨××、赵××窜入南江，伙同赶场乡三村一社农民何×，潜藏于玉泉乡一村五社深山老林中，非法种植罂粟苗215238株的毒品种植案。

6月7日17时10分 县粮油运输公司驾驶员张×驾驶县粮油运输公司川Y01431号华西牌旅行小客车，搭载桃园镇组织的赴南江镇红塔村参观学习文明新村建设的24人，车行至省道101线574公里+500米下坡左急弯桥头时，撞翻桥头石质护栏驶出公路右侧，坠于15米高的桥下河中，造成当场死亡6人，抢救过程中死亡8人，轻重伤10人的特大交通事故。

6月12日 碾盘乡明月村获“全国造林绿化千家村”称号。

6月19—20日 省人大内司委主任委员耿全礼一行14人，到南江检查调研《村民委员会组织法》的贯彻实施情况。

6月29日 撤销中共南江县卫生局、粮食局、教委、交通局党组和纪检组，分别设立党委和纪委。

6月 县人大常委会主任王道先随省人大代表团赴英国、意大利、法国等九国考察访问。

是月 全县开展第五次全国人口普查，全县共抽调各级普查员、普查指导员及工作人员5000余人。

7月5日 原湖北省军区副司令员（正军职待遇）、老红军何太阳回老家双流乡探亲，给双流乡中心小学捐资5万元。

7月6—21日 县公安局开展车辆安全大整治。共检查车辆8600台次，纠正违章4355起，处罚3532人，治安拘留12人，强制报废车辆57台，暂扣车辆126辆，查出无牌无证车39辆，拆除随意增加客车座位165辆，督促保险107辆。

7月28—29日 省政府农田办主任、省政协农委主任刘忠彬一行，到南江对农业结构调整、退耕还林（草）、集镇建设和管理等进行调研。

7月29日 巴中质量技术监督局南江分局成立。

7月 县公安局开展查禁赌博、卖淫嫖娼活动的专项斗争。取缔非法经营和无证经营的茶园、发廊6家，查处卖淫嫖娼、赌博案18件，处理违法人员27人，其中拘留4人，警告罚款23人，取缔设在中小学校周边的电脑游戏、网吧3家。

8月17日 中共中央委员、国务院扶贫开发领导小组副组长胡富国，国务院扶贫办副主任蒋晓华，副省长敬正书，省扶贫办主任颜继禄到南江检查指导扶贫工作。

9月4日 中央电视七台摄制组在南江摄制的《靠山如何吃山》电视专题片在中央电视台播放。

9月20日 县城发生一起持刀连续杀死2人的恶性案件，犯罪嫌疑人李×在逃跑时被抓获归案。

10月5日 南江被科技部授予“全国科技工作先进县”称号。

10月16日 县公安局消防大队在全国消防业务考试中，荣获全省第二名，省公安厅、消防总队给县消防大队记集体三等功一次。

10月22日 省文明办派员到南江对县国税局、县农行申报省级文明单位和省级最佳文明单位进行检查验收。

10月 原赶场中心小学校长黄光照（已退休）荣获中国文联授予的“根艺奖”。

11月15日 《四川民主法制建设》第10期，刊登题为《充分发挥人大职能》文章，介绍了大河镇人大主席团实施“456”系列工程纪实。

12月10日 四川电视台到赶场乡采访亲民工程“五个一”活动情况，采访的资料片先后在四川电视台、中央电视台播放。

12月28日 县电信分公司、县电信实业公司分别挂牌成立。

12月 省公安厅政治部、交通管理局联合表彰南江县交警大队为“创人民满意活动先进单位”。

是月 省公安厅表彰县公安局经侦大队为“三项教育”暨正规化建设先进单位。

是月 团省委表彰南江派出所为“青少年维权岗”先进单位，派出所所长康健德被表彰为“省优秀‘青少年维权岗’先进个人”。

是月 四川南江国家粮食储备库被授予省级“卫生先进单位”、“模范职工之家”、“青年文明号”称号。粮库主任苏光全被省委组织部、省委宣传部、团省委授予“优秀青年企业家”称号。

是月 国家分配给南江县“村村通”电视设备150套，广播设备20套，县广电局圆满完成了安装，至此全县100%的区（镇）、乡（镇）建起了光纤网络，99.2%的行政村和半数以上的合作社通了有线电视，城乡有线电视达到了5.8万户。

是月 “南江黄羊”发展协会、长赤“养猪专业协会”被省科协、省委农工委、省体改办、省农业厅、省畜牧食品局联合评为“省农村专业技术协会100强”。

是月 全县10区3镇全部实现“全球通”移动通话，移动电话用户达到5000户。

是年 县委组织部对参与非法组织的中共党员进行认真的教育和处理，对拒不认错悔改的2名党员给予除名，对29名不合格党员进行了教育和不同等次的处理。

第一篇　建置·区划

第一章　建　置

第一节　沿　革

南江古属巴国之地，汉为益州之境。自南北朝梁普通六年（525 年）立县以来，至今（2000 年）已有 1475 年的历史。立县至 1985 年的沿革，前志已记。1986 年至 1993 年 10 月，南江县隶属四川省达县地区，1993 年 10 月，成立巴中地区，南江县划归巴中地区管辖。2000 年 12 月 28 日，巴中地区撤地设市，南江县隶属巴中市。县人民政府驻南江镇。

第二节　境　域

南江县位于四川省东北部边缘米仓山南麓，地跨北纬 31°52′~32°44′，东经 106°26′~107°07′。东邻通江县，南依巴中县（2000 年 12 月更名为巴州区），西靠旺苍县，西南抵苍溪县，北与陕西省南郑、宁强县相毗连。地域南北长，东西窄；南北长 84.3 公里，东西宽 31 公里。地势北高南低，海拔在 370 米（凤仪乡）至 2507 米（光雾山）之间。全县面积 3382.8 平方公里，至 2000 年底未变。

第二章 区 划

第一节 区划调整

1986年底，全县共有10区、1镇、73个乡、522个村、2474个村民小组、528394人。

1989年10月，经四川省人民政府批准，撤销正直、长赤、沙河、大河四个乡建制，设立正直、长赤、沙河、大河四个乡级镇，所辖行政区域不变。

1994年9月，经四川省人民政府批准，撤销乐坝乡建立乐坝镇，并升格为区级镇，所辖行政区域不变。调整后全县共有12个区（镇）、4个乡级镇、68个乡、526个村、2420个村民小组。

1998年7月，经四川省人民政府批准，撤销桃园乡、槐树乡，从上两区管辖内分离出来，合并建立区级桃园镇，原桃园乡、槐树乡所属行政区域为桃园镇所辖。

自1986年1月1日至2000年12月31日止，区划调整中，全县更名和命名的有6个镇、17个村民委员会、18个居民委员会、23个居民小组、74个村民小组。

第二节 区划现状

2000年底，全县行政区划为10个区（小河、沙河、长赤、正直、下两、大河、赶场、贵民、上两、杨坝）；3个区级镇；66个乡和4个乡级镇；525个村、40个居委会、75个居民小组、2416个村民小组，630343人。

表1—1　　南江县2000年底行政区划表

区（镇）名称	乡（镇）名称	村（居委会）个数	村（居委会）名称
南江镇		12	朝阳、文星、公山、红塔、黄金、庄房、元山村，水码头居委、南门口居委、回龙桥居委、麻柳湾居委、小河桥居委
乐坝镇		6	鞍子沟、侯家坡、向家坡村，董家梁居委会、瓦房湾居委、兴隆居委
桃园镇		8	铁炉坝、焦家河、龙王坝、九角山、普陀寺、岩房、大营、白滩村
小河区	小河乡	8	观音井、跃进、华光、幸福、永红、五星、槐树、文光村
	石矿乡	6	同心、卫星、土寨、战斗、长丰、民主村
	碾盘乡	9	红卫、长坪、苦竹、双元、南垭、明月、白鹤、石光、三溪村
	水洞乡	6	水洞、光辉、金杯、文安、黄龙、桃红村
	桥坝乡	3	桥坝、响水、田榜村
小 计	5	32	

续上表

区（镇）名称	乡（镇）名称	村（居委会）个数	村（居委会）名称
沙河区	沙河镇	17	沙河居委、洛坪居委、天桥、将营、红旗、洛坪、中心、五郎、中岭、建新、星光、上营、联盟、红光、金星、石岭、九青村
	赤溪乡	14	活水、庙梁、大垭、空山、茶园、四营、西厢、文昌、白岩、蒲坪、陈坪、清江、金银村，赤溪街道居委
	燕山乡	8	九君、秧坝、燕山、玉螺、李寨、枇杷、双庙、南坪村
	八庙乡	9	小竹岭、方家坪、谢家坪、青宝观、何家坪、肖家观、普照寺、小寨子村，街道居委
	金盆乡	6	龙岗、天宫、仙俺、高家河、天马、金盆村
	高塔乡	8	高塔、红庙、前丰、五山、青春、大佛、射鸿村，高塔街道居委
	团结乡	10	周山、亭子、谷合、回龙、安山、筒车、红岩、梭坡、罗沟、井田村
小计	7	72	
长赤区	长赤镇	13	乐台、建华、清泉、莲花、永新、上游、中奎、莲池、青杠、龙池、桥梁村，朱陵宫街道居委、乐园路居委
	红光乡	13	青山、玉堂、罗家垭、海堂、房岭、白石、茨竹、构山、玉白、花石、大柿、黑池村，红光街道居委
	付家乡	7	杨雀、碑梁、袁家、双山、龙泉、吊楼村，付家街道居委
	红顶乡	7	鼓楼、笔架、石滩、苟林、书房、林家、青柏村
	红四乡	9	惠民、三清、石岩、石梁、永福、王龙、斜岩、刘家、沈坡村
	红五乡	6	罗圈、百岁、永安、长青、华峰、二郎村
	竹岭乡	3	晓钟、花园、华山村
	天池乡	6	白顶、石家院、天河、池塘、栗园、演禅村
	九顶乡	7	广鼓、白珠、白丰、罐山、栏马、石寨村、街道居委
	侯家乡	6	太平、龙洞、玛瑙、灵宫、赵家村、街道居委
	双桂乡	5	马桑、双桂、园坝、长梁、红豆村
小计	11	82	
正直区	正直镇	15	宝塔、龙山、金鹞、龙潭咀、红花、望龙、柳树、育林、印合、石城、海坪、荆江、东坡、长滩村，街道居委
	凤仪乡	10	桑树、青化、鱼池、东流、董坝、深沟、蒙树、龙江、南河、鱼脊村
	花桥乡	7	花桥、沿溪、唐家坝、徐家坝、福字寺、梨子、宝石村
	黑潭乡	12	黑潭、石笋、锅口、李家营、白虎、元顶、南鹰、景坪、中梁山、樟木、窝坪村，街道居委
	和平乡	12	和平、南山、坟梁子、张公庙、油榨坪、宋朝洞、铁炉、鲁班、鸣垭、孟山、石龙村，街道居委
	朱公乡	10	朱公、官池坪、刘家榜、杨岭、斜岩塥、桐岭、锦鸡垭、百坪、万山村，街道居委
	双流乡	8	学儿梁、磨垭、红材、苏家营、元包、黄垭、万山营村，街道居委
	菩船乡	6	菩船、面落溪、松林、笔山、十字垭、毛家塥村
小计	8	80	

续上表

区（镇）名称	乡（镇）名称	村（居委会）个数	村（居委会）名称
下两区	下两乡	15	新桥、阳光、灵活、大田、东河、铁尖、钟咀、老君、江口、平桥、柏杨、黄坪、七岭、瓦坪村，下两街道居委
	凉水乡	8	康家岭、彭家塬、新庙、熊家坝、下坝、凉水、韩岭、檬子村
	元潭乡	10	元潭、南木、三峰观、治坪、回龙观、石寨子、九泉、五梁、字库村，街道居委
	东垭乡	8	东垭、青龙寨、帽顶、柑树坪、碾盘、中山寨、罗山坪、天关村
	高桥乡	11	箭杆、龙潭、悬峰、五山庙、土门、岭上、三星、锣铜、元坨、黄梁村，街道居委
	平岗乡	8	坪岗、铜岭、小林、大坪、天井、桅杆、断桥、张公堂村
	长征乡	8	仁同坪、钟家湾、铁山、碑河、五凤、大罗山、观音井、塔子坪村
	仁和乡	12	仁和、佛儿岩、回龙场、中坝、西峰、严山、铁寨、白鹤咀、枫树、龙凤、石峰村，街道居委
小　计	8	80	
大河区	大河镇	13	永坪寺、观光山、鱼黄观、孙家山、郑家沟、观音寺、佛石坝、大营坝、灯油坪、太平山、李家岩村，老街居委、新街居委
	石滩乡	10	碾子咀、母家坪、宋家坪、王光山、当头岭、石河寨、雪花寺、赵家河、铺垭庙村，石滩街道居委
	关门乡	9	宝丰、长田坝、石庙、金银岩、白果树、柏垭子、西厢咀、擦耳岩村，街道居委
	兴马乡	10	余家坪、齐家湾、棕园子、川柏林、唐家坝、鲤鱼坝、马驴寨、红岩观、饮马池村，街道居委
	瓦池乡	6	罗岗、铜马、庙坪、熊山、鱼池梁、木罗村
	白院乡	9	东华山、天平山、牟尼寺、莲花石、园峰山、青坪、仙龙、青云、三元包村
	北极乡	5	范家山、梭罗坪、芭蕉溪、中房坪、乌龙村
小计	7	62	
赶场区	赶场乡	11	鹿角垭、中江、白梁、井坝、石龙寨、长坝、白马、梁坪、齐坪、西坝村，街道居委
	关路乡	9	临江、春江、雄岭、白鹤寺、云台、菖蒲、雪坪、柏垭、星火村
	关田乡	4	东坝、云顶、西坪、南溪村
	红岩乡	6	黑岩、石庄、双寨、云光、鞍坪、红寨村
	旭光乡	3	柳池、穿心、金螺村
	桥亭乡	6	龙门、竹木、桥亭、罗垭、山寨村，街道居委
	沙滩乡	4	铁坪、马梁、凤凰、银宝村
小　计	7	43	
贵民区	贵民乡	5	铧厂、黄草包、长沟、双田村、街道居委
	沙坝乡	5	草坝、沙坝、红山、咸丰村、街道居委
	西清乡	4	阳坡、铧尖、大湾、三河村
	柳湾乡	5	麻柳、黄土、长河、田坪、竹坝村
	新立乡	4	新立、九岭、郎坪、红珠村
	红星乡	3	蟒洞坝、黄柏垭、土潭河村
	汇滩乡	5	三园、大垭里、草坝、黄峡、云岩村
小　计	7	31	

续上表

区（镇）名称	乡（镇）名称	村（居委会）个数	村（居委会）名称
上两区	上两乡	6	庙垭、桂花园、洋滩、上两、文家梁村、街道居委
	关坝乡	8	关坝、五郎沟、袁山寺、小田沟、梨坪、石洋、周家沟村、街道居委
	寨坡乡	4	溪口、洋垭、水田坪、石龙沟村
	光明乡	3	周坪、后坝、新河村
	玉泉乡	3	三关、西沟、玉泉村
小　计	5	24	
杨坝区	杨坝乡	10	赤卫、桂花、友谊、柏林、严河、尖山、田垭、新坝、茶溪村、街道居委
	坪河乡	10	先锋、向阳、人民、龙潭、三角、关坊、土台、钟山、粮山村、街道居委
	甘溪乡	4	甘溪、杨槐、华营、林河村
	新民乡	4	罐坝、硝洞、牡丹、柳坝村
	流坝乡	5	金台、高峰、赤坝、梅岭、黑山村
小　计	5	33	
合　计	70	565	其中40个居委会

注：全县合计10个区、3个区级镇、70个乡（镇）、565个村（居委会），在565个村（居委会）中有525个村、40个居委会、2416个村民小组（合作社）、75个居民小组。

第三章　区乡概况

第一节　区（镇）概况

小河区　位于县城中部，1986年辖小河、石矿、碾盘、水洞、桥坝5个乡，34个村，203个村民小组，全区面积241平方公里，耕地2.77万亩，总户数7783户、总人口35510人，其中农业人口33926人、非农业人口1584人。1988年4月经达县地区行政公署批准将小河乡的黄金村2个组、红塔村3个组、槐树村1个组、碾盘乡的元山村3个组、红卫村1个组、石光村2个组，划归南江镇管辖。调整后小河区实辖5个乡、32个村、187个村民小组，面积226.63平方公里，耕地27558亩。

2000年，全区辖5个乡、34个村、187个社，总户数8700户、总人口36292人，其中农业人口34833人、非农业人口1306人，未落户人口153人。全区面积226.63平方公里，耕地面积1420公顷。农业总产值4380万元，农村经济总收入7519万元，粮食总产量1.61万吨；农民人均收入1222元。区公所驻地小河中咀大桥北，距县城3公里。

沙河区　位于县城西南部，1986年辖沙河、赤溪、燕山、八庙、金盆、高塔、团结、乐坝等8

个乡。1989 年，沙河乡撤乡建镇（乡级）。1994 年，经省人民政府批准，撤销乐坝乡建制，成立乐坝镇（区级），由县直管。至此，沙河区辖 7 个乡（镇）、69 个村、240 个居民小组。2000 年底，全区面积 252.7 平方公里，耕地 3812.67 公顷，总户数 18266 户、总人口 73066 人，其中农业人口 69565 人、非农业人口 3501 人。农业总产值 1.05 亿元，农村经济收入 1.43 亿元，财政收入 650 万元；粮食总产量 3.89 万吨，油料总产 4331 吨；生猪出栏 8.93 万头，羊存栏 1.42 万只；农民人均年纯收入 1400 元。区公所驻沙河镇街道。

长赤区 位于县城西南部，东邻沙河区、西南接正直区、西北与旺苍县相连。面积 271 平方公里，耕地 4773.33 公顷。辖长赤、红光、付家、红顶、竹岭、红五、天池、侯家、九顶、双桂、红四等 11 个乡（镇），76 个村，377 个村民小组（合作社）。2000 年统计，全区总户数 26820 户、总人口 109488 人，其中农业人口 104952 人、非农业人口 4536 人；农业总产值 1.28 亿元，农村经济总收入 2.36 亿元，财政收入 736 万元，粮食总产量 6.16 万吨，油料总产量 3097 吨，生猪出栏 11.94 万头，羊存栏 759 只。区公所驻长赤镇，距县城 46 公里。

正直区 位于县城西南部，居巴中、苍溪、旺苍三县交界处，东与下两相连，北与长赤接壤，全区面积 300.2 平方公里，耕地 4573.33 公顷；辖正直、凤仪、朱公、花桥、黑潭、和平、双流、菩船等 8 个乡（镇），75 个村，330 个村民小组（合作社）。2000 年底统计：全区 24702 户、96242 人，其中农业人口 89583 人、非农业人口 5513 人，未落户人口 1146 人。农业总产值 1.16 亿元、农村经济总收入 1.77 亿元、财政收入 450 万元；粮食总产量 5.67 万吨、油料总产 2535 吨；生猪出栏 11.55 万头、羊存栏 2.97 万只；农民人均年纯收入 1413 元。区公所驻正直镇街道，距县城 77 公里。

下两区 位于县城南部边缘，东邻通江县，南接巴州区，西连正直、长赤区，北与沙河镇为邻。全区面积 324 平方公里，耕地 3566.67 公顷；辖下两、元潭、凉水、东垭、高桥、平岗、长征、仁和 8 个乡、76 个村、319 个村民小组。2000 年底，全区总户数 17746 户、总人口 71442 人，其中农业人口 67866 人、非农业人口 3576 人。农业总产值 6059 万元，农村经济总收入 9645 万元，财政收入 1103 万元。粮食总产量 3.4 万吨，油料总产 290 吨；生猪 4.24 万头，羊圈存 6433 只；农民人均年纯收入 1148 元。区公所驻下两镇街道，距县城 50 公里。

大河区 位于县城东南部，东邻通江县，南接下两区，西与小河区、沙河区交界，北与赶场区相连。全区面积 410 平方公里，耕地 4773.33 公顷。辖大河镇、石滩乡、关门乡、兴马乡、瓦池乡、白院乡、北极乡等 7 个乡（镇），58 个村、2 个居委会，289 个村民小组。2000 年，全区总户数 19699 户，总人口 74242 人，其中农业人口 70628 人，非农业人口 3614 人。农业总产值 8382 万元，农村经济总收入 1.34 亿元，财政收入 708 万元；粮食总产量 4.98 万吨，油料总产 2587 吨；生猪出栏 8.54 万头，羊存栏 4.71 万头；农民人均年纯收入 1319 元。区公所驻大河镇，距县城 57 公里。

赶场区 位于县城东北部。东邻通江县，西接小河区，南连大河区，西北接杨坝区，北与贵民、上两区相邻。全乡面积 323 平方公里，耕地 2226.67 公顷；辖赶场、关路、关田、红岩、旭光、桥亭、沙滩共 7 个乡，41 个村，282 个村民小组（农业社）。2000 年，全区总户数 9461 户，总人口 39968 人，其中农业人口 37937 人，非农业人口 2031 人。农业总产值 3423 万元，农村经济总收入 5582 万元，财政收入 336 万元；粮食总产量 2.19 万吨，油料总产 1201 吨；生猪出栏 1.56 万头，羊存栏 3703 只；农民人均年纯收入 1126 元。区公所驻赶场溪，距县城 21 公里。

贵民区 位于县城东北部米仓山下，东邻通江县，西南抵赶场区，北与上两区毗邻。全区面积 256 平方公里，耕地面积 1969.2 公顷；辖贵民、沙坝、西清、柳湾、新立、红星、汇滩等 7 个乡，

29个村，125个居民小组。2000年，全区总户数4664户，总人口18430人，其中农业人口17482人，非农业人口948人。农村经济总收入3138万元，财政收入210万元；粮食总产量8611吨，油料总产726吨；生猪出栏1.27万头，羊存栏3269只；农民人均年纯收入1201元。区公所驻贵民乡街道，距县城60公里。

上两区　位于县城北缘，东南接贵民区，南邻赶场区，西北与旺苍县毗邻，西南抵杨坝区，东北与陕西省南郑相连。全区面积697.3平方公里，耕地2046.67公顷。1989年前辖上两、关坝、寨坡、光明、玉泉、槐树、桃园7个乡，30个村，131个村民组。1989年，经省人民政府批准，桃园乡撤乡建为区级镇，将原槐树乡合并到桃园镇。至此，上两区只辖上两、关坝、寨坡、光明、玉泉等5个乡，22个村，105个村民小组。面积280.8平方公里，耕地1023.6公顷。2000年，全区总户数4475户，总人口15101人，其中农业人口14050人，非农业人口1051人，未入户人口21人。农业总产值981万元，农村经济总收入2519万元，财政收入174万元；粮食总产量8220吨，油料总产454吨；生猪出栏7409头，羊存栏4879只；农民人均年纯收入1276元。区公所驻上两银杏坝，距县城41公里。

杨坝区　位于县城西北部，米仓山南缘，东邻赶场区，南抵小河区，西接旺苍县，北连上两区。辖杨坝、坪河、流坝、甘溪、新民等5个乡，31个村，156个村民小组。全区面积319平方公里，耕地面积1193.33公顷。2000年，全区总户数6067户，总人口24262人，其中农业人口23070人，非农业人口1192人。农业总产值1926万元，农村经济总收入3941万元，财政收入313万元；粮食总产量1.13吨，油料总产量563吨；生猪出栏1.2万头，羊存栏7825只；农民人均年纯收入1157元。区公所驻杨坝乡，距县城27公里。

南江镇　是全县的政治、经济、文化中心，具有1400多年的历史，古称集州。民国37年（1948年）设治城镇。1953年更名城关镇。1981年12月更名南江镇。它位居县境中部，东北与赶场、杨坝乡相依，南与关门乡接壤，西与小河乡毗邻。1988年前辖文星、朝阳两个村和城区4个居委会，同年4月县人民政府报经达县地区行政公署批准，分别将小河乡的黄金村、红塔村以及槐树村一社和水洞乡光辉村一社、二社合并为庄房村；碾盘乡的石光村一、二社合并为公山村，碾盘乡的元山村一、二、三社与红卫村一社合并为元山村。新调整的5个村划归南江镇管辖，此时，全镇共有7个村21个村民小组。为方便管理，又将公山村与文星村合并为文星村。到2000年底，南江镇所辖7个村、20个村民小组和城区5个居委会，全镇面积19.37平方公里，耕地134.6公顷，总户数17279户、总人口46144人，其中非农业人口40417人、农业人口5477人，未落户人口250人。财政收入589万元，农业总产值992万元，农村经济收入（当年价）1366万元，粮食总产量673吨，农民人均年纯收入2207元。

镇内农村主要以城郊农业经济结构调整为重点，围绕县城绿色产品市场需求，建立无公害产品生产基地2个，种植优质蔬菜113.33公顷，水果53.33公顷；城镇以非公有制经济发展和招商引资为重点，累计发展个体工商户4200多户，私营企业60余家，以文星小区开发、朝阳新区开发、沙溪坝市场开发为载体，制定优惠政策吸引10多家外商，总投资逾亿元。

乐坝镇　位于县城中西部，东邻团结乡、西连红四乡、北与旺苍县毗连。1994年前，乐坝乡属沙河区管辖。全乡辖侯家坡、瓦房湾、董家梁、向家坡4个村15个村民小组，人口3123人；面积17.3平方公里，耕地95.2公顷。1994年10月经省政府批准撤乡建镇，升格为区级镇，由县直管。镇政府驻乐坝街道，距县城40公里。至2000年底，全镇辖鞍子沟、侯家坡、向家坡3个村和3个街道居民委员会，10个村民小组。全镇面积17.3平方公里，有耕地24.33公顷，总户数1965户、总人口5736人，其中农业人口1654人、非农业人口4082人。

全镇国内生产总值1.4亿元，人均年纯收入7400元，农业总产值255万元、农村经济总收入489万元，财政收入365万元；粮食总产量763吨；农民人均年纯收入1700元。该镇以乐坝火车站为依托，年仓储运量达120万吨，个体工商户已发展到510户，乡镇企业37家，是南江县新兴的工业开发区，也是巴中市的一个重要仓储转运中心，属典型的工贸型集镇。

桃园镇 位于县城北部边缘，米仓山西麓。东邻关坝、玉泉乡，西接槐树乡，北与陕西南郑县毗邻。1994年前为桃园乡（上两区辖），全乡共辖5个村、14个村民小组、413人，面积96.8平方公里，耕地面积157公顷。1994年10月，经省人民政府批准撤乡建镇（区级），直属县管。全镇辖原桃园乡、槐树乡地域的铁炉坝、焦家河、龙王坝、普陀寺、九角山、岩房、大营、白滩等8个村，28个村民组（合作社）。面积417.18平方公里，耕地320公顷。

2000年，全镇有居民1196户，总人口3263人，其中农业人口2656人，非农业人口607人。农业总产值326万元，农村经济总收入474万元，财政收入71万元；粮食总产1541吨；农民人均年纯收入1316元。镇政府驻桃园，距县城110公里。

第二节 乡镇概况

小河乡 位于县境中部，1988年行政区划调整后，辖8个村（观音井、跃进、华光、幸福、永红、五星、槐树、文光），56个村民小组。2000年，全乡面积71.5平方公里，耕地420.2公顷，总户数2951户，总人口12592人，其中农业人口11640人、非农业人口822人、未落户人口130人。农业总产值1258万元，农村经济收入2421万元；粮食总产量6206吨，油料82吨；生猪出栏1.22万头，羊存栏5705只；农民人均年纯收入1585元。乡政府驻地1997年由原驻彭家坝迁至东榆街道，距县城10公里。

石矿乡 位于县境中部，2000年底，全乡辖6个村（民主、同心、卫星、土寨、战斗、长丰），25个村民小组（合作社），面积32.5平方公里，耕地273.67公顷，总户数1770户、总人口7005人，其中农业人口6906人、非农业人口97人，未落户人口2人。全乡农业总产值958万元，农村经济收入1449万元；粮食总产量3865吨，油料233吨；生猪出栏7379头、羊存栏1726只；农民人均年纯收入1491元。乡政府驻石矿乡街道。

碾盘乡 位于县境中部，1988年前辖红卫、元山、长坪、苦竹、双元、南垭、白鹤、明月、石光、三溪等10个村，56个村民组。1988年将元山村的3个组、红卫村1组、石光村的2个组划归南江镇管辖，至1988年后，碾盘乡所辖红卫、长坪、苦竹、双元、南垭、明月、白鹤、石光、三溪等9村，50个村民小组（合作社）。2000年底，全乡面积73平方公里，耕地353.6公顷，总户数2089户，总人口8927人，其中农业人口8761人、非农业人口166人。全乡财政收入140万元，农业总产值1176万元，农村经济收入2110万元，粮食总产量5398吨；农民人均年纯收入1519元。乡人民政府驻断渠公园旁。

水洞乡 位于县境中部，1988年前辖水洞、金杯、文安、黄龙、桃红、光辉等6个村，34个村民小组，面积33.58平方公里，耕地232.73公顷。1988年将光辉村1社、2社合并为庄房村，划归南江镇管理，至此，水洞乡辖6村、34社，面积33.5平方公里，耕地173公顷。2000年底统计，全乡总户数1095户、总人口4627人，其中农业人口4439人，非农业人口168人，未落户人口20人。农业总产值6688万元，农村经济收入978万元，财政收入52万元；粮食总产量2939吨，油料总产38吨；生猪出栏4575头，羊存栏4224只；农民人均年纯收入1492元。乡人民政府驻水洞溪，距县城12公里。

桥坝乡 位于县境中部边缘，全乡辖桥坝、响水、田榜3个村，22个村民小组（合作社），面积30.5平方公里，耕地197.53公顷。2000年底统计，总户数771户、总人口3141人，其中农业人口3087人、非农业人口54人。农业总产值320万元，农村经济收入561万元，财政收入516万元；粮食总产量1674吨，油料总产41吨；生猪出栏1401头，羊存栏2527只；农民人均年纯收入1026元。乡人民政府驻桥坝。

沙河镇 位于县境西南部，东邻八庙乡，西接红四乡，南靠赤溪、红顶乡，北与团结、乐坝相连；辖天桥、将营、红旗、洛坪、中心、五郎、中岭、建新、星光、上营、联盟、红光、金星、石岭、九青等15村，59组（合作社）。全镇面积54.8平方公里，耕地707.33公顷。2000年底，总户数4626户、总人口18505人，其中农业人口16114人、非农业人口2391人。农业总产值2487万元，农村经济收入3439万元，财政收入148万元；粮食总产量8183吨，油料总产854吨；生猪出栏2.29万头，羊存栏3010只；农民人均年纯收入1385元。镇政府驻洛坪街道。

赤溪乡 位于县境西南部，东接燕山乡，南抵下两、东垭乡，西接红顶，北连沙河、八庙乡。全乡面积45.7平方公里、耕地723.67公顷。辖活水、庙梁、大垭、空山、茶园、四营、西厢、文昌、白岩、蒲坪、陈坪、清江、金银等13个村，48个村民小组。据2000年统计，全镇总户数3394户，总人口14040人，其中农业人口13301人、非农业人口739人。农业总产值2016万元，农村经济收入776万元，财政收入120万元，农民人均年纯收入1364元；粮食总产量7720吨，油料总产839吨；生猪出栏1.72万头，羊存栏2560只。乡人民政府驻赤溪场街道。

燕山乡 位于县境西南部，东邻石滩，西接赤溪，南连高桥，北与八庙、金盆乡接界。全乡面积25.4平方公里，耕地501公顷。辖九君、秧坝、燕山、玉螺、李寨、枇杷、双庙、南坪等8个村，24个组（合作社）。2000年底统计，全乡总户数2103户、总人口8338人，其中农业人口8338人。农业总产值1209万元，农村经济收入1735万元，财政收入74万元，农民人均年纯收入1350元；全乡粮食总产量3156吨，油料总产577吨；生猪出栏1.01万头，羊存栏1130只。乡人民政府驻雁山塬，距县城36公里。

八庙乡 位于县境西南部，东邻金盆、燕山乡，南接赤溪乡，东北与高塔乡相连。全乡辖小竹岭、方家坪、谢家坪、青宝观、何家坪、肖家观、普照寺、小寨子等8个村，24个组。面积22.3平方公里，耕地面积501公顷。2000年，全乡总户数2458户、总人口9849人，其中农业人口9681人、非农业人口168人。农业总产值1209万元，农村经济收入1735万元，财政收入129万元；粮食总产量5840吨，油料总产664吨；生猪出栏1.23万头，羊存栏1230只；农民人均年纯收入1370元。乡政府驻八庙街道。

金盆乡 位于县境西南部，东接石滩乡，西邻八庙乡，南抵燕山乡，北与高塔交界。辖龙岗、天宫、仙俺、高家河、天马、金盆等6个村，19个组。全乡面积19.3平方公里，耕地318.33公顷。据2000年统计，全乡总户数1473户、总人口5895人，其中农业人口5826人、非农业人口69人。农业总产值835万元，农村经济收入1085万元，财政收入46万元；粮食总产量3055吨、油料总产389吨；生猪出栏7110头，羊存栏1030只；农民人均年纯收入1320元。乡政府驻金盆寨，距县城49公里。

高塔乡 位于县境西南部，东接关门乡、南抵金盆乡、西北挨石矿乡。辖高塔、红庙、前丰、五山、青春、大佛、射鸿等7个村，26个村民小组（合作社）。2000年统计，全乡面积28.4平方公里，有耕地505公顷，总户数2037户，总人口8150人，其中农业人口8016人、非农业人口134人。农业总产值1203万元，农村经济收入1576万元，财政收入63万元；粮食总产量4625吨，油料总产578吨；生猪出栏9830头，羊存栏1250只；农民人均年纯收入1340元。乡政府驻新店街道，距县城44公里。

团结乡 位于县境西南部，东接小河乡，西邻乐坝镇，南接沙河镇，西北与旺苍县大德乡隔河相望；辖10个村、33个村民小组。2000年底统计：全乡面积56.8平方公里、有耕地465.33公顷；总户数2078户、总人口8289人，其中农业人口8289人；农业总产值1196万元、农村经济总收入1617万元，财政收入70万元；粮食总产量4309吨、油料总产430吨、生猪出栏9970头、羊存栏3990只；农民人均年纯收入1312元。乡政府驻地糖房坝，距县城25公里。

长赤镇 位于县境西南部，辖乐台、建华、清泉、莲花、永新、上游、中奎、莲池、青杠、龙池、桥梁等11个村，72个村民小组（合作社），面积40.6平方公里，耕地面积786.67公顷。1989年11月前，为乡建制，1989年11月经上级批准撤乡建镇（乡级）。2000年底统计，全镇总户数5520户，总人口23459人，其中农业人口20448人，非农业人口3011人。农业总产值2269万元，农村经济总收入4443万元，财政收入145万元；粮食总产量1.04万吨，油料总产量602吨；生猪出栏2.15万头、羊存栏264只；农民人均年纯收入1250元。镇政府驻长赤街道，距县城46公里。

红光乡 位于县境西南部，北邻长赤镇、东接东垭乡和付家乡、南连黑潭乡、西靠九顶乡和侯家乡。全乡面积43.6平方公里，耕地610.87公顷；辖青山、玉堂、罗家垭、海堂、房岭、白石、茨竹、构山、玉白、花石、大柿、黑池等12个村，1个街道居委会，60个村民小组（合作社）。2000年底统计：全乡总户数4720户、总人口18873人，其中农业人口18244人、非农业人口629人。农业总产值2109万元，农村经济总收入4021万元，财政收入133万元；粮食总产量9923吨，油料总产量671吨；生猪出栏2.02万头，羊存栏135只；农民人均年纯收入1230元。乡政府驻红光街道。

付家乡 位于县境西南部，东邻赤溪、东垭乡，西南接红光乡，北与长赤镇相连。全乡面积22.3平方公里，耕地453.47公顷；辖杨雀、碑梁、袁家、双山、龙泉、吊楼等6个村，和1个街道居委会，28个村民小组（合作社）。2000年，全乡有2292户，9421人，其中农业人口9320人、非农业人口101人。农业总产值1167万元，农村经济总收入2152万元，财政收入104万元；粮食总产量5770吨，油料总产377吨；生猪出栏1.12万头、羊存栏9只；农民人均年纯收入1210元。乡政府驻付家坝，距县城49公里。

红顶乡 位于县境西南部、东邻赤溪乡、南接付家乡、西连长赤镇、北接沙河镇。全乡面积41.6平方公里、耕地447.67公顷；辖鼓楼、笔架、石滩、荀林、书房、林家、青柏等7个村、26个村民小组（合作社）。2000年底统计，全乡总户数2262户，总人口8822人，其中农业人口8729人、非农业人口93人。农业总产值1556万元，农村经济总收入2025万元，财政收入23万元；粮食总产量5672吨，油料总产360吨；生猪出栏1.02万头，羊存栏36只；农民人均年纯收入1196元。乡政府驻红顶街道，距县城40公里。

红四乡 位于县境西南部边缘，东邻沙河乡、南接长赤乡、西北与旺苍县接界。全乡面积41.6平方公里，耕地面积384.4公顷；辖惠民、三清、石岩、石梁、永福、王龙、斜岩、刘家、沈坡等9个村，34个村民小组（合作社）。2000年，全乡总户数1899户、总人口8241人，其中农业人口8160人，非农业人口81人。农业总产值1040万元；粮食总产量4955吨，油料总产336吨；生猪出栏9840头，羊存栏105只；农民人均年纯收入1140元。乡政府驻地石板垭，距县城56公里。

竹岭乡 位于县境西南边缘，东接红四乡、长赤镇，南邻天池乡，西接红五乡，北靠南山与旺苍县为邻。全乡面积15.2平方公里，耕地208.87公顷；辖晓钟、花园、华山3个村，20个村民小组（合作社）。2000年底统计：全乡总户数1112户，总人口4444人，其中农业人口4398人，非农业人口46人。农业总产值550万元，农村经济总收入908万元，财政收入57万元；粮食总产量2636吨、油料总产196吨；生猪出栏4100头、羊存栏60只；农民人均年纯收入1170元。乡政府驻晓钟岭，距县城57公里。

红五乡 位于县境西南边缘，东接天池、竹岭乡，南邻双桂乡，西北与旺苍县接壤。全乡面积19平方公里，耕地257.53公顷；辖罗圈、百岁、永安、长青、华峰、二郎等6个村，28个村民小组。2000年底统计：全乡总户数1539户，总人口6058人，其中农业人口6013人，非农业人口45人。农业总产值775万元，农村经济总收入1331万元，财政收入35万元；粮食总产量3208吨，油料总产量185吨；生猪出栏7130头，羊存栏60只；农民人均年纯收入1150元。乡政府驻彭家坝，距县城62公里。

天池乡 位于县境西南部，东邻长赤乡、西连红五乡、南邻侯家乡，北与竹岭乡接壤。全乡面积16平方公里，耕地1246.4公顷；辖白顶、石家院、天河、池塘、栗园、演禅等6个村，32个村民小组（合作社）。2000年底统计：全乡总户数2235户，总人口8634人；其中：农业人口8461人，非农业人口173人。全年农业总产值1055万元，农村经济总收入1807万元，财政收入63万元；粮食总产量5365吨，油料总产270吨；生猪出栏1.04万头，羊存栏24只；农民人均年纯收入1185元。乡政府驻上康家坪，距县城53公里。

九顶乡 位于县境西南部，东接红光乡，西连和平乡、双桂乡，北与侯家乡相连。全乡面积18.3平方公里，耕地418公顷；辖广鼓、白珠、白丰、罐山、栏马、石寨等6个村，24个村民小组（合作社）。2000年底统计：全乡总户数1904户，总人口7558人，其中农业人口7474人，非农业人口84人。农业总产值1044万元，农村经济总收入1931万元，财政收入46万元；粮食总产量5352吨、油料总产244吨；生猪出栏8850头，羊存栏18只；农民人均年纯收入1185元。乡政府驻石庙，距县城65公里。

侯家乡 位于县境西南部。东靠红光乡，西抵双桂乡，南与九顶乡接壤，北与天池乡毗邻。全乡面积14平方公里，耕地337公顷。辖太平、龙洞、玛瑙、灵宫、赵家等5个村，22个村民小组（合作社）。2000年统计：全乡总户数1678户，总人口6605人，其中农业人口6511人，非农业人口94人。农业总产值914万元，农村经济总收入1556万元，财政收入61万元；粮食总产量4301吨，油料总产261吨；生猪出栏8180头，羊存栏15只；农民人均年纯收入1180元。乡政府驻侯家梁，距县城59公里。

双桂乡 位于县境西南部，东邻侯家乡，南接九顶乡，北邻红五乡，西与旺苍县接界。全乡面积14平方公里，耕地310.6公顷；辖马桑、双桂、园坝、长梁、红豆等5个村，31个村民小组（合作社）。2000年底统计，全乡总户数1659户，总人口7373人，其中农业人口7194人，非农业人口179人。农业总产值868万元，农村经济总收入1604万元，财政收入5万元；粮食总产量4008吨，油料总产量205吨；生猪出栏7780头，羊存栏30只；农民人均年纯收入1190元。乡政府驻桑庙，距县城60公里。

正直镇 位于县境西南部边缘，东邻朱公乡，南接凤仪乡，西连菩船乡，北与花桥乡交界。全乡面积44.1平方公里，耕地2500公顷。1989年撤乡建镇（乡级），全镇辖宝塔、龙山、金鹞、龙潭咀、红花、望龙、柳树、育林、印合、石城、海坪、荆江、东坡、长滩等14个村，50个村民小组。2000年底，全镇5230户、19079人，其中农业人口15153人，非农业人口3590人，未落户人口336人。农业总产值2065万元，农村经济总收入3454万元，财政收入96万元；粮食总产量

1.03万吨，油料总产455吨；生猪出栏2.45万头，羊存栏4910只；农民人均年纯收入1406元。镇政府驻正直街道。

凤仪乡 位于县境西南部边缘，东邻朱公乡，西南抵巴州区，北与正直镇相连，全乡面积37.6平方公里，耕地720公顷。辖桑树、青化、鱼池、东流、董坝、深沟、蒙树、龙江、南河、鱼脊等10个村、50个村民小组。2000年，全乡3443户，总人口13256人，其中农业人口12512人，非农业人口247人，未落户人口497人。农业总产值2084万元，农村经济总收入2533万元，财政收入117万元；粮食总产量9834吨，油料3885吨；生猪出栏1.82万头，羊存栏1750只；农民人均年纯收入1453元。乡政府驻桑树坝，东北距县城85公里。

花桥乡 位于县境西南部，东邻朱公乡，南接正直镇，西北连和平乡。全乡面积24平方公里，耕地318.4公顷；辖花桥、沿溪、唐家坝、徐家坝、福字寺、梨子、宝石等7个村，25个村民小组。2000年，全乡总户数1715户，总人口6471人，其中农业人口6242人，非农业人口229人。农业总产值745万元，农村经济总收入1244万元；财政收入44万元。粮食总产量3982吨，油料总产206吨；生猪出栏5205头，羊存栏4119只；农民人均年纯收入1385元。乡政府驻花桥，距县城69公里。

黑潭乡 位于县境西南部，东邻元潭、东垭乡，南接花桥乡，西连和平乡，北与红光乡毗邻。全乡面积54.5平方公里，耕地517.47公顷；辖黑潭、石笋、锅口、李家营、白虎、元顶、南鹰、景坪、窝坪、中梁山、樟木等11个村，41个居民小组。2000年统计，全乡总户数3100户，总人口11861人，其中农业人口11595人，非农业人口266人。农业总产值1390万元，农村经济总收入2254万元，财政收入8万元；粮食总产量6510吨，油料总产280吨；生猪出栏1.55万头，羊存栏7316只；农民人均年纯收入1419元。乡政府驻黑潭，距县城64公里。

和平乡 位于县境西南部边缘，东接黑潭、花桥乡，南连正直镇、菩船乡，北与九顶乡交界。全乡面积48.7平方公里，耕地733.33公顷；辖和平、南山、坟梁子、张公庙、油榨坪、宋朝洞、铁炉、鲁班、鸣垭、孟山、石龙等11个村，49个村民组。2000年统计，全乡总户数3845户、总人口15289人，其中农业人口15042人，非农业人口247人。农业总产值1980万元，农村经济总收入3119万元，财政收入52万元；粮食总产量9526吨，油料总产400吨；生猪出栏2.12万头，羊存栏1639只；农民人均年纯收入1430元。乡政府驻和平场，距县城89公里。

双流乡 位于县境西南部边缘，东邻菩船、正直乡，南接巴中玉井乡，西连苍溪石马乡，北与旺苍县北龙乡相连。全乡面积28.4平方公里，耕地428公顷；辖学儿梁、磨垭、红材、苏家营、元包、黄垭、万山营等7个村，37个村民小组。2000年统计，全乡总户数2440户，总人口9678人，其中农业人口9359人，非农业人口319人。农业总产值822万元，农村经济总收入1393万元，财政收入68万元；粮食总产量5184吨，油料总产量198吨；生猪出栏1.24万头，羊存栏843只；农民人均年纯收入1412元，乡政府驻双河场，距县城96公里。

菩船乡 位于县境西南部，东邻正直镇，南接双流乡，西与旺苍县接壤，北与和平乡相邻。全乡面积32.4平方公里，耕地389.13公顷；辖菩船、面落溪、松林、笔山、十字垭、毛家塥等6个村，34个村民小组。2000年，全乡总户数2227户，总人口8502人，其中农业人口8115人，非农业人口219人，未落户人口168人。农业总产值998万元，农村经济总收入1542万元，财政收入40万元；粮食总产量3932吨，油料总产243吨；生猪出栏1.13万头，羊存栏2532只；农民人均年纯收入1402元。乡政府驻菩船岭，距县城88公里。

朱公乡 位于县境西南部边缘，东南接巴中县，西连正直、凤仪乡，北接花桥乡。全乡面积30.5平方公里，耕地631.6公顷；辖朱公、官池坪、刘家榜、杨岭、斜岩塥、桐岭、锦鸡垭、百坪、万山等9个村，44个村民小组（社）。2000年统计，全乡总户数2702户，总人口12106人，其中农业人口11560人，非农业人口401人，未落户人口145人。农业总产值1491万元，农村经济总收入2166万元，财政收入25万元；粮食总产量8018吨，油料总产368吨；生猪出栏1.75万头，羊存栏4119只；农民人均年纯收入1402元。乡政府驻地朱公垭，距县城81公里。

下两乡 位于县境南部，东接高桥乡，西连东垭乡，南靠凉水乡，北与赤溪乡毗邻。全乡面积46.7平方公里，耕地546.27公顷；辖新桥、阳光、灵活、大田、东河、铁尖、钟咀、老君、江口、平桥、柏杨、黄坪、七岭、瓦坪等14个村和3个街道居委，56个村民组（合作社）。2000年统计，全乡总户数3419户，总人口13559人，其中农业人口11656人，非农业人口1903人。农业总产值626万元，农村经济总收入1666万元，财政收入156万元；粮食总产量6234吨，油料总产43吨；生猪出栏8196头，羊存栏206只；农民人均年纯收入1217元。乡政府驻下两乡街道。

凉水乡 位于县城南部边缘，东邻长征乡，南抵巴州区高岭乡，西接元潭乡，北与下两乡为邻。全乡面积30.3平方公里，耕地446公顷；辖康家岭、彭家塬、新庙、熊家坝、下坝、凉水、韩岭、檬子等8个村，32个村民组（合作社）。2000年，全乡总户数2129户，总人口8337人，其中农业人口8213人，非农业人口124人。农业总产值707万元，农村经济总收入1168万元，财政收入185万元；粮食总产量3791吨，油料总产58吨；生猪出栏5964头，羊存栏469只；农民人均年纯收入1180元。乡政府驻凉水井，距县城57公里。

元潭乡 位于县境东南部边缘，西北靠元顶子山，西南与巴中阴灵山相依，东邻凉水乡，南接巴中县枣林乡。全乡面积31.5平方公里，耕地369.67公顷；辖元潭、南木、三峰观、治坪、回龙观、石寨子、九泉、五梁、字库等9个村，38个村民组（合作社）。2000年底统计，全乡总户数2247户，总人口9207人，其中农业人口8772人，非农业人口435人。农业总产值810万元，农村经济总收入1362万元，财政收入97万元；粮食总产量4164吨，油料总产34吨；生猪出栏6125头，羊存栏275只；农民人均年纯收入1218元。乡政府驻元潭街道，距县城62公里。

东垭乡 位于县境南部，东邻下两乡，南抵元顶子牧场，西接红光、黑潭乡，北与付家、赤溪乡毗邻。全乡面积38.2平方公里，耕地452.67公顷；辖东垭、青龙寨、帽顶、柑树坪、碾盘、中山寨、罗山坪、天关等8个村，33个村民组（合作社）。2000年统计，全乡总户数2060户，总人口8204人，其中农业人口8047人，非农业人口157人。农业总产值754万元，农村经济总收入1273万元，财政收入102万元；粮食总产量4110吨，油料总产22吨；生猪出栏6747头，羊存栏83只；农民人均年纯收入1065元。乡政府驻东垭，距县城64公里。

高桥乡 位于县境南部，东邻平岗、仁和乡，西连下两乡，北与石滩、燕山乡接界。全乡面积33.5平方公里，耕地398.4公顷；辖箭杆、龙潭、悬峰、五山庙、土门、岭上、三星、锣铜、元坨、黄梁等10个村，39个村民组（合作社）。2000年，全乡总户数2209户，总人口8707人，其中农业人口8174人，非农业人口533人。农业总产值628万元，农村经济总收入1119万元，财政收入190万元；粮食总产量4477吨，油料总产55吨；生猪出栏4499头，羊存栏212只；农民人均年纯收入1097元。乡政府驻神潭溪，北距县城57公里。

平岗乡 位于县境南部，东与通江县为邻，西与高桥乡接界，北与石滩乡相连，南与仁和乡毗邻。全乡面积49.4平方公里，耕地404.87公顷；辖坪岗、铜岭、小林、大坪、天井、桅杆、断桥、张公堂等8个村，34个村民组（合作社）。2000年，全乡总户数1761户，总人口7014人，其中农业人口6897人，非农业人口117人。农业总产值752万元，农村经济总收入895万元，财政收入126万元；粮食总产量3497吨，油料总产41吨；生猪出栏4035头，羊存栏965只；农民人均年纯收入1093元。乡政府驻吴家坝，北距县城66公里。

长征乡 位于县境南部，东与仁和乡接壤，西与下两乡为邻，南与凉水乡相依，北与高桥乡毗邻。全乡面积32.5平方公里，耕地487.53公顷；辖仁同坪、钟家湾、铁山、碑河、五凤、大罗山、观音井、塔子坪等8个村、37个村民组。2000年底统计，全乡总户数1861户，总人口7885人，其中农业人口7752人，非农业人口133人。农业总产值715万元，农村经济总收入1067万元，财政收入104万元；粮食总产量3771吨，油料总产43吨；生猪出栏5821头，羊存栏677只；农民人均年纯收入1066元。乡政府驻仁同坪，距县城60公里。

仁和乡 位于县境南部，南与巴州区接壤，东与通江县为邻，西与长征、高桥乡接界，北与平岗乡毗邻。全乡面积61.9平方公里，耕地461.6公顷；辖仁和、佛儿岩、回龙场、中坝、西峰、严山、铁寨、白鹤咀、枞树、龙凤、石峰等11个村，49个村民组。2000年，全乡总户数2060户，总人口8529人，其中农业人口8355人，非农业人口174人。农业总产值731万元，农村经济总收入1005万元，财政收入141万元；粮食总产量3921吨，油料总产34吨；生猪出栏5999头，羊存栏3546只；农民人均年纯收入1170元。乡政府驻仁和场，距县城60公里。

大河镇 位于县境东南部，东邻白院乡，西接关门乡，南连平岗、石滩乡，北与兴马乡毗邻。全镇面积69平方公里，耕地1013.33公顷；辖永坪寺、观光山、鱼黄观、孙家山、郑家沟、观音寺、佛石坝、大营坝、灯油坪、太平山、李家岩等11个村，2个居委会，70个村民小组。1989年10月，经省人民政府批准，大河乡撤乡建镇，仍为乡级，属大河区管辖。2000年，全镇总户数5505户，总人口18634人，其中农业人口16469人，非农业人口2165人。农业总产值1924万元，农村经济总收入2898万元，财政收入209万元；粮食总产量1.33万吨，油料总产544吨；生猪出栏1.71万头，羊存栏2514只；农民人均年纯收入1326元。镇人民政府驻大河街道，距县城57公里。

石滩乡 位于县境东南部，东接大河乡，南抵高桥乡，西邻金盆、燕山乡，北靠大河、关门乡。全乡面积52.8平方公里，耕地706.67公顷、辖碾子咀、母家坪、宋家坪、王光山、当头岭、石河寨、雪花寺、赵家河、舖垭庙等9个村，40个村民组。2000年，全乡总户数3538户，总人口13538人，其中农业人口13948人，非农业人口312人。农业总产值1421万元，农村经济总收入2735万元，财政收入98万元；粮食总产量8482吨，油料总产564吨；生猪出栏1.88万头，羊存栏4710只；农民人均年纯收入1320元。乡政府驻石滩街道，距县城70公里。

关门乡 位居县境东南部，东靠兴马乡，西邻高塔、石矿乡，南抵大河、石滩乡，北与碾盘、赶场乡相邻。全乡面积77.1平方公里，耕地634.6公顷；辖宝丰、长田坝、石庙、金银岩、白果树、柏垭子、西厢咀、擦耳岩等8个村，50个村民组。2000年，全乡总户数3321户，总人口13004人，其中农业人口12770人，非农业人口234人。农业总产值1661万元，农村经济总收入2517万元，财政收入110万元；粮食总产量8475吨，油料总产457吨；生猪出栏1.65万头，羊存栏7485只；农民人均年纯收入1315元。乡政府驻关门子街道，距县城20公里。

兴马乡 位于县境东南部，东接瓦池乡，西抵关门乡，南连大河，北与关路乡相邻。全乡面积61.9平方公里，耕地544.13公顷；辖余家坪、齐家湾、棕园子、川柏林、唐家坝、鲤鱼坝、马驴寨、红岩观、饮马池等10个村，47个村民组。2000年，全乡总户数2700户，总人口10616人，其中农业人口10162人，非农业人口454人。农业总产值1087万元，农村经济总收入1800万元，财政收入105万元；粮食总产量7218吨，油料总产349吨；生猪出栏15200头，羊存栏5900只；农民人均年纯收入1323元。乡政府驻兴马坎，距县城49公里。

瓦池乡 位于县境东南部边缘，东邻通江县，西接兴马乡，南连白院乡，北与关田毗邻。全乡面积52.8平方公里，耕地355公顷；辖罗岗、木罗、铜马、庙坪、熊山、鱼池梁等6个村，26个村民组。2000年，全乡总户数1279户，总人口5226人，其中农业人口5184人，非农业人口42人。农业总产值853万元，农村经济总收入1048万元，财政收入50万元；粮食总产量3960吨，油料总产202吨；生猪出栏5010头，羊存栏1.48万只；农民人均年纯收入1317元。乡政府驻瓦池坝，距县城56公里。

白院乡　位于县境东南部边缘，东邻通江县，南抵北极乡，西接大河乡，北与兴马、瓦池乡相连。全乡面积55.8平方公里，耕地443.07公顷。2000年，全乡辖东华山、天平山、牟尼寺、莲花石、园峰山、青坪、仙龙、青云、三元包等9个村，36个村民组，总户数1913户，总人口7230人，其中农业人口7036人，非农业人口194人。农业总产值840万元，农村经济总收入1356万元；粮食总产量4599吨，油料总产304吨；生猪出栏7820头，羊存栏9140头；农民人均年纯收入1321元。乡政府驻白院寺街道，距县城61公里。

北极乡　位于县境东南部边缘。东邻通江县、南接平岗乡，西连大河乡，北与白院乡接壤。全乡面积40.6平方公里，耕地293.8公顷；辖范家山、梭罗坪、芭蕉溪、中房坪、乌龙等5个村，20个村民组。2000年，有总户数1443户，总人口5276人，其中农业人口5063人，非农业人口213人。农业总产值596万元，农村经济总收入1024万元，财政收入58万元；粮食总产量3699吨，油料总产167吨；生猪出栏5012头，羊存栏2470只；农民人均年纯收入1312元。乡政府驻范家山，距县城69公里。

赶场乡　位于县境东北部。东邻红岩乡，南抵关门乡，西靠碾盘乡，北接旭光乡。全乡面积86.4平方公里，耕地786.67公顷；辖鹿角垭、中江、白梁、井坝、石龙寨、长坝、白马、梁坪、齐坪、西坝等10个村，50个居民组（合作社）。2000年，全乡总户数3999户，总人口15192人，其中农业人口13976人，非农业人口1216人。农业总产值1080万元，农村经济总收入2351万元，财政收入118万元；粮食总产量8025吨，油料总产495吨；生猪出栏7255头，羊存栏747只；农民人均年纯收入1250元。乡政府驻赶场溪，距县城21公里。

关路乡　位于县境东北部，东邻关田乡，南抵兴马乡，北接红岩乡。全乡面积54.8平方公里，耕地402.47公顷；辖临江、春江、雄岭、白鹤寺、云台、菖蒲、雪坪、柏垭、星火等9个村，51个居民组。2000年，全乡总户数2322户，总人口8934人，其中农业人口8415人，非农业人口519人。农业总产值868万元，农村经济总收入1144万元，财政收入47万元；粮食总产量4994吨，油料总产305吨；生猪出栏3891头，羊存栏150只；全乡农民人均年纯收入1250元。乡政府驻关路口场，距县城36公里。

关田乡　位于县境东北部边缘，东邻通江县，西接关路乡，南抵瓦池乡，北与红岩乡毗邻。全乡面积36.5平方公里，耕地243.2公顷；辖东坝、云顶、西坪、南溪4个村，27个村民组。2000年底，全乡总户数897户，总人口3948人，其中农业人口3915人，非农业人口33人。农业总产值197万元，农村经济总收入513万元，财政收入48万元；粮食总产量1933吨，油料总产50吨；生猪出栏1514头，羊存栏1261只；农民人均年纯收入1106元。乡政府原驻冉家坝，后迁三溪铺，距县城43公里。

红岩乡　位于县境东北部，东邻通江县，南接关路、关田乡，西连赶场乡，北靠云光山与贵民区交界。全乡面积49.8平方公里，耕地279.2公顷；辖黑岩、石庄、双寨、云光、鞍坪、红寨等6个村，31个居民组。2000年，全乡总户数701户，总人口3526人，其中农业人口3498人，非农业人口28人。农业总产值409万元，农村经济总收入475万元，财政收入54万元；粮食总产量2021吨，油料总产150吨；生猪出栏1390头，羊存栏295只；农民人均年纯收入1200元。乡政府驻黑岩塘，距县城39公里。

旭光乡 位于县境东北部，东邻红岩乡，南抵赶场乡，西接桥亭乡，北连红星乡。全乡面积27.4平方公里，耕地128.93公顷；辖柳池、穿心、金螺3个村，17个村民组。2000年统计，全乡总户数347户，总人口1421人，其中农业人口1391人，非农业人口30人。农业总产值147万元，农村经济总收入418万元，财政收入17万元；粮食总产量1064吨，油料总产12吨；生猪出栏680头，羊存栏500只；农民人均年纯收入855元。乡政府驻蔡家沟，距县城40公里。

桥亭乡 位于县境东北部，东邻赶场、新立乡，西接流坝乡，南抵碾盘乡，北与沙滩乡相连。全乡面积39.7平方公里，耕地237.33公顷；辖龙门、竹木、桥亭、罗垭、山寨等5个村，32个居民组。2000年底，全乡总户数521户，总人口3725人，其中农业人口3591人，非农业人口134人。农业总产值417万元，农村经济总收入516万元，财政收入40万元；粮食总产量2303吨，油料总产72吨；生猪出栏881头，羊存栏350只；农民人均年纯收入1119元。乡政府驻狮子背，距县城25公里。

沙滩乡 位于县境东北部，东邻柳湾乡，南抵桥亭乡，西接杨坝乡，北接上两乡。全乡面积28.4平方公里，耕地149.4公顷；辖铁坪、马梁、凤凰、银宝等4个村，31个村民组。2000年，全乡总户数674户，总人口3186人，其中农业人口3115人，非农业人口71人。农业总产值305万元，农村经济总收入165万元，财政收入12万元；粮食总产量1591吨，油料总产117吨；生猪出栏2460头，羊存栏700只；农民人均年纯收入1108元。乡政府驻地沙滩子，距县城34公里。

贵民乡 位于县境东北部，东南接汇滩乡，南抵红星乡，西邻新立乡，北与沙坝乡毗邻。全乡面积31平方公里，耕地181.4公顷；辖铧厂、黄草包、长沟、双田4个村，19个村小组。2000年，全乡总户数468户，总人口1596人，其中农业人口1224人，非农业人口372人。农村经济总收入262万元，财政收入26万元；粮食总产量807吨，油料总产45吨；生猪出栏1064头，羊存栏240只；农民人均年纯收入1289元。乡政府驻地贵民街道，距县城60公里。

沙坝乡 位于县境东北部边缘，东邻陕西省南郑县，南抵贵民、汇滩乡，西接西清乡，北与玉泉乡交界。全乡面积48平方公里，耕地370.33公顷；辖草坝、沙坝、红山、咸丰等4个村，16个居民小组。2000年，全乡总户数994户，总人口3846人，其中农业人口3707人，非农业人口139人。农村经济总收入652万元，财政收入48万元；粮食总产量1983吨，油料总产138吨；生猪出栏2772头，羊存栏699只；农民人均年纯收入1186元。乡政府驻地沙坝，距县城69公里。

西清乡 位于县境东北部，东北接沙坝乡，东南抵贵民乡，西南与新立、西清乡相连，北与关坝、玉泉乡接壤。全乡面积41.6平方公里，耕地224.33公顷；辖阳坡、铧尖、大湾、三河4个村。2000年，全乡总户数608户，总人口2343人，其中农业人口2298人，非农业人口45人。农村经济总收入370万元，财政收入19万元；粮食总产量1312吨，油料总产113吨；生猪出栏1400头，羊存栏500只；农民人均年纯收入1213元。乡政府驻西清桥，距县城69公里。

柳湾乡 位于县境东北部，东接西清乡，南抵新立、桥亭乡，西邻沙滩乡，北接关坝乡。全乡面积31.2平方公里，耕地188.8公顷；辖麻柳、黄土、长河、田坪、竹坝等5个村，18个村民组。2000年，全乡总户数627户，总人口2620人，其中农业人口2328人，非农业人口292人。农村经济总收入390万元，财政收入20万元；粮食总产量1175吨，油料总产116吨；生猪出栏1340头，羊存栏353只；农民人均年纯收入1235元。乡政府驻麻柳湾，距县城45公里。

新立乡 位于县境东北部，东邻贵民乡，南抵红星乡，西接柳湾乡，东北连西清乡。全乡面积24.4平方公里，耕地289.33公顷；辖新立、九岭、郎坪、红珠等4个村。2000年，全乡总户数893户，总人口3545人，其中农业人口3497人，非农业人口48人。农村经济总收入616万元，财政收入42万元；粮食总产量2028吨，油料总产127吨；生猪出栏4000头，羊存栏590只；农民人均年纯收入1189元。乡政府驻地新立，距县城41公里。

红星乡 位于县境东北部，东邻汇滩乡，南抵旭光乡，西接赶场乡，西北连新立乡，北接贵民乡。全乡面积21.3平方公里，耕地193公顷；辖蟒洞坝、黄柏垭、土潭河3个村，13个居民组。2000年，全乡总户数237户，总人口871人，其中农业人口860人，非农业人口11人。农村经济总收入136万元，财政收入11万元；粮食总产量597吨，油料总产56吨；生猪出栏477头，羊存栏432只；农民人均年纯收入1087元。乡政府驻地蟒洞坝，距县城49公里。

汇滩乡 位于县境东北部边缘，东北与陕西省南郑县为邻，东南与通江县接界。全乡面积58.5平方公里，耕地502公顷；辖三园、大垭里、草坝、黄峡、云岩等5个村，29个村民组。2000年底，全乡总户数837户，总人口3609人，其中农业人口3568人，非农业人口41人。农村经济总收入712万元，财政收入44万元；粮食总产量2529吨，油料总产131吨；生猪出栏1660头，羊存栏455只；农民人均年纯收入1210元。乡政府驻地草坪，距县城83公里。

上两乡 位于县境北部，东邻柳湾乡，南抵沙滩乡，西接杨坝区，北接寨坡乡。全乡面积35.5平方公里，耕地182.13公顷；辖庙垭、桂花园、洋滩、上两、文家梁等5个村，24个村民组。2000年，全乡总户数1606户，总人口4470人，其中农业人口3648人，非农业人口822人。农业总产值299万元，农村经济总收入716万元，财政收入56万元；粮食总产量1512吨，油料总产量35吨；生猪出栏1845头，羊存栏685只；农民人均年纯收入1306元。乡政府驻上两街道（银杏坝），距县城41公里。

关坝乡 位于县境北部，东邻玉泉乡，南抵柳湾、西清乡，西接上两乡，北依米仓山。全乡面积76.8平方公里，耕地345.53公顷；辖关坝、五郎沟、袁山寺、小田沟、梨坪、石洋、周家沟等7个村，37个居民组。2000年，全乡总户数1649户，总人口5933人，其中农业人口5756人，非农业人口177人。农业总产值438万元，农村经济总收入790万元，财政收入50万元；粮食总产量3136吨，油料总产241吨；生猪出栏3016头，羊存栏1520只；农民人均年纯收入1211元。乡政府驻关坝街道，距县城57公里。

寨坡乡 位于县境北部，东邻关坝乡，南抵上两乡，北接桃园镇，西连光明乡。全乡面积62.9平方公里，耕地136.66公顷；辖溪口、洋垭、水田坪、石龙沟等4个村，21个村民组。2000年，全乡总户数624户，总人口2413人，其中农业人口2397人，非农业人口16人。农业总产值290万元，农村经济总收入484万元，财政收入42万元；粮食总产量1887吨，油料总产量101吨；生猪出栏1666头，羊存栏1064只；农民人均年纯收入1219元。乡政府驻寨坡里，距县城51公里。

光明乡 位于县境北部，东邻上两乡，南接杨坝乡，西靠光雾山，北连寨坡乡。全乡面积41.6平方公里，耕地面积126.33公顷；辖周坪、后坝、新河等3个村，9个居民小组。2000年，全乡总户数361户，总人口1391人，其中农业人口1353人，非农业人口21人。农业总产值186万元，农村经济总收入347万元，财政收入10万元；粮食总产量1005吨，油料总产42吨；生猪出栏1182头，羊存栏1040只；农民人均年纯收入1266元。乡政府驻秦家河，距县城46公里。

玉泉乡 位于县境东北边缘，东邻陕西省南郑县，西接关坝乡，南连西清乡，北与寨坡乡毗邻。全乡面积64平方公里，耕地233.27公顷；辖三关、西沟、玉泉3个村，9个村民组。2000年，全乡总户数235户，总人口894人，其中农业人口875人，非农业人口19人。农业总产值152万元，农村经济总收入182万元，财政收入16万元；粮食总产量680吨，油料总产35吨；生猪出栏700头，羊存栏570只；农民人均年纯收入1380元。乡政府驻范家坝，距县城62公里。

杨坝乡 位于县境西北部，东邻沙滩乡，南抵甘溪乡和流坝乡，西接坪河乡，北依尖山。全乡面积54.4平方公里，耕地396公顷；辖赤卫、桂花、友谊、柏林、严河、尖山、田垭、新坝、茶溪等7个村，41个村民小组（合作社）。2000年，全乡总户数1270户，总人口5875人，其中农业人口5285人，非农业人口590人。农业总产值427万元，农村经济总收入785万元，财政收入45万元；粮食总产量2333吨，油料总产量164吨；生猪出栏2588头，羊存栏2540只；农民人均年纯收入1187元。乡政府驻杨坝街道，距县城27公里。

坪河乡 位于县境西北部边缘，东邻杨坝乡，西接旺苍县，南抵桥坝乡，北连新民乡。全乡面积67平方公里，耕地437公顷；辖先锋、向阳、人民、龙潭、三角、关坊、土台、钟山、粮山等9个村，55个村民组。2000年，全乡总户数2471户，总人口9373人，其中农业人口9144人，非农业人口229人。农业总产值858万元，农村经济总收入1856万元，财政收入121万元；粮食总产量4257吨，油料总产量186吨；生猪出栏4740头，羊存栏1770只；农民人均年纯收入1351元。乡政府驻坪河街道，距县城42公里。

流坝乡 位于县境中北部，东邻桥亭乡，西连甘溪乡，南抵碾盘乡，北接杨坝乡。全乡面积38.2平方公里，耕地191.47公顷；辖金台、高峰、赤坝、梅岭、黑山等5个村，25个村民小组。2000年，全乡总户数937户，总人口3672人，其中农业人口3624人，非农业人口48人。农业总产值245万元，农村经济总收入524万元，财政收入33万元；粮食总产量1857吨，油料总产量109吨；生猪出栏1705头，羊存栏462只；农民人均年纯收入1070元。乡政府驻流溪坝，距县城8公里。

新民乡 位于县境西北部，地处光雾山下，东北与上两区接界，西与旺苍县相邻，南与坪河、杨坝乡相接。全乡面积137平方公里，耕地85.07公顷；辖罐坝、硝洞、牡丹、柳坝4个村，18个村民组（合作社）。2000年，全乡总户数634户，总人口2414人，其中农业人口2165人，非农业人口249人。农业总产值188万元，农村经济总收入365万元，财政收入51万元；粮食总产量1367吨，油料总产量52吨；生猪出栏1675头，羊存栏2712只；农民人均年纯收入1095元。乡政府驻田坝里，距县城34公里。

甘溪乡 位于县境西北部，东邻流坝乡，南抵水洞乡，北接杨坝乡。全乡面积22.4平方公里，耕地149.87公顷。辖华营、甘溪、杨槐、林河等4个村，17个村民小组。2000年，全乡总户数749户，总人口2928人，其中农业人口2852人，非农业人口76人。农业总产值208万元，农村经济总收入411万元，财政收入63万元；粮食总产量1472吨，油料总产量52吨；生猪出栏1341头，羊存栏342只；农民人均年纯收入1082元。乡政府驻烂田湾，距县城12公里。

第二篇 自然地理

第一章 自然环境

第一节 地质地貌

南江县位于扬子淮地台北缘，四川中凹陷及四川台地北缘凹褶皱带中，县内地质构造复杂、断层（北部）也较发育。主要是米仓山东西向构造体系、华夏系构造体系和举华夏系构造体系。其地层、岩性、构造，前志已有详述。

境内地貌特征，主要是沟谷深切、谷坡陡峻，以凸为主，为浅中切割的中山地貌。根据海拔和相对高度、地表形态，全县分为七个地貌类型：即倾斜和单面低山、侵蚀台地块状窄谷低山、侵蚀单斜构造中低山、岩溶褶皱中山、侵蚀褶皱中山、侵蚀新块中山和岩溶（侵蚀）单斜构造中山。

第二节 山脉 河流

一、山脉

米仓山 位于焦家河以北，东北与陕西地舆相连，西接旺苍县境。在县内以香炉山海拔 2195 米为米仓山最高峰，向东经分水岭入陕西南郑县境，向西经巴峪、西郭寨、四方寨、万字格、大落旗山、小落旗山入旺苍县境，是南江境内诸山的发源地。

光雾山 位于县境北部，山顶海拔 2507 米，是县内的最高峰，向北经黑松包、石人山、黄草岩、黑山梁、黄豆坪、文藏寨、打狗寨、陈家山、小光雾山、大桃山、红岩子、金子山与米仓山相接；向西经大铜山、母家山、骡子岭、铜包寨、香炉山、三角山、大岩山、鲁家山、黄家山、吴家山、朱家山、谷仓观、鹰嘴岩至沙河；向南经癞子梁、磨盘寨、尖山、大白岩、画壁寨、九重岩到碾盘乡长坪村。

铁船山 位于玉泉东部，沙坝乡北部。山顶海拔 2468 米，是县内第二高峰。向东南与陕西的碑坝及四川通江、巴州的山相连，经木竹垭、草坝、石简垭、神门洞、咎家山、龙神殿、帽子顶、黄柏垭、云光山、大树坝、土寨子、老土地、观音岩、大包梁、中梁山、任家山、七星包、石峰台、韩家寨、铜梁山、木竹山、三星寨、铁甲山、白鹤咀、大锣山、红岩包伸入巴州区境。向南西经白鹤梁、松林塘（海拔 2412 米）、蓼叶包、磨垭、石人山、鹰嘴岩、贾家寨、寨子山、鹿角垭、石龙寨、熊岭山、紫林山、大寨山、擦耳岩、石人寺、土寨子、高观子、八庙垭、燕山、高桥至下两。

南山 位于红四乡北部。海拔 1163 米，由夏家沟向南卷曲延伸，经红岩子、马鞍山、曾家山、华山、中魁山、青杠梁、青柏山、冷水垭、晒金石、碓窝坪、元顶子、毛耙子垭（海拔 1460 米）、魏家山、望香台、龙山、杨岭山、雷打梁入巴州区福星乡。

印合石山 位于正直乡西部，海拔 1150 米。向西经石城寨（挖断垭）、秤杆寨入巴中县（现为巴州区）境；向北经菩船、井坝、双流入苍溪县境。

二、河流

南江河 纵贯县境中部，发源于玉泉乡九根树，流经关坝、上两、沙滩、桥亭、碾盘、南江镇、小河、石矿、沙河、赤溪、下两、凉水、元潭等乡入巴河。境内流域面积 2347.4 平方公里，境内河道长 121.7 公里，出口处多年平均径流量 17.1 亿立方米，天然落差 134.6 米，河道比降 11‰。南江河最大支流赶场河（明月江），发源于铁船山南麓木竹垭，经沙坝、西清、新立、旭光、赶场、关路、兴马、大河、石滩、高桥，在下两河口注入南江河。全长 95.8 公里。

正直河（木门河） 位于县境西部，从东凡入境南江，经和平、九顶、正直、凤仪流入巴州三汇（三江口）。该河在县境流域面积 416.8 平方公里，境内河道长 38.3 公里。多年平均径流量 7.2 亿立方米，天然落差 47.66 米，河道比降 1.2‰。

焦家河 位于县境北部。发源于米仓山南麓的戴家河。由东向西，流经大坝、桃园，在槐树乡出县境。县境内流域面积 402.2 平方公里，河道长 53.2 公里，多年平均径流量 3.9 亿立方米，天然落差 960 米，河道比降 18.1‰。

黄家河 黄家河与焦家河相对应，系西东流向，发源于贵民黄柏垭，从汇滩乡兰竹寺出境，流入通江境内的小通江河。南江境内河流长仅 8.1 公里，落差 43 米，河道比降 53.1‰。

第二章 自然资源

第一节 土地资源

一、土地面积

耕地面积。1986 年，全县耕地面积 32236 公顷（48.35 万亩），占全县总面积的 9.43%；1990 年全县耕地面积减少到 31899 公顷（47.85 万亩），比 1986 年减少 337 公顷（5055 亩）。1995 年全县耕地面积 31244 公顷（46.87 万亩），占全县总面积的 9.14%，比 1986 年下降 0.29 个百分点。到 2000 年底，全县耕地已减少到 29229 公顷（43.84 万亩），仅占全县总面积的 8.55%，与 1986

年相比，耕地减少4.51万亩。其中：退耕还林减少耕地3.56万亩，公路、城镇房屋等建设用地及水毁等减少耕地0.95万亩，减少9.33%，年均减少3221.57亩。

森林面积。1986年，全县森林面积136369.2公顷（204.55万亩），占全县总面积的39.9%。到2000年底，全县森林面积仍保持在136267公顷（204.4万亩），占全县总面积的39.9%。

宜林地面积。1986年，全县宜林地面积38367公顷，占全县总面积的11.2%。到2000年底，全县宜林地面积为38053公顷，占全县总面积的11.1%。

草地面积。1986年，全县草地面积103065公顷，占全县总面积的30.2%。到2000年底，全县草地面积103066公顷，占全县总面积的比重仍为30.2%。

河、库、塘、堰面积。1986年，全县河、库、塘、堰面积18547.3公顷，占全县总面积的5.4%。到2000年底，河、库、塘、堰面积为1929公顷，占面积的0.57%。

其他用地面积。1986年，其他用地面积为13133.3公顷，占全县总面积的3.8%。到2000年底，全县其他用地面积扩大到29746公顷，占全县总面积8.79%。比1986年扩大了16613公顷，增加了1.3倍。

表2—1　　南江县1986—2000年部分年度自然概况统计表

	名称	单位	1986年	1990年	1995年	2000年
一	全县面积	平方公里	3417.18	3417.18	3417.18	3382.80
	1. 耕地面积	公顷	32235.8	31899	31244	29229
	占面积	%	9.4	9.4	9.1	8.6
	耕地中：田	公顷	18993.6	19062	18634	17871
	地	公顷	13242.2	12837	12610	11358
	2. 森林面积	公顷	136369.2	136369.2	136267	136267
	占面积	%	39.9	39.9	39.9	40.3
	3. 宜林地面积	公顷	38367	37711	36466	38053
	占面积	%	11.2	11.1	10.7	11.1
	4. 草地面积	公顷	103065.2	103065.2	103066	103066
	占面积	%	30.2	30.2	30.2	30.5
	5. 河库塘堰面积	公顷	18547.3	18940.2	20076	1929
	占面积	%	5.4	5.5	5.9	0.6
	6. 其他	公顷	13133.3	13733	14599	29746
	占面积	%	3.8	3.9	4.2	8.8
二	全县地理位置					
	纬度	度	31°52′~32°44′	31°52′~32°44′	31°52′~32°44′	31°52′~32°44′
	经度	度	106°26′~107°07′	106°26′~107°07′	106°26′~107°07′	106°26′~107°07′
三	全县地理位置高度					
	最高	米	2507	2507	2507	2507
	最低	米	370	370	370	370
四	年平均气温	℃	15.1	16.1	16.2	16
五	年降雨量	毫米	1009.4	992.1	721	1207
六	无霜期	天	275	264	246	276
七	日照时数	小时	1594.6	1707.0	1656.1	1586

表 2—2　　　　　　　　**南江县土地利用现状地类面积统计表**

地类名称			面积（亩）	占土地总面积比例（%）	占该地类比例（%）
耕地	合　计		669730.6	13.20	
	其中	灌溉水田	37161.5	0.73	5.55
		望天田	249613.7	4.92	37.27
		旱　地	381495.2	7.52	56.96
		菜　地	1460.1	0.03	0.22
园地	合　计		50959.1	1.00	
	其中	果　园	4185.4	0.08	8.21
		桑　园	13638.6	0.27	26.77
		茶　园	27179.1	0.54	53.34
		其它园地	5953.0	0.11	11.68
林地	合　计		3237920.9	63.81	
	其中	有林地	2830223.9	55.78	87.41
		灌林木地	258592.6	5.10	7.99
		疏林地	90658.7	1.79	2.80
		未成林地	55489.5	1.09	1.71
		迹　地	772.1	0.01	0.02
		苗　圃	2192.2	0.04	0.07
牧草地	合　计		340300.3	6.71	
	其中	天然草地	340289.7	6.71	99.99
		改良草地	32.6		
居民点及工矿用地	合　计		162614.4	3.20	
	其中	农村居民	151648.1	2.99	93.26
		工矿用地	5715.3	0.11	3.51
		城　镇	4375.5	0.08	2.69
		特殊用地	875.5	0.02	0.54
交通用地	合　计		18055.6	0.36	
	其中	铁　路	580		
		公　路	11584.6	0.23	64.16
		农村道路	6471.0	0.13	35.84
水域	合　计		79623.4		1.57
	其中	河　流	38002.3	0.75	47.73
		水　库	6181.5	0.21	7.76
		坑　塘	11932.7	0.24	14.99
		滩　涂	11858.8	0.23	14.89
		沟　渠	11546.5	0.23	14.50
		水工建筑	101.6	0.13	

续上表

地类名称			面积（亩）	占土地总面积比例（%）	占该地类比例（%）
未利用土地	合计		514969.8	10.14	
	其中	荒草地	88276.1	1.74	17.15
		裸土地	3198.4	0.06	0.62
		裸岩石砾	13823.9	0.27	2.68
		田土坎	409520.8	8.07	79.52
		其它	150.6		0.03

表2—3　南江县土地利用分区范围表

区名	范围
1. 南部台坎状低山种养业利用区	正直、朱公、凤仪、双流、菩船、花桥、黑潭、和平、下两、元潭、凉水、长征、高桥、东垭、长赤、天池、付家、侯家、双桂、九顶、红光、红顶、沙河、八庙、赤溪、燕山、金盆、高塔
2. 中部单斜低中山农林牧多种经营利用区	仁和、平岗、大河、石滩、北极、白院、瓦池、关门、兴马、红五、竹岭、红四、乐坝、团结、小河、石矿、碾盘、水洞、南江镇、甘溪、流坝、杨坝、新民、桥坝、关田、关路、赶场、坪河
3. 北部断块中山林农利用区	槐树、桃园、寨坡、光明、上两、沙滩、桥亭、旭光、红岩、汇滩、红星、新立、贵民、柳湾、西清、沙坝、玉泉、大坝森林经营所、沙河坝森林经营所

表2—4　南江县分区域地类面积统计表

项目＼区名		1区	2区	3区	合计
面积（亩） 折平方公里		1371528 914.35	1972951.6 1315.3	1729721.6 1153.15	5074201.2 3382.8
耕地（亩）		291705.7	276855.2	101069.7	669730.6
占全乡面积（%）		21.27	14.04	5.84	
占全县耕地（%）		43.56	41.35	15.09	100
其中	灌溉田（亩）	29645.4	7243.5	272.7	3716.6
	占比（%）	10.16	2.62	0.27	
	占全县（%）	4.43	1.08	0.04	
	望天田（亩）	133351.7	95665.7	20596.3	249613.7
	占比（%）	45.71	34.54	20.38	
	占全县（%）	19.91	14.28	3.08	
	旱地（亩）	128686.4	172871.7	79937.1	381495.2
	占比（%）	44.12	62.42	79.09	
	占全县（%）	19.21	25.81	11.94	
园地（亩）		26675.9	20097.6	4182.6	50956.1
占全乡面积（%）		1.94	1.02	0.24	
占全县（%）		52.35	39.44	8.21	100

续上表

区名 / 项目		1区	2区	3区	合 计
其中	果园（亩）	2758.9	1090.8	335.7	4185.4
	占比（%）	10.34	5.43	8.03	
	占全县（%）	5.41	2.14	0.66	
	桑园（亩）	6788.6	6672	178	13638.6
	占比（%）	24.4	33.20	4.26	
	占全县（%）	13.32	13.09	0.35	
	茶园（亩）	15415.6	9166.5	2597	27179.1
	占比（%）	57.79	45.61	62.09	
	占全县（%）	30.25	17.99	5.10	
林地（亩）		524880.2	1243312.7	1469736.1	3237929.0
占全乡面积（%）		38.27	63.02	84.97	
占全县（%）		16.21	38.40	45.39	100
其中	有林地（亩）	451087.2	976486.8	1402649.9	2830223.9
	占比（%）	85.94	78.54	95.44	
	占全县（%）	13.93	30.16	43.32	
	灌木林地（亩）	34258.9	189218.3	35115.4	258592.6
	占比（%）	5.53	15.22	2.39	
	占全县（%）	1.06	5.84	1.08	
	疏林地（亩）	221024.4	43786.3	24770	90658.7
	占比（%）	4.21	3.52	1.69	
	占全县（%）	0.68	1.35	0.76	
	未成林造林地（亩）	17425.7	33774.6	4289.7	55489.5
	占比（%）	3.32	2.72	0.29	
	占全县（%）	0.54	1.04	0.13	
牧草地（亩）		180375.5	132801.7	27145.1	340322.3
占全乡面积（%）		13.15	6.73	1.57	
占全县（%）		53	39.02	7.98	100
其中	天然草地（亩）	180375.5	132769.1	27145.1	340289.7
	占比（%）	100	99.98	100	
	占全县（%）	53	39.01	7.98	
	人工草场（亩）	0	0	0	0
	占比（%）	0	0	0	
	占全县（%）	0	0	0	
居民点及工矿用地（亩）		77240.3	60809.2	24564.9	162614.4
占全乡面积（%）		5.63	3.08	1.42	
占全县（%）		47.50	37.39	15.11	100

续上表

项目＼区名		1区	2区	3区	合计
其中	建制镇（亩）	1430.9	2831.2	113.4	4375.0
	占比（%）	1.85	4.66	0.46	
	占全县（%）	0.88	1.74	0.07	
	农村居民（亩）	74739.2	54220	22688.9	151648.1
	占比（%）	96.76	89.16	92.36	
	占全县（%）	45.96	33.34	13.95	
	独立矿用地（亩）	644.8	3322.1	1748.4	5715.3
	占比（%）	0.83	5.46	7.12	
	占全县（%）	0.40	2.04	1.08	
交通用地（%）		7817.7	6853.2	3284.7	18055.6
占全乡面积（%）		0.58	0.35	0.189	
占全县（%）		43.30	38.51	18.19	100
其中	公路（亩）	4552.9	4219	2812.7	11584.6
	占比（%）	58.24	60.68	85.63	
	占全县（%）	25.22	23.37	15.58	
	农村道路（亩）	3264.8	2734.2	472	6471
	占比（%）	41.76	39.32	14.37	
	占全县（%）	18.08	15.14	2.61	
水域（亩）		32278.8	32242.3	15102.3	79623.4
占全乡面积（%）		2.35	1.63	0.87	
占全县（%）		40.54	40.49	18.97	100
其中	河流水面（亩）	11660.9	15300	11041.4	38002
	占比（%）	36.13	47.45	73.11	
	占全县（%）	14.65	19.22	13.87	
	水库水面（亩）	4707.5	1406.7	67.3	6181.5
	占比（%）	14.58	4.36	5.44	
	占全县（%）	5.91	1.77	0.09	
	坑塘水面（亩）	7903.8	3800.6	228.3	11932.7
	占比（%）	24.49	11.79	1.51	
	占全县（%）	9.93	4.77	0.29	
	滩涂（亩）	4586.2	6292.4	1070.2	11858.8
	占比（%）	14.21	19.24	7.09	
	占全县（%）	5.76	7.79	1.34	
	沟渠（亩）	3552	5519.4	2695.1	11546.5
	占比（%）	10.32	17.12	17.85	
	占全县（%）	4.18	6.93	3.38	

续上表

项目 \ 区名		1区	2区	3区	合计
未利用土地（亩）		230553.9	199779.7	84636.2	514969.8
占全乡面积（%）		16.81	10.13	4.89	
占全县（%）		44.77	38.79	16.44	100
其中	荒草地（亩）	43821	21593.8	22861.3	88276.1
	占比（%）	19	10.81	27.01	
	占全县（%）	8.51	4.19	4.44	
	裸土地（亩）	216.5	2470.3	511.6	3198.4
	占比（%）	0.29	1.24	0.60	
	占全县（%）	0.04	0.48	0.10	
	裸岩石砾地（亩）	5560.8	7832.8	430.3	13823.9
	占比（%）	2.42	3.92	0.51	
	占全县（%）	1.08	1.52	0.08	
	田坎（亩）	180904.5	167783.3	60833	409520.8
	占比（%）	78.47	83.98	71.88	
	占全县（%）	35.13	32.58	11.81	

二、土壤种类

1991年7月至1995年6月，全县开展了土壤现状详细调查，调查结果显示县内耕地分为6个土类、11个亚类、26个土属和61个土种。与前志对照比较，除6个土类（水稻土、冲积土、紫色土、黄棕壤土、黄壤土、石灰岩土）没有变化外，此次调查确认新增亚类1个、新增土属5个、新增土种11个。具体新增情况是：水稻土中新增亚类1个（前志3个，现为4个）、新增土属4个（前志7个，现为11个）、新增土种11个（前志20个，现为31个）；紫色土中新增土属1个（前志5个，现为6个）；黄壤土中减少土属1个（前志4个，现为3个）；石灰岩土中新增土属1个（前志2个，现为3个）。

全县土壤均以砾质壤土为主，占耕地面积的85.91%，微酸性土壤居多，中性次之，酸性和微碱性甚少，分别占耕地面积的54.49%、35.99%、9.952%。土壤养分一般是：氮钾中等，有机质一般，磷素偏少。

三、土壤后备资源

土壤的后备资源，经1991年详查，全县各类土壤后备资源总量为63625.73公顷，其中荒山8184.6公顷，荒坡1008.47公顷，荒滩1104.67公顷，荒水569.27公顷，中低产田土23208.47公顷，低产园地2995.2公顷，低产林地25507.8公顷，低产水面1047.53公顷。

荒山荒坡面积9193.07公顷，占后备资源总量的14.45%。其中宜粮油433.53公顷，宜菜959.27公顷，宜桑930.87公顷，宜果650.93公顷，宜林（包括干果和三木药材）5901.87公顷，宜牧316.33公顷，分别占荒山荒地的4.72%、10.43%、10.13%、7.08%、64.2%、3.44%；荒滩荒水1673.93公顷，占水域面积（资源调查数）的10.26%，占后备资源面积的2.6%。

中低产田土面积23208.47公顷，占后备资源的36.48%，其中：亩产350公斤的低产田土

11637.93 公顷，占耕地面积的 36.46%；亩产 350 公斤至 550 公斤的中产田土 11570.53 公顷，占耕地面积 36.26%。

低产园地面积 2995.2 公顷，占后备资源的 4.71%；低产林地面积 25507.8 公顷，占后备资源的 40.09%；低产水面 1047.53 公顷，占后备资源 1.65%。未利用土地 18440 公顷（资源调查数），占全县面积的 20.1%，其中荒坡草地占 55.92%，其余的为裸岩砾石、田埂土块以及其它未利用土地等。

表 2—5　　南江县 1985—2000 年耕地面积变化情况统计表

年　度	合计（公顷）	占全县面积（%）	耕地中：		人平耕地（亩）
			田（公顷）	土（公顷）	
1985	32408	9.4	19108	13300	0.92
1986	32235	9.4	18993	13842	0.91
1987	32006	9.4	19005	13001	0.88
1988	31970	9.4	19009	12961	0.87
1989	31964	9.4	19046	12918	0.87
1990	31899	9.4	19062	12837	0.86
1991	31724	9.3	19020	12704	0.85
1992	31592	9.2	18984	12608	0.84
1993	31545	9.2	18871	12674	0.83
1994	31419	9.2	18811	12608	0.82
1995	31244	9.1	18634	12610	0.81
1996	31104	9.1	18508	12596	0.79
1997	31060	9.1	18554	12506	0.78
1998	31060	9.1	18554	12506	0.77
1999	30725	9.0	18320	12405	0.76
2000	29229	8.5	17871	11358	0.71

第二节　水资源

一、地表水

南江水资源以地表水为主，地下水为辅，但分布不均。南江的河流属嘉陵江水系，最大的河流为南江河（巴河上游河段名），为渠江的干流上段，全长 134 公里。南江河支流较多，最大支流为明月江（又称赶场河），长 115 公里；另一条是木门河（又称正直河），长 45 公里；再是县境北部的焦家河，全长 54 公里；其余支流，流域面积在 1000 平方公里以上的有 3 条、100～1000 平方公里的有 6 条、50～100 平方公里的有 12 条，共计 52 条。各河流在县境内多年平均流量为 23.6 亿立方米，过境河径流总量 6.3 亿立方米，合计 29.9 亿立方米。除洪水期河水浑浊外，其余大部分时间河水基本无色。

二、地下水

地下水面积为3393.27平方公里，年总径流量为1.87亿立方米。其水质良好，多属重碳酸钙型水，总硬度为8～18德国度，硬化度在2～8毫克当量/升，pH值在6～7.5之间。

三、水能

南江水能资源丰富。因地处河源，流量虽小，但天然落差较大，其中光明河总落差为1505米，南江河总落差为1346米，木门河总落差为1200.9米，经计算水能理论蕴藏量为21.8万千瓦。可供开发的水能装机容量为8.36万千瓦，可开发的发电量3.66亿千瓦时。

第三节 气候资源

一、日照

1986—2000年，全县年平均日照1605.4小时，最多1775小时（1987年），最少1340.8小时（1989年），年内月总日照时数以2月份最少，平均为75.6小时，8月份最多，平均为252.1小时。

二、气温

1986—2000年，全县年平均气温15.9℃。最冷1月，平均气温5.2℃。最热7、8月，平均气温25.8℃，极端最高气温40.3℃（出现在1994年8月5日）。极端最低气温-6.1℃（出现在1991年12月8日）。

三、降水

1986—2000年，全年总降水量平均1092.9毫米。年内分布不均，冬半年（10月至4月），降水为235.0毫米，占年降雨量的21.5%；夏半年（5月至9月），降水量857.9毫米，占年降水量的78.5%；其中5、6月降水偏少，占全年降水量的11.5%，常发生伏旱。

1995年，总降水量是南江县有气象记录以来最少的一年，为727毫米，仅7月18日出现过一次暴雨天气；1998年，总降水量比多年平均偏多26%，暴雨成灾是本年的主要气候特征。5月6日，7月9日、13日，8月14日、21日、26日为暴雨日，7月7—8日为大暴雨日，出现了几十年来未见的洪涝灾害。

四、风

县境内风以NE风最多（1986—2000年的15年中有13年的风向是NE），间有ENE，平均风速3.5米/秒。年大风日数最多的是1988年，达8日。其次是1986年大风出现6日；1998年和2000年无大风日出现。

五、湿度与无霜期

根据县气象局1986—2000年资料显示，年平均相对湿度为72%，无霜期270天。

表 2—6　　南江县 1986—2000 年年均气温降水日照大风统计表

年　度	年均气温（℃）	年降雨量（毫米）	年日照时数（小时）	年大风日数（日）
1986	15.5	1009.4	1594.6	6
1987	16.3	1523.7	1775.0	3
1988	15.8	928.0	1515.3	8
1989	15.2	1198.2	1340.8	4
1990	16.1	992.1	1707.0	5
1991	16.0	1105.9	1595.8	4
1992	15.5	1032.2	1707.0	4
1993	15.5	1067.3	1520.7	1
1994	16.2	1166.5	1630.9	5
1995	16.2	721.0	1656.1	5
1996	15.5	1020.0	1481.9	4
1997	16.3	745.5	1687.4	1
1998	16.6	1519.4	1721.9	0
1999	16.2	1193.6	1560.2	2
2000	16.0	1207	1586.0	0
15 年平均	15.9	1095.9	1605.4	

表 2—7　　南江县 1986—2000 年天气现象统计表

项目 年份	年最多风向	平均风速（米/秒）	雷暴日数	雪天日数	霜冻日数	雾日数
1986	ENE	3.8	38	2	26	33
1987	ENE	3.7	34	2	27	22
1988	NE	3.8	30	8	20	25
1989	NE	3.7	32	10	27	35
1990	NE	3.8	35	5	13	39
1991	NE	4.3	37	3	23	34
1992	NE	3.3	21	3	47	30
1993	NE	3.1	23	9	31	40
1994	NE	4.0	47	6	21	34
1995	NE	3.7	27	3	33	31
1996	NE	3.6	32	9	30	41
1997	NE	3.6	37	1	17	37
1998	NE	3.4	45	6	19	41
1999	NE	2.7	41	1	26	31
2000	NE	2.7	41	4	19	27

第四节　植物资源

一、栽培作物

南江有粮经作物数百种，大面积栽培的有10类139种，其中粮食作物16种、经济作物53种、蔬菜绿肥55种；果树13科17属37种。主要农作物和茶、果、桑的品种共有528个，其中金银花、茶叶、水果等新品种资源的增多，促进了全县农业的发展。

二、森林资源

2000年底统计，全县森林面积136267公顷（204.4万亩），活立木蓄积量863万立方米，杂竹50万亩，森林覆盖率47.1%。境内树种有200多种，以常绿阔叶、针叶类型为主，优势树种有马尾松、柏树、铁杉、桦树、楠木、白杨、石栎、巴山水青冈、红豆等。主要林特产品年产量：生漆120吨、油桐2488吨、核桃2900吨、板栗498吨、棕片148吨、木耳243吨、香菇40吨、银花577吨。

三、牧草资源

南江有可食性牧草281种，有害草14种，有万亩以上的草场16处，333～667公顷的草场21处，85%的草地分布在海拔800米以上的地带。全县草地产草总量为3000余万公斤，其利用率达60%。从草地资源面积上看，1986—2000年没有大的变化，全县均保持在10.3万公顷（154.42万亩）左右，占面积的30%。据畜牧部门1986—2000年测算，在草地资源面积中，草山草坡8.9万公顷（133.5万亩），占全县草地总面积的86.4%。

第五节　动物资源

南江除人工饲养的猪、牛、羊、兔、猫、狗、蜂、蚕、鱼、鸡、鸭、鹅外，全县野生（林产）动物资源也较丰富。据1990年调查统计，南江已知兽类53种，鸟类200余种，爬行类12种，两栖类19种。其中属国家珍稀动物有云豹、林麝、金猫、大鲵（娃娃鱼）、红腹角雉等。1999年调查统计，县内有动物资源190多种，属省三级以上保护的品种有豹、林麝、水獭、红腹锦鸡、麂子、黑熊、猕猴、金鸡等。仅米仓山森林公园内生存的动物就有26目61科195种。

“南江黄羊”是南江县经过多年精心培育出的肉用型山羊新品种，享誉全国，居亚洲第一。全县饲养量已达100万只。

第六节　矿产资源

2000年统计，全县已知矿产储量：煤4000万吨、铁矿8544万吨、铜矿0.8万吨、铅锌矿9万吨、大理石10000万吨、花岗石30000万立方米、萤石矿0.0061万吨、磷矿420万吨、钾长石矿20万吨、石墨矿770万吨、白云石10000万吨、金矿0.0015万吨（纯金）、石灰石20000万吨、石膏20万吨、石棉28万吨、霞石铝矿1500万吨、石英砂矿5000万吨、钴0.01万吨（纯金属）。

表2—8　　南江县2000年主要矿产资源表

矿产名称	计量单位	储　量	品　位	分　布
1. 煤产	万吨	4000		团结、小河、甘溪、流坝、碾盘、赶场、红岩
2. 铁矿	万吨	8544	34% ~37%	竹坝、沙坝、汇滩、水码门、茅坡子
3. 铜矿	万吨	0.8	0.5~0.6	坪河、沙淮、上两、草鞋坝、庙坝
4. 铅锌矿	万吨	9	铅0.39%；锌1.57%	沙滩、坪河
5. 大理石	万立方米	10000	15个品种	桃园、上两、杨坝、汇滩
6. 花岗石	万立方米	30000	20个品种	天坪河、中坝、金场坝、小南沟、荀家湾、灵官堂、西清
7. 萤石矿	万吨	0.0061		新立
8. 磷矿	万吨	420	含五氧化二磷7% ~13%	新立、沙滩、汇滩
9. 钾长石矿	万吨	20	8~12	坪河
10. 石墨矿	万吨	770	4~5	坪河、杨坝
11. 白云石	万吨	10000	18~25	
12. 金矿	万吨	0.0015	纯金	坪河、关坝
13. 石灰石	万吨	20000		流坝、杨坝
14. 石膏	万吨	20	90~95	水木河、顾主坝
15. 石棉	万吨	28		坪河、光明、新民、柳湾
16. 霞石铝矿	万吨	1500	含三氧化二铝平均27.08%	坪河
17. 石英砂矿	万吨	5000	含二氧化硅82% ~94.4%	甘溪
18. 钴	万吨	0.01	纯金属	上两
19. 铀矿	万吨			大河

第三章　自然灾害

第一节　气象灾害

一、旱灾

旱灾分春旱（3—4月）、夏旱（5—6月）、伏旱（7—8月）、秋旱（9—11月）和冬旱（12—2月）。对南江农业影响最大的是夏旱和伏旱。夏旱指5—6月连续20天总降雨量小于30毫米；伏旱指7—8月连续20天总降水量小于35毫米。（1）夏旱。1986年至2000年的15年间，南江发生夏旱的有13年，其中夏旱持续时间最长的是1988年和1994年，旱期长达42天。1993年连续两次出现夏旱，一次是在5月13日开始到6月2日解除，旱期21天；第二次是6月4日开始到26日解除，旱期23天。（2）伏旱。1986年至2000年间，有9年出现伏旱，旱期最长的是1997年，从7月19日开始，到9月10日解除，伏旱长达54天。

表2—9　　南江县1986—2000年干旱情况统计表

年份	夏旱			伏旱		
	开始日期	解除日期	持续天数	开始日期	解除日期	持续天数
1986	—	—	—	—	—	—
1987	1/5	23/5	23	—	—	—
1988	22/5	2/7	42	—	—	—
1989	16/5	5/6	21	18/7	11/8	25
1990	16/5	17/6	33	18/8	10/9	24
1991	1/5	20/5	20	20/8	9/9	21
1992	3/6	24/6	22	22/7	19/8	29
				21/8	10/9	21
1993	13/5	2/6	21	—	—	—
	4/6	26/6	23			
1994	3/5	13/6	42	25/7	26/8	33
1995	1/5	30/5	30	21/6	16/7	26
1996	7/5	26/5	20	9/8	4/9	27
1997	22/5	28/6	38	19/7	10/9	54
1998	1/6	21/6	21	—	—	—
1999	21/4	14/5	24	—	—	—
2000	—	—	—	—	—	—

注：表内“—”表示无旱情发生。

二、洪涝

洪涝是南江县重大气象灾害之一，1986—2000年，全县有5个年份出现洪涝灾害9次。1987年出现4次大暴雨，1998年出现两次大暴雨，最严重的是1993年6月27日，降水量154.8毫米，造成严重的洪涝灾害。

三、大风

南江1986—2000年的15年间，有13年52日（次）出现大风天气。其中1988年就有8次，1986年6次，出现5次的有三个年份。

四、冰雹

1990年7月9日，降雹直径达15毫米，全县受灾6个区32个乡共22150户，重灾达8530户，受灾农作物32.1万亩，损失产量达490万公斤，经济林木45万多根。1991年6月24日，降雹直径达22毫米，平均重量1克。长赤、沙河、小河、大河、杨坝、赶场、南江镇等区（镇）最大重量在500多克，7区（镇）20多个乡96个村395个社10332户46208人受不同程度的损失。全县伤7人、死亡1人，伤猪10头、死亡1头，伤牛10头、死亡1头，其它家畜53只受伤、9只死亡，直接经济损失达410.88万元。1996年5月27日，降雹直径达10毫米，9区24乡受灾面积6740公顷，粮食损失554.3万公斤，损坏经济林木2333.33公顷，重灾13721户42538人，损坏房屋314433间，直接经济损失1142万元。

第二节　地质灾害

南江县境内地质灾害主要是滑坡、泥石流。1985年5月21日，县城照壁岩发生岩崩，打死过路儿童1名。1986年7月，全县山体滑坡230处。1987年，关坝乡河堤、大河镇街道、县城南江河两岸滑坡，县财政拨款20万元用于地质灾害治理。同年甘溪乡发生地裂灾害。1988年6月，大河中学校舍发生滑坡，全校80%的校舍成了危房。同年7月，平岗乡七村滑坡，长500米，面积达8.21公顷，有8户48人的住房被毁，造成经济损失13万元。关路乡一村二组、五组，七村的四组、九组发生滑坡，面积8万平方米。同年4月，赶场五村一社发生岩崩，部分农田毁坏。

1989年4月，平岗乡三村二组滑坡，面积6.67公顷。9月24日，高桥乡乡政府后面的观音岩发生岩崩，所幸无人员伤亡。1990年6月，碾盘乡长坪村四社滑坡面积7.6公顷，有6户27人的37间房屋成了危房。同年7月，瓦池乡一村三社张家塥发生弧形滑坡，长300余米，裂缝宽0.4米，深10余米，面积达46.67公顷。

1998年5月22日，正直区花桥乡沿溪河村发生大面积山体滑坡，面积达1.05平方公里，39户农民财产毁于一旦，195人无家可归。沿溪河电站设施全被淹埋，直接经济损失1250万元。省委、省政府于5月27日向南江县委、县政府发了慰问电。同年8月14日，下两区共滑坡124处，损坏农作物100公顷，房屋垮塌42间，直接经济损失175万元。

第三节　植物病·虫灾害

一、农作物病·虫害

南江县主要农作物病虫害有水稻螟虫、稻螟、稻苞虫、稻瘟病、小麦锈病、小麦白粉病、小麦蚜虫、麦水蝇、麦蜘蛛、玉米螟、大螟、粘虫、大小斑病、纹枯病、油菜白锈病、菜蚜等，常年发生面积30万亩次。1986年，全县水稻螟虫发生面积11000公顷、稻瘟病3600公顷、小麦锈病2733.33公顷、麦蚜5000公顷，损失产量137万公斤。1988年，大河区粘虫暴发，受灾7个乡、23个村、93个组，水稻受灾1105.6公顷，占总面积41%，玉米受灾面积68.2公顷，占播面的15.3%，损失产量20.4公斤。1990年，全县水稻螟虫发生面积11266.67公顷、稻苞虫2613.33公顷、小麦白粉病2333.33公顷，损失产量10万公斤。是年农药用量杀菌12.73吨、杀虫剂34.26吨、生物农药5吨。经大力防治，挽回粮食损失12.3万公斤。2000年，水稻螟虫发生面积4666.67公顷，稻瘟病4733.33公顷，小麦锈病2600公顷，损失产量18.5万公斤。

二、森林病·虫害

南江森林病虫害有46种，常年危害面积1266.67公顷。1988年，调查全县森林植物检疫对象

7种。其中，病害3种（松疱锈病、泡桐丛枝病、枣疯病），虫害4种（白杨透翅蛾、扬白潜叶蛾、樟束蚧壳虫、栗瘿蜂等）。1989年，调查发现森林病虫害有：华山松落叶病、松疱锈病、松赤枯病、杉木黄化病；虫害有华山松大小蠹、毒蛾。病虫发生面积2238.8公顷，其中危害严重的有1076.33公顷。造成损失最重的是咬食桤木叶片的毒蛾，严重时五日内可将成片树林叶片吃光。1999—2000年，再次普查，南江发生森林病虫松检疫对象有两种（板栗疫病和华山松疱）危害最重，普遍发生的蜀柏毒蛾、舞毒蛾、核桃果象、举肢蛾、银杏大蚕蛾、松赤枯病、核桃黑斑病、松针蚧、华山松大小蠹蛾、黑腹绒鼠等森林病虫害分布全县林区。

附：自然灾害录

1986年5月5日，正直、凤仪、菩船、双流、和平五个乡遭受冰雹灾害，县上立即分配25吨救灾化肥救灾。

1986年7月，特大暴雨冲毁水渠289.3公里，受灾小水电站48座，损坏人畜饮水工程45处，农田1800公顷，山体滑坡230处，牲畜死亡2061头，直接经济损失700万元。

1987年4月20日，冰雹灾害，损坏秧田20公顷。

1987年5月1—23日，发生夏旱，持续干旱23天，全县农作物栽播季节延迟。

1987年7月17—18日，暴雨成灾，两天内降雨量达240.5毫米。

1987年9月2日，大雨，雨量106.0毫米，冲毁部分农田，全县因洪涝灾害损失1530.46万元。

1988年5月4日，冰雹灾害。

1988年5月22日至7月2日，连续夏旱达42天。

1988年6月29日，全县部分区乡发生大风冰雹灾害。农作物受灾面积达1000公顷，损失产量321万公斤。

1988年7月13日，大河区粘虫暴发，受灾7个乡、23个村、93个社，水稻受灾1105.6公顷，占总面积的41.5%，虫口密度每平方米55只，稻田附近的杂草叶片也吃个精光。玉米受灾68.2公顷，占播面15.3%。损失产量10.2万公斤。

1989年5月16日至6月5日，连续21天夏旱，给全县大春农作物栽播造成严重影响。

1990年2月，前期低温寒潮，月末大雪霜冻，小春产量损失一成。

1990年5月12日，县境中北部遭受大风冰雹灾害，损失产量19万公斤。

1990年5月16日至6月12日，夏旱长达27天，截至6月17日，全县栽秧13400公顷，仅占77%。

1990年7月9日，雹灾。冰雹直径大的达15毫米，全县有6个区32个乡的22150户受灾，其中重灾户8530户，受灾粮食作物面积20800公顷，损失产量490万公斤；经济林木45万株。

1991年6月24日，降冰雹，直径22毫米以上，最大一粒重达500克。全县7个区（镇）20个乡的96个村395个社10332户受灾。造成重伤7人、死亡1人；伤猪10头、死亡1头；伤牛10头、死亡1头；其它家畜家禽受伤53只、死亡9只，直接经济损失410万元。

1992年6月3—24日，长达22天夏旱，造成水稻栽种面积比上年减少1000多亩。

1993年5月13日至6月2日和6月4日至6月26日，连续两次夏旱，造成人畜饮水困难，当年水稻平均亩产下降100公斤，总产比上年减少3万吨。

1994年5月3日至6月13日的42天夏旱及7月25日至8月26日的33天伏旱，加上部分地方风雹灾害，造成夏荒，缺粮户11835户、44988人。当年全县粮食比正常年景减产6.75万吨。地区拨专款33万元用于全县度荒。

1995年5月1日至5月30日夏旱30天，6月21日至7月16日伏旱26天。

1996年5月7—26日，夏旱20天。

1996年5月27日，县境部分地区遭受特大风雹灾害，冰雹直径10毫米，全县有9个区24个乡受灾农作物面积6666.67公顷，损失粮食产量554万公斤，损失房屋31.4万间，直接经济损失1142万元。

1996年7月14日，暴雨，降雨量达140毫米。赶场区遭受特大风暴灾害袭击，造成18个村受灾。粮食作物受灾面积达万余亩，绝收333.33公顷，财政拨款12.2万元用于救灾。甘溪乡发生地裂灾害，拨专款3000元解决蔡岳太等六户重灾户搬迁。

1997年7月19日至9月10日，长达54天伏旱，造成当年全县水稻总产比1996年减产7772吨，人畜饮水困难。

1998年2月，暴雨，造成全县53.38万人不同程度受灾，其中死亡5人、重伤28人、轻伤36人，下拨救灾款11.7万元。

1998年5月22日，正直区花桥乡沿溪河村二社发生大面积山体滑坡，面积达1.05平方公里，39户农民财产毁于一旦，195人无家可归，沿溪河电站设施被滑坡全部淹没，直接经济损失1250万元。

1998年6月1—21日，连续21天夏旱，水稻田开裂3000公顷，玉米10600公顷受旱，红苕2133.33公顷受灾，损失粮食产量610万公斤。

1998年7月7—8日，暴雨，两天降雨量分别为124毫米和134.3毫米。农作物受灾面积12.8万亩，其中成灾3000公顷，损失粮食产量175万元。

1999年4月21日至5月14日，连续24天夏旱。

1999年5月9日，县境部分地区发生冰雹灾害。

第四章 环境保护

第一节 环境监测

根据国家建设环境保护部1983年7月21日颁发的《全国环境监测管理条例》的有关规定，南江县环境监测机构于1985年成立，县内自此开展环境监测工作。1986—1989年，共投入5万元，购置了实验室常规应用的天平、烤箱、冰箱、分光光度计、pH仪及常用化学试剂。1987年12月，受省地环保部门之委托，为广旺矿务局南江煤矿环境评价做监测，在县级有关部门的配合下，对矿区进行大气的二氧化硫、氮氧化合物、飘尘、噪声、杨家河河水的采样，获得了大量数据，编写出了相关的环境监测报告书。

1989—1990年，开展了环境质量背景值的监测，监测点设在南江河城区段上流的碾盘、下游设在黄金桥处，各设一个断面，分春夏秋冬四季采样，其监测项目为：pH值、电导率、色度、浊度、化学需氧量、生化需氧量、高锰酸盐指数、氨氮、硝酸盐氮、西硝酸盐氮、氟化物、悬浮物、六价铬、总硬度、总磷、氯化物、硫酸盐、砷、水温、嗅和味等。

1992—1998 年，根据环境目标责任制和城市环境综合整治的要求开展了常年水的监测。在查清南江河的基础上，对明江河、坪河、杨坝河水三大水系的主要污染源、污染物和污染程度进行了跟踪监测。

一、大气监测

1990—1998 年，南江县开展了大气背景值的监测，在城区设置了小河点、红星桥点、环境监测楼三个监测点。在乐坝镇、桃园镇设置了 2 个农村监测点。其主要监测项目为：氮氧化合物、二氧化硫、二氧化氮、林格曼黑度、硫酸盐化速率、降尘、悬浮物微粒等指标。

表 2—10　　**南江县 1993—1996 年大气环境质量状况表**

年　份	监测点位	污染物名称	单　位	年均值
1993	对照	SO_2	mg/m^3	0.005
		NO_X	mg/m^3	0.007
		TSP	mg/m^3	
	城内	SO_2	mg/m^3	0.033
		NO_X	mg/m^3	0.028
		TSP	mg/m^3	
	城郊	SO_2	mg/m^3	0.016
		NO_X	mg/m^3	0.044
		TSP	mg/m^3	
1994	对照	SO_2	mg/m^3	0.006
		NO_X	mg/m^3	0.008
		TSP	mg/m^3	0.002
	城内	SO_2	mg/m^3	0.012
		NO_X	mg/m^3	0.031
		TSP	mg/m^3	
	城郊	SO_2	mg/m^3	0.021
		NO_X	mg/m^3	0.030
		TSP	mg/m^3	0.005
1995	对照	SO_2	mg/m^3	0.013
		NO_X	mg/m^3	0.015
		TSP	mg/m^3	
	城内	SO_2	mg/m^3	0.026
		NO_X	mg/m^3	0.034
		TSP	mg/m^3	
	城郊	SO_2	mg/m^3	0.037
		NO_X	mg/m^3	0.041
		TSP	mg/m^3	

续上表

年 份	监测点位	污染物名称	单 位	年均值
1996	对照	SO_2	mg/m^3	0.014
		NO_X	mg/m^3	0.016
		TSP	mg/m^3	0.002
	城内	SO_2	mg/m^3	0.033
		NO_X	mg/m^3	0.038
		TSP	mg/m^3	0.0024
	城郊	SO_2	mg/m^3	0.042
		NO_X	mg/m^3	0.049
		TSP	mg/m^3	0.0067

注：对照测点：春场坝监测楼；城内测点：县人民政府办公楼；城郊测点：小河中咀大桥。

二、饮用水源监测

从20世纪80年代到90年代，对城区自来水厂的水源地碾盘河段设点进行监控，为水厂抽水点的搬迁提供了水源水质资料。

表2—11 南江县1992—1999年地表水环境质量状况表

年 份	断面类型	污染物名称	单 位	年均值
1992	对照断面	pH值		7.8
		溶解氧	mg/L	10.50
		高锰酸盐指数	mg/L	1.05
	控制断面	pH值		7.84
		溶解氧	mg/L	9.35
		高锰酸盐指数	mg/L	1.95
	消减断面	pH值		8.28
		溶解氧	mg/L	9.80
		高锰酸盐指数	mg/L	1.23
1993	对照断面	pH值		8.13
		溶解氧	mg/L	8.86
		高锰酸盐指数	mg/L	0.95
	控制断面	pH值		8.25
		溶解氧	mg/L	7.66
		高锰酸盐指数	mg/L	1.12
	消减断面	pH值		8.14
		溶解氧	mg/L	7.90
		高锰酸盐指数	mg/L	1.22

续上表

年　份	断面类型	污染物名称	单　位	年均值
1994	对照断面	pH 值		8.46
		溶解氧	mg/L	9.29
		高锰酸盐指数	mg/L	0.007
	控制断面	pH 值		8.27
		溶解氧	mg/L	8.30
		高锰酸盐指数	mg/L	0.013
	消减断面	pH 值		8.29
		溶解氧	mg/L	8.93
		高锰酸盐指数	mg/L	0.011
1995	对照断面	pH 值		8.30
		溶解氧	mg/L	9.22
		色度		5
	控制断面	pH 值		8.54
		溶解氧	mg/L	8.51
		色度		10
	消减断面	pH 值		8.45
		溶解氧	mg/L	8.80
		色度		5
1996	对照断面	pH 值		8.46
		总硬度	mg/L	141.0
		溶解氧	mg/L	9.90
		高锰酸盐指数	mg/L	0.85
		氨氮	mg/L	0.065
		六价铬	mg/L	未检出
		色度		5
	控制断面	pH 值		8.08
		总硬度	mg/L	174.0
		溶解氧	mg/L	8.33
		高锰酸盐指数	mg/L	2.83
		氨氮	mg/L	0.079
		六价铬	mg/L	0.004
		色度		10
	消减断面	pH 值		8.64
		总硬度	mg/L	159.0
		溶解氧	mg/L	9.41
		高锰酸盐指数	mg/L	0.18
		氨氮	mg/L	0.104
		六价铬	mg/L	0.005
		色度		5

续上表

年 份	断面类型	污染物名称	单 位	年均值
1997	对照断面	pH 值		8.86
		总硬度	mg/L	145
		溶解氧	mg/L	9.9
		高锰酸盐指数	mg/L	1.10
		氨氮	mg/L	0.677
		总砷	mg/L	0.016
		六价铬	mg/L	0.004
		色度		5
	控制断面	pH 值		8.64
		总硬度	mg/L	164
		溶解氧	mg/L	9.8
		高锰酸盐指数	mg/L	0.95
		氨氮	mg/L	0.708
		总砷	mg/L	0.029
		六价铬	mg/L	0.006
		色度		15
	消减断面	pH 值		8.66
		总硬度	mg/L	174
		溶解氧	mg/L	9.9
		高锰酸盐指数	mg/L	0.75
		氨氮	mg/L	0.750
		总砷	mg/L	0.030
		六价铬	mg/L	0.006
		色度		10
1998	对照断面	pH 值		8.28
		总硬度	mg/L	121
		溶解氧	mg/L	10.43
		高锰酸盐指数	mg/L	1.06
		氨氮	mg/L	0.02
		六价铬	mg/L	0.0082
		色度		5
	控制断面	pH 值		8.94
		总硬度	mg/L	156
		溶解氧	mg/L	7.51
		高锰酸盐指数	mg/L	1.50
		氨氮	mg/L	0.14
		六价铬	mg/L	0.0082
		色度		15

续上表

年　份	断面类型	污染物名称	单　位	年均值
1998	消减断面	pH 值		7.96
		总硬度	mg/L	152
		溶解氧	mg/L	10.25
		高锰酸盐指数	mg/L	1.17
		氨氮	mg/L	0.06
		六价铬	mg/L	0.0085
		色度		10
1999	对照断面	pH 值		8.01
		总硬度	mg/L	121
		溶解氧	mg/L	9.53
		高锰酸盐指数	mg/L	3.20
		总砷	mg/L	未检出
		六价铬	mg/L	0.005
		色度		5
	控制断面	pH 值		9.08
		总硬度	mg/L	130
		溶解氧	mg/L	7.49
		高锰酸盐指数	mg/L	3.25
		总砷	mg/L	未检出
		六价铬	mg/L	0.005
		色度		15
	消减断面	pH 值		7.96
		总硬度	mg/L	128
		溶解氧	mg/L	8.02
		高锰酸盐指数	mg/L	3.25
		总砷	mg/L	未检出
		六价铬	mg/L	0.005
		色度		10

注：对照断面：养生潭；控制断面：黄金桥；消减断面：东榆。

三、噪声监测

1986年起，对城区附近的原农机厂、兴茂大理石厂的噪声进行昼夜监测，直至停产搬迁为止。1989—1993年期间，对县城分块划片定点，昼夜进行噪声监测，为县城功能分区和城建规划提供环境监测信息。

表2—12　　南江县1992—1998年县城功能区环境噪声状况表

年份	功能区种类	等效声级：dB（A）
1992	居民文教区	54.2
	一类混合区	63.0
	交通干线	71.4

续上表

年份	功能区种类	等效声级：dB（A）
1993	居民文教区	49.6
	一类混合区	58.1
	交通干线	62.8
1994	居民文教区	46.5
	一类混合区	57.7
	交通干线	61.8
1995	居民文教区	62.0
	一类混合区	64.7
	交通干线	75.5
1996	居民文教区	57.8
	一类混合区	61.3
	交通干线	72.4
1997	居民文教区	60.2
	一类混合区	66.5
	交通干线	73.5
1998	居民文教区	57.5
	一类混合区	52.2
	交通干线	68.4

注：居民文教区：武装部、党校；一类混合区：上下河街；交通干线：中咀大桥。

四、工业开发环境监测

1987年12月，与县防疫站配合对广旺矿务局南江煤矿环评监测后，接着又为县磷肥厂扩建2万吨硫酸厂、五氧化二磷磷肥生产的环境测评资料监测和县水泥二厂建设60万吨旋窑生产的环境影响评价作了环境背景值监测。

1992—2000年，每年都为环境质量公报提供监测数据。

五、重点污染源监测

1986—2000年的15年期间，主要对县境内冶金矿山有限公司、竹坝铁矿、中咀火电厂、南江化工有限责任公司、水马门铁矿、乐坝水泥厂、南江县水泥一厂、南江县水泥二厂、南江县大理石公司石材加工厂、南江红石材加工厂、南江镇水泥厂等排污单位的污染物种类和污染物名称进行了监测。

表2—13　　南江县2000年重点污染源监测状况表

序号	排污单位	污染物种类	污染物名称
1	冶金矿山（集团）有限公司	尾矿废水	SOD、SS石油类
2	竹坝铁矿	尾矿废水	SOD、SS石油类
3	中咀火电厂	废水	SS

续上表

序号	排污单位	污染物种类	污染物名称
4	南江化工有限公司	废气	SO_2
		废水	SS、SOD
5	水马门铁矿	尾矿废水	COD、SS 石油类
6	乐坝水泥厂	废气	烟尘、粉尘
7	南江县水泥一厂	废气	烟尘、粉尘
8	南江县水泥二厂	废气	烟尘、粉尘
9	南江大理石公司石材加工厂	废水	SS
10	南江红石材加工厂	废水	SS
11	南江镇水泥厂	废气	烟尘、粉尘
12	土墙坪铁矿	尾矿废水	COD、SS 石油类

第二节　环境监管

一、排污收费

县人民政府依据国务院关于征收排污费暂行办法的规定，制发《南江县排污收费与罚款暂行办法》，决定从 1981 年 5 月 1 日起对全县有污染的工业企业实行排污收费。是年征收排污费的单位有 13 个，2000 年增至 80 个。20 年来，全县共收排污费 317. 7 万元，其中 1986 年收费 18. 2 万元，1990 年收费 14. 7 万元，1995 年收费 20. 4 万元，2000 年收费 24. 66 万元。

二、环境影响监督

县根据国家环委会、国家计委、国家经委 1986 年 3 月 20 日发出的建设项目环境保护管理办法第 4 条、第 5 条之规定：凡从事对环境有影响的建设项目都必须执行环境影响报告书的审批制度，执行防治污染及其他公害的设施与主体工程“同时设计、同时施工、同时投产使用”的“三同时”制度。对建设项目环境影响报告书的审查，对建设施工中的检查监督，对环保设施的竣工验收，对环保设施运转使用情况的检查和监督等方面，都有明确规定。按上述规定，南江县在 1984 年对中咀火电厂的选址，环保设施的设计、建设、竣工、运转实行了跟踪监督；1987 年对广旺矿务局南江煤矿的建设执行了“三同时”制度的监督；1990 年对乐坝水泥厂的建设进行了环境监督管理。此外，在 1980 年至 2000 年期间，对全县大小建设项目都提出了环保要求，并对各建设项目环境影响报告书实行了审批制度，严格按“三同时”的规定一一进行验收，对发现的问题采取了果断措施，如对水马门铁矿、红山铁矿的环保治理设施都采取了限期完善的处理。

三、环境影响评价

根据国家对建设项目的有关规定，凡是对环境有影响的项目，必须实行环境影响评价后方能立项，经环保部门批准后才能开工建设。对小型污染不重的项目必须填报环境影响报告表，报环保部门批准并立卷存查。1988年至1991年期间，沙河造纸厂、南江县农药厂都因污染严重，治理设施设计达不到治理要求，环境影响报告表没有被环保部门批准，因而未能施工建设。

四、环境保护责任制

南江县环保目标责任制于1990年开始推行，当年县政府与计经委、建委、商业局、计生委签订环境治理和定量考核责任书，并成立考评小组。全年环境整治项目18项，年底实际完成17项：饮用水水源达标99%；地表水COD平均值2.2mg/L；区域噪声均值60dB（A）；交通噪声均值70dB（A）；烟尘控制区覆盖率100%；民用型煤普及率80%；路面封闭50%；环保设施运转率70%；万元产值废水排放量316吨；工业废水处理率40%；“三同时”执行率85%；工业废弃物利用率20%；工业废弃物处置率46%；生活垃圾清运率55%；城市人均绿地面积6.6㎡；植树1000株；硫酸尾气吸收率90%；环境保护监测楼完成60%；参加环境保护法律学习人数（乡、股级以上）798人。1991—2000年，县政府都将环境整治任务分配到有关部门，纳入年终考核内容，评先进、评奖金，实行“环保一票否决”制。

第三节 污染源治理

1986—2000年，南江县对污染严重、破坏环境、人民群众反映强烈的污染源，进行了大规模整治工作。

一、厂矿污染治理

县磷肥厂在生产中污染物排放量较大的有二氧化硫、氟气、含氟废水、含砷废水、含酸废水、含砷硫铁废水等，逐年逐项从20世纪80年代到90年代，专门建成了一条氟硅酸钠生产线，1988年12月验收合格。1993年，对硫酸生产后排出的含硫砷的铁矿粉实行了回收；对排出二氧化硫气体的治理由一转一吸变为二转二吸，减少排放降低了污染，并对厂周边的农业生产造成的损失作了如数赔偿。磷肥厂共贷款环保豁免治理资金10多万元，投入治理污染，取得了显著成效。同年，中咀火电厂投资上百万元建成了煤灰砖生产车间，处理了大量的煤灰和炉渣，加强了废水沉淀池的管理，定时清除灰渣。为建设煤渣砖生产线，环保给予治理贷款40万元，历年豁免治理资金15万元。基本解决了粉烟灰、炉渣、水幕除尘等污染问题。

20世纪90年代初，竹坝铁矿便开始铁矿尾矿坝的建设，先后投资200余万元，经十多年的建设治理，坝体增加了10多米，尾矿池库容大幅度增大，尾矿场的储存问题得到了解决。

二、污染排放达标

1995年8月5日，县人民政府印发了《南江县城区环境综合治理实施办法》，共5章25条。主要内容有：噪声污染防治管理办法、废水污染防治管理办法、废弃污染管理办法、固体废气物防治管理办法。1999年5月11日，县人民政府又制发《2000年工业污染源达标排放方案》，要求在2000年12月31日前，全县所有工业污染源排放污染物达到国家或省规定的排放标准。同时还制定了严格的考核办法，按分级负责的原则，由县环保部门验收，将验收结果报告县人民政府并报地区环保局备案，接受上级环保部门抽查。2000年，全县环保水平提高，环境质量好转。全年废气处理率达90.5%。工业废气处理达标率90%，固体废物综合利用率90%，三废综合利用产值155万元。

第四节　自然生态保护

一、水资源保护

从1994年开始，为保证县城自来水源清洁卫生，县上投资500万元，将原位于“王公祠”处的取水站和自来水厂迁到碾盘乡穿心店养生潭，在上游1000米处和下游100米处之间，禁止一切有污染水源的活动，县政府在养生潭取水点立有花岗石碑，确定为一级保护区。

1997年，县政府划定地面水功能区和大气功能区，决定地面水所在的县城区，区镇下游10公里为二类水域，其他为一类水域。全县供水站取水点均为一级保护区，玉堂、井坝、杨家坝、唐家嘴等水库为一类水域。

二、生态保护区建设

1996年，县人民政府确定桃园镇为农业生态环境示范乡。南江县光雾山自然保护区于1997年12月经四川省人民政府批准为省级自然保护区。1998年，县政府发文，对光雾山自然生态保护区范围进行了界定：包括桃园、光雾山玉泉、大坝、槐树三乡，北至陕西省为界，面积34988公顷。光雾山保护区内森林覆盖率大部分地区在90%以上。10月普查得知，生态示范区的光雾山草山10万公顷、森林17万公顷、木材蓄积量700万立方米，巴山水青冈3000公顷，野生动物26目61科195种。

第五节　环保管理机构

南江县环保管理机构始建于1979年12月28日，名称为“南江县革命委员会环境保护办公室”（简称环保办），它作为县革委在环境保护工作的常设机构，归口县计委，定编3人。1983年机构改革时县环保办与建设局合并为“南江县建设环保局”，内设环保股，人员不动、财务分管。1987年3月2日更名为“南江县建设委员会环保科”。1990年6月28日，改环保办单列，仍挂靠县建委管理，它既是县政府的职能部门，也是县环委会的办事机构，代表县政府对全县环保工作实施统一管理。1991年7月，南江县编制委员会同意将“南江县环境保护办公室”更名为“南江县环境保护局”（二级局）归口南江县建设委员会管理，下达事业编制17名。1998年10月，县编委将县环保局定为行政局（二级局）并下达行政编制4名，工勤人员1名。机关内设三股一室（办公室、环境监测股、环境监理股和环境污染控制股）。至2000年未变。

第三篇 人 口

第一章 人口状况

第一节 人口数量

1985年，全县总户数为117381户，其中农业户110044户；总人口为528394人，其中农业人口491153人，非农业人口37241人。

1990年，全县总户数139295户，总人口为561349人，其中农业人口518218人，非农业人口为43131人。

1995年，全县总户数147229户，其中农业户130979户，总人口为582019人，其中农业人口524922人，非农业人口57097人。

2000年，全县总户数164727户，其中农业户142836户，总人口613680人，其中农业人口539736人，非农业人口73944人。

1986年至2000年的15年间，全县人口净增101949人，比1985年增长19.29%。

表3—1 南江县1985—2000年人口分类情况统计表

项目/数据/年份	总户数	总人口数	男	女	其中			
					农业人口	占比（%）	非农业人口数	占比（%）
1985	117381	528394	273619	254775	491153	93.0	37241	7.0
1986	121651	534066	277006	257060	496287	92.9	37779	7.1
1987	125177	543153	282056	261097	500901	92.2	42252	7.8
1988	130409	551267	286294	264973	509593	92.4	41674	7.6
1989	135186	556944	289231	267713	514083	92.3	42861	7.7
1990	139295	561349	292374	268975	518218	92.3	43131	7.7
1991	140511	563867	293210	270657	520497	92.3	43370	7.7
1992	141362	567466	294507	272959	521444	91.9	46022	8.1

续上表

年份 \ 数据 \ 项目	总户数	总人口数	男	女	其中			
					农业人口	占比(%)	非农业人口数	占比(%)
1993	141707	569855	296322	273533	523210	91.8	46645	8.2
1994	143820	575084	298874	276210	524161	91.1	50923	8.9
1995	147229	582019	302126	279893	524922	90.2	57097	9.8
1996	148180	589170	307073	282097	529504	90.0	59666	10.0
1997	149722	596085	310129	285956	533895	89.6	62190	10.4
1998	151912	602837	314175	288662	539271	89.5	63566	10.5
1999	158442	604111	313812	290299	534562	88.5	69549	11.5
2000	164727	613680	317236	296444	539736	88.5	73944	11.5

注：资料来源于县统计局、公安局。

第二节　分布·密度

全县人口分布不均。城镇人口密度大，居住集中，乡村人口密度小，且居住分散。乡村人口亦分布不均，边远山区、沟谷地带人口稀少，平坝、河流沿岸、交通要道、乡（镇）治所、学校、厂矿附近聚居量较多，人口密度也相对大些。

1985 年，全县人口密度为每平方公里 154.6 人，其中县城南江镇人口 15418 人，每平方公里 3883 人，为全县人口密度的 25.12 倍。2000 年，全县人口密度为每平方公里 186.3 人，而南江镇每平方公里达 9228.8 人，乐坝镇每平方公里 326.7 人，小河区每平方公里 150.6 人，沙河区每平方公里 289.1 人，长赤区每平方公里 404.6 人，正直区每平方公里 320.6 人，下两区每平方公里 220.4 人，大河区每平方公里 181.1 人，赶场区每平方公里 123.7 人，上两区每平方公里 53.8 人，贵民区每平方公里 72 人，杨坝区每平方公里 76 人。人口密度最小的是桃园镇，每平方公里仅 7.8 人。

表 3—2　　南江县 2000 年人口分布情况统计表

区镇名称	人口数	占全县总人口（%）	其中		
			农业人口数	非农业人口数	未落户人口数
南江镇	46144	7.52	5477	40417	250
乐坝镇	5736	0.90	1654	4082	
桃园镇	3268	0.50	2661	607	
小河区	36292	5.91	34833	1306	153
沙河区	73066	11.91	69565	3501	
长赤区	109488	17.84	104952	4536	
正直区	96242	15.68	89583	5513	1146
下两区	71442	11.64	67866	3576	
大河区	74242	12.10	70628	3614	

续上表

区镇名称	人口数	占全县总人口（%）	其中		
			农业人口数	非农业人口数	未落户人口数
赶场区	39968	6.51	37937	2031	
上两区	15122	2.46	14050	1051	21
贵民区	18430	3.00	17482	948	
杨坝区	24252	3.95	23070	1182	

第三节　人口变动

一、自然变动

1985 年，全县出生人口 5938 人，出生率 11.26‰；死亡 3413 人，死亡率 6.47‰；自然增长人口 2525 人，自然增长率 4.79‰。1990 年，全县出生人口 7048 人，出生率 12.6‰；死亡 3589 人，死亡率 6.42‰；人口自然增长 3459 人，自然增长率 6.19‰。1995 年，全县出生人口 9870 人，出生率 17.08‰；死亡 4038 人，死亡率 6.99‰；人口自然增长 5832 人，人口自然增长率 10.09‰。2000 年，全县出生人口 5932 人，出生率 9.79‰；死亡 3654 人，死亡率 6.03‰；自然增长 2278 人，自然增长率 3.76‰。1986—2000 年的 15 年中，全县出生人口最多的年份是 1987 年，当年出生 10569 人，出生率高达 19.62‰，人口自然增长率达 13.33‰。全县人口出生最少的年份是 2000 年，当年出生 5932 人，出生率降至 9.79‰，自然增长率下降到 3.76‰，是 15 年间出生人口最少、自然增长率最低的一年。

二、人为变动

县境内人口人为变动，主要是去外域读书、服兵役、务工经商迁出，大中专学生分配到县境内就业、务工经商、干部职工调动迁入迁出。据公安部门统计：1985 年，全县迁入 7126 人，迁出 7406 人。1990 年，全县迁入 8170 人，迁出 7544 人。1995 年，全县迁入 9050 人，迁出 7739 人。2000 年，全县迁入 6574 人，迁出 5307 人。南江开展全国第五次人口普查时统计，全县外出半年以上人口 36623 人，占总人口的 4.6%，而 1990 年前外出人口极少。1986—2000 年的 15 年中，全县迁入最多的是 1994 年，为 9354 人，迁入最少的是 1991 年，为 855 人；迁出最多的一年是 1994 年，为 9354 人，迁出最少的一年是 1991 年，为 1547 人。

表 3—3　　南江县 2000 年区（镇）人口密度表

项目/数据/区镇	面积（平方公里）	户数	人数	人口密度（人/平方公里）
南江镇	5	17279	46144	9228.8
乐坝镇	17.3	5652	5736	326.7
桃园镇	417.18	1196	3263	7.8
小河区	241	8700	36292	150.6

续上表

区镇 \ 数据 \ 项目	面积（平方公里）	户数	人数	人口密度（人/平方公里）
沙河区	252.7	18266	73066	289.1
长赤区	270.6	26820	109488	404.6
正直区	300.2	24702	96242	320.6
下两区	324.2	17746	71442	220.4
大河区	410	19699	74242	181.1
赶场区	323	9461	39968	123.7
上两区	280.8	4475	15101	53.8
贵民区	256	4664	18430	72.0
杨坝区	319.3	6067	24262	76.0
全县合计	3382.8	164727	613676	186.3

第二章　人口结构

第一节　性　别

1986 年，全县总人口 534066 人，其中男性 277006 人，占总人口的 51.87%；女性 257060 人，占总人口的 48.13%；性别比（女为 100，以下同）为 100∶107.06。1990 年，全县总人口 561349 人，其中男性 292374 人，占总人口 52.09%；女性 268975 人，占总人口的 47.91%；性别比为 100∶108.7。1995 年，全县总人口 582019 人，其中男性 302126 人，占总人口的 51.9%；女性 279893 人，占总人口的 48.1%；性别比为 100∶107.9。2000 年末，全县总人口 613680 人，其中男性 317236 人，占总人口的 51.7%；女性 296444 人，占总人口的 48.3%；性别比为 100∶107。0～4 岁儿童性别比为 100∶122，其中 0 岁为 100∶121.4；周岁 100∶117.45。

表 3—4　　南江县 2000 年区（镇）抽样调查人口性别比

区镇名称 \ 数据 \ 项目	抽查人数	男		女		性别比（女＝100）
		人数	占比（%）	人数	占比（%）	
南江镇	344	167	48.55	177	51.45	94.53
乐坝镇	52	23	44.23	29	55.77	79.31
桃园镇	26	13	50	13	50	100
小河区	415	228	54.94	187	45.06	124.32

续上表

数据 项目 区镇名称	抽查人数	男		女		性别比（女＝100）
		人数	占比（%）	人数	占比（%）	
沙河区	671	378	56.33	293	43.67	129.01
长赤区	851	483	56.76	368	43.24	131.25
正直区	757	401	52.97	356	47.03	112.64
下两区	610	328	53.77	282	46.23	116.31
大河区	924	486	52.60	438	47.40	110.96
赶场区	519	286	55.11	233	44.89	122.75
上两区	217	112	51.61	105	48.39	106.67
贵民区	233	111	47.64	122	52.36	90.98
杨坝区	313	169	53.99	144	46.01	117.36

第二节　年　龄

1990年7月1日零时，南江开展全国第四次人口普查时统计，0～14岁的人口138272人（男73843人、女64429人），占总人口的24.6%；15～59岁的人口377349人，占总人口67.1%；60岁及以上年龄的46577人，占总人口的8.3%。其中100岁以上9人（男2人、女7人），年龄最大的106岁。

2000年11月1日，南江县开展全国第五次人口普查时统计，0～14岁人口为167533人，占总人口的28.22%，其中男91189人，女76344人，分别占总人口15.35%、12.85%；15～59岁人口372342人，占总人口的62.71%；60岁及以上年龄人口53845人，占总人口的9.07%，其中100岁以上的11人（男5人、女6人）。

第三节　民　族

1990年，全国第四次人口普查时统计，南江县共有12个民族，汉族人口562130人，其中男293512人，女268618人；回族28人，其中男16人，女12人；藏族3人，其中男1人，女2人；苗族4人，其中男1人，女3人；彝族4人，其中男1人，女3人；壮族3人，其中男1人，女2人；布依族2人，全为男性；满族4人，全为男性；侗族2人，全为女性；土家族16人，其中男11人，女5人；傣族1人，为女性；羌族1人，为女性。

2000年，全国第五次人口普查时统计，南江县共有11个民族。汉族593454人，其中男309528人，女283926人；蒙古族73人，其中男24人，女49人；回族62人，其中男34人，女28人；藏族23人，男11人，女12人；维吾尔族14人，其中男4人，女10人；苗族16人，其中男5人，女11人；彝族18人，其中男11人，女7人；壮族14人，其中男5人，女9人；布依族8人，其中男3人，女5人；朝鲜族16人，其中男9人，女7人；满族5人，其中男3人，女2人。

第四节 文 化

1990 年，全国第四次人口普查时统计，南江县大专及以上文化程度的有 1508 人，占总人口的 0.27%（本科 350 人，专科 1158 人），比第三次全国人口普查时的 1982 年多 872 人，每万人中有大专文化 27 人，低于全国 142 人、全省 96.1 人和全地区 36.6 人的水平；高中（含中专）文化程度人口为 23139 人，占总人口的 4.12%（其中女 5795 人），比 1982 年多 9115 人，每万人中有 412 人，比 1982 年多 1445 人；初中文化程度 103013 人，占总人口的 18.32%，比 1982 年多 38892 人，每万人中有 1972 人，比 1982 年增加 743 人；小学文化程度 250570 人，占全县总人口的 44.56%（其中女 117198 人），比 1982 年多 39807 人，每万人中有 4455.8 人，比 1982 年增加 414.3 人；文盲、半文盲人口为 121742 人，占总人口的 20.67%，比全国高 4.79 个百分点，比 1982 年少 517.3 人，每万人中有 2165.5 人。

2000 年，全国第五次人口普查时，全县具有研究生学历 19 人，其中女 2 人；大学文化程度人口 647 人，大专 6428 人，每万人中有大专及以上文化程度 112.5 人；高中（含中专）文化程度的有 35180 人，其中女 11359 人，每万人中有 592.5 人；初中文化程度的人口为 152358 人，其中女 55137 人，每万人中有 2566.2 人；小学文化程度人口 279938 人，其中女 146011 人，每万人中有 4714.98 人；未上过学的人 36641 人，其中女 28142 人，每万人中有 699 人。20 岁以上上过扫盲班的有 14727 人，其中女 10660 人；15 岁以及以上文盲人口有 36782 人，占 15 岁及以上人口的 8.63%。

第三章 人口控制

第一节 宣传教育

一、宣传教育机构

1985—1990 年，县建立了人口与计划生育基础知识教育学校，由县政府分管县长任校长，县计生委、县卫生局、团县委、县妇联等单位负责人为教务委员会成员。教务处设在县计生委，县计生委主任任教务主任。区（镇）、乡（镇）分别建立了人口与计划生育基础知识教育分校，村及城镇居委会建立了人口与计划生育基础知识辅导站。乡（镇）分校均设置了专用教室及必要的教学设施。县人口学校负责制订全县的教学计划、指导教学活动、检查教学质量。乡（镇）分校负责青春、新婚、孕产期人员的教学，村（居）委辅导站负责育儿期和中老年期人员的教学工作。教学活动一般每季度开展一次，对学员每半年或一年进行一次口试或笔试，试卷一律封存后归档。考试合格者，由人口学校统一颁发结业证书。

二、宣传队伍

1991年，经县委、县政府批准，县计生委、县人事局在全县公开招聘区（镇）计生办宣教工作专职人员。经严格考试考核，按公开公正原则，从参加考试的40余人中择优聘用了11人安排到11个区（镇）计生办，开展计生宣教工作。

三、宣传活动

1996—2000年，全县认真落实“三为主”方针，把宣传教育放在首位，深入开展“婚育新风进万家”活动，使计划生育政策深入人心，帮助群众自觉转变传统的婚育观念。在宣传内容上，注重特色，突出重点，既开展人口理论、计生知识、计生法律法规的宣传教育，又普及农村实用技术等科学知识；在宣传对象上，以育龄妇女和中学生为重点。引导群众树立晚婚、晚育、少生优生、生男生女都一样等科学、文明、进步的婚姻观念。并在初中以上学校开设人口讲座、生理卫生、青春期教育课程。在宣传形式上力求群众喜闻乐见，易于接受；在宣传方式上实行分类指导，以点带面；在宣传效果上注重促进发展，群众满意。5年中，全县印发《条例》和《流动人口计划生育管理办法》25000余份，编印计生宣传资料及《新婚必读》等小册子8万余册发至区、乡、村、社，供广大干部群众学习；办计生板报、墙报1740余期，制作计生展板166张；与县文体局共同举办“三下乡”活动，演出节目80余场次，观众近20万人。摄制反映南江计生工作电视专题片34部，不定期进行播放。在南江电视台开设《人口天地》栏目，《南江报》开辟了《人口与计生》栏目大力宣传计生工作。在全县50多个场镇开通了计生广播，制作永久性大幅标语11846幅。组织计生宣传车深入110个村、社向群众宣传计生政策，发送计生宣传资料6万余份，接受群众咨询两万多人次。为巩固计生宣传阵地，结合文明新村建设，发展生育文化大院130多个，中心学习户110户。为使“婚育新风进万家”活动深入扎实开展，1998年县计生委在碾盘乡明月村、凉水乡康家岭村、沙河镇九青村进行了婚育新风进万家试点，确定了两个不同档次的样板，一是规格较高的明月村，二是规格一般的九青村。通过现场参观，号召小河——下两等下五区一镇学习明月村，大河——杨坝等上五区学习九青村。在较短的时间内“婚育新风进万家”活动在全县范围内掀起高潮。

四、创建合格乡镇

1996年，全县开展了“三为主”乡（镇）创建活动。村村建立计生协会，配齐配强计生干部，选择有议事能力的村民代表，形成村党支部领导，村民大会或村民代表大会决策，全体村民监督落实的网络体系；并依法建章立制，广泛宣传，印发章程，签订协议，让育龄群众严格按《章程》和《协议》规定享受权利，履行义务。建立村级人口与计划生育目标考核体系，实行政务公开，接受群众的民主监督。加强基层服务站建设，完善服务功能，提高服务质量，不断满足育龄群众生殖健康需求。1997年和1998年，巴中地区及省计生委先后对全县“三为主”合格乡（镇）创建活动进行了检查验收，均确认南江为基本实现计划生育“三为主”合格乡（镇）县。

1999—2000年，南江县为巩固“合格乡镇”成果，狠抓生育文化载体建设。全县先后建起了村级服务室525个，建生育文化大院600余个。县计生委对村级服务室、生育文化大院的必要设施、管理办法、活动规划、院长职责均提出了具体要求和统一规定，对弘扬新型生育文化、推进“婚育新风进万家”活动发挥了积极作用。同时，在县委、县政府的领导下，积极推行计划生育“三结合”。

1995—2000年，在全县范围内开展了声势浩大的帮扶计划生育户“万户致富竞赛”活动。实行目标管理，纳入政府行为，纵向到乡镇，横向到部门，落实责任，逗硬奖惩，涌现了一大批少生快富的计划生育示范户。长赤镇青杠村“三结合”户何明、陈永兴夫妇，三世同堂，六口之家，通过近两年的帮扶和自身的辛勤劳动，1997年底实现了人均纯收入1400元，粮食550公斤，还清了欠账，变成了有存款、有余粮的计生户。他兴奋地在自己的大门上贴上“生产、生育、生活，三生有幸受党恩；富民、富乡、富国，万众一心奔小康”，横批为“少生快富”的对联，道出了“三结合”户的心声。

第二节　技术服务

1990—1995年，南江县坚持“面向基层，深入乡村，方便群众，服务上门”的方针，以推进科技服务为重点，把宣传教育、科技服务、药具供应、干部培训融为一体，扎实开展五个服务，满足了群众生产、生活、生育和生殖健康需求。县指导站常年安排三分之一的人员，用三分之二的时间巡回乡村，服务基层。1991年全县落实各种手术27037例，早孕普查人数达到95%。为适应面宽量大的基层服务工作，进一步发挥“四大功能”的作用，除了抓好县上龙头站的建设外，对区乡服务站按照省上提出的“充实完善，巩固提高，根据需求，合理布局，适当发展”的要求，创造条件，分期分批建立了25个区乡站，并成立了县药具服务部，区乡配有专（兼）职避孕药具发放员，为育龄群众提供优质服务。1995年后，根据国家计生委《计划生育服务工作管理办法》的有关规定，全县开展以生育调节为主要内容的生殖健康教育；开展避孕节育和优生指导；开展计划生育手术，进行术后随访；发放避孕药具，并提供咨询服务；防治和鉴定计划生育手术并发症；开展病残儿医学鉴定工作；围绕计划生育工作，开展生殖健康服务；开展计划生育技术培训工作。

1996年，全县成立了桥坝、石矿、赤溪、八庙、高塔、红光、付家、红顶、九顶、朱公、凤仪、黑潭、和平、双流、菩船、高桥、关门、石滩、汇滩、坪河、团结、天池、红四、凉水、长征、平岗等26个乡计生站和沙河区、长赤区、正直区、下两区、大河区、赶场区、上两区、杨坝区等9个区计生站及1个县计生站，共计36个站，占规划建站数的72%。县、区、乡三级站共配备人员130人，其中：县站20人，区站60人，乡站50人。

1997年，为适应新形势，拓宽新思路，实现由行政管理为主向以利益导向为主的转变，把群众的注意力吸引到发展生产，改善生存生活条件上来。县计生委充分利用“南江黄羊”这一亚洲第一品牌的优势，决定发展南江黄羊，壮大计生产业，走“以羊扶贫”为主的扶贫与计生产业发展相结合的新路。县计生委在杨坝区进行“以羊扶贫”的试点，投入资金2万元，购买南江黄羊120只，投放给十户计划生育贫困户饲养，实施滚动发展，联动帮扶，与养羊户签订了以羊扶贫合同书，实行利益同享、风险同担，把养羊利润80%让给养羊户。在帮扶过程中，计生委与畜牧部门协调，求得技术的支持，千方百计提高养羊科技含量，为养羊户提供全程服务。通过精心管理和热情服务，仅两年时间就滚动帮扶计划生育贫困户25户，黄羊存栏总数达到750多只，总产值12万多元，养羊户获利达到85000多元，户年均增收4500元以上，计生委获利1万余元。同时，培植黄羊养殖大户4户，每户存栏黄羊百只以上，被帮扶的25户计生贫困户都增加了收入，走上了富裕的道路。为巩固和扩大扶贫成果，开创新型产业。

1998年，在全县开展“知情选择”和孕前服务，为区乡培训了一批药具员。同时大力推广“斯利安”科技成果的运用，降低了亲生儿的缺陷，并坚持开展季度“三查”，加强了孕前服务和管理。县计生委在红光、八庙、朱公等乡开展了计生优质服务试点工作，被四川人民广播电台《人口广角》栏目和巴中地区《信息与发展》杂志作了专题报道，反映良好。特别是正直区服务站开展的昼夜为群众服务，得到广泛赞誉，获得社会效益、经济效益双丰收。巴中地区计生委为此在该区召开科技现场会，推广他们的经验。

2000 年，县计生委投入养羊扶贫资金 20 万元，在杨坝、下两、赶场三区发展规模养殖，实施成片帮扶，走产、销一体之路。投入黄羊 1200 只，帮扶计生贫困户 70 户，建立计生“三结合”黄羊养殖示范片 4 个。对被帮扶的计生贫困户，从落实发展规划、传授养殖技术、市场信息咨询、协助入市销售等环节开展全程服务，养羊计生贫困户获利 22 万多元，被帮扶的 70 户实现了当年脱贫。全县 12 个涉农部门在计生委的影响带动下，积极开展对计生贫困户的帮扶工作，共投入帮扶资金 210 万元，物资 380 吨，落实帮扶项目 46 个，帮扶计生贫困户 5000 户，为贫困山区计生“三结合”工作注入了新的活力，使老百姓得到了实惠。是年，省拨给南江县装备费 34 万元，其中县内自筹 10 万元，由县计生委根据基层实际需要，编制订购计划，省计生委按照县报送的定购设备品种，实行政府采购匹配到位。经过逐年装备，配齐了常规器械和 B 超、波姆仪等技术设备，投入区乡服务站，实现了 B 超化，结束了无 B 超查孕查环的历史。

第三节　行政执法

一、依法管理

1986—2000 年，南江县在认真贯彻执行《四川省计划生育条例》的同时，结合南江实际，在县计生委和 13 个区（镇）均成立了计划生育行政执法领导小组。1998 年，在全县范围内开展了“四清四落实”的活动，对生育区域差别的计划生育政策执行情况进行了逐乡、逐村、逐户检查，把政策交给群众，对极个别乱开生育政策口子、乱给生育指标的人和事进行了严肃处理，并协助有关部门和单位对 16 名党员干部违背计划生育政策，进行了逗硬查处。在职称评定、表彰先进等都逗硬实行一票否决制。年初对全县七个部门和单位评选宣传思想工作先进村时，因计划生育而被取消资格，有效地维护了计划生育政策的威严。为加强普法教育，把计划生育政策法规的宣传与“三五”普法教育结合起来。编印了计划生育法规知识读本及资料两万多册，张贴宣传画 5 万余张，举办法规训练班 3 次，地区计生委派员到南江现场授课。组织全县广大干部群众参加国家计生委举办的计生法律知识竞赛达 10500 人次，通过开展各种活动，对计划生育法律、法规知识的普及起到了极大的推动作用。计生干部带头坚持“七不准”，做到了依法行政、文明行政，未出现过任何重大恶性事故。在加大流动人口计划生育工作的管理中，以乡（镇）为主，对流入和流出人口进行严格验证和办证管理。流出人口办证达万人以上，流入人口验证达 90% 以上。南江镇对流入的 1500 多人的生育情况进行了认真清理，查出计划外生育 40 多人，计划外怀孕 10 多人，同时建立流动人口计划生育卡 500 余份，建立信息联系户 20 多户。在县城开展了“计划生育合格单位”创建活动，在农村加强计划生育合格村建设，促进了计生工作的深入开展。1999 年 11 月，通过巴中地区计生委检查验收，全县 73 个乡镇全部达标，喜获“合格县”的殊荣。

二、执法队伍建设

1998 年，全县 10 区 3 镇、70 个乡镇共有计划生育执法人员 122 人，其中正式行政执法人员 97

人，临时（委托）执法人员35人；具有大专以上学历的24人，高中以上学历的78人。同年清退了不符合执法主体资格的人员，安置了退伍军人10人充实到边远乡镇的计生办。在配齐行政执法人员的同时，抓紧进行政治思想教育，提高他们的素质。在执法工作中做到亮证执法、文明执法、公正执法。认真贯彻计生法律法规，使计生工作逐步向法制化的轨道迈进。

三、规范执法行为

计划生育工作政策性强、涉及面广，关系到千家万户的切身利益，人民群众以来信、来访、咨询等方式反映他们对计划生育工作的要求、意见、建议、批评，揭发单位领导和计生专干在执行计生政策上存在的不正之风，对各级党政及计生部门认真贯彻党的计划生育政策，搞好本辖区内的计生工作起到了促进作用。对群众所反映和提出的问题，均做到了事事有登记，件件有结果。1991年共受理群众来信来访297件（次），其中委领导值班阅办94件，计生委直接查办的14件，发函调查和转当地处理的189件。为进一步搞好信访工作，成立了信访工作领导小组，建立了党政领导轮流接待群众来访的值班制度，有专职信访干部处理日常事务，真正把信访工作摆到了整个计生工作的议事日程。各区、乡也把计生信访工作纳入了干部政绩考核内容，落实了兼职信访干部，健全了三级信访网络，呈现出主要领导负责抓，分管领导具体抓，全委职工分片抓，上下配合一起抓的大好局面。石滩乡群众来信反映，城关粮站驾驶员杜伦之妻卢继兰躲藏杜所在单位超生二孩，县计生委立即组成调查组，查知情况属实，按《条例》规定给予经济处罚。县粮食局按有关规定对杜作了辞退处理。正直镇群众举报沿溪河电站副站长杨清福超生二孩，并包庇该站数名职工躲藏生孩得不到处理等问题，计生委即与正直区公所协商，决定由正直纪检监察室和区计生办组成调查组，历经半年时间，查明该站自1986年至1991年超生7人。按政策对杨清福、张平等7人分别给予了撤销职务和开除公职及经济处罚，并落实了相应的节育措施。

农村是计划生育工作的基础，也是南江计生工作的重点和难点。10多年来，在加强这方面工作中坚持做到了“四个四”：一是健全工作机制，确保“四个落实”，即人员、任务、责任、报酬落实；二是提高领导素质，建好“四支队伍”，即村级计生管理队伍、计生宣传队伍、计生技术服务队伍和计生协会队伍；三是帮助群众少生快富，搞好“四个结合”，即把国家集体的长远利益与群众的切身利益结合起来，把帮助计生户脱贫致富与发展农村经济结合起来，把先富与后富实现共同富裕结合起来，把致富与建设文明幸福家庭结合起来；四是强化民主监督，实行“四个公开”，即生育政策公开、生育计划公开、超生处罚标准公开、处罚结果公开。1997—1998年，全县共处罚违犯《四川省计划生育条例》夫妇1035例，其中申请法院强制执行的35例，受理计生行政复议两件，调查处罚计生信访案件306例。随着流动人口增加，办理流动人口计生证明5000余例，验证3200人次，与外出务工的已婚育龄夫妇签订计划生育协议16000多份。对节育手术并发症患者，按政策给予治疗。对由此而造成家庭困难的，与当地党政协调，有的减免当年义务工、提留款，有的由民政部门给予困难补助。由于处处坚持依法管理、依法办事，许多问题都得到了较好解决，在计划生育工作上没有造成重大影响和不良后果。

第四节　计划生育执行情况

1985年后的每年初，南江县按地区下达的人口生育计划及时分解到各区（镇），并层层签订目标管理责任书，把人口生育计划落实到人头，发给生育证，并张榜公布，严格执行“五公开、一监督”制度，经常对本地人口计划执行情况进行分析，随时掌握人口计划的执行情况，正确判断人口形势。针对工作中存在的问题，采取必要的措施，扎扎实实地做好乡村人口计划管理工作，确保人口与计划生育目标管理责任制的实现。1985 年计划出生 8600 人，实际出生 5938 人，占计划的 69.05%；1993 年出生 7793 人，占计划 11233 人的 69.38%，比 1985 年增长 0.33 个百分点。2000 年计划出生 8845 人，实际出生 5932 人，占计划的 67.07%，比 1993 年减少 2.31 个百分点。

表 3—5　　南江县 1985—2000 年人口计划执行情况统计表

数据/项目/年度	年末人口数	计划出生数	实际出生		死亡		自然增长		节育	
			人数	‰	人数	‰	人数	‰	人数	‰
1985	528394	8600	5938	11.26	3413	6.47	2525	4.79	69207	83.08
1986	534066	13500	9616	18.10	3119	5.87	6497	12.24	70262	80.24
1987	543153	13680	10569	19.62	3387	6.29	7182	14.18	77837	85.29
1988	551267	11500	8570	15.66	3363	6.15	5207	9.51	84037	89.76
1989	556944	11000	8382	15.13	3452	6.23	4930	8.90	87212	88.15
1990	561349	10051	7048	12.60	3589	6.42	3459	6.19	90483	89.52
1991	563867	10111	6870	12.21	3708	6.59	3162	5.62	92831	89.64
1992	566817	10161	7310	12.93	3847	6.80	3463	6.13	95295	88.86
1993	567895	11233	7793	13.73	4031	7.10	3762	6.63	91823	88.43
1994	574016	11093	8785	15.39	3989	6.98	4796	8.42	98480	87.63
1995	581903	11590	9870	17.08	4038	6.99	5832	10.09	99044	89.78
1996	590501	10143	9196	15.69	3997	6.82	5199	8.87	98492	88.87
1997	596635	10660	8294	13.97	3581	6.03	4713	7.94	105379	90.48
1998	602946	10043	8566	14.32	3828	6.40	4738	7.92	105788	89.90
1999	604318	9952	7186	11.90	3435	5.69	3751	6.21	108306	90.90
2000	606844	8845	5932	9.79	3654	6.03	2278	3.76	111256	90.70

注：资料来源于县计生委。

第四篇　综合经济

第一章　经济综述

第一节　经济总量

一、社会总产值

1985年，全县社会总产值2.88亿元（按1980年不变价计算），其中：农业总产值1.78亿元，占社会总产值的61.7%；工业总产值5577万元，占社会总产值的19.3%；建筑业总产值3179万元，占社会总产值的11%；运输邮电业总产值679万元，占社会总产值的2.4%；商业饮食业总产值1612万元，占社会总产值的5.6%。到2000年，全县社会总产值为17.3亿元（按现价），各业产值结构发生了较大的变化：农业总产值在社会总产值所占的比重已下降到38.9%，下降了22.8个百分点；工业总产值所占比重上升到26.9%，上升了7.6个百分点；发展最快的商业服务业产值所占比重上升到29.9%，上升了24.3个百分点。农业生产仍为全县社会经济的主体；工业生产逐步扩大，坚持以能源工业为基础，突出发展建材、冶金、食品饮料和机械四大主体行业；建筑业、交通邮电业等均保持了较快增长，结构在不断调整。

表4—1　　南江县1985—2000年主要年度社会总产值结构表

项目＼年度	1985		1990		1995		2000	
	产值（万元）	比重（%）	产值（万元）	比重（%）	产值（万元）	比重（%）	产值（万元）	比重（%）
合　计	28809	100.0	64095	100.0	113616	100.0	173014	100.0
农　业	17763	61.7	44141	63.8	50939	44.8	67351	38.9
工　业	5577	19.3	12671	25.0	28411	25.0	46501	26.9
建筑业	3179	11.0	2595	4.6	1585	1.4	4066	2.3
运输邮电业	679	2.4	626	0.9	1034	0.9	3367	2.0
商业、饮食业	1612	5.6	4062	5.7	31647	27.9	51729	29.9

注：1985年为1980年不变价，1990年、1995年、2000年为1990年不变价。

二、工农业总产值

“七五”时期，南江在抓农业、打好基础逐步改革农村经济结构的同时，大抓工业发展，抓住重点，突出特点。1985 年，全县工农业总产值 23240 万元，其中农业总产值 17763 万元，占 76%；工业总产值 5577 万元，占 24%。1990 年，全县工农业总产值达 5.68 亿元，比“六五”末的 1985 年增长 144%，其中工业总产值 1.27 亿元，占工农业总产值 22.3%；农业总产值 4.41 亿元，占 77.7%。与 1985 年相比，工业总产值比重下降 1.7 个百分点，农业总产值上升 1.7 个百分点。

“八五”时期，在党的基本路线指引下，立足现有基础，发挥资源优势，加强基础建设，深化体制改革，提高经济效益。1995 年，全县工农业总产值 7.93 亿元，比“七五”末的 1990 年增长 39.7%，其中工业产值 2.84 亿元，占工农业总产值的 39.2%，比“七五”末上升 16.9 个百分点；农业总产值 5.09 亿元，占工农业总产值的 60.8%，比“七五”末下降 16.9 个百分点。

“九五”时期，实施了“狠抓基础调整结构，开发资源建设支柱”的发展战略。至 2000 年，全县工农业总产值达 11.39 亿元，比“八五”末的 1995 年增长 43.5%。其中工业总产值 4.65 亿元，占工农业总产值的 48.8%，比“八五”末的 1995 年上升 9.6 个百分点；农业总产值 6.74 亿元，占工农业总产值的 51.2%，比“八五”末的 1995 年下降了 9.6 个百分点。

表 4—2　　南江县 1985—2000 年主要年度工农业总产值统计表

项目＼年度		1985		1990		1995		2000	
		产值（万元）	比重（%）	产值（万元）	比重（%）	产值（万元）	比重（%）	产值（万元）	比重（%）
工农业总产值		23240	100.0	56812	100.0	79350	100.0	113852	100.0
其中	工业总产值	5577	24.0	12671	22.3	28411	39.2	46501	48.8
	农业总产值	17763	76.0	44141	77.7	50939	60.8	67351	51.2

注：按各时期不变价计算（1985—1990 年按 80 价计算，1991—2000 年按 90 价计算）。

三、国民生产总值

“七五”末的 1990 年，全县国民生产总值 2.89 亿元，比“六五”末的 1985 年增长 54.2%。其中国内生产总值 2.89 亿元，比 1985 年增长 54.3%。第一产业 2.03 亿元，第二产业 3956 万元，第三产业 4588 万元，分别占国内生产总值 70.4%、13.7% 和 15.9%，与 1985 年相比，第一产业下降，二、三产业略有上升。

“八五”末的 1995 年，全县国民生产总值 4.91 亿元，比“七五”末的 1990 年增长 70%，国内生产总值 4.77 亿元，比 1990 年增长 65.3%。其中第一产业 2.95 亿元、第二产业 8654 万元、第三产业 9584 万元，其比重分别为 61.8%、18.2% 和 20%，比“七五”末的第一产业下降 8.6 个百分点，第二产业上升 4.5 个百分点，第三产业上升 4.1 个百分点。

“九五”时期，围绕改革、开放、稳定三大主题，实现了国民经济持续稳定、健康发展。至 2000 年，全县国民生产总值达 8.45 亿元，国内生产总值 7.93 亿元，比“八五”末的 1995 年增长 66.1%，其中第一产业 4.15 亿元，占国内生产总值的比重为 52.4%，比“八五”末下降 9.4 个百分点；第二产业为 1.5 亿元，占国内生产总值的比重为 18.9%，上升了 0.7 个百分点；第三产业为 2.27 亿元，占国内生产总值的比重为 28.7%，比“八五”末的 1995 年上升了 8.7 个百分点。

表 4—3　　南江县 1985—2000 年主要年度国民生产总值构成表

项目＼年度	1985		1990		1995		2000	
	产值（万元）	比重（%）	产值（万元）	比重（%）	产值（万元）	比重（%）	产值（万元）	比重（%）
合　计	18740		28905		49143		84468	
一、国内生产总值	18709	100.0	28870	100.0	47733	100.0	79290	100.0
第一产业	13270	70.9	20326	70.4	29495	61.8	41545	52.4
第二产业	2550	13.6	3956	13.7	8654	18.2	15021	18.9
第三产业	2889	15.5	4588	15.9	9584	20.0	22724	28.7
二、国（地区）外净要素收入	31		35		1410		5178	

注：1985 年、1990 年按当年价计算，1995 年、2000 年按 90 不变价计算。

四、农村社会总产值

南江属农业县，自 1986 年以来，农业基础地位进一步巩固，各级党委政府坚持把农业放在经济工作的首位，落实稳定各项政策，大力治水改土，科技兴农，增加农业投入，努力培育农村新的经济增长点。文明新村建设成效显著，推动了农村经济的全面发展。农村社会总产值从 1985 年的 2.22 亿元，发展到 2000 年的 8.41 亿元，十五年间增长了 2.78 倍。其中农业总产值占农村社会总产值的 80%，仍为农村经济的主导地位；农村建筑业产值发展较快，所占比重与 1985 年相比上升了 3.4 个百分点。由于农村产业结构的调整，农村工业总产值所占比重相对有所下降。运输、餐饮业产值所占比重，均保持平稳增长。

表 4—4　　南江县 1985—2000 年主要年度农村社会总产值构成表

项目＼年度	1985		1990		1995		2000	
	产值（万元）	比重（%）	产值（万元）	比重（%）	产值（万元）	比重（%）	产值（万元）	比重（%）
农村社会总产值	22209	100.0	40785	100.0	68893	100.0	84118	100.0
一、农业总产值	17763	80.0	30421	74.6	50939	73.9	67351	80.0
二、农村工业总产值	1712	7.7	6220	15.3	12439	18.1	3614	4.3
三、农村建筑业总产值	1758	7.9	2002	4.9	3579	5.2	9465	11.3
四、运输业总产值	320	1.4	659	1.6	602	0.9	1701	2.0
五、商饮业总产值	656	3.0	1483	3.6	1334	1.9	1987	2.4

五、农业总产值

农业总产值包括农业、林业、牧业和渔业四业产值。自 1986 年至 2000 年，经过 15 年的不断调整农业内部结构，“四业”产值所占农业总产值比重发生了较大的变化。农业产值占农业总产值的比重，由 1985 年的 59.6% 下降到 2000 年的 49.8%，下降 9.8 个百分点。林业总产值比重下降了 11.3 个百分点；而牧业产值所占比重上升最快，由 1985 年的 18.6% 上升到 2000 年的 42.7%，上升了 24.1 个百分点。渔业产值由 1985 年所占比重的 0.3% 上升到 2000 年的 1%，上升了 0.7 个百分点。

表 4—5　　南江县 1986—2000 年农业总产值统计表　　单位：万元

年　度	总产值	年　度	总产值	年　度	总产值
1986	15508	1991	45302	1996	58061
1987	16172	1992	46186	1997	62124
1988	17033	1993	44877	1998	62057
1989	18508	1994	45204	1999	64267
1990	20086	1995	50939	2000	67351

注："七五"期 80 不变价。

表 4—6　　南江县 1986—2000 年国内生产总值（现价）一览表　　单位：万元

指　　标	1986 年	1987 年	1988 年	1989 年	1990 年	1991 年	1992 年	1993 年
国内生产总值	16942	20241	26060	30796	37756	41381	44280	52449
第一产业	12120	14132	17859	20249	25074	25483	27972	33503
第二产业	2217	2718	3354	4630	6128	8207	8534	10007
1．工业	1828	2233	2793	3964	5328	7372	7608	8937
2．建筑业	389	485	561	666	800	835	926	1070
第三产业	2605	3391	4847	5917	6554	7691	7774	8939
1．交通运输、仓储和邮政业	442	556	896	1129	1127	1341	1353	1416
2．信息传输、计算机服务和软件业	32	43	72	74	78	102	112	136
3．批发和零售业	671	791	1172	1354	1475	1843	1932	2037
4．住宿和餐饮业	267	352	568	690	783	1011	1119	1173
5．金融保险业	141	219	249	281	316	384	503	644
6．房地产业	167	283	412	517	612	752	899	893
7．租赁和产务服务业	91	146	178	220	251	258	291	359
8．科学研究、综合技术和地质勘查业	4	7	9	12	17	20	25	36
9．水利、环境和公共设施管理业	10	14	19	23	26	27	31	39
10．居民服务和其他服务业	19	30	37	43	51	53	58	72
11．教育	150	224	302	375	440	484	552	719
12．卫生、社会保障和福利事业	385	438	558	674	768	755	143	313
13．文化、体育和娱乐业	26	36	44	51	55	52	58	80
14．公共管理和社会组织	200	252	331	474	555	609	698	1022

接上表

指　　标	1994年	1995年	1996年	1997年	1998年	1999年	2000年
国内生产总值	67956	83960	104605	116524	125090	127923	135023
第一产业	42835	53490	67745	73772	76539	75712	77812
第二产业	12460	14576	17131	17522	17476	17629	18876
1. 工业	11010	12720	14815	14905	14568	14476	15163
2. 建筑业	1450	1856	2316	2617	2908	3153	3713
第三产业	12661	15894	19729	25230	31075	34582	38335
1. 交通运输、仓储和邮政业	1811	2376	3257	4417	4833	4863	5415
2. 信息传输、计算机服务和软件业	202	342	547	774	1015	1190	1440
3. 批发和零售业	2547	3323	3715	4162	4850	5336	5808
4. 住宿和餐饮业	1461	1916	2148	2387	2736	3028	3299
5. 金融保险业	903	1136	1402	1698	1751	1859	2002
6. 房地产业	1411	1531	2140	2765	3645	4501	4858
7. 租赁和产务服务业	504	706	848	1163	1291	1454	1727
8. 科学研究、综合技术和地质勘查业	64	89	113	157	193	225	231
9. 水利、环境和公共设施管理业	57	75	98	114	148	193	221
10. 居民服务和其他服务业	99	128	219	292	1140	1206	1434
11. 教育	1140	1171	1381	2088	3416	3933	4254
12. 卫生、社会保障和福利事业	527	656	826	1181	1284	1411	1679
13. 文化、体育和娱乐业	127	137	159	214	348	387	448
14. 公共管理和社会组织	1808	2308	2876	3818	4425	4996	5519

第二节　经济结构

一、所有制结构

（一）工业所有制

1986年，全民所有制工业企业26个，占全部工业企业的13%，产值2613万元，占全县工业总产值5391万元的49%。1990年，全民所有制工业企业30个，产值3641万元，集体所有制工业企业151个，产值1632万元，比“六五”末的1667万元，基本持平。1995年，国有工业企业44个，工业总产值（90价）8914万元，比“七五”末增长144.8%。集体工业企业192个，产值6675万元，比“七五”末增长3倍，占乡及乡以上全部工业产值的57.2%。到2000年底，国有工业企业个数减少到20个，产值9733万元，占全部工业产值20.9%；集体工业企业58个，产值4128万元，占乡及乡以上全部工业产值29.8%。城镇农村私营工业发展到4803个，占全县工业企业4914个的97.77%；个体私营工业产值（90价）32640万元，占全县工业总产值46501万元的70.2%。

表 4—7　　南江县 1986—2000 年工业总产值统计表　　单位：万元

年　度	总产值	年　度	总产值	年　度	总产值
1986	6288	1991	14276	1996	43363
1987	6224	1992	16179	1997	47978
1988	6799	1993	19119	1998	45987
1989	7581	1994	29667	1999	48710
1990	12671	1995	28411	2000	46501

注："七五"期 80 不变价。

表 4—8　　南江县 1985—2000 年主要年度工业产值所有制结构表

项目＼年度	1985		1990		1995		2000	
	产值（万元）	比重（%）	产值（万元）	比重（%）	产值（万元）	比重（%）	产值（万元）	比重（%）
全部工业产值	4394	100.0	12671	100.0	28411	100.0	46501	100.0
一、乡及乡以上工业	4280	97.4	5273	41.6	15612	54.9	13861	29.8
1. 国有	2613	—	3641	—	8914	—	9733	—
2. 集体	1667	—	1632	—	6698	—	4128	—
其中：乡办	850	—	1542	—	4665	—	3007	—
二、城镇私营工业	114	2.6	209	1.7	289	1	1321	2.8
三、城镇个体工业	—	—	56	0.4	71	0.3	1565	3.4
四、农村私营工业	—	—	734	5.8	1555	5.5	3024	6.5
五、农村个体工业	—	—	6399	50.5	10884	38.3	26730	57.5

（二）农业所有制

1984 年，全县改革政社合一的人民公社体制，实行政社分开，分别建立了村、社合作经济组织。农村地区性的合作经济组织根据生产发展的需要和群众的意见，结合南江实际，以原生产队为单位组成农业生产合作社（居民小组）。它同原来的人民公社的根本区别是经营形式的变化，即由单一的集体统一经营，改变为集体统一经营与农户分散经营相结合的双层经营体制。将公有的土地和其他生产资料交给农户承包使用，由农户按合同要求组织、生产和经营，使农户成为一个相对独立并直接对生产经营效果负责的经营实体。1989—2000 年，农业所有制重点是稳定和完善家庭联产承包责任制和统分结合的双层经营体制，并建立健全了农业社会化服务体系。2000 年底，全县共建立了农业生产合作社 2416 个，签订承包合同的农户达 14 万户。农民承包使用集体的土地，其经营权 30 年不变。

国有农场从 1985 年开始全面推行职工"家庭农场"经营方式。职工以户为单位与场部签订承包合同，除上交部分外，多产自得。坚持一业为主，多种经营；坚持以生产良种为主，大办工副业；坚持按市场需求生产，种、养、加工业结合。1986 年，县国有农场实现总产值 12.3 万元，生产盈利 8103 元，粮食总产量达 6 万公斤，上缴国家税收 2333 元，改变了过去年年亏损的局面。1993 年开始，主要从事茶叶生产，繁育"南江黄羊"、保护森林、开展多种经营。土地国有，职工家庭承包，生产自主，盈亏自负。这种所有制生产关系直到 2000 年未变。

（三）商贸所有制

1986—2000 年的三个“五年计划”期中，商贸经济的零售总额按经济类型分，国有、集体、个体所有制经济所占比重亦在不断变化，国有经济、集体经济所占比重逐年下降，而个体私营经济逐年上升。

表 4—9　　南江县 1985—2000 年主要年度不同所有制社会商品零售额结构表

所有制＼年度	1985		1990		1995		2000	
	零售额（万元）	比重（%）	零售额（万元）	比重（%）	零售额（万元）	比重（%）	零售额（万元）	比重（%）
合计	8195	100	14900	100	31646	100	51729	100
国有经济	4538	53.2	6862	46.1	8575	27.1	4857	9.4
集体经济	2314	28.2	2958	19.9	7273	23.0	4002	7.7
个体经济	890	10.9	3256	21.9	7233	22.8	30232	58.4
其他经济	633	7.7	1824	12.1	8565	27.1	12638	24.5

二、产业结构

按现代国内生产总值结构规定，其国内生产总值被划分为第一产业的有农业、林业、畜牧业和渔业，第二产业有工业和建筑业，第三产业有服务业、地质勘探业、水利管理业、交通运输、仓储及邮电通信、金融保险、社会服务等。南江县第一产业占主要地位，但比重逐年下降；第二、三产业比重逐年上升。第七个五年计划末（1990 年），第一产业比重占 70.4%，比“六五”末（1985 年）下降 0.5 个百分点；第二产业上升 0.1 个百分点；第三产业上升 0.4 个百分点。“八五”末、“九五”末，第一、二、三产业的比重分别为 61.8∶18.2∶20 和 52.4∶18.9∶28.7。从 20 世纪 80 年代以后，南江注重了各产业内部结构的调整。如第一产业农、林、牧、副的比重由“七五”末的 59.6∶12.1∶22.8∶5.05 调整到“九五”末的比重为 47.7∶5.6∶45.7∶1。即农业产值比重下降 11.9 个百分点，畜牧业上升了 22.9 个百分点。

表 4—10　　南江县 1985—2000 年主要年度产业结构情况表

项目＼年度	1985		1990		1995		2000	
	产值（万元）	比重（%）	产值（万元）	比重（%）	产值（万元）	比重（%）	产值（万元）	比重（%）
合　计	18709	100.0	28870	100.0	47733	100.0	79290	100.0
第一产业	13270	70.9	20326	70.4	29495	61.8	41545	52.4
第二产业	2550	13.6	3956	13.7	8654	18.2	15021	18.9
第三产业	2889	15.5	4588	15.9	9584	20.0	22724	28.7

注：按各时期不变价计算。

三、劳动力结构

（一）城乡人口及劳动力比例

城乡人口比例：1986—2000 年，全县城乡人口比例总的特点是：农村人口在全县总人口中的比例逐年下降，城镇人口所占比重逐年上升。1985 年全县总人口 528394 人，其中农村人口 491153 人，占全县总人口的 93.0%，城镇人口 37241 人，仅占总人口的 7.0%。1990 年，全县总人口

561349人，其中农村人口518218人，占总人口的92.3%，比1985年下降了0.7个百分点；而城镇人口所占比重上升了0.7个百分点。1995年，全县总人口582019人，其中农村人口524922人，占总人口的90.2%，比1990年下降了2.1个百分点；城镇人口所占比重则上升了2.1个百分点。到2000年底，全县总人口达到630343人，其中农村人口557969人，占总人口的88.5%，比1995年下降了1.7个百分点，而城镇人口所占比重则上升了1.7个百分点。

城乡劳动力比例：1985年，全县有总劳动力236077人，其中城镇劳动力15159人，仅占全县总劳动力的6.4%，而乡村劳动力所占比重高达93.6%。经过十年发展，1995年全县有总劳动力290177人，其中城镇劳动力增加到22420人，占全县总劳动力的7.7%，比1985年上升了1.3个百分点；乡村劳动力所占比重下降到92.3%，下降了1.3个百分点。到2000年末，全县有总劳动力373694人，其中城镇劳动力53965人，占总劳动力的比重上升到14.4%，比1995年上升了6.7个百分点；而农村劳动力所占比重则下降到85.6%，比1995年下降了6.7个百分点。

（二）劳动力行业分布

1985年，全县城镇劳动力资源主要分布在工业、文教、卫生、商饮业和党政群机关团体；乡村劳动力主要从事农林牧副渔业生产。城镇与乡村劳动力分别占总劳动力的6.5%和93.5%。

1990年，全县共有劳动力资源27.8万个，比1985年增加了42067个。其中城镇劳动力17724个，主要分布在工业、商饮业、文教卫生和党政机关团体。乡村劳动力共26.04万个，比1985年增加了39502个，从事农林牧渔业生产的24万个，占农村总劳动力的92.4%。

1995年，全县共有劳动力资源29万个，比1990年增加了12033个，增加4.3%。其中城镇劳动力22420个，比1990年增加4696个，增加26.5%；全县乡村劳动力共计26.77万个，其中分布在农林牧渔业生产的达22万个，占乡村总劳动力的82.2%，从事其他工副业的占17.8%。

2000年，全县总劳动力资源373694个，比1995年增加83563个，增加28.7%。其中城镇劳动力资源53965个（当年新增劳动力资源1847个），主要分布于采掘、制造业、商饮批发零售业、教育、文化、广电、卫生系统和机关团体。乡村劳动力资源34.15万个，其中从事农村农林牧渔业生产的达19.65万个，占乡村总劳动力的57.5%，比1995年下降了24.7个百分点。而从事外出务工和本县其他行业的占农村总劳动力的42.5%，比1995年上升了24.7个百分点。每百户中外出务工的劳动人数达54人。

（三）农村劳动力素质

据历年统计调查资料表明，南江农村劳动力素质在逐年提高。文盲半文盲所占总劳力比重为：1985年占33.1%、1990年占23.1%、1995年占11.86%、2000年仅占8%。具有小学文化水平的人所占比重为：1985年占42.7%、1990年占46.55%、1995年占43.38%、2000年为43.2%。具有初中文化水平的：1985年占20.64%、1990年占24.83%、1995年占38.64%、2000年占35.7%。具有高中文化水平的：1985年占3.56%、1990年占5.52%、1995年占5.08%、2000年上升到9.02%；具有中专文化的劳动力：1985年和1990年均无，1995年占0.67%，2000年提高到3.2%；具有大专文化的：1995年占0.37%，到2000年已占0.7%。

为了搞好科学技术在农村的普及、推广、应用，1991年9月，全县农村劳动力技术职称等级评定正式启动。在区、乡镇举办实用技术培训班，对参训的村社干部和科技大户、科技致富骨干考试合格后，发给相应的农民技术职称等级证书。到2000年，全县共评定农学、电器维修、建筑等专业的农民技术职称3629人，其中高级10人、中级871人、初级2748人。

四、基本建设投资结构

“七五”时期，基本建设和技术改造累计投资1.01亿元，比“六五”增长274.8%，年平均增长30.1%，其中生产性投资7744万元，非生产性投资2303万元。按行业分组：工业建设投资5508万元、农村水利建设投资2130万元、交通邮电建设投资130万元、文卫基建投资659万元、商贸基建投资534万元。其资金来源：国家投资409万元，国内贷款1285万元，企业自筹2207万元，其他3023万元，重点投资于工业及农田水利。

"八五"计划执行的第一年（1991年），全年共完成投资额3911万元，其中全民所有制单位基本建设投资完成1288万元，更新改造投资448万元，其它固定资产投资346万元，城镇及农村集体完成投资824万元，城镇农村建房投资1005万元。在全民所有制总投资额中：生产性投资1284万元，非生产性投资798万元。全社会房屋竣工面积24.9万平方米，其中住宅13.4万平方米，新增固定资产1750万元。

"九五"计划的1999年，全县基本建设固定资产投资结构有所调整，基础产业和基础设施进一步加强。固定资产投资保持增长势头，全年完成投资总额3.09亿元。其中国有经济完成投资1.99亿元，集体经济完成投资额1830万元，个体经济投资额9250万元。在投资总额中，基本建设投资1.7亿元，更新技改投资2835万元。农业、能源、原材料、交通运输、住房建设等基础产业投资继续加强。2000年，全县固定资产投资结构进一步调整，全社会共完成投资额3.17亿元，比1999年增长2.4%。其中国有经济完成投资额1.49亿元，比上年下降25.2%；集体经济完成投资额2865万元，比上年增长56.6%；城乡私人投资1.4亿元，比上年增长50.8%。在投资总量中，基本建设投资1.31亿元，比上年下降23.0%；更新改造投资1740万元，比上年下降38.6%。在投资用途上，农业、能源、原材料、交通运输、住宅等基础产业投资继续增强。2000年开工的重大项目有：天然林保护工程、自来水生产扩能、野正路铺油、鹿贵路改造。完成项目有：乐坝粮库、农网改造、野正路铺油、鹿贵路改造、CMS网站、中医院综合楼、财政局综合楼等。

表4—11　　南江县1986—2000年全社会固定资产投资结构表

年度 / 项目	1986		1990		1995		2000	
	投资金额（万元）	比重（%）	投资金额（万元）	比重（%）	投资金额（万元）	比重（%）	投资金额（万元）	比重（%）
合　计	1356	100	3237	100	11911	100	31674	100
1. 全民所有制单位	1356	100	2188	67.6	8125	68.2	14857	46.9
2. 集体所有制单位			518	16.0	910	7.6	2865	9.1
3. 个人投资			531	16.4	2876	24.2	13952	44.0

第三节　招商引资

20世纪80年代初期，南江县成立经济技术协作委员会，负责全县的招商引资工作。1995年4月，县经济技术协作委员会撤销，其招商引资工作交由计委的项目办公室负责。

1992年7月，在洛坪工业开发村兴建"英南有色金属综合厂"，总投资3.85亿元人民币。由英国剑桥建设金融集团财务公司提供700万美元，一半投资，一半贷给外经公司作投资，共建合资生产铜、镁、钴为主，辅以铅锌冶炼厂。1993年2月9日，县经委批准同意成立"四川省南江县康鞍综合冶炼有限公司"，引进台湾京运实业有限公司资金3000万美元，合作经营矿石采选冶炼化工生产一条龙。中方（南江）以土地、设备、厂房折资250万美元，京运投入现金500万美元，合作25年，利益均占、风险共担。4月7日成立"四川省南江县化冶建材经贸公司"，注册资金

150 万元人民币，与“成都市利达福贸易商行”合作兴办，资金由商行提供，内部实行业主制。

1994 年 1 月 17 日，引进“中华侨光实业集团总公司”投资 5 亿元人民币，建设“四川省南江康鞍冶炼有限公司”。1997 年上半年引进外资 68 万美元，用于 5000 门程控电话扩容工程；引进区外资金 4105 万元人民币，其中扶贫贷款 3005 万元，基础设施及城市建设资金 600 万元，其它资金 500 万元。

1998 年 11 月，县侨办与县黄羊总公司合作引资开发南江黄羊养殖项目，养 10 万只肉羊，能繁母羊 5 万只，出栏肉羊 5 万只，投资 2400 万元人民币，其中：自筹本金 100 万元，引资 2300 万元。同年 12 月 9 日，经县编委批准正式成立了“南江县招商局”，实有职工 6 名。

1999 年 9 月 8 日，在厦门富士山国际展览城召开的第三届中国投资贸易洽谈会上。南江随四川代表团、巴中分团赴会，会上分别与四川金地集团股份有限公司、台湾正台特殊印刷集团有限公司、五粮液集团阿富科金中实业有限公司，在霞石矿采选、技改、扩建、白云石综合开发、花岗岩超薄板生产、金属彩板制作、南江黄羊综合开发等项目达成了意向性协议，除南江黄羊项目因故未到会签约外，其余由客商签约资金达 2750 万元人民币，其中霞石 1270 万元人民币，白云石首期 28 万美元、花岗石 100 万美元、金属彩板 45 万美元。1999 年 10 月中旬，与广东盛田集团共同开办电子元件加工企业，选址小河女子农场，投资 5000 万元人民币；同期重庆雄泰物业有限公司参与旧城改造项目，与县拆迁办达成 300 万元人民币意向协议。1992—2000 年，全县共引进项目 149 个，资金总额 4.7 亿元，其中：工业项目 46 个，引进资金 8987 万元，占引资的 19%；农业食品项目 25 个，引进资金 4600 万元，占引资总额的 10%；基础设施项目 46 个，引资 3.08 亿元，占引资总额的 65%；商贸旅游项目 32 个，引资 2613 万元，占引资总额的 6%。

第二章 经济体制改革

第一节 企业体制改革

南江县企业改革，是从 1987 年的承包（租赁）经营开始起步，到 1995 年推行产权制度改革，使南江企业改革进入了一个新的阶段。从 1998 年开始，以产权制度改革为核心，以资产重组、经济结构重组、债务重组、劳动力重组为突破口，以转换企业经营机制为重点，以完善社会保障制度为内容，以提高经济效益，拉动县域经济快速、健康、持续发展为目的，县属企业改革取得突破性进展。全县 108 户县属国有、集体企业，通过因企施策，采取了不同的改革形式，至 2000 年底改制面达到 100%，盘活存量资产 2.3 亿元。县属企业销售收入、工业增加值、上缴税金、实现利润、职工收入、参加社会保险率分别比 1994 年增长 91.44%、58.25%、47.67%、6.63 倍、36.29%、65.41%，资产负债率、亏损额、富余人员、“双保”贷款分别比 1994 年底下降 9.44、93.45、41.69、22.86 个百分点。县属企业对县本级财政贡献率年均达 70% 左右，特别是工业企业改革成效显著。全县企业改革的主要形式有下列九种。

承包经营责任制 1987 年至 1994 年期间，承包经营是全县企业改革的主要形式。到 1993 年推行承包经营责任制进入第三轮时，全县推行承包经营的企业有37户。1995年，部分企业开始推行产权制度改革，由于承包经营责任制本身具有基数不稳、企业留利水平低、合同缺乏硬度、负盈不负亏等缺点，因而被其它改革形式取代。

租赁制 从1987年开始，南江主要在商业企业中采用这种形式。其中比较典型的是南江县饮料酒业公司于1998年将全部固定资产租赁给个人，将评估确认的存货有偿转让给个人，承租人同时每年交纳3万元无形资产使用费。1994年9月，县交通运输公司对营运客车采取单车融资租赁办法，随后在1994年底及1995年间，县装卸运输公司、商业储运公司、粮油运输公司也相继采取了对营运客车实行了单车融资租赁办法。

企业目标管理责任制 在普遍推行承包责任制的同时，对部分经济效益较差的企业实行了目标管理责任制。县人民政府于1990年11月3日印发了《关于完善企业目标管理责任制的意见》，对企业目标管理责任制进行了规范。二轻、乡企系统的企业在1990—1995年间普遍推行了这种形式。到1995年底，全县有65户县属企业实行了年度目标管理责任制。

转换企业经营机制 1992—1994年，全县企业改革主要围绕把企业推向市场为目标，大力推进企业经营机制的转换。1992年4月17日，县委、县政府召开了深化改革、转换企业经营机制动员大会，确定了县糖酒公司、小河供销社、水泥二厂、电力公司、酒厂为转换经营机制试点企业。县政府坚持对企业只管“三个一”（一个法人代表、一个承包合同、一个工效挂钩），减少了对企业的直接干预。在资产经营方式上，全县有20多户企业大胆推出了无库存承包或抵押大包干承包。

企业内部改革 一是劳动用工制度改革。1987年，南江县根据国务院发布的改革劳动制度的四个规定，开始打破新招工人的“铁饭碗”，到年底，全县招收的全民劳动合同制工人已占企业固定职工总数的14%。1993年企业新招工人一律实行合同制。1995年，全县企业停止了计划用工，开始实行减员增效、下岗分流，到2000年底，全县3000多名职工与企业解除了劳动合同，县属国有企业合同制职工人数也由1994年底的11296人减少到4240人。二是企业内部分配制度改革。1988年南江水泥厂、石油煤建公司进行了工效挂钩试点，企业内部分配形式和办法由企业自主决定，1989年落实了11户的工效挂钩。三是社会保障制度改革。根据国务院颁发的《关于企业职工养老保险制度改革的决定》进行改革。到1991年末，全县实现了退休费用社会统筹，有83个全民所有制企业的8700名职工参加了社会统筹，其中有7650名职工参加了待业保险。1992年后，全县进一步扩大了社会保险范围，建立了企业工伤保险、生育保险、城镇集体企业养老保险等县级统筹制度。

国有民营 在保持企业资产的所有权不变的基础上，按照所有权与经营权分离的原则，通过合同形式，将资产的经营权有偿转让给集体或个人。实行自主经营、独立核算、自负盈亏。1992—1993年，县糖酒公司、五金公司等部门及部分企业借鉴外地经验，推出了“国有民营”经营管理形式。

股份制 1990年，南江县在下两电石厂进行了法人持股的股份制试点。县人民政府根据《中华人民共和国公司法》的有关规定，出台了《关于进一步加强股份公司制试点的意见》。从1997年开始，按照股份制形式组建新企业，改造老企业。截至2000年底，县属国有、集体企业改组或剥离为有限责任公司的有28家，总股本7530.62万元，其中个人股4434.08万元。

兼并 兼并在南江起步较晚。1991年9月20日，县人民政府印发《企业产权转让实施细则》，同年11月，县大理石公司以50.4万元整体购并机具厂大理石车间，开创了南江企业兼并先例。1996年5月，南江县房地产开发公司承债式兼并南江县房地产综合建筑建材公司，被兼并资产34.7万元。1998年，县粮食开发总公司承债式整体兼并小河工艺厂，采取购并式兼并县委招待所。

同年12月15日，县冶金矿山（集团）有限公司以300万元控股方式兼并县非金属矿工业公司，组建了南江县非金属矿工业有限公司，被兼并资产587.6万元。2000年，县自来水有限责任公司承债式兼并红渠自来水厂，被兼并资产171.8万元。

破产关闭 通过破产关闭，退出市场。1989年9月，南江县建筑陶瓷厂由于资不抵债，申请破产。1990年3月29日，南江县人民法院宣告南江县建筑陶瓷厂破产，成为南江历史上第一家破产企业，破产总资产72.8万元，总负债212.5万元，通过破产安置职工96人，辞退临时工60人。到1999年以后，南江生物蛋白厂、南江县农业机械化服务公司等一批长期亏损、扭亏无望企业相继破产。

表4—12 **南江县县属国有集体企业改制一览表** 单位：万元

序号	公司名称	股本总额	其中			
			国有股	法人股	集体股	个人股
	合计	7530.62	764.6	1701.05	622.89	4434.08
	占总股本金（%）		10.15	22.69	8.27	58.88
1	冶金矿山（集团）有限公司	917.58		917.58		
2	水泥（集团）有限公司	891.8	153		738.8	1
3	电力（集团）有限公司	430.5	157		273.5	1000
4	煤炭（集团）有限公司	170		170	1	
5	化工有限公司	280				
6	霞石矿业有限公司	410	400	10	10000	
7	建筑有限公司	220.7		62.3	158.4	1
8	印刷有限公司	50		50	1	
9	南江红有限公司	150	150		1	
10	酿造有限公司	80		80	1	
11	华香面业有限公司	80		80	1	
12	粮食建筑有限公司	50	40	10	1	
13	油脂有限公司	150		150	1	
14	乐坝水泥有限公司	227		50	177	1
15	铁山矿业有限公司	209.7		42.1	167.6	1
16	建筑建材有限公司	177	40	137	1	
17	宏益矿业有限公司	372.21		81	291.21	1000
18	正直电力有限公司	320	143	5	172	1000
19	杨坝水电有限公司	57.6		57.6	1	
20	团结电力有限公司	154.4	16.8	28.2	109.4	1
21	五铜包矿业有限公司	300	52.9	247.08	1	
22	天然气有限公司	700	343	357		1
23	旅游开发有限公司	90	90		1	
24	自来水有限公司	173.31	16.1	117.21	40	1
25	广播电视网络有限公司	147.5	95.5		52	1

续上表

序号	公司名称	股本总额	其中			
			国有股	法人股	集体股	个人股
26	野生食用菌有限公司	661		396.39	264.61	1
27	上两食用菌有限公司	80.32	62.13	18.2		
28	正直农发有限公司	60	40	20	1	

统计时间：2000年12月31日。

第二节　农村经济体制改革

在1987年以前，采取“两田制”（包产田、责任田）、动账不动地等办法，基本解决了土地承包中的具体问题，保持了家庭承包制的稳定性。1997年，在全县开展延长土地承包期工作，在第一轮承包期的基础上，承包期再延长30年，造林地和荒地治理等开发性生产的承包期可超过30年。允许农户依法有偿转让承包地、变卖土地附着物，鼓励土地向种田能手集中，鼓励农户从事非农业产业。全县各乡镇普遍建立了农村合作基金会，农村社会化服务体系不断发展，各乡镇普遍建立了农技站、村级综合服务站、供销社系统办起了“庄稼医院”。与此同时，以拍卖为重点盘活集体资产，对农村的乡镇企业、园、塘、库、站、堰及荒山、荒坡采取公开拍卖经营权，实现了农村集体资产大重组，促进了农村经济结构大调整。

第三节　住房制度改革

1988年，县成立住房制度改革领导小组，启动住房制度改革。到1991年，住房制度改革在全县普遍开展，以改革低租金为先导，进而推进租、售、建全配套改革。1991年12月底，全县有124个单位实施了小步提租。1992年9月、10月，县人民政府相继印发了《南江县集资建房出售管理办法》、《南江县公有住房出售管理办法》。1993年，开始了企业住房制度改革。1996年后的住房制度改革重点是围绕建立适应新体制住房资金管理运行体系及建立完善公积金制、规范住房管理机构运行、建立抵押贷款购房等制度，逐步将城镇住房推向市场。

第四节　宏观经济体制改革

从1987年开始，南江县主要从以下几个方面推进宏观经济体制改革：一是积极稳妥地改革计划体制，使大量的经济活动退出指令性计划范围。粮食订购合同、城镇居民口粮相继由指令性计划走向市场；固定资产投资、劳动工资等变为指导性计划。与此同时，相应改革了价格管理体制。到2000年，全县除少数关系国计民生重要商品价格外，均已实行指导性和市场价。二是改革财政体制。从1988年开始逐步实施了县、区、乡三级财政包干体制，调动了各级生财、聚财、理财的积极性。三是不断培育市场体系，树立大流通、大市场观点，打破了国营商业一统天下的局面，形成了多种经济成分共同发展的新格局。四是不断探索和建立以间接管理为主的县级宏观调控体系，在经济工作中开始自觉运用和发挥各经济杠杆的作用。

第五节 财政体制改革

一、县级财政

1986—1993 年，县内经济发展缓慢，财政收入总量较小。县级财政收入主要依赖于资源开发和农村经济发展，财政收不抵支，入不敷出，县乡财政保机构运转、人员工资兑现全靠上级补助。为此，全县财政坚持贯彻“调整、改革、整顿、提高”的八字方针，积极培植财源，深挖收支潜力，合理调整支出结构，依法强化财政监督，深入推行“划分税收、定收定支、财政分级包干、利改税”等财政改革。财政收支划分县、区、乡三块，实行“分级管理、分灶吃饭、分级包干”财政体制和“双增双节”、“收支挂钩、预算包干、超收多留、短收自补”管理办法，并推行承包、租赁经营责任制，财政和企业按比例分成，并逐步恢复乡一级财政，从而调动了县、乡（镇）、企业积极性，有力地促进了财源发展。1986—1993 年，县级财政收入实现 1.45 亿元，支出 2.74 亿元。

1994 年起，南江县财政以实施分税制财政管理体制为分界线，从计划经济逐步走向市场经济。全县坚持“取予有度”的原则，充分利用财政资金“四两拨千斤”的杠杆作用，大力扶持县域骨干经济发展，为财政收入保持较快增长奠定基础。实行分税制改革以后，全县认真贯彻落实“加强征管、堵塞漏洞、惩治腐败、清缴欠税”税收方针，努力增加财政收入，推行了农村税收征管、公开评税等征管改革，基本保证了收入应收尽收，财政收入实现了较大幅度增长。2000 年，全县财政总收入实现 13661 万元，其中县级一般预算收入达 5278 万元，占调整预算的 118.55%，同 1999 年相比增长 5%。在强化财政收入的同时，全县严格执行“预算法”，牢固树立过紧日子的思想，确立了“立足县情、狠抓改革、强化管理、求平消赤、不懈探索、走出困境”的财政经济发展思路，制定了《南江县预算管理暂行办法》、《南江县预算外资金管理暂行办法》。先后推行综合财政预算、教育、卫生改革、政府集中采购，会计集中核算、工资直发，预算外收入支出两条线管理、农村税费改革等一系列财政改革，并积极争取上级转移支付政策。

二、乡镇财政

1986 年，试行“以区包干、核定收支、分级包干、超收分成、结余留用”的财政体制。区对乡包干，超收 20% 作为区乡分成，并推行下多上少的超收分成原则。将扶持生产资金、超收分成资金的支配权放给区、乡；财政体制由统收统支逐渐向分级管理过渡，由最初的“收支挂钩、超收分成、节余留用、一定一年”的体制发展到 1987 年的“定收定支、收支挂钩、超收分成、一定一年”的财政管理体制。区级财政作为一级预算单位，并代县财政管理乡一级财政。1988 年，对区、乡财政本着“多给动力、少给压力、保证吃饭”的原则，收入上采取“划分收入范围、核定支出预算、超支自行负担、结余全部留用、指标一年一定”的办法。实行收支两条线，年终再结算管理。1989 年，实行“上缴递增、补贴递减”的财政体制，使区乡财政成为一级财政实体，区乡增长收入全部由区乡自得，县财政不再参与分成。

1992 年，根据国家财政部《关于颁发乡（镇）财政管理办法》的通知，改变区（镇）、乡财政总预算和区乡（镇）政府、财政部门、机关单位预算不分的现象，对区乡（镇）财政的收支预算和净结余使用，实行上报县财政局审核批准的办法，完善了“分灶吃饭，分级包干”的财政管理体制。1993 年，对区乡财政实行“分级包干、超收全留、短收自补”，县财政不予平衡。县财政不再集中农村教育附加费和卫生事业费，教育卫生方面的配套资金相应由区、乡（镇）自行安排。计划任务内的农林特产税上解 80%，县集中 40%，余下部分归区、乡（镇）安排。

1995 年，对财政收支下达目标限额，恢复对乡（镇）预算、决算批复制度。1997 年，县出台了《南江县乡镇财政预算管理暂行办法》，实行“三级包干三到乡”，即：收入基数包干到乡。支出基数包干到乡、上解递增（补助递减）包干到乡。1998 年，推行“核定收支、基数包干、递增上解”的管理办法，严格控制乡财政支出，实行行政经费限额管理。

2000 年，采取核定区（镇）财政管理体制基数，将各地的增值税 25%、营业税（不含农村信用社营业税）、个人收入所得税、资源税、房产税、印花税、城镇土地使用税（已收归县管）、契税等 8 个税种按实际入库数的 35% 作为省级分享收入基数，实行新老体制并轨。

第三章　人民生活

第一节　国民收入

1985 年，全县国民总收入（生产额）为 1.87 亿元，人均生产总值 355 元。经过五年的发展，到 1990 年，全县国民收入总额已达到 2.89 亿元，人均生产总值 517 元，分别比 1985 年增长 54.5% 和 45.6%。1995 年，全县国民收入总额已达 4.91 亿元，人均国民生产总值 1336 元，分别比 1990 年增长 70% 和 158.4%。2000 年，全县国民收入总额提高到了 8.45 亿元，人均国民生产总额 2383 元，分别比 1995 年增长 72.1% 和 78.4%。

一、职工收入

1986 年，全县全民所有制职工工资总额为 1666.9 万元，比 1985 年增加 296.6 万元，增长 21.6%；固定职工人年均工资 1197 元，比 1985 年增加 250 元，其中：农业职工 1110 元，工业职工 1267 元，地质普查勘探 1592 元，建筑业 1667 元，交通邮电 1244 元，商饮 1153 元，居民服务业 1333 元，卫生体育福利业 1269 元，文教广播事业 1462 元，机关团体 1131 元。到 2000 年，全县全部职工工资总额为 1.46 亿元，年均工资 6132 元。国有经济单位职工人年均工资 7148 元，其中农林牧渔业职工年均工资 5722 元，采掘业 6372 元，制造业 4578 元，电、煤、自来水业 4410 元，建筑业 3100 元，交通邮电业 9416 元，批发零售贸易业 4988 元，金融保险业 9123 元，房地产 6000 元，社会服务 7353 元，卫生体育 7813 元，教育广电 7446 元，科学技术 5329 元，国家机关 7733 元。城镇居民人均可支配收入 4198 元。

二、农民收入

1986 年，全县农民人均年纯收入 284 元，“七五”末的 1990 年提高到 475 元，比 1986 年净增

191元，按人均纯收入分组，全县有61%农民进入温饱型、38%的农民进入脱贫致富型、1%的农民进入“小康”型。“八五”期间农民人均年纯收入由“七五”末的475元，增加到“八五”末的851元，增长79.2%。“九五”时期末（2000年），农民人均年纯收入已达1387元，比“八五”末的1995年增长63%。

表4—13 南江县1986—2000年主要年度国民收入（生产额）情况表

指标名称	1985年	1990年	1995年	2000年
一、国民生产总值（万元）	15512	37791	85370	140201
国内生产总值（万元）	15481	37756	83960	135023
其中：第一产业（万元）	10963	25074	53490	77812
第二产业（万元）	1824	6128	14576	18876
工业（万元）	1409	5328	12720	15163
建筑业（万元）	415	800	1856	3713
第三产业（万元）	2694	6554	15894	38335
二、人均国民生产总值（元）	294	676	2321	4229
三、人均国内生产总值（元）	294	693	1677	2516
四、人均国民收入（元）	260	477	919	1708

注：资料来源于县统计局，均以当年价计算。

第二节 生活消费

一、消费水平

城镇：1986年，非农业居民消费454元，1990年，城镇居民人均生活消费支出866元，比1986年增加90.7%，1995年人均生活消费支出上升到2769元，到2000年，城镇居民人均消费性支出达4072元，其中食品支出1918元。

农村：1986年农民生活消费品人均支出215元，1990年330元，1995年790元，2000年上升到1329元，比“七五”末的1985年增长4.17倍。

二、消费结构

农村：1986年，生活消费品支出263.22元，其中食品179.3元，衣着27.92元，非商品支出10.62元；1990年，生活消费支出442.57元，其中生活消费品支出410.62元，占92.7%，在生活消费品中食品消费289.5元，占70.5%；衣着消费35.27元，占8.5%，非商品支出31.95元，占生活消费7.2%。1995年，人均生活消费支出1043.7元，生活消费品支出935.02元，占生活消费的89.5%。在生活品中，食品消费759.06元，占81.2%；衣着61.65元，占6.5%。非商品支出（文化、生活服务消费）108.68元，占全部生活消费的10.4%。2000年，农民人均生活费支出1150.8元，其中食品消费支出682.5元，占59.3%，比“八五”末增长2.8倍，非商品消费显著上升。并且储蓄额不断增加，全县居民储蓄总额达2.96亿元，比1999年增长10%，人均储蓄548元。

城镇：“七五”末的1990年，城镇居民人均购买生活消费品866元；“八五”末的1995年城镇居民人均生活费支出 2169 元，比上年增加 881 元，扣除物价因素比上年增长 1.3%。2000 年，城镇居民人均可支配收入 4198 元，人均消费性支出 4072 元，其中食品支出 1918 元。城镇居民储蓄总额达 3.34 亿元，比上年增长 11.7%，人均储蓄 4520 元。

第三节　居住条件

农村：1986 年，农村住房年内人均新修房屋 1.5 平方米，人均使用房屋面积 24.07 平方米，其中生活用房 22.25 平方米；1991 年，城乡居民新建住房面积 13.3 万平方米，人平新增住房面积 0.23 平方米。农村居民住房支出人均 31.03 元，年内人均新建房屋面积 0.11 平方米，年末人均使用房屋面积 24.27 平方米，其中生活用房 22.42 平方米；1995 年，农村年末人均新修住房面积 0.06 平方米，年末人均使用房屋面积 30.05 平方米，其中生活用房面积 27 平方米；2000 年，农村居民年末人均使用房屋面积 33.97 平方米，比 1995 年，人均增加 3.9 平方米，居住条件得到了很大的改善。

城镇：1986 年，城镇居民人均住房为 19.8 平方米；1990 年，城镇居民开始采取自建和统建相结合，人均住房面积已扩大到 23.6 平方米。随着旧城改造的兴起，城镇居民除自建外，同时由房屋开发商统建，拆旧房、还新房。到 2000 年，城镇居民人均住房面积达到 30.2 平方米。

第四章　经济管理

第一节　计划管理

一、管理机构

1988 年 8 月 24 日，县政府决定撤销“南江县计划委员会”和“南江县经济委员会”，成立“南江县计划经济委员会”。1994 年 3 月 21 日，经县委、县政府研究决定：撤销“南江县计划经济委员会”，成立“南江县计划委员会”，至 2000 年其名称一直沿用。在各历史时期，南江县计划管理部门发挥了三个职能作用：一是充分发挥规划职能作用，制订了“七五”、“八五”和“九五”三个规划，为全县经济社会发展起到了积极作用；二是充分发挥投资职能作用，支持建设了一大批重点项目，奠定了国民经济基础，促进了社会快速发展；三是充分发挥了参谋作用，为县委、县政府作出一系列重大决策提出了有价值的建议。

二、计划编制与实施

“七五”期间（1986—1990 年），坚持从实际出发，着眼长远，立足当前，依靠科技，面向市场，以提高经济效益为中心，大力发展商品经济为重点，勇于改革，简政放权。以“改革强县、科技立县、廉政兴县、依法治县”为战略思想，编制了“七五”计划。经过五年时间的艰辛努力，

“七五”时期，南江县国民经济和社会事业发展取得了巨大成就：一是综合经济实力明显增强，工农业总产值累计实现12.21亿元，比“六五”期间净增4.03亿元，增长49.2%，国民收入净增4004万元，是“六五”期间的2.44倍。二是农村经济取得了显著成绩，“七五”末粮食总产量突破2.5亿公斤大关，比“六五”末净增3957万公斤，增长18.6%，人均占有粮食450公斤，农民人均年纯收入416元，农业总产值（不含村及以下工业）达到2.09亿元，占“七五”计划1.6亿元的124%，年平均递增7.9%。三是基础产业和基础设施有了加强。全县按照“立足当前、着眼长远、发挥优势、加强基础”的原则，新建渠、塘、堰和人畜饮水工程共473处，总投资1731.5万元（含群众筹资），新增灌溉面积1.57万亩，治理水土流失面积137平方公里，改田改土14.43万亩，解决了10.69万人、13.74万头牲畜的饮水困难。交通在完成南北主线“二南”公路的建设后，新修公路185公里，新建上两、关路、桐子湾等大桥共31座，总长1653延米。投资160万元的县汽车站客运中心已完成主体工程；列入国家计划的普乐铁路也在1990年正式开工。公路建设的总投资2387.57万元（含以工代赈资金）。通信结束了南江40多年的“摇把子”时代，1000门自动程控电话投入使用。能源工业初具规模，广旺矿务局南江煤矿建成投产，“七五”末，全县年产已突破40万吨原煤生产能力。电力工业迈出新步伐，“七五”期间新增装机容量7580千瓦，占“七五”前装机容量94.5%。原材料工业已成南江支柱产业，共投资3000多万元，对竹坝铁矿、水马门铁矿改扩建、新建红山铁矿，初步形成全县冶金三大基地，采选能力达30万吨/年。对水泥厂、石墨矿、花岗石、大理石矿、霞石铝矿的技术改造和基建投资达700万元，比“六五”期间增加4.2倍。四是体制改革进一步深化，企业能力和活力增强。全县国营和部分集体企业实行了以经济承包责任制为主体的多种经营责任制，把竞争机制和风险机制引入企业，逐步加强了企业“自主经营、自负盈亏、自我积累、自我改造、自我发展”的目的。五是商贸经济有了较大的发展。1990年社会商品零售额总达1.49亿元，比1985年增长81.8%。商业队伍壮大，达9998人，网点遍布城乡达5516个。六是科学技术得到广泛推广应用，科研成果明显增多。“七五”期间提出“科技兴农”、“科技兴企”、“科技兴县”，农业温室两段秧、地膜栽培、半旱式栽培，杂交水稻、杂交玉米等新品种推广应用，工业企业技术改造和新产品开发、“无燃料烧砖”被国家列入“八五”时期重点节能新技术推广项目之一；“南江黄羊肉用性能选育和推广利用”已通过农业部、省科委等有关部门验收；“红燕牌”茶叶和“南江大叶茶”获农业部和省农业厅优秀奖。七是教育卫生等社会事业发展快。各类教育事业五年来共培养小学毕业生60450人，初中毕业生25246人，高中（含职高）毕业生4944人，向各类高等院校输送812人，向中专校输送830人，改造中小学危房8.16万平方米，总投资983万元；卫生事业发展较快，五年来共投资187万元，新建各类用房11136平方米，净增医务人员166人，仅卫生局、计生委系统就新增医疗机构12个；文化体育、档案、新闻、广播电视、计划生育、环境保护、社会福利事业和救济事业都有发展提高。八是人民生活水平明显改善，1990年农村人均纯收入416元，比1985年增加185元；农村人均使用房屋面积为26.39平方米，其中钢混结构人均0.29平方米；食品结构、家具趋向城市化，城镇居民生活水平显著提高，全县职工年平均工资1548元，比1985年增长63.8%，住房平均每年增加4000平方米。

“八五”期间（1991—1995年）的指导思想是：“在党的基本路线指引下，立足现有基础，发挥资源优势，加强基础建设，突出科技教育，深化体制改革，提高经济效益”，使经济、科技和社会发展进入一个新的阶段，为下个世纪的经济腾飞奠定基础。“八五”计划实施结果：一是基础设施有明显改善。公路比“七五”时期增加100公里，达1230公里；十个区（镇）开通了程控电话，实现了国际国内直拨，总装机达6816门，安装电话3618部，每百人拥有0.62部，县城开通了“大哥大”移动通讯和无线寻呼。二是综合实力有所增强。“八五”时期，国内生产总值保持了

3.2%的增长速度，人均国内生产总值820元，比“七五”末增加了93元；工农业总产值年平均增长6.9%，人均1358元，比“七五”末增加357元；乡镇企业总产值年均增长45.6%，人均806元，比“七五”末增加678元；县财政收入年均增长速度达17.8%，人均75元，比“七五”末增加41元。三是资源得到进一步开发。冶金、建材、畜牧产值比重分别比“七五”末提高了13.3、1.0、2.0个百分点。四是人民生活有了改善。“八五”末，农民人均年纯收入达到679元，比“七五”末增加264元；城镇居民人均生活费收入2550元，比“七五”末增加1550元。消费质量也有所提高，在整个消费结构中，食品消费比重有所下降，穿、用、住、行比重上升，文化娱乐、旅游消费趋旺；农民和城镇居民居住面积分别从“七五”末的人均21.7平方米、8平方米，提高到24.3平方米、10平方米；“八五”期间是南江县经济发展最快的时期。

“九五”期间（1996—2000年），以党的基本理论、基本路线和基本方针为指导，坚持超常规、跳跃式实现经济和社会迅速发展。具体任务要求是：“九五”期间，实现三年脱贫，五年富民。“九五”末，全县经济综合实力，力争达到“八五”末全省平均水平，国内生产总值超过11.5亿元，工业总产值达到10亿元，农业总产值达到8亿元。县级财政收入达到8000万元以上，力争1亿元。农民人均年纯收入达到1600元，争取60%的村、55%的农户达到小康标准。科技对国民经济贡献率达到40%以上，实现基本普及九年制义务教育和人人享有初级卫生保健目标。“九五”计划执行结果：全县基础设施累计投入11亿元，占全社会总投入的62.4%。公路里程达2336公里，比“八五”末增长108.6%，固定电话普及率达到3.3%，比“八五”末提高2.6个百分点；移动电话从无到有，普及率达到了0.1%，有线电话入户率达到36%，比“八五”末提高20个百分点。电力装机容量达2.8万千瓦，实现了农村初级电气化。城镇化水平达12%，比“八五”末提高2.1个百分点。提前一年实现扶贫攻坚阶段性目标，经省政府确认已基本解决农村贫困人口的温饱。经济结构明显变化，三项产业比例由“八五”末的62.8∶16.1∶20.6调整为51.8∶14.9∶33.3，第三产业比例明显提高。科技对国民经济贡献率比“八五”末提高6个百分点。普及九年义务制教育通过省政府的督导评估：比“八五”末适龄儿童入学率提高1.7个百分点。卫生基本建设和医疗水平明显提高。广播电视实现“村村通”，有线电视快速发展。人口自然增长率比“八五”末下降6.33个百分点。与“八五”末相比，农民人均年纯收入增加700元，城镇居民可支配收入增加1648元，城乡居民储蓄人均达1039元，比“八五”末增加604元。城乡居民生活消费恩格尔系数分别达49%、62%，分别下降9.0、10.7个百分点，每百户拥有电视机94台、洗衣机23台、电冰箱13台。通过“文明新村”的建设，35%的农户交通、通讯、住房条件接近“小康”标准。人均受教育年限达5.5年，人均预期寿命达71岁，城镇登记失业率控制在4%以内。

第二节　物价管理

一、管理机构

1984年4月，经县人民政府批准，改“南江县物价委员会”为“南江县物价局”，为县政府直管工作部门。同年8月，南江县人民政府批准成立了“南江县物价管理所”，与县物价局合署办公，实行两块牌子、一套班子，共同负责全县物价的调控、管理、监督、检查。

1989年6月，经县政府同意，成立了“南江县物价咨询事务所”，隶属县物价局管理，按政策规定开展各项价格服务。1991年4月，在全县10个区（镇）建立农村物价管理所，配备专职物价管理人员27名，经费自收自支（1993年各区镇物价所撤销）。1991年5月，县机构编制委员会核定物价局机关行政编制7人、物价检查所事业编制5人。至2000年底未变。

二、物价控制

1986年，进一步落实企业定价权，放开部分商品和服务价格；对县内行政审批事项、经济政策性文件进行了全面清理，取消部分行政审批事项收费。1989年，规范价格管理权限，进一步调整价格政策取向；贯彻落实国家计委《禁止价格欺诈行为的规定》，查处和纠正扰乱市场价格秩序的低价倾销，把物价引向市场主体，加强经营自律，参与公平竞争。

1991—1995年，全县在宏观调控下，主要由市场形成物价管理体制，商品和服务价格按市场规律的要求实行市场调节。在此期间，积极实施了粮油、蚕茧、成品油、药品、种子等价格改革方案，在刺激消费扩大有效需求方面，结合本县实际，适时出台一些运用价格杠杆促进地方经济发展的政策措施。在实行听证的基础上，合理制定了城区自来水“一户一表”改造收费标准，落实了电价优惠政策，制定了新的客运价格。

1996—2000年，认真贯彻落实《四川省物价管理条例》和《价格法》，南江物价调控走上了法制轨道。全面清理和规范了各部门收费项目和标准，特别是1997年12月29日发布实施《价格法》到2000年的几年间，南江县不仅坚持了政府定价、政府指导价和市场调节价三个价种，并且执行政府和经营者的价格行为及权利义务、价格总水平调控、法律责任、价格监督检查。按照国家计委制发的价格目录，促进有序的价格行为，发挥价格合理配置资源，稳定物价总水平，保护消费者和经营者的合法权益。

表4—14　　南江县1985—2000年部分年度人民生活必需品价格表

年份 \ 价格 \ 品种	大米(元/50公斤)	面粉(元/50公斤)	菜油(元/50公斤)	食盐(元/50公斤)	鸡蛋(元/50公斤)	猪肉(元/50公斤)	酱油(元/50公斤)	白糖(元/50公斤)	纯棉白布(元/市尺)
1985	16	16.5	150	25	100	93	25	80	0.50
1990	18.5	19	250	25	200	150	30	80	0.55
1992	18.5	19	250	31	200	250	35	120	0.60
1993	35.0	35	350	50	300	250	40	150	0.80
1994	45.0	50	450	55	350	300	50	175	0.95
1995	65.0	68	400	55	400	350	55	180	1.10
1996	130	114	400	70	450	400	55	210	1.50
1997	130	114	400	70	500	450	60	220	1.80
1998	80	85	450	70	500	450	60	230	1.90
1999	95	100	420	75	450	420	65	230	1.95
2000	105	105	400	75	450	450	68	220	2.10

表4—15　　南江县1985—2000年部分年度主要农副产品价格表　　单位：元/50公斤

年份 \ 价格 \ 品种	水稻	玉米	小麦	大豆	油菜	蚕茧	花生	芝麻	天麻	银耳	木耳	香菇
1985	23	18	23	60	45	150	50	120	2000	2500	880	3100

续上表

年份＼价格＼品种	水稻	玉米	小麦	大豆	油菜	蚕茧	花生	芝麻	天麻	银耳	木耳	香菇
1990	23	18	23	70	70	150	70	120	2000	2600	1050	3200
1992	26	21	29	75	75	280	75	180	5000	3000	1250	3200
1993	35	33	35	80	80	280	80	260	8000	3500	1300	2500
1994	53	55	51	85	110	300	85	260	8000	3500	1250	2800
1995	53	55	55	110	110	280	100	320	1250	3100	1500	3000
1996	72	72	68	120	120	460	100	320	1250	3100	2000	3200
1997	65	65	65	125	120	460	110	360	13000	3500	2500	2900
1998	65	65	65	130	125	460	116	500	15000	3400	2800	3000
1999	53	49	64	120	130	300	120	500	18000	3100	3000	3100
2000	53	47	47	125	130	300	120	500	17500	3200	3100	3300

表 4—16　南江县 1985—2000 年部分年度主要农业生产资料价格表

年份＼价格＼品种	锄头（元/市斤）	铁铧（元/市斤）	尿素（元/公斤）	柴油（元/公斤）	油饼（元/市担）	磷肥（元/吨）
1985	0. 61	0. 185	0. 45	1. 00	2. 50	160. 00
1990	0. 80	1. 00	0. 45	1. 20	3. 00	250. 00
1992	0. 80	1. 00	0. 88	1. 20	8. 00	250. 00
1993	1. 00	1. 50	0. 88	1. 20	8. 50	250. 00
1994	1. 50	2. 50	1. 00	1. 50	9. 00	250. 00
1995	1. 80	3. 00	1. 50	1. 50	10. 00	250. 00
1996	2. 50	3. 50	1. 60	2. 50	10. 00	250. 00
1997	3. 00	4. 00	1. 60	2. 80	9. 50	260. 00
1998	2. 70	5. 00	1. 50	2. 50	9. 50	260. 00
1999	3. 00	5. 00	1. 50	2. 30	10. 00	280. 00
2000	3. 00	5. 00	1. 50	2. 50	11. 00	280. 00

三、非商品收费管理

1996 年前，总的方针是“合理稳定”，按照“统一领导，分级管理”的原则，对不同行业项目分别由中央、省、地、县四级管理。1996 年后，进一步强化非商品性收费管理，严格控制管理权限。特别是对行政事业性收费，坚持权限管理和目标管理的原则，严把收费立项关。凡省上有标准的，严格执行省上的标准；授权地方制定标准的，一律从低掌握，并严格实行听证会制度，确保公开合理，决策科学。在具体实施管理工作中，坚决按《价格法》和《四川省物价管理条例》执行。全面清理各部门项目收费和标准，以及医疗收费、电影票价、学杂费、汽车运价、服务行业的理发、照相、浴室、旅馆等收费行为，对外来投资企业办证收费实行归并扎口、“一站式”服务、减免收费等办法，简化手续，避免重复收费；加强对群众就医、子女上学、进城入户等收费的清理整顿和规范，以减轻群众的负担。为减轻农民负担，结合乡村改革和“三个代表”的学习，开展涉农收费清理、收费项目、标准的公示制度，收费上墙、群众监督。对不合实际的搭车收费项目进行降低或取消；加强对旅游收费、节假日景点门票的价格监督。在依法规范非商品性价格秩序中，物价部门采取国家新出台项目跟踪检查，对易发性问题反复检查，对群众反映强烈的问题重点检查，做到有举必查、有查必复，件件有着落，案案有回音。与此同时，物价部门强化了价格认证，搞好价格服务，积极开展涉案价格鉴定，维护司法公正。

表 4—17　　**南江县 1985—2000 年部分年度主要行政事业性和经营性收费表**

项目/价格/年份	主要行政性收费					主要经营性收费				
	学杂费（小学）（元）	学杂费（初中）（元）	南江报年订费（元）	车辆附加费	身份证办证费（元）	自来水（元/吨）	照明电（元/千瓦时）	理发男式（元/人）	汽车票价（元/人）	电影票价（元/人）
1985	60.00	150.00	25.00	10%	5.00	0.30	0.30	1.50	0.10	1.00
1990	65.00	200.00	25.00	10%	5.00	0.30	0.30	2.00	0.10	1.00
1992	70.00	300.00	30.00	10%	5.00	0.30	0.70	2.50	0.15	1.50
1993	85.00	350.00	40.00	10%	10.00	0.80	0.70	3.00	0.12	2.50
1994	85.00	400.00	40.00	10%	10.00	0.80	0.95	5.00	0.13	3.00
1995	85.00	400.00	40.00	10%	10.00	1.25	1.00	5.00	0.13	3.50
1996	90.00	500.00	40.00	10%	10.00	1.25	0.56	5.00	0.15	4.00
1997	90.00	600.00	40.00	10%	10.00	1.25	0.56	5.00	0.14	4.00
1998	95.00	650.00	40.00	10%	10.00	1.25	0.56	5.00	0.14	5.00
1999	110.00	680.00	40.00	10%	10.00	1.23	0.56	5.00	0.14	5.00
2000	180.00	700.00	40.00	10%	10.00	1.50	0.56	5.00	0.14	5.00

注：学杂费为每半期学费、书费、代管费。

表 4—18　　**南江县 1985—2000 年部分年度主要资源性商品、奢侈品价格表**

项目/价格/年份	主要资源性商品价格							主要奢侈品价格			
	松元木（元/m^3）	生漆（元/市斤）	生铁（元/吨）	土钢（元/吨）	统煤（元/吨）	铁矿石（元/吨）	水泥（元/吨）	黄金首饰（元/克）	手表17钻	纯毛呢（元/米）	照相机（元/部）
1985	80.00	9.00	250.00	300.00	30.00	40.00	180.00	145.00	110.00	50.00	125.00
1990	150.00	9.00	300.00	350.00	30.00	40.00	200.00	145.00	100.00	70.00	130.00
1992	250.00	11.00	停产	400.00	35.00	50.00	250.00	145.00	80.00	80.00	130.00
1993	250.00	15.00	停产	停产	35.00	50.00	300.00	145.00	80.00	150.00	100.00
1994	300.00	16.00	停产	停产	40.00	50.00	300.00	130.00	80.00	160.00	100.00
1995	350.00	18.00	停产	停产	55.00	65.00	280.00	130.00	70.00	170.00	100.00
1996	350.00	18.50	停产	停产	65.00	70.00	300.00	130.00	70.00	170.00	200.00
1997	450.00	15.00	停产	停产	76.00	70.00	280.00	130.00	60.00	180.00	200.00
1998	450.00	16.00	停产	停产	80.00	70.00	280.00	125.00	60.00	180.00	250.00
1999	480.00	17.00	停产	停产	80.00	70.00	280.00	125.00	60.00	200.00	250.00
2000	480.00	16.00	停产	停产	85.00	70.00	280.00	125.00	60.00	200.00	250.00

注：照相机为黑白照相机。

第三节 工商行政管理

一、管理机构

“南江县工商行政管理局”自1971年10月成立以来，其机构名称沿用至1999年8月。1999年，全省工商行政管理体制改革，由省工商行政管理局对各市（地、州）、县（市、区）工商行政管理局（分局）实行垂直管理体制。“南江县工商行政管理局”更名为“四川省巴中工商行政管理局南江分局”，南江分局下属各工商行政管理所亦冠以全名“巴中工商行政管理局南江分局××工商所”。1999年8月16日，“四川省巴中工商行政管理局南江分局”正式挂牌。

二、企业注册登记

1986年，进一步贯彻落实《工商企业登记管理条例》及有关政策，对企业进行全面登记管理。年末全县实有各类工商企业784户，分支企业1606个，其中：全民所有制141户，分支企业410个；集体企业639户，分支企业1193个；合营及其他4户，分支企业3个。是年新发展各类企业206户，分支企业276个；歇业23户、歇业分支企业14个。1987年，全年新发展各类工商企业71户，分支企业159个，从业人员2445人。到年底，全县累计有全民、集体工商企业822户，分支企业1756个，从业人员21139人，注册资金16007万元。

1988年，企业登记管理工作稳步前进，在支持企业深化改革的同时，把企业登记管理工作做到规范化。截至年底，全县登记注册照的各类企业859户，分支企业1881个，从业人员23053人，注册资金18693.2万元，分别比1987年的企业总数、分支机构、从业人员、注册资金增加6.45%、7.12%、8.8%和16.78%。

1989年，是改革、开放、搞活经济、治理经济环境、整顿经济秩序的一年。全县对企业进行了整顿，重新登记注册。年末全县累计企业合计为2270户（其中全民所有制企业625户、集体所有制企业1633户、合营私营12户）；从业人员达21073人（其中国有9647人、集体10680人、合营219人，个体527人）；注册资金合计17243万元（其中国有9647万元、集体7213万元、合营383万元）。通过企业登记管理，全年查处企业1944户，其中隐瞒实情弄虚作假或未经核准登记擅自开业的38人次，擅自改变主要登记事项或超出核准登记经营范围的24人次，伪造涂改、出租、转卖及擅自复制营业执照的7人次，从事其他非法经营活动的24人次。在处理中，停业整顿13户、吊销营业执照3户、没收非法所得并责令赔偿经济损失的11户。

1991年，把企业登记管理与服务相结合，大力支持各类企业的发展。一年中共办理企业变更登记15个，支持企业增设网点101个，新发展企业56户。全县累计有法人企业279户，独立核算的国营企业355户，分支企业644个，从业人员21169人，注册资金17356万元。1993—1995年，加强了企业年检。其中1993年，年检法人401户，独立核算经营单位346户，外地设立的分支企业17户；注销企业69户，分支企业5户。至1994年，累计年检企业2843户，其中有盈利企业387户，占企业总数55%。1995年，根据省工商局《关于年检工作若干问题的意见》，进一步明确了年检范围、内容、程序、收费标准和管理措施。

1996年，新办登记注册企业175户，全县共有各类工商企业2457户，其中法人企业464户，营业单位1993户。62户县属企业完成了改制任务，其中国有企业45户，占全部国有企业总数的

63.4%。通过年检，对改变注册事项的61户企业变更了登记，查出无资金、无场地和无机构人员的“三无”企业2户，给予了相应处理。

1999年，以党的十五大精神为指导，把好市场主体准入关，规范了登记注册，强化了监督管理。年末累计登记注册内资企业2015户，注册资本金45622万元。其中：国有法人企业148户，注册资本金24446万元；集体法人企业217户，注册资本金13155万元；联营法人企业4户，注册资本金378万元；股份合作法人企业1户，注册资本金180万元；有限公司法人企业46户，注册资本金7463万元；营业登记单位1599户。通过年检依法注销企业9户，吊销企业营业执照26户，对有违章违法行为的5户企业依法进行了查处，共处罚金3500元。

2000年，重点抓了1999年度应年检的企业2015户，实际年检的企业1744户，在年检中办理注销登记209户。全年共办理新开业登记各类企业79户，至年底，全县共有企业2015户，其中法人企业416户。

三、市场管理

1986年，随着市场的发展，交易范围日益扩大，在搞活的前提下认真加强了市场管理。一抓政策法规宣传，整顿市场秩序，开展“五好”市场活动；二抓市场信息收集、传递，印发《市场信息》700余件；三是加强市场监督检查，制止掺杂使假。全年城乡贸易成交额1634.6万元，比1985年增长8.86%，集市贸易成交额相当于社会商品零售额的21.6%。1987年，重点抓市场建设，新建南江县城集州农贸市场、批发市场、南江镇牲畜交易市场、长赤耕牛市场、新华农贸市场、坪河牲畜市场。根据县城情况，因地制宜从新划定各类综合、专业市场12个，发展了批发、夜市、早市，增设了市场标志。在市场监管上，本年三次检查经营户6980个，查出无证经营600户，违法、违章活动1020件，教育处理437件，罚款金额10711元。1988年，全年检查经营单位6551个，查出有违法违章活动的1012件，其中罚没处理232件，罚没款8162元，没收各类禁用的计量器具296件。当年新建沙河耕牛市场3000平方米。1989年，清查出非主营和超经营范围的5户，违章经营钢材763.2吨，补交税款2.2万元，对严重违法经营活动的2户企业处罚款600元；对查出非法转移开采权和无证开采的27个小煤窑，除按规定补办开采证和执照外，将23个小煤窑依法进行封闭处理，没收其矿产品200吨。在110户医药经营户中查出无证经营户11个，扩大经营范围的13户，经营假药23个品种，金额达34825元。清查出私人购买木材，偷税漏税的883户中，对情节严重的464户补交了各种税费33024元。在整顿文化市场中，依法收缴了非法出版物10本、黄色图片573张、黄色刊物20本、录像带8盘，取缔无证放映录像2家，制止无证经营23户。

1995年，工商管理部门有序开展农资、石油、食品、饮料、粮油、蚕茧、棉花、药品等市场的清理整顿。开展了352场次市场检查，查办简易违章案件500件，查处违法活动案件140件（其中投机倒把49件）。查处违法经营化肥800吨、石油51吨、粮食48吨，捣毁制假窝点3处。是年，新建县城红四市场。全县市场活跃，全年集市贸易成交额8000万元，占社会商品零售额的30%，比1994年增长30.5%。1996年，全县重点围绕“六项系列”执法活动的开展，组织六次市场大检查。共立案查办各类经济案件142件，罚没金额6.12万元，查处违反企业登记管理案件53件，处罚金2.7万元；查办违法商标案件1件、违法广告案件6件，清理和取缔不良文化名称和广告招牌15处；查处利用欺诈假合同和骗买骗卖及其他违法合同案件22件，为企业挽回经济损失100余万元。1997年，以严厉打击假冒伪劣、欺诈和私货交易，大力开展经济检查监督为重点。全年共查处投机违法案件106件，罚没金额3.5万元。与此同时，狠抓了“两点一线”区域内的市场建设，指导大河、沙河、下两、乐坝、上两、长赤等区乡新建和改（扩）建市场8个，面积1.6万平方米，投资360余万元。

2000年，共检查市场31个、摊位2.7万个。全县农资经营户全部换发“农资经营许可证”，换证287户，注销违规经营企业57户。开展了对成品油市场、夏季饮料市场、名烟名酒市场、烟花爆竹市场、文化娱乐市场的整顿。

四、经济合同管理

合同鉴证 1986年，全县鉴证各类经济合同134158份（含农商合同）、合同金额3482.6万元。1987年鉴证经济合同14518份，金额21034万元。1988年鉴证经济合同15.93万件，合同金额28985万元。1990年，鉴证经济合同32047件，金额13831万元。1995年，鉴证了各类经济合同12543件，金额1681万元。1996年鉴证各类经济合同2098件，金额2501万元，帮助企业补充和完善经济合同2377件。1997—2000年，累计鉴证经济合同8620件，金额共计9959万元。

违法合同查处 根据《经济合同法》的有关条款规定，对违法合同、无效合同进行查处。南江县从1990年10月1日起，在全县范围内推行经济合同示范文本，统一使用经济合同专用章。1991年共办理经济合同案件1395件，争议金额208.3万元。1996年对17份不合格和违法合同进行了及时纠正和处理，挽回了经济损失。1997年查处欺诈和经济违法合同案件34件，为企业挽回经济损失280万元。2000年，按照新颁布的《合同法》的有关规定，共查处欺诈违法合同13件，处罚没款3000元。同年9月，县工商部门对县运输公司的80台汽车租赁合同进行了检查，发现该单位自制显失公平的合同文本80份，依法进行了查处，确认为无效合同，并全部纠正，重新签订和统一使用了示范合同文本。

五、商标、广告注册管理

商标注册登记 为保护生产者商标专用权，南江县工商局经常督促生产者和经营者到商标管理部门申报，经国家工商局正式批准履行商标注册登记手续，发给“中华人民共和国商标注册证”。1986—1989年，全县累计注册商标432件，其中当年注册2件，累计使用商标33件。1990年，大力宣传商标法规，提高企业使用商标的法制观念，注册商标发展较快。是年，全县核转注册商标9件，累计有注册商标43件。1991年1—3月，对商标进行验证，已注册的商标43个中使用企业33户，其中酒类注册商标18个，使用企业17个；饮料类注册商标11个，使用企业10户；糖果、糕点、化工、建材、针织类注册商标14个，使用企业6户。全年全县注册商标45件，核转4件。1995年，全县有效商标52件，其中新核准的注册商标2件，1996年，核转商标注册10件，续展注册5件，变更商标注册人名义1件，补发商标注册1件。1997年，开展“创名牌产品和驰名商标”活动，南江生产的“米仓醇”酒、“巴山床垫”、“亦奇”牌二级菜籽油、“华香”牌条面等先后获国家级新技术、新产品博览会金奖和银奖。1998年，注册商标49件，其中死亡注册商标20件，本年验收有效商标29件，能依法使用的商标21件。2000年，全县申报注册商标4件，被核准的1件。“乐鑫”牌注册商标被巴中地区评为知名商标。“乐鑫”水泥、“云顶”茶叶、“玉泉”醋等列为重点保护商标。

商标监督管理 为制止、打击假冒商标的违法活动，南江县从1986年4月至5月集中时间和精力对全县商标进行清理整顿，清查的商标27个，其中经国家工商局核准注册的17个，未注册的10个。没收销毁酒类商标标识124.2万套、服装商标标识1000张、饮料商标标识1.4万张，共处罚金9140元。1990年，对全县16户企业使用的19个酒类商标进行整顿，查出不规范的商标标识

1669645套，违法商标标识117810套，对不规范的如实上报审批，违法商标标识全部没收处理。1995年，着重建立健全商标的印制管理，印制商标一律送县工商局审查备案制度。全年查处商标违法案件4件，处罚款600元，没收违法商标标识15.68万套，价值2.28万元。1999年，对全县30件有效注册商标进行了验证，查处冒充注册商标1件，销毁商标标识2.45万份。2000年，开展“反仿冒、反误导”活动，查处商标违法案件8件，收缴假冒商标标识3000余张。

广告登记管理 1986年4月，按照国务院《关于加强广告宣传的通知》、《广告管理暂行条例》的有关规定，对全县广告进行了四次清理整顿，共查处广告违法案件29件。南江县印刷厂非法为企业复印营业执照21张和私自印刷无法定单位证明的虚假广告，处罚金500元。并对广告经营业主重新验证登记。1990年，根据川工商［1990］213号文件规定，凡从事广告经营的单位和个人，必须申请登记，领取“四川省广告经营单位广告业务员证”和使用“广告专用发票”。南江县原发的“四川省广告经营单位广告业务员证”允许使用至1991年3月底，从1991年4月1日起不得继续使用，必须重新登记，坚决取缔无证经营广告。实行“广告经营许可证”制度。全县有广告经营单位2家，建有广告招贴栏20处，200平方米，明墙广告1块，路牌广告25块，灯箱广告10个，橱窗广告5个。1995年，是《广告法》实施的第一年，县工商局发出《关于开展换发“广告经营许可证”工作的通知》，年底统计全县广告经营单位发展到4家，共发布户外广告725条，电视广告207条、印刷广告102条。

查处违法广告 1986—1990年，南江县内广告经营户极少，管理比较松散，从1990年后逐渐加强了广告管理，依法查处广告经营中的违法行为。1991年，共查处违章、违法广告7件，罚款150元，没收广告250张。“贵州省军区教导大队健民保健品厂”打着解放军的招牌，穿着军装，在县城兜售“黔北茗”保健茶，把它当成药品宣传，大肆吹嘘：“该茶具有补气血、滋养肝肾、醒脑益思、除压减压、延年益寿之功能……”虚假宣传，欺骗群众，损害了消费者的利益，根据《广告管理条例实施细则》的规定作出没收全部广告、并处以罚款的决定。1992年，查处违章违法广告3件，罚款75元，没收广告100份。1993年，查处违章违法广告4件，罚款60元，没收广告150份。1995年，查处户外广告3件278条，当场销毁，收缴广告165条。1996年，为了有效地抑制虚假广告的滋生和蔓延，为企业创造一个公平竞争的环境，加大了对广告监督查处的力度，全年查处虚假广告6件，罚款600元。1997年，共检查户外广告110处，立案6件，结案4件，处罚金1000元，清理带有不良文化内容广告21件、产品广告12件，销毁乱张贴广告50张。1998年，共检查药品印刷广告27件，产品广告12件，批评教育5户，取缔违法广告3户，处罚2件，处罚金400元。2000年，共查处违章、违法广告14件，处罚金4700元。

六、个体私营经济管理

登记发照 1984年7月至10月，对个体工商业户换发“全国统一营业执照”（分正本、副本、临时营业执照三种）。1986年，全县经过审核登记发照的个体工商户累计达5512户，从业人员5887人，注册资金455万元。1988年，个体工商户累计7238户，从业人员8645人，注册资金691万元。1993年，巴中建区后，南江县个体工商户和私营企业得到了迅速发展。至1995年，全县经过审核登记的个体工商户累计达12574户，从业人员17282人，注册资金1907万元；私营企业45家，从业人员650人，注册资金9342万元。到2000年底，全县经过年检登记的个体工商户累计已达20475户，从业人员40117人，注册资金6977万元；私营企业已增加到165个，从业人员2845人，注册资金达6652万元，个体私营经济创产值营业额达4.5亿元，创利税达2057万元。

监督管理 1986年后，对个体工商户和私营企业发照后的监督管理，包括办理变更登记、停业登记、歇业登记、执照管理和验照等。1988 年，检查个体私营户 6551 户，查出有违法违章活动 1012 户，受罚没处理的 232 件，罚没款 8162 元，没收各类禁用计量器具 296 件。1989 年对医药行业中的个体经营户抽查 59 户，查出无证经营 11 户、扩大范围经营的 13 户、经营假药的 23 个品种、金额 3.48 万元。对无证经营户予以取缔，其余一律进行整改。对新登记注册的个体私营经营户每三年进行一次验照，配合市场管理，监督个体私营户依法经营。1995 年查处简易违章案件 500 余件，查处违法活动案件 140 件，查处违法经营化肥 800 吨、石油 51 吨、粮食 48 吨；捣毁制假窝点 3 处。2000 年依法查处各类违法违章 61 户，处罚款 6500 元；不按规定办理变更登记的 4 户、无照经营 1 户。

扶持个体私营企业发展 一是引导下岗职工再就业从事个体经营。2000 年，全县国有企业、集体企业下岗职工累计达 5542 人，各级工商部门执行上级规定的下岗人员再就业优惠政策，先后有 2473 人开办了个体私营企业，915 人被私企吸纳安置，占下岗职工 60%。二是培育个体私营大户和帮助外来工商户，创造良好经商环境，为南江经济发展作贡献。1998 年统计，全县累计有外来工商户 1060 户，从业人员 1684 人，外来私营企业 20 户。全县外来经商户总投资额达 1023 万元，向国家纳税 180 余万元，分别比 1992 年增长 6.1 倍和 5.6 倍。

七、消费者权益保护

组织机构 为了保护消费者合法权益，维护社会经济秩序，1990 年 11 月 29 日成立“南江县保护消费者合法权益委员会”（简称“消协”）。它是南江县依法成立的对商品和服务进行社会监督的保护消费者合法权益的社会团体。县消协挂靠县工商局，在各区设立了分会，与区工商所合署办公。县消协及下属分会均配有专兼职管理人员，受理消费者投诉，调查处理损害消费者合法权益案件。为方便消费者投诉，县工商局（县消协）和各区工商所（消协分会）均开设了举报网络，固定电话拨 12315。

案件查处范围 若经营者提供商品或者服务，对消费者合法权益造成损害的，一经投诉，消费者协会便依据《消费者权益保护法》和《四川省消费者权益保护条例》（修正案）以及其它相关法律、法规的规定进行及时查处，违反者承担相应的民事赔偿责任。其查处的范围及处理的原则是：消费者因使用商品或者接受服务造成人身伤害、财产损失，经营者不能证明自己无过错的，应当承担相应的赔偿责任。消费者因商品缺陷受到人身、财产损害的，可向销售者要求赔偿，也可向生产者要求赔偿。属于生产者责任的，销售者赔偿后，有权向生产者追偿，属销售者责任的，生产者赔偿后，有权向销售者追偿。消费者在接受服务时，其合法权益受到损害的，经营者应当赔偿；不属于服务者责任的，由服务者向责任方追偿。证照的使用者损害消费者权益的，证照出租、出租者应当承担民事责任。损害消费者权益的企业分离或者合并的，变更后承担其权利与义务的企业应当承担赔偿责任。经营者应履行双方达成的调解协议或者有法定效力的文书，不得故意拖延或无理拒绝。经营者对消费者提出的修理、重做、更换、退货、补足商品数量、退还货款和服务费用或者赔偿损失的要求，无故拖延或无理拒绝的，法律、法规对处罚机关或者处罚方式有规定的，依照法律、法规的规定执行；法律、法规未作规定的，由工商行政管理部门责令改正，可以根据情节并处警告、没收违法所得、处以违法所得一倍以上五倍以下的罚款；情节严重的，责令停业整顿、吊销营业执照。有关行政管理部门在查处损害消费者权益案件时，经营者财产不足以同时支付款和赔偿损失的，应责令其先行承担民事赔偿责任。

开展“3·15”宣传活动 自县消协成立以后，每年 3 月 15 日都要开展“3·15”国际保护消费者权益日纪念宣传活动，深入贯彻落实党和政府保护消费者合法权益政策、法律、法规，推行保护消费者权益工作的深入开展，广泛提高广大消费者自我保护意识和能力，充分发动社会各界共同参与保护消费者合法权益。加强市场管理，为消费者营造一个良好的消费环境，认真开展严厉打击假冒伪劣、垄断经营和强买、强卖、欺诈消费者等行为。

第四节　质量技术监管

一、管理机构

1987年2月，县政府决定成立“南江县标准计量管理局”，与“县标准计量管理所”实行两块牌子一套班子，属县计经委主管。1990年9月，达县地区编委同意撤销南江县标准计量管理局，成立“南江县技术监督局”，列入政府工作部门序列。从1999年7月1日起，按国务院、省政府文件精神，撤销“南江县质量技术监督局”，其机构职能划归省质量技术监督局垂直管理，更名为“四川省巴中质量技术监督局南江分局”。

二、计量监督管理

1986—1989年，县根据国务院《统一我国计量制度的命令》、《计量管理条例》、《关于我国统一实行法定计量单位的命令》等法律法规，主要抓了宣传教育，贯彻落实市制改公制，简单度量衡器的检定维修工作。1989年，开始对天平、血压计进行检测。当年对衡器的检定面达97.3%，电表检定数为计划的222.2%，处理计量违纪案件65件，罚款金额3200元。1990年，全县基本完成了法定计量的过渡工作。1991年，县技术监督局成立后，按照《计量法》进行管理和监督。先后购置了20多万元的各类检测设备15台（件），建立社会公用计量标准11项。1997年，县技监部门督促县水泥二厂、植物油厂、磷肥厂等18家企业完善了计量管理网络，当年实现节能降耗25万元。2000年，强化以定量包装商品为重点的计量监督检查，查处计量违法案件23起，没收不合规格的计量器具153台（件），处罚款5000多元。

三、质量监督管理

质量监督检验　1995年以前，南江质量监督检验尚未开展。1996年，按国家技监质发［1996］34号文件要求，对全县产（商）品质量进行定期检验，检验了白酒、大米、水泥、钢材等249种产（商）品，生产企业合格率达98.5%，市场抽检合格率为54%。2000年，县质监所共抽查样品650个，查出不合格样品104个，实现收入14.5万元。

质量鉴定　1993年，为企业进行大型的质量鉴定3次，挽回经济损失31万元。1995年，对南江县公安局购进的4台警车，经鉴定为质量不合格产品，责令厂家进行了经济赔偿。2000年，县质监部门受法院委托，对上两乡一农民，因青饲料机无防护装置，导致操作时一个指头被截断的伤残事故，经技术检验属机器质量引起的事故，县法院依法判决生产机器的厂方赔偿了该农民的伤残费用。

质量监督检查　1993年，县质监部门在检查中发现，县自来水公司等四家单位，从河北购回的480吨钢材有问题，经县质检所检验判定为劣质商品，价值147.6万元。会同工商、法院、检察院等部门调查核实，对其经济责任人进行了经济处罚，对经济犯罪人移送司法机关处理。2000年，开展了“百日打假”专项活动，在507户商家中查获不合格化肥460吨、农药10万瓶，责令整改农资经销户35家，确保了农资产品质量。

四、标准化管理

工业标准化　(1) 指导企业抓标准的制定、修定、备案和审定。根据国家《标准化法》有关规定，按统一管理、分工负责的原则，帮助企业收集标准、制定标准、审查备案，并伴随形势的要求修定标准，截至2000年，全县有50余家企业制定了标准。(2) 对标准化进行监督检查。1994年，全县立案查处标准化、质量等案件33起，罚没总金额达3万元。1996年，对县石油液化气进行执法检查，查出一些产品未执行国家标准，处罚款5046元。1997年，督促区烟草站、粮站按国家标准定等级收购烟叶和粮食，有效制止了收购中降等降级、短斤少两等违法行为。1998年，对全县《中小学作业本》标准进行检查，责成4家作业本印刷企业按标准进行正规生产和经销。

农业标准化　为适应中国加入WTO（世贸组织）的形势变化，农业标准化工作在南江开始执行。县政府于1999年12月建立县标准化工作联席会议制度，成立县农业标准化技术委员会，下设办公室于县质监局，处理日常事务。确定了南江黄羊、金银花、翡翠米、核桃、板栗为全县重点农业标准化示范项目。制定了《优质无公害金银花产业化发展规划》和各项招商引资优惠政策；确定了长赤镇乐台村和寨坡乡水田坪村等为农业标准化示范村。印发了《水稻栽培技术规程》和《玉米栽培技术规程》。由于实行了农业标准化管理，2000年长赤镇的百亩玉米示范亩产达到了619.41公斤，比上年增产14.6%。

服务业标准化　为保障人体健康和人身安全，县质量技术监督部门从1997年起开展了饮食服务业的标准化监督管理。开展“质量稳定合格证”和“质量红旗竞赛”活动，以积极创办“放心购物一条街”和“百城万店无假货”及“清柜台”的活动来规范服务业标准化。1997年，质监人员深入服务业调查了解，发现服务行业销售的县酒厂制定的42°米仓醇企业标准含量下限规定过高，达不到标准规定的要求，成为不合格产品，后经质监所反复抽样检验、指导改进，最后达到规定下限，为企业挽回经济损失5万元。对县酿造厂在服务业销售的“玉泉牌”酱油、饲料厂生产的饲料、雪碧冰厂生产的大冰，经检验定为不合格产品，后经多次指导改进达到标准要求，赢得消费者的好评。2000年，县质监部门在县城红星桥至南门大桥创建“购物放心一条街”活动，对示范街定期或不定期监督检查。

五、代码、条码管理

1993年，南江县人民政府成立了“南江县统一代码标识制度领导小组”，发布了《南江县组织机构代码管理办法》，认真开展全县组织机构代码工作。截至2000年，南江已办理党政、企事业单位、社会团体组织机构代码证书1491个。

条码技术　是国际流通领域商品出入的“身份证”。印在商品包装上的条码使生产厂家和顾客有机地联系在一起。南江对这项技术使用起步较晚。1996年，开始与国家物品编码中心联系，帮助南江名优产品“烧老二”系列酒和元顶子茶场的茶叶完成了条形编码申报任务，为南江名优产品走出巴山、走向世界打好了基础。

第五节 统计管理

一、专业统计

1986年至2000年，南江县按照《统计法》的有关规定，将国民经济和社会发展有关数据定期统计上报。其统计内容主要包括：综合、工业、农业、商业、交通运输与邮电、固定资产投资、劳动工资、文化教育卫生体育、科技、广播电视、财政金融、农村社会经济调查等13个专业部分，各专业进行了以下专项统计。

综合：包括行政区划、户数、人口、全乡面积、耕地面积、国民经济核算（一、二、三产业）、国民生产总值、国民收入、消费等。

工业：全民集体民营工业企业个数、职工人数，主要产品产量、产值、利润等。

农业：乡镇基本情况、农作物播种面积产量，林业、牧业、水利、渔业、农机、乡企生产情况，农业总产值、净产值等。

交通运输：主要包括运输工具拥有量、客货运输量、邮电事业（1998年后分为邮政和电信两部分单独统计）发展情况。

商业：主要包括社会商品零售总额，国合商业部门国内购进总值和销售总值，社会商品购买力，商业网点机构人员等。

固定资产投资：主要包括基建项目和技术改造项目个数及投资额，基建和技改新增能力，房屋建筑竣工面积，基建技改投资效益等。

劳动工资：主要包括全民所有制及城镇集体所有制单位全部职工人数，工资总额和平均工资等。

物资：主要包括物资生产消费，基建消费和能源消费。

文教卫生体育广电：主要包括各类学校所数、教职人数；招生、毕业生人数；幼儿教育及私立学校发展情况；文化、卫生、科技事业发展情况；广播电视收视及覆盖情况。

财政金融：主要包括财政总收入、总支出；预算外收入、支出；国税、地税收入；银行年末存款、贷款余额；银行现金收入、支出；保险事业发展情况等。

计划生育：人口出生、死亡数；自然增长率、计划生育率；一胎、二胎、节育、晚婚率等。

农村住房抽样调查：主要包括农村住户基本情况，主要农产品、商品率，主要农产品生产量、出售量；农村住户人均粮食收、支、存量；农村住户人均纯收入；人均生活消费品；支出比重及实物消费量；主要农副产品价格等。

旅游业发展：主要包括旅游业个数、从业人数，接待游客人数，旅游业总收入和利润等专项统计。

以上主要专业统计项目，由县统计局收集各部门统计报表，经过整理汇总按照当年的统一口径如实上报。

表 4—19　　南江县 1985—2000 年个体私营经济发展情况统计表　　单位：万元

年度	个体工商户			私营企业		
	累计户数	从业人数	注册资金	累计户数	从业人数	注册资金
1985	4857	5887	405			
1986	5512	6670	455			
1987	6186	7368	516			
1988	7238	8645	961			
1989	4429	5350	560	5	62	29.2
1990	4965	5978	570	7	113	39.2
1991	5878	7445	1150	12	149	62.3
1992	6717	9736	1616	17	295	98.2
1993	5754	7348	1462	21	346	667.2
1994	6691	8634	1660	26	322	893.0
1995	12574	11282	1907	45	658	9342
1996	11387	22086	2950	75	1098	2461
1997	17949	35898	5698	106	1562	2864
1998	19530	39721	6327	125	1946	4015
1999	19518	39320	6998	142	2550	5661
2000	20475	40117	6977	165	2845	6652

表 4—20　　南江县 1985—2000 年部分年度主要经济指标

指标名称	计量单位	1985 年	1990 年	1995 年	2000 年
总户数	户	117381	139295	147229	164727
其中：农业户数	户	110044	127837	130979	142836
全县总人口	人	528394	561349	582019	613680
农业人口	人	491153	518218	524922	557969
非农业人口	人	36956	43011	57097	72374
年末耕地面积	公顷	32489	31899	31244	29229
田	公顷	19108	19062	18634	17871
地	公顷	13381	12837	12610	11358
地方生产总值（GDP）	万元	15481	37756	83960	135023
生产总值（可比价）	万元	13565	37756	49782	135023
GDP 增速	%	12.3	8.6	8.1	7.1
第一产业	万元	10963	25074	53490	77812
第二产业	万元	1824	6128	14576	18876
1．工业	万元	1409	5328	12720	15163
2．建筑业	万元	415	800	1856	3713
第三产业	万元	2694	6554	15894	38335

续上表

指标名称	计量单位	1985 年	1990 年	1995 年	2000 年
人均 GDP	元	308	710	1677	2516
财政一般预算收入	万元	465	1918	4346	5278
全社会固定资产投资	万元	1302	4711	11911	31674
社会消费品零售总额	万元	8195	14900	31647	51729
居民人均收入	元	331	540	919	1708
城镇居民人均可支配收入	元	565	1325	3128	4198
农村居民人均纯收入	元	314	475	679	1379
居民人均消费支出	元	313	515	984	1649
农村居民消费支出	元	298	452	790	1329
城镇居民消费支出	元	532	1281	2769	4072
总播种面积	公顷	57934	66758	71986	82632
粮食作物播种面	公顷	49212	52296	55834	57079
粮食总产量	万吨	21.24	25.19	22.26	31.46
人均粮食产量	公斤	433	486	382	500
农业总产值	万元	17763	34586	80258	117844
畜牧业产值	万元	3304	9453	29172	50912
黄羊饲养量	万只	8.3	9.25	15.35	54.1
出栏	万只	3.87	3.10	6.83	26.2
生猪饲养量	万头	52.42	75.07	91.03	107.3
出栏	万头	20.37	35.05	45.04	55.1
核桃产量	吨	553	274	1700	2900
银花产量	吨	428	465	501	577
茶叶产量	吨	720	730	385	456
全社会存款余额	万元	3423	8670	28829	76372
全社会贷款余额	万元	10283	21889	52324	119621
旅游总收入	万元				183
接待人数	万人				8.2
全部工业总产值（现价）	万元	4280	5273	35026	61004
规模企业总产值	万元	1835	3612	22229	16462
利税总额	万元	391	518	—216	1225
利润总额	万元	270	264	—1243	180
销售收入	万元	2001	4215	14272	16514

注：资料来源于县统计局。

二、调查统计

（一）抽样调查

1984 年，南江县建立农调队，业务受省农调队直接指导。全县建立了 10 个农村经济调查点，每年按照省农调队的要求和部署，以及县委、县政府的工作需要，根据调查的对象和内容组织力量开展抽样调查，提供所需和利用的数据。对农村的十个调查基点，基本达到了有代表性，确立的被调查农户稳定、调查人员队伍稳定。每年召开两次会议，进行业务培训和年终总结。南江被全国和省抽中开展两项抽样调查：一是1988年1月，达县地区确定开展全国投入产出调查的单位有：坪河石墨矿、南江石墨矿、南江底板河煤矿、南江县大理石矿。县上成立了投入产出调查工作领导小组，由副县长何茂兴任组长，有关部门负责人为成员，抽调了计委、经贸委、财政、统计局干部组成调查组，经过一年时间工作，圆满完成抽样调查任务，提交了合格的调查报告。二是在1987年7月，南江县被抽中开展全国儿童抽样调查。调查内容主要有儿童家庭人口、经济收入、儿童父母的职业、文化程度、儿童受教育情况、生长发育及健康情况等。县上成立了以副县长卢素芬为组长的儿童抽样调查领导小组，统计、卫生、公安、民政、妇联、团委等单位领导为成员。本次被抽中6区、8乡、11个村，共调查农户1926户、8640人，登记儿童2567人、体检2543人、体检率达99.1%。全县共抽调医生、登记员、指导员共130多人，组成3个分队调查，历时月余的调查，后经验收，荣获全省合格奖，颁发奖金200元。1992年7月，南江县统计局再次联合开展全国儿童抽样调查，规模比1987年小。

（二）普查

人口普查 1990年，南江县开展了全国第四次人口普查，按照中央和省地统一部署进行。抽调组织了3500多名普查人员，经过培训，按规定时间开展调查登记，普查编码和数据处理。普查结果：1990年，全县总人口为562198人。从普查登记到数据整理，共历时两年，采用电子计算机汇总，编成了《南江县1990年人口普查资料》共六卷40个表。从各不同角度反映了南江人口数量、地区分布、文化程度、职业构成及婚姻生育等多方面情况。

2000年，南江开展全国第五次人口普查。全县共培训了第五次人口普查员5000余人，历时一年，完成了普查任务。普查结果，全县总人口628460人，编成了《南江县第五次全国人口普查主要数据》一书。

产业普查 根据国务院规定，从1993年开始，对全国第三产业进行一次普查。县上出台了《关于认真做好第三产业普查工作的通知》，财政预算普查经费10万元，成立了领导小组和办事机构，拟定了"全民动员、条块结合、条条为主、区乡部门配合"的普查方案。通过调查摸清了全县各种经济类型的所有从事第三产业的企业、事业、行政单位和社会团体数目。历时2年完成了"三普"任务。经省地验收合格。

农业普查 1997年，南江县开展"全国农业普查"，县政府成立了以副县长肖天仁为组长的南江县农业普查领导小组，抽调专人组成农业普查办公室。办公室设在县统计局，负责日常工作。在各区乡的支持与配合下，历时半年，按时按质完成了第一次普查任务，查清了南江县农业基础数据，为进行农业产业结构调整提供了翔实可靠的第一手资料。普查结果：截至1997年1月1日零时，全县共有农村住户131088户，农业总人口511976人，其中男268551人，女243425人。总劳动人口354613人（含60岁以上仍从事生产劳动的人口），其中主要从事农业的303452人，从事非农业的51161人。总耕地面积672380亩（国土局详查数，农业普查规定用此面积），其中水田325334亩，茶园27178亩，桑园40732亩，果园44687亩，其它园地5954亩。林地总面积3239425亩，其中有林地2852281亩，灌木林258550亩，疏林地90657亩。牧草地面积258222亩，渔业养殖面积19767亩。全年农作物播种面积902566亩（习惯面积），其中粮食741624亩，油料64272亩，棉花2830亩，麻类329亩，糖料279亩，烟叶7119亩，药材1552亩，蔬菜67020亩，瓜类1097亩，饲料12393亩，其它3866亩。在粮食作物中稻谷245817亩，小麦205400亩，玉米

118407亩，大豆5659亩，薯类150930亩。全县年末耕牛113473头，其中黄牛91593头，水牛11863头，役用牛78738头，奶牛17头，自宰和出售肉牛2172头。全年山羊存栏68841只，出栏18891只。全年生猪存栏412362头，出栏321150头，能繁母猪存栏29830头，鸡鸭鹅存栏707966只，出栏217068只。农民收入来源主要来自农业的123160户，来自非农业的7928户。以农业收入为主要来源的住户中从事种植业130941户，畜牧业122户，林业2户，渔业4户，其它（农业服务业）19户；在以非农业收入为主要来源的住户中，从事工业859户，建筑业299户，交通运输业488户，批发零售贸易、餐饮业1144户，其它99户。按从业人员分类，从事种植业的202625人，畜牧业480人，渔业45人，林业63人，农业服务业239人；从事工业12522人，建筑业20072人，交通运输1383人，批发零售贸易、餐饮业3865人，其它13319人。全县累计劳务输出68276人，其中输出到农村33850人，城市34426人，在本县务工的6316人，省内3830人，省外32866人。

三、统计资料汇编

《南江县1982—1990年国民经济统计资料》。南江县统计局于1991年5月，完成了1982年至1990年国民经济统计资料汇编一书，这是南江统计历史资料的续集，是一部信息密集性汇编，系统地反映了南江这一时期经济发展情况。《统计资料》包括综合、工业、农业、商业、交通运输与邮电、固定资产投资、劳动工资、文教卫生体育、财政金融、农村社会经济调查等11个部分。共印发了300本。

《南江县国民经济和社会发展统计年鉴》。从1991年开始到2000年止，南江县统计局每年编发一部《南江县国民经济和社会发展统计年鉴》，发给各级领导和有关部门，其内容、指标、统计口径，随着各时期政治经济形势而变化。《统计年鉴》对当年的统计资料进行了必要的取舍，对统计口径不同的进行了必要的调整、补充，每年印发300~400本。

第六节　审计管理

一、财政审计

1986年，在“抓重点，打基础”阶段，主要对县财政和县级行政、事业单位、重点企业编报的年度决算进行汇审与汇编审计。

1988年1月22日，对南江县财政局发出审计通知书。此次审计以既审又帮为出发点，采取同步审计和专项审计相结合，延伸审计和定期送达审计相结合，账面审计与跟踪审计相结合的方法。通过查金库、农业银行、工商银行、建行，延伸到16个一级预算单位，深入到12户企业，对县财政1987年度收支和专项基金追溯到1979年。查出截留农业税、农业减免税、违规退库、虚列支出、挤占挪用专项资金及周转金、“拨改贷”等违纪违规金额1.05万元（包括未纳入总预算核算的专项基金632万元）。依法进行了审计处理处罚，决定缴入县级金库42.25万元，并提出了6项改进意见。

1989年，《审计条例》颁布实施后，县审计局于5月3日至5月19日，首次开展对沙河乡1988年度财政决算和财务收支进行就地审计。审计查出沙河乡违反国家农业税有关规定，加征农业税，隐瞒和截留财政收入，违反《税收征收管理暂行条例》，私分税款等违纪违规金额10.29万元的问题，依法作出审计处理决定。对加征农户农业税和应付粮油挂钩款及时退付，调账按期纠正落实，上缴款全额入库，建立和完善了有关财经制度，违纪主要责任人受到党纪处分。1990 年 3 月 6 日至 9 日，县审计局对碾盘乡 1989 年度财务收支情况进行审计。查出碾盘乡将税收收入及罚没款等预算收入挂暂存，农业税灾情和社会机动减免未及时兑现落实，财务核算不规范等方面问题，依法作出了审计结论和决定。

1991 年 3 月开始，选择财政结余较多的下两区和赤字较大的正直区、正直镇，先后开展就地审计。审计揭示出虚列预算支出、虚增税收、预算外挤预算内、超标发放奖金、漏交税收等问题，依法做出审计结论和决定。追回正直镇财政 1989 年和 1990 年超发的奖金 1.4 万元，人平退赔款 486 元，最多的达 740 元，维护了财经纪律。1992 年，对县财政 1991 年度决算进行审签后，县审计局决定对大河、长赤两个区财政和南江镇、大河镇的 1990—1991 年度财政决算进行就地审计。审计中把减轻农民负担，作为审计方案的一项重要内容。对违纪违规问题进行了认真查处，还给了“百姓”一个明白。同时建立健全了农村财务管理和农民负担义务工、劳动积累工的管理制度，收到较好的效果，作为农村财务管理经验向全县进行推广。1993 年 5 月开始，对长赤区财政和长赤镇 1992 年度财政决算情况进行就地审计。审计查出将预算支出挂“预算暂付”，形成财政支出和结余不真实，出现隐形赤字 72.5 万元的问题。依法作出审计结论和决定，分别进行处理处罚。1994 年，在对贵民区财政 1992—1993 年度财政决算情况进行审计时，对以前未延伸审计的区级税务所的税收及财务收支进行审计。审计查出贵民税务所将国营、集体企业部分产品税、营业税列入集贸税 47 万元；将国营企业代扣产品税列入个体工商税 6 万元，擅自扩大集贸税、个体税额，从中多提税收分成的违法违纪行为。县审计局决定对贵民区税务所处罚款 2.3 万元。

1995 年起，《审计法》开始实施，为全面开展“同级审计”财政预算执行情况和区乡财政预算审计提供了法律依据。当年 10 月，对县本级财政 1995 年 1—9 月的预算执行情况开展就地审计，并延伸审计了县财政局机关预算执行情况和各业务股室预算外资金周转金。对县财政局编制预算收支数与县人大批准数不一致，预算调整未报经人大常委会批准，部分预算单位及部门超预算拨款 21.5%，地委、行署建户借款 20 万元，未履行任何借款手续，各股室擅自在各专业银行开立账户，预算外周转金暂存核算未按制度规定管理与核算，家底不清，账款不符等问题，依法作出处理决定。同年，对赶场区财政和赶场乡财政 1993—1994 年度财政预决算情况进行就地审计。查出赶场区财政 1994 年底虚列教师 10—12 月活工资 54966 元；赶场区公所 1993 年度违控购买野马小汽车一台 56600 元，白条支付劳务费，收取租车费、家具费、存款利息、承包费、区办煤厂利润、小巫峡管理费及固定资产变价收入 75883.60 元，向企业收取矿产资源管理费用 8437.66 元，未按规定核算等问题；赶场乡 1994 年度收取的其它收入 48557.80 元，冲减预算暂付 45557.80 元；收取手续费、利润及固定资产变价款等 24208.24 元，未进入预算外收入及专用基金收入核算；漏交农业发展基金和农业税减免款未及时减免到户，无据列支 5235.30 元和虚拟经济事项报支费用 5200 元，白条列支各项费用 7508.49 元等方面的问题，分别依法进行纠正和处理。1996 年初，对县财政预算执行和预算外资金进行就地审计，并延伸财政局、地税局机关预算内外资金进行审计。对县财政预算调整无人大书面批复，虚列支农资金支出、将财政周转金借用于财政自身办实体、职工长期借用公款不结算、出纳白条抵库，业务费支出、周转金发放、国库券兑付业务手续不完备等问题和县地税部门提高投调税代征税税款手续费比例，多提手续费的问题，分别作出了处理处罚。1997 年，组成 5 个审计组，分赴财政、地税、计委、二经局、科委等部门，对 1996 年度县本级财政预算执行和其它财政资金开展全面审计。对财政部门超预算拨款、越级安排交警队业务费、虚列财政支出、基建专款未及时拨付到项目使用单位、农业税减免款列支不及时拨付、将周转金从人行转存城市信用社、违控购置商品等问题，违规使用农业税机动减免款等方面的问题，依法进行了处理处罚。还组成7个审计组，开展对区乡政府预算的执行情况和决算开展审计。先后对沙河、上两2个区财政及石矿、碾盘、八庙、金盆、傅家、红顶、双桂、正直、凤仪、花桥、凉水、东垭、兴马、瓦池、关田、柳湾、贵民、新民、槐树、流坝等20个乡（镇）1995—1996年财政决算进行审计。对部分乡（镇）不认真执行《预算法》，没有按规定程序编制预算，不形成乡（镇）人大审议通过的书面批复。少数乡编制赤字预算，巧立名目乱收费、乱集资、乱罚款。采用自制收据或使用非经营性结算统一收据，按人头征收特产税、屠宰税和收取其它收入，截留预算收入，农业税减免不到户，挤占挪用统筹资金，预算外资金未纳入专户管理，坐支现金，乱发奖金、补贴等违规行为，依法进行了处理处罚。1998年初，县审计局组成7个审计组，重点审计1997年度县本级财政预算执行和预算外资金及财政、地税、金库、国资局、工商局、物价局、公安局、环保局等部门或单位。审计查出本级财政编制赤字预算，预算调整方案未报经批准，超预算拨款，地区下拨专款未到项目，滞留农发基金，追加预算不规范，单位预算外资金未纳入专户存储等方面的问题，进行了处理处罚。自6月份起，陆续派出5个审计组，对小河、下两、大河3个区级财政和团结、长赤、红光、下两、高桥、大河、关路等7个乡（镇）1997年度财政预决算实施审计。审计查出截留财政收入、虚列财政支出、挪用专项资金、违规购置专项商品等违反财经法规问题，进行了处理处罚。

1999年3月，县审计局对1998年度财政预算执行及其它财政收支进行就地审计。并延伸审计了财政、地税、地方金库、水电局、县公医办、县地矿局等预算执行单位。对预算内各项支农资金、支农工交周转金的新增及发放、农业税灾情减免指标的分配、农业税丰欠调节基金规模等内容进行了专题审计调查。审计查出县财政1997年收取的土地出让金余额未缴存国库、将贴息专款转股室业务费、将计生专款追加到教育专户、退库农业税机动减免款及农业税附加当年未安排支出，也未转入农业税丰欠调节基金，滞留在税政股开设的财政预算外专户，县地方金库违法违规办理财政部门自批自退农业税减免款22.98万元等问题。对地矿局等单位处罚追缴财政入库5.8万元。当年县审计局还对长赤、正直、赶场3个区财政及南江镇，高塔、天池、双流、仁和、长征、石滩、关门、沙滩等9个乡（镇）财政预决算实施就地审计，审计总金额达2892万元，查出违规金额60.5万元，决定处理处罚7.6万元。

2000年3月，县审计局重点审计了县财政1999年县本级财政预算和县地税局1999年税收征管及提退情况，延伸审计了财政局机关和乡（镇）企业管理局支出预算执行情况，查出违规金额959万元，决定处理处罚12万元。4月中旬起，对小河、沙河、下两3个区财政及燕山、和平、平岗、北极、关田等5个乡（镇）1998—1999年度财政决算进行审计。查出漏征税费，隐瞒截留财政收入，截留挪用挤占专项资金，违背农业税征收及减免政策，乱收费，收入不入账、虚列支出、虚报冒领，取得发票不合规列支费用等方面的违规金额96万元，决定处理处罚17万元。并向巴中地区审计局报送了综合报告。

二、金融审计

1985年9月，历时24天，对农业银行南江县支行1984年财务决算进行了审计。重点审计了各项利息收支、费用支出、专用基金的使用、税收的解缴及基本建设和信贷计划的执行等业务情况。于10月10日，向达县地区审计局报送了《关于对农业银行南江县支行1984年度财务决算的审计报告》。该《审计报告》揭示了该行为垫高贷款基数，不坚持贷款原则，年终突击放款55万元，下两营业所违背信贷政策，滥发贷款242.8万元，正直营业所以贷谋私，给正直蚯蚓公司发放贷款2万元，收受“红包”1000元以及挤占成本、漏缴税金等违纪违规问题。依法作出了审计结论和决定。

1987 年 3 月，根据审计署的布置，对中国工商银行南江县支行 1985 年、1986 年财务决算进行了就地审计。重点审计当年的实现利润、利润留成的使用、税、利、费和能交基金的计缴、成本费用等会计经济事项的合规合法性。查出漏缴税费和能交基金、财务核实不规范、利润不真实等违规问题。县审计局于 6 月 9 日作出了审计结论和处理意见，并责成按期执行与纠正。

1989 年 3—4 月，对人民银行南江县支行、县工商银行、县农业银行、建设银行南江县支行、保险公司南江县支公司 1988 年信贷资金和保险准备金进行审计调查。当年还对中央扶贫专项贴息贷款进行了审计调查。采取重点、全面、和随机抽样的调查方法，先后调查了有关的 27 个单位，调查发现红山铁矿扶贫专项贷款资金被挪用 23.4 万元，分别责成县人行、农业银行、区营业所逐一落实到位。并对开发资金使用中存在的问题如实向地方党政领导汇报，促使开发办、农业银行更好地使用、管理专项资金。

1990 年 4—7 月，分别对县农业银行、县工商银行 1988 年和 1989 年财务收支进行审计。审计查出县农业银行违背成本核算原则，将规定实行支付实现制核算的经济内容采取权责发生制核算方法提取，进入费用，将应由专用基金开支的支出挤入业务费用、税费解缴不及时、私设“小金库”等问题，作出将小金库资金等 2.56 万元缴入县金库的处理决定。对县工商银行收取的手续费未列作收入、挤占业务支出、漏缴“两金”等违规问题，作出了审计结论和决定，对漏缴的税费、“两金”及其他地方财政委贷未结息等 7.3 万元缴入县金库。同年 8 月，对县建设银行进行审计。审计查出县建行违背成本核算原则，将规定实行收付实现制核算的储蓄代办费，采取权责发生制核算方法进行计提，应提解的税费未提解以及违反不准公款私存规定的行为，作出了处理决定。1991 年 2—5 月，县审计局分别对县人民银行和保险公司 1989—1990 年度财务收支进行审计，对审计发现的乱摊乱挤费用，漏提、少提税费，漏缴“两金”等问题，作出了处理决定，追缴入库 1.46 万元。1992 年 6 月，分别对县工商银行、县农业银行、县建设银行 1990—1991 年度财务收支进行审计。查出县工商银行多摊费用、漏缴税费、虚假支出单据报支 11688 元等问题，作出了审计结论和处理决定。查出农业银行（包括长赤和沙河营业所）挤占业务费用和代办储蓄手续费、违控购置商品、漏缴税费等问题。作出了审计结论和处理决定，处以罚款共 11026.92 元，缴入县财政。查出县保险公司多摊成本费用、在管理费中列支闭路电视安装费、代办业务手续费 27238 元未计提解缴税费、虚列生活费 5058 元等问题。作出审计结论和处理决定。

1993 年 3—10 月，先后对保险公司南江县支公司、县人民银行、县工商银行、县建设银行、县农业银行 1991—1992 年度财务收支进行审计。查出保险公司转移赔款支出、漏缴税费、多提职工福利费用、无据列支等方面的问题，作出审计结论和处理决定，追缴税款入库 0.5 万元，查出人民银行南江县支行在成本中列支光纤建设集资款、重列固定资产修理费、多提职工福利费及工会经费等方面的问题，作出了审计结论和决定。查出建设银行南江县支行（包括房地产信贷部）转移存款 98 万元，转移贷款逃避信贷规模 98 万元，逾期贷款转为技术改造贷款 3.5 万元，建安企业流动资金贷款用于其它方面 175 万元，超业务范围吸收存款 1219 万元，超业务范围发放贷款 961 万元等方面的违规问题，作出审计结论和处理决定，并处罚款 0.9 万元缴入县金库。查出工商银行南江县支行违规超限额拆入资金最高 530 万元，最低为 305 万元，超限额积数 150510 元、违规转移财政性存款 35.7 万元，未缴存人民银行。违规将支行营业部存款 215 万元，转入房地产信贷部作资金来源，漏缴存款准备金 28 万元；房地产信贷部违规用流动资金贷款发放固定资产贷款 15 笔业务，发放 4 个单位贷款 144 万元等违纪违规问题。房地产信贷部与南江党校合作，用信贷资金投资修建商品房 130 万元，违规超范围发放企业流动资金贷款 21 笔、13 个单位，发放贷款 233 万元等方面的问题。对县工商银行、房地产信贷部依法作出了审计结论和处理决定。查出县农业银行及营业部、正直区营业所提高贷款利率多收利息2199元，多报扶贫贴息贷款积数多得利息6353元，将财政局等三户的存款35万元，未作为财政性存款缴存人民银行，用流动资金贷款发放固定资产贷款26.5万元等方面的问题，作出了审计结论和决定；追缴入库0.85万元。

1994年4—5月，县审计局抽派人员参与对巴中市农业银行、通江县农业银行、平昌县工商银行1992—1993年度财务收支及信贷资金进行了审计。审计查出违纪违规金额204万元，建议收缴财政17.2万元，按时完成了巴中地区审计局交办的审计工作任务。当年还协助地区审计局完成对南江县保险公司、财政局、县税务分局集贸税收审计项目。同期，根据四川省审计厅印发《关于预算单位在金融机构开户及账户管理审计方案》的通知，将审计查证出的开户无许可证、一行多户、多行开户、账户种类多、利用多开滥开账户逃避检查等情况，向巴中地区审计局提交审计综合报告。1997年9月，对城市信用社、小河信用社、碾盘信用社资产负债损益及信贷资金管理进行就地审计。查出漏提营业税及附加，提高贷款利率上浮标准，多收贷款利息，挤占虚列成本，超比例放贷等问题，进行了处理处罚，缴入县财政2万多元。

1998年4—5月，按照审计署统一组织的审计项目计划和巴中地区审计局授权，对“中保系统”进行一次性审计。先后对中国财产保险公司南江支公司以及中保寿险公司南江营业部1997年度资产负债及损益进行了全面审计。查出挤占成本，漏记营业收入，取得发票不合规，公款私存，多计提分保赔款等违规问题，处以罚款0.6万元，缴入国库。

2000年9—11月，先后对大河、正直等中心信用社1999年度资产负债损益情况实施就地审计。查出将取得的利息收入列入“金融机构往来收入”中，少计提营业税及附加，违规列支营业外支出，漏记固定资产以及取得外来发票不合规等违规金额20多万元，决定处理处罚1万元。

三、行政事业审计

1986年，对南江县城建环保局1984—1985年度财务收支进行了审计。查出了漏缴税费、挪用治理污染资金，违规购置专控商品等违规问题，决定缴入财政金额142347元。同年10月，城建环保局就审计结论与决定中部分结论和决定向达县地区审计局提出复审申请；11月，达县地区审计局进行了复审认为：县审计局对城建局的审计结论和决定事实清楚，政策依据充分，数字基本准确，处理适度。1987年5月，南江县人民政府对审计中提出的县城建局下属环境监测、监理站乱挪资金搞计划外基本建设违规问题进行了全县通报批评。1987年，在1986年审计县标准计量管理局、司法局试行定期报送审计的基础上，扩大到文教局、林业局、水电局、农业局、卫生局、科委、科协、民政局等11个单位。对审计查出的问题，分别进行了纠正和处理。1988年，审计了包括县委、县人大、县政府、民政局、水电局、农业局、林业局等18个一级预算单位，查出违纪资金1628072元；以调整账务为主，纠正了一些账目错误问题。同时协助政协、司法、民政、科委等单位建立健全了账务。

1989年，针对行政事业单位违纪行为主要发生在基层，资金管理出现上清下不清的新动向，把行政事业单位定期审计工作重点放在基层财务收支审计上。采取定期审计与专项审计相结合，审计预算内资金与预算外资金相结合，审计一级预算单位与二级或基层预算单位相结合，确定审计年度范围与追溯以往年度相结合的“四结合”审计方法，完成一级预算单位定期审计34个，二级或基层预算单位27个，审计资金总额661万元，查出违纪违制资金126万元，审计结论和决定缴入财政12万元。

1990—1991年，采取全面审计与重点相结合的审计方式，先后审计了行政事业61个部门或单位。重点审计了县法院、县检察院、县科协、县计生委、县农业局、县广播电视局、县人民医院、县民政局等单位，审计资金总额3184万元。查出预算内转预算外、挤占挪用专项资金、违规购买商品、漏缴税费、请客送礼、隐瞒收入、虚列支出、挪用专项资金、虚拟经济事项报支、偷漏税费违纪违制资金257万元，依法作出了审计结论和决定，上缴财政5.74万元。同时，专项审计了县教委1989—1990年度管理的教育经费及其教育附加费的收支情况，审计资金225万元，查出虚列专项经费支出转暂存，重报支出，股室私设“小金库”等方面的违规问题，决定上缴财政0.6万元。

1992年，重点对党政部门用公款吃喝送礼和对部分行政事业单位滥发钱物进行了审计调查。通过审计调查，县级39个行政事业单位1991年10—12月的财务支出，请吃喝送礼基本没有发生。在对滥发钱物的审计调查中，共调查30个行政事业单位，调查的支出资金246万元，均未发现巧立名目、滥发钱物的问题。当年还对技术监督局1991年财务收支、稽征所1990—1991年财务收支、县文化局及群众文化中心1991—1992年财务收支进行审计。查出违规购买专控商品、截留财政收入、不合规票据报支、挪用专款等问题，作出审计结论和处理决定缴入财政1.16万元。1993年，对县林业局1990—1992年财务收支进行审计。查出挤占挪用造林补助费和育林基金、虚列支出、偷漏缴税费及“两金”等违规问题，依法作出审计结论和决定，上缴财政9.4万元。在对县工商局1991—1992年财务收支审计中，查出罚没收入未缴财政、应缴未缴农发基金等问题，决定缴入财政1.07万元。同年，对县交通局、运管所、路政管理所1990—1992年行政事业性收费收支情况进行审计，查出滞留罚没收入，发票丢失等问题，决定缴入财政0.4万元。

1994年，分别对县民政局、春场坝管委会、贵民区计生办1991—1993年财务收支进行了审计。查出县民政局挤占挪用民政经费，虚列支出转移抚恤事业费，部分支出单据不实，扶贫周转金发放回收管理不善等违规问题，决定缴入财政1.1万元；查出春场坝管委会存在收费票据管理混乱，隐匿收取“农转非”入户人员的基础设施费等违规问题，决定缴入财政5.6万元。审计结论与决定发出后，春场坝管委会未按时执行审计决定，按规定加收滞纳金38955元；查出贵民区计生办重报支出、多报支出、隐匿收入、违规购买专控商品等问题。决定缴入财政0.89万元，责任人被移送有关部门处理，使多年“烂账”基本审理清楚。1995年，重点开展了教育经费专项审计，并审计了县司法局1994年度财务收支。查处了司法局收费票据管理混乱、设置“小金库”等违规问题，决定缴入财政0.65万元。

1996年，对县文化体育局及所属文化馆、图书馆、博物馆1995—1996年度财务收支进行了审计。在审计中本着监督与服务相结合的方法，帮助理清了博物馆历经四次财务人员变动，未按规定办理财务交接，往来账目不清的遗留问题。查出了一些支出不实、漏缴税费等违规问题，决定上缴财政1.03万元。当年还完成了县委、县政府交办的县人武部1987年以来财务清理审核和县委办公室前几年的财务清理审计工作。1997年，对县广播电视局1995—1996年度财务收支进行了审计。查出漏提缴农发基金，预算外收入未缴存财政专户，超标收费等违规问题，决定上缴财政1.38万元。在对县科委1996年度财务收支进行审计中，查出县科委出借转让账户给私人使用、挤占挪用科技专项资金等违规问题，进行了处理和规范。

1998年，先后对物价局1997年度财务收支和县公安局、县交警大队1996—1997年度财务收支进行审计。查出物价局预算外资金收入未缴存财政专户；县公安局违规乱收费、报支不真实、漏记收入、虚列支出、长期挪用保证金和扣押款、漏计缴税费等违规问题，分别进行了处理。在对县交警大队财务收支进行审计中，审计组从加计584本14538份发票与往来账清理入手，查出账外罚没款121995元，未按规定上缴财政，应交未解交往来款漏记46224元、应交罚没款私存私放转储

221525 元等违纪违规问题，依法进行了审计处理，县公安局对责任人给予了政纪处理。同年，根据县人大评议法院工作需要的交办事项，对县人民法院 1996—1997 年度财务收支进行审计。在审计过程中，查出县法院扩大收费范围、提高标准、乱用票据、拉赞助搞分成、重复收费、公款私存转储、截留挪用诉讼费执行款、私设“小金库”等违法违规问题。针对存在的问题，提出了县法院要从提高认识入手，完善内部规章制度和监督机制，改革考核办法，严格执行财经纪律的意见，对审计出的违纪违规问题，依法作出了审计处理。

1999 年，先后对县农业局及下属单位、县建设委员会、县教育委员会财务收支进行了审计。查出县农业局与相关站挤占挪用专项资金、虚列专项资金支出、部分预算外收入未及时入账、预算外收入部分未缴存财政专户、擅自改变专项资金实施项目、不合规票据列支、漏缴各项税费等违规问题，决定处理处罚上缴财政 11.2 万元。查出县建委机关、质检站、农能办、房管所截留应缴财政专户收入，报支票据事项不真实，偷漏税费，隐匿当年收入等违规问题，决定处理处罚上缴财政 7.9 万元。查出县教委预算外收入未全额缴存财政专户、超标准收费、漏计提税费、虚列义务教育专款支出转暂存等违规问题，决定上缴财政 1.36 万元。

2000 年，先后对县卫生局、县计生委财务收支及县运管所收费的客运出租汽车经营权有偿使用费，县人大常委会交办对县公安局取保候审保证金的收取、没收、退还和管理情况进行了审计。查出县卫生局挤占卫生专项资金、预算外资金未缴存财政专户、超标准收费、私设“小金库”、公款私存、白条列支、漏计缴税费、违规发放津贴补贴等违纪违规问题，决定处理处罚上缴财政 11 万元。查出县计生委 1997—2000 年 6 月期间，挤占挪用计划外生育费、上级拨付的专用物资未通过财务核算，不合规报支费用等违规问题，决定处理上缴财政 1.8 万元。查出县运管所收费未足额缴存财政专户等违规问题并进行了处理。查出县公安局在 1999—2000 年 8 月期间，挪用保证金、到期未及时退还保证金、未设专户管理坐支保证金，收治安罚没款以保证金名义收取等违纪违规问题，进行了处理处罚。审计结果在人大常委会《公报》上公布披露。

四、专项资金审计

1986 年，分别对县文教局教育经费、县公安局罚没财物进行了专项审计。查出县文教局虚列预算支出、虚拟经济事项报支、挤占挪用教育经费等违规问题，决定缴入财政 10695 元。查出县公安局机关 10 个区（镇）派出所，在 1985 年至 1986 年 8 月底期间，坐支、截留罚没款物等违规问题，决定缴入财政 22084 元。

1988 年，对县建委 1986—1987 年度城市维护建设资金和环境保护资金进行审计。审计城市维护建设资金 278690 元，环保排污费 348041 元。揭示出城市维护建设资金使用分散，未统一归口管理，挤占挪用专项资金，截留排污费收入等问题，查出违纪违规资金 18.71 万元，依法进行了处理与规范。1989 年，对水电局 1987 年至 1988 年 9 月支农资金进行审计。审计总金额 159 万元，查出虚报支出，化预算内资金为预算外资金、挤占挪用专项资金、隐匿资金形成账外资金等违规问题，决定缴入财政 51258 元。同年，对全县 1988 年扶贫贴息专项贷款进行了审计调查，对红山铁矿、县畜牧局等单位挪用扶贫贴息贷款 641777 元，用于搞其它工程项目等违规问题，进行处理与规范。并对县公安局、交警队、森林派出所等 3 个单位 1986 年 9 月至 1989 年的罚没收入进行了审计。查出坐支、挪用应缴罚没收入、用不合规票据收取罚没收入，公安基层单位未及时上缴罚没收入等违规问题，依法作出审计结论和决定，收缴罚没款上交财政 9 万余元。

1990 年，县审计局牵头，监察局、扶贫开发办公室、人民银行、物资局等部门参与，开展扶贫资金专项审计。对扶贫资金抽审 27 个单位，农户 8 家，审计资金 189.7 万元。扶贫物资抽审 45

个单位，涉及扶贫钢材156吨，柴油61.5吨。查出挪用倒卖扶贫钢材43吨，扶贫柴油10.7吨，查出在分配、管理、使用、效益方面有违规违制问题的资金69万元，分别情况给予了处理，决定缴入财政1.2万元。同时，对县水电局支农资金中的小型农田水利费、水土保持费、水利事业费和1989年预算内外财务收支进行了审计。查出虚列专项资金转暂存，挤占挪用专项资金，收入不入账形成“小金库”等违规问题，决定处罚缴入财政0.9万元。1991年，对全县1989—1990年度农业发展资金筹集与使用情况进行专项审计，此次审计单位20个，审计资金221万元，查出挤占挪用、虚列支出等违规金额37万元，决定责成归垫专项资金13万元，处罚缴入财政1万元。同年，对正直镇1986—1990年计划生育超生费收支情况进行审计。在县、区计生部门的配合下，深入到村、组，对超生费的收缴情况逐户清理核对，审计资金68万元。查出镇、村对超生行为处罚不规范，隐瞒超生人数严重，挤占挪用计生专款，村、社截留超生费等违规问题，审计决定追缴归垫计生专户款8万元。1992年，先后对县劳动局、就业局待业保险基金、县社会保险事业管理局养老保险基金、县国土局国土资金进行审计。查出劳动局、就业局挪用待业保险基金违规金额9.3万元；查出县社会保险事业管理局违规储蓄等违规金额24万元，分别进行了处理。查出国土局私设“小金库”，应交未交预算调节基金和能源交通建设基金等违纪违规金额13万元，决定缴入财政7.6万元。

1993年，对全县1991—1992年农业资金总体投入与1990—1992年扶贫资金征集、分配、管理、使用、效益情况进行审计。此次审计涉及单位89个，重点审计农业局、水电局、农业银行等部门，审计资金总额4252万元，查出挤占挪用、虚列转移、滥发钱物、请客送礼等违规资金230.9万元，决定归垫资金130万元，缴入财政11万元。在审计农业资金总体投入期间，对县检察院扣押的农业局以粮代赈资金、地膜玉米扶持费和应缴“两金”共262787元的事项进行了审计。审计查明县检察院除扣押“两金”应缴入库外，其余234215元，系账务往来款和未及时交接账务形成的问题，均不应扣押入库。依法作出了审计结论和决定，予以退还农业局。1994年，对全县1993年扶贫资金及物资的分配、管理、使用情况进行审计。审计对象以农业局为主，延伸审计了县农业银行、县粮食局、县水电局、县林业局、县畜牧局、县交通局、县邮电局等部门，审计金额358万元。查出挤占挪用扶贫资金、项目间接费开支过大，部分扶贫资金和物资到位差等违规金额29.6万元，决定收缴入财政0.65万元。当年还对执法部门财务收支及罚没收入进行审计。查出县公安局罚没票据管理不严，预算外资金使用管理分散在各科、所、队、室、漏缴税费、基金；查出交警队截留坐支罚没收入、隐匿收入、公款私存、乱发奖金、漏缴税费等违规问题，审计决定缴入财政15.3万元。查出县检察院使用不合规票据收缴罚没收入，坐支挪用罚没收入等违规问题，决定缴入财政0.77万元。查出县人民法院存在预算外资金未及时足额缴存财政专户、白条列支、挪用诉讼费等违规问题。查出县物价局存在截留罚没收入、不合规票据报支等违规问题，分别进行了处理和收缴。

1995年，对1993—1994年全县教育经费筹集、管理、使用、收费所涉及12区（镇）72个乡（镇）的财税部门、农经站、教育行政主管部门、中小学校等共计271个单位进行就地全面审计。查出违纪金额472.7万元，决定处理处罚收缴入财政54万元，对涉嫌贪污、挪用教育费违纪违规的7位直接责任人，移送有关部门立案处理。同期对县农业局、县水电局管理使用以工代赈专项资金进行审计，对挤占挪用以工代赈资金问题进行处理。1996年，对县就业局失业保险基金、社险局企业养老保险基金1995年度征、管、用情况进行审计。查出社险局1995年度欠收养老保险基金近50万元，以前年度挪用养老保险基金购小车、一直未归垫，发放福利补贴等违规问题，分别进行审计处理，并对存在的问题提出改进意见。1997年，对县计生委及正直区计生办、下两区计生办、县计生站、县药管站1995年至1997年5月计划生育经费进行了审计。审计资金总额915万元，查出乡统筹计生费未按规定比例划转县计生部门，挪用上级补助的专项经费、挤占挪用计划外生育费；对违规问题处理处罚收缴入财政18.1万元。并对县计生系统职工借挪公款情况进行了清理，责成县计生委督促各单位与借用公款个人限期收回。

1998年，对县水电局水利专项资金的筹集、拨付、管理、使用及效益情况进行审计。同时延伸审计了乐坝镇、大河区水管站、玉堂水库、高龙坎电站等资金使用单位。共审计水利专项资金900万元，查出随意改变资金投向54万元，挤占挪用40万元，虚列转移26万元，对存在的问题进行了较深层次的剖析，提出了强化水利资金管理，重点投入特困村社，确保扶贫质量和资金使用效果的意见。当年还对县林业局1996—1997年度林业资金财务收支进行了审计。查出挤占挪用育林基金和林业专项资金及林业专项贴息贷款、乱收费、坐支收入、虚列支出等违纪违规问题，决定收缴入财政金额6.7万元。1999年，对县社会保险局1997—1998年度养老保险基金财务收支进行了审计。查出多提和未经审批使用退休职工活动经费，基金资产房租收入未纳入财务核算，报支不真实等违规问题，决定收缴入财政1.1万元。

2000年，对县环保局1998—1999年度环保资金、2000年度本级普教经费财务收支进行了审计。审计环保资金总额71万元，查出截留财政预算收入、挤占环保专款、预算外资金未全额缴入财政专户、偷漏税费等违规问题；查出财政欠拨普教经费、财政在财政专户、挤占挪用普教经费、学校乱收费、账实不符、偷漏税费等违规问题，分别进行了处理处罚。

五、工交企业审计

1987年初，对县属国营企业和供销系统的企业债权进行审计调查。72户企业债权总额1957万元，占同期结算资金的34.25%，向县政府提交书面报告。县政府领导及时安排各部门与企业认真采取措施，积极做好回收工作。同年，对县化工厂、印刷厂、县车队、自来水厂等11户企业开展摸底调查、评估评审工作，为企业承包经营和租赁经营打好基础。

1988年，先后对县水泥一厂、县水泥二厂、县磷肥厂、县印刷厂、县二轻包装厂等14户承包租赁合同及附本，进行审计调查与剖析。对二轻包装厂租赁承包中，不按程序承包租赁，导致该厂截至9月底亏损114728元的后果而终止合同，其它一些企业也存在承包租赁合同中不规范，承包基数畸高畸低等问题，向被审计单位、主管部门和县政府领导及时提出了建议。1989年，对魏家坝林场、县石油煤建公司等4户企业进行审计，以保护企业合法权益为重点，维护国家财政收入为目的。对魏家坝林场漏提、少提税费进行了处理；对重提教育费附加与税务、教育接洽责成退返。对石油煤建公司在执行计划、价格、商品管理方面存在的问题，提出改进意见。

1990—1991年，县审计局以核实利润、公证资产、监督分配、评价成果、提出建议为内容，开展对县自来水厂及李朝玺离任审计；对第一轮承包到期的县电力公司、县林产品公司、县中药材公司、县沙河植物油厂、县物资公司等15户县工交企业，进行首轮承包经营责任终结审计。对审计中发现的问题，梳理归类，出具审计报告，并将审计结果上报达县地区审计局。

1992年，开展对县磷肥厂与水马门铁矿企业审计。1993年开展县水泥厂承包经营审计、竹坝铁矿财务收支审计以及煤炭基金、以电养电基金的审计调查。两年审计工作重点放在“审帮促”方面，除对重大违纪违规处罚外，一般违规问题促使企业自查自纠，自我监控与完善。

1994年，对国营林场1992—1993年财务收支审计和底板河煤矿第二轮承包经营终结审计。审计总金额达1.4亿元，对审计查出的违纪违规问题依法进行了处理，收缴入财政的罚没款8.1万元，并移交挪用公款案1件。

1995—1996 年，先后对竹坝铁矿、冶金矿山公司、大理石公司、水泥二厂等企业进行审计。对企业内控制度存在的问题和水泥二厂利润大幅度下降的原因，进行剖析并提出了建议。1997 年，对县自来水厂、县汽车站、县运输公司进行就地审计。对几户企业管理混乱、内控制度不严，造成费用攀升、固定成本增加、债务负担沉重、闲置人员包袱重等问题进行审计和剖析后，向上级提交了《我县工交企业亏损原因的审计调查报告》和《工交部分企业不合理负担的审计调查综合报告》，引起了上级的高度重视。

1998 年 5 月，对南江县建筑工程对外承包公司 1995—1997 年的资产、负债、损益进行审计，查出少提缴各项税金 21678.38 元等违规问题，贪污作出收缴入财政的审计决定。9 月，对县电力有限公司 1996—1997 年的资产、负债、损益进行就地审计。查出少提缴城市建设税、交通建设费、教育附加费计 17371 元等违规问题，依法作出收缴入财政的审计决定。1999 年，先后对县水泥集团有限公司、县机电化工建材公司 1998 年的财务收支进行审计。查出少代扣营业税及附加，应补交的企业所得税 29042 元等违规问题，作出收缴并处以罚款的审计决定。

2000 年 2 月，对县大理石公司前两年财务收支及原经理任期经济责任进行审计。查出偷漏税金及附加 69810 元，原经理个人多报支出、虚开发票 10000 元，违规发放奖金，管理不善，造成企业亏损及矿长虚开发票、违规报销电话安装费等违规问题，依法作出收缴并处以原经理个人罚款 1258 元的审计决定。3 月，受省审计厅委托，对省电信公司南江分公司 2000 年度资产、负债及损益进行审计。查出未按期申报代扣代缴营业税、未如实报缴纳房产税等违规行为，依法作出收缴 41904 元的审计决定。当年 8 月，对县交通运输总公司 1998—1999 年的财务收支进行审计。查出偷漏税金及附加、未按规定取得发票，无据核销单位往来款等违规问题，作出收缴入财政 70928 元的违反发票管理办法规定处以罚款 1000 元的审计决定。

六、商贸企业审计

1989 年 5 月，对南江县石油煤建公司 1988 年度财务收支和石油销售情况进行审计。查出将 70 号汽油平转议 202940 公斤，多转煤炭、石油商品成本 36554 元等违规问题，作出收缴 12898.66 元上缴财政的审计决定，其余违规问题作相关账务调整。同年 9 月，按照全省统一安排，对粮食企业进行审计检查，由县审计局牵头、抽调相关部门人员 17 人，对县粮食部门 15 个独立核算的企业 1988 年至 1989 年 6 月的财务收支进行审计。查出违规金额 450256 元，分别提出处理意见上报。1990 年 4 月，对县糖酒公司雍××1987—1989 年租赁经营终结进行了审计。5 月，县审计局对县烟草公司 1989 年财务收支进行审计。7 月，县审计局对县外贸公司 1988—1989 年超亏挂账问题进行审计调查。共查处违纪违法金额 83.19 万元；均进行了核实与罚款处理。

1991 年 5 月，对县中药材公司以包××为代表的承包集团 1988—1990 年承包终结进行审计。审计检查核实了承包合同各项标的执行情况；对公司违规问题，进行了处理处罚，审计决定缴入财政 22485 元。10 月，对县人大常委会转来群众来信反映沙河植物油厂桐籽损失等经济问题事项，进行专项审计。经审计群众反映的问题基本属实，对负有直接责任的厂长和书记，粮食局在本系统给予了通报批评处理；对单位和个人的违纪违规问题，审计决定处罚缴入财政 6815 元，出纳个人退还单位贪污款 1939.58 元。1992 年 4 月，对南江县综贸公司、棉麻公司杨××、岳××先后代表承包集团 1988—1991 年承包终结进行审计。核实承包合同各项标的执行情况；核实调整 4 年实现利润 13.4 万元，为标的利润的 55.8%。对公司违规问题进行了处理处罚，审计决定缴入财政 3403.67 元。6 月在对县外贸公司 1991 年度盈（亏）进行审计调查中，核实 1991 年度实现利润 6.5 万元，以前年度挂账亏损 47.9 万元；企业存在的问题较多，审计提出了建议意见。7 月，对南江县盐业公司1990—1991年度财务收支进行审计。查出4个方面的问题，决定处理处罚缴入财政3061.55元。8月，在对南江县新华书店1991年度财务收支进行审计，查出12个方面的违规问题，决定处理处罚缴入财政32090元，并针对存在的问题提出纠正意见和建议。

1993年3月起，按照全省统一安排，对全县粮食系统经营平价粮企业1992年度财务亏损挂账进行审计调查。审计核实县粮食局所属12户平价企业截至1992年底，累计亏损挂账2097.7万元。审计资金总额1088万元，查出违规金额125375元，审计决定缴入财政14209元，其余违规资金作调账处理。1994年3月，对南江县五金公司1993年度财务收支进行审计。审计资金总额252万元，查出违规金额45006元，审计决定缴入财政2347元，其余违规资金作调账处理。1995年2月，对南江县农资公司1994年度财务收支进行审计，重点审计1994年5月农资价格体制改革和1994年农资流通体制改革后的经营情况及主渠道作用发挥情况。审计资金总额916万元，查出违规资金总额128811元，审计决定处理处罚缴入财政29024元，其余违规资金作调账处理。同年4月，对南江县外贸公司1992—1994年资产、负债、损益进行审计。审计核实该公司累计亏损311.66万元，企业资不抵债209.96万元，以及存在的诸多问题，向县政府如实提交了报告，县政府及时召开了县长常务会议，研究处理。

1996年4月，对南江县农资公司1995年至1996年3月执行国家农资价格、购销政策、经营主渠道作用发挥情况和农资经营财务收支情况进行审计。查出县农资公司1995年平转议尿素541.2吨，非法所得44378元；各区农资联营站和农业局“三站一司”提价销售尿素和微肥，非法所得49140元等违规问题，审计决定对非法所得全额没收缴入财政。6月在对南江县中药材公司，南江县医药公司1995年至1996年6月资产、负债、损益审计核实中，核实企业资不抵债115.54万元，核增亏损61.22万元，分别进行了处理。1997年3月，对南江县棉麻公司1995年至1997年3月经营与财务进行了审计。审计核增亏损76.21万元，查出潜亏21.01万元。针对棉花生产前景看好，但存在一些不容忽视和带普遍性倾向性的问题，提出了建议供县委、县政府决策参考。

1998年5月后，全国粮食购销体制改革，巴中地区审计局组织交叉审计。县审计局抽派人员前往通江县粮食系统开展审计，4个月时间，圆满完成粮食企业亏损挂账审计任务。对查出的问题和审计核实资料，一并报送地审计局处理处罚。2000年5—6月，对长赤、沙河、正直、大河区粮油管理站前两年的财务收支进行了审计。查出长赤粮站偷漏税金及附加、设置账外账、违反发票管理办法规定等违规问题，审计决定缴入财政34665元，并处罚款1000元。

七、外资审计

1996年3月，对县林业发展项目A部分，利用世界银行贷款项目外债偿还情况进行审计调查。该项目建设期5年即1985—1990年（后延长一年）。还款期为15年（即1991—2005年），每年5月5日和11月5日分两期还贷。项目建设于1992年底全面结束。实际完成纤维板4227.01万元，比原计划超360.1万元。信贷资金结余93.2万个SDR，折合人民币264.23万元，自筹资金投资增大624.23万元。外债偿还情况是：还款期15年应偿还本金325.42万个SDR，1991年至1995年应偿还本金108.47万个SDR，1995年底已偿还本金51.54万个SDR，欠还本金56.94万个SDR，加上1996年应还本金216.95万个SDR，合计欠还本金273.88万个SDR；还款期15年累计应偿还利息75.66万个SDR（不含宽限期财政部代垫利息26.76万个SDR），1995年应偿还利息41.49万个SDR未偿还。审计认为，该项目存在“问题不少，困难不小”，共存在7个方面的困难。针对存在的这些困难，向县政府提交了建议和专题报告。

1998—2000年，对南江县世行办管理的世界银行贷款秦巴扶贫项目1997年至1999年财务收支进行审计。该项目合同签订信贷/贷款/合同号为（CHA—28/CHA4187），生效日期为1997年10月21日。项目执行年度为1997年至2004年；还款期为2002年至2018年；项目计划投资额10430.44万元。其中世界银行贷款5200万元（国际开发协会IDA：4162.5万元，国际复兴开发银行IBRD：1037.5万元），国内配套资金投资50%，即5230.44万元（有偿配套资金2607.59万元，无偿配套资金2622.85万元）。截至1999年12月31日，项目工程累计支出4643.56万元。资金到位情况：世界银行贷款（国际开发协会）1198.78万元；国内配套资金3801.98万元（有偿配套1805.44万元，无偿配套1794万元，劳务集资202.53万元）。审计查出的主要问题配套资金未足额到位，未按规定建立还贷准备金，挤占挪用回补资金、专项贴息贷款等专项资金73.99万元；违规收取项目规划设计、评估论证费1.09万元；未按期编制银行存款余额调节表等问题。根据该项目资金管理运行中存在的问题，审计责成县世行办采取措施，足额到位配套资金，确保项目质量顺利完成，按规定建立还贷准备金；决定对挤占挪用的资金限期归还并处以罚款，对违规收取项目计划设计、评估论证费予以没收。

八、基建投资审计

1986—1987年，县审计局重点审查基建项目申报的年度计划的资金是否落实，是否遵守先存后批、先批后用；有无违反规定挤占银行贷款、乱集资、乱摊派作为自筹资金来源；对楼堂馆所和其它非生产项目、重复建设项目是否严格控制，要求停缓建的项目，是否已经停建或缓建；有无在计划外购置商品房等事项进行审查。1987年，基本建设实施“三保三压”和“双增双节”中，对57个投资项目的建筑面积39495平方米的资金来源审计审签中，资金来源不当和不落实未予审签批准13个项目，减少建筑面积5860平方米，压缩基建投资43万元。1988年，县审计局审计核实自筹资金建设项目25个，资金来源有问题或资金不足的项目4个，资金26万元；停缓建项目1个，资金6万元。1989年，对自筹资金来源审计的42个项目中，总投资406.62万元，自筹资金落实的377.42万元，自筹资金缺口29.2万元，有问题项目8个，对有问题项目控制报批5个，金额23.2万元，停缓建项目3个，金额6万元。

1991—1993年，先后对南磷路、贵民长滩河至西清公路、红山铁矿基建、“二南”公路改造工程使用的以工代赈资金和信用贷款进行审计。查出长西公路、红山铁矿违规金额29.8万元，挽回经济损失6.1万元，追回款2.2万元，有3人被移送检察院立案查处。1992年，继续开展自筹基本建设资金审计核实，基建财务决算审签，当年查出损失浪费41万元，对违规金额58万元的问题进行了处理。

1995年初，由县审计局牵头，组织监察、财政、农业、交通等部门的业务骨干，对“沙南路一期工程”、“双江路”（南江至通江）前段工程财务收支开展审计。查出有关区（镇）在“沙南路”一期工程中，材料物资超耗严重，虚报、重报、多报支出、工程发包弊端多、财务管理混乱等违规问题，依法进行了处理处罚。1996年，对“二南路”南江段实施全过程事中、事后审计。审计总金额3647万元，查出违纪违规金额862万元，核减工程造价495万元，决定收缴财政52.3万元。同年3月，对南江县乐坝省粮油储备库基本建设项目竣工决算进行审计。查出的主要问题：一是预列尾工工程投资33.34万元、少列银行借款利息66.36万元、漏提缴税费6.69万元；二是超概算投资1415.54万元等违规问题，依法作出对漏提税费缴入财政的审计决定，并按财经法规和建设项目调整有关账务，责成县粮食局对超概算投资问题，专题向省粮食厅书面报告完善手续等处理。

1997年10月，对县广播电视局综合楼工程竣工决算进行审计。该工程1993年4月2日开工，

1996年12月30日竣工。南江县计委批复工程建设规模6600平方米，计划总投资260万元。审计核实总投资424.26万元，审减0.78万元。查出漏提缴投资方向调节税5.33万元，白条列支设计费2.67万元等违规问题。审计决定对漏提缴税金予以收缴，对白条报销设计费处以罚款2000元，同时，对县广播局拖延提供审计资料，违反审计法行为，处以罚款5000元，一并缴入财政。

1998年9月，对南江县乐坝石油库建设工程进行审计。该建设规模为储备燃油总容量2500立方米、相应的配套建设铁路支线、公路、油泵房、办公等附属设施，计划总投资500万元。审计查出超计划、超概算投资707.41万元，白条结算支付工程款19.82万元，形成漏缴营业税及附加0.66万元等违规问题。审计决定收缴漏缴税金，完善补办有关投资计划手续。同年12月至1999年9月，对“二南路”南江境内砼路面铺筑工程进行审计。通过对建设单位报出的决算4400万元进行审计，审定金额为4095.59万元，审计核减金额为304.88万元，审减率为6.93%。查出挤列建安工程投资263.9万元、多计工程价款40.98万元、未严格按照国家规定的基本建设程序报批投资计划、部分工程未实行工程监理制度和招投标制度等违规问题。依法作出审计决定处理外，对挤列工程投资、多计工程价款，由建设单位作调账处理。

1999年，在对南江县稽征所办公及住宅楼基建工程、小河区医院、南江中学综合楼工程、畜牧局畜产品交易中心基建工程、下两粮油站办公及住宿楼工程等5个工程项目竣工决算进行审计。重点审计计划与投资情况、资金来源情况、竣工图及竣工决算、基建投入与支出等情况。审减工程投资52.3万元，查出漏提缴建安营业税及附加10.3万元、投资方向调节税23.34万元、多计工程造价7.71万元等违规问题。依法作出审计决定，对漏提缴税金予以收缴，对多计工程款调账、超计划投资责令补办计划等处理。

2000年5月至6月，对南江县水泥集团红潭河煤矿技改工程进行审计。该工程技改生产能力为3万吨，于1995年7月动工，1998年6月竣工，计划总投资588万元。经审计核实实际建成生产能力为6万吨，完成总投资702.67万元。查出无计划增建樵家岩煤井、超计划投资114.67万元、挤占工程投资17.55万元、漏提销售工程煤增值税及附加1.32万元等违规问题。依法作出审计决定对漏提缴税金予以收缴，超计划投资调整账务的处理。

九、经济责任审计

1986年12月31日，国家审计署发出《关于开展厂长离任经济责任审计工作几个问题的通知》后，经济责任审计就开始进行。1987年5月至7月，县审计局根据县政府委托，首次对南江县茶厂厂长离任进行了经济责任审计。查出因经营失策而导致亏损15.17万元、因决策失误盲目建饮料厂，仅20个月就亏损12.31万元，偷漏税款1.14万元等违规问题。根据审计结果，及时向县政府提交了审计报告。1991年10月至11月，县审计局根据南江县委、县政府《关于撤销魏家坝综合林场有关问题的通知》安排，对该林场场长离任进行经济责任审计。查出少提缴能交基金0.93万元等违规问题，依法作出了处理。

1996—1998年，先后对乐坝水泥厂建设工程指挥长、县食品公司经理、县饮料酒业公司经理等单位和主要领导人员的离任，进行了经济责任审计，并向县政府提交了审计报告。在对县食品公司原经理进行经济责任审计中，追回了应移交而未移交的价值1.2万元的公费移动电话机1部。在对饮料酒业公司经理经济责任审计中，查出县饮料酒业公司在企业改制中未经国资、财政等部门批准，擅自将价值29.34万元的存货和价值18.29万元削价的存货转让以及偷漏税费2.52万元等违规问题，依法作出审计处理处罚。

1999年4月，县审计局、县纪委、县委组织部联合发出《南江县党政领导干部任职期内经济责任审计暂行办法》文件，对经济责任审计的适用范围、审计内容、审计程序、结果运用以及法律责任都作了较详细的规定。同年6月，县委办、县政府办又联合发出了《关于加强农村财务管理和对乡（镇）主要负责人实行任期审计的意见》，使全县对基层党政主要领导任期经济责任审计初步迈入规范化。

2000年，县审计局接受县政府委托，先后对县城关粮站原站长苟××、县农机服务公司经理康××、赶场农机厂原厂长张××等厂长（经理）的任期经济责任进行审计。查出苟××因玩忽职守，利用国家信贷资金盲目对外投资联营，给国家和单位造成经济损失167.62万元的问题，以涉嫌渎职罪而移送县检察院立案查处。同年，受县委组织部委托，对沙河区委原副书记、区长周×任期经济责任进行审计；县经贸委委托对原县大理石公司经理邢××任期经济责任进行审计。对县大理石公司偷漏税金及附加6.98万元，原经理经手的涂改和虚开发票多报支出1.2万元的违纪违规问题，依法作出处理处罚，并追究了直接责任。当年完成5个经济责任审计项目，共查出违纪违规金额487.52万元，审计决定处理处罚缴入财政12.43万元。

第七节　国土管理

一、地籍管理

（一）土地详查

1991年7月至1995年6月，县国土局组织了对全县土地利用现状调查，先后历时4年。整个调查工作分为调查准备，航片外业调绘、调航航片的内业转绘，土地面积量算和统计、编制全县土地利用现状成果图、整理汇总土地利用现状调查的各项成果资料、报告编写等7个阶段。

在土地详查中，编制了《南江县土地分类系统》，将全县土地分为一级类8个，二级类88个，三级类522个，并给每个地类赋予特定的含义和适当的标准。根据全县地形地貌的特点，共划分出四个调查取样综合区（台坎状中低山垦殖区、单科构造中山区，褶皱中山次林区，断块中山林区）。根据《规程》、《规范》规定，按6个坡度（0—2°、2°—6°、6°—15°、15°—25°、25°—35°、大于35°）级分别选择样方。全县共选取样方232个，样方总面积4731.6亩，采用平板仪实测毛面积皮尺实测作耕地面积样方157个，实际有效样方130个，计算出各区内净耕地系数。土地调查成果图件工作是根据《规程》要求，结合本地实际情况编制的。编制组编制了土地权属界线分幅图158幅，其中1：1万图155幅，1：5万图3幅；耕地坡度分级图73幅；县、乡（镇）两种土地边界接合图表；县级土地利用现状分幅图158幅，其中1：1万155幅，1：5万3幅。并以1：1万县级土地利用现状分幅图为基础资料缩编成1：10万南江县土地利用现状图。撰写的文字报告包括南江县基本情况，技术报告，工作总结和各阶段技术细则、成果应用有误专题报告等，共5万余字。较全面的介绍了全县地理位置、历史沿革、自然经济概况和土地详查各阶段的技术操作规范及其成果，并系统提出了开发利用方向。

土地详查结果，查清了全县面积和县辖10个区、2个镇、72乡（镇）、526个村和8个独立于居民地外的农、林、牧、渔场等企事业单位的土地权属线、土地类型、土地分布、土地利用现状及土地数量。1995年，全县土地详查结果，查清了全县土地的利用结构和土地利用现状。

（二）土地利用结构

1991—1995年，南江县开展了土地利用现状调查（简称土地详查），查清全县土地利用结构现状。调查结果表明，全县面积3382.8平方公里，与统计面积3417.18平方公里比较，减少34.37平方公里。其原因是南江大口林场与旺苍县大河、水磨乡边界纠纷经省政府川府函［1986］100号、川发［1986］03号文件调解划出28.44平方公里及过去因面积量算手段不同引起的差异。耕地面积比统计数增加13056.71公顷（调查统计时间为1992年），增长41.3%，比土地概查减少9856.22公顷，减少18.08%；林地比统计数增加79626.27公顷，增长58%，比林业调查数增加31556.87公顷，增长17.12%，比土地概查减少4478.27公顷，减少2.03%；牧草地比统计数减少80376.8公顷，减少77.98%，比牧业调查数减少66931.85公顷，减少74.68%，比概查数增加10666.87公顷，增加88.73%；城乡居民点及工矿用地比统计数增加3346.96公顷，增加44.46%，比概查数增加5168.95公顷，增加91.13%；交通用地比统计数减少5396.29公顷，减少81.76%，比概查数减少1593.89公顷，减少56.97%；水域用地比统计数减少13645.77公顷，减少71.99%，比概查数增加11017.8公顷，增加55.03%。利用现状分类面积本次调查数与统计、概查数差异较大，其主要原因是地类划分标准不一致。

从土地资源利用看，有以下几个特点：（1）耕地面积不大，田少地多，质量差。全县有耕地面积44648.71公顷亩，占面积的13.2%，人均只有耕地0.079公顷，与全国水平基本持平。其中有田19118.35公顷，占耕地面积的42.82%，地25433公顷，占耕地面积的56.96%，田地比例为1：1.34。田集中于海拔800米左右的二、三级阶地和山间谷地。因排水不畅通或岩阴树阴造成深烂、冷浸、形成低产田。加之山高坡陡，水土流失严重，形成大面积的瘠薄坡地，土壤肥力差，作物产量低。（2）土地类型多，垂直差异大，分布规律明显。因地形地貌复杂，土地类型多样，全县共有8个一级地类，34个二级地类；按耕地坡度可分为5个级；从海拔高度看，耕地表现为3个层次即800米以下为第一层次，800～1000米为第二层次，1000～1300米为第三层次。（3）林地面积大，以灌木林为主。全县林地215861.93公顷，占土地面积的63.8%，人均0.38公顷。林地中有林地188681.59公顷，占87.41%，人均0.33公顷，灌木林地17239.51公顷，占7.9%，人均0.46亩。由于林地大多分布偏远区和陡峭的山地，交通不便，经济效益难予发挥。（4）牧草面积小、草地改良少，发展潜力大。全县牧草面积22688.15公顷，占面积的6.71%，其中以天然草地为主，占99.99%，改良草和人工草地少，仅占牧草地的0.01%。全县占有5885.07公顷荒草地，分布较广，是发展畜牧业的较好条件。（5）未利用土地多，开发潜力大。全县有未利用土地34330.72公顷，其中荒草地5885.07公顷，占17.14%，田土坎27301.39公顷，占79.52%，土地开发潜力大。

（三）土地利用现状

全县按方位、地貌、土地利用状况可分为三个利用区。（1）南部台坎状低山种养业利用区：该区位于县境南部，包括28个乡镇、247个村，面积91435.2公顷（合914.35平方公里），占全县面积的27.03%。耕地面积（合计数）为15327公顷，占全县耕地总面积的48.6%，调查耕地面积19447.05公顷，占本区面积21.27%，人均面积0.285公顷，比全县人均面积少0.28公顷，人均耕地面积1.00亩，比全县人均耕地少0.18亩；有劳动力143696人，人口密度平均每平方公里371.35人，比全县人口平均密度每平方公里多149.78人。本区交通方便，有优越的自然和经济基础，是全县粮、油、桑、猪、禽等的主要产区。区内地形地貌以台坎状窄谷低山和倾斜式单面低山为主。地势相对较低，70%以上的海拔高度在600～1200米之间。耕地多分布在海拔800米以下，土壤以黄红紫泥、棕紫泥水稻土为主，土壤稳定、土层深厚，保水保肥，垦殖率和耕作水平较高。区内有居民点及工矿用地5149.35公顷，占本区全乡面积的5.6%，占全县同级地类的47.5%；交通用地521.18公顷，占本区全乡面积的0.58%，占全县同级地类的43.3%；水域用地2151.92公顷，占本区面积的2.35%，占全县同级地类的40.54%；未利用土地15370.68公顷，占本区全乡面积的16.81%，占全县同级地类的44.77%。

（2）中部单科、中山农林牧多种经营利用区：区域包括县境中部的28个乡镇、202个村，土地总面积131463.44公顷，占全县面积的38.88%，人均全乡面积2.46公顷。统计耕地面积11137公顷，占全县耕地面积的35.31%，调查耕地面积18463.68公顷，占本区面积的14.07%，人均耕地面0.08公顷，有农村劳动力11069个。人口密度平均每平方公里175.02人，比全县人口平均密度高7.27人。区内地形地貌，属溶蚀单科构造的中心和岩涉褶皱中山，海拔多在800米至1600米左右。有耕地面积（调查数）18463.68公顷，占全县耕地总数的41.35%，其中有一半以上的耕地集中在海拔800米左右，其土壤以棕紫泥、黄紫泥土为主，土质疏松，粘粒少，通透性强，易于耕作，但抗干旱能力差，坡度大，水土流失严重，土层浅薄，地块小，耕作费时费工。区内有居民点及工矿用地4053.95公顷，占本区全乡面积3.08%，占全县同级地类的37.39%；交通用地463.55公顷，占本区全乡面积的0.35%，占全县同级同类的38.51%；有水域面积2149.49公顷，占本区全乡面积的1.63%，占同级地类的40.49%；有未利用土地1331.86公顷，占本区全乡面积的10.31%，占全县同级地类的38.79%。

（3）北部断块中山林利用区：本区包括18个乡，2个林场、77个村。面积115314.77公顷，占全县面积的34.09%。统计耕地面积5076公顷，占全县耕地统计面积的16.09%；共有人口46928人，占全县总人口的8.27%；有农村劳动力24086个，人口密度每平方公里40.70人，比全县平均人口密度少127.05人。区内地形地貌，系侵蚀断块中山，海拔多在1500～2200米。耕地主要分布在海拔1000米以上，土壤以黄壤、黄棕壤为主，田少地多，土壤肥力差，坡陡谷深，自然条件差，基础设施不完善，交通、通讯落后。但由于喀斯特地质地貌明显，森林覆盖率高，山峦叠嶂，峰丛突出，光雾山1993年被省政府批准为“省级风景名胜区”。区内有居民点及工矿用地1637.66公顷，占本区面积的1.42%，占全县同级地类的15.11%；有交通用地218.98公顷，占本区全乡面积的0.19%，占全县同级地类的18.19%；有水域面积340.15公顷，占本区全乡面积的0.87%，占全县同级地类的18.97%；未利用土地575.75公顷，占本区面积的4.89%，占全县同级地类的16.44%。

（四）变更调查

1996年8月至10月，县国土局开展了土地变更调查。对自1993年外业调绘结束以来全县10区、2镇、72乡（镇）、534个调绘单元的分年度利用变化情况进行调查并形成各类数据、图件和文字资料。同时，对过去“土详”中的错误和遗漏进行了纠正调查，从而保持了土壤详查各类数据文件的现势性、准确性和实用性。1996年，国土局制定变更调查实施方案。抽派力量集中半年时间抓了土利用现状的变更调查工作，较好地完成了变更调查的外业测绘、数据量算、成图、文字材料及归档工作任务，保证了数据的准确和及时上报。1998年10月，县国土局组织力量对全县72个乡镇用地变更情况作了调查，11月底完成了上报成果。

2000年，县国土局通过3个月的紧张工作，调查了全县坡耕地数量、质量、类型、分布利用状况及相关的人口等社会经济指标，查清了2000年坡耕地区域内人均耕地、人均坡耕地、人均基本农田、人均粮食占有量、林草覆盖度、坡耕地整治情况、土壤侵蚀度等状况，为本县经济社会发展，提供了决策依据。

（五）登记发证

1989年，县国土局开展了国有土地申报登记工作。1990年3月，在正直区开展了镇乡土地登记发证试点工作。同年7月，开展了全县城镇国有土地和农村宅基地的权属调查，宗地勘丈，面积量算、核发证书工作，结合全县土地详查工作，同步进行。1993 年 10 月，完成外业调绘任务，随后转入内业的证书制作，至 1995 年底基本完成。此次登记发证工作，共完成申报、确权调查、宗地勘丈 14.2 万余户，其中国有土地 1.4 万多户，集体所有利土地 12.8 万余户。颁发“国有土地证书”1.1 万余本，占国有土地总户数的 78.6%；颁发“集体土地建设使用证”11.8 万余本，占全县总农户的 83.1%。

（六）土地统计

1988 年，县国土局正式挂牌成立后，确定了 1 名兼职土地统计员具体负责，并制定了股室统计职责和统计制度。依据国家《土地统计报表制度》的要求，国土系统的土地统计人员，要同统计、计划、财政、税务、农业、林业、交通、水电、城建等部门密切结合，协调统计指标；如有不符，应及时查明原因，求得调整和解决，做到相关各类数据的一致性。南江县的土地统计资料，非生产性建设用地以实际审批为依据，分门别类的统计出土地使用现状。耕地面积的统计以县统计数为准。

（七）日常地籍管理

土地权属变更登记 1950—1980 年，国家建设征（拨）用地，土地管理机关按所征（拨）用地的时间、数量进行登记、立卷管理。1987 年以后，南江县国土局将土地权属变更登记纳入了以法管理的日常工作。根据《土地管理法》有关规定，南江县土地权属变更登记的程序和范围是：因赠与、继承、买卖、交换、分割地上附着物引起土地使用权转让的；依法通过有偿出让、转让取得国有土地使用权的；依法取得的土地使用权进行抵押的；因机构调整、企业兼并、交换和调整土地等原因引起土地权属变更的；农村居民新改、扩建房屋的；更改土地使用者、所有者的名称、地址或变更土地的主要用途和初始登记时错、漏登记的；因国家建设需要，土地使用权被依法收回或土地使用期满，终止抵押或因自然灾害造成土地使用者权消失的。1988 年至 1995 年，全县共办理土地变更登记 3900 宗，其中国有土地 3120 多宗，集体土地 780 宗；面积达 39 公顷，其中国有土地 32.4 公顷，集体土地 7.8 公顷；收取国有土地出让金 20 多万元。

调处土地权属纠纷 20 世纪 50 年代至 80 年代，一般村（居）民土地权属纠纷由乡（镇）人民政府依据调处，涉及国家建设用地的土地纠纷，直接由县人民政府调处。1987 年后，土地权属纠纷由县国土管理部门负责调处。若当事人不服，可在法定期内申请上级土地管理部门复议或向县人民法院起诉。县国土部门主要是调处区（镇）与区（镇）之间的土地权属纠纷；征地中的安置补偿协议、“农转非”、招工指标争议；使用城镇国有土地的单位和居民的土地权属纠纷。一般村与村、社与社、个人与个人之间的土地权属纠纷，由乡（镇）人民政府调解，调解不服，再报县土地管理部门调处。当事人直接向法院起诉的办结案件或既申请国土部门调处，又同时申请法院判决的案件，县国土部门不予受理。1988—1995 年，全县共调处土地权属纠纷 201 件次，调解率达 98%。

日常地籍调查 1997 年，县国土局根据国家土地管理局颁布的《日常地籍管理制度的现状调查》要求，由县局地籍地价事务所同广旺矿务局南江煤矿协作完成了全县 6.2 平方公里的控制测量外业工作。整个测量工作共分了三个阶段进行。第一阶段从 7 月份开始准备；第二阶段从 9 月份开始，经选点、埋桩、测量，于 10 月底完成了全县城镇的控制测量外业工作，在测区内共测得 175 个测点，其中首级三角点 7 个，一级三角测点 19 个，图根点 149 个，并相继转入了内业结合阶段；第三阶段即内业资料整理阶段，对外业所获资料进行了资料检核、整理、平差计算、图件绘制，形成 7 项成果；12 月，通过了地区国土局验收合格。

地籍测绘和年检 1992 年，县国土局报经达县地区国土局批准，成立了“达县地区国土勘测规划队南江分队”，挂靠县国土局地籍股，由地籍股长兼测绘分队队长。巴中地区成立后，1994 年

8 月更名为“巴中地区国土勘测规划队南江分队”，其具体业务移交地籍地价事务所承办，由地价事务所长，兼测绘分队队长。购置了经纬仪、水准仪、求积仪、大小平板仪等勘测仪器设备 5 台。勘测设计分队的主要任务是：为全县国家建设用地测绘制作征地图、施放用地红线；为全县国有土地的出让，转让测制基础图件，提供准确的宗地面积，地块坐落；为国土监察执法提供准确的违法占地面积和其他一些基础数据；为国有土地的登记发证，测制宗地地形地籍图。1992—1995 年，为全县国家建设用地测制征地地形图 38 幅；为国有土地登记发证，测绘宗地地籍图 185 幅；为全县国有土地出让、转让，测制基础图件 23 幅；承担了土地详查中 232 个样方 315. 44 公顷样方面积的全部测算工作任务。1996—1997 年，县国土局邀请广旺矿务局设计室会同国土局地价所对南江镇的地籍进行测绘。2000 年，为依法建立和完善土地登记制度，严格执行“凭证管理，持证用地”，根据四川省政府《关于开展土地证书年检的通知》和地、县有关文件规定，县国土局抽调区站部分工作人员组成年检工作组深入 10 区镇共查验国有土地 4879 条，合格 852 宗，合格率仅占 36. 5% 。

二、用地管理

（一）计划指标管理

从 1988 年起，国家实行用地计划指标管理，作为年终评比考核的内容之一。1988—1995 年，上级分配耕地指标 238. 27 公顷，非耕地指标 254. 87 公顷；实际审批 202. 63 公顷，其中国家建设用地审批 32. 4 公顷，集体建设用地审批 4. 27 公顷，农房建设用地审批 151. 47 公顷；节约指标 286. 9 公顷，其中节约耕地指标 174. 9 公顷。2000 年上级分配耕地指标 95 公顷，非耕地指标 45 公顷。实际审批 109 公顷，其中国家建用地审批 99. 76 公顷，集体建设用地审批 9. 24 公顷，累计节余指标 31 公顷，其中节余耕地指标 10. 33 公顷。

（二）用地管理

南江县对各类建设用地实行严格的宏观计划指标管理和项目控制管理，实行土地有偿使用制度。1988—1995 年，县国土局共参加建设项目前期审查、选址定点 15 项，审查报批面积 32. 4 公顷。普乐铁路在南江县境内主线 1. 3 公里和专用支线 2. 4 公里，及其分阶段属设施占地 38. 67 公顷。“沙南路”和“二南路”改扩建占地 50. 53 公顷。在以上工程的征地工作中，县国土局派员配合铁路、公路部门进行实地勘测，落实安置补偿，调处土地纠纷，划定具体地界等。1993 年，县政府制定了《南江县建设用地统征办法》，并设立了“南江县统一征地办公室”（简称统征办），挂靠国土局，对全县建设项目用地实行统一管理土地。1995 年，“统征办”办理了县城新区开发（春场坝）、乐坝小集镇建设和其他国家集体建设用地 500 余件，面积 56. 67 公顷。1997 年，共审批各非农业建设用地 3061 件，占地 28 公顷。1998—1999 年，两年共审批建设用地 4637 件，用地面积 36. 27 公顷。同时对农村和城镇居民建设用地，制定了相应的管理办法。规定城镇居民住房有困难的建宅用地标准，人均不超过 20 平方米，每户限定 80 平方米；批准的宅基地不得私自出售，出租或转让。农村居民建房用地，人均不得超过 30 平方米，4 人以上按 4 人计算，每户不超过 120 平方米。建沼气池每户 15 平方米。农村居民用地审批由区（镇）国土管理站、乡（镇）国土管理办公室办理，县国土局进行严格监督。

（三）征地补偿

1988 年前，征地补偿标准依据《四川省土地管理暂行条例》的有关经济补偿标准进行补偿。1988 年后，南江县根据《土地管理法》、《土地法实施办法》等有关规定，结合本县实际，对国家各类建设征（占）用土地的经济补偿办法及标准作了具体规定，其主要补偿项目包括：土地补偿费、青苗补偿费、安置补偿费、附着物补偿费。1995 年 12 月，根据物价上涨等因素，县上出台了

《南江县征（拨）用土地青苗和附着物补偿办法》，报巴中地区行署批准，于1996年正式公布实施，直至2000年未变。

三、耕地保护

20世纪80年代中期，县政府制定《南江县基本农田保护暂行办法》，对耕地保护作了明确的规定：（1）各乡镇按订立的《村规民约》认真督促履行耕地保护职责，任何单位和个人不得擅自改变现有耕地用途。（2）重点项目建设及其非农业建设用地，确需占用耕地的，必须严格依照《土地管理法》规定的审批程序和审批权限审批。（3）大力发展经济林、草类、经济作物，防止水土流失，为保护耕地建立良好生态屏障。（4）对破坏或者擅自改变基本农田保护标志的依照村规民约进行处理；对保护耕地有重大贡献的，由县、乡人民政府给予奖励。（5）不准抛荒闲置土地，违者除令其按规定处理，还要交土地荒芜费。1997年，县政府制发《关于停止耕地审批的通知》，冻结非农业建设项目占用耕地的审批，加强对土地的计划管理和总量控制。1998年，按照《实施办法》查处占用基本农田建房、烧砖、采矿、取土等违法案件29件，恢复基本农田3公顷。1999年为保护耕地，实现占补平衡，全县开展土地开发复垦的冬春战役，全年完成933.33公顷。2000年，群众自筹资金100万元、投劳245.49万个，开挖土石方294.5万方，开发整理土地316.67公顷，盘活土地存量23.3公顷。

四、国土规划

（一）土地利用总体规划

南江县从1997年开始对全县土地利用作了总体规划。（1）种植业发展用地规划：到2002年全县耕地面积必须达到29866.67公顷，粮食作物播种面积保持53333.33公顷，经济作物面积达到17000公顷，其他作物面积4466.67公顷；2020年，全县耕地面积26866.67公顷，粮食作物面积53333.33公顷，经济作物面积14000公顷，其他作物面积2666.67公顷。粮食总产量，2002年达到29800万公斤，2020年达到35200万公斤。（2）林业发展用地规划：在1995年林业用地198666.67公顷的基础上，到2002年，林业用地面积达到20万公顷，2020年达到21.33万公顷。（3）畜牧业发展用地规划：在1995年牧场用地53413.33公顷基础上，2000年达到98420公顷，2020年达到103066.67公顷。（4）渔业发展用地规划：在1995年全县现有2.53万公顷水域面积的基础上，到2000年全县新增养鱼面积18公顷，2020年新增养鱼面积33.33公顷。（5）工业发展用地规划：在1995年工业用地117.73公顷的基础上，2000年达到177.07公顷，2020年达到200公顷。（6）交通发展用地规划：在1995年实际用地28.95公顷亩的基础上，2000年达到30.1公顷，2020年达到59.73公顷。（7）水利建设用地规划：在1995年，全县水利建设占地1106.4公顷，其中中型水库1座，占地62.4公顷；小型水库31座，占地122.53公顷；塘、埝（田、池）3432口，占地457.87公顷；引水工程889处，占地155.8公顷的基础上，规划到2020年，全县总水量达到12972万立方米，灌面达到22440公顷，需占地1533.33公顷。

（二）城镇发展用地规划

南江县城镇总体规划是着眼于2050年远景构想，立足于2010年的近期规划，重点合理安排近期建设，发展新区，改造旧区，做到新旧城镇协调发展。县城总体规划，着眼于21世纪现代化城市建设，提高县城的综合功能，建设高质量的生态环境、高效能的交通、通讯及市镇基础设施，将南江县城建设成为开放型、多功能、经济繁荣、文明富裕、环境优美、独具特色的山区城市。规划一级城镇有南江镇、小河区、二级集镇6个，三级集镇（新设置镇）20个，四级乡级镇50个。2000年，全县人口61.37万人，其中非农业人口7.24万人；2010年，全县人口达到64.9万人，其中非农业人口达到20万人；2050年，全县人口达到80万人，其中非农业人口达到36万人，其中南江县城人口达到20万人，城镇用地规划达到17平方公里。

（三）基本农田保护规划

南江县在基本农田保护区划定的同时，以《土地管理法》、《实施办法》、《基本农田保护条例》及土地基本国策为依据，以土地利用现状为基础，强化农业基础地位，促进全县经济持续、稳定、协调发展，保障人口和国民经济对农产品的基本需求。基本农田保护区划定后，坚持保护与利用，开发与整治并重的原则，进行统筹规划。县基本农田保护区规划，以1994年为基期年。1995年至2010年为规划期。各类土地面积采用县统计局年报和国土部门土地资源详查两种数据对应使用的办法。根据有关历史资料，运用有关计算技术和方法，预测全县2010年应保持稳产、高产耕地43566.67公顷（统计面积为47.13万亩）。但由于全县耕地总量有限，质量较差，加之水土流失，城乡非农业建设还将占用，因此，必须规划出土地开发整治目标，分期整治开发，以满足全县人民生活需求和经济发展需要。

五、土地监察与执法

（一）土地监察机构

1986年前，土地执法无专门机构，有关部门根据当时的工作内容指定人兼管。1987年9月，县国土局成立后，将城乡土地纳入了依法统管的轨道。1988年7月，县国土局内设土地执法监察股，负责专管全县土地执法监察工作，各区、乡国土员同时负责本辖区土地执法监察工作。1992年，全县聘请村级土地管理员522名，负责土地执法监察信息反馈，土地法规宣传和农村非农业用地的监督工作。

（二）清理违法占地和执法监察

1986年，县上成立了以副县长为组长的土地清查领导小组及其办公室，抽调11名干部办公，区、乡（镇）建立了土地管理委员会，村建立了土地管理小组，对全县土地进行了清查登记。共查出个人违法占地建房10127户，违法占地646亩。

1989年8月至1992年5月，南江县贯彻中共中央、国务院《关于近期做几件群众关心和满意的事的决定》，对乡以上行政领导干部违法占地建私房问题进行了查处。清查结果：全县副局级以上干部违法占地建私房共448户（其中正局级以上干部62户）。之后，分别不同情况进行了处理：拆除违法违章建筑物和构筑物占地面积12.8亩；没收建筑物面积0.2亩；经济处罚收罚款40余万元；对3名正副区级领导免职调离。其余责令检讨，原办用地手续无效。2000年，结合开展国土资源大清查中，全县调查出违法占地案件120件，结案率88%。

第五篇 农 业

第一章 农业生产

第一节 经营体制

一、集体土地联产承包经营

1984年，全县改革政社合一的人民公社体制，实行政社分开，分别建立了乡级人民政府和农村合作经济组织。农村地区性的合作经济组织根据生产发展的需要和群众的意见，以原生产队为单位组成农业生产合作社（居民小组）。经营形式由单一的集体统一经营，改变为集体统一经营与农户分散经营相结合的双层经营体制。将集体的土地和其他生产资料交给农户承包使用，由农户按合同要求组织生产和经营，使农户成为一个相对独立并直接对生产经营效果负责的经营实体。1986年，根据中共中央、国务院《关于一九八六年农村工作的部署》，在全县范围内进一步加强和完善了双层经营体制、改革农产品统、派购制度，大力调整农村产业结构。1989～2000年，农业生产关系重点是稳定和完善家庭联产承包责任制和统分结合的双层经营体制，并建立和完善了农业社会化服务体系。2000年底，全县共建立农业生产合作社2416个，签订双层经营承包合同的农户14万户。农民承包使用集体土地经营权30年不变。

二、国有农场、牧场承包经营

南江县国营农场承包经营 南江县国营农场始建于1952年4月，地址在县城东郊春场坝，属全民所有制事业单位，企业化管理，辖4个分场（春场坝、断渠、铜人观、长赤乡场）。土地面积704亩，其中耕地429亩、非耕地275亩。有职工49人，其中技术员3人、管理干部1人。1985年前除春场坝场本部和铜人观分场由县玉米原种场直接管理外，其他两个分场先后分别划归林业总场和长赤乡管理经营。1985年开始，农场全面推行职工“家庭农场”经营方式，职工以户为单位，与场部签订承包合同，除上交部分外，多产自得。坚持一业为主，多种经营；坚持以生产良种为主，大办工副业；坚持按市场需求生产，积极发展水果、蔬菜、养殖业和运输业等。到1986年，全场实现总产值12.3万元，完成年计划的122%，经营盈利2万元，生产盈利8103元，粮食总产量达6万公斤，上缴国家税收2333元，改变了年年亏损的局面。1990年，全场超额完成生产承包指标的69%，人均利润909.8元。1992年，全场总面积635.7亩，其中有果园191亩、鱼塘3亩、林地184亩、耕地213亩。在职职工49人，其中管理干部5人。1996年1月，为拉大南江县城框架，农场所在地春场坝被征用，开发建设成小区。

南江县元顶子牧场承包经营 南江县元顶子牧场位于县境西南部，四周与巴中市枣林乡和本县的东垭乡、元潭乡、下两乡、朱公乡、黑潭乡接壤。属国有农垦企业性质，全场占地2.6万亩，地处海拔1300米的元顶子山上，故名"元顶子牧场"。其前身属1951年省建巴中南龛坡之"川北耕牛繁殖场"的一部分。1954年下放给巴中县，更名"巴中耕牛场"。1955年3月移交给南江县，改名"南江县元顶子牛场"。1962年"南江县元顶子牛场"改为企业，更名为"南江县元顶子牧场"。1985年以后，以培育"南江黄羊"为主，出售种羊、淘汰奶牛和耕牛。1993年，开始从事茶叶生产，开展多种经营，实行"家庭式牧场"，承包经营，生产责任到户。该场以"南江大叶茶"为原料研制的"云顶茗兰"、"云顶绿芽"，在1992年首届中国农业博览会上双获银奖；1995年第二届中国农业博览会上双双获得金奖。同年在成都由国家科委和四川省人民政府举办的双新博览会和工业博览会上亦分别获得金奖和银奖，被省政府和省技术监督部门推荐为质量信得过、免检产品。2000年5月在成都"国际茶文化节"上"云顶茗兰"、"云顶绿芽"又获国际金奖。

第二节 种植结构

从20世纪80年代中期开始，为适应市场需求，对全县农业生产结构逐步进行了调整。1986年，全县农作物播种总面积为886292亩，其中粮食作物播种面积739629亩，经济作物播种面积104956亩，其它作物播种面积41707亩。粮食作物、经济作物，其它作物分别占的比重为83.45∶11.84∶4.71，复种指数191%。1990年，全年农作物播种面积1001369亩，其中粮食作物784447亩、经济作物156584亩、其它作物60338亩，三者的比重分别为78.34∶15.64∶6.02，粮食作物比重与1986年相比下降5.1个百分点，而经济作物则上升3.8个百分点，其它作物比重上升1.37个百分点。复种指数提高到214%，比1985年扩大23个百分点。经过15年的不断调整，到2000年全县全年农作播种面积已达1239345亩，比1986年扩大了35.3万亩，其中粮食作物856185亩，经济作物223875亩，其它作物159285亩，三者的比重分别为69.1∶18.1∶12.8，复种指数提高到283%。比1990年粮食作物比重下降9.2个百分点，经济作物比重上升2.46个百分点，其它作物比重上升了2.4个百分点，复种指数扩大了74个百分点。

表5—1 **南江县1986—2000年农作物种植结构及复种指数统计表** 单位：亩

年度	全年农作物播种总面积	粮食作物		经济作物		其他农作物		复种指数（%）
		面积	%	面积	%	面积	%	
1986	886292	739629	83.45	104956	11.84	41707	4.71	183
1987	917262	756389	82.46	107798	11.75	53075	5.79	191
1988	923085	744564	80.66	129061	13.98	49460	5.36	192
1989	979824	762524	77.82	156319	15.95	60981	6.23	204
1990	1001369	784447	78.34	156584	15.64	60338	6.02	209
1991	1021557	793425	77.70	160212	15.70	67920	6.60	214

续上表

年度	全年农作物播种总面积	粮食作物		经济作物		其他农作物		复种指数（%）
		面积	%	面积	%	面积	%	
1992	1043760	809985	77.60	165120	15.82	68655	6.58	220
1993	1051155	798375	76.00	170520	16.15	82260	9.25	222
1994	1031640	805485	78.12	140070	10.76	86085	11.12	218
1995	1079910	837510	77.55	143850	13.32	98550	9.13	230
1996	1122480	865245	77.08	151290	13.48	105945	9.44	240
1997	1177035	899415	76.40	150000	12.70	127620	10.90	252
1998	1199310	941610	78.51	145755	12.15	111945	9.34	257
1999	1243700	881717	70.89	193957	15.60	168026	13.51	269
2000	1239345	856185	69.10	223875	18.10	159285	12.80	283

第三节 粮食作物

一、种植概况

南江县粮食作物分为大、小春两季。大春粮食作物以水稻、玉米、红苕为主，其次为大豆、小豆、高粱等小杂粮。1986 年，全年粮食作物播种面积 739629 亩，总产量 210030 吨。其中大春粮食作物播种面积 455438 亩，占全年粮食作物播种面积的 61.57%，产量 145078 吨，占 69%；小春粮食作物播种面积 284191 亩，占全年粮食作物播种面积的 38.43%，产量 64952 吨，占全年粮食总产量的 31%。经过十年调整，到 1995 年，全年粮食作物播种面 837510 亩，总产量 222611 吨，面积和产量分别比 1986 年增加 13.2% 和 6%。其中大春粮食作物播种面积 536259 亩，占全年粮食播种面积的 64%，产量 142445 吨，占 64%；小春粮食作物播种面积 301215 亩，占全年粮食播种面积 36%。产量 80166 吨，占全年粮食总产量的 36%。2000 年，全县全年粮食作物播种面积 856189 亩，总产量已达 314584 吨，播种面积和产量分别比 1986 年增加 15.7% 和 49.8%。

二、水稻

1986 年，全县水稻栽植面积 262609 亩，占大春粮食播种面积的 57%，产量 105119 吨，占大春粮食总产量的 72.4%。2000 年，全县进一步调整粮食作物品种结构，水稻栽植面积 190725 亩，占大春粮食播种面积 32.8%，产量 92905 吨，占大春粮食总产的 40.1%。水稻面积和产量分别比 1996 年减少 71884 亩（减 27.3%）和 12214 吨（减少 11.6%），但亩产量提高了 21%。

三、小麦

1986 年，播种面积 152833 亩，总产 35083 吨，1995 年播种面积 157866 亩，总产量 47350 吨。2000 年，调整种植结构，小麦播种面积 114065 亩，比 1996 年减少 38768 亩，减少 25.3%，总产量 38184 吨，比 1996 年增加 3101 吨，增产 8.8%。

四、玉米

1986—1995 年的 10 年间，玉米播种面积比较稳定，一般在 11 万亩左右。1996 年，开始大力调整粮食作物内部种植结构，将一部分冷浸田和水源条件差的望天田改种玉米，增产效果十分明显。是年玉米播种面积扩大到 179070 亩，比 1995 年增加 48210 亩，增长了 36.8%；总产量 65008 吨，比 1995 年增加 37492 吨，增长 136%。2000 年，全县玉米面积达 250290 亩，总产 108560 吨，面积和产量分别比 1995 年增长 91% 和 295%。由此，玉米播种面积和产量大大超过小麦，而占全县粮食作物的第二位。

五、红苕

在全县粮食作物中占第四位。1986 年，全县红苕栽植面积 92490 亩，总产 18910 吨（折合原粮）。红苕除部分供人们食用外，大多用作饲料和加工成苕粉等。2000 年，全县红苕播种面积 121718 亩，总产 27118 吨。面积和产量分别比 1986 年增长 31.65% 和 43.4%。

六、洋芋

洋芋在县粮食作物中占第五位，除供人、畜食用外，主要加工成洋芋粉等工业原料。由于它的适应性强，所以在南江的种植区域也广。1986 年，全县洋芋播种面积 103427 亩，总产 25444 吨，到 2000 年，全县洋芋播种面积 130364 亩，总产 38024 吨，面积和产量分别比 1986 年增长 26% 和 49.4%。

表 5—2　　南江县 1986—2000 年粮食作物面积产量表

年度	全年粮食作物合计			其中：大春粮食作物		小春粮食作物	
	面积（亩）	亩产（公斤）	总产（吨）	面积（亩）	总产（吨）	面积（亩）	总产（吨）
1986	739629	284	210030	455438	145078	284191	64952
1987	756389	277	209493	469345	148477	287069	61016
1988	744564	275	204678	463080	159343	281484	45335
1989	762524	297	226571	468711	160937	293813	65634
1990	784447	321	251900	480694	183002	303753	68898
1991	793425	319	253442	482674	185507	307700	67935
1992	809985	306	247800	502875	175990	307110	71810
1993	798375	279	222954	498375	150712	300000	72242
1994	805485	237	190915	511485	117301	294000	73614
1995	837510	266	222611	536295	142445	301215	80166
1996	865245	308	266547	557985	184984	307260	81563
1997	899415	312	281089	584835	195673	314580	85418
1998	941610	311	292500	612210	197821	329408	90679
1999	881717	350	308737	585257	227828	296460	80909
2000	856185	367	314581	581713	231245	274476	83336

注：表内所有数据，涉及到小数的均以四舍五入法整数计算。

表5—3 南江县1986—2000年小春主要粮食作物面积、亩产、总产表

年度	小麦			洋芋		
	面积（亩）	亩产（公斤）	总产（吨）	面积（亩）	亩产（公斤）	总产（吨）
1986	152833	230	35083	103427	246	25444
1987	155183	213	33101	103472	228	23609
1988	155221	160	24826	99864	171	17118
1989	163638	223	36504	101890	245	24920
1990	166253	230	38287	107751	249	26787
1991	171030	231	39515	108210	225	24362
1992	169035	250	42181	107100	243	25982
1993	158325	261	41381	104340	255	26587
1994	157050	262	41174	102465	277	28424
1995	157866	300	47350	103545	267	27619
1996	164325	286	47058	106110	273	28916
1997	169890	283	47999	110700	287	31807
1998	179670	290	52174	118708	285	33817
1999	151528	249	37724	112195	332	37278
2000	114065	335	38184	130364	292	38024

表5—4 南江县1986—2000年大春主要粮食作物面积、亩产、总产表

年度	水稻			玉米			红苕		
	面积（亩）	亩产（公斤）	总产（吨）	面积（亩）	亩产（公斤）	总产（吨）	面积（亩）	亩产（公斤）	总产（吨）
1986	262609	400	105111	89988	178	15455	92490	204	18910
1987	260625	387	100757	105763	207	21858	87801	272	23868
1988	228454	442	100950	116464	227	26416	105674	265	27999
1989	257358	413	106311	106643	245	26123	92861	273	25390
1990	262552	473	124058	114326	260	29701	92200	276	25460
1991	262635	478	125468	115114	314	36092	90780	224	20922
1992	261555	463	121007	118095	263	31043	100455	215	21609
1993	251925	356	89594	117030	244	28537	104025	291	30250
1994	246750	286	70487	118320	188	22235	110910	183	20259
1995	234885	362	85028	130860	210	27516	137537	196	26945
1996	240255	385	92523	179070	363	65008	116450	225	26246
1997	238890	355	84751	200805	426	85581	119220	194	23165
1998	219795	389	85500	253275	359	91006	125535	169	21216
1999	195031	464	90547	253455	428	108560	123424	215	26586
2000	190725	487	92905	250290	435	108788	121718	223	27118

第四节　经济作物

一、种植概况

南江县的经济作物主要有：油菜、花生、棉花、烟叶、麻类、魔芋、药材等。1986 年，全县经济作物播种面积 104956 亩，占全年农作物播总面积的 11.84%。1993 年，全县经济作物播种面积增加到 17 万亩，占全年农作物播种总面积的 16.15%，创历史纪录。此后，随着市场供需变化，烟叶面积减少，棉花停止生产，经济作物播面有所下降，年均所占比重稳定在 12%～13%左右。1998 年，经济作物播种面积达 14.57 万亩，占全年农作物总播面积的 12.15%。2000 年，全县经济作物面积扩大到 223940 亩，占全年农作物播种总面积的 18.1%。

二、油菜

油菜为本县主要经济作物之一。1986 年，全县播种面积 73351 亩，总产油菜籽 7236 吨。1990 年，播种面积 77752 亩，总产油菜籽 7076 吨。1996 年，播种面积 80445 亩，总产油菜籽 8227 吨。2000 年，全县油菜播种面积扩大到 140875 亩，比 1986 年增加 67524 亩，增长 92%；油菜籽总产上升到 11996 吨，比 1986 年净增 4760 吨，增长 65.8%。南江油菜种植的区域主要分布在县境南部，播种面积占全县的 90%以上。

三、烟叶

1986 年，全县烟叶种植面积 17960 亩，总产 2603 吨。1989 年，种植面积 60389 亩，总产量上升到 8058 吨，创南江烟叶生产历史最高纪录。此后，随着市场需求变化，烟叶生产逐年回落，到 2000 年，全县烟叶播种面积 11064 亩，总产 1955 吨，比 1996 年面积，产量分别下降 36.4%和 21.9%。

四、花生

1986 年，全县花生播种面积 3400 亩，亩产 89 公斤、总产 304 吨。此后，随着市场需求量的增加，花生播种面积逐年扩大、产量增长速度较快。种植地域由南向北扩展，赶场区花生产量占全县的一半以上。1993 年，全县播种面积扩大到 10350 亩，总产量达 605 吨。2000 年，全县花生播种面积已达 14864 亩，亩产 193 公斤，总产 2866 吨，播种面积和产量均创历史最好水平，分别比 1986 年增长 3.37 倍和 8.4 倍。

五、药材

药材种植从 1986 年的 645 亩，逐年发展到 1990 年的 4050 亩，1995 年扩大到 14460 亩。到 2000 年，全县药材种植面积已达 16830 亩，比 1986 年净增 16185 亩，增长 25 倍。主要品种有：三木药材（杜仲、厚朴、黄柏）、金银花、天麻、栀子、冬花、红花、党参等。其面积和产量随着市场需求而增减，其中的金银花 1986 年产量 450 吨，1990 年为 550 吨，到 2000 年，全年产量 577 吨。

表 5—5　　南江县 1986—2000 年主要经济作物面积、亩产、总产表

年度	油菜籽			烟叶			花生			药材
	面积（亩）	亩产（公斤）	总产（吨）	面积（亩）	亩产（公斤）	总产（吨）	面积（亩）	亩产（公斤）	总产（吨）	面积（亩）
1986	73351	99	7236	17960	145	2603	3400	89	304	645
1987	67322	103	6941	19624	130	2551	4432	81	357	945
1988	75853	80	6062	39699	117	4648	3973	89	355	1065
1989	76434	89	6800	60389	133	8058	4026	101	405	1665
1990	77752	91	7076	51377	144	7396	3961	97	384	4050
1991	82545	89	7320	45900	101	4613	4650	107	496	5190
1992	82605	89	7393	45360	117	5302	5265	99	522	6210
1993	76335	90	6901	40995	113	4637	10350	58	605	11970
1994	74655	64	4758	18300	99	1811	12525	45	567	10875
1995	80640	97	7806	10605	100	1063	8460	93	788	14460
1996	80445	102	8227	17580	142	2505	7860	120	944	4680
1997	80085	99	7938	15090	155	2347	8940	101	903	10170
1998	87840	103	8632	5925	155	918	11370	120	1369	11715
1999	123026	85	10431	10696	154	1547	12449	145	1806	12630
2000	140875	85	11996	11064	177	1955	14864	193	2866	16830

第五节　茶叶、水果、蚕茧

一、茶叶

1986 年，全县茶叶种植面积 15526 亩，茶叶总产量 621 吨，平均亩产 39.9 公斤。1990 年，全县种茶面积扩大到 38578 亩，茶叶总产量达 730 吨，创南江县茶叶产量最高纪录，其面积、产量分别比 1986 年增长 129% 和 17.6%。此后随着市场变化，全县茶园面积逐年减少，产量稳定在 400 吨左右。2000 年，全县茶园面积 22875 亩，总产量仅 326 吨，比前几年有所下降，但茶叶品质和产值有所提高。同时在茶叶加工技术上不断改进，走创名牌产品之路。1987 年，由县元顶子茶场与县大叶茶研究所共同研制生产的“云顶绿茶”、“优质烘青”、“优质炒青”分别被四川省评为优质名茶。

二、水果

1986 年，全县水果面积已发展到 2800 亩，总产量 1800 吨，其中苹果 100 吨、柑橘 75 吨、梨 125 吨。1988 年，果园面积增至 5825 亩，总产量 2200 吨，比 1986 年增长 22.2%。1990 年，果园面积 8373 亩，水果总产量上升到 3433 吨。1996 年，全县果园面积 21930 亩，水果总产量 4282 吨，面积和产量分别比十年前的 1986 年增长 6.8 倍和 1.37 倍。2000 年，全县果园面积 26588 亩，比 1986 年增加 23788 亩，增加 8.5 倍；水果总产量 9312 吨，创历史纪录，比 1986 年总产量增长 4.17 倍；水果中苹果产量 2281 吨、柑橘 1286 吨、梨 3011 吨，分别比 1986 年增长 11.8 倍、15.1 倍和

23 倍。

三、蚕茧

1986—1987 年，南江县蚕茧生产处在徘徊不前状态，年产量在 46 ~ 32 吨之间。随着市场形势的好转，从 1988 年起，全县大搞绿色工程，兴起栽桑养蚕一个又一个热潮，1989 年，蚕茧产量恢复到 113 吨，1993 年，蚕茧产量增至 211 吨，创南江县蚕茧生产量最高历史纪录。但从 1997 年开始又受到市场波动的影响，1999 年，蚕茧产量下降到仅 40 吨，2000 年，县政府采取多种措施鼓励蚕茧生产，蚕茧产量逐渐恢复到 82 吨，比 1986 年增长 78%。

表 5—6　　南江县 1986—2000 年茶叶、水果、蚕茧、金银花生产统计表

年度	蚕茧产量（吨）	茶叶		水果		其中			金银花产量（吨）
		面积（亩）	产量（吨）	面积（亩）	产量（吨）	苹果（吨）	柑橘（吨）	梨（吨）	
1986	46	19526	621	2800	1800	100	75	125	450
1987	40	20668	650	4064	2200	236	111	616	500
1988	32	26424	650	5825	2894	589	278	1462	510
1989	113	25893	537	6194	4248	829	551	1148	520
1990	113	38578	730	8373	3433	569	364	780	550
1991	108	41694	530	10540	3797	605	449	1140	460
1992	150	38010	460	10020	2996	809	359	1025	470
1993	211	38670	436	21555	4287	1191	521	1131	510
1994	208	48300	408	26055	4703	1150	773	967	520
1995	194	39180	385	21360	3833	943	646	933	530
1996	148	39390	390	21930	4282	1214	704	1000	540
1997	78	33000	461	29145	6576	1744	869	1768	550
1998	61	27585	454	24465	8343	2100	1192	2245	550
1999	40	26895	479.8	26415	7908	2180	1009	2030	558
2000	82	22875	326	26588	9312	2281	1286	3011	577

第六节　其他作物

一、蔬菜

主要种植品种有冬瓜、南瓜、黄瓜、苦瓜、丝瓜、萝卜、白菜、青菜、茄子、番茄、辣椒、葱、蒜、包包兰、空心菜、韭菜、四季豆、豇豆、扁豆、莲藕、生姜等。1986 年，全县蔬菜播种面积 3.26 万亩、产量 10.5 万公斤。此后，根据市场需求，蔬菜面积逐年扩大，到 1998 年，全县蔬菜面积已达 9.2 万亩，占全县农作物播种总面积的 7.6%。同时，在栽培技术上不断改进，大力推广新品种，全县先后引进蔬菜新品种有花菜、二荆条海椒、大白苦瓜、地瓜、平头莲花白、红角燕豇豆、山东大白菜、大白萝卜、良种番茄等。并由自然栽培发展到大棚温室栽培，反时令种植蔬菜等新措施。到2000年，全县蔬菜总产量已达17.43万吨，人平284公斤。

二、饲料作物

南江县饲料作物种植，是从20世纪60年代后期开始的，当时不过几百亩，80年代发展到4000亩以上，90年代初已达8000亩。1996年后，种植面积已扩大到1.7万亩。2000年，全县饲料作物种植面积2万亩。

三、绿肥

南江无种绿肥的习惯。从1973年开始推广绿肥，试种面积129亩，主要品种有紫云英、苕子和胡豆青；1975年发展到802亩。后来几年面积有所减少，到20世纪80年代末又开始回升，1996年发展到1620亩，2000年全年绿肥种植面积2500亩，比1996年增长30.8%。

四、果用瓜

主要是指西瓜，20世纪80年代末至90年代初期，开始引进西瓜种植新技术，全县果用瓜种植面积逐年增加，由1990年的1000亩增加到1994年的3000亩，1996—2000年均稳定在5000亩左右。

表5—7　　南江县1986—2000年其他农作物种植面积

年度	面积合计（亩）	其中				蔬菜产量（吨）
		蔬菜（亩）	饲料（亩）	绿肥（亩）	果用瓜（亩）	
1986	41707	34400	5600	1407	300	98670
1987	53075	45415	5700	1460	500	101000
1988	49460	42000	5800	1350	310	97600
1989	60981	52700	5850	1480	915	110000
1990	60338	52879	5901	1500	1000	105000
1991	67920	58185	7260	1275	1200	110000
1992	68655	58395	8445	615	1200	120000
1993	81585	69285	12000	300	2150	135000
1994	101685	70575	11205	1200	3000	132000
1995	115665	79695	17265	1500	4000	138000
1996	139425	109905	8415	1620	5000	140000
1997	127620	99435	17000	1700	5000	150180
1998	111945	92055	13000	1890	5000	142101
1999	139365	111105	18000	2000	5000	158509
2000	159285	124035	18500	2100	5000	174270

第二章　农业技术

第一节　品种改良

一、改良概况

1984 年《四川省农作物种子管理条例》、1989 年 3 月《种子管理条例》颁发后，南江县的种子生产、经营及推广以法律的形式固定下来，继续坚持贯彻落实“四化一供”（品种布局区域化、种子生产专业化、加工机械化和质量标准化，实现以县为单位统一供种）的方针，并实行“三证一照”（种子质量检验证、植物检疫证、经营许可证和营业执照）的规章制度，由农业种子管理部门专管。到 1994 年全县基本实现了“四化一供”，“两杂”（杂交水稻、杂交玉米）良种推广普及率达到 95% 以上，油菜“秦油二号”达 2 万多亩，占全县油菜面积的三分之一，推广“蓉油 3 号”、“川油 4 号”等新品种；小麦生产上以绵阳 15、19、20、21，绵农 2 号、3 号、4 号为当家品种，扩大推广 90—309、88—308、90—111 等新品种；洋芋推广“安薯 56”和红苕“南薯 88”等新品种。1996 年水稻制种 1220 亩，平均亩产 272.5 公斤，自产种子占本县供应量的 80% 以上。2000 年 7 月 8 日《种子法》颁布后，过去种子销售区域的封锁格局被完全打破，市场竞争加剧。县种子公司主动把自己转向市场，引入竞争机制。

二、水稻品改

1986 年，全县推广杂交水稻，种植面积 19.3 万亩。1987 年，扩大到 22.5 万亩，占水稻总面积 26 万亩的 86.9%，成为全省山区县推广杂交水稻比重最大的县。当年水稻总产 10.07 万吨，比 1985 年的 86862 吨，增产 16%。1990 年，全县种植杂交稻 25.1 万亩，总产稻谷 124058 吨，比 1985 年增加 37196 吨，增产 42.8%；亩产 473 公斤，比 1985 年的 402 公斤，增产 17.7%。到 2000 年，因调整作物内部种植结构，水稻总面积有所减少，本年水稻栽插面积 19.07 万亩，其中杂交水稻种植面积 18.8 万亩，占 98.6%；亩产提高到 487 公斤，比 1985 年亩增 85 公斤，稻谷总产仍达 9.29 万吨。推广的杂交稻主要品种有：汕优 149、岗优 22、Ⅱ优 838、冈优 725、汕优 195、V 优 77、K 优 047、金优 63、汕窄 8 号、V 优 64、K 优 195、汕优晚 3、金优 207 等。

三、玉米品改

1986—1990 年，南江推广的杂交玉米主要品种有：73 单交、中单 2 号、丹玉 6 号、丰产 3 号、丹玉 13 号、郑中双交等。种植面积由 1986 的 6.6 万亩扩大到 1990 年的 8.3 万亩，扩大 25.7%；单产由 1986 年的 178 公斤，上升到 1990 年的 260 公斤；总产由 1986 年的 1.55 万吨，上升到 1990 年的 2.97 万吨，单产和总产分别增长 46% 和 91.6%。到 2000 年，杂交玉米种植面积达 24.8 万亩，占玉米总面积 98%，单产达 435 公斤，总产 10.88 万吨，亩产、总产分别比 1990 年增长

67.3%和266%。

四、小麦品改

1986年后，全县小麦主要推广品种有："绵阳11号"、"绵阳12号"、"绵阳15号"、"绵阳20号"、"绵阳22号"、"川育6号"、"绵农3号"、"绵农4号"、"绵阳26号"等品种，常年亩产300公斤左右。到2000年，全县小麦平均亩产335公斤，比1986年的亩产230公斤，每亩净增105公斤，增产95.6%。

五、红苕品改

1985年后，南江红苕生产主要是引进、推广了"南薯88"，良种面积占90%，单产逐年提高，1986年亩产204公斤，1990年亩产276公斤，单产提高了35.3%。2000年，全县红苕总产2.7万吨，比1986年的1.89万吨增长42.8%，年均增产3%。

六、洋芋品改

1986年前，全县洋芋亩产200公斤左右。1986年以后，全县大力引进推广"安薯56"等新品种，亩产随之提高，1986年246公斤，1996年273公斤，2000年292公斤。总产由1986年的2.54万吨，增加到2000年的3.8万吨，增长49.6%。

七、油菜品改

20世纪80年代，全县油菜使用的品种主要有："西南302"、"红油1号"、"红油19选"等。90年代初开始推广杂交油菜"秦油2号"、"蓉油3号"、"蓉油4号"，亩产提高到150公斤。1998年，全县组织调供杂交油菜种子4040公斤，杂交油菜种植面积占全县油菜种植总面积的60%，总产油菜籽8632吨，比1997年增产9%。2000年，全县油菜种植面积达14万亩，总产11996吨，比1986年7236吨增长65.78%。

第二节 农技推广

一、推广十大增产技术

水稻温室两段育秧 从20世纪80年代开始推广温室两段育秧，县农业技术推广部门，首先在小河乡黄金生产队试验示范种植120亩，平均亩产625公斤，由于增产幅度大、效果好，很快推广到全县。1998年，采取寄栽小苗秧时加盖薄膜，实行"双保险"，不仅提高了秧苗素质，而且可防止烂秧，一般增产幅度为10%~15%。

水稻双株大窝宽窄行栽培 又称"三大"栽培，即改常规（9—10+5）×4寸小宽窄行栽插为（12—13+5）×4寸大宽窄行栽插，每窝栽双株。此项技术比一般栽培亩产可增加10%~15%，1992年示范，1995年大面积推广面积达14.7万亩，增产稻谷1651.5万公斤。2000年全县普及了此项技术。

水稻旱育秧稀植栽培 此项技术具有省种、省肥、省秧田的功效，提早成熟3~5天，比湿润秧田节水50%，节省种子30%，节省秧田80%，且秧苗矮壮、根系发达、抗旱性强，栽后生长快、分叶早、成穗多、产量高，每亩可增产10%～18%，2000年全县水稻旱育秧面积10.5万亩。

玉米地膜覆盖栽培 地膜覆盖栽培玉米的技术，在南江大面积推广始于1987年。视为南江的一项“温饱工程”。到1995年全县推广面积达7.53万亩，有效面积7.4万亩，占全县玉米总播面积的61.7%，平均亩产270.7公斤，总产2003.18万公斤，新增总产量122.8万公斤，新增产值2063.56万元，新增纯收益1590.14万元。2000年全县玉米地膜栽培推广面积已达15.9万亩，比1987年增加9.6万亩，增长1.52倍。

小麦小窝疏株密植 从20世纪80年代开始推广，实施“三六九工程”，因地制宜推行撬窝点播，1986年，该项目技术推广面积8.1万亩，从1989年起，每年推广面积都在10万亩以上。

油菜育苗移栽 过去大多采取直播，1986年开始推广育苗移栽，推广面积仅占油菜种植面积的20%。从20世纪80年代后期，全县加强技术指导，大力推行以中苗早栽为主的“全苗、全栽、全下田”（简称“三全”）育苗移栽配套技术，加上优质油菜良种配套，1995年移栽面积已占栽播面积的70%。由于增产效果十分明显，到2000年，油菜育苗移栽面积已占油菜总面积的95%以上。

配方施肥 从20世纪80年代中后期，南江开始推广水稻配方施肥技术。该技术是按照土壤肥力和农作物需用量配方，氮、磷、钾合理搭配，提高肥效。1995年全县化肥施用量达42695吨，其中氮肥24813吨、磷肥11748吨、钾肥1739吨；全县配方施肥面积达43万亩，其中水稻配方施肥面积22万亩，玉米及其他作物配方施肥21万亩。

规范化旱地改制 在小春作物播种时预留空行，大春作物在小春作物未收获前的空行内提前播种玉米，小春作物收获后在玉米空行间栽红苕，从而增加熟制，提高了土地利用率。全县年均旱地改制10万亩以上，比常规种植增产三成以上。同时，推行田坎加宽整形、双二五或双二、宽厢带状种植技术。

良种良法推广应用 从1986年起狠抓了“种子工程”建设，即抓住优质良种统供、种子包衣、种子市场管理等关键环节，大力推广了以“两杂”为主的优良品种及该品种相应配套的绿色标准栽培技术，取得了良种、良法、良制配套关键技术的突破。

病虫草鼠综合防治 为配合农业“丰收计划”项目的实施，20世纪80年代中后期，南江就开展了农作物主要病虫害的综合防治工作，向农民传授水稻、小麦、玉米、油菜等作物主要病、虫、鼠、草综合防治技术要点，突出了适用性和可操作性。

表5—8 **南江县1986—2000年农业新技术推广面积统计表** 单位：万亩

年度	杂交水稻	杂交玉米	玉米地膜栽培	小麦疏株密植	水稻规范化栽培	旱地改制	温室两段秧	水稻配方施肥
1986	19.3	6.6	—	8.1	15.3	6.6	17.8	20.7
1987	22.5	7.9	6.3	8.3	18.7	11.0	21.2	16.5
1988	21.6	8.7	4.6	9.6	19.2	6.8	21.6	19.7
1989	25.4	8.8	4.1	11.8	20.4	11.5	25.2	22.2
1990	25.1	6.3	4.3	12.9	24.6	13.9	25.9	23.9
1991	25.9	8.1	6.2	11.3	24.4	11.4	26.1	25.1
1992	25.1	10.7	2.6	10.2	24.7	8.4	26.1	24.6
1993	23.5	10.3	3.8	10.7	20.2	9.4	23.1	23.2

续上表

年 度	杂交水稻	杂交玉米	玉米地膜栽培	小麦疏株密植	水稻规范化栽培	旱地改制	温室两段秧	水稻配方施肥
1994	23.4	11.2	3.0	11.7	19.9	8.3	18.8	22.0
1995	19.4	11.5	4.1	12.4	16.7	11.8	19.2	18.7
1996	23.8	17.3	9.7	13.8	23.2	17.9	20.7	23.5
1997	21.3	19.8	10.8	14.7	20.9	17.8	20.9	21.2
1998	21.7	22.3	14.0	11.8	20.2	17.8	20.5	21.5
1999	20.1	25.3	15.2	10.2	19.7	9.4	20.0	19.6
2000	18.8	24.8	15.9	10.3	18.5	21.7	16.4	18.3

二、改革农技推广工作

加强农技推广中心建设 1984 年 5 月，县委、县政府发出《关于设置农业技术推广中心的通知》后，农业部门立即着手筹建，到 1986 年筹建工作基本就绪。“南江县农技推广中心”正式挂牌成立，将原来分散的县农科所、农技站、植保站、土肥站、茶果站、种子站等机构统一起来，使全县形成农业技术推广的指导中心，建立了必要的试验基地，教室、化验室、图书资料室、档案室和音像设施，改善了职工的办公条件和生活环境，设立了精干的管理机构，把全县的农业技术推广事业统管起来，改变了过去农业行政机构与事业单位的职能划分不清的状况。

按重点项目推广技术 为改变过去只有一般号召，推广技术不落实，经济责任不明确等现象，从 1986 年开始，实行按项目推广技术的办法。水稻、玉米、油菜等“丰收计划”，“地膜玉米工程”，“种子工程”，“病虫害综合防治”等重点技术推广项目纳入国家计划，上级配套技术推广经费，使推广技术通过合同形式，按项目落实。做到了抓重点、带一般、有布置、有检查，逐步向计划化、制度化方向发展，加快了新成果、新技术、新物资的推广步伐，提高了经济效益。

开展有偿服务 过去推广技术完全依靠国家拨付的事业经费，进行无偿服务。20 世纪 80 年代中期开始，实行无偿服务与有偿服务相结合。有偿服务的内容和形式多样，主要有农作物技术承包、技术培训、技术咨询、提供经济信息、办技术市场等服务项目。农业技术承包是有偿服务的重要形式之一。1989 年春，县农业局组织 111 名农业科技人员开展科技承包，共承包“水稻丰收计划”15 个大项目，72 个子项目，承包面积 14.47 万亩，当年新增粮食 1810.32 万公斤，新增产值 1268.54 万元，新增纯收入 12.7 万元。

兴办经济实体 农业技术推广工作，过去是单纯地进行技术指导，不经营农用物资，农民感到不方便。在贯彻中共中央 1983 年和 1984 年两个 1 号文件中的改革精神指引下，南江县开始试办农业技术推广经济实体，开展经营服务。县、区、乡（镇）80 多个推广机构，先后办起了经营实体，受到农民的欢迎。

第三节 作物保护

一、病・虫灾害

水稻病・虫 大螟：分布全县，年发生 2～3 代，海拔 800 米以下地区发生 3 代，海拔 1000～

1200米地区发生2代。第一代主要为害春玉米，第二代主要危害早、中稻，第三代为害秋玉米和迟栽水稻。二化螟：分布全县稻作区，一般发生2～3代，海拔600米以下地区发生3代，海拔800米左右地区发生不完全3代，海拔1000～1200米地区发生2代，均以第二代为害。三化螟：分布全县稻区，一年发生3代或不完全3代，海拔600米以下地区发生3代，海拔800米左右的地方发生不完全3代，海拔1000米以上的地方很少发生，南江境内以二代三化螟为害为主。稻苞虫：以直纹稻苞虫为主，分布全县，一年发生5代，主要为害是第三代，时间是7月下旬至8月上旬为害最重。稻飞虱：以褐飞虱、白背飞虱和灰飞虱为主，分布全县，常年发生面积3万亩。稻叶蝉：以黑尾叶蝉、白翅叶蝉和电光叶蝉为主，各稻区均有发生，常年发生4万亩。蓟马：主要以稻蓟马和稻管蓟马混合发生为害，分布全县。蚜虫：以麦管蚜为主，分布全县。稻瘟病：此病全县普遍发生，一般7～10年大发生一次。以叶瘟和穗瘟对产量损失较大。纹枯病：全县发生，始发期6月中旬，流行期为7月中旬至9月上旬。稻粒黑粉病：全县稻区均有发生、病粒率1%～3%，水稻初花到乳熟期，阴雨天多，有利发生，偏施氮肥病害重。稻曲病：全县发生，特别是氮肥施用过量、稻花期恰逢降雨、高温天气等发病较重。

玉米病·虫　大螟：以一代为害为主，第二代为害水稻，第三代为害玉米。蚜虫：分布全县，为迁飞性害虫，不仅为害玉米，水稻也遭为害。玉米螟：分布全县，一年发生3～4代，以第一代为害最大，主要是为害春玉米。粘虫：全年发生2～3代，主要危害玉米、水稻等。1988年7月，大河粘虫成灾，受灾7个乡23个村、93个组，水稻受害面积16584亩，占栽插总面积的41.5%，玉米受灾面积1023亩，占播种面积的15.3%。

小麦病·虫　白粉病：全县均有发生，一般2月中旬开始发病，常年发生8万亩左右。锈病：全县各地均有发生。条锈、叶锈混合发生，以条锈为主，为气传性常发病害，与品种抗性有关。麦芽虫：分布全县，以麦管蚜为主，常年发生面积8～10万亩。

薯类病·虫　洋芋晚疫病：分布全县，流行期为5月下旬到6月上旬，5—6月雨水多的年份发病重。红苕病虫：主要有甘薯叶螺、甘薯天蛾、甘薯蛾和黑斑病、软腐病等。黑斑病和软腐病主要危害块根。

油菜病·虫　蚜虫：分布全县，以烟蚜、萝卜蚜为主，蚜虫传播病毒造成损失往往大于自身对油菜的危害。白锈病：分布全县，11月中下旬开始发病，开花结荚期形成“龙头拐”状，苗期发生重，结荚期发生轻。

二、病·虫防治

20世纪80年代中期后，南江在“预防为主，综合防治”的方针指导下，通过多种防治措施，减少了病虫灾害损失，每年至少挽回粮食损失2000万公斤。80年代末至90年代初，全县植保专业防治队伍、机构从县到乡初具规模，县上配备植保专业技术干部11名，乡有植保专业队56个，村、社有植保技术员2000多名，年平均防治面积100万亩次。主要防治措施有：化学防治、生物防治和综合防治三种。1986年，化学防治面积124.24万亩，生物防治面积1.24万亩，综合防治面积4.3万亩。病虫发生最重的1988年，全县化学防治面积达254.06万亩，生物防治面积0.6万亩，综合示范防治面积0.7万亩。

三、植物检疫

南江县从1984年开始，确定了两名专职检疫人员，对种子苗木的调运进行产地检疫。1985年7月，首次对杂交水稻、杂交玉米制种田，按照植物检疫程序要求进行产地检疫。同年10月，县植保站与茶果站联合开展了对全县柑橘进行检疫对象普查。1988 年，南江建立了县级植物检疫室，配备了显微镜、恒温箱、化验药品等全套设备。从 1990 年起，全县植物检疫工作逐步走向规范化、标准化、法制化。1991 年，全县共进行农作物产地检疫 21780 亩，其中粮食作物产地检疫 1880 亩，经济作物产地检疫 19900 亩。调运检疫：谷类 52.5 万公斤、瓜果蔬菜 76.4 万公斤。1996 年后，采取了“三坚持、四加强”的具体措施（即坚持学习宣传植物检疫法规不松劲、坚持产地疫情调查不放松、坚持路检、市场检疫不动摇。加强植检队伍建设，加强调运检疫验证和复检，加强违章处理，加强内部管理和业务素质的提高），当年产地检疫 19100 亩，其中粮食作物产地检疫 2100 亩，经济作物产地检疫 47000 亩。至 2000 年底，全县产地检疫粮经作物 10.09 万亩，调运检疫粮谷类 63.7 万公斤，瓜果蔬菜 110.8 万公斤，基本杜绝了植物检疫对象传入南江。

表 5—9　　南江县 1986—2000 年主要病虫发生和防治情况统计表

年度	水稻螟虫		稻　螟		稻苞虫		稻瘟病	
	发生面积（万亩）	防治面积（万亩次）	发生面积（万亩）	防治面积（万亩次）	发生面积（万亩）	防治面积（万亩次）	发生面积（万亩）	防治面积（万亩次）
1986	16.5	23.4	0.6	0.6	3.6	3.6	5.4	15
1987	15.5	22	0.51	0.7	3.2	3.2	6.1	15.5
1988	12.4	21.1	5.4	5.61	5.15	7.37	3.17	12.9
1989	13.8	22	5.47	3.75	6.3	11.5	0.48	3.19
1990	16.9	24.1	4.8	5.37	3.92	5.34	2.4	7.3
1991	17.8	15.7	2.67	2	7.17	8.34	8.32	10.1
1992	24.8	25.2	2.01	1.4	4.87	5.11	21.6	25.8
1993	13.2	17.5	2.78	3.15	0.95	2.55	9.74	21
1994	14.8	18.3	0.01	0.01	1.4	2.15	8.14	33.9
1995	22.4	34	0.8	1.9	1.9	6.3	4.4	27.6
1996	17.2	26.9	0.8	2.5	4.97	9.2	3.9	21.7
1997	5.08	13.3	0	0	1.11	1.8	1.86	12.5
1998	17.5	23.4	1.8	3	8.9	8.2	26.7	33.8
1999	9.2	21.1	0	0	2.8	3.5	13	16.7
2000	7	13.6	0.85	3.2	3.92	5.7	7.1	7.4

接上表

年度	小麦锈病		小麦白粉病		小麦蚜虫		麦蜘蛛	
	发生面积（万亩）	防治面积（万亩次）	发生面积（万亩）	防治面积（万亩次）	发生面积（万亩）	防治面积（万亩次）	发生面积（万亩）	防治面积（万亩次）
1986	4.1	0.5	2.1	2	7.5	6.7	8	7.5
1987	0.1	4.3	3.85	8.5	7.83	5.73	5.73	
1988	0.86	0.03	3.15	2.7	1.28	1.48	2.53	2.45
1989	2.44	1.47	7.43	4.65	4.16	3.34	6.24	4.23
1990	1.88	1.43	3.5	3.32	1.36	1.41	1.44	1.37
1991	0.41	0.31	4.86	3.98	5.1	4.52	4.80	5.1
1992	0.68	0.44	6.1	5.9	4.62	4.62	7.2	7.0

续上表

年度	小麦锈病		小麦白粉病		小麦蚜虫		麦蜘蛛	
	发生面积（万亩）	防治面积（万亩次）	发生面积（万亩）	防治面积（万亩次）	发生面积（万亩）	防治面积（万亩次）	发生面积（万亩）	防治面积（万亩次）
1993	0. 62	0. 35	7. 61	8. 62	4. 53	4. 53	6. 8	6. 5
1994	—	—	3	2. 6	1	2	2	2
1995	—	—	1. 85	5. 2	1. 15	12	2. 5	3. 1
1996	0. 69	1. 6	13. 5	14. 4	1. 52	3. 55	3. 28	4. 5
1997			2. 35	5. 69	2. 2	1. 97	5. 28	6. 58
1998	0. 1	5. 5	4. 6	6. 5	6	8. 5	5. 5	8. 3
1999		4. 86	9. 8	10. 5	7. 3	6. 5	5. 5	4. 8
2000	3. 9	6. 1	—	—	—	—	—	—

接上表

年度	玉米螟		大　螟		粘　虫		大小斑病	
	发生面积（万亩）	防治面积（万亩次）	发生面积（万亩）	防治面积（万亩次）	发生面积（万亩）	防治面积（万亩次）	发生面积（万亩）	防治面积（万亩次）
1986	6. 5	5. 1	3. 9	3. 5	0. 01	0. 01	3. 5	0. 5
1987	3. 5	2. 1	1. 65	2	0. 03	0. 3	0. 24	0. 3
1988	6. 15	5. 04	3. 84	2. 38	0. 02	0. 02	1. 42	0. 45
1989	4. 2	3. 9	0. 9	0. 75	0. 1	0. 3	1. 3	0. 6
1990	1. 2	1. 2	0. 3	0. 4	0. 11	0. 09	0. 87	0. 24
1991	0. 9	1. 1	0. 7	0. 46	0. 13	0. 1	0. 89	0. 4
1992	0. 6	0. 3	0. 8	0. 5	0. 1	0. 1	1. 2	0. 8
1993	2. 5	3. 3	0. 52	0. 36	0. 11	0. 15	1. 4	0. 6
1994	7. 84	3. 81	4. 86	0. 78	0. 21	0. 21	1. 42	0. 78
1995	2. 4	2. 1	1	0. 8	0	0	0. 11	0. 1
1996	2. 1	2	1. 2	1. 8	0. 54	5. 6	1. 8	0. 5
1997	2. 48	4. 78	1. 16	3. 14	0	0	1. 2	3. 5
1998	16. 6	18. 7	2. 4	1. 5	2. 1	3. 5	2. 4	0. 47
1999	8. 4	8. 8	2	3. 5	—	—	1. 8	1. 5
2000	2. 7	4. 2	1. 3	2	0. 3	1. 1	0. 6	1. 5

接上表

年度	玉米纹枯病		油菜白锈病		油菜蚜虫	
	发生面积（万亩）	防治面积（万亩次）	发生面积（万亩）	防治面积（万亩次）	发生面积（万亩）	防治面积（万亩次）
1986	0. 68	0. 41	1. 5	1. 2	0. 52	0. 2
1987	0. 3	0	0. 2	0. 15	1. 4	0. 9
1988	4. 6	4. 6	0. 34	0. 23	3. 98	3. 65

续上表

年度	玉米纹枯病		油菜白锈病		油菜蚜虫	
	发生面积（万亩）	防治面积（万亩次）	发生面积（万亩）	防治面积（万亩次）	发生面积（万亩）	防治面积（万亩次）
1989	3. 6	3. 2	0. 34	0. 12	2. 46	2. 39
1990	0. 65	0. 32	0. 04	0. 01	0. 32	0. 5
1991	1. 52	1. 1	0. 3	0	5. 58	4. 64
1992	0. 82	0. 45	0	0	1. 96	1. 59
1993	0. 67	0. 4	0	0	5. 4	5. 8
1994	0. 74	0. 25	0. 67	0. 84	3. 2	7. 2
1995	0. 2	0. 1	0. 1	0. 2	4. 2	4. 5
1996	1. 7	1. 4	0	0	2. 75	3. 1
1997	3. 12	4. 05	0	0	2. 42	2. 5
1998	3. 47	2. 4	0. 5	2. 1	4. 8	6. 5
1999	5. 9	4	0. 15	0. 1	8. 2	10. 0
2000	2. 2	3. 1	0. 3	0. 8	3. 7	5. 4

表 5—10　　南江县 1986—2000 年农作物病虫害主要防治措施统计表　　单位：万亩

年份	化学防治			生物防治			综合防治示范面积
	合计	其中		合计	微生物制剂		
		种子处理	土壤处理		治病	防虫	
1986	124. 42	6. 35	—	1. 42	1. 07	1. 35	4. 3
1987	91. 8	6. 53	—	2. 59	1. 46	1. 03	4. 52
1988	108. 87	6. 55	—	4. 3	1. 89	2. 41	4. 55
1989	100. 42	6. 58	—	4. 34	1. 92	2. 42	4. 57
1990	73. 61	6. 6	—	2. 21	0. 94	1. 27	4. 6
1991	122. 61	6. 49	0. 01	1. 28	0. 43	0. 85	4. 66
1992	108. 56	6. 93	—	2. 13	0. 95	1. 48	4. 86
1993	108. 99	7. 11	—	0. 4	0. 25	0. 15	4. 99
1994	111. 47	4. 43	0. 03	0. 32	0. 2	0. 12	4. 35
1995	136. 93	7. 09	0. 02	0. 15	0. 15	0. 02	4. 94
1996	146. 75	9. 5	0. 03	0. 7	0. 7	—	6. 07
1997	95. 36	14	0. 5	0. 6	0. 6	—	4. 3
1998	254. 06	12	—	0. 6	0. 6	—	4. 7
1999	14	11. 5	—	1. 6	0. 7	0. 9	5. 6
2000	10. 8	10. 7	0. 1	1. 7	0. 9	0. 8	7. 0

第四节　改土施肥

一、改造中低产田土

20世纪80年代，南江土壤改良的主要措施是：加厚土层，薄变厚，坡变梯，瘦变肥。1986—1989年，在全县统一规划指导下，依靠群众力量，进行中低产田土改造，年均改造低产田土1.6万亩~1.8万亩。从1990年开始，国家实施以工代赈、以粮代赈和其他补助相结合，经项目形式改造中低产田土。1990—2000年的11年间，国家累计下达南江以工代赈农田基本建设项目任务9.23万亩，项目资金1741.8万元。经过10年的努力，全县累计投劳1674.5万个，挖填土石方2009.4方，条块石砌坎30多万条，筑土埂12万条，建排洪排湿排毒沟渠455条，建成稳产高产农田10.027万亩，其中坡改梯9.12万亩，改造下湿田0.907万亩，增肥地力45.6万亩。同时，配套建设横山埝4560条（长214.32公里），蓄水池、沉沙地、便民池1.57万口，卫生井1.03万口，便民桥65座，田间耕作道1509条、长415公里，改造低产茶园3个，面积4800亩，建果园36个，4590亩。中低产田改造后，全县年均增产粮食1.63万吨，亩平增产163公斤，增收244元。

二、肥料施用

有机肥料　20世纪80年代，农家肥料主要来源除人粪尿外，大力发展了猪、牛、羊及小家禽家畜圈肥，年积农家肥量12亿公斤，堆制杂肥2.5亿公斤。同时推广秸秆还田培肥地力，小麦留高茬覆盖玉米、玉米留高茬覆盖红苕，再将秸秆与人畜粪达磷酸钙堆沤还田。90年代由于畜牧业大发展，猪牛羊圈肥增加，特别是推广黄羊和中小型养鸡（鸭）场，广辟肥源。

化学肥料　1986年，全县化肥施用量6205吨，1990年为13581吨，1995年增至16132吨，亩平施化肥达70.5公斤，比1986年增加一倍。由于化肥施量增多，农家肥相对减少，造成大部分田土板结。为改善农田土壤质地结构，从1996年后提倡多施农家肥，减少化肥。到2000年，全县化肥施用量降至14679吨，比1995年施用量减少1453吨。

表5—11　　**南江县1986—2000年化肥施用量统计表**　　单位：吨

年度	合计（折纯量）	其中			
		氮肥	磷肥	钾肥	复合肥
1986	6205	4254	1727	115	109
1987	6614	4533	1740	123	218
1988	9675	6675	1865	410	725
1989	7811	4600	2004	409	798
1990	13581	9641	2233	578	1129
1991	15782	6784	6392	1580	1026
1992	8886	5730	2195	512	449
1993	38618	18057	18005	1200	1361

续上表

年度	合计（折纯量）	其中			
		氮肥	磷肥	钾肥	复合肥
1994	15634	9676	3543	1025	1390
1995	16132	10108	3164	1120	1740
1996	15735	10879	2919	628	1309
1997	14437	10263	1900	1050	1224
1998	14210	10104	1873	1010	1223
1999	14606	10278	1965	1002	1367
2000	14679	10306	1977	1008	1388

第三章 农业机械

第一节 耕作机械

1982 年，农业生产实行联产承包经营责任制后，机耕作业量逐年减少。1984 年后，农机主管部门没有下达机耕作业任务，农民对机耕的要求也不迫切，全县各地都没有组织拖拉机进行机耕，自行取消了机耕作业。农业耕作全部使用畜力和木犁。拖拉机只用于运输服务。20 世纪 90 年代后，南江县坚持以“小型为主、户营为主、效益为主”的山区农机发展思路，大力推广“四微机械”（即微型耕作机械、微型提灌机械、微型加工机械和微型发电机械）。1995 年，引进了微型耕整机在县内部分地方进行试验、示范和推广。实践证明：微型耕整机具有体积小、结构紧凑、重量轻、配套完善、适应性强、操作方便、维修方便等特点，既可耕泥脚在 200 毫米以下的水田，也可对旱地进行耕、耙、旋作业，还可与相应的机具配套，进行播种、脱粒、抽水、打米、磨面、粉碎、发电等多项作业。1996 年，关坝乡农民柳秀忠购川佛—5 型微耕机一台，当年为 71 户农民小春播种旱田 100 亩。机耕作业每亩可节省劳动力 5 ~7 个、节约人工费 70 ~100 元。1998 年，正直镇农机站组建机耕服务队一个，装备微耕机 11 台，当年完成机耕面积 1210 亩。截至 2000 年底，全县已拥有微型耕作机械 151 台套，主要分布在小河区 18 台、沙河区 32 台、长赤区 36 台、正直区 44 台，其他各区较少。

第二节 提灌机械

一、提灌动力

1986 年，全县已有提灌动力 9283 千瓦，当年完成提水灌溉 4.58 万亩次。提灌机械主要分布在主产粮食的小河、沙河、长赤、正直、下两、大河、赶场等区。随着农村生产经营形式的变革，私营机械的增多，提灌机械化水平有了很大提高，小型提灌机械迅速增长，提灌由原来的固定抽水形式发展为流动抽水为主。由于流动抽水适应性强、安装容易、移动方便、操作简单，符合农业经营形式的发展要求，到20世纪90年代，小型提灌机组流动抽水已是提水灌溉的主要形式，大中型的固定提灌站逐年减少。南江用于提灌的动力机有内燃机和电动机两大类。内燃机主要以3～11千瓦的柴油机为主，电动机主要以单相微电泵为主。1990年，全县拥有提灌动力机1111台、10108千瓦，其中柴油动力1069台、9377千瓦。到2000年底，全县提灌动力机械增至7037台21791千瓦，其中柴油机1898台、16331千瓦，电动机5136千瓦，农用水泵7338台。

二、提灌作业

1987—1991年，提灌实行集团科技承包，农机管理部门与提灌机手签订技术服务合同，机手承包灌溉面积，管理部门提供技术服务，并按承包的灌面下达平价柴油计划指标，实行“机、田、油”挂钩。其间的，1988年，全县签订提灌服务合同1124份，承包灌溉7.4万亩，维修机具1915台次。分配抗旱抽水用柴油695吨，占年计划的50%，出勤提灌机具1207台、10749千瓦，完成灌溉9.2万亩次，保栽7万亩，占全县实栽水稻的31.4%。1990年5月10日至6月12日，正值栽秧季节，持续干旱32天，全县干旱面积达44.3万亩，其中水稻脱水面积13.53万亩，占28.3%，秧已干死1.32万亩，4万亩麦田无水栽秧，1258户未开秧门。全县组织提灌，共出勤1165台、9753千瓦，抽干了5170口山坪塘，36座小水库，完成提灌9.18万亩次，保栽5.5万亩，占全县实际栽秧面积26.5万亩的21%。

1994年，旱情严重，全县组织1800人的农机抗旱大军，充分利用人力、财力和物力，共出勤提灌机械1679台、12166千瓦，提水1495万方，灌田10.65万亩次，保栽5.95万亩次，占全县栽秧面积的30.4%，解决了未开秧门的131个村、424个社、8.9万农户的困难。

1997年，根据省政府“治水兴蜀”的号召，县农机部门提出将过去的单一提灌变为人畜饮水和农田灌溉相结合新路子，坚持谁投入、谁所有、谁受益，以非公有制为主、民营民办为主，国家采取以奖代补新机制，调动农民新建饮灌站的积极性。1997—2000年，全县共建饮灌站97处、101台、476千瓦，解决了6160亩农田灌溉和4162户、1.92万人和3.5万头牲畜的饮用水。

2000年，全县建区、乡流动服务队55个，拥有提灌机械172台、509千瓦，以户营为主的微小型提灌设备5702台套、17308千瓦。全年出勤提灌机械5620台、2.1万千瓦，提水1760万方，灌田16万亩次，还先后组织农用车和拖拉机180辆，开展运水自救，共解决17个村、54个社、3180户、1.16万人和2.2万头牲畜饮水困难。

第三节　植保机械

20世纪80年代中期，农作物病虫害发生频繁，主要作物如水稻、小麦受灾严重，植保十分重要，当时大多使用人力半机械植保，手动喷雾器。1986年，全县出动机动植保机械457台，有效防治病虫面积2.3万亩，占发病面积的93%。90年代，植保机械作为农业机械不可缺少的组成部分，逐年增加，植保作业量逐年加大，对减轻病虫危害起了重要作用，截至2000年，全县拥有机动喷雾（粉）机324台、415千瓦，手动喷雾（粉）器60942台，机防植保面积40万亩。完成植保作业面积18.7万亩。

第四节 收割、脱粒机械

一、收割机械

收割机械是山区农机化的薄弱环节，多年来未引进较适合山区特点使用的收割机械。1999 年，南江县农技技术推广站根据山区特点引进示范推广斜挂式轻型收割机，这种收割机具有适用范围广，不分田块大小、收割干净，可条放或堆放，可用于收割水稻、小麦等作物，重量轻（仅 10 kg）单人操作，每天可收割 6 亩以上，比人力提高工效 5 ~ 8 倍。通过对小麦、水稻的收割示范，效果好，受农民欢迎。到 2000 年底，全县推广使用斜挂式轻型收割机 39 台、42 千瓦，填补了全县机械化收割的空白。其主要分布情况是：小河、沙河、长赤、下两、大河、赶场各 1 台，正直 20 台，上两 3 台，县服务队 10 台。

二、脱粒机械

20 世纪 60 年代中期，南江开始使用机动脱粒机，一般配套 8 ~ 10 千瓦柴油机动力，主要用于脱粒小麦，每小时可脱粒 250 ~ 500 公斤，比用人力提高工效 20 倍。70 年代在全县的产粮区普遍使用。80 年代初，农村实行联产承包责任制，部分农民采用人力打麦，脱粒机出现减少趋势。1986 年，全县完成机械脱粒 1197 万公斤。1990 年，全县有机动脱粒动力 485 台，手动脱粒机 675 台，完成脱粒 1048 万公斤。到 2000 年底，全县已有机动脱粒机 1741 台，人力脱粒机 43380 台，当年完成脱粒 9.5 万吨。

第五节 农副产品加工机械

20 世纪 80 年代中期，农副产品加工项目增多，机械拥有已具规模，由原来村社集体经营逐步转为私营，进入农民千家万户，许多农机加工专业大户应运而生，米面加工、饲料加工量逐年增大，机械化水平逐年提高。1990 年，全县已拥有农副产品加工动力机械 2713 台、2.39 万千瓦，碾米机 3205 部、磨面机 2068 部、粉碎机 1450 台，年完成米面加工 12.5 万吨，饲料粉碎 2.5 万吨。90 年代，农副产品加工机械随农村经营形式和经济发展陆续增加，特别是适合一家一户使用小型和微型加工机械迅猛发展，成为农机发展的一个新的增长点。农机加工专业大户也有较快发展，农副产品机械化水平不断提高，其中米面加工和饲料粉碎的机械化水平达 100%。截至 2000 年底，全县拥有农副产品加工动力机械 5636 台、44599 千瓦，年完成农副产品加工 27 万吨。

第六节 农业运输机械

20 世纪 80 年代中期，农业运输主要是农用拖拉机和农用汽车。拖拉机田间作业减少，主要用于运输农业生产所需的生产资料和农民所需生活资料以及非农业运输。随着经营体制的改革，农用汽车和拖拉机大多转卖给私人经营或承包经营。1990 年底，全县已拥有农业运输机械 791 台、1.44 万千瓦，其中拖拉机 645 台、7185 千瓦，农用车 146 台、7269 千瓦；当年完成运输总量 2510 万吨公里，其中农业运输 1646 万吨公里。此后，随着农村经济的发展和改革开放的深入，农民购买农业运输机械从事运输作业的积极性高涨，农用运输车的品牌增多并不断更新换代，顺应了市场发展要求。全县农用运输车迅速发展，拖拉机逐年报废，数量逐年下降。截至 2000 年底，全县已拥有农业运输动力机械 1024 台、3.42 万千瓦，其中拖拉机 299 台、3315 千瓦，农用运输车 725 辆、3.09 万千瓦，当年完成农业运输 3600 万吨公里。

第七节　农机化水平及效益

南江农机化事业由无到有，由少到多，农机作业由简到繁，机械化水平不断提高。特别是改革开放的二十年，农机不断改革，坚持市场导向，遵循客观规律，根据山区特点，坚持因地制宜，以户营为主、小型为主、效益为主，有选择地发展农业机械的方针，全县农机化事业快速健康发展。截至 2000 年底，全县拥有农机总动力 11 万千瓦，每百亩耕地拥有农机动力 16.4 千瓦，各类配套农具 18 万台件，农机固定资产原值达到 6387 万元，农机从业人员达到 1.69 万人，每 100 人中有 2.7 名农机人员，实现了全县社社有农机，40% 的农户有机械或半机械农机具。主要农机作业包括提灌、植保、脱粒、农副产品加工、农业运输的机械化或半机械化已达到较高水平。农业机械在发展农业生产，抗御自然灾害，促进农业增收，减轻劳动强度，提高劳动生产率，提高作业质量，降低作业成本，发展农村经济和方便人民生活等方面发挥了重要作用。农业机械不仅发挥了重要的社会效益，而且取得了较好的经济效益，农机为农民脱贫致富起到了重要作用，许多农机经营者通过农机起家成为农机专业大户。2000 年，全县全年农机经营总收入 8067 万元，上交国家税费 1020 万元。

表 5—12　　南江县 1986—2000 年农机拥有量、作业量、效益表

项目＼年度	单位	1986	1987	1988	1989	1990	1991	1992	1993	1994	1995	1996	1997	1998	1999	2000
农机总动力	千瓦	41311	46869	51308	52392	50154	51325	54086	56172	63069	74705	73467	78201	84810	97622	110450
柴油机	千瓦	30397	34991	39872	42853	40045	40982	43486	44825	49411	55817	53732	58205	64930	81266	84855
汽油机	千瓦	5174	5585	5232	4113	3615	3465	3145	2782	4767	8663	8154	7853	7391	6191	457
电动机	千瓦	4615	4743	4360	4993	5197	5506	6171	7196	7517	9116	10482	11020	11611	10165	25138
提灌机械	千瓦	9283	10793	10902	10894	10108	11594	11249	11648	12669	13687	14807	15260	15967	15587	21791
拖拉机	千瓦	6111	7473	7694	7843	7185	7028	6561	4645	2880	2704	2729	2997	2988	3315	19506
农用运输车	千瓦	6407	7755	8815	9329	7269	7801	9505	12065	19955	26088	26116	30446	23982	40000	14692
提　灌	万亩次	4.58	5.7	9.2	8.9	9.18	7.3	6.2	10	10.65	10.3	10.15	13.5	13.6	15.5	16
植　保	公顷	9867	8200	7133	5340	16733	27333	38666	35333	22100	8866	4372	7114	5933	12000	12467
机械脱粒	万公斤	1197	707	1074	1181	1048	1090	2730	2200	1405	1200	9260	8460	24200	116000	95000
农副产品加工	万吨	2.3	2.4	5	11	12.5	13.2	15.2	17	23	20.9	28.33	22.2	21	26	27
农业运输	万吨	1622	1564	1760	2579	2510	3057	3323	3300	4223	3601	4135	3521	3140	3300	3600
农机总收入	万元	621	543	750	829	1004	1482	1842	2059	2082	2867	2801	2963	6488	7061	8067
上交税费	万元	31	31.3	32.8	33.1	35.34	85	110.49	76	104	242	192	292	631	708	1020

第四章　农业经济管理

第一节　管理机构

20世纪50年代，县成立农业局（科）。1986年，局机关编制17人，内设人秘、业务、计财、农经、科教股及办公室，1988年，撤销农经股（改称农经站）。1991年，局机关内设办公室、政工股、业务股、科教股、计财股。2000年，局机关编制18人，内设办公室、政工股、科教业务股、财会股、法制股。下设农技、农经、种子、植保、土肥、经作事业站。按照《农业法》、《农业技术推广法》、《种子法》、《植物检疫条例》和《农民承担费用和劳务管理条例》等法律法规，在农业行政主管部门授权的范围内，分别行使管理权限。区、乡（镇）设置了农技、农经管理站，分别负责本辖区内的技术推广和农村合作经济经营管理工作。

第二节　承包合同管理

1983年，在全县建立了土地登记卡制度，农民承包土地数量和年限逐一登记建卡，第一轮承包开始。1984年，根据中央1号文件之规定，土地承包期延长。1986年，南江县人民政府授权农业行政主管部门，承担本县行政区内农业承包合同管理工作，农业行政主管部门设置的农村合作经济管理站，负责承担农业承包合同管理的日常工作并配备专职人员。1989年7月29日，县政府制发《关于成立县农业承包合同管理委员会的通知》，确定南江县农业承包合同管理委员会受县政府直接领导，由分管农业的副县长兼任主任委员，有关部门的主要负责人任副主任或成员。办公室设在县农业局。1992年，全县共签订土地承包合同156551份，其中规范化承包合同138566份。1993年，全县共签订农业承包合同151534份，鉴证合同76851份，调解处理合同纠纷1411份，其中仲裁纠纷30份、上诉法院2份。此后，不再每年都签承包合同，按第一轮土地承包合同到期为止。

第三节　农民负担管理

1983年后，南江农村普遍实行了以联产承包为主要形式的多种农业生产责任制，农民的生活水平不断提高。但部分干部过高地估计了农民的富裕程度，一些乱收费、乱罚款、乱摊派现象逐年增多，不切实际地加重了农民的负担，农民层层上访，要求减轻负担。县委、县政府高度重视，采取了多种措施，严格控制农民负担：一是精简干部，确定合理报酬；二是生产费用改统为包；三是集体提留实行队提队有，分级管理，控制开支范围；四是凡未有省委、省政府的规定，各部门、各单位不得擅自发文增加农民负担。1986年，全县共有109971户、487730人，承包土地面积465246

亩，农民全年负担总计429.75万元，人平8.80元，亩平9.20元。

20世纪80年代末和90年代初，农民负担不断加重，到1998年，人平负担增加到300多元。为此，县人民政府于1992年12月10日发出了《关于农民合理负担和劳务管理的布告》，对农民负担费用项目、比例及范围，农民承担费用和劳务的管理，作了具体规定：（一）农民直接向集体经济组织缴纳的村社提留和乡镇统筹费，以乡镇为单位，按国家统计局批准，农业部制定的农村经济收益分配统计报表和计算方法统计的数字为依据，不得超过上一年农民人均收入的5%。（二）农村义务工，每个劳动力每年负担5～8个标准工日，主要用于植树造林，公路建勤（省、县道不再投义务工）、防汛、抢险、修缮校舍等。劳动积累工，每个农村劳动力每年平均负担10～20个标准工，主要用于农田水利建设和兴办集体绿色工程。对因病或者伤残不能承担劳务的，经村社集体组织讨论通过可以减免。（三）农民承担的提留和乡（镇）统筹费的提取，由县、区计算平衡到乡（镇）实行总额控制，乡镇计算平衡到社实行总额控制，再由社按照承包土地面积和人口进行计算。土地资料占70%，人口占30%，农民上交的集体提留和统筹费，均纳入农业承包合同管理。费用上交时间分两个生产季节：即小春交40%，大春交60%。农民承担费用和劳务管理预算方案，由乡（镇）农经站负责编制，报县农经委、农业局审核，乡镇人民代表大会讨论通过后执行。（四）县、乡（镇）两级农民负担管理部门主动会同审计、纪检、法制等部门每年对农民负担情况进行两次定期审计监督。凡违反布告规定者，严格按照《农民承担费用和劳务管理条例》进行处罚，对其违反布告的单位负责人和直接责任人给予政纪处分，构成犯罪的由司法机关追究刑事责任。

第四节　整顿农村合作基金会

1986年，南江县兴马乡农村经营管理站（简称农经站，下同）对集体经济管理进行了探索，分别在该乡的八村和一村建立了农村合作基金会，聚集各项基金4.29万元。1988年，全县已发展农村合作基金会13个，其中村级8个。到1999年3月止，全县共成立了乡级农村合作基金会73个。基金会在全县、全国推广示范，后因管理等多种原因，基金会出现了一些问题。为此，国务院办公厅发出了《关于清理整顿农村合作基金会工作方案的通知》（国办发［1999］3号）、中共四川省委、省政府发出了《四川省清理整顿农村合作基金会实施方案》（川委办［1999］10号）。南江县从1999年3月17日起，按照中央、省、地委通知精神对全县农村合作基金会进行整顿，到1999年6月24日止，全县清理整顿工作完成了清产核资、分类处置、首期兑付等工作。

清产核资结果：全县共有乡级农村合作基金会73个，资产总额1635.55万元，其中货币资产62.33万元，借款总额1339.25万元（其中各级政府及部门担保借款97.61万元），固定资产原值9.44万元，在建工程19.3万元，其他资产203.64万元。农村合作基金会从业人员132人，其中国家农经干部兼职的39人，按政策规定农业主管部门招聘的60人，区（镇）、乡（镇）自行招聘的33人。

分类处置结果：全县73个农村合作基金会，经中国人民银行成都分行批准，有4个农村合作基金会整体并入农村信用社，占总会数的5.5%，并入资产96.04万元；收购置换25个，占全县基金会总数的32.2%，资产988.86万元；自行消化的44个，占全县总会数的60.3%，负债450.56万元，占全县负债总数的32.08%。通过整体归并、收购置换、以股抵借、以股抵欠等方式，全县收回借款624.31万元，占借款总额的46.46%；兑付集资额656.72万元，占集资总额的51.62%。其中，兑付农户股金317.69万元，占农户股金的71.39%。兑付中坚持了先个人后集体、先小额后大额、先群众后党员干部的原则。

第五节　种子、农药执法

一、农用种子管理

自1984年《四川省农作物种子管理条例》（1991年对条例进行了修改）颁布实施后，县农业局加强了对种子的生产、经营和质量管理，配合工商部门严厉打击销售伪劣种子的违法行为。1998年3月国家颁布《种子管理条例》、2000年7月8日《种子法》颁布实施，县种子管理部门对农作物新品种严格坚持了试验、示范、推广的原则；严格按照种子质量标准，加强对种子经营户的监督管理。严禁伪劣种子销售，一经查出，依法处理。

二、农药管理

1984年前，农药经营由县农资公司组织调运管理，各区、乡的供销社负责经营。1984年，根据农牧渔业部的有关规定开始由农业行政主管部门委托县植保植检站对农药的质量进行管理。农资公司为经营主渠道，农业“三站”（农技、植保、土肥）为配合经营单位。1997年5月8日，国务院发布了《农药管理条例》，1999年7月23日，农业部出台了《农药管理条例实施办法》，1999年8月14日，四川省人大常委会发布了《四川省农药管理条例》，进一步明确了农药的管理以农业行政主管部门为主体，县级相关部门在各自的职责范围内参与农药监督管理工作。规定了允许农药经营的单位是：供销社农资经营部、植保植检站、土壤肥料工作站、农业林业技术推广站、森林病虫防治机构及农业生产企业。为加强农药生产、经营、使用的监督管理，1999年2月县编委批准成立了“南江县农药监督管理站”与植保站合署办公，组织专业班子依法对农药市场进行清理整顿，并实行农药经营许可证制度对“三无”农药产品（无登记证、无生产许可证、无生产厂家）的假冒伪劣农药、禁用农药进行查处，根据情况处以没收和罚款。2000年，结合检疫执法，对全县7个区、21个乡镇、82个门市摊点再次清理整顿，查出无农药经营许可证的38户，有违法经营的24处，不合格产品47个，货量2100公斤，并进行了补办经营许可证、违法经营的处以罚款、不合格产品进行没收等项处理。

第六节　农业机械管理

一、管理机构

1983年，县级机构改革，“南江县农业机械局”改为“南江县农业机械化管理服务公司”。

1990年4月，县政府决定恢复“南江县农业机械局”与“南江县农业机械化管理服务公司”实行两块牌子，一套班子。

1998年5月，县编委通知“南江县农业机械局”更名为“南江县农业机械事业局”，是南江县人民政府直属事业单位，承担全县农业机械化事业的行政管理职能。区、乡设置农机管理站，负责辖区内的农机管理。

二、管理概况

农机所有制及经营形式 1985年底，随着责任制的完善，村社集体的农机具已转卖给农机户个人经营。到1990年，全县农业机械原值1454.79万元，属农机户所有的占1209.81万元，占83.7%，全县农机经营户达3995个，4603人。20世纪90年代，农业机构经营体制逐步进入市场，国家允许私营各种农业机械如农用运输车、农用拖拉机及机电排灌设施等。到2000年底，全县农机总动力由1990年的5万千瓦发展到11万千瓦；农业机械原值达6387万元，其中农户所有6032万元，占94.4%；从事农机经营的达7325户，7728人。

农用柴油计划管理 1983—1994年，南江县农用柴油实行计划管理制度。每年初由县计划委员会下达用油计划指标，农机管理部门执行计划分配，石油部门组织货源，供销部门按核定数量供应到机台。计划实行一年一定，分季安排，包干使用，年内有效，超支照扣。1994年7月，国家取消了农用柴油计划，实行油料并轨。

农机项目管理 粮食自给工程项目：从1991年开始实施（1995年前为粮专资金）。主要分为两个阶段即“八五”和“九五”实施期。“八五”（1991—1995年）时期，南江粮食自给工程项目农机部分总投资58万元（每年10万元，其中奖励金5万元），主要用于提灌机械更新改造和农机服务体系建设。“九五”（1996—2000年）时期，共投入粮食自给工程项目资金348万元（其中国家补助性投入178万元、农民自筹170万元）。项目实施10年，全县新增和恢复机电提灌面积1.38万亩，解决了7970人和1万余头牲畜的饮水困难；年机耕作业0.8万亩；新增机械脱粒面积4.5万亩；化肥深施面积31.4万亩次；年增产粮食218万公斤，节约生产成本351万元，农民年增收474万元；输出农村剩余劳动力2540人。以工代赈项目：以工代赈农机部分项目从1995年起开始实施，全部用于农机机电提灌建设。1995—2000年，农机提灌建设投入以工代赈资金191.54万元，其中省地下达资金116万元，地方自筹配套资金和农民投劳折资75.54万元。项目实施效益：全县共购置提灌设备63台套、592千瓦，新增灌面0.8万亩，恢复改善灌面0.46万亩，使项目区0.72万亩耕地旱涝保收，增产粮食170万公斤，增收62万元。

农机安全监理 1984年10月，南江县农机监理站成立，农机安全监理开始起步。它承担着贯彻实施农机安全生产的法令、法规、条例，负责农业机械的检审及驾驶操作人员的考试考核、发牌证及事故勘察、鉴定、处理等工作。1989年8月，在流坝乡境内发生一起死6人、伤3人的特大拖拉机交通事故，县农机监理站参与了这次事故的现场勘察和善后处理，并在全县进行通报。从1993年起，农机安全监理人员实行统一规范着装执法，贯彻实施《四川省农业机械事故处理办法》。1997年5月，省人大制定的《四川省农业机械安全监理和事故处理条例》在南江宣传贯彻实施，使农机安全监理工作步入正规化、法制化。南江从1991—2000年，实现了连续10年无重大农机事故。2000年，南江县农机监理站被四川省农机局表彰为“文明监理、优质服务”示范窗口单位和先进集体。

第六篇　水利·水产

第一章　水利工程

第一节　工程概况

南江是山区县，水利条件历来较差。1986 年，全县实有水利工程 4506 处，蓄引水总量 5385 万立方米，有效灌面 8.02 万亩，保证灌溉面积 6.46 万亩，旱涝保收面积 5.96 万亩。巴中地区成立后，南江加快了水利建设步伐，到 2000 年底，全县实有水利工程 4661 处，蓄、引、提总水量达 6040 万立方米，比 1986 年增加了 655 万立方米。有效灌面 9.68 万亩，比 1986 年增加了 1.66 万亩，其中：中型水库 1 座，灌面 2.21 万亩；小（Ⅰ）型水库 3 座，灌面 1.68 万亩；小（Ⅱ）型水库 35 座，灌面 3.23 万亩；引水渠堰 919 条，灌面 2.47 万亩；石河堰 19 条，灌面 5200 亩；提灌站 182 处，灌面 1.35 万亩；冬水田 3 万亩。

第二节　蓄水引水工程

一、冬水田

1985 年，全县冬水田面积为 12 万亩。1986 年以后，随着水利工程建设逐步增多，引水、提灌能力增强，为扩大复种面积，把部分冬水田起旱种植两季作物，提高单位面积产量，因此冬水田留蓄面积逐年减少。1987 年为 10 万亩，到 1990 年，全县冬水田面积减少到 7.1 万亩。随着水利设施不断完善，冬水田面积再次进入递减时期，从 1992 年的 6.1 万亩，到 1996 年已减至 5.29 万亩，1997 年减少到 5.14 万亩，2000 年仅有 4.68 万亩。

二、塘

1986 年，全县有山湾塘 3405 口，有效灌溉面积 3.55 万亩。1990 年为 3431 口，比 1986 年增加了 26 口。1995 年为 3438 口，比 1990 年增加 7 口。2000 年底统计，全县实有山湾塘 3502 口，有效灌溉面积3.87万亩，塘的口数和有效灌面，分别比1986年增加了97口和0.32万亩。

三、水库

1986年，全县已建成中小型水库30座，灌面5.02万亩。其中：中型水库1座（玉堂水库），灌面1.91万亩；小（Ⅰ）型水库2座，灌面0.6万亩；小（Ⅱ）型水库27座，灌面2.51万亩。1995年，新增小（Ⅱ）型水库2座，累计29座，灌面达2.81万亩。1998年，新修小（Ⅰ）型水库1座，累计3座，灌面增加到1.68万亩；新修小（Ⅱ）型水库4座，累计达33座，灌面增至3.17万亩；全县水库合计灌面6.94万亩。2000年，新修小（Ⅱ）型水库2座，累计水库39座，灌溉面积达7.12万亩。

四、引水

南江引水灌溉有两种形式，即山埝和河埝。(1) 山埝（引水渠埝）：又称拦山埝，沟埝。1986年，全县已建山埝865处，灌面1.90万亩；1990年增至874处，灌面2.03万亩；1995年，全县山埝已建成894条，灌面2.31万亩；到2000年，全县累计建成919处，灌面增至2.47万亩。(2) 河埝：又称拦河埝，根据河水落差，在河的上游拦河开埝灌田。1986年前，全县已建拦河埝12处，灌面0.41万亩；1995年新建拦河埝5处，灌面增加到0.49万亩；到2000年拦河埝累计有19处，灌面0.52万亩。

五、其他提灌工程

提灌站 1986年，全县已有提灌站155处，灌面1.01万亩。1990年，有提灌站158处，灌面1.12万亩。2000年，全县仅有提灌站19处，灌面已减至0.52万亩。

水轮泵 1986年，全县已安装水轮泵10处，灌面仅700亩。到1990年底，全县已安装水轮泵13处，灌面达700亩，直到2000年未变动。

第三节 人畜饮水工程

南江是老旱区，山高水低，十年九旱，人畜饮水困难是历届政府工作老大难问题。1985年起，国家专项安排以工代赈、以粮代赈，兑现基金、发展基金等各种扶持贫困地区的资金，用于解决南江农村人畜饮水困难。在工程实施中，县委、县政府和水利主管部门把人畜饮水工程当成一项德政工程、民心工程来抓。坚持统一规划，分步实施，坚持工程质量严格奖惩；坚持以奖代补，群众投资投劳为主；坚持统一标准直接补助到户的办法，使各年度用于人畜饮水工程的资金兑现到位，按年度规划任务，建卡登记，落实到户。截至2000年底，全县农村共建成人畜饮水工程22327处，其中建微水池8953口，打井12650眼，修水窖688口，建提水站36处，基本解决了全县28.12万人和21.94万头牲畜饮水困难。

表 6—1

南江县 1986—2000 年部分年度水利工程建设情况表

工程类别	计量单位		1986 年		1990 年		1993 年		1995 年		1998 年		2000 年	
	数量	灌面	处数	灌面	处数	灌面	处数	灌面	处数	灌面	处数	灌面	处数	灌面
一、工程处数	处	万亩	4477		4519		4522		4553		4648		4661	
1. 水库处数及灌面	处	万亩	30	5. 02	31	5. 35	31	5. 68	32	6. 30	37	6. 94	39	7. 12
其中：中型水库	处	万亩	1	1. 91	1	1. 91	1	1. 91	1	2. 21	1	2. 21	1	2. 21
小(Ⅰ)型	处	万亩	2	0. 60	2	0. 81	2	111	2	1. 50	3	1. 68	3	1. 68
小(Ⅱ)型	处	万亩	27	2. 51	28	2. 63	28	2. 66	29	2. 81	33	3. 17	35	3. 23
2. 山湾塘	处	万亩	3405	3. 55	3431	3. 55	3431	3. 55	3438	3. 61	3496	3. 81	3502	3. 87
3. 引水渠堰	处	万亩	865	1. 90	874	2. 03	877	2. 06	894	2. 31	914	2. 42	919	2. 47
4. 提灌站	处	万亩	155	1. 01	158	1. 12	158	1. 13	159	1. 21	182	1. 35	182	1. 35
5. 石河堰	处	万亩	12	0. 41	12	0. 41	12	0. 41	17	0. 49	19	0. 52	19	0. 52
6. 水轮泵	处	万亩	10	0. 07	13	0. 07	13	0. 07	13	0. 07	13	0. 07	13	0. 07
二、微水池	口		405		405		8684		8782		8901		8925	
三、蓄引提总水量		万立方米		5385		5431		5443		4218		5959		6040
四、有效灌面		公顷		8020		8353		8593		8953		9520		9687
五、保证灌面		公顷		6466		6126		6978		7347		7880		8013
六、旱涝保收面积		公顷		5986		6306		6487		6827		6835		6986
七、冬水田面积		万亩		8. 37		7. 13		5. 97		5. 74		4. 98		4. 68

第二章 水土保持

第一节 水土流失治理

据遥感资料表明，全县水土流失面积达639平方公里，占全县总面积的48%。由于水土流失严重，制约着县内经济的发展。县委、县政府清醒地认识到，要想发展经济，尽快脱贫致富，奔向小康社会，减轻自然灾害，改善生态环境，保护水土资源，必须在加快经济发展速度的同时，加快水土流失治理的步伐。从1983年起，开展了小面积水土流失治理工作。1992年6月，《水土保持法》颁发后，南江坚持"预防为主，全面规划，综合治理，因地制宜，加强管理，注重效益"的水土保持方针，首先在全县范围内掀起广播电视专题讲座，召开专门会议等方法，大张旗鼓地进行宣传，使广大干部群众了解和掌握水土保持的具体内容和重大意义。1983—1997年的十五年间，充分运用国家"以工代赈"等扶持政策，采取国家、集体、个人三个轮子一齐转的投资投劳方式，实行"农耕、工程、生物"三大措施一起上的方法，先后治理了木门河、黑潭河、杨坝河、绝潭河、明月河、下两河等小流域，治理面积达181.86平方公里，并取得了水土流失治理工作的一定经验。1998年，上级将南江县列入长江流域治理重点县的行列。县委、县政府以构建绿色南江为目标，以加大水土流失预防监督、综合治理、行政执法为重点，以健全监督网络、完善水土保持配套法规、创新建设机制入手，进一步加大全县水土保持工作的力度。至2000年底，全县累计已治理小流域21条，治理面积357平方公里，总投资达8486万元，完成土石方工程量1000.36万立方米，投入劳动总工日656.83万个。

一、实施生态绿化工程

1986—2000年，南江县采取四条措施实施生态绿化工程。一是营造水土保持林和经果林，在项目区内共建造林木48平方公里，既保持和涵养了水土，又发展了绿色经济，逐步形成了水土保持产业化格局。在项目区内栽植金银花14.2万亩，产量达到380万公斤。二是落实封禁措施，林草覆盖率由封禁前的55%提高到83.3%，有效控制了面蚀、沟蚀的恶性发展。三是大力推广"以电代柴，以气代柴"工程，在农村大力推广沼气。至2000年底，全县建沼气池2300多口；全县共有小水电站49座，100%的乡镇、97%的村通了电。农村大部分农户生活用气、用电替代了木柴，大大减少了林木的砍伐。四是实施水土保持、退耕还林相结合，对25度以上坡耕地一律实行退耕还林还草。1999—2000年，全县累计已退耕还林还草的坡耕地达到32.5万亩，进一步扩大了植被，改善了生态环境。

二、实施水利水保工程

在水利水保项目区内，坚持山水田林路综合治理，统一规划，合理配置，大力发展山坪塘、微水池、U型排灌沟渠等集雨节灌工程。至2000年底，共建水利水保工程32731处，每年可拦蓄地表径流3235万立方米，土壤侵蚀量由治理前每年682.2万吨减少到320.7万吨。

三、实施田间改造工程

1986—2000年，在宜农的坡耕地，把改造梯田、梯地为主作为水土流失的骨干工程来抓。在项目区内，共改造坡耕地2710亩。对无法退耕还林的坡耕地实行保土耕作，并修建机耕道和公路3.2公里。通过综合治理，昔日的“三跑地”，变成了如今的“三保田”，水土流失得到了有效控制。项目实施后，对每一片封禁管护区落实管护责任，实行定责任人员、定责任范围、定质量要求、定管护时间、定奖惩，并制定公示标牌，接受群众监督。同时，加大对破坏植被造成水土流失的单位和个人的惩处力度，基地还以村规民约的形式禁止牲畜践踏和人为砍伐生态林木。水土保持工程经检查验收合格，分流域分项目登记造册，建档立卡后，及时交付当地使用，明确产权，落实管护责任，确保了治理成果最大限度地发挥生态经济社会效益。

四、实施防洪堤建设工程

1990—2000年，南江县为了抗御洪水对江河两岸土地的冲毁，保护城镇国家财产和人民生命的安全，多渠道筹集资金建设了规模较大、防洪标准较高的防洪堤10条17930米，工程覆盖耕地保护4100亩，人口保护19470人。同时，认真贯彻执行河道管理的法律法规，加大对江河管理的执法力度，严格控制、监测、预防、监督工作，有效控制了向江河水域倾倒、排放建筑土石、垃圾、废料、有害污物，保护了河道畅通和生态环境。

第二节　预防监督

1991年6月29日《水土保持法》颁布后，全县连续多年开展了大规模的宣传活动。把宣传水土保持法和实施水土保持工作结合起来。县政府分管领导亲自抓，水电局长具体抓，县水保办和县水土流失预防监督检查站根据水土流失状况，通过分片区派员长期驻足抓，对工矿企业和建设单位进行有针对性的宣传。运用会议宣传、电视专题讲座宣传、宣传车巡回宣传、书写巨幅标语等多种形式开展宣传活动。除在县城悬挂巨幅标语外，每年乡镇书写永久性标语10幅以上。在每年的3月22日的“世界水日”和“中国水周”的宣传活动中，都同时在县城悬挂“认真贯彻执行《水土保持法》”巨幅标语，使水土保持法深入人心。与此同时，在每一个小流域治理区设立一块水土保持碑，碑高3米，宽2.5米，正面书明小流域治理单位，背面书写治理范围、内容、效益等。

为依法搞好水土流失防治，首先建立一支结构合理、运转灵活、制度健全、行动迅速、措施有力的执法队伍，从组织上保证执法工作的顺利开展。县人民政府于1998年4月决定成立以县长为主任委员，副县长、人民法院院长、水利电力局局长为副主任委员，相关部门负责人为委员的县水土保持委员会。办公室设在水利电力局，具体负责日常事务。同时在各乡镇也分别设立了相关的预防监督机构，按照分级管理的原则，明确了各级机构的职责和任务。水土保持执法体系，组织机构如下图：

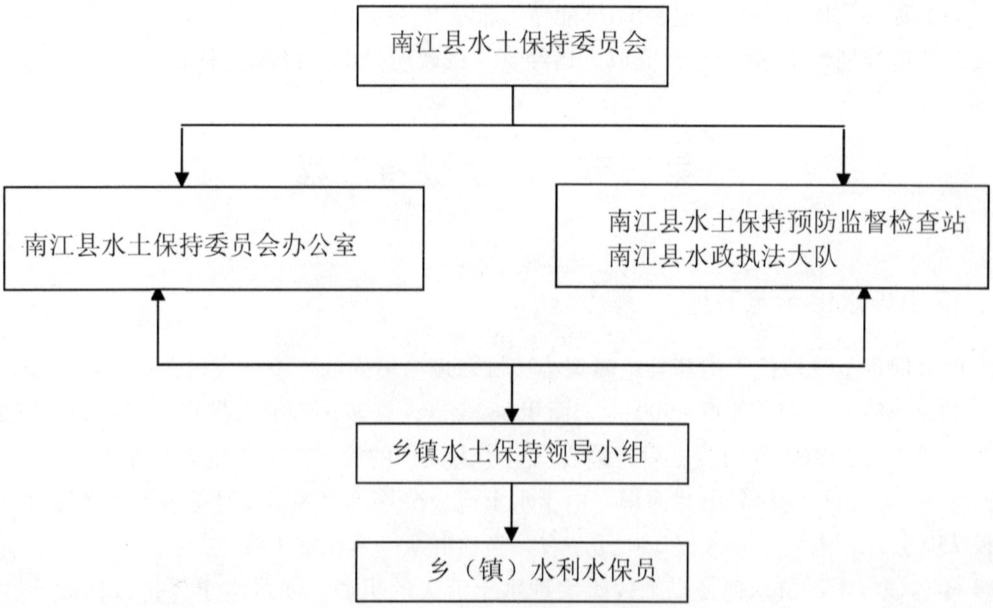

在建立健全组织机构的同时，制定和公布了《南江县实施〈水土保持法〉办法》、《关于水土保持设施补偿费水土流失防治征收管理办法》、《南江县水土保持违法案件查处程序及处罚暂行规定》、《南江县人民政府关于划分水土流失重点防治区的公告》、《封山育林公约》等地方配套行政规定，做到有法可依、违法必究。对全县开办矿山企业，生产建设单位和个人必须报送水土保持方案，占用水土资源设施必须予以补偿。为了强化水土保持监督执法按水土保持工作实行预防监督"一票否决制"的要求，制定了水土保持设施补偿费征收标准的办法，并规定完成治理人为造成的水土流失面积的80%和完成时间。

南江县于1998年被列入"长江流域水土保持重点防治县"，1998年7月20日，南江根据上级主管部门的要求，开始制订《南江县水土保持规则》，规划预测以1995年为基价，预防期为20年。（1）规划时间：1997—2010年，总计14年，分三个阶段：即1997—2000年为第一阶段；2004—2005年为第二阶段；2006—2010年为第三阶段。（2）规划目标：规划期内实现全县范围内水土流失重点区初步治理，第一、二阶段以国家下达的规划面积为准；第三阶段分年规划的治理任务大致相等。一般治理程序要求达到水土流失面积100%，由于人力等原因也不能低于水土流失面积的80%。（3）县级总体规划必须纳入当地国民经济和社会发展规划。（4）实施规划以小流域为单元，流域面积为30～50平方公里。县上确定选择小流域的标准是：①相对集中，不过于分散；②效益优先，选择小流域有治理开发基础，突出经济效益；③先易后难，所选小流域应起到示范带头作用；④群众基础好，领导得力，有积极性的优先安排治理任务。（5）小流域规划治理目标及指标：①综合治理程度原则上要求达到100%，林草面积应达到宜林面积的80%以上，综合治理措施保存率80%以上，人为水土流失得到控制；②土地利用结构合理，小流域经济初具规模，土地产出增长率达50%以上，商品率达50%以上，人均纯收入增长30%；③因地制宜，建设一定数量的基本农田，人均产量400公斤以上，人均纯收入比当地平均增长水平高30%以上，达到人均拥有1亩左右基本农田，每平方公里坡改梯面积不低于100亩；④经果林面积原则上按规划期末达到人均拥有0.5亩左右面积进行安排，但经济林草面积应占水保措施中林草总面积20%～50%，经济林和经济草面积不小于150亩/平方公里；⑤流域内坡耕地面积减去规划坡改梯的面积和规划营造经果林的面积，再减去25度以上已退耕还林的面积后所剩余的坡耕地面积全部实行保土耕作；

⑥坡面水系工程必须因地制宜，达到能排能蓄、能引能灌、沟、涵、渠、坝、坊等多种措施相结合。全县的总体规划于1998年5月完成，后经县人民政府批准，报送巴中市水利局审核。

第三节 水土保持工程

一、落山坪水保示范基地

落山坪水保示范基地位于南江县绝潭沟小流域东垭乡境内的一个行政村，该村辖4个社245户1011人，耕地943亩，海拔800～900米，面积8825亩，是四川省第六批水土保持以工代赈项目。1962年，一次罕见的特大暴雨袭击后，地表发生了大面积的深层滑运。地表物东倒西歪乱石成堆，令人望而生畏，落山村的村名由此而得。由于水土流失严重，地多田少且贫瘠，水源奇缺，粮食产量人均仅250公斤，人均年收入仅300元左右，当地群众一直在贫困线上挣扎。

1993年，该村干部群众抓住以工代赈治理水土流失的机遇，通过水土保持改田改土，培植经济林木，防治水土流失，调整产业结构，促进经济发展，取得了明显的经济和社会效益。通过三年的治理，共完成了以条石砌筑地埂为主的坡改梯500亩，挡土长达6500余米，增加耕地面积50多亩，新修山坪塘一口，道路两条4860米。在工程配套治理中，结合人畜饮水，修建蓄水池户平一口，解决人畜饮水和果树浇灌用水。该示范基地累计完成土石方工程量6.5万立方米，其中砌石1.5万立方米，累计投入劳动日8.8万个，户平投劳500个，完成总投资108万元，自筹及投劳折资60万元。通过治理，土地由薄变厚变肥，1994年玉米单产由原来的200公斤增加至600公斤。1996年全村产果1万公斤，1999年仅水果一项当年收入18.5万元。

二、铧厂梁水保工程

铧厂梁地处长赤镇永新村，与官房沟水库山水相连。山梁上黄土裸露，草木不生。1999年列入国家长江流域治理工程，实施水土保持规模改土工程。工程规划改土1000亩，其中铧厂梁中心片区改土600亩。该工程建成后，对官房沟水库淹没区的13户农户进行了移居安置，并解决了移居户的耕种土地，减少了官房沟水库集雨区的水土流失。

三、龙池河小流域治理工程

龙池河小流域位于县城西南的长赤片区，距县城50公里。流域内包括长赤镇、天池乡的15个行政村，以长赤镇的青杠村、中魁村和天池乡的白顶、白鹤、祠堂村为重点。面积49.24平方公里，流域内有65个村民组，5621户，22391人。流域内地处新华向斜东翼中段；地貌以侵蚀台坡状窄谷低山为主，由白垩系城墙岩群砂岩与粉砂岩、泥岩组成台坎状地形，岩层倾角5度左右。长赤镇一带形成残积平坝，海拔700～800米，相对高差100米。流域区内水土流失面积25.76平方公里，占总面积的52.3%，年侵蚀总量11.77万吨。

1999年，采取山、水、田、林、路综合治理，其中坡改梯地4267亩，保土耕作2054亩，植水土保持林9976亩（薪炭林和用材林），经济林及水果林4545亩，封禁治理16141亩，建设水系工程5192处，其中建截水沟、排水沟35条34.4公里，建蓄水池490口，山坪塘9口，沉沙凼4658口。治理工程完成土石方工程量68.25万立方米，投入劳动工日58.93万个，总投资641.4万元，其中群众投入资金及投劳折资486.84万元，地方财政配套资金77.28万元，国家补助77.28

万元，占总投资的24%。通过治理，区域内粮食增产934万公斤，增加木材蓄积总量1.23万立方米，每年增加水果、药材产值1787万元，各类水利工程增加蓄水量221.76万立方米，可解决739亩农田的有效灌溉。

四、车盘沟小流域治理工程

车盘沟小流域位于县城以南的沙河片区境内，属南江河水系，下两河口中度流失区，面积57.06平方公里，水土流失面积21.7平方公里，行政区域包括沙河镇、八庙乡、高塔乡的17个行政村，农业人口21499人，劳动力9964人。治理前，由于水土流失严重，生态环境恶化，土地贫瘠，农业生产结构单一，自然灾害频繁，农民在耕地上投入大，产出低，粮食亩产432公斤，农民人均年纯收入923元。

2000年，车盘沟列为“长治”第四期小流域治理工程，由沙河区组织实施，完成坡耕地改造4200亩，实行水土保持耕作258亩，营造水土保持林1175亩。兴建山坪塘5口，蓄水池288口，沉沙凼3570口，沟渠30公里，水保路4公里。按GB/T5773规范要求，按比例对各项实施进行抽样详查，各项措施布局合理，均达到了设计标准，综合评定为优良工程。工程总投资536.49万元，其中现金投入65万元，群众投物投劳折合471.49万元。通过治理，植被覆盖率由原来的25.2%提高到52.2%，土壤侵蚀模数500吨/平方公里·年，土壤侵蚀总量由原来的8.7万吨降到2.53万吨，降低70%，水土流失恶化状况得到遏制，生态环境逐步实现良性循环。流域内土地利用率达98%，农业产量大幅度提高，农民人均收入比治理前有较大增加。

五、王家沟小流域治理工程

王家沟小流域治理工程属1998年第四期“长治”治理范畴。该流域在县城以南的下两区，属南江河水系，下两河口中低山中度山区。项目区包括下两镇、元潭乡、凉水乡、长征乡4乡镇的12个行政区，面积45.32平方公里，有农业人口4827户16832人，劳动力5888个。区内坡陡坝高，植被稀疏，水土流失严重，流失面积达21.1平方公里，占面积的46.6%，土壤年侵蚀量8.7万吨，制约当地农业生产，粮食平均亩产315公斤，人均粮食302公斤，人均年纯收入722元。

通过治理，全流域坡地改梯田3500亩，水保耕地1201亩，营造水土保持林8503亩。为了增加疏幼林的密度而采取全封、半封、封育结合的办法实行封山治理12734亩，并建立了护林公约。为了拦截地表径流，拦蓄坡面以满足浇地用水和减少水土流失，在项目区内配置了小型水利工程：修建山坪塘10口，蓄水池210口，排洪沟渠62公里，沉沙凼3200个，年拦总水量406.1万立方米，拦截泥沙6.15万吨。工程总投资521.11万元，其中群众投物投劳折资456.11万元，国家补助70万元。实施治理后，植被覆盖率由治理前的40.2%提高到68.5%，水土流失得到有效控制。

六、黄金桥小流域综合治理工程

黄金桥小流域属南江河水系，为“长治”工程四期小流域治理范围，县人民政府确定的水土保持重点监督区，面积42.99平方公里，水土流失面积11.12平方公里，是长江流域治理工程的小流域。项目区包括南江镇、碾盘乡、东榆镇3个乡镇，朝阳、黄金等7个行政村，农业人口17384人，劳动力6123个。治理前，由于水土流失严重，生态环境恶化，土地贫瘠，农业生产结构单一，自然灾害频繁，1997年粮食亩产341公斤，农业人均纯收入仅887元。

治理后的1999年，粮食亩产达到565公斤，人均耕地虽然减少0.28亩，但人均产粮却达到374公斤，比治理前人均产粮341公斤增加33公斤；人均年纯收入达到1174元，比治理前人均年纯收入增加288元；土壤年侵蚀总量由原来的8.8万吨降到2.6万吨，生态环境逐步实现良性循环。流域内建设内容为：建设基本农田坡改梯1916亩，营造水土保持林6465亩，改造了水土保持耕作51处677亩，兴建各类小型水利工程4966处，其中山坪塘6口，蓄水池窖41口，排沙沟渠50公里，沉沙凼4500个。各项治理工程总投资527.85万元，其中国家补助95万元（国家财政拨款65万元，乡镇财政匹配资金30万元），群众投物投劳折资432.85万元。

七、花桥小流域治理工程

花桥小流域位于南江县城西南70公里的正直片区的花桥乡，流域面积23.27平方公里，人口6976人，劳动力3375个，耕地面积8851.06亩，人均耕地1.27亩，人均基本农田0.87亩，人均产粮516公斤。该流域是全县水土流失比较严重的地区之一，水土流失面积11.09平方公里，占面积的47.7%。该区人口稠密，经济基础较好，但由于水土流失又得不到治理，制约经济发展，农民群众迫切要求改变现状。

根据土地适宜性和土地利用规划，合理进行土地利用配置，统筹兼顾，科学治理。（1）坡改梯440亩，主要分布在花桥村、福字村；（2）保土耕作729亩，涉及整个小流域；（3）植水土保持林3672亩，其中用材林3197亩，主要分布在梨子村、花桥村，薪炭林476亩，主要分布在沿溪村、徐家坝村；（4）封禁治理7128亩。对原有的疏幼林及经济林采取封育补植措施涉及整个小流域；（5）植经果林3785亩。其中经济林2615亩，主要分布在宝石村、梨子村；果木林1170亩，主要分布在沿溪村、余家坝村；（6）建水系工程1242处。其中截水沟、排水沟5条4公里，蓄水池25口，山坪塘2口，沉沙凼1210口；（7）建人行道路2条2公里，共完成投资337.53万元，完成土石方工程量40.78万立方米。在总投资中，国家补助66.53万元，地方财政投资26.61万元，群众投物投劳折资244.39万元。工程实施后，拦截了泥沙量每年每公顷28.5吨，全流域年侵蚀总量减少2.82万吨，大大减少了下游的淤积。

八、明月河小流域治理工程

明月河小流域位于县城东郊，面积46.42平方公里，包括碾盘、小河、南江镇3个乡镇9个行政村，总人口13625人，其中农业人口12025人，劳动力4570人。项目区属南江河水系，是县人民政府确定的水土保持重点监督区，人口稠密，开发建设项目多，植被稀疏，降雨集中，地面坡度大，水土流失较为严重。水土流失面积22.31平方公里，占面积的48.06%，年侵蚀总量9.15万吨。

1997年，区域内已组织群众局部治理。1998年，全县被列为“长治”范围，按长委审查批准的《南江县水土保持总体规划》将该流域列为南江县“长治”工程第四期的第一条小流域。其治理项目建设为：坡改梯5110亩，营造水保林6390亩（其中：用材林1479亩，薪炭林4911亩）。封禁治理17624亩，保土耕作451亩。配套塘堰15处，蓄水池窖100口，排灌沟渠70公里，沉沙凼3200口。该流域综合治理总投资590.17万元，其中工程措施投资443.82万元，生物投资134.61万元，农耕措施以及其他投资4.86万元，资金来源国家补助106万元，县财政匹配补助20万元，群众投物投劳折资464.17万元。

实施治理后，其生态环境逐步转为良性循环。主要表现在以下几个方面：（1）有效防治了水土流失。实施治理后植被覆盖率由治理前的37.1%提高到68.3%，土壤侵蚀模数降为1240吨/平方公里·年，土壤年侵蚀总量由原来的9.1万吨降到2.73万吨，降低70.2%，水土流失恶化状况得到遏制。（2）保护了水土资源。通过综合治理，耕地采取坡改梯，砌筑地埂，减缓坡度，增厚土壤，增大水分渗透途径，拦截泥沙，起到了保水保土作用；水保林的营造使部分坡面由树木枝叶郁闭后既涵养了水分，又减少了雨水溅击地表，其发达的根系不仅涵养水源而且固结了土壤，保护了水土资源。该流域年可拦蓄水量439万立方米，拦截泥沙6.42万吨，相当于一座（一）型水库的拦蓄水量和172亩（土壤厚度40厘米）的耕地。(3) 改善了气圈、土圈、生物圈的生态。通过小流域治理，流域内的气温、温度、风力等发生了明显变化，减少了洪涝和干旱、霜冻和干热风危害，农业生产条件得到改善，农作物产量随之增加。土壤水分、氮、磷、钾和有机质含量、土壤团粒结构和孔隙率状况得到改善，起到了保土保肥，增加农业后劲的作用。

九、流坝河小流域治理工程

流坝河小流域，位于县城以北的流坝乡，距县城8公里，流域面积35.7平方公里。地貌为岩溶褶皱中心，海拔高程480～1761.2米，水土流失面积16.58平方公里，占流域面积的46.4%。流坝乡所在地两岸，有506亩的平坝，全是平整的土地，但整片土地土层薄，含沙量大，既不保肥，也不保水，一直是低产农田，亟待改造。该流域治理工程涉及流坝乡5个行政村、20个村民小组，以金台村、梅岭村、赤坝村为治理重点。流域内人口总量4251人，劳动力2549个。流域内水土流失类型全部是面蚀，其强度分别为：轻度3.91平方公里，占流失面积的23%；中度9.47平方公里，占流失面积的57.1%，重度3.2平方公里，占流失面积的19.3%。年侵蚀总量5.54万吨，土壤侵蚀模数3341吨/平方公里·年。

1998年经批准列为国家“长治”工程治理范畴，根据土地适宜性和土地利用规划，统筹兼顾，综合治理的原则，分别采取6项工程治理措施：(1) 坡改梯1997亩，主要分布在金台村、赤坝村。(2) 水土保持林7775亩，其中用材林6227亩，主要分布在黑山村；薪炭林1548亩，主要分布在梅岭村。(3) 经果林3122亩，其中经济林2273亩，主要分布在高峰村；果木林851亩，主要分布在赤坝村。(4) 封禁治理11973亩，对原有的疏幼林及经济林采取封育与补植措施，涉及整个小流域。(5) 坡面水系工程20940亩，其中新建截水沟、排水沟6条6公里，蓄水池25口，蓄水4500方；山坪塘3座，蓄水8400方；谷坊2座，沉沙凼1360个。(6) 道路5条4公里，主要分布在梅岭村和金台村。该项目完成总投资438.08万元，其中国家投资99.39万元；地方投资39.76万元，群众投劳折资298.93万元；完成土石方工程量54.76万立方米。工程实施后，经调查计算，每公顷坡改梯年拦截泥沙量28.5吨，每年拦截泥沙总量达4.15万吨，大大减轻了对下游的淤积和污染。拦蓄地表径流0.3万方，项目区内林草覆盖率达到86.8%，减轻了干旱对农业生产的威胁，减轻了小型滑坡及泥石流的危害。项目区内人均年增加粮食50公斤，人均年纯收入增加635元。

十、黄河沟小流域综合治理工程

黄河沟小流域，位于南江县城西南部30公里的沙河镇，流域面积40.87平方公里，水土流失面积20平方公里，属南江河水系的二级支流，下两河口中低山中度流失区，也是全县水土流失重点治理区。流域区覆盖沙河镇13个行政村，人口和农田相对集中，农业人口16458人，劳动力7543人，人口密度每平方公里40.3人。项目区治理前的土地面积61300亩，其中耕地13097亩（其中坡耕地6810亩），林地29393亩，荒山荒坡12410亩，其他用地6400亩。截至1999年底，人均占有耕地0.8亩，经果林0.23亩，粮食亩产524公斤，人均纯收入686元。

在治理中，因势利导，山、水、田、林、路全面综合治理。流域内实施坡改梯地1200亩，兴建山坪塘2口，蓄水池36口，沉沙凼780个，拦山、排洪截流15条8.6公里，以达到保土保肥、拦蓄地表径流、拦截泥土的目的。全流域营造用材林8711亩，经济果木林3699亩，对10780亩疏幼林进行封禁治理。对坡度较小，水土流失较轻，不能退耕还林的5610亩坡耕地实行保土耕作。经过治理后，项目区基本农田13097亩（其中采取农耕措施的坡耕地5610亩），林业用地41803亩，比治理前增加12410亩。在林业用地中用材林3079亩，经济果木林7530亩，尚未成林的幼林3483亩，其他用地仍为6400亩。治理后各业状况分别为：人均占有耕地0.8亩，人均占有经果林0.45亩，粮食亩产571公斤，比治理前增加47公斤，人均纯收入达到961元，比治理前增加275元。其生态和社会效益尤为显著，水土流失状况发生明显变化。植被覆盖率由原来的30.4%提高到62.5%，土壤年侵蚀量由原来的7.8万吨降低到2.02万吨，降低了72.1%，流域区已经恢复到山清水秀、林茂草丰的景象。

表6—2　　南江县1998—2000年水土保持小流域治理统计表

序号	流域名称	所在乡镇	实施年份	治理总面积（km^2）	工程总投资（万元）	工程量（万 m^3）	总工日（万个）
1	黄金桥	南江镇	1998	21.00	527.85	83.60	52.80
2	明月河	碾盘乡	1998	22.00	578.99	58.50	52.80
3	龙池河	长赤镇	1999	25.67	641.40	82.50	55.00
4	玉堂河	红光乡	1999	20.24	553.83	72.97	44.55
5	沙溪河	长赤镇	1999	20.00	542.35	39.15	29.71
6	王家沟	下两镇	1999	20.00	517.86	75.45	48.40
7	绝潭河	下两镇	1999	10.00	305.56	37.34	18.90
8	车盘河	八庙乡 高塔乡	2000	21.00	533.29	75.10	50.20
9	九青	沙河镇	2000	10.00	307.60	35.68	19.53

第三章　抗旱防汛

第一节　指挥机构

1986年，县人民政府成立了抗旱防汛指挥部，由分管县长担任指挥长，水电局局长任副指挥长，县级有关部门负责人为成员。办公室设在县水利局，负责组织、协调、监督、指导全县抗旱防汛工作，对县管河道和重要水利工程实施抗旱防洪调度，负责城镇在建堤防工程的质量监督和已建堤防工程的管理工作。

第二节 工作成效

1987年，南江发生春旱，小春作物受旱，大春育苗缺水。4月13日，县人民政府一方面根据全县的旱情向达县地区行署作了书面报告，请求解决抗旱资金。另一方面发动全县人民自力更生，采取担水、戽水、提送、堵溪截流、找水源等各种有力措施，开展抗旱保苗工作，力争小春禾苗不枯黄，大春育苗不缺水。同年7月17—18日，全县降暴雨，总降水量为254.8毫米，南江河水位高5.5米，超过警戒水位1米。经过各地防洪减少了洪涝灾害损失，但此次灾情重，全县因水灾损失仍达1786万元。1988年6月29日，风雹灾害受灾面积1.5万亩，损失粮食产量321万公斤。7月25日，县委、县政府及时召开增种改种现场会，要求全县各地大力增种、改种，减少灾害损失。

1990年5月16日至6月12日，夏旱连续27天，造成缺水栽秧，6月11日统计全县仅栽插水稻面积20.1万亩，占计划的77%。经过抗旱保苗，抗旱抢种抢栽，当年完成水稻栽插面积26.2万亩，比1989年多栽0.5万亩。

1994年11月，全县大雨，雨量140毫米。县抗旱防汛指挥部及时组织防洪，减轻了灾害损失。1995年，夏旱加伏旱，省委书记谢世杰亲临南江视察旱情，并对抗旱救灾作了重要指示。南江全县人民奋力抗旱夺丰收，全年粮食作物播种面积83.7万亩，比1994年增加3万亩；总产粮食22.26万吨，比1994年增产3.2万吨，增长16.8%。

1998年6月18日起，连续28天夏旱，水稻田4.5万亩开裂，玉米15.9万亩受灾，红苕3.5万亩受旱，经济作物受旱3.4万亩。接着又遭受到洪涝灾害，7月6日至9日，60小时内降水量321毫米，造成农作物受灾面积达12.8万亩；8月14日下两区暴雨成灾，滑坡124处，损坏农作物1500亩，房屋垮塌42间，直接经济损失达175万元。县委、县政府组织全县人民奋力抗灾自救，增种晚秋粮食作物5万亩，秋菜20万亩，弥补灾害损失。当年粮食总产量比1997年增产4%。

第四章 水产养殖

第一节 养殖概况

南江县有河、塘淡水面积27.82万亩，占面积的5.4%，适宜渔业生产的淡水面积有3万亩。1986年全县水产品总产量325吨；1990年水产品产量增长到578吨，其中淡水养殖面积10050亩，养殖产量476吨，淡水捕捞产量98吨。

1995年，进一步调整农村产业结构，渔业生产继续保持上升势头，全县水产品产量900吨，比1990年增长56.8%。

2000年，全县水产品总产量已达1370吨，比1990年增长138%。水产品养殖面积扩大到15330亩（其中：池塘养殖9840亩、水库养殖4020亩、河沟养殖1470亩），养殖产量1090吨

（其中：池塘养殖产量436吨、水库养殖产量199吨，河沟养殖产量35吨，稻田养殖产量420吨）。淡水捕捞产量达280吨，比1990年增加185%。

第二节　养殖方式

一、鱼种繁殖

1983年，在玉堂水库开始实施鱼苗人工繁殖试验。当时只有一个简易产卵池，进行人工孵化，建有6亩培育地、8亩青鱼池，生产规模小，年繁殖水花鲢1亿尾。经试验示范，效果不理想。由于南江气温偏低，产出的水花季节过晚，比从外地调入水花相差近两个月，不利鱼种在有效高温时段培育，故人工繁殖鱼苗工作于1990年停止。因此，南江的鱼苗全是采取从广东空运至成都，再从成都用专车运回南江，直接在水库网箱中培育，培育至寸片以上规格后再销往县内各培育基地。至2000年，全县各地发展鱼种培育基地共54亩，为县内渔业生产提供鱼苗。

二、池塘养鱼

1986年以前，县内池塘养鱼基本上停留在“只放不养”的原始阶段，鱼种投入较少，品种单一，未投任何饲料，鱼产量极低，部分水面根本没有投放鱼种，水面荒芜严重。1986年以后，通过对山坪塘的经营管理权进行承包、租赁、拍卖等改革后，山坪塘养鱼业有了较大发展，微水池部分水源较好，规模较大的大都投放了鱼种，少部分池塘实行了集约化养鱼，产量较高。池塘养鱼年产量，由1986年的136吨增加到2000年的436吨。

三、水库养鱼

全县所有已成水库和在建水库，除少部分不宜养鱼的，如官房沟水库（专供饮水）和不便管理的小型水库外，大多数都养了鱼，部分水库的鱼产量较高。1986年后，县认真贯彻《渔业法》，养鱼业有了较快的发展。县水产站根据四川省水产局提出的“稳定面积，提高单产，降低成本，增加品种，量化管理，协调发展”的方针，1988年派技术人员到玉堂水库开展网箱养鱼试验并获得成功。当年投放网箱8只200平方米，获得折合亩产6.8万公斤的好业绩，创造了达县地区最高单产水平。

从1995年起，玉堂水库网箱养鱼下放到职工个人承包经营，扩大了养殖规模，单产水平稳定提高，先后又在石板堰水库、井坝水库开展网箱养鱼。截至1998年底止，全县水库中网箱养鱼面积达到3300平方米，网箱养鱼已成为全县商品鱼供应的主要来源。玉堂水库由于网箱养鱼的发展，培育了水库水体的水质，带动了水库大面积花鲢、白鲢、鲤鱼等鱼类的快速生长，提高了水库大面积的成鱼产量，年产成鱼由原来的1.75万公斤，提高到10万公斤以上，加上网箱养鱼年产成鱼15万公斤，使该水库年产成鱼达25万公斤以上，已成为全县商品鱼供应的骨干基地。县内流水养鱼曾一度发展。春场坝流水养鱼场于1988年5月建成，养鱼面积712平方米，1988年至1998年累计向社会提供商品鱼22万公斤。该鱼场由于基本建设占地等原因，于1999年终止养鱼。1993年，凤仪乡二村利用溪沟常流水建成流水养鱼场8亩，通过人工投放配合饲料养殖鲤鱼，获得亩产1800斤的好业绩。

四、稻田养鱼

全县现有宜渔冬囤水田面积3.5万亩，群众利用冬囤水田和稻田养鱼的习惯悠久，但随着冬改旱和种子、化肥、农药的开发运用，原始稻田养鱼的方法已不适应，稻田养鱼有所下降。随着“千斤稻，百斤鱼”丰收措施的实施推广，稻田养鱼又成为部分农民群众发展庭园经济的项目之一。采取加高囤水田埂，硬化池埂，在稻田内开挖鱼沟、鱼凼，使用高效而对鱼类毒性轻微的农药等措施，稻田养鱼稳定发展。

五、科技兴渔

县水产站通过开展科技下乡活动，深入到各片区的主要集镇，利用逢场天，向广大农民群众发送技术资料，解答渔业生产中的难题，技术人员与渔业生产单位或农户签订技术承包合同。利用县党校培训各级干部的机会，对区、乡（镇），村干部讲解水产技术课，还编印《微水池养鱼技术要点》、《稻田养鱼新技术》等小册子5万余份，免费发送给农民群众，推动了渔业生产的发展，使全县的渔业生产在产量、品种、质量等方面均有很大提高。

六、人工放流增殖

1978年前，由于全县江河渔业没有专管机构，毒鱼事件频频发生，江河鱼类资源一度枯竭。从1982年起，县内主要河流第一次人工增殖放流鱼苗以来，连续多年，在南门口、下两电站水库，正直龙潭河等地段投放鱼种20多次，投放大规格鱼种400余万尾，对江河鱼类繁殖增殖起到了重要作用。

七、捕捞

过去仅在江河天然水域从事捕捞作业，现已发展为人工养殖水域捕捞和江河捕捞两大作业类型，捕捞工具由麻线鱼网发展到单层胶线水丝网具。1987年，县水产站在重庆长寿湖鱼网厂购进三层刺网从事水库捕捞，并在玉堂水库组建常年专业捕捞队，对全县水库从事捕捞；江河渔民既从事江河捕捞，又承担其他塘库渔业捕捞。在天然水域中，通过控制最小网目尺寸捕大留小保护江河鱼类资源。三层刺网在江河作为拦网使用，成为定置渔具。全县江河捕捞业每年在20万公斤左右。做到了加强管理，有序开展作业。

第三节　其他水产业

1981年，由村民谢木元进行甲鱼人工繁殖试验，经过两年的实践，初步掌握了甲鱼卵人工孵化的技术和规律并取得了成功。开始采取就地野外自然孵化，12个甲鱼卵只有2只小甲鱼出壳，成功率仅为16%；后来采用室内人工孵化，76个甲鱼卵，小甲鱼个个出壳。至1983年止，已累计孵出甲鱼苗1128只。由于人工饲养甲鱼所需饲料（蚯蚓、螺蛳）供应困难、生产成本过高等原因，该项目难以推广，于1985年底该试验课题被迫终止。1995年，祝天才投资30多万元在中咀火电厂建起了温、流水养鱼场，先后引进甲鱼、罗非鱼（非洲鲫鱼）、叉尾鱼、大口鲶鱼，用火电厂温水养殖获得成功。由于养殖场的设计防洪标准偏低，一场大洪水将养鱼场冲毁。1996年，经四川省渔业行政部门批准，张继开在碾盘乡两河口投资4万元建成南江大鲵（娃娃鱼）驯养繁殖场，但因人工繁殖尚未突破技术难关，经过两年的试验仍未获得成功。

表 6—3

南江县 1986—2000 年渔业生产情况统计表

年度	水产品总产量（吨）	养殖面积（公顷）	其中			养殖产量（吨）	其中				淡水捕捞产量(吨)
			池塘养殖（公顷）	水库养殖（公顷）	河沟养殖（公顷）		池塘养殖产量(吨)	水库养殖产量(吨)	河沟养殖产量(吨)	稻田养殖产量(吨)	
1986	325	632	402	200	30	240	136	38	2	64	58
1987	400	637	402	203	32	273	143	47	3	80	75
1988	450	647	410	205	32	314	154	53	5	102	87
1989	518	658	420	206	32	399	185	66	8	140	92
1990	574	670	430	207	33	460	200	74	12	174	98
1991	586	671	431	207	33	485	203	77	12	193	101
1992	667	671	431	207	33	540	209	88	14	229	115
1993	682	761	455	225	81	601	218	92	21	270	81
1994	860	805	405	200	200	770	208	105	35	422	90
1995	900	795	530	210	55	778	335	130	38	245	122
1996	1035	937	337	500	100	965	345	385	45	190	70
1997	1250	1020	651	269	100	1040	417	200	30	393	210
1998	1360	1025	655	270	100	1150	420	240	35	395	210
1999	1230	989	655	253	81	920	336	192	28	364	310
2000	1370	1022	656	268	98	1090	436	199	35	420	280

第五章 管 理

第一节 水利工程管理

一、小型水库管理

1986—2000年，小型水库按分级管理原则由所在乡镇人民政府管理，乡镇长为水库安全的行政负责人和第一责任人，县水利局负责业务指导。全县41座小型水库普遍建立了水库管理所，作为乡镇所属的集体所有制企业进行管理，独立经营、照章纳税、自负盈亏。以村为单位，成立了农民用水协会，由协会负责农渠及工程配套设施的管理和使用，形成管理所同用水协会共同管理的供水关系。

二、中型水库管理

南江唯一的中型水库——玉堂水库，直接由县水电局管理，成立了玉堂水库管理所，属事业性质。在当地党委、政府的配合支持下开展管理工作，对水库枢纽、渠系工程的维护、整治，库区水面的利用与经营，灌区农业生产服务、消费征收等方面加强了管理。1988年12月至1995年，对玉堂水库，省、地、县国家投资1365万元，将病害工程进行了全面整治。1997年3月20日至7月13日，对主坝外坡进行了修整护砌，枢纽病害工程整治工程全面竣工。在整治玉堂水库病害工程的同时也对县内的杨家沟水库、柴家沟水库、玉乐水库的病害工程进行了整治。

第二节 水资源管理

全县成立了节约用水办公室，隶属于县水利局，制定了开源、节流、保护水资源的行政规定，编制了年度取用水计划，层层签订责任状，明确了各单位的职责，实行目标化管理。大力推行水事案件承办制、错案追究制、依法赔偿制、评议考核制四位一体的管理办法，提高办案和管理水平。县水政监察大队对全县用水单位和资源使用状况进行了全面清理，按照层次等级、生产规模等进行分门别类登记造册，建档立卡，逐项落实监督管理措施。同时，建立了三个机制。一是约束机制，对各取用水单位严格执行取水许可、计量收费、用水申报和超定额累计加价制度。要求耗水量大的企业加强中小回用设施和污水处理设施建设，加大节水改造力度。竹坝铁矿、中咀火电厂、南江煤电公司、红山铁矿、乐坝水泥厂等16家企业全面完成了“一挖双达标”任务。竹坝铁矿累计投入800万元用于污水处理和中水回用，安装了价值10余万元的在线监控设备。加强农业用水总量控制，提高农业用水效率，大力发展管灌、喷灌、滴灌，发展节水型农业。二是激励机制。在开发、利用、保护水资源和防治水害等方面成绩显著的单位和个人，由县人民政府给予奖励。三是监督机制。加强了对未获批准擅自取水或未依照批准取水许可规定条件取水的监督检查。加强了未经批准，擅自在河道新建、改建或扩大排污口的监督检查。

1993年，县开始执行国家《水法》，收取水资源费。至2000年底，依法向全县80家企业征收水资源费100多万元。在征收水资源费的企业中，水电站13个，火电厂2个，县自来水公司1个，乡镇供水总站1个，煤炭企业24个，冶金矿山企业3个，石材企业5个，水泥企业2个，其他企业24个。征收的水资源费实行财政专户存储和收支两条线管理办法，取之于水，用之于水，专款专用。

第三节　渔政管理

1983年1月1日，县人民政府发布了《南江河穿心店至祖师潭为常年禁渔区的公告》，禁止在该区域内捕鱼。1987年，县政府为渔政人员颁发了“渔政检查证”，并依法着装进行渔业检查工作。1991年，县人民政府又发出《关于加强渔政管理、维护渔业秩序的通告》，要求保护渔业资源，使江河捕捞业有序开展。同时在全县范围内实施了江河分段目标责任管理和专业管理与聘用兼职管理人员管理相结合的办法，对电鱼、毒鱼等违法事件依法给予查处。1983—2000年，全县累计发生渔政案件1327起，查处和调解率达到92%，其中调解渔事纠纷150起，行政处罚135人次，行政拘留40余人次。对情节严重的犯罪嫌疑人，由司法机关依法判处徒刑的有5人。

第七篇 林 业

第一章 资 源

第一节 林 地

南江林地，自1983年进行二类资源和林业区划调查以后几年，各项数据基本没有多大变化。全县林地总面积18.4万公顷，占面积的53.6%，其中国有林47733.33公顷，集体及社员自留山13.6万公顷。

1995年2月，县林业部门以南江河、木门河、旺江流域为主，对7区19个乡全面调查，沙区土地面积8747.5公顷，其中沙化土地1954公顷。从沙化地类来分：流动沙地19公顷，半固定沙地1334公顷，固定沙地483公顷，沙改田118公顷。从利用地类分：耕地95公顷，宜林沙荒地1250公顷，疏林地609公顷。1995年10月开展林地清查，到1997年统计结果发现县内每年有林地700亩左右向非林地转化。1998年，全县有天然林面积138146公顷，蓄积792万立方米，其中集体与个人101542公顷，国有林场29893公顷，零星国有4729公顷，非林单位1982公顷，于10月1日起全县停止采伐。是年，全县绿化基本达标，经验收合格：绿化覆盖率58.5%；林木覆盖率58.4%；林业用地20.12万公顷，占全县总面积的58.9%；森林面积14.97万公顷，占林地面积74.4%。

2000年4月，全县开展退耕还林试点工程面积2357.17公顷；林业用地仍为20.12万公顷，占全县总面积的56.4%，全县人均占有林业用地5.2亩。

第二节 森 林

县境内森林分布较广，北部林区集中于米仓山南麓的焦家河一带，以多种水青冈的单纯阔叶林为主；南部中低山地区多为天然次生林的散生林；低山区主要是马尾松、柏树、栎类灌丛混交；中山区主要为毛石栎、蔓生青冈等组成常绿阔叶、落叶阔叶混交和巴山冷杉、铁杉组成的针叶林。

南江森林种类繁多，乔、灌木有200余种，其中：落叶乔木24科42属77种，常绿乔木9科

18属32种，落叶灌木17科24属43种，常绿灌木16科26属39种，藤生植物9科11属19种。乔木中珍贵的有红豆、银杏、香樟、南木散生于县内各地。

南江的森林蓄积量极为丰富。1983年，全县用材林总蓄积量644万立方米，1990年提高到810万立方米，1996年达到827万立方米，2000年森林总蓄积量863.3万立方米。

森林覆盖率逐年增加。1986年，全县森林覆盖率为39%，到2000年上升为41%，上升了2个百分点。

表7—1　　南江县1986—2000年森林用地面积情况表　　单位：公顷

项目 / 年度	林地面积合计	占全县面积（%）	森林面积	占全县面积（%）	宜林面积	占全县面积（%）	森林覆盖率（%）
1986	174736	52	136369	39.9	38367	12	39
1987	174832	52	136369	39.9	38463	12	40
1988	174715	52	136369	39.9	38346	12	40
1989	174408	51	136369	39.9	38039	12	40
1990	174080	51.0	136369	39.9	37711	11	40
1991	174227	51.0	136369	39.9	37858	11	40
1992	174013	51.0	136369	39.9	37644	11.0	40
1993	174006	51.0	136369	39.9	37637	11.0	40
1994	173916	51.0	136267	39.9	37649	11.0	40
1995	172733	51	136267	39.9	36466	11	40
1996	172733	51	136267	39.9	36466	11	40
1997	174320	51.0	136267	39.9	38053	12	40
1998	174320	51.0	136267	39.9	38053	12	40
1999	174320	51.0	136267	39.9	38053	12	40
2000	174320	52	136267	39.9	38053	12	41

资料来源：南江县统计局统计年鉴（森林覆盖率来源于县林业局）。

第三节　野生动物

南江野生动物资源丰富，20世纪80年代前曾进行多次调查，计有26目、67科、195种。其中兽类7目、18科、53种；鸟类14目、36科、108种；爬行类3目、6科、15种；两栖类2目、7科、19种。属国家二类保护动物的有猕猴、金猫、云豹、林麝、毛冠鹿、娃娃鱼等6种。此后，省、地、县曾组织多次调查统计，进一步摸清了南江野生动物资源家底。据2000年底统计，全县现有野生动物26目61科195种，属国家和省级重点保护的野生动物达41种。其中国家级24种，如云豹、林麝、金猫、娃娃鱼（大鲵）、红腹角雉等；属省三级以上保护品种有豹、林麝、水獭、红复锦鸡、鹿子、黑熊、猕猴、金鸡等。南江“不失为四川盆地北缘山地重要的生物基因库，是国家宝贵的种质资源”。

第二章 营林造林

第一节 采种育苗

一、采种

1986年，采购马尾松种子1.5万公斤、桤木种子1250公斤，从外地调入林木种子0.1万公斤，调出林木种子1万公斤。1988—1990年，三年内共采集马尾松、柏树及桤木种子33.25万斤。1994年，县林业局拨款11.3万元，在全县收购柏木种子2万斤（1.9元/斤）、马尾松种子3万斤（4.5元/斤）、银杏种子1.8万斤（8元/斤），供本县和外地造林育苗。1996—1997年，黑池子林木良种场收马尾松种子5000斤，林业总场5个分场共采集乡土优势树种桦木60斤、擦木25斤。2000年，黑池子林木良种场采集马尾松鲜果2万公斤，并按性系作了分号处理。

二、引种

1986年，黑池子良种场引进露丝柏建种林200亩。1996年7月，从国外引进23种速生桉树进行育苗造林试验，定柑秃杉引种试验林20亩、墨西哥柏示范林300亩、藏柏母树林200亩；引进水蜜桃试种180亩、洞庭枇杷试种40亩、中华猕猴桃400亩。同时还引进了金花、崇化、丰水、北京24、北京27等梨子树示范种植。1997年，引进云南大泡核桃、新疆串子黑桃、优良树种红豆杉试种成功；大坝分场引进红豆杉扦插5000余株，成活95%。1998年9月，引进成都红梅穗条新品种，对关门乡万亩红梅进行低改。1999年，从省农科院引进速生丰产林树种三倍体白毛杨7个品种和南抗四季杨繁育成功。2000年12月，引进加拿大珍稀树种“红豆杉”在南江示范栽植。

三、育苗

1986—1990年的五年中，共育苗10581亩，年均育苗2116亩。1992年，林业良种场马尾松嫁接育苗成活150亩。当年全县育苗1248亩。1993年，完成马尾松嫁接100亩，补接150亩、墨西哥柏示范林100亩、藏柏林100亩，全县育苗876亩。1994年，在油橄榄管理所、红光黑池子良种场各新建采穗圃20亩，新造育苗基地各30亩；全县育苗共902.2亩。1995年，经验收合格实际育苗1226亩，补助资金5万元。1996年，林业良种场培育杜仲苗木4亩，马尾松、墨西哥柏用材林苗木8亩，产苗30万株。当年全县共计育苗1189.5亩。1997年，全县育苗1550亩，其中新育1419亩，本年度出圃面积1390亩，产合格苗3090万株。1998年，全县育苗1410亩，其中经济林育苗914亩。

1999年7月，县林业部门与四川农业大学经济林木实验场，采用核桃芽苗嫁接新技术，选核桃佳果优树1291株，采优良穗条20万枝，在流坝乡建立核桃示范苗圃30亩，培育核桃芽苗砧优质嫁接苗木20万株。全县年育苗1240亩。

2000年，扩建国营苗圃9个，区、镇（乡）办育苗基地192个，农户个人育苗762户。合计育苗基地963处，全县本年度共计育苗1442亩。

四、种苗工程

南江种苗工程起步较早，从20世纪50年代开始，先后建立了新民苗圃、城关苗圃、长赤苗圃。1976年建立了油橄榄管理所，1986年4月建立了黑池子林木良种场，到2000年，全县已有9个国营示范苗木基地，担负着实施种苗工程计划的具体任务。

县苗木示范园 以流坝250亩示范苗圃为中心，按海拔梯度分建7个骨干苗圃，总规模达到800亩，计划总投资1144万元，其中自筹344万元。为申请列为全省苗木培育示范县而开展的项目：高科技品种繁殖园，建核桃采穗园50亩；品种对比试验园100亩；塑料大棚、扦插苗培育室、移栽区50亩；核桃、银杏、金银花经济林苗圃100亩。

南江县示范苗圃油橄榄丰禾苗木园艺场 共建80亩名贵花卉基地、银杏采穗园30亩、名贵花卉培育基地50亩。

红光示范苗圃黑池子林木良种场 1986年，与四川省林木种子公司联合建立，投资37万元，其中中央林业部投资25万元，省投资12万元。1988年造林，1990年嫁接，1994年完成种子园生产区600亩，优质树收集区42亩，省林科院安排子代测定项目三批，建马尾松子代测定试验林150亩；2000年已建隔离带503亩，营造试验林300亩，投资43.2万元。

长赤示范苗圃 1963年成立，承担县示范苗圃100亩核桃繁殖基地，对比试验园50亩，引进良种核桃培育园50亩。

下两示范苗圃 建有高桥小水果苗木基地50亩，其中早竹园分叶育苗基地30亩、小水果系列品种更新试验苗木培育基地20亩。

大河示范苗圃 建有大河镇金银花繁殖基地80亩，其中金银花穗条生产园30亩、金银花苗木培育基地50亩。

上两示范苗圃 建有寨坡乡大经济林苗木繁殖基地100亩，其中板栗穗条园20亩、育苗基地10亩、花椒苗基地30亩、猕猴桃选育圃30亩、苗木基地10亩。2000年，上两花园村建优质核桃采穗园50亩、赶场桥亭一、五村建核桃原生种质保护园350亩，共计投资48万元。

大坝示范苗圃 建有大坝林场中山区公益林苗木培育基地60亩。2000年，新建巴山水青冈母树林150亩、米心水青冈母树林220亩、亮叶水青冈母树林150亩，投资52.5万元。

大江口林场 建栎类母树林570亩，建隔离带100亩，投资43.8万元。

2000年12月底止，全县共有国营苗圃9个、社队集体育苗基地192个、农户个人育苗基地762个，共计育苗地963处，育苗1455亩，其中新育苗1422亩，年产合格苗2670万株。

第二节　造林绿化

一、义务植树与成片造林

每年的义务植树，由县绿化委员会主持发动、分配任务。每年分春、秋两季，开展大规模义务植树活动。1986—1988年，全县参加义务植树人数47.24万人，共义务植树562.44万株，四旁植树4612.8万株。1989—1990年，义务植树377.51万株，四旁植树2264.41万株。1991年，义务植树 181.12 万株，四旁植树 893.3 万株，占计划 111.7%。1992 年，义务植树 197.3 万株，四旁植树 1201.66 万株，占计划 174.7%。1993 年，义务植树 173.9 万株，四旁植树 924.71 万株，占计划的 137.3%。1994 年，义务植树 144.5 万株，四旁植树 925.4 万株，占计划的 115.6%。1995—1997 年，义务植树 462.8 万株，四旁植树 783.1 万株。1998 年，义务植树 225 万株，占计划的 102.8%，四旁植树 264 万株，占计划的 105.6%。1999 年，义务植树 187 万株，占计划的 104%，四旁植树 220 万株，占计划的 110%，实现全县绿化达标。2000 年，县上四大班子领导及机关、企事业单位干部职工 5000 余人在小河文光社松包梁参加退耕还林和宜林荒山义务植树（香樟、黄柏、小水果等）12550 株。当年全县义务植树 321 万株，占计划的 107%。全县涌现了经济林园大户 367 户，庭院林面积 1.5 万亩。

自 1986—2000 年的 15 年间，共计成片造林 86.72 万亩。

二、公益林人工造林

1998 年 9 月，全县实施天然林资源保护工程，在天保工程生态公益林建设中，采取招标、承包经营，用活劳动积累工和义务工等方式，共完成生态公益人工造林 1450 公顷，占计划的 116%；封山育林 5232 公顷，占计划的 100%；全面管护天然林资源 10.92 公顷，实现了生态、经济和社会效益的有机结合。

1998—2000 年，全县计划人工造林 1241 公顷，实际完成 1450 公顷，投资 387 万元；计划封山育林 5232 公顷，投资 184 万元，实际完成 5232 公顷，投资 107 万元。截至 2000 年 11 月，天然林资源保护工程生态公益林建设共投资 856 万元。

三、飞播造林

南江飞播造林始于 1987 年，当年飞播面积为 7629 亩。1988 年和 1989 年分别为 2058 亩和 11338 亩。1994 年和 1995 年两年中，共实施飞播造林 2.9 万亩。1996 年，飞播造林 2.93 万亩，其中马尾松 1.59 万亩、华山松 9368 亩、青冈 3010 亩、茶叶 1285 亩。飞播区域包括红光、正直、西清、新立、汇滩等 5 个乡，共用种 5.98 万公斤。其中马尾松 0.24 万公斤、华山松 0.5 万公斤、青冈 1.38 万公斤、茶籽 3.85 万公斤。当年由于遭受两次倒春寒、春夏两次干旱和两次特大冰雹等自然灾害，马尾松出苗率较低，飞播失败面积 1.86 万亩、成功面积 1.09 万亩。1997—1998 年，两年共计飞播造林 7.38 万亩，主要分布在坪河、团结、桥亭、上两、大河等地，总投资达 241 万元。1999—2000 年，全县共完成飞播造林面积 7.25 万亩，用种量达 1.94 万公斤，总投资 246 万元。

表 7—2　　南江县 1986—2000 年林业生产情况统计表

年　度	当年造林（公顷）	迹地更新（公顷）	育苗（公顷）	幼林抚育（公顷）	成林抚育（公顷）	零星植树（万株）	木材采伐（立方米）
1986	9742	5451	140	3920	4666	2032	
1987	5360	6751	89	5720	1666	1384	
1988	6314	4546	187	6093	18591	1518	
1989	6993	664	169	6085	23388	1211	
1990	4449	594	121	5001	24663	1057	10232
1991	3377	505	99	1255	15829	893	13867
1992	3953	257	83	5047	19169	855	17631

续上表

年　度	当年造林（公顷）	迹地更新（公顷）	育苗（公顷）	幼林抚育（公顷）	成林抚育（公顷）	零星植树（万株）	木材采伐（立方米）
1993	3273	302	72	8277	2007	1098	137668
1994	2817	174	57	6824	736	1183	55424
1995	6347	236	121	9733	2737	1768	41851
1996	6300	204	79	10080	800	344.3	40500
1997	7323	244	153	8373	2766	384.7	22000
1998	7800	80	94	2500	2560	489	15653
1999	4032	872	95	3330	3330	407	5681
2000	8333	752	75	2800	3330	321	6300

第三节　重点工程

一、速生丰产林

1980年，四川省委、省政府决定：在四川盆周山区建立1000万亩速生丰产林基地，南江县被列入基地县。1981—1989年，速生丰产林基地建设，经省上验收核定为完成速生丰产林，造林面积41.6万亩，这一时期全县共造林43.33万亩，速生丰产林占全部造林面积的95.99%。1984年11月，省林业厅检查验收南江县速生丰产林面积109119亩，为省下达任务的两倍，获省三等奖，并获得省上拨给扶持基金73.16万元。1990年3月，县林业部门对速生丰产林和基地造林成果进行了普查（见表7—3）。

1992年，省林业厅下达南江速生丰产林面积1.8万亩，县上报丰产林面积1.9万亩，当年复查面积972.4亩，核定面积988.6亩。其中柳、杉136亩，马尾松527.1亩，板栗31亩，油松57亩，其他237.5亩。

1994年，速生丰产林基地完成作业面积1.44万亩，经验收合格1.43万亩，其中杉木1845.2亩、马尾松3987.8亩、华山松2004.3亩、桤木1213.7亩、“三木”药材505亩、板栗2598.7亩，其它2170亩。

1997年10月，经验收，全县速生丰产林合格面积16975亩，其中松类（日本落叶松、马尾松、华山松）3740亩、杉木2295亩、桦木112亩、银杏1042亩、其他1216亩、经济林6554亩。

2000年，完成营造速生丰产林2.34万亩，其中经济林园2.5万亩（核桃1.2万亩、小水果1万亩、其他0.3万亩），用材林0.84万亩，经年底检查验收全部合格。

表7—3　　南江县1982—2000年速生丰产林成效普查成果表

年　度	成效面积（亩）	其中：世行贷款项目（亩）	省核定面积（亩）	占核定面积（%）	县验收合格面积（亩）
1982	1092		1100	99.3	
1983	16210		16507	98.2	

续上表

年 度	成效面积（亩）	其中：世行贷款项目（亩）	省核定面积（亩）	占核定面积（%）	县验收合格面积（亩）
1984	103945		108729	95.6	
1985	189018	2895	197140	95.9	
1986	52697	8199	54244	97.1	
1987	16505	9000	17670	93.4	
1988	10161	5000	11251	90.3	
1989	9114	6000	9388	97.1	
以上合计	398742	31094	415974	95.86	
1990	5370				
1991	21599				
1992	19001				988.6
1993	13500				
1994	12460				14324.7
1995	15063				
1996	23618				
1997	17000				16975
1998	12043				
1999	17500				
2000	23400				

二、世行（A）项目建设

（一）商品材基地建设

1986年4月，国家计委批准，在南江国营林场所辖大坝、沙河坝两个经营所及大江口、玉泉、沙坝三个林场（职工共540人），使用世行贷款417.1万元SDR，进行商品材基地建设（即使用国际开发协会信贷执行林业发展项目A部分）。1989年3月，南江审计局审计结果：已完成人工林4010公顷，新建公路119公里，房建1439平方米，设备采购52台，其它仍按计划基本完成；本年林业系统上缴财政税收超过100万元，进口奔驰车货运5.57万吨。1989年，省项目办下达计划829.4万元，其中信贷343万元，国家拨改贷款76.3万元，基地自筹410.1万元。经县项目办投资汇总上报实际为361.1万元，其中信贷145.6万元，国家拨改贷款76.3万元，自筹139.3万元，未完成计划。

（二）商品林基地建设

于1992年底全面结束。实际投资累计完成4227.01万元，其中信贷3238989.84个SDR，折合美元4224657.26元，折合人民币1762.17万元；国家拨改贷866.8万元，基地自筹1598.04万元。比概算超360.01万元，其中信贷资金结余93201016个SDR，折合人民币264.23万元，基地自筹资金增大624.24万元。1996年3月，经县审计局审计：南江县国营林场商品材基地建设项目，建设期为5年（1985—1990），还款期15年（1991—2005），每年分两期偿还，即5月5日和11月5日。基地概算投资人民币3867万元，其中世行贷款（国际开发协会贷款）417.1万个SDR特别提款权，折合人民币2026.4万元，国家拨改贷资金866.8万元，基地自筹资金973.8万元。项目建成后，形成年产规格木材4万立方米和对现有林21万亩及未成林造林1.2万亩的集约经营管理能力；年产3000T纤维板和60万平方米刨切单板能力。外债偿还情况：在15年的还款期中应还本金325418679个SDR，其中1991—1995年应还本金108472980个SDR，实还本金515538.1个SDR，拖欠569371.7个SDR。1996—2005年应还本金2169459.6个SDR和15年累计利息756598.43个SDR，尚未偿还。

1998年11月，县林业局提出《关于天然林禁伐后，要求豁免世行林业发展（A）项目贷款的请示》，12月县人民政府《关于对林业总场使用世行林业发展（A）项目贷款予以豁免的请示》均称：贷款偿还情况至1997年底止已累计还款110.921137万美元，占到期应还288.10万美元的38.5%；到期而未还款177.888788万美元，未到期应还133.655801万美元，下欠世行贷款合计为：311.544589万美元。特请求将全县下差世行林业发展（A）项目贷款本金及利率全部予以豁免。到2000年未获答复。

三、以工代赈工程

1991年，南江县开始以工代赈工程造林，资金下达6.05万元，大米5.59万斤、小麦2.5万斤，折资3.07万元，县配套资金6万元，投劳7万元，合计投资19.55万元，在长赤青杠梁造杜仲、黄柏林300亩。

1992年，以工代赈粮食大米2.6万斤、小麦5.66万斤，折资5.04万元，资金实际到位3.05万元，配套资金5万元，投劳8.3万元，合计投资18.34万元。完成林木良种场修复水毁公路5.2公里，关田乡四村杜仲200亩，赶场三村栽杜仲200亩。1993年，以工代赈粮食0.83万公斤，造板栗经济林1500亩，其中桃园三村320亩，寨坡一村336亩，红星二村310亩，贵民三村210亩，汇滩一村320亩。

1994年，粮食工业券共投15.74万元，新造柏栗林1400亩、杜仲林2800亩、银杏200亩、小水果500亩、庭院经济林园360户。1995年，以工代赈工业券16万元，完成的项目有：寨坡银杏350亩、杜仲450亩、板栗100亩；付家乡杜仲250亩；红光乡杜仲300亩；林木良种场栽杜仲50亩、茶叶300亩、小水果48亩、墨西哥柏42亩；沙河乡联盟村银杏300亩；小河乡华光村小水果150亩，合计2300亩。

1996年12月，全县完成以工代赈工程项目造林2025亩，其中沙坝乡银杏150亩，红光乡板栗、杜仲625亩，八庙乡银杏1250亩，绿色希望工程459亩，碾盘中学杜仲、黄柏林100亩，大河中学银杏60亩，南江镇实验小学水蜜桃89亩，八庙普照寺小学苹果210亩。1997年，全县在特困乡实施以工代赈林业发展项目造林910亩，兴建庭院经济林园718户，面积350亩。

1998年，全县总投资36.5万元，其中以工代赈资金24万元，自筹12.5万元，植树造林860亩，其中经济林800亩，项目覆盖9乡11个贫困村、3120户贫困户、16760人，户均占有经济林木50~120株。1999年，以工代赈投资34万元，发展核桃560亩，覆盖农户960户3825人。2000年，全县13个区镇72个乡（镇），共挂扶计划生育“三结合”户550户，新增帮扶户55户，联系户220户，帮扶户275户。其中发展林果业项目的512户，落实扶贫资金28.8万元。

四、长防林工程

1990年7月，县长防林工程申报立项，1991年5月，南江被省林业厅列为国家长江中下游防护林体系工程建设（简称长防林工程）周边县。南江县拟定从1991年开始，每年以5~8万亩的速度安排造林。到2000年，南江河沿线造林20万亩、杨坝河沿线造林5万亩、木门河沿线造林5

万亩、明月江沿线造林12万亩、团结河沿线造林3万亩、焦家河沿线造林5万亩，合计造林50万亩，计划投资2500万元，其中国家投资1250万元，自筹资金1250万元。

1992年，根据林业部〔1991〕135号文件，南江县以同等条件参加全国200个长防林工程建设县达标竞赛，以高起点、高要求、高质量推进长防林工程建设。以石矿、花桥、黑潭、下两、东垭、凉水、赶场、关坝、关田、官路等十个乡作为重点起动乡，当年启动15个乡长防林基地建设，完成成片造林2万亩，其中花桥乡造林达2200亩。1993年，全县营造长防林3.02万亩，包括重点造林19795亩和封山育林11000亩，完成地区下达任务的147.5%。

1994年，长防林资金采取集中使用，省投资33113.64元，营造经济林750亩。长防林产业开发，团结乡八庙村栽猕猴桃150亩，省上补助兑现44659.09元。1995年，长防林资金造林1030亩，省投补助资金11.1万元；长防林产业开发，全县共造林1050亩，省投补助资金4.42万元；长防林救灾造林350亩，省上补助7.89万元。

1996—1997年，全县营造长防林7.32万亩。其中重点植苗造林1.56万亩，在国营苗圃建林木良种繁育中心60亩，当年产合格苗200万株，穗条75支；封山育林6万亩。

1998年，全县营造长防林结合建丰林和经济林封山育林4.7万亩，占地区下达面积4万亩的117.5%，上两区和大坝林场等地建封山育林示范片15个，面积达12.5万亩。1999年8月，验收检查：全县从1992年被列入长防林建设工程县，通过七年的实施，共完成造林38万亩，其中重点植苗造林4.6万亩。

1999—2000年，营造长防林5.95万亩。长防林工程实施八年，全县共营造长防林43.95万亩。

五、天保工程

天然林资源保护工程（简称天保工程）是国家保护、培育和发展森林资源，改善生态环境、保障国民经济和社会可持续发展的重要举措。南江县从1997年开始实施天保工程。1998年9月28日上午，在陈家举行封锯仪式，国营林场率先停采，从10月1日起全县停伐。是年，巴中地区林业局下达财政预算内的天保工程建设专项资金140万元。其中人工造林243公顷，债券投资40万元；封山育林2286公顷，债券投资100万元。是年，5个国营林场共完成人工造林247公顷，封山育林2295公顷。2000年，人工植苗造林15045亩，封山育林2100亩，天然林管护164.4万亩。人工造林资金300万元，封山育林资金10.5万元，飞播造林225万元，合计535.5万元。

1998—2000年的三年中，实施“天保工程”总的情况是：计划人工造林1241公顷，实际完成1450公顷，投资387万元；计划飞播造林3000公顷，完成3417公顷，投资18万元；计划封山育林5232公顷，完成5232公顷，投资107万元。截至2000年11月底，天保工程共投资856万元。

表7—4　　**南江县1997—2000年天保工程停采统计表**　　单位：万立方米

年　度	核定采伐量	实际采伐量	树　种	禁伐区量
1997	7.5	7.2	栎　树	5.0
1998	6.5	5.4	毛峰1.2，桦木0.6	1.1
1999	5.8	5.0	毛峰1.0，桦木0.5	0
2000	5.0	4.8	毛峰0.4，桦木0.2	0

六、退耕还林（草）

南江县现有25度以上的坡耕地25.3万亩，占现有耕地面积的54.3%，水土流失严重。自

1998年10月以来，先后启动退耕还林（草）工程试点，严格按“停、造、转、保”四字方针和退耕还林“二十四字”指示精神，编制了《南江县退耕还林试点实施方案》对全县境内的四河六线，即南江河、旺江河、木门河、焦家河和乐巴路、沙南路、二南路、双江路、野正路的10区3镇41乡，全面进行了退耕还林试点的规划部署。

1998年11月12—13日，巴中地区“天然林资源保护暨退耕还林和庭院经济现场会”在南江召开。1999年10月，南江县被正式列入全省退耕还林试点县。11月，分管林业的副县长沈万刚与有关各区（镇）长签订了《南江县退耕还林试点工程目标管理责任书》，根据各地不同情况，分别在一年内完成700～4000亩的目标任务。

到2000年12月，全县已完成退耕还林（草）试点工程造林35658亩，占全县陡坡耕地46.59万亩的7.5%。其中，营造以核桃为主的经济林2.9万亩、生态公益林0.6万亩。按每亩退耕还林后补助50公斤贸易粮、20元种苗费的标准，将退耕还林任务分别落实到44个试点乡（镇）223个村622个社，签订合同建卡7446户。次年3月，在沙滩乡马梁村一社召开了《退耕还林栽植现场会暨首批落实政策兑现大会》，当场兑现贸易粮175公斤，补助现金70万元，并明确了13名县级领导各抓一个重点乡（镇），建退耕还林示范点25个、面积8000亩。

第四节　抚　育

抚育，按造林类别分为人工林和天然林，抚育森林又分为幼林抚育和成林抚育。幼林抚育是造林后连续五年每年抚育二次，刀、锄抚育各一次。抚育工作包括锄草、松土、去萌、培土、割蔓、防治病虫害，为幼林生长创造良好的生态环境。成林抚育主要是间伐、低改、清除杂灌、病虫防治、剔枝除蔓、松土培土，使成林有持续发展的良好势头。国营以专业队、班组进行，民营以专业户承包为主。

1986—1987年，抚育面积73.58万亩，其中国营幼林抚育3.45万亩，成林抚育7万亩；乡村抚育63.13万亩。1988—1990年，抚育99.78万亩。1992年，抚育5.5万亩，其中林木良种场抚育892亩。

1993年，国营林场幼林抚育40695亩，成林抚育1305亩，乡村抚育23500亩，有专业队328个，专业户660户。

1994年，全县抚育9.72万亩，其中幼林抚育14324.7亩，专业队9人，抚育3220亩，专业户209户抚育11104.7亩。1995年，抚育14.6万亩，其中林木良种场幼林抚育922亩。1996—1999年，抚育面积14.39万亩。

2000年，全县抚育面积3.57万亩。退耕还林后，对163.72万亩的天然林实行全面管护。进行了“五防”，即防火、防病虫害、防乱砍滥伐、防乱采滥集、防毁林开荒。全县落实森林管护人员287人，实行“五定、一奖”责任制。

第三章 森林保护

第一节 依法治林

1986 年，查获兴马乡四村 64 户盗伐集体林木 939 根案。对其中 3 人依法逮捕、6 人拘留，收缴各类款项 2.9 万元。1988 年，共侦破毁林案件 177 件，处理 192 人，其中逮捕 8 人、拘留 8 人、行政处罚 180 人，没收木材 32.62 立方米、折款 8395 元，罚款 1303 元，赔偿损失 6577 元，合计 2.63 万元。1989 年，查出各类毁林案件 249 件，查处 172 件，处罚 359 人，其中逮捕 7 人、拘留 17 人、收容审查 9 人、林政处罚 327 人。1992 年，查处各类毁林案件 133 件，其中刑事案件 30 件、治安案件 18 件、林业行政案件 85 件，共处罚 189 人次。1993 年，查处各类毁林案件 263 件，处罚 321 人次，收缴木材折款 6.19 万元。1994 年，以“严打”为重点，共查处各类毁林案件 442 件，其中刑事案件 35 件、治安案件 47 件、行政案件 97 件，共处罚 652 人次，共逮捕 6 人、拘留 1 人、治安处罚 27 人次。

1995 年，根据省上《关于开展严厉打击破坏陆生野生动物资源、违法犯罪活动专项斗争的通知》和县政府《关于加强野生动物资源保护》的通告精神，全县共查处各类破坏野生动物案件 39 件，依法对 49 名违法人员给予处罚，使全县破坏野生动物资源的现象得到了基本控制。

1997 年，成立“南江县野生动物管理站”，为全县专门从事野生动物管理和保护的组织机构。当年全县共查处各类案件 47 件，处罚 54 人次，其中逮捕 3 人。在国营林场和重点林区增加了专业护林队员 87 人、新增防火检查站 36 个、瞭望台哨 315 个，并加强对进出山民的教育管理。1998 年，查处各类案件 35 件，处罚 49 人次，收缴物折款 55739 元。

1999 年，县林业部门印发《野生动物保护管理法规汇编》500 册，发放各村社，进行了广泛宣传。全年查处破坏野生动物资源的违法案件 20 件，处罚 90 余人，没收各类野生动物产品 732 公斤，活体 118 只（头）全部放归大自然，受到上级的表扬。

2000 年，全县进一步加强森林保护工作，共查处林业行政案件 232 件，处罚 261 人次，收缴罚没费 20.07 万元。12 月 28 日，全县开展打击非法经营野生动物产品的专项斗争。共查处各类案件 33 件，收缴物折款 4.25 万元。在桃园镇检查工作的时任县长刘谦祥亲自将两只小野猪送归大自然。

第二节 封山育林

为加速培育森林资源，扩大森林覆盖面积。1983—1984 年，全县封山育林 82.3 万亩；1986—1987 年，封山育林 45.86 万亩。1988 年，县贯彻执行国家林业部《封山育林管理暂行办法》“以封为主，封育结合”的原则，当年封山育林 25 万亩。

1990年，封山育林检查验收分片进行。光明片区封山育林3160亩、桃园片区3260亩、旭光片区4800亩、沙河片区8639亩、白院片区2.08万亩。

1996年，封山育林4.65万亩，封育的主要树种有：在海拔1300米以下的马尾松、柏木、桦木、山杨、杉木、麻栎、栓皮栎、刺槐；1300米以上以桦木、山杨、部分栎类、根萌、桩萌，成林以漆、栎类为主。1997年，主要是疏林地及采伐迹地，分两个国营林场为封山育林区，面积6万亩。

2000年，在上两的玉泉封山育林3.55万亩，关坝封山育林6.45万亩。总投资20万元，其中上级封山育林基金10万元、自筹10万元。

第三节　自然保护区

自然保护区——大小兰沟，位于米仓山南麓，四川盆地东北部，东经106°～107°，北纬30°32′～30°44′，北接陕西汉中市南郑县，南邻南江县的寨坡乡、关坝乡，东接大坝林场分场，西接魏家坝林场分场，属大坝、魏家坝两场管护，面积为1571公顷。保护区内野生动物植物资源十分丰富，是珍稀动物种的基因库，有常绿和落叶阔叶混交原始森林，有冰川时期的活化石“巴山水青冈”。区内生长着野生动物26目61科195种，属国家珍稀动物24种、省级保护动物17种。已确认的木本植物91科、233属、600余种，属国家一级保护的有红豆杉，二级保护的有鹅掌楸、莲香树等5种，三级保护的有巴山水青冈、领春木、桦榛等14种。

大小兰沟保护区，属国有森林，1957年建立大坝森林经营所；1978年，达县地区伐木厂进入大坝林区开始主伐；1982年省林业厅划为自然保护区；1995年，伐木厂建桃园水电站一座640千瓦，盘龙湾建胶合板及刨花板车间各一个；1984年林区停止采伐。自然保护区总面积6931公顷，核心区——大小兰沟面积1571公顷；缓冲区面积3352公顷；实验区面积2008公顷。

保护区的历史文化悠久，是南江至汉中古驿道的必经之路，传说萧何月下追韩信大坝点兵，刘备伐张鲁、诸葛亮出祁山伐中原、巴中游击队英勇善战等历史故事都发生在米仓山。古牧羊城的遗址在大坝分场斜对面，1999年1月，大小兰沟被定为省级自然保护区；3月，南江县光雾山自然保护区大小兰沟核心区管理所更名为四川省大小兰沟自然保护区管理所。

第四节　护林防火

一、护林组织

“南江县护林防火指挥部”是县人民政府组织指挥全县森林防火工作的办事机构，成立于1954年5月，与县委生产办公室合并办公。1963年11月，县护林防火指挥部单设，其办公室设在县林业科，办理日常事务。时任县委副书记李范九任指挥长。1974年3月，“南江县护林防火指挥部”更名为“护林指挥部”，指挥长李范九。1984年1月，县护林指挥部领导成员经过调整，成员14人，办公室设县林业局。1987年至1997年3月，护林指挥部领导及成员有两次调整，其机构直到2000年未有变动。

二、防火措施

1984—1986 年，南江县采取各种有力措施，连续三年成为无森林火灾县，南江荣获“全国护林防火先进县”称号。此后，为保证护林防火工作更进一步落到实处，县自 20 世纪 90 年代开始，先后建立健全防火检查站 10 个，建成了生物防火带 551 公里，面积 2044 公顷，设立了瞭望台 5 座。购置了短波、超短波机具 6 台、对讲机 20 只、风力灭火机 6 台、消防水泵 1 台、水枪 4 支。大坝林场还组建了 35 人的森林消防队。截至 2000 年底，全县实现了连续 9 年无森林火灾。

第五节 病·虫防治

一、病·虫害发生

1988 年，县林业局组织林业调查组，对 7 个区、17 个乡和 4 个林场的森林植物病虫害防治检疫对象进行调查，调查的主要树种是：马尾松、华山松、国外松、白杨、泡桐、沙兰杨、板栗、青冈、香樟、油橄榄、枣树、墨西哥柏、滇柏等。根据历史资料和实地调查结果显示：全县森林植物检疫对象有 7 种，其中病害 3 种：松疱锈病、泡桐丛枝病、枣疯病；虫害 4 种：白杨透翅蛾、樟束蚧壳虫、白杨潜叶蛾、栗瘿蜂等。1989 年，组织专业技术人员对长赤、赶场、杨坝、上两、下两、贵民、大河等 7 个区 12 个乡、7 个国营林场（牧场）易遭受病虫危害的华山松、马尾松、油松、桤木、杉树五个树种，代表面积 12 万亩，结合产地检疫和调运检疫，历时 4 个月的调查发现，森林病害有：华山松落叶病、松疱锈病、松赤枯病、杉木黄化病。虫害有：华山大小蠹、毒蛾。病虫害发生面积 33582 亩。危害最重的是咬食桤木叶片的毒蛾，严重时五日内能将整片树林叶片吃光。

1999 年 10 月至 2000 年 9 月，林业专业技术人员又一次对森林病虫害进行普查，结果是：全县森林检疫对象有板栗疫病、华山松疱锈病；补检对象有枣疯病、栗瘿蜂；一般病虫鼠害有蜀柏毒蛾、舞毒蛾、核桃果象、举肢蛾、银杏大蚕蛾、松赤枯病、核桃黑斑病、松针蚧、华山松大小蠹、黑腹绒鼠等 10 种，分布于全县各林区。

二、防治措施

1987 年 4 月，县投资 1 万元，从永川森林病虫防治所购回“百菌清”、“多菌灵”烟剂 4 吨，花虫敌粉剂 500 公斤，对华山松落叶病等进行综合防治，结合抚育间伐 1. 1 万亩、施尿素 10 吨（施肥面积 2500 亩），当年病虫发生程度明显下降。关田乡对虫口密度较大的 1000 余亩青冈毒蛾，用生物农药花虫敌粉剂防治，每亩用药 1 市斤，防治效果达 90% 以上。

1989 年，关路三村 60 多亩桤木树发生毒蛾，由于药械供应未赶上时间，结果树叶被吃光，教训十分深刻。付家乡用增效氧化乐果、敌敌畏烟剂，生物农药苏脲 1 号，及时对 1220 亩桤木毒蛾进行防治，效果达 85% 以上。

1990 年，产地检疫首次在全县开展，县上组织 6 个普查队，对区乡林场进行调查，对苗圃地、种子生产基地全面进行了现场检疫。

1992 年，通过越冬代表树木调查，预测县境的正直、凤仪、元潭、长征、寨坡、桃园乡将有大面积桤木叶甲虫和油松赤枯病严重发生，面积可达 1 万亩左右。因预报及时，药械准备充足，当年预防措施抓得扎实，结果无重大病虫害损失。1993 年，“皇柏林”柏毛虫暴发，成灾面积 3000

亩，虫口密度758只/树，加之树木高大（平均高30米左右，平均胸围80厘米）、设施差，防治困难。

1994年10月，全县主要森林病虫害发生面积达44.14万亩，比1993年成倍增加，但经过采取多种防治措施，投入防治经费31.09万元，防治效果达72%，挽回经济损失578万元。1995年，在汇滩、贵民、新立的15个村70个社开展大面积化学防治核桃病虫害，当年比上年核桃增产两成。

1996年4月，县林业局贯彻执行《关于森林植物检疫对象和应施检疫的森林植物及其产品名单》之规定，凡调入调出的森林植物及其产品苗木、林木种子、穗条、花卉等都必须按规定在事前一月向南江县森林病虫防治检疫站申报，违者按《植物检疫条例》处理。全年投入防治经费16万元，防治森林病虫面积13170亩，防治率达90.5%。

1997年，以桥亭乡试验点为依托，在全县大力开展病虫防治科研工作，获多项成果，减少了防治工作的盲目性，提高了防治效果。在赶场、贵民等18个乡开展核桃病虫工程防治项目，防治面积1万亩20万株，防治效果达87%。

1998年，巴中地区下达南江防治蜀柏蛾综合防治工程7万亩，补助经费3.5万元；8月省财政补助南江鼠害防治2万亩、经费3万元。全县完成森林病虫寄生虫树种调查面积160万亩，调查监测面积125万亩、监测覆盖率78%；森林病虫防治面积16.12万亩，防治率达91%，防治效果为82%；检疫木材8000立方米、种子15吨、苗木50.2万株，药材2.6万公斤、花卉150盆，植物及产品调运检疫率100%、种苗产地检疫率96%。

1999年，在16个核桃生产乡，推广“核桃灭虫灵”药剂，同时又在桥坝、桥亭实施核桃低改技术，共投资30万元，低改核桃10万株、经收前测定低改区单株平均增产12公斤，与未施药防治的对照区，单株产量3公斤相比，株平增产9公斤。

2000年3月，全县森林病害目标管理检查考评结果：监测覆盖率100%、防治率93.3%、检疫率96%、成灾率为零。考核总成绩96分，县林业局获四川省1999年度综合评定目标管理优秀奖。

第四章　林业经营

第一节　木材采伐

1986年以后，对木材采伐仍实行“上级批准，限额采伐”。全县每年采伐量均有限额，纳入计划管理。1988年3月，玉泉林场由企业改为林业事业单位，并停止了采伐活动。1998年9月28日，全县在二南路的陈家山举行封锯仪式，10月1日，全县停止采伐。1999年6月，林业局要求在天然林停采区全部撤除木材及其产品的加工设备。

表7—5　　南江县1986—2000年木材采伐量统计表　　单位：立方米

年 度	合 计	国 有	集 体	个 人	备 注
1986	87135	47155	30170	9810	综合林场9000
1987	79124	43124	28661	7349	综合林场8500
1988	89136	40798	42622	5716	
1989	84123	39783	36136	8204	
1990	73115	43186	22210	7719	
1991	71620	48916	15571	7133	
1992	76498	44152	25178	7168	
1993	78874	20061	39660	19150	
1994	54532	30770	18906	4856	
1995	32585	17057	10780	4748	
1996	38160	32570	1793	3797	
1997	34923	18918	11206	4799	
1998	36488	3733	28832	3923	
1999	10136		3617	6619	禁伐区为零
2000	2913		145	2768	禁伐区为零

第二节　木材加工

1989年9月，南江县魏家坝综合林场刨花板生产线建成投产，总投资205万元。10月省地计委批准同意南江县商品材基地建设项目（A）：纤维板及刨切单板车间开工建设，投资800万元，自筹300万元，世行贷款85万美元，年产纤维板3000吨、刨切单板60万平方米，厂址断渠。同时，新建小型木材加工厂4处。1992年，“四板厂”（胶合板、刨切单板、刨花板、纤维板）已全面投产，产品供不应求。

1993年，林工商总公司5月完成年产50万平方米复合小块生产线，总投资5359万元，共完成人造板6384立方米，其中：胶合板1294立方米、纤维板1312立方米、刨切单板3778立方米。

1994年，林产品公司与台湾协安有限公司合资开发高档企口木地板生产线，投资325万元，四板厂共生产锯材560立方米，人造板2920立方米，其中：胶合板520立方米、刨花板2300立方米、纤维板1300立方米、刨切单板800立方米。

1995年，“四板厂”生产刨花板1903立方米、胶合板300立方米、纤维板484立方米、刨切单板1228立方米，其中产品84立方米。8月，县林业总场续建年产1万立方米中密度纤维板，投资1500万元。

1997年1月，新上“二次贴面板工程”，投资150万元，4月调试成功投产。当年生产胶合板176立方米、刨切单板709.8立方米、刨花板2396立方米、细木工板289.3立方米、纤维板1308.4立方米、小方材267.65立方米。天然林停采后，所有生产纤维板的企业全部关闭。

表 7—6　　南江县 1995—1998 年四板厂产值及销售收入表　　单位：万元

项目＼年度	总产值				销售收入			
	1995	1996	1997	1998	1995	1996	1997	1998
胶合板	57.117	90	96		20.4395	75	78	
刨切单板	54.23	275	255	100	35.428	249	223	60
刨花板	93.6276	350	320	160	50.3705	300	280	120
纤维板	44.5239	310	300	200	23.4063	280	250	150

第三节　木材销售

1986 年后，继续贯彻县人民政府《关于林木依法采伐、产品处理自主的布告》的规定，凭四川省《林业采伐票》和《育林费收据》上市出售。

1990 年，销售出地区的木材 2.5 万立方米，出县木材 733.47 万立方米、薪材 1248 吨、杂竹 487.97 吨。林业总场 1992 年木材生产 2.63 万立方米，木材收购 8148 立方米、木材销售 2.84 万立方米。“四板厂”产品销售收入 1165 万元，上缴税金 71 万元，实现利润 42.6 万元。

1993 年，出境木材 2.41 亿立方米，其中销出地区木材 1698.1 万立方米，地区内销售 177.91 万立方米。其中：成品 5171.6 立方米、薪炭材 156 吨、杂竹 635.5 吨、旧房料 103.5 车、木炭 52.66 吨。全年完成林业工业总产值 1266 万元，销售木材 2.06 万立方米，人造板 5720 吨，利润 86.7 万元。

1997 年，县林业产品公司共收购木材 6707 立方米，销售 6292 立方米，销售收入 172.5 万元，实现税利 1.45 万元，林业总场销售原木 1.31 万立方米，胶合板 205 立方米。

2000 年，全县林业总产值 1.21 亿元，占计划的 131.8%。

第四节　经济林建设

20 世纪 80 年代后，县政府十分重视经济林建设。1983 年 1 月至 1984 年 5 月，全县新造漆林 2.9 万亩、油桐 11.5 万亩。原有茶园 2.2 万亩、果园 1 万亩、桑园 1.3 万亩。1990 年，全县大力发展经济林，新增面积达 3.26 万亩。其中：新植油桐 1326 亩、漆树 100 亩、核桃 1.07 万亩、板栗 950 亩、茶叶 1.2 万亩、三木药材 0.7 万亩、油茶 535 亩。

1991 年，大力发展经济林园。建成杜仲园 24 个，面积 3600 亩；板栗园 5000 亩；核桃 4 万亩、五倍子 2000 亩。全县农户大办“绿色工厂”6.1 万个；建成茶园 1200 亩、桑园 990 亩，以杜仲为主的药园 1800 亩；桐园、椒园 24990 亩。1992 年，在全县范围内实施经济林片区开发基地建设，新植五倍子 1 万亩，“三木”（杜仲、黄柏、厚朴，下同）药材成片开发 5000 亩、新植良种板栗 5000 亩、建立 5 个采穗园、改造野生板栗 10 万株，对 33 个核桃基地示范乡的 300 多万株进行嫁接、成片发展花椒 5000 亩，共投资 12 万元。

1995 年，县林业总场在回龙沟建银杏基地 5000 亩，一期工程 2000 亩，投资 132 万元，建“三木”药材为主的经济林基地 5000 亩，投资 80 万元。1996 年，全县重点抓了板栗低改工程。

1998 年，对关门乡万亩红梅基地进行低改，引进成都穗条新品种实行规范化嫁接。1999 年，全县建立良种核桃基地 800 亩，投资 33 万元；在天池五村建立经济林基地 200 亩，投资 4 万元。

2000 年，在退耕还林的同时新植核桃 7530 亩、银杏 585.8 亩、板栗 4348.3 亩、小水果 2425.2 亩、花椒 932.6 亩。到是年底全县已有经济林 40.6 万亩，其中干果类 13.1 万亩、水果类 2.5 万亩、原料类 15 万亩、调料类 1 万亩、饮料类 1.2 万亩、药材类 7.8 万亩，产值达6090 万元。

第五节 林副产品生产

一、土特产品

南江地处盆周山区，林业土特产品资源极为丰富，其品类在百种以上。主要有南江黑木耳、香菇、生漆、油桐、核桃、板栗、棕片等。1983 年 1 月至 1984 年 5 月，全县林地南江银耳、南江黑木耳、香菇、生漆、油桐、茶叶、药材、桑茧、天麻、金银花、烟叶、魔芋、生猪、奶牛、山羊等 30 多个主要品种生产量较大。板栗产量由 1990 年的 59 吨，上升到 2000 年 498 吨；生漆由 1986 年的 20 吨，增至 2000 年 120 吨；南江黑木耳由 1986 年的 63 吨，上升到 2000 年的 243 吨。特别是在退耕还林的土地中，大量营造林特产品树科。2000 年度，全县退耕还林地 3.2 万亩中，已发展核桃 7530 亩，板栗 4340 亩，花椒 933 亩。

表 7—7　　南江县 1986—2000 年主要林特产品产量统计表　　单位：吨

年度	生漆	油桐	核桃	板栗	棕片	木耳	香菇	金银花
1986	20	3426	278	60	40	63	10	450
1987	36	2027	457	58	14	61	16	500
1988	14	1240	445	72	85	70	21	510
1989	15	2105	485	66	95	157	32	520
1990	17	1623	274	59	45	178	31	550
1991	11	1295	452	72	73	18	8	460
1992	12	1252	486	83	65	21	10	470
1993	24	1274	685	135	129	21	10	510
1994	27	3085	875	397	393	27	12	520
1995	30	7500	1700	880	750	80	40	530
1996	35	2265	1900	650	820	80	45	540
1997	123	1258	1296	590	194	85	40	550
1998	125	3286	1574	600	180	245	42	550
1999	127	3288	1806	508	146	245	48	558
2000	120	2488	2900	498	148	243	45	577

二、林产中药材

南江是国家中药材生产基地。1978 年普查，县境有林产植物药材 1200 种、矿物药材 3 种、动物药材 24 种。林产名贵药材主要有天麻、麝香、黄芪、鹿茸、枣皮、乌梅、熊胆、银花、杜仲、黄柏、厚朴、银杏等。1984 年，国家投资 2.9 万元营造“三木”（杜仲、黄柏、厚朴）药材基地 8484 亩。1991—1994 年，全县利用以工代赈（发工业券）新建成“三木”药材基地 3859 亩、五倍子基地1500亩。1996年6月，开展银杏普查，全县成林大树407株，其中百年以上的古树106株、雌株253株、雄株154株。

1986年至1992年，药材年产量17万公斤左右。其主要品种产量（收购量）银花在5.5万~12万公斤之间，最高年产达12.2万公斤；天麻750公斤，杜仲1万公斤，栀子600公斤，冬花2350公斤，红花200公斤。随着市场需求的不断变化，药材产量有升有降，但银花种植面积及产量大幅度上升。2000年，全县银花种植面积2.8万亩，已命名为"全国银花生产基地县"，产量已达577吨。

第六节　引资合作开发

1988年3月，国营林场商品林基地开发建设引进世行贷款，加上国内投资、自筹等共折合人民币2600万元，用于营林造林，改造林区公路，购置机器设备，建立"四板厂"。

1993年10月，国营林场与台湾商会合资兴办四川省东盛伐木业发展有限公司主营板材生产线，总投资70万人民币，各35万元。

1994年，南江林工商总公司与四川冶金科技开发总公司南江公司联办南江冶炼铸造厂，总投资331万元，双方共筹131万元，申请银行贷款200万元。林产品公司与台湾协鞍有限公司合资经营高档企口木质地板项目，对木材加工厂进行改组，年产高档企口木地板3200立方米，总投资325万元，南江方投资227.5万元，台方投资97.5万元。5月"东盛发木业发展有限公司"正式投产，利用南江硬杂木，年产板标材2000~4000立方米，成为南江首家合资企业。

2000年，引进中德合作项目，德方出资，中方出人员，共同研究和保护巴山水青冈及其生态环境。

第五章　管　理

第一节　管理机构

一、行政机构

1978年11月，南江县革命委员会决定：撤销"南江县农林局"，分别成立"南江县农业局"和"南江县林业局"。局机关人员编制由1978年的行政编制6人，到2000年，编制扩大到20人，其中行政18人、事业2人。内设9个股室，处理日常事务。

二、企事业单位

（一）县级企事业管理场站

（1）南江县林业工作站：1986年3月起，县绿化委员会办公室、局营林股与县林业站合署办公。

负责育苗造林，种子收购、调运、销售；速生丰产林设计、验收，义务植树，全县绿化；中幼林抚育、间伐设计；开展林业科研和科技推广工作。（2）南江县森林病虫害防治检疫站：1994 年 8 月成立，主要职责是森林病虫害监测防治和森林植物检疫站工作。（3）南江县野生动物管理站：1998 年 4 月成立，主要职责是负责贯彻国家《野生动物保护法》和四川省的《实施办法》，公布南江县境内国家级、省级保护的野生动物名单并依法实施保护。（4）南江县林业总场：南江县国营林场成立于 1987 年 11 月，场址建于断渠。1996 年 3 月"南江县国营林场"更名为"南江县林业总场"和"南江县林业综合开发实业总公司"，实行"两块牌子一套班子"，下属大坝、大江口、沙坝、魏家坝、玉泉等五个林业分场和纤维板厂、采石厂、机修所、车队、经营部、贮木场的综合管理工作。1999 年撤销县林业总场，下属各分场、厂、所、队实行"独立核算、自负盈亏"，各具独立的法人资格。

（二）区（镇）、乡（镇）林业工作站

县林业工作站下属 12 个区（镇）林业工作站和 73 个乡（镇）林业工作站。基层林业站在县站和当地党、政的统一部署下抓好本辖区的林业事业工作。1986—2000 年，全县先后建立林业站的区镇有：南江镇、小河区、沙河镇、长赤区、正直镇、下两区、大河区、赶场区、贵民区、上两区、杨坝区、乐坝镇。

（三）林场

沙坝林场 隶属南江县林业局，属国有生产型林场，经营及林权发证面积 4.3 万亩，1999 年底有职工 110 人，其中在职 72 人，退休 38 人。全场有林地 3.5 万亩，其中用材林 1.5 万亩，防护林 2 万亩；活立木蓄积 14.52 万立方米；天然林面积 2.7 万亩、蓄积 9.25 万立方米；苗圃地 57 亩；年产苗 171 万株。从建场到 1999 年上级累计投入 138 万元，其中 1997—2000 年中央投入 59.9 万元。1996 年木材产量 1000 立方米，到 2000 年全场累计木材产量 8 万立方米，划入国家"天保工程"面积 4.3 万亩，禁伐面积 4.3 万亩。年均抚育面积 2000 亩，累计抚育面积 1.6 万亩。

大江口林场 隶属南江县林业局，属国有性质生态型林场。经营及发证面积 15.7 万亩，1999 年底有职工 216 人，其中在职 135 人，离退休 81 人，家属人口 778 人。有林地 13.8 万亩，其中：用材林 4.7 万亩、防护林 8.9 万亩、特用林 1000 亩。活立木蓄积量 47.03 万立方米。天然林面积 10.9 万亩，蓄积 40.81 万立方米。苗圃地 24 亩，年产苗量 72 万株。建场起至 1999 年上级累计投入 145 万元，其中 1997—2000 年中央投入 132.3 万元。1996 年木材产量 2000 立方米，划入国家"天保工程"面积 15.7 万亩，禁伐区 15.7 万亩。平均年抚育面积 1.1 万亩，累计抚育面积 18 万亩。

大坝林场 隶属南江县林业局，属国有性质生态型林场。经营及发证面积 19 万亩。1999 年底全场职工总数 219 人，其中在职 158 人，离退休 61 人，家属人口 767 人。有林地 17.2 万亩，其中用材林 2.9 万亩、防护林 12.1 万亩、特用林 2.2 万亩，活立木蓄积 87.72 万立方米。天然林面积 15.5 万亩，蓄积 81.21 万立方米。苗圃地 66 亩，年产苗量 198 万株。建场至 1999 年上级累计投入 198 万元，其中 1997—2000 年中央投入 136.5 万元。1996 年木材产量 0.7 万立方米，累计产量 15 万立方米。划入国家"天保工程"禁伐区面积 19 万亩，年均抚育 0.6 万亩，累计抚育 17.1 万亩，亟待抚育 2.5 万亩。

玉泉林场 隶属南江县林业局，属国有性质，生态型林场，经营及发证面积 7.9 万亩。1999 年底职工总数 142 人，其中在职 88 人，离退休 54 人，家属人口 497 人。全场有林地 6 万亩，其中用材林 0.8 万亩、防护林 5.2 万亩。活立木蓄积 36.09 万立方米，天然林面积 7 万亩、蓄积 35.17 万立方米，苗圃 10.5 亩，年产苗 31.5 万株。从建场起至 1999 年上级累计投入 164 万元，其中 1997—2000 年中央投入 68.1 万元。1996 年木材产量 0.3 万立方米，累计产量 40 万立方米。划入国家"天保工程"及禁伐区面积 7.9 万亩。平均年抚育 0.1 万亩，累计抚育 0.6 万亩，亟待抚育 0.2 万亩。

魏家坝林场 隶属南江县林业局。属国有性质，生态型林场，经营及发证面积15.6万亩。1999年全场职工总数1348人，其中在职903人，离退休445人，家属人口4853人。全场有林地13.9万亩，其中用材林0.8万亩、经济林0.1万亩、防护林12.7万亩、特用林0.3万亩。活立木蓄积38.73万立方米，天然林14.6万亩，蓄积37.94万立方米。苗圃45亩，产苗木135万株。从建场到1999年上级累计投入221万元，其中1997—2000年中央投入144.8万元。1996年木材产量0.2万立方米，累计产量80万立方米。平均年抚育面积1.2万亩，累计抚育14.2万亩，亟待抚育8.6万亩，其中中幼林6万亩。

第二节　林政管理

一、林地管理

为了加强全县林地管理，1983年，县政府要求各公社雇请一名林业员，月工资35元，县林业局支70%，公社自筹30%，口粮自带，当年全县配备林业员共73人。并将全县127万亩宜林荒山全部划作社员自留山、130多万亩集体林和40万亩灌木林作为责任山承包给社员管理。同时加强了对国有自然林、人工幼林和“皇柏林”的管理，使“封、育、造、管”工作同时并举。

1989年，地、县林业主管部门与其下属及有林单位层层签订了《保护发展森林资源承包责任书》。1995年1月，林业局发布《加强乡、镇林业员管理试行办法》，明确了林业员的责权利。7月贯彻执行《全国实行使用林地许可证制度》，并在10月份全县开展了林业用地清查工作。

1997年，县林业局向县委、县政府和上级主管部门的《关于林业用地管理情况报告》中指出，南江每年林业用地有700亩向非林地转化，问题相当严重。之后，便加强了林地管理，于7月全县计有69人申领“林业行政执法证”持证上岗执法。

1999年10月，县林业局在全县清查1994年以来非法占用林地34处，占用面积323.63亩，依法进行了处理。

2000年，全县办理林地使用证6宗15亩，清理非法占用林地19处36.3亩。

二、林业工程验收

1985年12月，速生丰产用材林省地验收合格面积24.65万亩，育苗68.55亩，成活率达93%。

1988年，全县经过验收检查，造林合格面积6250亩，速生丰产林合格面积38.09万亩。

1996年，林业局组织验收结果：速生丰产林2.36万亩，合格率达100%。

2000年，县林业局对44个乡镇、221个村、564个社、7432户退耕还林试点工程检查验收，上报面积3.5万亩，省地检查验收面积3.54万亩，其中合格面积3.21万亩，合格率90%。

三、国有林确权

1989年12月20—28日、1990年8月20日至9月3日，县政府办公室与林业局先后两次深入沙坝林场对有边界争议的沙坝、西清两乡所属的10个农经社实地勘察，查阅有关文字记载，找当事人谈真相，本着尊重历史、政策、现实的原则，双方通过协商，互谅互让，达成协议解决了十多年来的场社林界纠纷。1996年4月，林业局向全县12家国有林业单位颁发“国有林权证”。

1999年5月，县林业局在赶场乡鹿角垭村开展集体社员林权证颁证试点工作取得经验的基础上，随后在全县正式展开了林权颁证工作。

截至2000年底，全县276万亩林地中，国有71万亩，占林地面积的25.7%；集体林地99万亩，占35.8%；社员个人自留林地106万亩，占38.5%。

表7—8 南江县2000年林权所有制情况统计表 单位：万亩

项目 面积 所有制	林地	森林	其中：1. 用材林	2. 防护林	3. 特用林	4. 经济林	天保工程
全县合计	276	141.3	53.6	44.1	3.0	40.6	
一、国有	71.0	62.9	15.6	44.1	3.0	0.2	71.0
（一）国有林场	62.5	54.4	10.7	40.9	2.7	0.1	62.5
1. 沙坝林场	4.3	3.5	1.5	2.0			4.3
2. 大江口林场	15.7	13.8	4.7	8.9	0.2		15.7
3. 大坝林场	19.0	17.2	2.9	12.1	2.2		19.0
4. 玉泉林场	7.9	6.0	0.8	5.2			7.9
5. 魏家坝林场	15.6	13.9	0.8	12.7	0.3	0.1	15.6
（二）非林单位	8.5	8.5	4.9	3.2	0.3	0.1	8.5
二、集体、个人	205	78.4	38.0			40.4	
（一）集体	99	38.0	12.4			5.6	
（二）个人	106	40.4	25.6			34.8	

第三节 森林资源管理

一、资源监测

为保护好森林资源，南江县逐年对全县的森林资源分别不同情况有重点地进行各类监测。经过广大林业工作者的长期努力，于1988年9月完成了《南江县森林植物检疫对象专题调查报告》，并绘制了《南江县森林植物检疫保护区示意图》七幅。为开展森林植物检疫，保护森林资源不受病虫危害打下基础。

1990年3月，在全县范围内开展森林资源二类调查中对速生封产林普查结果：1981—1989年成效面积39.87万亩，占省核定面积的95.86%，采用国家测绘总局编绘的1∶2.5万地形图进行现地实测勾绘，按众多因素跟踪调查监测。1992年，县林业资源调查队，历时一年完成了五个国营林场的二类森林资源调查。

1995年2月，县林业技术人员历时2个月实地调查，编制了《南江县沙漠化土地普查报告》：全县沙区土地总面积8.75万公顷，其中沙化土地1954公顷。从沙化地类分：流动沙地19公顷，半固定沙地1334公顷，固定沙地483公顷，沙改田地118公顷；从利用地分：耕地95公顷、宜林沙荒1250公顷、疏林地609公顷。

1996年4月，“巴中地区林业病虫害预测预报站”在南江建立，并开展工作，10月，预测全县森林病虫害发生面积7万亩，监测覆盖率66%，苗圃检疫面积500亩、检疫率80%，调运竹木检疫率100%。1997年5月，经巴中地区森林站预测，县将有大面积柏木林发生蜀柏毒蛾危害，虫株率90%以上，虫口密度50～300头/株，林业部门高度重视及时采取了预防措施、效果良好。

2000年，森林病虫鼠害目标管理考核达标：监测覆盖率100%，防治率93.3%，检疫率96%，成灾率为0。

二、规划设计

1986—1997年，县先后完成林业规划、林木采伐、林木采集、农户庭院经济、退耕还林、造林绿化等各项设计工作并监督实施，其中1992年《南江县林场魏家分场森林资源二类调查设计》经省地验收合格。1994年，完成《南江县社队及零星国有林森林资源二类调查设计》，经省地验收合格。1997年，完成《速生丰产林项目作业设计》，总面积20.5万亩，共137个小班，分布10个区镇，73个乡和1个林场实施。

1999年12月，县林业局完成“四河、两线加城镇”的绿色通道建设及南江城郊225.8公顷的绿化规划设计。

2000年3月，完成了《南江县2000年退耕还林试点工程、退一还二荒山造林作业设计》和《“十五”计划及2000—2015年规划草案的设计》。

三、资源清查

1985年，省林业厅批准南江县建立沙河、下两分水岭三个林区木材检查站，负责木材资源出入境清查管理。

1990年，全县开展森林资源二类调查，进一步摸清了森林资源家底：林业用地298万亩，活立木蓄积量810万立方米，森林覆盖率47.05%。1994年，通过对经济林的进一步调查，编制了《南江县（1994—2000年）经济林发展规划》。1996年，对全县银杏进行普查，零星分布在县境内银杏树共有407株，其中百年以上的老树有106株。

1997年4月，对大小兰沟自然保护区进行综合考察，整体规划，正式申报省级自然保护区。1998年4月20日至6月30日，由县林业局设计队对10区2镇的古树进行了全面普查，共有古树4068株，其中“皇柏林”2309株，黑池子24株，其余1735株零星分布在全县各地；名贵树4054株，其中：柏木3522株，银杏131株，马尾松83株，黄连木53株，铁坚杉49株，樟木41株，麻栎39株，风香和红豆树各13株，枫杨和黄梁木各11株，铁象10株，皂荚9株，五角枫和冬青树各7根，七叶树、水青冈、刺槐、黄葛树和南酸枣各6株，小杨树5株、野柿和垂柳各4株，香椿和杉木各3株，银杏、糯米椴、大叶桃花木、桢楠、柞木各2株，柳杉、白榆、梧桐、构树、山杨、山玉兰、蓝果树、香叶树、木樨、南江枫杨各1株。这些古树和名贵树木均得到了保护。沙河镇联盟村四社八元山的一株银杏最大树龄达600余年，树高18.5米，胸围565厘米，冠幅19米，县编号为2406。

第四节　管理体制改革

一、管理体制

（一）国有林

成片国有林的管理，主要由五个国有林场及两个非林单位负责。全县国有林场经营面积62.5

万亩，应发及已发林权证面积均为 62.5 万亩。1999 年底，全县国有林场共有职工 2035 人，其中在职职工 1356 人，离退休人员 679 人。林场家庭人口 7254 人。国有林场用地 62.5 万亩，有林地 54.4 万亩，用材林 10.7 万亩，防护林 40.9 万亩、经济林 1000 亩、特用林 2.6 万亩。活立木蓄积量 224.09 万立方米，天然林面积 50.7 万亩，蓄积 204.39 万立方米，苗圃 202.5 亩，年产苗 607.5 万株。从建场到 1999 年上级累计投入资金 866 万元，其中 1997—2000 年中央财政投入 541.6 万元。1996 年木材产量 1.5 万立方米，累计 156 万立方米。划入国家“天保工程”面积 62.5 万亩，全部禁伐。年均抚育面积 3.2 万亩，累计抚育面积 51.5 万亩，亟待抚育面积 14.6 万亩。国有林场均实行承包制管理。

（二）集体林

集体林管理办法有专管、兼管，但都执行“五定一奖”合同责任管理制，一般 3～5 年到期，换签合同，兑现奖金。国有林中除成片的外，还有一部分零星国有林，采取代管责任制，交由集体或个人代管，其办法同集体林管理类似。

二、体制改革

（一）企业改制

1984 年 7 月，县开始实施林业工作承包现任制。1987 年，各林业企业进一步完善岗位承包责任制。1989 年，县财政全部砍掉了“三场两所”的事业经费，推行自主经营，自负盈亏，实行定员定额，完成本、定任务、定消耗的管理体制。1992 年 7 月，遵照达署发〔1992〕116 号文《关于达县地区全民所有制企业实行全员劳动合同制试行办法的报告的通知》精神，南江林业企业试行全员劳动合同制。1994 年，开始林业企业第二轮承包。1995 年，继续推行家庭联产承包责任制和试行股份合作制，租赁经营等多种责任制。1996 年 6 月 1 日起，对“四荒”施行拍卖制。1997 年，县林业总场实行“一块两伐”的管理体制，对五个林业分场实行宏观调控、目标管理、独立核算、自我发展、自主经营、自负盈亏、独立承担债权债务和民事责任。1999 年，撤销县林业总场，实行划小核算单位，恢复 5 个具有法人资格的林场，实行自主经营、独立核算、自负盈亏。2000 年，林业系统深化改革，打破“大锅饭”，以多种经营开发分流。南江县体改办建议县林产品公司、木材加工厂、纤维板厂依法关闭。

（二）林业站改革

1987 年，县林业局对乡镇林业站试行责任合同制，下达各项林业生产任务，签订林业生产责任合同。1993 年，改革各区镇林业站生产经营体制，坚持放权松绑、放水养鱼、自主经营、自负盈亏、自我发展、实行站长责任制。对乡镇林业员，实行工效挂钩、联产计酬，打破标准工资，实行量化考核的管理制度。1998 年，区乡拍卖集体企业、场园：桑园 3000 亩、果园 4670 亩、茶园 8300 亩、林场 11200 亩，“四荒”资源 31000 亩，收回资金 45.2 万元。1999 年，调整结构，扩大非公有制经济，共拍卖集体场园 27170 亩、“四荒”资源 31000 亩，收回资金 450 万元。2000 年，黑池子良种场把苗圃地分给职工作责任地，十年不变，停发工资，下拨资金作为生产投入。上两林业站租赁土地 50 亩，由站内职工入股分红、兴办股份制苗圃，乡林业员都有 1 亩以上苗圃实验示范地，既推广林业科技又增加收入。

第八篇　畜牧业

第一章　饲草饲料

第一节　本地资源

一、草山草坡

南江各类草山草坡总面积，于1984年农业区划调查为134.43万亩（草丛草地47.5万亩、疏林草地21.5万亩、灌丛草地35.3万亩、零星草地13.9万亩、农隙草地16.2万亩），占全县面积的26.06%，其中万亩以上草场有16处，占草地总面积的33.43%。草山资源分布：南部低山区31.88万亩，占总草地面积的23.71%；中部中（低）山区有57.82万亩，占总草地面积的43.02%；北部中山区有草地44.73万亩，占总草地面积的33.27%。

1986—2000年间，草山草坡面积及草地类型略有变化，林地逐年增加，草地每年减少1%～2%，基本稳定在100万亩左右。随着国家退耕还林（草）和人工种草等政策的落实，森林植被得到有效保护，人工种草从无到有，截至2000年，全县人工种草累计达到了20万亩，有效保存面积10万亩以上。

二、饲料粮食

1989年，按南江县畜牧局《关于供应种公猪饲料粮的通知》规定，凡喂养国外良种公猪每头每月供应原粮25公斤。同年12月，县政府以南府发〔1989〕99号文件通知，安排生猪杂交改良专用粮3万公斤。为保证专粮专用和使用效果，参与杂交改良并实行科学补饲的农户，凭人工授精配种证和县品种改良站的《仔猪科学补饲效果证明》每窝按25公斤饲料粮安排使用。粮食部门按规定返半价油枯给养猪重点户，对交肉猪批量大的专业户，除按规定每头生猪奖售35公斤半价饲料外，还分档次增加奖售粮。并对当年引进的国外良种公猪24头，按每头每月50公斤（原粮）的供应标准在县机动粮中解决良种公猪饲料粮1.44万公斤。此后，随国家政策的变化，用于畜牧生产的各类奖售、奖励饲料粮全部取消。养畜所需饲料粮全部由农户自己生产或到市场购买。

三、青绿饲料

南江青绿饲料品种繁多，资源丰富，按类别可分为野生和种植两大类。人工种植的青绿饲料有蔬菜类、红苕藤、胡豆苗、聚合草等。野生青绿饲料主要有自然生长的各类野菜和能饲用的野草及花生、水葫芦、红浮萍等水生饲料。人工种植青绿饲料是养畜所需饲料的主要来源，其中红苕藤、蔬菜类占的比重大，据1986年统计，全县青贮红苕藤等青绿饲料1.5亿公斤，1990年上升到1.72亿公斤。2000年全县青绿饲料已增长到2亿公斤。

四、作物秸秆

南江，农作物秸秆丰富，能作饲料的水稻和玉米、油菜、小麦、豆类等作物秸秆，全县年生产农作物秸秆在2.5亿公斤左右。按农村和农民的传统习惯，除水稻、玉米秸秆用于喂牛、羊外，其它秸秆基本没有利用。虽然1993—1994年，省畜牧局下达南江以工代赈秸秆氨化养牛项目，并在小河、沙河、长赤、正直、下两、赶场等乡镇进行示范，但未能继续推广巩固。

第二节　引进饲草

一、引进优良品种

1987年，引进了13个牧草品种在北极种畜场进行品种比较试验，筛选出适合南江种植的牧草品种有黑麦草、白三叶草、牛鞭草、苜蓿、高丹草等。1989年，首次引进美国籽粒苋试种，该草适应性强，产量较高（亩产能达4000公斤以上）。20世纪90年代后期结合种草养畜和实施退耕还草项目，先后引进了皇竹草、菊苣、鲁梅克斯等优质高产饲料品种在县内推广。

二、优良牧草种植

1986年，在北极牧场的东包梁、亮垭子滑石板、古坟岭、张家嘴到大介石一带实施了500亩人工模拟飞播牧草项目。其中种畜场区3000亩，毗邻乡村2000亩。并在北极种畜场举办了两期培训班，培训了技术人员85人（次）。组织人力在县内收购黑麦草种5000余公斤，8月1日开始播种，9月底完成秋播任务。1987年，完成了省地下达的牧草区域试验项目，全年种草3100亩，其中草粮套作1540亩，草经套作337亩，间作密胡豆466亩，间作燕麦200亩。

1988年，重点加强对已种人工牧草的管理。以朱公乡方家山、白院乡三叉溪河作为人工种草示范点，积极配合养畜户发展零星种草，年内全县完成人工种草5000亩。1991年，着重开展籽粒苋的种植推广、蕉藕的种植和美国斯特波春大麦的试种，共种优良牧草7320亩。1994年，以北极、元顶子两个国营农牧场为主在全县大力推广农隙地和田边地角种植牧草，当年全县种植多年生黑麦草、白三叶草等1.8万亩。

1999年，贯彻落实省、地（市）切实搞好种草养畜的指示精神，在全县20个黄羊圈养示范村中，共示范种植优良牧草6420亩，并以此带动全县种植各类牧草1.56万亩。

2000年，为确保退耕还草工作顺利进行，县筹措资金18万元，购回优良牧草种11.3吨，在南江河、明江河、樵家河、木门河流域和县内交通主干线的13个区（镇）、42个乡（镇）建起了退耕还草示范带，种植黑麦草、三叶草、苇状羊茅等优质牧草2.5万亩。

第三节　饲料收贮

一、青贮

1986年，全县在推广“生猪肥育配套技术”项目的同时，把饲料青贮作为一项主要措施，在主产生猪的正直、长赤、沙河、下两等地推广。当年全县青贮饲料1250万公斤，较好地解决了越冬饲料的调剂问题。同时，在沙河区开展了玉米尖青贮试点，受到了养畜农户的欢迎。1987年初，县政府把青贮饲料列为发展养猪生产的基础工作，县农经委以［1987］22号文件向各区、乡下达了饲料生产任务，当年全县青贮饲料总量达2549.85万公斤（其中塑料袋贮1290.5万公斤、窖贮1209.25万公斤，窖贮玉米秸秆50.1万公斤），超额完成地区下达的任务，比上年的1250万公斤增长104%，青贮饲料推广面（以村民组计）由上年的51%提高到92%，此项工作受到国家农业部的表彰。

二、干贮

干贮是传统收贮饲料的方法。具有简单、易行、经济、快捷的特点，一直被人们所沿用。干贮饲料主要是农作物秸秆，如稻草、玉米茎叶、红苕藤叶、豆类茎叶以及部分野生饲料，用作牛、羊冬季饲料，县内干贮方法：一是将其收割后的稻草、玉米茎叶放在地里或田内晒干，然后将其收拢，以一树干或其它直立物体为轴，一层一层地剁放起来，堆成一个不规则的圆锥体，饲喂时由下向上，逐层取用；二是将晒干的稻草或玉米茎叶放在牛、羊圈上面的木架或简易楼层贮藏；三是将多余短期内又无法利用的饲料挂在树枝或猪、牛圈上即可，让其自然晾干而成，饲喂时，可将晾干的饲草（料）直接喂养，也可通过加工打细混入其他饲料饲喂。全县干贮饲料比例占农作物秸秆总量的60%以上。

三、秸秆氨化

1992年，南江被列为全省秸秆氨化肉牛肥育重点县，县上成立了领导小组和技术指导小组，制订了实施方案，将任务落实到区（镇），要求秸秆氨化推广面积达70%，确定沙河、长赤、赶场、碾盘四乡（镇）为本项目示范乡；小河、正直、红光、黑潭、高桥、大河、南江镇7个乡（镇）为本项目重点乡。当年主管部门调配尿素100吨用于开展秸秆氨化，全县落实肉牛短期肥育1780头。1993年，为了确保秸秆氨化技术在全县推行，充实了项目班子和技术人员，进一步修正和完善了鼓励发展的政策和措施，全年共氨化秸秆2242吨，育肥肉牛3800头。1995年8月，省畜牧主管部门安排南江以工代赈肉牛生产项目追加资金10万元，用于加强沙河、元潭、赶场三个示范乡（镇）建设，以沙河为中心，修建氨化（青贮）池和养牛圈舍，新建秸秆养牛示范户100户，达到户平年出栏肉牛10头以上，此项目由于资金被挪用，未能按期实施。通过三年实施，在项目区内共建氨化（青贮）池1540口，容积2.05万立方米，氨化秸秆1000万公斤，实现肉牛短期肥育5786头，新增效益120万元，顺利通过了省、地验收。秸秆氨化肉牛肥育项目工作虽圆满结束，取得了成效，但由于缺乏后续资金的支持，未能在全县推广，随着项目的验收而告终。

第四节 饲料加工

1986年，全县有大小饲料加工厂17个，其中粮食部门11个（县饲料厂、各区粮站饲料厂），县畜牧局预混饲料厂和区乡畜牧兽医站与农户联办饲料加工厂6个。全年共生产各类饲料2870吨，其中粮食部门2800吨，畜牧部门70吨。生产的品种有猪、牛、羊、兔的配（混）合饲料、浓缩饲料和预混饲料。1987年，全县有各类饲料加工厂（点）达20个，年内累计生产、销售配（混）合饲料、预混饲料、浓缩饲料4100吨，其中粮食部门3500吨。

1988年，主要发展草粉生产和饲料原料的开发生产。正直区养猪大户张庭楚、李元寿与食品站联办草粉加工厂，半年加工生产草粉45吨，并在全县推广。到年底，全县以农作物秸秆为主要原料的草粉加工点达到985个，粉碎加工各种草粉1.48万吨。县酒厂新建了白鹿饲料厂，利用酒糟等副产物生产配（混）合饲料及血粉饲料原料。同年7月，县预混饲料厂批准生产碳酸钙（石粉），到年底共生产碳酸钙30吨。1989年，配合饲料生产以粮食部门为主，畜牧及其他企业为辅的饲料生产基本格局初步形成，建立配合饲料供应点85个，畜牧部门生产了育肥猪预混饲料、仔猪补饲预混饲料，方便农民使用，普及面逐步扩大。当年全县配套了各类饲料加工机械1580台（套），共加工农作物秸秆1.5万吨。

1990年以后，随着饲料市场的不断规范和外来饲料的冲击，县内小型饲料厂逐步收缩和转产而只剩下粮食局饲料厂和县畜牧部门的预混饲料厂。粮食局饲料厂年产500吨左右，坚持到1996年全面停产，畜牧部门饲料厂1991年后重点转入生产浓缩饲料，累计生产浓缩饲料300余吨，添加剂预混饲料80吨、松针粉5吨、豆科秸秆粉230吨、草粉100吨，后因资金周转困难，无力添置设备和更新改造，于1999年正式停止生产。

第二章 畜禽饲养

第一节 饲养概况

20世纪80年代中期以来，全县畜牧业快速、健康发展。畜禽饲养量、产品产量均大幅度增加，畜牧业产值占农业总产值的比重不断攀升。2000年，全县畜牧业产值达30750万元，占农业总产值的45.7%，比1985年的18.4%上升了27.3个百分点。畜牧业生产收入成为农民家庭经济收入的重要来源。据县农调队调查，1986—2000年期间，农民家庭现金收入的60%～70%靠畜牧业生产。全县每年外运肉猪、肉牛、肉羊达50多万头（只），仔猪、种羊20多万头（只）。

表 8—1　　南江县 1986—2000 年畜牧业生产情况统计表　　单位：头（只）

年度	存栏					出栏				
	生猪	牛	羊	家禽	兔	生猪	牛	羊	家禽	兔
1986	368675	75412	43425	135300	1486	226192	4333	11541	286600	1500
1987	369781	81541	57241	103120	1519	251120	5038	27620	193260	1003
1988	422870	87979	59199	146870	1238	302613	6785	28869	326891	2139
1989	390928	88490	62804	153187	1117	346540	4512	31500	325600	2287
1990	400176	92714	61496	157683	1332	350543	3936	31002	335400	2300
1991	413358	98522	61586	232981	1086	357407	7567	28050	474700	5000
1992	400837	99666	42579	283260	1187	373282	11079	26773	561000	6300
1993	419220	105265	75480	346875	2839	379635	12966	26658	694500	12400
1994	468478	109424	82316	354821	1386	408361	16003	46000	708800	7700
1995	459923	110587	85233	433681	1732	450362	19995	68290	866300	8147
1996	493223	117158	111711	7238792	4085	502809	25191	102593	1364147	15457
1997	501032	126495	175013	7340185	9868	524637	27009	135187	1384270	40838
1998	518502	127690	219455	1036632	11326	534718	30245	182044	1990000	22813
1999	511052	128412	251498	1468394	14876	541276	31985	249812	2678500	25665
2000	521487	129214	262048	1568792	15037	551087	33945	262048	2898432	27623

注：资料来源于南江县畜牧局。

表 8—2　　南江县 1986—2000 年畜牧业产值情况统计表

年度	牧业总产值（万元）	其中						占农业总产值比例（%）
		猪（万元）	牛（万元）	羊（万元）	禽（万元）	畜禽产品（万元）	其他（万元）	
1986	2855	2376	199	21	68	159	32	18.4
1987	3395	2811	236	27	96	187	38	21.0
1988	4017	3156	278	36	186	257	104	23.6
1989	12100	10801	432	146	268	351	102	27.7
1990	12213	10856	441	147	274	390	105	28.0
1991	12590	10865	696	133	345	396	155	27.8
1992	13271	11348	698	127	516	422	162	28.7
1993	16002	12907	932	173	625	1029	336	35.7
1994	17655	13893	844	238	630	1658	391	39.1
1995	19540	15312	1227	323	809	1453	416	38.4
1996	24666	17095	1053	487	898	1663	3470	42.5
1997	27274	17838	2657	746	1329	1708	780	43.9
1998	28910	17859	3994	1004	1562	2180	2311	44.3
1999	28152	18771	2189	1029	2156	2645	1326	43.8
2000	30750	19112	2320	1677	2695	3393	1553	45.7

注：资料来源于南江县畜牧局。

第二节　家畜饲养

一、养猪

养猪生产在南江畜牧业中居首位，其产值占畜牧业总产值的70%以上。1986年6月，成立了南江县科学养猪技术协会，全县推广“生猪肥育配套技术”项目，当年肉猪出栏22.6万头，比1985年净增2万头。1987年11月，县委、县政府在正直区召开了科学养猪经验交流会，31个重点乡乡长、89个养猪专业户和县级有关部门负责人共187人参加会议，通过交流经验，现场参观，表彰先进，在全县掀起了养猪热潮，当年生猪存栏369781头，出栏251120头。1988年初，县委、县政府决定把生猪生产作为农村经济工作重点来抓，县政府发出了《关于切实抓好1988年生猪生产和购销工作通知》，提出并落实了全县出栏30万头肥猪的任务，制定了购销政策和措施。成立了生猪生产办公室，建立了养猪基金，在每头肥猪税中提取0.5元和技改费0.4元作为基金，扶持养猪生产。开展了“用政策、推科技、创水平、登台阶”的养猪竞赛活动，抓好1000个养猪示范户和科学养猪技术推广工作，当年存栏生猪422870头，出栏生猪302613头，分别比上年增长14.3%和20.5%。1989年3月，县委、县政府召开养猪工作总结表彰大会，会上表彰了养猪红旗单位11个、先进单位24个、先进个人300名。继续执行生猪以粮换购计划，同时全县还安排了3万公斤结构粮用于养猪生产。当年出栏肥猪上升到34.65万头。1991年以后的十年间，各级政府大力支持养猪生产，畜牧部门积极推广科学养猪技术，农户养猪的积极性和科学饲养水平有了很大提高。2000年底，全县生猪存栏、出栏分别达到52万头和55万头，比1990年增长30%和57%。

二、养牛

耕牛　1986年，全县牛存栏75412头、出栏4333头。1989年，县人民政府（1989）54号文件规定，任何单位和个人不准宰杀有繁殖能力的母牛，非淘汰的种公牛和能耕牛，凡宰杀和上市出售丧失繁殖能力的公母牛、老残牛、“狗头牛”必须持有当地畜牧部门出具的淘汰证明，凡出售有繁殖能力的母牛、高代杂交牛及耕牛必须持有当地乡人民政府出具的准售证明，违者视其情节轻重予以处理。到2000年，全县饲养量达16.31万头，其中存栏12.92万头，出栏3.39万头，存栏数比1985年的75858头，增加了70.5%，出栏数比1985年的3303头增长了10倍。

役肉兼用牛　通过引进良种肉牛的冻精对本地牛进行改良，所获的杂交牛为役肉兼用牛，主要特点是：生长发育快，个体大，役用力强，产肉率较高，耐粗放，抗病力强，市场价格高，深受农民欢迎。1986年以后，由于财政经费紧张，牛改工作投入不足，全县30多个冻精改良站（点）逐步取消，只有黑潭乡坚持自费改良，实行市场化运作，10多年从未间断，累计配种近万头，产杂交牛8000余头，对本乡和周边乡镇养牛生产的发展起到了推动作用。全县截至2000年底，冻精改良累计配种3.3万头，生产杂交役肉兼用牛2万余头。

奶牛　1986年，引进黑白花奶牛冻精在沙河红旗村进行三品种（黑+西+本）杂交改良，生产三杂牛14头，有3头投入产奶。1987年，在沙河红旗村集中西杂母牛38头，本村自养自配产西杂母牛31头，加上本村原有西杂母牛48头，红旗村的西杂母牛存栏数达到117头，奶牛示范村建设已初具规模，但因后续工作和配套设施未能跟上，没有达到全部产奶的目标。1990年前后，县委、县政府提出在县城郊建立蛋奶工程，从沙河红旗村购回荷、西、本三杂母牛20头，在碾盘乡南垭村和石光村（梨子坪）进行饲养，年内有 3 头牛投入产鲜奶 3000 多公斤，供应市场奶品 2500 余公斤，后因管理和相应配套设施跟不上而停产。1994 年，县畜牧局技术干部王火明帮助其弟在南江镇朝阳村发展纯种黑白花奶牛 5 头，所产鲜奶供应县城市场。1995 年，县政府政协委员岳建生在小河桥中药材公司库房河坝建起了占地 4 亩的奶牛场，从山东购回黑白花奶牛 10 头，聘请县畜牧局技术干部彭成武作技术顾问和退休职工何长述作场内技术员，驻场技术指导，最多时每天有鲜奶 150 多公斤上市，其中袋装奶品还销售到巴中县城。后因朝阳开发区征用土地等原因，奶牛全部处理到外县。2000 年鲜奶停产。

三、养羊

1986 年，全县养羊 54966 只，出栏 11541 只，年末存栏 43425 只。羊的品种大多数为本地山羊，“南江黄羊”新品种主要在国有牧场养殖，其次是专业大户 106 户，户平养羊 32 只，最多户养 256 只。经过几年的发展，特别是大力扶持贫困户发展南江黄羊生产。1990 年，全县养羊 92998 只，出栏 31002 只、年末存栏 61496 只。分别比 1986 年时增长 68%、160% 和 41.6%。在发展养羊过程中不断改进饲养方式和方法。中山区采取轮换放牧、低山区采用圈养、拴养或专人饲养。1995 年，全县养羊已发展到 153523 只，出栏 68290 只，年末存栏 85233 只，养羊总数比 1990 年净增 60625 只，增长 65%。2000 年，全县养羊总数已达 524096 只，出栏 262048 只，年末存栏 262048 只。养羊总数、出栏数和年末存栏数分别比 1995 年增长 2.4 倍、2.8 倍和 2 倍。

第三节　家禽饲养

一、养鸡

1986 年底，全县鸡存栏 49.6 万只，出栏 28.7 万只。1989 年，县白鹿饲料厂引进罗斯蛋鸡 5000 只（含种蛋），其中父母代种鸡 450 只，对改良南江本地鸡种起了积极作用。1997 年，全县涌现了大批专业养鸡户。共建有 9 个孵抱房，386 户孵抱大户，引进优良蛋肉鸡近 10 万只。南江县畜牧局饲料厂自筹资金引进蛋、肉鸡 3 万余只，支持发展养殖大户 100 余户，开创了全县规模养鸡的先河，推动了养鸡生产的发展。农村基本上是户户养鸡，一般以养土鸡为主，良种鸡为辅，成鸡多数上市销售，部分自食。2000 年末，全县鸡的出栏达到 289.8 万只，其中蛋鸡 121.6 万只，肉鸡 168.2 万只。

二、养鸭、养鹅

南江养鸭业不发达，规模养殖基本未成，农村散养较为普遍。县内仅长赤、正直、下两等中低山区极少农民放养棚鸭，农村养鸭户不多，养鸭数量少。1986 年末，存栏鸭 3.1 万只，出栏 4.7 万只。1990 年末，全县鸭存栏 1.56 万只，出栏 3.2 万只，其中长赤区 1.68 万只，正直 0.87 万只。1995 年末，鸭存栏 8.9 万只，出栏 8.16 万只。2000 年末，全县出栏肉鸭 14.4 万只，存栏 6.48 万只。全县养鹅极少，长赤、正直、沙河等区有少数农户时有饲养。据推算，全县年养鹅仅千只左右。

第四节　其他品类饲养

一、养兔

肉兔　1986年，县畜牧局从大邑、广汉引进加利福尼亚、新西兰、比利时等良种肉兔170只，在碾盘乡、小河乡发展了9户肉兔生产基点户。小河乡跃进村农民李宗武、方绍金在县畜牧局的支持下，各购进种兔10只，当年收入千元以上，年内基点养殖户达42户，生产仔兔600余只，并为渠县、开江等地提供种兔150余只。1990年，全县肉兔仅发展5000只，发展速度缓慢，出栏数量较少，经济效益不显著。肉兔生产逐年减少，只有金盆、八庙乡的少数农户饲养，数量不多。

长毛兔　20世纪80年代初，由县外贸公司从外地组织首批长毛兔在长赤、红光试养，效果较好。1985年7月县畜牧局从天全县引进长毛兔100只投放在北极牧场种兔场饲养，所生仔兔主要供大河、赶场、小河等地农户饲养。由于兔毛价格下滑，停止饲养。1999年后，兔毛价格提高，正直、菩船、双河、凤仪等乡的部分农户在苍溪引进长毛兔饲养，规模达到5000余只，后因价格低销售渠道不畅等因素的影响，再次停养。

獭兔　獭兔是国外的皮用兔种。1992年，县畜牧有限责任公司首次引进獭兔，在长赤、沙河、小河等区（镇）的部分农户中饲养，一度时期发展上万只。后因销售受阻，仅限于炒种，导致推广失败。1999年，小河区派员到成都郊区考察后，引进獭兔种200多只在文光、华光、红卫、水洞等乡村饲养，当年底发展到2000余只，后因销售不好而失败。

二、养蜂

南江养蜂主要以农户散养为主，在高、中、低山区均有分布，低山区饲养数量较少，户养1～2桶，多则3桶。高、中山区农户较为分散，但户均饲养蜂量数相对较多，饲养户一般养蜂5桶以上，多则20—30桶，上两、玉泉、寨坡、桃园等乡（镇）养殖户较多。县内林场养蜂普遍，大坝、大江口、沙河坝、魏家坝等林场均集中饲养，多者可达百桶。县内饲养的多是中蜂品种，适应性强，饲养成本低，蜂蜜质量好。1986年，县畜禽品改站专程派员到外地考察养蜂生产，开发南江中蜂资源，并作了前期准备，后因未列入项目计划、自筹资金不足未能启动。因此，南江养蜂生产仍处在原始阶段，饲养方法落后，产量低，效益差，养殖分散、不成规模。

第三章　畜禽品种改良

第一节　猪种改良

南江本地猪属于山地猪种类型，属脂肉型地方猪种。具有早熟、易肥、抗病力强、耐寒、适应山区粗放饲养特点。随着良种猪的引进和猪品种改良的推广，南江纯种本地猪日趋减少。为保护本地猪种资源，县畜牧局将贵民、上两区所属的部分乡村列为地方品种保护区。

利用本地猪作母本，引进外地优良品种的公猪作父本生产的商品肉猪（称二元杂交猪），是南江长期以来生猪生产的杂交组合方式。随着市场的需求和变化，陆续引进了约克夏、长白、杜洛克等国外优良种公猪，以本地黑猪或内×本杂交猪作母本生产商品肉猪，经筛选和生产实践证明，约×本组合二元杂交是商品肉猪生产的最佳组合。

1986年，县畜牧局从内江、达县、自贡等种畜场引进杜洛克、约克夏、长白、汉普夏等良种公猪10头，在沙河、小河、赶场、正直、红光、大河等交通沿线建立人工授精点10个，有4头种公猪于下半年调教投产，累计配种713窝（次）。

1990年，全县引进良种公猪达到53头，建立人工授精站35个，年内配种1.72万窝（次），其中人工授精1.29万窝（次），受胎率92.7%。为了保证猪种改良质量，当年淘汰本地劣种公猪147头，长赤区红光改良点年配种1208窝（次），人工授精受胎率达95%。随后的八年中又新建了长赤、小河、赶场三个生猪改良统一供精站，使猪改工作逐步走向规范化管理，种公猪的利用率也有很大提高，公配比达1:1500窝（次）。1991年，聘请了四川农业大学郑鸿培副教授来南江进行塑料软瓶低精量输精新技术专题授课，此项技术很快在全县大面积推广应用，年内全县推行塑料软瓶低精量输精技术配种母猪2万窝（次）以上，占年配种数的85%以上。

1995年，对全县已有的38个改良站（点）的良种公猪进行了鉴定和年审，当年又淘汰了不合格的种公猪6头。新增改良站（点）7个，全县改良站（点）总数达到45个。全面推广塑料软瓶低精量输精技术，全县共使用塑料软瓶6万支，低精量输精技术的推广面达91.3%，人工授精改良品种3.56万窝（次），受胎率达94.5%。

1998年，为加快生猪改良步伐，提高瘦肉型猪比重，县政府按照巴中地区行署《关于切实抓好生猪品种改良工作的通知》精神，要求县畜牧局负责督促各乡（镇）引进良种瘦肉型种公猪2头以上。当年共引进良种种公猪100头，全县存栏良种公猪172头，其中已投产124头，全年生猪改良配种7.84万窝（次），其中人工授精6.5万窝（次），占83%，对已投产的良种公猪进行了鉴定登记。对农村饲养的劣种公猪作了淘汰处理，全年共淘汰劣种公猪428头。

2000年，全县有生猪配种站（点）250个，完成改良配种8.2万窝（次），其中人工授精7.8万窝（次），生猪二元杂交是改良面达80%以上。

第二节　牛种改良

1986年，由于牛种改良资金的短缺，一直处于高潮的牛品改工作开始降温。县政府本着“缩短战线、加大密度、主攻质量、突出效益”的原则，收缩了改良范围，全县仅保留了10个牛品改输精点，年内累计冷配本地牛2052头，其中黄牛1631头，水牛421头。沙河乡红旗村奶畜点引进黑白花种公牛冻精开展了三品种杂交改良，产仔15头，有三次试行挤奶获得成功，后来由于缺乏资金，于1990年全部停止。1987年，全国商品牛基地被压缩后，牛品改专项资金同时取消，在设备老化得不到更新的情况下，为完成地区下达的牛改任务，仍然坚持牛品改工作，全县的输精配种点压缩到8个，年内共冷配黄牛1689头、水牛356头。在随后的几年中，牛改经费越来越少，地方财力无力支撑，牛改配种点也逐年减少。到2000年，全县只有黑潭乡牛改点还在自费坚持牛改工作，连续15年累计配种近万头，产杂交牛8000余头。

第三节　南江黄羊改良

南江黄羊，是以南江境内的“北极”和“元顶子”两大牧区为育种基地，从1954年开始，采用杂交育种方法，集聚了努比羊、四川铜羊、金堂黑羊、成都麻羊和大巴山本地山羊等多个品种的优良特性，经过南江畜牧科技人员40多年艰辛努力培育而成的中国第一个肉用山羊新品种。具有以下几个特点：一是体型高大，生长发育快。南江黄羊全身被毛黄色，沿脊有条黑色毛带，四肢粗壮，头大耳大，属大型山羊品种，成年公羊体重60~80公斤，六月龄公母羊可分别达到成年时体重的40%~45%。最有效的肥育期在1.5至2个月，平均每天增长250克左右，最高的可达450克，12月龄体重比本地羊增加16千克，提高88%。二是繁殖力强，适应性广。南江黄羊性成熟早，一般二月龄即有性行为表现，三月龄可出现初情，四月龄可配种受孕。群体胎平产羔率为195%，群体年均繁殖成活率为90%。南江黄羊不仅适应中国南方各生态类型区，也适应北方部分省（区），如秦巴山区、武陵山区、黄淮海区、黄土高原区的生态环境以及云贵、青藏高原水源较好的区域，尤其在东南沿海一带表现更好，显示出抗逆力、抗病力及耐粗性强的特点。三是产品品质好，营养丰富。在放牧条件下的各龄公（羯）羊鲜肉，粗蛋白质平均为20%，在补饲条件下，按羊肉干物计每1000克含蛋白质905克。各部位的肌肉平均粗脂肪含量低，8月龄屠宰的为1.78%，4月龄脂肪最低含量为1.33%；每百克羊肉含胆固醇为40.23毫克，比猪、牛、鸡、鱼肉的胆固醇含量都低；南江黄羊每100克肉含氨基酸的总量为49.97克，其中赖氨酸7.57克、谷氨酸17.18克。四是板皮面宽大，成革性能好。南江黄羊成龄羊皮平均可达8842平方厘米，且弹性较好，厚薄均匀，延伸率大，抗张力强，成革性能好，适宜制作各种高级皮件产品。南江黄羊还具有肌肉纤维细、肉质细嫩、膻味轻、食口性好的特点。

1986年，县委、县政府对南江黄羊的繁殖和推广采取了多种措施：县委制发《关于大力发展南江黄羊的意见》，明确任务目标，落实工作措施，考核、奖励办法及一系列有利于南江黄羊发展的政策；县畜牧局、民政局联合发出《关于扶持贫困户发展南江黄羊生产办法的通知》，向白院、北极、黑潭3乡的70户困难户每户发放扶持基金300元，共计2.1万元，以乡为单位落实到户，投放种羊，流转使用；县粮食局发文下达当年种羊饲料粮计划1.234万公斤，分配到区、乡，落实到养羊大户。当年全县山羊饲养量为6.49万只，其中存栏4.9万只、出栏2.15万只，南江黄羊存栏达到3万只。1988年4月，由省畜牧局组织在南江县正式成立了“四川省南江黄羊育种委员会”，旨在加强对南江黄羊新品种的领导和充实技术力量，加强科研、育种、生产步伐。

1990年10月，“南江黄羊选育技术研究”、“南江黄羊肉用性能和技术开发研究”项目通过国家农业部、省畜牧局鉴定验收，一致认为已选育的南江黄羊在我国肉用山羊中居领先地位，对改良中国南方山羊品种发挥了重要作用。全县山羊饲养量达到了9.25万只，比1986年增长42%，年均增长10.5%，其中南江黄羊存栏4.8万只。

1994年8月初，根据国务院颁布的《种畜禽管理条例》要求，把南江黄羊的管理作为重点，保护好南江黄羊品种资源，加强种羊管理的执法监督和对违法案件的查处力度。当年，农业部把《南江黄羊肉用品种选育研究》项目列为重点攻关课题，选育出特一级种羊0.47万只，等级羊0.73万只，纯繁基础母羊2.09万只，品种羊3.36万只，分别完成项目计划的157%、120%、104.6%和67.1%。1995年10月，“南江黄羊新品种”通过国家级鉴定，两场三区十六乡纯繁区内南江黄羊品种羊已达4.87万只，基础母羊3.22万只，等级羊1.08万只，特一级羊0.456万只，达到了品种结构要求。专家们一致认为“南江黄羊是目前国内肉用性能最好的山羊新品种，将填补我国肉用山羊新品种空白，成为南江宝贵的畜禽品种资源”。

1996年11月，南江黄羊通过国家畜禽遗传资源管理委员会组织的复审和现场检测，同意报请农业部正式命名并颁发证书。当年底南江黄羊总数已达15.4万只（其中纯繁区7.3万只），等级羊1.56万只，特一级羊0.58万只。当年全县山羊饲养量已达到21万只，是10年前1986年6.5万只的3.3倍。

1998年4月，农业部正式批准“南江黄羊”为肉用山羊新品种，并颁发《畜禽新品种（配套系）证书》。确认四川省南江县畜牧局为培育单位，四川省畜牧兽医研究所、四川省畜禽改良总站、南江县北极种畜场、南江县元顶子牧场、南江黄羊育种科研所、达县地区畜禽品种改良站为参加培育单位。4月25日，全国政协副主席杨汝岱在巴中地委书记周登全、南江县县长何长洋的陪同下，视察了南江黄羊畜产品交易中心饲养的南江黄羊。7月1日，省政府在蓉举行了“南江黄羊命名颁证仪式”，省委副书记、副省长张中伟，副省长敬正书参加了会议并作重要讲话。省畜牧食品局、计委、科委、财政、开发办、农工委等部门及四川日报、农民日报、四川经济日报、西南科技报、四川电视台、四川人民广播电台等新闻单位参加了会议。

1999年，为扩大南江黄羊生产规模，全县掀起了南江黄羊圈养技术示范推广高潮，在沙河镇联盟村、天桥村、长赤镇清泉村、凉水乡康家岭村、大河镇大营坝村、关路村、柏垭村等21个村开展，印发《圈养南江黄羊“十改十有”技术要点》资料5万余份。当年全县圈养南江黄羊达到30.3万只（存栏18.2万只，出栏12.1万只），新建标准羊舍930间，改造圈舍782间，种植优良牧草6420亩。

2000年底，已建成南江黄羊万羊乡8个，千羊村60个，千羊社10个，百羊户816户，养羊农户已达4.5万户；建集散场（点）23个，发展贩运大户1250户，年成交量10万只以上。年末统计，全县山羊饲养量已达52.4万只（南江黄羊占90%以上），其中存栏26.2万只，出栏26.2万只，南江黄羊生产发展已进入良性、快速发展时期。

南江黄羊新品种培育成功，对中国肉用山羊生产的发展和地方山羊的杂交改良起到了积极的推动作用。20世纪90年代末至21世纪初，南江黄羊已推广到全国20多个省、市的200多个县（市），推广种羊总量达到10万只。

第四节　家禽品种改良

1989年，南江白鹿酒厂引进罗斯蛋鸡5000只（含种蛋），其中父母代种鸡450只，投入市场后，取得明显效益。小河乡槐树村养鸡大户岳必均，饲养种鸡600余只，效益较好。

1990年，县畜禽品种繁育改良站，向全县推广良种蛋、肉鸡3.2万只，发展专业养殖户30户，对全县规模养鸡起了示范作用。

1996年，县畜牧局在林家坝预混饲料厂饲养蛋、肉鸡向全县推广，经一年的努力，向全县推广良种蛋鸡4000余只，肉鸡8000余只，发展养殖大户20余户。在随后几年中，受人们饮食习惯和市场的影响，良种蛋、肉鸡的市场在县内一直不好。因此，良种鸡引进的数量和养殖大户均减少，养殖户都倾向于小规模饲养本地鸡和杂交鸡。

鸭、鹅在全县养殖数量较少，大多数饲养户都是根据自己的实际情况从外地孵抱场（户）或当地集市买几只按传统方法饲养，品种改良处于空白。

第五节　蜂种改良

南江蜂全属中蜂，有三个品系，即麻蜂、小麻蜂和黄蜂。1986 年，县畜牧局草拟了《关于中蜂饲养技术的开发》，以北部上两区为种蜂基地向上两、贵民区扩散，逐步推向中南部地区。在饲养方法上，改圆桶为活框箱饲养和多层方格箱饲养两种形式。选择分蜂性弱、采集力强、繁殖快的蜂群用异蜂人工培养公母蜂闭锁交尾的年轻优良蜂王进行双王同箱繁殖，培养强群。做到花期与群势吻合，短蜜源阶段以配合补饲蜜蜂，保证蜂群不缺蜜粉，同时做好蜂群疫病的防治工作。此方案上报后，未能得到重视和批准，因此，南江养蜂业一直处于原始养殖状态，品种改良滞后，南江蜂蜜产量低，经济效益不高。据 2000 年底统计，全县仅存南江蜂蜜 2000 余桶，南江蜂蜜产量不足 5 吨。

第六节　兔种改良

南江本地兔饲养数量较多，主要分布在高塔、金盆等乡，数量不足 2000 只，本地肉兔体型较小，成年体重一般在 1～1.5 公斤，毛色有白、黑、花等。1986—2000 年，南江先后引进的优良兔种有：加利福尼亚、新西兰、比利时兔、獭兔等，这些兔品种均比本地兔的肉体、性能、肉品质都好，经济价值也高，曾一度抢占市场。后来由于市场行情变化，加之后勤服务和技术支持未能跟上，导致生产上不去。

第四章　畜禽疾病防治

第一节　疾病发生

一、传染病

猪传染病　1987 年，全县有 7 个自然村发生猪瘟 22 头，死亡 22 头，猪丹毒在 16 个自然村发病计 247 头，死亡 45 头；猪肺疫在下两区的 8 个自然村发病 148 头，死亡 7 头；仔猪副伤寒在下两区 8 个自然村发病 517 头，死亡 254 头。1990 年，全县有 21 个乡、35 个村发生猪瘟，发病 322 头，死亡 258 头；猪丹毒在全县 82 个村发病 387 头，死亡 88 头；猪肺疫在全县 18 个乡、42 个村发病 307 头，死亡 64 头。仔猪副伤寒在 35 个乡的 115 个村，发病 1034 头，死亡 254 头。1991 年，在正直、长赤、南江镇有 5 个村发生猪丹毒，发病 173 头，死亡 6 头；猪肺疫在长赤、正直两区 2 个村，发病 8 头，死亡 3 头；仔猪副伤寒在正直、下两、大河的 23 个村，发病 777 头，死亡 123

头。1993年，全县猪瘟在2个村，发病779头，死亡761头；猪肺疫在52个村，发病1021头，死亡803头。猪丹毒在75个村，发病2523头，死亡183头；仔猪副伤寒在85个村，发病2540头，死亡728头。1994年，猪瘟在全县17个村，发病99头，死亡99头；猪丹毒在45个村，发病2098头，死亡938头；猪肺疫在36个村，发病2693头，死亡1655头；仔猪副伤寒在97个村，发病2083头，死亡1367头。1995年，全县猪传染病发生较重，猪瘟在县境内47个村，发病1740头，死亡1620头；猪丹毒在32个村，发病2637头，死亡1868头；猪肺疫在38个村，发病2327头，死亡1747头；仔猪副伤寒在35个村，发病1374头，死亡924头。此外，还有仔猪白痢、猪流感、传染性肠炎等发生。1995年全县生猪共发生传染病43521头，死亡10342头。1996—2000年，全县除个别地区出现少数零星发病外，没有发生大的传染病。

牛传染病 牛传染病主要有牛出败、牛气肿疽和牛炭疽。1990年，牛气肿疽在正直、杨坝的3个村，发病6头，死亡4头；牛炭疽在正直、贵民、杨坝区的3个村，发病8头，死亡8头；牛出败在正直、贵民、杨坝区3个村，发病8头，死亡8头；牛出败在正直、贵民、上两的5个村，发病10头，死亡6头。1993年，牛出败全县有3个村，发病28头，死亡27头；牛气肿疽全县有5个村，发病15头，死亡5头。1995年，在防疫工作开展差或未开展防疫的薄弱地带贵民、上两、杨坝疫情严重，全县耕牛共发病2174头，死亡241头；上两区光明乡周坪四社三月份发生急性牛气肿疽，该社19户农户，死亡耕牛16头。1996年以后，全县加强了牛的疫病防治，强化了防治措施，严格坚持防疫制度，牛的主要传染病得到了有效控制，除个别地方有零星发生外，无流行趋势。耕牛除上述主要传染疾病外，其他还有流行性感冒、传染性脑膜炎、牛恶性水肿及部分因骟割后护理不当而引起的牛破伤风，但一般不形成大面积流行，只是零星发生。

羊传染病 羊的主要传染病有羊痘、羊快疫、传染性胸膜肺炎和肠毒血症等。1990年，羊痘在正直、杨坝的13个乡45个村发生，其中正直区有8个乡18个村574只羊发病，死亡10只；杨坝区有5个乡27个村1510只羊发病，死亡58只。1991年，羊豆病在正直、赶场、上两、杨坝4个区11个村相继发生，共有400多只羊发病，死亡52只，其中正直区有5个村107只羊发病，死亡43只；赶场区有4个村的120只羊发病，死亡4只；上两区有1个村的121只羊发病，死亡5只；杨坝区有一个村的52只羊发病，无死亡。1993年，羊豆病在下两、大河、赶场、杨坝4区村发生，共发病203只，死亡41只，其中下两区有1个村发病羊28只、死亡8只；大河区有2个村发病98只，死亡18只；杨坝区有1个村的32只羊发病，死亡5只；赶场区有1个村的45只羊发病，死亡10只。1994年，羊痘病在正直、下两、大河、赶场、杨坝和乐坝镇的29个村发病1598只，死亡253只，其中正直区有5个村，发病212只，死亡42只；下两区有6个村发病225只，死亡75只；大河有7个村发病472只，死亡25只；赶场有3个村发病152只，死亡32只；乐坝镇有4个村发病425只，死亡47只。1995年以后，狠抓了羊病的防治，加强了疫苗的免疫接种工作，羊痘等主要传染病得到了较好的控制，未出现大的疫情。

禽传染病 危害家禽的主要传染病是鸡新城疫和鸡霍乱。1990年，鸡新城疫在县内21个村发病2238只，死亡2086只。疫情严重的是杨坝，有14个村发病2067只，死亡1957只。1991年，鸡新城疫在县内十区一镇均有发生，共发病13394只，死亡11118只；禽霍乱在赶场区1个村发病354只，死354只。1993年，鸡新城疫在县内40个村发病10000余只，死亡10000余只；禽霍乱在全县21个村发病489只，死亡489只。1994年，鸡新城疫在县内49个村发病20120只，死亡20120只；禽霍乱在县内15个村发病1492只，死亡1492只。1995年，鸡新城疫在县内174个村发病17627只，死亡17627只。禽的传染病每年在我县发生范围较广，死亡率较高，主要危害雏、小鸡。禽病防治工作在全县是一个较薄弱环节，因为全县养禽都是以户散养为主，居住分散，每户饲养量少，除少数专业户进行防疫外，居家散养的少有防疫。

狂犬病（俗称疯狗病） 它是一种危害极大，死亡率极高的人畜共患传染病，犬是传播狂犬病的主要传染源。全县狂犬病在80年代处于高发期，自开展狂犬病防治工作以来，全县按照上级主管部门的要求，认真做好相关的各项工作，打好狂犬病防治的第三四战役，全面落实“管、免、灭”的综合防治措施。1986—1987年间，全县共购回狂犬疫苗4.2万头（份），对全县饲养的家犬全面进行免疫接种，免疫率达90%以上，对已发病的疫区范围内的犬只一律扑杀和拴养。1988—1990年，每年注射狂犬疫苗均在1万只（份）左右，由于连续几年的综合防治，狂犬病得到了有效的控制，1990年在正直区、下两区发病6例。此后，至2000年的十年间，全县无狂犬病发生。

表8—3　　南江县部分年度猪、牛传染病发生情况统计表　　单位：头

年度	猪瘟		猪肺疫		猪丹毒		仔猪副伤寒		牛出败		牛气肿	
	发病	死亡	发病	死亡	发病	死亡	发病	死亡	发病	死亡	发病	死亡
1987	22	22	148	7	247	45	517	254				
1990	322	258	307	64	387	88	1034	254	8	8	6	4
1993	779	761	1021	803	2523	183	2540	728	28	27	15	5
1994	99	99	2693	1655	2098	938	2083	1367				
1995	1740	1620	2327	1747	2637	1868	1374	924		241	16	16

注：1. 表内数据来源于县畜牧局。

2. 1996—2000年除个别地方零星发病外，其他地方没有发生过大的传染疾病。

二、普通病

猪病 猪普通病，在不同季节、不同品种均有发生。主要有猪感冒、肠炎、消化不良、关节炎、外伤等。1988年全县猪普通病死亡5900头；1989年死亡4919头；1990年全县因猪普通病而死亡达到了6212头；1995年死亡量上升到8763头；2000年，随饲养量的增长，全县因普通病而死亡的猪只已达10325头。

牛病 牛的普通病主要有：瘤胃积食、肠炎、感冒、肺炎、胎衣不下、骨软症等多种疾病。1986年，由于对牛的普通病危害性加强了宣传并防治及时，当年全县牛普通病发生较少，仅死亡296头；1988年发病死亡816头；2000年，牛普通病发病死亡1036头，各年度牛普通病死亡率均在国家控制标准1%以内。

羊病 羊常发普通病主要是化不良、瘤胃膨胀、肺炎、肠炎、感冒等。1986—2000年，随着养羊数量的增长，发病死亡随之增大。据调查统计，每年死于普通病的羊只均在3000只以上，给养羊户造成了巨大损失。

三、中毒病

猪中毒病 猪中毒病主要是亚硝酸盐中毒（俗称饱潲症）、食盐中毒、有机氯中毒（六六六粉、DPT等）、有机磷制剂（如磷化锌、乐果等）和误食野生毒草或药物中毒的。南江县猪中毒病历年时有发生，死亡率较高。1986年后，在全县范围内加强了养猪技术指导，推广生饲技术，中毒病发病率逐年下降，到2000年全县累计因中毒死亡猪只400余头。

牛中毒病 牛中毒病主要有青冈叶中毒、霉稻草中毒及农药中毒。其中较为严重的是青冈叶中毒，此病是20世纪70年代初首次在该县发现，每年死亡于青冈叶中毒的牛只均在300头以上。

1989 年牛青冈叶中毒病在全县有 9 个乡发生，发病 342 头，死亡 157 头，县畜牧局积极组织有关技术人员现场救治、调查分析，总结了一套科学防治方法。1990 年以后，全县基本上杜绝了牛青冈叶中毒病的发生。

羊中毒病 羊中毒病主要是羊误食野草、有毒药物和食盐过量而引起中毒病发生，平时加强饲养管理，严格技术规程就完全可以减少或避免中毒病发生。

禽中毒病 在南江农村，偶有鸡鸭等小家禽家畜误食有毒药物而发生中毒的，但很少引起重视，只要加强药物管理即能杜绝禽中毒病发生。

四、寄生虫病

猪寄生虫病 全县查出猪的寄生虫虫卵 9 种，有蛔虫、钩虫、小袋纤毛虫、食道口线虫，棘头虫、毛首线虫、毛圆线虫、姜片吸虫、球虫等体内寄生虫。此外，还发现有猪虱、螨等体外寄生虫。猪的寄生虫感染率较高，死亡率较低，20 世纪 80 年代后，畜牧部门在大力宣传普及畜禽寄生虫防治知识的基础上，引进左咪唑、抗蠕敏等驱虫新药进行驱杀治疗，使寄生虫病得到了有效控制。

牛寄生虫病 全县查出牛体内寄生虫病主要有食道口线虫病、前后盘吸虫、肝片吸虫、古柏线虫、牛新蛔虫、毛首线虫、胰阔盘吸虫等 7 种，此外还发现有螨蜱、虱等体外寄生虫。由于受传统养殖习惯的影响，农民对牛驱杀体内外寄生虫的接受力差。1994 年，通过实施《丙硫咪唑驱除牛体内寄生虫》项目，当年牛寄生虫驱杀面有所提高，达到 65.4%。以后几年推广面基本稳定在每年 50% 左右，到 2000 年，牛寄生虫驱杀面达到 55%。

羊寄生虫病 羊寄生虫病是危害山羊的主要疾病，全县共查出山羊寄生虫病 6 种。有食道口线虫、前后盘吸虫、捻血毛线虫、夏伯特线虫、肝片吸虫、毛圆线虫。此外还偶有肺线虫、脑包虫等寄生虫病。1991 年，应用驱虫新“甲双咪”和“抗蠕敏”在县内，北极种畜牧场、白院寺选择 510 只羊进行试验，结果“双甲脒”药疗效显著，低毒安全，驱虫面广、成本低。此药便在全县普遍推广应用。到 2000 年，羊只驱杀体内外寄生虫已被广大养羊农户完全接受，基本能做到按时驱虫，全县羊只驱虫面达 80% 以上。

第二节 疾病防治

一、兽医防治组织

县级兽防机构 1986—1991 年，县级兽防组织是“南江县兽医防疫检疫站”（简称县兽防站），直属县畜牧局主管，有专业兽防技术人员 15 名。1992 年 5 月 16 日，县政府同意县畜牧局将县兽防站、品种改良站、饲草工作站合并，组建“南江县畜牧兽医技术服务中心”，以全县 11 个区（镇）畜牧兽医站为基础，设立分中心。中心隶属县畜牧局，属全民所有制事业单位，运行到当年底终止。县级兽防工作仍由原兽防站承担。

区（镇）兽防组织 1986 年，全县有 11 区（镇）畜牧兽医站，到 2000 年，全县区（镇）畜牧兽医站增加到 13 个（新增乐坝和桃园站）。它既是县畜牧局的下属业务机构，又是区公所的工作部门，受县畜牧局、区公所双重领导和管理。

乡（镇）畜牧兽医站 1986 年，全县有乡（镇）畜牧兽医站 73 个，有职工 298 人，到 2000

年底，全县有乡（镇）畜牧兽医站69个，县编委核定编制350人，实有职工341人。乡镇畜牧兽医站，是乡（镇）一级的集体畜牧事业单位，实行“独立核算、自负盈亏”，乡（镇）畜牧兽医站受县畜牧局和当地乡（镇）双重领导和管理。

二、疫苗注射

1986年，县畜牧局吸取前两年放松预防接种工作，疫病抬头、畜禽死亡剧增的深刻教训。以宣传贯彻《家畜家禽防疫条例》为动力，扎实开展以消灭猪瘟为主，控制传染病和其他疾病，加大了疫苗注射。到年底检查，全县猪瘟平均注射密度为86.2%，小河、赶场、沙河区密度达95%以上。1987年，对县内7个区、10个乡、11个村、30个村民小组的1003户的随机抽样调查，在4105头生猪中有二证（免疫证、检疫证）3994头，猪瘟疫苗注射密度为97.3%，经地区11月交叉大检查猪瘟注射密度为98.4%，获地区表彰奖励。

1988—1991年，全县畜禽疫瘟防治和预防接种工作稳定，年均疫苗注射总数一般都在50万头（份）左右，猪瘟疫苗注射密度在95%以上，达到了国家规定的要求。1992年猪瘟预防疫苗注射密度为94.7%。1994年，共预防接种猪三联苗21.76万头，猪瘟冻干苗12.83万头（份）、牛炭疽苗0.40万头（份）、牛出败苗2.64万头（份）以及部分禽、兔、犬苗，畜禽防疫工作呈现下滑局面，疫病有所抬头。

1995年，全县大部分区、乡防疫收费没有妥善解决，春秋两季防疫工作开展较差，致使疫病抬头、生猪死亡较多。个别农户对防疫不理解、不配合，造成了较大损失。1996年，畜禽疫病防治在连续三年（1993—1995）严重下滑的情况下，引起了各级领导的高度重视，采取多种措施大抓防疫工作：以区为单位组织防疫工作队，统一发苗、统一时间、统一行动，联乡成片地进行集中注射疫苗，当年猪瘟疫苗注射密度达到95.8%，各类疫病的发病和死亡率均控制在国家标准以下。

2000年，在前几年已有成果的基础上，进一步总结和提高，县提出消灭疫病预防的死角和空白户，做到户户见面、只只免疫，保证密度，提高质量。全年畜禽预防注射密度生猪达到95%、牛85%、羊80%、禽60%以上，猪、牛、羊、禽死亡率分别控制在3%、1%、3%、5%以下，达到了国家控制标准。

表8—4　　南江县1986—2000年畜禽预防接种情况表　　单位：万头（只、羽）、份

项目 年度	生猪				牛			
	猪　瘟	猪丹毒	猪肺疫	口蹄疫	牛炭疽	牛出败	气肺疽	口蹄疫
1986	49.31	18.54	18.54	—	0.51	4.75	0.10	—
1987	48.68	17.64	17.64	—	0.73	4.21	0.20	—
1988	45.13	20.37	20.37	—	0.69	4.11	0.32	—
1989	42.78	15.37	15.37	—	0.56	4.26	0.51	—
1990	40.88	19.35	19.35	—	0.53	3.82	0.49	—
1991	40.39	21.40	21.40	—	0.50	1.77	0.50	—
1992	43.25	10.37	10.37	—	0.40	2.55	0.64	—
1993	38.42	21.75	21.76	—	0.40	2.64	0.65	—
1994	34.59	12.83	12.83	—	0.40	3.65	0.70	—
1995	28.42	10.70	10.70	—	1.17	4.95	0.71	—
1996	55.73	20.37	20.37	—	1.03	4.21	0.73	—

续上表

项目 年度	生猪				牛			
	猪瘟	猪丹毒	猪肺疫	口蹄疫	牛炭疽	牛出败	气肺疽	口蹄疫
1997	51.35	31.83	31.83	—	1.35	6.25	0.84	—
1998	53.73	32.36	32.86	8.00	1.56	7.5	1.00	1.00
1999	54.39	33.50	33.50	10.00	2.02	5.21	1.23	1.58
2000	52.80	40.32	40.32	11.00	2.05	6.83	1.57	2.69

接上表

项目 年度	羊				家禽		犬
	三联苗	羊痘	传胸	口蹄疫	禽霍乱	新城疫	狂犬苗
1986	—	—	—	—	0.02	6.78	3.25
1987	—	—	—	—	0.05	6.50	0.34
1988	—	—	—	—	0.12	7.00	1.00
1989	—	—	—	—	0.40	7.00	0.86
1990	—	—	—	—	0.80	6.85	0.69
1991	—	—	—	—	1.00	7.50	0.05
1992	—	—	—	—	1.50	7.80	0.06
1993	—	—	—	—	2.00	8.00	0.78
1994	—	—	—	—	2.30	8.57	0.80
1995	—	—	—	—	3.00	2.40	0.90
1996	—	—	—	—	4.00	3.50	0.11
1997	1.00	0.51	—	—	5.00	5.00	0.15
1998	3.00	3.55	—	2.00	5.00	8.00	0.14
1999	4.20	4.20	1.20	1.50	5.00	6.50	0.12
2000	4.00	4.00	1.50	1.80	5.00	7.20	0.15

注：资料来源于南江县畜牧局，“—”表示当年未注射此种疫苗。

三、综合防治

1985年7月1日，国务院发布的《家畜家禽防疫条例》实施后，全县畜禽防疫工作由原来的自由防疫逐步走上了法制化轨道。1986年春，全县抽调干部、技术人员组成10个工作组，分赴各区乡召开群众大会，广泛宣传，印发《条例》5000份发放到街道、场镇和村社广泛张贴，并采取圈舍消毒、保洁、定期打虫、改良圈舍、科学饲喂等一系列防治措施，使南江疫病防治工作发生了较大变化。是年全县防疫注射密度达到80%，超过前几年最高水平。

1990年，全县从7月1日起对防疫、检疫、畜情及其产品的经营和运输检疫以及兽药、饲料经营进行了一次全面检查和整顿，使防疫工作取得了突破性进展，全年防疫注射密度达98.2%，超过了国家规定的标准。

1992年，为防止“一、五”号病不传入南江县，县政府成立了“一、五”号病防治指挥部，由分管农（牧）的副县长任指挥长，县畜牧局负责日常工作。9月，在县境乐坝、桃园设立了畜禽防疫检查站，对入县境的活畜及畜禽产品进行检疫、检验，有力地防止了“一、五”号病传入南江。在“烂八月”到来之前，全县开展了用高效消毒剂“菌毒敌”猪牛圈对消毒，防止疫病流行。

1995 年，在全县境内全面开展了畜禽检疫工作。由原来单一的市场检疫扩大到产地、市场、运输的全面检疫。1998 年，全县采取以区或乡为单位，统筹安排，统一行动，集中力量，联片防疫，实行畜牧兽医人员亲自打针、社长登记、畜主签字的“三到场”责任制，促进了防疫工作的顺利开展。

2000 年，畜禽防治工作全面走入正轨，重点加强了 W 病的监测和防控，除坚持了省际间桃园检查站执勤以外，还坚持对县境内的猪、牛、羊进行全部免疫接种 W 病疫苗。经省、地主管部门验收，全县畜禽防疫工作达到了上级要求的标准。

四、疾病诊治

常规诊治　畜禽常规病的诊治工作主要由乡（镇）畜牧兽医站承担，由县兽医防疫站负责对全县畜禽疾病诊治工作的具体组织和指导。1986 年，工作重点是以宣传贯彻《家畜家禽防疫“条例”》（以下简称《条例》）为核心，推进全县的防检工作，全年累计注射各类疫（菌）苗达 78.7 万头（份）。1987 年，全县举办了兽医技术人员和农村知识青年参加的畜牧兽医技术培训班 30 期，学习常规病的诊治技术；大多成了基层兽医站的业务技术骨干。1989 年，全县普遍开展推广新药左咪唑、抗蠕敏驱杀畜禽寄生虫的工作，先驱虫后打预防针，同时对全县不育母牛进行了普查和诊治，对牛产科疾病的防治提供和积累了经验。1990 年春，在牛青冈叶中毒病高发季节，县兽药制剂室及时生产了防治青冈叶中毒前几天的口服液和注射液 20 余万毫升，防治效果佳。1992 年底，根据南江实际，针对仔幼畜缺铁性贫血病较多，死亡率高的情况，南江推广应用“牲血素”预防和治疗仔幼畜缺铁性贫血，使该病得到了有效控制。1994 年，在贯彻《减轻农民负担条例》过程中，少数干部错误认为畜禽防疫是加重农民负担，不予统筹费用，给畜禽防疫工作带来相当困难，春季只有 23 个乡（镇）开展了畜禽防疫工作。1998 年以后，畜禽常规疾病诊治工作打破原来的定点、定员、定目标任务的基本管理办法，全面放开，由畜主选择医骗人员，实行优胜劣汰的竞争机制，少数业务水平不高的人员逐步被淘汰，在职人数逐渐减少。由于人事管理权下放，各区站临聘兽医诊治人员逐年上升。

室内诊断　1987 年，为满足兽医防治工作的需要，县畜牧局在兽医诊断室的基础上，筹建了兽药制剂室，同时配备了相应设备，聘请县医院制剂室梅锋老师担任技术顾问，派人跟班学习自制兽药、制剂技术，并开展兽医临床诊断工作。1988 年，对 18 个乡的仔猪白痢进行了调查诊断，并确立了治疗方案。1989 年，研制提炼了耕牛冬春预防药，并投入生产。1990 年，生产出了耕牛青冈叶中毒病口服液和注射液 20 余万毫升用于临床治疗。1991 年，开展了中毒病、寄生虫病和少数普通病的室内诊断。1998 年以后，由于经费及人员调整，兽医诊断室工作基本停止进行。

第三节　畜禽检疫

一、产地及市场检疫

1986 年，在全县开展乡镇市场检疫和产地检疫。根据《四川省物价局、农牧厅关于家畜防疫收费标准的通知》，制定检疫收费标准。当年检疫生猪 6.2 万头，猪肉 87 万公斤、牛 0.22 万头、牛肉16万公斤、羊87只、羊肉225公斤。检出病猪1145头、病猪肉及变质肉3165公斤、病牛63头、病牛肉142公斤、病羊肉15公斤。

1987年6月，开始实施《兽医卫生合格证》制度。凡在畜禽饲养和经营及其产品的单位、个人，必须达到所规定的要求，否则不予颁证，不得经营及其产品。8月，印发了《关于加强城乡集市贸易市场畜禽及肉类管理、检疫的通知》。当年，全县29个活畜市场、27个肉类市场都陆续开展了活畜及肉类检疫工作，全年共检疫活畜13.53万头（只），其中猪11万头、牛2.4万头、羊1300只。检出病猪3500头、病牛97头、病羊12头；检出病肉及变质肉2.9万公斤。

1989年，对全县兽医卫生检疫员进行考核审查，重新调整了检疫队伍，任命了85名检疫员，建立了4个地域性检疫点，加强了市场检疫。年内对全县27个市场共检疫活畜18万头，肉15万公斤，检出病畜率和病肉率分别为2.25%、2.13%。1990年，产地检疫工作在正直、沙河、长赤、赶场四区内逐步开展。1992年整顿检疫队伍、强化执法职能、提高执法水平，当年参加培训的检疫员达90%以上。全县6个区（镇）开展了检疫工作。

1993年，禽畜屠宰管理及肉类卫生检疫检验工作按照“定点屠宰、集中检疫、统收税费、分散经营”的原则，及“先试点后推开”的办法，先行在正直试点。通过试点，全县的生猪定点屠宰工作全面开展，并逐步规范完善。

2000年，根据省、市畜牧部门要求，把产地检疫作为工作的重点，动物必须凭产地检疫证明方能屠宰和交易。当年全县检疫面扩展到6个区，检疫面达40%以上。

二、运输检疫

1986年，对于装运畜禽及其产品的车辆及赶运、搬运出县境者均应查验是否具有县以上畜禽防疫检验机构或委托单位的检疫证明，对无证明或证明过期的进行重检、补检、抽检。发现可疑传染病时禁止运输，就地处理。

1992年9月，在桃园、乐坝两乡设动物检疫站，对过往畜禽运输进行检疫，严防畜禽传染病传入或输出年内对南江。乐坝检疫站当年检疫出境活禽0.45万头，查出病畜8头，查处无证运输26起，消毒运输车辆49辆。

1995年，在全县交通要道全面开展运输检疫工作，共设立运输检疫站（点）12个，对进出县境的全部交通要道实行了畜禽运输检疫消毒。

1997年，进一步规范和整顿全县检疫检查点，将原城区、长赤、大河等10个检疫检查点改为“换证点”，其余检疫点一律撤销。当年各类动物进入运输环节的检疫面达95%以上，运输工具消毒面达到90%以上。

2000年，全县畜禽检疫工作已进入正常运行轨道，全面按照《动物防疫法》的规定和要求进行执法检疫。进一步明确产地检疫、市场检疫和运输检疫的具体任务、职责和要求。除保留省际桃园畜禽检查站外，其余检疫检查站全部撤销，实行一畜一证，到户检疫。

第九篇 工 业

第一章 工业结构

第一节 所有制结构

一、国有工业

1986年，全民所有制工业企业发展到26个，占全部工业企业总数的13%，产值2613万元，占全县工业总产值5319万元的48.4%。后经90年代国有企业改革改制，工业结构不断优化，优势企业发展壮大，逐步走出了一条贫困山区“兴工富县”的发展道路。1995年，全县国有工业企业发展到44个，产值达12177万元。占全县工业总产值的38.43%。

1997年，县属独立核算工业企业达到66户，资产总额60552万元，负债44650万元，所有者权益12100万元。全县工业企业职工10943人，全县工业总产值达到4.8亿元（90不变价），比1992年增长1.8倍；上交利税1415.15万元，占当年县级财政收入的28.7%，比1992年增长了1.3倍。同年12月12日，县政府制发《南江县深化县属企业改革试行办法》，企业加大力度转换机制。

至2000年，90%的国有企业转换为民营企业，全县国有工业企业仅存20个，占全部工业企业总数的25.9%。总产值14635万元，占全县工业总产值的19.8%。

二、集体（乡镇）工业

因南江县的集体工业无资料可查，这里只简略记述南江的乡镇企业（有专篇）。1986年，乡镇工业个数2653个。2000年，全县集体工业企业仅58个，产值5423万元，占全县工业总产值的0.7%。

三、民营工业（含股份制企业、外资企业、个体企业）

1998年后，根据解放和发展生产力的要求，坚持和完善公有制为主体，多种所有制经济共同发展的经济制度。县委把发展民营经济作为构建县域经济新框架的战略举措，全县企业以坚持“国退民进”为主题，以国有、集体企业产权制度改革为突破口，着力营造良好的民营经济发展环境，使全县民营经济得到了快速健康的发展，实现了部分国有、集体资本的有序退出。

到2000年，民营工业企业产值已达55026万元，占全县工业总产值的74.5%，个体工业产值4036万元，占全县工业总值的5%。

第二节　产业结构

一、轻重工业比例

1986年，全县工业企业总数201个，其中轻工业110个，占55%；重工业85个，占42.3%。1990年，全县全部工业企业181个，其中轻工业企业87个，占48%；重工业企业94个，占52%。2000年，全县工业企业78个（比1990年减少103个），其中轻工业34个，占44%；重工业44个，占56%。

二、工业行业结构

1986年，全县按工业行业分类有：煤炭工业、黑色金属采选业、建筑业、木柴采运业、自来水生产供应业、食品饮料、饲料工业、纺织业、缝纫业、皮革制造、木材加工、造纸及纸品业、家具制造、印刷业、工艺美术制品、电力、煤制品、化学工业、非金属制品业、机构工业、交通运输制造业和其它工业等23个行业。

2000年，工业行业分为：电力工业、煤炭工业、化学工业、建材工业、食品饮料工业、轻工业、冶金采选业、其它工业等8大行业，56个门类，180余个产品。

第三节　产品结构

1986年，南江县的工业产品主要是以开发矿产资源为主，主要产品有铁矿石、原煤、水泥、硫铁矿、硫酸98%、普钙、大理石板材、白酒等，年产量分别为28.12万吨或0.6万平方米。2000年，在上述产品基础上，减其大理石板材，增加花岗石板材和霞石粉，年产量分别为96.03万吨或3.1万平方米。

矿产品类：铁矿石、原煤、水泥、硫酸98%、普钙、南江红大理石板材、桃园红花岗石板材、霞石粉。

粮油类："长赤"牌翡翠米、"亦奇"牌菜籽油。

糖果糕点类：白麻香酥、广式月饼、机制饼干、果味硬糖、高粱饴、刺梨软糖。

白酒类：米仓大曲、川北小曲、烧老二酒。

调料类：精酿酱油、特鲜原汁酱油、特级食醋、刺梨果醋。

表9—1　　南江县1986—2000年部分年度各种工业所有制经济成分比重表　　单位：万元

年度	总产值	其中							
		全民	%	集体	%	个体	%	民营	%
1986	5401	2613	48.38	2776	51.4	12	0.22		
1990	14492	8943	61.71	3282	22.65	2267	15.64		
1995	23962	12177	50.82	6543	27.31	5242	21.87		
1997	59333	14433	24.39	10966	18.48	7249	12.2	26685	44.99
2000	79120	14635	19.8	5423	6.85	4036	5.1	55026	69.55

表9—2　　南江县1986—2000年工业企业经济指标统计表　　单位：万元

年度	年末人数	工业总产值	实现税利			产品销售收入	年末固定资产净值	定额流动资金占用	年末平均工资总额
			合计	税金	利润				
1986	3653	1996	372	143	229	2223	3515	748	393.0
1987	4313	2535	312	118	194	2848	5192	953	432.5
1988	4559	7213	452	177	275	5094	5235	2240	530
1989	4850	7919	659	263	396	1137	6019	3063	600
1990	5088	9051	433	169	264	4091	7373	1825	675
1991	4650	5638	682	284	398	3333	5400	2480	650
1992	4521	3047	355.8	128.3	227.5	2989	5791	2562	869.9
1993	4718	4058	601	287	314	4892	5257	2971	919
1994	3272	4761	775.7	480.8	294.9	4437	5933	5476	2831.7
1995	3573	5407	455.8	455.8	—	5143	15612	24880	2774
1996	10810	18321	891.4	768.5	122.9	12742	11999	30353	2866.2
1997	10943	4456	918.9	1415	189.2	6433	17691	31463	3868.2
1998	10986	4356	576	416	160	6457	23874	24417	4150
1999	4920	4580	834.4	529.4	305	6783	23380	25293	20271
2000	4970	4700	588.2	585	3.2	7213	22398	34503	16752

表9—3　　南江县1986—2000年部分年度主要工业产品产量统计表

名　称	单　位	1986年	1990年	1996年	2000年
铁矿石	万吨	4.0	15.24	37.6	29
铁精矿粉	万吨			14.2	18.9
原　煤	万吨	18.54	16.6	32	30.5
水　泥	万吨	2.49	4.6	10.3	13.5
硫酸98%	吨	6500	9286	13521	8355
普　钙	万吨	3.0	3.340	4.0	3.0
大理石板材	万平方米	0.6	0.5		
花岗石板材	万平方米		0.4	11.12	3.1
发电量	万千瓦时	2002	4389	8446	8463
霞石粉	吨			0.57	0.46
白　酒	吨	860	1282	2180	2807

第二章　产业门类

第一节　电力工业

一、电力开发

南江电力起步于20世纪60年代。至1981年，先后建起了南门口电厂、南江县火电厂、下两电站、南江县供电所、城关变电站等电力工程。1985年10月，投资1114.47万元，新建中咀火电厂一期工程（2×3000kW），1988年5月竣工；1995年5月投资815.74万元扩建中咀火电厂3号机组（1×3000kW），1997年7月建成投运。

1998年，县电力公司积极争取资金加大电网投入，先后投入资金1.36亿元，实施一、二期农网建设与改造。新建110kV变电站1座、110kV线路57公里；新建了乐坝、长赤、正直、大河、赶场、贵民、桃园7个35kV变电站，主变容量27450千伏安，新建35kV线路155公里；改造洛坪35kV变电站；对新建35kV变电站的10kV线路进行了配套建设。新建10kV线路307.1公里，改造10kV线路206.9公里；新增10kV配电变压器228台，更换高耗能配电变压器198台；新建0.4kV线路203.5公里，改造0.4kV线路144.9公里；新建0.22kV线路1091.4公里，改造0.22kV线路2988.8公里；全县户表改造80081户，占51.3%，改造乡镇34个，占46.6%。

2000年，全县已建成小水电站51座，装机1.92万千瓦，年发电量8463万千瓦时；110kV变电站1座、35kV变电站7座；配电变压器1131台；农户用电普及率达99.5%，人均年用电量213千瓦时，形成了一个以110kV为主干，35kV为骨架的完整的输配电网络体系，已实现农村初级电气化。

二、发电量

1986年，全县发电量2002万千瓦时，其中水电1079万千瓦时。1991年全县发电105处，机组130台。1998年发电量9047万千瓦时。2000年发电量8463万千瓦时。

三、电力供应

供电线路　1991年，供电线路总长2771公里，其中：35kV线路117公里，10kV线路846公里，低压线路1808公里。2000年底，拥有35kV输电线路292.58公里，10kV及以下输电线路1153.87公里。

用电量　1991年，全县用电总量3281万千瓦时，其中工业用电1276万千瓦时，农村用电1242万千瓦时。2000年，年用电量1亿千瓦时，全县100%的乡（镇）、100%的村、98%的户用上电。

第二节　煤炭采掘

一、概况

县境内煤炭地质储量4000万吨以上，其中无烟煤3900万吨，主要分布在县域中部的团结、小河、水洞、甘溪、流坝、赶场等乡。含煤地层：一是上三叠纪王家坡页岩段，二是上三叠纪须家河组——下侏罗纪白田坝组。水洞井田地质储量2400万吨，王家沟井田地质储量471.46万吨，樵家岩井田地质储量347.25万吨，赶场井田地质储量531.2万吨，另外关田井田还探明B+C+D级储量271.8万吨。

1990年，南江煤炭生产企业97户，1997年，煤炭产量35.10万吨，年产2万吨以上企业有8户。重点煤炭企业有：南江煤炭企业集团的骨干企业南江县底板河煤矿、水泥集团公司附属的红潭河和王家沟煤矿、乡镇企业的水洞联办煤矿等。

1995—2000年，全县煤矿行业投资5000万元左右，完成底板河煤矿6万吨/年的南流煤井，水泥集团公司红潭河煤井6万吨/年配套工程，赶场乡镇企业关田煤井6万吨/年工程等重点项目建设。2000年，全县产原煤30.5万吨。

表9—4　　南江县1986—2000年原煤生产量统计表　　单位：万吨

年度	1986	1987	1988	1989	1990	1991	1992	1993	1994	1995	1996	1997	1998	1999	2000
产量	18.54	19.71	23.02	26.7	16.6	24	18.8	27.2	30	33.3	32	35.1	33	37.4	30.5

注：资料来源于县统计局。

二、采煤企业

广旺矿务局南江煤矿　系中国统配煤矿，矿井设计年生产能力30万吨，矿址南江县杨家河，是四川“七五”期间重点建设项目之一。1986年，开工兴建，1989年底建成投产，属中二型企业，拥有固定资产7480万元，1992年，达到年产30万吨设计生产能力。公司井田面积30平方公里，牌号为贫煤，平均发热量5000~5500大卡，具有中灰、低硫、不粘结的特点，是工业、民用优质煤，主要销往广元、南充、江油以及陕西汉中等地，产品质量稳定，受到用户好评。

南江县底板河煤矿　始建于1984年。前身为南江县红星煤矿，移交广旺矿务局南江煤矿后，将1#井恢复生产后用于南江人民生活用煤，改称为底板河煤矿，年产煤3~5万吨。该矿是南江煤炭企业集团的骨干成员企业，资产总额960万元，净资产520万元。原煤为中灰、低硫、不粘结贫煤。煤炭除供应本县工业和生活用煤外，还销往巴中、仪陇、南部、阆中等县（市），深受用户欢迎。

南江县水泥集团有限公司红潭河煤矿　红潭河煤矿，生产能力6万吨/年，生产的煤质系低硫有烟煤，是工业生产的优质煤种，是年产30万吨的县水泥集团有限公司的配套煤矿。

南江县水洞联办煤矿　南江县水洞联办煤矿，是南江县规模较大的乡镇集体采煤企业，生产能力3万吨/年采原煤，2000年有固定资产70多万元，职工300余人，年产值200多万元，年利税20余万元。曾荣获四川省乡镇企业系统一级企业、南江县乡镇明星企业等称号。

表 9—5　　南江县煤炭企业一览表　　单位：万吨

矿井名称	业　主	生产能力	经济类型
南江煤电有限责任公司	刘继林	30	有限责任
南江县水泥集团有限公司红潭河煤矿	朱其正	6	有限责任
南江煤炭有限公司流南河煤矿	侯　忠	6	有限责任
南江煤炭有限公司底板河煤矿	侯　忠	3	有限责任
南江县沙河煤厂	张碧海	3	集体
南江县团结乡黄草坪煤矿	王学志	3	私营
南江县小河乡王家沟双扶煤厂	黎主才	1	私营
南江县宏发公司圆河坝煤厂	何明保	3	集体
南江县赖家湾煤矿	何玉书	3	集体
南江县小河区金碑煤矿	熊学祥	3	私营
南江县水洞溪煤厂	周国雄	3	集体
四川省南江县电力有限公司肖家湾煤厂	石江文	3	有限责任
南江县宏伟煤矿	冯　勇	3	私营
南江县甘溪乡甘溪村黄桶岭煤矿	唐克坚	3	集体
南江县狮儿岩煤矿	兰有荣	3	私营
南江县甘溪乡大茶园煤矿	岳云光	3	私营
南江县流坝乡煤矿	岳文明	1	集体
南江县郭家湾联办煤矿	陈晓东	3	集体
南江县虎家榜煤矿	彭隆乾	3	私营
南江县流坝乡扶贫煤厂	袁久安	3	私营
南江县碾盘乡猫儿洞煤厂	严远平	3	集体
南江县赶场和坪煤矿	张国武	3	私营
南江县赶场乡炭厂坡煤厂	魏伟英	3	私营
南江县赶场鹿场煤矿	李春兵	1	私营
南江县赶场梁坪联办煤厂	廖训明	1	集体
南江县关田奇山洲煤厂	周易成	3	私营
南江县赶场粮油购销站（铁沟煤矿）	李世坤	3	集体
南江县红岩石膏厂柏杨沟煤厂	黄光宏	3	私营
南江县矿业公司红岩煤矿	张映超	3	集体
南江县矿业公司水洞煤矿	许继全	3	私营

第三节　化学工业

一、概况

南江县化学工业在20世纪50年代“大跃进”时期有过发展，主要是土法制肥制药等。70年代中期“五小”工业上马，南江修建“两厂一路”（磷肥厂、火电厂、柳贵公路）时期，磷肥厂建设采取农民（社区）投劳，国家投资286万元，于1979年5月建成1万吨/年硫酸、2.5万吨/年普通过磷酸钙生产能力，为南江发展化工奠定了基础。改革开放后，南江县磷肥厂通过技术改造，不断扩大生产规模，改进生产工艺，于1989年自建2万吨/年硫铁矿山，使南江的化工行业不断壮大，成为南江工业经济的支柱产业之一。

二、重要化工企业

磷肥厂 始建于1975年，1979年竣工投产，年产硫铁矿2万吨，硫酸1.5万吨，普钙3万吨。是川东北达州、南充、巴中、广元四市唯一生产普通过磷酸钙的化工企业。至2000年，该厂拥有资产总额1954万元，净资产1149.6万元，占地88000平方米，职工500余人。该厂主要产品有曾荣获“'95—'96四川群众喜爱商品”称号的“翔鸽”牌合格品Ⅱ过磷酸钙，国优98%工业硫酸和各色花岗石板材等。该厂生产的过钙磷肥和工业硫酸，除满足巴中地区农业用肥外，还销往仪陇、南部、南充、阆中、旺苍、苍溪、广元等20多个县（市），深受广大用户喜爱和好评。全厂有职工513人，年产值600余万元，年销售收入650万元，年创税利30万元以上。全厂有磷矿山和探矿队，有各类机器设备113台（套）。主要产品有标四级A类普酸钙，98%工业标准硫酸，国标二级电瓶酸，氟硅酸钠。通过20年的技术改造，2000年已达到3万吨/年硫铁矿，2.5万吨/年工业硫酸，4万吨/年过磷酸钙生产能力。

南江油漆厂 始建于1980年，主要生产硝基质油漆，同时生产涂料。其产量很小，1986年后自行关闭。

第四节 建材工业

一、石灰石开采暨水泥生产

南江石灰石分布广，储量大，氧化钙含量一般在46%—54%。主要产于赶场、水洞、桥坝、甘溪等乡，呈带状分布，层位稳定，岩基突出，利于开采，远景储量10亿立方米以上。全县石灰石除烧石灰外，主要作水泥生产原料。水泥生产是南江建材支柱产业中的重要行业。20世纪70年代初“五小”工业上马，兴建了年产普通硅酸盐水泥1万吨的南江水泥厂，后经技改，生产能力扩大到3万吨/年。1980年，县铁厂下马，在原铁厂旧址岳家河投资85万元兴建7500吨/年生产规模的水泥二厂。水泥二厂经过近20年的扩能和技术改造，先后建成两条4.4万吨/年生产线，使水泥生产能力达到8.8万吨/年，比建厂时规模扩大了10倍以上。1995年，投资2500万元，建成年产4.4万吨的乐坝水泥厂。至此，全县水泥生产能力达到15万吨/年。1997年，生产水泥10.48万吨，实现工业总产值1703.7万元，销售产值2803.2万元，上缴利税407.5万元。全县主要水泥生产企业是以南江水泥厂、水泥二厂联合经股份制改造组建的南江水泥集团有限公司，乐坝水泥厂等。

南江县水泥集团有限公司 原南江县水泥厂、水泥二厂经股份制改造组建的股份有限责任公司，1997年生产水泥6.21万吨，原煤5.6万吨，实现工业总产值1117.6万元，工业销售产值1587.7万元，利税291.04万元。公司辖水泥一厂、水泥二厂、巴中分厂（粉磨站）、王家沟煤矿、红潭河煤矿、樵家煤矿、五星灰石矿、金碑灰石矿等8个独立核算单位，主要经营销售普通硅酸盐

425#、425R水泥、煤炭、水泥制品、建筑材料、货物运输等，具有年产10万吨水泥、6万吨煤炭的生产能力。2000年，公司注册资本591.8万元，拥有总资产4904万元（其中固定资产净值2484万元，流动资产1370万元），所有者权益1501万元，负债3403万元，资产负债率为69%。公司有在册职工1206人，工程技术人员108人，大中专生66人。水泥二厂生产的“岩磊碑”水泥1993年获“深圳国际博览会优质金奖”，1994年又获“四川省产品博览会金奖”。该厂1991年获“国家二级计量企业”称号，1993年8月获“全面质量统检合格企业”称号。公司1996—1997年获“省级重合同守信用企业”称号，1998年进入全省100家（不含成都市）重点工业企业行列，并在全省500家重点工业企业龙虎榜上排名。

南江县乐坝水泥有限责任公司 是南江乡镇企业的重点骨干企业，地处乐坝镇街道东侧达广公路干线上，距普乐铁路乐坝火车站仅300米，公路、铁路交通方便。原乐坝水泥厂始建于1993年10月，1999年1月改制为有限责任公司，2000年有职工312人（中级职称15人、初级职称60人、大专20人、中专及高中150人），年生产能力10万吨，总资产3500万元，占地面积5万平方米，年创收入2500万元、利税300万元，是巴中地区的民营十强企业。

表9—6 **南江县1986—2000年水泥生产量统计表** 单位：万吨

年度	1986	1987	1988	1989	1990	1991	1992	1993	1994	1995	1996	1997	1998	1999	2000
产量	2.49	2.89	5.1	4.58	4.6	5	5.9	5.4	6.4	6.9	10.3	10.5	11.4	11.5	13.5

注：资料来源于县统计局。

二、石材生产

南江花岗石、大理石资源丰富，储量大，花色齐全，主要分布在上两、贵民、杨坝、赶场四区乡方圆700多公里范围内，远景储量1亿立方米。南江花岗石分红、黑、白花三色系列，其中主产上两桃园乡的“玛瑙红”是目前国内外唯有的紫红色品种，在新民乡黑水坡还发现“迷彩”奇特花岗石；南江大理石主要有白、灰、青三大系列，主产上两乡。至2000年，全县花岗石、大理石成规模开采加工企业19家，切机64台，年采荒料4000立方米，生产板材5万平方米以上。最大的矿山是大理石公司投资300多万元建成的年产2000立方米桃园红荒料的桃园矿山；较大的板材和工艺品加工企业是大理石公司的板材厂和南江磷肥厂的大理石车间。花岗石开采加工是南江建材支柱产业中的骨干行业，也是南江非金属矿开发最具潜力的行业。

四川省大理石公司南江分公司 是集大理石、花岗石开采、加工、销售于一体的专业公司，兴建于1982年10月，投资178.4万元（包括石材加工厂初期投资）。上与四川省大理石工业公司全面合资，下直辖三个石材矿山，两个板材加工厂。年产天然大理石、花岗石荒料400立方米以上，大理石、花岗石板材2万平方米以上，加工10～300mm厚度，长度1000mm以内的各规格板材，特制加工异形板材。年产工艺制品2000余件，建筑用石子1000吨。1990年，南江大理石公司，从贵州都匀购回第一台加工花岗石板材设备“龙门大切机”一台，开辟了南江开采加工花岗石的先河。1991年，建成桃园花岗石矿山1000立方米，加工板材3万平方米。公司开采加工的“南江红”、“玛瑙红”等各色花岗石荒料和板材享誉全国，畅销省内外。特别是1992年11月开发的桃园红色花岗石，一问世就成为抢手货。其品种是继雅安中国红后的第二代王牌产品，具有广阔的开发和市场前景。1992年，大理石公司板材加工厂生产的大理石、花岗石板材、工艺品均获得博览会金奖，受到消费者赞誉和喜爱。产品畅销全国九省十多个大中城市和石材厂家，部分产品远销海外。至2000年，公司在册职工183人，固定资产353万元。

表 9—7 南江县2000年石材企业一览表 单位：万元

名 称	地 址	产值	创税	法定代表人
南江县金玉石材有限公司	樵家河	75	3	寇玉平
南江县家贵石材厂	上两辽叶坝	30	1.5	王家贵
南江县回龙石材厂	上两街道	21	0.5	王 娟
四川南江花岗石工艺厂	上两街道	60	2	吴艾明
南江四达石材公司	杨坝	100		熊 勇
南江县三升石材厂	西清乡	30	1	张 军
南江县西清石材厂	西清乡	50	1.5	王尔刚
南江县咸丰石材厂	咸丰村	35	1	贾 瑶
南江县沙坝石材厂	沙坝乡	40	1.2	鲁少华
南江县断渠石材厂	断渠	45	1.5	岳兴科
南江县东正石材厂	东垭乡	15	0.5	周俊德
南江县天力石材厂	杨坝镇	6	0.2	杨 明
南江县社区石材加工厂	南磷路	15	1	杨庆余
个体工商户	咸丰村	40	1	毛怀军
	咸丰村	25	0.5	郭 平
	咸丰村	20	0.4	李阳普
	沙坝乡	30	1.2	张 波
	断渠	12	0.4	刘怀德
	断渠	10	0.3	刘德伦
	南磷路	20	0.5	闫正德
	东榆镇	15	1	何福远
	东榆镇	10	0.5	王伟德

三、霞石矿开发

南江县霞石矿 C + D 储量 200.53 万吨，远景储量 2100 万吨，矿体为磷霞岩和霓霞岩。南江霞石矿开发主要是通过细磨除铁后成霞石精粉作玻陶原料。用霞石精粉作玻陶原料节碱节能效果显著，在国内市场处于开发期，国际市场也很畅销，发展前景广阔。1993 年，全县在国内首家建成了投资 1075 万元，年生产霞石精矿粉 1.5 万吨的采选厂，产品除供应国内市场外，还出口创汇。

南江县非金属矿业公司 主要从事霞石矿的开采加工，是目前国内唯一用霞石矿加工生产霞石精矿粉的专业厂家。公司坐落在南江县城西郊 5 公里的林家坝。该公司生产销售的“华新”牌霞石精矿粉钾钠含量都超过 20%，含铁 <0.3%，具有节碱节能的显著效果，广泛运用于玻陶制作行业。公司紧紧抓住非金属种类多，储量丰富的特点抓开发。霞石铝矿、钾长石矿和探明的透辉透闪石矿均属大型矿床。初勘的南江白云石矿储量达一亿多吨。国家建材局成都建材工业设计研究院设计的南江县林家坝霞石选矿厂，通过一年多的紧张施工，完成总投资 470 万元，年产霞石精矿粉 2 万吨，已于 1993 年 5 月投入生产。霞石产品销售到省内外及日本、韩国等国家和台湾地区，深受用户和厂商的青睐。使中国成为继加拿大、挪威之后的第三个生产，利用霞石产品的国家，填补了亚洲空白。公司生产的 -30 ~ 150 目的玻璃 2 级产品含铁≤0.25%； -80 ~ 200 目的玻璃 1 级产品

含铁≤0.2%。该产品在玻璃配方中应用广泛，可降低成本20%，提高效益15%，在陶瓷釉面砖、橡胶填料等的应用中，已显示出不可多得的节碱节能效果。将部分取代长石、滑石、硅石、碳酸盐和粘土。

第五节　食品加工工业

一、粮油加工产品

“长赤”牌翡翠米　产自南江县长赤镇。依托优良的生态环境和得天独厚的优质稻生产自然条件，现已建成“翡翠米专用优质稻基地”5万亩。基地海拔800～1000米，光照充足，山泉清冽，土质独特，土壤富含多种稀有微量元素，水稻病虫害天敌资源众多，是少有的优质稻生产基地。水稻生产沿袭传统耕作方式，严格按照绿色食品水稻种植技术规程组织生产，禁施一切高毒、高残留农药，主施农家肥，稻田普遍养鱼。“长赤”牌系列翡翠米和晶颗米均选用“基地”生产的优质稻，利用国内一流的封闭式流水生产线，严格按照绿色食品生产操作技术规程，经过多道除杂、多机轻碾、水法抛光、电脑色选、真空罐装等先进工艺精制而成。公司现有日产大米80吨的生产能力，三大系列、十余个规格的产品。米粒整齐饱满，晶莹润泽，饭粒柔韧软滑、光亮爽口，是崇尚健康的现代家庭和宾馆饭店的理想选择。

“亦奇”牌菜籽油　“亦奇”牌纯正食用菜籽油，以优质菜籽作原料，经精选、轧胚、蒸炒、压榨、过滤、水化脱胶、高温脱水等工序，按国标GB1536—86标准精制而成的食用植物油。品质纯正、营养丰富，含有多种维生素、蛋白质和人体必需的微量元素。具有酸价低、纯度高、油色清亮、透明度好、燃点高、加热不起泡、不冒烟等特点。主要用于糖果、糕点制作业和生活食用等。长期食用有降血压、增食欲之功能，是人们生活的最佳食用品。“亦奇”牌菜籽油生产企业，是四川省南江油脂有限责任公司，位于南江县沙河镇洛坪街136号，始建于1985年，是生产菜籽油的省级先进企业，年加工能力为2万吨，被认定为“四川省综合成长型企业”。

二、酿造业

酒厂　南江县酒厂是在南江县城关酒厂的基础上发展起来的。1984年生产的品种有米仓大曲、川北小曲、米仓白酒、喜酒、银花酒、猕猴桃酒、银花小香槟、川粮酒、银花汽酒、福寿酒等，各类酒产品畅销全国20多个地区。其中，川北小曲、喜酒在地区同行产品评比中名列前茅，猕猴桃果酒连续两年获达县地区同类产品第一名和第二名。1986年4月，在达县地区召开的“全地区商业系统QC成果发表会”上，南江酒厂曲白酒QC小组和饮料车间QC小组均被评为“先进QC小组”。同年6月，“米仓牌奶油巧克力香槟”和“银花汽酒”荣获省、地商业系统优秀产品称号。1987年6月，酒厂的38度米仓特曲荣获达县地区食品协会“优秀产品”称号。1988年，酒厂生产的川粮酒和38度米仓特曲荣获四川省商业厅优秀新产品。1989年，酒厂生产的米仓牌银花酒获达县地区和省商业厅优秀产品。南江县酒厂自1987年以来，由于酒类市场剧变，企业缺乏应变能力，经济效益连年滑坡。至1992年底累计亏损278万元。为了扭转酒厂被动局面，经县人民政府批准，暂时关停液态酒生产线，从1993年1月1日起停产整顿，整顿期暂定1年。经体制改革分离出来的一条酒类生产线，即南江县饮料酒业公司，有固定资产160万元，流动资产50万元，占地面积9642平方米，职工77人，1993年7月投入正常生产经营，1995年7月正式成为一级法人企业，隶属于南江县商业局。该公司生产的烧老二酒于1994年获中国首届双新博览会银奖，1995年又获四川工业品博览会金奖。1997年，米仓醇系列酒又荣获中国新产品博览会金奖。

酿造厂 南江县酿造厂的前身是“南江县酱园厂”，1970年12月成立，隶属于南江县蔬菜饮食服务公司，职工7人。主要产品是酱油、食醋。1980年改为南江县酿造厂。1985年，县酿造厂食醋车间QC小组的刺梨渣和野生植物“水红子”酿醋成功，当年节约粮食2000余公斤，同时产品由于维生素C含量高、营养丰富而深受广大消费者欢迎。1989年3月厂长王安怀荣获达县地区商办工业优秀厂长称号。1997年，县酿造厂改组为“南江县酿造有限公司”。于12月26日正式挂牌运行，成为南江县商贸系统首家国有经济转化为民营的股份制企业。其主要产品有：

（1）精酿酱油。以大豆、豆饼、麦麸为原料，以米曲酶、酱油曲酶为种曲，以各种营养药材和香料为添加剂，采用传统工艺与新工艺相结合，经过固、稀发酵精工酿制而成。色泽棕红、鲜亮。具有酱香脂香悠久、八种氨基酸含量高、营养丰富等优点。1976年由南江县酿造厂研制并批量生产。该产品荣获1995年四川省工业产品博览会金奖。

（2）特鲜原汁酱油。以优质大豆、小麦为原料，采用现代科学技术与天然晒露相结合，经三伏炎暑日晒夜露发酵至晚秋，历时6个月方能成熟。由于发酵中完全利用太阳热能维持酱醅温度，在日晒生香的机理作用下，产生出独特的酱香和风味。色泽红褐、体态浓厚、酱香独特而浓郁、滋味鲜美而浓厚。该产品由南江县酿造厂研制生产，荣获’95中国双新博览会金奖。

（3）刺梨果醋。以大米、麸皮、猕猴桃、刺梨、“水红子”（野生植物）等为原料，用传统工艺中的糖化加醋酸菌，采用回林工艺酿制而成。色泽红褐，醋香浓郁，酸味悠长回甜，VC含量在45mg/100ml以上，并有刺梨独特风味，具有开胃健脾、美容护肤、减肥防癌、抗衰老等功效。1985年由南江县酿造厂研制生产。该产品1986年被评为四川省商业厅系统“优秀产品”；1997年获中国双新技术博览会金奖、四川省工业产品博览会金奖。

糖果糕点厂 始建于1956年8月，系原县供销社所属生产副食品经理部的一个小厂，厂址在南江镇中河街，时有3名正式工人。生产的大多是手工传统产品，如花糖、薄荷糖、蛋糕、桃片、核桃、点心等80余个品种。1987年2月，县糖果厂更名为南江县食品厂。厂房面积由原来的300平方米扩建到3000平方米，生产设施添置了饼干生产机械设备，复桥真空熬糖设备，糖果成型设备、打蛋设备，还改革了饴糖生产技术；生产工艺上引进了上海的软糖、糕点生产技术，南京的硬糖生产技术、贵州的刺梨生产技术。其刺梨食品的生产已列入省（1985—1987年）科技开发大巴山重点项目之一。产品由原常规品种40余个增加到100余个。1989年，食品厂生产的刺梨浓缩汁和刺梨软糖荣获省商业厅优秀产品。1994年，县食品厂投资近20万元引进先进易拉罐技术罐装刺梨饮料。该产品获得国家级“’94中国新技术、新产品（成都）交易博览会”金奖。南江县糖果糕点主要产品有白麻香酥、蟹黄酥、鸡蛋酥、酥皮点心、广式月饼、硬面点心、三仁片、机制饼干、果味硬糖、高粱饴、刺梨软糖及其系列产品。

第六节 印刷工业

南江县印刷厂是具有一定生产规模，拥有激光拍照和胶版印刷等先进设备的国有印刷企业。始建于1953年，到1999年6月账面总资产286万元，有在册职工132人，其中退休职工39人。截至1999年6月账面资产累计亏损140万元，银行贷款226万元，企业负债总额316万元，所有者权益负30万元。2000年6月，该厂进行改制。南江印刷厂改制后组建了四川省南江县印刷包装有限公司。

第七节　冶金工业

一、概况

南江冶金工业历史悠久，主要集中在铁矿石的开采加工、磁铁矿采选。南江县磁铁矿，批准储量3976万吨，远景储量6600万吨以上，地质储量都属大型或特大型矿区。磁铁矿开采冶铁始自18世纪末。到1958年“大跃进”大炼钢铁时期，全县发现铁矿100多处，开采70多处。到1985年底，全县铁矿石产量只有3.5万吨。1987年投资336万元，建成了水马门铁矿年采选5万吨的选矿场和配套矿山；1992年4月投资3300万元，建成了年选矿28万吨，采矿20万吨的竹坝铁矿扩建一期工程。竹坝铁矿一期扩建工程是“八五”四川重点冶金矿山建设项目，也是川北冶金矿山基地的骨干矿山。随后，红山铁矿年采选10万吨一期工程，土墙坪年采选5万吨，五铜包年采选5万吨工程相继竣工和一批乡镇铁矿陆续建成投产。到1997年，铁矿石产量达到28.71万吨，生产铁精矿16.44万吨。为了发展和壮大冶金矿山支柱产业，在“九五”期间，计划投资5000万元以上，完成红山铁矿25万吨/年采选扩建、五铜包15万吨/年采选、竹坝铁矿贾家寨矿山建设等一批重点冶金矿山建设工程。使南江的铁矿采选能力在2000年达到生产原矿85万吨，生产铁精矿35万吨，冶金行业实现工业总产值1.5亿元，利税达到300万元以上。

二、重点冶金矿山企业

南江冶金矿山集团公司　是1993年由竹坝铁矿和水马门铁矿联合组建成的冶金矿山公司。公司总资产7096.9万元，净资产3353万元；现有职工650人。公司的核心骨干矿山竹坝铁矿生产能力年选矿28万吨，采矿20万吨。1997年，生产铁精矿12.863万吨。水马门铁矿年采、选矿7万吨，生产铁精矿3万吨，高炉块矿2万吨。冶金矿山公司生产销售的铁精矿和高炉块矿含铁品位高（铁精矿平均品位≥61%，高炉块矿≥57%），品质优良，属低磷低硫自熔性矿石，曾荣获1995年、1996年四川博览会金奖，产品销往成钢、重钢、长钢和省外的汉江钢铁厂等多家大中型钢铁冶炼企业。

四川南江矿业集团有限公司　四川南江矿业集团有限公司是1995年以竹坝铁矿为龙头改制成立的股份有限公司。公司注册资金7360万元，有职工1686人，其中工程技术人员128人。铁精矿年产销量达到65万吨，销售产值达5亿多元，工业增加值达到1.82亿元，年利税总额过1亿元。社保两金征缴率100%；企业资产负债率51%；发展为集团公司拥有9家分、子公司，跨三省四市五个县的生产经营规模；企业总资产2.75亿元；净资产1.52亿元。南江冶金矿山集团有限公司1997年实现工业总产值1560万元，完成工业销售产值2340万元，实现利税500.2万元，经省政府综合考核，荣获“’97四川工业企业最佳效益500强”和“’97四川黑色金属矿最佳效益10强”企业称号。

竹坝铁矿　是南江冶金矿山集团有限公司核心骨干矿山，也是“八五”期间省重点矿山建设工程。竹坝铁矿于1977兴建，1978年3月投产，年产铁矿1万吨。1980年重工业调整，矿山移交县石棉厂组织生产，1984年4月恢复矿山。1987年竹坝铁矿扩建工程被省计委、冶金部列为重点地方冶金矿山建设项目，经过三年多艰苦奋斗，于1992年4月建成了年选矿28万吨，采矿20万吨生产能力的冶金矿山，总投资3300万元。

水马门铁矿 兴建于1975年，原属南江县铁厂新民矿区，1980年铁厂下马后独立办矿。经过20年的建设发展和技术改造，矿山规模不断扩大，1987年投资236万元建成了年采选5万吨的磁选厂，1993年与竹坝铁矿联合组成冶金矿山公司，为南江冶金矿山集团有限公司的骨干矿山。

表9—8 **南江县2000年矿业企业一览表** 单位：万吨

单位名称（地名）	地 址	开采矿种	现有储量
竹坝铁矿	麻柳乡	磁铁矿	680
咸丰铁矿	西清乡	磁铁矿	100
水马门铁矿	新民乡	磁铁矿	30
铁山矿业有限公司	沙滩乡	磁铁矿	800
五铜包铁矿	汇滩乡	磁铁矿	370
宪家湾铁矿	麻柳乡	磁铁矿	40
腾龙公司	坪河乡	磁铁矿	10
咸丰马家垭	西清乡	磁铁矿	10
竹坝奶头山	麻柳乡	磁铁矿	10
上两漆树湾	上两乡	磁铁矿	10
坪河毛坡子	坪河乡	磁铁矿	400
光明乡铁矿	光明乡	磁铁矿	6
西清硫铁矿	西清乡	磁铁矿	6

第八节 机械工业

南江县机械工业，主要是农用机械的加工制作和汽车修理。主要机械加工企业有南江县通用机械厂、南江汽车修配总公司、乐坪铁厂、县机具厂等国有和集体企业。

南江县汽车修配总公司 是川北地区一类甲级汽车维修企业，是南江县小汽车定点维修中心。2000年，有职工143人，各类专业技术人员20人；有分厂4个，生产车间3个，经营部1个，配件门市部6个。年维修保养各类车辆2000台次，拥有固定资产150万元，流动资产73万元。经营范围：主管货车大修（含中小客车）、电流互感器制造，兼营汽车配件、五金交电、化工、家具、沙发、床垫、干鲜果品、烟酒糖、饮食、旅馆、日杂、百货等。年生产能力：汽车大修30台次，三级维护50多台次，二级维修150多台次，小修1800台次，年生产电流互感器5000台，年产销高级席梦思床垫200床；家具、沙发100套。1988年产值105万元，利润7万元，上缴税金5.2万元。

第三章　企业管理

第一节　管理机构

1983 年 12 月至 1988 年 7 月，南江企业的管理机构是南江县经济委员会，内设“一室四科”，即：办公室、政工科、计划财务科、生产经营管理科、科技科。1988 年 8 月，南江县人民政府批准撤销南江县计划委员会、南江县经济委员会，成立南江县计划经济委员会，恢复南江县工业局。内设“一室三科”，即办公室、计财科、政工科、生技科。1991 年 7 月，将其内部科室改为“一室三股”，即办公室、计财股、政工股、生技股，县工业局职责比县经委职责管理范围相应缩小，管理更具体，主要负责直属国营工业企业的各项生产经营的调度、技术改造和科技成果推广利用等。是年恢复二轻局，编入政府序列，纳入财政预算。二轻局和手工业合作联社实行一套机构两块牌子合署办公体制。1994 年 3 月，撤销南江县计划经济委员会、南江县工业局，成立南江县计划委员会、南江县工业经济管理局。内设机构改为“一室三科”，即行政办公室、生技科、计财科、政工科。1997 年 11 月，撤销南江县工业经济管理局、南江县二轻局，组建南江县经济贸易委员会。其内设机构设立五个职能股室，即办公室、政工股、科技股、企业管理股、能源三电办公室。至 2000 年，机构无变化。

第二节　国营工业企业改革

一、国有企业改革

南江县国有企业改革，经历了扩大企业自主权，推行经济责任制，实行利改税，承包经营，转机改制几个阶段。1981 年，为贯彻落实国务院《关于实行工业生产经济责任制的意见》，在全县国有企业中推行了利润包干和以税代利、自负盈亏的经营办法。1984 年，又进行了第二步利改税工作。1988 年，按照党中央、国务院通知，在国营企业中普遍推行“包死基数，确保上交，超支多留，欠收自补”的承包经营责任制。1992 年，国务院颁布了《全民所有制工业转换经营机制条例》，明确了企业 14 项经营权；1993 年 11 月，党的十四届三中全会通过了《中共中央关于建立社会主义市场经济体制若干问题的决定》，提出了企业改革的方向是建立产权清晰“权责明确、政企分开”管理科学的现代化企业制度。2000 年，全县国有企业改革，按中共中央关于经济工作的八条要求，抓住产权改革这个核心，以资产重组为突破口，结构调整为重点，继续深化国有企业改革。

二、产权制度改革

在企业转机改制中，一方面实施集团战略，扩大规模经营，建立支柱产业，组建了冶金、水泥、石材、煤炭、电力、交通运输企业集团；另一方面加大“股、租、卖”改制力度。1997年末，全县已改制企业108户，改革面达到84.7%，其中国有企业26户，集体和重点乡镇企业40户，分别占国有企业和集体重点乡镇企业总数的49.4%、60.6%；其中股份制改造15户，占企业总数22.7%；分体改制3户，占4.6%；组建企业集团6个，成员企业26户，占24.2%；企业兼并3户，占4.6%；国有民营等其它形式31户，占41%。通过改革，盘活沉淀资金1亿元，吸收增量资金1600万元。

第十篇　交通运输

第一章　基础设施

第一节　公　路

一、省道公路

巴乐路（巴中至乐坝）　原属达（县）广（元）公路，后划入省干线广（元）彭（水）线，1999年，省公路规划调整划入省干线202线广开公路。1991年8月，元潭至乐坝段，经四川省交通厅、达县地区交通局及省、地计委批准，按山重（山区重点公路，下同）二级公路改造。1992年4月开工，至1993年11月，下两至乐坝31.7公里改造任务完成路基改造工程的80%。因巴中地区成立，11月17日起巴乐公路改造工作由达县地区交通局交给巴中地区交通局管理。列为新区重要基础设施建设项目，采取群众性突击队与专业施工队相结合的办法，昼夜加班修建，于1994年2月完成二级公路路基改造任务。1994年10月至1995年1月，完成了水泥砼路面的铺装工程，并同步建成了标美路，工期提前两年，是南江境内第一条高等级公路。

沙南公路（沙河至南江县城）　全长30.6公里，于1952年11月动工，历时一年建成泥碎石路面，为通往南江县城的第一条公路。历经多次改造，仍满足不了运输量日益增加的需要。1986年，利用国家山区公路建设粮、棉、布以工代赈资金，对南江县城至小河6公里道路按山重二级路标准进行改造。1994年10月，县委、县政府决定，分段对沙南路按“山重”二级公路标准进行改造，1995年5月，完成一期路基改造工程，其中改线新建7.87公里，旧线改造20.53公里。1995年7月，沙南路二期改造动工，1996年7月，水泥砼路面及桥梁建设工程竣工，累计投劳189万个工日，全县农村劳平7个工日。总投资5449.3万元，其中路基工程1553.3万元，路面工程2095.5万元，桥涵及附属设施工程1810.5万元。建设资金由国家交通部补助200万元，省交通厅补助600万元，银行贷款及部门借款3890.4万元，干部职工集资180万元，农民投劳折资589万元。沙南公路改造施工中，有24人因工献出了生命，永远被后人所怀念。

“二南”公路（南江县城至陕西南郑县）　起于南江县城中咀大桥，经桥亭、上两、寨坡、陈家山、魏家坝、桃园，至川陕界台上入陕西省境喜神坝至南郑县城。南江境内原长88.2公里，川陕界台上至南郑（陕西境）长47.8公里。1993年底，全路经过改造后，南江境内实有里程82.8公里，在原里程基础上缩短6公里。二南路是南江县出省的一条唯一通道，经济、政治意义十分重大，也是一条国防战备公路，该路地理位置重要，公路沿线矿产资源和森林资源丰富，原属南江县道，1995年，升级纳入省道管护。

巴中地区成立后，二南公路改造工程，累计投劳268.2万个工日，占全县农村总劳动力24.5万个应动用建勤工日856.87万个的31.3%。全路改线1.6公里，改弯50处，长500米，降坡250处，长34米，加宽60公里，开挖土石方114.03万立方米。铺装水泥砼路面76.5公里，计11.9万立方米，铺装沥青油路5.7公里，计4.55万平方米，全线安设了标志牌、桩线。总设计投资8222万元，其中国家补助937.17万元，地方自筹、集资和贷款4952.8万元，农民投劳抵资2332万元。在“二南”路的改造中有6名民工为其献出了生命，为后人所怀念。

二、县道公路

野（羊溪）正（真）公路 起于省道成（都）南（江）公路475公里处野羊溪，经红顶、长赤、玉堂（红光）、黑潭、花桥至正直镇，全长43公里。1997年5月至1999年3月，县自筹资金组织民工建勤，将该路改造成3级泥碎标美路。2000年1—9月，将该路铺筑沥青表处油路38公里，水泥砼路面5公里，使野正路的运输能力大提高。

鹿（角垭）贵（民）公路 起于省道成南公路二南段，经赶场杜家坪、贵民、新立至乐家坝，全长47.5公里，于1977年9月建成。该路总投入建勤工日135.24万个，开挖土石方140余万立方米，总投资116.62万元，其中国家投资107万元，全路技术标准达等外级。2000年8月，县政府采用民工建勤的办法，抽调民工3600人，对柳垭子至贵民段36.6公里，按山重四级公路标准进行了改造。

南（江镇）新（民）公路 起源于南江镇，经甘溪、杨坝至新民，全长34公里。南新路系1958—1959年，巴中县在南江开办新民铁厂修建的钢铁运输线。1984年12月至1986年3月，新建南江镇至杨坝段公路18公里，途经碾盘、流坝至杨坝乡。由碾盘乡、流坝乡组织民工、自筹资金18万元，投劳102万个工日，修通了庙子岭至流坝8公里。流坝至杨坝观音岩7.5公里断头路，于1995年1月动工，由杨坝区负责修建，历时一年竣工，总投资166万元，其中国家补助72万元，自筹资金48万元，向银行贷款48万元，南江至杨坝公路的建成，缩短了原由南江经甘溪、杨坝到新民线里程10公里，路状有了很大提高，达到山岭重丘三级路标准，沿线40多种矿产资源得到开发，有3乡10村5000多人直接受益。

下（两）关（门）公路 起于下两镇黄桷树大桥，到达关门乡，全长49公里。经多次改造整治，现已达到3级山重公路标准，并全面铺装了沥青油路。1996年12月至1997年4月进行了大河至王爷庙段18.6公里改造。1998年对大河至关路段19公里进行了改造，投劳50万个工日，投资1504万元，于当年10月改造竣工。下两境内的下两至王爷庙段12.4公里，于1997年由民工建勤加宽改造，1998年3月至9月，铺成沥青路面，该路段共投资490万元，达到山重3级路标准。1999年3月至10月，大河镇内的王爷庙至关路段36.6公里，铺筑沥青表处路面，共投资730万元。至此，下关路已全面达到山重3级路标准，全线铺筑了沥青表处油路，总共投资2724万元，沿线20万人直接受益。

双江路（南江至通江）公路 起源于省道马跃溪至通江县平溪河与诺水河交汇处的界牌坝，全长61.4公里，南江境内40公里。鹿角垭至关路15.2公里于1961年11月至1962年3月修通了鹿角垭至关路段。关路至关田，抵通江县界段长9.1公里断头路，于1985年8月至1987年10月，利用国家以工代赈扶贫资金，按山区重点公路四级公路标准建成，路基宽6.5米，路面宽3.5米。国家补助资金31.09万元，投劳12.66万个工日。1996—1998年，对该路进行了改造，并分段先后铺装沥青表处油路。

正（直）双（流）公路 起于野正公路41公里处，止于双流乡延伸至巴中三汇镇，接通了“双三路”断头。全长23.3公里。该路1974年11月开始修建，1975年4月竣工。1986年以工代赈修建了“龙潭河大桥”长45.56米，路桥配套，保证畅通。正双路的修建，连通了正直片区，巴中雪山、平梁，解决了沿线20万人的出行困难，是一条县际联网公路，勾通了巴中、旺苍、南江三县，也使双流成了三县开发利用的“金三角”地带。

表10—1 **南江县2000年省、县道公路里程控制统计表** 单位：公里

路线代码	路线名称	等级	起讫点	里程		控制点
				总里程	断头	
S101511922008	沙台段	省道	沙河至台上	107.99		沙河、南江、台上
XY01511900	恩野路	县道	新河桥（巴中）至野羊溪	53.118		新河桥、正直、长赤
XY09511900	马坪路	县道	马跃溪至关田（界牌）	38.393		马跃溪、关路、界牌
XY12511900	潮鹿路	县道	界牌（通江）至鹿角垭	62.400	5	界牌、汇滩、贵民、鹿角垭
XY29511922	下关路	县道	下两至关路	48.790		下两、大河、关路
XY30511922	樵乐路	县道	樵河桥至乐坝	28.393		樵河桥、团结、乐坝
XY31511922	南新路	县道	南门口至新民	36.665		南江、杨坝、新民

三、乡道公路

全县乡道公路建设，在1985年以前均是按乡级简易公路标准测设施工，等级低，路况质量差，最大纵坡高达15%，最小平曲线半径仅有7米。1985年，新建的乡道公路，虽按山重四级公路标准测设，但因境内山峦重叠，沟壑纵横，公路线多是穿山越岭，筑路工程艰巨，挖填土石方工程大。加之群众建勤突击修建，国家建设资金投入少，所建公路路况质量虽有较大提高，但达到山重四级路标准的所占比例仍相当少。

1997—2000年，对乡道中的重点经济、资源开发及风景区旅游路线，按山重3级或4级路进行了改造提高，建成标美路，投入了大量的人力、物力、财力。但达到山重3级4级公路的占乡道总里程的比例仍然很小。县内乡道公路路况上等级路的仍然处全川末位。

表10—2 **南江县2000年乡道公路一览表**

路线名称	起止地名	里程（公里）	修建标准	路基宽（米）	路面宽（米）	路面结构	等级	修建时间
黑潭路	黑潭桥至黑潭场	1	简易	5	3	泥碎	等外	1959.6
小水路	小河至水洞	3.5	简易	5～6	3	泥碎	等外	1972.4
双东路	双桂至东凡	8.1	简易	6.5	3.5	泥碎	等外	1973.3
大白路	大河至白院	3	简易	4.5	3.5	泥碎	等外	1974.12
花朱路	花桥至朱公	12	简易	5	3	泥碎	等外	1975.5

续上表

路线名称	起止地名	里程（公里）	修建标准	路基宽（米）	路面宽（米）	路面结构	等级	修建时间
长双路	长赤至双桂	14	简易	6	3	泥碎	等外	1975.5
洛金路	洛坪至金盆	22	简易	6.5	3.5	泥碎	等外	1975.3
兴瓦路	兴马至瓦池	7	简易	5	3.5	泥碎	等外	1975
下东路	下两至东垭	14	简易	5	3.5	泥碎	等外	1975
高平路	高桥至平岗	7	简易	4.5	3	泥碎	等外	1975
八燕路	八庙至燕山	7	简易	6.5	3	泥碎	等外	1975.3
滑长路	滑溪口至长征	7	等外	6.5	3	泥碎	等外	1976.12
岳桥路	岳家河至桥坝	15	简易	5.5	3	泥碎	等外	1975.4
双石路	双庙至石板桥	11	简易	5.5	3.5	泥碎	等外	1976.11
石文路	石板垭至文星	8	简易	6	2.5	泥碎	等外	1976.1
天九路	天池至九顶	12	简易	6	2.5	泥碎	等外	1976.1
下高路	下两至高桥	7	简易	7	4	泥碎	等外	1976.12
长麻路	长滩河至麻柳弯	15	简易	6	3	无	等外	1977.6
贵汇路	贵民至汇滩	19.8	简易	5	3.5	无	等外	1977.8
高仁路	高桥至仁和	12.5	简易	4.5	3.5	泥碎	等外	1978.1
双白路	白院至北极	7.5	简易	5	3.5	泥碎	等外	1978.4
高石路	高桥至石板	9	简易	4.5	3.5	泥碎	等外	1978.5
关高路	关门至高塔	15	简易	5	3.5	泥碎	等外	1978.5
寒西路	寒风桥至西清	4	简易	5.5	3	无	等外	1978
上关路	上两至关坝	15	简易	6.5	3	泥碎	四级	1978.5
双大路	大显岩至大毛坡	8	简易	4.5	3.5	无	等外	1978.3
铧竹路	铧厂梁至竹岭	7.5	简易	5	2.5	泥碎	等外	1978.1
长红路	长赤至红四	9	简易	5	2.5	泥碎	等外	1978.12
天红路	天赤至红五	12	简易	5.5	3	泥碎	等外	1978.1
正东路	正直至旺苍东凡	25.5	简易	6	3	泥碎	等外	1978.1
赶红路	赶场至红岩	17	简易	5.5	3	无	等外	1979.3
柏东路	柏杨坪至东垭	14.7	简易	5	3.5	泥碎	等外	1979.1
大石路	大河至石滩	13	简易	6.5	3.5	泥碎	等外	1979.4
糖殷路	糖坊至殷家沟	4.5	简易	4.5	3	无	等外	1979
贵沙路	贵民至沙坝	9	简易	6.5	3	无	等外	1979.1
关玉路	关坝至玉泉	5	简易	5	3.5	泥碎	等外	1979.3
魏桃路	魏家坝至桃园	4	简易	5	3.5	无	等外	1979
贵五路	贵民至五童包	13	简易	5	2	无	等外	1979.2
沙星路	沙河至星光	7.5	简易	4.5	3.5	泥碎	等外	1980.3
正仪路	正直至凤仪	10	简易	5	3	泥碎	等外	1980.12
罗石路	罗家河至石矿	3.4	简易	5	3	无	等外	1980

续上表

路线名称	起止地名	里程（公里）	修建标准	路基宽（米）	路面宽（米）	路面结构	等级	修建时间
马中路	马跃溪至中坝	4	简易	4.5	3.5	无	等外	1980
上光路	上两至光明	5	简易	5	3.5	泥碎	等外	1981
洛团路	洛坪至团结	10	简易	6.5	5.5	泥碎	四级	1981.12
正朱路	正直至朱公	7.8	简易	6	3	泥碎	等外	1983.5
桃槐路	桃园至槐树	17	简易	5.5	3.5	泥碎	等外	1983
南流路	甘溪庙子至流坝	8.5	四级	6.5	3.5	泥碎	四级	1986.3
长西路	长滩河至西清	12.2	四级	6.5	3.5	泥碎	四级	1987.12
朱福路	朱公至巴中福星	6.5	四级	6.5	3.5	泥碎	四级	1987.12
付木路	付家院至木门	13	简易	5	3	泥碎	等外	1988
赶旭路	赶场至旭光	13.6	简易	5	3	泥碎	等外	1988
西贵路	西清至贵民	13.6	简易			无	等外	1988
甘杨路	甘溪至杨坝	8	四级	6.5	4	泥碎	四级	1988
贵红路	贵民至红星	8	四级	6.5	4	泥碎	四级	1997.7

四、村道公路

1958—1960 年“大跃进”时期，全县主要为大办钢铁运输木炭、矿石用的板车道。所建板车道，一般路基不足 3 米宽，均未铺筑路面，质量差，至 1960 年路基垮塌过半。1962 年大办农业时，废路还耕，仅保留部分架子车道。

1975—1978 年，“农业学大寨”时期，把修建农村机耕道，改善社队交通条件，作为发展农业生产，实现农业机械化耕种奠定基础的一项措施。各公社自选线路和自筹资金，组织劳动力，利用冬闲修建机耕道，全县共修建 54 条 505 公里，国家仅补助资金 36.05 万元，平均每公里不足 700 元。到 1985 年，小河、正直、沙河、长赤、下两、赶场、上两、大河等区，自筹资金 53 万余元，投劳 120 万个工日，修建村道公路 39 条 214 公里。1980 年至 1985 年间就修建 30 条 190 公里。

1993 年，巴中地区成立后，把公路建设作为改善生存环境，建设文明新村、脱贫致富奔小康的重要工程，纳入“林、池、园、路”相配套，“种、养、加、运”相结合的农村经济发展的总体部署，从实际出发，量力而行，统一规划和测设，分步实施，以村为单位，采用群众投劳与投资相结合，国家给予适当资金补助的办法，组织群众积极修建村道公路。1994 年至 1996 年底，全县新建村道公路 10 条 99 公里，整修改建村道公路 20 条 220 公里，全县村通公路率达 25%。

1999 年，沙河镇联盟村，积极筹资投劳，将 4 公里要道公路改建为三级水泥砼路，受到时任四川省委书记谢世杰的嘉奖，给予该村 10 万元专款补助。

2000 年，全县村道公路建设，坚持自力更生为主，换工互助为辅，交通部门以奖代补，乡、镇统一使用义务工，村统一使用积累工。对修路涉及的房屋拆迁、土地占用、青苗补偿等由村民委员会采用自治方式解决，实行辖区包干建设的办法修建。沙河片区新建公路 24 公里，整治 210 公里，投资 100 余万元，辖 7 个乡 67 个村，公路通村率达到 91%。2000 年底，全县村道公路通车里程 1141 公里，村通公路率达 55%。

表 10—3　　南江县 2000 年村道公路一览表

路线名称	起止地名	里程（公里）	路基宽（米）	路面宽（米）	投资		建成时间
					金额（万元）	工日（万个）	
小黄路	小河至黄金	2	4.5	3.5	0.3	0.5	1985.3
断白路	断渠至白合	5	4.5	3	2	0.45	1983.3
双中路	碾盘至中坝	5	4.5	3	2	4	1985.1
东瓦路	碾盘至瓦厂坪	1	4.5	3	0.3	0.8	1985.3
六双路	碾盘至双福	1	6	4.5	0.3	0.5	1985.3
高青路	高塔至青春	5	4.5	3.5	2	4.6	1981.1
高前路	高塔至前峰	2	4.5	3.5	1	0.8	1980.1
前红路	前红至红星	4	4.5	3.5	1	1.5	1982
金盆支线	金盆至天三村	4.2	4.5	3	1.2	2	1981.1
八庙路	八庙至二村	7	5.5	3.5	3	5.2	1980.12
燕二路	燕山至佛尔岩	3.5	5.5	3	4	3.7	1981.9
燕四路	燕山至四村	3.4	3.5	3	4.2	3.8	1979.1
燕茶路	燕山至茶场	4.5	3	2	1	5	1980.11
黄青路	黄梁垭至清泉	1	2.5	泥碎路	0.03	0.8	1978.2
中奎路	中奎至寨梁	1.5	3	泥碎路	0.045	0.3	1979.3
红观路	红光至观音井	4	3	泥碎路	0.12	0.5	1980.3
红八路	红光至八村	2	3	泥碎路	0.06	0.4	1981.4
付茶路	付家至茶场	4.5	3.5	2.5	0.04	0.9	1881.4
中关路	长赤至水库	3.5	4	泥碎路	0.18	0.6	1978.1
新中路	新华至四村	4	3	泥碎路	0.08	0.4	1980.1
红村路	红顶至学校	3.5	4	2.5	0.15	0.7	1981.1
红茶路	红顶至茶场	1	3	2.5	0.03	0.2	1978.1
李碾路	天池至碾山寺	3	3.5	2.5	0.09	0.6	1979.4
九茶路	九顶至茶场	5	4	2.5	0.99	1	1979
正海路	正直至海坪	11	4	2.5	0.15	7.5	1983.2
茶徐路	茶桥至徐家坝	15	4	2.5	1.3	0.35	1981.4
黑虎路	黑潭至白虎村	5	4	2.5	0.3	11.4	1984.9
和平路	和平六、九村	38	4	3	3.4	30.4	1982.2
双大路	双流至土地咀	9	4	2.5	0.65	5	1982.1
菩水路	菩船至水库	7	4	3	1	3.5	1982.5
菩石路	菩船至五村	14	4	2.5	12	10	1982.11
双流路	双流至十字垭	2	5	3.5	0.5	1	1982.5
长征路	长征乡政府	3.9	5	3.5	2.2	1.1	1983.2
兴九路	兴马至九村	5	4.5	3.5	1.8	3.2	1981.1
兴齐路	兴马桥至齐家湾	7	4	3	1.2	2.8	1984.12
赶三路	赶场乡至三村	3	3	2	0.8	1.2	1983.3

续上表

路线名称	起止地名	里程（公里）	路基宽（米）	路面宽（米）	投资		建成时间
					金额（万元）	工日（万个）	
红垭路	上两至西垭	1.2	5	3.5	0.5	1	1975.12
关上路	关坝至上游村	8	3	2	3.7	4	1979.9
烂东路	烂泥沟至李子碥	3	3	2	2.4	1.8	1996.7
巩曲路	巩家沟至曲溪寺	3	3	4	1.1	2.2	1996.5
平杨路	平岗至杨家沟	7.5	3	4	3	3.1	1998.2
东三路	东垭三村至红岩	7	4	4	2.8	3.2	1998.3
赶九路	赶场八村至九村	2	5	4	0.85	0.9	1998.2
红黑路	红岩至黑岩	2	3.5	3	0.6	1.1	1998.2
沙马路	沙滩至马梁	4	4	3.5	1.4	4	1998.3
西四路	西清至四村	5	3.5	3	5.2	3.5	1998.3
西三路	西清至三村	6	3.5	3	3.6	4	1998.7
甘田路	甘马滩至田坪	4	3.5	3	2.8	3.6	1998.12
长回路	长滩河至四村	10	3.5	3	3	7.2	1999.2
小中路	小巫峡至中山院	6	4.5	4	2.8	5.4	1998.12
坪河路	坪河至旺苍界	5	5.5	5	2.4	3.5	1998.7
甘合路	甘溪至合丰	2	4.5	4	1	1	1998.3
流金路	流坝至金台	4	4.5	4	3.2	2.8	1998.7
元小路	元山至小田	8	4.5	4	2.8	4	1998.11
剪石路	剪子垭至古龙沟	6	5.5	4	2.4	3.6	1997.8
水黄路	水洞至黄龙	2	5	3.5	0.6	2	1999.3
桥响路	桥坝至响水	7	4.5	4	2.1	3.5	1998.7
小槐路	小河至槐树	3	4.5	4	0.6	1.5	1998.2
碾长路	碾盘至长坪	7	4.5	3.5	2.1	2.8	1999.6
水桃路	水洞至桃红	7	5	4.5	2.8	3.5	1998.6
石跃路	石矿至跃进	4	4.5	4	1.2	1.6	1996.5
回蔡路	回龙桥至蔡水堰	2.5	5	4.5	1	0.9	1997.12
黄观路	黄金桥至观音井	1	3.5	3	0.5	0.5	1998.2
老大路	老干局至大田湾	3.5	3.5	3	1.2	1.7	1999.7
三鹰路	三道拐至鹰嘴岩	4	3.5	3	1.8	1.6	1996.7
元堰路	元山村小至堰池垭	2	4.5	4	0.6	2	1995.6
九六路	九顶至4、5、6村	15	5	3.5	15	4.5	1996.2
老燕路	老居山至燕山界	21	4.6	4.5	17	8	1998.7
大中路	大庙子至中村	5	4.5	4	2.2	1.5	1998.6
何赤路	何家坪至赤溪	4	4.5	4	2.8	2.3	1996.7
蒲双路	蒲坪村至双庙村	2	5.5	4	0.8	1.1	1998.3
楠高路	楠坪村至高家河	4	5	3.5	1.3	1.6	1998.6
雪关路	雪高河至关子岩	6	4.5	4	3	3.9	1997.6
草高路	草坪至高岩头	15	4.5	4	9	7.8	1998.6

五、专用公路

县境内的专用公路，是由工厂、矿山、林业、水利等部门自己投资修建，自己养护，主要为本单位使用的公路，有单位独建的，有单位合建的，也有国家投资，以“民工建勤”、“民办公助”修建的。1985年末，全县有专线公路39条，全长315.9公里。

1986年后，部分专用公路经过改造提升，联网并入县道公路。至2000年底，因封山育林，林区不再允许伐木。林区专用公路，随着桃园风景区、光雾山风景区、大坝森林公园、十八月潭风景旅游区的开发建设，几条主要专用公路的路况等级不断提高，已成县内的主要旅游热线。

第二节 铁 路

“八五”时期总投资6505万元，建成了标准轨道地方铁路Ⅱ级的“普乐铁路”（旺苍县普济至南江县乐坝），结束了南江、巴中地区无铁路的历史。1993年，“普乐”铁路全线贯通，该段铁路正线长22.31公里，站线长7.1以里，桥梁14座，隧道7个。普乐分局配备1台600马力的重型轨道车和5台“太行”Ⅱ型1200马力的内燃机车。1995年，普乐铁路开通运输初期的信号设备为电话闭塞方式，车站道岔无联锁设备。1997年，进行信号设备安装施工。1998年1月，正式投入新的信号设备使用，区间信号为64D单线继电半自动闭塞设备，车站信号采用8505型色灯电锁器联锁设备，通讯设备使用的是CPT2000J－M型调度集中机进行调度行车指挥。该段铁路的建成通车，不仅填补了通（江）、南（江）、巴（中）、平（昌）无一寸铁路的历史空白，而且极大地增强了南江的交通运输能力。

第三节 桥梁、隧道

1986—2000年，随着巴中地区的成立，大办交通、大办基础设施硬件建设，公路桥梁的改扩建也摆到了十分重要的位置。公路桥梁的改建等级质量大幅度提高。到2000年底，南江县境内省道大桥7座988延米，中桥38座1963延米，小桥67座1240延米，计112座4191延米。县道大桥3座445延米，中桥23座1050延米，小桥40座765延米，漫水桥5座343延米，计71座2603延米。乡道桥梁大桥1座116延米，中桥7座347延米，小桥19座391延米，漫水桥1座15延米，计28座896延米。专用公路桥3座82延米。

一、省道桥梁

1987—2000年，在巴南路段和二南路段，共新建中型公路大桥24座1543延米，投资1467.39万元。这15年的公路桥梁建设是1971—1986年所建桥座数的4倍、米数的4.63倍。具有代表性的桥有：

樵河大桥 位于南江县境内省道公路S101线成南公路501㎞+950m处。于1995年3月至12月建成，全长150米，高15米，宽14.5米，拱净跨度60米2孔，为钢筋混凝土结构拱桥，总投资350万元，资金来源全部为银行贷款修建。由时任县政协副主席党组书记张新荣任指挥长，原小河区委书记沈万刚、县交通局魏德礼任副指挥长。与建修民工同吃同住于工地，劳动于工地，抢晴天、战雨天，仅用时10个月建成，质量达到设计标准。

洛坪大桥 位于南江境内省道公路S101线成南路496km+660m处。于1995年1月至12月建成，全长623米（加引道），高37米，宽9米，拱净跨75米1孔，13米1孔，为钢筋混凝土钢架拱桥，总投资850万元，资金来源全部由银行贷款修建。由广元市路桥公司施工建设。由时任县政协副主席杨绍春任指挥长。修建中指挥人员和民工同吃同住同劳动，把住了进度和质量关。修建中因钢架倒塌，造成1人死亡，1人受重伤。

二、县道桥梁

据前志载，县内有人行便桥40余座，均属木桥、石拱桥、木桁亭子桥，横跨境内大小溪沟上，为路人提供方便，在大江河流上，新中国成立前无一公路桥。

20世纪50年代至70年代，县道公路修建桥梁27座825延米。其中南上路9座213延米（现纳入省道）；柳大路3座83延米；南新路5座193延米；野正路8座135延米；其它路及专用公路3座84延米。1971—1985年，修建桥梁27座1222延米；1986—2000年，这一时期是基础设施建设、大办交通，大力提高公路路况及等级最具特色的时期，全县共修建公路桥梁43座2198.29延米，投资687.685万元，其中粮棉布以工代赈新建公路桥30座1343.29延米，投资307.686万元。

三、乡道桥梁

1986—2000年，随着乡道公路的改建和整治，桥梁建造等级也不断提高，特别是粮棉布以工代赈建乡道桥梁居多。2000年底，乡道公路桥梁有28座869延米，其中大中型桥8座463延米，其余均为小桥和漫水桥。

四、公路隧道

成南公路二南段（省道101线）多绕于崇山峻岭之中，穿行于林原峡谷，一山相隔，车辆绕行半日。1961—1965年，修建南江镇至上两段时，开凿孔明洞隧道1处，长36米，拐拐潭半隧道1处。1991—1992年，二南公路马跃溪至三官坝段公路改建时，开凿公路隧道4处，长402.81米，半隧道2处460米。其中红鱼洞隧道长252.85米。4处隧道共投资3.23万个工日，开凿石方1.91万立方米，投资55.3万元。1997年，修建柳垭子至贵民段二道关隧道，全长21米，引车道宽5米，高4.5米，整个隧道地质属坚石，未予衬砌。同年4月开凿桂花园半隧道，长41米，开凿石方0.20万立方米，投劳0.23万个工日，投资42万元。1997—1998年，对二南公路全线隧道按三级公路标准改造，增设排水沟及光缆照明设施，铺装水泥砼路车道。2000年底，二南路段共有隧道6处，长479.81米。

表 10—4

南江县 1986—2000 年省道大中型桥梁一览表

桥梁名称	所在路线	结构式样	全长(米)	孔数—跨径(孔、米)	桥面宽(米)	桥高(米)	投资(万元)	修建时间
元潭大桥	巴南路	石拱桥	54.5	1—40	9	—	45	1992.12—1995.1
马家桥	巴南路	石拱桥	42	1—30	9	—	28	1992.12—1995.1
五五桥	巴南路	石拱桥	36	1—20	9	—	35	1992.12—1995.1
柏杨坪桥	巴南路	石拱桥	46	1—30	9	—	57	1992.12—1995.1
朱家店桥	巴南路	石拱桥	148	1—70 2—10	9	—	140	1992.12—1995.1
马掌铺桥	巴南路	石拱桥	135	1—70 1—10	9	—	138	1992.12—1995.1
野洋溪桥	巴南路	石拱桥	170	1—70 4—10	9	—	150	1992.12—1995.1
回双桥	沙南路	空腹式石拱桥	36	1—25	9	8	5.39	1986.8—1987.1
洛坪大桥	沙南路	钢筋混凝土	623	1—75 1—13	9	37	850	1995.1—1995.12
二洞桥	沙南路	空腹式石拱桥	52.7	1—25	10.2	14	30	1995.1
松柏桥	沙南路	空腹式石拱桥	54.5	1—20	10	18	33	1995.1
大柏桥	沙南路	空腹式石拱桥	49	1—20	11	15.7	32	1995.1
马沟桥	沙南路	空腹式石拱桥	49.6	1—25	9.35	21	35	1995.1
五星桥	沙南路	空腹式石拱桥	40	1—20	9	11.3	20.3	1995.1
小河沟桥	沙南路	空腹式石拱桥	48	1—20	8.5	16	25	1995.1
小溪桥	沙南路	空腹式石拱桥	62	1—30	8.5	18	33	1995.1
马跃溪桥	二南路	空腹式石拱桥	1—40	7.5	20	22	—	1991.8
头直水桥	二南路	空腹式石拱桥	37.2	1—20	8	14	18	1991.9
清溪桥	二南路	空腹式石拱桥	38	1—20	7.5	17	19	1991.9
半边猪桥	二南路	空腹式石拱桥	30	1—13	7.3	10	17	1991.8
沙滩桥	二南路	空腹式石拱桥	60	2—26	7.8	12	27.2	1996.6
上两桥	二南路	空腹式石拱桥	82.5	1—55	7.5	27.5	50	1986.6
涂槽沟桥	二南路	空腹式石拱桥	45	1—20	—	—	4.5	1987.10
无名桥	二南路	空腹式石拱桥	40	1—16	—	—	3	1987.12
樵河大桥	沙南路	钢筋混凝土	150	2—60	14.5	15	350	1995.3—1995.12

表 10—5　　南江县 1986—2000 年县道公路桥梁一览表

桥梁名称	所在路线	结构式样	全长（米）	孔数—跨径（孔、米）	桥宽（米）	桥高（米）	投资（万元）	修建时间
关门桥	关大路	空腹式石拱桥	37	1—25	7	11.4	17.6	1986.1
县道小桥	野正路	空腹式石拱桥	43	1—20	7	14	42	1998.4
	野正路	空腹式石拱桥	37	1—20	7	13	37	1998.3
	野正路	空腹式石拱桥	41	1—30	7	5	33	1998.5
	野正路	空腹式石拱桥	34	1—10	7.5	7	19	1998.2
	野正路	空腹式石拱桥	39	1—6	7	7.3	12	1998.9
	野正路	空腹式石拱桥	32	1—13	7	6.5	20	1998.6
	野正路	空腹式石拱桥	37	1—20	7	5	35	1998.9
	野正路	空腹式石拱桥	36	1—20	7	5	32	1998.8
	野正路	空腹式石拱桥	52	1—30	7	7.5	47	1998.1
	野正路	空腹式石拱桥	37	1—20	7	4	46	1998.9
黑潭桥	野正路	空腹式石拱桥	132	1—18	8.5	13	100	1999.4
罗溪桥	正双路	空腹式石拱桥	38	1—10	7	—	—	1997.4
桐籽弯大桥	大关路	石拱桥	116	1—60	—	—	53.53	1986.10
关路大桥	关铁路	石拱桥	132	1—80	—	—	75	1987.9
上两大桥	二南路	石拱桥	82	1—55	—	—	50	1987.10
龙潭河桥	正双路	石拱桥	58	1—25	—	—	15.67	1986.3
滑溪口桥	下大路	石拱桥	58.4	1—25	—	—	11.30	1986.10
电站河桥	下大路	石拱桥	58.5	1—25	—	—	12.82	1987.9
关门沟桥	大关路	石拱桥	50	1—25	—	—	11.78	1986.10
三溪铺桥	关铁路	石拱桥	70	1—35	—	—	15.87	1986.10
圆双桥	巴南路	石拱桥	36	1—25	—	—	5.39	1987.1
鲤鱼坝漫水桥	柳大路	钢混板	110	4×4	—	—	5.8	1986.7
断渠桥	二南路	石拱桥	25	1—10	—	—	2.830	1986.12
大水沟桥	二南路	石拱桥	24	1—10	—	—	2.20	1986.10
银河岩桥	二南路	石拱桥	20	1—8	—	—	1.56	1987.4
崔家桥	二南路	石拱桥	22	1—10	—	—	3.74	1987.7
水田坪桥	二南路	石拱桥	25.2	1—10	—	—	3.6	1987.6
涂槽沟桥	二南路	石拱桥	45	1—20	—	—	5	1987.12
油桐沟桥	二南路	石拱桥	26	1—10	—	—	2.10	1987.10
后槽沟桥	二南路	石拱桥	40	1—16	—	—	3	1987.12
魏家坝桥	二南路	石拱桥	25	1—10	—	—	1.72	1987.7
梓木树桥	大关路	石拱桥	26	1—13	—	—	2	1987.12
柳树沟桥	大关路	石拱桥	25	5—2	—	—	2.30	1986.5
黄家沟桥	南溪路	石拱桥	22	5—3	—	—	4.5	1988.4

续上表

桥梁名称	所在路线	结构式样	全长（米）	孔数—跨径（孔、米）	桥宽（米）	桥高（米）	投资（万元）	修建时间
柏垭沟桥	关铁路	石拱桥	26	1—6	—	—	2	1986. 1
唐家坝桥	关铁路	石拱桥	20	1—8	—	—	1. 30	1986. 1
楠木树桥	鹿贵路	石拱桥	25	1—8	—	—	1. 68	1986. 1
岩壳沟桥	鹿贵路	石拱桥	20	1—10	—	—	2. 04	1986. 6
过马滩桥	鹿贵路	石拱桥	32	1—16	—	—	3. 26	1986. 2
黑窝子桥	鹿贵路	石拱桥	20	1—8	—	—	2. 02	1986. 1
土潭溪桥	鹿贵路	石拱桥	20	1—10	—	—	2. 10	1986. 1
小河沟桥	鹿贵路	石拱桥	20	1—10	—	—	2	1986. 1
黄梁树大桥	下关路	石拱桥	220	2—60	—	—	180	1995. 10

表 10—6　　南江县 1986—2000 年乡道公路大中型桥梁一览表

桥梁名称	所在路线	结构式样	全长（米）	孔数—跨径（孔、米）	桥宽（米）	桥高（米）	投资（万元）	修建时间
乡道小桥	下大路	空腹式石拱桥	58. 4	1—25	7	14. 6	11. 29	1986. 10
	下大路	空腹式石拱桥	58. 5	1—25	7	11	12. 82	1987. 9
	下大路	空腹式石拱桥	81. 4	1—40	7	8. 9	48	1991. 6
	鹿贵路	空腹式石拱桥	32	1—16	7	10	4	1986. 12
	大关路	空腹式石拱桥	116	2—9	9. 5	28. 1	53. 53	1986. 12
过马滩桥	长两路	空腹式石拱桥	32	1—16	7	—	—	1986. 2
	杨流路	空腹式石拱桥	85. 2	—	—	—	66	1987
高庙子桥	南杨路	空腹式石拱桥	50	1—25	8	25	105	1999. 7

第四节　重点项目建设

一、以工代赈交通建设

1985—1987 年，国家拨款 494. 78 万元，修建了县乡道路桥梁 30 座 1279 延米，大中型桥梁 20 座 771 延米，投入以工代赈实物资金 307. 69 万元。打通了直达陕西汉中的省际交通线，南江到汉中缩短里程 227 公里。1988—1993 年 5 年间，国家以工代赈补助南江交通建设资金 244 万元。1991 年 4 月至 12 月，国家补助工业券 20 万元，修建二南路魏家坝至铁炉坝公路防护工程 15. 2 公里；1991 年 4 月至 1992 年 12 月，国家补助以工代赈资金 195 万元，修建大水坝至三关坝公路 14. 5 公里；1991 年 11 月至 1992 年 4 月，国家补助折价资金 7 万元，新修沙坝乡蒋家湾 4 公里；1992 年 1 月至 1993 年 12 月，国家补助 4 万元修建花桥石拱桥一座长 56. 4 延米；1992 年 4 月至 8 月国家以工代赈 15 万元，修建二南公路桥亭段防护工程 4 公里。

表 10—7　　南江县 1994—2000 年以工代赈公路建设项目一览表

项目名称	建设内容	建设性质	技术标准	里 程（公里）	以工代赈补助资金（万元）	开工时间
经四至沙河	红沙路	新建	四级	7	45	1994
巴乐公路段	乐坝过境水泥砼路	新建	二级	3	70	1994
南江镇至沙河镇	沙南公路水泥砼路	新建	二级	20. 26	800	1994. 10
杨坝至流坝	杨流路改造	改建	三级	8	39	1995
	沙南段改造	改建	三级	7	70	1996
马跃溪至关田	双江路马关段	改建	四级	8	20	1996
	二南路改造	改建	三级	14	140	1996
	大河乡道改造	改建	四级	8	30	1996
鹿角垭至关田	双红路油路	新建	—	32	483	1997
马跃溪至台上	二南段油路	新建	—	72. 5	937. 14	1997
	二南段改造	改建	三级	13	100	1997
贵民至红星	贵红路新建	新建	四级	8	40	1997
下两至元顶子	下元路新建	新建	四级	12	24	1997
	六花村配套路新建	新建	四级	45	36	1997
	元潭漫水桥	新建	—	—	5	1997
	岳家河至桥坝	新建	四级	—	10	1997
	桥梁	—	—	—	20	1998
	二南段完善配套	—	—	—	100	1998
南江镇至坪河	南坪路改造	改建	四级	21	100	1998
	野正路改造	改建	四级	5	50	1998
	双江路改造	改建	四级	5	50	1998
	兴马村道改造	改建	四级	10	10	1998

二、标美路建设

为了提高公路的通行能力和科学管理水平，突出公路特有的建筑美和景观美，全面提高公路为社会服务整体水平，1996 年 10 月起，全县掀起了以县乡标美路建设为重点的第二轮全民交通大会战，县上成立了“标美路建设指挥部”统一指挥。1997—2000 年，全县标美路建设 38 条 551. 6 公里，其中三级路 111 公里，四级路 440. 7 公里，铺装沥青表处油路 136 公里，水泥砼路 15. 6 公里。具有代表性的有双江路、野正路、正福路、下关路、桃槐路和甘流路等。

表 10—8 南江县 1996—2000 年标美路一览表

路线名称	起止地名	行政等级	改造里程（公里）	改造前等级	改造后技术状况				投资（万元）	开竣工时间
					路基宽（米）	路面宽（米）	路面结构	公路等级		
双关路	马跃溪至关田	县道	38.4	四级	7.5	6.5	2.4/36	三级	2474	1996—1998
大关路	大河至关路	县道	21	四级	7.5	6.5	沥青	三级	2900	1998—1999
甘杨路	甘溪至杨坝	乡道	8	等外	6.5	5.5	泥碎	四级	670	1996—1998
正朱路	正直至朱公	乡道	14.3	等外	6.5	5.5	沥青	四级	240	1997—1998
下大路	下两至大河	乡道	26.7	等外	6.5	5.5	沥青	四级	460	1995—1999
沙金路	沙河至金盆	乡道	20	等外	6.5	5.5	泥碎	四级	100	1995—1996
八燕路	八庙至燕山	乡道	8	等外	6.5	5.5	泥碎	四级	40	1995—1996
长九路	长赤至九顶	乡道	18.8	等外	6.5	5.5	泥碎	四级	100	1996—1997
天双路	天池至双桂	乡道	8	等外	6.5	5.5	泥碎	四级	40	1995—1996
滑长路	滑溪口至长征	乡道	10	等外	6.5	5.5	泥碎	四级	50	1996—1997
正和路	正直至和平	乡道	25	等外	6.5	5.5	泥碎	四级	125	1996
银关路	银河灌至关坝	乡道	13	等外	6.5	5.5	泥碎	四级	65	1997—1998
长竹路	长赤至竹岭	乡道	14	等外	6.5	4.5	泥碎	四级	343	1996.12—1997.3
石付路	石板垭至付家	乡道	7	等外	6.5	4.5	泥碎	四级	154	1996.10—1997.2
长红路	长赤至红四	乡道	6	等外	6.5	4.5	4/2	四级	126	1996—1997
沙团路	沙河至团结	乡道	10	等外	6.5	4.5	泥碎	四级	236	1996—1997
仁高路	仁和至高桥	乡道	14	等外	6.5	4.5	泥碎	四级	26	1997
高东路	高桥到东垭	乡道	12	等外	6.5	4.5	泥碎	四级	18	1997
杨水路	杨家河至水洞	乡道	5.9	等外	6.5	4.5	泥碎	四级	105	1997
上关路	上两至关坝	乡道	13	等外	6.5	4.5	泥碎	四级	57	1997
三鹿路	三官坝至鹿角垭	乡道	13	等外	5.5	5.5	泥碎	四级	130	1997
正东路	正直至东凡	乡道	25.5	等外	4.5	4.5	泥碎	四级	510	1998
下东路	下两至东垭	乡道	14.7	等外	5.5	5	泥碎	四级	150	1999

续上表

路线名称	起止地名	行政等级	改造里程（公里）	改造前等级	改造后技术状况				投资（万元）	开竣工时间
					路基宽(米)	路面宽(米)	路面结构	公路等级		
上光路	上两至光明	乡道	5	等外	6.5	5.5	泥碎	四级	25	1998—1999
桃槐路	桃园至槐树	乡道	5.2	等外	5.5	4	水泥路	四级	260	1997—1998
关瓦路	兴马至瓦池	乡道	7	等外	5.5	4	泥碎	四级	35	1995—1996
北大路	北极至大河	乡道	8	等外	6.5	5.5	泥碎	四级	40	1995—1997
正凤路	正直至凤仪	乡道	10.5	等外	5.5	4	泥碎	四级	55	1995—1996
甘流路	甘溪至流坝	乡道	8.5	四级	6.5	3.5	泥碎	三级	347	1996.12—1997.9
樵槐路	樵河桥至槐树	乡道	3	等外	—	—	泥碎	四级	15	1996—1997
正双路	正直至双河	县道	23.5	等外	7.5	6.5	泥碎	四级	—	2000
柳贵路	柳垭子至贵民	乡道	36.6	等外	—	—	泥碎	四级	1000	2000.8—12
高平路	高桥至平岗	乡道	7	等外	—	—	泥碎	四级	—	2000
邱红路	邱溪坝至红岩	乡道	12	等外	—	—	泥碎	四级	—	2000
赶旭路	赶场至旭光	乡道	5	等外	—	—	泥碎	四级	—	2000
柏东路	柏杨坪至东垭	乡道	15	等外	—	—	泥碎	四级	—	2000
长红路	长赤至红五	乡道	16	等外	—	—	泥碎	四级	—	2000

注:2.4/36 砼路 沥青’ 4/2 水泥 沥青

第五节 公路养护

一、省道养护

1986—1995年，县境内仅有沙南公路30公里由达县地区养路总段巴中分段负责养护管理，并在林家坝设置养护道班。二南公路1985年10月修建通车后一直属于县养路段负责养护管理。1995年，全省公路养护体制改革，将沙南路划归南江县沙南路管理所负责管理养护，二南路仍由县养路段负责管理养护。1998年，该路段划归省道S101线，并先后成立了断渠和桃园两个收费站，自此二南路交由收费路桥管理所负责管理养护，现有养护道班10个，职工95人。2000年，“南江县收费路桥管理所”被巴中市公路局评为“公路养护工作第二名”，小河道班被评为“双优道班”，上两道班被评为“文明道班”。袁军、刘志升、毛盛辅、杨斌等人被评为“先进个人”。

二、县道养护

1986—1993年，全县开展公路养护“学同乐”的劳动竞赛，县养路段所管养的306公里路段完好率达66.18%，部分公路达良好等级。

2000年底，县公路养护管理段有职工103人，管养里程282.2公里，养护线路7条（双江路、野正路、下关路、南杨路、鹿西路、樵岳路、甘坪路），下设24个养路道班。红顶、糖房、碾盘道班多次被巴中市公路局表彰为“先进道班”、“双优道班”；杜德光、冯警州、余青英、杜井富被市、县评为“先进个人”。

三、乡道养护

1986—1987年间，主要靠民勤岁修和群众性专业养护。1988年起，国家将乡道养护经费纳入提留、统筹，实行群众集资投劳养护。1993年10月，巴中地区成立后，对乡道养护纳入计划的里程，每月公里补助材料费20元，由乡镇组织管养，交通部门检查验收。1996年1月起，乡道公路养护不再实行公里补助，国家拨付的乡道公路养护补助费，由县交通局统一管理使用，实行以奖代补的办法。

四、公路民工建勤

1986年起，公路的建设及养护管理，采用民工建勤的方式，按当时年满18岁以上的公民每年必须完成义务工20个，其中15个用于公路建设，5个用于公路养护。1990年起，对不能投劳的实行以资抵劳，按每个义务工10元计，由乡镇逐级解县民勤办，统一合理支配代劳经费。至2000年底，全县共收民勤代劳经费75万元。其中1995年30万元、1996年14万元、1997年13万元、1998年2万元、1999年7万元、2000年15万元。

五、公路绿化

1985年县道绿化里程21公里。1988—1993年投资25.1万元，绿化县道376公里，其中二南路88.2公里。1997—2000年，对沙南、二南路宜林路段逐年栽植行道树，已栽5657株，实现了可宜路段绿化率达100%的要求，并落实了责任制，主管部门与各道班签订了《公路行道树绿化管护责任书》，实行奖惩。

第二章　公路运输

第一节　专业运输

一、旅客运输

1986年前，公路旅客营运线路实行“三级平衡，三级管理”，跨省、市和地县线路，由省地交通部门专业车队（公司）的客车承担，省属专业运输南江站，开通了达县、广元、仪陇、巴中及部分区乡班车。县交通运输企业开行达县、巴中、广元3条客运线路8个班次，区乡客运线路15条30班次，年专业客运量1.3万人次，48.5万公里。

1988年起，省属专业运输开通了至成都、广州、西安等跨省市运输。1989年，省属南江站并入达县地区汽车总公司巴中站，南江站实有客车8辆，运力380座。县属交通专业运输企业有客车18辆，运力628座，全县共开行客车线路16条、58班次，其中跨地区、县线路4条。

1994年4月，巴中地区汽车运输公司成立，南江车站47队编入巴中汽车运输总公司，在编职工36人，固定资产68万元，重点开发跨省、市、地区超长运输线路旅客运输。企业产权制度改革后到1996年，全县开行客运线路52条83班次，新开辟线路4条7班次。1998年，县交通运输总公司共有客车114辆，运力1854座，开行客运线路42条102班次，年客运量47.8万人次，旅客周转量3824万人公里。

2000年，县交通运输总公司的客车仍为114辆，运力1854座，共开行客运线路42条，56班次，其中跨省线路4条11班次，跨地区线路2条3班次，跨县线路2条22班次，区乡线路18条25班次。年完成客运量48万人次，客运周转量3850万人公里，营运收入320万元。

二、货物运输

1986—1988年，县内有货物公路运输8家（县运输公司、县装卸运输公司、县川粮车队、商业车队、食品车队、供销车队、林业车队、民政车队），时属计划经济时期，货运主要以对口专业运输为主，兼营协作运输。

1988年后，随着社会主义市场经济逐步建立，县内个体民营汽车公路运输发展较快，基本占领了货运市场。专业货运逐渐萎缩，年货运量、货运周转量逐年下降，大部货车停运。1993年，专业货运车全部折价出售给职工私人经营，至此货运全部社会化、市场化。到2000年底，县内成立了四家社会货运公司，即南兴公司、宏发公司、顺通公司、开武公司。

三、汽车站（点）建设

1986年，全县地属车站占地2015平方米，县属车站占地5602平方米。

1990年，省交通厅拨付资金250万元，在位于南江镇文星村征用土地11.05亩，修建汽车站，建筑面积4266平方米，停车场1个4500平方米，候车厅200平方米。设计日发客班150班次，旅客发送量2500人次，为吃、住、行配套，综合性开放二级客运站，1992年8月竣工，投入运营。1997年，站内营运客车94辆，运力2544座，开行客运线路43条，日发86班次，年客运量38.5万人次，旅客周转量3850万人公里。1999年，客运车增至98辆，运力2483座，开行超长、长短途客运线路43条，日发103班次，年客运量47.8万人次，旅客周转量3824万人公里。2000年，客运车辆升至104辆，运力2245座，日发103班次，年客运量增至75.1万人次，客运周转量6167万人公里。

1995—1997年，县交通局在位于乐坝镇瓦房湾村园坝子征用土地12.5亩，由省交通厅补助客运附加费和自筹资金，修建乐坝汽车站。建筑面积3900平方米，该站建成与乐坝火车站毗邻，形成公路铁路运输配套。

1999年，巴中地区行署决定，把区乡场镇汽车站建设纳入城镇建设总体规划布局，多渠道投资，在正直镇修建了一个占地面积3亩的汽车站停车坝及售票厅和生活用配套房3000平方米，总投资40万元的乡镇汽车站。

第二节　社会运输

一、单位汽车运输

1986年底，全县有单位部门自备汽车589辆（其中简易车21辆）2842吨位，是专业汽车总数78辆的7.1倍。1993年后，因公路运输市场竞争激烈，非交通专业运输单位的自备车，因经营管理差，车况差，成本高，亏损严重，相继自行解体，90%车辆折价转让给了私人经营。

1996年后，随着企业体制改革、企业单位的自备车亦逐渐转给私人经营，到2000年底，县内专业及非专业性的货运车已不复存在，货运主要靠私营车辆承担。客运由交通专业运输企业和私营承担。

二、私营汽车运输

改革开放后，国家放宽政策搞活运输，支持和保护城乡个体和联户运输业发展。1992年底，全县有私营中巴车9辆，运力196座；民营货车146辆750吨，年货运量93万吨，周转量8800万吨公里。巴中地区成立后，公路运输管理体制上实行“先放开，后引导，先发展，后规范；先无序，后有序”的方针，大力发展民营汽车客货运输。1994年，全县有民营客货车447辆，大型客车13辆，运力520座，货车434辆，运力2200吨，到1997年，全县民营客货车拥有量增至532辆，其中客车210辆，货车322辆，年底民营货车运力达12万吨，货运周转量5800万吨公里。

至2000年底，全县民营客车增至448辆、5341座，货车增至1100辆、5600吨，与1997年民营客车拥有量相比增长113%，民营货车拥有量增长1.56倍。

三、出租车客运

随着市场需求，出租汽车逐渐发展。1997年，全县仅有私营出租车9辆，到2000年，全县出租车发展到30辆。南江属边远山区小县城，消费水平滞后，出租车运力大于运量，车空率高，经营亏损。鉴此，南江交通部门作出限制城市出租车发展的规定，并同时取消城市人力、机动三轮车从事客运。成立两个出租车公司规范了管理，保证了出租车正常营运。

四、拖拉机运输

1985年，全县参与社会营运的各型拖拉机583辆。1990年后，由于农用四轮车占领市场，农用拖拉机逐年减少，当年全县共有拖拉机220辆。到1997年减少到65辆，主要从事建筑业和土石方、沙石、预制件及零星货物的短途运输。1998年后，因乡村公路网络逐步形成，拖拉机拥有量又开始上升，到2000年底，全县营运拖拉机发展到85辆，运力85吨。

五、机动三轮车运输

1996年之前，县境内无三轮车从事营运。随着市镇建设加快，街道拓宽延伸，水泥砼路面的铺筑，1996年开始，县城内机动三轮车进入营运。到1998年发展到200辆、400座，成为县城民众以车代步的主要交通工具，昼夜都是三轮车的马达声，虽方便了市民，但噪声、污染严重，交通事故时有发生。到1999年，县内有三轮车360辆、720座。2000年对县城机动三轮车全部取消，三轮车全部转移至区镇从事客运。

第三章　铁路及其他运输

第一节　铁路运输

1995年7月1日，普乐铁路开始投入运输，7月8日，普乐铁路管理处向南江县工业经济管理局发出《关于申请办理火车调运销售的函》，实现了火车调运销售煤炭业务的开始。根据普乐铁路货物分布情况，全线设乐坝、坑坑店、三江三个货运站，主要承担煤炭、铁矿、石油、化肥、粮食、木材等物资运输，辐射周边市县，年运量130万吨。后与国家铁路开展联运业务，在普乐铁路设立交接站，办理与普济车站货物和车辆的交接工作。1996年5月28日，省铁路局与成都铁路分局签订了普乐与全路运营线开办货物直通运输协议，普乐铁路实现“一票通”。至2000年底，普乐铁路从最初单一运输煤炭为主发展到运输煤炭、铁矿粉、化肥、粮食、汽（柴）油等大宗货物，货物运输达三大类十多个品种，形成一业为主多种经营发展的铁路运输企业。

第二节　内河运输

20世纪80年代后期至2000年，由于对公路建设的重视，全县实现了乡乡通公路，村道公路通车率也达到了55%，内河运输随之停止。三条主要河道（南江至巴中、神潭河至巴中、正直河至恩阳）再无货物运输船只，除正直河沿溪河至石龙沟段有3只机动钢（木）质个体客运船，每逢集日方便行路人外，境内再没有货运船只。此外，三条河中仅有少量挖沙船将沙石横渡至汽车运输码头。

第三节 其他运输

一、人力运输

随着经济的快速发展，公路交通网络的形成，人力运输除全县通车最晚的红星乡，20 世纪 90 年代前一些农用生产和生活资料靠人力背运外，长途人力运输早已消失。仅有的就是进城务工的农民“背二哥”从事短距离零星货物背送及从事蜂窝煤运送至用户家中，满足人们生活所需。

二、畜力运输

南江地处山区，在历史上畜力驮运曾一度兴旺。20 世纪 70 年代后，随着公路运输的发展，畜力运输逐渐消亡。1986—2000 年，畜力运输仅有的是一些建筑工地因环境限制，汽车运输预制材料不方便，才用一些马匹、牛拉架子车运送建筑材料以及运送蜂窝煤外，畜力运输已不存在。

第四章 管 理

第一节 公路运输管理

一、安全管理

1985 年 7 月，经省、地区同意，在县内各重点企业事业单位，建立了 5 个交通运输安全生产联组，负责交通安全和养路费征收工作。1986 年，对安全生产联组进行整顿，农村以区镇为单位，城区以系统为单位，专业车队独立建制辖区内的车辆由安全联组负责管理，车辆入户办证登记，负责辖区内交通小事故并协助交通监理部门调查处理交通事故。

1988—1991 年，根据省政府川府发［1988］223 号文件规定，交通稽征、路政、运政管理人员，分别持中华人民共和国交通稽查证、公路路政管理证、公路运输管理证，并佩戴省交通厅制发的标志上路检查行使各自职权，当年安全行车百万公里驾驶员达 12 名。

1993 年，巴中地区建区后，县交通主管部门坚持安全例会，开展安全周、安全生产月、百日安全竞赛活动。根据季节特点开展安全专项检查，发挥基层安全管理职能作用，制定一系列的安全生产规章制度。车站坚持“五不出站”的管理规定：即车辆不合格不出站；驾驶员条件、配额、身体不适不出站；超载或装有“三品”的车不出站；牌照等手续不齐全不出站；气候恶劣不宜行车不出站。做到定点上客，进站报班，返回归站，定期维修和派车通知单等制度。1997 年后，把道路交通安全工作作为一项系统工程，纳入各级议事日程，推行交通安全管理社会责任制，公安、交通、财产保险等部门发挥职能作用，协调配合、综合治理。

1998 年，根据个体营运车辆量的增加，在原交通运输安全联组的基础上，组建了道路运输协会，进行运输和安全生产自我管理和约束。

二、运输市场管理

1986 年，根据省交通厅、公安厅、工商行政管理局、税务局联合发布的《关于纠正汽车驾乘人员以运谋私不正之风的通知》精神，对公路运输市场进行了整顿。1988 年，县交通运输管理部门改革管理体制，实行政企分开，简政放权，管理重点由单一企业经营管理转向全行业管理。1989 年，全县开展了对水陆交通货客运输质量整顿，使交通客运正点率达到 98%。1990—1992 年，南江对客运市场实行“三级平衡，三级审批，四定管理，五统一”。货运市场坚持“一支三保”服务方向。

1993 年，巴中地区成立后，全面开放货运、搬运装卸维修和运输服务市场，货运取消额度控制。1994 年，按照《巴中地区客运出租车管理暂行办法》，对出租车实行行业管理，成立了出租车管理办公室及交通稽查队，加强了对运输市场的管理监督。

1998 年 2—6 月，在全县范围内开展个私客货运输、汽车维修和运输服务市场的治理整顿、规范运输行为和建章立制工作。

2000 年，全县开展了道路运输管理年活动，对超长线客运，城市和农村客运进行了专项整治，清理规范超长线路，取消“终身制”，对出租车实行“五统一”规范，对城市出租车控制发展，取消人力机动三轮车，严格运输市场准入关，维护了运输市场秩序。

三、养路费征收

养路费征收始于 1957 年，至 1987 年全县在册管理费车辆达 362 辆，年征收养路费 157 万元。1987—1992 年，县累计征收汽车养路费及附加费 1030. 08 万元，征收拖拉机养路费 1278 万元。

1993 年，巴中地区成立后，公路养路费征收大幅增长。当年全县在册车辆 1001 辆，其中营运客车 232 辆，货车 565 辆，年征收养路费 268. 8 万元，客货运附加费 38. 5 万元。至 2000 年底，全县在册征费车辆增至 1839 辆，其中营运客车 372 辆，营运货车 723 辆，出租车 134 辆，小车 357 辆，三轮车 253 辆，年征收养路费 597 万元，客货附加费 171. 1 万元。

表 10—9　　南江县 1986—2000 年车辆养路费、附加费征收统计表

项目 年度	客车（台）	货车（台）	出租车（台）	小车（台）	三轮车（台）	养路费（万元）	货附费（万元）	客附费（万元）
1986	87	112	—	8	—	139	—	—
1987	113	236	—	13	—	172	—	—
1988	121	321	—	16	—	183	—	—
1989	124	365	—	21	—	205	—	—
1990	134	397	—	55	—	222	—	—
1991	174	495	—	87	—	248	—	—
1992	203	521	—	145	—	258	30	—
1993	232	586	—	183	—	268. 8	38. 5	—
1994	238	557	30	221	15	308	42. 2	—
1995	258	602	37	262	27	428. 5	49. 9	4. 60

续上表

年度 \ 项目	客车（台）	货车（台）	出租车（台）	小车（台）	三轮车（台）	养路费（万元）	货附费（万元）	客附费（万元）
1996	284	651	46	278	84	437.5	49.9	84.60
1997	301	682	67	291	103	413	42.8	79.70
1998	311	708	93	283	152	591	66	119.00
1999	352	708	107	312	201	577.5	58.5	107.70
2000	372	723	134	357	253	597	63.3	107.80

四、管理费征收

1983 年 11 月 5 日至 1986 年 10 月，南江县按省政府颁发的《四川省改进公路运输管理办法》及交通部《公路运输管理费征收和使用办法》执行，机动车辆及人、畜力板架车交通运输管理费按运输营业额 1% 征收。

1986 年后，对交通专业运输企业按营运收入总额 1%，逐月征收运输管理费，社会车队和个体按测算营运收入包干缴纳。1990 年后，按机动车类型规格分类执行每月客座、吨位不同费额率征收。巴中地区成立后，交通运输市场繁荣，运管费征收额逐年增长，到 2000 年，年征收运管费达 90 万元，与 1986 年相比，增长 1.7 倍。

五、路、桥收费管理

1994—1998 年，县境内成南公路沙南、二南段 107.7 公里（小河中咀大桥至断渠桥属县建设局管理）改造过程中，共投入资金 9959.40 万元，其中国家和省无偿补助 2169 万元，银行贷款及集资 7790.40 万元。为偿还资金，根据省交通厅、财政厅、物价局川交路［1996］205 号文件和川交路［1997］98 号文件批准，分别于 1996 年 7 月 1 日起和 1997 年 5 月 1 日起试收取车辆通行费一年，县收费路桥管理所分别在沙南公路沙河桥、黄金桥，二南公路马跃溪、银河灌分别设立了收费站，收费稽查站。收费标准为小车每次 3 元，中客车每次 6 元，大客车、货车、拖拉机每次 3 元/吨，摩托车（二轮、三轮）每次 2 元。1998 年 4 月，经川交路［1998］77 号文批准，成南公路沙南段 30 公里为正式收费项目，并调整收费标准为二级。收费期限定为 10 年，从 1996 年 7 月 1 日起至 2006 年 6 月 30 日止。调整后的车辆通行费标准为小车每次 4 元，中型客车每次 8 元，大客、大货车及拖拉机每吨次 4 元，摩托车（二轮、三轮）每次 2 元。

1999 年 5 月，川交公路［1999］96 号文批复，同意成南公路二南段全线 79 公里“山重”三级水泥砼路，试行收取车辆通行费，并将南江县城至银河灌 34 公里与二南路合并为一个收费项目，一并延长收费期限，在成南公路 588 公里处南江桃园、513 公里处断渠各新增公路收费站 1 个，设银河灌稽查站一个。1996—2000 年，沙南路、二南路共收取车辆通行费 2799.8 万元。

2000 年 8 月，二南路收费项目中设置的马跃溪、银河灌两个公路收费站被依法撤销。

六、路政管理

1988 年，根据国务院和四川省政府先后颁发的《公路管理条例》、《四川省公路路政管理条例》，南江县成立了公路路政管理领导小组及其办公室和“路政管理所”，配置路政管理人员，同相关部门协同配合，对公路实施综合治理。县与乡镇签订辖区《路政管理责任书》。1993 年 10 月，巴中地区成立后，行署颁发了《巴中地区公路路政管理若干规定》，对公路建、管、养实行一体化综合治理。

1997 年起，全县建立了路政管理网络，以路政管理中队为基础，建立责任制，解决了管养分离的矛盾。同年 7 月，《公路法》颁布后，南江成立了《公路法》宣传领导小组，结合“三五普法”，大力宣传贯彻落实《公路法》，对侵占公路产权、损坏公路设施、盗伐行道树木、违规建筑占道堆码物品、以路桥代市等严重危害公路主权和安全畅通的案件进行查处。1995—2000 年，共查处违规案件 1568 件，结案处理 1538 件，结案率达 98.1%。

表 10—10　　南江县 1995—2001 年查处违规车辆案件统计表

年　份	发生案件数	处理案件数	结案率（%）
1995	170	166	97.6
1996	284	272	95.7
1997	165	162	98.1
1998	121	120	99.1
1999	104	101	97.1
2000	288	285	98.9
2001	436	432	99.0

第二节　内河运输管理

1986 年，县根据国务院颁布的《内河交通安全管理条例》、《水路运输管理条例》等法律法规，加强了对水运安全的监督管理，并对水运市场进行了整顿，健全了县、乡、村、船主四级管理责任制和船舶“四证二线一牌”（经营许可证、营运证、船检证、驾驶证和载重线、禁航水位线、渡口守则牌）管理制度，并按国家规定的水运价格收费。1986 年至 2000 年底，对水上旅客运输实行“六定”管理（即定船舶、航线、班次、码头、客额、价格），强化水上行业管理，严格执法，确保水上安全。

第三节　交通企业管理

一、企业整顿

1983 年 1 月至 1986 年，县属交通企业分阶段相继开始全面企业整顿。主要以自我整顿为主，调整领导班子，实行厂长（经理）负责制和经济承包制，整顿劳动纪律、实行定段管理。1986 年至 2000 年，对县属交通企业进行了 5 次整顿，收效明显，领导班子基本达到“革命化、年轻化、专业化、知识化”的要求，经济效益明显提高，亏损单位也逐步缩小亏损比例，给企业注入生机和活力。

二、公路养护体制改革

1995 年，根据巴中行署《关于深化交通体制改革报告的通知》和《关于巴中市公路养护管理体制改革中几个具体问题的批复》，在县政府的统一领导下，对公路养护管理体制进行了规范。有101公里道路划归省道，对县乡道路养护责任进一步明确，对用工制度、分配方式进行全面改革，养路职工全部参加社会养老保险。纳入县道养路计划里程307公里，人、财、物均由县交通局管理，地区交通局给予县道养护补助。公路管养体制改革后，县公路养护管理机构进行了内部人事、用工、分配三项制度改革，按编定岗定人，人员全部实行合同制，择优组合上岗，坚持按劳分配，向生产第一线职工倾斜，绩效挂钩，养护实行公里成本包干。

三、专业交通运输企业改革

1986—1996年，主要是实行厂长（经理）负责制，简政放权，政企分开，实行内部承包经营，规范市场，划小核算单位，增收节支。1997年，对专业交通企业进行了以产权制度改革为主的经济体制改革，资产人员重新组合，将县汽车运输公司、县装卸运输公司、县汽车配件公司、县车站四家合并，组建了“南江县交通运输总公司”，并将所有的货运车辆折价转让给私营，客车实行分股合作和个人投资购置营运，使公路运输专业企业良性地步入市场经济轨道。

四、普乐铁路管理

1990年4月，四川省地方铁路局批准成立四川省地方铁路局普乐铁路建设管理处（简称建管处），为普济乐坝铁路（简称普乐铁路）修建时期的管理机构。管理处下设：办公室、工程建设科、物资设备科、群工科、财务科等部门。

1994年4月，普乐铁路修建完成，具备开通运行条件后，为适应运输生产需要，省地方铁路局批准成立四川省普乐铁路运输管理处（简称运管处），同时撤销普乐铁路建设管理处。运管处下设：处办室、车务段、工电段、劳动人事科、财务科、机务段、运输计划科、工程技术科、行政管理科、保卫科、物资设备公司、多经公司、车队。简称“一室二段七科二司一队”。

1997年6月，为满足铁路运输进一步发展的需要，经普乐铁路运输管理处请示，由省地方铁路局批准成立四川省地方铁路局普乐分局。分局由党群系统、行政系统、运输生产部门、多经部门构成。其中党群系统设有党总支、工会、团总支、党办、纪检室、保卫科；行政系统设有局办公室、劳人科、财务科、行管科、审计科、物资科、工程技术科、安监室；运输生产部门设有车务段、机务段、工电段、装卸运输车队；多经部门设有物资设备公司、恒达公司、工程第九公司、汽修厂。

自1996年，普乐铁路管理处在岗职工137人，平均年龄25.3岁。2000年，按照《关于定编定员的通知》，普乐铁路分局设岗49个，定编137人。定编定岗后，超编超员的38人充实到多经部门。

第十一篇　邮政通信

第一章　邮　政

第一节　邮　路

1985 年，全县共有汽车邮路 7 条、284 公里。县城专线投递，单程 63 公里，每天一班，乡村邮路有区、乡步班邮路 18 条、219 公里，农村社队投递线 195 条、2909 公里。此外，自行车邮路 18 条，单程长 300 公里。合计 231 条、3428 公里。

1986 年起，由于区、乡公路发展很快，全县大部分区、乡都采取汽车、摩托车投递。当年有邮政局所 74 个，邮政线路长度调整后为 844 公里，步邮逐步取消，乡村邮件，采取村委会或小学代送，重要函件在局（所）门前挂牌通知本人持证到邮局领取。1990 年，全县邮路长度 856 公里。

1995 年，全县邮路增加到 868 公里，此后对邮政线路进行了必要的调整。到 2000 年，全县邮政局（所）增加到 80 个，邮路长度调整到 833 公里。

第二节　业　务

一、函件

1986 年，全县邮政函件 75.6 万件，比 1985 年增加 5 万件。随着社会、经济的不断发展，邮政函件量逐年增加。1989 年，全县邮政函件达 114.2 万件。1994 年，已增加到 152 万件，为全县历史上投送函件最多的一年。此后，由于通讯业务的多样化，电信事业的不断发展，邮政函件逐年减少。到 2000 年，全县邮政函件仅 78.1 万件，最低的是 1997 年为 43.2 万件，比 1986 年减少 32.4 万件。

二、包裹

包件（包裹）的邮寄量，从 1986—1990 年的 5 年间，每年寄送包件均保持在 8100～8600 件。从 1991 年开始，全县包件的年均寄送量有所减少，一般在 5500～7000 件。包件寄送量最低的一年是1997年，全县寄送仅5000件。

三、汇兑

汇兑（汇票），有普通汇款和电报汇款两种类型。1986年，全县邮政办理汇票3.95万件，1988年为4.49万件。1989—1996年的7年间，年均办理汇票在3.32万件至3.91万件之间。从1997年开始，各银行采取打卡汇兑，邮政汇票逐步减少，至1998年减少到2.5万件，2000年为3.2万件。

四、报刊发行

1986年，全县报纸发行数量为476.3万件，杂志发行42.9万件。1987—1988年，分别发行报纸533.3万件和537.1万件、杂志50.1万件和52.3万件。从1991年开始，报纸、杂志发行量下降，1995年，全县报纸发行352.6万件、杂志20.2万件。1996年，县党政有关部门采取积极措施，发动各单位或个人增订报刊。全年发行报纸567.3万件，杂志27万件，主要增加了党报党刊的发行量，机关发行到股室和个人，农村发行到村组，城镇发行到社区。2000年，全县报纸发行量为446.8万件，杂志24.9万件。

五、业务收入

1986年，南江邮政业务总收入18.4万元。1990年已增加到52.2万元，比1986年增长1.83倍。1995年，邮政业务收入增至237.4万元，1997年增至469.5万元，为全县近几年业务收入最高的一年，比1990年增长7.99倍。2000年，邮政业务收入为316万元。

表11—1　　南江县1986—2000年邮政事业发展情况表

年度	邮政局（所）	邮政线路长度（公里）	邮政业务总收入（万元）	邮政业务				
				函件（千件）	包件（千件）	汇票（千件）	报纸（千件）	杂志（千件）
1986	74	844	18.4	756	8.1	39.5	4763	429
1987	74	847	20.6	868	8.1	41.4	5333	501
1988	74	816	26.8	1009	8.1	44.7	5371	523
1989	74	822	38	1142	8.4	39.1	4131	319
1990	74	856	52.2	1066	8.6	37.8	4769	319
1991	70	853	70.4	1054	5.9	38.3	3888	334
1992	74	853	86.7	888	5.6	33.2	3889	326
1993	74	856	97.2	968	5.5	35.4	3762	260
1994	74	855	66.7	1520	7.3	35.3	3630	232
1995	73	868	237.4	1227	6.6	34.4	3526	202
1996	82	834	344.4	950	8	33.2	5673	270.7
1997	82	834	469.5	432.5	5	26.8	4973	579.9
1998	83	833	217	580	7	25	4607	145
1999	80	833	271	750	7	30	4760	260
2000	80	833	316	781	6.3	32	4468	249

第二章　电　信

第一节　电　报

一、有线电报

网络　1981 年，巴中至达县开通单路载波电路后，南江进出口电报改由达县局经转。1987 年下半年，成渝两地开通自动转报系统。1991 年初，南江进入重庆自动转报系统，出口电报通过人工齿孔后传送到重庆自动转报中心，再由邮路由经转所达局所；来报则由重庆中心报房自动转至南江报房。县到区的电报，全县通过话传电路人工传唱电码方式由支局话务员与县局中心报房相互话传，共同完成收发电报至 1992 年。1993 年，各支局营业部门相继配备了传真机，来去电报通过有线载波电路人工传真至县局中心报房和各区营业室。巴中地区成立后，本地通信网未独立形成之前电报仍通过达县转至重庆出口。1995 年 1 月 15 日，巴中至成都开通光纤数字报路，19 日，南江至成都开通光纤数字电路一条，由成都自动将巴中地区各县的电报中转至重庆。2000 年元月，采用北京金溢翰林技术开发中心生产的 DN—826 本地网电报分组传真服务系统，取消原有的电报电路，实现本地电报集中处理和集中管理，实现了点对点电报传输方式。

设备　1989 年，淘汰上海产 55 型电传打字机，更换深圳造桑达译码机和上海造华一机。1991 年，开通南江至重庆自动转报系统，采用上海制造的得力机，属程控型，传输用 644 音频 PCM 电路二条，46 载波电路一条。2000 年，使用金溢翰林技术开发中心生产的 DN—826 本地网电报分组传真服务系统。

业务量　1983 年出口电报达 22400 份，比 1978 年增长 48.34%。1988 年增至 37110 份，1993 年增至 73800 份，收入达 251700 元。1994 年，南江县城和各区（镇）程控电话相继开通，长途通信过去以电报、长话业务同步运行转化为以长途电话为主的联络方式后，电报业务呈逐年下降。1994 年程控电话开通的当年，出口电报下降到 5.42 万份，收入下降到 21.93 万元。到 2000 年，全县出口电报 11562 份，其中国内传真电报 2139 份，电报收入 46100 元，仅占长途通信收入的 1%。

二、无线电报

为了战备和特殊业务需要，1966 年 10 月 31 日，四川省邮电管理局调拨给南江已用过的 55 型 A25W 电子管收发报机和 55 型 B25W 电子管收发报机各一台，从此，南江与达县进行定时联络。1989 年更换为 100W 单边带无线短波电台，至 2000 年仍在使用。为保证无线通信畅通，规定每天定时会晤联络三次，即上午 9 点—9 点 30 分，下午 2 点 30 分—3 点；晚上 7 点—7 点 30 分。在有线阻断时，可利用无线电台，拍发水文、气象等电报。

第二节 电 话

一、长途电话

（一）网络

1984年11月1日起，安装开通南江——巴中ZZD17高三路晶体管载波机一套，其中CHI巴中——南江；CH2达县——巴中——南江；CH3巴中——南江——广元。同时撤销巴中——广元的ZM200型电子管高三路载波机。1988—1993年，共开通电路13条，其中载波电路11条：南江至达县载波8条，南江至巴中2条，内中载波1条、幻线1条；南江至广元载波1条。

1994年1月，南江4000门程控电话开通后，实现了南江对巴中两地自动电话直拨，同年底，南江对巴中的直达数字电路达90条。1997年12月6日，巴中地区建成了C3本地网，南江局间传输电路为60CH。

1998年，巴中地区邮电局架通了平昌—通江—南江—巴中的本地光缆环形网30条，南江开通到通江直达线路30条；同年9月，巴中本地环网开通了FLXSDH2.5G环网后，南江共有电路250×2M口。

2000年8月2日，巴中本地环网增开了华为SDH2.5G，南江在FLX环网中数字电路达到了126个2M口，实际使用47个2M口。

（二）交换机

1982年，随着长途业务量的增加，由市话一台配合30门专用长话台共用接续长话，晚上和节假日由专用长话台一人上班接续电话。1989年，县局安装市话自动交换机800门；1994年1月23日起使用HJD04机4000门数字程控电话交换机开通，原有的人工磁石长途台撤销。1998年12月23日，巴中C3长途局初验合格，南江进入巴中C3长途局开通直达线路240条。1999年12月，县邮电局在原机型中扩容5880线，至此，总容量达11000线。到2000年底，南江在巴中本地PDH传输网中电路达到16个2M口。

1994—1995年，县局和12个区（镇）相继开通程控电话，年末交换机容量由1993年1613门增至6016门，出口长话电路由1993年13条增至240条。1998—2000年，相继发展乡（镇）及厂矿交换点25处，年底电路交换点共38处，交换机容量26616线（门），设备电路776条，实际使用电路387条。

（三）种类与接续

1984年12月，按邮电部长途电话业务新规定，划分长途电话业务分为三大类别：（1）国内长途电话（用人工或半人工自动方式接续的电话）；（2）长途自动电话；（3）会议电话。国内长途电话业务种类由8种调为6种：即代号电话、特别电话、紧急调度电话、政务电话、普通电话。

1989年，进入半自动电话拨号后，能基本满足用户使用长话业务。对接续顺序和时限未再作具体规定。自1994年10月9日零时起，南江局长途电话区号为0827号正式进入全国自动拨号网，来去电话接续敏捷方便。从此，过去规定的业务种类及接续顺序自行废止。

（四）资费

长途电话费基本价目，自1958年核定以后，到1985年未作大的调整。随着国民经济不断发展，电信服务项目逐渐增多，1985年4月1日进行了国内长途电话资费调整。1992年，电子信箱业务交费按邮电部［1992］464号文规定的标准执行。1994年9月，邮电部对港、澳、台电话交费调整标准为：内地各地（不含广东）发往香港、澳门电话，大陆各地发往台湾电话，每分钟通话费16.50元，电话附加费16.50元。

1996年12月1日，国务院批准了国家计委、邮电部的邮电价格改革方案，对邮电资费作了较大的变动，凡省内300公里以上的0.60元；凡省际800公里以内，每分钟收费0.80元；800公里以上收1.00元。南江县通往国内长途电话收费标准于1996年12月1日起执行：通往南充、达川、广元、平昌、通江、巴中、开县的每分钟收费0.50元。通达成都、重庆、绵阳、万县、攀枝花等28个市、县的每分钟收费0.60元；通往银川、兰州、延安、汉中、西安等30个市（县）的每分钟收费0.8元；国内其余地区每分钟收费1.00元。对国际及港澳台地区的通话收费标准也作了相应调整。

2000年3月，根据信息产业部，国家发展计划委员会、财政部“关于电信资费结构性调整的通知”精神，亦对电信资费进行了调整。调整后的资费项目及标准如下表：

表11—2　　南江县1986—2000年长途电话业务量统计表

年度	长途电话去话			长途电话收入		
	国内（万张/万次）	国际（张）	港澳台（张）	国内（万元）	国际（元）	港澳台（元）
1986	3.27		5	4.96		98
1987	4.63		3	7.13		54
1988	6.96		3	12.25		67
1989	8.46		7	13.03		121
1990	10.45		4	15.42		109
1991	12.31		12	18.95		481
1992	18.10		9	27.85		313
1993	16.84	1	1	57.38	82	17
1994	25.11	208	221	100.44	17248	1344
1995	33.48	63	215	171.19	760	1240
1996	74.79	330	232	231.91	4010	1542
1997	169.04	437	221	256.13	9946	3857
1998	174.01	545	276	353.27	39408	10476
1999	170.71	560	311	243.36	11400	1260
2000	283.03	636	349	463.31	12947	4726

注：“长途电话去话”一栏，1993年前为万张，1994年后为万次。

二、本地电话

（一）网络

县城市话网　1984年后，市内电话用户逐步增多，城镇区域不断扩大，市区内明线改电缆17.13皮长公里。1990年底，地面杆路17.95杆公里，电缆17.34皮长公里，芯线533.01对公里，明线1.99对公里。1993年，县城中心地带线路管道建成后，到1995年底地面杆路14.78杆公里，地下管道36.01管孔公里，电缆34.78皮长公里，芯线9621.22芯对公里，其中主干电缆7.47皮长公里，5063.8芯对公里。1996—2000年底，全县市话管道长17.54公里，管孔长93.04公里、电缆68.40皮长公里，芯线31721对公里。

区乡话网 截至1995年底，全县农村杆线总长度621杆程公里，其中：县城至区203.61公里，区至乡417.39公里；明线线条1136.98对公里，其中，县城至区486.36对公里。1994年，国家按照“十六字方针”，共筹集资金4914.03万元（其中社会筹资409.69万元）投入农村通信建设。1996—1998年，三年内将10区（镇）3.0毫米铁线全部改架为光缆线路，实现了县至区中继线路光缆传输化。到2000年底，全县中继交换由1998年13处增加到38处。中心局至区（镇）乡交换点杆路总长268.88杆公里，比1995年增加65.27公里，光缆纤芯4257.49芯对公里，比1995年增加3771.31芯对公里。

（二）业务

市内电话业务 1987年，县城开通C23纵横制交换机，容量800门，市话业务量增长较快；1993年装机用户834户，与1988年比，年均新装用户93户，市话普及率为百人3.45部，业务收入26.39万元。1994年，开通数字程控交换机，容量4096门，1995年装机用户达2532户，电话普及率为百人装机8.67部。1997年和1999年两次扩容，交换机容量增加到11000门。到2000年底，装机用户已增至10861户，电话普及率为百人装机27.66部，与1995年相比年均增长85.7%和63.80%。业务收入1293.4万元，与1995年比年均增长87.77%。

农村电话业务 1990年，全县11个交换点，容量813门，用户小交换机4处，容量96门，年底装机用户428户；1994—1995年，全县11个区（镇）先后开通程控电话。1997年后，县、区（镇）程控交换机进行扩容、更新，并大力发展乡、村通信网络。至2000年底，区（镇）、乡程控交换点38处（含6处光环点），交换机容量15616门；装机用户8634户，比1993年增长16.10倍。全县525个村，已通电话的227个，占总数的43.23%。已通电话村人口23.4万人，百人装机0.19部。

长话业务 1986年，国内长途去话3.27万张，港、澳、台去话5张，长话业务收入4.96万元。2000年，国内长途去话283.03万次，长话业务收入463.31万元；国际长途去话636张，业务收入12.947万元，港、澳、台去话349张，业务收入4.726万元。业务量、业务收入比1986年分别增长94倍和81.3倍。

三、会议电话

会议电话主要设备有汇接台（机）、会议电话终端机和会议室。1993年前，使用JHT26型全桥式会接机，可同时汇接24个用户。1993年9月，改用杭州生产全桥式晶体管汇接机，可同时召开两场会议电话，一次性可接48个用户。1994年，程控电话开通后，会议电话场（次）大幅下降，除县局1993年和1999年两次更新会议电话全套设备外，各区仍使用前期会议电话终端设备至1998年。1999年5月20日，巴中地区会议电视网初验投入运行，南江安装LEO800型会议电视汇接机和日本东芝牌34英寸电视机两台，通过模拟转换与省、地会议电视网相连，互相交换模拟视频和数字信号，有效地实现了省网和本地网会议电视图像、声音的相互交换，效果很好。

四、无线接入电话

为解决边远山区农村安装电话难的问题，1999年4月选址在八庙乡后山建设无线接入机站。10月中旬八庙机站开通，覆盖沙河、乐坝、长赤、正直、下两区（镇）大部地域，小河、大河区（镇）部分地域可安装无线接入电话，覆盖面达七区（镇）的70%以上。2000年9月新建元顶子机站落成。到2000年底用户已达235户，遍及全县152个村，占村通电话的67%。

第三节　数据通信

一、智能网业务

南江智能业务分两大类，即基本业务和补充业务。智能网主要立足于提供补充业务。2000 年 4 月，全省一期工程进行扩容后，年底前先后开办了 300 号卡、201 卡电话业务，当年全县共销售各类面值卡 1874 张，收入 7.02 万元，其中销 300 号卡 562 张，收入 19780 元；销 201 卡 1312 张，收入 50420 元。

二、增值业务

增值业务范围包括：磁卡电话、IC 卡电话、IP 卡电话、声讯业务，窄带综合数字网（N－ISDN）业务和来电显示业务等。

磁卡电话业务　1995 年 3 月，在县城大堂坝安装天津生产磁卡电话机一部，一年后因机器故障等原因于 1996 年 9 月撤除，使用期间共销磁卡 939 张，收入 43230 元。

IP 卡电话业务　2000 年 4 月，开办 IP 卡电话业务，年底共销售 IP 卡 1220 张，销售收入 52820 元。

声讯业务　1995 年 1 月，巴中地区邮电局建成了声讯业务系统，1999 年 12 月，168 声讯系统进行改造后南江局设语音接点一个，从此开办声讯业务。2000 年 11 月，再次对 168 声讯系统进行改造，增加了人工声讯业务运用系统，包括点歌、选歌、贺词定时播送、大众调查、民意测验、考试考分查询，股票查询、心理测试、叫醒服务、话费查询、免费催交、制作个人歌曲专辑、公众留言箱、卡拉 OK（包括打分、评分）。

窄带综合数字网（N－ISDN）**业务**　1998 年 10 月，巴中地区开通了 N－ISDN 数字网，1999 年 1 月，南江开始陆续有用户使用，当年发展 12 户，其中私人 2 户，收入 28140 元。2000 年，发展 16 户，其中私人用户 4 户，收入 65680 元。

来电显示业务　2000 年 9 月，开展了大规模促销活动：凡使用来电显示的用户，免收来电显示开户费和来电显示月租费；用户申请来电显示业务，局方赠送来电显示文器或来电显示话机一部（必须签订使用来电显示业务两年的合同）；小灵通用户免费开放来电显示业务功能。上述 1、2 项规定只限于活动期内，超过活动期（2000 年 9 月 10 日至 12 月 31 日止）仍继续使用的，每户优惠月租费 2 元。

三、公众多媒体通信

南江于 1998 年开始发展多媒体用户，是年 24 户，业务收入 13466 元；1999 年发展到 53 户，业务收入 73840 元；2000 年已达 224 户，业务收入 211200 元。公众多媒体业务资费：1998 年 2 月 27 日，邮电部电信总局以电经资〔1998〕100 号文《关于中国公众多媒体业务收费办法（试行）的通知》规定：注册用户一次性收取开户费 50 元；网络基本使用费 10 元限使用 3 小时，超部分免收费用；INTERNET 有权用户一次性收取开户费 100 元，每分钟收取网络使用费 0.30 元；分组交换方式入网每月收费 200 元；数字专用线入网，速率 19.2KBPS 及以下每月收费 800 元，速率 64KBTS 每月收费 2400 元。

第四节 电信支撑网

一、"九七工程"系统

南江县"九七工程"系统，是1999年下半年开始建设的，属于巴中市第二期工程中的一部分。南江"九七工程"所有的硬件，包括服务器、终端微机、交换机、集线器MODEN、路由器等，都是与巴中电信公司联网进行交接各种数据资料。巴中市电信公司是"九七工程"网络的中心。中心服务器设于巴中"九七"机房。巴中与南江采用2M口速率MODEN用点对点方式连接，另有一条64KBieDDN电路作为备用电路。计算是采用星型布线到端机的方式，用多口级联的10/100M自适应交换机连接。"九七"系统的软件为开放式模块构架，共享数据库。由于是开放式构架，所以软件设计是同一数据库基础上以实现其功能为目的，而互不影响其他任何一个程序模块。"九七"系统软件管理方法是对所有参与使用"九七"系统的工作人员实行工位、权限的不同管理，与硬件无关。即任何人只要相应的工号、工位和权限就可以在"九七"系统的任何一名终端机上操作。从软件功能模块上看，大体可分为：资料数据库、网络管理库、计费、收费系统、自动开机、停机、112障碍台自动系统库等。

二、NO7信令系统

巴中地网均采用S12交换机组网，系全分散式控制方式，即S12的方案是全分布式的交换机中引入NO7信令模块，提供完整的NO7信令和STP功能。它安全可靠、容量大、配置方便、组网灵活、扩容简便、成本低、增加业务的灵活性。南江C4局为SP信令点。

三、电源设备

供电设备 1978年前，供电设备主要靠三方面解决：一是干电池，二是蓄电池，三是市电。1979年，安装12个千瓦发电机两台和10个马力柴油机两台。1986年，改装24马力柴油发电机组两台至1993年底。1994年1月，南江局程控电话开通之前，新建专用柴油发电机房三大间，面积110平方米，安装德国曼海母公司生产的GF250D234型柴油发电机组两组（主备一组），功率250kW。沙河、上两、桃园三个中继站各安装泰州德丰柴油机厂生产的VC0038D型柴油机组二组（主备各一组），功率各30kW。1994年8月至1996年底，长赤、正直、大河、赶场、贵民、乐坝、下两7区（镇）先后开通数字程控电话，各安装镇江柴油机厂生产的柴油发电机组一组，功率共267kW。蓄电池配置，至2000年底，南江本地电话交换点共38处，除其中心局外，区（镇）12处、厂矿4处、乡（镇）21处，均分别置放不同容量43个使用单位的蓄电池组。12个单位使用，累计安装7种规格型号的柴油发电机（组）8台，功率397kW；累计使用14种规格的蓄电池（组）49组，容量24840AH。

电源监控 从2000年7月起，南江电信安装深圳华为公司生产的PSMS型电源监控系统设备，它的监控对象是：高压配电、低压配电、交流稳压器、WPS柴油发电机组、整流器、蓄电池组等动力设备以及机房用空调、门禁、温湿度、烟雾、水浸等环境量。目前监控点除县上各部门外，还有桃园、上两、沙河、长赤、下两5个区（镇）的柴油发电机机组。

第五节　移动通信

南江移动通信始于1992年。1993年，南江县邮电局组建了450兆无线移动通信网基地站，至1998年共建基地站36个。先后开通了无线寻呼126、127、128、129、189、199台，到2000年底无线寻呼用户达到15000户，实现了全省、全国漫游。1995年，建成了900MHz模拟移动交换站（A网），1996年建成900MHz数字蜂窝移动电话（G网），实现了国际国内漫游。

1998年，邮电分营，1999年，移动分离，南江移动分公司依靠自身的网络优势和号码资源，积极发展移动通信业务。先后开办了全球通、神州行、本地通、数字数据业务，以及语音信箱、短消息、信息点播、IP电话、800业务、手机银行等，号码资源有139、138、137、136、135、151、153、159号段。并利用自建营业厅为骨干，以业务代办点、代售处和营业厅为依托，构建社会化营销渠道网络体系，坚持“沟通从心开始”的服务理念，推行“满意、诚信、金牌”服务。到2000年，移动用户达到5030户。

第六节　联合通信

一、机构沿革

1998年6月，电信寻呼业务由邮电剥离，成立国信寻呼巴中分公司，县级营业部——国信寻呼南江营业部于同期设立。2000年8月18日，国信寻呼与中国联通全面融合，原国信寻呼巴中分公司更名为中国联通有限公司巴中分公司，同日国信寻呼南江营业部更名为中国联合通信有限公司南江分公司南江营业部。1998年6月至2000年，国信寻呼南江营业部设主任1人，员工2人。

二、网络建设

1999年6月至2000年8月，国信寻呼巴中分公司共在南江境内投资建成126、127、128、129、198、199寻呼基站36个。

2000年8月，联合通信巴中分公司成立，至当年底，共在南江境内投资建成GSM、130、131、132、133、134基站5个。

三、通信服务

1999年6月至2000年8月，南江营业部为广大用户提供无线寻呼业务；2000年8月后，向社会提供无线寻呼、GSM移动电话、193和IP长途电话业务。

业务运营：1999年6—12月，寻呼业务收入30万元，寻呼用户达6000户。2000年1至12月，寻呼、移动业务总收入120万元，寻呼用户15000户，GSM移动用户达600户。信令点：信令点也采用直联方式，一条线路LINK可以控制上百条线路，采用现有传输电路作为数据链路，信号传递时延最矮。南江至巴中长途局（汇接功能），巴中市话局均有5套2M。一次群PCM系统可以设置直达信令链路。对偏远地区和农村端局（CS局）采用远端模块控制，即PSV模块。

表 11—3 南江县 1986—2000 年电信业务发展情况表

年度	局所（个）	电话交换机容量（门）	电话机（部）	电信电路长度（对公里）	电信收入（万元）	移动通讯收入（万元）	手机（部）	寻呼机（个）	寻呼收入（万元）
1986	74	1390	667	1294	16.8				
1987	74	1390	758	1270	21.2				
1988	74	1390	733	1248	32.7				
1989	74	1890	743	1238	34.4				
1990	74	1940	828	1173.1	37.5				
1991	70	1984	434	1243.1	50.1				
1992	74	1970	1090	1243.1	63.1				
1993	74	2188	1570	1243.1	83.7				
1994	74	5177	2727	1218	67.3				
1995	73	6902	4098	1216	296.8				
1996	82	4616	6339	893	619.1				
1997	82	9000	7845		853.3				
1998	14	18448	9935		880	150	1071	320	80
1999	14	24000	16761		1454	385	2483	5500	126
2000	11	29370	19587		1770	630	5030	7800	130

第三章 邮电管理

第一节 管理机构

一、南江县邮电局

1986 年，南江县邮电局管理人员中设局长 1 人、副局长 1 人、专职党支部书记 1 人、局级纪检员 1 人、工会主席 1 人。县局机构设邮政、邮运、发行、报务、话务、机务、市机、大修等 8 个班组。县以下仍设 10 个支局、7 个邮电所。

1988 年，县邮电局对机构设置进行调整。设置“四股一室”即邮政股、电信股、农话股、计财股、办公室。

1996 年，为适应西—成光缆建设开通运行工作需要，南江邮电局于 6 月对管理机构设置再一次进行调整，设“七股二室一公司”。即：人教股、政保股、电信股、邮政股、储汇股、计财股、多经股、基建办、审计办、劳动服务公司。县以下设小河、沙河、长赤、正直、下两、大河、赶场、贵民、上两、杨坝、乐坝等 11 个农村邮电支局，每个支局配支局长 1 人。局址设南江县南江镇红星街50号（大堂坝，县人民政府对面）。1998年10月，邮电局分设为邮政局、电信局，分设后的县邮政局办公地址设南江镇城庙路春场坝新建办公楼。

二、南江县电信局

1998年10月1日邮电分营后，南江县电信局局址仍在原县邮电局原处，岳文武任局长兼党支部书记，蔡勇任副局长兼工会主席。局机关“一部一室”（综合办公室、市场经营部），各区（镇）设10个农村电信分支机构。南江县移动通信于1999年7月18日从电信局分离出去，并挂牌营运。移动通信分离后，县电信局领导班子及机构设置未变。2000年11月，县电信局实行公司化改造，南江县电信分公司于2000年11月开始筹备组建，于同年12月28日挂牌授印并运营。岳文武任南江县电信分公司总经理，蔡勇任副总经理。县公司设一部一室（市场经营部、综合办公室）。电信分公司实施主附、主辅分离，对人员、业务进行划分，成立巴中电信实业有限责任公司南江分公司，从县电信分公司划归南江实业公司职工32人。10个农村电信分支机构自办业务、27个乡电信代办业务、市话业务112台配线业务等划归实业公司。到2000年12月31日，南江县电信分公司下设“一室一部5个班”，公司办公地点仍在南江镇红星街50号。

第二节　管理事项

一、劳动人事管理

1992年前，南江邮电局设专职人事干事一人，全员负责办理企业所需劳动力计划的报送、招收、录用、拟定培训计划和分配方案，由局长召集有关人员研究决定。人事干部负责对劳动力的考评、办理离退休等工作。1993年，县局设置人教股，内设人事、教育、保卫干部各1人，全面负责人事招收、培训、教育和安全保卫工作。1998年10月1日邮电分营后，南江电信局配人事干部1人（属联合办公室管理），全面负责劳动力招收、教育、培训、考评和办理退休等工作。劳动用工计划的管理，从20世纪70年代起，一直由省局控制，1986年前，企业自然减员的补充实行子女顶替制度。1994年邮电企业实行人员“零”增长，1997年，实行人员“负增长”。

二、财务管理

1985年，全面开展经济核算，实行以企业利润为基础的全额利润分配办法。1995年起，取消内部结算价格为业务收入，改为“收入系数法”（实际业务收入×系数=企业收入）实行利润核算。其主要管理内容为：营业收入管理、成本费用管理。1994—2000年，企业在大发展阶段，资产逐年增加，固定成本均占总成本的21.9%；设备维修，业务费占年均总成本的33.95%，因而企业逐年亏损。1998年亏损高达785.08万元，成本费用利润率低于上年2.62%，与上年比下降23.3个百分点。

三、物资供应管理

邮电物资供应主要是在邮电通信生产过程所需要的各种设备、器材、零配件、油料、燃料、单册、单据、业务用品和劳动保护用器等。1980年以前，由省局集中采供，改革开放以来，邮电材料供货由“集中统一”逐步转化为开放式、多渠道采购办法。1992年以后，除特殊器材由省公司供货外，其余材料全是从厂家直接购买。2000 年 1 月起，电信财务收归巴中地区局管理后，县上所需材料由地区局统一管理，用料按计划（含基建、大修、维修等）由地区局直接供货。材料入库前验收，材料完好无损，技术资料齐全，才能入库进账；按生产部门领料凭证核实发料；做到进、发账账相符、账实相符，卡实相符；如有不符按规定程序及时处理。

表 11—4　**南江县 1986—2000 年部分年度电信财务收支情况表**　单位：万元

年度 / 数量 / 项目	1986	1988	1990	1993	1995	1998	2000
一、电信业收入合计	62.92	88.76	99.76	205.14	472.01	1369.31	1769.63
其中：农村电话收入	45.45	56.11	62.22	121.37	181.50	384.11	176.12
二、电信业务支出合计	36.43	54.35	74.76	239.13	805.72	2417.75	1678.74
其中：工 资	10.81	17.46	18.76	47.59	129.77	142.83	121.56
福利费	1.19	1.92	2.06	5.23	14.27	15.71	13.37
折旧费	14.61	16.43	24.38	25.16	349.11	722.58	753.11
维修费	5.26	9.13	14.06	84.87	125.96	864.01	290.72
业务费	2.41	4.24	5.98	21.16	48.75	321.49	286.36
管理费及其他	2.15	5.17	8.97	55.12	137.86	350.77	286.36
三、营业外净损益	-2.51	-3.97	-8.48	-1.99	-15.40	-77.92	-11.14
四、财务费用					5.89	45.74	27.96
五、税金	1.88	2.66	3.14	6.46	14.86	51.41	55.74
六、利润	22.10	27.78	13.38	-42.44	-369.86	-785.08	-3.95
七、年末固定资产总值	201.53	252.96	290.36	986.06	2751.16	3884.12	5562.93

第十二篇 城乡建设

第一章 城乡规划

第一节 城市规划

一、总体规划

《南江城市总体规划》的编制是根据全县城镇建设需要，从1980年就开始着手收集资料和实地勘察，于1983年8月完成初稿，经县人民政府、达县地区行署审批上报，1985年，经省人民政府批准同意，由省建设委员会批复实施。在此期间，为使县城各项建设有计划地按城市总体规划实施，尤其是审批建设用地、规划定点、控制建设红线、把握功能分区、核定建筑密度、通道、绿地、地埋管线等方面有序进行，南江城市总体规划修编至今已进行了2次，即1995年和2002年县城总规修编，其中1995年的南江县城总体规划修编，于8月进行。通过实地勘测和反复论证，将春场坝玉米原种场、民政局殡仪馆等单位用地，以及小河乡林家坝纳入了县城总体规划用地。县城建设的用地范围东至断渠，西至小河乡林家坝，北至太子洞，南至文星路、南磷路、磷肥厂，县城框架拓宽了2平方公里，同年底完成了总规蓝图和初评，1999年5月经省建委请示省人民政府同意批复实施。南江县城定性为全县的政治、经济、文化中心，以发展建材、风景旅游为主的工贸型城市。城镇人口近期（2000年）控制在6万人以内，远期（2010年）控制在10万人以内，城市用地规模近期控制在3.27平方公里以内，远期控制在5.97平方公里以内。

二、旧城改造规划

（一）县城上下河街改造规划

1997年初，县城上下河街改造，紧紧围绕县城总体规划要求和山水生态旅游城市目标，结合河街实际，投入20余万元，委托巴中市建筑勘测设计院编制了上下河街改造控制性详规。于同年底完成初稿和规划蓝图，随后组织专家反复讨论和广泛征求市民意见，并经多次修改后提请县人大常委会讨论通过实施。同时编制了南门口片区、公园坝小区、王公祠小区、红星小区、西门沟小区、回龙桥小区等6个小区和32幢商住楼（包括拆迁安置楼）的建设性规划；并按照市政基础设施功能配套的要求，编制了上下河街绿化、亮化、消防、通讯、排污管网等专业规划。

（二）旧城改造开发小区规划

自1996年下半年上下河街旧城拆迁改造启动以后，县城小区规划紧紧围绕改造“一条街”（上下河街）、建设“两场”（停车场、垃圾处理场），修通“三桥”（梓橦宫大桥、拓宽改造红星桥、板凳垭大桥），开发“三区”（太子洞小区、沙溪坝小区、板凳垭小区），治理“四沟”（东门沟、西门沟、东西沟、三百钱沟），规范“三路”（城庙路、南磷路、城西路）的思路进行规划。至2000年，编制和调整了大堂坝小区、文星小区、板凳垭片区、石人山片区、简家坝小区、小河桥片区建设性规划。

三、新区规划

1992年5月，县城春场坝新区建设正式启动，新区规划由县建委牵头组织专业技术人员勘测编制控制性详规，总占地面积9.773公顷，规划入住人口1万人。1993年，完成了两桥（红四门大桥、断渠大桥）、两路（城东路、滨河路）、一堤（防洪堤）为主的基础设施建设项目规划；其功能分区的春场公寓、“110”指挥中心片区、税务小区、邮电小区、南江中学春场坝校区等小区规划于1998年先后完成建设性规划编制。

第二节 乡镇规划

一、建制镇规划

1990年，长赤、正直、沙河、大河撤乡建镇后，紧紧抓住建镇的大好机遇，抓紧编制集镇规划，发展集镇建设。1994年、2000年，乐坝、下两、桃园（光雾山镇）、赶场、东榆（原小河乡）、杨坝等乡也先后撤乡建镇。通过近10年时间，陆续完成了上述10个建制镇的总体规划编制。

二、乡集镇规划

1985年，省人民政府批准《南江城市总体规划》，同年，县开始在6个区公所驻地进行了集镇测绘和资料收集整理工作，并编制了集镇总体规划。随后对其余区镇和13个重点乡集镇的总体规划进行了勘测和资料收集整理工作，编制了沙河、长赤、下两、红光、乐坝、坪河、上两等区域集镇总规。1987—1994年，陆续编制了赶场、正直、大河、上两、和平、黑潭、双流、朱公、燕山、八庙、高塔、赤溪、红顶、元潭、关门、东榆、桃园、流坝等总体规划。同时根据乡集镇建设需要，重点调整完善了长赤、沙河、红光、乐坝、坪河、付家、九顶、上两等8个集镇规划。按“两点一线”的集镇规划布局，1996年，再次对元潭、兴马、红光、贵民、坪河等重点集镇的规划进行了调整。1997—2000年，陆续编制了凉水、东垭、红四、石矿、桥坝、关路、关田、沙滩、桥亭、寨坡、平岗、高桥、石滩、关门等乡集镇总体规划。

第二章 县城建设

第一节 旧城改造

1985—1992年，县城旧城改造动作不大，县级机关及企事业单位建房多在文星路、南磷路及县城周边一带建房，县城居民新建房屋均在城北支路一线。至1992年，文星路先后有文教局、交通局、汽车客运站、养路段、南江镇政府大院、稽征所、文星旅馆、百货公司库房、教供站等单位建了新房；南磷路先后有县农业局、农机局、电力公司、劳动局、水电局等单位建了新房。1993年县政府投入资金500余万元对县城大堂坝和红星路进行改造，拆迁了大堂坝县工商联、县医院门诊部和部分居民住房，扩建了大堂坝，拓宽了红星路，陆续建成了县医院门诊部，县政府住宅楼、法院、邮电大楼，宏益煤矿综合楼、贸易公司、县委招待所等房屋。1996年下半年，县委、县政府决定对县城上下河街旧城进行改造。县开发公司与被拆迁人签订拆迁补偿协议，承担法律责任；开发方式则根据实际情况采用独立开发、买断开发和单位自建、委托拆迁等；1998年以后，采取开发与拆迁分离，由开发商和业主自行承担经济责任的形式进行开发建设。1996年底，以县城上下河街为主的旧城改造拉开了全面改造旧城的序幕。

一、上下河街旧城改造

南江县城上下河街是旧城改造的重要组成部分，其房屋多为明、清时期建筑，建成距今500余年。街道临河而建，位置较低，屡遭洪水淹没，是出名的“水码头”；房屋多为土木穿斗结构，低矮破旧，年久失修，且脏、乱、差突出，火灾事故频发，群众又称之为“火烧坝”；街道长为1275米，道路极其狭窄，最宽处不足8米，最窄处仅3米；中间以南门口为界分为上下河街，南门口至“水码头”为上河街，南门口至公园坝麻柳湾为下河街，居民人均住房不足5平方米。街道为县级机关、企事业单位和居民杂居区域，1985年以后，主要有川剧团、教工之家（原文化馆、博物馆、图书馆）、电影公司、新华书店、南门口电站、百货公司、土产公司、服装厂、帽鞋厂、针织厂、农资公司、城关供销社、蔬菜饮食服务公司、中医院、税务局、丝绸公司、文教示范幼儿园、工商局、搬运公司、机具厂、省运司47队车站等单位在此办公、经营和居住。1996年底，上下河街第一期南门口段房屋拆迁开始，到1997年5月，共投入房屋拆迁资金480万元，拆迁居民房屋185户，单位房屋33处，拆迁建面1.63万平方米；以后陆续注入房屋拆迁资金2500万元。

1997年下半年，南门大桥拓宽改造和南门平交桥竣工投入使用，随着南门口1#、2#、3#居民拆迁安置楼正式开工建设，至2000年先后引进20余家房地产开发商投入建设资金2.3亿元参与上下河街旧城改造，先后建成商品房、拆迁安置房32幢2000余套住房（包括上下河街片区开发），上河街沿河一段为商业长廊，共计开发建面30万平方米；其中建拆迁安置房20幢，共安置居民拆迁户941户；安置建面11.5万平方米，其中住宅安置9.5万平方米，营业门市0.5万平方米，营业摊位1.5万平方米，居民人均住房面积增至30平方米。同时坚持把重点市政工程当作城市精品来建设，先后投资3000余万元新建了红四门平桥、南门口平交桥，拓宽改造了红星桥、南门大桥，打通了上下河街至光雾山大道城东路段、城西路段出入口，新建了西门沟市场、集州市场，规范了红四门市场，开工建设了南门休闲广场，并修建了1.5公里城市防洪堤，以及消防、供水、供电、通讯、污水排放地埋管网等一大批市政基础设施建设。

二、旧城小区开发

大堂坝广场改造 1992年7月，大堂坝拆迁改造全面展开，拆迁了县医院门诊部、县政府门楼及居民住宅，规划建成了大堂坝广场，广场用地面积为15亩，建公共设施1万平方米。广场由市政广场、休闲广场和地下综合商场等三个部分组成。市政广场由政府院内停车场改建而成，占地4000余平方米；休闲广场位于大堂坝中心地带的街心花园，占地2591平方米，为不规则椭圆形，周边环形车行道为13米；新建花圃绿地445.54平方米，决算总造价529.5万元。地下商场为政府职工住宅楼底层负一层，占地500平方米。

西门沟小区 西门沟小区开发是在原县电影院旧址拆迁改造而建。开发总用地面积4537.7平方米，总建筑面积27618平方米，其中商品房建面15666平方米，综合市场建面9136平方米，车库2816平方米，住宅14000平方米，绿化用地2000平方米。工程于1999年初开工建设，项目建设总投资为2400万元。

红星小区 红星小区开发是以红星桥改造为中心向四面拓展，拆迁了原红星桥石拱桥和县邮政局综合楼、航管站住宅楼、县建行住宅楼和财政局办公楼及10户居民房屋，总占地面积为6300平方米。红星小区改造后，新建钢筋砼桥梁一座，桥的两侧为12层47米高的2幢商品房，总建面为38300平方米，商品房4层平面以下为停车场、摊位和农贸市场；四层临街营业门市7700平方米，五层、六层为营业用房13600平方米，七层以上为住宅1.7万平方米，总投资2500万元，于1999年开始拆迁建设。

红光花园小区 红光花园小区位于县城米仓山大道南磷路段9号原县通用机械厂和玻璃厂厂址，小区改造共拆迁职工住房和生产厂房5600平方米，总用地面积12383平方米，规划建设商住楼和拆迁安置楼9幢，总建筑面积45800平方米，其中经营门市4400平方米，营业摊位6000平方米，住房35400平方米。小区绿化面积7288平方米，绿化率达41%；新建滨河路防洪堤260米，宽9米，面积为1416平方米，总投资3100万元。

文星小区 文星小区位于光雾山大道文星路段以北的狭长地带，上至国土局住宅楼、下至东风桥。小区总占地面积约7万平方米，开发建面8万平方米，其中经营门市3540平方米，经营摊位8600平方米，新建建材市场4000平方米，县汽车客运站扩容1000平方米。小区与红四门平桥紧紧相连，总投资4000万元。

公园坝小区 公园坝开发小区位于县城下河街公园坝（省运司160队车站）的三角地带居民区，呈“丫”字形状。小区总占地面积21132.6平方米，规划建设8幢商住楼，一期工程B、C、D3幢商住楼总占地面积为9200平方米，共投入拆迁资金320万元；拆迁居民房屋8195.24平方米。

王公祠小区 王公祠小区位于上河街与光雾山大道城庙路出入口处，是在拆迁中药材公司综合楼和20余户居民住户的基础上开发建设的。总用地面积3100平方米，共建成商住楼2幢，建面8000平方米，其中营业门市1400平方米，摊位2500平方米，共投入资金600万元。

南门广场 南门广场位于上下河街南门大桥两侧，占地4000余平方米。2000年以来，已投入拆迁资金760万元，拆迁建面12000余平方米；规划建设广场5045平方米，广场两层以下为商业营业设施，建面1200平方米。经过规划的不断修改完善，广场中间拟建长180米、宽22米的公路桥一座，其中水桥长80米，平桥长70米，引道为30米。

第二节　新区开发

春场坝新区位于南江河县城段上游，北至断渠大桥，南至红四门大桥，东靠南江河，西依石人山，总占地面积约1平方公里，房屋建筑占地面积9.773公顷。

1992年6月，县委、县政府决定加快县城建设，拓宽县城框架，撤销玉米原种场机构、将春场坝玉米原种场的土地用于开发新区。同年7月初，以增加新区人口收费及市政基础设施建设资金为新区建设的启动资金，即每1个人入户新区，则收取县城入户费4200元，共收取新区开发建设费用1000余万元。同年10月，通过招投标选择施工队伍沿南江河一线开工建设新区春场坝地段防洪堤。1993年春，完成断渠桥南岸沿滨河路至滨江公寓防洪堤建设1200米，并启动了红四门大桥、断渠大桥和城庙路泥碎路拓宽改造建设；县农行住宅小区、光雾山大道主干道城庙段两侧的部分单位和居民在新区内开始了建设。

1996年以后，光雾山大道城庙段市政基础设施道路陆续建成使用的有琉璃路（南杨路口至碾盘大沙坝）、春场路（县公安局至南中分校）、石人路（石人广场至太子洞粮库）、橄榄路（广电局后到油橄榄管理所）、春江东街（金穗花园侧路）、春江西路（电信小区侧路）、春江南巷（国税局后路）、春江北巷（春江南巷后路）、滨河东路（余家湾—沿河—断渠大桥）。桥梁有钢筋砼结构的红四门大桥、两跨石拱桥结构的断渠大桥。光雾山大道城庙段主干道、新区滨河路共安装路灯98柱，310盏，滨河路绿化带内安装景观灯、地理音乐灯100余盏，新植桂花树、大黄桷树、日本樱花树、小叶榕、垂柳等风景树1000余株，植草坪5000余平方米，绿化面积1.5公顷。建成新区防洪堤250米（1993年建成的1200米在外）；滨河路安装汉白玉栏杆1250米，建设“天、地、人、和”雕塑小品4处。

1996—1998年，新区内的单位建房主要有县农行住宅区、农场综合楼、乡镇企业综合楼等单位建筑物，拆迁安置居民户多在光雾山大道城庙段建房。1998年以后，春场坝新区建设进入高潮，县级部门迁入新区建房和商品房开发如火如荼，共投入建设资金和开发资金2.6亿元，新建房屋建面46万平方米。其中在光雾山大道城庙路段建房的有：县广电局、建设局、自来水公司、防疫站、县信用联社、财政局、农发行、技术监督局、邮政局、环保局、长线局、地税局、县农校、红星煤矿、药监局、公安局、发改委等单位，共建设房屋建面17.5万平方米。在滨河路建房的有县乡镇企业局、国税局办公楼及家属院小区、地税局家属院小区、农行家属院小区、水产站、南中分校、计生委办公楼等单位，共建设房屋建面12.5万平方米。商品房开发小区有红渠花园小区、“110”指挥中心、三元公寓、大名花园、春光公寓等，共开发商品房建面10.2万平方米。私人建房及异地拆迁户安置建房5.8万平方米。

表12—1　　南江县1993—2000年春场坝新区建设情况统计表　　单位：平方米

年度	住房面积	门市面积	年度	住房面积	门市面积
1993	6800	1200	1997	45000	5000
1994	20000	3000	1998	50000	9500
1995	25000	3000	1999	68800	14000
1996	40000	5000	2000	72000	14500

第三章 市政基础设施建设

第一节 街、桥、堤

一、街道

20世纪80年代初，县城主要有7条街道，即红星街、河街、城西路、城北路、文星路、南磷路和城庙路，因街道狭窄、人口增多，街面人流拥挤，不适应县城的发展。1980—1985年，由政府出资将红星街、城西路、城北路、文星路等4条道路主干线拓展为街道，铺成8~10米宽的砼路面。

1986—1991年，对县城局部街道进行整治和路基改造。新修编的县城总体规划确定了县城街道在规划区内为6路3街，即文星路、南磷路、城北路、城庙路、红星路、环城路和上下河街、红星街；重点实施了南磷路县酒厂至磷肥厂1800米道路二期工程和县粮食局至电影院粮影小道的整治和扩建工程。至1991年底，南磷路路基整治结束，并将全长2.61公里路面铺成沥青路面，其路基整治由政府出资17.7万元。粮影小道主要以条石阶梯为主，斜坡水泥路面为辅，年底全面贯通使用。

1992—2000年，新建了春场坝滨河路、春江东路、东西沟道路等主要通道，对县城其余主干线进行了全面整治，街道普遍拉直加宽，路面全部铺成砼路面。其中1992年9月在大堂坝广场拆迁改造时，对红星桥头邮电局至板凳垭长900米路段实施拓宽改造，将路面由原来的7米拓宽为9米，铺成砼路面。1993年，对城庙路拓宽拉直整治工程全面开始，分别于1996年和2000年建成使用。城庙路拓宽至16米，其中车行道12米，人行道两侧各2米，实现了人车分流；滨河路（断渠大桥头至佘家湾路口）全长为2公里，宽25米，其中车行道12米，两侧人行道为6米，绿化带宽7米；铺装了汉白玉栏杆，安装了“天、地、人、和”城市雕塑4座。1996年，县城上下河街旧城改造时，对道路进行了全面整治，逐年将原6米的车行道拓宽至9米，人行道拓宽至7米，铺成砼路面。1999年5月，县城城北路1090米的道路整治规划通过评审，10月初开工建设，2000年初完工。主要对道路线型、弯道、坡度进行了适当调整，道路拓宽至11米，车行道全部铺成砼路面，人行道部分路面铺为普通彩色地砖，其余为水泥砂浆抹面，共投入资金270多万元。

（一）光雾山大道

光雾山大道由城庙段、红星段、朝阳段、林中段组成，上至断渠大桥，下至林家坝，全长800米。

城庙段 城庙段主干线由断渠桥头至红四门大桥，全长2300米。1992年，春场坝新区开发启动，至2000年经过10年建设，由春场坝管委会出资1000余万元，将城庙路主干线拓宽至9米，逐年实现砼路面硬化；南杨路口至断渠桥头去弯拉直，顺利实现了改道；新建了佘家湾至断渠桥沿河滨河东路、春江东街、春江西街以及春江南巷、春江北巷等背街小巷。新区内主要道路为建设、环保、技术监督、邮政、财政、审计、地税、国税、农行、信联社、公安局等县级行政机关单位的办公、住宅区，背街小巷主要是原春场坝拆迁安置的居民住户，南中分校、现代医院等重点市政单位先后落户。

红星段 红星段位于大堂坝及上下河街等地段，县级部门相对集中。大堂坝是县人民政府驻地，西佛山是县委、县人大、具政协所在地，是全县的政治、经济、文化中心，主干道全长1200米。1986年，由政府投资1万元整治了粮影小道，将泥石小路改造为宽2～3米的石梯路和斜坡水泥路；1992年，对红星段主干线进行了全面拓宽改造整治，铺成7米宽的水泥路面，部分路段实现了人车分流，政府投资150余万元。1996年，上下河街旧城拆迁改造时，按拆迁建设进度逐年对河街道路进行了拓宽改造，车行道铺成砼路面，人行道铺装普通彩色地砖，其河街道路公园坝车站至王公祠段全长1270米，宽16米。同时新建了回龙巷，整个道路投资约1400万元。1999年，由政府投入200余万元，由县建委组织实施整治城北路，将其拓宽至11米，实现了人车分流。

朝阳段 朝阳段的所有街、巷、路均在新区内，其主干线县食品厂至中咀大桥全长2100米。政务中心、法院、宣传文化中心、劳动局、民兵训练中心等首批县级机关整体搬迁单位正在抓紧建设，并配套建设学校、医院、宾馆等市政设施。

林中段 其主干线由中咀大桥至林家坝收费站全长1500米。该路段1996年进行了路基全面整治，铺成水泥路面，路面宽12～24米。

（二）米仓山大道

米仓山大道沿南江河县城段南岸建设，由断渠段、文星段、南磷段、文光段4个地段组成，上至断渠马鸣垭，下至崔家沟下元坝，全长7600米。1986年后，断渠段、文星段、南磷段主干线经逐年整治后，铺成机铺油路，车行道宽9米，人行道两侧各2米，实现了规范使用。2000年，开始建设文庙滨河路，建国土局至县建筑公司1000余米的防洪堤，约600米滨河路已建成使用，其余道路正在抓紧施工。在此期间，红光花园小区滨河路也开始建设，砌筑了沿河防洪堤400米，道路宽9米。

二、桥梁

1985年以前的南江县城，经过35年的建设，先后建起了红星桥、南门大桥、东风桥、中咀大桥和红四门吊桥。1985年以后，先后新、改、扩建的桥梁有：

红四门大桥 位于红四门城门一侧，为新建项目，1992年5月开工，1993年4月底竣工通车。该桥为斜腿钢筋砼结构，全长120米，其中主桥一孔长60米，引道长60米；桥宽11米，由春场坝新区投入资金42.3万元。该桥的建成与春场坝新区已连为一体。

断渠大桥 位于春场坝与米仓山大道断渠段之间，横跨南江河两岸，于春场坝新区建设之初架设此桥。大桥为石肋拱结构，全长150米，由春场坝新区投入资金234万元，于1994年2月开工，1996年11月竣工通车。该桥的建成使春场坝新区与南汉路（断渠）相接，成为南汉路、南杨路主要的货运通道，并极大地方便了外出旅游通行。

南门平交桥 1996年，上下河街旧城改造时，为疏通人流拥挤、缓解南门口上下河街十字路口接红星街的坡度，决定在南门口建设平交桥，南与原南门大桥相接，融为一体。该桥为两跨钢筋砼结构，全长155米，桥面净宽7＋2×1.5米，于1996年9月开工，1997年12月竣工使用，共投入资金215万元，是县城南北交通的主要通道。

红星桥 位于大堂坝西侧之西门沟，是连接城西路至大堂坝的重要桥梁，1953年首建为两孔石墩木面桥，1965年改建为长40米、宽7米的石拱桥，可供行人、车辆通行。1993年8月，由政府出资13.5万元动工改造桥面，并增加了人行道，使桥宽达到9米，人行道为2×3.5米，于同年

11月30日竣工使用。2000年12月，为满足城市发展需要，将红星桥及其两端的邮政局、航管站、财政局办公楼和城关粮站等单位占地一起纳入招商范围，以“土地出让政策招商”的思路换取桥梁；原红星桥拆除，在原址上改建新桥。

红四门平桥　红四门平桥是在拆除1985年2月建成的悬索结构吊桥原址上改建的钢筋砼人行平桥。

三、县城防洪堤

为建好南江河县城段两岸滨河路，从1992年冬至1993年春，在春场坝滨河路建成防洪堤1800米，滨河路也建成使用；2000年，在县国土局至东风桥，县电力公司至县糖酒公司库房，下河街南门桥至观音阁等河道两岸建成防洪堤约3000米，部分河段按规划砌筑防洪堤约1000米。

第二节　城市供水排水

一、城市供水

（一）供水工程

自1966年县自来水厂建成后，日供水500立方米，经1980年、1983年两次改建蓄水池和供水管道后，日供水可达1000立方米，供水管道长度有所延伸，年供水量20万立方米。至1985年，对已有供水设施再次进行改造，年供水达到了45.66万立方米。1986年，县自来水厂更名为“南江县自来水公司”，实行企业化管理，独立核算，自负盈亏。通过逐年的技改，增添供水设施和输水管道，至1992年初，年供水设计能力达到日产水5000立方米。

1993年，将县城饮用水取水口上移至琉璃寺养生潭，新建扩建日产1万吨的养生潭水厂，并于1994年6月开工，1995年4月竣工使用，决算造价为577万元，日产水增加到1.5万吨，可供水能力达到100万吨；DN200㎜螺旋钢管主输水管铺设10公里，三级水站设施健全。

1999年，经省、地计委批准立项，扩建养生潭水厂工程于1999年12月开工，2000年5月底竣工，投资总额700万元。其中国债资金150万元，银行贷款400万元，地方自筹150万元，完成了新建450立方米斜管预沉池、700立方米斜管反应池、400立方米无阀滤池，进行了取水口、取水泵房、送水泵房改造，新建了加氧加药房及化验室，改建了原万吨水厂过滤池、滤槽及二、三级水站设施；日产水2万立方米，年供水能力达到190万立方米。DN114㎜～DN457㎜螺旋钢管主输水管道增加到24公里，建成了四通八达的城市自来水输水管道网络。

（二）供水价格

1985年，自来水每吨价格为0.20元，1992年提高到每吨0.50元，1994年前日产万吨自来水厂建成投产后其提水动力成本增加，其吨水价格成本1995年增加0.245元/吨，1996年增加0.396元/吨，1997年增加0.327元/吨，分别比1994年动力成本0.187元/吨，增加35.83%，111.76%、75.02%；1998年在原0.50元/吨的基础上每吨水均价提高0.50元，其中居民生活用水为0.80元/吨，生产商业用水1.20元/吨。2000年1月，自来水价格再次上调，居民生活用水每吨调为1.50元/吨，行政事业用水调为1.60元/吨，工业生产用水调为1.70元/吨，经营服务用水调为2.10元/吨，特种用水调为2.50元/吨；调整后的每吨水提取0.30元用于自来水建设专项基金。

二、城市排水

1986年后，县城排水网络以暗沟为主，居民生活排水和工业、商业排水均为直排，平时只对排水沟进行清淤和维修维护。

1992年下半年，春场坝新区从规划开始就注重地下排水系统的建设。排入南江河纵向5条排水沟采用条石砌成暗沟，地面设多处泄水孔排泄地表水，沟长50～100米不等，一般沟深1.5～2米，宽0.5～1米。在其后的开发建设中，幢号建筑物必须按标准图纸建设化粪池，排污必须达标，经验收合格排放。

1996年，旧城改造时，对红星街及上下河街的排水系统进行了全面整治，废弃了原来的暗沟，铺设了Ø50cm的水泥管道，全长约2500米，每50米设沉沙池，地面设有多处泄水孔；幢号建筑物按标准图纸建化粪池，由旧城改造指挥部组织验收，环保及相关部门检验合格才可使用排污。春场坝新区建设和旧城区排水系统改造都未实行雨污分流。

第三节　城市供气

1992年以后，县城供气经历了两个发展阶段，即以液化气为民用燃料的过渡阶段和以天然气为主要燃料的使用阶段。

液化气　1992年，首先由县石油煤建公司经营液化气业务，主要以县级机关、企事业单位职工集体和以居民个人为单位缴纳入户费用办理液化气入户手续，单位集体入户为每户780.00元，个人入户为980.00元，户有两个液化气罐交替使用。至1998年，发展用户5000户。同年，煤建公司逐渐放弃了液化气经营业务，由个体商户经营，最大的个体经营商为“开武液化气”。其价格由1992年的25.00元/罐，逐步涨价到1998年的36.00元/罐、2000年的47.00元/罐。

天然气　1998年，天然气工程建设列入了全县的十大重点市政工程之一。通过招商引资，由省西北建设集团与县建委联合组建“南江县天然气公司”，省西北建设集团投资893.8万元，县建委占20%的干股。天然气长输管道在巴中市区接口，于2000年开始筹资建设。居民使用天然气每户开户配套费为2800元/户，商业用户开户配套费用1000元/户；居民生活用气1.41元/立方米，商业用气1.83元/立方米。

第四节　城市绿化

1986年后，县城绿化主要集中在街道人行道两旁，行道树栽植品种多为法国梧桐、香樟、桉树。南磷路经拓宽改造整治后，以栽植速生林黄杨树为主，较少栽植梧桐等其它品种。新置的两处小花坛内植花草及千年矮等苗木，保持四季常绿；庭院绿化开始起步，机关单位的花园、阳台出现了芳草花卉，公路间隙地段划片植树绿化。县城区红光山、西佛山、石人山、断渠都是绿化区域，植树42万株，县城建成区绿化覆盖率仅达10%。到1992年，县城机关单位和居民房屋建筑逐步增多，绿化覆盖率逐渐减少。1992年的大堂坝和红星路改造整治，大堂坝广场新建花圃绿化带445.5平方米，红星路增加绿化面积300平方米，其余新建建筑物的屋顶、阳台绿化有所增加。随着新区建设的顺利发展，1997年，新增公共绿地0.23公顷，栽植法国梧桐、杨槐等树种2700株，城市绿化覆盖率上升到20%。

1998—1999年，经“引绿入城工程”的开展，城市绿化有了较大发展，在建成4平方公里的县城内，已绿化面积达73公顷，绿化覆盖面积达62公顷，人均绿地19平方米，人均公共绿地2.3平方米，绿化覆盖率达26%，绿化率80%；春场坝新区人均公共绿地3平方米，绿化率30%～35%。

2000年，在南杨路大沙坝处建苗圃4亩，县城主干道栽植小叶榕1000株。同年，规范园林绿化设计和施工市场，坚持一切园林绿化工程必须与建设主体工程同时规划，同时评审、同时设计、同时招标、同时施工、同时监督、监理，同时竣工验收等“7同时”制度，规定园林绿化面积不低于征地面积20%～40%，居住小区人均公共绿地面积不低于1平方米。同时实行园林绿化工程保证金制度，县城每平方米80元，专户储存、专款专用。

第五节 城市亮化

1985年，县城路灯主要分布在人口较为集中的大堂坝周围，即红星街、上下河街和城内桥梁。路灯安装在4～6米的水泥电杆上，一根电杆只安装一盏40～100瓦的白炽灯泡，主要道口安装1000瓦左右的钠汞灯。其背街小巷及尚未形成街道的南磷路、城庙路、文星路（二完小至断渠桥）、城北路等均未安装路灯；据统计，县城共有路灯273盏，电源总负荷量15.54千瓦（平均每盏灯为60瓦），每月电费770.00元。

1986年后，县城建设沿南江河两岸发展，路灯安装随着房屋建设的进度逐渐延伸，至1994年，每年除维修维护已有的路灯外，平均每年以20～40盏的速度增加，新安装路灯的街道有城庙路余家湾至红四门大桥、东门沟、红四门市场、城北路，南磷路酒厂湾至文星路二完小路段，路灯总数增加到652盏，电源负荷总量达40千瓦。同时在南门口至二完小路段和断渠大桥经大堂坝至林家坝道路整治时，对路灯安装也进行了维修维护。

1996—1997年，共投入城市维护资金90万元对县城路灯进行了规范和完善，断渠至林家坝路灯增加了20柱40盏，看守所至断渠桥新安装21柱42盏，路灯总数达到693柱。全年总耗电量达到近3万千瓦时，电费支出1.5万余元，均由城维费列支。1999年，在长1080米的城北路路基整治和路面硬化时，按30米柱立杆，新安装路灯37柱、74盏，对城北支路安装了简易路灯白炽灯泡20盏，共投入资金14.2万元。

至2000年，上至断渠大桥，下至林家坝收费站，包括三百钱沟、东西沟在内，共计安装路灯319柱，钠、汞灯和白炽灯570盏，年用电77.3万千瓦时，支出电费9.4万元。县城区近期规划范围内的路灯安装已经完善。

第六节 城市公厕

1985年，县城公共厕所仅13座，主要分布在大堂坝和上下河街等地段，有20个蹲位的较大公厕在原城关镇和47队车站斜对面，县大礼堂侧边，实行专人清扫。1986年，对县城公厕按合理布局、改建并重、方便群众、卫生适用、水厕为主、有利排运的原则进行了全面规划。规划新改建的公厕有：新建文星路、县酒厂公路干道县酒厂地磅房、城西路主干道、板凳垭、三百钱沟等6座，建面500平方米；改建二完小路边公厕、大堂坝公厕、47队车站公厕为水冲式厕所，粪便无害化处理达到40%左右。1988年，新建的县汽车客运站内公厕、47队车站改建站内厕所均为水冲式收费公厕，每人使用一次收取0.10元如厕费。1995年，新改建水冲式公厕3座，分布在下河街47队车站对面、红四门市场和城关粮站旁边。1996年，上下河街旧城改造，整个河街的11所大小公厕逐步拆除，直至2000年才开始由房地产开发商按原建面积逐年还原。

第七节　市场建设

1986年后，县城内没有专门的贸易市场，农产品交易均在上下河街进行，人流拥挤，车行缓慢，时有阻路现象发生。按县城规划调整情况，1992年底，开工建设了红四门市场，于1994年5月竣工使用。农产品和部分个体商贩、肉类熟食品等零售摊点从上下河街全部转入市场交易；产品交易市场秩序得到根本好转，市容市貌和环境卫生上了一个台阶。2000年，为进一步满足商品交易需要和人们就近购物要求，按功能分区，摊点归位的总体思路，陆续新建了西门沟综合市场、下河街回龙桥综合市场、文星市场、沙溪坝建材市场和春场坝农贸市场。

红四门市场　位于县城东门沟，长约350米。于1992年12月开工，1994年5月竣工使用，共投入资金200余万元。市场总占地面积2万余平方米，有营业门市近50个，各类摊位200余个，市场主干道路宽9米。经营项目主要为农副渔业产品。

集州市场　位于红星桥下至下河街回龙桥处，是县城一个大型综合农贸市场，被列为县十大重点市政工程之一。市场总占地面积4800平方米，红星桥下一层与回龙桥露天市场相接，融为一体，总建面为1.89万平方米，建有经营门市200余个，设置各类摊位580个，可容纳近1000户个体商户入市经营，日交易额200万元左右。项目建设投资1200万元（包括红星桥建设投入）。

西门沟综合市场　位于原县电影院旧址，与集州市场紧紧相连，互为依托。市场总占地面积4538平方米，总建筑面积27618平方米，其中综合市场建面9136平方米，车库2816平方米，休闲广场2000平方米。项目经营有农副产品、建材、服装、餐饮、娱乐等，市场内所设超市是县城第一座移步电梯综合超级市场，于2000年初开工建设，项目建设总投资2400万元。

春场坝农贸市场　位于县国税局小区背后，1992年春场坝新区开发建设时，原规划设计为一条步行街，后因新区居民住户增多，农产品交易市场自然形成，数年后逐渐成为农贸市场。

第八节　危岩治理

一、西佛山段治理

县煤建公司至县大理石公司地段危岩治理　该地段危岩长90米，平均高度50米，地处西佛山尾段，为硬质页岩与河岩重叠层积岩，其东南横断面高程约50米，从沙南路顺断面下部穿过；在南横断裸露面因坡度倾角较大，雨蚀风化严重，页岩河岩时有裂断坍落，致公路堵塞交通或伤人现象。2000年以后，对该地段危岩逐年进行了治理，并开发房产，排险石及风化层岩石3000立方米，浇筑砼挡土墙945立方米，总投资近200万元。通过治理，现已建起2幢商住楼，商住楼之间的中段正在治理之中。

县保险公司至县承包公司地段危岩治理　该地段为西佛山中段，是有名的山体滑坡地段，其斜坡经常发生开裂，有表土下滑，块石、滚石下坠等现象。1987 年 7 月连续特大暴雨造成大面积山体失稳，数万方土石向下滑动，导致滑动层前缘县承包公司住宅楼墙体发生断裂倒塌，直接经济损失达 3 万元。随后由该公司自筹资金、县防洪指挥部给予补助的方法开始治理，但治理不彻底，1998 年地处危岩地段的公司 2#、3#楼也因此拆除。据 1999 年 5 月冶金工业部成都勘测研究院钻探报告，滑坡体长约 70 米，宽约 50 米，高约 3.6 ~13 米，属典型的中浅层滑坡。2000 年后该公司以房地产开发的方式进行逐年治理，以危岩表面卸载和重力式挡土墙砌筑的方式进行治理。

二、东台梁地段治理

东台梁地段危岩位于城庙路地段，南起李克勇房屋，北至妇幼保健院综合楼基础，长约 70 米，宽约 15 米，高 24 米，治理占地约 1000 平方米。20 世纪 90 年代该地段危岩治理本着“谁治理、谁受益、谁投资”的原则进行开发建设，共投入资金 190 万元。通过危岩排险，削岩治理滑坡体 2.52 万立方米，拆迁居民住户 5 户，建筑面积 800 平方米。

三、县邮政局地段治理

该地段危岩位于东台梁处城庙路主干道首端，长 18 米，高 22 米。由于春场坝新区开发建设、道路拓宽，造成岩层断裂，并经常发生岩石垮塌现象。1998 年，邮政局建办公营业大楼时自筹资金对该地段采取排危拓宽、砌筑挡土墙加固的办法进行治理，当年完工，共投入资金 50 余万元。

第四章　乡镇建设

第一节　集镇建设

1985 年，南江县政府按建设部 1985 年《村镇建设管理暂行规定》的要求，着手组织 5 名专业技术人员在区（镇）乡场镇开始了规划编制的试点工作。经过一年多的时间，完成了长赤、正直、下两、大河、赶场等 5 个区所在地场镇和红光、赤溪等两个乡场的规划测绘外业工作，区乡集镇总体规划编制开始起步。

1987 年，对全县 73 个乡镇场镇建设进行了全面调查。调查表明，从 1979—1987 年的 8 年间，国家、集体、个人在集镇建设的各类房屋建筑面积已达 54.5 万平方米，虽相当于前 30 年房建的总和，但集镇建设步伐依然缓慢。全县还有 35 个乡没有形成集市，甚至连油盐场都不是，仅 38 个区乡党政机构所在地有集市可供交换商品，且分布不均，距离远近不一，农民“买难”、“卖难”的问题仍然存在，严重制约了农村经济的发展。同时在已形成集市贸易的场镇建设，因缺乏统一规划和合理布局，建设管理混乱，街道、市场狭窄，公共设施严重不足，行路难、吃水难、如厕难的矛盾仍很突出。针对区乡场镇滥占乱建、无规无序建设的实际情况，县人民政府制定了《南江县集镇建设管理暂行规定》，并批准在区（镇）组建规划建设管理办公室，配备建设管理员为常设办事员对集镇规划建设实施管理。

1988年，全县乡村共建新房1897户，建筑面积12.1万平方米，其中改扩建房屋1305户，建面9.82万平方米。区乡集镇市政基础设施建设也有了突破性进展，大河集镇街道铺筑砼路面1.2公里，新建了公共厕所和电影院等公共公益设施；赶场集镇硬化街道路面500米，增加了消防设施；沙河集镇拓宽了街道3公里；正直集镇全面整治和硬化街道路面，疏通上下街道的人行通道；长赤集镇建成一条长500米的新街，与野正路成功地实施了对接；上两集镇新建了公厕；乡镇基础设施建设开始了新的起步。

1989—1990年，按"两点一线"建立经济带的战略部署，以桃园、乐坝为重点带动其它集镇的建设，尤其是对处在12个干环线公路的集镇规划编制加大了力度，并逐级按程序上报批复实施，使集镇总规编制达到30%，乱修乱建、违规违法建设得到有效遏制，按规建设在部分集镇有序展开。1994年，全县集镇建设重点集中在"两线八点"，"两线"即巴乐公路、巴南公路干线，"八点"即南江镇、沙河、乐坝、下两、元潭、桃园、赤溪、上两等乡镇集镇，同时为保护生态环境和光雾山风景名胜区景区景点不受到破坏，集镇开发必须按规建设。1997年，小城镇市政基础设施建设步伐加快，仅上两、赶场、长赤、正直等集镇新安装路灯60盏，新增高级、次高级道路8.8公里，普通道路10公里，完成了非住宅性建筑10.2万平方米，房屋住宅建面3.54万平方米，占地1.18万平方米，较上年增长12%；初步实现了公共公益事业上台阶，基础设施迈大步，小区建设有特色的集镇建设阶段性目标。1999年，全县集镇规划建设管理的重点是"两点一线"（两点即元潭乡、桃园镇，一线即元潭乡经县城至桃园镇）和"四路"（即巴南路、二南路、双江路和野正路）沿线经济带上的所有集镇和各区公所所在地集镇，其余集镇的建设和管理采取因地制宜、量力而行、整体推进的原则开展建设。

1993—2000年，区乡集镇硬化街道、道路21.7万平方米，人行道改造铺设普通地砖及砼路面硬化3.5万平方米；建公厕39座1330平方米；建垃圾池143个，建面1371平方米，建生活垃圾堆放场3.26万平方米；建农贸市场70余个，建面5.8万平方米；建停车场1.1万平方米。投入2250万元建成大小桥梁15座；56个集镇建成自来水厂；在长30公里的街、路安装路灯1800盏，实现了集镇亮化；区乡电网进行了规范改造，数字程控电话逐步开通，水、电、路、通信等市政设施功能配套发展。1997—2000年，集镇建设新增各类房屋建筑面积30万平方米，人均住房面积达到了20平方米，人居生活质量水平得到显著提高。2000年，全县省级扩大试点镇为5个，即桃园镇、正直镇、沙河镇、长赤镇、大河镇。全县74个集镇中，已编制集镇总规53个，集镇规划编制率达71%，干环线公路集镇规划编制率达100%。全县有市场交易的集镇由1993年的47个发展到73个，建制镇由4个增加到7个（即乐坝、沙河、长赤、正直、下两、大河、桃园镇）；集镇建成区面积由16平方公里增加到28平方公里；集镇人口由5万人增加到8.5万人；市政基础设施逐步完善。

第二节　建制镇建设

一、乐坝镇

位于县城西南边缘40公里处，西与广元市旺苍县接壤。乐坝河流经镇内，有一脚踏两县和"入巴第一镇"之称，是南江的西大门。普乐铁路纵贯全境，是巴中地区唯一通火车的乡镇，城镇化率为72.83%。

1986年，乐坝镇为乡建制，隶属沙河区管辖。至1993年，以乐坝乡政府为中心，居民和部分单位沿着巴广公路两侧建房，建成了约1公里长的街道，城镇人口不足600人，集镇建成区面积仅0.3平方公里，居民人均住房7平方米。巴中建区以后，乐坝乡以其独特的地理优势，于1994年10月撤乡建镇，并被列为全省首批100个小城镇建设试点镇，规划区用地范围15平方公里。1995年集镇总规批复实施，并编制了控制性详规和与之配套的学校、医院、市场、供水等市政工程及道路、桥梁、绿化、亮化、排污等各类专业规划。

建镇至2000年，累计筹措集镇建设资金2.8亿元，其中民间资金1.55亿元，建成了以非公有制为主体的民营经济新框架，形成了河东工业区、河西商贸区、火钳子商贸区、牛项颈休闲旅游区和以火车站为龙头的仓储转运区等集镇“新五区”。拆迁改造临街临路破旧房屋3万平方米，完成道路硬化3.4万平方米，新建学校、医院、车站、广场、市场、供水、公厕和排污、燃气等市政设施，安装路灯120柱，近300盏；种植直径5~20厘米行道树840株，市政基础设施已逐步配套。新建了中央直属粮库（亿斤仓）、石油库、煤炭转运站等十多个物资中转站，河东区新建水泥厂（年产20万吨）、陶瓷厂、木材加工厂等生产厂家陆续投产，长500米的移民新街（即农民一条街）已建成入住。全镇建成区面积已达3平方公里，为建镇初期的8.4倍；建房面积达18.6万平方米，居民人均住房面积达30平方米；集镇绿化覆盖率达40%，人均绿地面积达7平方米，集镇供水率达100%。

二、桃园镇

位于县境内光雾山国家级风景名胜区腹地焦家河畔的月琴坝，距南江县城75公里，北与陕西南郑县接壤，是古“米仓道”的必经之路。20世纪80年代建成二南公路，其主干道穿越全境，是南江通往陕西南郑的交通要道，城镇化率达44.31%。

在1986年时为乡建制，名称为桃园乡，隶属上两区管辖，乡政府驻地桃园寺。没有街道、集镇和居民聚居，只有学校、广播站、卫生院、信用社、供销社、个体旅馆等单位在此建房。1993年，光雾山被省人民政府批准为省级风景名胜区；1994年，将桃园乡更名为桃园镇，从此开始了桃园镇的集镇建设和光雾山景区建设。同年开始编制桃园镇建设总体规划和光雾山风景名胜区规划，确定了桃园镇为旅游型集镇，是光雾山风景名胜区旅游接待站。逐年建起了光雾山宾馆、林海山庄、巴山游击队纪念馆、李先念纪念碑、桃园寺、截贤驿等旅游设施，开通了光纤通信和移动电话、广播电视，供水、供电、学校、医院等市政配套设施陆续完善。境内居民逐步下山移居桃园镇，新建成约800米长的街道，并实施了路面硬化和栽植了人行道绿化树，街道布局已经形成。

三、沙河镇

位于巴南公路主干道镇政府驻沙河洛坪，距县城西南30公里处，是县城南至巴中、西至旺苍、广元的交通要冲，区位优势明显。20世纪50年代后，一直是沙河区公所、沙河乡政府驻地。通过逐年建设，沙洛集镇从沙河大桥至洛坪坝4公里街道初步形成，集镇素有“十里长街”之称。1985年，在集镇建房的单位主要有党政机关、中小学校、医院及企事业单位41个，建房130幢，建面7.58万平方米；居民建房有100余幢，建面2.34万平方米；集镇总人口达1160人。1987年，总投入达300余万元的县植物油厂在洛坪街建成投产，带动了相关产业发展和居民入住集镇，原沙河街居民住户建房也逐步向巴南公路两侧的洛坪街转移，住户逐渐增多。1995年，编制了集镇总体规划，根据沙河区和洛坪街的经济发展状况和区位特点，其性质确定为商贸型集镇，近期规划面积为3平方公里。仓库、生产、居住等总用地为10.18公顷，其中绿化用地0.77公顷，居住用地

1.05 公顷。1996 年以后，沙河镇抓住了沙南公路全面整治的机遇，大力开展集镇市政设施建设，新建了农贸市场，整治了街道的基础设施。同时，开始了洛坪新街的建设，集镇框架进一步拉大，建设用地增大了 1 平方公里。

四、长赤镇

位于县城西南，是野正公路（野羊溪至正直镇）主干线进入正在建设的巴广高速公路便捷通道的必经之处，距巴州区巴州镇、南江县城各 40 公里，是原长赤区公所、长赤乡政府所在地，1990 年由长赤乡更名为长赤镇。

1985 年，长赤场镇建设有居民 258 户，人口 1508 人，1 个居委会，党政机关及行政事业单位建房居多，各类房屋 13 万余平方米。1987 年，编制了集镇总体规划，其性质确定为商贸型集镇，集镇建设有了较大发展。2000 年，长赤镇被确定为省级扩大试点镇，依托省级文物保护单位“禹王宫”、“龙池书院”，以及红军文化的特殊资源优势，再次修编集镇总体规划，进一步明确了“旅游新镇、生态美镇、商贸富镇”的目标。按照“东西拓展、南北延伸、功能明晰、设施配套、超前规划、分步实施”的原则，累计投入资金 1.26 亿元，新建农贸综合市场 2 个，硬化道路路面 8 条 9.6 公里，建成了 26 米宽的“玉赤大街”3.5 公里；招商引资 5 家，吸纳资金 6500 万元，建成页岩砖厂 2 个，汽修厂、加油站、客运站各 1 个；吸引民间资金 5200 万元建成商贸区 1.5 万平方米，居民住宅 3 万余平方米；新建了小学、燃气站和休闲广场 5000 余平方米，市政基础设施和主要市政工程配套已逐步完善。但原老集镇区域没有较大改观，街道仍很狭窄，逢场天人群尤其拥挤。

五、正直镇

位于县城西南 77 公里处，与毗邻巴州区、苍溪县接壤，木门河流经集镇。1985 年前后，区乡两级行政机构及企事业单位、居民住户沿公路两侧建房 40 余幢，形成了长 2 公里的新街。集镇人口增加到 2000 余人，是原正直区公所、正直乡人民政府所在地，1990 年，由正直乡更名为正直镇。

1986 年，正直镇按建设部《村镇管理暂行规定》编制了集镇建设总体规划，其性质确定为商贸型集镇，私人建房逐步增多，街道实施了砼路面硬化，市政基础设施陆续完善。1999 年，在脐田坝征地 3.8 亩建起了集农副土特产品、农资、日用品批发、零售综合市场，集镇建设也有较大发展。2000 年，调整集镇规划，其性质确定为物资集散中心和对外交通窗口型集镇，同时被确定为省级扩大试点镇。正直镇再次抓住机遇，在拉大集镇框架的基础上，重新修编集镇总规，新编龙耳山风景区和白塔等景观景点规划，加快集镇低矮旧房、危房改造和新区建设步伐，并进一步完善道路交通、通信、照明、供水等市政设施建设，推进学校、医院、文化等公共公益设施建设。

六、大河镇

位于县城东南 57 公里处，明江河水流经全镇。1985 年前后是大河区公所、大河乡政府驻地，1989 年 10 月，更名为大河镇。

1985 年，大河乡集镇建设在全县规划编制试点的基础上开始了集镇总规资料的收集整理工作，1986 年完成总规设计方案，集镇建设开始起步。先富裕起来的农民和在外务工人员逐步在集镇建房，每年以近 1 万平方米的房屋建面增加，集镇建设有了很大发展，水、电、路、通信等市政基础设施建设逐年配套，集市贸易十分活跃。1995 年，再次编制大河集镇总体规划时，鉴于集镇地势山高坡陡，建设用地少、农业生产较为发达，该镇确定为农副产品加工工贸型集镇。2000 年，县确立大河镇为生态旅游型集镇，同时被确定为省级扩大试点镇，集镇建设由此有了突破性进展。

第三节 农房建设

1986 年，改革开放进一步深化，城乡经济发展很快，一部分先富起来的农民不再是只解决能居住的问题，房屋建设开始走向砖混结构的平顶房建设之路。当年农村建房约 15 万平方米，仍以土木、穿斗结构为主，砖混结构房屋约占 5%；沙河、长赤、正直、下两、大河等下五区的农房建设逐步转为建砖混结构平顶房，建房质量比例逐步上升。1987 年，县委、县政府引导农民向文明新村建设发展。通过全面实施“五改三建”（即改水、改路、改厕、改厨、改圈；建池、建园、建家）和对农村山、水、林、田、路综合治理，有力地推进了农村扶贫攻坚和社会经济的健康发展。

至 2000 年，先后建成了光雾山镇铁炉坝村、下两乡东河村、沙河镇联盟村、碾盘乡明月村、寨坡乡水田坪村等文明新村。这些文明新村根据自身特点，村庄建设各具特色，四级标美路通向村社，安装了自来水，连通了闭路电视，三分之二的农户建起了微水池，家家户户实现了文明路、白粉墙、美脊梁、地面光、玻璃窗、瓷砖灶、石板路、男女厕、沼气池、花果香的现代文明新村庄。特别是地处高寒山区的寨坡乡水田坪村，在改善人居环境上狠下功夫，拆除了茅草房、土圈 52 处，新建瓦房 25 处，改变了千年以来农民居住茅屋的处境。同时狠抓基础设施建设，筹资改造了乡村学校，建起卫星电视地面接收站，开通乡到村的广播喇叭，建起饮水、灌溉综合利用的微水池，修通了 0.9 公里村道路，新村建设发生了翻天覆地的变化。农村建房从适宜居住转变到改善居住环境、提高生活质量上来，新建房屋发生了根本性的变革，砖混结构房屋比例也上升到 20%。

第四节 农村能源建设

1985 年，南江县被列为省农村能源推广重点县，1987 年，全县改灶节能达 10 万户，年可节约燃料 600 余万元，成绩十分突出，被列为全国农村节能改灶重点县。

1988 年以后，农村能源开始由开源节流向开发建设的重点转移，重点推广水压式农村家用沼气池和农村能源新区建设。凡接受沼气池的农户和规划建设的农村能源新区，实现了“五个一”的效益，即建一口沼气池相当于绿化一亩荒山，保护 100 株树，建造一个家庭小化肥厂，消灭 1 万只以上的蚊蝇，建设一个化粪池。但全县推广面不大，沼气池建设徘徊不前，每年新建 500 余口，而报废和存在安全隐患的数量也逐年增多，正常使用的仅 2550 口。

1996 年，结合农村文明新村建设，除继续突出农村家用沼气建设外，还科学推广沼液浸种、沼液养猪等新型项目，形成了一批沼气化村社，建生态农业逐渐成为农村的自觉行动。

2000 年，围绕全县被列为省农村能源建设试点县的要求，在长赤、正直、下两、红光、流坝等乡镇开展农村小型公益设施农村能源项目建设工作。重点对全县 15 个村的沼气池建设和配套“三改”作了总体规划，聘请省农能办专家讲课培训技术员 105 人，颁发了技术资格证书。每年投入建池补助资金 30 万元 ~ 50 万元，新建池 3000 余口，农村沼气池综合利用已成规模，形成了一批集“猪—沼—粮（菜、药）”三位一体的新型农户模式。

第五章 建筑业

1986年，全县有建筑劳动力2035个，全年完成建筑企业总产值779万元。“七五”末（1990年）全县建筑业劳动力增加到2340人，完成建筑业总产值2595万元。1995年，全社会完成建筑业总产值1585万元，比1994年下降6.9%，增加值469万元，比1994年下降12%，上缴国家税金39万元，实现利税总额79万元，比上年同期增长29.5%。

2000年，全县社会建筑业实现增加值9465万元，比上年增加2.5%。南江建筑施工企业继续加大管理体制改革的力度，积极推行施工工程招标投标责任制，招标面进一步扩大。全县建筑企业完成总产值4066万元，比上年增长31.2%，实现利润4.3万元，房屋建筑施工面积10.58万平方米，竣工面积4.33万平方米。

第一节 建筑施工队伍

1985年，全县有建筑安装施工企业（以下简称“建安施工企业”）15家，其中设立为公司的7家，建筑工程队7家，其所有制权益为集体性质；只有县城建局所属“统建办公室”为事业单位、企业管理的建安施工队伍。全县建安施工企业共有职工4400余人，其中固定工1130人，与农民签订劳动合同的3280人，农民工占职工总数的74.5%。1986年3月，“统建办公室”更名为“南江县市政建筑工程公司”，省、地行业主管部门核定为建安三级资质，仍为事业性质单位，主要经营市政工程综合开发及配套建设，成为全县第一支城镇市政基础设施建设的施工队伍。

1990年前后，建安施工企业发展到20家，并按企业注册资本、技术力量、设施设备及业务经营等情况严格确定了资质等级；水泥制品预制厂（场）也发展到19家。具体情况是：建筑设计单位2家，企业资质等级丙级；建筑施工企业共20家，其中三级资质5家，四级资质10家，五级资质5家。全县建筑设计、施工企业共有在册职工3200人，其中固定工1518人，农民合同工1682人；通过对各施工企业近5年专业技术知识培训学习，施工管理人员和专业技术人员增加到572人，占职工总数的17.9%；技术工人中持初级工上岗证的248人。

1993年，县建筑工程对外承包公司晋升为二级资质施工企业，可施工高度100米以下，单跨30米以下的建筑工程，是全县第一家可承接高层和大跨度建筑物施工的企业。随后县第三建筑公司、三星建筑股份公司等相继成立，建筑业对外市场开拓除陕西省外有了新的进展。

1995年，对建安施工企业重新核定资质后，取消企业五级资质等级，全县建安施工企业保留15家，其中二级资质企业1家，三级资质企业10家，四级资质企业4家。企业人员增加到4330人，其中有职称的专业技术人员672人，具有高、中级职称的人员达到332人。同时参加巴中地区举办的项目经理培训班17人，一年后领取项目经理证书。

1999年，建安施工企业按建设部规定的新资质标准就位，全县共有12家符合条件的企业领取了“资质等级证书”，其中二级资质等级企业2家，三级资质等级企业10家，取消了四级资质企业。在建安施工企业资质就位的同时，企业改制力度增大，县宏宇建筑工程公司就是在企业改制进行资产重组时由县市政公司、第三建筑公司、建筑建材公司、鹏达有限公司、三星建筑公司等5家企业合并组建而成的；其组建初期就是一个松散的联合体，在县内这5家公司仍实行独立核算、自负盈亏、自主经营；建筑业对外开拓市场时统一使用宏宇公司牌子。

第二节 建筑技术

1986年以后，县城房屋建筑已由砖木、砖混、木架瓦屋顶结构发展到以建高层建筑物为主的钢筋砼框架、框混、框剪结构。一般房屋为五至七层，最低也达到三四层；由水泥砂浆地面、石灰粉墙发展到地面水磨石、地板砖和大理石、马赛克、瓷砖贴面。建筑施工也逐步转入半机械化和机械化作业，建筑施工技术也不断走向成熟。规划建筑设计技术能力也有突破性进展，从一般性建筑物设计发展到高层建筑物设计，能达到建筑物美观、实用、结构合理的效果，年设计能力达到20万平方米。

1990年，开工建设的14层县建设银行综合楼，以及陆续开工建设的邮电大楼、广播电视大楼、法院综合楼等高层建筑都是本县的建筑设计人员设计、本县的建筑企业施工的合格产品。在县人民大礼堂改建工程钢结构大跨度（跨22m）屋顶施工中也积累了丰富的经验，建筑设计、施工水平进一步提高。

2000年，县规划建筑设计院在硬件和设计软件上狠下功夫，不但新建了集办公设计为一体的建面1500平方米综合楼，而且还从原来的手工制图转移到计算机设计制图，年设计能力可达30万平方米，设计收入超过80万元。在建筑施工上，各建筑队伍的专业技术水平不断提高，并充分利用自身技术和经济实力在省外开拓建筑业市场；全县施工企业年施工能力可达1亿多元，年创收3000余万元。

第三节 商品房开发

1985年以后，县城商品房开发开始起步，由县房地产开发公司独家经营，统一建设。开发项目主要是居民住宅，每年可竣工商品房住宅建面1000～4000平方米，每套住房面积均在80平方米以下，每平方米价格在200元左右。1986年开始，房屋建设成本增加，售房价格也逐渐缓慢上涨。项目开发资金主要是银行贷款和少量企业流动资金组成。

1988年，为缓解县城住房难的问题，县政府决定城市商品住宅和公有住宅建设向个人补贴出售。同时开放商品房经营项目，凡有条件、有经济实力的，不分全民、集体、个人，不分城市、农村，只要符合城市规划和统一管理的都允许商品房开发，并继续提倡私人建房。但受经济条件制约，商品房开发建设速度仍然缓慢。

1992—1995年，县房地产开发公司仅此一家在下河街靠县工商局处，投入265万元，建商品房1幢，住房40套。1996年，在小河桥投入资金42万元，建商品房1455平方米，房屋售价为每平方米275～300元。

1996年下半年，随着县城上下河街旧城改造，商品房大规模开发建设拉开序幕。1998年前为县指挥部与开发业主“3∶7的比例分房”，后采用独立开发、买断开发或单位自建、委托拆迁的办法，开发与拆迁分离。由开发商或业主自行承担经济责任，其优惠政策主要确定了商品房开发综合税费为5.6%，行政事业性收费只收取办证的工本费和采取“一站式”服务。通过一系列切实可行的措施，旧城改造行动迅速，商品房开发如火如荼。在房地产开发土地使用上，实行土地出让制度，经营用地40年，住宅用地70年，按地段支付不同金额的土地出让金。

从2000年起，逐步完善了土地收购储备制度。按照“政府统一征地、中心储备包装、公开竞价拍卖、业主整体开发”的原则，将城镇规划区的国有土地全部纳入县土地收购储备范围。通过完善基础设施的“七通一平”，实行整体包装，进行招标拍卖，挂牌出让，建立起了“一个渠道进水、一个池子蓄水、一个龙头放水”的土地收购、储备和出让制度，实现土地资源向土地资本转变。

第四节　建筑劳务输出

1984年10月，在县委、县政府的关心支持下，为开拓省外建筑业市场，将县内建筑设计施工技术人员和农村有一技之长的“五匠”人员组织起来，组建了县建筑工程对外承包公司，并以建筑承包公司为龙头，成建制地输出农村剩余劳动力，为“富县裕民”闯出一条路来。1985年，该公司通过多方努力，曾先后在陕西省的西安、汉中、安康、洛阳、石泉以及达县、广汉、成都、昆明、北京等地承包工程，带出了一大批农村务工人员，每年输出劳务人员1万人（次）左右，劳务收入在1000万元上。输出的农村剩余劳动力尤以大河、沙河、长赤等乡镇居多。

1992年12月，省建委将南江县列为“省建筑劳务基地县”，在省建委驻西安办事处的支持下，部分建安企业也开始向外发展，主要在西安市及其周边地区分包工程业务。1993年，通过建筑工程对外承包公司经理何朝武的努力，该公司以总承包二级资质企业在西安市建委登记注册，给工程总承包提供了机遇，并建立了稳固的劳务输出基地。1996年下半年，该公司当年就承包了陕西省委高22层、建面1.6万平方米，投入1800万元的2#职工住宅楼，并成建制地使用了南江输出的务工人员数千人（次）。该公司在承包工程时，在技术人才的安排使用上打破了原有的固定模式，“军地两用人才”、农村“五匠”人员成了队伍的骨干，整体素质得到提高。带出了一批专业技术人才和高级管理人才，如郑同长、郑祥长、王中生等100余名建筑施工管理人员已在西安扎根，并有自己的实业和雄厚的经济实力，成为独当一面的民营企业家。

1997—2000年，随着全县建筑业对外开拓发展势头良好，成建制劳务输出人员逐年增加，劳务收入连年看好；除陕西省外，还在山东烟台、威海、青岛，上海、昆明、北京等地开辟了新的劳务基地，每年输出农村剩余劳动力10万人以上，成建制劳务输出已具规模，年完成劳务产值4亿元左右，年劳务收入上亿元，对南江经济发展起着极大的推动作用。

表12—2　　南江县1996—2000年商品房开发建设统计表

年度	占地面积（平方米）	建筑面积（平方米）			资金投入（万元）
		合计	其中		
			商业用房	住房	
1996	2000	18300	3500	14800	640
1997	3100	28000	5400	22600	1060
1998	5030	50180	10180	40000	2000
1999	7000	65800	11000	54800	2800
2000	8100	75000	13000	62000	3400

第六章　管　理

第一节　管理机构

一、行政管理机构

1985年10月，南江县城乡建设环境保护局内设3股1室，即机关办公室、计划财务股、城乡建设股和环保沼气股。12月，县人民政府决定调整县城乡建设环境保护局职能，将城乡建设土地管理权属职能划出移交县农业局管理；但城乡规划区内基本建设项目的征用或划拨土地权限职能仍属县城建局审核办理。同时县人民政府批准同意局机关增设政工股和建筑业管理股，并将基本建设技术档案室划归局机关办公室管理。1986年5月，将环境卫生管理所由城乡建设环境保护局划出，交南江镇人民政府管理，并实行人、财、物整体划转，包括县城公厕等公共公益设施。

1987年2月，将南江县城乡建设环境保护局更名为南江县建设委员会。3月，县人民政府批准县建委内设机构由“股”改“科”，设四科二室，即城乡建设科、建筑业管理科、计统财务科、环境保护科和局机关办公室、沼气办公室。10月，在全县10区1镇设立建设管理办公室。

1990年6月，县人民政府同意南江县环境保护办公室单列，明确了县环保办既是县人民政府的职能工作部门，也是县环境保护委员会的办事机构，负责对全县环保工作按党和国家的政策法规实施统一管理监督，挂靠县建委。7月达县地区编委批准撤销南江县环境保护办公室，重新组建南江县环境保护局。1992年1月，县人民政府同意成立南江县环境保护局，为县人民政府二级局机构，挂靠县建委管理。

1993年5月，县编委将南江县城新区管理委员会确定为副局级单位，隶属县建委管理，负责春场坝新区开发的规划、建设、管理工作。委机关增设了政工科、村建科；撤销了环保科，沼气办公室等职能机构；新成立了县环保局、县风景局和县新区管委会等三个副局级单位；其归口挂靠的单位还有8个，即县农村能源建设办公室、县房产普查办公室、县住房制度改革办公室、县劳务输出办公室、县建筑工程招投标管理办公室、县重点建设办公室、县建筑协会、县花鸟协会等。

1995年1月，县人民政府同意成立“南江县旅游局”，与“南江县光雾山风景名胜管理局”并存，实行两块牌子，一套班子，合署办公，由县编委确定为副局级单位，仍归口县建委管理。1996年10月，成立南江县人民政府拆迁办公室。

1998年3月，内设机构由“科”改“股”，机关共设5股1室，即城建股、建管股、计财股、规划股、村建股和机关办公室；全县13个区（镇）建管办一律更名为规划建设管理站，仍属县建委的派出机构。

1999年12月，县旅游局、光雾山风景名胜管理局两挂靠单位与县建委脱离管理关系，开始独立实施各自的职能。

二、事业管理机构

房地产管理所 县房地产管理所成立于1982年，隶属县财政局，主要承担县城内寿堂、庙宇，以及少量机关企事业单位房屋和土改时期遗留下来的少量房屋管理。1984年6月，县人民政府决定将县房管所整体划转县城建局管理，正式成立“南江县房地产管理所”，并对外挂牌，承担房地产产权、产籍和产业管理，以及房产普查发证工作，人员编制3人。1990年以后，又将危险房屋鉴定、公有住房改革、单位集资建房等纳入管理序列。站内共有职工26人，其中5人为财拨事业编制，其余21人为自收自支事业编制。

建设工程质量监督站 1985年，县建筑工程质量监督站为县城建局的直属事业单位，其职能职责是对全县的建设工程项目实施质量监督，县编委核定事业编制4名。根据业务需要，县建委于1995年批准成立“南江县建设工程质量检测所”，主要承担建设工程施工中所采用建筑材料的检测试验。2000年3月，将建设工程的安全生产、大中型机械设备使用安全、工程竣工验收备案等划入质监站管理，将原质监站更名为“南江县建设工程质量安全监督站”。质量检测所也不断扩大业务、增添设施装备，组建了建筑材料检测一室、检测二室、水泥试验室、砼试块蒸汽养护室等业务机构。站内共有职工20人，除4名财拨事业编制外，其余为自收自支事业编制。

规划建筑设计室 1979年10月，成立县规划建筑设计室。1984年9月，经省建设厅核准为丙级设计单位。1987年3月，县人民政府决定撤销原县规划建筑设计室，重新组建南江县建设委员会规划建筑设计室，属县建委直接管理，增加了建筑工程勘察设计业务，仍为丙级设计资质。主要业务是在县内开展砖混、钢混结构的房屋建筑设计，年设计能力在20万平方米左右。

建设工程招标投标管理站 1994年12月，成立县建设工程招标投标管理站。主要承担各类房屋建筑及其附属设施的建造和与之配套的管线、设备等安装工程、市政工程项目招标及监督执法工作。

规划建设执法监察队 1987年，成立南江镇市政建设管理监察队，隶属南江镇政府管理；其主要职责是负责县城范围内的建设管理、纠纷仲裁，执行、落实综合任务，对业务部门实行行业稽查。1990年，县政府办发文将镇市政建设管理监察队由南江镇政府移交县建委归口管理，更名为南江县城乡规划建设管理监察队；主要职责增加了城乡规划、建设、管理，执行规划法规，查处违法建设。1992年，又增加了园林绿化、市政工程设施监察职责，协助镇人民政府、环境卫生管理所开展市容市貌和环卫监察。监察队在内部分为4个组，即规划执法组、市政基础设施建设执法组、城镇建设执法组和市容市貌执法组。

乡镇规划建设管理站 1987年11月，县人民政府批准11个区（镇）成立建设管理办公室，为县建委的派出机构。1992年5月，各区（镇）建管办也陆续更名为村镇建设管理所。1994年乐坝镇被确定为省级试点镇时，增设了乐坝镇建管所，配备了1名村镇建设助理员。1998年6月，县政府办发文将建管所一律更名为区（镇）建设管理站，当年全县共有13个建管站，即小河、沙河、乐坝、长赤、正直、下两、大河、赶场、贵民、上两、桃园、杨坝、南江镇；有24名村镇建设助理员，均系全民劳动合同制工人。2000年，撤区并乡时，撤销乡镇建管站，乡集镇规划建设管理划片分区，由原乡镇建管站人员任片区规划建设管理员，县编委确定财拨编制10名，其余人员为自收自支事业编制人员。

风景名胜管理局 1992年，县委、县政府批复同意组建了“南江县风景名胜管理局”，为副科级单位，县编委核定事业编制4名，在县建委内部调剂使用。1995年，县人民政府决定成立南江县旅游局，县编委确定为副科级单位，仍挂靠县建委，与风景名胜管理局实行两块牌子，一套班子、合署办公。1999年，县政府决定县旅游局、风景名胜管理局与县建委解除挂靠关系，独立行使职能。

农村能源办公室 县农村能源办公室的前身为县沼气办公室，成立于1973年，归口县科委管理。1984年，县级机构改革时划归县城建局管理。1987年，更名为“南江县农村能源办公室”。其主要职责是推广沼气综合利用、节柴节煤灶改造和沼液的科学使用，发展立体农业、延长产业链条，实现良性循环。

中信建设工程造价事务所 1998年，成立南江县建设工程造价事务所，为服务性中介机构，自收自支事业性质单位，主要承担建设项目可行性研究和投资估算编制、建设项目经济评价、工程预（结）算、工程标的编制等业务。成立之初，县建委决定暂与建设工程招投标站合署办公，实行两块牌子、一套班子。

第二节 环境卫生管理

1986年前，县城人口1.5万，日产垃圾15吨，年产约5000吨，主要由环卫工人对街、路、公共场所、桥梁等进行清扫，清扫范围为4条街路（即红星桥、上下河街、东风桥至南门口），4个公共场所（即南门口、大堂坝、汽车站、红星桥头十字路口），3座桥梁（南门大桥、红星桥、东风桥），清扫面积为4200平方米，由县城建局直属事业单位县环卫所负责管理，清扫街面的资金在城维费中列支。

1986年后，增加了南门大桥至县酒厂桥涵，南门大桥至县党校两段路面，将清扫面积增加到1.86万平方米，当年招收专业清扫工5人。同年在南江镇朝阳村一社、红塔村一社建垃圾堆放点2处，征用土地面积8000平方米；在城郊外黄金桥一带征地10亩作垃圾处理堆放场。居民和单位开始使用汽车装运专用垃圾桶，其中单位150个，居民小组分放18个；另有铁皮垃圾桶336个，合计共504个；将城内垃圾用汽车运往垃圾处理堆放场。清洁卫生管理除街、路、桥及公共区域有专人打扫外，各单位和居民住户均实行“门前三包”，经常保持清洁卫生。

1991年，随着县城人口逐年增加，在不计流动人口的情况下，常住人口已达到近3万人，日产垃圾也随之增加到近30吨。县环卫所承担县城区的清扫、清运、保洁、管理区域也逐步增大，其范围除原有清运、保洁外，增加了红星桥、城北路、城庙路、文星路、南磷路等大片区域的清扫保洁工作，环卫人员增加到17个。1992年，县城区环境卫生管理开始实行收取垃圾处理费。1994年，县建委将环卫所移交南江镇管理，其职责、人员编制和供给关系不变，环卫硬件设施由县建委组织建设，南江镇和环卫所实施管理。

1995年，对垃圾桶的设置和垃圾池选址建设进行重新规划，恢复下河街回龙桥、公园坝垃圾池，新建红四门市场、粮影小道和西佛山垃圾池；垃圾桶堆放为城关粮站路口6个，下河街5个，县公安局（现南苑宾馆）围墙处6个，上河街文化中心5个，城庙路10个，红星街6个。1996年，在主街主路再次配备垃圾桶347个，新建垃圾池8口，在大堂坝周围人口较为密集的地段增设果皮箱48个，配“方圆清运垃圾车”2辆，共投入资金50余万元。

1997年初，为方便环境卫生管理，县人民政府决定将环卫所由南江镇移交给县建委管理，并按创建文明卫生城市的要求，配合相关部门设置了文明监督岗，组建了综合执法大队，规范了占道经营、车辆乱停乱放，垃圾乱倒等行为。同时，对大堂坝广场周边门面装饰、广告牌、清洁卫生等进行了整治，县城面貌焕然一新。1997年12月底，为方便统一管理，县人民政府决定将“县环卫所”整体移交给南江镇管理。

1999 年，在县城主街主路建垃圾池 23 个。同年 9 月，在巴南公路距县城 10.5 公里处的小池溪沟征地 54 亩建垃圾处理场，可堆放生活垃圾 23 万吨，日处理垃圾 150 吨，同时建起进场公路 5.5 公里。新建污水处理池、沼气净化池、堆放场挡土墙等配套设施，于 2000 年元月竣工使用，总投入资金 120 万元。

第三节 市容市貌整治

1986 年前，县城人口不多，规模不大，其主街主路的市容市貌主要由县环卫所实施管理，对城内街道路面进行修补维护，做到每天清扫，长期保持市容市貌整洁。1987 年，成立了“南江镇市政建设管理监察队”，隶属南江镇管理，其主要职责是对县城市容环卫进行管理监察，对有损市容市貌的行为进行依法查处。1990 年，将镇市政管理监察队划归县建委归口管理，按职能对县城主街主路的市容市貌进行管理和执法，但在此期间没有进行较大规模的市容市貌整治。

1997 年，春场坝新区建设已具规模，县城区脏、乱、差现象严重，市容市貌亟待整治；10 月，结合县城创建文明卫生城市活动的开展，县建委配合县级相关部门对大堂坝广场周边、城庙路、文星路、红星路、南磷路等主要街道进行了认真整治，基本解决了“四子”（即车子、渣子、摊子和牌子）的脏、乱、差行为。同时查处各类违章临时建筑，占道施工围墙等 78 件，清运各类垃圾 100 余吨，县城市容市貌得到根本好转。

1998—2000 年，每年都要对县城主街主路的市容市貌进行整治，进一步完善县城管理，并与相关部门配合强化卫生管理，落实门前“三包”，管好“车子、牌子、渣子”，改造规范地埋管网，治理城镇生活废水，加速县城绿化、美化、净化。

第四节 建设程序管理

1986 年，县城总体规划编制批准实施后，建设项目管理实行了建筑红线控制，但没有控制性详规和片区详细建设性图纸，乱修乱建的现象时有发生。1992 年，春场坝新区开发建设，使建设程序管理上了一个台阶，新区内的一切建筑物必须严格按规建设，实行“一书两证”管理，使新区建设有序进行。其机关单位建房、公共建筑设施等项目建设都实行了建筑工程质量监督，并建立了严格的工程竣工验收制度，使建筑程序和工程质量得到充分保证。1996 年，上下河街旧城改造建设，多采用招商引资的办法进行商品房开发。为吸引更多的房地产开发业主参与县城建设，制定了优惠政策，降低门槛招商引资，提出了创造宽松的建筑市场环境，其建设手续的办理已不再那么严格，可以采取“先上车后买票”的办法实施开发建设。这虽然给城市开发建设加快开了方便之门，但也给城市建设管理带来了很大难度，这种现象一直持续达 5 年之久。2000 年 10 月，县建委依据相关法律法规，结合县城开发建设实际，制定了《南江县建设管理程序》，对项目规划、选址定点、勘测、设计和建设证件的办理，直至建设活动的全过程实施管理。并对建设工程实施工程质量监督、质量检测、工程监理和建筑工程施工许可，从而理顺了建设管理程序，收到了较好效果。

第五节 房地产管理

据1985年度完成的170个单位和1251户私房的普查情况来看，所有房屋均实行自管，未确立房屋产权。普查的单位有自管公房976幢，职工宿舍1327户，建面39.68万平方米，实地测量用地48.33万平方米；普查私房1249幢，建面11.48万平方米。有100余间土改时留下的公房，主要分布在上下河街的企事业单位和居民居住，仍由县房管所实行租赁管理，收取少量的租金上缴县财政。

1992年，城镇住房制度改革迅速推进，县城有148个单位、1.5万人实现了职工住房小步提租，有70个单位申请公房出售，经县政府核定批准60个单位实行住房制度改革，向单位职工出售住房9万平方米，回收房改资金近800万元，并向购房户发放了由县人民政府制发的《房屋产权证书》。1995年，为加强房地产管理，制定《南江县深化住房制度改革实施办法》，改变了住房实物福利分房为按劳分配为主的货币工资分配方式，并建立了住房公积金制度；同时制定《房地产交易基础价》、《公有住房租金标准实施办法》、《南江县房地产抵押管理办法（暂行）》等规章制度。通过市场调查，陆续制定了房屋市场指导价格，使房地产管理走上正轨。

1996年下半年，随着县城旧城改造的开发建设，商品房开发规模逐渐增大，在房地产管理上大力推行“一书一册”（即房地产开发项目建设条件意见书、房地产开发项目手册）和商品房预售许可证制度，推行面达80%，新建房屋的产权证发放逐年上升。

2000年，房屋管理一律实行南江县房屋产权证登记管理。在办理产权证时，必须具备“四证两书”，即国有土地使用证、建设工程规划许可证、建设工程施工许可证、商品房销售（预售）许可证、住宅质量保证书、住宅使用说明书。

表12—3　南江县县城房屋产权登记及交易情况统计表

年　度	房屋产权登记（件）	建筑面积（万 m^2）	房产交易（套）	交易建面（m^2）	成交额（万元）
1949—1985		54.99			
1986		0.51			
1987		4.62			
1988		6.43			
1989		6.89			
1990—1994		30.23			
1995	165	6.3	25	3740	54.43
1996	222	6.04	30	3775	104.73
1997	226	5.52	60	13400	654
1998	367	8.96	113	15600	706.4
1999	810	27.6	156	14800	692
2000	1196	41.75	351	28000	800

第六节　物业管理

在公有住房出售和商品房开发建设具有一定规模时的1998年，由县房管所采取股份合作制的形式发起组建第一家物业管理企业，即“南江县物业管理有限责任公司”，实行自负盈亏、风险共担、盈利分红的办法开展经营业务，行业上隶属县房管所管理。公司经营范围仅限于楼房业主的生活垃圾倾倒、楼道清扫等业务，由房屋业主每户每月支付服务费5.00元，服务房屋建面近10万平方米。2000年，房产管理逐渐规范，为加强市容市貌和小区、商厦、机关综合大楼驻地等环境卫生，建设行业主管部门要求商品房竣工使用后必须实行物业管理，开发业主与物业管理企业签订《物业管理合同》，按一定比例给物业管理企业留足房屋维修维护费，方可办理房屋产权证。为此，部分房地产开发业主也登记注册了物业管理公司，高潮时达到8家；但经过几年的物业管理，淘汰了6家，只有安泰物业、青云物业两家活跃在物业管理的行业中，共有从业人员150余人。其中是安泰物业公司发展势头良好，经营范围不仅是环卫清扫、房屋的维修维护，还发展到楼房清洗、家庭水电安装等。

第七节　建筑业管理

一、建安企业资质管理

1985年以后，随着改革开放不断深入，城镇建设迅猛发展，建筑业企业应运而生，高潮时全县建安施工企业发展到20家，尤以乡镇企业组建的建筑施工队居多，而技术力量和经济实力以及工程质量要求、管理水平等远不能施工高层建筑。因此，在1990年以后的每年企业资质年审时都要按国家、省行业主管部门规定的标准进行严格检查审核，对名存实亡、无视法规，以及企业自身管理和技术实力未达到标准等情况，坚决注销其资质，每年注销的企业资质达2~3个。但只要符合建安企业资质申报标准的，仍可新组建企业，领取资质证书。经过逐年清理整顿，至1999年企业资质按新标准就位时，只保留了12家。

1999年以后，建筑业管理主要在行业管理和规范管理上下功夫，除每年按规定进行资质年审外，还建立了安全生产许可，建筑工程施工许可，竣工验收备案以及企业业绩管理等制度，同时对进入南江的建安施工、工程监理、建筑设计、勘测设计等境外企业进行“准入”登记备案。对建筑行业施工、设计、监理、勘测等企业加强了管理，规范了行为，建筑工程质量合格率达100%，竣工验收备案率100%，建筑施工队伍的整体素质明显提高。

二、建筑工程招投标管理

1993年，组建县建筑工程招标投标管理站对全县建设工程招标投标实施管理。县建委结合南江城镇建设的实际情况，按建设部、省、地相关规定制定《南江县建筑工程招标投标管理办法》，规定工程造价在20万元以上的必须公开招投标，工程造价在20万元以下的可以根据实际情况邀请招标和议标，整个招投标过程必须经县监察局和县计委、公证处等单位实施监督。1996年，设立建筑工程有形市场，工程招投标管理站实施监督管理，工程招投标管理纳入有形市场进行交易。

2000年以后，建筑工程发包由具有相应资质的招标代理机构实施招标投标，工程招投标进入正常管理的轨道。

三、建筑工程质量安全管理

1984年，成立了县建筑工程质量监督管理站，对全县的建筑工程施工质量进行全程监督，确保工程质量达到合格标准。以后陆续配备专业技术人员，完善质量监督的设施设备，质量管理得到加强。2000年前，对建筑工程质量不但加强施工现场管理，专业技术人员跟班全程监督，而且高度重视建筑材料检测，组建了水泥制品试件、钢材试拉等建材项目品种检测一室、检测二室、水泥试验室，并对施工现场砼取样试块进行集中蒸气养护。在质量监督管理上，建立健全了“建设工程报监条件注册、人身安全强制保险、安全生产作业环境、安全生产施工措施登记、特种作业人员压证、安全组织设计审查”等制度。从2000年起对全县所有在建工程实施项目施工安全评价和质量安全生产验收，其监控覆盖率达100%。自1989—2000年，每年都要开展1~2次建筑施工质量安全专项整治，重点对房屋拆除、坍塌、高处坠落、防护用品等进行严格治理，对存在质量安全隐患的在建工程进行限期整改和停工整改。

四、建筑市场整治

1985年后，建筑业企业逐渐增多，从业人员不断增加，给建筑业管理带来很大困难。建筑施工企业存在不服从行业管理、不登记、不注册就擅自申报工程项目、承包项目建设，且有脱离质量监督的现象发生，甚至挂靠承包、肢解工程、专业技术人员企业之间交叉使用，不到岗到位等，建筑市场较为混乱。针对这种情况，县行业主管部门狠抓建筑市场整顿，严格企业资质年审、对不投标、违法转包、分包，违反国家强制性标准等企业违法违规行为进行依法处理；对从业人员狠抓资质就位和到岗到位，持证上岗、压证施工，打击非法挂靠。同时，依法规范建筑市场，完善市场机制，建立健全工程报建制、招投标制、质量监督制、工程监理制、合同备案制、建筑施工许可制等各项管理制度，培育和发展招标代理、造价咨询、信息服务、法律服务等中介服务组织，使建筑市场秩序有了根本好转。

第十三篇　商　业

第一章　商业体制

第一节　国有商业

一、隶属关系

1986年，县内国有商业机构分属多个主管部门管理。属商业局管理的有百货公司、糖酒公司、五金公司、石油煤建公司、食品公司、蔬菜饮食服务公司和下属10个食品经营站、3个商办厂及栈、库等28个核算单位，158个经营单位。其他部门管理的有：物资公司，属县计委管理，除县城设公司门市部外，县以下设有5个农村物资供应网点；外贸公司，属地区外贸局管理；盐业公司，属地区盐业分公司管理；烟草公司，属地区烟草分公司管理；农机供应公司，属县农机局管理；医药公司，属地区医药分公司管理；木材公司，属县林业局管理；蚕丝公司，由县农业局管理；新华书店，由县文教局管理；粮油购销站、厂，属县粮食局管理。

1997年，商业体制改革，县属国有商业系统的专业公司有：南江县百货公司、糖酒公司、食品公司、五金公司、五金交电化工公司、石油煤建公司、蔬菜饮食服务公司、商业储运公司。其他商业独立核算单位仍由原主管部门管理。

二、商业体制改革

1997年12月8日，撤销县商业局，成立“南江县贸易局”，随即着手对国有商业企业进行改革。1998年初，成立企业产权制度改革领导小组，结合各企业自身实际，草拟改革方案。按照南江县人民政府南府发〔1997〕12号文件精神，紧紧抓住改制、改组、改造三个重点，走“卖、租、股、联、送、破”六个字改革之路，实现“流通卖光，工业改完，规范破产，抓重促联，保持稳定，资产大重组，结构大调整，机制大转换，效益大提高”的目标。至2000年，全县23户商贸企业中20户实现了改制，其中采取股份制改制3户，分体改制1户，规范破产改制11户，改制面达87%。共盘活企业沉淀资金1015.2万元，吸纳股金42.8万元，减员分流1446人。

第二节　供销合作商业

1986年后，全县供销合作商业均实行承包经营责任制。县供销联社下属业务经营单位有农业生产资料公司、土产果品公司、日用杂品公司、工业品贸易公司、贸易货栈、茶厂、食用菌种厂、饮料厂、天生桥罐头厂、食用菌研究所、汽车队等11个核算单位，县以下有10个区供销社、65个乡分社和846个购销网点。1986年全县供销系统纯购进总值1780万元，农副产品购进总额925万元，国内纯销售总额3645万元，年末库存总额1849万元。

1990年，购进总额2558万元，农村产品购进数1091万元，销售总额5349万元，年末库存额2542万元。1995年，县联社直属企业改制，仅农资、土产、日杂、棉麻四个单位统计纯购进总额为2558万元，销售总额2194万元，年末库存582万元。经过清产核资，全县供销系统实有固定资产原值3076万元，净值2458万元，年末流动资产5320万元，商品销售收入8511万元。

1997年，全县供销商业已全部改制。机构人员，按有关规定分流落实。当年清理核实尚有固定资产原值2962万元，固定资产净值2263万元，年末流动资产6722万元，商品销售收入7392万元。1998—2000年，供销合作商业改制后已全部转入集体或私营商业性质。2000年，供销系统消费品零售额4002万元，比“八五”末下降44.9%。

第三节　集体商业

1984年8月5日，南江县人民政府批准“南江县城镇集体商业联合公司”正式成立，简称“集商公司”，主要是领导和管理国营商业系统归口管理的县城集体商业、集体饮食业、集体服务业，共有独立核算企业29个（其中商业15个、饮食业9个、服务业5个）；职工223人，固定门市部网点47个（其中商业27个、饮食业13个、服务业7个）。公司对下属各店一直实行承包租赁经营。

1997年底，公司有职工107人，其中退休职工64人。资产总额37万元，其中固定资产13万元，流动资产24万元，负债14万元。企业全部经营设施都处在南江县旧城改造拆迁范围的上下河街。企业用拆迁补偿资金安置职工，1997年拆迁安置完毕后，企业解散。

第四节　民营商业

20世纪80年代中期，在“以公有制为主体，多种经济形式并存”方针的指引下，南江民营商业得到快速发展。1986年，全县个体商业5512户，从业人员6674人，注册资金455万元。1996年，发展个体商业户累计达11387户，从业22086人，注册资金1950万元。2000年，全面贯彻落实县委、县政府提出的以非公有制经济为主构筑县域经济的发展战略，把引导私营经济的发展放在重要位置抓，全县个体商业户累计已达20475户，从业41117人，注册资金6977万元。全县有私营企业165个，从业人数达2845人，注册资金6652万元。全县个体私营经济商品零售额已达30232万元，占全县社会消费品零售总额51729万元的58.4%。

表 13—1　南江县 1986—2000 年民营商业发展情况表

年　度	个体工商户			私营企业		
	累计户	从业人数	注册资金（万元）	累计户	从业人数	注册资金（万元）
1986	5512	6670	455	—	—	—
1987	6186	7368	516	—	—	—
1988	7238	8645	691	—	—	—
1989	4429	5350	560	5	62	29.2
1990	4965	5978	570	6	113	39.2
1991	5878	7445	1150	8	137	45.7
1992	7617	9736	1616	17	177	98.25
1993	5754	7348	1462	21	259	667.2
1994	6691	8634	1660	26	322	893
1995	12574	14282	1907	45	658	9342
1996	11387	22086	2950	75	1098	2461
1997	17949	35898	5698	106	1526	2864
1998	19530	39721	6537	126	1776	4054
1999	19516	39202	6998	142	2550	5661
2000	20475	41117	6977	165	2845	6652

注：资料来源于县工商局。

第二章　市场设置

第一节　市场分布

一、县城市场

1987 年 9 月，南江镇投资 1.5 万元，在县城新修牲畜市场一处，使用面积 217 平方米，为顶棚类型；解决了县城过去猪牛市场沿下河街河坝为市，日晒雨淋，交易很不方便和污染环境等问题。1989 年 9 月，新建了南江镇集州市场，投资 32 万元，使用面积 1090 平方米，市场为顶棚型。1994 年 6 月，由县粮油开发总公司，投资 30 万元，建成一座楼层型的“集州商城”，使用面积 911 平方米。1995 年，由县工商、民政部门共同投资 500 万元，新建红四门市场一处，使用面积 5000 平方米，为楼层型。县城各类市场的建成使用，极大地改善了集市贸易环境，场期已由过去的三、六、九，改为白日场。

二、区、乡市场

1986 年，全县区、乡市场有 59 个，其中赶场人次在万人以上的有 4 个，5000～10000 人次的 7 个，3000～5000 人次的 10 个，余者均不到 500 人次。到 2000 年，随着行政区划调整，区、乡市场赶场地方也相应作了调整。区镇所在地集贸市场均已改为白日场。同时，部分村社还建立了便民商店，经营日用百货和副食品。

表 13—2 南江县 1986—2000 年各场镇赶集日期一览表

赶场日期	场 镇 名 称
白日场	南江镇、小河、东榆、沙河、洛坪、长赤、正直、下两、大河、赶场、上两、贵民、杨坝、桃园、乐坝
逢单日	赤溪、高桥、关路
逢双日	红光、花桥、白院
一、四、七	石矿、高塔、长征、平岗、鱼脊坝、双流、瓦池、关田、沙坝、西清
二、五、八	燕山、元潭、仁和、东垭、付家、侯家、凤仪、新立、兴马
三、六、九	八庙、九顶、天池、菩船、和平、黑潭、朱公、石滩、关门、雪花寺、柳湾、坪河

第二节 专业市场

一、农贸市场

县城和区、乡所在地均设有农贸市场，1986 年前，大多数农贸市场除县城的有雨棚外，乡镇农贸市场多为露天市场，逢赶场天进行交易。农民将自产的农副产品运到市场里摆摊，让来市场的客户自由选择，自由议价。从 1986 年开始，为适应市场发展需要，农贸市场建设速度加快，区所在地场镇和一部分重点乡镇也相继修建了有雨棚的农贸专业市场。全县至 2000 年底已建农贸市场 78 个。

二、农资市场

1986 年，全县农资市场分布设置于县、区、乡。县上集中于南江县供销合作社农业生产资料公司（简称农资公司），从事批发零售化肥、农药、农用薄膜和中小农具业务。区、乡供销社农资经营门市部从县农资公司进货，直接销售给农民。全县共计设置农资市场 85 个。直至 1997 年商贸企业改制结束。农用种子（主要指杂交水稻、杂交玉米、杂交油菜种子）由县种子公司批发调拨至各区、乡农技站按需供种到农户，全县共设 93 个供种点，直至 2000 年未变。其余农资商品均分散在各地农贸市场自由买卖。

三、运输市场

1986 年，全县专业运输市场分为县城和区、乡专业运输市场。县运输市场（客货）主要是由省运输公司 47 队（车站设在南江镇下河街公园坝）和县“南江汽车队”（车站设在南江镇朝阳大队）。1990 年，由省交通厅拨款 250 万元，在南江镇文星村修建一个综合性开放二级客运站，1992 年正式投入使用。1995—1997 年，县交通局在乐坝镇征用土地 12.5 亩，由省交通厅补助客运附加费和自筹资金修建乐坝汽车站，该站与乐坝火车站毗邻，形成了公路铁路运输市场配套。1999 年，根据巴中地区行署的规定，把区乡汽车站建设纳入城镇建设的总体规划，在正直镇修建区乡场镇汽车站，占地面积 3 亩，投资 40 万元。使专业运输市场延伸到区乡重要场镇。

四、牲畜市场

耕牛市场 1986 年，以长赤耕牛市场为中心，先后在南江镇、沙河、正直、下两、大河等区建立了专业性的耕牛市场，每年春季还举办“耕牛交易会”。到 2000 年，全县耕牛市场发展了 36 个，年均上市耕牛 4500 头，成交量 2500 头，成交金额达 63.7 万元。

生猪市场 县城及各区乡有场镇的地方分别在逢场天进行交易，大多在场头、河边辟一片空地，无棚架的露天市场，由买卖双方自由交易，接受市场管理部门依法监管。

五、食盐市场

1986—2000 年，食盐市场一直由县盐业支公司批发，各商业网点门市、个体工商户代销。食盐市场价格稳定，零售量充足。20 世纪 90 年代改散装为袋装，全为加碘盐，禁止销售不合格的食盐。

六、商品批发市场

1986 年，南江有批发市场 9 个，分别属于主管公司。除专营批发烟、酒、盐业的市场外，主要有百货工业品批发市场、副食品批发市场、医药批发市场、农副土特产品批发市场、建筑材料批发市场、金属材料及轻化工产品批发市场等。20 世纪 90 年代中后期，随着国有商业企业的改制，市场放开，各批发市场亦停止经营。批发业务进入民营企业规模比较大一点的私营企业既从事批发业务也从事零售。

第三节 市场建设

中共十一届三中全会后，县工商部门和区乡政府以及有条件的工商企业和个人，本着谁投资谁受益的原则，陆续投资在县城和场镇兴建市场。到 2000 年，全县共建市场 74 个（不含无雨棚或以街以路为市的市场），使用面积 7.5 万平方米，其中综合市场 23 个，农副产品市场 50 个，工业品市场 1 个。进入市场的经营户有：国有 30 户、集体 114 户、个体 10913 户，合计 11057 户。当年成交额 20506 万元，设施租赁费 600 万元，市场管理费 120 万元。

表 13—3 南江县 1986—2000 年市场建设登记表

市场名称	开办时间	市场类型	开办单位	投资（万元）	使用面积（平方米）	备 注
长赤生猪市场	1985.10	顶棚	县工商局	1.5	629	
南江镇生猪市场	1987.9	顶棚	县工商局	22	217	
沙河耕牛市场	1989.8	露天	县工商局	1	337	
南江镇集州市场	1989.9	顶棚	县工商局	32	1090	
沙河农贸市场	1993.5		沙河区供销社	8	5000	

续上表

市场名称	开办时间	市场类型	开办单位	投资（万元）	使用面积（平方米）	备 注
红光综合市场	1993.5	顶棚	红光青山村	8	5280	摊位170个
南江煤矿农贸市场	1993.8	顶棚	广旺矿务局	18	1200	门市36个
上两农贸市场	1993.10	露天	县工商局	5	500	摊位89个
南江镇综贸市场	1994.6	楼层	粮食总公司	30	911	
南江镇红四门市场	1995.7	楼层	工商、民政局	500	5000	摊位250个
赶场明江综合市场	1995.9	楼层	赶场供销社	7.5	1200	摊位180个
大河供销社市场	1997.5	顶棚	大河供销社	70	600	
沙河镇桥头市场	1997.6	以街	沙河镇政府	50	2000	
下两供销社市场	1997.10	楼层	下两供销社	40	1600	摊位263个
元潭农贸市场	1997.12	露天	元潭乡政府	10	3000	摊位140个
小河农贸市场	1997.12	顶棚	朝阳村	30	2400	门市22个
乐坝消费品市场	1997.12	露天	乐坝镇政府	160	8200	
沙河农贸市场	1997.12	顶棚	沙河供销社	14.8	1200	
上两供销社市场	1997.12		上两供销社	24	1500	
南江黄羊市场	1998.12	顶棚	县工商局	550	23520	
赶场宏益农贸市场	2000.3	楼层	宏益矿业公司	40	2000	
黑潭牲畜市场	2000.6	顶棚	王启发	1	600	
正直农贸市场	2000.12	顶棚		37.2	1047	
正直济田坝农贸市场	2000.12	顶棚			500	
关坝农贸市场	2000.12	以街			1000	
桃园旅游市场	2000.12	沿路			60000	
桃园农贸市场	2000.12	以街			800	
杨坝农贸市场	2000.12	以街			1800	
坪河农贸市场	2000.12	以街			1000	
碾盘综合市场	2000.12	沿路	碾盘乡政府	0.2	500	
桥坝综合市场	2000.12	沿路	桥坝乡政府	0.2	500	
小河街道综合市场	2000.12	沿路	南江镇政府	0.5	5000	
东榆石材城	2000.12	沿路	南江县政府	1	5000	
石矿街道综合市场	2000.12	沿路	石矿乡政府	0.2	2000	
南江小河汽配一条街	2000.12	沿路	南江县政府		5000	
东榆街道综合市场	2000.12	沿路	小河乡政府		7000	
甘溪综合市场	2000.12	沿路	甘溪乡政府		5000	
流坝街道综合市场	2000.12	沿路	流坝乡政府		3000	
高塔农贸市场	2000.12	以街	高塔乡政府		980	
八庙农贸市场	2000.12	以街	八庙乡政府		900	
赤溪农贸市场	2000.12	以街	赤溪乡政府		950	
燕山农贸市场	2000.12	以街	燕山乡政府		1100	

第三章　商品经营

第一节　社会商品总购销

自1986年起，南江县积极采取各项措施，启动市场，搞活流通，增加有效供给，充分发挥国营商业的主渠道作用，大力发展集体、个体商业，促进生产发展，社会商品零售额不断增长。1986年，国营、合作社商业（简称国合商业）纯购进总值5815万元，农副产品购进总额3784万元。全县社会商品零售总额8476万元，到1990年，国合商业部门国内纯购进10042万元，农副产品购进总值6767万元，全县社会商品零售总额增加到14900万元，五年增长75.8%。

1991年，全年社会商品购进总额达23829万元，比上年增长79.4%；社会商品零售总额达17263万元，比上年增长15.9%，扣除物价上涨因素增长10.3%。全年集市贸易成交额3345万元，比上年增长16.6%，扣除物价上涨因素，比上年增长11.7%。1992年，全年社会商品购进总额23515万元，其中全民所有制商业和供销社国内纯购进9956万元，比上年下降10.2%。全县商品零售总额18942万元，比上年增长9.7%，扣除物价上涨因素，比上年增长3.6%。

1993年，社会主义市场经济的确立，给全方位开放市场注入新的活力，城乡市场商品丰富。全年社会商品购进总额22227万元，全民所有制商业和供销社纯购进19102万元，社会农产品收购总额7172万元，比上年下降23.3%。社会商品零售总额22074万元，比上年增长16.5%，扣除物价上涨因素比上年增长0.5%。1994年，全年社会商品购进总额20831万元，其中国有经济购进14004万元，集体经济购进6377万元，比上年下降38.7%。商品零售总额25144万元。年末库存9848万元。全社会消费品零售总额26611万元，比上年增长40%，扣除物价上涨因素后增长11.5%。

1995年，全县零售市场总体运行基本平稳，消费零售总额突破3亿大关，达到31647万元，比上年增长18.9%。非国有经济零售增长最快，增长速度达49.7%，占零售市场的72.2%。国有企业销售增长速度由上年的9.3%回落到1.4%。1996年，全县消费品市场繁荣活跃，全社会消费品零售额达36571万元，比上年增长15.6%，生产资料市场供求总量基本平稳，销售稳定增长，农业生产资料购销两旺。1997年，全县消费品零售42593万元，比上年增长16.4%，其中餐饮2305万元，批发零售贸易业26764万元，分别比上年增长60.1%和13.5%。制造业销势继续上升，零售额达2897万元，增长12%。

1999年，全县商贸业买方市场形成，供大于求的商品增多。全年社会消费品零售总额47779万元，比上年增长3.2%，其中国有经济下降21.6%，非公有制经济增长11.6%，其零售额所占比重为56.8%。生产资料市场走势较弱，全年批发零售各类生产资料总值4257万元，比上年下降1.2%。但集市贸易活跃，全县集市贸易成交额达16872万元，比上年增长6.3%。

2000年，短缺商品在大多数领域基本结束，社会供给比较充裕，全年社会消费品零售总额51729万元，比上年增长8.3%。在竞争日益多元化市场主体中，非国有经济成分的市场空间和容量进一步扩大，国有经济下降15.2%，非公有制经济增长11.5%，其零售额所占比重为90.6%。生产资料零售总值2815万元，集市贸易成交额26884万元，分别增长6.2%和59.3%。

第二节 生产资料经营

一、农业生产资料

农业生产资料主要包括化肥、农药、种子、农膜以及中小农具等（除种子由农技部门经销外，其余由供销农资部门经营）。20世纪90年代以前农业生产资料购销一直由县供销社农业生产资料公司及区、乡供销社农资门市部经营，市场范围比较单一。随着改革开放的不断深入，农业生产资料经营逐步放开，以农资公司为主体，采取多渠道经营方式，农业技术服务部门的“三站”（农技、种子、植保）以及经过办理了农资经营许可证的单位或个人都可以经营。1986年，全县化肥销售量30978吨（实物量，以下同），化学农药106吨，生物农药6.2吨，农用薄膜145吨，中小农具7.74万件，农业生产资料销售额1369万元。1990年，全县化肥销售量达36780吨，化学农药106吨，生物农药5吨，农用薄膜200吨，中小农具1864吨，农业生产资料销售总额2992万元。到2000年，全县化肥销售量14679吨（折纯量），化学农药80吨，生物农药0.7吨，农用薄膜340吨，中小农具已达10万件。农业生产资料销售总量7238吨，其中“两杂”种子全年销售量10.4万公斤。

二、工业生产物资

金属材料 1985年，金属材料公司成立后，其经营的品种增多，主要有各种型号不同的钢材、焊锡等。1986年，全县购进钢材2241吨，金额152.38万元，销售数量1869吨，金额158.86万元；购进焊锡0.25吨，金额40万元，销售数量0.21吨，销售金额39.2万元。1990年，经济发展速度加快，金属材料需求量上升。全县年内销售钢材2362吨，销售金额达231.47万元，焊锡销售0.3吨，金额60万元。全县金属材料销售总额达231.53万元。1995年，金属材料销售量猛增，钢材销售量达3255吨，销售金额达1009.05万元；焊锡年销售0.31吨，金额0.11万元。2000年，金属材料销售量回落，钢材年销售量仅1797吨，焊锡0.14吨，金额仅500万元。

机电设备 1985年，县机电设备公司成立后，为适应国家经济建设的发展，除搞好国家统配、部营、地方管的一、二、三类机电设备供应外，还积极组织货源敞开供应。1986年，全县销售汽车34辆，金额123.08万元，交流电机439千瓦，金额3.51万元，工业轴承5616套，金额3.91万元，变压器320千伏安，金额7.04万元，合计销售金额137.54万元。1990年，销售汽车31辆，金额118.42万元，交流电机上升到4352千瓦，金额达39.16万元，工业轴承6232套，金额4.36万元，变压器340千伏安，金额7.48万元，机电设备合计169.43万元，比1986年增长23.19%。1995年，全县销售机电设备金额达1517.65万元。2000年，由于市场供需的变化，全县汽车无销售，交流电机仅销售1551套，比1995年下降3705套，变压器销出240千伏安。机电销售总额只有40.34万元。

轻化工产品 1986年，全县销售轮胎、炸药、传动带、酸碱等轻化工产品金额266.83万元。1990年，销售额为285.88万元，其中销售轮胎1566套、炸药569吨、传动带1214平方米、酸碱3.5吨。1995年，轻化工产品销量开始下降，全年销售轮胎1208套、炸药520吨、传动带1087平方米、酸碱1.2吨。2000年，轻化工产品中销量轮胎减少到196套，传动带减少到168平方米，但炸药销量增长到546吨。轻化工产品合计销售金额256.15万元。

建筑材料 主要经营品种有水泥、玻璃、油毡。1986年，全县销售水泥2430吨、玻璃3740箱、油毡2316卷，合计销售金额58.85万元。1990年，销售水泥1591吨，玻璃3983箱、油毡2547卷，合计金额70.38万元。1995年，全县建材销售开始下降，其中水泥仅售出1265吨、玻璃2904箱、油毡2201卷。2000年，建材类销售量继续下降，全年销售金额785.74万元，比1995年减少731.91万元，减少48.2%。

三、石油、煤炭、液化气

1986年后，石油、煤炭、液化气归口国营企业县石油煤建公司经营。1992年，成立“南江县液化石油气供应站，隶属南江县石油煤建公司领导，主营液化石油气（含运输、储存、罐装），兼营液化罐、炉具、配件等业务。1986年，全县购进（含石油、煤炭、液化气，以下同）总值243.39万元，销售总值534.83万元，利润实绩为16.81万元。1992年，县石油煤建公司分为“南江县石油公司”和“南江县燃料建材公司”，实行两块牌子，一套班子。石油公司经营成品油、石化产品；燃料建材公司主营煤炭、建材、液化气、钢瓶检测及配套设备，两公司当年合计购进总值166万元，销售总值1129万元，利润26.2万元。改制前的1997年，全县购进6180万元，销售6098万元，利润7.09万元。（改制后无统计数据）

第三节　生活资料经营

一、肉类、禽蛋

自1985年国家放开生猪经营后，肉、禽、蛋经营市场环境发生了根本变化。国营商业企业经营状况也相应发生变化。1985—1989年，生猪收购量、猪肉调出量逐年增加，经济效益较好。1989年生猪收购量为63361头，销售收入达1085万元。1990—1997年，是国有食品企业经营变化较大的时期，到1997年，生猪收购量仅1900头，比1989年减少44361头，当年亏损216.64万元。国有食品企业处于困难境地，基层食品站逐步解体，肉联厂停产。肉、禽、蛋已推向社会多渠道经营。2000年全县肉类产量39348吨，禽蛋产量7518吨，出售自宰鸡267.8万只，自宰兔2.56万只。

二、针织、百货、文化用品

1984年，先后修建了大河百货商店、正直百货商店、长赤百货商店，总面积为3102平方米。1994年新建的县城城南百货楼开业，面积5600平方米。到1997年底，全县城乡共设有经营网点45个，有职工369人，经营针织、百货、文化用品，品种5000个以上，资产1161万元。

1986年，全县针织百货、文化用品销售总额1093.54万元，1988年上升到1343.25万元，1990年下降到1073.15万元。此后，随着市场变化，国有、集体经营的针织百货和文化用品销售金额，从1995年的610万元，下降到1997年的120万元（1998—2000年，改制后未有统计数据）。

三、五金、交电、化工

随着购销业务的发展，国有企业五金公司经营范围不断扩大，1986年其经营业务有五金类：铁秤、圆钉、合页、插销、各类机械工具、自来水表、自来水嘴等；交电类：自行车及零件、电线、普通灯泡、灯具、日光灯管、各种电视机、收音机、扩大机、万用表、电开关等；化工类：纯碱、硫磺、油漆、染料等。1989年9月，公司新建综合楼零售部开张营业。加上公司下伸沙河、大河、正直、下两、县城增设的批零网点，到1997年底，公司有国有资产393.81万元。1998年起国营五金公司改制，实行租赁承包经营直至公司倒闭，资产全部出售，用于安置下岗人员。

四、食糖

南江县食糖（白糖、冰糖、红糖），自改革开放以来，实行多渠道经营，货源逐步充足，购销量不断增加。1985年全县食糖销售5440吨，食糖市场出现供大于求。1986年和1987年食糖销售量分别为1114吨和1106吨。1988年和1989年销量持续下降，分别为931吨和810吨。1990年，是食糖在南江销量较少的一年，仅765吨。1991年销量回升到843吨，1992年食糖销量猛增到1349吨，而1993年食糖销量反而下降到603吨，是自1986年以来，食糖销售最少的一年。自1994年起，统计部门改革统计口径，国有糖酒公司糖类（包括食糖、糖果、糕点）和酒类销售总额从1994年到1996年分别为775万元、849万元、572万元（1997年糖酒公司改制后至2000年，统计部门没有数据）。

五、天然气

南江县天然气，于2000年5月筹资兴建，埋设巴中至南江长达89.3公里的Φ133供气管道，在野羊溪修建了配套的收发气站，南江配气站及城区47千米的燃气干网。总投资3657.64万元。发展用户5500余户，县城居民用户率达60%。

第四节 专卖商品购销

一、食盐

食盐一直由南江县盐业公司专营批发，各商业网点门市销售，个体工商户代销，价格比较稳定，数量充足。1985年，全年销售量为4802吨。1986—1993年，共调进37658.9吨，总计销量达37463.96吨，年均销售量4682.9吨。1994—2000年，调进食盐42238.68吨，销售33698.2吨，年均销售4814.03吨。

表13—4　　南江县1986—2000年食盐购销情况统计表　　单位：吨

年　度	调进	销售	年　度	调进	销售
1986	6843.5	6966.62	1990	6354.67	4704.46
1987	1632.95	1543.82	1991	4895.65	5090.24
1988	4112.69	4217.78	1992	5999.50	5727.34
1989	2585.57	2093.51	1993	5234.59	7120.19

续上表

年　度	调进	销售	年　度	调进	销售
1994	4352.25	4207.57	1998	4763.35	4769.45
1995	4568.30	4478.58	1999	3469	6373.21
1996	4693.55	4447.55	2000	11564.43	4588.56
1997	8827.80	4833.28			

注：资料数据来源于南江县盐业公司。

二、卷烟

购进　1986年，烟草公司对各批发站（部）为完成销售任务，各自到广元二级站进货的混乱状况及时制止，统一由公司驻站人员提货。全年购进卷烟9560箱（每箱5万支），占计划的104%。1988年，洛坪库成为公司卷烟购、销、调、存的中心，凡调入卷烟先入中心库，再调给各站销售。全年购进卷烟18325箱，占计划的158%。1989年，全县购进卷烟10586箱，占计划106%。1990年，购进18367箱，平均每箱为414元。1993年，卷烟购进11634箱。卷烟购进从1986年起，省、地烟草公司在下达购销计划时，川烟占80%～90%的比重。并列入指令性计划，作为法人代表政绩考核的主要内容。1995年，卷烟业务实行对外狠抓货源，对内狠抓批发，努力开拓农村市场，全年购进卷烟9139箱，占计划109%。1997年，川烟产品结构调整，价格上涨，全年购进卷烟12298箱，完成年计划的164%，其中川烟购进8828箱，完成年计划126%。1998年，国内市场平淡，公司购烟数量减少，全年购进卷烟10805箱，完成年计划90%，比上年同期下降7.7%。省外烟购进2589箱，占总购进数的21.6%，年末库存1445箱，比1997年同期增加20%；川烟比1997年同期库存增加40%。2000年，卷烟购销实行全省“一价制”，准销的品牌及价格均由省定。公司在购销策略上注重品牌的选择，以毛利率高的为目标，密切厂家关系，争取增值卷烟，至年底，全县共调拨卷烟9889箱，其中川烟8252箱，分别比1999年减少8.5%和增加1.7%。

销售　1986年，公司贯彻“三为主”的销售方针（即销地产烟为主、销雪茄烟为主、面向农村为主），同时加大川烟销售力度。全年销售卷烟9233箱，占计划的100.3%，其中川烟4970箱，销售总额599万元，占计划的108%。1988年，由于国民经济好转，农业丰收，人们购买力增强，出现商品抢购风。全年销售卷烟10139箱，其中川烟8925箱，销售总额达790万元，创县卷烟销量最好水平。1990—1993年，全县每年销售卷烟都在13000箱左右。1994—1995年，市场疲软，卷烟销售数量略有下降。从1996年开始又逐渐上升，全年销售卷烟10142箱，占年计划的127%，销售总额3954万元。其中省外烟1448箱，川烟8694箱。销售总额比1995年增长33%。1998年，卷烟销售面临最大困难，市场价格下滑，名烟价格持续低迷。在严峻的销售形势面前，全县采取立足本地、培育川烟品牌、抓商品信息、把握卷烟价位，积极开展优质服务，树立“零售户是上帝”等措施。全年卷烟销售10511箱，占计划的87.6%，比1997年同期下降18%，实现销售金额4373万元，比1997年下降19%。1999年，为扩大卷烟销售，对成都烟厂红芙蓉、红娇子、金五牛、天下秀等品牌给予每条0.5元至1元的销售奖，对销售人员继续实行经营承包，同时加强市场培育、信息调研，使卷烟销售达9026箱，占计划的75.2%。2000年，从4月26日零时开始，实行全省统一批发价格，也只允许销售本地市场。这一政策使南江只得放弃外县市场及“大甩卖”的经营策略，靠内部挖潜革新，当年全县市场销售的卷烟93个品牌，其中畅销的品牌有嘴红梅、盖阿诗玛、嘴天下秀、盖新天下秀等20多个品牌。全年销售卷烟10020箱，销售金额4393万元，其中销售川烟8331箱。

三、酒类

1986—1996年，酒类购销由酒类专卖局管理、糖酒公司经营（批发零售），1997年，国有商业改制，糖酒公司对酒类经营放开（酒类专卖管理另章叙述），购、销渠道随即发生变化。1986年酒类购进565吨，销售646吨；1987年购进1014吨，销售968吨；1989年后，受市场影响，全县酒类购销逐年下降；到1996年，全县酒类购进量只有194吨，销售仅188吨。

第五节 医药购销

一、中药

1986—1997年，南江县中药材购销业务一直由县中药材公司统一经营，收购品种250余个。1986年，全县收购中药材12.78万公斤。1988—1992年，县内收购本地生产的中药材金额共达569万元。1993年中药材总额上升到200万元。1993年后，国家放宽药材收购政策，除甘草、麝香等品种外，全部放开，自由收购。1997年后，县国有医药经营机构进行体制改革，机构撤并，处置资产、分流人员、置换身份。中药材销售：南江收购的中药材除解决本县配方用药外，其余绝大部分调出县外，调剂余缺、互通有无。中药材销售最好的一年是1993年，全县调出中药材金额达200万元，县内销售60万元。1995年，中药材销售下降到132万元。

二、西药

购进 1986年，县医药分公司国内纯购进总额86万元。1990年上升到243万元。此后，药品购销市场放开，多渠道经营、自由采购。到1995年，县医药分公司购进总额下降到71万元。

销售 1986年，县医药分公司销售总额为160万元，1990年上升到320万元，1995年下降到112万元。1997年销售额仅32万元。

第六节 饮食服务

1986年，饮食服务业多渠道经营，市场竞争激烈，国有饮食服务处于滑坡，经营萧条。县饮食服务公司将风味餐厅改建成临江商场，采取“国家给政策、银行给贷款、职工集资、企业努力”的措施和办法，投资5.2万元改建成了当时县城最大的商场。1986年10月投入运营，月销售额11万元，使企业具有一定活力。后来由于市场竞争，内外部受到多种因素制约，导致年年亏损。1994年，实行对外承租摊位引资，相继实行国有民营、租赁、承包及股份合作等多种形式，增添了一定生机和活力，使企业在困境中生存。后由于旧城改造，商场交给拆迁办公室，用补偿资金分流安置职工，企业随之注销。1998—2000年，全县饮食业零售总额分别为2317万元、2596万元和2815万元。

表 13—5　　南江县 1986—1997 年国有饮食服务业购销利实绩表　　单位：万元

年　度	购进总值	销售总值	利润实绩	上缴税利
1986	4152	6223	-282	65
1987	3852	7414	-41	708
1988	4778	6921	64	792
1989	2384	4113	738	761
1990	1487	4435	-2218	680
1991	1900	2900	-1612	461
1992	1200	11700	-6012	428
1993	4700	7500	1503	493
1994	1800	3700	-954	431
1995	100	1000	-1710	568
1996	0	1200	-2664	66
1997	0	0	-3165	67

注：1. 资料来源于县商业局。

2. 国有饮食服务业自 1997 年改制后，无统计资料。

第七节　农副土特产品购销

一、茶叶、干果、杂品

1986 年，收购茶叶 278.7 吨、黑木耳 19.90 吨、核桃 199.2 吨、生漆 20 吨、棕片 22 吨、黄花 14 吨、金银花 117 吨。1990 年收购茶叶 513 吨，比 1986 年增加 235 吨，增长 84%；黑木耳收购 12.2 吨，比 1986 年减少 7.7 吨，减少 39%；金银花收购 155 吨，比 1986 年增加 38 吨，增长 32%。1992 年，收购品种减少，国合商业除茶叶、核桃外，其它农副产品收购数量均有不同程度减少。

1993 年起，由于市场进一步放开，经营渠道增多，国合商业网点和机构处于改革中，农副土特产品收购数量未能准确统计，统计部门只对社会农副土特产品收购总额进行了统计。1993 年，全社会农村土特产品购进总额 7172 万元，其中国合商业和供销社农副产品购进 7096 万元。1994 年，全县社会农副产品购进 6764 万元，比上年下降 38.7%，其中国有经济农副产品购进 5749 万元，集体经济农副产品购进 1014 万元。1995 年，全县农副产品购进额 8245 万元，比 1984 年增长 21.9%。1996 年，购进总额达 8894 万元，比 1985 年增长 7.9%。

1997 年，农副产品购进 10231 万元，比 1986 年增长 15%。1998 年，农副产品购进 9265 万元，减少 9.4%。1999 年，农副产品购进额 9542 万元，比 1998 年增加 2.9%。2000 年，农副产品购进 9845 万元，比 1999 年增长 3.2%。

表 13—6　　南江县 1986—1992 年主要农副土特产品收购量统计表　　单位：百公斤

品名＼年度	1986	1987	1988	1989	1990	1991	1992
烟叶	10526	5986	19512	3581	2649	25096	38137
生漆	201	84	94	89	256	154	114
棕片	221	141	95	69	211	138	298
核桃	1992	2647	4502	1510	776	186	6742
黑木耳	199	237	370	280	122	160	295
银耳	84	15	300	3	54	80	6429
黄花	138	98	106	99	127	187	581
干海椒	19	30	3	17			109
金银花	1173	1910	2444	1068	1552	1573	1260
天麻	7	10	15	9	2		
杜仲	61	41	209	17	99		
冬花	33	5	47	11	31		
红花	1	2	1	4	4		
栀子	3	9	12	12			

二、烟叶

收购 1986 年，白肋烟、白毛烟（下称“两烟”）交由县烟草公司经营，设立 23 个收购点、8360 平方米仓库，直接收购和贮藏。全年收购烟叶 31221 担，其中白毛烟 16998 担、白肋烟 14223 担。1987 年 2 月 27 日，县上兑现上年烟叶“悬奖攻关”奖，增强了烟叶生产积极性。当年收购“两烟”2.37 万担，占计划的 70%，奖售磷肥 940 吨，其它化肥 800 吨。1988 年，烟叶生产面积扩大，全年收购“三烟”（白肋、白毛、烤烟）共 55522 担，其中白肋烟 42064 担、白毛烟 11939 担、烤烟 1519 担。1989 年，坚持样价政策为主要内容的宣传教育，激发烟农积极销售，全年收购“三烟”11.02 万担，占收购计划的 125%，比上一年增加一倍。1991 年，贯彻执行省公司《关于毗邻地区烟叶收购协议》，防止烟叶外流。全年收购“三烟”4.77 万担，其中白肋烟 4.39 万担，白毛烟 0.37 万担，烤烟 0.01 万担。1993 年，白肋烟收购价在总水平不变的原则下调高上中等级价格，将生产扶持费并入收购价，国家对烟叶产品税由 38% 调为 31%，全年收购“三烟”52763 担，其中白肋烟 39916 担，白毛烟 12626 担，烤烟 222 担。1994—1998 年，烟叶生产走“公司＋农户”的路子，行政手段逐渐脱钩，烟叶税率调低，粮烟比价不合理，烟农不愿种烟，种烟面积逐年减少。5 年收购“两烟”仅 64938 担，其中白肋烟 55892 担，白毛烟 6819 担，烤烟 2227 担。1999—2000 年，为使烟农和党政干部走出“烟好种，难卖烟”的思想误区，首先是作正面宣传引导，并将收购政策、标样、制度、价格等热点问题用板报或印发资料等形式，向群众宣传解释。全县设点 12 个，配置 35 名收购人员，坚持国家标准。两年收购“三烟”15538 担，均未出现级、数差损失。

销售 1986 年，“两烟”由县烟草公司统一经营，为搞活流通，加速销售，对外出销售人员实行悬奖攻关，当年全县 4 个销售人员在全国 16 家烟厂、一个公司、两个经营部共签订“两烟”销售合同 37220 担，其中白肋烟 15910 担，白毛烟 21310 担，当年执行合同调交白肋烟 9460 担，白毛烟27323担。1987年，烟叶畅销，部分烟厂纷至沓来求购货源，全年共调出白肋烟34250担，白毛烟9100担。1989年，由于全国连续几年烟叶丰收，晾、晒烟产大于销，市场出现疲软。部分烟厂因资金紧缺，"三角债"多，无力支付烟叶货款，造成县公司累计外欠烟叶货款达1200万元。1990年，新烟上市前仍库存烟叶2.1万担，积压资金440万元，年底库存"两烟"4万余担。1991年，烟叶销售形势仍无好转，公司决定在原承包方案基础上，实行任务到人，划片定厂，费用包干签订销售、收款承包合同，到11月底，全县销售烟叶28813担，收回资金145万元。1992年，烟草公司对烟叶销售及货款回收实行"双线承包"，全年共签销售合同6万担，当年调出烟叶3万担，其中陈烟0.8万担，回收货款650万元。1993年，烟叶销售行情明显好转，在新烟上市前，共签订销售合同6.3万担，当年执行合同4.5万担，收回新老欠款1050万元，创历史的最好水平。1996年，烟叶生产恢复性发展，南江县公司坚持快收、快加工、快调出、快收货款的"四快"原则，先后争取预付货款400万元，收回欠款320万元，至年底，全县共调销烟叶13093担（白肋烟5260担、白毛烟4490担）、库存烟叶5480担。1998年，全球受东南亚金融风暴的冲击，国内形势十分严峻，烟草部门销售不畅，陈烟积压，新老欠款难以收回，县上积极采取策略，以"收货款为中心，充实收款人员，强化新陈烟销售，定人定厂、划片包干、限时定额、工资效益挂钩、卷烟抵扣货款"等办法，全年新陈烟基本销完，收回货款863万元。

表13—7　**南江县1986—2000年烟叶收购情况统计表**　单位：担

年　度	合　计	白肋烟	白毛烟	烤　烟
1986	31221	14223	16998	—
1987	27300	—	—	—
1988	55522	42064	11939	1519
1989	110186	102879	7162	145
1990	91896	86464	5432	—
1991	47693	43869	3740	84
1992	68580	51110	15877	1593
1993	52764	39916	12626	222
1994	11997	11988	9	—
1995	6881	6615	266	—
1996	21150	17771	3379	—
1997	21010	15718	3166	2162
1998	4100	3800	—	300
1999	4975	4588	338	49
2000	10563	9731	152	680

第八节　外贸调销

南江县外贸调销业务一直由县对外经济贸易公司经营，它成立于1961年，属全民所有制企业，主要从事外贸产品购销业务，由于市场等多种原因，1993年起终止了经营业务。1997年，经过清产核资，拥有资产总额311万元，其中固定资产220万元，流动资产85万元，负债总额480万元，负债率占154%。到2000年底公司注销。外贸调销业务主要与各区供销社外贸采购站紧密配合，既抓收购又抓发展，收购品种达100多个，其中主要品种有茶叶、牛羊兔等皮张、猪鬃、贵重药材等。

表13—8　　南江县1986—1992年外贸物资主要品种调销量表　　单位：百公斤、张

品名 数量 年度	茶叶	牛皮	羊皮	杂皮	猪鬃	天麻	金银花	杜仲
1986	2787	1279	190	586		7	1173	61
1987	2693	564	2303	570	86	10	1910	41
1988	3093	190	1434	2294	66	15	2444	209
1989	3180	100	807	550	95	9	1068	17
1990	5130	608	3093	531	106	2	1552	99
1991	4460	204	227	273	14	21	1573	143
1992	23200	17	417				1260	

注：1993年起终止了外贸经营业务，因此无数据。

表13—9　　南江县1986—1992年外贸物资购销存总计表　　单位：万元

年 度	购进总值	销售总值	库存总值
1986	141	114	30
1987	126	72	78
1988	133	149	68
1989	82	43	59
1990	184	65	82
1991	287	5	164
1992	243	9	267

注：1993年起终止了外贸经营业务，因此无数据。

第四章 管 理

第一节 酒类专卖管理

南江县酒类专卖管理部门是南江县酒类专卖管理局，1996年10月，按照“执法与经营分离”的要求，由县糖酒公司析出纳入县商业局管理。1997年，县委、县人民政府在精简机构中，将酒类专卖和商业局合并，组建南江县贸易局，在贸易局内设置内股外局式的酒类专卖股。酒类专卖管理工作，始终坚持以宣传为先导，以服务为手段，以规范为目的，克服困难，排除干扰，使酒类管理工作步入正规化、法制化。按照“生产管严，批发管住，零售搞活，重点打假”的原则，进一步加大对全县酒类市场清理整顿力度。在广泛发动宣传的基础上，与工商、质监、公安等部门密切

配合，对酒类市场开展了经常性的检查、清理、整顿。一查产品质量是否达到国家标准；二查是否有保证质量的工艺生产条件和相应的专业技术人员；三查是否有安全生产制度和安全防范措施；四查是否偷漏税费；五查酒类产销许可证、营业执照、卫生许可证、税务登记证等是否齐全。在检查中发现产品质量不合格的立即查封没收，其他问题则限期改正。1997—2000 年，全县共查处酒类产、销户 295 户次，收缴伪劣白酒和变质葡萄酒 324 瓶，补办酒类生产经营许可证 189 户，名白酒零售许可证 319 户。

第二节　烟草专卖管理

1986 年，为把《烟草专卖条例》及《实施细则》引向深入，县烟草专卖局与公安、工商、税务部门配合，开展宣传教育，并对全县卷烟市场进行三次大检查，打击烟贩子 8 人，罚款 212 元，没收假冒烟 120 条，没收非法贩运的白肋烟 409 公斤，补办零售许可证 485 份。1987 年 1 月 21 日，对偷运白毛烟 4514. 5 公斤的正直供销社，按收购总值的 20% 处以罚款 1451 元；9 月 3 日对沙河供销社非法经营晒烟三次处罚款 2894 元。10 月 4 日，县上成立“打击非法烟贩活动办公室”查处打击非法交易活动。在烟叶收购期共没收、拍卖烟叶 1250 公斤，没收假冒卷烟 770 条，处理“倒爷”七起，罚款 2960 元。

1988 年，对卷烟经营户全面进行检查、核实并验发“零售许可证”和“准购证”2716 份，同时在上两陈家山设卡，防止陕西“公主”烟偷运入川。1989 年，全县设立专卖检查站 5 个，聘用检查人员 25 人，明确职责，建立了检查执法制度。全年依法查处违章经营 145 户，罚没款 6481 元，换发零售许可证 1832 份。

1991 年 6 月 29 日，国家正式颁布《烟草专卖法》。全县开展了宣传贯彻学习《烟草专卖法》的各类活动，全年出动宣传车 22 次，挂大幅标语 800 余幅，印发宣传资料 2000 余份。查处违章卷烟 6. 4 万条，没收走私烟 35 条，罚款 2 万元。1993 年，整治烟草市场 8 次，收缴外烟 170 条，销毁假冒伪劣烟 127 条。1994 年，采取路检和整顿相结合，严格执法纪律，全年查处案件 61 件，其中 5 万元以上的 2 件；查处违章卷烟 1527 条，专卖管理收入 29. 39 万元，拒贿 5. 4 万元，换发许可证 772 份。1995 年 4 月，由公安、检察、工商、烟草四家联合发布《关于进一步加强烟草专卖管理，整顿卷烟市场的通知》，印发 5000 份，在城乡广泛张贴和宣传。全年共查处违法卷烟案 50 起，其中大案 2 起，查获违章卷烟 1260 件，总价值 70. 33 万元，卷烟折价收入 19. 67 万元，罚款 5. 9 万元。查处无证经营户 603 户、走私卷烟 100 条、假冒烟 250 条。

1996 年，以宣传贯彻法律、法规为宗旨，净化市场、依法经营为目的，全年查获违法卷烟 33011 条，总价值 69 万元，查处案件 32 起，其中大案 7 起，实现卷烟变价收入 19 万元，罚款 3. 75 万元，拒贿赂 6 万元。1997 年，县政府发出了《关于进一步加强烟草专卖管理的通知》，严格专卖管理。全年共查处违章案件 41 起，无证运卷烟 1765 件，违法金额 145. 88 万元，没收假冒卷烟 6. 3 件，金额 1. 57 万元，出动打假打私 214 人次，市场整顿 354 人次，罚没收入 8. 62 万元，变价收入 44. 25 万元，办理烟草零售许可证 25 户。

1998—1999 年，坚持“内管外打”相结合的方针，加强路检，打假打私，保护消费者利益。两年查获违法卷烟 102650 条，总价值 76. 5 万元，实现变价收入 24. 71 万元，查获假冒伪劣卷烟 3300 条，处理违法案件 38 起。

2000 年，全县出动打击“假、私、非、超”卷烟人数 1256 人次，查获案件 63 件，没收销毁假冒卷烟75箱，实现罚没变价收入8万余元，市场净化率达97%以上。

第三节 生猪定点屠宰管理

县根据国务院《生猪屠宰管理条例》和《四川省生猪屠宰管理办法》，从1999年8月20日起，在县城及小河区开展了生猪定点屠宰。按照“统一规划，合理布局，有利流通，方便群众，便于管理”的原则，将县城生猪屠宰场定点于县肉联厂内，日生产能力200头。在管理过程中，首先是开展了一系列的宣传活动，提高全体屠宰商的法律意识，自觉守法；其次是成立执法大队，专门负责查处私宰、乱宰人员，打击偷漏税费和坑害消费者行为；三是严格执法，维护正常的屠宰秩序。到1999年底，共出勤检查445人次，捣毁私宰窝点12处，抓获私屠乱宰人员70人，处理违法案件45件，销毁病死猪16头，没收未经检疫的生猪产品613公斤，没收违法所得2747元，处罚款3820元，并对严重阻挠执法的有关人员送交公安部门处罚。

第五章 商业企业选介

第一节 百货公司

南江县百货公司的前身是巴中县百货公司南江县推销组，成立于1951年1月。1956年2月，成立南江县百货公司，实行独立核算，业务隶属达县专区百货公司。1968年8月，成立“南江县百货公司革命委员会”，1978年8月，取消革命委员会，仍为南江县百货公司，至2000年改制结束。

1963年和1974年，南江县百货公司先后在沙河区新建百货和火柴仓库各一座，共有面积1004平方米；1972年在南门大桥新建门市部一幢，面积1210平方米；1976年后在县城边新建库房一座，面积1520平方米；1983年修建综合商店，办公室及宿舍楼一幢，面积3600平方米。1984—1986年，先后修建了大河百货商店、正直百货商店、长赤百货商店，总建设面积计3102平方米。1994年1月，新建城南百货大厦竣工开业，面积5600平方米。除1988年在沙河区建立批发部外，从1983年6月起不定期先后在长赤、大河、正直、赶场、上两、下两等区建立下伸批发部，并开展零售代销业务。1997年底城乡共设有经营网点45个，经营品种5000个以上；有职工369人，资产1161万元。

第二节 糖酒公司

南江县糖业烟酒公司于1962年7月1日正式成立，地址在南江镇红星南路。时有职工22人，下属有糖酒厂，生产糖果、糕点、酒类，共有职工59人，由公司统一核算。经营的商品有：食盐、食糖、糖精、糖果、糕点（包括高价、普通）、罐头、奶制品、卷烟等。

1983年，南江县成立烟草公司，卷烟批发业务移交县烟草公司经营。中国糖业烟酒公司四川省南江县公司更名为“四川省南江县糖酒公司”。经过机构改革，公司原有四个股室未变，零售门点六个，县城、沙河、下两设立了批发部。共有职工49人（其中：零售部25人）。1984年12月12日，公司通过企业全面整顿，验收合格，县政府颁发了企业整顿验收合格证。

1985年后，公司积极扩大销售，下伸批零网点，先后在正直、长赤、广元、赶场、大河等地增设网点门市，仓储面积达5000平方米。近年来，公司通过改制，已出售资产47万元，出售住房63套，共收回资金121万元，租赁资产49万元，改制分流职工63人（其中买断工龄30人，交县社险局33人）。1997年底，企业有资产366万元，负债917万元，有职工98人（其中留守人员3人，下岗53人，托管28人，内退14人）。

第三节　食品公司

1955年3月，南江县人民委员会批准成立“地方国营南江县屠宰场”，为南江县食品公司的前身。1962年7月1日，正式成立“中国食品公司四川省南江县公司”。地址设在南江镇板凳垭。城关、沙河、长赤、正直、下两、大河、赶场等区即设立“南江县食品公司××加工厂”，杨坝区设接转站。食品系统职工人数为148人，其中干部35人。经营范围：生猪、菜牛、菜羊、禽蛋。1977年2月，食品公司在城关镇四居委麻柳湾修建办公大楼、营业门市，占地面积777平方米，1979年完工使用。1981年12月，冷库竣工，投入使用，库容700吨，投资86万元。

从1985年国家放开生猪经营后，食品企业面临的市场环境发生了根本的变化，企业的经营状况也相应地发生着变化。变化分两个阶段：1985—1989年，是国有食品企业经营状况较好的时期，生猪收购量、猪肉调出量逐年增加或稳定在相当水平上，经济效益好。1989年生猪收购量为63361头，为最高；销售收入达到1085万元，亦是最高的年份。1990—1997年，市场机制作用逐步增强，市场竞争格局逐步形成，国家对生猪购销政策作了几次重大调整，市场需求、消费结构也在发生着较大变化，国有食品企业生猪收购量、猪肉外调量起伏较大，经营连年亏损。生猪收购量1997年1900头，比1989年减少44361头；1997年亏损216.64万元，资产负债率达148.08%。

1998年后，虽然国有食品企业在改革经营体制、经营方式、经营结构、内部管理、开发新产品等方面作了积极的探索，但就经营体制及运行机制看，并未发生质的变化。目前，国有食品企业背负数额巨大的流动资金亏空的包袱，不少基层食品站解体、肉联厂停产、大量的屠宰加工冷藏设施、设备闲置，企业经营愈加困难。

第四节　五金交电化工公司

1962年10月25日，经南江县人民委员会批准，正式成立“中国五金机械公司四川省南江县经理部”。地址在南江镇下河街，共有职工10人，设门市部一个，隶属县商业局。1966年，随着五金机械商品购销业务的不断扩大，南江县人民委员会批复同意县五金机械经理部修建了门市部、仓库和办公宿舍楼，面积600平方米。1984年11月，公司通过企业全面整顿，验收合格，县政府颁发了企业整顿验收合格证。1989 年 9 月，公司新建综合大楼零售部开张营业。同时，公司在沙河、大河、正直、下两、县城增设了批零网点。到 1997 年底，公司有国有资产 393.81 万元。

第五节　石油煤建公司

1962 年 7 月 1 日，经南江县人民委员会批准，成立“中国煤业建筑器材公司四川省南江县公司”。共有职工 26 人。主要经营煤炭、建筑器材，兼营石油。办公地设在南江镇朝阳村一组（青沟子湾）。1975 年，公司在南江镇板凳垭修建两楼一底办公大楼，次年底竣工，计有 550 平方米。1987 年 5 月，为了扩大煤炭购销业务，方便用户，公司在小河桥头修建了 20 吨地磅，于 1988 年上半年投入使用。1984 年初，公司按照县商业局布置，开始了企业全面整顿，11 月经验收合格，县政府颁发了《企业整顿合格证》。现在职工人数 45 人（不包括离休 2 人，退休 3 人），其中全民 28 人，新集体 12 人，合同工 5 人；仓储面积共 1000 平方米，其中煤建 400 平方米，石油 600 平方米（沙河 100 平方米、小河 500 平方米）；共有金属油罐 27 个，容量计 1150 立方米，公司还配有解放牌油罐车三辆；设营业门市三个。公司的经营范围是：（1）石油类：主要有汽油、柴油、润滑油、煤油；（2）煤炭类：有烟煤、无烟煤、蜂窝煤，并推广节能技术。

1992 年 5 月，经县商业局批准，成立“南江县液化石油气供应站”，隶属县石油煤建公司领导。主营液化石油气（含运输、储存、罐装）以及液化罐、炉具、配件等，兼营修理业务。同年 5 月 15 日，南江县人民政府批准将南江县石油煤建公司分设为南江县石油公司和南江县燃料建材公司，实行两块牌了，一套人马。县石油公司主要经营成品油、石化产品；县燃料建材公司主要经营煤炭、建筑材料、液化气、钢瓶检测及配套设备等。

1997 年底，公司资产总额 3740 万元，其中流动资产 1385 万元，固定资产 2351 万元，长期投资 4 万元；负债总额 3218 万元，其中长短期借款 2951 万元；所有者权益 522 万元，资产负债比例为 86%。年末正式职工 198 人，离退休职工 13 人。

第六节　蔬菜水产饮食服务公司

1962 年 7 月，经南江县人民委员会批准，成立“四川省蔬菜饮食服务公司南江县公司”。隶属南江县商业局，有职工 65 人。经营范围：蔬菜、酿造品、水产品、饮食服务业。1963 年 7 月，南江县人民委员会通知将公司改为“南江县国营饮食服务总店”，1972 年 7 月恢复为“四川省蔬菜水产饮食服务公司”。1978 年 4 月，县商业局对其机构名称调整为：“四川省南江县蔬菜水产饮食服务公司”。1982 年，公司进行了调整、改革，将所属国营食堂更名为“南江饭店”，分设三个餐厅，分部类经营，同时还将旅馆、相馆、批发部作了调整，划小核算单位，落实经济承包责任制。并先后在县城、大河、长赤、高塔等区乡设立批发部，积极扩大商业网点。1983 年，公司进行了企业全面整顿，1985 年 12 月验收合格，县人民政府颁发了“合格证”。

1986 年 8 月，公司在市场饮食业拥挤、经营萧条的情况下，将风味餐厅的营业厅和保管室改建为临江商场，投资 5.2 万元改建成了当时县城最大的商场，10 月底投入营业，月销售额 11 万余元。1994 年后，公司因企制宜，实行一企多策办法，对亏损严重的临江商场改建成“南江商业场”，实行对内外承租摊位引资，曾一度使原临江商场扭亏增盈。紧接着结合企业实际，对公司内其它部门亦相应实行了国有民营、租赁、承包及股份合作等多种形式，培育了新的经济增长点，促使企业起死回生。后来企业结合旧城改造，将房屋交给拆迁办，用补偿资金分流安置职工，随后企业注销。

第七节　商业储运公司

1975 年 10 月，南江县商业局与供销社第三次分家后，商业局成立汽车队，有“解放”载重汽车 3 辆，职工 9 人。地址：南江镇红星街 53 号，商业局汽车队主要承运商业系统内外的各种物资。1981 年 9 月，县商业局将局储运股、商业汽车队驻广元转运站 3 个机构合并，正式成立“南江县商业储运公司”，作为商业局下属的一个独立核算的企业单位。1984 年 3 月和 11 月，公司新增“东风”载重卡车 1 辆和“解放”载重卡车 2 辆。至 1984 年底，共有汽车 6 辆（“东风卡车”1 辆，“解放卡车”5 辆）；共有职工 18 人（驾驶员 12 人，后勤管理人员 6 人）。从 1984 年 5 月起，公司实行了车辆承包责任制，调动了职工的积极性，年运输量为 658684 吨公里。

1992—1995 年的承包经营中，4 辆客车全部承包给私人，承包未结束，车辆已报废，承包款也未收完。公司现无分文资产，有在册职工 17 人，退休人员 6 人。

第八节　国营商业总公司

南江县国营商业总公司于 1992 年 7 月成立，与南江县商业局合署办公。1997 年 12 月，南江县县级机构改革时，撤销南江县商业局，保留南江县国营商业总公司，总公司所属的企业有：食品公司、食品厂、石油煤建公司（1998 年 7 月上划省石油公司）、五金交电化工公司、百货公司、糖酒公司、蔬菜饮食服务公司、储运公司、经贸公司、酿造有限公司、酒业公司、南江县酒厂、生物蛋白厂，应用技术研究所（1998 年 1 月整体出售）、商业联合公司。共有职工 1922 人，其中离退休 403 人，资产总额 5823.09 万元，资产负债率 112.22%。到 2000 年底，总公司已分流人员 765 人。

第九节　物资总公司

南江县物资总公司系 1992 年转变政府职能中诞生的新的经济实体，现有固定资产 210 万元，职工 121 人，下辖县金属材料有限公司、县金属回收有限公司、县机电化工建材公司及沙河物资供应站。主营钢材、废旧回收、老旧汽车报废、机电、建材、化工等。随着改革的深入，旧体制下的物资流通企业愈加不适应市场发展。成立以来，累计亏损 257.95 万元，资产负债率达 110.97%，为适应现代企业制度改革，培植新的经济增长点，总公司先后对下属公司实行改制，建立了县金属材料有限公司、县金属回收有限公司和开发新项目，兴办实体即高产仔母系生猪扩繁基地。县机电化建公司则推行化工、机电建材两部分经营，采用风险抵押形式和形成职工个人买断经营格局。同时，总公司实行带资上岗，再上项目。改制分流富余人员 40 人，自动离岗 25 人。

1998 年，新办的高产母系生猪扩繁场，投资 33 万元，引进四川农业大学动物营养研究所研究选育的“高产仔瘦肉型母系（II 系）种母猪饲养技术”，饲养“高产仔瘦肉型母系（II 系）”种母猪 18 头，已产仔猪 128 头，实现销售收入 2.58 万元，销售面遍及县内各区及邻县，取得了广泛的社会效应和一定的经济效益。同时基地还建立商品猪场、饮料加工厂、白酒作坊等配套设施，安置下岗职工及分流富余人员 8 人。

第十节　医药总公司

南江县医药总公司辖县医药公司、中药材公司两户企业，属国有小型企业。其最早的是医药公司，成立于 1956 年，1980 年又分立了县中药材公司。两个公司主要从事药品、医疗器械、中药材、中成药的购进和销售。1992 年，撤销两公司，成立医药总公司；1993 年底总公司又分为三个公司一个经营部，1994 年 9 月又合并为总公司，下设两个公司。几经分合，使企业陷入严重亏损的困境，资产和账务再难划清。1996 年 6 月起，2 个企业在难以支撑统一经营的严重局面下，改公司统一经营为分部门租赁经营。两个公司现有在册职工 159 人；企业现有资产总额 416 万元，其中固定资产 195. 2 万元，流动资产 216. 8 万元；负债总额为 583 万元，其中银行贷款余额为 223 万元，资产负债率为 140. 14%，已是资不抵债企业。根据企业的现状，必须真诚触动产权的改革之路，才能使企业走出窘境。1998 年，成立了以总公司总经理为组长，副总经理和企业法人代表为副组长的企业改革领导小组，制定企业改制方案，开始进行企业改制。2000 年，总公司下属的医药、中药材两公司完成了产权制度改革，处置资产、分流人员、买断工龄、退休人员统一交社险局管理，公司注销。

第十一节　对外经济贸易公司

南江县对外经济贸易公司成立于 1961 年，属全民所有制企业，主要从事外贸产品的购销业务。企业 1993 年起就终止了经营业务，负债累累，是南江县难以根治的特困企业之一。1997 年底有职工 76 人，其中离退休人员 16 人，离岗待退 3 人，停薪留职 6 人，待岗和自谋生路 43 人，上岗人员 8 人。拥有资产总额 311 万元，其中：固定资产 220 万元，流动资产 85 万元，负债总额 480 万元，负债率占 154%。到 2000 年底，全公司 76 名职工已基本分流安置完毕，待遗留问题处理结束，公司将注销。

第十四篇　粮食油料

第一章　粮油征（收）购

第一节　征　购

一、农业税

为保证国家财政收入，简化农业税结算手续，实行“以粮食交纳，以货币结算”，从1964年起一直沿用。此粮，人称“公粮”，1985年征收302万公斤，1993年征收758万公斤、金额384.33万元。1996年，实征本税及附加税（以上均含附加税）698.83万元，1997年实征259.81万元，另收农业特产税386万元。1998—2000年，分别征收农业税575万元、406万元和465万元。

二、积谷

1986—2000年，粮食库存充足，有中央专储、地方专储，县上储备有“机动粮”、“救荒粮”。特别是粮油市场放开以后，基本上家家都有储备粮。1986年、1990年、1995年、2000年，农村住户人均储粮分别为322公斤、429公斤、276公斤和285公斤。

第二节　收　购

一、合同定购

1985年，国家取消粮食统购，改为合同定购。定购计划，属国家计划管理，对各级政府和粮食部门仍具有约束力，以下达计划为指导，经过协商同农民签订收购合同，落实到户，在正常年景下，保证完成合同定购，若遇灾荒不测可酌情减免。定购品种：中央规定为稻谷（大米）、小麦、玉米3个品种；省政府规定将大豆、胡豆、豌豆、糯米、青稞等5种纳入合同定购。定购价格：按

“倒三七”比例价结算，即三成按原统购价，七成按原超购价，四川作了适当调整，以中等粮食品质50公斤为单位，小麦20元、大米23.5元、稻谷16.5元、玉米16.5元、大豆按原统购价执行。等级差价按现行规定办理。

1986年，继续完善“一定三年”的合同定购制度，规定海拔800米以上的贫困乡村可不签订合同，由农民自愿交售。对定购粮实行化肥、柴油、定金“三挂钩”政策。地区行署下达南江粮食定购任务1600万公斤，国家委托代购350万公斤，县政府下达各区定购任务1950万公斤。全县落实定购合同1880万公斤，户平定购粮食205.5公斤、人平43公斤。当年实收粮食3036.9万公斤（其中合同定购1900.6万公斤）、菜籽716.8万公斤、花生8.5万公斤，桐子110.5万公斤。

1987年，狠抓“三挂钩”，发放预购定金41万元，全年共收购粮食3618.9万公斤，其中定购1600万公斤，议转平930万公斤，油菜籽652.3万公斤。1988年的粮食定购任务，改按耕地面积、人口、水源、土质等条件，逐级平衡分摊，由乡（镇）政府下达任务通知书，粮管所与村居民委员会签订交售合同，落实到户。全年合同定购1473.69万公斤，占任务数1469.49万公斤的100.3%。计划议购34.85万公斤，议价收购838.05万公斤。油菜籽合同收购任务数和实绩同为900万公斤，议价收购457.33万公斤。

1989年，采取“大稳定，小调整”措施。提高平价化肥挂钩标准，每交50公斤贸易粮奖售化肥5公斤。全年粮食入库3377.95万公斤，占地区下达计划的110%。议转平入库682.65万公斤；入库议价粮1267.83万公斤。油菜籽入库588.8万公斤，其中定购230万公斤。

1990年，按照新的“三定、三不定”的原则，将粮食定购任务落实到户。即定余粮户，不定缺粮户；定种粮户，不定经济作业专业户；定有能力交售户，不定老弱病残特困户。全年共入库粮食3456.2万公斤，其中定购1450万公斤，比上年提前10天完成入库任务。收购综合议价油菜籽575.74万公斤，其中定购油菜籽229.1万公斤。自1991年起不再实行合同定购。

二、国家定购

由于“合同定购”一遇灾年就难以完成，故从1991年起，国务院决定将“合同定购”改为“国家定购”。强调既是国家任务，又是农民应尽的义务，务必保证完成。原定购任务、品种不变，“三挂钩”政策标准不变；改原来一年一定为一定三年，改原由乡（镇）政府填发《合同定购粮油通知书》为由县政府填发《国家定购粮油通知书》。当年全县共收购粮食2954.9万公斤，其中平价收购粮食1230.5万公斤；国家定购粮食1226万公斤，占任务100%。代购中央储备粮680万公斤，油菜籽综合收购818.17万公斤，占任务的196.67%。

1992年，从10月1日起，大豆、绿豆、豌豆、糯米退出定购。从11月起，全省除“三州”外，实行“双放”，即放开收购，放开粮价。而达县地区只实行“单放”，即销售价格放开，收购不放，国家粮食定购政策继续执行。当年全县收购粮食3226.2万公斤，其中国家定购共1400万公斤，议购2826.3万公斤，油菜籽464万公斤。

1993年，粮食定购实行“保粮放价”，即对国家定购粮食价格放开，以最低保护价与农民签订合同，保证任务完成，所收粮食作议价统计。当年全县购进总量2361.8万公斤，占计划的73.8%。全省粮食实行“双放”后，矛盾日益突出，因此，1993年底，省政府取消“双放”恢复国家定购政策和粮食收购计划。

1994年，粮油收购工作实行五长（县、区、乡、村、社长）、四联（联责、联绩、联利、联奖惩）责任制；工商、物价、财政、公安与粮食部门密切配合，管好收购市场。全年入库粮食2952.2万公斤，其中定购1019.5万公斤，占调后任务的100%；入库大米370万公斤，收购油菜籽 181.7 万公斤，占定购任务的 75.5%；收购桐子 80.2 万公斤；实现市场收购粮食 1932.7 万公斤，占计划 69.7%。

1995 年，中央决定实行“米袋子”省长负责制。县政府高度重视，要求认真执行政策，组织收购资金 4404 万元、杜绝打“白条”、搞好服务等。全县 11 月底止，累计入库粮食 2147 万公斤，其中入库国家定购粮食 1254 万公斤，入库大米 559.5 万公斤，入库油菜籽 31 万公斤。

1996 年，是完善“两线”运行机制的一年，解决粮食购销体制和结算上的矛盾，遏止企业亏损，增强独立承担风险和自谋发展能力，做到了农民、党政、粮食企业“三满意”。全年粮食收购总量 2669 万公斤，其中全面完成国家定购任务 1340 万公斤，收购油菜籽 380 万公斤，完成地区下达收购玉米任务 100 万公斤。1997 年，农业丰收，粮食部门坚持在收购期中做到“六到位”即仓容、器具、资金、人员培训、收购任务、政策执行到位。全年共入库粮食 4295 万公斤，其中国家定购 835.5 万公斤，保护价收购粮食 3459.5 万公斤；收购油菜籽 388.5 万公斤。

1998 年，贯彻执行国务院颁发的《粮食收购条例》和《粮食购销违法行为处罚办法》，将国家粮食收购正式纳入法制轨道。经过各方面努力，全年入库粮食 3500 万公斤，其中国家定购 835.5 万公斤，保护价收购粮食 2664.5 万公斤；入库油菜籽 717 万公斤，油桐 138 万公斤。1999 年，部分农民对价格政策难以适应，有惜售思想，影响了粮食收购进度。由于各方工作扎实，在粮源少、天气坏、粮质差等诸多不利因素下，全县仍实现粮食收购 2100 万公斤。其中小麦 1009 万公斤、稻谷 1074 万公斤、玉米 17 万公斤；国家定购 835.5 万公斤；油菜籽 798 万公斤、油桐 120 万公斤。

2000 年，全县落实中央关于粮改的各项方针政策、执行保护价收购、让利农民；在全县退耕还林（牧）农业结构调整、粮食种植面积大幅调减、粮源减少的情况下，通过各种措施，全年粮食收购达 6478 万公斤，创历史最高水平。收购油料 838 万公斤，基本与上年持平。

三、换购、议购

粮食换购和议购是在稳定征购负担的情况下，为满足国家需要增加的商品粮而采取的一种收购形式，是粮食统购的组成部分。

换购 品种兑换，根据库存的可能和需要允许按一定比率，坚持“先入后出”的原则，先深入调查了解，根据农民所需品种组织货源。高山区的上两、贵民、杨坝主产玉米而缺少大米，历年来在定购完成后常年开展以大米换玉米，大米换大豆、燕麦，在开展附营业务中全县开展大米、稻谷、小麦、面粉、面条来扩大收入，方便群众，仅 1996 年便兑换粮食 300 余万公斤，建立兑换点 800 个。

议购 从 1963 年起，国家对集体或社员个人多余的粮食，通过协商实行议价收购，在规定的幅度内，灵活掌握随行就市。大米、糯米、大豆等品种，在统购价基础上，加价 50% ~100%，小麦、玉米加价 50% ~100%，除鲜苕外品种不限。1981 年起，国家敞开收购，不限品种、数量，不限时间、对象，允许多渠道经营，活跃城乡经济。1986 年，随着粮食收购制度改革，农村产业结构调整，议购品种数量不断扩大，按照“随行就市，略低于市价”的原则，由县物价局、粮食局制定一定时期的议购指导价格，基层经营单位在其幅度内掌握收购，全年议价收购 116.1 万公斤。1989 年议购 1267 万公斤。1990 年，市场疲软粮价下跌，为保护农民种粮积极性，国家实行专项储备制度，在议价收购中不抢购、不拒收、不限量、不打“白条”，坚持保护价收购不变，尽力满足农民出售余粮，全年收议购粮 2135 公斤。1991 年议购 1569 万公斤。1992 年 11 月起，全省实行粮食“双放”后，结束长达 40 年的“双统”（统购统销）体制，把粮食工作推向市场经济轨道，除国家定购任务外，一律按最低保护价敞开收购，当年保护价收购粮食1560万公斤，议购随之结束。

四、市场收购

1986年起，县在中央规定的定购品种3个、省定品种5个以外的品种和数量实行市场调节。并规定在完成合同定购粮食之外，农民可以向其它渠道——市场出售；价格随行就市，市价低于原统购价时，国家按原统购价敞开收购，实行价格保护。

1993年，县根据中央和省的规定，议购改为市场收购。省、地、县（市）层层下达收购计划，但不作计划检查，收购价按省政府确定的保护价敞开收购。当年全县市场收购1077万公斤。1994—1997年共收购8949.7万公斤。1998年5月10日，国务院发布《关于进一步深化粮食流通体制改革的决定》，6月6日颁布《粮食购销违法行为处罚办法》，将粮食购销正式纳入法制轨道，把粮食企业彻底推向市场。当年市场收购2664.5万公斤。1999年收购3018万公斤。2000年全部为市场收购6478万公斤。

表14—1　　南江县1986—2000年粮油购销统计表　　单位：万公斤

项目 年度	收购						销售	
	粮食			菜籽		桐籽	粮食	菜油
	收购	合同定购	议（保）购	收购	议购			
1986	3036.9	1900.6	166.01	716.8	256.4	110.5	2465.6	51.3
1987	3618.9	1600	2272	652.3	385.3		2645	39.3
1988	2355.59	1473.69	3485	547.37	476.8		1221.5	45.7
1989	3379.95	1450	1267	575.74	364.3		1790	43.9
1990	3456.2	1770	2135	588.5	194.5		2399	55.3
1991	2954.9	1226	1569	818.17	175.6		1229	213.5
1992	3226.2	1400	1560	464	241.2		2033	35.4
1993	2361.8	1070.6	1077	282.03	198.9		2513.1	225.8
1994	2952.2	1019.5	1932.7	181.7	4.1	95.9	1479	40.9
1995	2147	1254	893	231	58.6	41.5	982	42.2
1996	2669	1340	1831	380	357.2	65.3	2277.8	92.9
1997	4295	2586.5	3459.5	388.5	406.7	122	1621	276
1998	3500	1223.5	2664.5	717	576.9	138	1597	293
1999	2100	1044.5		798	717.4	120	1827	300
2000	6478	1687.5		838	656.6		2194	250

注：1992年起实行保护价敞开收购。

第二章　粮油销售

第一节　城镇销售

一、市镇粮油供应

1986 年，全年销售粮食 2465.6 万公斤，其中非农业人口供应 850.9 万公斤，食油销售 51.3 万公斤，中价食油销售 16.9 万公斤，条面销售 256.7 万公斤，精米销售 184.3 万公斤。1987 年，全年销售粮食 2645 万公斤，其中非农业人口供应 994.6 万公斤，食油 39.3 万公斤，精米面 233.5 万公斤。

1988 年，全县共有 10 个粮站，62 个粮油供应门市部，从事供应工作的职工 180 人，担负全县 10 个区、1 个镇、27 个乡、50 多个区乡集镇 4 万多非农业人口、50 多万农业人口的粮食销售供应。全年共销售粮食 1521.5 万公斤，其中非农业人口供应 896.8 万公斤，食油销售 45.7 万公斤，条面销售 219.6 万公斤。

1989—1990 年，进行了三次整销，保证了合理供应。两年共销售粮食 3023 万公斤，其中市供应 1680 万公斤，条面销售 144 万公斤，口油销售 99.2 万公斤。

1991 年 7 月 1 日起，对城镇居民口粮实行限时供应，当月粮油指标两月内有效，不能提前，超期作废。当年供应粮食 980 万公斤，食油 213.5 万公斤。1992 年 1 月 1 日起，省政府决定居民粮油供应当月有效，过期作废。全县当年销售粮油 2033 万公斤，市供粮食 879.5 万公斤，食油 35.4 万公斤。

1994 年，为保证市场供应，县上 5 月 12 日由中央专储转议价库存大米 400 万公斤；7 月 15 日由省专储大米转议价库存 37.5 万公斤；8 月 22 日请示地局，借销原平价周转库存大米 735 万公斤。三次转库销售，用于安排城乡生活、平抑粮价、保证社会稳定，当年市供大米 1517.1 万公斤，食油 40.9 万公斤。1995 年，城镇非农业人口口粮从当年起每人每月供应标二米 7 公斤、标准粉 3 公斤（购买特米、标一米、特粉按规定折差），食油 0.5 公斤。当年市供口粮 1378.3 万公斤，口油 42.2 万公斤。

1996 年 6 月，省粮食局、物价局联合发出《关于调整国家粮食销售价格的通知》，将国家粮食的销价与市场价格基本持平，不再倒挂。但随农业连续丰收、农民储粮增多，市场粮价反低于国家销售价。加之多渠道经营争夺市场，因此 7—8 月非农业人口口粮大部分源于市场，国有粮食企业的粮食销售大幅度下降，使用了 40 余年的“市镇居民粮油供应证”随之失去了作用。虽计划经济转向了市场经济，但国营企业拥有雄厚的物质基础和广阔的销售网点，在市场竞争中仍处于主导地位。

1997—2000 年，销售粮食 7239 万公斤、食油 1119 万公斤。

二、行业粮油供应

1986年，全县建成饲料车间12个，年产量600万公斤，全年共产饲料314万公斤；粮油食品厂转化粮食5万公斤；县糖果厂饴糖用粮5万公斤；县养鹿饲料粮10万公斤；各区发展黄羊饲料粮6.175万公斤；国外引进良种奶牛、成年公牛每头每月定量150公斤；成年母牛每头每月120公斤。1987年，全县生产饲料316.6万公斤，生产各类副食品9万多斤、白酒10万斤，转化粮食25万斤。1988—1996年，全县各商业、供销、厂矿、事业等行业用粮大部分由国营粮食部门供应。1997年，全县商业用粮34.7万公斤，工业用粮4.1万公斤，事业用粮5.4万公斤，饲料粮92.9万公斤，行业用油0.9万公斤。其供应渠道基本走向市场化。

三、军粮供应

1982年11月起，武警部队执行解放军的粮食供应标准，使用军用粮票。1988年7月4日，全县军供大豆5100公斤。1989年5月12日，军供大豆5000公斤，按统销价执行，由地区每市斤补贴5分5厘。1992年4月24日，县粮食局转发“关于供应部队大豆价格的通知”，从4月1日起执行。1994年4月4日，国家粮食储备局、财政部、解放军总后勤部、国内贸易部联合下发《关于颁发〈军粮供应与管理办法〉的通知》，对军粮供应体制进行改革。粮食部门是军粮供应的职能部门，负责筹措军粮资源，按国家规定统销价供应部队。1994—1996年三年差价补贴共12.24万元。1999年，县粮食局军供工作由县城关粮站负责军粮供应，设有专门军粮供应门市部，挂牌销售军供粮食油料，有营业员2人，业务管理1人，财务管理1人，担负全县武警官兵粮食供应和管理工作。1～3季度共销售军粮1.7万公斤，其中标米1.34万公斤，特二粉4100公斤，全年军供粮油差价补贴5.5万元。

表14—2　　南江县1985—1995年定购粮收购、平价粮销售统计表

年度	定购粮收购			农村平价粮食销售		
	数量（吨）	单价（元/吨）	总值（万元）	数量（吨）	单价（元/吨）	总值（万元）
1985	15295	324	496	5267	268	141
1986	15451	324	501	30114	268	539
1987	15295	324	496	14500	268	387
1988	14598	324	473	15100	268	405
1989	12963	324	420	3640	268	98
1990	11365	324	368	2647	268	71
1991	11560	550	636	4197	268	112
1992	11517	662	762	2159	662	58
1993	2405	放开				
1994	7141	1200	857	6112	1200	733
1995	12675	1350	1711	3001	1350	405
合计	130256		6720	76737		2949

第二节　农村销售

一、农民生活用粮油

1986年后，国家每年拿出部分返销粮供应农户，重点是“双缺户”（缺钱缺粮户）动用县机动粮；如遇灾荒减收，则动用中央或省地专储救济粮，重点是“重灾户”、“五保户”，落实到社组，供应到农户。1987年，农村销售粮食422.8万公斤，食油以出售油菜籽返还口油和菜粕。

1988年，受灾重的缺粮户10749户，5.26万人，国家供应粮食370万公斤，销售52.88万公斤，救灾粮250万公斤和民政救济款7万元，钱随粮走，供应到“双缺户”。1989年，县粮食局安排春荒口粮181万公斤，救灾粮110万公斤。

1990—1994年，全县共供应农民生活口粮550.75万公斤、救灾粮664.4万公斤。其中1994年，县粮食部门先后4次对受灾缺粮的57817户、213180人安排救灾粮255万公斤、救济款8万元。

1995年，春旱连夏旱，大风加冰雹，先后4次对缺粮的2.47万户、9.87万人安排返销粮430万公斤、口油7.4万公斤，对重灾户单列安排救灾粮222万公斤，从外县调入救灾粮223.5万公斤。1996年，由于暴雨、大风、冰雹影响，造成部分灾民小春绝收、大春五苗报废。先后5次安排受灾的2.79万户、10.63万人的救灾粮274万公斤，农村返销粮132.4万公斤、口油17.6万公斤。以后顺价销售，供销逐年减少。

1997年，虽粮食丰收但因连续几年受灾，农村生活依旧困难，在提倡生产自救、计划用粮、节约用粮的同时，县上安排返销口粮42.5万公斤、菜油40.2万公斤。

1998年，因个别地方遭干旱、暴雨、山体滑坡等自然灾害，县上仍安排返销粮45万公斤，救灾粮10万公斤。

二、奖售及其他专用粮

1986—1987年，生猪换购用粮80.5万公斤，退耕还林还牧调整农业结构用粮425万公斤；以粮换菜27.5万公斤；二南公路水毁粮51.5万公斤；发展油桐、棬子扶持粮食18万公斤；专项用粮2836.1万公斤；以工代赈2032.9万公斤。

1988—1990年，生猪换购用粮132.71万公斤，以粮换菜35万公斤，专项用粮88.65万公斤。调整产业结构，多种经营用粮45万公斤，其中：果品用粮15万公斤、茶叶10万公斤、蚕桑10万公斤、药材3.5万公斤、水禽1万公斤、蔬菜2.5万公斤；烟叶收购奖售用粮30万公斤。

1991年，以工代赈216.48万公斤，其中大米145.98万公斤、小麦70.5万公斤、蔬菜用粮18.76万公斤、烟叶收购用粮35万公斤，退耕还林还牧用粮87.1万公斤。1992年7月24日，拨给阿坝州壤塘县以工代赈大米75万公斤，属中央专项储备粮，按1.06元/公斤作价。

1993年12月9日，第六批以工代赈大米139.605万公斤，食油3万公斤。过去以工代赈粮油均由粮食部门代销后现金结算，此批粮油由粮食局按大米0.9元/公斤、菜油4.5元/公斤付给现金，不供粮油。

2000年，退耕还林还草补助粮食420万公斤，补助现金294万元。

第三节 粮油市场

一、市场贸易

1978年改革开放后，各地粮食市场随之恢复和发展，从1983年起县内完成国家统购任务后，允许多渠道经营，各地粮食市场更加活跃。

1987年，县局成立粮油贸易股，恢复粮油食品贸易公司。1992年10月1日，粮食购销价格放开。有人说："统购统销四十年，粮价放开一夜间"，粮食贸易逐步市场化。县粮食局为适应市场经济体制，成立了粮油总公司，各区相应成立贸易公司。

1996年秋，由于国家大幅度调整粮油价格，导致供应价格高于市场价格，用户便投向市场，国家粮食销售大减。县粮食部门采取"阵地不丢、自组粮源、随行就市、强化销售"的办法，仅两个月时间，便销售粮食1800万公斤，回笼资金3000多万元。1997年，市场销售疲软，价格一路下跌，又出现新的购销倒挂，县粮食部门成立外销联络组，疏通销售渠道，全年销售粮食2104万公斤、桐油35万公斤、菜油2761万公斤。1998年，粮价继续下跌，形成易购难销，全年仅销售粮食971万公斤、油脂224万公斤。

2000年，县粮食部门坚持专业推销与全员促销相结合，在粮油"名牌"上做文章。"长赤牌"翡翠米稳占县内市场，还深受成都、西昌、广元、旺苍等外地客户青睐，年销售收入达1300万元。"亦奇"牌二级菜籽油以其过硬的质量赢得了市场，年销量220万公斤。全年共销售粮食2194万公斤，食油250万公斤。

二、市场管理

1988年，为进一步加强对粮食市场的管理，规定"以县为单位，在保证完成国家合同定购任务的'议转平'计划的前提下，由县统一宣布分阶段、分品种开放粮食市场后，才能开展多渠道经营，才允许出县出省"。由县公安、工商、粮食三局联合设立"粮油出境流动检查站"进行监管。

1994年，由物价、工商、粮食三局发出《关于进一步整顿城乡粮油市场的联合通知》。强调对批发企业（包括个体工商户）进行清理、登记、发照，坚决取缔无证经营，使粮油批发权牢牢掌握在国营粮食部门手中，以保证粮油市场的稳定和社会安宁。

1998年，按《粮食收购条例》、《粮食市场管理实施细则》，县内分级成立"粮食购销市场整顿领导小组"，组建"粮食市场监督执法队"，较好地规范了粮食市场秩序。

2000年，按照国务院办公厅《关于部分粮食品种退出保护收购范围有关问题的通知》精神，拓宽粮食收购渠道，允许和鼓励经省、地（市）工商行政管理部门会同粮食行政管理部门批准的粮食加工、饲养、酿造、医药等用粮企业和粮食经营企业，直接收购经营，国有粮食购销企业也可按照购得进、销得出的原则进行收购。鼓励粮食生产者通过批发市场和集贸市场出售，粮食集贸市场常年开放，市场管理工作主要是保护合法的粮食购销活动，严厉打击无照经营等非法行为。

第三章　粮油储运

第一节　仓库建设

1986 年，全县共有仓容 81300 吨（8130 万公斤）。是年以后，县粮油仓库建设速度加快，仓容不断增大。1987 年，仁和粮管所新建仓库仓容 25 万公斤，使用更改资金 4 万元；5 月 12 日县米面厂建原粮仓 50 万公斤，投资 4.8 万元。1988 年 3 月 7 日，红顶粮管所新建仓 25 万公斤，使用更改资金 3 万元。1990 年 1 月 28 日，洛坪、黑潭、付家三个粮管所（下简称所）建仓容各 50 万公斤，用议价发展资金 17.5 万元；6 月 2 日，长征所、下两站建仓库仓容各 50 万公斤，投入简建费 12 万元；8 月 4 日长滩河新建仓 25 万公斤，自筹资金 8 万元；12 月第一、二批新建仓 300 万公斤，贷款 42 万元，新建钢板油罐 300 吨，贷款 9 万元；新建仓 50 万公斤，改建仓 75 万公斤，更改资金 13.5 万元。1991 年，三批新建仓 450 万公斤，贷款 81 万元；建储油罐 300 吨，贷款 9 万元；新建仓 175 万公斤，地方自筹资金 32 万元。1992 年 3 月 6 日，搬迁甘溪所，迁建仓 50 万公斤，面积 400 平方米，投资 32 万元；8 月 14 日，马掌铺新建仓 25 万公斤，建筑面积 236 平方米，投资 3 万元。1998 年 2 月 13 日，赶场仓库拆迁，新建仓容 125 万公斤，投资 32 万元。至 2000 年的十五年中，南江县由国家投资建设了两处比较大型的重点粮库，即太子洞粮库和乐坝国家粮食储备库。

一、太子洞粮库

南江县太子洞粮库，位于南江镇以北南杨公路（南江至杨坝老公路）二公里处，小地名“太子洞”。1986 年 6 月 13 日动工，共征地 36.44 亩。开工后，中途多次停建。1990 年正式续建，1991 年 5 月 10 日全部清场竣工。库区占地面积 2.42 万平方米，建筑面积 6323.1 平方米。共完成散装房式仓 4 幢，每幢仓容 250 万公斤，每幢建筑面积 1054 平方米，装粮高度 5 米，砖混结构，钢盘混凝土折线型屋架，空心板屋盖，铺沥青卷材防水屋面。附属建筑 18 项，建筑面积 2026 ± 51 平方米，其中麻袋机械库 312 平方米，办公宿舍楼 380.3 平方米，住宅 759.81 平方米，另有食堂、厨房、浴室等建筑。1991 年 5 月 25 日，经省、地、县正式验收合格，交付使用，总投资 237.88 万元。太子洞粮库属全民所有制国营粮食商业企业，以经营平价粮油为主，以库养库，开展议购议销，工副业生产，多种经营，对原米面厂代管的平价粮油加工、调拨业务划归太子洞粮库统一管理，一切业务资金在农行开户。

二、乐坝国家粮食储备库（国家粮库）

乐坝国家粮库立项于 1991 年 7 月，9 月 19 日经省报商业部批准，被列为商业部直接投资的修建项目，并将“达县地区南江乐坝国家粮油储备库”更名为“南江县乐坝国家粮油储备库”。库址选在乐坝火车站附近的“三山夹两沟”的地方。1992 年 3 月动工，到 1994 年粮库建设及铁路专线竣工交付使用。7 月 1 日川粮函［1993］54 号文正式命名为“四川南江乐坝省粮油储备库”。1995

年底粮贸大楼及附属设备全面竣工，建成拱板型散装房式仓1250万公斤。粮油铁路专线830米，办公宿舍楼4252平方米，化验室、门卫室等16项，总投资2407.54万元（其中贷款利息627万元）。配备正式职工88人。1996年5月初，所有工程经省地验收合格交付使用。6月5日，国家粮食储备局批准命名为“四川南江国家粮食储备库”，权限归属当地政府和粮食局。1998年11月，经国家计委、国家粮食储备局批准立项，下达该库扩建仓容1亿斤，21米跨散装平房仓6幢，建筑面积12763.5平方米及相关配套工程的计划。计划总投资2698万元，为中央财政全额拨款。平基工程和主体工程分别于1998年10月和1999年1月招标承建，于2000年6月底全面竣工，各项设备经过安装调试完毕投入使用，审定造价为2669.62万元。

表14—3　　南江县粮油仓库（容量5000吨以上）基本情况统计表

库（点）名　称	库区总面积（平方米）	粮食仓库		钢板油罐		职工人数	库内空闲土地面积（平方米）
		面积（平方米）	仓容（吨）	个数	容量（吨）		
合计	122941	26266	33672	8	800	380	79478
沙河站	11552	4470	6659	2	200	90	8847
长赤站	25150	5695	6676	1	100	96	13490
正直站	37050	7492	5069	3	300	95	23097
下两站	19875	4975	5268	2	200	84	9968
太子洞粮库	29314	3636	10000			15	24076

注：1991年8月20日统计。

三、粮油储藏

1950—2000年，南江县共建粮油仓库仓容：20世纪50年代为5352.5万公斤，60年代为1433.5万公斤，70年代为450万公斤，80年代为242.5万公斤，90年代为6988.5万公斤，总容量达16645万公斤。

表14—4　　南江县1986—2000年粮油储藏情况统计表　　单位：万公斤

年度＼项目	储粮点（个）	实有仓容	储粮总数	普查数	四无粮仓	双低储粮	矩阵布线	机械通风
1986	59	8130	4837.5	4814.5	4814.5	3662.5	1855.8	
1987	60		4938	4488	4488	2978.2	828.3	41
1988			3887.1	3887.1	3887.1	2588.7	1102.7	404.9
1989	67	5489.3	5223.1	4404.9	4404.9	2556.5	1658.6	141.4
1990	60	6251.2	6239.6	6239.6	5868.1	3834.1	1658.6	141.4
1991		7264.4	7118.9	7118.9	6709.37	4671.8	2829.4	207.4
1992	63	6159.4	8398.7	8398.7	7925.8	4719.4	3514.4	255.4
1993	65	6159.4	5910.4	5910.4	5910.4	2632.3		255.4
1994	67	5099.8	6203.9	6131.3	5839.4		149.9	174.7
1995	75	8350	5778.89	5598.79	5066.51	1298.89	996.49	160.1
1996	75	6244	5287	5287.2	5287.2	1876	1576	564
1997	69	6244	5736.4	5736.4	5438.5	1887.2	1845	559.3

续上表

年度＼项目	储粮点（个）	实有仓容	储粮总数	普查数	四无粮仓	双低储粮	矩阵布线	机械通风
1998	66	6244	7759.2	7709.6	7709.6	2767.4	1419.4	1521.5
1999	68	6294.2	8881.1	8881.8	8772.4	2571.5	2510.3	1960.2
2000	66	11194.1	11124.1	11124.1	10398.6	1819	1085	4596.7

第二节　仓储管理

一、管理制度

县粮食局根据“以防为主，防治并举”的仓储方针，制定了一系列的粮油保管规章制度。各制度最基本的内容有：一是粮油进出仓库要紧把验质、检斤、划码、制单4道环节，并分仓建卡，账实相符，按规定程序办理正式手续；二是保管人员实行三定（仓库、人员、损耗）、四包（数量、质量、材料、费用）制度；三是粮情检查制度（三天小查、十天大查、一月普查）；四是清洁卫生制度；五是损耗管理制度；六是安全保卫制度，由保管员守护，节假日职工轮流值班。

二、定额管理

1985年，全县推行“三包”经济责任制，县政府与县粮食局签订承包合同，县局与站（库）、站与所层层签订。实行“五定”（定人员、仓库、责任、“四无”比例、规范化“双低”数量）。保管员与站所签订“五包”（包数量、质量、费用、器材、损耗）、“一奖惩”（超定额者奖、完不成定额者惩）合同，明确各方责任，年终考核兑现。1986年后，其定额管理方式大同小异。

三、粮油检验

1978年，成立“南江县粮油检验化验室”，进行粮油品质检验。逐步添置了手摇砻谷机、隧道式水分测定仪、谷场小圆筛、手摇粉碎机、十分之一天平仪等。至20世纪80年代设备发展到精密的电子控制检验仪器、电动机具、万分之一的半自动和全自动分析天平、721分光光度计、快速食油量定仪等。各区站均配有专职检验人员及常规检验设备，各所有兼职检验员并配有简易物检设备。其检验标准均按国家和省上统一制定的标准执行。至2000年全县执行质量标准共二类26个，其中国标20个，部标6个。

四、达标管理

南江从1980年起获省、地粮食局颁发的“四无粮仓县”合格证书后，连年保持此殊荣。达到了“账实相符”和“无霉变、无虫害、无鼠雀、无事故”即“一符四无”标准。

1986年，全县共查59个储粮点，储粮总数84375吨，普查总数48145吨，“四无”粮油48145吨，“四无”比例达100%。1987年12月1日起按国家商业部修订颁发的《国家粮油仓库管理办法》执行。粮油仓储管理走向更加规范化、制度化、科学化的轨道。全县库存粮油49830吨，冬季普查总数44880吨，实现“四无”44880吨，“四无”达标100%。

1989年7月25日至8月5日，历时12天，开展粮油夏季普查，全县时有库存粮油54734吨，检查数 53034 吨，实现“四无”数 44741 吨，“四无”比例 98.5%；查出虫粮 672 吨，高水分粮 1985 吨，3 年以上稻谷 9984 吨，双低储粮 25750 吨，其中规范化双低 22820 吨，矩阵分布线 4359 吨。

1992 年，全县库存粮油 83987 吨，检查数 83987 吨，实现“四无”79258 吨，双低储粮 47194 吨，规范化“双低”45844 吨，矩阵布线测温储粮 35141 吨，机械通风储粮 2554 吨，其中地槽 174 吨，存气箱 2380 吨，超高储粮 19090 吨，危仓储粮 11559 吨，民仓储粮 287 吨。

1995 年 11 月 27 日，地区开展交叉检查，平昌县粮食局赴南江检查组，一行 8 人同南江 44 位抽查员历时 13 天，对仓、厂、店的粮食、油料、油罐详细普查结果：南江粮食局辖 11 个区粮站，75 个储粮点，共有仓房 238 幢，容量 83500 吨，其中报废仓 56 幢，容量 19355 吨，共 320 个仓间。普查日止，库存粮油（料）总数 57788.9 吨，检查数 55987.9 吨，列入鉴定数 50665.1 吨，“一符四无”数 50665.1 吨，“四无”比例 100%。全县 13 个粮站库全部达到“一符四无”站库标准。

1998 年 8 月，由县粮食局组织交叉检查 11 个站、2 个库、66 个所（点）。普查库存粮油总数 77592 吨，列入鉴定数 77096 吨，实现“四无”数 77096 吨，13 个粮站、库均实现“一符四无”。

2000 年，全县粮食库存总量 133086 吨，月平均库存 10 万吨以上，其中稻谷 88599 吨、小麦 37188 吨、玉米 7092 吨。8 月，县粮食局开展夏季粮油大检查，共查 66 个储粮点，查库存粮油 111241 吨，实现“一符四无”数 103986 吨，矩阵布线 40850 吨，机械通风 45967 吨，自然低温 18190 吨；报废仓储粮 31000 吨，超高储粮 20510 吨。各站、库全部达到“一符四无”单位标准。

第三节　专项储备

专项储备，是指国家专储的粮油，有中央专储和省专储。国家储备粮油必须与商品粮油分开储存、管理，做到三专［专人、专账、专仓（专垛）］、四落实（数量、质量、品种、地点），按《国家储备粮油管理办法》执行。1990 年，代中央专储大米 335.3 万公斤，小麦 381.8 万公斤，完成“议转平”（议价转为平价）大米 180 万公斤，小麦 381.8 万公斤，代省储备大米 540 万公斤，菜油 52.5 万公斤。1995 年，国家专储大米 1072 吨（折稻谷 1499 吨），小麦 5959 吨，菜油 425 吨；省专储小麦 445 吨。到 2000 年，全县有中央专储粮 35000 吨，其中小麦 10000 吨，稻谷 20000 吨，玉米 5000 吨；省专储大米 2000 吨，代平昌储存中央专储 3000 吨。

第四节　粮油调运

根据国家计划安排和南江县粮源及人民生活需求，南江历年都有粮油调出调入安排。从 1986—2000 年的十五年间，从南江调往外地的粮食共计 24072.4 万公斤，食油 1176.8 万公斤。从外地调入南江的粮食共 7252 万公斤，食油 543.0 万公斤。调出调入粮油的主要品种是：稻谷（大米）、小麦、面粉、玉米、菜油等。

表 14—5　　南江县 1986—2000 年粮食油料调出调入数量表　　单位：万公斤

年度	粮食		食油	
	调出	调入	调出	调入
1986	931.3	0.5	171.8	
1987	1612.9	95.7	145	0.6
1988	823.1	46	183.1	0.3
1989	824.6	17.8	102.3	1.4
1990	879.9	81.6	67.4	
1991	973.1	181.9	19.4	
1992	2464.3	1125	245	208.4
1993	1180.4	191.9		
1994	986.8	1336.7	20	53.1
1995	783.6	652.2	0.4	73.3
1996	867.1	222.8	27.2	27
1997	1432.8	520.1	71	85.4
1998	444.8	120.8	120.7	55.1
1999	230.1	209	18.7	26.7
2000	1718.5	2450.1	2.8	11.7
合计	24072.4	7252.0	1176.8	543.0

第四章　粮油管理

第一节　体制改革

中共十一届三中全会后，国家规定在完成征购任务后，粮食部门可通过议价收购销售，允许个人通过集市进行少量粮油买卖，南江开始出现粮食市场。1983 年开始，在完成国家计划后，实行粮食多渠道经营。不仅促使了粮食流通、加工和转化，而且有利于国营粮食企业搞活经营，提高职工素质和竞争能力。

1985 年 1 月 1 日，县根据中共中央、国务院《关于进一步活跃农村经济的十项政策》规定："粮食、棉花取消统购，改为合同定购"，这是三十多年来粮食流通体制的第一次重大改革。国家的粮食政策从原先的统购统销改变为定购统销和市场购销、议购议销"双轨"并行的政策。

1992 年 3 月，提高粮食统销价格，实行购销同价，至此，粮食统销长期低于统购的购销价格倒挂状况得到改变，使粮食流通体制改革又迈出了一大步。

1993 年 2 月 15 日，根据国务院发布《关于加强粮食流通体制改革的通知》精神："粮食流通在国家宏观调控下放开价格、放开经营，增强粮食企业活力，减轻国家财政负担，进一步向粮食商品化、经营市场化方向推进”。县取消了40年之久的粮食统销政策，取消了口粮定量供应办法，但保留城镇定量人口粮食供应关系。同月20日，又执行国务院《关于建立粮食收购保护价格制度的通知》，从定购统销和议购议销并行政策改为国家调控下的市场调节政策，即从“双轨制”改为“单轨制”，这又是一次历史性变革。从1994年起国家定购的粮食全部实行“保量放价”，在国家宏观调控下自由流通。但当年出现全国新一轮通货膨胀，加上部分地方粮食因灾减产（1993年全县粮食比1992年减产20%），致使全年粮食零售价格上涨20%以上，超过零售物价总指数上升幅度。宏观环境对刚刚开始的粮食流通体制改革进行十分不利，到入冬以后，不得不暂时告一段落。

1994—1996年，国家相继出台了一系列粮食政策：（1）保护种粮农民的利益，稳定和发展粮食生产，国家恢复制定粮食定购价格，实行国家统一收购商品粮；（2）改革体制，扩大地方政府粮食管理权限，落实“米袋子”省长负责制；（3）国家粮食部门从实行两线运行到费用包干。总之，在粮食流通政策上是重回“双轨制”，但不是重回“双统”制。

1996年冬，执行中央提出“四分开、一完善”的构想，即粮食部门政企分开、储备和经营分开、中央和地方责任分开，完善粮食价格机制。1998年5月，南江县政府对“四分开一完善”作了具体规定：“所有粮食企业都要面向市场，实行独立核算，成为自主经营、自负盈亏、自我约束、自我发展的经济实体，不承担粮食行政管理职能”。12月22日，南江县粮食局《关于政企分开实施意见的报告》称：通过深化改革，进一步转换粮食企业经营机制，县局与总公司实行政企分开，两块牌子、两套班子，粮食局不参与粮食经营、不干预企业经营活动，总公司成为法人经营实体。粮食总公司下属企业为：粮食开发总公司、米面厂、饲料厂、粮油运输公司、粮油贸易公司、粮油工业贸易公司、油脂公司等7家。

第二节　价格管理

一、购销价格

定购价　1989年，将稻谷、大米、小麦、玉米四种粮食定购均价由19.48元调为24.33元，提高24.9%。1992年10月，四川省粮食收购价格放开，市场粮价猛涨，粮食收购减少。1994年，恢复粮食定购，购价由省统一管理。1996年，国务院决定进一步提高粮食定购价格，省政府决定：粮食三大品种的定购价为：每公斤计稻1.44元、小麦1.36元、玉米1.44元，平均提高47%，油菜籽2.6元，形成了定购价高于市场价的格局。1998年，定购外的余粮按“保护价敞开收购”。从1999年秋粮入库起，实行定购价和保护价“二价合一”收购。2000年，市场粮价继续走低，三大品种定购价仍高于市场价。

统销价　1985年6月10日起，将销售农村的粮食按比例价供应。1990年7月1日起，将副食酿造、饲料用粮等实行按比例价供应。1992年10月粮食价格放开，从12月31日起全省所有粮食企业和基层粮站，统一按国务院规定价格敞开销售，发生的差价由省粮食局会同财政厅商定解决办法。1994年，巴中地区行署规定，区内各县销售粮油价格：标二米1.36元/公斤、标准粉1.26元/公斤、菜油5.8元/公斤、精米精面维持原价。1998年起，粮食销售按顺价销售原则，销价由企业自主决定。

二、调拨价格

1986年，一律按统购价作价。1987年起，改按“省间调拨作价办法”执行。1992年11月粮价放开后，计划调拨改为甲乙双方协议调拨和指导性调拨，按每公斤 1.60 元执行。1995 年起，由调入方补贴一定费用给调出方。进入 20 世纪 90 年代后期，由于粮食定购价和调拨价都高于市场价，调出粮食难度渐大，使全县陈化粮大增，亟待处理。

三、各种差价

购销差价：1987 年购销差价率为 -84.52%，1990 年为 -135.17%，1996 年牌价仍高于市价。

品质差价：1978 年后，执行 6 种粮食国家标准，品质差作了相应调整，稻谷、大豆由三级改为五级制；面粉分特制粉一级、二级和标准粉 3 个等级；大米分特等、标一、标二、标三 4 个等级；其它品种实行三级制以二级为中等，等级之间品质差购为 3%，销价一级比三级高 5%，二级为一、三级平均价，五级比三级低 5%，四级为三、五级平均价。此种作价办法，直到 2000 年未作变动。

地区差价：1993 年粮价放开后，地区差价重新出现，1994 年恢复国家定购价。全省统一定价，不承认地区差价。1998 年后在深化粮食流通体制改革中，省政府在确定收购价格时，开始确定地区之间有差价，但巴中地区是产粮县，加上交通方便，区内差价并不明显。

第三节　计划管理

1985 年起，计划管理的粮油品种逐渐减少，省对地、县实行粮食征购，销售计划指标包干，调拨由省统一安排。1988 年后，逐步实行“四管四放”。1992 年起，全省粮食实行“双放”，当时达县地区实行“单放”。计划只管三大品种定购和中央与地方专储粮油购销等项。粮油计划编制有长期、中期和短期计划。地、县粮油购、销、调、存年度计划，是根据上级主管部门下达的当年控制指标，按现行粮油政策，参照历年收购与销售的数量统一计划。计划形成后报上级主管部门和当地党政同意，再下达各执行单位。粮油总体计划和主要品种计划由政府行文下达。定期检查粮油计划执行情况，并向上级报告，以发挥计划监督管理作用。

第十五篇 乡镇企业

第一章 企业属性

第一节 乡村集体企业

乡（镇）村（含组）企业，由社队企业转名而来。乡村企业，是乡镇企业的主体，占有很大比重。1985 年乡村企业产值占乡镇企业总值的 56.3%。1987 年后，由于联户、户办企业发展速度超过乡村企业，比重有所下降，1990 年为 33.5%，1995 年为 21.5%，但仍不失其重要地位。1995 年营业收入超过 500 万元的企业 4 个，多为乡村企业。乡镇企业对农业的支援，如以工补农、以工建农以及减轻农民负担等方面，均由乡村企业支撑。农村集体经济主要靠乡村企业来巩固和壮大。

乡村企业个数，全县由 1986 年的 259 个，发展到 2000 年 1926 个。虽然新建了很多企业，但调整淘汰、合并了不少企业，仅乡村工业企业，1990 年即关、停、并、转 123 个，其它各业也随着市场需要而不断调整。乡村两级企业中，乡办个数少，村办个数多，乡办企业规模大，村办的规模小。从企业人数上看，乡办企业人数多，村办人数少，1985 年乡办企业职工人数为 2444 人，而村办企业职工只有 565 人。1995 年乡办企业职工 4795 人，村办企业为 1734 人。从产值上看：乡办企业产值多，村办企业产值少，以 1995 年为例，乡办企业产值 8374 万元，村办企业只有 1734 万元，乡办比村办多 4.82 倍。

在乡村企业中，有少量属乡镇企业部门管理的城镇街道企业。据 1995 年统计有 23 个，从业人员 638 人，产值 7656 万元。乡村企业中还有少量实为个体或私营企业，但与乡镇企业管理部门或其经济实体挂联，缴纳一定的利润或管理费后，即改为集体企业。2000 年，对这部分企业进行了全面清理已得到了纠正。

第二节 个体、合作企业

个体（含私营）企业、合作企业，习惯简称户办企业。这两类企业，少数是由家庭作坊、手工艺转化而来，多数是在农村发展经济和乡镇企业大发展中办起来的。1984 年 9 月，根据省委、省政府32号文件精神，县委、县政府作出了“放手发动群众，开拓发展乡镇企业的新路子，坚持乡（镇）、村、组、户一齐抓，集体、个人同时上的决定”，号召全县各乡、村、组、户、联户、个体一齐上，“五个轮子”（乡、村、组、户、联户）全力发展乡镇企业。县农行发放乡镇企业贷款6000万元，全县新上酿酒、办矿、加工等项目136个，总投资8696万元，新增产值364万元。到1990年，全县个体、合作企业已达6533个，从业人员9907人，产值3951万元，分别占乡镇企业总数的93.95%、65.2%和66.48%。1995年，个体、合作企业达8454个，从业人员14684人，产值36904万元，比1984年分别增长3倍、16.2倍和17.3倍。在个体、合作企业中，个体企业发展最快，比重更大，尤其是运输、餐饮、服务行业。2000年，全县有乡镇个体、合作企业10789户，产值102315万元，利税近300万元。

第三节　县乡企局直属企业

县乡镇企业局兴办的直属重点企业有3个，分别是：南江县铁山冶金矿业有限公司、南江县建筑建材公司、南江县宏益矿业有限公司。

四川省南江县铁山冶金矿业有限公司　始建于1985年，年采选铁矿石15万吨。以采、选、营销铁矿为主。开发了“秦源雪”矿泉水饮料系列产品，储备开发了钾长石等新项目，走出了固本增源新路，被列为南江县重点乡镇骨干企业、巴中市民营经济“十强企业”。公司拥有采矿、选矿、电力三个生产车间和控股的“秦源雪”矿泉水公司。2000年底有职工365人，总资产2600万元，年营业收入1255万元，年创利税350万元。

南江县建筑建材有限公司　成立于1983年6月，属建筑安装三级企业。有固定职工124人，常年合同工130人，其中工程师15人、助理工程师20人、技术员70人、项目经理25人、会计师2人、经济师1人，现有固定资产607万元，年利润30万元。公司奉行“质量第一、信誉第一、为用户服务”的宗旨，承建的工程合格率达100%，优质工程率35%，获得各种奖励90多次，被地、县连续评为先进企业，连续4年被省上授予“重合同、守信誉单位”。

南江县宏益矿业有限公司　前身是南江县乡镇企业供销公司和南江县矿业公司合并后组建。供销公司始建于1979年12月，主营乡镇企业产品，兼营其它商业商品，开发大理石、花岗石材产品，引导各乡供销经理部商业网络。矿业公司始建于1985年，从供销公司分离出来，主营煤炭兼营办矿。1990年，两公司合并，人财物统一合贴，实行一块牌子，一套人马，为“南江供销矿业公司”；1995年公司改制为“四川省南江宏益矿业公司”。至2000年，公司有总资产814万元，注册资本356万元，负债率41%。有2个煤矿、1个铸造厂、2个煤炭发运站台，1个农贸市场，年收入400万元，年创税利50万元，经济和社会效益显著，是县重点考核企业。

表15—1　　**南江县1985—2000年乡镇企业发展情况统计表**

项目／年度	企业单位数		从业人数		企业总产值（万元）		营业收入（万元）	利润总额（万元）
	合计	其中：集体	合计	其中：集体	合计	其中：集体		
1985	4698		13524		3392	1909	3028	64
1986	5089		12878		3540	1657	3044	64
1987	6270		13032		3691	3412	3314	55
1988	6528		14842		4515	1935	4564	80

续上表

年度 \ 项目	企业单位数		从业人数		企业总产值（万元）		营业收入	利润总额
	合计	其中：集体	合计	其中：集体	合计	其中：集体	（万元）	（万元）
1989	6637		14938		5366	2298	5689	86
1990	6954		15196		5943	1992	6570	87
1991	6893		15678		7788	1911	7547	93
1992	6943		16188		10620	4751	10340	175
1993	7394	462	19448	7940	17596	7106	5237	280
1994	8278	377	20982	7318	35252	9457	7768	393
1995	8816	362	21758	7079	47012	10108	9885	245
1996	10132	337	26546	7200	75216	11841	11986	640
1997	10895	315	28225	7274	107311	11906	12507	714
1998	11162	138	29372	4266	124249	5241	6415	208
1999	14641	1826	35337	5896	136922	9284	9090	303
2000	13846	55	34953	1926	140954	3961	6363	368

注：1985—1989 年以 80 价计算，1990—2000 年以 90 价计算。

第二章　产业门类

第一节　农业企业

农业企业包括种植业、养殖业两大类。1985 年，全县有乡镇农业企业 82 个，职工 759 人，年产值 133 万元。1990 年，有农业企业 85 个，职工 823 人，产值 178 万元。1995 年，农业企业 98 个，职工 1021 人，产值 12481 万元。到 2000 年，乡镇农业企业已发展到 1002 个，职工人数 1926 人，年产值 6536 万元，乡镇农业企业个数、职工人数和产值与 1985 年相比，分别增长 23.4 倍、1.54 倍和 48 倍。

第二节　工业企业

20 世纪 80 年代，南江乡镇工业十分分散，“村村点火、户户冒烟”，发展不够理想。1985 年，全县有乡镇工业企业 2116 个，职工 7221 人，产值仅 1959 万元。从 90 年代开始，乡镇工业有的依托旧的场镇，有的另辟新区，建设工业小区，逐步实行集中。全县乡镇工业企业系统组建了煤炭联合公司、石材联合公司，后来又形成了煤炭集团公司、铁矿集团公司，乡镇企业已发生了巨大变化。1995 年，全县乡镇工业企业已发展到 3621 个、职工达 11876 人，产值 19362 万元，占乡镇企业总数的67%、职工总数的48%、产值总数的57%。2000年，乡镇工业企业4953个、职工19236人，产值43086万元，比1995年分别增长36.7%、11.4%和12.3%。

乡镇工业企业在生产手段上，逐步由手工操作为主转变为机械操作为主，部分还实现了半自动化、自动化。其加工工艺也由小而全向小而大的步伐前进。

第三节　交通运输业

1985年，全县乡镇企业所属交通运输企业320个，有职工442人，产值539万元。1990年，发展到运输企业768个，职工人数886人，产值608万元。随着工业生产的发展，商品交换的频繁以及公路的增多，铁路的兴建，一批专业运输户逐年发展壮大，集体、个体一起上，专业公司和私营业主同步发展。乐坝镇成立了专营的交通装卸运输公司，承担了巴中地区周边邻县的物资装卸运输任务，有职工86人，年收入120万元，创税利28万元。南江镇下岗职工杨森茂，兴办了普庆出租车公司，范老大兴办了南兴专业私营运输公司。到2000年，全县乡镇企业运输企业已发展到2319个，从业人数2858人，产值达26332万元。

第四节　建筑施工业

乡镇建筑业源于“五匠”（石匠、木匠、砖匠、瓦匠、泥水匠）。1978年，乡镇企业兴起，全县办起了乡镇工程队59个，从业566人（其中大队办39户，从业251人），年总产值37.3万元。以后经过调整合并，1984年，全县乡镇企业建筑队减为10个（其中大队办3个）从业343人（其中大队146人）、总产值185万元（其中大队38万元）。1985年，全县乡镇建筑企业增加到41个、职工435人、产值303万元。经过10年发展，到1995年，全县有乡镇建筑企业215个，职工11876人，产值5760万元。到2000年，全县乡镇建筑企业扩大到3739个，职工15415人，其中有10个乡村建筑队，三级企业占4个，每个企业具有专业技术人员职称的人占70%，人均机台装备在700元以上，人均动力机械在10马力以上。

随着城乡建设规模的扩大，乡镇建筑业发展十分迅速，已成为乡镇企业的骨干企业。乡镇建筑企业承建工程越来越大，县建筑联合公司成立后，首先承建了县财政局、武装部、县检察院、中咀火电厂、乡企局宿舍楼、水电局宿舍楼、沙河区公所、县医院门诊部、临江商场、县饲料厂、水泥二厂厂房、交通局宿舍、广播电视局综合楼、县社险局等，总建筑面积达15万平方米。小河建筑队超常规发展，立足小河走进县城，飞向巴中。先后在南江承建沙河植物油厂、大河粮站、县粮食局乐坝粮库、县委党校、县石油煤建公司、水泥集团住宿楼，总建筑面积达10万平方米。

第五节　商贸服务业

乡镇企业中的商贸、饮食、服务业主要经营百货、副食品、旅馆、饭店、理发、修理、照相等为民服务的一些项目。1985年，全县乡镇商贸、饮食、服务业数量为2017个。从业人员13524人，产值677万元。1990年发展到2401个，从业15196人，产值1144万元。随着工农业生产的发展和人民生活水平提高后的需要，乡镇商贸饮食服务业得到了进一步发展，到1995年，全县有商饮服务业3209个，从业人员5707人，产值达10939万元。2000年，乡镇企业中的商贸（批发、零售）、饮食服务及其它行业经过进一步结构性调整，企业个数为5377个，比1995年减少330个，从业人员10349人，比1995年减少590万元，减少5.4%。

第六节 其他企业

土陶 1978年，赶场碗厂由二轻系统划为乡镇企业，当年全县乡镇企业的陶瓷厂为5个。以后经过停、转、并，到1985年乡镇企业陶瓷业为3个，从业86人，年产土陶13.3万件，年产值10万元。1990年起，赶场、沙河陶瓷厂小打小闹，名存实亡。

农机修配 20世纪70年代初，随着农业机械的增多，农机修配成为社队企业的主要行业。1978年，全县有农机修配厂50个（其中大队22个）、修理农机配件55600件，产值41.1万元。以后逐年减少，到1984年，全县农机修配业减少到8个，从业人员减少到34人，产值7万元。从1990年起，逐步改变为私人经营。

铁制农具 农业合作化中，全县大部分铁木手工业者组成合作生产社（组）。公社化后，每个公社都组建有农具生产、修理业。1962年，万人以上公社保留农具生产企业外，其余以区成立农具厂（社）。20世纪70年代起，部分企业开始使用弹簧锤、空气锤、砂轮机、鼓风机。洛坪、正直、赶场等地铁工厂，发展有锻工、钳工、铸工等车间，成为农具、农机修造的综合企业。1984年，全县乡镇农具修造企业共16个，从业人员234人，年修造农具10.8万件（其中大队20万件），产值为54万元（大队5万元）。1990年后，乡镇企业逐步垮停，1995年后仅洛坪机械公司1家生产用具，2000年该司也处于破产阶段。

铁制餐饮用具 1951年后，县城、沙河、乐坝、下两、赶场、贵民、沙坝等地都先后开办过铁锅、铁罐厂。1962年公共食堂停办后，铁制餐饮用具需要大量增加，县决定把乐坝土钢厂扩建为锅罐厂，各社队企业亦生产瓢、铁、勺、刀等餐饮用具。到1984年，乡镇企业年生产餐饮用具4.3万件。1985年起，受市场波动影响逐步减少。1988年乐坝转产为水泥厂，其余各乡村逐步停垮。

木制品 1958年，人民公社化中，每社都成立有木器生产组。1962年调整，大部分木器生产组停办。以后逐渐恢复，至1981年，全县木制农具组74个，木制家具组73个。1984年，乡镇企业中木制品企业共5个，从业人员33人，年产家具1000件，农具3000件，产值58万元。1985年后逐步垮停和改变私人经营。

竹制品 县内竹类资源丰富，长期来，人们利用竹类编制各种生产、生活用具。1958年，公社开始成立竹器生产组。1979年，许多单一的竹器生产组改组成竹藤棕草制品综合企业。个体竹编业也有发展，付家乡袁家村家家户户搞竹编，成为竹编专业村，产品运销新疆、内蒙古等地。1990年起为个体经营。

造纸 县内造纸的竹类资源丰富。民国时，沙河、长赤、正直、下两、大河等地，手工造纸较多，生产土纸（俗名草纸和火纸）。1950年后，机制纸发展，土纸生产减少。20世纪70年代县内土纸生产逐渐恢复，赤溪、长赤、文星、大河等社队企业曾办过土纸厂，以后纸厂交给生产队或社员经营。1982年，全县乡镇企业中的纸厂只有2个，从业4人，年产土纸90担，产值为4600元。1990年后逐步转为户办私营。

服装缝纫 1956年手工业合作化中，农村从事缝纫的组成缝纫社（组）。1978年，社队企业的服装缝纫业兴起，当年，全县服装缝纫企业有105个。1985年，全县乡镇企业的服装缝纫业为31个（其中大队办16个）从业156人（其中大队16人），年产服装15.5万件（其中大队1.9万件），年产值50万元（其中大队1万元）。1990年后逐步转向，改变为私人个体经营。

表15—2　南江县1985—2000年乡镇企业行业数量统计表　单位：个

行业 年度	农业企业	工业企业	建筑企业	交通运输企业	批发零售、餐饮业	商饮、服务业	其它企业	合计
1985	82	2116	41	422	2017	2017		4698
1986	69	2635	23	490	1872	1872		5089
1987	64	3350	16	514	2326	2326		6270
1988	58	3252	16	596	2606			6528
1989	69	3700	18	690	2160			6637
1990	69	3694	22	768	2401	2401		6954
1991	78	3969	34	735	2077			6893
1992	81	3900	34	735	2192	502	209	6943
1993	85	4032	37	906	1638	437	259	7394
1994	66	3765	207	983	2590	539	128	8278
1995	61	3621	251	1364	2946	363	210	8816
1996	73	3711	295	1414	3940	455	244	10132
1997	83	4074	377	1600	3990	502	269	10895
1998	31	4080	178	1743	3661	510	959	11162
1999	1739	4201	186	2207	3511	1377	1420	14641
2000	1002	4953	195	2319	3261	1457	659	13846

第三章　主要工业行业

第一节　矿产能源

南江矿产资源十分丰富，经地质部门探明有一定工业储量的达30种，乡镇企业已开发利用的有20多种，主要是煤、铁、铅锌、铜、金、石膏、石灰石、石英石等。乡镇矿产业，经过二十多年的发展，现已形成“以煤为起点，铁矿为重点，多矿种开发”的格局，发展速度较快，是乡镇企业重要的基础产业，特别是在部分山区，矿产已成为当地经济的主要优势。

一、煤炭

南江有5个区、13个乡、20个村产煤炭，主要分布在地理坐标东经106°26′—107°7′，北纬31°15′—32°25′，呈弧形带状。储量较大的有水洞、甘溪、流坝、红岩、团结、关田、赶场6个乡，其次是关门、红岩、小河、汇滩、贵民、槐树、碾盘等乡也另有少量煤源。全县地质总储量4000万吨。乡镇煤矿是1959年“大跃进”时期办起来的，到1959年有企业3个，年产值5000多元；1960年发展到5个矿，年产量1000多吨，产值1.10万元。1970年，长赤、正直、下两、沙河、大河等区为解决缺乏燃料问题，自筹资金，分别在水洞、焦家岩、红岩等地办起煤厂。紧接着小河、水洞、关路、桥亭、沙淮、流坝、旭光等乡的大队，也利用本地资源办起煤厂。到1984年，全县乡镇企业所属煤厂27个（其中大队办11个），从业894人（其中大队405人），年产煤12.23万吨（其中大队5.4万吨），总产值281万元（其中大队116万元）。中共十一届三中全会后，乡煤矿发展很快，到1985年经批准开采的煤矿65个，生产原煤16.9万吨，务工农民1388人，实现产值348万元，形成固定资产166万元。各种机电、安全设备251台（件）。正直、长赤、凉水、水洞、甘溪、流坝和甘溪乡的一、二、三、村等9个煤矿产量达万吨以上，其余各矿具备一定规范和发展条件。

表15—3　　南江县乡镇煤矿发展历史状况表

时期	年度	企业个数	企业人数	产量（万吨）	产值（万元）	收入（万元）	利润（万元）
“文革”以前	1958	3	30	0.05	0.5	0.15	0.02
	1959	3	30	0.05	0.55	0.17	0.03
	1960	5	60	0.10	1.1	0.5	0.5
	1965	7	80	0.20	2.2	1.0	0.1
“文革”期间	1966—1975年平均	7	56	0.15	2.2	1.2	0.12
十一届三中全会以后	1979	20	357	2.99	57.92	22.00	2.5
	1980	20	413	5.12	99.11	32.38	3.08
	1983	18	417	6.40	142.00	96.00	6.50
	1984	27	894	12.20	281.00	177.95	5.67
	1985	65	1388	16.90	348.00	246.57	21.43

表15—4　　南江县1985年乡镇煤矿基本情况表

项目 井田名称	企业个数	企业人数	年产量（万吨）	机电设备（台）	年产万吨煤矿个数	销煤方向	备注（万吨煤矿）
甘溪井田	34	748	8	30	5	仪陇、南郑、巴中	甘溪一、二、三村及流坝
水洞井田	9	286	6	221	4	成都、广元	正直、长赤、凉水、水洞
赶场井田	14	204	2	0	0		
王家井田	8	150	0.9	0	0		
合　计	65	1388	16.9	251	9		

表 15—5　　南江县 1985 年乡镇煤矿分布情况表

项目 / 井田名称	设计生产能力（万吨）	地质储量（万吨）	现可开采（万吨）	企业个数
甘溪井田	15.5	229	183	34
水洞井田	6.5	273	227	9
赶场井田	4.8	82	65	14
王家井田	3.2	43	34	8
合 计	30	627	509	65

表 15—6　　南江县 1985 年乡镇煤矿分类表　　单位：个

项目 / 井田名称	区办	乡办	村办	组办	个体户	合计
甘溪井田	1	3	7	4	13	34
水洞井田	3	2	3	1		9
赶场井田	2	7	4	1		14
王家井田	1	3		1	3	8
合 计	7	15	14	7	16	65
占比（%）	10.77	23.08	21.54	10.77	24.61	100

二、铁矿石

南江县铁矿储量达 5000 万吨，其中富矿占三分之一以上。有中型矿占 2 处，小型矿点 6 处，主要分布在贵民、上两、杨坝等区。仅贵民和杨坝区内的李子垭、红山、水马门、宪家湾、土墙坪五铜包、蒋家湾等地储量就达 4500 万吨，品位均在 40% ~50% 以上。同时铁矿中还含有符合国家开采标准的钴、锰、铜等金属，经济价值很大。

1985 年，贵民区在沙坝红山村兴办了第一个铁矿，年产铁原矿 5000 吨，接着沙坝乡也在相近的太阳湾办起了乡办铁矿。而后，柳湾乡在宪家湾办起了乡办的宪家湾铁矿。随着生产科技的发展，铁原矿、销售限制、加之价值不高，红山铁矿于 1988 年率先扩建选矿 5 万吨，而后技改为年采选 10 万吨铁精矿，产值由原 1600 万元增值 2100 万元。县乡企局也在汇滩五铜包兴办铁矿，县矿业公司在汇滩蒋家湾兴办铁矿。2000 年，全县乡镇企业铁矿产量 6.56 万吨，产量占全县铁矿总量 68.7%。

三、铅锌矿

全县铅锌矿有 6 处，储量 80 万吨，主要分布在沙坝、柳湾、汇滩、新立、桥亭、沙滩等乡。其品位铅含量 0.5% ~1.5%，锌的品位 1.5% ~3%，有些是窝儿矿，有些是岩体走向，厚度 1 ~2 米。近年来，主要是群采矿为主，集体办矿少。沙滩乡、桥亭乡 1979 年兴办铅锌矿厂，主要是群采、集体销售的乡镇企业，后由于地质资料和销售渠道出现困难而下马停办。1997 年，回乡创业青年祝天才在桥亭乡九角山村开办沿锌矿厂，后因资源和开采方式不配套自行停产。

四、石膏矿

石膏矿主要分布在红岩、赶场、旭光、桥亭、流坝等乡，含 $CaSO_4 \cdot 2H_2O$ 的品位大于 90%，超过国家85%的一级品位标准，杂质小于5.4%，厚度6米，全县总地质储量20万吨。1977年3月，桥亭乡龙门村、红岩乡开始开采出售，其产品远销广元、旺苍、南江几家水泥厂。1986年以来，新开采有流坝乡石膏矿、格亭的中梁石膏矿，其产品销往乐坝水泥公司。

五、黄金

全县黄金产地在上两、关坝、玉泉、杨坝、坪河等地，主要为砂金、岩金两种。砂金是沿河水流滩进行淘金，岩金主要是按山脉走向实行洞采。杨坝、坪河、玉泉、关坝为沿河淘金，上两以洞采为主。品位、砂金每吨含金0.7~1.2克（高于国家规定混合砂0.07克/立方米的标准，工业品位0.15克/立方米）。玉泉砂金每立方米大于0.15克，岩金未达到国家3克/吨的标准。关坝的五粮沟、杨坝尖山、上两银杏坝金的储量和品位也丰富。杨坝、坪河、关坝、玉泉等乡主要是河流沟金为主，年淘金2270克，年产值30万元。上两除有部分沿河淘金外，还有洞采黄金，浙江一高人在上两开洞2个，采岩金3000克。乐坝水泥公司宁北平与人合伙在上两洋滩村开洞两口，采黄金4000克。2000年，全县砂金产量2500克，岩金6000克，产值85万元。

六、其他矿

全县境内钾长石、石英矿、玉石、磷矿、萤石、铅、铀、高岭山、水晶矿、钒钨等矿矿藏资源丰富，品位含量好。

杨坝区新民乡岳权正，放弃信用社“铁饭碗”，于1997年在新民乡办起了石英矿加工厂，年产值200万元，主要产品销往国内外。坪河钾长石，目前由铁山冶金公司开发，前期地探，项目申报工作已结束。

七、小水电

1958年，南宁市长闫光彩（白院乡人）赠送给大河公社30千瓦发电机一台，在大河公社办起第一个小水电站。1961年杨坝公社办起140千瓦的水电站。1964年起，关坝、黑潭、红光乡办小电站逐渐增多，到1984年止，全县乡镇企业有小发电站35个（其中大队办18个），从业人员159人，年发电量为476.6万千瓦时（其中大队办30.23万千瓦时），产值50万元（其中大队5万元）。

随着科学技术的发展，一些村（大队）、乡（公社）小水电站在县网和国网的冲击下自行淘汰。截至2000年，全县现有小水电站、司共计17个，总装机16500千瓦。形成骨干公司有四家（正直、团结、上两、杨坝），承担着沙河、正直、杨坝、上两四片区供电任务。13个小水电站，是各乡（镇）乡办水电站，规模较小，主要是上网和供应当地乡（镇）用电。

表15—7　　南江县部分年度乡镇矿产、电力工业概况表

项　目	1978年	1980年	1985年	1990年	1995年	2000年
原煤（万吨）	9.0289	7.3000	20.8770	26	0.2175	18
铁矿石（吨）	17132	17132	8228	35182	75000	66000
黄金（千克）	108					
发电量（万千瓦时）	534	1239	1831	2781	2781	3079

第二节　建材行业

一、砖瓦

1964 年，沙河公社洛坪大队最早建起砖厂。1977 年，小河、燕山、金盆、长赤、大河等公社相继办起砖厂共 50 个，年产砖 2553 万块，瓦 3673 万匹。随着市场需要，砂砖、水泥砖广泛利用，土砖瓦用量相应减少。1984 年，全县乡镇企业砖厂减至 15 个，从业人员 88 人，年产砖 428 万匹，瓦 68 万匹，产值 12 万元。1996 年，土窑烧砖基本无存，砂砖也相继淘汰，全部改为页岩烧结砖，节约土地，采取旋转窑式生产，一次点火，数月不熄火，天天装窑，天天出产品，工效比原提高 10 倍。到 2000 年此法生产砖块技术仍在采用。

二、水泥及其制品

1977 年，沙滩公社建立起年产 1000 吨的水泥厂。1979 年起，先后有小河、沙河、下两等地建起水泥制品厂，年制品 3200 立方米，产值 11 万元。1986 年，乐坝锅厂改建为年产水泥 1 万吨能力，后于 1993 年技改扩建为 4.4 万吨水泥厂。

三、石材

石灰　1978 年，全县石灰窑 54 个，从业 1 万多人。以后个人办石灰厂增多，水泥广泛使用后，乡镇石灰厂不断改行，到 1984 年全县乡镇企业中的石灰石厂仅有 8 个，从业 115 人，年产量 9000 吨，产值 20 万元。据 2000 年统计，石灰厂只有甘溪乡、乐坝镇共 5 家，均属户办私营。

大理石　1976 年，上两农具社在成都砂石公司的协助下，开采大理石，生产荒料、片石、石子。1979 年，上两公社在县城断渠办起机械化大理石厂，生产大理石板材，销省内地县及甘肃、贵州、陕西等省市。1984 年底，上两区共有乡村办大理石开采、加工厂 4 个，从业人员 66 人，年产荒料 1050 立方米，石子 411 吨，制品 2100 立方米，总产值 51 万元。1984 年县供销矿业公司在县城断渠新建全自动生产线，主营大理石和花岗石生产，1996 年因市场和企业管理出现问题停产和倒闭，2000 年全县仅有大理石开采加工企业 3 个。

花岗石　全县花岗石有黑色、肉红色、紫红、灰白、芝麻、墨菊色等，储量 1.5 亿立方米，属特大型矿藏。主要分布在上两、光明、槐树、玉泉、寨坡、新民、西清、沙坝等乡。自 1987 年起，上两、贵民等地先后办起了花岗石加工厂。全县现有花岗石材加工 23 个，年产荒料 23000 立方米，板材 50000 平方米，其产品远销广东、成都、汉中、重庆等地。

第三节　食品、饲料

一、食品工业

榨油　1978 年，全县乡镇企业食用油生产 320 吨，非食用油生产 400 吨，产值 61 万元。1982 年，食用油生产增加到 897 吨，非食用油（植物油）生产增加到 500 吨、产值 305 万元。1982 年后，乡企无食用油和非食用油加工行业。

酿酒 1976年5月，赤溪公社办起第一个社办酒厂，此后，社队酒业不断发展，到1985年，乡镇酿酒业18个（其中乡办15个、村办3个），从事酿酒的人员达140人，年产白酒372吨，总产值65万元。

打米 20世纪50年代末至60年代初，县内先后购进各式打米机加工大米，以后逐渐普遍。至1984年全县乡镇企业打米房56个，从业人员251人，年加工大米1084.5万公斤，总产值101万元。

磨面 20世纪50年代末至60年代初，农村小水电发展较快，200型磨面机在农村大量采用，到了80年代，全县乡镇企业又有电力、水力磨面机共158台。正直乡米面加工厂兴建150型和200型磨粉机组合的小型风运面粉厂，分除杂、水洗、剥皮、润麦、磨粉等工艺流程，8小时可产面粉1万斤。

制茶 20世纪70年代中乡村大办茶场，1977年全县茶场达64个，茶地面积25063亩。1979年茶场增加到119个，茶地面积36090亩。随着茶叶生产的发展，茶叶加工行业应运而生。1975年，杨坝、小河、赶场等地开始用揉茶机制茶。至1984年，全县乡镇企业有茶叶加工厂3个，作业人员36人，年加工茶叶2927担，产值42万元。1990年精制茶834吨，2000年下降到116吨。

二、饲料工业

随着畜牧事业的蓬勃发展，全县乡镇企业中早在20世纪80年代就发展了饲料工业生产配混饲料。全县乡镇企业办饲料厂有16个，年生产配混饲料达9000吨。2000年，生产配混饲料2.2万吨。

第四章 商品流通

第一节 购销渠道

乡镇企业商品流通，有计划、市场两种渠道，尤以市场渠道为主。

计划渠道 1985年前，乡镇企业直接纳入计划所需的物资，由各级计委分配。中、小农具生产需钢材、边角料、混配饲料需化肥、柴油、汽油、坑木等计划内指标，全县均由县计委年初一步计划到位，由县级企局按企业所需出具证明介绍便购买。如每年煤炭、中小农具都由县计委直接下达生产任务，和销售任务渠道。

市场渠道 第一种形式是签订销售合同，购进原料，销出产品，相当多的乡镇企业实行这一办法，沟通了流通渠道。虽然在执行中，由于诸多原因，供需、购售两方不守合同，撕毁合同的事时有发生，但总的效果是良好的。在计划渠道变小后，更多的企业实行合同制。第二种形式是通过市场实现各种销售。收购场所及乡镇企业本身设置的销售和收购网点，直接购进或售出原料产品，特别是规模小的企业，更多的是采用的这种办法。

乡镇企业的生产和销售主要靠市场调节，不少企业为了解决原燃材料，产品的销售和运输的困难，往往要拉关系、请客。随着市场经济的逐步建立，物资增加、市场放开、价格并轨，这种现象才逐步减少。

第二节　营销网络

乡镇商业企业，含有多种所有制，分全民、集体、个体与私营商业。

一、全民商业

1979年10月，县委、县政府批准成立的“南江县乡镇企业供销公司”，属县财政预算外全民事业性公司。1983年5月，县政府批准成立南江县建筑建材公司，1985年2月，由县乡企局批准成立南江县矿业公司，这两个公司隶属于县社队企业局，属集体性质。1993年6月，南江县供销公司与南江县矿业公司实行合并，实行两块牌子，一套人马。

二、乡镇供销经理部（原为门市部）

1980年8月，全县各乡镇陆续兴办了“供销经理部”。至1990年，全县建立乡镇企业供销经理部有60个，从业人员230人，年收入730万元；属独立核算，自负盈亏，按期缴纳税费性质。1983年，对供销经理部都进行了整顿，存利去弊，坚持了继续发展。到1985年底，全县建立乡镇企业供销经理部70个，拥有职工362人，销售金额838万元。随着经营的市场发展变化，一部分供销经理部承包给个人经营，一部分由于经营不善而自行倒闭，供销经理部个数逐年减少。1990年有6个，职工18人，销售金额80万元。

三、个体商业

在改革开放方针的指引下，个体商业以其独特的灵活自主的经营优势，发展十分迅速，到2000年，个体商业达1028个，营业收入101130万元。

第三节　经营范围

20世纪80年代初期，中央和省规定的各级乡镇企业供销机构的经营范围是：国家计划分配，地方补助和有关归口部门划拨的物资和乡镇企业系统归口的产品；乡镇企业完成国家计划合同的产品和商贸、物资部门不收购的产品；生产队完成国家统购、派购任务后的农副产品；采购经销等地的农业生产资料；直接与外贸部门联系供应出口产品，以乡镇企业产品换回的产品等。这些产品都可以在省内外销售。由于旧的传统思想影响，国营商业长期习惯的独家经营作风，以及一些老的不利于生产力发展的“条条框框”，乡镇企业在商贸经营中，曾遇到过重重阻力，碰到不少困难。一段时间内，工商对乡企供销经理部指责，收缴扣押罚款乡镇企业经营商品的事，时有发生。90年代起实行市场经济后，商业的经营范围也全部放开，争论干预也就自然消失了。

第五章　企业管理

第一节　管理体制

南江县乡镇企业管理机构组建于1978年6月，定名为南江县人民公社企业管理局，同年12月更为南江县社队企业局，1983年更名为南江县乡村企业局，1984年6月更名为南江县乡镇企业管理局，该名称一直沿用。2000年有职工13人（行政编制11人）、退休职工12人，县乡企局直属企业3个，即南江县宏益矿业有限公司、南江县铁山冶金矿业有限公司和南江县建筑建材有限公司。县乡镇企业管理局是县人民政府主管全县乡镇企业的综合行政职能部门，对全县乡镇企业行使规划、协调、监督管理，乡镇企业行业行政管理，生产计划统计管理，经营和财务管理，科技项目和产品质量管理，安全生产管理等。

第二节　生产管理

一、计划管理

南江县乡镇企业生产计划，是由县乡企局生产股按上级主管部门下达的生产任务，进行分解到各区乡及直属企业。其生产计划主要指标有：总产值、工业产值、乡办工业产值、主要产品产量，这些指标都是非指令性的。"八五"计划以来，随着改革开放和建立社会主义市场经济体系步伐的加快，生产计划指标项目逐步改善，到2000年，乡企局指标下达只包括乡、村两级产值和乡镇工业产值两项指导性指标。其生产所需原材料全部放开，实行市场调节。

二、统计管理

乡镇企业统计管理范围，按所有制分，1984年前只包括人民公社和生产大队办的集体企业（含国营下放给公社管理、二轻划归公社管理的集体企业）。从1984年起，除社队企业外，还包括生产队（组）、联户、户办企业，习惯称为"五个轮子"。1990年起，组办企业统计入村办企业，变为"四个轮子"。此外，还包括乡镇企业与联营企业，以及乡镇企业部门管理的部分场镇街道企业。乡镇企业统计分月报、季报、年报三类，主要统计指标有产量、产值、企业个数、从业人员等。1994年起，农业部对乡镇企业的"四个轮子"统一规定为"乡办、村办、联办、个体"。同时确定原由统计汇总的营业收入、利税、固定资产原值等指标改由财务部门汇总，并要求统计、财务报表相关指标"数出一门、资料共享"，避免"两张皮"。为了认真管好乡企统计工作，县乡企局建立了专业统计档案和台账记录，健全了原始统计档案。

第三节 质量管理

南江县乡镇企业产品质量管理是从20世纪80年代初期开始的，当时即开展了产品质量评比和产品创优。为强化职工质量意识，乡企管理部门首先对直属企业和乡村两级企业确定的专兼职质检人员加强全面质量管理基本知识的培训和群众性QC质量小组、TQC（全面质量管理）达部标知识培训学习。通过普及质量管理教育，提高质量意识，截至2000年末，涌现出QC小组成果23个，全面质量管理达部标6个。

第四节 劳动管理

乡镇企业劳动管理重点是抓安全生产，保证劳动者的人身安全。首先是建立劳动安全管理机构：1978年，县乡企局，劳动安全工作由生产股统一管理，1988年3月，县局成立了安全股把安全工作摆在重要议事日程，一直延续至今。第二，培训教育。局里主要培训了矿山井下安全员、技术员，学习安全生产知识，掌握安全技能。第三，建立安全生产制度，按照《四川省乡镇企业劳动安全规定》、《四川省乡镇煤矿安全操作规程》、《乡镇建筑施工安全管理规定》等文件执行，建立了安全事故报告制度，开展安全日活动等。第四，安全整顿，在月、季、年度安全检查后，对一些有病症的矿山、矿井、建筑等企业实行停产、限期整改、专项治理，按标准验收。重点的烟花爆竹企业上报市局及市级部门专家验收。

第五节 财务管理

一、财务制度

乡镇企业财务制度初期是很粗放的，没有统一规定。1987年，根据中央农业部、财政部制定的乡镇企业财务和会计制度和省上出台的《四川省乡镇企业财务制度的补充规定》，把制度适用范围由乡扩大到村。1990年起乡镇企业统一实行乡镇企业财务会计制度。1993年，财政部制定了全国企业通用的《企业财务通则》和《企业会计准则》，对财政制度进行了重大改革，开始逐步按国家统一规定的制度执行。县上统一组织培训，严格考核，进一步趋向规模化和现代化。

二、利润分配

乡镇企业实现的利润要进行分配。1979—1981年企业实现利润60%上交公社，企业留40%。1987年起，规定企业留利的使用70%以上作为更新发展基金和补充流动资金；10%～15%用于增加福利基金；15%～20%用于增加奖励基金。

三、管理费

1988年，农业、财政两部联合下文规定：乡镇企业销售收入总额以不超过1%的比例提交管理费。1994 年，为减轻农民负担，将收管理费的标准由 1% 降至 0.5%。

第六章　乡镇企业选介

第一节　南江县铁山冶金矿业有限责任公司

南江县铁山冶金矿业有限责任公司（原南江县红山铁矿）是南江县三大矿山基地之一，始建于 1985 年，1995 年改制为股份有限责任公司。公司按“精简效能”的原则，设置了党务办公室、行政办公室、工会（包括共青团、妇联、女工委员会等群团组织），由法人代表具体分管。职工总人数 380 人（男 288 人，女 92 人），合同制工人 148 人，退休工人 7 人，季节性工人 225 人，各类技术职称 76 人，经劳动技能鉴定上岗 318 人。下辖驻乐坝站台、广元建海公司、攀成钢办事处三个销售机构，现有 10 人。近年，为抓住铁矿石走俏的有利机遇，努力加大产品发运、销售、结账力度，积极巩固和融洽新老客户关系，拓展销售领域，扩大市场份额。同时，不断完善适应市场变化与企业发展的营销机制，坚持市场调研，实行销售吨矿费用包干制，激发销售人员的工作主动性和创造性，使全年产品销售及货款回收率均达 100%，促进了企业产销两旺。

1990 年，建成采选铁矿石 5 万吨生产能力。1997 年，建成年采选铁矿石 10 万吨生产能力，形成年采选 15 万吨铁矿石生产规模。公司现有一个采矿车间、一个选矿车间、三个装机总容量为 1270 千瓦的水电站和投资控股的南江县神源矿泉水有限公司。企业注册资本 200 万元，年销售收入 2500 万元，年创税 250 万元，年利润 150 万元。解决当地农民就业 356 人，增加就业收入 340 万元，年均社会贡献额 900 万元。

第二节　南江县团结电力有限责任公司

南江县团结电力有限责任公司总部设在团结乡筒车村，主要从事发电、供电、兼营第三产业。始建于 1975 年，1979 年 12 月投产，安装 1、2 号机组 360kW。1988 年，扩建了 3 号机组 320kW。1996 年，改造 2 号发电机增加装机容量 160kW，现总装机 840kW/3 台。2000 年，公司设有党支部、工会、团支部、妇代会、股东会、董事会、监事会，管理层设正副总经理、四部一室（生产部、经营部、开发部、财务部和办公室）。公司现有职工 55 人，退休职工 11 人，其中：高级职称 2 人，中级职称 7 人，助理职称 12 人，技术员 12 人。现有固定资产 700 余万元。

公司承担着沙河片区 7 乡 1 镇、78 个村、255 个社、13400 余户的供电工作。早在 20 世纪 90 年代实现了乡、村、社、农户通电面 100%，发展了高压线路 104 公里，低压线路 334 公里，供配电变压器 379 千伏安 95 台，乡、镇工农业用电设备总装容量 2180kW/2.78 台，照明总装容量 1088kW。发电装机容量由投产时的 360kW 扩大到 840kW，年发电量由 84 万千瓦时增加到 400 万千瓦时，供电量 500 万千瓦时，年收入达 280 万元。销售网点延伸至变压器台区、乡、镇街道

100%收费到户。企业把安全生产作为工作的重中之重，成立以总经理为组长的安全领导小组及安全生产网络，健全和完善了安全生产管理制度100多条，从总经理到车间、班组，层层签订了安全责任书，并实行了安全与工资挂钩的分配制度。公司坚持发展才是硬道理，一业为主、多业并举，不断地开拓新市场，先后办起了电器产品销售、修理、餐饮、娱乐中心、对外打字复印、装饰装潢和建筑工程队，兼并了原区自来水厂、承租了1000余亩茶园的燕山茶厂、新办了德阳银汉贴标胶厂。2000年投资20余万元改造了沙河供水站的供水设施，提高和改善洛、沙十里长街居民饮用水质量，企业收入由1980年的18万元增加到2003年280余万元，累计实现利税200余万元。新建了职工宿舍、办公楼、综合楼、供电所，其建筑面积达6660平方米。绿化、净化、美化了厂容厂貌，成为名符其实的花园式小水电企业。职工人均月收入700元以上。

第三节　南江县杨坝电力有限责任公司

南江县杨坝电力有限责任公司组建于1998年，共拥有3个电站，7个35kV变电站，总装机1120kW，3个供电营业所。供电区域主要在片区三乡一镇，其中工业负荷约1500千伏安，生活照明负荷约500千伏安。2000年，公司总资产为540万元，职工91人，其中退休7人，具有高级职称者11人，中级职称者66人，初级职称者8人；实现总收入143.2万元，上交利税8.55万元。

近年来，企业先后荣获了巴中市“青年文明号”、“县乡企先进单位”、“县乡企工会工作先进单位”、“片区先进单位”等荣誉称号。总经理岳良明因其在企业工作中的出色业绩，被县委、县政府评为“优秀共产党员”、“安全生产工作先进个人”，被县政协评为“先进个人”。

第四节　南江县正直电力有限责任公司

南江县正直电力有限责任公司成立于1993年1月1日，前身系南江县沿溪河电站，位于正直街道。公司设董事会、监事会。董事会7人，张川红任董事长。下设五室、三科、十一所、二站，即：总经理室、副经理室、办公室、调度室、校试室；财务科、监察科、生技科；正直一供电所、正直二供电所、正直三供电所、凤仪供电所、朱公供电所、黑潭供电所、花桥供电所、菩船供电所、双河供电所、和平供电所、正凤供电所；花桥电站、石龙河电站。公司共有职工87人，退休工人3人，其中：有工程师1人，经济师8人，会计师1人，助会3人，助理工程师20人；有高级工8人，中级工35人，初级工32人。公司下辖两个电站，有运行人员22人，总装机1620kW，年均发电量600万千瓦时。设立十个供电营业区域，现有配电变压器245台，6680kVA，10kV线路500公里，380V线路200公里，220V线路1100公里，供正直片区七乡一镇327个社生产、生活照明用电，有用电户2.3万多户，年供电量530万千瓦时，电费回收率82%。公司现有总资产725.62万元，其中：固定资产679.44万元，流动资产46.07万元。总负债553.71万元，净资产171.9万元，所有者权益171.9万元，负债率76%。自公司成立至2000年，累计上交国税130.31万元，地税31.87万元，解决当地农民就业490人，年收入1000万元。以电养电，积极兴办社会事业，支持正直镇14村修建村道路4公里，修建塔子河坝漫水桥一座，筹资30多万元支持片区改善农业基础条件。

企业1998年6月被巴中地委、行署表彰为“先进乡镇企业”；1998年2月获省级企局“全国乡镇企业系统管理基础工作达标证书”；1999 年被授予“农行信得过企业”称号；2000 年县总工会授予“模范职工之家”称号；被县乡企局评为“企业管理先进单位”。公司董事长张川红被中国农业银行南江县支行授予 1999 年度农行信得过的厂长（经理），2000 年被县乡企局评为先进个人。

第五节　南江县黄猫寨铁矿

南江县黄猫寨铁矿位于南江县汇滩乡二村，距南江县城 75 公里，距二南（南江至南郑）路主干线 65 公里，至广（元）乐（坝）路乐坝站 115 公里，交通方便，地理位置优越。

南江县黄猫寨铁矿始建于 1997 年 7 月，1998 年 3 月正式投入采选。经近几年的发展，共投入资金 560 万元，形成采选综合型铁矿，年生产能力达 1.8 万吨，属个体私营企业。全矿有从业务工人员 160 多人，其中大专生 2 人，高中生 63 人，初中及以下文化程度 95 人，专业技术人员 28 人，特种作业人员 14 人，管理员 5 人。矿山有 30B 型装载机一台，各类运输车辆 13 台。厂区公路 7.2 公里，各类厂房、仓库数间共 480 平方米，职工生活、住房 20 间，共 400 平方米，容积 1.74 万立方米。所采铁矿石资源位于陕西南郑县碑坝镇，经全矿职工努力，年创生产总值 960 万元，上交税金 96 万元。

黄猫寨铁矿资源丰富，露天开采作业，实施采剥并举，剥离先行，贫富兼采的原则，按照由上而下的开采顺序，分成水平台阶正式开采。放炮松动，装载作业，工效高，劳动强度小。该矿认真贯彻执行安全生产法律法规，严格遵守各项《规程》，严反“三违”，强化安全生产管理，自建矿以来，从未发生过一例安全事故，获南郑县、南江县安全生产监督管理局安全条件认证。

第十六篇 风景旅游

第一章 风景旅游资源

第一节 自然景观资源

四川南江光雾山国家重点风景名胜区，面积820平方公里（含光雾山外围景区）。由桃园、大坝、大江口、神门、小巫峡等片区和断渠公园、皇柏林、玉湖、龙耳山等外围景区组成。这里的自然资源丰富、旅游资源奇特、历史文化厚重。全国人大常委会副委员长费孝通题词为“人间仙境”；清华大学一级教授、建设部风景名胜专家顾问朱畅中命笔为“巴山翡翠、永生光辉”；中国风景名胜区协会常务理事、副秘书长、国家建设部风景名胜区专家顾问钱振越挥毫为“光雾山水、奇秀天下”；甘肃省作家协会主席高平名句为“九寨看水，光雾看山，山水不全看，不算到四川”。

一、光雾山主峰

光雾山主峰位于南江县西北的新民、光明两乡交界处，为米仓山分支，距县城26公里，为原达县地区十三县市的最高峰。东接米仓山、西邻旺苍县，南为南江群山主脉，北为焦家河水源地。主峰四周千峰簇拥、层峦叠嶂、古木参天、花草奇异、动物珍稀、药材名贵、矿产丰富。主峰高出雪线（2507.4米）、耸入云端、夏日如冬，四季多雾。晴立绝顶可俯汉（中）、通（江）、巴（中）、广（元），可览群山万壑。峰顶原有佛寺，建于唐代，名灵幻寺。寺有大雄、主司、经木、观音四殿，殿宇宏巍，容人数百，香火不断；殿有灵泉一股，可供百人饮用，可治多种疾病；有千年巨钟一口，重量达吨，声震数里，可惜20世纪60年代被人砸碎卖铁；顶有大洞若干，神秘深邃莫测；殿内有大较场一个，曾是白莲教练兵之地；殿后有长千米、高百米的赤壁一处，传说为老君炼丹所致。清乾隆南江知县王经芳的“三昧缘何火未除，至今春雨草全虚。万寻不碍清空处，定有当年访道书”的诗至今犹存。顶西侧的重石子扁，有大小天生叠石24个，妙趣横生；有3米见方的扭扭石一个，用手轻推，石则转动摇晃而不离位；顶正中有成都军区20世纪70年代制作的水泥航标一个，标周有盆景似的柏树、杜鹃、炉花、梅花等古树奇花无数，古怪异常，香气沁肺；朝山顶的大路从观音岩、顺垭树、方田坝、瓦房坝、李家坝、土地坝、鸡头坝、金堂坝、万名碑、鸳鸯村、蛇藏石等地名，每处都有一个传说。遗憾的是峰顶寺庙多次建立、多次被毁，仅明末清初进行了一次复修，就有几百名工匠连修了三年多才竣工复原。到民国时期又被全毁，至今未复原。

二、光雾山红叶

红叶是南江的特色，是南江光雾山国家重点风景名胜区、南江县米仓山国家森林公园的亮点。特别是由红豆杉、巴山水青冈、银杏等珍稀树种构成的红叶景观，是南江旅游的形象大使。南江光雾山红叶有五大特点：一是面积大，气势壮观。红叶景区面积430平方公里，金秋十月，万山红遍，层林尽染；二是色彩鲜艳，五彩斑斓。一般红叶以红色为主，而光雾山红叶颜色变化以蓝、绿、黄、橙、红为主，形成绚丽多彩的景观，红叶观赏期达两个多月，分三个阶段。第一阶段看红叶五彩斑斓；第二个阶段看红叶层林尽染；第三个阶段看红叶万树飘丹。四是种类多，内容丰富。光雾山树种达1000余种，以巴山水青冈、槲树、黄栌、枫树、槭树、红桦、黄羊木、银杏等最为奇特；五是品位高。特别是巴山水青冈，是冰河时期的植物“活化石”，其纯林和混交林面积超过30平方公里，是世界上分布最集中、面积最大、原始森林保存最完好的一片。英国、德国、法国、加拿大、新西兰、美国等植物学专家先后多次到光雾山景区考察，并把光雾山景区称为“金区”，把光雾山红叶称为“金叶”，德国还投资500万元～800万元保护过这片红叶资源。

三、桃园景区

桃园景区为光雾山核心景区之一。东邻大坝、西接旺苍、北抵南郑、南靠寨坡。四周奇峰林立、绵延逶迤，烟霞萦回，清丽出尘，景点360多个。有雄浑壮丽的焦家河峡谷，清幽甘冽的韩溪河峡谷和磺厂河峡谷，石林成阵、石笋摩天的燕子岩，原始古朴的普陀山，洪荒神秘的万字格等。桃园景区之核心景点主要集中在三条河上，其河床多为五彩纷呈的卵石嵌就，其河底多为花岗石、大理石、石灰石铺成，水清甘冽，阳鱼、木叶鱼成群，水动山游，难画难描。

（一）焦家河核心景观

焦家河景区面积25.82平方公里，以绝壁如画的峡谷山崖为景观特色。焦家河两岸，奇峰耸立、石梁凌厉；崖壁上林木森森，云雾缭绕；河床内石狮石虎结队成形；谷至崖顶高三四百米，构成一道雄伟壮丽的大峡谷。沿河两岸有名的景点达20多个，如：黄桷坝、月琴坝、桃园寺、麦子坪、铁炉坝、汉王台（望江台）、焦家河、龙架烟云、莲花洞、小寨日出、思家岩、沧海云帆（巡洋舰）、切刀峰、碧潭鸳鸯石、三国赤壁、金墩、两河口瀑布、双马恋、孔雀开屏、仙女观景、大门溶洞、巴山日出、老翁垂钓、双猫石、雄狮下山、狸猫觅食、鱼跳龙门、狐假虎威、托塔天王、结义石人、观音听佛、如来讲经、飞来峰、万卷书、情侣峰、阳鱼洞、城墙岩、落旗山、天公造象、龙池虎影等，其核心景点有：

黄桷坝　位于魏家坝和桃园镇之间，因原有黄桷树而得名。1935年2月，红军进行陕南战役时，徐向前、李先念曾率部经过此地，并在此激战得胜。1992年，原国家主席李先念去世后又将其骨灰撒放黄桷坝一带。

月琴坝　因坝似月琴、水似琴音而得名。处桃园镇政府所在地，是“二南”公路（南江至南郑）的咽喉重镇，是两县商贸的集散中心，是内外游客的食、住、行、游、购、娱的接待中心，具有日接千客的容量，有云集万人的广场。南江红叶节、四川红叶节庆典均在此地举行。推窗可览四山美景、举步可观焦河碧流。

麦子坪　位于月琴坝侧1公里处的矿洞垭下。环山凹地，有田数百亩，小河中流屯兵要塞。当年乃“川北民军”、“巴山游击队”的司令部驻地。通过无数次战斗洗礼，遗存的弹壁备受启迪。原红军妇女独立团战士、后巴山游击队队员曹老太太就生在此地、逝于此地。

龙架烟云 龙架山突起于矿洞垭，峰止于韩溪河。形像龙的骨架，故名之。山高千米，峰秀洞奇，云雾缭绕，日照多色。腰有赭壁高约400米、长约600米，犹似彩屏悬挂半空，宛如巨龙腾空飞舞。

莲花洞 莲花洞位于龙架山腰，系自然溶洞，洞内上下左右有花酷似朵朵石莲花。洞长数百米，似人、似兽、似佛、似塔的钟乳石千奇百怪，形象生动，妙趣天成。

小寨日出 过莲花洞，快到彭家坝时，就可看到一排似寨子的山峰，名曰小寨子，朝阳从山后升起来，五彩斑斓，辉映群山，气象万千。巴山游击队曾在山腰修过工事、打过仗，尚有遗迹可见。

赤壁巍巍 龙架山对岸垂高千米的壁腰处有一片长高为100米的似火炼、铁铸的紫红色绝壁，名曰“赤壁”。与长江北岸的赤壁相似故名“三国赤壁”。此壁虽非魏、吴、蜀鏖战之地，但其神形气势远胜之。

女儿峰 过彭家坝下行100余米，转身往东北方向的无神沟看去，可见七女峰下一小峰中的一块橘红色石壁间裂缝构成一个天然正写的“女”字，如果倒着看，则酷似一个倒写的“儿”字，再加上山峰小巧清秀宛若一女子，故曰“女儿峰”。

仙女观景 仙女观景位于焦家河的半山崖上。她体形纤长，腰若束素，曲线优美，容貌俊秀，云鬓峨峨，衣袂飘飘，宛若仙女。尤为奇者整个身体与壁截然分开，独立悬崖之上。传说这位仙女是二郎神杨戬之妹杨三姑。她是一位文武双全、美貌侠义的仙女，因巡天时发现焦家河上有群匪抢亲，就下凡救美。新娘怕匪再来报复，跪哭恳请三姑留下长期为民除害。仙女被真情感动，被山水迷恋，就化作石人，观景护山，长立绝壁。

两河口瀑布 韩溪河与焦家河的汇合处有一高约4米的陡坎，韩溪河水急流奔泻，浪花四射，形成天然瀑布，底有五彩石铺成，形成五色，故名“五彩滩”。滩之后有一长约百米的白石梁，隐伏于水，似银龙，故又名“龙坎瀑布”。

金墩（船桩） 金墩独立于焦家河、韩溪河交汇处的东岸悬崖上，略呈圆柱形，高150多米，直径80多米，下大上小，岩体橙黄，闪闪发光，藤乔点缀，雄美秀丽。乍看似针，古名“金针”，后有传说更名“船桩”、“金墩”。传说大禹治水前焦家河、韩溪河、龙王村均同北面的汉水相通，成为高山内海。龙王的小儿由东海经长江、汉水来到桃园的龙王村游玩，因见其燕子岩等高山的风光秀丽、远胜龙宫，欲独霸称王，又见桃园的闺女美貌若花欲纳为妾。管理桃园景区的女护神杨三姑忙请来孙悟空打死了小龙，挥汉水东南流下长江，焦韩河水北西流去旺苍。除了龙害和水害，悟空怕老龙王来报复就将金箍棒插于两河口崖前，并将桃园美女变成山峰（即今七女峰）站于山顶侍奉三姑守护景区。悟空去后，老龙果然来桃园兴浪报复，将焦、韩二河和龙王村变成内海，并把沿河船只全部沉毁。三姑为救当地人民就指木为船，把桃园所有的人都集中在焦家河船上，把船的缆绳都系于原来的金箍棒上。老龙来到两河口不远处望见悟空的金箍棒闪闪发光，吓得魂不附体，因为他早被悟空打怕了，只好收水返回东海。从此金针改名为“船桩”。传说太白金星巡天，突然瞧见燕子岩等地的风景远胜天上，就落下云头来到两河口处，将金杖化为金墩，坐于其上，饱览风光。正看得如痴如醉时，忽听天庭金鼓传他回宫，就驾云返天，忘掉金杖。此后又更名为“金墩”。

马恋韩溪 韩溪河出口对岸悬崖上有石马“三个”，两马向韩溪、一马向天嘶，酷似真马，大于真马。传说是汉丞相萧何追韩信于此处时，三侍从的马坠于河中后而变成马，站在石壁，待主重骑。可韩信随萧何从韩溪河返回南郑做了大将军后，一直没有回来。“马恋旧主”，至今仍望着韩溪方向，故名“马恋韩溪”。

天门溶洞 天门溶洞，俗称天门洞。洞门天成于绝壁腰中，形若大象鼻伸入河中吸收，又名象鼻山。洞内各种钟乳石，千姿百态，怪异奇特，似人物、禽兽、笋、塔、柱、花木状者甚多，浏览者络绎不绝。

结义石人　焦家河中有一银屏般的山梁横亘于前，形成一座秀丽的半岛，半岛上方有三座石峰依次耸立于侧崖，中高左右低，三人并立酷似刘备、关羽、张飞形象，故名“结义石人”。传说当年刘备称汉中王后夜梦关羽埋怨刘备为何伐西川时只令三弟张飞随同，独留他镇守荆州，是不是忘了当年的“桃园三结义”？刘备将梦告诸葛亮和张飞，亮曰：“此事不难，汉王何不在米仓古栈道找一个名叫桃园的地方，我愿扮成关公形象，重新结义后将画像带给他，以示不忘。”备言：“善。”就在桃园重新结义。后结义地点生出三石，形象逼真，故名“结义石人”至今。

巴山日出　焦家河、韩溪河交汇处下行1公里多的天门溶洞对岸悬崖上，居然长有“巴山日出”四个笔画深浅不一的大字。字形正正斜斜、大大小小、方方圆圆，奇妙绝伦，游人费解。传说是郑板桥在李商隐《夜雨寄北》一诗传开后，亲旅巴山而写的。郑板桥当时是用什么办法在垂高三四百米的悬崖绝壁上写下四字的呢？很值得追思和科考。

七眼洞　七眼洞位于槐树老乡政府门口的焦家河边，因有七个洞流出阴河水故名。其洞又名阳鱼洞，因七洞水中时有阳鱼流出而得名。每年四、五月份阳鱼流出最多，当地人在七个洞口放置竹笆笼，日可获鱼少则几斤，多则十几斤，小则几两，大则过斤。阳鱼名阴河鱼又叫两穴鱼，逢阳出洞。此鱼鳞少刺稀、肉嫩、味美、清香，不加任何调料，都比普通鱼好吃，系桃园的珍稀特产。国家列为三级保护动物后，焦家河中到处可见。

落旗山　落旗山位于焦家河白头滩新乡政府背后，拔高约1800米，下有高100米、长1000米的方形红色绝壁名“城墙岩”。岩高洞密，岩顶古树藤中多猴，故有“猕猴家乡”之称。相传落旗山是刘备取汉中时，张飞与魏国名将张郃鏖战之地，张郃被战败，帅旗被失落，尔后取名“落旗山”。此山盛产党参、红花，曾饮誉全川。

桃园寺　“桃园寺”是一千年前当地百姓为纪念“刘、关、张”而建的寺庙，历代香火兴旺，民国时期被土匪所毁。20世纪30年代“川北民军”和“巴山游击队”曾设过“指挥部”，新中国成立后桃园老乡政府曾设于此。前有小河，后有高山，侧有地下巨墓，据说是块风水宝地。相传巨墓为诸葛亮真墓，上下多层，暗弩密布，从未发掘。

铁炉坝　铁炉坝古名中坝，比小坝大、比大坝小，是连结大坝和月琴坝的中点站。因韩信升大将军后，在大坝秘密练兵，在中坝建炉打造兵器而更名“铁炉坝”。铁炉坝地处古米仓道上的军事重地，张鲁、刘备曾屯过兵、打过仗；清朝中叶，白莲教首领徐天德同清军经略额勒登保曾在此激战，白莲教副帅徐二猫曾战死此地；巴山游击队曾设过“厘金局”、“纳税保商”，兴过“大集市”繁荣贸易。“二南路”、苏家河纵贯其中，而今的“入川第一村”、巴山游击队旧址纪念馆、赵明恩烈士墓、农业生态观光园均位于此。

汉王台　汉王台地处川陕界的台上，因刘邦、张鲁、刘备先后称汉中王时都曾到过此台而得名。此台原有楼台亭阁，后毁于战火。山高地险，脚踏两省，北可览汉中平原，南可瞰四川盆地。1933年1月，徐向前总指挥率部经此进行过“陕南战役”。5月起红军留守阵地游击队（后称巴山游击队）在此设过师部。红军到陕北、巴山游击队被打败后，当地百姓常到台上盼望红军早日归来，故又名“望红台”。《巴山游击队》、《红叶铺满小路》等影视剧曾在此取过镜头。今建有蜀门秦关（耗资近百万元），雄伟、壮观、秀丽，为川陕界一大景观之一。

（二）韩溪河景观

韩溪河原名“寒溪河”，因四季河水如冰而名。后因韩信北下南郑和萧何月下追韩信经此而易名“韩溪河”。全长15公里，景区面积15.14平方公里。以幽邃的峡谷、精巧的飞瀑、诱人的碧潭为景观特色。狭谷蜿蜒狭促、山泉澄澈如玉、石笋中流砥柱、古树藤蔓缠绕，幽谷碧潭相依、浅滩深涧相连。游赏环境粗犷典雅、景观结构浑然天成、空间紧凑而富变化。区内有金塔夕阳、大佛临银河、鳄鱼戏水、犁辕岩、巨柱岩厨、寒清宫、棋盘石、五连潭、截贤岭、翠屏峰、天生桥、黑龙潭、鸳鸯潭、回龙潭、流金潭、沉碧潭、泻玉潭、金针峰、档墙遗址、汉吴侯墓等20多个景观。现将核心景点略介于后。

金塔夕阳　金墩入韩溪河上行百步，两道石壁把天空挤成一个狭长的三角形。“三角”头部有一塔状石峰，巍然独立、高踞云端。“石塔”色呈深红、面西而立，晴日傍晚，晚霞辉映，灿烂辉煌，俨如一座壮丽非凡的金塔。故名为“金塔夕阳”。

大佛临银河　距金墩200米处，对岸又一状若金墩的石峰，高矗岩岸。此峰下侧石峰上，有一高约3丈、通体暗红的大佛，肃然端坐。佛像系岩石天然形成，全身及头部独立于石壁，极似人工雕塑的乐山大佛。传说是“乐山大佛”来犁辕岩下李老君处赴宴，见韩溪河风光比乐山俊美，就将真身留于此处，将假身仍留乐山。大佛岩下的韩溪河水中有一段水底石灰石，常在微光下闪烁发光，类似银河星系，故名“银河”。大佛高踞银河之上，故名“大佛临银河”。

犁辕岩　韩溪河岩石壁半腰有两道长长的深沟，长约50米，酷似干田中刚犁过的土沟，沟尽头放着犁辕和枷档，故名“犁辕岩”。传说上古时代，大禹治水时，李聃奉玉帝之命驾神牛下凡疏浚，一夜之间犁出了长江、黄河、汉水，使洪水终于消退。李聃返回天庭时，便留下这套犁具，至今形象未改。

巨柱岩厨　犁辕岩上不远处的峭壁上有五层凹进岩体酷似橱柜的物象，其中一层橱柜里竟然长着一株青松，厨侧有一擎天石柱，与古埃及众神之王的阿蒙神神庙（太阳神）里的巍峨石柱形神相似，有若神人忙厨一般。其绝妙被风景名胜专家钱振越评价为“世界独一无二的奇景”。

棋盘石　韩溪河心有一块长约6米、宽约3米、高约数尺的方形花岗石，被大水冲刷得三方光滑。顶面微平，上有横线10道、竖线9道，每道石线深约3厘米，类似象棋棋盘。河界大体对称，两边将、帅、仕、相、马、炮、车、兵都有定位。故名“棋盘石”。棋盘两边有不甚规则的石凳两个，传说是太上老君和太白金星游韩溪河对弈时留下的棋盘。又传萧何追到韩信后二人曾在此下过棋。

寒清宫　韩清宫原名韩宫。据说是当年韩信未被刘邦重用，偷出南郑沿米仓古道重返楚营时人马歇脚的地方。后因外洞、天洞常进冷风，人感寒冷，又更名为“寒清宫”。

翠屏峰　三岔河汇入处，有两座挺拔独起的石峰，遮住了韩溪河道。峰上苍松倒挂，喜迎游客，松下山崖一侧苍翠犹如屏峰，故名“翠屏峰”。转过翠屏前30米，可见16座奇峰（少女峰、神鹰峰、宝剑峰、天柱峰、火箭峰等），迎面而来，神态各异，美不胜收。

截贤岭　位于孤云山（今光雾山）韩溪河边，因萧何月下追韩信经过此岭并在韩溪河渡口追回韩信而得名。宋有国士碑一座，上载“萧何追韩信于此”云云，原牌坊石碑被毁，今又复制一新。

五连潭　长石岩中部一段河流，五潭相连，称“五连潭”，潭与潭之间落差仅1米，急流倾注，银珠喷涌。

黑龙潭　韩溪河中游有一最深的潭名黑龙潭，潭面40余平方米。东岸巨石垒垒，两岸石壁陡峭。石壁侧有深沟，飞瀑流泉落其潭中，水深如墨，似黑龙状故名。黑龙潭上端有一小洞，取石投入有回音许久才停。此洞能预报晴雨，天将雨时，“嗡嗡”之声自洞传出，雨落时其声则停；天晴时，则悄然无声。多人测试，真实无假。

金针峰　沿韩溪河往档墙方向，有一个似金针的孤峰，高耸百米，立于群山中心，若定海神针一样，故名金针峰。因气势磅礴，力敌万钧，又名定海神针。

档墙　韩溪河最大主流磺厂河的上游处，有一堵南郑庙坝和南江桃园的界墙，名曰档墙。也是古米仓道南下四川、北上汉中的重要关口。墙高3米、长10米、厚2米，素为军事要塞。刘邦平三秦、曹操征张鲁、刘备取汉中、诸葛亮诱张郃入木门都经过此处。后来红四军打陕南，巴山游击队打陕军都在此地战斗过。关上楼阁早被战争摧毁，但其石墙尚在，还依稀可觅当年的残垣弹壁。

（三）燕子岩景观

燕子岩景观是桃园景区中的核心景观，分布面积24.04平方公里。以秀丽奇特的峰丛群体为景观特色，属一级景区。分布在桃园镇北面的山体上，围绕着海拔1857米的四方寨，依山势四面分布着燕子梁、红山梁、营盘梁、广槽子梁、茶洞梁、天柱梁、大树梁等山梁。各山梁上分别由数量不等的奇峰构成相应的景观组团，各组团有独立的主景点和构景中心。尤以燕子岩中心组团最为奇特俊丽，百米高的石笋拔地而起，直指青天。已命名的景点有十里画屏、七音石、火石塘、猫儿岩、穿心眼、松树梁、银凤湾、小寨子、天柱峰、南天门、女儿峰、巨人崖、翠云廊、群仙拜佛、三道关、熊背梁、快活垭、大象迎宾、云雾硧、七女峰、羚羊坡、双掌云龙、红豆坡、三炷香两根蜡、燕岩石林、燕洞奇观、菖藤王、虎儿岩等近30个景点。其代表性景点简介如下：

十里画屏　自彭家坝燕子岩方向走，抬头看，到处是山是岩将彭家坝包围。特别是左边的山岩，像一块长5000余米、高500余米的彩色画屏立在眼前，在阳光照耀下五彩斑斓，故名。

七音石　七音石位于无神沟口、彭家坝上行1公里多的路旁边。是一块长不过5米、宽不过2米的天然实体花岗石，形似古琴，但无琴弦。用石轻敲则能发出乐声，按“1、2、3、4、5、6、7”的音序数，就能发出七音，按乐曲音调敲，则能敲出一支优美动听的歌曲来。传说是古代琴师俞伯牙约知音钟子期在无神沟相会，先听琴再看燕子岩的风景。钟子期先到，不见俞伯牙，就独到燕子岩观七女峰的美女跳舞去了。俞抱琴来后等了很久不见钟到，哀叹地说：“连知音都不愿听了，要琴何用?”就将古琴摔于地上，将琴弦扯断，头也不回地走了。此后古琴就变成了这无弦的石琴，遗弃道旁，从古到今。

无神沟　自彭家坝到三道关的5公里游程，都是在左面十里巨屏、右面七女秀峰形成的峡谷中行进的，都是在苍翠蔽日的林荫下、在溪水如乐的伴奏中度过的。使你感到的只是恬静的享受，这就是无神沟独特的神韵。

火石塘　彭家坝上行1公里多，便是火石塘。此地颇多露天铁矿，多年前炼过铁而得名火石塘。进入火石塘，争奇竞秀的石峰到处可见，或三五成群，参差排列；或两峰相峙，如同门户；或孤峰独秀、亭亭玉立。峰顶或半壁倒悬着青松、怒放着野花，苍翠欲滴，秀色可餐，诱人痴醉。

猫儿岩　燕子岩下二道关山峰转折处，石壁下有道长长的凹岩，早年为猛虎藏身之处，当地人叫老虎为“大猫”，故名“猫儿岩”。置身峰顶，陡峭摩天；环顾四周，林木莽莽；俯视脚下，巨涧深壑，令人惊心动魄，冷汗淋漓。

南天门　三道关在马桑树、巴山水青冈、巴山松的簇拥下，经熊背梁、快活垭、二道关、三口水、大象迎宾等景点，走完28道弯、1099级梯步之后就到了南天门。南天门位于燕子岩山顶，海拔1800余米，两石相对自成一门，中间只容单人列队通过，站在门口，彩云在头顶飘游，雾气在脚下升腾，千山万壑的美景在眼底聚焦，使你有飘然如仙的感觉。

穿心眼　过了猫儿岩，转角处有一石峰高耸。峰腰部有一个穿山巨洞，洞高60米，宽约10米，开阔宽敞，惊人眼目。因从山腹穿过，故名“穿心眼”。洞口望去数百米内无物障眼，唯有彩云朵朵从洞前飘过，使你顿有人在天上、云在脚下的感觉。

松树梁　穿心眼前行60米，有一长满松树的山梁，名曰“松树梁”。梁顶平直，宽约2米，两侧陡壁如削直下四五百米的沟谷。如果不是板栗树和灌木丛从顶部下底，松叶如毯、松香若芳、松涛如乐，你根本不敢下看。

观音井 松树梁前面不远处有一口长、宽、深各1米多的凉水井，是燕子岩山顶上方圆几十里的唯一净水井。四季不涸，冬温夏凉，冬如温水、夏如冰水。再多的人喝之不干，再大的雨滴之不满。水味清香带甜，有如观音的净瓶水一样，可以解渴，可以提神，可以治病，可以益寿，故名“观音井”。传说古时候燕子岩山顶因连遭几年大旱树木全部干死，鸟兽无一幸免，唯有不少灵芝草未受影响。有几批外地人争先恐后地爬到山顶来采灵芝，也不幸全被渴死。土地神禀告玉帝，玉帝派观音核查。观音临岩顶一看果然如此，就取出净瓶水用柳枝一撒，燕子岩几十里的一切草木花藤都重新返青，从此燕子岩无论遭受多久的大旱，植被未受任何损害，不管长在山尖的、岩缝的、绝壁的都一样常绿。为了使行人到顶有水喝，观音用手一指就成了口井，用柳条一点就有了井水。

银凤湾 燕子岩左行1里许，一座陡峭巨大的石梁高耸。梁顶古树灌木间杂，岩壁草木俱无。光洁的石壁上方，有两个明晃晃的穿山巨洞紧紧相连，中间仅隔一石柱，活似大鹏展开的银亮双翅，其鸟名“银凤”，其湾名“银凤湾”。该湾山峰峭奇，石壁壮丽，大树嵌空，藤萝纵横，原始洪荒，古朴奇趣。

四方寨 四方寨为一奇异的石山。顶端有几棱角分明的石峰高耸端立，组成方形，有如人工修筑的寨子，故名“四方寨”。石峰近顶右侧，一洞穿壁，犹似窗户；石峰顶端，林荫中有一石柱矗立，端如旗杆；斜角山脊上，还有无数形状相同的小石峰，像多人排队入寨的情景。

天柱峰 越过松树林，登上山顶，远处有一座高出群峰数倍的石峰，雄豪伟岸，磅礴大气，令人惊叹，因其形如柱，故名“天柱峰”。

七女峰 燕子岩三号观景台可以尽观七女峰的秀色娇美。七女峰宛若七个活生生的美女展示在你眼前，她们婀娜的身姿远胜中国历代的美女；她们善于传情的眼神，远胜希腊的维纳斯；她们善于装扮的服饰，可以代表新世纪中国完美的女性；她们既像一排礼仪小姐在欢迎你的到来；又像一排对歌明星在等待你的对歌；还像一排舞蹈明星在等待乐队指挥。七女峰之所以会如此之美，传说她有不平凡的来历。很久以前，玉皇大帝要举办群仙参加的“赏花会”，王母娘娘命“红、橙、黄、绿、青、兰、紫”七色花仙去御花园采花供“花会”展观，七位花仙趁机溜出天庭，降到了光雾山顶；看到燕子岩奇峰峭拔、松树成林、枫叶似火、山清石秀，都醉得乐而忘返了；“群仙赏花会”开始了，王母不见七花仙回来，忙禀告玉帝，玉帝用天地镜一看，七个花仙正在光雾山赏光，顿时大怒命巨灵神按旨就地处斩。巨灵神不忍斩，就将她们化成了七座山峰，后名“七女峰”。

羚羊坡 乾坤台到龙吟台一段称为羚羊坡。因羚羊（明鬃羊）常在此群游，少则几十只，多则上百只，轻的几十斤，重的二三百斤而故名。肉可食，骨可药，皮可革，属省级珍贵保护动物。

燕子洞 燕子垭北有一洞，高约25米，宽约3米，深不可测，每年阳春三月，万燕成群飞此安居，深秋离去。燕出入洞时，翅声振动山谷，蔚为壮观。

燕岩石林（峰丛） 燕子岩有类似石林的49座山峰，峰顶都长着形状各异的青松，或直立或倒挂，像成林的竹笋、像矗立的石塔、像竖起的旗杆、像插地的刀矛、像剽悍的卫士，一簇簇、一群群、一根根、一队队，挺拔、威武、俊俏地陈列于燕子岩下。低的几十米，中的百余米，高的几百米。既像与天公比高，又像同人间比美；既像在实战操练，又像在接受检阅。从燕子岩下观，只见漫山遍野高高低低的头顶；从韩溪河上望，只见层层叠叠的山峰，在朝霞和夕阳中像成千上万的金甲神。

三炷香两根蜡 燕子岩三号观景台旁路左边有一丛生的三根石柱像三炷香，路的右边有两根石柱像两支蜡，顶上都生有几株矮小的青松，劲曲古老，像香燃时的缕缕青烟，像蜡燃时的跳动火焰，仔细观赏，妙趣横生。

（四）普陀山景观

普陀山景区面积15.18公里，以质朴淳厚的民风乡情和园林为景观特色，与世隔绝，荒旷宁静。境内青山环抱、小桥流水、竹临茅舍、炊烟袅袅，如王摩洁笔下的田园诗。景区内有巡洋舰、普陀山、骆驼峰、庙儿梁、石舍村落、龙洞、梦花坝、双塔对峙、三炷香、山阴道等10余个景点。

山阴道　山阴道长约300米，宽约1米，傍山蜿蜒，路面系白色砾石天然铺成，山毛榉、板栗树、蓼叶竹两厢夹峙，繁密蓊郁。

巡洋舰　“巡洋舰”由数座奇峰组成。从舰首到舰尾长约1000余米，高约60米，宽约100米。中有一块斜坡地类似甲板；甲板正中有一座拔地而起的山峰，高约600米，状似舰上的雷达。四周起伏不定的绿色低峰类似海浪；舰前后左右排列有序的山峰像舰上的炮台、导弹发射架、“水雷”、“深水炸弹”；一条条深陷的沟壑，像舰艇犁起的条条波痕。

梦花坝　梦花坝得名于整个沙坝密密麻麻的梦花树林。此树是一种多年生绿色植物，树干不高，却枝叶繁茂交叉，构成各种各样奇妙的江河图形，一丛丛、一蓬蓬地竞相生长。春天叶未长出时开花，花形如麦穗状，紫黄颜色，其花双名梦花、莞花，可入药。其枝条柔软可打结，传说昼打一结，夜做好梦，故坝中不少树上都有被打的结。

双塔对峙　过庙儿梁，前约百余步，左前方一座褚红色石峰突兀而立，形如巨塔，侧身回望，对面土坡上还有一“塔”，其色苍黑，雄伟壮观，两塔遥相对应，颇具风味。

骆驼峰　骆驼峰由一座巨大的山体构成，酷似骆驼而得名。共有三座山峰，第一座峰既昂首于天外，又有明显的垭口，是骆驼的头和颈部；第二、第三座峰平行对立，中有垭口是骆驼的两峰，尾和四足均融入山体。

龙王坝龙洞　龙王坝位于龙王村，是一个不到百亩的小斜坝，是四山环绕中的凹地，出口很狭。新中国成立初期，系龙王乡政府所在地。坝四周风景格外宜人。北山下有神奇的洞名“龙洞”，洞很深，内有水，外有潭。龙洞前有一庙名龙王庙（已被毁），为历代农民求雨之所。据说，遇大旱时，农民敲锣打鼓到洞前求雨，一阵鼓锣声震动之后，洞内就涌出大股水来，保灌坝里的庄稼。

（五）万字格景观

万字格景区面积23.82平方公里，以亘古洪荒、神秘嶙峋的怪石群落为景观特色。四周群山逶迤，人迹罕至，怪石林立，犹如迷魂阵。石上有石、石树相连，石中有洞，洞洞串通。景区西北部山体陡崖之上，隐藏着一片神秘的土地。这里地势开合，林海茫茫。人迹罕至的原始森林中，满地苔藓，落叶，岚气升腾，嵯峨怪石横七竖八，石缝沟壕蛛网交错，构成一座座天然石阵。野兽隐林、蛇蜥绕树。人入其间，天光明灭，奇险无比，宛如置身于巨石迷宫。北京大学地质系一级教授任弘麟说是“中国的百慕大”。景区内有上“万”字格、中“万”字格、下“万”字格、钟鼓楼、擂鼓台、阎王碥、螺蛳谷、凯旋柱、石林迷宫、绿衣怪石、木兰坪、蕉叶坪等10多个景点。

石林迷宫　万字格石林迷宫，由纵横交错的裂缝断层和座座山包相互交错组成。层层叠叠、高高低低、大大小小、纵横交错、迂回徨旋、深浅难料、神秘难测。人入其中，不知天上人间、白天黑夜、东南西北。

原始密林　万字格至今还保存着完好的原始植被。原始密林大体由三层组成：最上层是巨大的伞形树冠，绿荫蔽日；中间是奇怪的各种藤蔓，悬挂爬绕；最下层是各色的地衣苔藓，叠盖大地。原始森林中的上百种树木或几千年，围大几米或围小几分或高几十米或低一两米，遮天蔽日，密密麻麻；古藤如蛇如网如绳将一片片一层层的树干环绕捆绑，拉扯得树枝错节，笼罩得水泄不通。地衣苔藓植物像绿毯一样把每一寸地面都铺盖得无缝无隙，是货真价实的“原始森林”。

绿衣怪石 万字格的石头都像从土里长出来的一样，怪异奇特难描难绘。或如蜂窝、或如蘑菇、或如枝丫、或如人形、或如动物；或巨石上长大石、大石上长小石；或相互穿插、相互依偎、相互牵扯、或各自独立。你说它像什么就像什么，你说它有多怪它就有多怪，怪石上都有各样苔藓、藤蔓、灌木。

钟鼓楼 万字格内有座石体钟鼓楼，系天然生成，其山名钟鼓山。山边有高几十米的石柱，既像神话中的撑天柱，又像现代人的电视塔。石柱顶上有几株松树，绿云缠绕、枝干虬曲、造型苍老。钟鼓山气候变化莫测，忽而烈日高照，忽而大雨倾盆，忽而云雾笼罩，难以捉摸，耐人寻味。

杜鹃林 万字格有一片神奇的天然杜鹃林。有 3 至 5 亩约 1000 多株野生大杜鹃。最大的杜鹃王，高达 10 多米，直径达 0.3 米以上，直冲云天；最小的达 2 米，冠大 10 平方米；大杜鹃叶若掌花盈尺、小杜鹃叶指花若碗。花色为粉红、全红两种。季春初夏杜鹃齐开，宛若红云坠地。正如白居易赞誉的那样：“回看桃李都无色，映得芙蓉不是花”；“闲折二枝持在手，细看不似人间有；花中此物是西施，芙蓉芍药皆嫫母。”杜鹃被誉为“花中之花”，这里的杜鹃可誉为“杜鹃之王”了。

百灵群落 万字格是百灵鸟群集的地方，大群数百只，小群几十只，翔绕歌唱于原始秘荒之中，给此地增加了无限生机。

木兰坪 万字格有一块无树、无石的土坪，长着若干稀世的木兰。叶片或透明或金黄，花色纯净素雅无杂色，花形如舌、如塔、如峰，开时香飘数里，很久才谢。

四、大坝景区

大坝位于南江县西北，距县城 92 公里，地处川陕交界处的米仓山南坡，行政区划属上两。景区面积 24.70 平方公里，以四周原始森林为特色。大坝深藏米仓山腹心，森林资源丰富，植被保存完好，阔叶林、针叶林、混交林原始成片，既是森林王国，又是旅游胜地。大坝的地形地貌奇特，兼有高山、平原和水乡风貌。其山秀如峨眉，林幽如青城，水清如九寨，因此批准为国家级“森林公园”。大坝的山主要有香炉山、米仓山，秀丽可人。大坝有 2 万余公顷的原始森林，有以巴山水青冈为主的上百种珍稀树种，林中有 100 余种珍稀动物，上千种名贵药材。大坝的主要景观有古牟阳城、古巴峪关、古米仓道、古官仓坪遗址，还有香炉山、米仓山、大小兰沟、龙形山坝等。

（一）大小兰沟

大小兰沟以粗犷豪迈的水石景观和原始森林为景观特色，面积 20.24 平方公里，为一级景区。米仓山森林公园乃国家级公园，大小兰沟 2660 多公顷成片原始森林是森林公园的主体。森林植被覆盖率达 100%，珍稀树种、珍稀花卉、珍稀动物、珍稀药材大都集结于此。夏有百花盛开、百鸟争鸣、百兽嬉逐、千溪奔流、万木滴翠，原始神秘，价值极高。它既是科学考察的“百慕大”，又是自然资源的万宝库，更是旅游观光的极乐园。

（二）龙形山坝

龙形山坝，古名“官仓坪”，位于大坝米仓山森林公园内，素有“小十三陵”之称。四周群山起伏绵延，犹如多龙戏珠，龙头、龙角、龙身、龙尾活灵活现，形象逼真。坝中矗 2 株巨柏，好像两根桅杆；山上有石卡门，山下有土卡门，乃历代军事之要地。“骑马射箭牟阳城”、韩信率兵征楚的点将台、孔明六出祁山的演武场、“三个汉王”的囤粮地、金兵入蜀的米仓道等遗址依稀可见。老一辈无产阶级革命家徐向前、李先念进军“陕南战役”，巴山游击队坚持 5 年斗争的足迹，均有物迹可鉴。

（三）香炉山

香炉山位于米仓山森林公园内，最高峰2430米，古称“小峨眉”。北瞰汉中平原，南俯大坝全景。以原始森林和登高览胜为特色，面积21.44平方公里。绝壁千仞，古木怪奇，七峰突兀，云蒸霞蔚，伸手探天，抬脚踩云。观日出、览云海、赏盆景、看红叶，尽收眼底。

五、大江口景区

大江口景区位于光雾山西部，有陈家山公路、新民乡公路可达。以溪流森林景观为特色，面积31.00平方公里。这里的风光有大小兰沟一样娇美的山，有焦家河一样秀丽的水，因面积较大，旅游开发较晚。现已开放的旅游核心景观就是“十八月潭”、鸳鸯坝等。

（一）十八月潭

十八月潭源于光雾山西段的中坝，以动感强烈、细腻精巧的水石景观和原始森林为特色，面积16.4平方公里，一级景区。中坝因四面环山，其流水从一峡谷中迂回倾泻而下，就形成了18个奇特怪异的碧潭，名曰：金龟潭、神童潭、吉运潭、长寿潭、云梯潭、情侣潭、月牙潭、宝石潭、五彩潭、赵公潭、回龙潭、四方潭、婚纱瀑布潭、千绿潭、桂花潭、新月潭、玉兔潭、仙女潭。全国风景名胜专家、全国森林评价委员会委员苏雪痕评价：“十八月潭是川东北的九寨沟”、“月潭赛九寨、红叶天下绝。”这里潭泉交融、动静迷离、绿树叠瀑、山水共生、相映成趣，蓝天、白云、绿树、山花、泉流、碧潭形成色彩缤纷的自然世界。人游其中，身被大自然融化，心被碧潭水净化，有超凡脱俗、心静如山的感觉。

仙女潭　仙女潭紧靠公路内边，面积约80平方米，潭底与四周全是花岗石，是一个天然游泳池。传说是九天仙女沐浴之池，叮叮当当的流水声恰似仙女们嘻嘻哈哈的戏水声。

婚纱瀑布潭　此潭是由其上方的四方潭流水呈瀑布状缓缓泻下，直入其潭。乍看是一道高约30余米的瀑布，细观则是一位玉体披纱的绝色美女，其水层层叠叠均匀流下，恰似微风轻撩婚纱的情景。

四方潭　四方潭是一个三面绝壁，一水通流的妙潭，犹如一面绝色巨镜镶嵌于花岗石中，深不见底、妙不可言。潭上游30米处有一石似人正在向天祷告、向地磕头，像是请求天地饶恕他的罪过。后人传说此人像，是杀害巴山游击队队长赵明恩后被人民政府枪决的叛徒杨麻子。

回龙潭　回龙潭比四方潭大出多倍，宛如一条白龙蜿蜒曲蜷入潭戏水，溅起的水花像片片白色的鳞甲。

赵公潭　赵公潭面积100余平方米，四周苍松铁檩、杜鹃古藤、原始古朴、水甜风香。1940年3月，在林海雪海中坚持了长达五年之久的巴山游击队队长赵明恩在此饮水时，不幸被手下叛徒通讯班长杨芝芳杀害。

情侣潭　情侣潭是由两道蜿蜒而下的瀑布落入其潭，相互依偎、情意缠绵而故名。潭内四季也随两岸山景变化而更换时装，春看蓝如海，夏看万树花，秋看红似火，冬看白如银。

（二）中坝

光雾山下十八月潭尽头，四面环山中有一坝名“中坝”，面积约6平方公里。史考公元35年至45年，汉光武帝刘秀遣大将吴汉，多次经米仓古道征战巴蜀王公孙述及蜀郡叛将史歆，曾在这里建造粮仓、秣马厉兵。其四面山腰立一高190厘米、宽90厘米、厚15厘米的黑色花岗石碑，今字迹剥蚀，依稀可见。原“光武山”由此而得名，后因其山四季多雾，又更名为“光雾山”。

六、神门景区

神门景区位于南江县东北缘的贵民片区内，因有核心景观“神门洞”而取名。东与通江诺水河景区相连，南与小巫峡景区接壤，西与大坝景区相交，北与南郑碑坝相邻。景区面积256.4平方公里，有280多个景点。海拔860～2468米，最大高差1608米。景区内有成阵的峰峦、成片的石林、伟岸的崖壁、密布的溶洞、纵横的秀水、参天的古树、浩瀚的林海、蔓绕的藤萝，系自然构成的一幅绝妙的山水画卷。正如原四川省人大常委会主任何郝炬视察时评价的那样“山高路远急，小径林寒深，贵民胜桂林，人在画中行。”神门景区，受交通、经济等条件限制，起步开发较晚。该景区分为长滩河、夏家沟、神门洞、黄金峡、懒蛇梁等五大核心景区。

（一）长滩河景观

面积27.14平方公里。以绝壁如画的峡谷山崖和清幽秀美的溪流碧潭及神秘奇异的溶洞为景观特色。主要景点有景洞子、长西峡谷。景洞子内钟乳石成群，若塔、若林、若钟、若灯、若帷，妙趣横生，宛若瑶池仙境。

（二）夏家沟景观

面积9.35平方公里，以突兀、高耸、嵯峨的峰丛群为景观特色。群峰崛于峻岭之上，即指云霄之间，气势磅礴，雄伟壮观。主要景点天柱峰，高约百丈，雄壮挺拔；鹰嘴石如鹰翱翔，惟妙惟肖；神女峰，形象逼真，秀色可餐。

（三）神门洞景观

面积15.36平方公里，以石笋、岩洞为景观特色。主要景点有神门洞，高约50余米，宽约20余米，两柱刀砍斧削，形成一门，顶有古松迎客和藤蔓抬手；石笋垭的石笋列队，挺拔高耸，形象各异。

（四）黄金峡景观

面积24.37平方公里，以形神各异的石林和峡谷飞瀑为景观特色。黄金峡核心景带约1平方公里，石林成阵，如万笋立地、万人列队，依坡重叠，井然有序。四川省作协副主席、国家一级作家、诗人梁上泉诗曰：“可喜贵民有石林，石林争盛亦森林，自然造就好风景，游客众多真贵民”。险岩子瀑布，从峡谷两扇石门泻落九天，声震里许。

（五）懒蛇梁景观

面积10.09平方公里，以古朴淳厚的田园乡情为景观特色。这里丘岭小巧别致，娟秀妩媚，山清水秀。农舍吊脚楼、三合院、圆木柱、木板墙、青瓦面、高脊梁，风雅别致。神门风景，四季各异。春日初夏，十色花放；盛夏初秋，满目皆绿；深秋初冬，红叶满山；数九寒冬，冰柱量丈。景区森林覆盖率达70%。有野生植物1000种，野生动物近100种，名贵药材千余种。神门景区是红军反“三路围攻”和“六路围攻”收缩阵地的最后防线。红军在银光山、太红山、亮垭子等地歼灭敌军1000多人，现战壕遗迹仍在，红军故事很多。清嘉庆21年，西清河同榜考中三秀才；民国末年，沙坝乡李蜀华被选为国大代表，有史可考。

铁船山　铁船属米仓山系，为南江县境第二座高山，拔高2468米，其状似船，其山主产铁矿，故名铁船山。东与诺水河风景区、西与米仓山森林公园为邻。石岭嵌空入云，洞穴飞泉密布。北瞰汉中，南俯蜀川，景物奇特，矿泉优质国家级品牌，神源矿泉水就产于此山下。

石人山　石人山位于沙坝乡东南，海拔近2000米，因有三个天生石人而得名。三个石人立于百丈悬崖之上，二人无头，二人头在后。传说三个石人乃三个妖怪变成，三妖欲把沙坝变为内海，把铁船山掀于内海，把当地人全部淹死。不料惊动了玉帝，帝派雷公电母将二妖斩首，将一妖的头扭往身后以惩后戒。

蟒洞孔　神门景区蟒洞较多，贵民中学所在地，红星乡境内均有蟒洞孔。蟒洞孔口大40余平方米，贵民街道数股溪沟水流入洞中而不见，历代投下石块无数，不见一石。投石后只闻锣响鼓鸣之声，经久不息。不知洞有多深多长，不知水去往何地。晴月晨雾如桥架于洞口，在朝阳照射中五彩斑斓，其势若虹。蟒洞坝的蟒洞亦深邃莫测。据说这些蟒洞都是该景区大小阴河的源头，四十里外的小巫峡阴河河水很可能跟此类蟒洞有关。传说二郎神杨戬撵孽龙曾经贵民，故区内龙洞数十，至今留有似撼山鞭、神斧、神耙等石器，留有长西峡谷、双洞子、两扇门、蟒龙洞等石形景观。小巫峡内还有二郎神天生头像和昊天犬石像。

神门洞　神门洞位于沙坝乡三村二社之南山，它是由石门和天桥相融而生长的门洞，故名“神门洞”。洞高200余米，宽50余米，门洞两侧似刀砍斧削。门顶两山联结的天然石桥长50余米，宽20多米。洞内有小股泉水自顶丝丝飘下，宛如薄纱似的门帘。洞侧有8个石像排列，石鹿一只，栩栩如生。洞外同石体相联的三山突起，高约300米，雄伟壮丽、险秀奇幽。从门侧壁缝的灌木攀援而上可达洞顶天桥，桥两侧有稀疏小石桩排列状似桥栏，站桥可平望铁船山的万般景色，可俯视沙坝乡的河流房舍，传说此神门因李老君等八仙游过而得名。石鹿乃老君坐骑而变。后人为纪念八仙，在门口修了一座神门庙，直至民国中期还香火不断，后风霜侵袭，今庙去石存。

懒蛇梁　新立乡三村境内有一段长500多米的山梁，因梁头、腹、尾部像一条活生生的懒蛇在风中缓缓蠕动，故名“懒蛇梁”。

汇滩石林　神门景区的汇滩石林是一大绝世奇观。陈于斜山缓坡地带，面积约2平方公里，高的数米，低的仅尺，层层叠叠、纵纵横横、排列有序。似火炬、似龙驹、似荷花、似长城、似手指；若峰峦、若剑戟、若竹笋、若卫士，奇异独特、壮观，远胜路南石林。

刘家岭花园　距沙坝乡政府2公里处有一座刘家岭花园。原乃国民党国大代表李蜀华的庄园，建于1936年。有当时全国名贵的花木近100种如罗汉松、孔祥松、马铃光、观音柳、金桂、银桂、红桂、月桂、红茶花、红玉兰、红梅、红紫金、红牡丹、红杜鹃、红玫瑰、红茶花、白玉兰、日本莲、月季花、水砂梅、三学士等等，还有各样盆景数十盆。花园内楼、台、亭、阁、鱼池、水榭、假山、假石，匹配得科学别致，配套得完美无缝。园景四季如春，群芳斗艳，人游其中，如神似仙。“文化大革命”中大部被毁，现存少数，依然诱人。

神女峰　沙坝乡的南山腰部矗立着一个高200余米的石峰，名“神女峰”。峰身藤蔓缠绕、灌木倒挂，形像一个青丝如黛、绿装碧束的美女。传说此女姓石名笋，又名“石笋神女”，是天上仙女迷恋神门山水，不愿返天而变成。

夏家沟石林　夏家沟因原来夏姓较多，又有一条彩色花岗石嵌砌，四季秀水长流的河沟而得名。地势东高西低，地形三山一坡、一水，成“门”字形。全乡面积9.3平方公里，住户40多家，依山傍水，牧樵耕读。海拔1800余米的三山一顶上排列着20余座摩天笋峰，多成锯齿形。山之际腰部、底部多有洞，洞内空旷，多为花岗石物状，偶有石灰石溶洞，多钟乳石物状。有一奇特的山洞名燕子洞，门阔洞深，有水如柱，源在5公里以外均在洞中旋流，乃夏家沟水之主流，因燕子群居洞中，故名“燕子洞”。山上石峰间有几处天桥，颇为奇特。山坡上散布着石柱、石笋、石峰，高的200米，低的数十米，形状各异，姿态雄秀。山中禽兽、药材、花岗石较多。

水观音　贵民乡长沟村二社（原名水观音生产队），很早以前有座观音庙，内塑一尊大观音像，观音像下有一股长年不断的泉水，可以治愈多种疾病，几百年来一直香火不断。据说这座庙地是块风水宝地，石壁上的观音庙、观音像刚建好时，一夜之间突然就有一股泉水流出，众认为是观音的净瓶水变化而成，就取名为“水观音”。而今庙佛无存，旧址仍在，泉水依流。

千年桉罗树　汇滩乡境内有一株千年桉罗树，树高20余米，围大10余米，树冠120平方米，似一巨卒、一荷花、一芙蓉，几里外可见。

柔情瀑布　新立乡九岭村境内，有一条高50多米、宽30多米的瀑布，依山傍岩缓缓流下，像一位羞羞答答、温柔多情的少女，故名“柔情瀑布”。

景洞子　在鹿贵公路的长滩河东岸山腰有一个天然溶洞，因集山、水、兽、禽、人物像景观于一洞，故名“景洞”。景洞由正厅和左、中、右三个大的支洞构成，全长380米。正厅高10米、宽30米、长40余米，厅门有根10米高的钟乳石柱直立，俨然守门将军。厅北有一支洞，深50余米，名曰“天洞”；厅南有一支洞，高几米，名“地洞”，门前仍有两名卫士似的石柱。正东为景洞主洞，长200余米，洞内多类钟乳石物状：似龙、狮、虎、猴、狼等动物；似树、花、藤、瓜等植物；似将军、菩萨、少妇、婴儿等人物；有小桥、流水、房屋、浴池、炮弹、导弹、枪械等。整个洞景像一幅天然的画图。

司马懿石像　长西电站对岸的百丈石岸腰壁矗立着一尊硕大的石像。头戴一顶钢盔，身披银甲战袍，一双铜铃眼注视崖下，两络八字胡排在嘴角，满脸皱纹，老态龙钟，很像书中的司马懿，故名“司马懿石像”。传说司马懿掘诸葛亮葬于定军山的假坟时，因用手指粘唾液翻看亮墓中“生治司马懿、死治司马懿、治死司马懿”的书时中剧毒而死，死不瞑目；其灵魂在亮灵魂可能归成都的古道上等候，欲报前仇；懿在其他归路久等不见，就由南郑碑坝来到沙坝要道等候，等了多年仍不见亮之魂过，自觉无颜就化为石像。

七、小巫峡景区

小巫峡位于城东北26公里的小巫山下明江之上，因山和峡相似长江三峡的大巫山和大巫峡而得名。小巫峡景区面积10余平方公里，现有景点100余个。小巫峡景区以峡险、洞奇、石怪、水秀为景观特色。所谓峡险是指垂高千米的桦林关、猴子岩被天工神斧劈为整齐的两半，峡前门仅宽10余米，峡中最宽不过50米，且达两里之长。所谓洞奇，峡东岸悬崖腰上几乎成一字形排列着七个溶洞：岳家洞、阳鱼洞、穿花洞、苏家洞、黄家洞、双龙洞、五彩洞。每洞钟乳石不尽相同、各有特色。似人、似神、似仙、似植物、似动物、似器具。洞小者仅1000平方米，洞大者达10万平方米。所谓石怪，峡内外类人物、神仙、动植物的石象达数百之多；所谓水秀，峡底水若龙在满河怪石中迂回盘绕而窜出，似珍珠、似碎玉。溶洞水似蛟在每个溶洞内的上下左右盘旋环绕，来去无踪，峡和洞中的水清明如镜，甘洌可口。

五彩洞　五彩洞位于小巫峡峡口，是峡中地下秘洞之一，全长1万多米，总面积12万平方米。五彩洞又名通天洞，因洞中景色五光十色，灿烂缤纷，还有通天河潆洄洞中，自然天成，故名。洞内有巨型岩画，两大石窟、三大厅堂、四条支洞、五层迷宫、六泓碧潭、七道飞瀑。规模宏大，曲径勾连、岩洞层叠、石芽纷披、玉笋峥嵘、碧潭联翩、秀水纵横；洞中有洞、景中有景、景观奇幻、百态千姿、玲珑别透、壮丽精彩、妙趣横生。尤以“天上粮仓”、“银河飞瀑”最为壮观，专家认为极有科考价值。

穿花洞　穿花洞位于峡中东壁距河底300余米的岩腰上，总长1000余米，有大小厅堂6个，名“狮园”、“龟园”、“乐庭”、“佛堂”、“舞厅”、“龙宫”。与五彩洞相同的都是钟乳石为主的景观群体，都有阴河，不同的是穿花洞内的钟乳石像门类繁多，石柱高大，没有瀑布，面积较小。

阳鱼洞　阳鱼洞，属阴河溶洞，位于后峡口岳家洞壁下，面积20平方米。洞内以水为主，洞与水来去方向不明，洞之大小、深浅不知，有时潮水，又名“潮水洞”。每次潮水多在久旱的晴天，涨潮时使小巫峡河水升高几尺；喷出的水如围大1米左右的高压水泵，程高50余米，直射60多米的对岸石壁，短则一二十分钟，长则一个小时以上。在阳光照射下五彩斑斓，若虹似花，分外耀眼。喷水时喷出阳鱼若干，物件若干。1982年夏天曾出现过1次。此洞奇异莫测，具有科考价值。

群龟出峡　小巫峡前峡门口，有一幅乌龟出峡图，是天生的花岗岩乌龟石，大大小小约数百只，形象逼真，姿态各异。有昂首前进的，有侧身划动的，有仰面朝天的，有缩头不前的，有背儿携孙的。传说很久以前，后峡口的阳鱼洞曾是这群龟族的寝宫。在上游贵民出现无数蟒蛇之后，巨蟒顺阴河南下，霸占了阳鱼洞，吞食了不少的阳鱼和乌龟，龟族被迫离洞逃命。大慈大悲的观音菩萨巡视小巫峡情禀玉帝后，帝派二郎神带昊天犬来到小巫峡前，斩了峡中的巨蟒，并将未被蟒蛇吞食完而死去的乌龟化为石头。为防余蟒再食其他生灵，就将自己和昊天犬假身化为石像立于峡崖镇守。今峡壁上二郎神及昊天犬石像仍在。

毛公像　五彩洞内的“天柱子”有若干人形钟乳石像，面对着近米高的站台石人，而站台石人活像生前的毛泽东主席，故名。他身着灰色大衣，双手挽于臂间，双眼侧向不远处的“天下粮仓”。似乎正在向广大基层干部讲“民以食为天，吃饭第一”和“农业、农村、农民”的问题。

阎王刑　小巫峡前峡观音岩下有10多处令人心惊胆战的险景，是由前峡去中峡、后峡的必经之道。每道险景稍不留神就会摔下去，或被摔伤或被卷走，有如阎王殿的多种刑法一样可怕。如“望乡台”、“阎王扁”、“落魂岩”、“蛇S倒退”、“奈何桥”、“转人车”、“大油锅”、“小油锅”、“钉板石”、“挺心石”、“老虎凳”等等。

金猴望山　距小巫前峡口不远的猴子岩上，人在船中可以清晰望见一个巨大的猴头石像，正在观望四山动静，故名“金猴望山”。小巫峡两岸山上至今猴子还多，或跳跃于山林，或倒挂于峡壁，或嬉戏于游人，特具奇趣。

小巫山十二岸　小巫山十二岸，位于小巫峡上，历代史、志均有记载。明万历年间进士曹学诠著《蜀中名胜记》中云：“十二峰，在难江县（按：今南江县）北40里马盘弯、岩耸秀、最为奇观”；《寰宁记》云：“明水在南江县北五十余里，水出砚屏，林木山川之形，隐于石间；”清康熙进士、翰林编修、南江上两洋滩河人岳度云：“盐井堡之九曲岩，古舆图志所称小巫山十二峰也。”即今玉千山、莲峰、东峰、青阳峰、天柱峰、南峰、玉女峰、东岭、飞凤山、丹凤岭、西岭、珠泉峰，诸峰争奇竞秀、高耸云海，四季景物，如诗如画。

八、断渠景区

断渠景区位于南江县城郊3公里远的断渠公园，包括断渠公园为主体的“断渠水上乐园”、“龙华寺”、“琉璃寺”等，外有县城区内的“太子洞”、“天榜山”、“三春墓”、“西佛寺”、“普陀寺”、“凉水寺”等景点。

断渠，面积2平方公里。它分前、中、后三横渠加一纵渠，纵横绵延长十余里。自南台阶入前渠，渠内石径回环，藤蔓绕壁，曲径通幽。巨石形态杂陈而不显凌乱，渠道深入浅出而不现荒凉。时而如进阴曹地府，时而如履阳光大道。

断渠堪称石海洞天。数以万计之石形态迥异，百态千姿，没有一尊相同或近似。它不是平凡的一般石头堆砌，而是一座座奇特的天然石峰。有天生的石屋、石桥、石船、石人、石马、石龙、石虎、石鹰、石兔、石卵、石蛋，或尖如仙人利剑，或圆如金菇出土，或扁似龟壳开窍。不少的石头如望夫石、三生石、金镶石、玉卵石、七星石、朝阳峡、太屋洞、一线天、舍身石、返魂路、野人谷等等，各有一个故事、一处传说。断渠的石林有如江南的狮子林、路南的石林，到处是诗、是画、是情、是爱、是传奇、是神话。前渠北坡的50多公顷松林，像中渠的一道绿色帷幕，既给前渠增添了无限秀丽和生机，又给中渠和后渠增添了无限的奇异和神秘。

断渠是1万多年前古人类的洞穴群居地，从该渠出土的人类股骨化石等上百件文物完全可以证明。断渠在1700多年前就开始筑堡建寨、建房，如“四方寨”、“三春寨”及后来的红军寨等。渠内堡中有堡、寨中有寨、屋中有屋，是经历代战乱兵燹毁坏了外貌，但石类建筑至今依存。“断渠地质地貌奇特，自然风光绮丽荒美，人文历史悠久，地理位置优越，属自然和人文景观俱佳的城市野性公园，在城郊有这样一块鬼斧神工的风水宝地实属罕见。”这是北京大学地质系教授任弘磷、北京林业大学教授苏雪痕、中国建设部风景名胜区专家顾问钱振越、省规划院高级工程师陶恒德等先后视察断渠后的共同评价。

九、皇柏林景区

南江皇柏林，是中国现存的三大柏林之一，省级文物保护单位。史载：原起镇江庙（今东榆镇）止于白杨坪（今下两镇）长达40余公里的道路两旁，是南江奇特惊世的森林景观。据传植于汉代为驿道树，古名“汉柏”。张飞由汉中经南江取巴州时又增植了部分，又名“张飞柏”；唐代太子李重茂、李贤游过此林更名为“皇柏”；明代县令杨某发过禁伐令，称过“禁柏”，后又复名“皇柏”至今。初植期有1万多株，民国末年有5000多株，1950年有4800多株，现仅存3000株。此树为历代禁伐的风景树。林中胸径1米以上、高20米以上的达1000多株，最大的“皇柏王”径达4.5米、高达30米，挺拔笔直昂首问天。20世纪80年代起建有县皇柏林管理所，由县林业局主管。

十、公山几水

公山，县城南门大桥头的横山，山形左右斜下，左抑右扬，轮廓似“公”字而得名。面积1平方公里。登临公山可鸟瞰全城，虹桥飞车，碧波环流，明珠落江，蔚为壮观。

几水，位于公山下，因南江河自上两、杨坝两河汇流至县城后，一直绕城环流连续形成了七个“几”字，而得名“几”水。最突出的“几”字是琉璃寺至于沙溪坝段、麻柳湾至青沟子段的河水，绕流突出河心各1公里多的庙子岭和板凳垭山嘴。几水来自米仓山、光雾山中，穿山越谷，洁净秀美。

“公山几水”系天然生成，形象逼真，文化厚重，历史久远。得名2000多年来，一直是南江县城的代称。

十一、龙耳山景区

龙耳山景区辖龙耳寺和井坝水库景区，位于正直镇和朱公乡接壤地。其山高1400余米，形似龙耳，古名龙耳山。其山挺拔独秀，群山环拱，层峦叠嶂，古木参天，数千株古柏，数千亩林带；悬崖陡峭，怪石嶙峋，顶峰凌空，云环雾绕，晨蒙雾海，暮披彩霞，曲径通幽，鸟语花香。同巴中区的阴灵山对峙争丽。环顾四山苍翠欲滴，俯视清江似龙远去。林中有寺，寺美如画。寺建于北宋乃蜀之名寺，香客如云，名士如雨，梵音动地，诗题满壁。“文化大革命”的十年浩劫，沦为废境。1992年起，当地杨清华、谭永达、石百驹、吴均奇、张良正、杨建辉、邢学先等老人募捐数十万元恢复原貌。而今龙耳寺已命名为“市级文明单位”，龙耳山风景区已被批准为“市级风景名胜区”。道路畅通，设施齐备，游人不绝，众誉胜地。

十二、玉湖景区

玉湖位于南江长赤、付家、红光三乡的接壤处，原属玉堂乡玉堂村辖，原名玉堂水库、红光水库，今名“玉湖”。该水库于1958年动工，1964年受益，1972年竣工，积水面积42.8平方公里，最大水面1.5平方公里，蓄水2076立方米，灌面2.5万余亩，为南江最大的水库，最大的“水上乐园”，最大的“高山平湖”。湖周小山环抱，山景全映水中。湖中有山、有鱼、有岛、有亭、有艇。春天满湖映水花，夏天遍湖游鱼跃，秋天全湖霜叶红。游艇、网鱼、垂钓别有情趣；烹鱼、烩鱼、煮鱼格外可口。该景区有“仙鹤寿乡”之称，常年白鹤成群，95 岁以上老人就有过 3 位，最大 103 岁。

第二节　人文景观资源

一、先民遗址遗物

南江先民文化，遗存有据的是 7000 年到 1 万年以前。1979 年南江县城郊的碾盘乡白鹤村阳八台出土了 30 多件先人遗物如石锄、石斧、石凿、石珠、砺石、石矛等，在断渠出土了若干石器、砺石场和直肢动物股骨化石。据专家推论是南江原始人的遗存。断渠原始人存在于 1 万年以前的滨河第一台阶，阳八台原始人存在于 7000 年以前拔高千米的第二台阶。他们先在断渠洞穴集居，以石器捕猎御敌而谋生。而阳八台人仍用石器御敌，但能用火取暖、烧煮食物、采草结绳、以皮御寒、烧制陶器。中国科学院古脊椎动物与古人类研究所的专家曾论证：“大巴山位于黄河与长江的结合部，能发现古人类遗存，这对两大流域的人类发展演变，有重要的研究价值。”

二、名胜古迹

牟阳城　牟阳城位于米仓山中的大坝，是古米仓道北上中原，南下巴蜀的重要驿站。它始于夏商，盛于汉唐，毁于民国。历代是商旅云集、兵家必争之地。秦前较小，主为商驿。周武王班巴师伐纣、司马错率军灭蜀均经于此；汉代时期，多为兵站。公元前 206 年冬，刘邦王汉中后，遣大将军韩信在此隐密筑城招练兵马，以掩项羽耳目。东汉末年，汉中王张鲁治汉 30 年屯兵囤粮于牟阳米仓。建安 21 年，曹操打败张鲁踞汉中亦囤兵粮于此。建安 23 年，诸葛亮出奇兵由关坝焚米仓粮败曹操军 40 万。刘备称汉中王后继扩建牟阳城郭，蜀伐魏，张郃与张飞曾鏖战于此。唐太子李重茂任集州刺史、唐太子李贤贬巴州、宋大将高怀德贬集州刺史、宋女将陶三春避难集州等均经此城。鼎盛时期牟阳城有 3000 烟户、2 万人家、私塾 7 所、屠场 7 个、作坊 10 个、秦楼蜀馆 30 余家，关帝庙内殿宇辉煌，香火旺盛。清末白莲教农民起义军在此奋勇抗清，势震川陕，血染米仓。惜民国时期毁于兵燹。新中国成立后出土的古兵器、汉陶器、古银器、汉王铢，均可证信。

米仓古道　米仓古道纵贯秦巴山区，联结黄河长江流域，北上三秦而通中原，南下四川以达南方，古称大行道。米仓道始于夏商，盛于汉唐宋元。古由中原入巴蜀的道路有三条：即子午道、金牛道、米仓道。古米仓道亦有三条：一条是北出南郑经小坝、巴峪关、大坝、关坝、上两、南江去巴中，古禹王会盟涂山、殷高宗王后妇好伐巴方、巴人助武王灭殷纣、秦惠王派司马错灭巴蜀、曹操征张鲁于巴州、张飞由汉经南于巴擒严颜、唐两太子贬南巴、元蒙哥攻巴蜀死合川，均经此道最近；第二条是北出南郑经黄官、庙坝、档墙、沿韩溪河经桃园、孤云、两角山北上阳平关、西去剑门关、南下巴中，韩信由长安南下太白、秦岭经孤云、两角、韩溪河去南郑，萧何月下追韩信于韩溪河渡口，就经此道，此道北上西去较近；第三条是北出南郑经小坝、巴峪关、大坝、铁炉坝、桃园沿焦家河下经槐树、英翠至木门、旺苍、广元、剑阁等，此路山险窄难走。张飞与张郃交战于落旗山，诸葛亮令魏延诱张郃去木门，郃被射死于木门道，即经此路。

巴峪关　巴峪关位于大小巴山的分界线上，南江、南郑两县的交界之处，乃川陕道、米仓道要关。汉始设关至明代；明设巡察使至清末，地势险要，军事要塞。历代刻字，依稀可觅。

水上乐园 水上乐园起于断渠公园南门，止于琉璃寺前河段，横锁南河之水，水面300多亩，为县城唯一湖泊。三面青山环抱，景色格外宜人。园上有艇可游，水中有鱼可钓，服务设施齐全。

太子洞 太子洞位于县城东的菖蒲涧碧眼岩下。洞虽不大，其历史文化厚重。因唐代太子李重茂贬集州，章怀太子李贤贬巴州游此洞后，声名远播。唐以后的历代名人、骚客有不少人留下了石刻名题，至今犹在。

天榜山 天榜山位于县城南门大桥头峭壁之上，即今“照壁岩”、“红光山”。据载，明代万历年间，岳飞的五世孙岳之震（任难江县令9年）之孙岳虞询（南江人），中进士接传报的前几天，公山突然崩裂形成了一个黄色的长方形石壁，状似“皇榜”，从此得名“天榜山”，又名“挂榜山”。山崩后，不仅天榜石壁壮观，而且百花常艳。后南江文士辈出，仅明清就有174名进士、举人、贡生等。清道光南江县令张云行在方壁上书了“天开蕊榜”四个大字，保留至今。

陶三春墓 陶三春墓位于西佛山西侧的朝阳村三社，距城1公里。据说是宋朝开国初期，北宋皇帝赵匡胤因酒醉误杀了宋开国元帅郑子明后，郑之义弟宋大将高怀德受株连被贬为集州刺史，不久郑之妻、女将陶三春欲报夫仇被泄密，怕被杀而逃集州高处避难驻营断渠，故有“三春寨”。三春死后葬于南江城西，故有“陶三春墓”。宋以后的不少县令皆有诗载。

白鹿山 公山后峦名“白鹿山”，又称“游仙台”。世传张道陵之七世孙张康侯官唐集州刺史，任满结庐此山练道，后乘白鹿仙去。明万历三十九年在此建庙，清乾隆南江知县王经芳曾诗云：“公山山上偏秋风，荒草凄其落叶红，闻说仙家乘白鹿，至今石岸伴飞鸿。”

沙溪坝宋墓 距县城2.5公里的沙溪坝，有宋墓数座，其中有岳飞的六世孙岳之震（1225—1264年间任南江县令）和乐之震之子乐鼎森（宋太学生）之墓，碑存完好，为文物保护单位。

三、寺庙胜地

南江的佛教文化始于汉代，盛于唐代，延至明清，止于20世纪50年代初，复于90年代。1932年前，全县信仰佛教者居多，有较大的寺庙39处，僧尼103人，各庙均有恒产。1933年至1935年，川陕苏区时期基本绝迹；1936年后又有恢复；1949年后，庙产归公，僧尼解散；1990年后随着党的宗教信仰自由政策的贯彻落实，经县人民政府批准开放和县宗教事务办公室审查登记，又先后恢复了琉璃寺、龙华寺、龙耳寺、凉水寺、普陀寺、天桥寺、观音寺、西佛寺等寺庙为佛教活动场所。住庙僧尼12人，信徒、信众达2万人。佛教文化给南江光雾山历史文化增添了宗教文化色彩，不少地区的寺庙都建立于风景名胜区内，或多或少丰富了风景名胜区历史文化的内涵。现略介几例：

琉璃寺 琉璃寺位于城东五里的琉璃关遗址内，凤喙山下。昔日山顶古树葱茏、藤蔓苍翠，江心龙潭蔚蓝碧绿，映衬着琉璃雄关倒映，景色如画，故曰“琉璃关”。关在石壁高8米处凿一石径，作为战事要塞，确为城东第一咽喉。史载：“刘关张屯兵巴山”、“汉中王张鲁兵败奔蜀”、“诸葛亮伐魏取道汉中”、“杜甫安史之乱由秦赴蓉”、“李商隐宦游四川”、“陆游参赞军务往返汉中”等都经过此关。至今流传着很多故事，如“高鹞子大战郭雀儿”、“赵匡胤高关取头”、“陶三春屯兵集州”、“金兵侵犯金之府（汉中市）、宋军扼守琉璃关”等轶闻趣事。琉璃关集山、水、林、石、路之胜，古人记刻题甚多，唐代以后多有壁题，但寺庙已毁。1983年，县政府公布为文物保护单位。1993年，后县城退休人员何吉和、刘丽华、唐秀英等又募捐复寺。现有住持释了空和居士10人，成为断渠公园的名胜景点。

龙华寺 位于断渠公园西门，相传唐代建寺，历代扩建，规模宏大，殿宇雄伟，后毁于战乱。

1993 年后复建，殿宇 3 座，服务设施配套。是断渠公园的一个景点，游人较多。

西佛寺　西佛寺与县城主脉连珠山、县左凤喙山（石人山）同出光雾山系之香炉山脉，如龙爪下伸南河，形成几水回环，位于今县气象局侧的壁崖上。始建于南北朝，原有新老二寺庙，高楼回廊掩映于古树藤蔓之中。登庙可望集州全城，公山几水，一收眼底。摩崖造像精致，诗词题句较多，后毁于战火。1994 年三宝弟子释智碧（俗名陈翠华）倡导和募捐复建了一座高达 24.5 米的钢混结构寺庙，投资达 120 万元多，1999 年被县政府批准开放为佛教活动场所。

普陀寺　“普陀寺”原名“观音岩”，位于城西南郊的莲花溪旁。四面环山，溪林幽美，弯路、清泉、绿山、多鸟。传说观世音曾游过此地，取名观音寺。唐代诗人题有“即是南海”四字。其间“神匾岩”、“普渡船”、“鸡鸣岩”、“普陀船”、“莲花溪”、“碧玉潭”、“观音洞”、“观音泉”分布于庙周围，颇具特色。传说南江县令张康候结庐升仙的白鹿山在其右侧，民国时期香火兴旺，“文革”中庙毁佛倒。1994 年李贵富等 10 余人发起，予以恢复。历代题句多、传说多，为城西南风景旅游点。

凉水寺　凉水寺位于城西 5 公里的香山。背靠青山，前抵小河，观音莲台下有一清泉长流，泉能治病，有若甘露，后更名为“甘露寺”，后经战毁，碑、壁题句甚多。1992 年 9 月三宝弟子释智勇（俗名李宗芬）、释智海（俗名朱永珍）倡导和募捐修建。1997 年 4 月被县政府批准开放登记。

观音寺　观音寺位于乐坝镇，在旺苍、南江交会处。始建于清，直至 1950 年，占地 200 多平方米，原寺庙宏大，香火兴旺，“文化大革命”中破毁。1997 年，金溪铁厂退休职工唐兴珍牵头将积募和变卖家产的 5 万多元用于建庙，又先后募捐近 20 万元恢复原样。2000 年被县政府批准开放，既是宗教活动场所，又是旅游景观。

大桥寺　大桥寺位于沙河镇皇柏林内的大生桥上。桥长 100 米，高 30 米、宽 8 米，是飞渡渊壑、横跨绝壁的天工构造物，是数千年来的一大自然景观。天生桥上不到 100 平方米的范围内有桥上桥、桥中桥、桥生桥、桥下桥四座人工交通建筑，与天生自然石桥融为群体，巍峨雄壮，世所罕见。在桥区有千年古柏、千年菩提和藤蔓。桥下岩泉四溢，巴南公路横穿，公路下南河南流。桥上寺庙建达千年之久。清乾隆名“慈云寺”，僧侣达 10 人之多，后毁于“文化大革命”。1980 年以来，佛教信众陈仕桂等自发募捐复建，庙宇宏伟，拜佛、旅游者甚众。1999 年被县政府批准开放登记。

第三节　革命遗址、遗迹

1933 年 1 月至 1935 年 4 月，中国工农红军第四方面军在古称“巴西外户”、“蜀北岩疆”的南江县光雾山区历经为时 3 年的艰苦战斗，用鲜血染红了这片广袤洪荒的土地，用文化包装了光雾山雄险秀奇的美姿。领导两县（南江县、长赤县）人民取得了反“三路围攻”、“六路围攻”的伟大胜利。激励南江儿女 2 万多人参加了红军，25 万多人次参加了战斗服务，提供了军粮 2000 多万公斤，有 2 万多人献出了宝贵生命。徐向前、王树声、李先念等将军指挥的甑子垭、中魁山、黄猫垭等数十次战斗，打死、打伤敌官兵 3 万多人的故事至今仍被人民群众广泛传颂。县城红四门、长赤禹王宫、大河尖山子、八庙黄花碥、上两将军石、断渠红军寨等战斗遗址至今熠熠生辉。新中国成立后，徐向前、李先念、魏传统等 10 多位领导给南江的题词，至今如钟如鼓。1990 年 9 月和 1992 年 6 月，徐向前元帅、李先念主席先后逝世后将骨灰播撒光雾山、大巴山区的伟大精神将鼓舞南江人民永远奋搏，将激励光雾山景永葆秀丽。

一、红军战斗遗址

尖山子战斗 尖山子是南江大河口太平山的一座挺拔高峰。1933 年 1 月 19 日夜至 20 日夜，川军刘汉雄 18 旅为阻挡红军解放南江县城在此山周围驻兵 1 个师防守，与大河对岸红军对峙。红 219 团潘副团长率 80 余人摸上尖山子寺庙，同敌人两个团激战一天两夜，子弹打光后用刺刀戳、石头砸，打死敌营长以下近 1000 人。此战为红军解放南江和巴中的首次以少胜多的恶战。

甑子垭战斗 甑子垭是位于碾盘乡和赶场乡交界地的一座拔高千米的“甑子”形山峦，是南江县城东 30 里的天然屏障。1933 年 1 月 26—29 日，敌 29 军 3 师罗乃琼部薛廉身一个团和敌王明铭率师 1 部防守。地形复杂、工事坚固、险要难攻。红四军总指挥徐向前、副总指挥王树声率红 217 团、218 团、219 团部分将士，在任炜章独立师侧翼配合下，激战三昼夜，溃敌两个师、歼敌 1 个团，解放南江城。

马桑庙战斗 马桑庙位于南江县九顶乡，同木门乡（今东凡）隔河相望。1933 年 2 月 18 日，田颂尧部纠集 17 个团兵力猛攻三江坝、木门场、长池坝，意图一举消灭红军。红独立一师师长任炜章在普子岭狙击敌第 18 旅后，东移马桑庙御敌之侵犯。19 日起先后同敌谢光华团、李均陶团、袁国驯团轮番战斗多次，歼敌 500 余名，敌溃逃。

长池坝战斗 1932 年 2 月 20—28 日，红 73 师师政委李先念率红 11 师 32 团在今长池区的高壁寨、青杠梁、中魁山等险峻地带阻敌。同田颂尧部 25 个团激战八昼夜，共毙、伤、俘敌人官兵近 5000 人，胜利完成了战略任务。新中国成立后被写进《红四方面军战史》。此三战中，尤以中魁山战斗最为激烈，先念政委因之负伤，曾在长赤书院（今长赤小学）疗养过。

黄花碥战斗 黄花碥位于今南江县八庙乡政府附近，地势险峻。1933 年 3 月 8 日，红 73 师 217 团收缩阵地于八庙、新店、燕山一线后，敌一师副师长何梯青、第一旅旅长吕康等驻扎八庙街上。凌晨，红军趁敌人熟睡之机分兵三路发起攻击，第三路红军主力在黄花碥展开。毙敌士官至正副团长近 300 名，歼敌一个多团，缴获迫击炮 10 余门、步枪近千支。

大明垭战斗 大明垭位于今北极乡，系南江至通江要道，垭下悬崖峭壁。红军在八庙垭完成阻击任务后，1933 年 3 月下旬至 4 月下旬，缩阵地于大明垭。3 月 30 日起，敌分四路进犯。敌一路乃三旅长曾起戎部攻七星包，被打得大败；敌二路 11 旅董澄部营长以下被歼 400 余人；敌三路刘汉雄部，被打得溃不成军；敌四路何瞻部被拖垮。四路敌军历经一个月的进攻，23 团人上山，只剩 13 团人还，有 3000 余人横尸大明垭下。

赵公寨战斗 赵公寨位于大河镇境内。1933 年 3 月 18 日起，红 73 师撤出南江城，同红 11 师、12 师一部收紧阵地于贵民关、观光山一线，与敌对峙。4 月 26 日，红军发起全线猛攻，红 12 师 35 团一个连在赵公寨击溃敌杨哲之师一个团，毙敌陆营长以下数百人。创造了红军入川后又一次以少胜多的战例。

华盖山战斗 华盖山位于侯家乡境内，地势险要。1933 年 5 月 21—24 日，红军在通江县空山坝大捷后，敌“三路围攻”破产。红军乘胜追击溃敌军于南江县长池和今日旺苍县结合部。6 月 10 日夜，红 73 师 217 团两个连奇袭华盖山，仅以轻伤 2 名的代价歼敌 500 余名，创造了红军在南江再次以少胜多的战例。

官田坝战斗 官田坝即今关田乡，同通江铁厂河乡相连。1933 年 7 月，田颂尧的“三路围攻”破产后，蒋介石又委任刘湘任剿共总司令对红四军发起“六路围攻”。红军主力随之东移贵民关、观光山一线。6 月 26 日，敌第一路邓锡侯挥 28 军猛攻红军阵地分水岭等地。27 日夜，红军将敌两个团包围于官田坝，歼敌 500 余人。

黄猫垭战斗　黄猫垭红军时期属长赤县，今属苍溪县。1934 年 8 月，刘湘的“六路围攻”全线崩溃。徐帅顶住张国焘浅迂回的错误指挥采取了纵深迂回的战略战术，亲率 30 军、31 军 93 师将刘湘溃军田颂尧、孙震第 29 军曾南夫师两个旅及他部的 10 个团，围追堵截于黄猫垭的狭小地带，进行关门“打狗”。通过 9 月 14—15 日的两天激战，击毙敌旅长孙礼以下 4000 余人，俘虏敌旅长以下 1 万余名，缴获迫击炮 40 余门、长短枪 7000 余支，取得了反“三路围攻”和“六路围攻”以来的最大胜利。

大包寨战斗　1934 年 4 月 2 日，红军北上撤离长赤县，某部连长李少波率一连战士驻侯家乡大包寨殿后掩护。沙溪场民团伙同田颂尧余部一个团的兵力欲打通大包寨追击红军主力，李连长率部同敌人激战三天三夜，歼敌 700 余人，后因弹尽粮绝，全部壮烈牺牲。

二、红军标语和歌谣

1933—1935 年，中国工农红军第四方面军在南江、长赤两县战斗三年时间，留下了不少石刻标语和革命歌谣。仅南江县文化馆收集的石刻标语就达 100 多条。如：“打倒出卖民族国家利益的国民党军阀”、“巩固川陕省苏区”、“只有共产主义才能救中国”、“彻底粉碎刘湘的进攻”、“红军到、国民党亡”、“维护中国共产党、加入中国共产党”等；仅南江县文化馆收集的红军歌谣就达 100 多首，如“共产主义世界行”、“帝国主义要推翻”、“红军三大任务歌”、“红军十大纪律歌”、“十日大革命”、“跑步歌”、“出操歌”、“军队歌”、“兵变歌”、“刘湘投江”、“田颂尧自叹”等。标语和歌谣都充分体现了红军的政治主张、理想信念、宗旨目标和不屈不挠、英勇奋斗的伟大精神。

三、红军文化遗迹

红四门　1933 年 2 月 1 日，红军解放南江城后将城东门原名“迎晖门”改錾成“红四门”（今属省级文物保护单位）。“红四门”位于县城上河街水码头处的明代古城墙内，高 5 米多、宽 8 米多。红军在门内两侧上錾了 10 多条标语，如“庆祝红军伟大胜利”、“武装拥护苏维埃”（红四方面军政治部刻）等至今保存完好。墙上面今复制有楼亭，十分壮观。

禹王宫　禹王宫，位于南江县长赤镇街道。始建于清嘉庆二年，相传为纪念夏禹王治水三过家门而不入的献身精神而修。雕刻的龙凤兽禽花卉书文保护完好。1933 年为长赤县委、苏维埃政府所在地，李先念等红四军领导曾住于此。红军的石刻楹联“谁是世界上的创造者，只有我们劳苦的工农”；“铲除封建势力，实行土地革命”等，至今完整无损。新中国成立后被定为“省级文物单位”，内陈珍贵文物 397 件，供人们观赏。

石鹅寺　石鹅寺位于南江与通江两县的交界地南江北极乡境内，乃红四军 11 师 1933 年 1 月由通江攻入南江县境的第一指挥部。时师政委李先念曾在此住过，寺梁上曾留有当时此师红军指挥员的部分名字和先念政委的“吟石鹅寺”的诗一首。

红军寨　红军寨位于县城郊的断渠公园内，此寨为红军伤员驻地。新中国成立前被国民党政府破坏，1995 年后县政府又复制了红军战士头像、标语及亭栏。

黄花碥　黄花碥位于八庙乡政府附近。1933 年红军在此作战时曾在此地长几百米的大片石坝上錾下了 10 多条红军标语，至今仍存，来往群众无不为之钦仰。徐向前元帅和中国人民解放军上将洪学智等领导当年曾在此战斗过。

将军石　将军石位于上两区、乡政府所在地的小河中，是一块桃红色花岗岩巨石，形像乌龟，古名乌龟石。1934 年 1 月徐向前总指挥挥军北上进行陕南战役时，曾在此石上讲话、誓师，此后改名“将军石”。当地群众曾赋予它很多神奇的故事，至今保存完好，供人游瞻。

郑家洞 郑家洞位于南江双流乡，是一个“一夫当关，万夫莫开”的大山洞。1933年红军解放双流乡后曾先后驻过15个月，曾先后打退过国民党军队的七次进攻，有27名英烈长眠于此。红军在此曾动员过278名青年参军建立过3个赤卫军连，在此设过医院、创办过列宁小学。红军北上后，该洞遭国民党破坏。1989年起，双流小学青年教师陈喜朝自费在此洞创建了全国第一家山洞博物馆。根据历史资料复制了当年红军的历史文化遗迹，收集了革命文物340余件，重新复制了石刻标语240余条，重塑了红军像32尊，建石碑9座。10年来，有县内外近10万人次参观过该山洞博物馆。

四、巴山游击队纪念馆

位于桃园镇。1932年7月，四川省南部县一位教员家庭出身的富有传奇色彩的川军旅长、渠县县长任炜章，放弃高官不做、富贵不享，竟按中共四川地下省委的指示，将准备在渠县、南部起义的600余人枪历尽艰险分散集结到了南江县桃园寺，创建了一支保护群众、纪律严明、英勇善战的“川北民众救国义勇军”（简称川北民军），任为司令员，先后设司令部于桃园乡麦子坪、老君岩。他在桃园仅半年时间就创造了神话般的奇迹，使部队发展到了3600人枪；他采取“保护人民群众、大搞统一战线、宣传抗日救国、扩大革命武装”的斗争策略，很快赢得了各方面的支持；他治军爱民的各项主张和成就，极大地丰富了南江特别是桃园风景名胜区的历史文化内涵。1933年1月，红四方面军刚从通江打到南江县赶场，任就率部参加了红军。任部被改编为“中国工农红军第四方面军独立第一师”，任炜章任师长。任旋即率部参加了攻打鹿角垭、甑子垭、巫山垭、南江城、普子岭、马桑庙等重大战役，共击毙川军数千人，取得了辉煌战果，受到了中央嘉勉。1933年4月，不幸被张国焘的肃反扩大化和敌人的反间计无辜杀害于南江县大河口。独立师的参谋长张佑铭（共产党员）、政治部主任李载溥（共产党员）等亦先后被害。他们备受南江人民的崇敬和缅怀。

1935年2月，红军开展“陕南战役”后，中共川陕省委书记、游击总指挥周纯全同红四方面军总政委陈昌浩讨论决定组建了“川北边区守留阵地游击队”（简称“川北游击队”、后称“巴山游击队”）。由4师、12师36团一营教导员刘子才任司令，司令部设桃园麦子坪。下辖三个大队，由4军、31军部分官兵和南江、英安（今旺苍英翠）两县的地方干部以及南郑小坝、神喜坝的游击队组成。2月20日扩编成1个“独立师”，同时成立了一个县委。师长刘子才、副师长李光荣、政委王天海、县委书记吴善礼，师部设台上。2月24日，又将褒河中心县委所建的红庙堂游击队编入“独立师”，其编三个序列营，方面军总部派去20多名连级干部、发给五六百支枪，共约1000人，100余干部（大部是通南巴籍）。1934年4月，四方面军退出川陕苏区北上后，“独立师”就在南江同南郑接壤的川陕界上，继续执行“红军三大任务”，固守川北与陕南间200里阵地，并向陕南纵深发展。师部由台上移至岩房坪，不时活动在小坝、喜神坝、黄虎岭、红庙塘、秦家坝，打击民团神团、建立地方武装和苏维埃政权，一年中独立师发展到1200人。由于发扬红军主力伪装和迷惑敌人的战术，屡战屡胜。10月，活动区域由小坝乡大田坝推进到台上一线，又由台上扩大到麦子坪、桃园寺、盘龙弯、苏家河、陈家山、大坝、草鞋坪、关坝、映水坝、檬子潭、鹰嘴岩、三道河、两河口、天池寺、龙头山至喜神坝、红庙塘等地，纵横约500平方公里。1936年1月起由于刘子才麻痹轻敌、指挥失误，被国民党38军在南郑芦坝等战斗中反复围歼使全师损失达1000人，仅存260余人。只好移师台上将师缩编成两个营，一营长王天海、二营长赵明恩。5月下旬，敌38军复攻，部队又移至麦子坪。刘子才仍麻痹轻敌，几遭围歼，使一营仅存八九人，二营四五十人，共65人。一营长王天海因悲观动摇被处决后，两营合一营由赵明恩任营长。1937—1938年，赵明恩任营长期间，认真吸取过去独立师失败的教训，认真发扬任炜章在桃园严军爱民的经验，历时两年苦战将部队发展到700人。

1939—1940年，蒋介石在全国推行消极抗日、积极反共政策，下达“巴山清剿令”后，国民党28军和38军集中上万人的兵力对巴山游击队进行南北清剿。特别是28军164师490旅采取恶毒的“放水捉鱼”、“坚壁清野”手段对游击队清剿一年后，彻底断绝了当地群众与游击队的任何联系。使这支同敌人血战长达5年之久、大小战斗100余次的“巴山游击队”弹尽粮绝，再加之国民党用重金、高官收买分化游击队内部，1940年3月巴山游击队被彻底打败。队长赵明恩也被叛徒杨麻子杀害（杨芝芳1958年被人民政府枪决）。这支游击队虽然最后失败了，但他的伟大精神财富却留给了光雾山这块神奇的土地和人民。

五、苏军烈士墓

离大江口景区30公里的二角山（又名三角山）下的坪河乡人民村（小地名王家湾），有苏军烈士墓一座。抗日战争中，民国27年（1938年）10月，一架援华抗日苏军飞机不幸坠毁于王家湾，机上24名人员全部牺牲。10天后，汉中空军总站派谷韫山等人到现场处理善后工作，将其合葬一墓。由广元、南江两县共同立一石碑，碑文是：“烈士二十四名，因暴日侵凌，为争中华民族自由解放以致牺牲，千古！”落款是“军事航空委员会汉中空中总站特派代表谷韫山，中华民国二十七年十一月一日立”。此墓为文物保护单位，至今保存完好。

第四节　民俗风情

一、民俗文化

光雾山风景区为汉民居住区。由于山高路陡林密沟深，住户多为散居，乃至几十里无人烟，历代靠山吃山用山的习俗很浓，所以“山”的文化厚重。黍、稷、豆为主粮，羊、猪、鸡为主养，木、药、竹为主商，住木架屋、土石房、石板地，石片代瓦者多；用木桶盛水盛粮，用木背架、木打杵负物，用石碓舂米、石磨磨面者多；房周种果树、松杉、花卉、绿竹者多；竹背篼、竹提篮、竹篱笆、竹笆笼者亦多。给人以古朴、原始、典雅、奇异的观感。山民因受山的熏陶、磨炼，多具粗犷豪放、勤劳勇敢、憨厚质朴、热情好客的传统，陌生人入家亦如贵宾，留宿、留饭、敬烟、敬茶、敬干果者习以为常；婚丧嫁娶，生朝满日，礼尚往来，都有礼数；以巴山“背二歌”为代表的民歌民谣，独具特色。新中国成立后，他们的衣、食、住、行、购、娱等条件大改观了，住的新式楼房、食的大米肉肴、穿的高档布料、坐的大小车辆、看的彩电影碟，但他们的古朴传统尚在，总会给人一种淳厚朴实的感觉。

最为典型的是普陀村。该村是一个仅10多户人的古朴村落。青年讲恋爱，爱唱“情歌”、办丧事仍唱“孝歌”、“送葬歌”；婚嫁仍有“哭嫁歌”、“送嫁歌”、“迎亲歌”；劳动爱唱“薅草歌”；抬东西仍爱喊“号子”；赶路时爱唱“樵歌”、“山歌”、“报路歌”。在此地可以感受“歌的山，歌的海，不唱歌儿口难开”的情趣。

二、特色餐饮

光雾山风景区的餐饮文化长达几千年的历史。以饮食文化来说：南江腊肉源于巴人狩猎的熏烤野物风味，既能干储几年，又特别味美可口。桃园豆腐干，以酸水点成，与现用石膏、内酯豆腐迥然不同，既能保存上年，又特具原汁原味。桃园鱼辣子，用鲜阳鱼和红辣椒特殊加工而成，味道奇特清香。桃园鼎锅饭，用碎玉米、木柴火煮烤而成，比大米锅巴碎香十倍；贵民酸水豆腐，既用高山黄豆做料、又用高山石磨磨浆，更用青菜酸水点制，其味远胜他乡豆腐。长赤空心麻饼，内用饴糖，外布芝麻，内甜外碎，十分可口。南江缸腌咸菜，品类数十种，味道数十个，香气扑鼻，酸、甜、麻、辣、咸皆备。南江“饴糖”制品上百种，味胜蔗糖制品。南江牛、羊、鸡、鱼汤煮烹蒸和腌腊制品，皆有地方风味。桃园蜂蜜包米馍，用嫩玉米制成蘸药蜜吃，可口、治病、延年。南江饮料文化，无论制作、饮用都有地方特色。酒类源于巴人“咂酒”，发展为“甜酒”、“烧酒”。甜酒曲用几十种甚至上百种中药制成，既能发酵，又能治病，其味香甜。烧酒有纯玉米、纯高粱、纯杂粮酒，均用中药曲料发酵，用人工土法小酢酿出，用陶瓷瓦罐装储，无任何化学成分，对人体无任何损害。南江茶叶多产高山之巅，经风雨霜雪云雾和有机肥培育，无任何毒害。如金杯贡茶（明清朝廷用茶），南江大叶茶（本县培育）、“云顶茗兰”、“云顶绿茶”（国家级名茶，中南海国办机关用品）、“金银花茶”（国家级名茶，中南海国办机关用品）、“光雾牌银花露”“山银花茶”（省级获奖产品），“维 C 大王饮料”、“刺梨饮料”等。南江水质优良，矿泉水产地多，开发上市的“秦源雪”矿泉水，产于海拔 2468 米的铁船山麓深 190 多米的地下，白垩系火尘岩中，系四川省唯一的火成岩优质矿泉水，被国家批准为国家级矿泉，定名为“重碳酸银型矿泉水”，含几十种矿物质，特别是氡、硒等多种稀有元素，能防治多种疾病。南江的餐饮文化带有几千年传统酒宴礼仪的习俗。如婚丧嫁娶和贺寿贺商等，均有严格成套的文明规矩，均赋予不同的文化内涵。入席、座次、筛酒、饮酒、食菜，都体现了先客后主、礼宾克主、来迎去送、回礼、回敬等热情而又周到，礼貌而又文明的先民风格。

第二章　旅游资源开发

第一节　旅游设施建设

一、道路建设

1993 年以来，全县先后投资 3 亿多元对县内外入景公路进行了硬化、油化和改造，如：沙河至南江县城、南江县城至南郑县界、南江县城至通江县界长达 190 公里入景公路的硬化、油化；南江至贵民、南江经流坝至大江口、上两经关坝至玉泉长达 200 多公里入景公路的改造；赶场街至小巫峡、朱公街至龙耳山 10 多公里入景公路的改造。基本形成了入景公路网络。同时从 1993 年起，南江正式开始对景区内公路的建设。

二、景观景点建设

1994 年后，全县深入贯彻执行“严格保护、统一管理、合理开发、永续利用”的旅游工作方针和“国家、部门、集体、个人一起上”的建设方略及“谁投资、谁建设、谁管理、谁受益”的建设原则，先后聚资1亿多元对景观景点进行了开发和建设。

（一）断渠公园建设

1995—1997年，县委、县政府、县旅游部门采取捐、集和争取资金的措施，先后投资700多万元开发建设了断渠公园、水上乐园。断渠公园开发面积1平方公里，修建石桥石板路4.5公里，修建公园围墙1公里多，修亭、台、楼、所10多个，建游乐场4000多平方米，建东、西、南公园大门3幢，开发景点80多个；修水上乐园水面300多亩，建百米拦河坝1座，游艇等服务设施齐全。1995—2000年，主持释了空等募捐、化缘、争取资金近100万元，复建了龙华寺和琉璃寺于断渠公园内外，增添了公园的新景点。

（二）桃园景区建设

1996年起，县旅游局全员出动、寒暑施工，艰辛6年使桃园核心景区的景观景点建设初具规模，投资近300万元建设了旅游精品线路。1997年5月至8月，投资30多万元新辟建了游山栈道12公里；2000年，投资200多万改造建起了水泥碎石道6公里，水泥梯步达3800多级，车马道、步行道6公里。1998年起引进投资100多万元开发了焦家河上的“莲花溶洞”、“天门溶洞”和两河口至绿岛水上漂流项目。

（三）其他景区建设

1993—1996年，赶场区委、区公所组织动员全区人民集资、筹资、投劳折资共200万元开发了小巫峡景区，修建了游山道、拦水坝、蓄水库、寺庙、亭、台、所，开发了“五彩洞”，开发景点100余个。1992年，正直区杨清华等10多位老人倡导，区委、区公所大力支持，通过募捐、集资、引资近100万元，修建了游山道、寺庙，开发景观景点50多个。1992年止，正直区双流小学教师陈喜朝自己投资兴建了全国第一家山洞博物馆——郑家洞红军遗物展览馆，为龙耳山景区增添了旅游亮点。1999年，玉湖景区管理所投资200多万元建设了游艇、岛亭及宾馆、饭店等旅游设施。1993—2000年，县林业局投资数十万元整治了皇柏林游山道，增设了标牌，扩建了管理所；1999年起神门风景区的景点、景观建设也开始启动。

三、环保设施建设

坚持“保护第一、开发第二”的指导思想，不断采取力所能及的措施对景区资源和环境进行了保护。一是紧密配合有关部门按《森林法》、《矿产法》、《土地法》、《环保法》和《风景名胜管理条例》进行依法管理，采取游哨、巡逻、须知标识、查处违法等防止火灾、乱采、乱伐、乱捕、乱猎。二是采取退耕还林还草，保护自然植被，2000年全县实行“天保工程”以后，光雾山核心景区内的该停土地都基本实行了退耕还林还草，不再耕种粮食。三是严格控制景区的污染源头。对焦家河上游的大坝、桃园镇、铁炉坝等地停止了木材、石料和其它带污染性的加工生产；对桃园镇、铁炉坝、大坝等旅游接待中心和站点的污染物进行了严格控制。如：对人畜粪便和地下污水都基本做到了入地下管道——污水池——化粪池（沼气池）进行处理后再排放于地下——渗流入河中；对接待中心、旅游站点的垃圾都基本做到了远埋地下；景区内基本设了公厕、便桶、垃圾桶，定期处理，或深埋地下或运走处理；对景区内的集中住房点实行粪便入化粪池或沼气池处理后再排入地下让其渗透；对景区内的分散住房不准敞放牛羊猪鸡，将人畜粪便入圈、入池、入地，禁止乱排溪河沟中。

第二节 接待设施建设

一、宾馆饭店建设

（一）景区服务设施

1993—2000年，全县投资达3500余万元进行了旅游服务设施建设，初步形成了日接800至1000人“食、住、行、游、购、娱”的服务能力，投资400多万元改建了二星级“桃园宾馆”；个体户张昌让先后投资350万元改建了“林海山庄”；桃园镇个体户投资180多万元修建了20多家小型餐旅馆；县林业局先后投资600多万元建“牟阳宾馆”2个；彭家坝、大坝个体户先后投资了300多万元建起了融食、住、娱为一体的30多个“农家乐”。全县其它景区也先后投资500万元，建起了“食、行、娱”旅游服务设施。

（二）县城服务设施

1999年，县委、县政府发出要把南江县城逐步建成山水园林式的旅游城市、建成南江旅游的大本营以后，县城不少单位积极筹资开始了旅馆、饭店等设施的建设。如：县粮食局粮油贸易公司先后投资800多万元对“金惠宾馆”进行升星改造。

二、旅游商品开发

县委、县政府十分重视旅游商品的开发，从1999年光雾山风景名胜区燕子岩等景观景点开始建设开放以来，县旅游部门及相关部门就开始在桃园镇展示自组或自制的旅游商品。如代表光雾山民俗特色的巴山腊肉、桃园豆腐干、桃园鱼辣子、光雾药蜜等就不断受到游人的青睐。

第三节 引导旅游消费

一、理念开发

20世纪80年代末、90年代初的南江，很多人不认识、不理解、不重视旅游事业。南江县委、县政府为抓好旅游理念的开发，采取多种措施使干部群众提高思想认识。县委、县政府通过会议讲解启发、外出参观学习、组织入景考察等使干部逐步认清了发展旅游事业的重要性、必要性和可行性，认清了旅游事业是一本万利、一业带百业、利在当代、福及子孙，投资小、见效快、效益高、潜力大的无烟工业、经济产业。为协调风景旅游部门的关系，县委、县政府组织相关部门召开多次专题会议，解决相关部门的思想认识，明确相关部门的权限和职责，明文规定了风景旅游区范围内不改变原单位的管理权、使用权和资源资产的隶属关系，规定了对资源保护、管理、开发、利用必须坚持“保护第一、开发利用第二”和“谁投资、谁建设、谁管理、谁受益”的原则。消除了林业部门怕破坏森林资源、国土部门怕无偿占用土地、环保部门怕污染景区环境、矿产部门怕乱采矿石、水电部门怕影响水利开发的思想顾虑。针对国家《风景名胜区管理暂行办法》宣传贯彻后，风景旅游区的资源纳入依法管理的轨道，使长期住山、吃山、靠山、用山的景区居民错误认为风景旅游事业夺了他们饭碗的顾忌，各级党政部门和风景旅游部门及相关部门反复对景区居民讲法规、讲政策、讲好处、讲效益、讲前景，使他们纠正“山民意识”，增强“旅游理念”，使他们提高了服从景区管理、积极配合开发的自觉性和办好旅游服务业、尽快脱贫致富奔小康的积极性。为改变过去多数南江民众宁愿花成千上万的钱远去峨眉、青城、华山、泰山游览的“消费理念”，县风景旅游部门反复宣传和多次组织群众实地观光考察光雾风景区“雄险秀奇佳丽”的真面目。通过政府调动全社会，运用各种手段支持旅游业发展，使全县广大干部和群众不断树立了“大旅游、大市场、大产业、大发展”的理念，使发展旅游成为整个社会共同参与的经济活动；牢固确立了旅游业在国民经济中的支柱地位，打破了部门、行业、地域界限，按规划将风景资源有效整合、统一管理，支持旅游业按市场规律运作，以资本为纽带，向集团化、网络化、现代化和科学化发展。

二、旅游推介

光雾山自然风景奇特，历史文化丰富，但千百年来由于条件受限，深锁闺秀、鲜为人知。为了使社会广泛了解和知晓光雾山的风景名胜，县委、县政府和风景旅游部门从1993年以后狠抓了光雾山风景区的宣传促销工作。通过十年的艰辛拼搏和极力争取，使光雾山由地级升为省级再升为国家级重点风景名胜区，在省内外提高了知名度，从而也提高了南江旅游经济的经济效益。一是狠抓了对外宣传。1993—1994年，县风景名胜管理局、县旅游局成立后，配合有关部门，聘请有关人员摄制了光雾山风景区录像专题片。通过县电视台（简称县台）、成都电视台（简称成都台）、四川电视台（简称川台）播放；通过地、省级报刊发表专题文章，通过印制光雾山画册分送县、地、省级相关部门领导，使领导和社会开始对光雾山风景名胜有了初步了解。通过向地、省相关部门领导书面和口头汇报，使之引起了重视；通过利用省建委和省级有关部门的新闻发表会、旅游促销会的文字宣传、图片展示、录像播放，使省内外有关人士加深了印象。1995年，县旅游局通过向全县贯彻有关法律法规，结合宣传光雾山风景名胜的特点、价值及开发前景。通过《光雾山风光》专题片和主要景观录像片，参与北京、成都、汉中、巴中等地的交易会展播，发放“稀世奇观光雾山，笑迎八方宾客来”宣传资料；通过县风管旅游部门负责人随同地县领导四到成都、两上北京向省和国家科委、建设、旅游、农行等的汇报，使之了解了光雾山风景名胜的情况。通过邀请建设部风景名胜区专家顾问钱振越等到光雾山的深入考察和评价宣传；通过县局编写的《光雾山风景名胜资源调查评价报告》、《光雾山风景名胜景点介绍》、《光雾山风景名胜区地理位置图》、《南江县风景名胜区现状分布图》、《关于光雾山风景名胜区列为国家重点风景区的报告》等上报地、省和国家，进行了宣传。1996年，县旅游局利用巴中地区庆祝建区三周年活动对光雾山风光照片、画册、“红色南江今更红”文字图片和《断渠风情》的展介，进行了宣传。1998年，县文体旅游局摄制了《巴蜀胜景——光雾山》录像带、VCD光盘在周边地、市、县播放，同中央电视台合作摄制了高质量的光雾山风光片向全国播放，光雾山风光展板在省基层党组织建设现场会、省公路建设现场会、省城乡建设会中展出；邀请了省作协的诗人、作家在桃园举办了笔会。2000年，县旅游局、县风景名胜管理委员会及其办公室，通过央视七频道、四川卫视、西安电视台的播放，《四川日报》、《四川经济日报》、《西部旅游》等报刊的刊发文章，印5万多份宣传资料向省内外的送发，派员参加西安、重庆、厦门、成都等全国性旅游促销会的展播，使光雾山风景名胜走向了全国。

三、旅游热线开发

1997年，县风管旅游部门开始进行了光雾山风景名胜区的旅游热线开发，同邻近省、市、县旅行社达成了“线路共建，资源共享，客源互流，宣传互动”的热线开发协议。1997—1999年，建起了光雾山——巴中阴灵山、南龛坡；光雾山——通江诺水河的旅游小环线。1998—2001年建起了光雾山——汉中，光雾山——广元，光雾山——达州，光雾山——南充的旅游中环线。

四、打造旅游“金三角”

光雾山风景名胜区具有得天独厚的旅游资源优势和旅游区位优势。为了充分利用这些优势来促进南江旅游事业和旅游经济的发展，县委、县政府和县旅游局于2000年提出了打造大小旅游“金三角”的战略构思。通过努力，使战略构思变成了现实。一是打造了旅游小“金三角”。光雾山地处汉中市、广元市、巴中市的三角地带，相距三市100余公里。1998年起，县旅游部门同三市的县（区）建立了友好联系并同三市的旅行社签订了“三互”协议，建起了三条旅游环线。二是打造了光雾山旅游大“金三角”。光雾山景区处于距西安市、成都市、重庆市均500公里的“金三角”位置。2000年起，县旅游局先后派员同三市的旅行社进行过联络或达成过协议，初步建起了光雾山景区同三市的旅游大环线。

第四节　旅游企业志要

1994年后，随着南江旅游资源的开发、利用和旅游事业的发展，以服务为宗旨的旅游企业不断崛起。他们均隶属于县旅游局行业管理，都不同程度地为南江的旅游事业做出了积极贡献。

一、南江县旅游开发有限公司

1998年，成立南江县旅游开发有限公司。该公司立足于南江旅游资源优势，以光雾山风景名胜区开发为依托，以“生态旅游”为品牌，以“优质服务”为经营理念，先后投资3000多万元，争取旅游国债资金1000万元，加强了景区的开发建设。

二、光雾山大酒店

1996年，建立梦园饭店（后更名并建成光雾山二星级大酒店），隶属南江县旅游开发有限公司管理。系县财政局1999年投资修建的旅游企业。

三、南江小巫峡旅游开发公司

该公司成立于2000年，系个人承包企业，辖地管理属赶场、旭光两乡，行业管理隶县旅游局。原赶场区委、区公所投资近100万元修建了道路、拦河坝、电站、庙、亭、所和“五彩洞”等30多个景点，现承包人又投资20多万元进行改造拓展。2000年，具有日容20人住宿、60人餐饮的接待能力。小巫峡是南江旅游业的亮点、热点景区，具有独特的区位优势和景观优势，年接待游客2万多人次。

四、神源矿泉水有限公司

该公司于2000年成立，地址设沙坝乡政府所在地，系南江红山矿业有限公司的子公司，隶县经贸委乡企办行政管理、县旅游局行业管理。该公司主要经营推销秦源矿泉水，秦源矿泉水是四川省唯一的火成岩优质矿泉水，已列为国家级品牌。该公司在县内外设有多处经销点，销势很好，效益颇佳。

五、金穗宾馆

该宾馆原名县委招待所，1998 年转让给县粮油贸易总公司经营管理，更名为南江县金穗宾馆。隶属于粮油贸易公司管理。现有总资产 800 万元，职工 30 余人，容 100 人住宿、180 人餐饮。

六、桃园宾馆

桃园宾馆于 1992 年由县粮油开发总公司投资 200 余万元建成投产（2000 年效益不好，后承包给郭××等私人经营）。

七、林海山庄

林海山庄于 1997 年由个体户张昌让投资兴建，1999 年 4 月建成营业。总投资 300 余万元，有职工 20 余人。能容 100 人住宿、140 人餐饮。

八、新世纪大酒楼

该酒楼建于 2000 年，楼址南江县城上河街，总投资 200 多万元。曾被省旅游局确定为四川省旅游定点饭店、酒楼。

第三章　风景旅游管理

第一节　管理机构

一、行政机构

1993 年 5 月 17 日，县政府决定成立南江县光雾山风景名胜管理局，规格为副科级，隶属县建委。1994 年 3 月 30 日，县政府决定成立“南江县旅游局”，同县光雾山风景名胜管理局合署办公，两块牌子、一套人马，亦隶属县建委。1997 年 11 月，县委、县政府决定县旅游局同南江县文化体育局合并，成立南江县文化体育旅游局。

1999 年 12 月 28 日，县委、县政府决定撤销南江县文体旅游局，成立“南江县旅游局”；撤销南江县光雾山风景名胜区管理局，成立“南江县光雾山风景名胜区管理委员会”，由分管副县长兼主任，下设县光雾山风景名胜区管理委员会办公室，同县旅游局两块牌子、一套人马，合署办公。县旅游局规格为正科级，为县政府直属事业单位。县旅游局内设办公室、宣传股、行业股。

二、直属机构

南江县旅游开发有限责任公司　1994 年 8 月 16 日，成立南江县旅游开发集团公司，在旅游局、风景名胜管理局的领导和指导下，依法开展旅游经营活动，由旅游局、风景名胜管理局局长兼总经理。1998 年 8 月 26 日，公司更名为南江县旅游开发有限公司。

光雾山桃园景区管理所 1994 年 3 月 30 日，成立南江县光雾山风景名胜区桃园景区管理所（简称桃园管理所）。负责该景区名胜资源和生态资源的保护；维护和管理该景区的基础设施和公共设施；负责门票收取、管理和在景区内依法收取行业的行政事业性费用；负责景区的治安和环卫管理。

三、业务指导机构

1993 年以后，全县先后成立南江县光雾山风景名胜区桃园景区管理所、南江县龙耳山风景名胜区管理所、南江县小巫峡景区管理所、南江县玉湖景区管理所、南江县皇柏林管理所、南江县光雾山大坝景区管理所、南江县光雾山大江口景区管理所、南江县神门景区管理所。这些管理所除桃园景区管理所由县旅游局、风管委办公室直接管理外，其余均属部门或当地政府直接管理，县旅游局、县风管委只是进行业务指导。

四、行业管理机构

1994 年，南江县先后成立南江县米仓山森林公园旅游有限公司、南江县光雾山旅行社有限公司、南江县小巫峡旅游开发有限公司、南江县十八月潭旅游有限公司、四川中大旅业发展有限公司、桃园宾馆、林海山庄、神源矿泉水开发有限公司、南江县酒业有限公司、新世纪大酒楼、金穗宾馆，均由县旅游局进行行业管理。

第二节　资源调查

1986 年，时任上两区副区长的黄治新自费 3000 余元深入桃园景区调查并拍摄主景照片，撰写新闻专集，被“四川省人民广播电台”采用播放，县文化馆馆长余之艾、县政协副主席陈科理等历时近月进行调查并撰写了文章《桃园林海百里行》。1987 年，县文化局副局长何晓东等深入景区进行调查摄影；同年省作协、省文联和县委、县政府联合举办了“桃园风景笔会”。1988 年，四川省青年作家王敦贤历时几月的调查编撰出版了由时任南江县委书记杨清镛作序的《南江桃园记胜》，在全国发行。此后省内外不少作家、记者又深入景区采风。1992 年，县委书记刘宗寿、县长何茂兴、县委宣传部长蒋东生、副部长何敏章、县建委主任冯光全等组织专人对光雾山风景区进行主景调查，编制了《桃园风光》彩色画册和申报光雾山为省级风景名胜区的资料。1993 年 5 月和 1994 年 3 月，南江县风景名胜管理局和南江县旅游局成立后，才正式开始了对南江县光雾山风景旅游资源的详细调查。

一、资源详查

1993 年 7 月至 1995 年 7 月，南江县风景名胜管理局、南江县旅游局（均属二级局，隶属县建委）局长李兆森、干事田德荣多方筹资和组织县建委、林业局、桃园乡等相关部门，并聘请了摄影、录像、组稿人员历时年余对光雾山风景旅游资源进行了普遍详查。先后详查了焦家河、韩溪河、磺厂河、燕子岩、龙王村、普陀村、万字格、大坝、大江口、神门、小巫峡、断渠、皇柏林、鸳鸯峡、响水洞、玉湖、龙耳山等景区，对其地理位置、分布状况、结构、特点、价值、开发前景等基本摸清了情况，进行了登记，收集了大量的资料，摄制了大量的原始录像带和珍贵的彩色照片，起草和报送了《关于开发光雾山风景名胜区的可行性论证报告》，彩印了《光雾山风光》画册。1996 年 7 月起，县风景名胜管理局、旅游局对光雾山风景区进行了 70 次调查，并代为起草了《四川省光雾山风景名胜区资源调查评价报告》。1999 年 12 月，南江县光雾山风景名胜区管理委员会、南江县旅游局、南江县风管委办公室成立后，县风管委主任吴开金、张晓莉、王清平，县旅游局局长、县风管委办公室主任熊道地、罗尚元先后多次组织有关人员对光雾山风景区的自然和人文景观资源进行了详细核查，为批报国家级风景名胜区、编制总体规划和保护、开发、利用、建设提供了可靠依据，奠定了坚实基础。

二、资源考察

光雾山风景区，是一座秀美而神奇的风景旅游资源宝库。20 世纪 80 年代以来，曾吸引国内外不少专家和名人前来考察。一是专家的考察。英国、德国、法国、加拿大、新西兰、美国等的植物学家先后赴景区进行了考察，评价巴山水青冈为冰川时期的“活化石”，光雾山红叶为“金叶”，光雾山红叶区为“金区”。北京林学院、四川林业科研所专家结论为“四川盆地北缘山地重要的基因库”。1987 年甘肃省作家协会主席、诗人高平评价为：“九寨看水、光雾看山，山水不全看，不算到四川。”1993 年 5 月至 1998 年 8 月，建设部风景名胜专家顾问钱振越 4 次实地考察，评价为“光雾山风景区是我国的一大国宝”；“集峨眉之清秀、黄山之娇美、武陵之灵异、桂林之奇特、华山之险峻于一身。”、“挺拔兀立的峰峦全国第一，清秀如画的峡谷全国第一，神秘莫测的‘万’字格和峭美的天生桥全国第一”；并书了“光雾山水，奇秀天下”的题词。1995 年 10 月，北京大学任教授、北京林学院苏教授考察后评价：“光雾山的旅游资源品位很高，是世界级的，特别是景区的万字格地质地貌奇特、洪荒、神秘，是中国的百慕大。”1997 年 10 月，国家建设部、风景名胜专家顾问、清华大学一级教授朱畅中考察后，书了“巴山翡翠，永生光辉”的题词。二是领导人的考察。1997—2000 年，中国人民解放军上将洪学智、全国政协副主席杨汝岱曾先后到南江和光雾山视察及考察；全国人大常委会副委员长费孝通书了“人间仙境光雾山”的题词。国务院扶贫开发领导小组副组长、扶贫办主任吕飞杰率国务院相关部门领导人到光雾山考察。成都军区政委杨德清中将，四川省委书记谢世杰、周永康，省委副书记蒋巨峰、李崇禧，副省长徐世群、王怀臣、张作哈，成都空军部队少将刘亚州，省建设厅厅长刘丹陵、副厅长郭兴邦，省旅游局局长何一心、副局长崔志伟、汪贵生、张谷等均到光雾山进行过考察。原达县地委副书记周永开，巴中市委书记杨安民、市长熊光林等，南江县委书记陈延荣、何长洋、青理东等多次深入景区考察指导旅游资源保护与开发工作。

三、核查验收

1999 年 9 月 11—12 日，建设部风景园林处副处长赵建容，代表建设部率朱畅中、钱振越、杨光凡等 20 多人组成国家级风景名胜验收组，对“光雾山国家重点风景名胜区”进行了核查验收，验收结果完全合格，并作出验收合格的报告。

第三节　资源保护

一、法律政策宣传

1987 年后，政府及部门认真宣传并执行国家《森林法》、《土地法》、《矿产法》、《环保法》等法律及国务院《风景名胜管理暂行条例》，建设部《风景名胜管理暂行条例实施办法》、《风景名胜区建设管理规定》、《风景名胜区管理处罚规定》、《四川省风景名胜区管理条例》、《四川省风景名胜区建设管理办法》、《四川省旅游管理条例》等法规。宣传了国务院《关于开展加强环境保护执行检查，严厉打击违法活动的通知》，国家土地管理局、国家环境保护局《关于加强自然保护地区土地管理工作的通知》，四川省委、省政府《关于加强环境保护，促进经济发展的通知》，省政府办公厅《关于加强风景名胜区保护管理工作的通知》，南江县人民政府1994年《关于加强光雾山风景名胜区自然生态环境保护的通知》、1995年《关于加强光雾山风景名胜区管理布告》、《关于加强断渠公园保护的通告》、1997年《关于加强野生动物植物资源保护的公告》、1998年《关于旅游开发有关规定》等一系列政策和规定，不断提高了广大群众的法制观念、政策观念和保护意识。县委、县政府还明确规定把风景旅游资源保护管理纳入了各级政府、各有关部门的年度工作目标责任考核和政绩考核的重要内容，使之高度重视、常抓不懈。

二、划定景区保护范围

1994年后，县委、县政府和县风景管理委员会，先后组织建设、林业、国土、矿管、环保、水电、交通等相关部门，通过实地踏勘、反复调查后，在坚持“设立风景名胜区不改变景区内宗教寺庙、企业、事业单位和其它经济组织的隶属关系及其资产的所有权、使用权”之规定的前提下，对全县风景名胜区的四至界畔、核心保护区、外围保护带进行划定。设立界碑，建立档案，明确权限，规定职责，建立制度，有效克服了界限不清、纠纷不断、乱损资源的弊端。如1996年，县政府报经省政府批准后对光雾山风景名胜区的范围进行界定。其范围为：北与陕西南郑接壤，南以本县寨坡、光明、新明乡的分界为界，东与米仓山森林公园毗邻，西至旺苍县界，全乡面积250平方公里。其中核心景区100平方公里，北和陕西南郑县接壤、南抵九角山脚、东以铁炉坝小河为界、西与旺苍相连。实辖桃园、槐树两乡。其余150平方公里均属光雾山风景名胜区的外围保护地带。同年4月，县政府报经巴中地区行署批准公布了南江县“断渠古人类洞穴遗址”和“皇柏林”的保护范围。规定：南江县“断渠古人类洞穴遗址”范围为：东起石船沟和松林东段公路，西至二南公路转弯处，南沿林业总场围墙，北讫崖缘。南江县“皇柏林”范围为：沿小河至下两段成片林距林缘9米，零星大柏树距树干4.5米。

三、查处违法案件

1994—2000年，县风景名胜管理局、县旅游局在县政府的直接领导下，在公安、林业、建委等相关部门的大力支持下，认真查处了20多起破坏风景旅游资源的违法案件，打击了违法犯罪活动，保护了生态资源的原始面貌。其中，1994年县风管局、县旅游局向县政府呈送了《关于禁止在桃园景区内立项开采花岗石的报告》、《关于要求依法严惩在焦家河药死珍稀鱼类罪犯的报告》、《关于加强光雾山风景名胜区自然生态环境保护的通知》，县政府指派有关部门进行查处，并制发了有关保护性文件。1996年查处破坏森林、捕猎野生动物案件2起，并有效治理了县刨花板厂对焦家河水的污染问题。1998年4月，县旅游局向县政府呈送《关于依法严惩桃园景区采伐林木的罪犯的报告》称：光雾山风景名胜区桃园景区潘家岩至红山白岩一带有树木300余株被砍伐，破坏植被面积达1平方公里，情节十分严重。县人大、县政府收到报告后，及时研究决定责成林业、公安等部门进行立案查处。1999年县文体旅游局制发《关于加强旅游安全和景区防火安全的意见》。2000年，县旅游局、县风景名胜管理委员会办公室配合有关部门查处了10起乱采、乱伐、乱捕、乱猎景区资源的案件，并设景区投诉电话和举报箱。从根本上制止破坏资源的违法案件的发生。

第四节 编制景区规划

一、风景区域规划

1996—2000年，县风景名胜管理委员会、县旅游局筹集大额资金聘请了甲级资质单位四川省城乡规划设计院的规划师陶恒德老先生等编制了“光雾山风景名胜区总体规划”（简称“总规”）。总规分《说明书》、《基础资料汇编》和《文本》三卷。《说明书》共分《区位关系》、《县域风景名胜体系规划》、《综合现状》、《景源评价》、《规划总则》、《规划分区、结构和布局》、《规划规模》、《保护境域规则》、《风景游赏规划》、《典型景观规划》、《旅游设施规划》、《基础工程规划》、《居民社会调控规划》、《经济引导发展规划》、《土地利用协调规划》、《分期发展规划》、《规划管理配套措施》等18章。并附了《区位关系图》、《县域风景名胜体系规划图》、《综合现状图》、《景观资源评价图》、《规划设计总图》、《保护境育规划图》、《风景游赏规划图》、《基础工程规划图》、《土地利用、居民社会调控规划图》、《近期发展规划图》、《典型景观规划图（2000—2005）》等11张彩色图纸。《文本》中共分23个目：《序列》、《规划期限》、《发展目标》、《规划范围》、《风景区性质》、《规划分区》、《规划结构》、《功能布局》、《容量与规模》、《保护培养规划》、《风景单元组织》、《文化景观组织》、《游赏项目组织》、《游览方式与游线组织》、《游程安排与旅游序列组织》、《旅游设施规划》、《基础工程规划》、《居民社会调控规划》、《经济引导发展规划》、《土地利用规划》、《分期发展规划》、《规划管理配套措施》、《规划变更程序》。《基础资料汇编》共分3章10节。第一章《概况》：第一节，地理位置；第二节，自然条件；第三节，社会经济；第四节，历史沿革。第二章《风景名胜资源》：第一节，光雾山风景名胜区；第二节，其它风景名胜区；第三节，民风民俗与民间文化活动。第三章《风景区开发和旅游条件》：第一节，服务接待条件；第二节，基础设施；第三节，风景区经营管理。

二、旅游产业规划

旅游产业是南江县国民经济发展中的新兴产业，在10年左右将发展成为南江的支柱产业、龙头产业。按照《巴中市旅游发展规划》对南江的要求重点抓好旅游交通、食宿接待设施、旅游餐饮业、旅游文化娱乐等。

三、旅游发展规划

县旅游局根据南江旅游业实际，先后制订《1998—2000年旅游经济发展规划》、《2001—2005年旅游经济发展规划》。发展总目标是：从单纯的观光旅游转向体察自然以及社会、历史等深层的文化旅游；由大众化的趋同性旅游转向个体化求异性旅游，由走马观花式的旅行式旅游转向深入、体验的度假式旅游；以光雾山为龙头，以建成生态旅游，休闲度假胜地为目标，以国内旅游为重点，大力开拓陕西等北方市场和东南沿海市场，将光雾山风景旅游区建设成中国西部的一个资源高品位、旅客多方位、消费多层次、吸引力较强、特色鲜明的旅游县。使光雾山成为中国西部旅游的知名品牌，成为“川陕旅游金三角、西部旅游新亮点”。

第五节　申报列级

南江县政府按照国家设立各级风景名胜区的有关规定，从1989年以来按批准权限、程序和要求，对南江的风景名胜区进行了列级申报至2000年底止，全县被批准为市级风景名胜区的1个、省级风景名胜区的1个、国家级森林公园1个、国家重点风景名胜区1个。

一、地级

（一）南江县桃园地级风景名胜区

1989年，经县政府呈报，达县地区行署批准南江县桃园风景名胜区（即今光雾山风景名胜区）为“地级风景名胜区”。

（二）南江县龙耳山——井坝风景名胜区

1994年11月6日，县政府向巴中地区行署呈送了《关于将南江县龙耳山——井坝风景名胜区列为地级风景名胜名胜区的报告》。1996年5月22日，巴中地区行署批准了“南江县龙耳山——井坝风景名胜区”为“地级风景名胜区”。

二、省级

1992年8月24日，县政府向达县地区行署呈送了《关于将桃园风景名胜区列为省级风景名胜区的报告》并附了《桃园风景区景观介绍》、《南江县人民政府关于成立桃园风景管理处的通知》、《桃园风光彩色画册》、《南江县桃园风景区示意图》、《南江县风景名胜旅游路线示意图》、《桃园风景名胜区可行性论证报告》等资料。1993年2月，四川省人民政府正式批准了“南江县光雾山风景名胜区”为“省级风景名胜区”。

三、国家级

1996年后，县政府曾多次向市政府、市建设局、省政府、省建设厅、省旅游局等呈送了《关于申报光雾山国家重点风景名胜区的报告》及《光雾山风景名胜区资源调查评价报告》、《光雾山风景名胜区景观介绍》、《南江县风景名胜区现状分布图》、《光雾山风景名胜区地理位置图及光雾山风景名胜区景点示意图》、《光雾山核心景区、桃园风光画册》、《光雾山风光》专题片、《光雾山风景区有关资料》。1997年9月，国家建设部风景园林处副处长赵建容同建设部风景名胜区专家顾问朱畅中、钱振越、杨光凡等组成国家风景名胜区验收组，对光雾山申报国家重点风景名胜区进行了实地核查、验收合格。

第十七篇 财政税务

第一章 财 政

第一节 财政收入

一、总收入

1986年起，财政收入政策不断调整和改革，特别是1994年实行分税制财政管理体制后，进一步从计划经济向市场经济过渡，县域经济基础薄弱，经济总量相对较少，财政收入增长十分有限。县财政采取“因势施策、因情施治”的办法，努力挖掘收入潜力，确保财政收入稳定、持续、快速增长。

“七五”计划时期的1986年，是中央对地方实行划分税种、定收定支、分级包干的新财政体制过渡最后一年。县财政实现总收入2148万元，其中县一级一般预算收入782.2万元，同上年比较净增额143万元，增长17.02%。上级补助收入1308万元，同上年比较增长70.93%。1987年，全县实现总收入2227.2万元，其中县级财政一般预算收入945.8万元，上级补助1266.9万元。1988年，财政总收入实现2387.60万元，其中县级一般预算收入1264.80万元，同上年相比增长23.73%，上级补助收入1091.10万元。1989年，财政收入面临国营企业滑坡，拖欠税利严重，农业生产遭受自然灾害影响的局面，深入贯彻“治理整顿方针、调整资金投向、努力发展生产、积极创收”的方针，财政总收入实现2892万元，同上年相比增加483.40万元，增长20.25%，其中县级财政一般预算收入实现1605万元，同上年相比增长36.92%，上级补助收入1244.20万元。1990年，县财政总收入实现3634万元（其中剔除粮食企业计划亏损306万元，粮食补贴基金40万元），同上年相比增加758万元，增长76.40%，县级财政一般预算收入达到1917.70万元，较“六五”计划末的1985年增长4.7倍。“七五”计划时期，县级财政收入实现7003万元，比“六五”计划时期净增4004万元；县财政收入占国民收入的比重由“六五”的5.8%提高到8.4%，财政收入连续四年实现收支平衡，受到省人民政府表彰和奖励。

“八五”计划时期的1991年，县财政总收入实现4140.60万元，其中县级财政一般预算收入2288.40万元，同上年相比增长19.82%。1992年，县财政总收入实现4925.80万元，县级财政一般预算收入2499万元。1993年，县财政总收入实现5298.60万元，其中县级财政一般预算收入2724万元，同上年相比增长9%。1994年，是实行“分税制”财政管理体制的第一年，县财政总收入实现4866.50万元，其中县级财政一般预算收入实现2794万元。1995年，是执行《预算法》的第一年，县财政总收入实现6372万元，县级财政一般预算收入实现4345.60万元，同比增加1552万元，增长55.55%，财政收入跃上一个新台阶。“八五”计划时期，全县财政总收入2.56亿元，其中：县级财政收入实现1.47亿元，比“七五”计划时期净增加8079.30万元，年均增长1615.86万元。

“九五”计划时期的1996年，全县财政总收入实现9101万元，其中县级财政一般预算收入实现5242万元，同比增加908万元，增长20.9%。1997年，全县财政总收入实现10157万元，其中一般性预算收入实现4871万元（剔除两税减免722万元等政策性减收因素），较上年相对增长8%。1998年，全县财政总收入实现8328万元，其中一般预算收入实现4798万元，同上年相比下降1.68%。1999年，全县财政总收入实现10890万元，其中一般预算收入5025万元，基金预算收入295万元。2000年，全县财政总收入实现13661万元，其中县级财政一般预算收入实现5278万元，占调整预算的118.55%，同上年相比增长5%。“九五”计划时期，南江县财政收入实现稳定增长，五年间财政总收入实现5.21亿元，县级一般预算收入2.52亿元。

表 17—1

南江县 1986—2000 年财政收入总表

单位:万元

项目 \ 数目 \ 年度	1986	1987	1988	1989	1990	1991	1992	1993	1994	1995	1996	1997	1998	1999	2000
工商税收类	599.20	701.80	928.10	1243.60	1367	1336.70	1500.80	1844.30	1050.90	1429.50	2213	2200	2374	2515	2341
农业税收类	76.48	84	158.10	294.10	375.30	368.60	453.10	481.20	1047.60	1259	2301	1966	2007	1822	2259
国营企业所得税	94.27	120	100.80	120.70	100.50	86.60	25.70	55.40	7.80	888.80	137	213	137	223	307
国营企业调节税类	3.04	2.40	2.70	1.10											
国营企业上缴利润类	11.39	7.10	27.10	60.80	50.40	65	133.40	116.10	88.10	73					
国有企业亏损补贴类	-69.79	-40	-105	-256.50	-323.50	-2754	-404.80	-298	-18.30						
国营企业承包收入退库				22.40											
专款收入类	12.10	22.50	14.90	49.90	24.10	37.60	37.40	36.50	55.40	54.30	65		56	71	70
其他收入类	36.67	29.90	48.60	62.90	329.90	408	258.30	215.80	456.20	918.60	25	72	37	21	45
行政性收费收入								62.80	129	57.90	139	315	142	187	213
罚没收入	23.79	19	20.60	50.70	72.40	60.50	84.80	153	228.20	464	497	388	240	432	497
县级一般预算收入	787.20	945	1265	1604.90	1917.70	2288.40	2106.30	2724	2794	4346	5254	4871	4798	5025	5278
上级补助收入	1367.30	1266.90	1063.20	1224.20	1548.10	1758.20	2414.70	2229.70	2548.50	3640.70	4060	4773	3999	5959	8753
上年结余收入	-5.80	15.30	27.80	43.20	168.60	92.50	167.60		-957.90	-2275.30	-1029	-283	-469	-610	-461
社会保险收入							237.20		481.60	634.50	816	796			
其他收入			1.10	20.20		1.50			0.30	0.40					91
收入总计	2148.70	2227.20	2357.10	2892.30	3634.40	4140.60	4925.80	5298.60	4866.50	6345.50	9101	10157	8328	10374	13661

资料来源:南江县财政决算报表。

二、分项收入

（一）税收

工商税收 在税制改革中，工商税收由1979年的7种增加到1993年的31种。南江开征的工商税有：产品税、增值税、营业税、集体企业所得税、城市维护建设税、车船使用税、屠宰税、房产税、企业所得税、个人所得税、资源税、印花税、城镇土地使用税等。“七五”计划时期征收工商各税4837万元。“八五”计划时期征收7162.2万元，比“七五”时期增加2325.2万元，年均增加465.04万元。“九五”计划时期征收工商税12052万元，比“八五”时期增加4889.8万元，年均增长977.96万元。1986—2000年共征收工商税2.42亿元。

农业各税 农业各税包括农业税、农林特产税、耕地占用税、契税。农业各税直接涉及广大农民切身利益，故实施轻税、稳定、合理负担的政策。“七五”计划时期全县征收农业各税987.98万元，“八五”时期征收3627.5万元，“九五”计划时期征收1.04亿元。1986—2000年，全县农业税征收1.5亿元。

（二）企业收入

1983年试行利改税后，国营企业收入改上缴利润为上缴所得税、调节税、承包费。由于各个历史时期不同，企业财务管理及利润分配制度不断变化，财政收入各异。企业收入主要包括工交企业、商贸企业、农林水等部门企业、粮食企业和其他部门企业。“七五”计划时期，企县企业上缴利润共计156.79万元；“八五”时期上缴利润475.6万元，比“七五”时期净增318.81万元。为避免与工商税收重复，所述企业收入不含所得税和调节税。

工交企业 1986年，采取抓原材料供应、产销平衡、降低成本、提高效益等办法，使酒厂、水泥一厂扭亏增收。1987年，小型企业试行租赁经营，期限3～4年。1988年，国营工交企业推行承包、租赁经营责任制。1990年，森工企业退出利改税，实行定额上交利润办法。1993年，工业企业实现利润450万元，同比增长30%。1994年，全县实现工业总产值1.2亿元，提供税利1000万元。1995年，工业企业实现销售12835万元，上缴各税1222.66万元，同比增长260万元。1996年，工业企业实现利润452万元。1996年后企业不再上缴利润。

商贸企业 1986年，达县地区核定南江县调整10户国营商业企业第二步利改税实施方案。调整后应交所得税21.2万元，企业利润22.6万元，缴纳调节税4.8万元、承包费2万元，弥补亏损8万元。1989年，实现税利432万元。1990年，商业企业积极稳妥地推行“税利分流、税后还贷、税后承包”的办法，全县扩展对19户商贸企业推行承包责任制。1992年，上交税利882.7万元，同比增长10.7%。1993年，商贸企业围绕增设销售网点，扩大销售内容、商贸企业全年实现上缴利润90.8万元。1986—1995年，全县商贸企业上缴利润633.39万元。从1996年起企业不再上缴利润。

（三）上级补助

南江是国定贫困县，经济基础薄弱，县级财政历年收不抵支，全县维持机构运转和保职工工资兑现、事业发展资金来源主要靠上级各类补助收入。特别是分税制后，国家对贫困地区转移支付力度加大，全县各类补助收入增长较快。“七五”计划时期，上级补助收入6489.7万元；“八五”计划时期，上级补助收入1.26亿元；“九五”计划时期，上级补助收入2.75亿元。1986—2000年，全县上级补助收入4.66亿元。

（四）其他收入

其他收入是地方财政预算收入的一项重要来源，项目繁多，零星分散，收入极不稳定。规费：

系权利人，为获得国家一定或特定的法律保障，申请国家行政管理机关核准登记，发给各种特许证、执照、证书等所缴纳的费用，它是一项比较经常性的财政收入。

罚没及行政性收费收入 罚没收入主要是公、检、法、司、工商、交通、税务、物价、劳动等部门，依照法律和规定向违章者处以罚款及没收物品的变价收入。1987 年 3 月，执行财政部颁布的《罚没财物和追回款物管理办法》，1989 年，执行省财政厅的《严格执行罚没收入管理制度》，规定罚没收入一律上交国库，任何单位、个人不得截留、坐支挪用，所需办案经费纳入正常安排解决。1995 年，全县开始征收行政性收费收入。1999 年，全县行政性事业性收费、罚没款实行“票款分离，收支两条线”管理。1986—2000 年，全县罚没收入及行政性事业收费收入 3598. 49 万元，其中罚没收入 3230. 79 万元，行政性收费收入 367. 7 万元。

基金收入 1996 年前，基金收入实行预算外管理，部分收入按比例分成，部分纳入预算内管理，部分单位自收自支。1992 年全县开征公路改建基金，1990—1994 年，全县相继征收以水养水基金和油桐发展、出口风险、煤炭发展、蚕丝风险、城市供水、市场价格调节、造林、黄金开发、医药网点、联社、化肥、外贸等基金。1995 年 1 月 1 日起对非国有企业免征“两金”。1996 年，停收“以水养水”等 19 种基金。同时，基金收入全额纳入预算内管理，基金实行收支两条线，收入全额上缴国库，先收后支，专款专用。在预算上单独编列，自求平衡，结余结转下年继续使用。1999 年后，相继取消停止征收的收费项目 29 个，其中文化部门 1 个、民政 2 个、公安 4 个、交通 2 个、建设 9 个、工商 4 个、教委 1 个、劳动 1 个、广播电视部门 5 个。1991—2000 年，全县共收入“基金”4241. 28 万元，支出基金 3129. 7 万元。

表 17—2　　南江县 1986—2000 年工商税收入统计表　　单位:万元

项目 \ 数目 \ 年度	1986	1987	1988	1989	1990	1991	1992	1993	1994	1995	1996	1997	1998	1999	2000
工商税收类	599.20	701.80	928.10	1243.60	1367	1336.70	1500.80	1844.30	1050.90	1429.50	2213	2200	2374	2515	2341
产品税	281.10	26.22	347.30	516.20	501.40	388.70	508.90	635.70							
增值税	2.16	7.40	64.50	85.90	105.40	109.40	129.50	211.90	286.40	287.20	350	362	399	396	258
营业税	236.14	338.50	417.80	505.10	581.20	621.90	641.30	762.10	405.10	633	789	870	770	822	368
集体企业所得税	21.63	15.30	24.80	23.80	25.90	39.30	24.90	9.60							
城市维护建设税	14.99	17.20	19.10	23.20	35.50	36.20	42.30	98	45.90	59.80	96	53	55	53	93
城镇土地使用税				2.10	6.60	6.90	7	5.70	5.20	21.70	13	13	1	4	10
土地增值税												1			3
企业所得税		120.20												223	307
个人所得税			6	8		2		1	45.30	43.30	62	194	252	296	159
车船使用税	0.05	1.70	3	0.80			94.30					7		9	16
印花税				8.20	4.20	4.60	4.90	3.70	3.30	23.90	37	18	34	8	5
资源税				1.10	1.70	5.70	27.40	44.90	85.70	90.30	248	78	114	95	55

资料来源:南江县财政决算表。

表 17—3

南江县 1986—2000 年农业各税收入统计表

单位:万元

项目 \ 数目 \ 年度	1986	1987	1988	1989	1990	1991	1992	1993	1994	1995	1996	1997	1998	1999	2000
农业税	31.1	68.2	102.6	221.5	301.8	293.6	345	336.5	530.8	551.2	805	489	575	406	465
农林特产税		50	20.3	55.2	64	76	91.7	123.6	198.8	693.2	1479	1460	1405	1382	1772
耕地占用税			9.8	10.5	3.5	9.6	6.3	8.4	5.8	5.4	5	3	1	1	1
契　税	3.38	4.6	7.4	6.9	5.7	7.4	10.1	12.7	12.2	88.8	12	14	26	33	15
总　计	76.48	84	158.1	294.1	375.3	386.6	453.1	481.2	1047.6	1259	2301	1966	2007	1882	2253

表 17—4

南江县 1986—1995 年企业收入统计表

单位:万元

项目 \ 数目 \ 年度	1986	1987	1988	1989	1990	1991	1992	1993	1994	1995
工交企业	6.57	3.2	20.0	36.4	26.8	26.2	32.9	51.6	78.6	2
商贸企业	2.55	0.1	—	13.4	11.6	11.3	13.7	10.4	—	16.5
农林水等部门	0.35	2	—	2.6	2.6	2.8	2.8	3	8	—
粮食企业	0.81	1.7	—	6.1	6.2	15	69.2	39.2	—	44.5
其他企业	1.09	0.1	7.1	2.3	3.2	9.7	14.8	11.9	1.5	11
收入总计	11.39	7.1	27.1	60.8	50.4	65	133.4	116.1	88.1	74

说明:1. 从 1996 年起,企业不再上交利润。

2. 统计数为企业上交利润,不含企业所缴纳税收。

表 17—5

南江县 1986—2000 年上级补助收入统计表

单位:万元

项目 \ 数目 \ 年度	1986	1987	1988	1989	1990	1991	1992	1993	1994	1995	1996	1997	1998	1999	2000
税后返还收入									642. 70	649. 40	693	701	723	721	1655
原体制补助收入									600. 30	600. 30	600	600	600	600	
定额补助	309. 30	309. 30	413. 70	413. 70	413. 70	402. 30	588. 90	588. 90							
专项拨款补助收入	589. 80	589. 10	524. 80	503. 50	725	892. 80	1437. 70	1399. 50	1110. 80	1209. 40	1790	3101	2473	2959	5117
结算补助收入	453. 20	128. 50	94. 70	250. 70	291. 40	309. 80	268. 10	145. 30	161. 70	162. 60	213	303	203	700	513
其它补助收入	15	240	30	76. 30	118. 96	153. 30	120	96	33	1019	764	68		116	
增加工资省补助														863	1290
调整收入任务增强或减少补助															178
收入总计	1367. 30	1266. 90	1063. 20	1244. 20	1548. 10	1758. 20	2414. 70	2229. 70	2548. 50	3640. 70	4060	4773	3999	5959	8753

资源来源:南江县财政决算报表。

表 17—6　　南江县 1986—2000 年罚没收入及行政性收费收入统计表　　单位：万元

项目 年度	一、罚没收入	工商罚没	政法罚没	物价罚没	交通罚没	二、行政罚没	政法收费	其他收费		总计
1986	23.79	1.92	1.64			2023				23.79
1987	19	1.4	3.9			13.7				19
1988	20.6	6.3	3.3	4.8		6.2				20.6
1989	50.7	3	16.6	3.9		27.2				50.7
1990	72.4	1.3	15.2	2.7		53.5				72.4
1991	60.5	2.7	21.4	5.7		30.7				60.5
1992	84.6	5.2	44.2	2.6		32.6				84.6
1993	153	1.7	53			98.3	62.8			215.8
1994	228.2	2.7	82.3			143.2	129		129	357.2
1995	464	2.9	181.4	4.3		275.4	57.9	13.9	45	521.9
1996	497	4	351	3		139	16		16	513
1997	388		73			315	32		32	420
1998	240		52		46	142	48		48	288
1999	432		154	1	90	187	14		14	446
2000	497		186	4	94	213	8		8	505

资料来源：南江县财政决算报表。

表 17—7　　南江县 1991—2000 年基金收支统计表　　单位：万元

年度	项目											
	总计		文教部门		社会保障		土地有偿		其他部门		税费附加	
	收入	支出	收入	支出	收入	支出	收入	支出	收入	支出	收入	支出
1991	243.3	231.7			231.7	231.7			11.6			
1992	264.2	283.9			237.2	231.2			27	46.7		
1993	214.9	223.4			210.4	223.4			0.3			
1994	484.28	484.3			481.6	481.6			2.65	2.7		
1995	635	451.4			634.5	451.4			0.5			
1996	81.6	18			81.6	18						
1997	300	340	208	208		14			19	22	73	96
1998	333	234	247	133		15				86	86	
1999	295	297	234	234				2			61	61
2000	558	566	399	407			89	89			70	70

注：1996 年前基金收入属预算外收入，1996 年后基金收入纳入预算内。

第二节　财政支出

一、总支出

南江县的财政支出，主要包括经济建设费、行政费、教科文卫事业费、社会保障费、国防费等方面。历年的财政支出本着“取之于民，用之于民”的原则，按照“保吃饭、保运转、促发展”的思路，统筹兼顾，保压结合，合理调整支出结构，努力提高资金使用效益，确保各级机构正常运转，促进社会各项事业发展。

“七五”计划时期的1986年，财政支出2128.8万元；1990年支出3629万元，比1986年增长70.4%。“七五”计划时期全县财政共支出1.31亿元，比“六五”计划时期的7874万元增加5265.17万元。

“八五”计划时期的1991年，县财政支出3771万元；1994年财政赤字1327万元，累计赤字2285万元；1995年县级财政支出6288万元。“八五”计划时期全县财政支出总计2.71亿元，比“七五”计划时期增加1.4亿元。

“九五”计划时期的1996年，财政支出8228万元；1998年支出8678万元，结余80万元；1999年支出11187万元，当年财政一般预算赤字366万元；2000年县财政支出13661万元，其中累计结余-117万元。“九五”计划时期共支出5.27亿元，比“八五”计划时期增加2.54亿元。

1986—2000年，全县财政共支出9.29亿元。

表 17—8　　南江县 1986—200C 年财政支出统计表　　单位:万元

项目 \ 数目 \ 年度	1986	1987	1988	1989	1990	1991	1992	1993	1994	1995	1996	1997	1998	1999	2000
基本建设支出类	18. 4		10	11					8	315. 5	139	281	158	413	326
企业挖潜改造资金类	10	5	10		26. 6		0. 2	100			3	10	39	8	210
科技三项费用	23. 4	3. 4	6	0. 8	1. 4	2	47		3		5	4	23	20	58
简易建设费类		3			2				2		5	6	6		
支援农村生产支出类	99. 29	111. 5	118. 7	141. 8	169. 7	216	424. 6	342. 2	425. 7	313. 7	382	459	504	566	585
农业综合开发支出										45. 5		73	59	54	33
农林水气等部门	164. 53	171. 9	185. 2	186. 1	242. 5	224. 8	236	323. 1	459. 9	348. 1	372	360	304	338	381
工业交通等部门	8. 16	9	6. 6	10. 2	8. 4	26. 6	20. 2	24. 8	28. 4	49. 6	54	75	9	18	31
流通部门				0. 2	0. 5	1. 2	2	4. 8	8	5. 4	17	7	5	5	15
城市维护费	18. 03	27. 9	19. 4	21. 3	27. 3	49. 5	52. 8	49. 8	52. 9	53. 8	88	57	66	183	239
城镇青年就业费	5. 03	8. 4	1. 4	1. 2	1. 6	0. 9	0. 6	1							
文体广播计生事业	37. 29	132. 8	60. 8	175. 3	204. 3	239. 8	261. 8	337. 8	425	399. 2	262	219	236	298	376
教育事业费	624. 84	580. 2	702. 6	782. 6	938. 7	911. 6	1039	1433. 8	2123	1812	2139	2270	2097	2523	3053
科学事业费	7. 5	5. 9	8	12. 9	11. 9	24. 4	6. 8	12. 8	16	16	12	53	64	70	33
卫生经费	123. 2	105. 5	123. 2	172. 2	211. 1	233	214. 4	205. 1	182	246. 9	243	522	540	601	690
其他部门事业费		68. 2	116. 3			231. 7		340							
税务等部门事业费	34. 93	65. 8	75. 2	95. 1	178	137	204. 7	284. 5	272	235. 6	626	373	269	182	247
国防费、武警部队支出											2	5	11	18	58
行政管理费	442. 4	481. 8	321	518. 4	729	714. 9	905. 6	1173. 3	1725	1234	1444	1416	1355	1564	1954
公检法司经费	83. 4	57. 6	116. 5	147. 8	166. 9	177. 9	226. 7	269. 6	338	469. 5	493	387	320	521	689
抚恤和社会福利救济	168. 28	177. 3	132. 5	192. 3	183. 9	184. 7	222. 6	199. 7	240	259	343	335	405	416	587
行政事业单位离退休经费											812	958	1208	1495	1825

续上表

项目＼数目＼年度	1986	1987	1988	1989	1990	1991	1992	1993	1994	1995	1996	1997	1998	1999	2000
社会保障支出													94	298	723
支援不发达地区支出	104. 2	113	81. 7	25. 9	18. 7	47. 1	27. 4	19. 4	46. 5	130. 9	28	461	387	739	1036
政策性价格补贴支出	91. 8	64. 1	75	75	201. 5	369	578. 5	724. 1	490	337. 8	337	368	163	174	899
其他支出	51. 56	135. 2	149. 2	26. 8	60. 9	15. 3	26. 2	434. 7	-350	45. 3	68	480	91	166	73
专项支出	6. 86	15. 5	14. 8	48	26. 3	36. 3	42. 4	41. 9	55. 4	54. 3	71	96	59	120	288
一般预算支出	2122. 7	2106. 6	2334	2645	3411	3843. 7	4539	5982. 4	6550. 8	6372	8228	9275	8472	10790	14412
上解支出	13. 3	107. 8	26. 1	78. 8	130. 7	129. 1	28. 1	50. 7	109. 4	368	336	558	245	413	357
社会保险基金支出							237. 2	223. 4	481. 6	634. 5	816	796			
年终累计结余	12. 7	12. 8	-3. 1	168. 6	925	167. 6	121. 5	-957. 9	-2275. 3	-1029	-279	-472	-389	-477	-1108
支出总计	2148. 7	2227. 2	2357	2892	3634	4140. 4	4926	5298. 6	4866. 5	6345. 5	9109	10157	8328	10374	13661

资料来源：南江县财政决算报表。

二、分项支出

（一）经济建设支出

经济建设支出主要包括：基本建设投资、企业挖潜改造资金、科技三项费用、支援农村生产支出、支援经济不发达地区资金、财政扶贫资金、农业发展资金、粮食自给工程、天保工程、退耕还林等生产发展资金。1994 年前，国家、省、地用于贫困地区经济发展建设的资金总量较小，实施分税制财政管理体制后，国家转移支付政策对西部贫困地区的倾斜逐年递增，南江因此受益甚多，有力促进了县域经济发展。

基本建设支出　基本建设预算支出范围包括农业、水利、林业、铁路、交通、通讯、电力、市政设施建设投资；国防、教育、科学、文化、卫生、政法等社会公益设施建设投资支出；经法定程序确定的其他建设投资支出。

企业挖潜改造资金　企业挖潜改造资金包括县办"五小"（小电站、小化肥、小煤窑、小水泥、小冶炼）企业技改支出，全县企业挖潜改造资金支出规模甚小。"七五"计划时期支出 51.6 万元；"八五"计划时期支出 102 万元；"九五"计划时期支出 270 万元。

科技三项费用　科技三项费用主要是指技术组织措施费、新种类产品试制费、零星基本建设费支出等。"七五"时期支出 29.6 万元；"八五"计划时期支出 48 万元；"九五"计划时期支出 110 万元。

支援农村生产费用　"七五"计划时期，全县支援农村生产支出 640.99 万元；"八五"计划时期投入 1722.2 万元，比"七五"计划时期净增 1081.21 万元；"九五"计划时期支出 2496 万元，比"八五"计划时期净增 773.8 万元。

农业发展专项资金　1987 年，国务院决定开征耕地占用税，并用耕地占用税收入设立各级农业发展专项资金。1988 年起，农业发展资金重点用于农业综合开发。其使用范围是：中央、省重点开发项目地方配套；农田水利基本建设，土地垦复；改造中低产田土、水土保持；农、林、牧、水利、水产等新技术推广；农业综合开发和利用银行贷款进行农业开发的贴息补助；农村、集体经济建设；重点畜牧基地、重点经济林、防护林、水产基地建设；业务费等。

救灾资金　1986 年，全县发生严重雹灾，地区安排生产救灾资金 18 万元，救灾柴油 100 吨。1987 年，地区补助特大防汛补助费 5.5 万元，用于黑滩子、关坝街后河、唐家坝河堤、流坝河堤等水毁工程。1988 年，地区补助山地灾害防治费 100 万元，用于滑坡及飞石治理工程。1991 年，地区下达救灾经费 5.5 万元。1992 年 7 月，暴雨、冰雹造成全县 62 个乡镇，21.3 万人受灾，经济损失 2596.97 万元；全县安排救灾资金 10 万元。1993 年，救灾资金集中用于增强抗灾能力的项目建设，实行项目管理，对金额在 2 万元以上的项目确定专人负责，随时检查，竣工验收。1995 年春夏，全县猪牛病流行，农民直接经济损失 355 万元，财政减收 35 万元，发放救济资金 21.61 万元。1996 年 5 月，全县受严重冰雹灾害，共争取上级救灾资金 14.2 万元，救灾化肥 630 吨，玉米种子 1.31 万公斤，提灌机具 2453 台，农业生产救灾柴油 120 吨。1997 年，地区安排水洞乡救灾资金 20 万元，其中 10 万元主要用于水洞乡村地质灾害治理。1998 年，花桥乡沿溪河村发生山体滑坡，造成 39 户房屋倒塌，151 人无家可归，12.2 公顷土地及沿溪河电站全部毁损，地县拨款 25 万元帮助灾民重建家园。

财政扶贫资金　财政扶贫资金包括：支援经济不发达地区发展资金，农业建设专项补助资金，新增财政扶贫资金、以工代赈资金和扶贫专项贷款。1986 年，南江被确定为国家贫困县，贫困人口 19.98 万人。是年，省、地、县共投入 57 万元，实施香菇木屑袋料栽培扶贫项目。1987 年，投资27万元推行生猪“双推五改”和山羊板皮生产基地建设。1993—1997年，国家投入全县扶贫资金613.9万元；1998—1999年，县上下达各区（镇）扶贫资金1059万元。各类扶贫资金由预算划归农财（农财股）管理。

粮食生产专项资金 1986年，国家为发展粮食生产，开始支付发展粮食生产专项资金。由中央财政负担40%，地方财政配套60%，实行投资包干，超支不补，纳入预算管理。“八五”时期，南江被列为发展粮食生产专项资金受益县。1991年，发展粮食生产专项资金支出99万元，其中：省拨款79.2万元，地级配套4万元，县级配套15.8万元。1992—1994年支出88万元，其中省拨70.4万元，地级配套3.5万元，县配套14.1万元。1995年安排93万元（省拨74.4万元，县配套18.6万元）；是年粮专工程结束。1991—1995年共完成投资648.7万元，完成整治渠道32.5公里，建管理房370平方米，完成土石方工程13.18万立方米，其中浆砌条石3.26万立方米，恢复改善灌面0.82万亩，新增灌面0.28万亩。

粮食自给工程 1996年，南江被确定为使用粮食自给工程资金重点县。资金由中央、省承担80%、市（地、州）配套10%，县配套10%，项目乡财政配套3%，自筹现金不低于10%，省级预留财政总投资的5%作为以奖代补资金。1996—2000年，全县粮食自给工程资金支出2110.10万元，其中中央和省拨款844万元，地县配套211万元，乡、村集体及农民自筹1055.10万元，完成新增粮食产量1580万公斤，减少粮食调入340万公斤，全县粮食生产在1995年的基础上增长1.04亿公斤。

天然林保护工程 1998年，南江县天然林保护工程启动，至2000年，中央累计投入天然林保护经费893.1万元，包括森林管护事业费503.8万元，职工基本养老保险补助费36.3万元，政策性社会性支出73万元，下岗职工基本生活保障费86万元，一次性安置费94万元。

退耕还林工程 1999年，党中央、国务院在长江上游等地区实施退耕还林工程。主要采取“退耕还林、封山绿化、以粮代赈、个体承包”措施，南江被列入退耕还林试点县，以营造生态林为主，国家无偿向退耕户提供粮食、现金补助。粮食补助标准每亩300公斤，补助粮食价款按每公斤1.4元折价计算，每亩耕地每年补助现金20元。补助年限为经济林补助5年，生态林补助8年。退耕还林每公斤粮食调运费0.10元，由享受退耕还林还草的乡镇负担。1999—2000年，全县实施退耕还林2373公顷，其中营造经济林473公顷，生态林1900公顷。中央下达投资计划1090万元，其中退耕还林投资980万元，荒山育林投资110万元。全县采取“林—草—畜”、“林—果—药”、“林果兼用”等模式实施退耕还林。

文明新村建设资金 文明新村建设始于1999年，资金筹集以农民自筹为主，信贷扶持为辅，政府以奖代补。主要用于农民庭院经济发展。是年启动文明新村建设153个，涉及10区、3镇、63个乡，投入银行信贷资金1000万元，省级财政补助资金500万元。2000年，全县共启动120个文明新村建设，涉及10区3镇67个乡，共投入银行信贷资金2500万元，省级财政拨款补助资金400万元。

周转金 1987年前，财政周转金一直采取无偿“供给制”使用办法，导致周转慢，回收率低。1987年后，实行直接投入到经济实体的办法，收效良好。至1989年，省、地、县发放支农周转金182.64万元。1991年，拨付油桐生产扶持费2.1万元，支持全县20个点，181.6公顷油桐发展。1992年，投入支农周转金91.5万元，应回收到期款35万元，实际回收28万元，回收率80%。1993年，实际回收50万元。1994年回收周转金1134万元。1995年，县财政共投入支农周转金100.8万元。至1996年全县累计投入周转金1117.1万元。1997年，新投入支农周转金114万元，回收基本金300万元。

表 17—9 **南江县 1986—2000 年经济建设支出统计表** 单位:万元

项目＼数目＼年度	1986	1987	1988	1989	1990	1991	1992	1993	1994	1995	1996	1997	1998	1999	2000
基本建设支出类	18.4		10	11					8	315.5	139	281	158	413	326
企业挖潜改造资金	10	5	10	11	26.6		2	100			3	10	39	8	210
简易建筑费类		3							2		5	6	6		
科技三项费用	23.4	3.4	6	0.8	1.4	2	47		3	6	5	4	23	20	58
支援农业生产支出类	99.29	111.5	118.7	141.8	169.7	216	424.6	342.2	425.7	313.7	382	459	504	566	585
小型农田水利和水土保持补助费	43.4	47.5	59.6	44.9	442	104	99.2	153.8	101	96.1	71	139	170	201	247
支援农村合作生产组织资金	13.09	8.4	23.9	31.6	40.3	10.7	41.9	19.5	105.1	83.1	63	59	78	95	72
农村农技推广和植保补助费	5.3	17.6	18.3	17.9	12.7	13.6	15.8	14.2	12.1	17.1	28	37	26	18	22
农村草场和畜禽保护补助费									30.2	0.2		2	2	2	13
农村造林水保护补助费	36	34	5.2	8.5	9.1	16	14.1	6.7	11.6	20.2	16	20	12	18	14
农村水产补助费	1.5	4	1.9	1.7	2	1.8	3.9	1.7	4	4	4	2	2	2	2
城市维护建设支出	19.4	27.9	19.4	21.3	27.3	49.5	52.8	49.8	52.9	53.8	88	57	66	183	239
支援不发达地区发展资金	104	113	81.1	25.9	18.7	47.1	27.4	19.4	46.5	39	28	461	387	739	1036
农业发展专项资金			9.8	37.2	61.4	69.5	42.7	52.5	44.7	93					
发展粮食生产专项资金						93	207	93	117		200				
乡镇企业事业费	1.1	1	1	1.1	1.1	2.4	2.1	3							
城镇青年就业费	5.03	8.4	1.4	1.2	1.6	0.9	0.6	1		3					
农业综合开发支出										72.6	56	73	59	54	33
工交部门事业费			6.6	10.2	8.4	26.6	20.2	2.5	28.4	49.6	54	75	9	18	31
商贸流通部门事业费				0.2	0.5	1.2	2		8	5.4	17	7	5	5	15
粮食自给工程												200	214	230	215

资料来源：南江县财政决算报表。

（二）农林水气象事业费

农林水气象事业费主要包括：农场事业费、农业事业费、农垦事业费、畜牧事业费、农机事业费、林业事业费、水利事业费、气象事业费、乡镇事业费、农业资源调查费、土地管理事业费和其它农林水事业费等13个大项。“七五”计划时期，全县支农林水气象事业费961.73万元；“八五”计划时期支出1621.3万元；“九五”计划时期支出2605万元。

农场事业费 农场事业费包括小型农田水利支出、政策性社会支出和集体专业人员离退休补助费。补助经费按国有农场的隶属关系纳入预算支出。1991年，国营农场实行“盈利不交、亏损不补、自负盈亏”和事业费实行“定额包干、一年一定、结余留用、超支不补”的办法。1986—1993年，全县农场事业费共支出18.4万元。1994—2000年没有支出。

农业事业费 农业事业费因各个时期的项目繁简不一，主要用于农业技术推广费、良种推广费、植物保护费、土壤肥料站经费和土壤普查费、良种示范繁殖场补助费、园艺特产场补助费、中等专业学校经费、区乡经营管理员经费和其他事业费（包括沼气推广、农情信息费等）。1986—2000年，农业事业费支出1549.65万元。

畜牧事业费 畜牧事业费主要用于畜牧系统的技术推广、畜禽保护、草原保护、中等专业学校、管理干部和技术人员专业培训、飞播牧草试验补助以及其他畜牧人员经费外，再就是宣传发动群众多养牲畜、组织民间兽医开展畜牧的疫病防治、保健（保险）和组建猪、牛配种站，开办兽防饲养人员的培训，组织饲料生产加工贮藏，改善畜牧业经营管理等。1986—2000年，全县畜牧业事业费支出583.54万元。

农机事业费 农机事业费重点用于农业机械化技术推广、农机鉴定监理机构补助、中等专业学校、干部和技术人员专业培训、乡村农机手培训等经费补助。1986—2000年，农机事业费支出500.94万元。

林业事业费 是由中央和地方财政拨给各级林业部门的事业经费。开支范围主要是技术推广、林业系统所属护林防火、病虫防治、中等专业教育、管理干部技术人员培训等。1986—2000年，林业事业费支出1116.5万元。

水利事业费 水利事业费开支范围，有防汛、抢险和特大洪水后的堵口复堤，河道、堤防和大中型水库、闸坝的维修补助，水利系统的中专校、水文站、勘测设计机构的定额补贴；水质监测所需仪器工具、水土保持机构及业务经费。1986—2000年，水利事业支出926.29万元。

水产事业费 开支范围主要是技术推广、渔政管理、管理干部和技术人员专业培训，渔业资源调查机构、船队、资源繁殖保护、水产养殖、水生植物选种、鱼病防治、人工流放等。1986—2000年，水产事业费支出163.9万元。

气象事业费 主要用于气象部门的机构人员经费和业务费。1986—2000年，支出5.5万元。

土地管理事业费 用于国家土地管理局所属事业单位的人员、机构、设备购置、业务费、房屋修缮及土管干部专业培训等费。1986—2000年，土地管理事业费开支178.7万元。

乡（镇）企业事业费 用于乡（镇）企业管理机构的新技术试验示范和推广，乡企管理干部和技术人员的专业技术培训等。1986—2000年，全县乡（镇）企业事业费支出51.3万元。

表 17—10　　南江县 1986—2000 年农林水气象事业费支出统计表　　单位:万元

年份 / 数目 / 项目	1986	1987	1988	1989	1990	1991	1992	1993	1994	1995	1996	1997	1998	1999	2000	总计
总计	164.53	171.9	185.2	174.2	265.9	224.8	236	323.1	459.9	378	442	696	418	464	585	5188.03
农垦事业费		3	2	4	2	1.5	1.5	15	6	30						65
农场事业费	1.7	2.7	3.2	5.3	1.2	1.2	1.2	1.2	1.2							18.9
农业事业费	44.85	48.4	43.7	55.3	96	8.3	81.8	104.8	168.8	141	169	139	128	138	183	1549.65
畜牧事业费	35.34	20.3	22.9	29.1	40.9	30.8	32.7	49.6	46.1	35.8	49	74	40	29	48	583.54
农机事业费	11.94	9.2	14.1	13.2	15.5	16.8	19.1	25.4	46.2	46.5	43	40	59	63	78	500.94
林业事业费	27.8	34.8	39.9	33.7	44.8	41	46.2	56.6	88.9	77.8	80	221	79	113	132	1116.5
水利事业费	39.09	48.4	52.8	24	33.5	35	37.6	45.3	68.1	47.5	73	87	101	107	127	926.29
水产事业费	1.6	1.6	2.1	2.2	2.6	2.5	2.9	4.7	6	6.7	7	19	9	9	87	163.9
气象事业费								0.5					1	2	2	5.5
土地管理事业费		1.2	2.8	2.5	14.5	6.3	8	14.5	9.9	12	18	89				178.7
乡镇企业费	1.1	1	1	1.1	1.2	2.4	2.1	3	4.9	3.5	2	26		2		51.3
农业资源调查和自划费	1.11	1.3	0.7	3.8	13.7	2.4	1.6	1.6	13.8	4	1		1	1	4	51.01
其他农林水气事业费						1.9	1.3	0.9								4.1

资料来源:南江县财政决算报表。

（三）教育事业费

教育事业费支出重点用于中等专业学校、职业学校、中小学、幼儿教育、成人高等教育、业余教育、教师进修及干部培训、民办教师补助、电大、特殊教育和其他教育事业。教育经费支出是财政支出的重点，历年均保持适度增长，支出比重均高于其他事业经费，其财政供养人口占全县财政供养总人数一半以上。1998 年推行教育改革，教育实行基数包干，离退休全额预算，县本级规模包干，后勤逐步社会化。“七五”计划时期全县教育事业支出 3639.94 万元；“八五”计划时期支出 7319.5 万元；“九五”计划时期支出 1.21 亿元。

（四）文化体育事业费

文化事业费 用于文化机构和人员经费。财政部门对群众文化事业坚持“以文养文、以文补文、独立核算、自负盈亏”的方针。1986—2000 年，全县文化事业费支出 543.21 万元。

体育事业费 用于推动体育事业发展，加强体育场馆建设，抓好业余训练，有序组织体育比赛。1986—2000 年，全县体育费支出 85.2 万元。

档案事业费 用于档案管理机构经费及专业业务费。1986—2000 年，档案事业费支出 69.68 万元。

广播电视事业费 用于广播电视机构、人员经费和业务费。1986—2000 年，共计支出 392.87 万元。

（五）科学事业费

科学事业费支出，用于科学研究、计量事业和档案馆建设等项，由财政纳入预算管理。南江县科学事业费支出主要项目有自然科学事业费、科协事业费、社会科学事业费和科委事业费。1986—2000 年，科学事业费合计支出 354.5 万元。

（六）卫生事业费

卫生事业费主要用于预防、治疗疾病，以保障人民身体健康。按预算收支科目规定分为县医院、中医院、农村卫生院补助、防治防疫事业、药品检验机构、妇幼保健、中等教育、干部培训、合作医疗补助，处理群众医疗欠费基金和其他卫生事业费。1998 年后，全县推行卫生改革，卫生机构一律实行“医保结合”，只保行管、防疫保健人员、1997 年底前的离休人员的经费，放开医疗机构，经费实行自保。1986—2000 年，卫生事业费共计支出 6137.97 万元。

（七）计划生育费

计划生育事业费主要用于计划生育指导站和基层计划生育专干的经费以及手术减免费、避孕药具、宣传服务、独生子女保健费、干部培训等开支的经费。1989 年，对 1985—1988 年征收的超生费再次进行了彻底清理整顿。1992 年，对超生费执行“乡统收、区统管、分级核算、计划开支，县专户存储，财政监督”的办法，并建立全县计划生育后备基金和计划外生育费留成制度。1995 年，贯彻执行《四川省计划外生育费管理办法》。1997 年，计划外生育费由乡镇计生办负责征收，乡镇财政所实施监督，全额缴存财政专户。2000 年，省下达计划生育事业一次性补助费 10.4 万元，省控装备费 24.8 万元，其资金自筹匹配 30%。

（八）公费医疗支出

1986 年，制定了公费医疗经费管理办法。1987 年，公费医疗药费财政负担年人平 57.35 元，单位负担人平 8.14 元，个人负担人平 14.5 元。1989—1990 年，公费医疗超支严重。1992 年，推行公费医疗医院主管办法，全县 9815 人享受公费医疗，公费医疗支出 123 万元，人平 125.31 元。1994 年，本着“积极防病、保证基本医疗、克服浪费”的原则，实行由享受公费医疗的单位主管，门诊费包干到人，住院费由享受单位主管，实行国家、单位、个人分别负担办法。1995 年，强化对医疗单位的监督管理和制约，当年全县公费医疗支出降到人年均181.13元。1996年，出台了《南江县公费医疗经费管理暂行办法》，实行“定点医疗、住院审批、三方负担”制度。1997年，财政采取“总额包干”的预算办法，包干给县公医办并集中管理。2000年，规范公费医疗管理，实行公费医疗财政补助指标预算管理，资金拨付按进度拨付公医办，公医办拨付单位，年终报表财政审查。1986—2000年，全县公费医疗支出2593.6万元。

（九）艾滋病防治费

2000年沙河区卫生院发生采血感染艾滋病事件。规定全县每年筹集100万元艾滋病防治专项经费，主要用于艾滋病防治、感染者医疗照顾、生活困难补助及经济补偿等专项支出。

表 17—11

南江县 1986—2000 年教育、文广事业费支出统计表

单位:万元

项目 \ 数目 \ 年份	1986	1987	1988	1989	1990	1991	1992	1993	1994	1995	1996	1997	1998	1999	2000
中等专业学校经费								20.8	32.6						48
职业教育经费	15.45	18.4	34.9	19.7	31.5	21.3	49.4	74.9	236.2	64.3	89	100	122	119	156
中学经费	197.76	192.2	217.3	279.6	339.5	314.9	332.8	522.6	711.5	604.9	789	868	604	627	795
小学经费	313.65	299.4	364.9	406.1	459.7	473.1	488.7	648.5	925.4	912.1	1084	1136	1243	1696	1956
幼儿教育经费	3.77	0.2	1.4	1.5	2.3	3	5.2	4.3	17.8	8.8	18	29	21	9	17
成人高等教育经费	0.28	0.2	0.7	0.7	1	10.3		1.6	3.1	4.1	6	5	2	3	
普通业余教育经费	3.91	2.6	0.6	0.1	2.5	2.5	17.1	2.5	3	37.3	4	2	63		
教师进修及干部培训经费	9.31	10.4	18.4	11.5	11.6	15.7	27.6	29.3	41.9	44.3	39	37	37	34	41
特殊教育经费							0.4	5.4	1.6	1.3	1	2	1	2	
广播电视教育经费		0.4	0.9	1.2	1.2	1.6	2	2	3.7	1.5	5	0.5	4	1	2
其他教育事业费	34.34	14.6	0.9	19.2	42	23.9	74.6	61	105.4	27.4	76	41		32	38
民办教师补助费	46.33		42.5	43	47.4	45.3	40.7	60.9	40.8	65.5	28	45			
文化事业	18.91	9	20.2	23.6	22.1	26.2	28.5	34.4	35	49.3	68	59	47	44	58
文物事业	3.07	1.2	1.2	1.7	3	10.9	7.8	10.3	18	11.4	15	21	8	15	18
体育事业	2.2	3.1	3.8	4	3.1	5.8	4.2	11.3	13	4.7	10	7	8	2	3
档案事业	1.48	4	1.6	3.1	5.3	2.8	4.4	5.8		6.2	7	5	11	5	7
广电事业	16.17	18.8	18.1	13.2	11.6	17.2	18.3	25.7		16.8	47	55	45	37	53

资料来源:南江县财政决算报表。

表 17—12　　**南江县 1986—2000 年科学事业费支出统计表**　　单位：万元

项目 年份	自然科学事业费	科协事业费	社会科学事业费	科委事业费	支出合计
1986		1.3	4.6	1.6	7.5
1987	1.1	0.9	3.9		5.9
1988		1.3	6.7		8
1989		4.1	8.8		12.9
1990	3.5	2.4	6		11.9
1991	2.3	2.3	19.8		24.4
1992	1.1	2.1	3.6		6.8
1993	5.9	3.7	3.2		12.8
19943	2	11		16	
1995	9.6	1.3	5.4		16.3
1996	5	1	6		12
1997	32	7	14		53
1998	50	7	7		64
1999	55	9	6		70
2000	13	9	11		33
合 计	181.5	54.4	117	1.6	354.5

资料来源：南江县财政决算报表。

表 17—13

南江县 1986—2000 年卫生经费支出统计表

单位:万元

项目 \ 年份 数目	1986	1987	1988	1989	1990	1991	1992	1993	1994	1995	1996	1997	1998	1999	2000	总　计
一、卫生事业费	123.2	105.5	123.2	172.2	211.1	233	214.1	205.1	182	246.9	243	310	321	343	421	3454.3
医院经费	30.01	25.1	33.4	62	77.7	35.2	53.7	42.3	46.6	51.5	36	48	50	22	22	635.51
卫生院补助费	56.14	56.7	58.7	62.5	76.5	97.5	108.8	106	77.6	106	133	184	195	225	150	1743.44
防治防疫事业费	9.79	7	13	12	12.9	16.5	15	25.8	18	26	24	27	26	30	96	358.99
妇幼保健经费	3.37	2.6	3.5	4.7	7	6.1	11.7	8.5	11.7	18	11	15	23	18	57	201.17
干部训练费	4.12	2.1	3.6	18.6	3.1	3.3	3.6	5.1	6.2	8.5	7	9	5	10		89.22
合作医疗补助费	10.85			2	2	2	2	2	4.5	2	3	3	4			37.35
处理群众医疗欠费基金	1.14	1.2	1.1	1.1	1.1	1.1	1.1	1.1	1.1	1.2	1	2	2	1		17.24
其他卫生事业经费	8.43	10.8	9.9	9.3	30.8	71.3	18.2	16.3	16.3	31.5	28	22	16	37	51	376.83
二、中医事业费	9.16	9.6	7.5	7.9	14.7	16.8	11.8	14.7	35	16	18	22	28	17	10	238.16
三、公费医疗经费	47.4	54.7	75.6	84.5	97.4	100.6	123	150.9	186	198.5	211	254	191	241	259	2274.6
支出总计	179.76	169.8	206.3	264.6	323.1	350.8	348.9	307.7	403	462	705	586	540	601	690	6137.96

资料来源:南江县财政决算报表。

（十）行政事业经费

行政事业经费主要是各级党政事业机关经费，包括行政、公安、司法、检察、法院等项开支，主要分为个人经费和公用经费两大部分。

个人经费 工资："七五"期间全县行政事业单位基本工资支出3592.39万元；"八五"期间支出8877.9万元；"九五"期间支出2.14亿元。1986—2000年，行政事业单位基本工资支出33916.29万元，补助工资支出7729.74万元。补贴：补贴是职工基本工资以外的补助费，包括粮贴、小单位伙食补贴、交通补贴、各种有毒有害保健津贴（或营养补助）以及其他按国家规定发给在职人员的属于国家规定工资总额组成范围内的津贴、补贴、奖金等。1986—2000年，政策性补贴支出5285.8万元。职工福利费：按工资总额提取，由提取单位掌握使用或由组织人事部门掌握调剂使用，年终结算不上缴，1986—2000年，全县行政事业单位福利费支出3582.82万元。离退休人员费用：包括副食品价格补贴、生活补贴、冬季取暖补贴、粮价补贴以及按规定对离退休人员可以开支的其它费用。1986—2000年，全县行政事业单位离退休经费共计支出8833.04万元。

公用经费 公用经费：包括办公、邮电、水电费，公用取暖费，工作人员差旅费，随干部调动的家属路费补助，会议费、器具设备车船保养修理费、行政机关工作人员加班夜餐费等公用开支。1980年后实行公务费全面包干。1986—2000年，行政事业单位公务费支出4849.74万元。业务费：包括各职能部门专业性的会议费、资料印刷费、业务参考资料费、宣传活动费、事业补助费以及为专项业务支付差旅费、公杂费等临时开支。1986—2000年，行政事业单位业务费支出10705.47万元。设备购置费：主要是行政事业单位不够基本建设投资额度，按固定资产管理的一般办公设备、车辆购置、车辆购置附加、教学、科研、医疗单位的专业设备购置费、专业图书馆、文化馆、站的图书购置、档案设备的购置费等。1986—2000年，行政事业单位设备购置费支出2795.1万元。修缮费：是用于公用房屋、建筑物及附属设备的修理维护费用和支付公房的租金，以及不够基本建设投资额度的零星土建工程费用。1986—2000年，全县行政事业单位修缮费用支出7511.29万元。

行政管理支出 包括人大、政府机关、党派团体、政协部门等经费支出。1988—1992年，行政管理费下设行政支出、党派团体补助两个款项；行政支出下设人大经费、政府经费两项；党派团体补助款下设党派补助、政协经费、人民团体补助三项"科目"。"七五"期间行政管理费支出2609.1万元；"八五"期间支出5816.5万元；"九五"时期支出7900万元。1986—2000年，行政管理费共计支出16321.3万元（人大经费975.91万元、政府机关10248万元）；党派团体补助费支出5202.39万元（党派补助4007.6万元、政协经费483万元、人民团体补助583.1万元）。

其他支出 公检法司经费：是指公检法司部门办公等经费支出。1986—2000年，公检法司经费支出4913.90万元。财政事业费：主要是财政部门的事业费和大宗财政、财务资料印刷费以及账簿、表册、凭证的购置和印刷，制度汇编，统计资料报表印刷，计算机具的购置等。1986—2000年，财政事业费支出511.93万元。税务事业费：主要包括税务机构和税务业务费。税务业务费是税务部门为开展稽征管理工作的业务费用。1998年税务部门实行省直管，财政不再预算事业经费。1986—1998年，税务事业费经费支出628.48万元。工商管理事业费：是指工商行政管理机构经费和工商管理业务费。包括办案费、办案设备费、宣传教育费、劳动保护用品购置费和补助市场管理费等。1998年工商行政管理部门实行省直管，财政不再预算事业经费。1986—1998年，工商管理事业费支出604.49万元。统计事业费：是指各级统计部门的专项事业费，包括专项调查费、干部培训费、报表资料印刷费、电讯和专业设备购置费等项支出。1986—2000年，统计事业费支出134万元。审计事业费：1983年建立审计机构，增设审计事业费，包括各级审计部门的业务费。1986—2000年，审计事业费支出147.20万元。

表 17—14

南江县 1986—2000 年行政事业单位基本工资支出统计表

单位:万元

项目 \ 年度	1986	1987	1988	1989	1990	1991	1992	1993	1994	1995	1996	1997	1998	1999	2000	总计
总计	593.79	638.3	728.1	753.2	879	998	1104.6	1231	3102.3	2442	3595	3908	3889	4455	5599	33916.29
农林水等部门	49.14	59.7	64.8	61.7	72.7	94.3	85.1	111.4	275.5	204.9	270	261	247	256	317	2430.24
工业交通等部门	1.32	1.8	2.1	3	2.7	3.5	3.7	5.2	18.1	15.9	18	32			12	119.32
商业流通部门				0.1	0.2	0.3	0.4	0.6	1.9	1.8	2	8			12	27.3
文教卫生、计生事业	343.45	357.7	427.7	433.6	510	537.4	591.9	697.8	1719.4	1340.5	2013	2341	2065	2710	3439	19527.49
科学事业单位	1.03	1.3	1.2	1.4	1.6	1.8	2	2	5.1	3.4	5	4	10	19	14	72.83
财税等事业单位	8.93	12.1	14	18.5	24.4	29.3	32.9	49.2	91.2	65	135	172	91	36	107	886.53
抚恤和社会福利部门	1.71	1.7	1.4	1.6	1.3	1.5	2.3	2.6	6	7.4	11	12	12	16	55	133.51
行政管理部门	161.3	173.9	182.1	193.7	220.4	269.3	322.2	291.3	836.8	654.1	773	924	825	1219	1371	8417.1
公检法部门	27	30.1	34.8	39.6	47.5	60.6	64.2	70.9	147.7	147.5	164	144	158	190	252	1537.9
行政事业离退休											6	7	475	2	3	493
社会保险补助支出									0.6	1.5	198	11		5	5	221.1
其他													6	9	12	27

资料来源:南江县财政决算报表。

表 17—15 **南江县 1986—2000 年行政事业单位离退休经费统计表** 单位:万元

项目＼年度	1986	1987	1988	1989	1990	1991	1992	1993	1994	1995	1996	1997	1998	1999	2000	总计
总计	83.74	96.1	116	140	160	188	234	340	418	599	813	1004	1316	1500	1825	8833.04
农林水气部门	5.1	6.8	8.6	10.3	12.2	12.4	17.3	24.5	47.1	47.7				94	106	392
工交等部门			1						1.5	15.9						17.4
文教、卫生、计生	43.25	51.1	58.1	76.8	88.9	96.8	122	165.1	185	300				611	829	2627.05
科学部门														4	5	9
财税等部门	1.21	1.2	1.4	1.8	1.9	1.9	2.9	3.9	8.8	11.1	512	617	792	194	220	2371.11
抚恤社会福利	9	9.6	11.3	5.3	4.3	4.4	8.1	4.5	5.6	8.2						70.3
党政部门	25.18	27.4	34.8	43.1	49.7	67	77.2	131.9	156	196	278	352	483	555	619	3095.38
公检法司部门			2.2	2.3	2.9	5.3	6.6	10.1	15.1	19.3	23	35	41	42	46	250.8

资料来源:南江县财政决算报表。

表 17—16

南江县 1986—2000 年行政事业单位公务费支出统计表

单位：万元

项目＼年度	1986	1987	1988	1989	1990	1991	1992	1993	1994	1995	1996	1997	1998	1999	2000	总计
总计	108.4	122	115	192	279	261	267	408.8	361	407	406	415	655	853	2711	7300.2
农林水气等部门	14.42	14	15.1	19.2	23.8	19.7	20.4	21.2	16.6	34.5	33	64	12	33	41	381.92
工交等部门	0.68	1.9	0.5	0.2	0.1	6.1	1.5	2	0.6	0.9	2	2			1358	1376.48
商业流通部门				0.1	0.2	0.2	0.3	0.4	0.2	0.3	1					2.7
文卫、计生部门	19.45	22.9	28.5	32.8	35.8	23.1	30.3	40.1	46.3	49.4	22	64	231	267	331	1243.65
科学事业	0.36	0.5	0.7	0.5	0.3	0.4	0.3	1	2.5	1.9	1	10	3	12	6	40.36
财税等事业单位	227	4	3	6.2	9.3	8.6	15.8	20.2	9.9	19	48	57	34	19	24	280.27
抚恤社会福利	0.36	0.5	0.3		0.7	0.3	1.3	1.2	1.4	3	5	10	14	12	6	56.06
行政管理部门	63	68.1	98.6	124	190	190	184	306.8	259	262	268	153	324	436	795	3720.8
公检法司部门	7.98	9.6	7.9	8.7	19.5	12.5	13.4	15.9	24.8	20.7	21	49	27	76	148	481.98
行政事业离退休											5	6	3	1	2	17
社会保障补助									0.2				7	3		14.2
其他部门										15.3				2		17.3

表 17—17　　南江县 1986—2000 年行政事业单位业务费支出统计表　　单位:万元

项目＼年度	1986	1987	1988	1989	1990	1991	1992	1993	1994	1995	1996	1997	1998	1999	2000	总　计
总　计	156.67	101.9	180.1	209.3	271.4	212.2	275.8	385.8	384.9	524.3	784	1437	1699	2002	2081	10705.47
农林水等部门	20.91	11.5	47.6	26	54.1	33.5	41.9	42.1	23.8	44.7	61	134	13	35	59	648.11
工业交通等部门	1.52	2.2	1.7	3.1	1.4	2.2	3	7	2.4	2	17	4	9	16	18	90.52
商业流通部门						0.5	1	1.5	5.8	1.8	2		5	5	10	32.6
文教事业单位	65.31	29.4	35.6	54.5	46.5	51.1	74.9	83.8	82.6	85.5	66	575	1434	259	1470	4413.21
科学事业单位	6.06	3.8	5.8	10.7	7.5	2.1	3.1	9.3	7.9	4.8	1	24	32	20	11	149.06
财税事业单位	30.62	37.1	32.9	43.2	97	51.8	87.9	126.4	81.6	129.4	376	367	74	98	114	1747.92
抚恤社会福利	10.75				0.7	1.3	1	0.9	1.4	3.4	4	7	8	4		42.45
行政管理部门	12.65	17.9	16.1	12.1	9.7	19.8	29	61.4	112	33	30	164	5	106	118	746.65
公检法司部门			38.6	55	46.3	37.1	30.8	53.4	63.7	180.8	219	155	64	223	218	1384.7
行政事业离退休											4	6	4	1206	8	1228
社会保障补助													6	5		11
其　他	8.78		1.2	4.7	8.2		3.2		4.3		4	1		11		46.38

资料来源:南江县财政决算报表。

表 17—18　　南江县 1986—2000 年行政管理费统计表　　单位:万元

项目＼年度	1986	1987	1988	1989	1990	1991	1992	1993	1994	1995	1996	1997	1998	1999	2000	总　计
总　计	442.4	482	438	518	729	715	906	1173	1725	1298	1511	1416	1355	1664	1954	16321.3
一、行政支出	333.8	397	318	369	530	529	637	838.6	641	895	1008	881	924	1077	1290	10667.31
人大经费	12.11	20.8	19.5	33.8	22.1	29.7	41.6	49	47.8	63.5	72	93	185	141	145	975.91
政府机关经费	321.7	376	298	335	508	500	595	789	1150	832	936	788	739	936	1145	10248
二、党派团体补助支出	108.6	126	120	149	199	186	269	334.7	527	403	503	535	431	647	664	5202.39
党派补助费		101	97.8	118	170	149	234	244.6	444	323	414	414	320	430	549	4007.6
政协经费		6.4	8.4	13	10.3	16.8	15.1	27.6	40.3	33.1	58	55	71	62	66	483
人民团体补助费		18.1	13.8	18.1	19.1	19.8	20.1	62.5	43	47.7	31	66	40	155	49	583.1

资料来源:南江县财政决算报表。

（十一）民政事业费

抚恤和社会福利救济费，主要包括抚恤事业费、自然灾害救济事业费和社会福利等三大部分。1986—2000 年，抚恤和社会福利救济费支出 4080.98 万元。

抚恤事业费 主要包括牺牲病故抚恤、革命残废抚恤、烈军属复退军人补助，以及其他抚恤事业费。1986—2000 年，抚恤事业费支出 2926.04 万元，其中牺牲病故抚恤费支出 397.24 万元，伤残抚恤 300.26 万元，烈军属、复退军人生活补助费 1909.99 万元，优抚事业单位经费 99.40 万元。

社会福利救济事业费 主要是国家用于城乡人民生活困难的补助支出以及兴办福利事业，对社会上鳏、寡、孤、独，无生活能力的人员，给予生活上的必要救济。包括农村社会救济、精减退职老弱残职工救济、社会福利事业、社会残疾人福利事业、殡葬事业、收容遣送费等。1986—2000 年，社会救济福利事业费支出 467.37 万元，其中农村社会救济费 150.98 万元，城镇社会救济费 47.34 万元，精减退职老弱残救济费 62.75 万元，社会福利单位经费 121 万元。

自然灾害救济事业费 1986—2000 年，救灾支出 1164.60 万元，其中特大自然灾害救济补助费支出 309 万元。

表 17—19　　南江县 1986—2000 年抚恤和社会福利救济费支出统计表　　单位:万元

年度 项目	1986	1987	1988	1989	1990	1991	1992	1993	1994	1995	1996	1997	1998	1999	2000	总　计
支出总计	168. 28	177. 3	167. 2	192. 3	183. 9	184. 7	222. 6	199. 7	240	259	343	335	405	416	587	4080. 98
一、抚恤事业费	47. 64	76. 9	76. 8	87. 7	85. 7	92. 8	112. 2	105. 1	132. 1	132. 1	135	171	188	261	372	2076. 04
牺牲病故抚恤费	0. 336	31. 2	8. 7	21. 6	19. 2	19. 7	14. 9	13. 9	20. 4	21. 3	15	45	39	58	69	397. 24
伤残抚恤费	5. 26	5. 2	11. 4	8. 3	7. 3	7. 4	10. 8	12. 3	10. 7	13. 6	16	21	32	19	32	212. 26
列军属复退军人生活补助	37. 89	40. 3	56. 5	57. 3	58. 1	55. 7	71. 3	64. 3	77	89. 6	96	88	102	149	271	1313. 99
优抚事业单位经费	4					8. 3	14. 2	10. 3		7. 6	7	9	12	27		99. 4
军队移交地方安置的离退休费	3. 1	0. 7	3. 6	0. 5	1. 1	1. 7	1	4. 2	3. 9	5. 9	2	10	5	10	6	58. 7
二、离休费				4. 7	3. 3	3. 3	7. 3	3. 5								22. 1
三、离休退职费	7. 09		9. 3	1. 4	2. 1	2. 2	2. 7	2. 3	2. 9	4. 5						34. 49
四、社会救济福利事业费	30. 17	27. 9	29. 3	31. 8	28. 5	29. 5	31. 1	30. 7	32. 2	32. 2	34	44	23	29	43	467. 37
农村社会救济费	17. 18	13. 5	17. 1	16	12	11. 2	11. 7	8. 7	9. 7	6. 9	6	10	5	3	3	150. 98
城镇社会救济费	1. 84	1. 6	1. 9	1. 4	1. 5	2. 6	3. 2	4. 7	3. 9	2. 7	2	2	3	7	8	47. 34
精减退职老弱残救济费	5. 05		5	7. 1	5. 1	5. 5	6		6. 7	7. 3	4	5	4	2		62. 75
社会福利事业单位经费	2. 3	2. 1	6. 2	2. 9	4. 5	5. 3	5. 1	4. 8	5. 6	8. 2		18	7	17	32	121
五、救灾支出	67. 9	55. 2	34. 7	50. 9	51. 8	46. 1	57	47	62	72	157	96	158	93	116	1164. 6
特大自然灾害救济补助费											151		158			309
六、其他民政事业费	13. 07	7. 3	13. 7	15. 8	12. 5	10. 8	12. 3	11. 2	20	12. 3	16	22	21	25	43	255. 97

续上表

项目＼年度	1986	1987	1988	1989	1990	1991	1992	1993	1994	1995	1996	1997	1998	1999	2000	总　计
拥军优属慰问经费	1.1															1.1
其他民政事业费					3.7	3.3	2.4	2.2								11.6
七、残疾人事业费	1.68		2	0.9	1.7	1.6	2.7	3.4	3		6	5	13	6	7	53.98
残疾人事业单位经费												2		3	4	9
残疾人康复经费		0.2										3		2	2	7.2
八、其他残疾人事业费														1	1	2
其他支出			1.2	3.5												4.7

资料来源：南江县财政决算报表。

第三节　财政管理

一、预算管理

预算管理坚持“统一领导、分级管理、发展经济、增值财源、以收定支、自求平衡”的原则，实行中央、省、市、县、乡（镇）五级预算。南江县财政由县、区（镇）、乡（镇）三级预算组成。各级预算、决算每年度编制一次。县、乡（镇）人民代表大会审查批准本级预决算报告，同时可以改变或者撤销有关预、决算的不适当的行政决议、决定。

（一）预算收入

1986 年，是中央对地方实行“划分税种、定收定支、分级包干”新财政体制过渡阶段的最后一年，对实际收入超过基数部分实行增收分成（地区对南江实行总额分成）。1987 年，县级收入预算由财政局会同主管部门将任务落实到所属企业执行。1989 年，调整县乡收入级次，对县级收入中的工商税、国营企业收入，按目标任务直接下达到企业，超过征收目标部分按 4、3、2、1 分成。1990 年，教育费附加按照“先收后支、列收列支、收支平衡”原则纳入预算管理。1995 年，完善了新税制财政管理体制，粮改基金和粮食风险基金纳入预算收入，取消集贸税收分成。1997 年，坚持适度从紧的财政政策，对单位预算外收入定任务、支出核项目、内外统筹调、结余调剂用原则，实行综合财力预算，集中 20% 的预算外收入用于政府调控。1998 年，全县核定单位事业收入、经营收入 4700 万元，抵补财政预算 560 万元。1999 年，中央两税收入实行县级统一核算，集中征管。2000 年，省调整省与县（市）财政收入范围，将增税地方 25% 部分、营业税、个人所得税、资源税、房产税、印花税、城镇土地使用税、契税等 8 个税种实行省与县按 35∶65 的比例分成。农业税附加收入全额上解县财政，农村教育费附加上解县财政 34%。中央两税收入实行县级财政统一核算，集中征管，县对区镇结算返还。县对乡财政只确定预算收支平衡目标，不下达指导性计划。

（二）预算支出

1986 年，预算支出坚持量力而行的办法，实行包干管理，对区乡实行“核定收支、分级包干、超支分成、结余留用”的财政体制。县级实行预算包干管理办法，县包到区，区再对乡包干。1987 年，县级支出预算管理实行“预算包干、节余留用、超支自理”办法。1988 年，对事业单位实行编制控制，超编人员核拨人头经费，不安排公用经费。1989 年，县级支出只包括县级行政事业单位的各项支出。1990 年，坚持“保压结合”办法。1991 年，对县级部门下伸到各区（镇）、乡（镇）的机构人员经费，下划区（镇）、乡财政管理。1992 年，推行行政事业经费下管一级办法。1993 年，从严控制财政供给人员增长，区乡人员除提拔使用外，其余一律不得调入县城。1994 年，坚持“量力而行，量入为出”的原则，认真按照《四川省预算管理条例》的规定，行政事业单位经费采取“清理资金、分类限额、包干基数、超支自理”的管理办法。1997 年，贯彻执行《预算法》和省政府［1995］111 号文件精神，取消原全额预算管理单位、差额预算管理单位、自收自支预算管理单位三套会计科目，使用统一的会计科目和方法。1998 年，结合预算外资金管理，全面推行行政事业单位财务收支统管，对单位实行“核定收支、定项定额补助、超支不补、节余留用、年度预算包干”的办法，单位预算实行批复管理。2000 年，县级财政预算管理按照地委行署“放慢征收速度、降低支出总额、抓住重点财源、确保收支平衡”的财政工作思路，实行预算编制源头控管。适度增加对特困农民、居民、国有企业下岗职工基本生活保障支出和农业、科技、教育投入。行政单位个人经费支出实行按编制预算经费，超编自理，节编不减。事业单位个人经费支出以1997年末在册职工为预算基数预算经费，超员自理。义务教育人员经费全额预算；普通高中推行后勤管理社会化；高中职业教育经费预算80%；成人教育经费预算70%；幼儿教育县级保留一所公办幼儿园，经费预算50%，其余学校财政不供给经费；对其他事业单位分公益型和经营型，实施分类管理。公益按“财政支出—事业收入”供给经费；经营型事业单位实行企业化管理，财政不安排经费；对行使部分行政管理职能的事业单位给予适当补助。对卫生事业继续推进改革，除医院外的卫生事业单位比照公益型事业单位预算经费，医院经费自给。区镇卫生机构按照综合财政预算办法只预算核定的行管、防疫、妇幼保健人员经费。县本级高中、职教、成教后勤管理人员按学校财政供给经费人员的20%核定，其经费按50%预算。对行政单位超编人员不再预算经费；公务费按编制500元/人·年预算。

二、预算外资金管理

预算外资金主要包括各种行政事业性收费、基金（专项资金、附加收入）和凭借政府职权筹集的资金和各地区、各部门、各单位根据国家有关财政、财务制度的规定，收取、提留和安排使用不纳入国家预算，由单位自收自支的一部分财政资金。

（一）收支

“七五”计划初期的1986年，全县预算外收入666.14万元，其中地方财政部门收入31.37万元，行政事业单位收入204.97万元，国营企业及其主管部门收入429.8万元；支出526.77万元；结余139.33万元。1987年预算外资金收入1243.18万元，同比增加577万元，其中财政部门收入13万元，行政事业单位收入490.88万元，国营企业收入739.3万元；支出1152.41万元，同比增加625.64万元，其中国营企业更新改造支出416.4万元，大修理支出77.3万元，甘露醇建设支出138.7万元，福利支出73.3万元，奖励支出85.3万元，养路费13.2万元，城市维护费9.8万元，事业费支出131.7万元，行政机关支出26.1万元，企业增加流动资金26.6万元，上缴交通能源重点建设基金27.1万元，其他支出126万元。“七五”末期的1990年，预算外资金收入2322万元，支出2223.67万元，分别比1986年增长2.48倍和2.22倍。

“八五”计划时期的1991年，预算外资金汇编143户，预算外收入2502.46万元，预算外资金支出2421.9，滚存结余1205.09万元。1995年预算外资金汇编户数118户，收入2610万元，支出2551万元。当年预算外资金结余593万元；收入支出分别比1991年增长4.2%和5.3%。

“九五”计划时期的1996年，预算外资金汇编户数231户，收入5594万元，支出5594万元。全县有167个行政事业单位的预算外资金进入了财政专户管理，财政专户总收入5697万元，同比增加1946万元；预算外支出5401万元，当年预算外资金结余193万元，累计结余1397万元。1997年，预算外资金汇编230户，收入4654万元，支出5137万元，同比减少264万元。2000年，预算外资金收入汇编205户，收入实现4010万元，支出4018万元，资金结余109万元，收入支出分别比1986年增长5倍和6.6倍。1986—2000年，全县预算外资金收入共计41987.29万元；支出共计38033.04万元。

（二）管理

1986年，南江县委、县政府决定预算外资金由财政代管，其资金使用权不变。1987年后，全县对预算外资金管理不断增强，基本实行“源泉控管、收支计划管理、财政专户统管、银行代收、综合财力预算”等办法。年初由各单位按预算外资金分类编报收支计划，报财政部门审批。对行政事业性收费性质的预算外资金实行“核定收支、超收分成、超支自负、结余留用”的办法管理；对各项专项资金（基金）实行“量入为出、收支全额上缴、专款专用、结余审批使用”管理；对其他暂按预算外资金管理的资金，采取“专储存行、计划管理、财政监督”管理办法。

1991 年，改革预算外资金管理办法。本着“由粗到细、由近到远、先松后紧、综合治理”的路子，从县本级开始，逐步延伸到区乡（镇），全面实行“直划财政专户储存”办法；对自筹基建资金实行“先存入，后审批”办法；从单纯控制管理发展到为“集中型”管理模式。制定了《南江县预算外资金管理暂行办法》，其核心是“统一领导、分级管理、限额抵支、综合平衡”。1994 年对 42 个行政事业性单位进行年审，共审出违纪项目 17 个，违纪金额 923 万元，乱收费项目 9 个 34 万元，未存入财政专户资金 124 万元。1995 年，实施《南江县预算外资金管理暂行办法》。

1996 年，集中分配部分预算外资金，对未纳入预算外资金管理的行政性收费收入、事业性收费收入、各类基金和附加费收入，主管部门集中所属管理费及其他资金等的年终结余，按 40% 集中分配，60% 单位结余转下年使用。1997 年，制定《南江县预算外资金财产专户储存财务管理和会计核算试运行办法》共 6 项管理办法。

1998 年，对一般性预算外资金收入按 40% 纳入综合财政预算，抵顶财政预算拨款 1300 万元，其中县本级 300 万元。并全面清理预算外资金，自查面达 100%，重点单位检查面达 100%。共年审 66 个单位，查处违纪金额 187 万元，对 5 个单位分别给予了处罚，清理取消县越权设立的收费项目 9 个。县收费稽查大队开展常年性收费稽查工作，核实处理群众举报乱收费 7 起，金额 4.35 万元。全县区、乡镇设置 1 名专职预算外资金管理员，管理实行双重领导，以上级财政管理为主。1999 年，共审查预算外资金 1151 万元，查处各类违纪金额 110 元，并对 426 个收费项目进行了清理，取消不合规项目 1 个。

表 17—20　　**南江县 1986—2000 年预算外资金收支统计表**　　单位:万元

项目＼数目＼年份	1986	1987	1988	1989	1990	1991	1992	1993	1994	1995	1996	1997	1998	1999	2000
收　入	666. 18	1243. 18	1817. 92	1923. 5	2322	2502. 5	3362	1500	1474	2610	5594	4654	4092	4216	4010
地方财政部门	31. 37	13	29. 2	7. 1	112. 7	131. 6	55. 4	159	153	429	130	300			
行政事业性单位	204. 97	890. 88	679. 9	675. 72	1139. 38	1156. 06	1189. 1	1341	1321	2181	3647	2035	2742	3250	3062
国营企业及主管部门	429. 8	739. 3	108. 7	1176. 8	1070. 28	1214. 8	2117. 3				1094	1120	26	71	66
其他收入											723	1199	1324	895	882
支　出	526. 77	1152. 41	1391. 62	1860. 7	2223. 67	2421. 9	2815. 5	1299	1486	2551	5401	5137	4307	4257	4018
地方财政部门				60. 2	64. 7	74. 4	70. 8	73	179	453					
行政事业性单位				581. 72	1133. 94	1140. 3	1140. 3	1226	1307	2098	2975	3295	2211	3154	2978
国营企业及主管部门				1218. 8	1025. 04	1207. 2	1644								
其他支出												1842	2096	1103	1041

注:其他收支含乡镇自筹、统筹资金、基金、专项资金。

三、财务管理

（一）行政事业财务管理

行政事业单位按性质分为全额预算单位、差额预算单位和自收自支单位。1986 年对行政事业单位坚持“经费包干、节余留用、超支自负”管理办法，对没有收入的农委口事业单位，实行“定额支出、包干使用、超支不补、结余留用”的办法。1993 年，贯彻《社会文化事业全额预算管理单位财务管理暂行办法》。1994 年，对超编人员和非财政供给人员，停止资金供给。财政供给人员实行卡片管理，一人一卡、凭卡供给经费。1995 年，行政经费实行“以收定支、分级任务包干、强化管理、自求平衡”办法。1996 年，对项目资金实行“以奖代补”、“先借后补”办法。1997 年，对任实职的县级领导干部经费实行定额包干管理。是年，实施《事业单位财务规则》，取消过去的“三种预算管理形式”。事业单位的各项收入全部纳入单位预算，统一核算，统一管理。1999 年，国土部门收入统一实行“区（镇）站收取、全额上交、专户储存、县局审批、财政监管”的财务管理体制。

（二）企业财务管理

工业企业财务 1986 年，企业内部实行经济责任制，由税前承包改为“税后承包”划小内部核算，联产计奖和对厂长（经理）的经营奖惩。1990 年，开始适当调增企业承包上交特别利润基数和递增比例，不再实行各种“死包干”办法。1993 年，执行《工业企业财务制度》，全县推行目标成本管理。1996 年，在工交企业内部执行《企业财务通则》。1997 年，全面实施《南江县国有工交企业财务监督管理办法》。1999 年，国有企业实行年度会计报表注册会计师审计师制度。2000 年，对煤炭、冶金企业按“工挂”财务办法纳入企业财务决算，对菌蛋白厂、石材厂财务全面清理。

商贸企业财务 1987 年，对物资局、百货公司、肉联厂等单位进行税收、财务、物价大检查。1989 年，对商贸企业财务指标实行计分考核办法。1990 年 10 月，物资企业建立风险基金按销售额 5‰提取。1991 年，县级外贸企业下放到县管，与地区脱钩。1992 年，商贸企业逐步推行保本保利核算办法。1996 年试行《国有商业企业财务管理办法》接受主管部门和财政机关双重领导。1999 年对全县供销系统财务挂账清理核查，财务挂账总额为 1. 11 亿元。

粮食企业财务 1986 年，粮食商业（平价）企业财务上划省管，粮油工业、运输、饲料、议购议销企业财务仍列入地、县财政预算管理。1988 年，粮食企业实行粮食合同定购三挂钩政策。1989 年，开征粮食补贴基金，一律上交省财政，专项用于粮食价格补贴。1992 年，粮食购销价格实行购销同价，财政取消对粮企加价款补贴和平价粮食商业亏损超亏负担 20% 的办法。1996 年，粮食企业实行“两条线”运行。1997 年，对超储粮食实行利息费用补贴。1999 年，巴中地区对县实行粮食风险基金包干管理办法。（基数包干、超支不变、结余留用）粮食收购资金执行“封闭运行”政策，采取季度预拨、年终清算、三年通算的拨补办法。

金融企业财务 1999 年，对金融企业实行费用专户管理，金融企业单独设立“费用存款专户”。2000 年，地方金融企业的财务监督管理工作按照“分级监管、分级负责”的原则由同级地方政府财政主管部门负责，建立地方金融企业的财务报表和分析工作制度，实行地方金融机构费用专户管理，接受县财政监督管理。全县地方金融企业共有两户：即农村信用社和城市信用社。

（三）基本建设财务管理

1989 年，撤销基本建设单位及施工企业在专业银行的自筹资金账户，统一在县建行开设自筹资金账户。1991 年，印发《重点项目建设和部门挂扶企业奖惩实施办法》。1993 年，实施施工企业会计制度。1995 年，贯彻《财政部关于企业房地产开发与交易若干财务处理问题的通知》，收回原委托县建行代行财政职能。1996 年，贯彻《四川省基本建设拨款管理暂行办法》、《巴中地区基本建设财务工作考核办法》和财政部《关于施工、房地产开发企业制定内部财务管理办法指导意见》，执行财政部等 6 部委《建设项目审计处理暂行规定》，将部分企业拨改贷资金本息余额转为国家资本金。1998 年，贯彻执行《基本建设财务管理若干规定》，国债专项资金纳入国家预算内基本建设资金管理范围，地方配套资金不低于国债资金到位比例。1999 年，建设工程竣工决（结）算审核纳入财政基本建设财务管理范围，业务统规财政部门管理。

四、国有资产管理

1991 年 1 月，南江县国有资产管理办公室（以下简称“国资办”）成立，全县国有资产纳入国资办管理。明确国营关停企业资产处置原则为有偿转让，国有资产处置收入结余由国资部门解缴预算管理。是年，对 33 个单位国有资产进行清理、验收和确认，全县国有资产总量为 1. 79 亿元，预算内 1. 55 亿元，占总量的 86. 53%。1992 年 8 月，撤销国资办，成立国资局，专门负责南江县所属行政、企事业单位的国有资产以及单位向外投资、联营、入股属于国家的国有资产管理。当年全县国有企业及行政事业单位的国有资产存量达 2. 04 亿元，分别占国有企业资产和行政事业资产总额的 23. 21% 和 94. 7%。1993 年，建立健全以产权管理为主体，所有权与经营权分离的资产管理新体制。1994 年，国资局规定，粮食部门仓、厂、店、站、学校、油罐及其设施一律不准出售和转让。1995 年，公布《南江县国有资产经营管理暂行办法》，区乡行政事业单位国有资产按现行财政体制，委托区（镇）财政所负责管理和监督，实行所长负责制。1996 年，全县国有企业、行政事业单位全部资产总额 2. 58 亿元，负债总额 5. 76 亿元。1998 年盘活存量资产 2. 15 亿元。

五、财政监督与检查

1986 年，县政府决定成立由严德贵任组长的税收、财务、物价大检查领导小组，下设办公室于农贸办财贸科，当年对“小钱柜”进行清理整顿。1988 年，达县地区物价局负责督促南江物价大检查，查出违纪金额 142 万元。1989 年，领导小组办公室挂靠财政局，恢复财政监察机构，建立重大违纪案件报告制度。凡单位自查违纪金额在 10 万元以上，或不足 10 万元但性质严重、情节恶劣案件，都作为重大违纪案件上报。当年查处违纪金额 171. 3 万元。1990—1991 年，查处违纪金额 332 万元。1992 年，贯彻国检办《关于开展税收财务物价大检查实施办法》，充实大检查办公室力量，查出违纪金额 110. 43 万元。1993 年，重点对供销、商业、乡镇企业等单位进行检查，查出违纪金额 60. 34 万元。1994 年，查出违纪金额 105. 58 万元。1995 年，贯彻《财政税收财务大检查工作规则》，共查出违纪金额 427 万元。1997 年，按照“理清思路、依法监督、收支并举、监管并重”的工作方法，坚持日常和重点检查相结合，查出各种违纪金额 516 万元。1998 年，国务院取消单独设立连续进行 13 年的税收、财务、物价大检查办公室，人员全部划归财政局监督股，进一步充实财政监督力量。

第二章　税　务

第一节　机构·队伍

一、机构

1986—1993 年，南江县税务局机关内设人秘、税政、会计、利监四个股室。下属城关、沙河、长赤、正直、下两、大河、赶场、上两、杨坝等 10 个税务所。1994 年，国家实行分税制政策，南江县税务局撤销，分设南江县国家税务局、南江县地方税务局。1995 年 1 月，县财政原农税机构移交地方税务局。南江县国税局在人员、机构编制、经费等方面实行国家税务系统垂直领导。

1996 年 6 月，县地方税务局系统编制人员移交县管理，1998 年 1 月起，按照省人民政府《关于我省地方税务机构管理体制问题的通知》要求，地方税务局实行由省地方税务局垂直管理为主的管理体制，县地方税务局机构人员（合并农税、协税员）一律实行垂直管理。直至 2000 年未变。

二、队伍

1986 年，县税务系统实有干部职工 128 人，其中干部 104 人，以工代干 24 人。具有中专文化的 8 人，高中 61 人，初中及以下 59 人。年龄在 30 岁以下的 68 人，30～40 岁的 14 人，41～50 岁的 33 人，51～60 岁的 13 人。1992 年，实有职工 112 人，其中工人 36 人，当年社招 7 人，大专分配 1 人，退休 5 人，调走 2 人。

1994 年，国税、地税机构分设。县国家税务局实有干部 94 人，以工代干 1 人。1996 年 6 月，上级通知地方税务局移交县管，下划南江县地方税务局人员 152 人，协税员 35 人。

1998 年 1 月起，县地方税务局人员全部上划省地方税务局管理。其编制按现行人员配备：二类乡镇 1～2 人，三类乡镇 1 人，区所 3～4 人。

2000 年，南江县国家税务局实有人员 109 人，其中干部 105 人，工人 4 人。

第二节　税制·税种

一、税制

1986—1993 年，税收制度不断调整和变革。主要包括在商品课税方面：开征了产品税、增值税、营业税、消费税；在所得税方面，开征了国营企业所得税、集体企业所得税、城乡个体工商户所得税、私营企业所得税、个人收入调节税；在财产和资源课税方面，开征和恢复了城市房地产税、车船使用税、土地使用税、资源税，并开征了建筑税（后改为固定资产投资方向调节税）、国营企业工资调节税、奖金税等。

1994 年，实行“分税制”财政管理体制。一是流转税制改革。确立了以规范化的增值税为核心，辅之以消费税、营业税的新流转税体系，原对农、林、牧、水产品征收的产品税，改为征收农业特产税。二是所得税制的改革，将原国有企业所得税、集体企业所得税、私营企业所得税统一合并为企业所得税，实行统一的内资企业所得税制；将个人收入调节税和城乡个体工商户所得税合并，建立统一的个人所得税制。三是其他工商税制改革。扩大了资源税征收范围，开征土地增值税。调整部分税种：如取消市场交易税、牲畜交易税、燃油特别税、奖金税和工资调节税，将特别消费税并入消费税，将盐税并入资源税，将屠宰税征收或停征权下放给地方。四是农业税制改革。将原农林牧特产农业税、原产品税和原工商统一税中的农林牧水产品税目合并，改为农业特产农业税，简称农业特产税，扩大了征收范围，适当降低了部分产品的税率。

二、税种

1985—1993 年，南江县税务局征管的主要税种有：产品税、营业税、国营企业所得税、个人所得税、个人收入调节税、资源税、固定资产投资方向调节税、奖金税、国营企业工资调节税、房产税、城市维护建设税、牲畜交易税、车船使用税、屠宰税、印花税。农业税等由财政局征管。1994 年 9 月，税务机构分设，国家税务局负责征管的主要税种有增值税、消费税、营业税及所得税；地方税务局征收的税种有农业税、农业特产税、耕地占用税、契税等。

（一）流转税类

产品税 以生产、进口税法规定的产品为征收对象，按其流转额或销售数量征收。1984 年 10 月，按照国家《产品税条例（草案）》及《实施细则》对工商税进行全面改革，将工商税征税对象中大部分工业产品和农、林、牧、水产品划作产品税征收对象。1994 年税制改革，取消了产品税，将产品税全部改为增值税。

增值税 以商品生产、流通和劳务的增值额为对象计征的一种流转税。分三种类型：消费增值税、收入增值税、生产类型增值税。1985 年，根据增值税征收范围，南江只有二轻所属集体企业的南江机具厂实行增值税，税率按 53% 继续以购进扣额法进行征收管理。1987 年，全县实行增值税的企业共有 19 个。1993 年，执行销售货物起征点为月销售 900 元；1994 年 5 月 1 日起，执行一般纳税人销售自来水按 6% 的征收率征收增值税。2000 年 2 月，根据省、地国税局文件，对全县从事增值税应税项目的个人起征点由原月销售 900 元，调整到 1000 元以上。

营业税 以经营活动的营业收入为计税依据，在流转环节征收。涉及交通运输业、建筑业、金融保险、邮电通讯、文化体育、娱乐服务、转让无形资产和销售不动产等 9 个税目。1985 年 11 月，南江县对国营商业企业经营其他商品的批发业取得收入的恢复征收营业税。1990 年，恢复按 10% 的税率征收集邮邮票批发环节营业税。1993 年 1 月 1 日至 1994 年底，对国营粮食商业企业新开征的粮油食品店加工销售大众方便食品业务免征两年营业税。2000 年，对金融机构相互间提供服务取得收入，征收营业税。

消费税 是在 1994 年税制改革时对流转税改革后新开征的一种税种。它是国税系统征管的“两税”（增值税、消费税）中主要税种。1995 年征收 10.5 万元，1996 年征收 20.8 万元，1997 年消费税征收上升到 25.3 万元。1998 年、1999 年和 2000 年，全县消费税征收额分别为 30.25 万元、30 万元和 30.1 万元。

表 17—21　　南江县 1985—2000 年主要税种征收统计表　　单位：万元

年　度	产　品　税	增　值　税	营　业　税	资　源　税
1985	243	2.13	223	—
1986	299	2.17	285	—
1987	284	7.43	386	—
1988	390	47.00	475	0.52
1989	519	92.39	596	1.13
1990	508	108.45	678	1.70
1991	391	109.40	680	5.67
1992	529	135.40	752	2.75
1993	630	211.90	886	4.49
1994	—	1146	397	81.00
1995	—	1229	48	15.81
1996	—	1458	—	—
1997	—	1561	70	—
1998	—	1646	102	—
1999	—	1610	116	—
2000	—	1649	96	—
合　计	3793	11015.27	5790	113.06

（二）资源税类

资源税　南江县从 1984 年 10 月起，开征资源税，当时只对原油、煤炭和天然气三种产品征收资源税，其他矿产品暂缓征收资源税。1986 年后，资源税的征收方法由按率征收改为从量定额征收，由级差调节过渡到普遍征收，取消了起征点的规定。1994 年，对资源税进行改革，将盐税部分并入资源税，首次对“外商投资企业”全面开征资源税、提高部分应税产品的资源税额、调整减免政策，下放了减税权限。

城镇土地使用税　以城镇土地为课税对象，向拥有土地使用权的单位和个人征收的一种税种。1984 年，全面改革工商税制，将土地使用税确定为替代城市房地产税中的地产税部分。1998 年，根据国务院颁发的《城镇土地使用税暂行条例》规定从 11 月 1 日起在南江即按此执行。南江县国税局仅在 1990—1994 年期中累计征收城镇土地使用税达 66.7 万元。

（三）收益税类

收益税主要包括：国营企业所得税、国营企业调节税、集体企业所得税、私营企业所得税、城乡个体工商户所得税、工商所得税、企业所得税、个人所得税、储蓄存款利息个人所得税、个人收入调节税共 10 种。

（四）财产税类

财产税是对法人或自然人所有或使用的财产征收的各种税的总称。包括原土税、房产税、净财产税、遗产税、赠予税以及车船使用税等。

（五）特定行为税类

特定行为税指对某些特定行为征收的税种，此税收入零星、办法各异、且因时制宜、灵活性大、稳定性差。主要包括燃油特别税、建筑税、国营企业工资调节税、国营企业奖金税、集体企业奖金税、事业单位奖金税、屠宰税、印花税、农村税收等十大类。

第三节　税务稽查

县国家税务局、县地方税务局分别负责各自所管税收的税务稽查工作，对于存在交叉管理的税户，组成联合检查组对其检查，发现属于对方管辖的税收问题时，互相通报，分别查处。两局在税务稽查中对同一税收问题存在不同意见时，先按负责此项税收的税务局的意见执行。

1995 年 12 月，为切实加强税收征管、确保国家税收及时足额入库，最大限度减少偷、骗、欠税，县国税局制定《以票管税办法》。《办法》明确要求，管好管严增值税发票，强化普通发票的管理，加强抵扣税发票的管理；纳税人按规定领购各类发票，一律由主管税务机关实行验旧配新，限量供应。对违反者按有关规定严肃处理。

1997 年 3 月 1 日，县国税局制定《税收征管服务承诺制度》，并在县城开办税收服务厅。全县“公开评议”国税总户数 2348 户，其中评议后开展典型调查 315 户，清理漏征漏管户 210 户。年增长税额 100 万元。

2000 年，为进一步完善和扩大执法监督网络，纠正部门和行业不正之风，促进税收管理，县国税局聘请赵万先等有关部门领导为特邀监察员。按照集中征收的原则，落实了专业化管事制度：在征管系列设立户籍资料管理、定额管理、申报管理、发票管理、税款管理、日常稽查等十个岗位，实行竞争上岗、一人多岗、定期轮换制。全县税收征管质量提高，登记率达 97%，申报率达 93%，滞纳金回收率达 95%，陈欠压缩 20%。

第四节　税征管理

一、税收征管

1986 年 4 月 21 日，国务院发布《税收征收管理暂行条例》（以下简称《条例》）。县税务局根据《条例》精神，立即建立了税务登记制度，开展大检查，对检查出未进行税务登记的 505 户补办了税务登记。1987 年，按《条例》规定，对全县各类企业和城乡个体工商户进行了摸底调查，经核实全县共有国有企业 88 户、集体企业 926 户、个体工商户 2450 户。

1988 年，按省税务局统一部署，南江县税务局从 3 月至 6 月开展换发税务登记证工作。全县共换发税务登记证 2643 户（其中国营企业 141 户、集体企业 405 户、个体工商户 2097 户，发副证 50 户、发临时证 138 户，只登记不发证的 1860 户）。查出漏管户 44 户、未办证的 137 户、处罚 997 元，补交税款 1.29 万元；收欠税 15.77 万元。

1990 年，实行“税费分收、先税后费、专税专据、票款同行”的办法，零星税收委托代征。1991 年，税收实行奖励征收，分级负担，由财政负责组织与税务局统一结算。1994 年，实行分税制征收政策，分别成立国税局和地税局。国家税务局主要负责中央税和中央与地方共享税的征收；

地方税务局主要负责地方税收的征收；财政局主要负责专款收入、其他收入、粮改基金和农村教育费附加的征收。征收管理实行“目标任务倒计法、定期定额法、动力耗用计征法、源泉控制法、以票管税法、成本控制法、下限控制法、滞欠限额法、齐抓共管法、盯人盯户法”等10种方法强化收入征管。

1996年，成立南江税政检查室，与财政税政股合署办公。县税务部门开始向税政股送达收入进度考核表，年度税收结算表。1997年，县地税局委托全县72个乡镇财政所代征代缴本辖区内的农业税、农业特产税、屠宰税、营业税、个人所得税、城市维护建设税、资源税、印花税、教育费附加、交通建设费附加。1998年起，区（镇）过去委托国税代征、代管的业户一律由各级地税机关直接征管。

1999年，调整征收范围，区镇（除南江镇）的所有县级企业一律实行属地征管，分级分次解库。金融、邮政、电信、蚕茧、烟草的房产税、城镇土地使用税、农业特产税由该单位所在地税务机关征管，其余各税、费由城关税务分局征管。2000年，取消税务部门设立的13个收入过渡户，清理区乡对税务部门的激励政策。

二、税收减免

税收减免，主要包括农业税减免、城镇工商税收减免两大类。

农业税减免 按照“重灾多减、轻灾少减、特灾全免、无灾不减”的原则。灾情减免到社后采取“民主评议，领导审批，张榜公布”办法如数分解到户。历年来，农业税收均不同程度地落实国家减免政策。1989年实行先征后返，1991年起实行“先减后征”，1997年至1998年12月30日止，对猪、牛、羊皮免征农业特产税。1998年起改变旧的农业税减免管理模式，实行指标由财政、地税两家联合管理，减免款实行财政专户管理，规范了农业税减免。

城镇工商税收减免 1985年至1994年10月，除按规定政策性定期减免税未统计外，经企业申请共报批减免工商各税2245.4万元，占同期税收数的15.68%。1994年，对签订开发及转让合同的房地产免征土地增值税优惠政策延期至2000年。对冶金独立矿山缴纳的铁矿石资源税减征40%。粮食企业实行两线运行后，粮食企业政策性业务免征增值税，对部分资源综合利用产品免征增值税。1996年，对粮食部门从事政策性业务机构的房产免征房产税，对国家定点企业生产和经销的边销茶免征增值税。1997年，对生产酱、醋、豆制品、腌制品的生产副食品企业和饲料加工企业免征企业所得税；停止执行减免增值税（地方分成25%部分）规定；对国有农口企事业单位从事种植业、养殖业和林产品加工业免征企业所得税；对进行清产核资时发生的固定资产评估净增值，不计入应纳税所得额；对单位和个人缴付的住房公积金、医疗保险金、基本养老保险金，不计入个人当期的工资、薪金收入，免予征收个人所得税；对纳入财政预算管理的养路费、车辆购置附加费等13项政府性基金免征企业所得税；对社会团体收取的会费收入不征收营业税；保险公司开办个人投资分红保险业务取得的保费收入免征营业税；减征冶金独立矿山铁矿石和有色金属矿资源税；对社会福利有奖募捐的发行收入，农村信用社免征所得税。1998年，对全部产权属劳教监狱系统的企业，直接供应大、中小学生快餐方便食品的产品不进入市场的免征企业所得税。1999年，住房公积金、医疗保险金、基本养老保险金、失业保险金个人账户存款利息所得免征个人所得税；对个人购买并居住超过一年的普通住宅，销售时减免营业税；个人自建房，销售时免征营业税。个人购买普通住宅暂减半征收契税；停止执行校办企业增值税退税政策；行政事业性收费免征企业所得税；国债转贷利息收入免征营业税；对农村合作基金会专项贷款利息收入、国家储备肉糖财政补贴收入免征营业税。2000年，对个人按市场价格出租的居民住房应缴纳的营业税暂减按3%的税率征收，房产税暂减按40%的税率征收；对个人出租房屋取得的所得暂减按10%的税率征收个人所得税；暂停征收固定资产投资方向调节税；停止执行商业企业批发肉、禽、蛋、水产品和蔬菜业务增值税先征后返政策。

三、提取退库管理

从1987年起，实行县区乡各级财税分灶吃饭的财政体制，采取“一级政府、一级财政、一级金库”的运行办法、提退的各种手续费和征收费，采取按季申报审批。1994年，对部分企业、行业、项目享受财政优惠政策的实行“先征后退”、“先征后返”办法。1995年，全县对退税程序予以规范：采取先按统一规定征税，再按原科目退税办法。1996年，国家税务局、地方税务局委托代征代扣和各税提退手续费采取下管一级的办法，实行县（市）财政局审查，上报地区财政局审批的管理办法。1999年，实行“先征后退”、“即征即退”办法，采取先按统一税收政策规定收税，后按原征税科目退库，税务部门提取代征手续费和征收费。各类税收退库由财政部门审批，国库审查办理。2000年，对退付省与市（地、州）共享收入和提取其它各税征手续费，实行“分级负担、就地退库”的办法进行管理。

第十八篇　金融保险

第一章　机　构

第一节　中国人民银行南江县支行

1986年9月，中国人民银行南江县支行（以下简称“县人行”）经短期筹备后恢复，于25日正式对外办公。县人行恢复时在县工行办公，内设三股。后租该县大理石公司两间办公室办公，时间两年。1987年2月14日，县人行内设人事秘书、会计国库、计划业务、货币发行四股。1994年9月6日，南江县人行将会计国库股分设为会计股和国库股。

1995年4月18日，地人行根据上级人行要求，确定南江人行为中等规模行，人员编制32人；支行领导职数为4人，正职1人，副职3人，即副行长1人，总稽核1人、纪检组长1人（由副行长兼任）；部门领导9人（即正副股长）。内设机构6个，即人事秘书股、稽核金管股、综合计划股、会计国库股（一个机构，两块牌子）、货币金银股、保卫股。

1998年末，根据履行职能需要，增设农村合作金融管理股。2000年末，内设机构由7个调整为5个，即办公室、金融机构监管股、会计股、货币金银股、保卫股。

第二节　中国工商银行南江县支行

一、县工行

1986年9月20日，中国工商银行南江县支行正式与人民银行南江县支行分离。中国工商银行南江县支行（以下简称“县工行”）行址设南江镇红星桥42号，注册资本金400万元。县工行内设人秘股、会计股、出纳股、储蓄股、信贷股、计划股。1987年8月，增设保卫股。1992年4月，成立房地产信贷部，7月成立劳动服务公司。1995年，内部股室进行调整，成立三科一部一处五所，即：人事秘书科、计划会计科、储蓄科、营业部、南煤分理处、城关储蓄所、红星桥储蓄所、铁索桥储蓄所、南门口储蓄所、西佛山储蓄所。1997年1月，撤销南门口储蓄所，账务并入城关储蓄所；3 月撤销房地产信贷部，账务并入支行大账。县工行设一室二部三所一处，即：办公室、业务部、营业部、红星桥储蓄所、城关储蓄所、铁索桥储蓄所、南煤分理处，至2000 年未变。

二、代管单位

1985 年3 月，南江县城市信用合作社成立，有职工 3 人，由县工行南江县支行代管。1993 年底，职工增至5 人，有股金48. 9 万元。2000 年底，有职工 8 人，股金100 万元。城市信用合作社实行自主经营，独立核算，自负盈亏。

第三节　中国农业银行南江县支行

20 世纪50 年代至70 年代末，中国农业银行南江县支行与中国人民银行南江县支行进行了两次分设和两次合并。1980 年1 月1 日，中国农业银行南江县支行正式恢复成立，对外营业办公。内设人事股、秘书股、计划会计股、社队信贷股、企业信贷股、信用合作股。9 个区营业所全部划归农业银行。1985 年6 月，县支行设存款股，以后陆续在南江镇、县委招待所、大堂坝、南磷路、文星路、粮食局、红四门、春场坝等地建立储蓄所，沙河、长赤、下两、大河、赶场等区也相继建立营业所。1993 年后撤销了部分城、乡储蓄所。1995 年将支行原股改称为科，1999 年又将科改为部，将原12 个科（室）合并为业务部，后又分成5 部（保障部、计划会计部、信贷业务部、资产经营部、营业部）。

第四节　南江县农村信用合作联社

1954 年1 月13 日，南江县组建第一个农村信用合作社（文星乡信用合作社）。到年底，以集镇为依托，大部分场镇都先后建立了信用社。1980 年，全县共有信用合作社73 个。1984 年，实行自主经营，独立核算，自负盈亏。1992 年，将27 个信用社试办成12 个联合经营的信用社（简称联营社），原信用社的名称、牌照、证章隶属关系等均不改变，人员由联营社统一安排，资金统一使用，业务统一经营管理，收支统一核算。当年，成立了县信用合作联社营业部，人员从县内各信用社抽调，主要是协调全县各社会之间的关系，指导信用社编制、汇总、平衡信贷计划和财务收支计划，在全县范围内横向调剂资金，管理使用信用社发展基金和联合公益金；培训信用社干部，组织开展信用社工作经验交流，办理全县信用合作社代表大会委托的其他工作。1996 年11 月，南江县农村信用社脱离农业银行行政隶属关系，使信用合作社系统成为独立的合作金融组织。

第五节　中国农业发展银行南江县支行

1997 年1 月16 日，中国农业发展银行南江县支行正式成立。内设机构为两部一室（计划信贷部、会计出纳部、办公室），至2000 年底未变。

农业发展银行（简称农发行）县以下不设营业网点，县支行是农发行的基层机构，其党政组织和业务关系除接受当地人民银行和银监局监管外，均属上级行垂直领导和管理。其主要任务是：按照国家的法律法规和方针政策，以国家信用为基建，筹集农业政策性信贷资金，承担国家规定的农业政策性金融业务，代理财政支农资金的拨付，为农业和农村经济发展服务。

第六节 中国建设银行南江县支行

1979 年 2 月 13 日，成立中国建设银行南江县支行，内设人秘、业务、会计 3 股，具体办理国家用于基本建设的拨款、贷款和储蓄业务。1988 年，增设储蓄股；1989 年 7 月，撤销业务股，分设建筑经济、计划信贷股；1991 年 9 月，增设安全保卫股；至 1993 年，内设机构为 5 股。其间，相继设置房地产信贷部、房地产经营公司和达县地区信托公司南江代办处，达县地区投资咨询公司南江代办处和储蓄所。1999 年 9 月 29 日，南江县支行降格为南江镇分理处。

第七节 南江县邮政储蓄所

1986 年 7 月，南江县邮电局开办邮政储蓄业务。在县城设立邮政储蓄所，属邮政股管理。是年底在全县 12 个邮电支局（所），设置邮政储蓄所。1996 年 6 月，南江县邮电局对机构设置进行调整，设置了邮政储汇股，设股长 1 人，邮政汇兑储汇检查、稽核各 1 人。至 1996 年底，90% 的乡开办了协储业务。

第八节 中国人民保险公司南江县支公司

1984 年 1 月 1 日，中国人民保险公司南江县支公司成立。1996 年 4 月 18 日，公司实行分业经营，分为中保人寿保险公司、中保财产保险公司、中保再保险公司。中国人民保险公司南江县支公司分为中保人寿保险公司南江县营业部和中保财产保险公司南江县营业部。1998 年 6 月 1 日，由“中保人寿保险公司南江营业部”更名为“中国人寿保险公司南江县支公司”。内设机构有办公室、客户服务部、业务科，有在编人员 7 个，专职个人代理人 18 人。2000 年，中国人民财产保险公司南江县支公司更名为中国人民财产保险股份有限公司南江支公司。

第二章 货 币

第一节 币 制

一、流通币

流通币分为纸币、硬币、纪念钞三种。

（一）纸币

1955 年 2 月以前，流通第一套人民币。1955 年 3 月 1 日，发行第二套人民币。1980 年 4 月，分期发行第三套人民币。1987 年 4 月 27 日后，分别发行流通第四套人民币。1999 年 10 月 1 日，发行第五套人民币，计有 1 元、5 元、10 元、20 元、50 元、100 元面额，100 元券和 20 元券，属首次发行。

（二）硬币

硬币分为流通金属币和流通纪念币两种。（1）流通金属币。用不同材质铸造的流通金属币，通常称为硬币。它具有耐磨损流通寿命长、使用方便等特点。人总行从 1955 年开始至 1999 年，先后发行了 4 个版别的硬币。1957 年 12 月 1 日，人行发行 1、2、5 分 3 种铝镁合金硬币，与第三套人民币同额纸币等值流通。1980 年 4 月 15 日，发行 1、2、5 角及 1 元四种铜锌、铜镍合金硬币，与第三套人民币同额纸币等值在市场使用。1992 年 6 月 1 日，发行了一套材质分别为铝合金、铜合金、钢芯镀镍的 1、5 角及 1 元的 3 种硬币。2000 年 10 月 16 日，随着第五套人民币纸币的逐步发行，又陆续发行了 1、5 角及 1 元新版硬币。（2）流通纪念币。1984 年 10 月 1 日，为庆祝新中国成立 35 周年，人总行限量发行了自共和国成立以来第一套流通金属纪念币（计 3 枚）三种图案均值 1 元，币质为铜镍合金。1985 年 9 月 1 日和 10 月 1 日，为纪念西藏自治区成立 20 周年和新疆维吾尔自治区成立 30 周年，人总行分别发行了纪念币各 1 枚。1986 年 9 月 20 日，为庆祝国际和平，人总行发行纪念币 1 枚，面额 1 元，背面图案是时任中共中央总书记胡耀邦访日时送给日本人民的礼物——和平雕像和胡耀邦亲笔题字“和平”二字。1987 年，全国第六届运动会召开，人总行在全国范围发行了 1 套纪念币（计 3 枚）面值各 1 角，币质为铜锌合金。1993 年 1 月 16 日，人总行首次发行了《宋庆龄诞辰 100 周年》流通纪念金属币。此后，陆续发行了毛泽东、朱德、周恩来、刘少奇诞辰 100 周年流通纪念金属币。1993 年 6 月 15 日，人总行发行中国珍稀野生动物——大熊猫纪念币，面值 5 元，紫铜铸造，直径 32 毫米，重量 13.28 克。此后，又陆续发行了中国珍稀动物之金丝猴、华南虎、白鳍豚、丹顶鹤、朱鹮、褐马鸡、扬子鳄、金斑喙凤蝶、中华鲟等纪念币，共 10 套 10 枚。1999 年 10 月 1 日、2000 年 11 月 28 日，人总行先后发行“中华人民共和国成立 50 周年”纪念币和“迎接新世纪”纪念币，面价均为 10 元。

（三）流通纪念钞

1990 年 9 月 20 日，为庆祝新中国成立 50 周年，人总行首次发行了“中华人民共和国成立 50 周年纪念钞”一套 1 张（以下简称“50 周年钞”），面额 50 元，主色调为红色，票幅长 165 毫米，宽 80 毫米。正面主景为开国大典盛况组合图案，左侧印有天安门与“50”组合的动态全息图案，左下方为盲文面额标记。背面为地球、和平鸽、铜狮、华表等组合图案，背面左右方为中华人民共和国“国徽”图案，右上方为“中国人民银行”汉语拼音字母和蒙、藏、维、壮四种民族文学的“中国人民银行”字样和面额。币质为纸质。2000 年 11 月 28 日，人总行发行“迎接新世纪”纪念钞一套 1 张（以下简称“世纪钞”），面额 100 元，主色调为金黄色，票幅长 165 毫米，宽 80 毫米。正面主景以北京九龙壁“升龙”为设计依据，“龙”的左侧为“大珠”吉祥图案，票面左侧透明视窗为“天坛”图案，右侧为动态全息标志。背面主景为迎接新世纪的代表性建筑——中华世纪坛，上方为中国传统“飞天”图案和“中国人民银行”汉语拼音，右上方为中华人民共和国“国徽”图案，右下方为蒙、藏、维、壮四种民族文字的“中国人民银行”字样和面额。币质为塑料。

二、非流通币（贵金属币）

非流通的贵金属币印发金、银等贵重金属为币材，象征性铸有面额，为法定货币，但并不参与实际货币流通，也不按其名义币值兑换。贵金属币分为纪念金银币和普通金银币两类。纪念金银币是为纪念杰出人物、重大事件或有特殊意义的事物而特别发行的贵金属币，其铸造量严格限制，销售价格按每枚铸币所含贵金属重量的国际市场价格加生产费用、经销利润等合计定价。

为促进国际经济文化往来，人总行1979年发行了第一套金币——《庆祝中华人民共和国成立30周年》纪念金币。是年又发行了第一套银币——国际儿童纪念银币，此后又相继发行了形状不同、题材及设计各异的金银币。截至2000年底发行264个项目、1339个品种。

贵金属币除结合纪念活动发行外，还推出具有浓郁中国特色的系列纪念币。已形成大熊猫、十二生肖、重大纪念性事件、杰出人物、文学及艺术、传统文化、宗教文化、奥林匹克及体育运动、世界遗产及名胜风光，科技环保及其他题材等10大系列。

第二节　流　通

1950年10月以后，禁止金银流通，统一使用人民币，稳定金融。同时，进行现金管理，单位现金收支必须通过银行，银行有计划地进行市场调剂，组织货币投放、回笼、支持经济发展，稳定币值。20世纪50年代至70年代末，随着国民经济的发展和商品流通的扩大，货币流通量的增长超过商品可供量的增长。加之，国家工资投放增加和计划外基本建设及财政性开支，增加了货币投放。中共十一届三中全会后，农村经济政策逐步落实，促进了农副业生产的发展，特别是农副产品发展较快，社员手持现金增加，企业职工工资资金投入增加，也是货币流量增加的因素之一。1987年，城镇人口人平手持现金63元左右。货币投放到市场的主要渠道有：（1）支付工资；（2）采购农副产品；（3）财政及信贷支出等。90年代后，县银行根据市场对货币流通的实际需要，有计划地通过各种渠道组织市场多系货币回到银行。其主要渠道有：出售商品、提供劳务、城镇储蓄、农村信用等，使货币的流通量同国民经济保持基本平衡。

第三节　现金管理

1985年以后，县人行、县农行、县工行、县建行针对全县一些地方和单位对现金管理不严，有的收入现金不送存银行，库存现金大量超过限额；有的坐支现金，套取现金比较严重；有的单位之间经济往来，不按结算制度规定办理转账划拨，大量使用现金；有的携带大量现金到异地采购等问题，进行了严格清查和处理，并结合全县实际情况，提出了加强现金管理工作的具体意见。各银行恢复大额现金审查制度，凡提取500元以上者须经计划部门审核。从当年起，每年6月和12月对单位的库存现金进行2次普查，并将普查情况及时报告党政和上级银行。

1988年9月，贯彻国务院颁布的《现金管理暂行条例》，对开户单位结算金额起点由原100元调为1000元。1990年，金融部门竞相展业，争先放款，放松现金管理，加之汇路不畅，结算受阻，贷款拖欠严重，一些企业人员到外地采购商品，携带大量现金，造成货币流通“体外循环”。次年，对开户单位核发《现金库存限额起点》，坚持5000元以上大额现金支取审批制度。此后，各专业银行依据人行核定的每日提取现金限额，相应核定开户单位每月最高使用现金限额。

第四节 工资基金管理

从1986年起，县开始对全县全民所有制企业、事业、机关、团体单位的工资基金实行宏观管理。工资基金项目为：计时工资、基础工资、职务工资、计件工资、各种奖金、各种津贴、加班工资，其他等。严格按照国务院国发（1985）115号文件第二条的规定执行，任何单位不得更改。其管理办法：一律实行指标控制，分级管理。各单位的工资基金，一经下达，原则上不得变动，必须按计划执行。但因人员增减变动而增加或减少工资基金时，可分别按不同情况进行处理。一是各单位需要使用临时工、合同工、季节工应首先向劳动人事部门申报劳动工资计划，经批准在下达劳动计划的同时下达工资总额计划。二是国家统一分配的复转退伍军人，大中专毕业生，在劳动计划内招收、录用人员，落实政策回单位工作人员以及按政策性接收安置人员等的工资基金，接收安置单位可在接收安置的当月或当季附表将人员及工资待遇，造具花名册，上报县劳动人事局核增工资基金。三是经组织、劳动人事部门批准调动的人员，凭县劳动人事局的工资基金转移单随增随减工资基金。四是凡因离退休、退职、死去和其他原因而减少职工后，减去单位应在当年7月10日和11月15日分两次将人员及工资造具花名册，上报县劳动人事局核减工资基金。五是职工岗位、职务发生变动、奖惩、转正定级等原因需增加或减少工资时，各单位可在当年7月10日和11月15日将人员及工资造具花名册上报县劳动人事局，核增核减工资基金。

1991年7月1日，机关、事业单位建立《工资基金专户》，银行配备专人对工资的支取进行审查、登记和事后监督，对不经审查支取工资的，银行拒绝支付；对套取或任意坐支现金发工资、奖金、津贴等违规逃避监督的，予以处罚。1992年，国有商业全面推行承包制。银行对商业企业在政策允许范围内允许承包人《柜组》多劳多得，给予支付现金方便。

1994—2000年，随着国民经济的持续发展和科学技术的进步，在工资基金管理监督工作中，更加严格，银行对各企业单位、机关、厂矿、团体、学校等工资基金，企业福利、奖金、津贴等实行计算机联网管理，使工资基金管理达到了制度化、规范化、科学化。

第三章 存 款

第一节 单位存款

一、对公存款

1985年起，县工商银行按划定的基本账户开展对公存款业务。其种类分为两类：一类是企业存款，包括工业存款（含工业企业存款、物资供销企业存款、三资企业存款）、商业企业存款（含外贸商业企业存款）、建筑安装企业存款、集体工商企业存款、保险公司存款和单位定期存款；二类是其它存款（又称一般存款），包括私营企业及个体存款、其它活期存款、房地产存款、应解汇款、保证金、委托存款等。当年，对公存款余额3450万元。1997年1月，特种存款纳入一般存款统计和考核。1998年3月，人民银行改革存款准备金制度，机关团体存款、财政预算外存款作为一般存款。7月，开办单位“通知存款”和“协定存款”。“通知存款”是单位存款不约定存期，支取时提前通知银行；“协定存款”是银行与企事业单位签订《协定存款合同》，约定存款期限，合同到期时任何一方未提出终止或修改合同，视作自动延期。11月，停止吸收异地（服务区外）单位存款，已吸收的报告当地人民银行，存款到期予以清退。在已吸收的异地存款中，按法定利率计息，高于法定利率部分，不受法律保护。继续吸收异地单位存款的，将其强制转存当地人民银行，并追究领导责任。2000年底，对公存款余额达4285万元，比1985年增长12.21倍。

二、农村企事业单位存款

1980年，农行行、所由上而下，统一管理财政支农资金，实行财政支农资金由无偿拨付改为有偿支持，周转使用。1986年，建立存款承包责任制，农业信贷部门负责财政拨付资金存款，会计部门负责县以下机关团体存款，营业所和信用社负责其它存款。1989年，县农行规定行、社工商企事业存款全年平均余额在年初的基础上净增必成数和争取数，完成必成数按5‰计奖，超必成数按20‰计奖，全县农行工商业存款增至479.8万元。1990—2000年，县农行实行企事业单位存款归口管理，决定工商信贷部门负责国营工业、乡镇企业、国营商业、个体工商户存款项目，承包存款月平均余额增长率和年末计划净增额。同时，县农行把优化存款结构、提高低成本资金比例，降低存款成本，求得总量增长作为组织资金的重要原则，推行一定（定任务）、两包（包年度内存款月平均余额增长率、包年末单位存款计划净增额）的办法，实行条块结合，双线考核，存贷挂钩。并开限了“一联二挂三定四帮五堵六截七优八户”的行动计划，既抓储蓄又抓存款，既抓定期又抓活期存款，全行出现了全方位、多层次、多形式、齐抓共管存款工作的新局面。到2000年底，企事业存款余额达5967万元。

第二节　储　蓄

一、城镇储蓄

1985年，城镇储蓄存款种类有：活期（活期存折、定活两便）、定期（整存整取、零存整取、存整零取、存本取息、积零成整、定期有奖、独生子女专项储蓄）。1986年，新开办了定期定额有奖储蓄、定活两便有奖有息储蓄。1988年，开办定期定额儿童智力开发有奖有息储蓄；1989年，开办保值摸奖储蓄和妇女爱国储蓄。1990年，发行大额可转让定期储蓄存单，面额有500元、1000元、5000元、10000元四种。

1994年起，扩大经营范围，广辟储源，储蓄专业实行承包制，制定了《储蓄专业工效挂钩办法》，实施“包”（包任务）、“定”（定人员）、“挂”（任务与工资奖金挂钩），分季考核，上不封顶，下不保底。1996年，开办“通知储蓄”业务，此种存款是储户存款时不约定存期，支取时提前一天通知银行，按实存期相应在档次计算利息的记名式，可挂失存单，起存金额为1000元，一次性存入，一次或分次支取。1997年，在抓好骨干储种的基础上，把储源增长点瞄准在外出务工人员和个体私营业主，并实施“六店两厅两户”（百货店、五金店、服装店、美容美发店、餐饮店、医药化妆品店、歌舞厅、录像厅、承包户、批发户）攻坚，实际划片、定人定时包干负责，全年新增存款120万元。

1999年，开办“教育储蓄”，对象为在校中、小学生，以学生本人姓名开立账户，储种为零存整取，定期储蓄，最低50元起，每月固定存一次，存期分3年、6年，每一账户本金合计最高为2万元，实行优惠利率，免征利息所得税。在经营策略上，一般是客户存款自愿，取款自由，银行坐堂经营、等客上门。同年，利用全国计算机联网、设施全、质量优、手段先进、功能齐全的优势，提升社会知名度，赢得顾客的信赖，年末，各项存款余额为10123万元。2000年，对储蓄专业实行综合目标考核，把储蓄职工每月工资奖金同任务挂钩，按比例同奖同惩，开展“对公存款市场提升”专项活动。其措施是：改善服务，设置客户经理和营业室设大堂经理，广泛聘请信息员，协存员、形成灵敏快捷信息网络。年末，各项存款余额为12559万元，创历史最好水平。

二、农村储蓄

1951年，在农村先后开办定期储蓄，活期储蓄和定活两便储蓄存款三种类。定期储蓄分整存整付、零存整付、整存零付、存本付息四种，每种又分货币储蓄和折实储蓄两种，由储户选存。20世纪70年代至90年代，以改善储蓄环境，增设服务网点，改变服务工作，增加储种，满足广大储户的需要为重点，广泛开辟储源，增加储蓄余额。1993年3月1日起，正式实施国务院颁布的《储蓄管理条例》，推广使用计算机等现代机具，全县深入开展农村存款纵横连环承包责任制和达标升级活动，年底全县农村储蓄存款余额达9217万元。1996年，紧紧围绕“增加总量求速度，优化结构上质量、强化管理争效益”的存款工作指导思想，各行职工以“吃千辛万苦，跑千山万水，说千言万语，交千朋万友，千方百计揽储增贷，回报奉献老区”的精神，用一流的服务去占领市场，使储蓄余额剧增，年末，存款余额达10823万元，同比增长30.73%。2000年，储蓄工作实施三个大转变（经营策略、指导方法、增存措施），促进了全行储蓄业务稳定增长。年末，储蓄余额达17240万元，比上年增长45个百分点。

三、邮政储蓄

1986年7月，南江县邮电局开办邮政储蓄业务。主要业务种类有活期、定活期两便、定期（整存整取、零存整取、整存零取、取本付息）等。同时，还办理汇转储业务、代理国库业务和国债代销代兑业务，办理邮政汇兑业务、保险业务、代发工资、代发离退休养老金、代收话费和水、电、气费业务，办理个体和私人转账存款业务等。

1994年统计，年末邮储余额达1986.48万元。1995年，延伸服务网点，在全县73个乡（镇）邮电所开办了邮政储蓄业务，聘用了邮政协储员100余人，协储员按协储业务量多少核发酬金，实行多劳多得的原则，提高了协储人员的劳动积极性。到1998年，年末金额增长到5711万元。从1996年6月起，各邮政储蓄所实现了计算机综合处理，减少了客户等候时间，方便了用户。当年6月，全县邮政储蓄所实现了计算机联网，至年底与全省、全国“绿卡”工程系统联网，实现了全国范围内的通存通取。至2000年底，全县邮储余额突破亿元大关。

表18—1　　南江县工行1985—2000年各项存款增长情况统计表　　单位：万元

年　度	各项存款		储蓄存款		对公存款	
	余　额	当年增长额	余　额	当年增长额	余　额	当年增长额
1985	995	693	652	169	345	-266
1986	1425	430	889	237	536	191

续上表

年　度	各项存款		储蓄存款		对公存款	
	余　额	当年增长额	余　额	当年增长额	余　额	当年增长额
1987	1782	357	1150	261	632	96
1988	1884	102	1467	317	353	－279
1989	2222	338	1712	245	510	157
1990	2658	436	2070	358	588	78
1991	3208	550	2525	455	683	95
1992	3725	517	2884	359	841	158
1993	4238	513	3236	352	1002	161
1994	4745	507	3950	714	795	－207
1995	6015	1270	4710	760	1305	510
1996	7370	1355	5718	1008	1652	347
1997	7756	386	7031	1313	725	－927
1998	8768	1012	6863	－168	1905	1180
1999	10123	1355	7720	857	2403	498
2000	12559	2436	8277	557	4282	1879

表 18—2　　南江县农行系统 1985—2000 年企事业存款余额统计表　　单位：万元

年度	合计	农　业		工　商	其　他
		小计	其中：经营农业		
1985	591	255	255	172	164
1986	644	299	299	208	137
1987	998	444	437	320	234
1988	733	454	452	212	67
1989	944	356	354	501	87
1990	1125	340	340	705	80
1991	1356	497	419	807	52
1992	1837	664	427	1107	66
1993	2350	536	469	1181	633
1994	2568	2158	552	316	94
1995	2971	2025	527	842	104
1996	3492	2548	699	761	183
1997	4166	2925	542	1053	188
1998	2551	1365	406	917	269
1999	3288	1767	330	1176	345
2000	4346	2259	398	1609	478

第四章 贷 款

第一节 农业贷款

一、国营农业贷款

流动资金贷款 中共十一届三中全会后，国营农业企业贷款的对象、种类逐年增多，金额逐年扩大。1985年7月，按照《国营农业企业流动资金管理暂行办法》，发放企业流动资金贷款，坚持“区别对待、择优扶持”和“以销定贷”原则，实行存贷分户管理，浮动利率和加、罚息，并按生产和流通周期约定还款期限。1991年，国营农业贷款范围扩大到农、林、牧、副、渔、工、商、运输、建材服务等10个行业，当年发放贷款456万元。1992年，农行贷款除继续支持粮、棉、油等重点的各类农副产品的生产外，更支持“名、优、新”和拳头产品。坚持“扶优限劣”，并建立贷款风险防范机制，实行贷款抵押、担保。1993年，按照“优化增量、活化存量、调整结构、提高效益”的原则，支持国营农业企业完善内部经营机制，不断发展转向经营联合，走农、林、牧、副、渔全面发展，农、商、综合经营的道路，突破传统农业的束缚，当年发放贷款125万元。同时，按照《中国农业银行关于实行贷款资金风险管理的暂行规定》的有关要求，凡申请短期贷款和技改贷款的企业，资产负债基本原则上不得超过70%；申请长期贷款的企业，资产负债率不得超过50%。当年发放国营农业流动资金贷款594万元，短期贷款595万元，余额1189万元。1995—2000年，继续执行控制信贷总量，抵制通货膨胀、整顿金融秩序、严格结算纪律，落实约法三章的宏观调控方针。自1996—2000年5年中，每年农行给种子站贷款200万元，支持收购调运良种，对南江农业科技推广和农业增产起到重要作用。

固定资产贷款 1977年开始，农行对国营农业企业发放更新改造基金贷款，期限1年，最长3年，月息1厘8。1986年，农行开始发放国营农业企业技术发展贴息贷款，用于支持技术改进、促进联合、增加名优产品、提高经济效益。贷款分全贴息和半贴息两种，全贴息贷款由承担利息部门支付全部利息，半贴息由承担利息部门和贷款企业各支付利息的一半。当年安排农业科技开发贷款60万元，主要用于种植、养殖业种畜牧技术开发等。同时还发放林业贷款40.7万元，用于营造速生丰产林，发展经济林和多种经营。1990—1994年，贷款主要用于推广和应用农业科技成果的各种服务，基础设施建设、国营农场、林场开发利用地上地下资源，修建林区公路、开发抚育林业资源等方面的基本建设。1994年末，全县国营农业设备贷款余额595万元。1995年，农行贷款主要立足于资源优势、能源开发建设等技改项目，当年发放专项技改项目贷款470万元，余额858万元。1996年，由于国营农业（林、牧业）企事业改制后，对护林、育林国家拨有专项资金，农行再未向这些企业发放中短期设备贷款；对原欠设备贷款350余万元，无还款来源，暂列为呆滞贷款待收处理。1997—2000年，除南江种子公司还清贷款外，对茶果、林、园、农机、植保、畜牧养殖、农业技术推广等基本全承包给个人。农行则视其农业需要和管理水平、经济效益等情况，给予必要的支持，一律纳入个人贷款项目内核算，不再发放农业设备性贷款。

二、集体农业贷款

生产费用贷款 1985年，行、社农业贷款主要支持农技推广项目，提高农业单位面积产量，增加农民收入。1988年，实施信贷资金集约化经营，提高农贷管理水平，确保信贷资金安全周转，发挥效益。按照《中国农业银行合作农业贷款管理办法》，全县农行、信用社发放集体农、林、收、副、渔及其他行业贷款313万元，支持农业生产企业的产前、产中、产后服务。1990年，地农行制订《支持兴办集体“绿色工厂”、“发展农户庭园经济”贷款管理办法》。规定集体“绿色工厂”的生产周转贷款自有资金应达到20%以上，限期一年，月息7厘8，利随本清。1991年，农行、信用社贷款主要支持农业服务组织和集体经营组织，支持完善农村双层经营责任制。1992—1993年，农贷款原则上实行抵押、担保，通过贷款促进社集体经济发展，当年行、社共发放支农贷款2176万元。1994年，在农贷发放上注重提高农业贷款的科技含量，促进农业科学技术的推广，大力发展市场所需的名、优、特、新农副产品，丰富城镇“菜篮子”和农村“钱袋子”。当年发放贷款1475万元，企业实现产值6500万元。1995年，以控制信贷总量、抵制通货膨胀，上存款、保生命、优结构、活贷款，增效益、保安全为工作重点，大力支持农业抗灾夺丰收。在严重灾情面前，发放救灾贷款428万元，为抗旱夺丰收奠定了物质基础。1996—2000年，对借贷支农工作坚持转轨不转支农方向，坚持商业性借贷资金使用的资产性原则，改变零星分散，适度集中资金和规模，支持效益好的区域和项目。当年农行共发放支农贷款2137万元。

生产设备贷款 20世纪80年代至90年代，银行、信用社重点支持发展商品基地，发展蚕桑、茶叶、烟叶、牛、羊等项目。1985年，行、社发放贷款673万元，支持退耕还林、还草、发展林业生产。1990年，农行、信用社发放集体“绿色工厂”贷款191万元，支持兴办集体“绿色工厂”21个，还支持农业社会化服务体系建设，开展科技服务。1992—1993年，本着“积极稳妥、循序渐进、因地制宜、讲求实效”的原则，支持村、社集体为推广科学技术而兴办的农技、农机、畜牧、水产等，贷款方式一律实行抵押担保。1994—1995年，在信贷投入上，立足活化存量、优化增量，拓展服务领域，对农田基本建设和抗旱水利设施以及生产、加工设备等项目，所需资金给予大力支持，1995年发放设备贷款858万元。1996年后，对集体农业设备贷款逐步减少。

三、农户贷款

生产贷款 1983年，根据四川省政府批转省农行《关于当年农村信贷若干政策问题》的报告精神，发放个人贷款以自力更生为主，贷款支援为辅区别对待，择优扶持和本人申请，谁借谁还的原则，其种类分为种养、加工、运输、商业服务业等短期周转贷款，以及购买大牲畜、耕作、植保、排灌、机械等贷款。当年，银行、信用社发放农户贷款470万元。1986—1988年，执行“控制总量，调整结构，提高效益”的信贷方针，全县行、社调整农贷投向投量，支持种养业发放贷款1408万元。1990—1994年，为支持“星火计划”、推动“万家致富工程”，银行、信用社每年发放给农民个人贷款1500万元至7600万元。1996年后，继续强化信贷支农工作，以市场为导向，适度集中资金和规模，支持效益好的区域和项目，促进高效农业、市场农业以及农业相关的发展，确保信贷资金良性循环。

生活贷款 1981年，南江发放灾区口粮无息贷款15万元，春荒救济款36万元。1996年，银行的工作重心转移到支持集镇商业经济开发能源建设和地方名、优、特、新等拳头产品，当年发放贷款2905万元。之后，农行不再发放一般生活设施贷款，对地方名、优、特、新产品的开发和文明新村建设等所需资金用扶贫开发资金解决。

农贷减免核销 1983 年 5 月，根据农总行和省农行规定，农村实行家庭联产承包责任制前，社队集体积欠的贷款也列入清理范围。全县农行旧农贷 323.8 万元，信用社 49 万元，合计 372.8 万元。到 1985 年底，全县共核销 1978 年底前行、社农业贷款本金 35.01 万元，冲减农行信贷基金 32.07 万元。1988 年，按照《中国农业银行贷款呆账处理暂行办法》，银行提取呆账准备金，核销呆账贷款。1991 年，共提呆账准备金 14.2 万元，核销呆账贷款 14.2 万元。1994—2000 年的 7 年中，除经批准核销部分呆账外，账面有 429 万元呆账准备金未用。

表 18—3　　南江县农行系统 1986—2000 年农业贷款余额统计表　　单位：万元

年度	小计	国营农业	集体农业	农户	扶贫	
					小计	其中贴息
1986	266	44	143	32		47
1987	589	38	142	49		360
1988	793	63	70			660
1989	1074	120	70			884
1990	1381	117	91			1173
1991	1737	161	131			1445
1992	3121	930	166			1925
1993	4863	212	1515	111	3025	2764

续上表

年度	小计	短期	长期	私营及个体户	扶贫	基本建设	投资少数民族贷款
1994	5279	595	594	204	3363		523
1995	2547	1169	858				520
1996	3425	2137	768				520
1997	2999	1511	750	538	200		
1998	3571	750	2100	721			
1999	3865	926	2280	659			
2000	1901	583	599	719			

表 18—4　　南江县信用社 1985—1996 年各项贷款发放表　　单位：万元

年度	合计			生产费用			生产设备			企业贷款		
	放出	收回	余额	放出	收回	余额	放出	收回	余额	放出	收回	余额
1985	282	226	273	49	65	59	154	95	142	79	66	72
1986	151	138	287							151	138	287
1987	158	157	288							158	157	288
1988	143	144	287							143	144	287
1989	171	157	307							171	157	307
1990	162	148	321							162	148	321

续上表

年度	合计			生产费用			生产设备			企业贷款		
	放出	收回	余额	放出	收回	余额	放出	收回	余额	放出	收回	余额
1991	177	153	345							177	153	345
1992	614	397	562							614	397	562
1993	797	673	661							797	673	661
1994	3434	1509	2586							3434	1509	2586
1995	1107	601	3092							1107	601	3092
1996	6400	5142	4350							6400	5142	4350

第二节　工业贷款

一、国营工业贷款

流动资金贷款　1983 年，国营企业流动资金改由银行统一管理。1984 年 5 月，农行根据国家下达的流动资金周围计划指标，按销售资金率和核定的计划占用额掌握贷款，并实行加息和浮动利率月息 3 厘 6 的基础上加收 30% 的利息。1986—1987 年，贯彻“紧中求活”的方针，农行在国营工业贷款中开展清理不合理资金占压，清除超除储积压物资，挖掘企业的部分资金潜力的“两清一挖”活动。收回不合理资金占压，清理和处理超出积压物资，督促企业改善经营，增收节支。1987 年发放贷款 28. 8 万元。1988 年，农行推行集约化经营，开展以优化贷款结构，盘活资金存量为中心的悬奖攻关竞赛活动，国营工业得到优先支持，当年发放流动资金贷款 34. 1 万元。1989 年，坚持以效益为中心，银行不包企业资金对企业实行信用等级管理，按照“区别对待、择优扶持”和“以销定贷”的原则进行发放，并实行指令性计划管理。1990—1996 年，工业信贷按照“控制总量，调整结构，强化管理、适时调节、提高效益”的原则，从活化存量，优化增量入手，调整贷款结构，不断增加有效投入，支持国营主渠道，让食品、丝绸、烟叶、粮食等部门完成收购计划。1995 年发放农副产品收购贷款 4235 万元，收购总值 6980 万元，在资金供应上基本做到专款专用，封闭运行，保障了农业资金的良性循环。1996 年，农行立足山区资源优势，积极支持工业经济的发展，当年发放贷款 596 万元，余额 617 万元。1997 年后，由于企业改制，经济效果差，历年亏损，银行没有再注入新的贷款，余下附营加工企业贷款 647 万元，划入巴中市分行。

设备贷款　20 世纪 80 年代，中、短期设备贷款由农行受理，其对象扩大到农村国营工业企业、交通运输企业、国营农场、农村国营商办企业（包括农机、种子、饲料、食品）。主要解决经国家批准纳入计划的技术改造、设备更新、扩建新建仓库、冷库、购买运输工具，租赁设备，引进先进技术科研成果所需要的配套设备资金，以及引进项目中购买外汇和国内工程的人民币配套资金需要。1989 年，非正常国营工业设备贷款由上级行集中资金、择优安排项目，年底共发放国营工业贷款 156 万元。1991 年，国营工业技改贷款实行多收多贷，收回再贷部分由地农行统一安排使用。1992 年，以产业政策为依据，市场经济为导向，增加对科学技术和技术改造项目的信贷投入。南江工业多数在工商行开户，在农行开户的只有坪河石墨厂一家，原欠农行贷款 230 余万元，已逐年归还，至 2000 年底只欠 70 万元，划归巴中市农行直接管理。

二、集体工业贷款

流动资金贷款 1984年，推行社队企业实行承包经营责任制，行、社信贷人员，协助企业搞好财务，清理债权债务，落实贷款放收计划，放宽贷款政策，年底全县乡镇企业贷款余额959.1万元。1988年，在贷款业务中，首先是清理金融资产，摸清信贷资金的劳动状况，建立统计台账；其次是挖掘资金潜力，开展摇活沉淀，呆滞贷款攻关竞赛活动；三是评定企业信用等级；四是改进贷款管理，增强调控机能；对三级以下信用企业的流动资金贷款实行抵押、担保。1997年，在企业改制中主动出击，搞好信贷资产风险防范，改革内部经营机制，支持地方经济建设，当年对效益好的乡镇企业，农资部门发放周转贷款1271万元。1998—2000年，农业银行认真贯彻执行党和国家的经济金融工作的方针政策，加大金融体制改革力度，坚持业务经营为中心，以提高经济效益为目的，以防范风险为重点，紧紧围绕经济发展战略，千方百计筹措资金加大信贷支持力度，引导信贷资金投向，改善信贷结构、培养农行优良客户群，提高信贷质量和效益。借西部开发的机遇，对广播电视、集镇、水电、气等公用设施的城市基础设施项目的支持，主动介入文化、教育、卫生、电信等优势产业领域，大力拓展个体优良客户，扩大零售信贷市场占有率。两年共发放短期贷款1683万元，对贫困地区的基础设施建设起到了重要作用。

设备贷款 1983—1984年，乡镇企业设备贷款向小煤、小水电和建材业倾斜，新增贷款指标由地区统一安排平衡，解决重点项目的需要。对经济效益好能保证按期归还贷款的项目，其自有资金可灵活变通，设备贷款审批权，县农行由过去的5万元扩大到20万元，当年全县农行、信用社发放乡镇企业设备贷款191万元。1987年，乡镇企业设备贷款按“三保、三压”和“五先、五后”的原则掌握发放，即：保计划内建设、压计划外建设，保生产性建设、压非生产性建设，保国家重点项目、压非重点项目；先单位再生产，后扩大再生产，先技术改造，后基本建设，先续建后新建，先基础工业，后加工工业，先企业挖潜，后银行贷款。当年发放乡镇企业设备贷款1215万元。1988年，发放乡镇企业贷款2088万元。1989年，贯彻执行“治理整顿”方针，乡镇企业设备贷款，年末余额下降388万元。20世纪90年代，农行根据省分行制定的发展目标和具体措施，在信贷投向上，适应农村大市场和农业商品化生产的需要，拓宽服务领域，支持生产加工，销售流通全过程，重点支持“小康村”建设和“万家致富”工程，打好“八七”扶贫攻坚战，确保2000年前，全县脱贫致富。1990—2000年，累计贷款9758万元。

表18—5　**南江县农行系统1986—2000年工业贷款余额统计表**　单位：万元

年　度	小　计	国营工业	集体工业
1986	94	73	21
1987	234	78	26
1988	255	102	153
1989	626	94	532
1990	311	28	273
1991	353	208	145
1992	530	334	196
1993	520	233	17

续上表

年度	小计	短期	长期	建安	技改
1994	343	173	170		
1995	219	21	169		29
1996	674	48	569		57
1997	464	464			
1998					
1999	471	210		261	
2000	644			644	

第三节 商业贷款

1986—1987年，按照中央领导提出的“既要把膨胀了的需求继续加以控制，又要改善控制，合理发放贷款，支持把经济进一步搞活”的信贷方针，重点支持商业部门收购农副产品，收购适销对路的工业品，紧俏耐用消费品和节日物资储备，两年年末贷款余额分别为2461万元、2781万元。1989年，年末商业贷款余额5067万元。1990—1991年，商业信贷以“搞活流通，启动市场、增加商品有效供给”为中心，两年流动资金贷款余额分别为2485万元、8560万元，销售收入和利润分别增长11%和5.2%。1992—1993年，按照“放而有度、收而有序、政府放权、企业管严”的方针，适时调整信贷结构，完善信贷管理，发挥银行支持国有企业“四放开”的杠杆作用。农行还把开展“千点放益”活动的着力点放在帮助企业转换经管机制上，把企业推向市场，由活标转为活本，由“输血”转为“造血”。两年共发放国营商业一般商品流转贷款1863.3万元，年均增长5.5%。1994年，为适应社会主义市场经济的要求，建立规范化、民主化、科学化、程序化的贷款管理体系，最大限度地降低贷款风险，提高管理水平和效益，按信用等级管理原则，确定不同信用等级进行区别对待、择优支持。1995年共发放粮油收购贷款3029万元。1996年，农业银行按照在确保春耕农贷所需的前提下，重点对“三畜”农业，农村社会化服务体系，农村集约化经营、小康村建设、万家致富工程、农业综合开发项目等发放贷款1276万元，保障了农业增产增收。1997—2000年，在当地党政的支持下，银行主动参与企业改制的全过程，完善债权手续，落实债务，对原有的国营商业不再发放新的贷款。对改制后新上的信誉好的优良客户按照产业政策发放贷款4020万元，支持民营及股份制企业138户，实现产值3156万元，银行信贷资产质量和企业的自身效益都有不同程度的提高。

表18—6　　南江县农行系统1985—2000年商业贷款余额统计表　　单位：万元

项目 年度	小计	国营商业	集体商业	个体商业	商业设备
1985	1769	364	1302	26	77
1986	2461	526	1631	32	272
1987	2781	518	1851	58	354
1988	2447	498	1862	87	
1989	5067	2546	2456	65	
1990	2718	216	2425	77	
1991	3494	768	2666	60	
1992	4008	869	3091	48	
1993	4823	900	3402	55	466

续上表

项目 年度	小计	贸易贷款		供销合作社		消费				国营商业	以资代债	住房贷款	助学贷款	其他	
		长期	短期	长期	短期	汽车	个人	小额质押	综合					短期	长期
1994	1780	89	1282							343				66	
1995	1592	29	409	20	1024									110	
1996	2370		550	20	1392									408	
1997	2358		229		1300									829	
1998	1974		275		524						786	21		368	
1999	2459		319					195			1307			638	
2000	3238		269			183	199	414			197	1278	3	695	

第四节 固定资产贷款

一、基本建设贷款

2000 年起，开始办理基本建设贷款。本年经筛选、论证、批准基本建设项目 2 个。其中南江县天然气公司民用天然气引气项目贷款 2926 万元，以改善城区人民以煤炭为主要能源污染环境的局面；南江县自来水公司贷款 400 万元，使供水能力提高一倍。

二、技术改造贷款

1984—1986 年，为支持南江县汽车运输公司更新车辆，共发放技改贷款 180 万元；1990 年向南江县水泥集团有限公司发放技改贷款 40 万元，用于水泥设备改造；1991 年向化工有限公司发放技改贷款 90 万元，用于矿山改造，增加矿石产量 20%；1992 年，向汽车运输公司更新车辆发放技改贷款 150 万元，当年增加运力 72000 人次，新增效益 120 万元；1994 年，批准新增项目 2 个，其中南江大理石公司开采花岗石项目贷款 300 万元，南江县运输公司更新客运车辆项目贷款 30 万元，年末贷款余额 656 万元。1995 年起，技术改造贷款逐步投向交通、能源、通信等基础设施、支柱产业，公用事业和高新技术产业，以此改变当地的区位劣势，进而促进社会经济的发展。当年新开项目 3 个，贷款 1960 万元。1996 年，新开项目 3 个，续建项目 1 个，贷款 1803 万元。1998 年，新开项目 1 个，贷款 1000 万元，用于南江县电力集团公司架设巴（中）—南（江）110kV 输变电线路。1999 年，新开项目 1 个，贷款 630 万元，用于南江县水泥集团公司水泥节能降耗技术改造贷款 630 万元。

三、自营性房地产贷款

1992 年 5 月，工行受县政府委托，办理当地政策性房改金融业务，并成立房地产信贷部（简称房信部，下同）。1993 年末，自营性房地产贷款余额 25 万元。1994 年，发放房地产贷款 320 万元，支持建安企业修建商品和职工集资建房。1995 年 8 月，人总行《关于清理房地产信贷业务有关问题的通知》规定：自营的各类房地产贷款包括住房开发贷款、商业用房开发贷款及其它房地产开发贷款，纳入信贷计划考核，严禁超规模发放贷款。1996 年 5 月，执行工总行《个人住房担保贷款管理试行办法》，《房地产信贷自营业务会计核算办法》和《政策性房改业务会计核算办法》。年底，自营性贷款245万元。1998年7月，根据工总行《进一步拓展住房贷款业务若干意见》要求，从当年起全行集中资金加大住房信贷投入，重点支持经济实力雄厚、资信优良的大、中型房地产开发企业和建筑安装企业，重点支持修建经济适用住房，城镇危房改造。个人住房贷款不受贷款指标限制，不纳入存、贷比例考核。当年发放自营性房地产开发贷款400万元。1999年5月，根据省分行《个人住房担保（按揭）贷款操作程序》规定：房地产开发商（简称开发商，下同）作为贷款人，并提供企业及按揭项目相关资料，填写《住房按揭贷款项目申请表》，银行审查论证同意后与开发商签订《住房按揭贷款项目合作协议书》、《售房监管协议书》，办理房产抵押和贷款手续。当年共发放贷款4笔，金额35万元。2000年，按照省分行对住房开发贷款、建安企业流动资金贷款、个人住房贷款实行“集中调控、适时安排、期限管理、按月监测”，“收回的个人住房贷款继续周转使用，其余贷款到期，收回规模集中调控”的要求，加强业务创新。当年向巴中市的鑫源实业开发公司的南江县西门沟综合市场项目发放贷款400万元，向其开发项目的75户购房户发放个人住房按揭贷款417万元。

第五节　政策性贷款

1985年，县工行根据国家政策，向南江县百货公司发放两棉赊销贷款880万元。1994年，根据国务院及人总行、工总行有关文件规定：国营商业企业一次削价处理积压库存商品贷款，预算内国营工业企业库存产成品挂账停息，停产整顿、被兼并、解散和破产企业结转项目贷款及流动资金贷款，“两棉赊销”贷款，扶贫贷款，民政福利工厂贷款，视为政策性贷款，实行挂账停息。南江县百货公司两棉赊销贷款符合上述条件，视为政策性贷款，余额880万元，1995—1999年贷款均为880万元，2000年剥离南江县百货公司“两棉赊销”贷款880万元。至此，工行无其他政策性贷款。

第六节　投　资

用工商银行信贷资金购买国家债券、金融债券（含政策性金融债券），企业债券和向本系统独立核算的附属企业的投资作为商业银行投资。

1993年前，向华夏证券公司投资40万元。1995年，开始办理债券业务，购买五年期国库券5.5万元。1996年，华夏证券公司归还投资40万元。

第七节　贷款核销、划转及剥离

一、贷款核销

根据国务院指示及财政部、人民银行等部门规定，呆账贷款核销的范围是：借款人和担保人依法宣告破产并经清偿后未还清的贷款；借款人死亡或依法宣告失踪、死亡，以其财产或遗产清偿后，未能还清的贷款；贷款人遭受重大自然灾害或意外事故，损失巨大且不能获得保险补偿，未能还清的部分贷款；经国务院专批核销的贷款，列入“全国企业兼并和职工再就业工作小组”下达的试点企业，法律法规和政策规定应核销的贷款。凡符合上述条件，经申报、审查和有关单位批准同意核销的呆账借款，用银行提取的呆（坏）账贷款准备金按程序作核销处理。

1995 年，经工商总行批准，核销南江县陶瓷厂 33.12 万元。1997—1999 年，经工商总行批准，核销南江县服装厂、县包装厂、县外贸公司、县百货总店的呆账贷款分别为 39.712 万元、31 万元、264.5 万元和 6.5 万元。2000 年，地分行要求各县支行除作好账务处理外，对历年已核销的呆坏账要采取多种手段追收，凡收回的财产统一由地分行处置。本年核销的 40 户企业呆账贷款本金 3970.79 万元和应收未收利息 317.03 万元，银行卡透支坏账 2 户本金 9555 元。年末，呆账贷款准备金余额 0.22 万元。

二、贷款划转及剥离

为化解金融风险，推动国有商业银行发展和国营企业的改革，1999 年，工行系统按照规定的范围和条件将不良资产剥离给华融公司进行管理和处置，以最大限度地保全资产，减少损失。剥离不良贷款的范围是：1995 年底以前形成的呆滞贷款，按 1999 年 6 月底贷款五级分类清出的可疑贷款、表内欠息。借款人应符合的条件是：贷款人连续两年亏损且银行实际收息率连续两年低于 50%。清理出的不良资产经上报审批后，由总行向华融公司集中划转，华融公司统一向总行拨付资金。当年，清理出 3 户企业呆账贷款本金 979 万元，报经省分行核准同意剥离，并等额冲减了在上级行的借款。2000 年 3 月，工总行与华融公司联合通知：剥离出的不良贷款由工总行、华融公司、债务人（担保人）签订三方（或四方）债权转让协议；对不良资产对应的表外应收利息，在完成全部不良资产交接工作后无偿划转华融公司。2000 年 7 月、8 月、9 月，县工行先后向华融资产公司 4 次剥离划出 10 户企业呆滞贷款本金 2668 万元，表内应收未收利息 217 万元，共 3697 万元。无偿划转给华融公司表外应收未收利息 1679 万元。

第五章　金融监管

第一节　信贷管理

一、农业信贷管理

1985 年起，县农行信贷资金实行“统一计划、核定资金，实借实存、自主经营”的原则，建立分级管理资金责任制，条件不具备的基层营业所仍实行“额度管理”。1988 年，县农行对营业所额度控制为“实借实存”，建立贷款发放连环责任制，以资金来源制约资金运用。1992 年，对信贷规模实行双线调控，农业银行系统内根据各地经济发展和资金状况，下达信贷资金计划，县人行为控制总量，按月监控专业银行贷款规模。1993 年，以营业所为单位编报、组织实施并与新增信贷基金，贷款规模挂钩。为改善信贷资金管理体制，县农行统一基层营业所（部）的资金计划管理办法。对营业所（部）的资金计划实行“统一计划、差额包干、限量控制、比例管理”，将信贷基金、各项存款、缴款、债券、统筹基金等信贷资金划给营业所（部）分别管理。通过县辖往来核算，实行借差或存差包干；营业所按下达的存、贷款年度计划确定存、贷比例，按季分解按月监控，列入指令性管理，调整变动存贷计划，相应调整存、贷款比例；信用社按照资产负债比例管理规定执行，依法向营业所缴纳准备金，按规定比例留足备付金，除库存现金外，在农行专户存储。为做好农副产品购销资金管理，保证收购资金内循环，从8月份起改革现行农副产品收购资金管理体制，人行总行将农副产品收购资金全部直接贷给农行总行，人民银行分支机构不再提供资金，只负责监督收购资金到位情况。贷款规模和新增贷款由农行系统管理，县农行从此向地农行借用收购资金，不再向地人民银行借用，过去借用的收购资金仍周转使用。至2000年底，累计向地农行借用农副产品收购资金14112万元。

二、工商信贷管理

1985年，县工行的信贷资金由上一级分行实行既控制信贷差额又控制信贷规模管理。1989年，县工行的信贷资金和贷款规模由上级行同时实行指令性计划管理，资金来源制约资金运用。

1992年，县工行贷款计划实行“总量控制、按季安排、按月考核、适时调节”管理。1993年，县工行贷款规模实行“控制总量，按季分配、分类考核、适时调节”管理。1994年，按地分行《资金管理试行办法》。信贷资金管理的原则是：集中管理、统一调度、比例控制、一级经营。在加强集中统一管理、灵活调度，充分发挥县支行筹集、用好资金和提高资金使用效益的积极性。1995年，实行贷款规模计划下的期限性和投向性管理。1996年6月，对违规经营和账外经营资金进行清理，至上年未违规经营贷款12笔203万元。

1998年1月，人总行对国有商业银行贷款增量管理取消指令性计划，改为指导性计划，在逐步推行资产负债比例管理和风险管理的基础上，实行“计划指导、自求平衡、比例管理、间接调控”的信贷资金管理体系。3月起，县支行不再向当地人民银行缴存法定存款准备金，改为通过工行系统内往来每月直接向上工总行缴存一次，原开立的“缴存人行一般性存款”账户与缴存工总行的“二级存款准备金”账户合并，统称“系统内存款准备金”，缴纳比例为23%。在当地人民银行开立的“缴存一般存款”账户与“备付金存款”账户合并为“准备金存款”账户；法定存款准备金率由现行的13%调为8%，法定存款准备金缴存不足部分人民银行按日息万分之六罚款。

2000年，信贷计划实行“总量控制、按旬监测、分类管理、专项考核、集中调控、效益优先”的管理模式。流动资金增量实行集中调控，期限管理、周转使用、逐户监测，采取收支两条线方式，即统一收回、统一安排。新增贷款到期，收回贷款的同时，收回贷款规模。项目贷款、住房贷款、小额抵押贷款专项管理，专项考核。经批准核销的呆账贷款、剥离的不良贷款或以资抵贷的贷款转入“其它资产”而腾出的贷款规模，全额上交地分行。

第二节　资金营运

一、资金计划

1985年起，实行“实借实存”，贯彻省农行“加强信贷计划管理，适当控制信贷规模”精神。县农行在不突破农贷总规模的情况下，可“多存多贷”，超计划存款可用于超贷款规模。1987年，金融体制深化改革，计划与资金分别管理，人行不包专业银行资金，上级行不包下级行资金，银行不包企业资金，农行只能通过组织存款，收回到逾期贷款，清理不合理的资金占用，以及发行金融债券，实现计划所需资金。借款规模增加与存款增长相适应，或与存款增加数加新增贷款额度（资金）保持平衡。年末全县各项存款1579万元，各项贷款7256万元，比年初增加966万元。1988年，实行“信贷资金收支计划管理”。存款按省分行计划全数分解县行，并按专业对口划分任务。贷款“以存定贷”，“总量控制”。年末，全县农行各项存、贷款分别比年初增加127万元和134万元。1989年，县农行对应保、应控贷款实行最高限额管理；对固定资产投资贷款（含收回再贷）按项目效益，县行组织资金实行点贷；对一般流动资金需要，按新增存款的可用资金，扣除专项贷款所需资金外的金额进行衔接。资金计划按季监控、分月考核，年末负债数31.2%，比上年下降0.9个百分点。1991年，实行贷款限额和负债系数管理。县农行按年度最高限额和临时周转指标，编制全年各季计划，报地农行监督执行。年末，县支行负债数103%，比计划多下降1.0个百分点；信贷资金运用率96%，比计划提高3.9个百分点；资金自给率为42%，比1990年提高1.3个百分点。1992年，实行存贷比例和贷款限额相结合的管理办法。当年，共有可用资金877万元、贷款2065万元。1993年，实行总量控制，以存定贷，以资金来源决定资金运用，尽量控制超负债的原则。1997年4月25日，县农行为适应商业经营的要求，对各营业所、部、处的规模贷款控制在支行下达的贷款规模以内。2000年6月，根据国家金融改革的政策和人民银行的有关规定，向长城资产管理公司成才办事处剥离贷款9186万元，其中呆滞贷款6006万元，呆账3186万元。呆滞贷款仍达7108万元，占比为45%，其中供销系统达2312万元，不良贷款点比达30%。在正常贷款中，南江县交通局贷款2280万元，占贷款总额15%，这些贷款存在着潜在风险。

二、资金调拨

1985年1月1日起，一般存款按10%向人行缴存款准备金，比例不得低于各项存款25%。县农行根据实际，决定按10%比例缴存。年末信用社缴存准备金198万元、农行缴存人行准备金127万元。

1986年，地农行给县农行下达信贷资金年终借（存）款控制额度，保证春耕生产资金需要，规定原欠超计划贷款的支付，应先归还超计划贷款，超计划存款行先使用超计划存款，后在下达的额度内申请调拨资金。1987年6月，县农行根据人、农两总行通知，信用社1987年新增存款按10%缴存准备金。同年四季度人行提高缴存准备金比例2%，县农行增加缴存款35万元，信用社向人行缴存特种存款90万元。1989年，县农行新增存款中按30%的比例，于每月五日内提取，专户存储，保证收购农副产品资金需要。4月初，县农行支付存款困难；春贷放出缓慢，有56个信用社缺资金营业，10个营业所拆借资金支付存款。地农行先后于4月8日、7月上旬、11月10日和25日给县农行调拨专项资金890万元。

1990年6月19日，县农行向地农行贷款700万元。1992年，在核定款额度内，按“五方”（即收购企业、财政、人行、农行、工行）联合共保原则，坚持当年已实现的新增存款总额的30%和农采贷款余额下降数和扣除还人行短贷加人行退还给农行使用的部分短贷为农行负责按期到位任务，并与收购企业签订“农副产品收购资金到位合同”，及时发放贷款，保证资金调拨供应。当年在农行信贷资金紧张的情况下，通过向人行借入和内部调拨资金，用于农副产品收购资金5512万元。12月农行、信用社保开门、保支付的资金不足，备付金率仅1.2%，平均每个营业机构仅5万元，有6个营业所保支付困难，资金市场无法融通。对此，地农行集中调拨资金400万元解决。

1993年9月10日，地农行将从南江农行调度的103万元信贷资金全部返还，又实拨大春收购铺底资金520万元。10月8日，为支持农行抗灾救灾，地农行分配给南江救灾资金200万元。

2000 年 4 月 18 日，县农行根据地农行文件精神，为了有利于集中资金，规范经营和强化监控，县支行对辖区资金实行统一运筹和集中管理。

三、资金调剂

1986 年 11 月，地人、工、商、中四家银行共同拟定《达县地区金融系统资金拆借市场管理暂行办法》，规定参加拆借资金的专业银行和其他金融机构，拆入资金主要解决短期性、临时性资金不足，不得用于搞基本建设和技术改造等长期占用资金。拆入资金逾期不还按月万分之三加收利息，人行根据拆出行有关凭证，在拆入行存款账户上代拆出行扣款。1987 年，地农行改变信贷资金“供给制”，实行定额内计划调拨与超额定市场拆借，制定《农村资金市场暂行管理办法》。当年 5 月农村信贷投放偏大，存款增幅较小，信贷资金一度紧张，农行参与市场横向融资，拆入资金 2 笔，165 万元。

1989 年，资金管理改“以存定贷”为“资金来源制约资金运用”，促使农行加大存款、收回到逾期贷款力度。在资金运用上，除农业、农资和必保的重点项目外，对一般性的贷款不予发放。在收购旺季，地农行仍为南江农行调剂资金 216 万元，解决收购资金的供应问题。1990 年，地农行规定，县支行不参加市场拆借，资金临时困难，由地农行统一拆借解决，建立分层次调剂资金制度。

1992 年，信贷资金调剂按三个层次进行：第一层，以县联社为主体，进行县内信用社之间的资金余缺调剂；第二层，以农行为主体，按信用社转存款增加数的一定比例，直接拆借给困难的县联社调剂；第三层以地农行为主体，进行内部的资金余缺调剂。3 月 23 日，地农行对各县核定拆借资金额度，按年调整，原则上只调减，不调增，并给南江核定额度借款 200 万元。11 月 1 日地农行规定，信贷资金拆借一律由县农行计划部门统一办理。拆借对象，必须严格审查，经主管领导批准，方能办理。1993 年，地农行对南江农行上存调剂资金核定额度 160 万元。4 月，拆入资金所占存款的比例已远远超过人行规定 10% 标准，地农行决定上半年南江农行拆入资金余额占上月存款余额的比例分别控制在 13%，力争在三年内把拆借资金余额的比例分别控制在人行规定的 10% 之内。6 月 20 日起，地农行收回下放给各县农行及信用联社相互之间的资金拆借权利，要求只办理县内农行与信用社相互之间的资金拆借，停止对外拆借。10 月，为支持农业抗灾救灾，地农行向省农行借入救灾资金调剂给县农行 200 万元。

1994 年 7 月 12 日，为保证小春粮油收购资金足额到位，县农行向上级行和县人行借入农采资金 722 万元。1997 年 4 月 25 日，县农行为适应商业化经营的需求，提高资金使用效益，加强资金计划管理规定：一是改变县转联行汇差的清算。县辖联行汇差从 1997 年 5 月 1 日起实行按日清算，各所转存支行款户余额，不足清算县转联行汇差时，不足部分应主动记入欠款汇差资金户并单独填制系统内报单。二是账户设置及核算内容，分为上存资金户，二级存款准备金户，转存支行款户，以上 3 个账户经营所属存放系统内款项。

第三节　农业拨款监督

一、柜面监督

1986 年后，农业拨款以提高资金效益为中心，拨款、贷款和企事业自有资金，实行统筹安排。营业所、信用社的农业信贷员既管农贷又管拨款。财政或主管部门拨给区落实到公社预算单位的支持社队资金，戴帽下达的工程款，由区财政或用款单位在营业所按“款”开立“拨款户”。信用社对计划来的拨款不足1万元，由代理农行拨款科目转入受援单位存款科目原账户监督支付。

二、现场监督

1986年，县农行与财政水电部门研究决定，对农业拨款监督推行权、责结合，有奖有惩的经济合同制，水电局与受援社队工程单位签订合同，由财政、银行签证，按工程进度拨款。工程开工拨付资金50%，工程完成60%以上再拨30%，工程竣工验收合格后给予预算。节约资金按工程总造价的5%以内，奖励工程人员。

三、事后监督

1984年，县农行配合审计部门组成联合审计组，全面审查清理育林基金监督拨付情况。全县14个单位，错账金额38万元，其中：少收、漏收育林资金2.1万元，欠交6.4万元，瞒报3.1万元，无据核销3笔3.3万元。经联合审计，回收欠漏育林基金5.2万元，上交省、地、县林业部门6.6万元，归垫6.8万元，上缴财政4万元。

第四节　人行监管

一、综合治理

1989年，县人行成立以行长挂帅，保卫、守押人员、发行、会计国库负责人为成员的“综治工作”领导小组，与公安、武警、临近单位和城区街道办事处建立了治安联防，签订了联防区内社会治安综合治理责任书。1993年，巴中地区人行成立后，南江县支行综治领导小组进行了调整，以行长为组长，办公室、发行、保卫、会计国库、科技、监察等部门负责人为成员的综治工作领导小组，制定了包括《防诈骗、防火、防盗窃、防抢劫方案》、《金融系统治安联防方案》在内的一系列安全保卫规章制度。

1995年开始，综治工作纳入目标考核，并实行一票否决制。当年南江县支行的“综治工作”获地人行二等奖。1997年，地人行决定：收取1997—2000年度综治工作保证金，标准为5元/人·月，县支行一次性缴齐。

2000年起，县人行开展以禁“六害”、“正确处理和化解矛盾”为重点的一系列宣传教育活动；并对要害岗位人员行为进行定期或不定期分析，发现苗头及时纠正。

二、整治金融“三乱”

金融“三乱”，指地方、部门、企事业单位和个人乱集资、乱批设金融机构和乱办金融业务等行为。从20世纪90年代初起，从事非法金融业务活动开始蔓延。1994年10月，南江县正直区供销社，未经批准对外挂出“股金服务社”牌子向社会高息收股，至12月共吸收股金188笔，金额22万元，期限3个月、6个月、1年期，股息分别比银行同期利率高出0.95‰、1.5‰、2.5‰。南阳丝厂，1993年集资67万元，期限5年，利率12.6%。1994年，地人行会同南江县政府及有关部门，责成正直区供销社摘掉了“股金服务社”牌子，并督促其对存款转存当地信用社。1998年，南江县人行在县政府和上级行的支持下，顶住各方压力，对县财政投资公司非法吸收公众存款进行查处，与司法部门一道查封了该公司。

三、金融风险监管

为加强对金融机构经营风险的监管，从1996年下半年开始，县人行建立了非现场监管报表专收制度。是年，地人行对在人行建立备付金存款账户的6家金融机构支付风险情况进行了调查，从调查情况看，其备付率偏低，一般在0.8%～1.5%，但无明显的支付风险。从防范和化解金融风险情况看，金融运行平衡，存贷款大幅增长，但仍有很大风险。主要表现在：虚假的资产流动性高比率掩盖了银行资金周转缓慢的突出矛盾；大量的短期资金长期占用；不良信贷资产和亏损额居高不下，且呈上升趋势；违规及账外经营数额较大，存贷款比例（指每100元存款中贷款的占比）过高，资产负债不合理。至是年末，全区银行存贷款比例高达96.79%，城信社和农信社分别达67.98%和96.45%。

1997年3月，经对1996年末全区独立核算的285个城乡信用社资不抵债调查情况看，各项存款余额4.10亿元，各项贷款余额3.96亿元，存贷款比例为96.4%，当年亏损社155个，亏损额1185万元。1995年、1996年连续亏损社63个，亏损额980万元。全区农信社资不抵债社40个，城信社1个。

第五节　业务、财务审计监督

一、履职审计

1994年4月，地人行组成审计组，对南江县支行认真贯彻执行稳健的货币政策，加强对准备金存款、联行资金和邮政储蓄等基础货币的会计核算和监督管理。经查，未发现有挪用金融机构备付金、联行资金，截留和挪用邮政储蓄等问题，较好地保证了基础货币的安全性和完整性。是年9月，地人行组成内审检查组，对南江县人行所经办经济实体脱钩和损失情况进行了内审检查。南江城市信用社管理混乱，营运困难，社主任不齐不力的情况，县人行派到信用社任职的1名干部，于1998年4月底已平稳脱钩。

2000年5月，地人行对南江县人行贯彻执行人总行有关货币发行管理制度情况及库款安全情况进行了内审监督检查。通过内审监督检查，发现有8项不规范的地方。内审结束后，地人行于是月26日召开了有县发行、保卫、内审科长参加的办公会，通报了内审检查情况，提出了责令限期整改的意见，后各行拟写了整改报告，通过后续检查，存在的问题得到了整改。2000年8月，地人行组成专项审计组，对南江县支行1998—2000年6月末上级行划拨的电子化专项资金的管理、使用情况进行专项审计。经审计，支行对上级行划拨的专项资金，均存入电子化资金专户进行管理，并坚持专款专用，资金全部用于经批准的局域网网络工程建设，无转移、挪用，也未发生电子化资金损失和浪费情况。

二、支行履行央行职能审计

1999年7月，地人行内审检查组对南江县人行1998年度履行中央银行职责、领导决策、工作人员依法履行公务、内控制度建设及各项业务、财务管理情况进行了全面内审监督检查。经内审检查，南江县人行在审计期内，较好地贯彻执行国家货币政策，切实加强金融监管，在防范和控制金融风险，特别是城乡信用社的支付风险方面，取得了较好成绩，无一社发生支付风险而影响社会稳定。同时也指出了存在的“对利率违规处罚决定执行不严、对个别金融机构在一定范围内违反金融规章的行为未能及时发现与制止、对金融机构负责人任职资格审查不严、金融监管窗口指导方式不当，再贷款存在超期限放款、财务管理存在账实不符”等情况。2000 年，县人行对内审检查发现的问题，在辖区金融机构进行了认真整改，通过后续检查，达到了上级行的标准要求。

第六节　国库经理

1986—2000 年，县人行作为经理国库的基层单位，按照预算级次和产目，建立健全国库账务，坚持收入当日分解，当日入库，支拨款无拖延积压，尽量减少资金在途时间，加速财政资金周转，加强退库监督管理。并主动与财政、税务及专业银行配合，准确、及时地办理各级财政库款的划拨和报解。按期向上级国库和同级财政征收机关报送预算收入统计报表及年度报表。

第六章　保　险

第一节　财产保险

中国人民财产保险股份有限公司南江支公司，是由国家控制的第一家海外上市保险公司。主要经营各类财产保险、人身意外伤害保险、责任保险、工程保险、信用保证保险和政策性农业保险业务。业务范围覆盖了全县经济和人民生产、生活的各个领域，为近 100 家企、事业单位和 5 千余户城乡居民提供了 20 多亿元的风险保障。

企业财产保险　1987 年保费收入 10.2 万元，到 2000 年底保费收入达 92.1 万元，比 1987 年增长 9 倍。

公路汽车及第三者责任保险　此保险开办于 1987 年，当年保费收入 18.5 万元，成为南江的一个主要险种。到 2000 年底保费收入达 1515.6 万元，比 1987 年增长 27.8 倍。

家庭财产保险和家庭财产还本长效保险　此保险主要服务对象为城乡居民，因诸多因素，业务始终未能全面开展，只开办了房屋保险等业务。1987 年保费收入 21.6 万元，到 2000 年底仅 12.5 万元。

其他保险　1987 年保费收入 6.3 万元，到 2000 年底达到 68.4 万元，比 1987 年增长 10.8 倍。

表 18—7　　南江县 1987—2000 年财产保险业务收入统计表　　单位：万元

种类＼年度	1987	1988	1989	1990	1991	1992	1993	1994	1995	1996	1997	1998	1999	2000
企财险	10.2	4.7	14.2	16.3	22.1	28.9	38.2	55.4	60.2	77.3	81.5	89.6	91.2	92.1
家财险	21.6	6.5	5.8	4.6	6.9	9.8	11.5	12.6	11.7	14.5	14.2	16.1	18.2	12.5
车辆险	18.5	54.4	72.9	128.6	156.4	168.2	181.2	198.5	223.7	265.4	312.8	390.7	465.8	515.6
其　它	6.3	8.9	11.3	25.2	28.1	33.5	39.2	45.2	55.1	58.6	57.3	60.2	61.5	68.4
合　计	56.6	74.5	104.2	174.7	213.5	240.4	270.1	311.7	350.7	415.8	465.8	556.6	636.7	688.6

第二节　人寿保险

一、简易人身保险

简易人身保险，即为简单的人身保险，分 5 年、10 年、20 年、25 年、30 年期 5 个险种，投保人可根据年龄大小、灵活选择期限的长短，投保资金从 1 元到 100 元不等。保障的是被保险人因意外病故身亡或保险合同满期，保险公司按合同所载金额给付身故保险金或满期保险金，合同终止。1986 年 6 月，中国人民保险公司南江支公司开始经营简易人身保险，其对象主要是城市人口，当年投保人数达 5782 人，收取保费 57739 元。1987—1994 年，将保险工作重点放在了各大单位，尤其是行政、事业单位的职工身上，后逐步延伸到区乡，并同时增开其他险种，1994 年度投保人数达到 14292 人，共收取保费 161249 元。1985—2000 年，银行利率的调整，简易人身保险的保费也有所调高，营销的主攻方向向终身保险、两全保险转变。其中 1994 年投保人数达 17868 人，收取保费 24.5 万元。

二、终身保险

1989 年，终身保险主要以趸交产品为主（为一次性缴费），保险责任只保身故，当年投保人数达 6044 人，收取保费 14.5 万元。1993 年，公司着力其他险种的开拓和经营，并向乡镇各单位延伸，当年投保人数达 12190 人，收取保费 109.11 万元。1998 年，公司走营销化经营，主要以 88 鸿利终身保险和重大疾病保险为代表期交产品，因其缴费低、保险高的特点，很快得到广大市民的认同，终身保险保持着较快的发展势头，当年投保人数 54486 人，共收取保费 234.6 万元。

三、两全保险

1991 年 10 月，南江保险支公司开始经营两全保险。主要有独生子女两全保险，保险责任单一，把营销区域放在了城市高端收入人群上，当年收取保费 3.63 万元。1992—2000 年，公司不断调整经营策略，加大宣传力度，推出新的险种，使两全保险取得较快的增长势头，2000 年共收取保费 136.3 万元。

四、养老保险

1991 年 10 月，中国人民保险公司南江支公司开始办理养老保险业务。养老保险是以趸交产品为主（为一次性缴费），其对象有村干部养老保险，保险责任单一，由党政部门代理，当年投保人数759人，共收取保费2.47万元。1992年起，公司在做好其他险种拓展的同时，加大养老保险的开拓，实行集团化经营，不断调整经营策略。1999年，投保人数达25869人，共收保费达61.8万元。

五、学生平安保险

1987—1995年，中国人民保险公司南江支公司委托各教育机构和学校进行办理，1995年收取保费10.66万元。1996—2000年，为进一步做好人身保险的经营工作，中国人民保险集团公司实行分业经营，独立核算。公司继续做好学生平安保险工作，扩大学生的保障范围，调高学生的保险费，2000年度共收保费174.66万元。

六、人身意外伤害保险

1991—1995年，南江保险支公司开始经营人身意外伤害保险。主要险种以一年期短险为主，销售方式主要采取单位拓展方式，各年度投保人数从24人增加到2450人，收取保费从4.54万元增加到400万元。1996—2000年，中国人民保险集团公司实行分业经营，独立核算。分业后，继续做好人身意外伤害保险工作，公司推出以卡式保单为主，尽力满足广大市民的需求，2000年投保人数达2860人，收取保费35.74万元。

第三节 防灾理赔

1986年后，县保险公司认真贯彻“保险与防灾相结合”的方针，每年都配合公安、安全部门组织开展安全、消防、保险等知识竞赛活动，与交通、农机监理部门进行定期路检路查，增加安全意识。同时，资助防灾费用，改善社会安全设施。对于各种损案，县保险公司按照主动、迅速、合理的原则，及时进行理赔。到2000年底，已支付各类赔款8000多万元。

表18—8 南江县人寿保险1986—2000年经营情况表 单位：元

年度	简易人身保险				少儿两全				终身保险			
	投保人数	保费	理赔人数	理赔金额	投保人数	保费	理赔人数	理赔金额	投保人数	保费	理赔人数	理赔金额
1986	5782	57739	6	5630								
1987	9995	106573	42	14861								
1988	12150	141147	37	14013								
1989	13450	155900	63	23629					6044	145075	1	1000
1990	10679	124919	128	49994						288010		2800
1991	13389	155094	57	24684		95361	2	582		256032		
1992	14568	173627	72	40549		185979	4	2106		232092	4	1930
1993	12190	149306	56	24658		52140	6	3848		1091140	5	3230
1994	14292	161249	52	48767		48767	1	693		126882	20	24162

续上表

年度	简易人身保险				少儿两全				终身保险			
	投保人数	保费	理赔人数	理赔金额	投保人数	保费	理赔人数	理赔金额	投保人数	保费	理赔人数	理赔金额
1995	12321	148661	66	41264		58635				322830	26	22376
1996	15862	200441	139	72493		49996	1	1000		569968	14	14497
1997	16893	226838	157	92905		497179	12	25279		1864008	22	23690
1998	17425	233799	209	84926		849642	15	29021		2345884	28	34680
1999	17867	244650	89	38636		1064556	19	35765		488194	15	63188
2000	16456	216929	57	30622		1362964				1030599	25	106500

接上表

年度	学生平安保险				养老保险				人身意外伤害保险			
	投保人数	保费	理赔人数	理赔金额	投保人数	保费	理赔人数	理赔金额	投保人数	保费	理赔人数	理赔金额
1986												
1987	75657	151314	197	68177								
1988	46706	93412	289	43587								
1989	58389	116778	450	56610								
1990	46495	92987	180	56337								
1991	56270	106163	256	81482	259	24711			24	45464		
1992	19657	39314	267	44668	2460	788920			38	70423	3	900
1993	54974	109947	305	46052	4350	139100			12	3229	3	4949
1994	62149	124298	402	61525	8460	289509			156	33571	7	6259
1995	53234	106467	629	72720	5060	138095			2450	400490	8	27784
1996	51691	413523	745	151588	5767	154821	1	495	349	52506	7	35000
1997	43198	345582	848	212636	4087	109100			569	63649		
1998	54486	435883	857	264402	12670	417121			1989	116909	12	89391
1999	51979	1039580	567	479132	25869	617920			2860	173044	19	191084
2000	87035	1740691	989	756076	2890	54159			1690	352395	28	35000

第十九篇　扶贫开发

第一章　扶贫机构

第一节　机构沿革

1986 年 10 月 3 日，中共南江县委决定成立南江县经济开发领导小组，下设南江县经济开发领导小组办公室（简称县开发办）与县农贸办合署办公。县开发办主任由县农贸办公主任兼任。对内称县农贸办经济开发科，对外为县开发办。1987 年 11 月，县开发办从县农贸办独立出来，升格为正科级单位。

1997 年 6 月 11 日，南江县经济开发领导小组更名为南江县扶贫开发领导小组，南江县经济开发领导小组办公室更名为南江县扶贫开发领导小组办公室（简称县扶贫办），属县政府议事机构，履行扶贫开发综合、协调、服务职能。内设机构有综合股、项目股、社会扶贫股、监测股。下属机构有：南江县以工代赈办公室（简称县以工代赈办）、中国秦巴山区扶贫世界银行贷款项目南江县项目办公室（简称县世行办），南江县经济开发技术培训中心。

第二节　人员编制

1986 年 11 月，县开发办成立，有专职人员 2 名。1988 年 12 月 28 日，县机构编制委员会核定县开发办行政编制 6 名，1991 年新增事业编制 5 名，1997 年更名时，编制达到 16 名（县扶贫办 12 名、县世行办 4 名）。到 2000 年底专职工作人员增至 23 名，其中县扶贫办 15 名，县世行办 8 名。

第二章　资金、物资扶贫

第一节　中央贴息贷款

1986—1990年，上级下达南江县中央新增扶贫贴息贷款1149万元，其中1986年108万元，1987年336万元，1988年218万元，1989年230万元，1990年257万元。1991—1995年，上级下达南江县中央新增扶贫贴息贷款3053万元。其中1991年253万元，1992年421万元，1993年739万元，1994年780万元，1995年860万元。1996—2000年，上级下达全县中央新增扶贫贴息贷款13439万元，其中1996年1080万元，1997年2130万元，1998年2550万元，1999年4429万元，2000年3250万元。

表19—1　　南江县1986—2000年中央新增扶贫贴息贷款使用情况统计表

年度	1. 种植业		2. 养殖业		3. 加工业		合计	
	项目个数	中央新增扶贫贴息贷款（万元）	项目个数	中央新增扶贫贴息贷款（万元）	项目个数	中央新增扶贫贴息贷款（万元）	项目个数	中央新增扶贫贴息贷款（万元）
1986	8	58	4	10	2	40	14	108
1987	9	83	5	85	5	168	19	336
1988	6	87.5	4	31	9	99.5	19	218
1989	7	162	3	7	11	61	21	230
1990	21	125	3	12	10	120	34	257
“七五”小计	51	515.5	19	145	37	488.5	107	1149
1991	8	159	3	4	8	90	19	253
1992	8	260	3	25	9	136	20	421
1993	12	107	3	13	12	619	27	739
1994	10	44	5	31	14	705	29	780
1995	8	139	5	78	24	643	37	860
“八五”小计	46	709	19	151	67	2193	132	3053
1996	22	285	23	115	19	680	64	1080
1997	78	675	169	645	26	810	273	2130
1998	89	562	221	865	44	1123	354	2550
1999	211	1451	266	1973	58	1005	535	4429
2000	195	1174	251	980	39	1096	485	3250
“九五”小计	595	4147	930	4578	186	4714	1711	13439
合计	692	5371.5	968	4874	290	7395.5	1950	17641

第二节　县办企业贷款

1988年，上级下达县办企业贷款65万元。“八五”时期，上级下达全县县办企业贷款660万元，其中1991年280万元，1992年80万元，1993年230万元，1994年70万元。

表19—2　　南江县1988—1994年部分年度县办企业贷款使用情况统计表　　单位：万元

年　度	县办企业贷款	资金渠道	建设项目
1988	65	人民银行	酒厂新建饲料生产项目40万元，县石材加工厂新建薄板生产线项目25万元
1991	280	人民银行	县霞石矿建设项目280万元
1992	80	人民银行	外贸湿法魔芋精粉生产线项目80万元
1993	50	人民银行	县霞石矿建设项目50万元
1993	180	建设银行	红四门市场建设项目180万元
1994	70	人民银行	水泥二厂技改项目30万元，县霞石矿建设项目40万元
合　计	725		

第三节　扶贫物资

“七五”时期，上级分配扶贫物资供应指标：扶贫钢材905吨、扶贫化肥2895吨、扶贫柴油210吨、扶贫汽车29辆、扶贫水泥500吨、纯碱30吨、高压线10吨。“八五”时期，上级分配全县扶贫物资供应指标：扶贫钢材710吨、扶贫化肥2138吨、扶贫柴油285吨、扶贫汽车13辆、地膜131吨。

表19—3　　南江县1987—1994年上级分配扶贫物资指标统计表

年　度	汽　车（辆）	钢　材（吨）	化　肥（吨）	柴　油（吨）	高压线（吨）	水　泥（吨）	纯　碱（吨）	地　膜（吨）
1987	7	130		135	10	300	20	
1988	15	250	95			200	10	
1989	3	80	2000					
1990	4	445	800	75				
1991	6	260	670	65				
1992	4	385	718	110				35
1993	3	65	750	110				
1994								96
合　计	42	1615	5033	495	10	500	30	131

第四节　以工代赈资金

"八五"时期，上级下达给南江县粮食以工代赈和工业以工代赈折资2557.21万元。其中1991年320万元，1992年364.86万元，1993年525.43万元，1994年612.22万元，1995年734.7万元。"九五"时期，上级下达全县以工代赈资金4649万元，其中1996年915万元，1997年800万元，1998年909万元，1999年1135万元，2000年890万元。

表19—4　　南江县1991—2000年以工代赈资金（含物资折资）使用情况统计表　　单位：万元

年　度	交通	水利	农业	畜牧	林业	邮电	合计
1991	70	50	200				320
1992	49.38	162.45	148.09		4.94		364.86
1993	91.91	143.63	234.7	40	15.19		525.43
1994	148.43	279.47	168.58		15.74		612.22
1995	184	339.7	195		16		734.7
"八五"小计	543.72	975.25	946.37	40	51.87		2557.21
1996	260	343	232	15	50	15	915
1997	200	355	175	30	25	15	800
1998	280	425	140	25	24	15	909
1999	205	346	460	70	24	30	1135
2000	344	176	341	29			890
"九五"小计	1289	1645	1348	169	123	75	4649
合　计	1832.72	2620.25	2294.37	209	174.87	75	7206.21

第五节　其他资金

一、中央新增财政扶贫资金

"九五"时期，上级下达南江中央新增财政扶贫资金2547.5万元，其中1997年436万元，1998年370万元，1999年710万元，2000年1031.5万元。

二、世界银行贷款

"九五"时期，南江县秦巴山区扶贫世界银行贷款项目，使用世界银行贷款2555.64万元（人民币），其中1997年443.91万元，1998年416.54万元，1999年1188.57万元，2000年516.22万元。

表 19—5　　南江县 1997—2000 年中央新增财政扶贫资金使用情况统计表　　单位：万元

年　度	农田基本建设	乡村公路	人畜饮水	种养业	技术培训	社会事业	合　计
1997	246	68	21		20	81	436
1998	61	35	62	131	30	51	370
1999	193.6	113	156.9	153	7	86.5	710
2000	205	180	231	235.5	50	130	1031.5
合　计	705.6	396	470.9	519.5	107	348.5	2547.5

第三章　单位包点扶贫

第一节　中央、省、地机关定点扶贫

1987 年，省冶金厅定点帮扶南江，派驻扶贫工作组，组长周茂竹任副县长，徐泽涵等 3 人分别在县开发办、工业局和乡企局任副职。同年 3 月，达县地区行署办、畜牧局、农行、工商局，冶煤局派出扶贫工作组到南江县，分别帮扶八庙乡、白院乡、贵民乡、坪河乡和新民乡。1989 年，成都科技大学定点帮扶南江，下派支鉴任副县长。1991 年，省开发办定点帮扶南江，下派刘维嘉任副县长。1994 年，省林业厅下派王玉林任中共南江县委常委。

1995 年，中国工商银行总行定点帮扶南江，派驻第一批扶贫工作组，组长荆仁任副县长。同年 2 月，省林业厅和第三军医大学定点帮扶南江，王玉林兼任副县长。同年 5 月，巴中地区水电局、工商局、建设环保局派出工作人员到平岗乡分别帮扶一二三村、四五六村和七八村。同年 8 月，地人行、粮食局、宣传部、组织部、地委办、工商局、邮电局、畜牧局、财保公司、林业局、广电局、水电局派出工作人员来到南江，分别帮扶红四乡、竹岭乡、红五乡、天池乡、侯家乡、长征乡、平岗乡、仁和乡、旭光乡、寨坡乡、玉泉乡和新民乡。1996 年 3 月，中国工商银行总行第二批扶贫工作组来到南江，组长郑良国任副县长。

1997 年，中国工商银行第三批扶贫工作组到南江，组长李湘林任副县长。同年 9 月，地委副书记、行署专员李克明，地委委员、地委秘书长张忠孝、地人大工委副主任宋仕珍、行署副专员张玲、地政协工委副书记梁廷寿联系南江县，分别帮扶寨坡乡水田坪村、赶场乡西坝村、红顶乡荀林村、元潭乡三峰观村和流坝乡金台村。组织部副部长、党建办副主任徐典春，人行行长严思勃，水电局局长陈良明、林业局局长熊启伦，畜牧局局长孙治体来到南江包乡扶村，分别包扶天池乡白顶村、红四乡惠民村、新民乡硝洞村、寨坡乡水田坪村和仁和乡仁和村。地人行、宣传部、邮电局、财保局、广电局、粮食局、组织部、工商局、林业局、畜牧局、水电局、地委办、武警支队和科协、体改委派出工作人员来到南江县，分别帮扶红四乡惠民村，红五乡罗圈村、平岗乡断桥村、旭光乡柳池村、玉泉乡三关村，竹岭乡华山村、天池乡白顶村、长征乡同坪村、寨坡乡水田坪村、仁和乡仁和村、新民乡硝洞村、侯家乡赵家村、红四乡山清村和天池乡石家院村。

1999年，中国工商银行第四批扶贫工作组到南江，组长杨智学任副县长。2000年，中国工商银行第五批扶贫工作组来到南江，组长王晓伟同志任副县长。

自1987年起至2000年，中央和省、地机关定点扶贫，在资金、物资、技术和人才等方面给予南江极大的支持和无私的帮助。据统计：十四年中，先后有1个中央机关、5个省级机关和23个地级机关到南江县开展定点扶贫，帮助新上项目63个，投入信贷资金6800万元，无偿资金820万元，捐赠现金156万元，捐赠工农业生产、教育卫生等社会事业所需物资，设备设施和器具折资460万元；举办矿山建设、企业管理、种养业技术和劳务输出培训班110期、培训企业管理人员1200人次，培训农民12500人次，有力地支援了南江的扶贫攻坚工作。

第二节　县城单位定点扶贫

1987年，县委、县政府确定了49个县城单位定点扶贫46个乡，下派9名干部到每个区任副区长，下派73名干部到每个乡任副乡长。

1989年3月，县委、县政府发文再次强调各定点扶贫单位要按原定的至少三年不变、人员半年一轮换的办法，长期坚持抓好定点扶贫。

1995年9月，县委、县政府确定了31个县城单位定点扶贫12个特困乡、19个贫困乡。12月，县委、县政府进一步调整充实确定73个县城单位定点扶贫31个特、贫困乡，包村94个（其中整顿后进村25个），带动村36个。

1998年8月，县委、县政府确定49个县城单位、36名县级领导、262名县城单位领导、48名区级领导，包扶41个贫困乡、242个贫困村。

据统计：自1987年至2000年的十四年中，县城单位为其挂扶的乡村捐赠种子48000公斤、种苗690株、种畜（猪、牛、羊）5630头（只）、水泥3470吨；捐赠130万元，救助失学儿童重返校园2300名，捐赠衣物26100件（套）；帮扶新上项目820个，投入信贷资金4950万元、无偿资金2600万元；举办实用技术培训班3300期，培训90万人次。

第四章　扶贫项目开发

1986年后，南江县坚持“自力更生为主，国家扶持为辅”的方针，走开发式扶贫道路。在信贷扶贫项目的实施上，一方面采取扶持贫困户发展生产的办法，使贫困农民达到增产增收的目的；另一方面采取扶持经济实体的办法，使贫困农民通过经济实体的发展壮大，在生产资料供应、农副产品销售和进厂（矿、场）务工等方面得到照顾，受到扶持。在以工代赈项目和财政扶贫资金项目的实施上，通过基础设施建设，支柱产业建立和社会事业发展，改善贫困农民的生产生活条件。加强扶贫开发项目管理，层层筛选，择优立项，科学评估，对各种渠道来的扶贫资金，按照“用途不变，渠道不乱，统一规划，集中使用”的原则，由县扶贫开发领导小组统筹，组织各有关部门规划和实施；实行财政监督、审计监督和信贷监督，使扶贫资金发挥最优效益，使扶贫项目达到预期效果。

第一节 扶贫贴息贷款项目

1986—1990 年，全县共使用中央新增扶贫贴息贷款 1149 万元，扶贫种植业（含林业）、养殖业（含渔业）、加工业（含除种植业、养殖业外所有其它生产经营行业）项目 107 个。其中：用于种植业 515.5 万元，扶持地膜玉米、茶叶基地、食用菌开发、烟叶生产、发展水果、蚕桑、药材、核桃、板栗等项目 51 个；用于养殖业 145 万元，扶持新法养猪、养羊牛兔、流水养鱼等项目 19 个；用于加工业 488.5 万元，扶持铁矿建设、煤矿开采、水电站建设、建筑、饲料生产、农副产品加工、劳动输出等项目 37 个。这期间红山铁矿建设使用中央新增扶贫贴息贷款 220 万元，长西路建设使用中央新增扶贫贴息贷款 40 万元，是使用扶贫资金最多的两个经济实体扶贫项目。

1991—1995 年，全县共使用中央新增扶贫贴息贷款 3053 万元，扶持种植业（含林业）、养殖业（含渔业）、加工业（含除种植业、养殖业外所有其它生产经营行业）项目 132 个。其中：用于种植业 709 万元，扶持综合农业开发、蚕桑生产、果品生产、“三木”药材、茶叶生产、魔芋生产、黄红麻生产、长赤下湿田改造、蘑菇生产、蔬菜生产等项目 46 个；用于养殖业 151 万元，扶持养猪、黄羊、肉鸡、养鹿、稻田养鱼、水库养鱼等项目 19 个；用于加工业 2193 万元，扶持新建岳家坝电站、高龙坎电站、新子溪电站、青鱼洞电站、乐坝水泥厂技改、红山铁矿、唐家嘴水库电站、郭家湾联办煤矿、乐坝农资中转站、坪河花岗石厂、宪家湾铁矿、霞石矿技改、水泥二厂技改、小河空心门生产线、小洞联办煤矿、上两桃园红花岗石、乐坝废旧物资中转站、赶场电站、食品公司冷库等项目 67 个。

1996—2000 年，全县共使用中央新增扶贫贴息贷款 13439 万元，扶持种植业（含林业）、养殖业（含渔业）、加工业（含除种植业、养殖业外所有其它生产经营行业）项目 1711 个。其中：用于种植业 4747 万元，扶持核桃、花椒、银杏、杜仲、茶叶低改、魔芋、桑园、地膜玉米、油桐基地建设、香菇生产、陆稻、小麦、薯类、银花、蔬菜、黄花、板栗、苹果、造林、乌梅等项目 595 个；用于养殖业 4578 万元，扶持黄羊、秸秆氨化养牛、生猪生产、池塘养鱼、家禽、网箱养鱼、流水养鱼等项目 930 个；用于加工业 4714 万元，扶持土特产品加工、小巫峡水站建设、自来水管网技改、西门沟综合市场、砼系列产品生产、沙河农村电网改造、金碑茶叶开发、杨坝市场建设、长赤至正直输变电工程等项目 186 个。

第二节 县办企业贷款项目

1988 年，县办企业贷款 65 万元，用于南江县酒厂新建利用酒糟生产配合饲料项目（年产饲料 1200 吨）40 万元、南江县石材加工厂新建薄板生产线项目（年产板材 3000 平方米）25 万元。1991—1995 年，全县共使用县办企业贷款 560 万元。其中：1991 年使用人行县办企业贷款 280 万元，用于霞石矿建设；1992 年使用人行县办企业贷款 80 万元，用于外贸公司湿法魔芋精粉生产线建设；1993 年使用人行县办企业贷款 50 万元，用于霞石矿建设，使用建行县办企业贷款 180 万元，用于红四门市场建设；1994 年使用人行县办企业贷款 70 万元，用于水泥二厂技改 30 万元，用于霞石矿建设 40 万元。

第三节　以工代赈项目

1991—1995年，全县使用以工代赈资金（物资折资）2557.21万元，用于交通、水利、农业、畜牧、林业等项目。其中：用于交通543.72万元，占21.3%；用于水利975.25万元，占38.1%；用于农业946.37万元，占37%；用于畜牧40万元，占1.6%；用于林业51.87万元，占2%。1996—2000年，南江使用以工代赈资金4649万元，用于交通、水利、农业、畜牧、林业等项目。其中：用于交通1289万元，占27.7%；用于水利1645万元，占35.4%；用于农业1348万元，占29%；用于畜牧169万元，占3.6%；用于林业123万元，占2.6%；用于邮电75万元，占1.6%。

第四节　中央新增财政扶贫资金项目

1996—2000年，全县使用中央新增财政扶贫资金2547.5万元，用于农田基本建设、乡村公路、人畜饮水、种养业、技术培训、社会事业等项目。其中：用于农业基本建设705.6万元，占27.7%；用于乡村公路396万元，占15.5%；用于人畜饮水470.9万元，占18.4%；用于种养业519.5万元，占20.4%；用于技术培训107万元，占4.2%；用于社会事业348.5万元，占13.7%。

第五节　世界银行贷款项目

“九五”时期，全县启动秦巴山区扶贫世界银行贷款项目。项目覆盖24个乡镇、116个行政村、2.22万户、8.83万人，使用世界银行贷款2555.64万元（人民币）。其中：用于土地与农户开发分项目1875.84万元，占73.4%；基础设施分项目337.3万元，占13.2%；农村企业与农贸市场分项目71.56万元，占2.8%；劳务输出分项目232.56万元，占9.1%；机构建设分项目38.38万元，占1.5%。

第五章　扶贫工作效益

第一节　“七五”时期成效

一、贫困状况

1986年，全县总人口534066人，农业人口496287人，国内生产总值15215万元，农民人均纯收入245元；粮食总产量210030吨，农民人均粮食产量423公斤；出栏生猪226192头，出栏羊11541只；通车公路里程966公里，电话机377部；社会商品零售总额8476万元，财政总收入2148万元（县内收入787万元）；人口出生率18.10‰，自然增长率12.24‰；输送大专学生138人，中专学生131人，农民百户拥有电视机5台。有39个乡、64717户、30.4万人在温饱线以下，分别占当年全县总乡（镇）数的53.4%、总农户的52.3%和总人口的60.5%，其中“三不户”（食不果腹、衣不蔽体、住不遮风雨）达10740户、48231人，占贫困户和贫困人口的16.6%和15.9%，是全国定点扶持的贫困县。

二、扶贫目标

根据南江的实际情况，“七五”期间解决贫困农民温饱问题的基本要求是：农民人均年纯收入200元，人均占有粮食300公斤。还必须同时具备稳定解决温饱问题的四个基本条件：一是人平建成0.5亩以上的稳产高产粮田；二是户有一亩找钱地，或办好一个小庭院，或有一个多种经营骨干项目；三是户有一个黄牛单位的牲畜（折算标准：水牛为0.77头，黄牛为1头，猪为3头，羊为5只，兔为20只）；四是户有一个劳动力从大田生产上转移出来，务工经商搞服务或发展多种经营。其标准必须以户为单位计算，第一个条件必须达到，后三个条件中达到两条者，也可认为基本解决温饱。对乡（镇）来说，除五保户和救济户外，以户为单位，90%以上的贫困户都要达标。

三、主要成效

“七五”期间，全县使用中央新增扶贫贴息贷款1149万元，使用县办企业贷款65万元，使用省地分配南江县扶贫钢材905吨，化肥2895吨，柴油210吨，汽车29辆，水泥500吨，纯碱30吨，高压线10吨。这些扶贫资金，均按上级规定用到了扶贫项目上，其中：用于种植业项目51个，使用资金515.5万元；用于养殖业项目19个，使用资金145万元；用于加工业项目39个，使用资金553.5万元。扶贫物资全部用到了全县38个重点扶贫项目。扶贫资金和物资的投入，产生了良好的扶贫效果。全县新增产值达1.87亿元，贫困户增收1.05亿元，户平增收500多元，农民人均纯收入净增100元，达到345元；人年产粮467公斤，比1986年人均增长67公斤。

1989年12月，经省、地赴南江检查验收组确认：按人均纯收入232元，人平占有粮食300公斤计算，已有61934户、290016人越过了温饱线，分别占贫困户总户数和总人口的95.7%和95.4%，有18724户贫困户达到了“四个一”中的二至三个以上的要求，取得了提前一年越过温饱线的成就。

第二节　“八七”扶贫攻坚成效

一、扶贫目标

1993年11月，根据“八七扶贫计划”，组织县级有关部门制定了《南江县三〇七扶贫攻坚计划》，并经县人大通过。决定从1994—2000年，集中人、财、物力，动员社会各界力量，用七年左右时间，基本解决农村30.4万贫困人口的温饱问题。解决温饱问题的标准是：按1990年不变价格计算，贫困户年人均纯收入达到500元；人均年占有粮食400公斤。要达到这个标准，应搞好“五个一”的建设，即：一是人均有半亩至一亩高产稳产粮田；二是户均有一亩找钱地或人均有二三十株经济林木的小庭园；三是户均有一个养殖业骨干项目；四是户均有一个劳动力从粮田生产上转移出来，发展多种经营或务工、经商搞服务业等第二、三产业；五是技术培训户均有一个“明白人”。对县来说，扣除五保户和社会救济对象外，90%以上的建卡贫困户要达到上述标准和条件。

二、主要成效

“八五”期间的扶贫工作，上级主管部门虽制定了工作目标，但在1993年10月全国才正式转入实施“八七扶贫攻坚计划”。因此，将1991—1993年的扶贫工作，纳入实施“八七扶贫攻坚计划”一并总结。1991—2000年，全县使用中央新增扶贫贴息贷款16492万元（实施“八七扶贫攻坚计划”的1994—2000年为15079万元）、使用县办企业贷款560万元（实施“八七扶贫攻坚计划”的1994—2000年为70万元）、使用以工代赈资金7206.21万元［实施“八七扶贫攻坚计划”的1994—2000年为5995.5万元（1996年以前为零）］，使用省、地分配南江县扶贫钢材710吨、化肥2138吨、柴油285吨、汽车13辆、地膜131吨。这些资金和物资全部用于全县种、养、加工等生产发展项目和基础设施、社会事业及公益性项目，为贫困农民增收，改善生产生活条件，促进县域经济发展奠定了坚实的基础。“八七扶贫攻坚计划”实施前的1993年，全县公路通车里程仅1334公里，等级公路为零，有3个乡、74%的村不通公路；33%的村不通电；44%的村不通广播电视；农民人均纯收入498元，人均占有粮食426公斤；建卡贫困户有64717户、30.4万人，有3000多农户住窝棚或岩洞，属典型的山区贫困县。在实施“八七扶贫攻坚计划”后，经1999年10月县自查，1999年11月省赴南江县越温达标验收工作组确认，全县贫困人口年人均纯收入（90不变价）已达到586元，年人均粮食占有量441公斤；已解决温饱的贫困户和贫困人口分别占实有建卡贫困户数和贫困人口的93.94%和94.02%；达到“五个一”标准的贫困户占实有建卡贫困户数的83.36%，全县提前一年完成“八七扶贫攻坚计划”。2000年，全县国内生产总值达到14.5亿元，比1993年增长243%；人均国内生产总值达到2548元，比1993年增长259%；县级财政收入实现5278万元，比1993年增长93.8%；农民人均纯收入达到1379元，比1993年增长177%。

第二十篇 政 党

第一章 中共地方组织

第一节 中共南江县委员会

中国共产党南江县委员会（简称中共南江县委或县委），1986 年 1 月至 1993 年 9 月，属中共达县地区委员会（简称达县地委）领导；1993 年 10 月至 2000 年 9 月，属中共巴中地区委员会（简称巴中地委）领导；2000 年 12 月起属中共巴中市委员会（简称巴中市委）领导，中共南江县委名称一直未变。自 1986 年至 2000 年的 15 年间，共召开过第六、七、八、九次党代会，分别选举产生了六、七、八、九届县委。每届县委一次会议上分别选出了县委委员、常委、副书记和书记。从第八届起，因巴中地区成立，不少领导成员调巴中地区工作和上级下派干部任职等原因，县委委员常委和正副书记变动较大。

第二节 工作机构

一、县委序列机构

1986 年，县委设县纪委、办公室（内设秘书科、调研科、行管科、保卫科）、组织部、宣传部、统战部、直属机关党委、政法委、党史办、党校、精神文明办（简称文明办）、信访办、保密办、对台办。1989 年，保密办升保密局。1990 年增设村建办，1991 年增设综治办，1993 年增设老干局、报道组、南江报社，1994 年增设党建办（村建办），1997 年增设机要局。至 2000 年底，县委序列机构有：纪委、办公室、政研室、组织部、宣传部、统战部、政法委、直工委、党校、党史研究室、信访办、文明办、报道组、南江报社、保密局、机要局、老干局、党（村）建办、综治办。

二、区（镇）党委

1986—2000 年，县委下辖南江镇（1982 年建）、乐坝镇（1994 年建）、桃园镇（1998 年建）

等3个镇党委和小河、沙河、长赤、正直、下两、大河、赶场、贵民、上两、杨坝等10个区党委。

三、乡（镇）党委

1986—2000年，区党委下辖小河、碾盘、石矿、桥坝、水洞、沙河、赤溪、燕山、金盆、新店（后更名高塔）、八庙、团结、乐坝（1994年升为区级镇）、长赤、红光、九顶、双桂、新华（后更名侯家）、天池、红五、竹岭、红四、傅家、红顶、正直、和平、菩船、双河（后更名为双流）、凤仪、朱公、花桥、黑潭、下两、东垭、元潭、凉水、长征、仁和、坪岗、高桥、大河、兴马、瓦池、北极、白院、石板（后更名石滩）、关门、赶场、关路、关田、红岩、旭光、桥亭、沙滩、贵民、汇滩、沙坝、西清、柳湾、新立、红星、上两、关坝、玉泉、槐树（1998年同桃园乡合并建立桃园镇）、桃园（1998年建区级镇）、寨坡、光明、杨坝、新民、坪河、甘溪、流坝等73个乡（镇）党委。其中，1989年9月长赤、正直、沙河、大河撤乡建镇改为镇党委。

四、基层党支部

1986—2000年，县委按照《党章》的相关规定，凡是具备建立党支部条件的党政企事业单位和农村、街道都建立了党的支部。2000年止，全县共建有党支部1394个，总支委员会44个，共有党员19636人，其中正式党员19043名，预备党员593名，男性党员17833名，女性党员1803名。

第三节　党员代表大会

一、第六次党代会

中共南江县第六次代表大会，于1987年8月14—18日在县人民大礼堂召开。到会正式代表290人，列席代表46人。县委书记杨清镛代表第五届县委向大会作了《坚持四项基本原则，坚持改革、开放、搞活，为建设社会主义新南江而努力奋斗》的工作报告。报告对三年来的工作做了全面总结，充分肯定了取得的基本成绩和经验。提出了在社会主义初级阶段，南江面临的根本任务是放手发动群众，坚持四项基本原则，坚持改革、开放、搞活，立足开发，艰苦奋斗，大力发展社会主义商品经济摆脱贫困，为努力建设社会安定、经济活跃、文化繁荣、环境优美、人民富有的社会主义新南江而奋斗。大会选举产生了第六届县委委员23人、候补委员4人，县纪委委员13人；县委六届一次会议选出县委常委11人，正、副书记4人。

二、第七次党代会

中共南江县第七次代表大会，于1990年8月6—10日在县人民大礼堂召开。到会正式代表260名、列席代表63名。县委书记杨清镛代表第六届县委作了《高举社会主义旗帜，发扬艰苦奋斗精神，为建设富裕文明的新南江而努力奋斗》的工作报告。报告肯定了六届县委三年来的工作。提出了今后三年县委的中心任务是：领导和带领全县人民继续高举社会主义旗帜，以经济建设为中心，坚持四项基本原则，坚持改革开放，富县富民结合，全面振兴南江经济，不断加强精神文明建设，努力实现新突破，建设富裕文明的新南江。大会选举产生了第七届县委委员23名，县委候补委员4名，县委常委9名，县委正、副书记4名；县纪委委员13名，县纪委常委7名，县纪委正、副书记3名。大会通过了《关于加强县委自身建设的决议》、《关于大力兴办集体“绿色开发工程”、积极发展庭院经济的决议》。

三、第八次党代会

中共南江县第八次代表大会，于1993年3月21—24日在县人民大礼堂召开。到会正式代表262人，列席代表56名。县委书记刘宗寿代表第七届委员会向大会作了《加快改革开放和经济建设步伐，为提前实现小康目标而奋进》的工作报告。提出了今后五年改革与建设的主要任务是：在九十年代末，建立起社会主义市场经济新体制和国民经济再翻一番、实现小康南江。2000年完成国民经济生产总值10.4亿元（90年不变价）、年均递增10.2%；县级财政收入实现6000万元，年均递增12.1%；农民人均纯收入实现1000元，年均递增7.7%；总人口控制在63.5万以内。大会选举产生了中共南江县第八届委员会委员25名、候补委员4名，中共南江县纪律检查委员会委员14名。县委八届一次会议上选举出县委常委11名，正、副书记4名。县纪委一次会议上选举产生了纪委常委和正、副书记。

四、第九次党代会

中共南江县第九次代表大会，于1998年2月20—23日在县人民大礼堂召开。到会正式代表259名，列席代表54名。陈延荣代表第八届县委作了《解放思想，加快发展，把富裕文明的新南江带入21世纪》的工作报告，王自力代表县纪委作了《坚持从严治党，全面履行职能，深入持久地开展反腐败斗争》的工作报告。大会在肯定了第八届县委五年来工作成绩的基础上，重点对今后五年工作作出了安排和部署，并提出了到2002年，全县国内生产总值达10.5亿元，县级财政收入力争1亿元，粮食总产量稳定在3.2亿公斤以上，农民人均纯收入达到2300元，全县总人口控制在64万以内的近期目标。大会选举产生了中共南江县第九届委员会委员15名、候补委员4名，县纪委委员15名。县委九届一次会议上选举出县委常委11名，正、副书记4名。

表20—1 南江县委1986—2000年领导成员名录

届 次	职 务	姓 名	任职时间	备 注
第五届	书 记	杨清镛	1984年4月—1987年8月	
	副书记	郑友铭	1984年4月—1985年9月	
		何文成	1984年4月—1987年2月	
		杨正本	1984年4月—1987年8月	
		刘宗寿	1985年10月—1987年8月	
		李先哲	1987年2月—1987年8月	
		刘多发	1987年2月—1987年8月	
	常务委员	杨清镛	1984年4月—1987年8月	
		郑友铭	1984年4月—1985年9月	
		何文成	1984年4月—1987年2月	
		杨正本	1984年4月—1987年8月	
		廖明才	1984年4月—1987年8月	
		李先哲	1984年4月—1987年2月	

续上表

届　次	职　务	姓　名	任职时间	备　注
第五届	常务委员	汪兆荣	1984 年 4 月—1987 年 8 月	
		张新荣	1984 年 4 月—1987 年 8 月	
		熊启伦	1984 年 4 月—1987 年 8 月	
		贺　军	1984 年 4 月—1987 年 8 月	
		罗兴海	1984 年 4 月—1986 年 8 月	
		刘宗寿	1984 年 5 月—1987 年 8 月	
		彭仁金	1986 年 8 月—1987 年 8 月	
		刘多发	1987 年 2 月—1987 年 8 月	
第六届	书　记	杨清镛	1987 年 8 月—1990 年 8 月	
	副书记	刘宗寿	1987 年 8 月—1990 年 8 月	
		李先哲	1987 年 8 月—1990 年 8 月	
		刘多发	1987 年 8 月—1990 年 8 月	
	常务委员	杨清镛	1987 年 8 月—1990 年 8 月	
		刘宗寿	1987 年 8 月—1990 年 8 月	
		李先哲	1987 年 8 月—1990 年 8 月	
		刘多发	1987 年 8 月—1990 年 8 月	
		廖明才	1987 年 8 月—1990 年 8 月	
		熊启伦	1987 年 8 月—1990 年 8 月	
		张新荣	1987 年 8 月—1990 年 8 月	
		何文成	1987 年 8 月—1990 年 8 月	
		彭仁金	1987 年 8 月—1990 年 8 月	
		何明强	1987 年 8 月—1990 年 8 月	
		赵其伟	1987 年 8 月—1990 年 8 月	
第七届	书　记	杨清镛	1990 年 8 月—1992 年 1 月	
	副书记	刘宗寿	1990 年 8 月—1992 年 2 月	
		刘多发	1990 年 8 月—1993 年 3 月	
		何茂兴	1990 年 8 月—1993 年 3 月	
		王增建	1990 年 8 月—1993 年 3 月	下派
	常务委员	杨清镛	1990 年 8 月—1992 年 2 月	
		刘宗寿	1990 年 8 月—1993 年 2 月	
		刘多发	1990 年 8 月—1993 年 3 月	
		何茂兴	1990 年 8 月—1993 年 3 月	
		王增建	1990 年 8 月—1993 年 3 月	下派
		张新荣	1990 年 8 月—1993 年 3 月	
		彭仁金	1990 年 8 月—1993 年 3 月	
		何建渠	1990 年 8 月—1993 年 3 月	
		李述海	1990 年 8 月—1993 年 3 月	

续上表

届 次	职 务	姓 名	任职时间	备 注
第八届	书 记	刘宗寿	1992 年 1 月—1993 年 10 月	
	副书记	刘多发	1993 年 3 月—1993 年 10 月	
		何茂兴	1993 年 3 月—1993 年 10 月	
		彭仁金	1993 年 3 月—1993 年 10 月	
	常务委员	刘宗寿	1992 年 2 月—1993 年 10 月	
		刘多发	1993 年 3 月—1993 年 10 月	
		何茂兴	1993 年 3 月—1993 年 10 月	
		彭仁金	1993 年 3 月—1993 年 10 月	
		何建渠	1993 年 3 月—1993 年 10 月	
		何永健	1993 年 3 月—1993 年 10 月	
		李述海	1993 年 3 月—1993 年 10 月	
		赵其伟	1993 年 3 月—1993 年 10 月	
		熊启伦	1993 年 3 月—1993 年 10 月	
		唐润富	1993 年 3 月—1993 年 10 月	
		蒋东生	1993 年 3 月—1993 年 10 月	
	书 记	何茂兴	1993 年 10 月—1995 年 5 月	
	副书记	熊启伦	1993 年 10 月—1998 年 2 月	
		李述海	1993 年 10 月—1998 年 2 月	
		彭仁金	1993 年 10 月 1995 年 4 月	
	常务委员	何茂兴	1993 年 10 月—1996 年 5 月	
		熊启伦	1993 年 10 月—1996 年 5 月	
		李述海	1993 年 10 月—1996 年 5 月	
		彭仁金	1993 年 10 月—1995 年 4 月	
		何永健	1993 年 10 月—1998 年 2 月	
		唐润富	1993 年 10 月—1998 年 2 月	
		刘青宁	1993 年 10 月—1998 年 2 月	
		冯光全	1993 年 10 月—1998 年 2 月	
		何敏章	1993 年 10 月—1998 年 2 月	
		魏文通	1993 年 10 月—1998 年 2 月	
		赵其伟	1993 年 10 月—1998 年 2 月	
	书 记	陈延荣	1995 年 6 月—1998 年 2 月	
	副书记	舒维霖	1995 年 6 月—1997 年 4 月	
		侯中文	1995 年 6 月—1998 年 2 月	1997 年 4—10 月，主持县政府工作
		温川平	1995 年 6 月—1998 年 2 月	
		魏文通	1995 年 6 月—1998 年 2 月	
		何敏章	1997 年 1 月—1998 年 2 月	补
		郭宝瑜	1997 年 2 月—1998 年 2 月	下派
		马凤鸣	1997 年 2 月—1998 年 2 月	下派
		陈思隆	1997 年 2 月—2000 年 11 月	

续上表

届　次	职　务	姓　名	任职时间	备　注
第八届	常务委员	王　政	1997 年 2 月—1998 年 2 月	补
		陈思隆	1997 年 2 月—2000 年 11 月	
第九届	书　记	陈延荣	1998 年 2 月—1998 年 12 月	
	副书记	何长洋	1998 年 2 月—1999 年 2 月	
		侯中文	1998 年 2 月—1999 年 10 月	
		何敏章	1998 年 2 月—2000 年 12 月	
	常务委员	陈延荣	1998 年 2 月—1998 年 12 月	
		何长洋	1998 年 2 月—2000 年 12 月	
		侯中文	1998 年 2 月—1999 年 10 月	
		何敏章	1998 年 2 月—2000 年 12 月	
		肖天仁	1998 年 2 月—2000 年 12 月	
		王自力	1998 年 2 月—2000 年 12 月	
		赵明映	1998 年 2 月—2000 年 12 月	
		王　政	1998 年 2 月—2000 年 12 月	
		郑开屏	1998 年 2 月—2000 年 12 月	
		严　敏	1998 年 2 月—2000 年 12 月	
		王　瑛	1998 年 2 月—2000 年 12 月	女
	书　记	何长洋	1999 年 3 月—2000 年 12 月	
	副书记	刘谦祥	1999 年 3 月—2000 年 12 月	
		王自力	1999 年 10 月—2000 年 12 月	
		严　敏	1999 年 2 月—2000 年 12 月	下派
		王　政	1999 年 10 月—2000 年 12 月	
		王　瑛	1999 年 10 月—2000 年 12 月	女

注：以届次及任职时间先后为序；以县委办公室提供的资料为准。

第二章　组织工作

第一节　党的建设

一、党组织设置

1986 年后，县委组织部按照党章的规定，结合南江实际，认真抓了全县基层组织建设。凡单位有正式党员3人以上的都建立了党的基层组织。到2000年底，全县有地方党委1个、党的直属工作委员会1个、党的基层委员会84个、党的总支部委员会47个、党支部1118个。

县直属机关党组织设置。县直机关设置县直属机关委员会（简称县直工委），它是县委的派出机关，受县委的委托领导同级党委各部门党的工作。1997年，有机关党委11个、总支34个、支部287个。1998年后，人行、工行、农行、建行、保险公司、石油公司等的党组织关系实行归口直属管理。2000年底，县直机关设立工委1个、党委8个、党总支27个、党支部246个，党员2983名。

农村基层组织的设置。县委授权由县委组织部管理，包括区（镇）党委及县级驻区（镇）单位党组织、乡（镇）党委及县、区驻乡（镇）单位党组织、学校、卫生、街道、企业、非公有制经济组织等单位的党组织的设置、变更、管理。2000年底，全县有区（镇）党委13个、乡（镇）党委70个、街道社区党支部46个、村支部523个、机关企事业单位党支部170个。

表 20—2　　南江县 1986—2000 年基层党组织一览表　　单位:个

项目 年度	县级机关			农村			企业			事业			其它党组织	
	党委	总支	支部	区(镇)党委	乡(镇)党委	村(居委)支部	党委	总支	支部	党委(党组)	总支	支部	总支	支部
1986	1	19	142	11	73	523	5	8	23	2	6	35	3	467
1987	1	20	150	11	73	524	5	8	23	2	6	35	3	467
1988	1	21	153	11	73	525	5	8	23	2	6	35	3	467
1989	9	22	206	11	73	525	5	8	23	2	6	35	3	463
1990	7	21	210	11	73	525	5	8	16	2	6	35	3	467
1991	8	28	225	11	73	525	5	8	23	2	6	35	3	467
1992	9	30	243	11	73	525	5	8	23	2	6	35	3	464
1993	9	32	243	11	73	526	5	8	16	2	6	35	3	468
1994	9	33	270	12	72	526	5	8	26	2	6	35	3	464
1995	9	33	275	12	72	559	6	8	23	2	6	35	3	464
1996	11	36	281	12	72	559	6	8	23	2	6	35	3	464
1997	11	34	287	12	72	559	6	8	23	2	6	35	3	454
1998	10	37	265	13	70	559	6	8	23	2	6	35	3	454
1999	8	40	270	13	70	559	6	8	23	2	6	35	3	464
2000	9	27	246	13	70	569	6	8	23	2	6	35	3	464

二、领导班子建设

1986—1987 年，县委在全县开展整党整风中，重点抓了基层的整党工作。通过积极的思想斗争和严格的组织调整，使基层党委、党支部的领导班子成员提高了思想认识，实现了观念的转变，增强了改革、开放、搞活的商品经济意识。按党章规定，改选换届了农村党支部的领导班子，改选村党支部书记 524 人，平均年龄下降 40 岁，初中以上文化的占 80%；处理违纪党员 105 人，取消预备党员资格 6 人。同时，对全县区局级班子进行了整顿，调整充实区局级领导干部 41 人，免职处理 4 人。

1989 年 6 月 4 日，北京发生政治风波事件后，按照上级要求，县委统一部署，从 1989 年 8 月至 1990 年 12 月，全县分两条战线对党的基层领导班子进行整顿。第一条战线：由县委主要领导负责，组织部和纪委牵头，成立“内清”工作领导小组，从 1989 年 8 月开始到 1990 年 3 月整顿结束。同时，按照县委制发的《内清方案》，对全县内清出的重点人物 34 人分别进行处理，其中受党纪处分 1 人、政纪处分 3 人、受法律制裁的 1 人。第二条战线：从翌年 2 月份开始，以民主评议、处置不合格党员的形式在全县农村分期分批地开展，按照“坚持标准，立足教育，区别对待，综合治理”的方针，对区以下农村和县城试点单位的党组织和党员进行思想整顿和组织清理。在整顿中，对全县 11 个区（镇）和 73 个乡（镇）的 1076 个党支部中的 890 个党支部、15307 名党员中的 13276 名党员进行了评议，共评出合格党员 12985 人，不合格党员 741 人，受处置的党员 676 人，其中出党的 492 人。

1991 年 8 月，县委在县级部门抽调有经验、政策强、作风硬的干部，到农村开展社教工作，时间 3 个月，同时按照“建好班子”、“选好班长”的要求，全县当年共调整村党支部书记 64 人，村委会主任 8 人，民主推荐后备干部 1821 名。对县级机关、企事业单位的 223 个党支部中的 21 个软弱涣散班子进行整顿，调整党支部书记 13 人、委员 56 人。1996 年 3 月，县委决定对 37 个乡镇党委、政府实施第一批整顿与建设，抽调 139 名干部，组成 37 个工作组，分别对 37 个乡镇党政班子进行了整建。同年秋，全县开展第二批 38 个乡镇党委、政府整顿建设工作。通过整顿，乡镇党政班子明确了发展思路，对乡、村、社、七所、八站的财务进行了清理，乡镇领导班子力量得到加强，年终经地区验收合格。

1996 年，县委组织部制发《关于加强改制企业党的工作的意见》，并抽派 5 个工作组，深入竹坝铁矿等 10 家国有企业进行党建工作。指导企业班子进行思想作风和制度建设，清理财务，健全规章，同时对 21 家企业进行了法人代表民主竞选，承诺就职。1997 年，县上抽派 165 人对 39 家国营企业的领导班子进行思想和组织整顿。从县级机关、企事业单位选派 16 名学有专长的年轻干部，担任企业领导职务，从大中专毕业生中选派 50 名年轻干部到企业第一线工作。1999 年，县委在国营企业推行“五制一公开”制度（厂长经理选聘、公开招聘、考试录用、民主竞选、职工直选制），不拘一格地选拔了企业经营管理人才 14 人。实行厂长经理年薪制，稽查、特派员委派制、劳动用工合同制，企业领导离任审计制，广泛推行厂务公开，全县 70% 的企业建起了公布栏，推进了企业民主管理、民主监督。

三、组织发展

1986 年后，县委组织部按照有关规定，坚持组织工作服务于服从于“一个中心，两个基本点”的基本路线的要求，紧密结合南江经济和社会发展的实际，突出重点发展新党员。即重点发展生产和工作一线的工人、农民、知识分子，重点发展年轻党员、妇女党员和科技人才、经济组织、薄弱环节方面的党员，使党的结构不断完善，使大批优秀分子不断涌现，壮大了党的队伍。1986—1995年，全县共举办各类入党积极分子教育培训班2000余期，培养入党积极分子22600名。1986—2000年，全县共发展党员5000多名，使全县党员总数由1985年的14360人发展到2000年的19636人。在新发展的党员人数中，1986年、1991年、1995年、1996年、1999年分别为320名、350名、599名、1122名、460名。新发展党员中，农民、知识分子占60%。2000年，全县重点在生产第一线的工人、农民、知识分子中吸收优秀分子入党，共发展党员594名，其中35岁以下的384名，占65%，高中文化以上的481名，占81%，生产第一线的468名占79%，女党员125名占21%，使全县党员队伍结构、分布大为改善。

表 20—3 南江县 1986—2000 年党员发展及党员结构情况一览表 单位:人

项目 年度	党员总数	其中			性别		年龄状况						文化程度			
		新发展党员数	正式党员数	预备党员数	男	女	25岁以下	26至35岁	36至45岁	46岁至55岁	56至60岁	61岁以上	大专以上	中专及高中	初中	小学及以下
1986	14793	320	14260	533	13644	1149	66	4002	4613	2202	1307	1167	313	1988	3474	6506
1987	15106	320	14324	782	13915	1191	568	4028	4220	3606	1360	1324	341	2158	4073	6520
1988	15307	330	14949	358	14091	1216	665	944	4397	2404	2886	1435	382	2278	4182	6479
1989	15707	360	15353	354	14484	1223	668	2430	4635	2563	2650	2761	461	3360	5180	6706
1990	15102	220	14752	350	13968	1134	571	2804	4555	3943	1383	1846	482	2487	4269	6232
1991	15369	350	14886	483	14204	1165	530	2269	4694	4571	1333	1972	55	2674	4351	6203
1992	15564	303	15123	441	14392	1172	405	2357	4656	4460	1360	2326	584	2808	4576	6022
1993	15842	383	15413	429	14635	1207	425	2348	4725	4505	1429	2383	623	1794	4948	5772
1994	16089	599	15510	579	14635	1224	456	2440	4984	4502	1524	2183	686	3181	4890	5668
1995	16952	599	14963	729	15309	1283	593	2411	4438	4837	1647	2666	814	3494	4952	5866
1996	17434	1122	16282	1152	16012	1422	792	2857	4378	4836	1818	2753	1040	4234	5255	5481
1997	17884	420	17080	884	16582	1302	824	2975	4526	4989	2003	2567	1288	4456	5873	6267
1998	18344	450	17894	450	16719	1625	842	3085	4603	5012	2192	2610	1308	4623	5937	6476
1999	19042	460	18122	460	17287	1755	875	3682	3980	4921	2065	3519	1728	4998	5772	6544
2000	19636	594	19043	593	17833	1803	912	3730	3990	4983	2236	3785	1841	5168	5838	6789

第二节　干部教育

一、政治思想教育

1986年，县委组织部在全县党员中开展了“重温入党誓词，争做优秀党员”的教育活动，印发《优秀党员条件》等资料2000份，当年评出先进党支部250个、优秀党员3000名。1987年3月，组织部摄制的《改革中的共产党员》电教专题片，记叙了南江一个党委、4个党支部和18名党员坚持改革、忘我奋斗的先进事迹，使广大党员受到了一次生动的政治思想教育。该电教片还被省电视台采集播放。

1988年，全县县级机关、区、乡建立业余党校90多个，各级党组织利用业余党校开展了马列主义、毛泽东思想、党章、党的基本理论教育，使受教育的党员面达90%以上。1991年，全县县、区、乡党校以党的基本路线为主要内容培训党员5726人次，入党积极分子3450人次。

1994年，县委组织部举办乡镇党委书记、乡长、局级干部、下派干部理论培训班8期，主要学习邓小平理论和党的十四大会议精神，教育培训党员干部7000多人。1996年，全县在党员干部中开展“五讲三要”（讲党性、学习、团结、奉献、规矩；思路要宽、节奏要快、工作要实）的教育培训，调训党员干部3860人，选送省、地党校学习培训的党员干部105人。1997年，全县除开办党员培训班15期、培训1200人外，还送去中央和省委党校函授学习和培训100多人。

1998—1999年，开展党员干部的理论学习。主要学习十五届三中全会精神和《中国共产党农村基层组织建设工作条例》，全县分别建立了县、区、乡三级教育培训责任制，举办培训班120余期，参加学习培训的党员干部1.4万人次。2000年，全县开展“三讲”（讲学习、讲政治、讲正气）教育，教育培训党员1.8万人，送去省、市党校培训的党员干部104人。

二、科技教育

1991年，县委、县政府决定在全县农村开展“千人百项万家致富工程”，对农村广大党员、干部进行了农村实用技术培训。1995年，县委组织部利用党校对全县525个村党支部书记进行了农业科技培训。1996年，县委请来外地专家教授到南江讲经济理论课和科技知识课，使4000多名党员科技骨干受到了教育。1999年，县委发出《关于在全县组织开展计算机应用能力培训考核的通知》和《关于举办领导干部池园经济技术培训班的实施办法》，分别在县委党校开班培训了各类干部、党员1789人。通过各类科技教育培训，使全县农村78%的党员掌握了3门以上的农业实用技术。

第三节　干部管理

一、调配任免

1986年，县委认真坚持党管干部和任人唯贤的干部调配任免原则，加强全县干部队伍建设。是年，在乡镇领导班子换届中调任正、副书记55人，正、副乡长73人，人武部长15人。1987—

1988年，县委组织部先后制发了《关于干部任免有关问题的规定》，要求组工干部在干部任免上树立“四种观念”（改革观念、法制观念、民主观念和竞争观念）和6种意识（即时代意识、战略意识、服务意识、效益意识、博学意识、开放意识）。同年10月，县委组织部、县纪委联合发出了《关于重申干部任免调动几项纪律的通知》，要求各级各部门坚决贯彻执行。

1994年，按照中央指示，县委切实加强了对干部任用工作的管理，当年，根据地委组织部的安排，对3名县委常委、2名副县级干部、20名局级领导干部进行了交叉任职，实行了易岗易职、易地交流。按照“能者上、平者让、庸者下”的原则，调整了区（局）级领导干部41人，新提拔区（局）级干部81人。1995年，按有关规定，公开选拔了4名副镇长，从60多名大学生中公开选拔了30多名到基层工作。1996年，县委对全县干部实行目标管理，注重年轻干部、妇女干部、非党干部的配备比例，提拔年轻干部154人，任区（镇）非党干部的比例达到了42%。1998年，县委转发《中共四川省委关于印发〈四川省乡镇党政领导干部选拔任用工作暂行办法〉》，采取公开选拔、下派、交流，优化了干部队伍。从300多名大中专毕业生中公开选拔了114名到乡镇和企业任职，下派187名机关干部到村任职。

2000年，县委组织部以实践“三个代表”为重点，加强全县干部的调配、任免工作，对14个区（科）级领导班子、29个乡镇领导班子进行调整，免职32人，交流106人；对省委选调生进行了全面考察，有2名选调生被省、市委组织部评为优秀选调生，有2名被提拔任用。为县级部、委、局、室的领导班子配备女干部22人，为73个乡（镇）配备女干部71人。

二、考核考察

1986年，组织32人的考察组，对县级机关51个局级单位的146名局级领导干部进行民主评议，参与评议的党员干部、职工代表1148人。1988年3月，借各区集中整训的时机，对乡级党政正副职（含人武部长）进行了一次认真地考评，根据考评情况和区委建议对个别领导干部作出了组织调整。

1990年，县委组织部制定局级干部年度考核办法和实施细则。按“细则”分别对县城48个局级单位的144名领导干部进行考核，为县委使用干部提供依据。同年还对下派到区、乡任职的62名干部实行跟踪考察和考核，对4名表现优秀的提拔为副局级干部。1996年，县委组织部采取“双推双考”（组织推荐、社会推荐、考人品水平、考能力实绩）的办法，从130名大中专生中公开选拔32人到乡（镇）任职。

1997—2000年，县委先后制发《关于对全县党政领导干部实施年度考核的意见》、《关于1999年对各级领导班子和干部考核工作的实施意见》，落实了党管干部、群众路线、民主公开、实事求是、客观公正的原则；考察分为优秀、称职、不称职三个等次；考核结果，被评为优秀的给予表彰，基本称职的写出整改意见，不称职的视其情节分别给予调整岗位、降职、免职或行政处分。

三、干部审查

1986年，按照中办发〔1986〕8号文件精神，认真落实和纠正了22名知识分子在“文化大革命”中的冤假错案。1988年，对1980—1987年全县整党中查实的21名党内腐败分子，给予了清除。同年，复查落实干部政策59件，复查“二战”错案2711件，其中查清县团级以上错杀干部22人。

1989年，按照“反复调查，慎重结论”的原则，处理落实政策遗留问题28件，复查二次国内革命战争时期错杀的26人，其中县团级以上22人，结论21人。交省、地的32卷档案材料，被地区二战办公室认定为最佳档案。

1996年，县委决定，由县委组织部牵头组织纪委、县监察局、县检察院、县审计局、县公安局、县直工委、县信访办等15个部门为联系会成员，建立了干部监督审查联系制度，聘请了20名干审工作联络员，定期联系、通报、研究，掌握干部学习、工作、思想动态，并建立干部“问题档案”。

1997年，县委组织部按照有关规定对拟提拔或交流的干部进行严格的审查，当年领导干部交流面达68%，党政正职交流面达92.8%，县级机关交流面达35.5%，基本实现了“五湖四海”。1998年，县委组织部，坚持对领导干部不经审计不得选拔任用、不办理离职调动手续，不评先选优。

2000年，县委建立干部工作巡视制度和完善干部监审联系会议制度及干审联系通报制度。先后审计党政、企事业单位领导干部7人，其中正科级干部2人。

第四节　老干部工作

一、组织机构

1984年，成立县委组织部老干部局。1986年7月，将老干部休养所合并于县老干部局。1992年7月，县委决定将“中共南江县委组织部老干部局”与“南江县老龄工作委员会办公室”合并，成立“中共南江县委老干部局”（简称县委老干局），行使一局一办的职能，由县委组织部代管。1994年3月，县委机构改革时，将县委老干局、县机关工委合并于组织部，作为组织部内设机构，成为组织部老干部科（原单位格局和干部职级不变）。1995年7月，又恢复县委老干部局，直至2000年机构未变。

二、妥善安置

安置对象：一是新中国成立前参加革命的离休干部，二是新中国成立后参加革命的副县级以上退休干部。1986年，全县有离退休老干部101人，其中老红军11人，正、副县级干部4人，享受厅级干部待遇1人，县级干部待遇44人。1988年，有离休干部121人，其中正、副县级5人，厅级待遇1人，县级待遇54人。1992年，有离休干部131人，其中正、副县级6人，享受县级待遇的46人。1995年，有离休干部119人，其中享受厅级待遇1人，正、副县级待遇的55人。1998年，全县有离休干部95人，其中享受副厅级待遇的44人，正、副科级待遇的4人。到2000年止，全县有离休干部83人，享受副厅级待遇的4人，正县级1人，副县级39人，正科级1人。1986—2000年，县委对老干部的安置问题十分重视，除有专管机构外，县委分管党务的副书记亲自抓，妥善解决了他们的住房、学习、生活中的问题。

三、政治学习

一是落实离、退休干部享受的政治待遇和按规定阅读相关文件、参加有关会议、参与政治活动的权利。县上召开的党代会、人代会、政协会、理论辅导会、形势报告会等都及时邀请他们列席或参加；二是认真落实离、退休干部学习的组织、场地、资料和学习制度，县、区、乡都建立了离退休干部党支部学习小组，由组长负责安排。到2000年底，全县共建老干部学习小组30多个。县老干局离休干部学习场地设在老干部活动中心，有阅览室、图书室、活动中心及学习室，均配置了沙发、彩电、空调、饮水机等现代设施。2000年前，坚持每月15日集中学习一次，2000年后改为每月28日为集中学习日。学习内容主要是中央、省、地、县有关重要文件，国内外大事和领导的重要讲话，采取集中学习与个人自学相结合的方法，紧密联系实际，永葆革命青春的活力。

四、落实“两费”

为落实老干部的“两费”（退休金补贴费、医药费），历届县委、县政府做了大量工作。1993年，县老干局按照中组织［1990］5号、川委［1991］6号、南委发［1991］3号文件的精神，重点解决了微利企业、亏损企业和区乡离休干部的“两费”兑现问题。离休干部与在职干部同等享受的公务费和各种补贴，按规定发给了离休干部的建房补助费22.6万元，与此同时提高了离休干部的交通费标准。

1995年，县上解决了全县区、乡、事业单位老干部的经济待遇，由原区、乡财政所预算转为县财政统一预算划拨到区财政，使区、乡的8位退休干部的经济待遇得到了全面落实。1997年，县委老干局组织力量对县内8区1镇和县城38个单位的“两费”情况进行了检查，发现外贸、百货、食品等公司落实不够，县委立即要求县财政和社保局分别对老红军岳成邦，离休干部陈文书、黄家忠、刘汉顶等人的“两费”兑现。通过检查，老干局建立了离休干部“工资发放卡”制度，将卡发给离休干部，到时领钱签字填卡，老干局实行每季检查。

2000年，遵照县人民政府的指示，县财政局等有关单位落实了全县拖欠67位离休干部1993年工改以来的离休金6.95万元，并催促解决了区、乡行政事业单位10名离休干部的离休费和医疗费兑现问题。

五、开展活动

一是利用室内场所开展了象棋、纸牌、麻将、录像、台球、乒乓球、舞厅、书画、卡拉OK等。二是组织老干部开展一些力所能及的室外活动。全县老年门球队由1986年的10个队100人发展到2000年的40个队近1000人，并组队参加省、地、县的竞赛活动。1991年，南江老年门球队陕、甘、川三省在略阳举办的“协作杯”门球赛上获得冠军；同年9月获通、南、巴、平、万、白沙工农区“敬老杯”门球赛第二名。1995年3月，南江老年门球队获巴中地区第二届老年门球赛第一名，并代表地区出席四川省第五届老年门球赛。1997年“七一”期间，县老干局组织老干部参加县城迎香港回归的歌咏比赛，获一等奖。1999年，县老年门球队获巴中地区第三届门球赛的冠军。2000年，县委组织56名老干部参观沙河镇联盟村、九青村的文明新村建设，使老干部亲眼看到了南江新农村的变化。

第三章　宣传工作

第一节　理论教育

1986年5月，县委制发《关于组织全县干部学习政治经济学的意见》，印发学习辅导资料1500

本，举办专题讲座5次，半年后进行了全县参加学习的干部职工统一闭卷考试，参考人数达9000多人，平均考分90分以上。通过学习和考试，使广大干部特别是领导干部进一步掌握了政治经济学的基本原理和内容。10月，组织全县干部特别是领导干部学习宣传《中共中央关于社会主义精神文明建设指导方针的决议》文件，制定《南江县社会主义精神文明建设“七五”规划纲要》，并抽调县、区、乡机关干部进行宣传贯彻。全县组织宣传队55个深入8区27个乡、培训宣传骨干7030人，印发宣传资料9700份，进一步提高广大干部坚持四项基本原则，反对资产阶级自由化的认识。1987年11月，制发《关于学习宣传党的十三大精神的安排意见》，对全县干部党员进行社会主义初级阶段、“党要管党、从严治党”等方面的理论宣传。全县广大干部认真学习了党的十三届三中全会公报，认清了坚持四项基本原则和反对资产阶级自由化的深远意义。1988年，全县开展了对当代中国科学社会主义理论的学习，印发宣传提纲2000多份，参加考试的达9731人，合格率达90%以上。写出有较高水平的理论文章131篇，调查报告70多篇。1990年，县委宣传部发文，要求组织干部重点学习《马克思主义哲学》、《马克思主义哲学纲要》、《马克思主义哲学讲稿》等重要理论书籍和对马克思主义基本理论、党的基本路线、党的基本知识（简称“三基”）理论学习宣传。全县发行《毛泽东选集》（1—4卷）178000套、编印了学习辅导3000多份。通过学习，认清了“没有共产党就没有新中国”、“只有社会主义才能救中国，才能发展中国”、“中国共产党是伟大、光荣、正确的党”、“毛泽东思想是中国革命和建设的指导思想”。

1991—2000年期间，主要抓了以下内容的学习：一是抓了“邓小平南巡讲话”的学习宣传。1992年4月，中央［1992］2号文件下发后，县委宣传部发出通知，要求全县广大干部认真学习中央2号文件（即邓小平南巡讲话）。通过学习宣传邓小平理论，进一步明确了党的基本路线的实质和内涵，增强坚定不移地执行党的基本路线的自觉性，革命是解放生产力，改革也是解放生产力，基本路线要坚持100年不变的观点，判断姓“社”、姓“资”的标准是“三个有利于”，中国要警惕“右”，但主要是警惕“左”的观点；坚持“两手抓”；依靠科技教育加快经济发展；坚持正确的组织路线的观点。二是对党史党建的理论学习宣传。1992年4月，宣传部发出了《关于党史党建理论学习的通知》，要求坚持一切从实际出发、实事求是的思想路线，坚持独立自主，走自己的道路建设有中国特色的社会主义。三是宣传学习“三讲”和“三个代表”重要思想理论。全县从1999年起，组织干部认真学习江泽民总书记的“讲学习、讲政治、讲正气”的“三讲”教育理论。2000年，开展学习江泽民总书记提出的“我们的党要成为代表先进的生产力发展要求，代表先进文化前进的方向，代表最广大人民群众的最根本利益”（即“三个代表”）的先进理论学习和宣传。使广大干部认清了“三个代表”重要思想是我们的行动指南，是党的立党之本、执政之基、力量之源。

第二节　群众宣传

1986年11月24至26日，召开全县形势教育会议，传达贯彻全国、全省和地区形势教育工作会议精神。县委书记杨清镛作重要讲话，要求各级党组织一把手总览全局，把形势教育抓深抓细抓好，认清形势，明确方向。

1990年，开展改革开放的宣传教育。贯彻落实县委县政府“改革兴县，科学立县，以法治县，以改革统揽全局，进一步加快和深化南江县各项改革步伐”的战略构思。使群众认识到，改革就是生产力的道理。抓好工农业生产责任制、厂长负责制、企业分配制度和人事制度的改革。

1991 年 5 月 22 日，县委制发《关于在全县基层党员中开展社会主义思想教育的意见》，全面宣传省委宣传部编写的《学习贯彻七中全会精神，深入进行社会主义思想教育》十讲的系列党课材料。同年 8 月，印发《关于在全县农村扎实开展社会主义思想教育的实施意见》，组织千人工作队，在全县范围内开展社会主义思想教育活动，全面宣传邓小平南巡讲话精神，解决了广大干部群众对姓“社”姓“资”问题上的争论不休的许多糊涂观念。1992 年 10 月 30 日县委制发《关于认真组织全县干部群众学习党的十四大文件的通知》，要求广大干部群众学好建设有中国特色社会主义的理论。用十四大精神统一认识和行动。

1994 年，在全县开展建设小康目标的思想教育。广泛宣传贯彻县委县政府［1994］25 号《关于加快小康村建设步伐的决定》。使广大干群认识到“达到小康水平是我国现代化建设的第二步战略目标，是历史和时代赋予我们的神圣使命”。1995 年，在全县开展“爱国主义教育”宣传，县上制定学习纲要，编印辅导资料，县级四大班子领导亲自讲课，组织培训班，参加培训的党员干部达万人以上。《四川党建》、《巴中日报》、《巴中电视台》刊播了南江爱国主义宣传的经验做法。

1997 年，为迎接香港回归，县委制发《关于做好庆“七一”和香港回归祖国宣传活动的通知》，突出宣传了邓小平“一国两制”的伟大构思和成功实践，宣传了《香港特别行政区基本法》，深刻认识香港回归祖国的伟大意义。并做好 1999 年澳门回归祖国的各项准备。

第三节　新闻报道

1986 年，县委十分重视新闻外宣工作，成立了专门新闻机构，由宣传部门主抓，建立一支骨干新闻外宣队伍，每年在国家级、省级、市级报刊上发表的新闻报道均在 1000 条以上。按照中央有关政策，坚持正确新闻导向，大力宣传两个文明建设典型经验和先进人物，大力弘扬红军精神和南江精神，以宣传南江的历史文化和旅游资源人文景观，大大提高了南江的知名度。

1987—1990 年，一是抓宣传报道机构和队伍建设，其中 1988 年成立中心报道组和通川日报驻南江记者站；1990 年成立县委报道组，配备专职记者 4 人，全县建立新闻报道组 155 个，通讯员 1237 人。二是抓通讯员的培训，每年培训 2 次。三是抓表彰奖励，每年度按不同标准表彰一批优秀通讯员，1989 年县委表彰了新闻报道先进集体 21 个、通讯员特等奖 4 个、一等奖 15 个、二等奖 9 个、三等奖 8 个、四等奖 19 个、攻关奖 15 个、组织领导奖 16 个。四是抓新闻报道，1988 年全县被国家级报刊、电台用稿 28 件、省级报刊用稿 555 件、地级用稿 408 件、县报、站（台）用稿 6000 余件。特别是在《四川日报》上用稿 30 件，《四川农村报》用稿 50 件，分别列达县地区第一名、第二名。

1993 年，是巴中地区成立第一年，全县上国家级的稿件上升到 135 件、省级 470 件、地市级 381 件。1996 年，按照江泽民总书记提出的“以科学的理论武装人、以正确的舆论引导人、以高尚的精神塑造人、以优秀的作品鼓舞人”的指示狠抓了新闻报道，全县在地级以上报刊刊发了 1400 多件。1997 年 3 月，县委表彰了 1996 年度新闻报道工作先进集体 12 个、先进个人 121 人。2000 年，县委、县政府发出《关于表彰 1999 年度新闻先进集体和先进个人的通知》，8 个单位获先进集体、3 人获一等奖、6 人获二等奖、12 人获三等奖、25 人获优秀通讯员称号。

第四节 精神文明建设

一、管理机构

南江县的精神文明建设的具体管理机构是南江县精神文明委员会办公室，成立于1986年，它是中共南江县委、县人民政府抓精神文明建设的工作机构，由宣传部代管，办公地点设在县委宣传部内，其主要职能是：在县委、县政府领导下，负责全县精神文明建设工作的调查研究、安排部署、组织协调、督查落实工作；负责全县精神文明建设工作情况的收集、信息反馈、经验交流及推广；负责县文明委会议的文件、会务工作；负责全县精神文明创建活动的组织规划、申报、指导、检查和验收工作。1997年起，县文明办主任由县委宣传部副部长兼任。

二、主要工作

1986年，《中共中央关于社会主义精神文明建设方针的决议》出台后，南江县立即成立了以县委书记为组长的“县精神文明建设规划小组”，召开县委五届五次全委扩大会议，制发《南江县1987年社会主义精神文明建设“七五”规划纲要》。县委宣传部从当年起采取编发辅导资料、播放录音、召开会议、出动宣传车辆、开展广播讲座等形式，并组织县区乡机关干部927人深入基层宣传贯彻《决议》精神。1987年起，在全县进一步开展创建“文明单位”、“文明家庭”竞赛活动，同时深入开展“五讲”（讲文明、礼貌、道德、秩序、卫生）、“四美”（心灵美、语言美、行为美、环境美）、“三热爱”（热爱共产党、热爱社会主义祖国、热爱集体）活动。1987年，全县评出文明乡2个、文明村18个、文明单位38个、文明家庭8217户。1989年，通过创建活动、检查评比、县委表彰了精神文明建设先进集体59个、先进个人22名、命名县级文明单位21个。八庙乡双臂俱无用脚代手写字干活的初中女学生成洁荣获“全国十佳少年”称号，受到江泽民总书记等中央领导的亲切接见。

1990年，在全县开展创建精神文明单位的同时，还开展了“讲文明、树新风”的竞赛活动。提倡科学文明，反对迷信愚昧；提倡民主法制，反对违法乱纪；提倡健康文化娱乐，反对聚众赌博等；当年全县评出遵纪守法6615户、双文明户4200户。县农业银行、县工商银行被省政府命名为“省级文明单位”，县文明办主任余长发被省文明办表彰为全省精神文明建设活动办公室先进个人。1992年，县委宣传部、县精神文明办公室发出了《关于我县农村广泛开展“讲、比、建”（讲文明生活、比科技致富、建设科普村）活动的通知》，在广大干部群众中开展了自我教育、自我管理、自我服务的活动。

1995年，在全县范围内开展了“学雷锋、学徐洪刚等英雄模范人物”和“四讲”活动，宣传部编制了反映全县精神文明建设成就的电视专题片《山花烂漫》，先后被县、地、省电视台播放。1996年11月起，全县深入开展“岗位学雷锋、行业树新风、服务创一流、满意在南江”的教育和竞赛活动；在领导班子中开展“学习、团结、勤政、廉洁”的“四好”和“五讲三要”（讲学习、讲政治、讲正气、讲团结、讲规矩；思路要宽、节奏要快、工作要实）竞赛活动，县委、县政府命名了南江中学等10个单位为1996年度“最佳县级文明单位”。县统计局等14个部门为县级文明单位。国税局等7个部门被地委行署命名“地级文明单位”。

1998年，组织全县进一步开展精神文明“六好”竞赛活动（好班子、好队伍、好路子、好制度、好作风、好格局)。当年评出“六好”单位7个,县级文明单位15个、地级最佳文明单位2个,地级文明单位3个、省级先进文明村(华光村)1个。1999年,召开全县获省、地、县文明单位负责人会议,认真总结交流近几年文明建设工作的经验。研究今后一个时期文明建设的目标任务和措施。当年全县共订出“文明市民公约”600份、“文明村民公约”5.5万份。2000年被省命名文明单位2个、地级文明单位13个、县级文明单位20个。南江镇黄金村和南江县人民银行分别被省精神文明建设办公室分别命名为“省级文明村”和“省级文明单位”。

第四章 纪检工作

第一节 党风廉政教育

1986年,以整党为中心,全面进行以坚持四项基本原则,维护党的政治纪律的教育,区、乡、村级先后两批整党,共976个支部14320名党员参加,组织542名脱产党员干部分赴各村支部指导整党工作。全年发简报107期,对村级整党中有严重问题或不起党员作用的147人进行了党纪或组织处理。

1987年,县、区、乡层层建立党性党风教育点,县纪委在沙河的8个乡,71个村和区级机关的1500多名党员中进行为期三个半月的试点工作。进一步建立和完善党风责任制,全县涌现出一大批改革好、经济活、党风正的先进集体和个人。“七一”期间,县委表彰的先进党支部就有136个,先进党委2个,优秀党员1620名,以推动民风和社会风气的好转。

1988—1990年,重点抓了党规党纪的教育,其做法被达县地委和地委组织部、宣传部选入《达县地区党员教育经验材料汇编》。对党风廉政建设实行“分级负责,一级抓一级,一级管一级”的党风责任制,并坚持每年对各区(镇)、局和县级几大班子抓党风和廉洁自律的情况进行检查抽查,推动了全县的党风廉政建设。

1989年之后,县纪委把支持、保护、促进改革开放和经济建设作为工作的立足点。在党风廉政教育上,重点抓了三个方面的教育,一是“一个中心,两个基本点”的基本路线的再教育,主要解决“一手硬,一手软”的问题。二是突出抓了中纪委颁发的党纪条规的普及教育,全县订阅党纪条规《汇编》3300多册,培训骨干3100多人,上党风党纪课500多场(次)。1991年,全县有1.2万余名党员参加了县纪委举办的党纪条规知识考试;1992年,全县1.39万名党员参加了纪委举办的“党纪知识百题竞赛”,参赛率达90.1%,名列全省前茅。三是抓了正反两方面典型教育,1991—1993年的三年间,总结推广了34个改革好、党风正的先进集体和先进个人典型经验,并对29名严重违纪党员的主要错误和教训通报全县,以儆效尤。

1993年,县纪委监察局合署办公之后,纪委、监察局不断探索,找准了反腐败工作的着力点与经济建设的结合点,1996年1月,被评为“全国纪检监察系统先进集体”。在成绩面前,纪委监察局不断开拓创新,在党风廉政教育上,创出了新的特色。从1996年起,在《南江报》和县有线电视台开辟了《廉政新风》专栏,并组织700多人参加中纪委举办的党纪党规知识竞赛。

1997年，在认真贯彻学习《中国共产党党员领导干部廉洁从政若干准则（试行）》、《中国共产党纪律处分条例（试行）》和《中共中央、国务院关于党政机关厉行节约、制止奢侈浪费行为的若干规定（试行）》的基础上，县纪委编印发行了《南江县党员干部廉洁自律手册》、《党政纪基础法规汇编》两本书，狠抓了领导干部廉洁自律工作，从1993—1997年，全县党政机关股所级以上干部2750人（次）参加了专题民主生活会，检查和纠正了违反廉洁自律规定的问题。

1999年，在纪念“七一”建党节期间，举办了“廉政之光”文艺晚会，利用有线电视和各区电教设备，组织全体党员观看了《纪律处分条例》录像片，组织纪检监察干部125人进行了业务培训，提高了干部业务素质。

2000年，在电视台和《南江报》开辟了《廉政纵横》栏目，发放廉政教育书籍870本，建立了乡（镇）党委书记、乡（镇）长以上干部《廉政档案》750卷。县委、县政府制发了《党风廉政建设责任制目标量化实施考核细则》和《反腐败任务分工》细化表，使党风廉政建设责任制在全县得到落实。

第二节　纠风工作

1986年，以县电力公司、县供销社和县交通局为试点单位，狠抓纠正行业不正之风工作，通过联系本单位实际，谈表现，论危害，订措施和正反两方面典型宣传，狠刹了以权谋私，以职谋私，以业谋私的歪风，受到了人民群众的好评。

1987年，县纪委及县监察局把促进改革，保护改革作为纪检工作重点，注意纠正改革中的不正之风。县委成立了纠正不正之风领导小组，并作出坚决刹住新的不正之风的七条规定。配合政法、工商、税务、物价、审计等职能部门，在自查自纠的基础上，对表现突出的以权谋私和严重的官僚主义进行了重点查处。通过纪检部门和职能部门的共同努力，对22名党政干部经商办企业的情况进行重点检查，并按当时的政策规定及时作了处理。对新成立的91个公司进行了全面整顿。回收巧立名目，滥发奖金实物49.9万余元，补交奖金税7万余元，清退乱发服装208套，计18284元；查处违反政策乱涨价127件，上缴罚款12万元，违纪款57947元；查处倒卖汽车14起33台。刹住了党政机关和党政干部经商办企业，以权谋私和严重不负责任的官僚主义等新的不正之风。

1991—1993年，县纪委从南江的实际出发，协助党委、政府抓住容易滋生腐败现象的薄弱环节，建立完善了制约机制。全县11个区（镇）、73个乡（镇）党政机关，160多个基层执法监督、社会服务、经济杠杆部门和50多个部局级单位，完善了廉洁勤政办事制度、管理制度。同时，抓住“热点”，狠刹“三风”，治理“三乱”，即：公款吃喝风、文山会海风、乱修乱建风。还开展治理学校乱收费、乱办班、乱发学习资料等专项斗争，赢得了党心、民心。

1994—1998年，纠正部门和行业不正之风以群众关心的突出问题为重点，治理公路“三乱”，拆除违规设置的收费站、检查站7个，查处乱收费150多万元；开展监督检查64项（次），查出违纪金额1995.03万元，为国家挽回经济损失671.62万元，收缴罚没款63万元；对“沙南路”、“双江路”资金专项检查，挽回经济损失41.7万元；取消自立项目51个，金额341.8万元；取消农民不合理负担14项287万元，人平减负5.77元；清理预算外资金，私设小金库130多万元。通过纠风治理，先后有23个行业，建立社会承诺制度40多项。1995年，全县坚持“纠建并举”方针和“谁主管，谁负责”的原则，率先开展“纠风评议”，得到了省纪委、中纪委的充分肯定，其做法以《南江县开展纠风评议工作成效显著》为题，被中纪委《党风与党纪》转发，并在全国推广。

1999—2000年，规范了“六统一、一监督”收费管理制，全县建立收费服务大厅8个，12个部门78名工作人员持证上岗，公开评税工作效果明显，共评定18109户，清理漏管户151户，新增个体户180户，实现了个体私营业主公平赋税。探索执法监察“六个一”工作方法，国家监察部以《南江县立足“五个一”，认真履行执法监察职能》为题转发了经验做法。2000年被评为“四川省执法监察工作先进单位”。1999年执法单位“三最佳”创评活动试点在乐坝镇获得成功，到2000年在全市推广。

第三节 案件查处

1986年，重点查处了两个蚯蚓公司诈骗案件中涉及的党员干部的违法乱纪问题，诈骗金额达112万元，牵涉到党政干部45人，进行党纪处理14名，收回各种款项5.83万余元。通过大要案查处，带动其它案件的查处计69件，其中开除党籍8人，留党察看22人，撤职1人，警告、严重警告38人。

1985—1987年，立案查处经济犯罪案件58件，涉及区乡干部22人，党员52人，结案55件。受党纪处分的18人，政纪处分33人，收审25人，判处有期徒刑13人，追回赃款877633元，挽回经济损失598391元，有力地打击了形形色色的经济犯罪分子。

1987—1989年，党的纪检工作以为党的基本路线、党的作风建设和改革开放服务为指导，始终突出五个重点：（1）违反党的政治纪律，公开抵制和反对党的路线、方针、政策和严重丧失政治立场的案件；（2）有令不行，有禁不止，严重扰乱经济秩序，阻挠治理整顿和深化改革的案件；（3）贪污、受贿、索贿、以权谋私的案件；（4）弄权渎职、官僚主义的案件；（5）党组织集体违纪的案件。三年中，共受理党内违纪案件495件，处分违纪党员243人，开除党籍55人，留党察看47人，党内严重警告和撤职处分91人，党内警告处分50人，免予处分91人，并为161名党员澄清了是非。

1990年8月至1993年3月，全县共立案查处党内各种违纪案件127件，处分违纪党员132人，其中开除党籍32人，留党察看26人，党内撤职5人，党内严重警告41人，警告处分28人，为国家挽回经济损失380多万元，同时为290多名党员澄清了是非。

1994—1998年，以查处“三机关一部门”和科局级干部的违法违纪案件为重点，着重查处了贪污、贿赂、挪用公款、私设小金库、失职渎职、执法不公、贪赃枉法、腐化堕落等方面的案件。全县共立案271件，大要案54件，给予党纪处分的257人。其中开除党籍32人，留党察看39人，党内撤职7人，严重警告120人，给予政纪处分59人（开除公职7人，开除留用3人，撤职1人，行政降级20人，记大过和警告28人）。在受党纪政纪处分的人员中，移送司法机关的27人。为国家挽回经济损失1380万元，上缴各级财政200万元，同时为600多名受到失实举报的党员干部澄清了是非。

1999—2000年，共查办大要案27件，挽回经济损失700余万元，确保了社会的稳定，为南江的经济建设和社会发展提供了强有力的纪律保障。

表 20—4　　**南江县 1986—2000 年党纪处分情况表**　　单位：人

年度	纪律处分人数	处分情况					处分类别		
		开除党籍	留党察看	撤销党内职务	严重警告	警告	区营级干　部	一般党员干部	一般党员
1986	69	8	22	1	23	15	1	19	49
1987	116	21	26	2	39	28	1	13	102
1988	72	18	13	2	26	13	1	16	55
1989	55	16	8	1	21	9	1	11	43
1990	21	3	5		6	7		6	15
1991	39	12	8	2	12	5	2	12	25
1992	54	14	10	2	17	11	1	21	32
1993	18	3	3	1	6	5	2	6	10
1994	40	3	15	2	10	10	6	20	14
1995	56	10	8	1	28	9	2	26	28
1996	48	9	6		19	14	6	28	14
1997	51	12	6	2	21	10	8	27	16
1998	55	4	5	3	26	17		30	25
1999	48	3	7	1	28	9	6	17	25
2000	56	4	8	1	27	16	6	23	27
合计	798	140	150	21	178	43	43	275	480

表 20—5　　**南江县 1988—2000 年行政处分情况表**　　单位：人

年度	纪律处分人数	处　分　情　况							处分类别		
		开除	开除留用察看	撤职	降级	记大过	记过	警告	区营级干　部	一般干部	其它
1988	4		1			2		1		3	1
1989	15	1	9	2	1	2			3	8	4
1990	18	2	7		3	2	2	2	1	13	4
1991	13	1	5		2	1	2	2	1	9	3
1992	21		3	1	4	1	6	6	2	14	5
1993	14		1	1	5	2	2	3	1	9	4
1994	22	1		4	11	1	4	1	2	13	7
1995	14	2		1	7	1	1	2	2	9	3
1996	10	3			2	2	3		2	7	1
1997	7	2			1	1	3		2	5	
1998	17				11	3	3			12	5
1999	6			1	5					5	1
2000	5			1	3			1		3	2
合计	166	12	26	11	55	18	26	18	16	110	40

第四节　纪检信访

1986 年，县纪委确定一名纪委常委专管信访工作，配备一名专职信访干部负责处理群众来信来访，各区设立了专、兼职干部。全年受理来信来访 406 件，当年结案 293 件。

1987 年，县纪委制订《纪检信访“达标”的意见》发至乡以上党组织，并将“达标”列为年内检查党风廉政建设的内容。受理信访 318 件，其中党纪信访 95 件，涉及党员 134 人，应办结 105 户，已办结 102 户，办结率为 98%。信访案件要案查报结果的 22 户，全部结案，结案率为 100%。

1988—1990 年，全县纪检系统受理控告申诉 2788 件次，其中党纪控申 1416 件次，涉及党员 1107 人，应办结 1017 件，已办结 970 件，办结率为 95%，控申案件 90 件，结案 84 件，结案率 93%；受理重复越级控申 169 件，占受理党纪控申总件次的 11%。

1990—1993 年的四年间，全县纪检机关共受理来信来访 3157 件（次），其中纪检控申 1116 件，已办结 1086 件，办结率达到 97.2%，纪检控申案件 96 件，办结 93 件，办结率为 96.8%。

1994—1998 年的五年中，共受理群众来信来访和举报电话 4530 件（次），应办结 1583 件（人），已办结 1568 件（人），办结率为 99%；信访案件 94 件（人），结案 94 件，结案率为 100%。按期结案 73 件，优质结案 81 件。同时在保稳定、促发展中受理司法行政信访 1893 件（次），为查办违纪违法案件提供了一批重要线索。

1999—2000 年，受理群众来信来访 3726 件，初核线索 233 件，立案 113 件，结案 100 件，结案率 88%。

第五章　统战工作

第一节　与党外人士合作共事

1986—2000 年，全县党外人士安排在人大、政协、工商联共事的共 4498 人，其中县人大常委委员 23 人，各级人大代表 3785 人，政协常务委员 59 人，政协委员 631 人（其中县 609 人、市 22 人）；工商联执委 44 人。作为实职安排的 715 人，其中副县（处）级以上的 24 人，副区（科）级 64 人，股所级以上 627 人。

表 20—6　　南江县历届人大、政府、政协副县级以上党外干部名表

姓　名	性别	出生年月	籍 贯	文 化	单位及职务
李少确	男	1882 年	南江大河	初中	川北南江首届各界人大常委会副主席
成尧庚	男	1904 年	南江赶场	初中	二、三届县人大副主任
岳晓荃	男	1876 年	南江县南江镇	大专	四川省文史资料研究员、南江中学校长

续上表

姓　名	性别	出生年月	籍 贯	文 化	单位及职务
童树伯	男	1924 年	四川潼南	中专	九届县人大副主任
李良生	男	1941 年	南江长赤	高中	十一届县人大副主任
蒲守易	男	1938 年	南江凤仪	大学	十二届县人大副主任、五届县政协副主席
何家福	男	1948 年	南江正直	大专	十三、十四届县人大常委副主任
郑子猷	男	1915 年	南江大河	高中	二、三、四、五、六、九届副县长、二、三届县政协副主席
卢素芬	女	1945 年	湖北天门	大学	十一届副县长（后期入党）
何粹忠	男	1944 年	西昌市	大学	十二、十三届副县长、县政府正县级调研员
王治平	男	1963 年	巴中	大专	十四届副县长
范云程	男		开县	大学	七届革委会副主任
杨先钦	男	1938 年	巴中	中专	七届县革委会副主任
胡大泉	男	1929 年	南江元潭	高中	一、二、三、四届县政协副主席
曹天健	男	1917 年	山东安邱县	大专	一、二届县政协副主席
李仕霖	男	1910 年	南江城关	私塾	一届县政协副主席
廖远泽	男	1929 年	南江	大专	三届县政协副主席
邓继富	男	1934 年	重庆梁平	高农师	四届县政协副主席
李朝玺	男	1936 年	达县	大专	四、五届县政协副主席
王维卓	男	1941 年	平昌	中专	五届县政协副主席
王化莲	女	1945 年	河南驻马店	大学	四、五届县政协副主席
刘元峰	男	1945 年	南江	大学	六届县政协副主席
杨樟春	男	1950 年	南江长赤	高中	六届县政协副主席
尹治才	男	1959 年	南江正直	大专	六届县政协副主席

第二节　党外知识分子工作

1988 年 12 月，县委统战部、县委研究室联合召开了以“重新认识南江、加快开发南江、努力振兴南江”为中心内容的党外知识分子、各界人士协商对话会。1991 年 4 月，县委统战部颁发《关于认真做好党外知识分子工作的意见》；1991 年 5 月 30 日，县委统战部召开了全县党外知识分子工作经验交流会，县委书记杨清镛、副书记刘多发到会并讲了话。同年 9 月 13 日，中共南江县委、南江县人民政府联合发出《关于表彰邓继富等 47 名优秀党外知识分子的决定》，并于 9 月 30 日召开优秀党外知识分子表彰暨知识分子联系座谈会，县委、县政府表彰 47 名优秀党外知识分子，授予邓继富等 47 人“优秀党外知识分子”荣誉称号，其人员是：邓继富、高开强、何家福、卞蕴惠、卢家健、周福田、何子美、赵兴华、李爵懿、熊汉潮、郑开江、谭守勋、李朝玺、刘华民、江淮浦、袁开雄、赵德观、全丁元、陈德荣、朱雨滂、赵尚贤、程北洋、马通文、廖旭、杨秀莲、饶春华、熊正明、付先庚、李文英、张兴宏、饶顺理、陈天佑、田保生、马学成、何家善、龙坤善、杨建辉、刘自山、李良珍、楚渊、周定芳、余全文、岳林、李建华、刘昌骥、汪洋、岳生鹏。1993 年后，全县党外知识分子中，有 5 人获得国家创造发明专利权，有 2 人被评为全国劳动模范，有 2 人获得国务院表彰，有 41 人获得省委、省政府和国家部委的表彰。

1994 年 6 月 27 日，县委发出《关于县级党员领导干部分工联系党外知识分子及党外代表人士的通知》，再次明确县委、人大、县政府、政协四大县级班子党员领导干部联系党外知识分子及党外代表人士的对象、方式及具体要求。至2000年，全县政治安排的党外知识分子就达1707人，其中人大代表1543人（全国人大代表1人，省人大代表4人，县人大代表65人，乡人大代表1476人），县政协委员119人，县工商联执委23人（正、副会长13人，常委6人，执委14人），担任特约监察员的8人，特约司法检察员的1人，特约审计员5人，教育督导8人。全县党外知识分子中获得高级技术职称的212人，其中高级教师158人，副主任医师、技师、护士师、中医师38人；高级农艺师、农艺师、农经师、畜牧师、兽医师、经济师、建筑师、建筑工程师、研究员、副研究员16人。不少党外知识分子为全县的经济建设和社会事业作出突出贡献。

第三节 台侨工作

一、对台工作

（一）对台宣传工作

1978年，中共十一届三中全会后，对台宣传的基本任务为：高举统一祖国，振兴中华的旗帜，调动海内外一切积极因素，通过各种渠道和多种形式，宣传和平统一祖国的方针政策和对内对外政策。全面介绍祖国大陆的形势和成就，以增进台湾同胞对祖国大陆的了解和对祖国的认同感、向心力，进而提高他们的爱国主义热情，促进祖国和平统一大业的实现。为使对台宣传工作落到实处，1980年，对台宣传工作领导小组从各单位选定人员，组织了一支业余对台宣传骨干队伍。

1980—1984年，全县13名对台工作骨干通讯员，组写对台宣传稿件27篇，组织对台空飘42件。其中被中央台播发，海峡之声电台采用的稿件4篇，发寻人启事7则，被香港大公报全部采用。对台通讯员岳福章组写的《巴山深处小上海》，反映了南江城的可喜变化，被列为全省好稿之一。在对台宣传的内容上，重点宣传了5个方面的内容。一是1989年6月，中国共产党十三届四中全会所提出的“一个国家，两种制度”和平统一祖国的基本方针；二是1995年1月30日，江泽民发表的题为《为促进祖国统一大业的完成而继续奋斗》的重要讲话中，所提出的现阶段发展两岸关系，推进祖国和平统一进程的八项主张；三是1997年9月，中国共产党第十五次全国代表大会所重申的解决台湾问题的基本立场、方针和原则；四是《台湾同胞投资保护法》、《国务院关于鼓励台湾同胞投资的规定》、《中国公民往来台湾地区管理办法》以及中央人民政府处理“九七”后香港、澳门涉台问题的基本原则和政策；五是全县的大好形势和取得的巨大成就等等。通过对台宣传联络，进而密切了两岸同胞的联系，逐步消除了台湾同胞的思想顾虑，激发了爱国思乡之情。

（二）对台湾同胞、去台人员家属的工作

县委统战部、县委台湾工作办公室、县政府台湾事务办公室，认真贯彻落实党和政府的对台工作方针、政策、狠抓了台胞台属的工作。一是调查摸清了全县台胞台属的基本情况。据统计：截至2000年，有去台人员144人（其中排长8人，连长5人，营长6人，团长4人，中上校各2人）。第二、三代台胞600多人，台属4700余人；新去台湾定居的4人，台湾返乡定居的8人。二是认真贯彻落实“一视同仁、不得歧视”的台属政策；并通过《海峡深情》、《人民日报》、中央台播发、《中国建设报》、《海峡两岸》、《巴中日报》等报刊刊用对台稿件50多篇，大力宣传了台侨属中的好人好事。三是认真落实了台胞台属在历次政治运动中的冤假错案。按照有关政策纠正了原错划、错戴帽子的5人，错判的1人，错误下放的1人，应该恢复公职的6人。四是做好去台人员回大陆探亲定居的接待

安置工作。先后接待回乡探亲台胞1000余人次，办理100多人次去台探亲和台胞黄振元、李让生、文兴模、黎晓明、刘光富、何玉良、谭永生等8人返乡定居。台属戴清平、董轶等4人去台定居以及台属李开华、黄树选、吴光锐、何开寿等4人涉台遗产继承手续。五是做好台胞台属的来信来访工作，配合有关部门处理了台侨属中有关民事纠纷30余起。六是加强与海外“三胞”的联络交往。1991年11月29日，成立“南江县台侨属联谊会”，以其组织的民间性，工作上的服务性，交往上的联谊性，充分发挥了“三胞”、“三属”的纽带和桥梁作用。近10年中，为台侨台属服务达800余人次，引进“三胞”为家乡亲人赠资达400余万元，捐资家乡公益事业10多万元，仅台胞万常刚一人就赠给南江家乡公益事业5万余元，还吸引10多名台商、港商来南江考察项目。引进台商吴国俊先生台资50万元，办起了南台合资企业——东盛发木业发展有限公司，实现了南江引进“三资”办企业零的突破。七是积极扶助台侨属脱贫致富。县委统战部县台办在台侨属中广泛开展“写一封信、牵一条线、引一笔资金、促进一个项目、富一个家庭”的“五个一”活动，支持家居农村的台侨属狠抓产业结构调整和脱贫致富奔小康工作，帮助台侨属用活亲人赠资，发展生产，兴办企业，使全县近200多户台胞属特困户脱贫致富走上了小康之路。八是做好去台人员亲属和亲友中代表人士的政治安排和实职安排工作。如台属董绍达被组织安排为县政协副主席，台属董进修被安排为工业局党委书记，退休后任南江县台侨属联谊会理事长，台属刘光美被安排为石矿乡乡长，台属吴光锐、廖永茂等被安排为村社基层干部，台属李忠芳、苏必端等被安排为县人民代表，台属蒋光映、李清、万常强、杜子林、蒋贵成、廖永茂、郑云程等先后被安排为县政协委员。九是利用节假日召开台侨属座谈会、茶话会。自1981年以来，县委统战部、县台办利用春节、中秋节、国庆节、元旦等节日，共召开台侨属各种形式的座谈会、茶话会50余次，参加会议的台侨属代表共达1400多人次。

二、侨务工作

1983年，南江县侨务办公室成立后，在县委、县政府的领导下，认真宣传、贯彻执行党和国家“一视同仁，不得歧视，根据特点，适当照顾”、“统筹兼顾，全面安排”的侨务工作方针政策和有关法律法规，归侨、侨眷权益保护法等，积极开展侨务工作。一是开展侨务宣传，1984年1月，统战部、对台办、侨办联合召开工作会议和侨属代表迎春座谈会，3月，对台办、侨办联合拟定创先争优条件，开展侨台属为祖国多作贡献竞赛活动。1985年1月，县台办、侨办联合举行台侨属代表座谈会，总结交流治穷政策，加强通汇联系的经验。1989年9月，县委统战部、县政协、县台办、县侨办联合召开各区（镇）统战委员会议，贯彻落实四中全会精神；1990年9月29日，县委统战部、县侨办在县委召开了县城机关、厂矿、街道台侨属30多人参加的庆国庆座谈会。1995年4月，县台办、侨办就“关于进一步加强与‘三胞’联系，做好‘三引进’工作”的问题提出了加大对外宣传，增大感情投资，加强协调和服务，组织全县“三属”发展生产，继续开展“五个一”活动，促进“三引进”工作的意见和措施。同年6月，县委统战部、县台办、侨办、县政协祖国统一工作组联合召开城区台侨属代表座谈会抨击治湾当局领导人分裂祖国的言行。1999年10月，统战部、台侨联、县政协联合组织庆澳门回归祖国盛大游行和文艺宣传演出。同年开展侨情普查。根据普查统计，到2000年底，全县共有港澳同胞和海外侨胞130多人，侨属500余人。在海外华侨、华人中，有从政、经商的，也有从事教育、体育、卫生、科技乃至社会团体工作的。他们分别居住在美国、德国、日本、印度、泰国、澳大利亚、缅甸、英国、法国、加拿大等国家。在侨属中有中共党员、领导干部、人民教师、医卫工作者、科技工作者。

第六章　政法工作

第一节　机构人员

中共南江县委政法委员会（简称政法委），于1981年5月8日成立，属中共南江县委主管政法工作的常设机构。1988年11月，撤销中共南江县委政法委，同时成立“中共南江县委政法领导小组”。1990年4月，撤销“领导小组”恢复中共南江县委政法委员会。其名称直至2000年未变。

1983年6月28日成立的“中共南江县委综合治理社会治安领导小组”、1991年成立的“南江县治理综合委员会”均与县委政法委机关合署办公，两块牌子，一套班子。1986年实有编制5人，1987—1989年实有4人，1990年编制增加到7人，实有6人。1991年定编7人，实有5人。1992—1997年实有人数或5人或7人；1998年机构改革，编制减少到4人，实有5人，直至2000年底未变。

第二节　工作概况

一、稳定社会政治

1986年，认真贯彻全国全省政法工作会议精神，继续开展社会治安的综合治理，杀人、纵火、投毒、强奸等七个方面的犯罪活动有所减少，经济犯罪的嚣张气焰被打下去了，一度突出的盗窃犯罪，有所收敛。同时复查纠正历史冤、假、错案，突击审判民事案件，充分调动各方面的积极性，人民群众的安全感进一步增强，社会秩序安宁。到1988年，社会政治大局稳定，但还存在一些影响安定团结的因素。1989年，南江发生政治案件，严重影响社会安定，给人们心理造成严重的恐慌。政法干警在县委的领导下，组成专案组，侦破了这批案件，阻止了全县动乱的发生，治安形势逐渐趋于稳定。

1990—1993年，按照“稳定压倒一切”的方针，建立社会稳定承包责任制，开展多种形式和内容的“严打”专项斗争，按照“三个有利于”的原则指导政法工作，取缔非法组织“门徒会”，协助配合综合治理工作，积极进行“二五”普法活动，开展法律服务工作，确保社会稳定，促进经济发展，社会风气明显好转，并涌现出一批见义勇为的先进人物。

1994—1995年，由于改革的深入，暴露了深层次的矛盾，加之干旱、风灾的自然影响，农民歉收，教师工资兑现困难，破产倒闭企业职工工资无保障，增加了社会不稳定因素。政法部门强化专职职能，积极开展“严打”斗争，整治农村治安，加强基层基础工作，致力于化解不稳定因素，疏导排解各类民间纠纷，强化了民事案件的调解，稳妥审判破产案件，打击经济领域里的犯罪，及时处理敏感问题。县委、县政府一方面采取补贴、救济，开展“送温暖”活动，安抚困难群体，一方面层层签订保一方平安责任书，层层设立维护稳定机构，开展矛盾化解工作，维护了全县的社会稳定。政法机关加强了情报信息收集工作，运用多种手段拓宽情报信息空间，密切掌握企业在转制过程中和重点工程建设中出现的矛盾。掌握社情、敌情、政情、民情，做到敌伏我晓、敌动我知。并深入开展“严打”斗争，对贪污、贿赂等经济犯罪案件，加大查处力度，惩办了一批犯罪分子。在狠抓打击的同时，积极审判和调处了一大批民事、商事案件，化解了大量的人民内部矛盾和各类经济、金融风险。举办了农村轻微违法人员法制培训班，开展了声势浩大的农村大忙季节民间纠纷调防工作，对劳改释放和劳教解教人员进行过渡性帮教，认真落实社会治安综合治理目标管理责任制，妥处了多起突发性事件，无群体性事件、无治安灾害事故的大好形势。

1998—2000年，全县总体上稳定，但也存在一些不安定的因素，企业效益差，部分职工生活困难，情绪波动；重点工程欠款多，部分居民对河街拆迁改造的补偿有意见；少数区、乡农民负担较重，因天旱农民争水而引发的赔偿、重伤案件增多；青少年犯罪比较突出。政法部门针对这些情况，从维护稳定出发，扎实开展矛盾纠纷的排查调处，积极解决涉法涉诉的信访案件，协助搞好重点工程建设，主动参与清欠偿债工作，认真落实综合治理的措施，大力推进普法教育，有效整治校园周边环境，保护青少年的健康成长，为全县社会安宁、政治稳定做出了贡献。

二、“严打”专项斗争

1983—1985，年在全县开展“严打”斗争的第一战役和第二战役第五仗和第三战役第一、二、三仗，使杀人、放火、抢劫、强奸等七个方面的犯罪分子受到沉重的打击。并开展了社会治安综合治理，治安形势进一步好转。在结束“三年为期、三个战役”的“严打”斗争后，1987年又开展了以“打现行、反失窃、端窝子”和“打击拐卖妇女儿童犯罪活动”的专项斗争。1988年，发案总数下降，但大要案、伤害案、诈骗案、经济犯罪案上升。

1989年，县内各类刑事案件发案总数大幅度上升。为此，政法机关从1988年至1992年开展了一系列的“严打”专项斗争，先是开展“打现行、反盗扒、保春耕”的斗争；初战告捷后，接着进行“两查禁、一整顿”，一举端掉几十个赌博窝点，刹住了赌博风；最后开展“打击破坏林业的犯罪分子”和扫除“六害”的两项专项斗争，有力制止了毁林风和社会丑恶现象。同时，把“打击拐卖妇女儿童犯罪活动”的专项斗争，作为一项长期的任务来抓，公安干警跑遍11个省、107个县，抓获人贩子近百人，解救了几十名妇女。司法机关加快办案速度，从重从快批捕、审判，并多次召开公捕公判大会，大张旗鼓惩罚犯罪，张扬法制。

1993年，全县车匪路霸等抢劫案件大幅度上升，重大盗窃案件居高不下，杀人、伤害、贪污、贿赂案件有增无减，拐卖妇女儿童犯罪活动比较突出。政法机关认真贯彻执行“两手抓、两手都要硬”和依法从重从快的方针，组织了一大批精兵强将，与区、乡党政密切配合，协同作战，先后开展了“围歼车匪路霸”，“打抢劫、反盗窃、保春耕”，“抓尖子、打头子、摧毁团伙、惩治流氓犯罪、维护社会治安”，“打击毁林犯罪、维护林区安全”的专项斗争。并与文化部门一起，以查禁“卖淫嫖娼、制作贩卖淫秽黄色物品、播放黄色淫秽录像和赌博”活动为主要内容的除“六害”专项治理。在专项斗争和专项治理中，破获各类刑事案件442起，摧毁团伙91个，抓获违法犯罪人员887人，收缴非法出版物126本和淫秽录像带18盘，关闭镭射厅6个。1994—1995年，仍然是开展“严打”斗争，打击的锋芒直指杀人、抢劫、强奸、车匪路霸，横行乡里，称霸一方的流氓恶势力，特别是团伙犯罪、暴力犯罪。

1996—1997年，安排部署并实施了春季“严打”斗争集中统一行动与冬季“严打”整治活动。以“抓现行、破大案、追逃犯、打团伙、严惩流氓恶势力，重点治理与治乱相结合”为总体要求，依法侦破、批捕、审判了一批严重危害社会治安的犯罪分子，惩办了一批村霸、街霸、车匪路霸。同时，以查处“三机一部”（党政领导机关、行政执法机关、司法机关、经济管理部门）的经济犯罪案件为重点，以敢查敢办为前提，以服务经济为宗旨，按照“三个有利于”的原则，先后查办了副局级以上的多名干部犯罪案件。之后，政法机关干警发扬不怕疲劳、连续作战的作风，相继开展了“春季严打攻势”和查禁取缔非法组织“会道门”的专项斗争。

1998—1999 年，在全县开展“严打”斗争，打击的重点是杀人、抢劫等重大暴力犯罪、重大盗窃犯罪、车匪路霸等犯罪分子。

2000 年，扎实开展“打拐”专项斗争，抓获人贩子 416 人，解救妇女儿童 286 人。严厉查处涉毒案件，收缴罂粟 2000 克，铲除罂粟苗 213258 株。并通过批捕起诉、公开审判，使犯罪分子受到应有的惩罚。

三、社会治安综合治理

1986 年，全县已成立综合治理社会治安领导机构及办事机构，负责组织社会治安的综合治理。同年 7 月，在开展的“社会治安综合治理月”活动中，从县、区、乡、村抽出 3800 多名干部，组成近 500 个工作组，采取“四抓”的办法（即：一抓普法为前提，二抓打击犯罪为重点，三抓违法人员的转化，四抓民事纠纷和积案处理）进行综合治理。由于党政重视，力量集中，措施有力，工作扎实，收到明显效果。

1987 年，贯彻达县地区在宣汉县召开的社会综治经验交流会议精神，按照“无打不安、无防不稳、以打击促防范、以防范减少犯罪”的思路，加强了综治的基层基础工作，截至年底，全县建立了 73 个治安调解室。

1988—1991 年，以开展“严打”专项斗争推动综治工作，健全综治领导班子，配齐办公人员，推广综治典型经验。按照“社会治安社会治、综合治理综合抓”的精神，抓了城乡基层治保组织和群防群治组织建设。1992—1994 年，县委主要领导下乡亲自抓综治工作，并要求各级各部门抓综治工作时，要“不虚一步，不假一局”，真正把综治措施落到实处。在贯彻中央五部委《关于实行社会治安综合治理领导责任制的若干规定》中，调整充实县区两级综治委领导成员，完善综治办事机构，层层签订“社会治安综合治理保一方平安责任书”，把综治工作纳入各级党政考核的范畴，逗硬落实“一票否决权”。并开展各项“严打”专项斗争，推动综治工作向纵深发展。

1995—1997 年，狠抓综治工作领导责任制和目标管理责任制的落实，强化综治基层基础工作，加大普法力度，开展综治宣传活动和“创模”活动，整顿农村治安，表彰综治工作先进等方式方法，推动综治工作的发展。

1998—2000 年，以落实领导责任制，实行分线负责制、辖区负责制、包事负责制、部门配合制、责任追究制的连锁办法来逗硬落实综治目标责任制的实现。同时，认真抓了法制宣传，创建文明安全单位，挽救违法青少年，帮教劳改释放人员，解除劳教人员，排查处理不稳定因素等项工作，保持了全县社会治安的基本稳定。

四、执法监督检查

1986 年后，县政法委通过研究重大疑难案件，协调政法各部门业务之间的关系，配合政法部门查处内部违法违纪的人和事等方面，达到执法监督检查的目的。政法各部门也通过制定岗位责任制、案件审批等规章制度，加强自身的执法监督。

1989 年后，县政法委对政法各部门的工作进行勤指导、勤督促、勤检查、勤协调。一是从政治思想上加强指导，使干警认清形势，顾全大局，树立正确的人生观和世界观，保证思想上、政治上与党中央保持一致，保证专政机关和政法人员正确的政治方向；二是从业务上勤检查督促，采取深入单位检查，听取汇报，查任务数量和质量，看工作完成的好坏，看效率的高低，有无违法的人和事，并下乡听取群众的呼声，判断政法干警在群众中的影响和形象；三是协调业务关系，只要是政法几家报请研究的疑难案件，就及时召集政法几家领导和案件承办人一起研讨，从稳定局势、维护安定团结、严肃执法的观点出发，达成一致意见，避免了相互推诿等不正常现象的发生。

1990 年，在召开人代会期间，派员参加人民代表的分组讨论，虚心听取人民代表对政法工作的批评、建议和意见，然后督促政法部门改进工作，纠正偏差。同时认真查处政法部门违法乱纪事件，会同组织人事部门调离了不适合做政法工作的人员。

1992 年，县政法委加大了执法监督力度，建立了重大情况报告、案件协调、督查等制度。要求政法各部门在各项工作中执行法律的情况必须向政法委报告，对政法委交办或督办的事项，必须按时办结，并书面报告办理结果。之后，县政法委每年都要制发年度工作要点，发送政法各部门贯彻执行、以指导政法部门的工作。每年的重大事项安排，“严打”专项斗争，县政法委都要统筹部署，作出实施方案，由政法各部门遵照办理。并及时转达党中央、省地县委的指示和党的路线、方针、政策，针对政法、经济形势和党的中心工作，部署本县一个时期的政法工作，并检查政法各部门贯彻落实情况，支持和监督政法部门严格执法。

1998—2000 年，先后开展了队伍集中教育整顿、取保候审专项执法检查和超期羁押专项治理活动。政法各部门也制定了错案责任追究制度，聘请执法监督员建立了群众监督、内外监督、上下监督的机制。

五、政法队伍建设

1986 — 1987 年，结合整党工作，对政法干警进行理想、宗旨、道德、纪律教育，在方法上采取四个结合，即抓理想教育与关心干警疾苦相结合；抓宗旨教育与整顿机关作风相结合；抓道德教育与树立干警高大形象相结合；抓纪律教育与表彰好人好事、查处违纪相结合。政法单位在人少事多，业务十分繁重的情况上，还选送一批干警去法律中专和法律高等院校学习，县法院的“业大”教学班被评为达县地区优秀教学班。同时，县委调整配齐了公检法司的领导班子，使领导班子更加充满生机活力。还新增干警 24 人，扩大了政法队伍。

1988 年冬，对政法干警进行“一个中心，两个基本点”的教育、形势教育和勤政廉洁教育，使全体干警树立全局观念、为民服务的观念。县政法领导小组根据政法各部门的实际，于 1989 年制定了政法系统干警加强廉政建设、做好八件事的决定，政法各部门认真贯彻落实，在政法系统掀起了“比学赶超”的热潮。

1990 年，县委确定一名县委副书记任政法委书记，一名常务副县长任政法委副书记，将工作能力强，业务水平高、政治素质好的五名干部充实到政法各部门担任主要领导职务。同时，在政法干警中开展争当人民“好警察”、“好法官”、“好检察官”、“好律师”的竞赛活动。并对违法违纪人员给予了党纪、政纪处分，调离了政法队伍。

1991—1993 年，政法各部门开展“我为党旗增光辉”、“爱民服务月”，争创“五好”、“岗位学雷锋”、“警民共建”等寓教于乐，丰富多彩的活动。并根据全县政法队伍存在思想不纯、作风不正、纪律不严的情况，采取思想教育、自我教育和正面教育为主，联系实际，突出重点的方法进行全面的整顿。在整顿中，结合县人大对政法部门的司法评议，认真听取评议意见，虚心接受批评建议，积极整改。

1994—1996 年，政法部门领导班子积极开展“学习、团结、勤政、廉洁”的“四好”创建活动，以增强领导班子凝聚力和战斗力。并认真贯彻中央政法委提出的政法干警“十不准”的规定，清查政法干警与经商办第三产业的行为，严肃查处干警违法乱纪事件，做到有报必查、查清必办、办必从严。

1997—2000 年，在政法队伍中逐步实行中层干部竞争上岗、一般干警双向选择的用人机制，有的政法机关还实行末位淘汰以及评选最差的干警。通过改革用人机制，激发了活力，增强了干警的工作责任心。紧接着，对全体政法干警进行为期四个月的集中教育整顿，重点整治执法不严、权钱交易、刑讯逼供、以权谋私、乱收费的行为。之后，又进行了机关作风整顿。通过整顿，提高了政法干警的政治素质和业务素质。

第七章　信息·调研

第一节　信　息

1986 年，中共南江县委办公室设置督查信息调研科，主要工作是收集反馈各种信息，为领导决策服务。编发《南江信息》、《参阅》、《情况反映》等内部刊物和简报，将上级党委和同级党委的重要信息，以及县委办、县级机关自身调研的文字材料上送下达。1988 年向各级提供信息 317 条，被国家级刊物用稿 28 条，省级用稿 55 条，地厅级用稿 208 条。1992 年上报信息 509 条，国家采用 2 条，省级采用 32 条，地级采用 162 条。

1997 年加大传送信息的力度，全年共上报各类信息 1324 条，被中央办公厅采用 4 条，省委办公厅采用 65 条，地委办采用 449 条。2000 年，共上报各类信息 825 条，被国家级采用 8 条，省级采用 33 条，地（市）级采用 388 条。

第二节　政策研究

1986 年，县委办公室内设调研科，开展政策研究和调查工作，为县委领导决策提供科学依据，并代县委起草重要文件和领导讲话材料。全年编发《工作通报》15 期、《情况简报》26 期。1987 年 2 月，经县委研究决定成立“政策研究室”（至 2000 年底名称未变）。主要任务是围绕县委各时期的中心工作，对全局性、方向性、战略性的决策问题进行调查研究。1988—1990 年，共撰写各类调研材料 1000 余篇，其中被国家刊物采用 28 件，省级采用 555 篇，地级采用 408 篇。

1992 年，县委政策研究室围绕县委中心工作撰写调研文章 11 篇、被新华社《内参选编》、《国内参考》采用 4 篇、省级部门采用 5 篇。1993 年撰写调研文章 20 篇，被新华社《国内参考》、《内参选编》采用 3 篇、省级部门采用 3 篇、地区采用 4 篇。

1996 年，县委进一步加强了政策研究和调研工作。全年深入基层开展调查研究 100 余人次，撰写调研报告 71 篇，被国家级采用 3 篇、省级采用 47 篇、地级采用 26 篇。新华社《内参选编》刊发的题目是《要把资源优势转化为经济优势》、《求真务实抓好后进村整顿》。

1997年，撰写调研文章共计101篇，被国家级刊物采用7篇，省级采用58篇，地级采用30篇。《村干部公推公选好》等2篇文章被《半月谈》杂志和《人民日报》刊用。1998年，全年共撰写调研报告和文章达150篇，被国家级刊用9篇，省级用稿64篇，地级采用40篇次。

2000年，坚持政策研究和调查工作紧密结合，联系实际，为领导决策服务。全年共上报调研文章61篇，被国家级采用9篇，省级采用37篇，地级采用15篇。编发《参阅》21期，起草重要文稿、领导讲话和工作汇报等160余篇。

表20—7 南江县委办1986—2000年上报信息、调研材料统计表 单位：篇

年度	信息				调研材料			
	合计	国家级采用	省级采用	地（厅）级采用	合计	国家级采用	省部级采用	地厅级采用
1986	285	2	31	213	83	4	37	38
1987	256	3	26	184	104	3	29	41
1988	317	28	55	208	308	8	52	125
1989	332	7	43	264	310	12	51	150
1990	313	8	39	216	420	10	52	133
1991	292	4	35	201	101	5	41	42
1992	509	2	32	162	29	4	5	18
1993	308	3	26	188	20	3	8	4
1994	297	5	37	204	52	2	17	27
1995	413	6	58	245	72	1	28	33
1996	524	5	61	303	77	3	47	26
1997	1324	4	65	449	101	7	58	30
1998	523	6	58	374	150	9	64	40
1999	760	7	21	257	73	3	20	45
2000	825	8	33	388	61	9	37	15

第八章 保密·信访

第一节 保 密

1985年，县委保密委员会下设保密办，负责全体指导和管理全县的保密工作。1989年，根据《保密法》的规定成立“南江县国家保密局”。县委为加强保密工作每年度都要召开全县保密工作会议，印发上级有关保密工作的文件，县委领导到会要求各单位一把手亲自抓，分管领导具体抓。县委办、机要局制定严格的保密制度，将保密工作纳入年度工作考核目标，并对抓保密工作好的单位或个人进行表彰奖励。1996年，县委印发了县保密委、县国家保密局《关于加强文件管理和文

件清退工作的通知》，1997年，县委办转发县委保密委《关于党政领导干部保密工作责任制的规定》。1999年，县委办制发《关于近期分批落实现代化保密技术设备计划的通知》和转发地区国家保密局关于印发《巴中地区计算机、信息、保密管理的通知》。在机要、档案、印章保密管理上。县委办、保密办设置了机要秘书和档案管理员。“中共南江县委员会”、“中共南江县委办公室”的印章管理由机要员专管，凡需使用印章，一律由机要员履行手续，并由机要秘书监印。县委工作证、介绍信、证明信由秘书科管理。为加强档案资料的科学管理和安全保管，县委办设有专门档案保管室和专职保管员。各年度形成的各类文件、材料，在第二年6月底前按永久、长期、短期分类、立卷、整理后归案，并做到了档案的收进、移交和借用及利用情况的登记记载。县委保密工作多次受到上级的表彰和奖励。

自1986年至2000年15年间，县委保密工作，认真执行《保密法》和《保密工作决定》，着重抓了几项工作：一是加强保密机构的建设，县委各工作机构、县级部门、区（镇）、乡（镇）及县级大型企业都建立了保密机构和落实了专人负责；二是加强县委、县政府重要会议的技术保密保障服务，安装物理隔离卡10台，开展计算机网络的技术检查；三是强化对全县各类国家级考试的监管，防止试卷泄密事件的发生；四是保密执法人员不定期开展对各重点部门的保密检查、督促、指导，坚持依法行政；五是制定“保密工作规划”，分批购置和使用干扰器、隔离卡、碎纸机、密码柜、红外线监控设施，确保保密工作先进的科学管理；六是在工作方法上采取抓领导、抓核心、抓难点、抓落实、抓基层五个方面加强保密工作。

第二节 信 访

一、信访机构

1981年，县委办公室设立信访科，1982年改名为“县委、县政府信访办公室”，由县委办公室代管，编制3人；1991年增至5人，配备正副主任各1人、办事员3人。县信访办分设县委和县人民政府信访接待室，按“一块牌子，一套班子，一队人马”的要求处理信访工作。至2000年机构未变。

二、信访概况

1986年，县委召开了全县信访工作会议，并建立了县委常委、县政府县长、副县长轮流值班接待群众来访日制度，每月15日为接待日，由县委、县政府领导亲自接待群众来信来访，回复解决来访群众的具体问题。县委、县政府信访办公室受理人民群众来信来访1362件，其中来信799件，来访563人次，办结数1255件，办结率92.1%，1988年，受理来信来访1124件，其中来访756件，来访368人次，办结1012件，办结率90%。1990年，受理来信来访551件，其中来信350件，来访210人次，分别比1988年下降50.98%、53.7%和42.93%；当年办结501件，办结率90.9%。1995年，来信来访总数下降到311件，比1990年减少了240件，减43.5%；办结292件，办结率92.7%。1997年8月，县委办制发了《关于进一步做好信访工作的通知》；1998年县委办牵头举办了《南江县首届信访干部培训班》和制发了《关于部分信访案件实行领导包案责任制的通知》，明确规定了要认真坚持县委常委轮流值班坐镇信访办公室接待群众来信来访制度和群众写给自己的信件亲自批复制度，帮助群众解决一些热点、难点及要求县委、县政府解决的问题。在县领导的重视下，县以下区、乡（镇）均建立了信访工作制度，层层确定了专人接待群众来信来访，及时按有关政策妥善处理了一些重要信访案件，达到了事事有结果、群众满意的目的。2000 年，县信访办共受理人民群众来信来访 406 件，其中来信 225 件，来访 181 人次；办结数 389 件，办结率达 95.8%。

1986—2000 年，县委、县政府信访办共接待来信来访 9010 件，办结了 8260 件，办结率达 92.8%。

表 20—8　　南江县 1986—2000 年来信来访统计表

年度	信访情况			办结情况	
	来信（件）	来访（件）	合计（件）	办结数（件）	办结率（%）
1986	799	563	1362	1255	92.1
1987	976	786	1762	1585	89.9
1888	756	368	1124	1012	90
1989	350	322	672	608	90.4
1990	350	210	551	501	90.9
1991	250	190	440	406	92.2
1992	259	110	369	346	93.7
1993	239	100	339	315	92
1994	252	107	359	333	93.8
1995	196	115	311	292	92.7
1996	168	86	254	238	93.7
1997	258	158	410	391	95.3
1998	126	143	269	255	94.8
1999	200	152	352	334	94.8
2000	225	181	406	389	95.8
合计	5419	3591	9010	8260	92.8

第九章　直属机关党务

第一节　组织建设

自 1953 年县委决定建立“中共南江县一级机关总支委员会”后，至 1995 年 5 月更名为“中共南江县直属机关工作委员会”前，曾几易其机关名称。领导班子成员 1956—1973 年除一名专职副书记外，均是兼职。1983 年，开始配备专职书记、副书记和专职委员。1989 年 12 月，正式列为县委编制序列。1990—2000 年，均由一名县委常委兼任书记，配备专职副书记主持工作。其主要职责是：受县委委托负责领导县直机关党的工作，加强县直机关党员特别是党员领导干部的教育，制定县直机关党的建设和安排意见，负责实施县直机关领导班子思想作风建设，考察审批县级各部门直属党总支及支部的建立，指导县直机关党组织抓好党员干部的理论学习、方针政策及业务学习，负责对县级各单位“四好”班子的评定和党委总支支部工作的奖评，抓好县直机关精神文明建设；以及完成县委交办的其他任务。

中共南江县直属机关工作委员会（简称县直工委），按照《中国共产党和国家机关基层组织工作条例》规定和中共南江县委赋予的职权，至2000年底共辖有9个党委、27个总支和4个直属支部。

县直工委下辖的县级部门党委有：中共南江县政法委员会、南江县公安局党委、南江县教育文化体育局党委、南江县卫生局党委、南江县经贸委党委、南江县交通局党委、南江县林业局党委、南江县粮食局党委、南江县电力有限公司党委。

总支委员会有：中共南江县直机关党群总支、县政府党总支、县人民检察院党总支、县人民法院党总支、县国税局党总支、县地税局党总支、县发展计划委员会党总支、县财政局党总支、县工商局党总支、县文体办党总支、县农业局党总支、县水利局党总支、县农委党总支、县乡企局党总支、县建设局党总支、县邮政局党总支、县民政局党总支、县供销社党总支、县贸易局党总支、县电信局党总支。

直属党支部有：中共南江县质量技术监督局支部、中共南江县药监局支部、中共南江县信用联社支部、中共南江县烟草专卖局支部。

第二节 思想政治建设

自20世纪80年代中期以后，县直工委根据党在各个时期的中心任务和党员队伍的思想政治状况，对基层党组织和广大党员进行了马克思列宁主义、毛泽东思想、邓小平理论和“三个代表”重要思想的教育，路线、方针、政策教育，党的基本知识、规章制度法纪教育。按照“疏导和引导”的政治思想工作方针，结合党性、科学性、实践性、针对性的思想工作基本特点，理论联系实际相结合的原则，抓紧时机，促进转化，有的放矢，因人而异，不断提高思想觉悟，树立共产主义的远大理想。通过发文件资料、办短训班、开展知识竞赛等多种形式进行思想政治教育。

1990年10月，县直工委制发《关于在县城机关党员中进行“三基”教育安排意见》，对县级机关党员进行马列主义基本理论、党的基本路线、党的基本知识教育，并进行考试，获得了很好的效果。

1995年，县直工委要求党员干部发扬六种精神（解放思想、真抓实干、顾全大局、团结协作、廉洁从政、勤政为民、励精图治、艰苦奋斗的精神）。在加强思想政治教育的同时，亦加强党员的思想政治管理。指导各级党组织建立有分管领导和党务干部专兼职的管理体系，建立政治学习制度。对优秀党员领导干部和无职党员进行推荐、提拔、任用、表彰，对思想觉悟太低、甚至有违纪违法的党员进行批评教育和严肃处理。监督各级党组织充分发扬党内民主，勇于开展批评与自我批评、坚持“不抓辫子、不扣帽子、不打棍子”的三不主义，坚持了党内在思想上和政治上同党中央保持一致。

第三节 开展活动

1987年，“七一”期间，县直工委组织县直机关党员和建党积极分子2000多人观看县委摄制的录像片《改革中的共产党员》、《亏了我一个，幸福十亿人》、《理解万岁》等，使广大党员受到一次党性和爱国主义教育。同年还举办学习党的十三大知识竞赛活动，编发了十三大学习辅导资料2320册，供党员学习。

1992年，225个党支部普遍开展了党支部书记职责到位竞赛活动，以"比思想看行动、比工作看效率、比奉献看效果"为主要内容的创百名优秀党支部书记的竞赛活动；其经验被《四川党的建设》刊用。1993年，组织县级机关党组织开展普建党员业余党校和党员活动室及"四好班子"（学习、团结、勤政、廉洁好）活动，当年建部门业余党校18个，支部党员活动室180个。

1995年，开展了"向孔繁森同志学习"活动，同年还开展了"送温暖、献爱心、支援受灾群众"的活动。县直机关党员为灾民捐款6755.5元。1997年，县直工委和文体局联合举办"第八套广播体操大赛"，参加人数达1000余名。

1999年，认真开展了"讲学习、讲政治、讲正气"的"三讲"教育活动，县直机关4000余名党员和350多人入党积极分子参加了培训和学习。

第十章　党　校

第一节　机构队伍

1959年12月8日，中共南江县委党校正式成立，校址设在文庙，县委书记冯晋彪担任首任校长。1967年2月起因"文化大革命"运动中断；1973年4月，党校恢复，由时任县委副书记王存文任校长。1976年10月以后，党校工作逐步正常化。

1998年，县上成立行政学校，与党校实行一套机构、两块牌子，合署办公。内设办公室、教务科、教研室、联络科（兼函授站）、总务科5个科室。2000年在职职工21名，其中教师11名，行政后勤人员10名。教师中有高级讲师3人、讲师6人、助理讲师3人，另外聘兼职教师18人。

第二节　设施建设

中共十一届三中全会后，党校抓住机遇，解放思想，不断开拓进取，一面坚持办学培训干部，一面积极筹集资金建设学校。学校先后投资近300万元修建校舍，改造校园，使学校面貌发生很大变化：1984年1月，建筑面积为2000多平方米的职工宿舍楼建成；1986年12月，1300多平方米的学员餐厅竣工并投入使用，结束了党校学员在棚子里就餐的历史；1992年2月，1400多平方米的教学楼建成，结束了学员在文庙内上课的历史；1996年3月，2500平方米的学员宿舍楼建成，结束了学员住平房、睡板床的历史；1996年9月，学校校园进行了硬化，修建了花池和篮球场，结束了党校"土院坝"的历史；1998年1月，新校门落成，600平方米的综合楼顺利竣工；1999年11月，对学校办公室进行了改造和装修，正式结束了冬季用"北京炉子"燃煤取暖的历史。

在加强对校舍进行建设和改造的同时，学校也不断购置教学和娱乐设施。至2000年，已有标准教室6间，有能容纳200人上课和集会的演讲厅1个；有微机室1个，内置电脑31台；有办公电脑1台，复印机1部，扫描仪1台，黑白、彩色打印机各1台；有电化教室和图书室，藏书1.7万册；有标准的学员宿舍1栋，可容纳200个学员同时住宿；有专门的舞厅，内有29英寸大屏幕彩色电视2台、高档VCD 2台、高级数码相机1部，极大地改善了学校教学、办公和职工文化生活条件。

第三节 干部培训

1990年，《中共中央关于加强党校工作的通知》下发后，南江县委党校的干部培训工作走上了长短结合、以短为主、多功能办学的轨道。先后开办了读写班、党政干部中专班、专修班、师资班、蚕桑班、农学班等培训班，为南江的经济社会事业培养了一大批各条战线急需的建设人才。1987年，南江县委党校被省委党校批准为中专体制的学校，至1990年，共培训中专毕业学员173人。据统计，从1986—1991年，党校共举办区、乡干部培训班2期，村支书培训班2期，青年干部培训班1期，成人高考复习班1期，政工干部培训班2期，股所级干部培训班1期，企事业单位支部书记培训班1期，村主任培训班1期，乡镇党委书记培训班1期，副乡镇长培训班1期，乡镇党委副书记培训班1期，副局级干部培训班1期，共培训各级各类干部1360人。

1992年后，随着市场经济体制的初步确立，全县迫切需要一批熟悉市场经济发展规律的党政干部和企事业经营管理人才，因而党校的干部教育培训规模不断扩大。1998年12月，南江县委党校经四川省委组织部批准，成为在职党政干部计算机应用能力考核点，并始对在职党政干部进行大规模的计算机扫盲教育。

至2000年，党校共举办厂长经理培训班5期，十四大精神培训班2期，乡镇党委书记培训班4期，乡镇长培训班3期，县级机关下派干部培训班1期，副局长培训班1期，副区（局）级干部培训班4期，妇女干部培训班2期，副乡长镇长培训班2期，青年干部培训班5期，乡镇党委副书记培训班2期，政工干部培训班1期，村干部培训班1期，委培生培训班2期，村支书培训班5期，局级干部培训班1期，县级部门中层干部培训班1期，党务干部培训班1期，领导干部培训班2期，企业党务干部培训班1期，武装部长培训班1期，计算机培训班3期，培训各级各类干部4076人次。

第四节 函授教育

1992年，中共四川省委党校函授学院达川分院南江辅导站正式成立，开始对全县的在职干部进行大专函授学历教育。1993年，南江县委党校辅导站取得了对在职干部进行本科函授学历教育的资格。从此，函授教育在不断解决在职党政干部的学历待遇问题的同时，也成为党校日常教学活动的主要内容。至2000年，党校共开设经济管理、行政管理、法律、财务税收等四个函授大专专业，共33个班次，培养函授大专毕业学员1206人；开设经济管理、行政管理、法律等三个函授本科专业，共19个班次，培养函授本科毕业学员430人，为党政干部提高专业知识和应用能力做出了巨大贡献。

第二十一篇　政　权

第一章　县人大代表选举

第一节　第十届选举

1984 年 1 月 15 日，县九届人大常委会议决定：从 1984 年 1 月 15 日至 3 月 30 日，历时 75 天，在全县范围内开展县、镇、乡换届选举工作。依据《四川省〈选举法〉实施细则》的有关规定，设立县、乡、镇选举委员会 75 个，区和县级机关设立选举指导办公室 17 个，成立领导小组 557 个，设立选民小组 2541 个，负责指导本辖区的选举工作。选举县代表共划分为 98 个选区；社（乡、镇）代表共划分 74 个选区，整个选举工作分四段进行。经过广泛宣传，提名候选人酝酿协商确定正式代表候选人后，1984 年 3 月 20 日为全县选举日。依照法定时间，整个县乡人大代表的选举一次进行。

此次选举，全县共有 10 区 1 镇 73 个乡（社）521 个大队，总人口 52.4 万人。选举日当天，由于选民行使自己的民主权利，在地势辽阔、居住分散、交通不便的情况下，全县参选人数达 287481 人，占选民总数 295146 人的 97.3%；有效票 283082 张，占 98.47%；无效票 2836 张，占 1%；弃权票 1563 张，占 0.54%。选出了县人民代表 313 人，占应选代表 320 人的 97.8%，选出了乡（社、镇）人大代表 3809 人，占应选代表 3900 人的 97.6%。

第二节　第十一届选举

根据《宪法》、《地方组织法》、《代表法》之规定和省、地关于县乡换届选举工作的部署，南江县第十一届县、乡人代会换届选举工作于 1986 年 10 月下旬全面展开，1987 年 1 月 10 日全面结束。

本次县、乡换届选举，县代表分配数为 300 人，较上届减少 20 人；乡代表分配数为 3465 人，较上届减少 344 人。经过初步提名、酝酿候选人、选举结果：选出县人大代表 294 人，实现选举一次成功。选举乡（镇）人大代表 3432 人，选举一次成功的选区，选出代表 3427 人；重新选举的选区1个，选出代表3人。县代表落选6人，乡（镇）代表落选16人，其中乡长8人、副乡长7人、镇长1人。

第三节 第十二届选举

南江县第十二届县、乡两级的换届选举，是在党的十三届四中全会作出了一系列重大决策之后进行的。本届县、乡人大代表名额分配体现了“精简”、“效能”和便于议事的原则，安排县人大代表211名，比上届297名减少86名，减28.9%；乡人大代表2508名，比上届3465名减少965名，减少27.8%。

1990年1月10日，为全县法定选举日。选举结果：选出县人大代表210人，乡镇人大代表2488人。实现了选举一次成功。本次政党提名的代表落选7人，乡镇代表落选32人，其中乡党委书记3人，乡人大主席团专职常务主席候选人4人，乡长8人，副乡长11人。新一届县、乡人大代表中，县人大代表连选连任的76人，新选进的134人。本届人大代表素质有所提高，年龄结构趋于年轻化，确保了有旺盛的精力参加代表活动，履行代表职责。

第四节 第十三届选举

县十三届县、乡换届选举工作自1992年9月下旬开始，1993年2月底全面结束。推荐了全国人大代表候选人1名（已选出），依法选出了出席省九届人大代表大会代表4名，县第十三届人大代表大会代表213名，乡（镇）人民代表大会代表2724名，经审查，整个选举程序合法，代表资格全部有效。

第五节 第十四届选举

一、乡（镇）代表选举

南江县十四届乡（镇）人大代表换届选举，县、乡不同步（县五年一届、乡三年为一届），是《代表法》和《地方组织法》修改后依法进行的一次乡（镇）人大换届选举。本次换届选举自1995年9月下旬开始，12月中旬结束，1996年1月召开了新一届乡（镇）人大代表大会第一次会议，圆满完成了选举任务。共选出乡（镇）人大代表3202名，经审查，对因违法当选的4名代表依法确认他们的代表资格无效外，其余3198名代表资格有效，占应选代表的98.9%。

二、县人民代表选举

县第十四届人大代表选举工作，自1997年9月下旬开始，1998年2月全面结束。选出代表237名，其资格全部有效，占应选代表237人的100%。在选举的237名县人民代表中：党员172名，占72.6%；非党员65名，占27.4%；妇女53名，占22.4%；干部126名，占53.2%；工人10名，占4.2%；农民81名，占34.2%；知识分子19名，占8%；军人1名，占0.4%。

第六节　第十五届乡（镇）代表选举

本届换届选举自1998年10月下旬始至1998年底全面结束，依法选出南江县乡（镇）第十五届人大代表3132名，代表中有党员1791名，占57.2%；妇女576名，占代表总数18.4%；干部518名，占16%；工人46名，占1.5%；农民2402名，占77%；知识分子132名，占4.2%；其他42人。

表21—1　　南江县历届人民代表名额分配及结构统计表　　单位：人

届　别	代表合计	其中							在代表中		农民代表中公社干部
		农民	工人	干部	军人	知识分子	统战对象	其他	党员	妇女	
第十届	320	161	32	58	2	32	32	3	208	64	36
第十一届	247	96	11	81		23	26		73	45	
第十二届	211	74	9	96		25	1	6	135	37	
第十三届	213	62	6	122		23			130	51	
第十四届	237	81	10	126	1	19			172	53	

第二章　人民代表大会

第一节　第十届代表大会

南江县第十届人民代表大会共召开了三次代表大会会议，在县人民大礼堂举行。第一次和第二次代表会议分别于1984年5月和1985年6月召开（会议情况前志已述）。

第三次会议　于1986年4月18—21日召开，会期4天。出席会议的县人大代表286人，县政协委员和区、乡负责人计161名列席会议。省人大常委会达县地区人大工作联络处主任赵宗发参加并指导了会议。会议的主要议程：听取和审议政府工作报告；听取和审议南江县1985年国民经济和社会发展计划执行情况及1986年国民经济和社会发展计划草案的报告；听取和审议南江县1985年财政预算执行情况和1986年财政预算草案的报告；听取和审议人大常委会工作报告；听取和审议县人民法院工作报告；听取和审议县人民检察院工作报告，通过上述报告并作出相应决议；听取县政府关于十届人大二次会议代表所提建议、批评和意见办理结果的情况报告；补选县长和县人大常委会副主任。会议期中，各位代表认真审议大会议程中所有报告，并通过和作出相应的决议。大会补选刘宗寿为县长，何崇寿、伍必轩为县人大常委会副主任。

会议收到议案、建议和批评意见共110件，会期当面回复代表50件，其余60件，交有关办理单位根据问题难易、轻重缓急，在半年内以书面形式或其他形式直接回复了代表。

第二节 第十一届代表大会

南江县第十一届人民代表大会共召开了四次代表大会，均在县人民大礼堂举行。

第一次会议 1987 年 3 月 5—10 日召开，会期 5 天。出席会议的正式代表 297 人，告缺 2 人，列席 70 人，特邀省人大代表 3 人，计 368 人。会议议程：刘宗寿代县人民政府作《政府工作报告》；县国民经济和社会发展七个五年计划《草案》（书面）；县计委主任王子贵作《关于 1986 年国民经济和社会发展计划安排的报告》；县财政局局长唐明鉴作《关于 1986 年财政预算执行情况和 1987 年财政预算草案的报告》；县人大常委会主任廖明才作《县人大常委会工作报告》；《县人民检察院工作报告》、《县人民法院工作报告》；选举产生县人大常委会组成人员，县人民政府正、副县长，县人民法院院长，县人民检察院检察长；副县长熊启伦关于十届人大代表所提议案处理情况的综合报告。会议期中，全体代表认真听取和审议了上述报告，通过并作了相应决议。本次大会收到代表提出的议案、建议、批评和意见共 129 条，均交由有关部门作了回复。

第二次会议 1987 年 12 月 18—19 日召开，出席会议的应到代表 297 人，请假 24 人，实到 237 人，列席 50 人，特邀省人大代表 3 人，计 326 人。本次会议，系召开选举省七届人大南江选区代表的专门会议，无议案。经过充分酝酿协商，采取无记名投票方式，于 3 月 19 日上午选出了赵洪秀、顾德成、蒲守易、廖明才为省七届人大南江选区的代表。

第三次会议 1988 年 3 月 20—24 日召开，会期 4 天。出席会议代表 297 人，县委各部门负责人、县人大常委会各委室负责人、县人民政府组成人员、县政协全体委员、地区主管和受县双重领导的局级单位负责人，不是县人大代表的区、乡、镇长 198 人列席了会议。其主要议程是：听取和审议《政府工作报告》、《关于 1987 年国民经济和社会发展计划执行情况和 1988 年国民经济和社会发展计划安排（草案）的报告》、《关于 1987 年财政预算执行情况和 1988 年财政预算草案的报告》、《县人大常委会工作报告》、《县人民法院工作报告》、《县人民检察院工作报告》和《关于十一届人大一次会议代表所提建议、批评、意见处理情况的报告》。会期中，到会代表对上述报告进行了审议，通过并作出了相应决议。本次会议，经主席团同意，县长刘宗寿、副县长严德贵及政府其他组成人员与 12 个代表团推选出的 24 名代表举行直接对话，现场办公。对代表们提出的 59 个问题，作了满意的答复。本次会议还收到了各类议案、建议意见共 173 件。除 59 件已列入对话当面答复外，其余 114 件在会后归口办理落实。

第四次会议 1989 年 3 月 20—22 日召开，会期 3 天。出席本次会议的代表 297 人，因事因病请缺 42 人，实到代表 255 人，列席 156 人。主要议程：听取和审议《政府工作报告》、《关于 1988 年国民经济和社会发展计划执行情况和 1989 年国民经济和社会发展计划安排（草案）的报告》、《关于 1988 年财政预算执行情况和 1989 年财政预算草案的报告》、《县人民法院工作报告》、《县人民检察院工作报告》和《关于十一届人大三次会议代表建议、批评和意见的情况报告（书面）》，补选县人大常委会副主任。大会代表认真听取和审议了各项报告并通过和作出相应决议。经过酝酿、无记名方式选出江治秀为县十一届人大常委会副主任。

第三节　第十二届代表大会

南江县第十二届人民代表大会共召开了四次代表大会，均在县人民大礼堂举行。

第一次会议　1990年3月8—12日召开，会期4天。出席会议的代表210人，因事因病请缺8人，实到代表202人，特邀省人大代表1人，列席代表92人，计345人出席列席了本次会议。主要议程：听取和审议《政府工作报告》、《关于1989年国民经济和社会发展计划执行情况和1990年安排意见的报告》、《关于1989年县财政预算执行情况和1990年财政预算草案的报告》、《县人民法院工作报告》、《县人民检察院工作报告》、《关于县政府关于办理十一届人大四次会议代表所提批评、建议、意见的报告》（书面）、选举新一届人大常委组成人员、县人民政府正副县长、县人民法院院长、县人民检察院检察长。大会审议、通过了上述报告并作相应决议。大会选出杨清镛为县十二届人大常委会主任，伍必轩、江治秀（女）、张德才、杨明德、蒲守易为副主任，于光宗等13人为委员；选举刘宗寿为县长，熊启伦、严德贵、卢素芬（女）、赵其伟、何粹忠、支鉴（下派）为副县长；选举郑开清为县人民法院院长，王道先为县人民检察院检察长。

第二次会议　1991年3月20—23日召开，会期3天。出席会议的代表210人，因事因病请假9人，实到代表201人，特邀省人大代表1人，列席代表90人，计291人出席列席会议。主要会议议程：听取和审议《县人民政府工作报告》、《关于1990年国民经济和社会发展计划执行情况和1991年安排意见的报告》、《关于1990年财政预算执行情况和1991年财政预算草案报告》、《关于县人大常委会工作报告》、《县人民法院工作报告》、《县人民检察院工作报告》、《关于办理十二届人大一次会议代表所提建议、批评和意见的报告》（书面）。会期中，收到议案22件、质询4件、建议、批评和意见143件，分别转有关单位办理和答复。本次会议无选举议程。

第三次会议　1992年3月24—28日召开，会期4天。出席会议的代表210人，会前，代表杨清镛因工作调动，贾兰英随军，其代表资格自行终止。本次会议到会代表208人，请假12人，实到代表196名，特邀省人大代表1人，列席代表149人，计345人出席列席会议。主要议程：听取和审议政府工作报告，计划、财政、人大常委会、法院、检察院工作报告及十二届人大二次会议代表所提建议、批评、意见的报告（书面）。代表大会审议和通过各项报告并作出了相应决议。会议决定同意杨清镛辞去十二届人大常委会主任，刘宗寿辞去县人民政府县长职务。3月28日，大会选举出县人大常委会主任刘宗寿、县人民政府县长何茂兴。

第四次会议　1992年12月25—26日召开，会期2天。本次会议议程是选举省第八届人代会南江选区的代表。应会代表208人，请假10人，实到代表198人；列席代表127人，特邀省七届人大代表赵洪秀到会指导。大会选出了孟俊修、何茂兴、李芝芬、卢家健为四川省第八届人民代表大会代表。

第四节　第十三届代表大会

南江县第十三届人民代表大会共召开了六次代表会议，均在县人民大礼堂举行。

第一次会议　1993年3月4—9日召开，会期5天。出席会议的代表213人，请假6人，实到代表207人。特邀国、省人大代表梁大碧、卢家健、李芝芬和县级各部门负责人、乡（镇）人大主席团主席、第五届政协委员计465人出席列席会议。主要议程：听取和审议县政府、县人大常委会、县法院、县检察院的工作报告；县计委关于上年计划执行和本年计划草案、县财政上年预算执行本年预算意见的报告。县政府关于办理十二届人大三次会议代表建议、批评意见的报告（书面）；选举十三届县人大、县政府、县法院、县检察院负责人。大会审议和通过了各项报告并作了相应决议；大会经过充分酝酿、协商、无记名投票方式选出县人大常委会主任刘多发，副主任：赵其伟、江治秀（女）、张德才、何家福；王伟等18位为常务委员。选举何茂兴为县长，严德贵、李述海、何粹忠、李茂琼（女）、何长洋为副县长；张培玺为县人民法院院长；王道先为县人民检察院检察长。

第二次会议　1994年3月14—18日召开，会期5天，出席会议代表208人，请假18人，实到代表190人；特邀国、省人大代表3人；全体政协委员，县级各部门负责人，区（镇）人大工委专职副主任，乡镇人大主席团常务副主席等有关方面负责人446人列席了会议。主要议程：听取和审议县政府、县人大常委会、县人民法院、县人民检察院工作报告及县计委、县财政关于上年计划、财政预算执行情况及本年计划、财政预算安排草案的报告。补选有关国家机关工作人员。本次会议对上述报告作了审议，通过相应决议。会议收到代表议案、质询、建议、批评意见共96件，分别作了相关处理。3月18日举行选举大会。县十三届人大一次会议以来，县人大代表刘宗寿、刘多发、严德贵、李茂琼、赵志刚等5人已调离南江，其代表资格自行终止，县人大常委会，县政府部分领导因工作调动而辞职。十三届人大常委会第五、六次会议，决定接受县长何茂兴、副县长李述海、严德贵、李茂琼辞职，决定任命熊启伦、魏文通、肖大仁为副县长，熊启伦为代县长。大会补选赵其伟为人大常委会主任，何明强为副主任，熊启伦为县人民政府县长，吴开金为副县长。

第三次会议　1995年3月16—19日召开，会期4天。出席会议的代表213人，因病因事告假17人，实到代表196人，特邀代表3人，县政协委员、县级各部门负责人、区、乡、镇人大工委、主席团常务主席及其他方面负责人460人列席会议。主要议程：听取和审议县政府、县人大常委会、县法院、县检察院工作报告；县计委、财政关于上年计划、预算执行情况和本年度计划、财政预算意见草案的报告；县政府关于办理十三届人大二次会议代表所提批评、意见、建议的情况报告（书面），审议通过了上述报告并作了相应决议。本次会议收到代表提的议案8件；质询3件；批评、建议、意见63件，经议案审查委员会审查都作了相应处理。本次会议无选举议程。

第四次会议　1996年3月14—18日召开，会期5天。出席会议代表213人，请假19人，实到代表194人，特邀3人，列席480人。主要议程：听取和审议政府工作报告；审查批准南江县国民经济和社会发展“九五”计划和2010年远景目标规划；人大常委会工作报告；计划、财政上年计划、预算执行情况和本年计划预算意见（草案）的报告；县法院、县检察院工作报告；补选有关国家机关工作人员。经过人大代表的认真审议、讨论，通过了上述报告并作了相应决议。大会收到了代表提的议案1件，建议、批评、意见84件，经过议案审查委员会审查，分别交有关部门处理和答复。十三届三次会议以来有6名代表调离南江应补选代表6名。1995年12月在原缺额选区补选了6名，经十三届人大常委会审议，确认补选的6名代表资格有效。

第五次会议　1997年3月12—15日召开，会期3天。出席会议代表208人，请假15名，实到代表193人；特邀国、省人大代表、县政协委员、各有关部门负责人及区、镇、人大常务主席等460人列席了会议。主要议程：听取和审议政府工作报告；计委、财政1996年计划、财政预算执行情况和1997年计划、财政意见（草案）的报告，县人大常委会、县法院、县检察院工作报告；本次会议计收到议案3件、询问1件，建议、批评、意见59件。经议案审查委员会审查，均依法交有关机关办理并书面答复代表。本次会议无选举议程。

第六次会议 1997年12月8—9日召开，会期2天。主要议程：选举产生四川省第九届人民代表大会南江选区代表。出席会议的代表207人，请假31人，实到代表176人，12月8日下午3点，大会推荐省人大代表候选人，12月9日选举产生了省第九届人民代表大会南江选区代表：何长洋、何家福、罗运琼（女）、岳俊聪、韩忠信等5人。

第五节 第十四届代表大会

南江县第十四届人民代表大会从1998年3月至2000年12月31日止，共召开代表大会4次，均在县人民大礼堂举行。

第一次会议 1998年2月25日至3月1日召开，会期5天。出席会议代表237人，请假10人，实到代表227人。特邀全国人大代表粱大碧（女）、省人大代表罗运琼（女）、县政协委员和有关方面的负责人共510人列席会议。大会主要任务是：高举邓小平理论伟大旗帜，认真总结过去五年的工作，科学规划未来五年的发展目标，安排部署今后一个时期的任务，选举产生新一届县人大常委会组成人员，县人民政府正副县长、县人民法院院长、县人民检察院检察长，认真落实县第九届党代会提出的奋斗目标和发展策略，全面推进南江跨世纪现代化建设事业。会议期中，全体代表听取和审议了县委、县人大常委会、县政府工作报告和1997年计划执行，财政执行情况和1998年计划草案和财政预算意见的报告。对上述报告作了相应决议，会上还审议了县政府关于办理十三届人大五次会议代表所提建议、批评、意见情况报告（书面），经过代表充分酝酿、协商、无记名投票，选举产生了人大常委会组成人员，主任陈延荣；副主任：何明强、何家福、岳俊聪、谢大兰（女）；刘桂珍等15人为常务委员；何长洋为县长，王治平、肖天仁、吴开金、沈万刚、郭治中为副县长；李仕民为县法院院长；罗义发为县人民检察院检察长。

第二次会议 1999年3月26—30日召开，会期5天。出席会议代表236人，暂停行使代表职务1人，因事因病请假10人，实到代表225人；列席会议510人。本次会议，来自各条战线的县人大代表，肩负着宪法和法律赋予的神圣职责，满怀对建设富裕、文明新南江的美好憧憬，荟萃县城，参加20世纪末的县十四届人大二次会议，共商全县国民经济和各项社会事业发展大计，选举县人大常委会主任和县人民政府县长（因主任、县长已调离南江），为南江阔步迈入21世纪打下坚实基础。大会听取和审议了政府工作报告、1998年国民经济计划、财政预算执行情况和1999年国民计划草案、财政预算安排意见的报告；县人大常委会工作报告；县法院、县检察院工作报告。对上述报告作出了相应决议；会议还审议了县政府关于办理十四届人大一次会议代表所提建议、批评、意见的情况报告（书面）；会上通过接受县人民政府县长何长洋的辞职。大会收到议案7件，质询1件，建议、批评、意见57件，经审查，依法分别由有关部门回复处理。本次会议依法补选王道先为县十四届人大常委会主任，刘谦祥为南江县人民政府县长。

第三次会议 2000年2月22—25日召开，会期4天。出席会议的代表235人（因1名代表触犯刑律，已在原选区罢免），因事因病请假的12人，实到代表223人。列席代表502人。本次会议是千年一遇的年头，是百年更替的时光。60万南江人民迎来了20世纪末的一次历史盛会。会议听取和审议了政府工作报告、南江县1999年国民经济和社会发展执行情况和2000年计划（草案）报告、南江县1999年财政预算执行情况和2000年财政预算报告、县人大常委会工作报告、县人民法院工作报告、县人民检察院工作报告、县政府关于办理十四届人大二次会议《关于进一步加强整顿清理乡村财务和县乡级以上主要负责人任期审计》议案的情况报告。对上述报告分别作了相应决议。本次会议收到代表所提议案5件，质询1件，建议、批评、意见63件，经审议作了相应处理。

第四次会议　2000年11月27—29日召开，会期3天。代表总数234人，请假37人，实到197人，列席41人。本次大会的主要任务是选举巴中市第一届人民代表大会的部分代表75人，其中南江代表47名，地级机关选派代表28名。11月29日上午，采取无记名投票按规定程序选举出出席巴中市第一届人大代表75人。

表21—2　　南江县1984—2000年人大代表议案、建议和意见统计表　　单位：件

届次		议案	质询	建议、批评和意见	合计	备注
十届	一次	104			104	分送有关部门处理，在下次会议上报告
	二次		4	44	48	分送有关部门处理，在下次会议上报告
	三次	22		88	110	分送有关部门处理，在下次会议上报告
十一届	一次	50		79	129	分送有关部门处理，在下次会议上报告
	二次					此次会议系专题选举
	三次	15		158	173	
	四次	17		108	125	
十二届	一次	36	7	125	168	
	二次	22	4	143	169	
	三次	35	7	131	173	
	四次					专题选举会、无议案
十三届	一次	18	4	79	101	
	二次	5	3	96	104	
	三次	8	3	63	74	
	四次	1		84	85	
十四届	一次	6		64	70	
	二次	7	1	57	65	
	三次	5	1	63	69	
	四次					专题选举，无议案
	五次	16	1	101	118	
	六次	2		36	38	
合计		369	35	1519	1923	

第三章　人大常委会

第一节　常委会职权及成员

根据1986年12月2日第六届全国人大常委会第18次会议修改后的《地方组织法》之规定，县人大常委会是县人民代表大会的常设机关，对县人代会负责并报告工作，依法行使下列职权：（一）领导或者主持县人民代表大会的选举；（二）召集县人民代表大会会议；（三）讨论决定本县的政治、经济、教育、科学、文化、卫生、民族工作的重大事项；（四）根据县人民政府的建议，决定对县内的国民经济计划和预算的部分变更；（五）监督“一府两院”的工作，联系县人民代表大会代表，受理人民群众对上述机关和国家工作人员的申诉和意见；（六）改变或撤销乡镇人民代表大会不适当的决议；（七）在县人大闭会期间，决定副县长的个别任免；在县长、法院院长、检察院检察长副职领导人员中决定代理人选；决定代理检察长，须报上一级人民检察院和人大常委会备案；（八）决定县人民政府局长、主任、科长的任免，报上一级人民政府备案；（九）按照人民法院组织法和人民检察院组织法的规定，任免县人民法院副院长、庭长、副庭长、审判委员会委员、审判员，任免人民检察院副检察长、检察委员会委员、检察员；（十）在县人大闭会期间，补选上一级人大出缺的代表和撤换个别代表；（十一）决定授予地方的荣誉称号。县人大常委会组成人员有正、副主任，常委会委员。

表21—3　　**南江县第十届至第十四届人大常委会组成人员表**

届　别	职　务	姓　名
第十届（1984. 5—1987. 3）	主　任	廖明才
	副主任	李培荣、郭合民、蒲明析
	常　委	王仲华（女）、孙子荣、向训福、何玉莲（女）、李全才、李碧荣（女）、杨德清、张天礼、张文礼、张太荣、周显科、索娜（女）、张明俊
第十一届（1987. 3—1990. 3）	主　任	廖明才
	副主任	伍必轩、何崇寿、蒲明析、李良生
	常　委	向训福、邢运龙、何玉莲（女）、何纪书、杨大洲、张文礼、张琦玉、周显科、赵德金、董清海、曾强才、黎维泉
第十二届（1990. 3—1993. 3）	主　任	杨清镛、刘宗寿（1992. 3任）
	副主任	伍必轩、江治秀（女）、张德才、杨明德、蒲守易
	常　委	于光宗、王子贵、向训福、朱国金、余柱石、范家成、赵子爵、赵正兴、赵恭昌、唐时璧、曾强才、熊成德、黎维泉

续上表

届 别	职 务	姓 名
第十三届（1993.3—1998.3）	主 任	刘多发（1994.3 止）、赵其伟（1994.3 任）
	副主任	赵其伟、江治秀（女，1996.3 止）、张德才、何家福、谢大兰（女，1996.3 任）
	常 委	王伟、王桃、王治平、王家舜、尹治才、甘再立、齐利荣（女）、刘桂珍（女）、杜纯裕、李全中、李爵懿、吴辉传、袁开雄、徐勇、敬开文、程北洋、蔡德生、黎维泉
第十四届（1998.3—2000.12）	主 任	陈延荣（1999.3 止）、王道先（1999.3 任）
	副主任	何明强、何家福、岳俊聪、谢大兰
	常 委	刘桂珍（女）、李锡舜、何永强、何焕生、邹光兴、张军、苗庶几、张耕耘（女）、赵兴礼、徐勇、唐朝莲（女）、袁开国、康福德、程北洋、曾强才、谭孝俊

注：此表源于《南江县人大常委会志》。

第二节 主任会议

根据《组织法》之规定，县人大常委会主任、副主任组成主任会议，处理常委会的重要日常工作。会议由常委会主任或副主任主持。驻会委员、常委会各办事机构及其有关机关、部门负责人、本会工作人员参加或列席会议。

表 21—4 南江县第十届至第十四届人大常委会主任会议统计表

届 别	时 间	会议次数	会 议 内 容
第十届	1984.5—1987.3	85	听取有关部门汇报、研究决定召开常委会议、研究代表所提批评意见；本会计划安排
第十一届	1987.3—1990.3	82	研究决定召开常委会议、筹备代表大会有关事宜，听取“一府两院”及有关部门工作汇报
第十二届	1990.3—1993.3	108	听取“一府两院”汇报、组织开展执法检查、代表视察、建章立制和服务“两会”
第十三届	1993.3—1998.3	98	听取“一府两院”汇报、研究开展“三查”和代表视察、研究召开常委会的内容时间等
第十四届	1998.3—2003.2	82	听取“一府两院”汇报；研究开展调查、检查、督查和为“两会”服务等问题

第三节 常委会议

县第十届人大常委会（1984.5—1987.3）任期 3 年，共召开全体委员会议 22 次，听取和审议了“一府两院”的工作汇报和县人大常委会主任会议提请的汇报议题计 133 个；履行职责，依法行使职权，先后作出决定、决议 57 个。根据《地方组织法》、《人民法院组织法》、《人民检察院组织法》之规定及县人大常委会主任、县人民政府县长、县人民法院院长、县人民检察院检察长的提请，依法任免了县权力机关、行政机关、审判机关、检察机关工作人员194人次，其中任命158人，免去36人。

县第十一届人大常委会（1987.3—1990.3）任期3年，共召开常务委员会议22次，依法行使重大事项的决定权、工作、法律监督权、人事任免权（简称“三权”）。三年中，共听取和审议“一府两院”和县人大常委会主任会议提请的重大事项112个，作出决定决议53个，任免国家机关工作人员169次。

县第十二届人大常委会（1990.3—1993.3）任期3年，共召开人大常委会主任会议20次，先后听取和审议县人大常委会主任会议和“一府两院”提请审议的重大事项108个，其中听取和审议县人民政府及其下属部门受县政府委托所作的汇报（报告）59个；作出决议39个，其中有人事任免决定的9个、召开会议的决定5个、其他决定25个；依法任免国家机关工作人员173人次，其中任职156人次，免职17人次。

县第十三届人大常委会（1993.3—1998.3）任期5年，共举行常委会全体委员会议33次，听取和审议了“一府两院”和县人大常委会主任会议提请审议的重大事项149个，作出决定决议66个，任免国家机关工作人员353人次。

县第十四届人大常委会（1998.3—2003.3）任期5年，共召开常委会全体委员会议39次，先后听取和审议了“一府两院”和县人大常委会主任会议提请审议的重大事项187个（其中有县政府及其组成部门负责受县政府委托所作的汇报、报告102个，县人大常委会主任会议提请审议的议题75个，其他事项10个）。五年中依法任免国家机关工作人员254人次，其中任命179人次，免（辞）职75人次。

第四节　办事机构

1982年8月24日，遵照中央［1981］16号和省委［1982］16号文件精神，县人大常委会办事机构决定增设法制科、财政经济科、教科文卫科（即一室三科）；1987年县十一届人大常委会成立“一室四委”（即办公室、法制、农业、财政经济、科教文卫四个委员会）；1989年，县人大常委会将代表联络科从人大办分离出来，增设代表联络工作委员会，县人大内设机构为一室五委。1991年10月7日，县编委批准县人大办内设秘书科、信访科、行管科。至2000年无变化。

自1990年起，县第十二届人大常委会在区（镇）设立了人大工作办事处，作为县人大常委会的派出机构，1993年5月县第十三届人大常委会第二次会议决定办事处改为区（镇）人大工作委员会，至2000年无变化。

第四章　主要工作

第一节　行使重大事项决定决议权

南江县人民代表大会及其常务委员会，依法行使对政府、检察院、法院（以下简称“一府两院”）的机构设置、人员配备、财政收支、教育、文化、科学、卫生、民族工作等重大事项的决定权。审议通过了第十届至十四届“一府两院”工作报告 19 次，国民经济发展计划执行情况和计划草案 19 次、财政预算及执行情况报告 19 次，并对上述报告作出了相应的决定和决议。

第二节　行使监督权

县人民代表大会及其常务委员会，监督“一府两院”的工作，联系县人民代表大会代表，受理群众对上述机关和国家工作人员的申诉和意见。督促检查各部门对人民代表提出议案、批评建议。自第十届人民代表大会至第十四届人民代表大会及其常委会履职期间，共收到和督办议案，批评、建议和意见 1923 条，改变和撤销乡人民代表大会不适当的决议和无效选举 2 次。

第三节　行使任免权

南江县第十届至十四届人民代表大会及其常务委员会，对县人大、县政府、县人民法院和县检察院组成人员依法行使了任免权。对县政府下属机构主要负责人行使了任免权。从 1984—2003 年五届人代会期间，共任免了国家工作人员 1143 人次，其中任命 862 人次，免去 281 人次。

第四节　来信来访处理

1984 年 5 月至 1991 年 10 月，县人大常委会配备了信访人员，后经县编委批准设立了信访科，隶属于县人大办，配备 1 名科长负责此项工作。1996 年信访科并入县人大法工委。1998 年 3 月起，信访科设在县人大办，安排 1 名专职人员具体办理日常工作。在信访的硬件和软件建设上，有专门办公室，有专用办公设施，设置了《来信来访流程图》，制定了《来信来访处理办法》《信访干部守则》，做到了“有问必答”、“有答必办”、“有办必果”。常委会主任、副主任身体力行，上班第一件事就是接待和处理来信来访。

1984 年 5 月至 2003 年 2 月，县人大共接待群众来信 7531 件，来访 9625 人次。

表 21—5　　南江县人大 1984—2000 年信访工作统计表

届　别（时段）	处理来信（件）	处理来访（人次）	备　注
十届（1984. 5—1987. 3）	182	250	
十一届（1987. 4—1990. 3）	673	1450	
十二届（1990. 4—1993. 3）	1251	1210	
十三届（1993. 4—1998. 3）	1872	2450	
十四届（1998. 4—2000. 12）	4200	6800	接待 10 人以上集体来访 180 次
合　计	7531	9625	

第二十二篇　政　府

第一章　县人民政府

第一节　政府机关

南江县人民政府（以下简称“县政府”），是南江县人民代表大会的执行机关。根据《地方各级人民代表大会和地方人民政府组织法》的规定，县人民政府由同级人民代表大会选举产生。1980 年 12 月 8 日，南江县第九届人民代表大会召开，选举产生了第九届南江县人民政府；1984 年 5 月，第十届人民代表大会第一次会议，选举产生了第十届南江县人民政府；1987 年 3 月 5—10 日召开的南江县第十一届人民代表大会第一次会议，选举产生了南江县第十一届人民政府；1990 年 3 月 8—12 日召开的县第十二届人民代表大会第一次会议，选举产生了第十二届南江县人民政府；1993 年 3 月 4—9 日，县第十三届人民代表大会第一次会议，选举产生了第十三届县人民政府；1998 年 2 月 25 日至 3 月 1 日召开的县第十四届人民代表大会第一次会议，选举产生了南江县第十四届县人民政府。

县人民政府由县长、副县长、县政府调研员、县长助理以及政府工作部门（委、局、办）负责人组成。县政府实行县长负责制。县长主持和负责县政府全面工作，对政府工作和决策重大事项负主要责任。常务副县长协助县长负责处理县政府的日常事务，受县长委托主持县政府的重要会议和牵头处理有关重要问题，对搞好县政府工作和决策重大事项负重要责任；其他副县长协助县长分管有关方面的工作，对次生事项负一定责任和起一定作用，对分管工作承担主要责任。县政府调研员、县长助理、县政府办公室主任、副主任按分工协助县长、副县长工作，对重大问题提出建议，受县长、副县长委托，承担某些工作和专项任务，代表县政府出席各地、各部门的有关会议，参加有关礼仪性活动和外事活动。

县政府主要行使下列职权：（1）执行中共南江县委、县人民代表大会及其常务委员会的决议、决定和国务院、省政府、地区行政公署的命令、决定、指示，规定行政措施，发布决定和命令；（2）领导所属工作部门和下级人民政府的工作；（3）改变或撤销所属工作部门和下级人民政府不适当的决定、指示；（4）依法任免、培训、考核、奖惩南江县国家行政机关工作人员；（5）编制和执行国民经济和社会发展计划及财政预决算，管理经济、教育、科学、文化、卫生、体育、计划生育、城乡建设、环境保护、财政、民政、公安司法行政、外事、监察、民族事务、宗教事务等行政工作。(6)保护国有财产、劳动群众集体所有财产、公民私人所有的合法财产，保障公民的人身权利、民主权利，维护社会秩序；(7)保障城乡企业和农村集体经济组织应有的自主权；(8)保障少数民族的权利，尊重少数民族的风俗习惯；(9)保障宪法和法律赋予妇女的男女平等、同工同酬、婚姻自由等各项权利；(10)办理人大代表、政协委员提出的与政府工作有关的建议、批评、意见及提案等事项；(11)向省地提请报批区、镇、乡的设置及区域划分方案，决定村、社、居民委员会的设置和区域划分；(12)向地区行署提请报批县政府各工作部门的设置；(13)完成上级人民政府、县委和县人民代表大会及其常务委员会赋予的其他工作。

表22—1　南江县1985—2000年县人民政府正、副县长一览表

届次	县长姓名	任职时间	副县长姓名	任职时间
第十届	刘宗寿	1985年11月—1990年3月（其间1985年11月—1986年3月为代理县长）	熊启伦	1984年5月—1987年3月
			严德贵	1985年12月—1987年3月
			卢素芬	1984年5月—1987年3月
			朱英至（下派）	1986年1月—1987年9月
第十一届	刘宗寿	1987年3月—1990年3月	熊启伦	1987年3月—1990年3月
			严德贵	1987年3月—1990年3月
			卢素芬	1987年3月—1990年3月
			何茂兴	1987年3月—1990年2月
			支鉴（下派）	1988年6月—1990年3月
第十二届	刘宗寿	1990年3月—1993年2月	熊启伦	1990年3月—1993年2月
			严德贵	1990年3月—1993年2月
			卢素芬	1990年3月—1993年2月
			赵其伟	1990年3月—1993年3月
			何粹忠	1990年3月—1993年3月
			支鉴（下派）	1990年3月—1992年5月
			周茂竹（下派）	1990年4月—1991年5月
			陈以均（下派）	1991年5月—1992年5月
			刘维嘉（下派）	1991年9月—1993年3月
			谭洪源（下派）	1991年11月—1993年3月
			徐佐忠（下派）	1992年5月—1993年
第十三届	何茂兴	1993年3月—1993年11月	严德贵	1993年3月—1993年11月
			李述海	1993年3月—1993年11月
	熊启伦	1993年12月—1995年6月（其间1993年12月—1994年3月为代理县长）	何粹忠	1993年3月—1997年1月
			李茂琼	1993年3月—1994年1月
			何长洋	1993年3月—1998年3月（其间的1997年10月开始主持县政府工作至当选为县长）
			魏文通	1993年11月—1998年3月
			肖天仁	1994年1月—1998年3月

续上表

届次	县长姓名	任职时间	副县长姓名	任职时间
第十三届	舒维霖	1995 年 6 月—1997 年 4 月（其间 1995 年 6 月—1996 年 2 月为代理县长）	刘维嘉（下派）	1993 年 3 月—1995 年 3 月
			王玉琳（下派）	1994 年 7 月—1996 年 4 月
			吴开金	1994 年 3 月—1998 年 3 月
			魏 刚（下派）	1994 年 11 月—
			荆 仁（下派）	1995 年 7 月—1996 年 7 月
			沈万刚	1995 年 6 月—1998 年 3 月
			李 涛（下派）	1995 年 9 月—1997 年 7 月
			郑 良（下派）	1996 年 7 月—1997 年 5 月
			侯中文	1997 年 2 月—1997 年 10 月，主持县政府工作
			余蜀峰（下派）	1997 年 2 月—1998 年 3 月
			宋 岩（下派）	1997 年 5 月—1998 年 3 月
			郭治中	1997 年 5 月—1998 年 3 月
			卢忠远（下派）	1997 年 6 月—1998 年 3 月
第十四届	何长洋	1998 年 3 月—1999 年 2 月	肖天仁	1998 年 3 月—2000 年 12 月
			吴开金	1998 年 3 月—2000 年 12 月
			沈万刚	1998 年 3 月—2000 年 12 月
			郭治中	1998 年 3 月—2000 年 12 月
			王治平	1998 年 3 月—2000 年 12 月
			李湘林（下派）	1998 年 3 月—1999 年 5 月
			宋 岩（下派）	1998 年 3 月—1999 年 5 月
	刘谦祥	1999 年 3 月—	余蜀峰（下派）	1998 年 5 月—1999 年 5 月
			卢忠远（下派）	1998 年 5 月—1999 年 9 月
			杨光学（下派）	1998 年 5 月—1999 年 5 月
			张晓莉	1999 年 7 月—2000 年 12 月
			王晓玮	1999 年 7 月—2000 年 6 月

注：此表源于《南江县人民政府志》资料稿。

第二节　工作机构

一、常设机构

1986 年，县人民政府共设 33 个工作部门：县政府办公室、计划委员会、经济委员会、科学技术委员会、农贸办公室、公安局、司法局、民政局、财政局、审计局、商业局、农业局、林业局、水电局、城乡建设环境保护局、交通局、劳动人事局、文教局、卫生局、体育运动委员会、计划生育委员会、统计局、畜牧局、税务局、工商行政管理局、物价局、粮食局、乡镇企业局、广播电视局、农业区划委员会、绿化委员会、人民武装委员会、手工业联社。

1987年3月，南江县人民政府农贸办公室更名为南江县农村经济委员会；2月，增设南江县标准计量管理局；5月20日，成立南江县建设工程招标办公室；同年6月，成立南江县经济体制改革办公室。

1988年3月，撤销南江县土地管理局，成立南江县国土局；同月，成立南江县监察局；4月，南江县对外经济协作办公室、南江县侨务办公室和南江县外事办公室，实行三块牌子，一套班子，负责全县的旅游、宗教和民族事务工作。8月，撤销南江县计划委员会、南江县经济委员会，成立南江县计划经济委员会，同月，恢复南江县工业局；9月，成立南江县药品监督检验所。

1989年3月，撤销南江县经济体制改革办公室，成立南江县经济体制改革委员会。4月，撤销南江县农村经济委员会，设立南江县农业经济委员会、南江县财贸经济委员会。

1990年4月，恢复南江县农业机械局，与南江县农业机械化服务公司实行两块牌子，一套班子，合署办公；恢复南江县医药管理局，与南江县医药公司实行两块牌子，一套班子，合署办公；恢复南江县物资局，与南江县物资公司实行两块牌子，一套班子，合署办公。同月，撤销南江县文教局，设立南江县教育委员会、南江县文化局；撤销南江县劳动人事局，设立南江县劳动局、南江县人事局。是年11月，南江县人民政府台湾事务办公室成立，与县委对台工作办公室、南江县人民政府侨务办公室实行三块牌子，一套班子，合署办公。12月，成立南江县人民政府救灾办公室，办公室地点设在县农委。

1991年1月，设立南江县国有资产管理办公室，归口财政局管理，7月更名为南江县国有资产管理局，隶属关系不变；同年4月，设立南江县环境保护局，为副科级单位，归口县建委管理；9月，撤销南江县标准计量局，设立南江县技术监督局；10月12日，成立南江县“三电”办公室，与能源办公室合署办公，办公地点设在县计经委。1992年2月10日，成立南江县桃园风景管理处，属事业单位，隶属县建设委员会，管理处下设桃园风景管理所、小巫峡风景管理所。5月，南江县人民政府对外经济协作办公室更名为南江县经济协作委员会。1993年7月，南江县建设工程招标办公室更名为南江县建设工程招标投标管理站。

1994年3月，撤销南江县计划经济委员会、南江县工业局，分别设立南江县计划委员会、南江县工业经济管理局；撤销南江县文化局、南江县体育运动委员会，设立南江县文体局。11月，南江县人民政府法制办公室更名为南江县人民政府法制局，机构规格、隶属关系不变。

1995年1月，设立南江县旅游局、南江县风景名胜管理局，实行两块牌子，一套班子，合署办公。同时，桃园风景管理处及下设的管理所隶属县风景名胜管理局。10月，撤销县工业经济管理局，设立经贸委。11月，设立南江县机关事业单位保险局，为副科级事业单位，隶属南江县人事局。

1997年，县委、县政府大力进行机构改革和职能调整。撤销了一部分机构，合并了一部分机构，保留了一部分机构。改革后，县人民政府工作机构30个：县政府办公室、计划委员会、人事局、劳动局、经济贸易委员会、公安局、民政局、建设委员会、财政局、教育委员会、科学技术委员会、监察局、法制局、审计局、统计局、工商行政管理局、粮食局、贸易局、农业局、林业局、水利电力局、畜牧食品局、乡镇企业管理局、卫生局、计划生育委员会、农村工作委员会、文体旅游局、地方税务局、技术监督局、物价局。同年6月，南江县经济开发领导小组及办公室更名为南江县扶贫开发领导小组和扶贫开发办公室。

1998年9月，县地方税务局移交省地方税务局垂直管理。1999年1月，县工商行政管理局上划省工商行政管理局垂直管理；12月，设立南江县招商局，为县政府直属事业单位；同月，撤销南江县文化体育旅游局，设立南江县文化体育局、南江县旅游局，县旅游局为县政府直属事业单位。

2000年初，县技术监督局上划省质量技术监督局垂直管理；6月，设立南江县城市综合管理局，为县政府直属事业单位。至2000年底，县政府工作机构共29个，部、委、局管理的机构4个（老干部局、环保局、国资局、信访办公室）。综合议事机构3个（扶贫开发办公室、机构编制委员会办公室、社会综合治理委员会办公室）。

二、临时机构

1988年12月，成立南江县人民政府多种经营办公室，办公地点设在县农经委，下设南江县人民政府烟叶办、生猪办、茶叶办、果品办、蚕桑办、药材办、家禽办、蔬菜办、食用菌办等9个专业办公室；多经办和8个专业办公室于1991年7月撤销，烟叶办也于1994年撤销。

1990年6月，成立南江县城镇集体经济办公室、南江县项目管理办公室，属副科级单位，隶属县计委；城镇集体经济办公室于1994年2月撤销，项目管理办公室于1999年撤销。

1992年6月16日，成立南江县春场坝开发小区管理委员会，由副县长严德贵兼任主任。

1996年10月4日，成立南江县人民政府拆迁办公室，由建委主任何永学兼任主任。11月12日，成立南江县综合管理执法大队。

三、派出机构

区公所 区公所是县人民政府派出机构，在县委、县政府和区委的领导下，负责全区的行政管理工作。1986年后，区公所设区长1人，副区长1～3人，下设办公室、农贸办、财政所、科委、扶贫开发办、乡企办、民政办、计生办等综合办事机构。1998年，机构改革后，区公所只设党政办公室、农村工作办公室、集镇建设与管理办公室、社会事务办公室、财政所、计生办等6个综合办事机构。1986—2000年，县人民政府在派出机构设置上无变化，仍为小河、沙河、长赤、正直、下两、大河、赶场、贵民、上两、杨坝10个区公所。

驻外办事处 南江县人民政府根据工作需要，设立驻外办事处，其主要职责为：负责南江县同当地各级各部门及企事业单位的衔接、联系工作。1986年6月，南江县人民政府驻汉中办事处成立，办事处由县政府办公室管理。1991年11月，南江县人民政府驻广元办事处成立，办事处设在广元火车站，归属县外经委。1992年8月，驻汉中办事处改由县林业局经营与管理。1995年6月，按照县委、县政府的安排，县财政局在成都设立南江县驻蓉办事处，除经营资产外，履行县政府驻蓉办事机构职责。

第三节　政府会议

县政府会议分为县政府全体会议、县政府常务会议、县长办公会议和县政府工作会议。

一、县政府全体会议

县政府全体会议由县政府全体成员组成，县政府调研员、县政府办副主任、县政府各直属机构、综合办事机构和县级有关单位主要负责人列席；特邀县人大、县政协、县法院、县检察院、县人武部等有关领导和群众团体负责人列席。县政府全体会议一般每半年召开一次，由县长或委托分管常务副县长主持。县政府全体会议的主要任务是传达贯彻上级重要指示、决定、会议精神，通报、总结安排部署工作，讨论按法律需要由政府全体会议决定的其他重大事项。1986—2000年，县政府全体会议共召开30次。主要是年初总结上年工作，布置新一年政府工作；年中通报上半年全县政治、经济形势和目标任务的完成情况，总结上半年的政府工作，部署下半年的政府工作。

二、县政府常务会议

县政府常务会议，由县长、副县长、县长助理、办公室主任组成。县政府调研员、县政府办副主任、与议题有关的县政府部门主要负责人列席县政政府常务会议。根据需要邀请县人大、县政协、县人武部等有关领导列席会议。县政府常务会议一般每半月召开1次，由县长或常务副县长主持。其主要任务是传达贯彻上级党委、政府和县委的重要决定，讨论上报向上级政府和县委的重要请示、报告。讨论和决定县政府工作安排和全局性重大问题，讨论各地、各部门请求县政府决定的重要事项；讨论和决定县人民的其他重大问题。1986—2000年，县政府常务会议共召开360次。

三、县长办公会议

县长办公会议一般每周召开1次，由县长、常务副县长或委托其他副县长主持。县长、副县长、县政府调研员、县长助理、办公室主任、副主任及与议题有关的负责人参加会议。其主要任务是：研究分析一个时期全县经济形势，研究处理工作中局部的重要事项和对重大问题交换意见，听取有关部门的专题汇报并研究政策措施，协调县政府领导之间的工作安排，共同商定一些重大问题。

县政府日常工作会议。根据工作需要，县政府由县长或常务副县长主持，不定期召开日常会议，相互通报工作情况，研究处理县政府日常工作中的有关事项。

四、县政府工作会议

县政府根据当前工作需要，对一些政府工作进行专题研究、布置。主要是召开全县城市经济工作会议、农村经济工作会议、个体私营经济工作会议等；以县人民政府名义召开全县性的部门工作会议和乡镇长会议。主要研究和部署全县的农村工作、城市经济工作、计划生育工作、民政工作，基础设施建设工作。此外，有时也以县委、县政府的名义分别召开全县经济工作等方面的现场会、交流会。

第四节 机关工作

一、信息调研

1986年，政务调研工作主要由经研科负责，办公室实行年初拟定调研计划，定人定题进行调研的办法。是年，《当前农村形势如何？有待研究的问题是什么?》《抓紧两件大事，促进经济起飞》等6篇专题调查材料得到县委、县政府领导的肯定。同时，办公室牵头组织“七五”期间经济和社会发展规划的战略研究制定了28个专题规划。1987年，创办了专登调研文章的刊物——《调查与研究》，全年刊出6期。1988年，调研科撤销，调研工作主要由二秘书科负责。1990年，由秘书分线联系各位县长、副县长的工作，要求每季必须写出一篇调研文章。

1992年，紧扣县委、县政府各时期的中心工作和领导安排的课题进行超前思维和探索性调研。写出了有新意的调查报告8篇，其中被省政府采用了3篇。1994年，停办《调查与研究》，创刊《政务调研》，建立了调研工作目标考核、评比奖励制度。

1996年后，调研工作有的放矢地加强了超前性、苗头性、综合性，组织了30余次专题调研活动，形成40余篇调研报告，其中20余篇被地区和省以上刊物杂志采用。到2000年，全室累计编发《政务调研》122期。

二、信息督查

1987年，县政府办秘书科创办《工作参考》，以灵、准、短、新、快的形式下情上报、上情下达，反馈工作，与《新闻报纸摘抄》、《情况反馈》一道为县政府领导提供不同层面的信息服务。1991年，将上面两个刊物合并为《政务信息》。1996年增设了《今日要情》这一督查信息文种。至2000年底，全室共编发《政务信息》22期，上报行署办、省政府办公厅信息300条，被采用120条。

1991年，县政府办设立督查科，负责政务督查工作。重点是：督查县政府各部门对党的方针政策、中央和省地文件、会议精神、领导交办的任务落实情况；对县委、县政府重大决策和工作部署的落实情况；对人大及其常委会的决定、决议和政协提出的建议的贯彻落实情况；对县级各部门领导班子、干部队伍的政治纪律、工作作风进行了督查。采取了专题督查、重点督查、现场督查、明察暗访、电话催办等多种形式进行督查督办。

三、办文办会

1986年后，县政府办公室建立健全了收文、办文、催办、签印、分发、传阅、归档、清退、销毁等工作制度。要求提高公文质量、压缩公文数量。1986年县政府文件达50多个，通过精简，2000年，政府文件仅发文40个。会务工作由县政府办承办的有：县政府全体会议、县长办公会议、县长碰头会以及各类专题会议。根据不同的会议，办公室均制定了会务工作细则、落实办理责任。一秘科负责会议通知、安排座次、分发文件、会议记录、录像录音、会议纪要等；督查科负责会议签到及会后贯彻落实情况反馈；二秘科负责会议形成文件，印发通报，起草整理领导人讲话等；行管科负责会场安全、车辆停放及会场布置、后勤服务。

四、法制工作

1990年，《行政诉讼法》、《行政复议条例》相继颁布实施后，县政府将其列入全县“二五”普法内容，发出了《关于组织开展〈行政诉讼法〉宣传活动的通知》。1991年10月，成立了以县长为主任的行政复议委员会。1992年，县政府办公室转发了《四川省行政执法监督检查规定》，督促了有关部门减轻农民负担29项，金额885万元。

1993年，在全县范围内开展行政执法宣传活动，使全县有民事行为能力的人受教育面达到90%。1996年，《行政处罚法》颁布实施，县政府法制局印发了《关于进一步明确行政执法主体的通知》，常务副县长在电视上发表讲话。1997年8月，县政府组织各单位对贯彻《行政处罚法》进行自查自纠。

1999年，县政府印发了《关于切实加强行政执法责任制工作的通知》。2000年，县政府进一步贯彻落实《行政复议法》，优化西部大开发环境，组织县政府法制局对1990年以来县政府和县政府办名义发的有关经济政策和规范性文件进行了认真清理，历时4个月，共清理文件2155件，其中废止66件，部分废止5件，自然失效1602件，并在《南江报》上对此次清理结果进行了公告。本年度县政府共受理行政复议申请9件，及时依法作出行政复议决定。

五、对台工作

1982年底，全县共有去台人员140人，台属184户、1042人。到1995年，有去台人员140

人，第二、三代台胞500余人，台属4500余人，新去台湾居民4人，台湾返乡定居8人。分布在全县12个区、30个乡镇和县城20余家单位。

六、民族宗教工作

民族工作 至2000年底统计，南江县共有彝族、傣族、壮族、蒙古族、土家族等12个少数民族共137人，大都因工作和婚姻关系入南江籍，且多居于城镇。1994年南江县人民政府民族事务办公室成立，纳入县委统战部归口管理，实行两块牌子、一套班子。按照党的民族工作方针政策积极开展民族工作。一是狠抓《民族区域自治法》等法律、法规及民族政策的宣传、贯彻实施。二是重视少数民族干部的培养、教育、选拔、推荐，县成人中专校的藏族女干部索娜被推荐为第九届、十届南江县人民代表大会代表，县人大常委会委员；长赤街道回族黄庆英被安排为县第四、五、六届政协委员，回族大学生丁德苓被任命为县防疫站站长、党支部书记，历任政协第二、三、四、五、六届委员。三是尊重少数民族的风俗习惯，积极发展汉民族同少数民族之间的平等、团结、互助的社会主义民族关系。四是利用重大节日召开少数民族代表人士座谈会，倾听他们对党和政府工作意见和建议，安排他们到县内外参观考察和学习培训。

宗教工作 南江县基督教徒吴××夫妇1982年以“宗教信仰自由”为由进行宗教活动，1983年被地区宗教事务处查禁。1990—1994年，吴××之妻郑××先后在石滩乡、平岗乡、高塔乡等地发展教徒40余人，不少人参与了非法组织。1995年县公安局在打击和取缔非法组织的专项斗争中捣毁了兴马乡街道未经批准而设立的基督教堂，收缴了用于非法布道的物品和证书，取缔私设的聚会点7处。1995年6月，国务院宗教局办公室以《四川南江县搞无教区》为题，在其《信访摘报》第三期上进行通报，省地县引起高度重视；8月，县上组成专门调查组进行专门调查，并将核实情况上报地委行署、省和国务院宗教管理部门。为落实党的宗教信仰自由政策。1997年4月，经南江县人民政府批准，开放登记了高桥乡灵恩堂基督教活动场所，成立了南江县基督教“三自”（自治、自养、自传）爱国运动小组，由杨顺禹任组长，王昌发、王朗任副组长，时有教徒57人。同年，南江县宗教事务办公室制发《南江县佛教寺庙管理规定》、《关于制止乱建寺庙和露天佛像的意见》等文件，对宗教场所、宗教信徒进行依法登记造册。同年，批准开放龙耳寺、琉璃寺（含龙华寺）、凉水寺、基督教高桥灵恩堂。1999年又登记了天桥寺、西佛寺、观音寺。2000年，全县共有教职人员12人，信教人员3500多人。

第二章 主要政事

第一节 “七五”时期政事

“七五”时期，县政府围绕经济建设中心开展各项工作，使基础条件改善、社会综合经济实力增强、社会事业发展加快、人民物质文化生活水平提高。到1990年底，全县工农业总产值达到4.2亿元，县级财政收入达到2195万元，农民人均纯收入达到475元，人口自然增长率为6.19‰。

一、发展多种经营

1986年初，县政府按照“决不放松粮食生产、积极开展多种经营”方针，作出大力发展多种经营的决定，确定油菜、魔芋、茶叶、银花、“两耳一菇”等十多类产品为优势拳头产品加以发展。1988年，县政府制定《南江县1988年至2000年多种经营发展规划》。到“七五”末，茶叶产量达73万公斤；收干魔芋800吨；食用菌达85万公斤，蚕茧产量达6.15万公斤，各类干鲜水果产量由200多万公斤提高到425万公斤；发展“三木”药材1.6万亩。

二、实施旱地改制、地膜栽培

1987年2月，县政府制发《关于夺取1987年农业增产的意见》，提出把旱地改制、地膜覆盖栽培技术作为改革农村耕作制度、推广农业实用技术，促进增产增收重点措施来抓，全县各地按规划留足了预留空行，实行分带轮作立体利用。当年实现旱地改制5.7万亩，占计划的135.7%。全县玉米产量由1986年的1550万公斤上升到2350万公斤，净增800万公斤。

三、创办绿色工厂

按照省委、省政府和地委、行署关于兴办绿色工程的安排，于1990年初，县政府成立由县长刘宗寿为组长的绿色工程指挥部，抽调1500名干部和科技人员深入农村院户实地规划、区乡，村、社干部层层抓点示范2818处，开工实施8.6万亩，建茶园1.3万亩、果园8700亩、杜仲园1.4万亩。

四、上工业项目

1986年4月，县政府提出要在“七五”时期大上工业重点项目11个，主要抓好铁矿、水泥、石材，“七五”投资2300万元的竹坝铁矿、投资630万元的红山铁矿、投资40万元的电石厂、贮藏能力200吨的食品冷冻库和新民电站竣工投入使用。

五、推进农村改革

1986年，县政府决定对玉米收购实行价外补贴。1987年，粮食合同定购实行“三挂钩”政策（供应化肥、柴油、发预订金）。1989年9月，县政府制发了《关于进一步完善农村双层经营体制的意见》，按照“大稳定、小调整”原则，对农村土地进行调整。实行口粮田和商品田“两田制”。“七五”期间，县财政实行“核定收支基数递增包干、超收多留、短收自补，一定三年不变”。1990年，全县财政收入突破到2195万元。

六、发展乡镇企业

1986年，按照“积极扶持、合理规划、正确引导”的方针，新上了一批“短、平、快”乡镇企业项目，当年产值实现3248万元，比上年增加4.4%。“七五”计划最后的1989年，坚持“调整、改革、整顿、提高”的方针，开发传统工艺，加强承包管理，发展村办、社办、联户办，实现产值6700万元，比上年增长24.9%。

七、抓国有企业改革

“七五”初期，县政府贯彻落实中央、省关于扩大企业自主权的决定和指示精神，狠抓企业改革。1988 年，对企业推行二、三层次承包目标管理；1989 年，贯彻执行《企业产权转让试行办法》，对 44 个企业落实了二轮承包经营，对商业企业 10 万元以下的固定资产和网点设施实行首次出售。

八、大抓扶贫工程

1986 年，县政府贯彻“积极扶持、合理规划、正确引导”的扶贫工作方针，兴办扶贫企业推进扶贫工作“转轨变型”，增强造血功能、制定了三年脱贫规划。1989 年，经省批准，全县 95.4% 的贫困户、95.7% 的人越过了温饱线，提前一年实现越温达标。

第二节 “八五”时期政事

“八五”期间，县政府突出抓基础建设，强化改革开放，推进科技进步，发展县域经济。到 1995 年，全县工农业总产值达 11.5 亿元，县级财政收入达 4345.6 万元，农民人均纯收入达到 679 元，人口自然增长率为 10.09‰。

一、调整农村经济结构

县政府决定“八五”期间以优化农村经济结构为突破，大力培育支撑县域经济发展的骨干产业。1991 年，发展非农产品，兴办乡镇企业，发展劳务输出。1993 年，全县进一步加大结构调整力度，抓重点村、专业村建设，到 1995 年全县共发展蚕桑重点村 30 个，茶叶基地村 21 个，生猪重点乡 35 个、重点村 280 个，黄羊基地乡 26 个、示范村 60 个。至“八五”末，畜牧、乡镇企业、劳务收入和经济作物成为农民脱贫致富的主要项目，特别是劳务输出收入 1995 年突破 2 亿元大关。

二、实施“科技兴县”战略

“八五”时期，县委、县政府实施“科技兴县”战略，一是研究部署全县科技发展战略，1992 年县政府印发《南江县科技发展十年规划和八五计划》，提出发展目标、重点和措施。二是建立健全科技推广体系，县区建有科委、科协专门的科技行政管理机构和团体协会组织，配备了专兼职管理干部，各企业有科技股（室），建村级综合服务站 357 个。三是抓科研，攻克难题。1995 年“南江黄羊”新品种选育课题投入研究、同年 10 月被农业部正式命名为“南江黄羊”。“八五”末，“光雾茗峰”、“桂花酱油”、“建友牌酵母蛋白”获国家金奖。“云顶牌”富硒茶获国家银奖。四是保障科技投入，县上每年将“科技三项费用”列入预算，“八五”期间累计科技投入 1 亿多元。五是推广实用技术，五年内先后推广地膜覆盖栽培、自然烧结砖、稻茬麦免耕栽培、水稻宽窄行条栽、病虫综合防治、玉米肥杭育苗栽培、秸秆氨化育肥肉牛等实用技术 64 项，科技对经济增长贡献率达到 40% 。

三、城乡综合改革

“八五”时期，南江县政府抓了七个方面的改革：一是抓城镇住房制度改革。1992 年底，全县有 124 个单位房缴租金，到 1995 年，全县 50% 以上的公有住房产权转变为私人所有，实现了住房半商品化。二是改革农副产品收购制度、放宽渠道。1992 年，放开了除合同定购粮食、三木药材、烟叶、蚕茧以外的农副产品的经营渠道和收购价格。三是改革社会保障体制。1991 年，全县有 83

个全民所有制企业的8700名职工参加了退休金统筹，有7650名职工实行了行业保险。四是农村改革。允许土地使用权有偿转让，允许拍卖山坪塘、荒山、荒坡等闲置资源。五是企业改革。1991年，县政府在百货、糖酒等企业试行“四放开”改革，1993年十多户企业采取股份合作制试点，到1995年，按现代企业制度要求进行了股、并、卖改制。六是财政改革。1994年，将县税务局分设为南江国家税务局和南江县地方税务局，实行新税制和分税制改革，1995年实行教师工资专户直拨管理办法。七是教育改革。1991年将南江中学、南江二中改为单设高中、初中，1992年对南中、二中内部实行体制改革试点，自1993年起全面推行。

四、大办交通

1991年利用以工代赈资金，对“二南”公路实施改造并完成15公里，到1993年重点整治“达广”公路南江段。1990年开始修建的“普乐”铁路到1993年已全线贯通。1994年10月中旬，“沙南”路改造和“二南”路改造一起上马，仅用5个月时间就完成了改造任务。

五、改善邮电通讯条件

“八五”期间，国务院决定修建成都至西安光缆干线。1992年，南江县政府争取线路途经南江后，立即组织3万干群苦战，到1992年底，通过南江境内的143公里线路开凿敷埋通过初验合格。1994年1月，县城4000门程控电话开通，实现传输光缆化、交换程控化和国际国内双向直拨。到2000年，交换机总容量达26616门，实装用户19883户，是1978年的35倍。

六、发展个体私营经济

1992年7月，县政府办出台《关于加快改革和经济建设服务的通知》，放宽对个体私营经济发展的条件和范围。1994年，县委、县政府贯彻落实《中共巴中地委、巴中行署关于放手发展个体私营经济的意见》，坚持“三不变”、“四到位”（发展个体私营经济指导思想、发展目标、基本政策不变；认识到位、领导到位、政策到位、措施到位），使当年个体工商户发展到10036户、私营企业44家，纳税512万元。1995年，县政府进一步放宽发展政策，个体工商户累计达到1.2万户，私营企业60家，纳税612万元，分别比上年增长19.5%、36.4%和19.5%。

第三节 “九五”时期政事

“九五”期间，县政府以经济建设为中心，县域经济总量扩大，产业结构优化；以扶贫开发和文明新村建设为重点，农村面貌日新月异；以工业经济为主导，以集镇建设和管理为载体，城镇经济运行质量不断提高；以突出山、水、林、田、路综合治理为内容的基础设施建设，使城乡生存环境大大改善。2000年，完成国内生产总值14.5亿元，是“八五”末的1.9倍；县级财政收入实现5836万元，比“八五”末增长34%；农民人均纯收入达到1379元，完成“九五”计划的117.5%；人口自然增长率控制在3.76‰以内。

一、基础设施建设

巴中地区成立后，南江县在交通建设方面开展了干线公路改造和区乡标美路建设两轮大会战。1997年底，干线公路改造全面完成，转向区乡道路建设。“九五”期间，先后完成了“二南路”

泥石路改造、水泥砼路、“南通”路铺油等，新修乡道10条、189公里，新修和改造村社公路248条851.2公里。

通讯方面：到2000年，全县已有80%的村，100%的乡实现了程控电话，总计达19587门；建移动通讯基站32个，乡乡通“大哥大”。

电力方面：1996年，中咀火电厂3号机组、高龙坎电站建成投产，1998年，巴中至南江110千伏输变电工程竣工投入使用。

水利方面：坚持新修、改造相结合，大、中、小相结合，坡度微型水利为主的路子。1996年，县委、县政府在小河华光村抓试点，大兴微水设施，被誉为“川东北水利建设的大样板”。5年间先后建成各类水利工程64752处，新增恢复水量2619万方，新增灌面5.6万亩，解决了15.2万人、18.2万头牲畜饮水困难，1999年通过省政府验收合格。

城镇建设方面：1996年，县政府确定以旧城改造和集镇建设为重点，成立旧城改造拆迁办公室，制发管理实施办法，完成了县城总体规划和改造方案的设计。1997年，县政府对20个乡镇的规划建设进行把关；2000年，县城总体规划、县城小区详规和区乡集镇建设规划全面修订完善。

二、扶贫攻坚

“九五”初期，县政府根据《国家八七扶贫攻坚计划》，组织制定《南江县三〇七扶贫攻坚计划》，重新确定贫困人口的标准、越温标准和贫困人口数量，实施扶贫攻坚。一是把扶贫作为统览农村工作全局而摆在重要位置；二是争取项目资金，1997年，南江列为世行秦巴山区扶贫贷款项目县和科技扶贫开发试点县；三是落实扶贫责任，县级部门对口扶贫到乡，县级领导挂扶到乡，局级领导包扶到村；四是制定资金投入办法，保证85%的扶贫资金用到贫困村的贫困户；五是落实扶贫政策，每年兑现到户减贫困户定购粮、农业税和农业特产税；六是实施开发式扶贫，扶贫资金主要用于贫困户发展生产、发展助农增收和骨干项目，1998年实施以池园经济和劳动积累为主要特色的新村扶贫。通过扶贫攻坚战，到2000年，全县建卡贫困户人口已由23.1万人下降到5.53万人，贫困人口人均纯收入由398元上升到1279元，人均占有粮食由不到310公斤，增加到458公斤。解决贫困人口温饱工程于1999年11月顺利通过省委、省政府的达标验收。

三、文明新村建设

1998年，县委、县政府提出以文明新村建设统揽农村工作全局的工作思路，并成立县文明新村领导小组，实施“十乡百村万户”工程，是年首批30个“五改三建”为内容的文明新村建设初见成效。县委、县政府先后制发《关于进一步加快文明新村建设的决定》和《关于加强文明新村建设资金管理的（试行）意见》。1999年和2000年，南江获得了省上支持的专项资金1000万元。以“五改三建”（改水、改路、改灶、改厕、改圈，建池、建园、建家）为基础，以池园经济为特色的建设内容，层层签订目标责任书，严格逗硬考核。2000年，全县182个村、587个社、5.49万户配套完成了“五改三建”，农民的生活得到明显改善。

四、实施农业三大产业项目

“九五”期间，县政府确立以发展黄羊为主的畜牧业，以金银花为主的中药材和以核桃为主的干果三大农业产业化项目。到2000年底，全县建成黄羊基地乡16个，南江黄羊饲养量达到51.6万只；建金银花基地3.5万亩，改造低产金银花基地1.5万亩，金银花总产量达50万公斤。是年，南江被列为全省13个中药材现代化科技产业基地县之一。全县新植核桃1.7万亩，改造低产核桃园2万亩，核桃产量达290万公斤。

五、发展工业

“九五”期间，县政府确立了“发展主导产业、建立支柱行业、培植骨干企业、开发拳头产品”的工业发展思路。经过五年来的努力，到2000年，全县工业总产值达4.65亿元，县属独立核算工业企业实施盈利400万元，上缴税金1300万元。1996年，县委县政府制发《加快工业经济发展的决定》和《工业经济发展激励政策的通知》，从1997年开始，在抓好能源的前提下，突出发展冶金、建材、食品饮料、机械化工四大主导产业，推进、突破、兼并、股份制改组，到2000年，股份制及股份合作制工业企业达97家。同时，大力实施品牌战略，“九五”期间，全县共有50多个产品获省、部优产品称号。

六、开发旅游

1998年，县委、县政府作出《加快旅游业发展的决定》，明确地提出“旅游活县”战略，确定以光雾山开发为龙头，突出奇峰峡谷、原始森林等独特的旅游风貌。县上成立旅游开发领导小组及其办公室，成立光雾山旅游局及光雾山风景名胜管理局，具体抓旅游业发展。多方聘请旅游规划设计专家，修编完善光雾山风景名胜区建设规划，按照“业主开发为主，国家补助为辅”的经营机制，拓展旅游市场。2000年，全县共接待游客8.2万人次，实现旅游收入183万元。

七、发展民营经济

1996—1997年，县委、县政府先后作出《加快个体私营经济发展的决定》、《大力发展民营经济的决定》及《发展民营经济的补充通知》。1999年，县委、县政府提出并实施了构筑以非公有制为主体的县域经济新框架，将非公有制经济的发展摆到经济工作更加突出的地位，致使发展速度加快。到2000年，全县个体工商户累计发展到22370户，私营企业175户，纳税2157万元，分别是1985年的4.6倍、87.5倍、92.7倍，非公有制经济已占县域经济的50%。

八、维护社会稳定

县政府正确处理改革、发展、稳定三者之间的关系，抓了社会稳定工作。一是县政府对稳定工作实行一把手负责制，实施考核一票否决制；二是加强治安环境建设，落实社会治安责任制；三是减轻农民负担，对农民负担实行“七控七严”和“八个禁止”的办法（即控制负担总量，控制经费支出，控制和规范生产资料供应渠道，控制新增负债，控制财政供养人员，控制生产性、服务性收费标准，控制交通费、招待费、通讯费；严格民主管理，严格案件查处，严格依法治税，严格村级财务管理，严格基本建设项目管理，严格民主管理，严格达标升级和检查评比管理；禁止平摊生猪屠宰税、农业税，禁止一切要农民出钱、出物、出工的达标升级活动，禁止一切没有法律、法规规定的行政事业性收费，禁止未经县以上人民政府批准向农民集资，禁止各种摊派，禁止强行以资代劳，禁止村社设招待费，禁止用非法手段征收税费，切实加强农民负担管理）；四是在全县开展“三五”普法活动，加强法制宣传教育和思想政治工作，全面提高公民法制意识；五是对欠发工资、重点工程欠款、农村财务混乱等群众关心的“热点”、“难点”问题及时疏导和处理；六是重视信访工作，县政府专门成立县长投诉中心，对来信来访采取耐心解答，及时处理；对转部门的信访案件要求限时完成并上报处理结果。

第二十三篇　人民政协

第一章　政协委员会

第一节　第二届委员会

1986 年前，先后召开了南江县政治协商会议第二届一次、二次委员会议，已在前志记述。

二届三次会议　1986 年 4 月 16—21 日召开，应到委员 101 人，实到委员 77 人。会议听取和审议县政协常务委员会工作报告和提案工作报告；列席县人大十届三次会议，听取和讨论了《政府工作报告》；协商讨论了全县两大文明建设的有关问题；选举何文成为政协第三届南江县委员会主席（兼），选举吉维屏为政协第二届南江县委员会副主席；大会讨论和通过了《提案审查报告》和大会《决议》。

第二节　第三届委员会

三届一次会议　1987 年 3 月 3—10 日召开，应到委员 153 人，实到委员 130 人。会议听取和审议了胡大泉所作的《常委会工作报告》及副主席郑子猷所作的《提案工作报告》；列席县人大十一届一次会议，听取和讨论了《政府工作报告》和其他报告，选举了政协南江县委员会主席、副主席、秘书长和常务委员；听取和审议县政协三届一次会议《提案审查报告》；通过了大会《决议》；听取了县委主要领导的讲话。

三届二次会议　1988 年 3 月 20—24 日召开，应到委员 153 人，实到委员 121 人。会上听取和审议了副主席胡大泉所作的《常委会工作报告》及副主席郑子猷所作的《提案工作报告》；列席了县人大十一届二次会议，听取和讨论《政府工作报告》及其他报告；听取和审议并通过了《提案审查报告》和大会《决议》。

三届三次会议　1989 年 4 月 20—23 日召开，应到委员 153 人，实到 116 人，列席 26 人。会议听取了《常委会工作报告》和《提案工作报告》；列席了县人大十一届三次会议，听取和讨论《政府工作报告》及其他报告；会上还传达了省政协六届二次全体委员会议精神，学习省委、省政协领导在省政协六届二次全体会议上的讲话；听取和审议了县政协三届三次全体委员会议《提案审查报告》；通过了大会《决议》；听取了县委主要领导的讲话。

第三节　第四届委员会

四届一次全委会议　1990 年 3 月 7—11 日召开，应到委员 209 人，实到 181 人，列席 48 人。会议听取和审议《常委会工作报告》及《提案工作报告》；列席县人大十二届一次会议，听取和讨论了《政府工作报告》及其他报告；选举产生了政协第四届南江县委员会主席、副主席、秘书长和常务委员；听取和审议了县政协四届一次会议《提案审查报告》；通过了大会《决议》；听取了县委主要领导的讲话。

四届二次全委会议　1991 年 3 月 20—24 日召开，应到委员 209 人，实到 184 人，列席 19 人。会议听取和审议《常委会工作报告》及《提案工作报告》，并列席县人大十二届二次会议，听取和讨论了《政府工作报告》和其他报告；补选了政协四届南江县委员会部分常委；听取和审议了县政协二次全委会议《提案审查报告》；通过了大会《决议》并听取了县委主要领导讲话。

四届三次全委会议　1992 年 3 月 24—28 日召开，应到委员 209 人，实到 195 人，列席 50 人。会议听取和审议《常委会工作报告》和《提案工作报告》；会上还传达省政协六届五次全委会精神；列席县人大十二届三次会议，听取和讨论《政府工作报告》及其他报告；听取和审议了县政协四届三次全委会《提案审查报告》；通过大会《决议》；听取了县委主要领导的讲话。

第四节　第五届委员会

五届一次全委会议　1993 年 3 月 4—9 日召开，应到会委员 215 人，实到 188 人，列席 50 人。会议听取和审议上届《常委会工作报告》及《提案工作报告》；列席人大十三届一次会议，听取和讨论《政府工作报告》及其他报告；选举产生了政协第五届南江县委员会主席、副主席、秘书长和常委；听取和审议了政协五届一次会议《提案审查报告》；通过了大会《决议》；听取了县委主要领导的讲话。

五届二次全委会议　1994 年 3 月 16—19 日召开，应到会委员 213 人，实到 203 人，列席 42 人。大会听取和审议政协副主席张新荣所作的《常委会工作报告》及副主席卢素芬所作的《提案工作报告》；列席人大十三届二次会议，听取和讨论《政府工作报告》及其他报告；会上还传达了省、地统战工作会议精神和中共南江县委《关于进一步加强人民政协工作的决定》精神；听取和审议了县政协五届二次全体委员会议《提案审查报告》；通过了大会《决议》；听取了县委主要负责同志的讲话。

五届三次全委会议　1995 年 3 月 16—19 日召开，应到会委员 215 人，实到 207 人，列席 54 人。会议听取和审议《常委会工作报告》及《提案工作报告》；传达省政协七届三次全体委员会议精神；列席县十三届三次会议，听取和讨论《政府工作报告》及其他报告；补选了政协第五届南江县委员会部分常委；听取和审议了县政协五届三次全委会《提案审查报告》；通过了大会《决议》；听取了县委、县政府主要领导的讲话。

五届四次全委会议 1996 年 3 月 14—18 日召开，应到会委员 215 人，实到 203 人，列席 46 人。会议听取和审议县政协副主席张新荣所作的《常委会工作报告》及副主席卢素芬所作的《提案工作报告》；传达省政协七届四次全体委员会议精神；列席县人大十三届四次会议，听取和讨论《政府工作报告》及其他报告；增选了赵银秀、杨绍春为政协第五届南江县委员会副主席，选举文德华等两位同志为政协南江县委员会常委；听取和审议了政协五届四次会议《提案审查报告》；通过了大会决议；听取了县委主要领导的讲话。

五届五次全委会议 1997 年 3 月 12—15 日召开，应到委员 215 人，实到 205 人，列席 28 人。会议听取和审议县政协《常委会工作报告》和《提案工作报告》；列席县人大十三届五次会议，听取和讨论《政府工作报告》和其他报告；听取和审议县政协五届五次会议《提案审查报告》；通过大会《决议》；听取了县委主要领导的讲话。

第五节 第六届委员会

六届一次全委会议 1998 年 2 月 24—28 日召开，应到委员 213 人，实到 210 人，列席 85 人。会议听取《常委会工作报告》和《提案工作报告》；传达省政协八届一次全体委员会议精神；列席了县人大十四届一次会议，听取和讨论《政府工作报告》及其他报告；选举产生了政协六届南江县委员会主席、副主席、秘书长和常委；听取和审议县政协六届一次全委会议《提案审查报告》；通过了大会《决议》；听取了县委主要领导讲话。

六届二次全委会议 1999 年 3 月 26—29 日召开，应到会委员 216 人，实到 212 人，列席 42 人。会议听取审议《常委会工作报告》和《提案工作报告》；传达省政协八届二次全体委员会议精神；列席县人大十四届二次会议；听取和讨论《政府工作报告》和其他报告；通过大会《决议》；听取了县委、县政府主要领导的讲话。

六届三次全委会议 1999 年 7 月 29—30 日召开，应到委员 216 人，实到 173 人，列席 67 人。会议听取县委常委、常务副县长肖天仁所作的《关于全县经济运行情况的通报》；大会选举了县委副书记陈思隆为政协第六届南江县委员会主席，选举了县委统战部部长余柱石为政协第六届南江县委员会副主席；会议还听取县政府主要领导的讲话。

六届四次全委会议 2000 年 2 月 22—25 日召开，应到会委员 216 人，实到会委员 213 人，列席 95 人。会议听取政协常务副主席张新荣所作的《常委会工作报告》及副主席杨绍春所作的《提案工作报告》；传达省政协八届三次全体委员会精神；列席了县人大十四届三次会议，听取和讨论《政府工作报告》及其他报告；通过了大会《决议》；听取了县委、县政府主要领导的讲话。

表23—1 **南江县历届政协委员会委员构成情况一览表** 单位:人

届别	委员总数	性别		中共党员		年龄				文化程度				技术职称		
		男	女	人数	占委员总数(%)	28岁以下	29岁至45岁	46岁至60岁	61岁以上	小学	初中	高中中专	大学专科	初级	中级	高级
一	77	67	10	24	31	5	22	39	11	9	20	30	18			
二	101	86	15	36	36.3	4	32	53	12	6	25	41	29			
三	153	126	27	53	37.6	10	62	68	13	10	40	63	40			
四	209	175	34	80	38.0	10	68	98	33	12	56	88	53	23	59	22
五	215	180	35	83	39.38	15	73	115	12	9	54	90	62	32	70	26
六	222	184	38	92	41.4	14	129	74	5	3	44	91	84	32	73	8

接上表

届别	委员总数	所在单位																								
		中国共产党	无党派人士	工商联	侨台联	工会	共青团	妇女	供销合作社	农民	部队	科技	教育	体育	医卫	经济	文学艺术	科协	民族宗教	城乡集体企业	个协或个体工商	农业	特邀	法制	社教	新闻出版
一	77	5	3	4		3	3	5	3	4		8	11	3	7		4						14			
二	101	4	2	3		4	3	4	3	4		15	19	2	14		6						17	1		
三	153	6	5	4		5	5	6	4	4		22	27	3	19	6	7	3			5		19	3		
四	209	9	5	11		10	6	7	5	9		33	29	3	23		5	4		6	6		34	4		
五	215	10	5	11	7	10	6	7	5	8		25	25	3	21	13	5	7					38	4	5	
六	222	10	5	23	7	10	5	8	5			22	21	3	20	23	5	5	3			8	34	5		

注:政协第六届南江县委员会委员数统计到2000年底止。

第二章 常务委员会

第一节 领导体制

县政协常务委员会是县政协的常设机构，由常委会主席、副主席、秘书长、副秘书长和常务委员组成。在每届第一次全体委员会闭会后主持日常工作。

南江县政协常委会实行集体领导制度，由主席主持常委会，或由主席委托副主席主持。副主席、秘书长协助主席工作，主席、副主席、秘书长组成主席会议，处理常委会日常工作。

第二节 常委会组成人员

政协南江县第二至六届常委会组成人员，主席、副主席、秘书长、常务委员名单如下：

第二届 主席：郑友铭（1984 年 5 月—1986 年 3 月）、何文成（1986 年 4 月—1987 年 3 月）；副主席：胡大泉、何芝修、郑子猷、曹天健、官鸿辉、吉维屏；秘书长：吉维屏（兼）；常务委员：刘中国、申启妮（女）、兰汝柏、宋昭永、成尧庚、何平、何崇寿、何家福、张培芳（女）、陈元孝、岳正庭、林俊旭、黄恕、常长友、廖远泽、熊登甲。

第三届 主席：何文成；副主席：吉维屏、胡大泉、郑子猷、陈科理、官鸿辉、廖远泽；秘书长：何定能；常务委员：王桂芳（女）、田利远、申启妮（女）、牟宗太、江淮浦、何家福、何碎忠、陈元孝、罗荣夏、岳正庭、赵尚贤、周福田、袁绍益、常长友、黄恕、杨滕芳、梅峰、曾宪松、缪燕熙、蔡建国。

第四届 主席：何文成；副主席：董绍达、曾令文、胡大泉、邓继富、李朝玺、王化莲；秘书长：何定能、王廷爵；常务委员：王桂芳（女）、王维卓、卞蕴惠（女）、冯自儒、申启妮（女）、牟宗太、刘青宁、刘家富、向先富、李文果、江淮浦、李传友、李国民、何家福、何敏章、陈淮荣、杨滕芳、郑子猷、周福田、赵尚贤、袁开雄、袁绍益、梅峰、谭大凡。

第五届 主席：何文成；副主席：张新荣、卢素芬（女）、董绍达、赵银秀、杨绍春、蒲守易、李朝玺、王化莲（女）、王维卓；秘书长：王廷爵；常务委员：文德华（女）、王品先、王桂芳（女）、王树成、邓继富、冯自儒、刘华民、刘年绪、刘家富、刘文平、刑运龙、朱雨滂、任宗炬、牟宗太、向先富、李文果、陈正贵、陈淮荣、陈澎益、杨樟春、杨滕芳、肖厚义、周琦（女）、周福田、郑南贵、郑琼（女）、岳建生、赵尚贤、夏文英（女）、胡大泉、袁绍益、蒋天沛、曾祥才、熊明钦。

第六届 主席：侯中文（1998 年 3 月—1999 年 3 月）、陈思隆（1999 年 7 月—2000 年 12 月）；副主席：张新荣、杨绍春、赵银秀、刘元峰、尹治才、杨樟春、余柱石；秘书长：李国清；常务委员：王晓兰（女）、文德华（女）、冉农辉、冯自儒、刘文平、刘文鼎、杨滕芳、李伟、吴均知、余毅、邹刚、张文广、张书琼（女）、陈正贵、陈淮荣、青继福、易明、岳建生、郑琼（女）、赵勇、赵其平、赵宗奎、饶家春、袁腑、袁光碧（女）、董放荣、蒋光映、谢平陆、漆安荣、熊湘朝、熊新志、滕小兰（女）。

第三节　常委会议

政协南江县委员会常务委员会议，是政协全体委员会议闭会期间召开的高层次协商会议，一般每季度召开一次，如因会议需要，也分别邀请了各有关方面负责人列席。1986—2000年政协二至六届共召开了常委会议66次。行使召集并主持本会全体委员会议；审议通过提交县人代会及其常务委员会和县人民政府的重要建议案；协商决定本届县政协的参加单位和委员名额及人选；根据秘书长提议任免本会的副秘书长、决定本会工作机构的设置变动，并任免其领导成员等职权。

第四节　主席会议

南江县政协按照《政协章程》规定：“主席、副主席、秘书长组成主席会议，处理常务委员会的重要日常工作”。主席会议是政协常务委员会经常有效地开展工作的一个重要形式。

主席会议一般每月举行一次，必要时也临时召开。会议由主席或由主席委托的副主席主持。会议的主要任务是：讨论处理常委会议闭会期间的重要日常工作；协商讨论党和国家大政方针及地方重大事务、人民群众关心的重大问题和全县统一战线内部的重大问题，并提出建议和意见；审议以政协名议向县委、人大、政府提出的重要建议案；决定常委会议召开的时间、议程，审议提交常委会议的文件、文稿；讨论决定委员视察、调研等重要活动；讨论专门委员会的工作等；1986—2000年，二至六届县政协主席会议共召开了189次。

第五节　办事机构

县政协自1981年11月成立后，各届都设置了办公室。其主要的任务是在政协秘书长的领导下，搞好机关的行政、文秘和后勤服务工作。1987年，经县委办公会议研究决定，同意县政协内设办公室和委组工作科、调查研究科、文史资料科、学习宣传科。1989年10月6日，经县委批准，县政协内设机构由原一室四科调整为正局级的一室三委（办公室、经济建设委员会、宣传联络委员会、提案工作委员会）。1991年10月7日，县政协办公室下设三科。1993年3月3日，经县委批准，县政协内设一室五委（办公室、提案委员会、文史资料委员会、宣传联络委员会、经济建设委员会、教科文卫委员会）。1998年3月起，县政协办公室内设的秘书科、行管科撤销。1998年6月23日，根据县机构编制委员会审定，县政协常委会机关设1个科级办事机构（办公室），原设立的各科级专门委员会暂维持原状，至2000年底未变。

第三章 政协工作

第一节 政治协商民主监督

1986年，县政协副主席除列席县委、县政府和县人大召开的有关会议，对地方重大事务参与讨论、协商人事安排外，副主席张新荣还兼任樵河大桥工程指挥长。期间，他尊重科学、善于协商方方面面的关系，并在决策上出谋划策，使工程顺利实施提前竣工。

1987年1月14日，县政协、县委统战部联合举行各界人士一致表示：坚决同党中央保持政治思想上的高度一致，旗帜鲜明地投入反对资产阶级自由化的斗争。

1994年，县政协主席何文成、副主席张新荣在得知关路乡一村，一条小公路修了几年仍未完工的情况反映后，除具体深入调查问题的根源外，还协调有关部门予以支援，使之当年建成通车。

1996年，县政协领导带领城区21名委员对县域技术监督管理工作提出了建议，并和有关部门协商解决存在的问题，化解矛盾，提高了技术监督管理的质量和服务水平。

1998年，县政协副主席杨绍春被县委任命为县城旧城改造领导小组常务副组长，指挥旧城改造工作。在拆迁和招投标工作中，本着政治协商、民主监督的原则，协调各方关系，杜绝隐患，维护正义，使整个旧城改造正常投入施工。

1999年，县政协领导带领有关委室负责人，对县城环卫工作进行调查研究、深入贸易系统所属企业了解商贸企业改制的情况。当即和环卫、商贸部门负责人协商解决了工作中的疑点、难点和群众关心的热点问题。

2000年，县政协组织部分常委和委员就“西部大开发”南江怎么办的问题进行专题座谈讨论。向县委、县政府提出五点建议，并对几项规划提出协商意见，引起县委的高度重视并被采纳。

第二节 提案办理

南江县政协提案办理工作，二届以前由一名副主席分管，政协办公室具体办理。三至六届成立了提案委员会，具体负责提案的收集、立案、交办、督办、回复，以及处理。人民来信来访工作。在历次的全委会议上，提案委员会负责向大会报告上次全会以来提案办理的情况并提请大会审议。每届政协第一次全体委员会议期间，都成立了提案审查委员会，负责会期提案的收集、审查，并向大会报告提案的审查情况；第一次全委会闭会后，提案审查委员会即作为提案委员会，列入专门委员会序列。

1986—2000年，南江县政协共交办政协委员提案1501件，提案办复1428件，办复率95.1%；共处理人民来信来访1445件（次），提出建议案12件，均被重视和采纳。

第三节　调查研究

南江县政协围绕党和政府的中心工作，定期或不定期地组织委员视察和调查研究，深入实际，联系群众，了解社情民情、履行参政议政职能。1986—2000年，县政协开展视察和调查150余次，撰写视察和调查报告160多篇，其中被地（市）以上报刊采用的32篇，被县委、县政府批示、转发的46篇。县政协就物质文明建设、精神文明建设、民主法制建设和群众普通关心的“热点”、“难点”问题，适时开展参观、视察和调查，提出了大量的可行性意见和建议，推动了全县经济和事业进步。

1988年9月，县政协副主席带领经济工作组的委员对南江乡镇企业发展情况进行了一次大规模调查后，县政协专门作出“每个政协委员每年都要为发展乡镇企业献出一条计策、联系一个企业、提供一条信息、办成一件实事”的决定，县委、县政府对此给予了好评。

1991年4月，县政协主席何文成等领导深入碾盘乡光明村调查，发现该村二、三、四、五社境内滑坡严重，危及120户、460多人的生命和财产安全时，及时向县委、县政府写出了《碾盘乡光明村四个社滑坡严重危及村民生命财产安全的情况报告》，引起了县委、县政府的高度重视，得到了及时解决，《四川政协报》、《人民政协报》对此给予了登报表扬。县政协五届期间，紧密围绕建立社会主义市场经济，重农兴工增收奔小康的主题，开展了20多次较大的视察和30多次专题调查活动。1993年，组织委员对农村产业结构调整、魔芋、烟叶、蚕桑生产的发展情况进行专题调查。

1996年，县政协组织委员视察、调查，在掌握大量第一手材料后写出了《关于发扬自力更生、艰苦奋斗的创业精神，奋力实施“三年脱贫、五年富民、十年兴县”发展目标应当树立五种思想》的调查报告送县委后，县委书记陈延荣批示，将其定为县委八届八次全委会的唯一参阅材料。此材料在政协巴中地区工委第四次会议上发言交流。

1998年4至5月，县政协撰写的关于“旅游活县”、“科技兴县”、“个体私营经济发展”、“县水泥集团公司改制”等四篇调查报告，被县委批转全县各地参阅。

2000年6月至7月，县政协组织常委、委员先后对全县退耕还林（草）试点工程项目实施情况进行了调查和视察，以政协党组名义向县委报送了《政协南江县委员会关于全县实施退耕还林（草）试点工程的视察报告》，被中共南江县委文件、县政府《政务通报》转发各地贯彻落实。该报告获巴中市2000年度优秀调研成果奖。

第四节　文史采编

南江县历届政协都重视文史资料工作。一、二届政协成立了文史资料征集工作组，由一名副主席兼任组长，政协办公室直接抓；第三、四届政协成立了文史资料研究委员会；第五、六届政协成立了文史资料委员会，作为县政协专管文史资料的常设工作机构。1985年3月7日，县政协制发《关于开展我县文史资料征集、撰写工作的意见》，正式开展文史资料的核实整理和编印工作。1999年5月，第六届政协文史资料委员会又制发“1999—2005年南江文史资料征集提纲”共6大类、100个征集题材，并编印6000余字的撰写文史资料辅导讲座。从1987年《南江文史资料》第

1辑出版到2000年底，县政协共出版各类文史资料13集，约126万字，印刷了13800册。1991年3月5日，县政协荣获达县地区文史资料工作先进集体奖。

文史资料收集工作，历届领导十分重视，首先是成立了机构“南江县文史资料编辑委员会”、聘请了撰稿人员，做到精心选择稿件、细心编排、认真校对、保证出版印刷质量。1981—1982年，县政协收集文史资料20篇；1983—1984年，收集文史资料22篇；1984年11月，县政协聘请了文史资料撰稿人员43人。1987年12月县政协出版《南江文史资料选辑》第1辑；1989年3月，出版《南江文史资料选辑》第2辑；1989年12月出版了《南江文史资料选辑》第3辑；1991年10月和1993年9月，分别出版南江《文史资料选辑》第4辑和第5辑；1993年10月出版《南江灾变史料》；1995年1月、1998年2月、1999年8月，先后出版了《南江文史资料选辑》第6、7、8辑；1999年8月，第六届县政协文史资料委员会聘4名特约编审员、63名文史资料撰稿员。2000年1月、2月分别出版《南江文史资料》第9辑（农业专辑）和《南江文史资料选辑》第10辑；2000年12月编辑出版《南江文史资料选辑》第11辑。

第五节 联谊交友

每逢重大节日、重大事件，县政协都要举行社会各界人士为主要对象的各种内容的茶话会、纪念会、报告会、座谈会，截至2000年底，历届政协召开这类活动30次。为保持与老委员的联系，1990年成立了“政协之友联谊会”。县政协统战工作组与县台办配合加强了同台湾同胞、港澳同胞、海外侨胞及其亲属的联谊交友工作。协助主管单位积极支持“三属”发展生产勤劳致富，鼓励三属多与海外亲友交往，共同做好返乡探亲观光旅游工作，搞好对台宣传，使海外同胞了解家乡，增强对祖国的向心力。

第二十四篇　群团组织·工商联

第一章　工　会

第一节　各级工会组织

一、县总工会

1989年4月，县总工会召开第七次会员代表大会，选举县总工会主席、副主席和经费审查委员会主任。1994年4月，召开的第八次会员代表大会，选举县总工会主席1人，副主席1人，经审委员会主任1人。县总工会第七至八届办事机构编制均为8人：设主席1人，党组书记1人，副主席1人，女职工委员会主任（兼会计）1人，办公室2人，组宣1人，经济保障1人。至2000年底，机构、人员无变化。

二、工会工作委员会

（一）部门工会工委

部门工会工作委员会（简称局工委），是县总工会的派出代表机关。到1984年底，全县已有县工业局、商业局、粮食局、供销社、二轻局、水电局建立了工会工作委员会（教育工委除外），人员由所在单位行政编制安排，主任按同级党政副职配备。同时，局工委主任都是兼职，另配专干1至2人。1992年，林业局工会工作委员会成立，专职主任1人。1994年，县总工会与商业局党政协商，完善了局工委领导班子；7月，县交通局工会工作委员会成立，设局工委主任1人；11月，县农业局工会工作委员会成立，局党组副书记兼任局工委主任。1997年，将电力有限公司和林业局总场工会委员会分别更名为工会工作委员会，分别设工委主任1人。1999年，县卫生局、县贸易局、县建委先后成立工会工作委员会，同年因县林业总场被撤，其工委也随之消失。到2000年止，全县共成立局工会工作委员会13个，并配齐干部，理顺关系，全面开展工作。

（二）教育工委

县教育系统于1980年建立了县教育工会工作委员会（简称教育工委），由16人组成。1989年6月29—30日，县教育工会召开第三次代表大会，选举委员15人，在全委员会上，选举产生了县教育工会第三届委员会常委，主席、副主席及经费审查委员会主任、副主任各1人。

1997年11月25—27日，县教育工会召开第四次代表大会。选举15人为县教育工会第四届委员会委员。第一次全委会选举产生了主席和经费审查委员会主任各1人。

自1986年7月，县教育工会工作委员会在全县11个区（镇）设立办事处，分别配专职主任1人，作为县教育工会工作委员会的派出机构，与区文教视导室一起办公，负责指导辖区内的基层工会工作。截至2000年，全县共建基层工会112个，比1985年增加28个；会员达4785人，增加1005人。

三、基层工会

1984年12月，全县已建基层工会182个，占应建单位的90%；入会会员9092人，占职工总数的85%以上。2000年底，全县基层工会组织发展到297个，比1984年增加115个；工会会员19009人，比1984年翻了一番。

（一）县级机关、事业单位工会

1987年1月23日，县税务局在县级机关率先建立工会组织。1990年，县财政局等五个单位先后建立机关工会组织，发展会员650人。1991年，县政府机关、县检察院、县劳动局、县林业局、县广播电视局，分别建立工会组织。1992—1993年，县人大、县政府、县纪委、县人民法院、县林业局相继建立机关工会。1994年后，县公安局、县农业局、县计生委、县综管局等单位分别建立机关工会，实现了局级以上机关事业单位全部建立工会组织的目标，会员发展到1886人，入会率达100%。

（二）产业工会

建工会初期，全县属于产业工会的有邮电工会、商业工会、教育工会。到1984年底止，县人民银行、农业银行、工商银行、保险公司、建设银行、烟草公司建立工会组织，加上建立最早的邮电工会，共有产业工会7个。商业工会已分设为商业、供销两个工会工作委员会，教育工会于1980年，改为教育工会工作委员会，1996年，县丝绸公司建立工会组织，1997年，县发展银行建立工会组织，1998年，县人寿保险公司建立工会组织。1999年，县邮电局分为县邮政局、县电信局，均建立起工会组织。到2000年底止，全县共建有产业工会组织13个。县总工会和上级行业工会对产业工会实行双重领导，以上级行业工会领导为主。

（三）乡镇企业工会

1994年9月，南江县红山铁矿率先在全县乡镇企业中建立工会组织。到2000年止，乐坝水泥厂、团结电站、正直水电总公司、杨坝水电总公司、大河电站等乡镇企业先后建立了工会组织，入会职工达1600多人，占职工总数的90%以上。

（四）民营企业工会

1999年上半年，县总工会在乐坝国家粮食储备库与四川夹江县私企老板吴昌联办的有职工280多人的民营企业夹江乐坝建陶厂进行建工会的试点工作，取得成功经验后，在全县推广。到2000年止，县个体工商户工会联合会、县三轮车协会工会联合会、县煤炭企业工会联合会、县个体运输工会联合会先后成立，集州房地产开发公司、国祥贸易公司、红渠鞭炮厂、玉成页岩砖厂等40家民营、私营企业建立了工会组织，入会职工1800人。

第二节　工会代表大会及其他会议

一、代表大会

第七次代表大会　1989 年 4 月 2—5 日，在县工人文化宫举行。出席大会的正式代表 150 名，特邀代表 10 名。正式代表中，工会干部 109 名，占代表总数的 73%；工会会员代表 41 名，占 27%；35 岁以下代表 31 名，占代表总数的 20%；女代表 20 名，占代表总数的 13%。会议中代表们认真听取审议了第六届《工会工作报告》和《财务报告》并作出相应的决议。大会提出了今后五年工作任务，号召各级工会组织和广大职工高举邓小平建设有中国特色社会主义理论伟大旗帜，在县委和上级工会的领导下，振奋精神、艰苦创业、开拓进取，奋力拼搏，上下一心打好改革攻坚战，为实现南江现代化建设第二步战略目标作出重大贡献。大会以无记名方式选出南江县工会第七届委员会委员 23 名，在第一次常委会上选举产生 9 名常委，主席范家成，副主席齐丽荣、杨腾芳。

第八次代表大会　1994 年 4 月 11—13 日，南江县工会第八次代表大会在县人武部会议室召开。到会正式代表 155 名，特邀代表 10 人。正式代表中工会干部 114 名，占代表总数的 73%；工会会员代表 41 名，占代表总数的 27%；中专以上文化程度的代表 105 名，占代表总数的 67%；35 岁以下代表 67 名，占代表总数的 37%；女代表 12 名，占代表总数的 8%。大会深入学习贯彻党的十四届三中全会《决定》和中国工会十二大精神；大会听取了七届委员会题为《团结动员全县职工发挥主力军作用，为南江经济和社会事业发展作出更大贡献》的工作报告和《财务工作报告》以及《经费审查委员会工作报告》；代表们认真讨论，审议通过了三个《报告》。经过充分酝酿，民主选举产生第八届工会委员会领导机构，范家成当选为工会主席，陈礼金为副主席。

二、县工会全委会

南江县总工会在代表大会闭幕期间，执行上级的决定和同级工会代表大会的决议，负责本地区工会工作，指导和促进本地区基层工会或产业工会开展工作，定期向上级工会组织报告工作。县总工会委员会全体会议，由常务委员会召集，每年至少举行一次。自县工会第七次代表大会至 2000 年底，县总工会共召开过 16 次全委会议。

三、县工会常委会

县总工会委员会选举主席一人，副主席、常务委员若干人，组成常务委员会。主要任务是：召集县总工会委员会全体全议，在委员会全体会议闭幕期间，行使委员会的职权。县工会常委会由主席主持，每季度召开一次，执行全委会的决议，落实各项任务。自 1985—2000 年，共召开 64 次常务委员会议。

四、县工会主席办公会

县工会主席办公会议，一般每周或半月召开一次，由主席或副主席主持，驻会常委、机关工作人员参加。主要任务是，对全委会、常委会确定的总体目标以及县委、上级工会布置的各项任务，量化到人，跟踪调查，检验效果，不断推进县工会机关工作规范化、制度化。

五、基层工会主席会

县总工会一直把工作重点放在基层工会，配齐工会主席，高质量召开工会主席会议，做到每年召开一次。会议的主要内容：总结上年工作，安排布置新的一年工作，交流经验，表彰先进，落实各项工作任务等。

六、局工委主任会

县总工会一般每月召开一次局工委主任会议，由县工会主席或副主席主持，传达贯彻县委和上级工会的文件、指示，汇报交流系统工会情况，安排布置阶段性工作。县总工会一直坚持开好局工委主任会议，形成了一种传统做法，效果十分显著。

第三节　工会工作

一、职工教育

（一）思想政治教育

1986 年，县总工会组织全县基层工会开展了对职工的社会主义现代化建设的宏伟蓝图教育。1988 年，对职工进行党的基本路线教育。1989 年春夏之交，北京发生“政治风波”，工会组织及时在全县职工中开展了形势教育，进一步认清了动乱的反动本质。1990 年，县总工会购回中宣部新闻局、教育局、全国总工会宣教部等联合摄制的形势教育系列片《奋进的十年》、《艰苦奋斗》、《路在脚下》，到全县十个区（镇）、各企事业单位和县城机关，历时五个多月放映 211 场，受教育职工达 48000 多人（次）。1993 年，全县各级工会组织开展了党的十五大的宣传学习，教育引导全县职工明确党的工作任务和奋斗目标。2000 年，广泛开展 WTO 基本知识的教育，使广大职工明确了中国入世的重大意义和自身肩负的重任。

（二）主人翁教育

1986 年，对全县 2475 名青工进行党的基本路线、基本国情的“双基教育。”用了四年时间，到 1990 年，全县青工普遍轮训一次。

1990 年，县总工会围绕国民经济五年计划和十年规划，在职工中开展了“怎样当好主人翁”，“我在‘八五’干什么”，“咱们工人有力量”的试卷问答、专题演讲。工业、水电、粮食系统的 3500 多名职工开展了“爱厂、爱岗、爱本职、当主人”的学习、教育活动。

1996 年，主要抓了对职工进行党的全心全意依靠工人阶级根本方针教育，引导职工转变认识，更新观念，提高支持参与改革的自觉性、主动性。

1998—2000 年，在企事业单位中开展了以职工主人翁教育为主线的职业责任、职业道德、职业纪律、职业技能的“四职”教育。要求全县广大职工“想主人事、干主人活、尽主人责”，为全县深化企业改革奠定基础。

（三）法制教育

1986 年，县总工会购回普法教育读本 7132 本，发到职工手中，培训普法宣传骨干 432 人。1987 年，在广大职工中开展普法考试，全县有 4805 名职工考分在 80 分以上。

1992 年 8 月 24—27 日，县总工会在县城用三天时间举办了 98 名基层工会主席参加的《工会法》培训班，县人大法工委、司法局、县总工会领导讲课，县委书记刘宗寿到会讲话。1992 年，县委书记刘宗寿作了学习贯彻《工会法》的电视讲话。县工会与有关局工委负责人深入到 118 个企业宣传《工会法》，县工会带上电影队深入边远山区的 15 个企业宣传《工会法》，12000 多人受到教育。1993 年，县工会参与县委宣传部等四家举办的职工“二五”普法知识大赛，发出法规汇编 100 本，试卷 3500 份。

1995 年 1 月 1 日，正式实施《劳动法》。县总工会向全县基层工会组织发出了学习贯彻《劳动法》的通知，三次翻印《劳动法》共 1.1 万本发到职工手中，基本做到人手一册；与县劳动局在县委党校办了企业党政工 123 人参加的《劳动法》学习班，县总工会主席范家成作专题讲课；县总工会、劳动局、司法局在县城大堂坝开展了《劳动法》宣传咨询活动，深入基层企业车间、班组，向一线职工宣传《劳动法》。

1996—2000 年，县总工会多次举办《劳动法》知识竞赛活动；参与配合有关部门对违反《劳动法》，侵犯职工合法权益事件进行调查处理。

二、维护职工合法权益

（一）源头参与

一是参与协调解决职工最关心的热难点问题。自 1984 年后，县总工会主要领导参加了全县经济体制改革、劳动工资制度改革、住房制度改革、劳动竞赛、普法宣传、护林防火、安全生产等工作的组织领导。参与涉及职工切身利益的劳动人事、工资分配、社会保险、住房等相关地方法规、条例、政策的研究制订；二是参与企业改革试点。1992 年，全县总工会派员参加县电力公司、水泥一厂企业体制改革试点，参加企业第一、二轮承包招标；三是发挥县人民代表、政协委员作用。县人大十五届有工会界别代表 9 人，县政协六届有工会界别委员 10 人；四是与县人民政府轮流主持召开联席办公会议。主要就基层企事业单位的热难点问题进行协商，着重解决涉及职工切身利益的重大问题，维护社会稳定。

（二）劳动安全

1985 年后，县总工会始终坚持贯彻“安全生产、预防为主”的方针，与县经贸委等相关主管部门一起，在全县企事业中常年开展“安康杯”、“警钟长鸣”班组安全生产竞赛和“查隐患、堵漏洞、添措施、反违章、保安全”的群众性监督检查活动。县总工会参与调查处理重大伤亡事故 35 起。1988 年，县总工会建立了劳动保护领导小组，任命吴永贵等 84 名工会干部为企业劳动保护监督检查员，并在县城集中培训 3 天，用以推动全县安全工作。

截至 2000 年底，全县有 86 个企业建立了由企业职工代表、行政代表、工会代表组成的劳动争议调解委员会。各级工会组织协助劳动争议调解委员会建立健全组织机构和各项制度，积极参与解决了 245 起企业劳动争议案件，并做到件件有着落。

（三）实施再就业工程

随着企业改革的深化，经营机制的转化，下岗失业职工增多。到 2000 年底，全县企事业下岗失业人数已达 4804 人，占职工总数的 20% 左右。对此，县总工会于 1997 年，与劳动部门联合发出《解决下岗职工再就业的实施意见》、《下岗职工基本生活保障制度》，从六个方面指导下岗人员再就业。一是过好心理关；二是努力挖掘自身潜在技能；三是支持下岗人员到各级职工技校学习；四是鼓励大胆走向市场，改行转岗谋出路；五是兴办劳动密集型第三产业；六是大力表彰再就业的先进典型。各级工会组织办各类培训班 21 期，培训下岗职工 1860 余人。四川南江国家粮食储备库利用闲置资源，办起了年产 1 亿匹页岩砖厂，安置了粮食系统下岗职工 280 人。中咀火电厂利用三废办起了煤渣砖厂，安置下岗分流人员75人，年利税达50万元。2000年板凳垭火电厂184名职工通过技能培训，由电工集体转到砖厂，开始了新的创业历程。

（四）实施送温暖工程

1985—1990年，南江镇第二居委会、魏家坝林场、县印刷厂、县医院先后发生火灾，造成受灾职工生活困难，县总工会先后救助8300元，以温暖职工。1991—1996年，全县筹集资金28万元，补助了1300多名困难职工；并组织1900多名职工献爱心捐款35029元救助因洪灾、火灾、车祸事故的45名受灾职工，使他们倍感党的温暖。

1997年，根据全国总工会提出的"送温暖工程"的实施目标，用五年时间围绕职工生活救助、职工互助合作事业、职工福利等内容，逐步建立职工互助保障体系。南江县一些企业处于亏损、停产半停产状态，部分职工生活困难，县总工会积极行动，实施"送温暖工程"。如乐坝水泥厂职工李仕态遭遇车祸，厂工会发动职工捐款6020元献爱心。

1999年6月，县委办、县政府办下发《关于建立和推行县级领导干部联系困难职工的通知》，由县总工会牵线搭桥，全县33名县级干部帮扶33户困难职工，为帮扶工作带了个好头。

2000年底，县总工会已建立了850名特困职工档案，初步形成了较为完备的送温暖工程信息反馈机制。每年的元旦、春节，工会都要组织资金慰问企业困难职工。

三、民主监督

（一）建立健全职代会制度

职工代表大会制度是我国企业民主管理的基本形式。1985—2000年，企业召开职代会共收到提案16740条，均已得到较好的落实。全县企事业单位在职代会期间共收到职工代表提出的申诉3348件，经调查核实予以纠正的有2006件，维持原处理意见不予纠正的1342件；对职工代表提出的各种建议5780条，采纳并落实4109条，占70%；有参考价值的在企业发展中积极创造条件逐步落实的1205条，占21%；当时尚不具备条件短期内难以落实的556条。至2000年底，全县298个企事业单位中，已有279个单位建立和健全了职工代表大会制度，由职工民主选举职（教）工代表3251人，且具有广泛的代表性和群众性。

（二）集体合同

1989年，省总工会、省体改委、省计经委三家联合发出《关于在全民所有制工业企业试行"双保"集体合同的意见》后，县总工会在推行集体合同工作中重点抓了以下几项工作：一是与劳动局密切配合，分三批对1997个应签订集体合同的企业法人代表、工会主席进行专项业务培训，并由受培训人员回企业培训职工代表，以提高业务水平；二是争取政府支持，于1996年9月县政府转发了《县总工会、劳动局关于在企业推行平等协商、签订集体合同的报告》，加大了签订集体合同力度；三是在县电力公司、冶金集团公司、水泥集团公司、磷肥厂四家重点企业进行试点工作，取得成功经验后再进一步推广。从1996—2000年底全县有57家企业签订了集体合同，占应签企业的60%。

（三）厂务公开

1986年，成立了南江县厂务公开领导小组：组长由县纪委书记兼任，县纪委、县委组织部、县经贸委、县总工会为成员，办公室设在县总工会，县总工会主席任办公室主任。1987—2000年，县总工会把抓全县厂务公开工作摆上重要位置。每年初有工作安排，年终有检查评比。县纪委、县委组织部、县经贸委、县总工会联合发文，对全县厂（事）务公开工作提出了要求，联合组成三个督查组，分赴全县粮食、文教、卫生、电力、水泥、乡镇企业等24个单位进行全面督查，总结推广先进经验，指出存在的问题，提出了整改要求。并由县人大组织人民代表对企事业单位民主建设进行督查。

四、劳动竞赛

（一）开展“双增双节”劳动竞赛

1988年，县上成立劳动竞赛领导小组，后更名为“劳动竞赛委员会”，办公室设在县总工会。1988—1990年，在全县企事业单位职工中开展了“创先、创新、创汇、创优、创最佳经济效益”的“双增双节”劳动竞赛，以迎接国庆40周年及全国、全省群英会的召开。

1991年，在企事业单位职工中开展了“我为企业创效益的活动”。1992—1995年，在企事业单位职工中开展了“岗位创一流，班组创先进，企业创效益和争当生产标兵”为八五计划建功立业的“三创一争”活动。

1996—1997年，在企事业职工中开展了提高企业素质、提高产品质量和提高服务质量、提高经济效益，降低成本、降低事故发生率为主要内容的“三提高两降低”劳动竞赛活动。1998—2000年，在全县职工中开展争创技术能手、质量能手、节约能手、安全能手、服务能手的“五项能手”活动。

（二）经济技术创新活动

1999年12月17日，全国总工会提出在全国职工中广泛深入地开展群众性“经济技术创新活动”后，县总工会立即行动，要求全县基层工会，组织职工积极投身到这一活动之中，为企业增效益献计出力，多做贡献。截至2000年底，全县218个企事业单位职工提合理化建议52320条，采纳43210条，占83%，实施38430条，占73%，增收4850万元。

（三）劳动模范的评选与管理

1986年后，南江县对劳模和先进生产（工作）者的评选，严格按照劳模评选的条件进行，不随意降低标准；按程序实行自下而上、上下结合的办法推荐和评选；广泛征求社会各界意见，注重社会效应。1988年4月，南江县人民医院供应室护士长文中英（女）被评为四川省劳动模范。1990年，南江县农业局局长谭昌伟被评为四川省农业劳动模范，《人民日报》以《奉献者的足迹》为题报道了他的先进事迹。1995年，南江县竹坝铁矿矿山车间主任刘宗武、团结电站站长周继银、高塔乡青春村妇代会主任梁大碧，分别被评为四川省劳动模范，并参加了省、地表彰大会和座谈会。1996年，南江县魏家坝林场九角山工区班长邓荣富，被全国总工会授予“五一劳动奖章获得者”，《四川日报》以《林海深处伐木人》为题报道了他扎根深山老林26个春秋，苦干实干，一人顶三人干活的先进事迹。2000年，竹坝铁矿矿山车间主任岳廷华、县畜牧局总畜牧师王维春，分别被国务院授予全国劳动模范和先进工作者；水泥二厂红潭河煤矿矿长方维林、杨坝乡桂花村党支部书记刘太仲，被省人民政府授予劳动模范。

为加强对劳模的管理，县总工会落实专人管理劳模，建立了劳模档案和联系劳模制度。每年“五一”节召开劳模座谈会，县委书记、县长到会，并对劳模所提问题当面答复。1990年6月，县总工会在大堂坝对18名劳模进行大型专板宣传。并坚持在南江有线电视台，对新评选的劳模全面宣传其先进事迹，扩大社会影响。1993年“五一”节，县委副书记熊启伦带领全县劳模到红山铁矿、竹坝铁矿、林业总场参观考察，与一线工人共商振兴南江大计。1995年“五一”期间，县人大常委会副主任何家福带队，与12名劳模一行考察了魏家坝林场、蟠龙湾刨花板厂、大坝和玉泉林场。为关心劳模，县总工会先后组织了12位劳模去北京、上海、成都、峨眉山观光和疗养。有11位劳模享受了省上困难专项补助，每人每月120元。2000年春节，县总工会筹资4000元，对部分困难劳模进行慰问，劳模生病住院，县总工会派人前往探望。

五、建设“职工之家”

1984年8月，县总工会开始在企事业单位中开展建设“职工之家”活动，涌现出了一批建家工作先进单位。四川南江国家粮食储备库从1996年起，先后建成县、市、省级先进模范职工之家，2000年被省总工会命名为“省级先进职工之家”。中咀火电厂工会1994年被省总工会命名为“省级模范职工之家”，职工俱乐部被省俱乐部协会评为“先进俱乐部”。电力有限公司、南江镇第四小学、大河粮站、沙河粮站、水泥一厂、水泥二厂，分别被省总工会命名为“省级先进职工之家”；南江中学后勤工会小组被全国总工会授予“模范职工小家”。县总工会1999年和2000年，先后被省总工会命名为“省级先进职工之家”和“省级模范职工之家”。截至2000年底，全县基层工会已建成“县级合格职工之家”15个、“先进职工之家”44个、“模范职工之家”53个；“市级先进职工之家”25个、“模范职工之家”18个；“省级先进职工之家”7个、“模范职工之家”4个；“国家级模范职工之家”、“国家级模范职工小家”各1个。

六、开展文体活动

（一）文化活动

1986—2000年，基层工会先后建立健全职工俱乐部15个，职工活动室210个，图书阅览室131个，藏书17.5万多册，电影队2个，电视机181台，录像机82台，广播音响设备87套；有25支业余文艺宣传队，有文艺骨干和积极分子285人。他们常年活跃在基层矿山、工地、车间班组，为职工群众送去精神食粮，自编自演身边好人好事，使广大职工自娱自乐，受到教育。

全县工会开展文化活动较好的单位有中咀火电厂和竹坝铁矿。中咀火电厂于1985年动工，用3年时间建成了250平方米的职工俱乐部。设有可坐500人的演出大厅，图书室藏书9500册，职工活动室里有象棋、跳棋、纸牌，灯光球场带露天舞厅。1990年10月16日，县总工会在这里召开了24个单位参加的全县俱乐部工作会议，学习中咀经验，推动基层文体活动的开展。1994年，中咀火电厂被省总工会命名为“省先进职工俱乐部”。竹坝铁矿投资120万元建成150平方米的工人俱乐部，1000个座位的会议大厅，可供开会、放电影之用，舞台灯光布景，全套音响设备，图书室藏书10000余册，报纸杂志12种65份，安排2名专人管理。2000年5月，县总工会选送的反映巴山深处工人艰苦创业生活的自编歌舞《矿工情》，参加省职工文艺汇演获一等奖。

（二）体育活动

1986—2000年，县总工会、县体委与有关部门，联合在县城先后举办过“庆五一自儒杯”、“建生杯”、“粮食杯”、“工行储蓄杯”、“冶金杯”、“水泥杯”、“粮油开发公司桃园杯”、“园丁杯”等职工男女篮球运动会。水泥一厂、磷肥厂、粮食局、电力公司男队和竹坝铁矿、水泥二厂、教委女队，多次荣获比赛冠军。同时，还举办全县职工乒乓球、象棋比赛等活动。到2000年底，全县基层单位共有篮球场172个，羽毛球场87个，台球桌110张，排球场10个，乒乓球台285张，基本满足了广大职工参加锻炼的需要。

七、工会经费管理

按《工会法》和《工会章程》的规定，工会经费的来源有五个方面：即工会会员按每月工资收入0.5%缴纳的会费；建立工会组织的企业，事业单位、机关按每月全部职工工资总额的2%向工会拨款的经费；工会所属的企业、事业单位上缴的经费；人民政府的补助；其它收入。工会经费实行“统一领导、系统管理”的管理体制，独立管理经费。凡是成立工会组织的企业、事业单位，必须按工资总额的2%拨解经费，其中60%留在工会，40%上解县总工会，县总工会再严格按规定比例上解上级工会。如拖延或拒不拨解工会经费，基层工会或上级工会可以向当地人民法院申请支付令；拒不执行支付的，工会可以依法申请人民法院强制执行。

八、女职工工作

根据《中国工会章程》规定，从1985年起，全县各级工会逐步建立了女职工组织。

1989年8月，县总工会成立了具有代表性、广泛性和权威性的由9人组成的女职工委员会，县总工会副主席齐丽云兼任主任，县妇联副主任朱国金、县工会常委罗代华任副主任。并制定了《南江县女职工委员会工作条例》。凡有女职工25人以上的工会建立女职工委员会，女职工不足25人的工会设女职工委员。到2000年底，全县已建立工会女职工委员会180个，设女职工委员76人，企事业、党政机关、科教文卫，乡镇企业，有条件的都建立了工会女职工组织。

20世纪90年代，为了维护女职工的合法权益和特殊利益，充分发挥全县4500名女工的作用，县总工会女职工委员会牵头先后与县劳动、人事、卫生、妇联等单位印发了《中国妇女发展纲要》、《妇女权益保护法》、《女职工工作暂行规定》等，并购回《女职工劳动保护规定问答》磁带发到各基层工会女工组织，让女职工学法、懂法、用法，不断提高女职工的素质。各级工会组织在每年“三八”、“五一”都要开展活动，召开女局长、女厂长、女经理、女劳模、女先进工作者、女强人座谈会，举办女职工作品展、演讲会，并组织女职工参加义务劳动，配合卫生部门对妇科病进行查治以及动员女职工为失学儿童搞捐赠等，使女职工活动开展得有声有色。其中，1990年“三八”节，县委机关工会举办“女工之声”音乐会，县政府机关开展女职工拔河赛，电力公司举行了120名女工参加的运动会。

1995—2000年，全县2500名女职工，义务植树1.8万株，为困难职工送粮7500公斤，为灾区和失学儿童捐款3.09万元、衣物1.42万件。争取上级补助1.5万多元，帮助105名贫困学子圆了大学梦。县总工会配合卫生部门为3200多名女职工查治了妇科病。县总工会女职工女委会专门从广西、成都等地组织回女职工卫生用品，为女职工防病治病提供了方便。

九、理论探讨

1980年以来，县总工会一直十分重视工运理论的探讨和运用。1988年5月，县总工会召开了35人参加的理论研究会，其中10人从不同的角度就深化企业改革中的工会工作理论与实践进行初探。根据各个时期不同的工作重心，就工会的四大职能进行研讨。截至2000年底，县总工会共召开过8次理论探讨会，345人（次）参加，撰写有关理论文章112篇，其中38篇被省、地以上报纸杂志采用，有3篇被省级、国家级大型理论文库收编。

第二章　共青团

第一节　组织建设

共青团南江县委员会（简称团县委），由中共南江县委直接领导。1986年，团县委工作机构、人员保持了相对稳定，行政编制5人，直至2000年机构名称未变。团县委下属基层组织和团员队伍不断发展壮大。基层团总支由1985年的18个、团支部891个、团员总数1.92万人，分别发展到2000年的35个总支、884个支部、5.74万名团员。1986—2000年，先后担任团县委正、副书记的有12人。

表24—1　　南江县1985—2000年团组织发展情况表

项目 年度	基层团委（个）	总支部（个）	团支部（个）	共青团员（人）	
				累　计	当年发展
1985	—	18	891	19265	4781
1986	—	23	872	33524	5208
1987	101	35	910	27373	7851
1988	101	35	892	35026	8720
1989	105	35	929	26393	5339
1990	105	35	909	25015	5819
1991	119	35	906	23000	5673
1992	118	35	906	22812	5710
1993	112	35	906	23618	4320
1994	108	35	907	27485	2860
1995	107	35	916	30893	4583
1996	105	35	916	34593	3540
1997	103	35	916	35429	5103
1998	103	36	998	36536	4210
1999	107	37	928	37052	2800
2000	97	35	884	57450	5654

注：累计数＝上年实有数＋当年新发展数－当年到龄而退团人数。

第二节　主要工作

一、召开县团代会

1982年8月、1987年1月、1993年3月和1998年6月分别召开了八、九、十、十一届四次县团员代表大会。历届代表大会的主要议程：听取上一届团县委工作报告，选举本届的团县委委员、常委、正副书记，通过大会决议。结合当时形势，讨论和布置本届五年中团的主要工作任务。为充分发挥党的助手的作用，成为党的可靠的后备军。

二、基层团组织建设

按《团章》规定和批准权限设立了基层团委、团总支、团支部，督促检查各级团组织按规定进行换届选举和团干部的配备。到2000年底，全县有基层团委97个，总支部35个，团支部884个。县、区、乡基本配齐了专兼职团干部，组织机构健全，各级团组织按时进行了换届。

三、团员发展

按照各个时期的团员发展方针和条件，将大批优秀青年吸收到团组织中来，补充了团的新鲜血液，壮大了团的组织队伍。到2000年底，全县团员总数达57450人，比1985年的19265人，增长了近2倍。

四、培训教育推优

采取建立县、区、乡团校和利用县、市、省党校为阵地，选送部分团员进行教育培训。从政治思想、业务知识、实用技术等方面提高团员的政治、业务水平，牢固树立为实现共产主义社会而奋斗的信心和决心，为南江社会主义精神文明建设和物质建设多作贡献，并将优秀团员推荐到领导岗位和加入党组织。1984年，共青团南江县委被中央、国家绿化委员会表彰为“全国青年绿化祖国突击队”。1988年，南江县桥亭乡山寨村团支部书记刘德成光荣出席了团中央十二次代表大会，赶场区团委书记王宏被团中央表彰为“全国优秀团员”并获“中国共青团五四奖章”。1989年，团县委书记李茂琼被团省委等11家单位授予“全省学技术达标活动优秀组织者”称号。1995年，团县委、县人民银行团委被省委分别表彰为“四川省优秀团组织”。1996年，王昕被团中央表彰为全国优秀团员。1999年，团县委书记赵燕飞被团省委表彰为“优秀团干部”。

五、希望工程

1991—2000年，共青团南江县委在上级党政的支持下，在团中央、团省委和青年基金会的关心下，先后为南江争取“希望工程”款210万元，建希望小学7所，“希望书库”8个，还争取了失学青少年助学金10万元，救助失学学生2800余人。

六、青年工作

团县委及下属基层组织把青年工作作为团的工作重点，调动广大青年的积极性和创造性，使他们为南江各项建设出力。首先对广大青年进行思想政治教育，提高思想觉悟、争取进步、参加团组织。1985—2000年，平均每年全县有5000名青年被发展为共青团员，增加新鲜血液；其次是加强对城镇和农村青年的技能培训，促使城镇青年就业和农村剩余劳动力转移，增加收入、提高生活质量。一批外出务工的农村青年每年为家庭增加收入1～2万元。

七、少先队工作

1984年，南江成立了少年儿童工作委员会（简称少工委）。在团县委、文教局的共同管理下，专抓少年儿童工作。首先是抓少先队组织发展，到2000年底，全县建有少先队大队部84个、中队部2800个、小队部5600个，辅导员3000人。按照《队章》规定，凡年龄8～15周岁少年儿童，都可以发展为少先队员；2000年底统计，全县共有少先队员8万多名。

协助和指导各中小学少先队组织开展有益于少年儿童身心健康的学习、文化体育活动。80年代主要开展了“红领巾爱党月”、“小论文竞赛”、“学赖宁、学成洁”活动。1988年，南江有2篇文章获“全国少先队工作小论文竞赛优秀作品奖”，南江县被团省委、省少工委命名并表彰为“少先队基层建设先进县”。辅导员唐词发被表彰为“全国德育教育先进个人”，长赤小学少先队大队部被全国少工委授予“红旗大队”称号，全县有100篇小论文在《辅导员》等多家报刊发表。20世纪90年代在全县主要开展了为“希望工程”、为“贫困学生募捐”、“保护母亲河”、“手拉手献爱心”等活动。在这些活动中涌现了许多动人的先进事迹并获上级表彰。1991 年，南江镇总辅导员岳明被评为全国“学赖宁活动优秀辅导员”，县实验小学冯然、贵民小学吴华、红光小学杨梅被评为“全国学赖宁先进队员”。在“学雷锋、献爱心”等活动中，全县有 1 万多名青少年志愿者为贫困户捐款 1.2 万多元、义务做工 1.2 万多个。小河区团委发动全区少年儿童捐款 5000 多元，救助贫困生 123 名。

第三章　妇　联

第一节　县及以下妇女组织

一、县妇女联合会

县妇联自 1984—2000 年，分别召开了六、七、八、九次全县妇女代表大会。历届代表大会按《章程》规定选举产生了执行委员、常务委员及正、副主席（县以下称主任），办事机构稳定。2000 年底，县妇联机关有妇干 4 人，其中主席、副主席各 1 人，副主任干事 1 人，科员 1 人。

二、基层妇女组织

区（镇）妇女组织　全县 10 个区设有妇联办事处，是县妇联的派出机构，接受同级党委和县妇联的领导，各办事处设有专（兼）职妇女主任 1 人，负责本区的妇女工作。3 个区级镇设镇妇联，接受同级党委和县妇联的领导，负责本镇的妇女工作。

乡（镇）妇女联合会　1957 年 11 月全县各乡设有妇女联合会，由 5 ~ 7 名委员组成，委员会委员由乡妇女代表大会选举产生。委员会设有专（兼）职主任 1 人，负责本乡的妇女工作，接受同级党委和上级妇联的领导。1958 年更名为公社妇女联合会，1984 年恢复为乡妇女联合会。2000 年底，全县共设有乡（镇）妇联 63 个。

农村妇代会　1957 年 11 月，各村成立女社员代表会，1958 年更名为生产大队妇女代表委员会，1984 年 1 月全县 505 个村设立妇女代表大会。农村妇女代表大会接受同级党组织和上级妇联的领导，设有不脱产主任及副主任，负责本村妇女工作，2000 年全县共设有村妇代会 525 个。

其他妇女组织　1986—2000 年，根据全国妇联《城市妇女代表会工作条例》之规定，全县在城镇街道居民委员会、街办企业、物业管理单位、专业市场、个体劳动者协会及其它经济管理组织中，设有城市妇代会 14 个；全县在党政群机关、教科文卫等事业单位设有妇女委员会 64 个；在厂矿企业的基层工会和在民政部门登记注册的地方性妇女团体，如协会、研究会、宗教团体中发展妇联团体会员 7 个。在农村村民小组、城镇街道居民小组以及一些女职工极少的机关、企事业单位设有妇女代表小组 2563 个。

第二节　妇女会议

一、县妇女代表大会

县第六次妇女代表大会　1984年1月21—23日，召开南江县第六次妇女代表大会，到会代表312名，列席代表22名。审议通过第五届执委会的工作报告；传达全国第五次和省第六次妇代会精神；会议选出县第六届妇联执行委员会27人，常委11人，主任文德华、副主任何玉莲；选出省第六次妇代会代表4人；通过大会决议。

县第七次妇女代表大会　1988年12月2—3日，召开南江县第七次妇女代表大会，到会代表208人。审议通过第六届执委的工作报告；传达全国妇联“六大”和省妇联“七大”会议精神；选出县第七届妇联执委26人，常委7人，文德华任妇联主任，何玉莲、朱国金任副主任；选出出席省第七届妇代会代表2人；通过大会决议。

县第八次妇女代表大会　1993年12月16—18日，召开县第八次妇女代表大会，到会代表199人，特邀代表4名。审议通过第七届执委的工作报告；选出县第八届妇联执行委员29人，常委9人，妇联主席刘桂珍、副主席夏文英；选举刘桂珍、李明德为省第八届妇代会代表；通过大会决议。

县第九次妇女代表大会　1998年11月24—25日，召开县第九次妇女代表大会，到会代表206名。审议通过县妇联第八届执委的工作报告；选出县妇联第九届执委27人，常委8人，主席唐朝莲、副主席袁光碧；通过大会决议。

表24—2　　**南江县妇联七至九届会议情况表**

届　次	代表人数	开会时间	主　要　议　题	主　任	副主任
第七届	208	1988. 12. 2—3	审议通过执委会工作报告，传达全国妇联“六大”、省妇联“七大”会议精神，选举产生本届执委26人、常委7人，通过大会决议	文德华	何玉莲　朱国金
第八届	正式代表199人，特邀代表4人	1993. 12. 16—18	审议通过县妇联七届执委会工作报告，选举八届妇联执委29人、常委9人，通过大会决议	刘桂珍	夏文英（1993—1996）、王明俊（1996—1998）、袁光碧（1997—1998）
第九届	正式代表206人	1998. 11. 24—25	审议通过县妇联八届执委会工作报告；选举产生第九届妇联执委27人、常委8人；通过大会决议	唐朝莲	袁光碧

二、执委会

南江县妇女联合会执行委员会，按照《章程》规定，在县妇代会闭会期间，一般每年召开一次例会。讨论并决定本县妇女工作的重大问题，听取县妇联常委会的工作报告，选举县妇联的常委、主席和副主席。自妇联成立到2000年底，共召开过48次会议。

三、常委会

县妇联常委会是县执委会的常设工作机构。在执委会闭会期间，负责领导本地区妇女联合会的工作。根据工作需要，不定期召开会议，讨论决定全县妇女工作中的重大问题。县妇联成立到2000年底，共召开过58次常委会议。

第三节 妇女工作

一、维护妇女合法权益

1986—2000年，县妇联采取5种措施维护妇女合法权益。一是通过大小会议、印发资料，板报专栏、广播讲座、街头咨询、知识竞赛、以案说法、办培训班等多种形式，向全县妇女广泛宣传《宪法》、《婚姻法》、《妇女权益保障法》、《妇女发展纲要》、《儿童发展纲要》、《未成年人保护法》等有关法律、法规，不断增强广大妇女学法、知法、守法、护法的法律意识和法制观念。二是协助政法部门积极开展打击拐卖妇女儿童和扫除“六害”的专项斗争，15年中配合查处“拐卖”等违法案件500多起，打击犯罪分子500多人，解救被拐卖的妇女儿童300多人。三是认真当好特邀陪审员，配合有关部门及时办理侵犯妇女儿童合法权益的信访案件2000多起，办结率达95%以上。仅2000年，县妇联就协助解决家庭暴力、婚外恋、包二奶等热点信访案件160多件，提供法律咨询152条。四是以家教为重点，切实保护儿童少年的健康成长。2000年底，全县少年儿童12.6万人，以学校为依托为家庭教育学校768所，家庭受教育率达90%以上。五是竭诚为妇女儿童办实事、办好事。各级妇女组织协助当地举办妇女理论培训班、科技培训班、文化补习班、法律培训班，使90%以上的妇女深化了对妇女的性质、地位和作用的认识。各级妇联协助当地办起了幼儿园500多个班，入园幼儿达6000多人。还办起了广播父母学校，其覆盖率达80%以上。同时动员各界搞捐资助学活动，动员社会各界为失学儿童捐款近20万元，使全县近2000名失学儿童重返了校园。

二、培养选拔妇女干部

1986年后，依靠各级党政和组织人事部门，注重对妇女干部的培养、教育、推荐、选拔工作。通过参政议政的民主管理和民主监督；通过给任务压担子，公开招考和学习培训；通过建立妇联干部人才库、乡级以上女干部人才库、县城股所级以上女干部人才库和后备干部人才库，把一大批政治素质好、业务能力强的女干部推荐选拔到各级妇女组织、各条战线的领导岗位，充分发挥其聪明才智。仅1998—1999年，县妇联就向各级党政建议推荐了96名优秀女干部到各级党政事业单位任职。被选进县人大女代表、县政协女委员的比例分别为代表总数的22%和19.6%；全县763名科级干部中，女领导干部占46名；486名乡（镇）领导干部中，女领导干部占70人；525个村党支部和村委会中，担任女正、副支书和正、副主任的占30人。县妇联还通过各种形式大力宣传、表彰全县各条战线的优秀女杰，鼓励她们奉献才智、服务社会。

三、开展“巾帼建功”活动

1986—2000年，县妇联紧紧围绕经济建设中心，深入持久地开展了“双学双赛”、“巾帼建功”活动。其中在农村动员组织了9万多名妇女参加了“双学双赛”活动。同时还围绕“五大基地”开展“庭园经济万元赛”、“养殖状元赛”、“科学种田双千赛”、“个体创税五千元赛”，“三八绿色工程万元赛”等活动。发动妇女围绕主导产业和拳头产品，因地制宜地开展一村一品、一户一业的规模经营竞赛；还建立了联系点联系户制度，县、区、乡、村四级妇女组织与农村1800多户贫困户签订帮扶协议，帮助发展南江黄羊、核桃、金银花等20多个脱贫项目，建立“双学双赛”示范村100个，培养致富典型1200多个，为当地的经济发展起到了促进和推动作用。在实施“巾帼扶贫行动”中，县妇联强力推行“一名妇联干部、一名女职工、一名女党员、一名女农技员、一名女能人各帮扶一名贫困妇女和一名失学儿童”的“六个一”活动，坚持“不脱贫困、不返校园决不脱钩”的奖惩制度。通过借、联、搭、靠等方式，广泛吸收社会各方面资金、技术、场地、人才等，使10万名农户走上脱贫致富道路。在城镇动员组织6000多名女职工参加“巾帼建功”活动，开展行业竞赛，树立行业标兵，在女性集中的行业开展“巾帼文明示范岗”创建活动。在实施“巾帼创业”行动中，配合有关部门培训下岗女职工4300多人次，帮助2300多名下岗女工寻岗建功、新岗成才。并牵头与县就业局等单位配合成立职介所1个，向北京、上海、成都等地输出女劳务人员1500多人，鼓励外出务工人员3000多人。仅1996—2000年，全县就有1万多名妇女获得乡以上“三八”及“双学双赛”能手，“巾帼建功”标兵等荣誉称号。第八、第九届全国人大代表梁大碧荣获全国“三八”红旗手等称号。

四、创建五好文明家庭

党的十四届六中全会以后，各级妇联从提高家庭人员素质入手，广泛开展“五好文明家庭”创建活动和“家庭美德知识百题竞赛”活动，使每个家庭成员受到家庭美德知识教育。从抓特色入手，认真开展了“敬老爱幼”和争创“好婆媳、好儿女、好夫妻、女能人”活动，大力促进了家庭美德，社会民风的好转。县妇联还把优生、优育、优教的“三优”工作列入“五好文明家庭”的创建内容，通过对“三优”工作的宣传使计划生育、婚育卫生、母亲安全等工作落到实处，全县至2000年底的人口出生率仅为9.8‰，自然增长为3.76‰，晚婚率为43.34%。通过“活动”的开展，先进人物层出不穷，仅1996—2000年，各级政府、妇联表彰的“三户”（遵纪守法户、五好家庭户、双文明户），就占全县总户数的85%。1995年12月原县人大常委会副主任江治秀被省军区、省妇联表彰为“好军嫂”；1997年县广播电视局职工邱爱德被省妇联表彰为“优秀家长”；1998年10月10日，县公安局柳秀英被评为省“五好文明家庭户”；1999年11月，坪河乡土台村尹万琼获省妇联“’99四川农村十佳媳妇”提名奖；2000年，退休干部赵国珠被省妇联授予“新世纪四川百佳母亲”称号。

五、发动妇女献爱心

1986年后，南江县妇联先后开展了“巾帼助困工程”、“巾帼致富工程”、“巾帼法律援助工程”等活动，发动妇女献爱心、扶持困难户。1996年3月8日，在开展“城乡手拉手献爱心活动”中，捐款2455元。同年，县妇联组织了800多名女职工向“二南路”民工捐款2000多元、手套500双。1997年，为下两乡灵活村争取发展项目（蚕桑贷款）2万元，平价尿素5吨。1998年，县妇联组织县级机关、企事业单位女职工为花桥乡二村山体滑坡灾民捐款1000元，衣、被2890件。

第四章 科学技术协会

第一节 组织机构

南江县科学技术协会（简称县科协），1959年成立。2000年，县科协有行政编制3人，事业编制1人，编外2人，下属县级学会、协会、研究会23个，会员2.31万人。有区（镇）、乡（镇）科普协会83个，有农村专业技术协会、研究会126个，会员1.1万人。有乡村科普学校（农民技术学校）42所，18.9万人次参加了学习。

1991年11月，南江县科协召开第二次代表大会，出席会议的正式代表181人，特邀代表40人。大会选举产生了县科协第二届委员会，委员27人、常委13人。

1997年8月，南江县科协召开第三次代表大会，出席大会的正式代表181人。县委书记陈延荣在会上作了《投身经济建设主战场开创科协工作新局面》、副县长何长洋作了《依靠科学技术进步，促进我县经济发展》的重要讲话。县科协主席袁成林作了题为《团结登攀，求实创新，为实施科教兴县战略贡献力量》的工作报告。大会选举产生了县科协第三届委员会，委员29人、常委11人。

第二节 科普工作

一、科普宣传

1986—1988年，县科协主办的以报道国内外科技动态，介绍和推广农业科学技术的《南江科普》报，每两月一期，每期四版，共出刊18期，发行2.1万份，除县内发行外，还赠发外地34个单位（13个省、48个地、市州科协和323个县、区科协）加强了科技情报联系。1986—1989年放映科教电影片250余场。

1990年，县科教电影协会参加四川省和全国科教片汇映活动，被评为先进单位，受到省委宣传部、省科协等11个部门的联合表彰和国家广电部、计生委、卫生部、中国科协等12个部委的奖励。1996年3月，在全县范围内开展了“科技之春”科普宣传月活动，组织100多名专业科技人员开展送科技下乡宣讲活动。

1997—2000年，全县共发放科普录像带1137盒，放映科普影视2630场，广播讲座1847期（次），办板报1586期，组织科普赶场1278场次，办科普展览593次，发放科普宣传画1.36万张，印发各类实用技术资料38项247万多份，受教育的农民达213万人次。一批老科技工作者在科普宣传活动中做出了贡献。已退休高级农艺师黄恕，1997年1月被评为全国科技、文化、卫生“三下乡”先进个人。

二、技术培训

1986年，特别1995年以后，县、区、乡科协和县级学会积极开展多类型、多层次、多形式的实用技术培训工作。先后举办了旱育秧、地膜玉米栽培、南江黄羊饲养、新法养猪、果树嫁接、三木药材丰产栽培等种养业实用技术培训班3360期，参加培训的达267.1万人次，培训科技示范户1.14万户。通过培训，使全县农村基本达到了家家有一个科技“明白人”，掌握了2~3项实用技术，到2000年，全县具有初级农业技术员水平的人数达12.4万人，其中1570人获得了中级农民技术职称。县畜牧兽医学会，先后邀请四川农业大学教授、陕西省高级畜牧师夏天等知名学者来南江举办畜牧兽医科学讲座。

1997年4月，县委组织部、县科协联合发出《关于加强农村党员干部适用技术培训工作的实施意见》，分别于1997年、1998年在县委党校举办两期村干部实用技术培训班。来自全县参加培训的农村支部书记、村主任共473名学员；经过培训，在结业时有90%以上学员获得了技术职称证书。全国人大代表梁大碧，先后获全省、全国“农村致富能手”称号，并受到四川省科协和全国科协的表彰。

三、科普基地建设

1996年开始，在县科协的帮助下，南江镇黄金村科技示范能手方继文租赁承包了东榆中河坝110亩土地，建起了名特优水果基地，种植梨40亩、葡萄30亩、桃20亩等优良水果，并在林间空地种植小麦、玉米、西瓜、花生、蔬菜等，初步形成了名、优、特、新水果栽培基地，果、经、牧、加综合配套，叶、草、粪、渣循环利用的高产高效生态农业，为全县起到了科普示范作用。在县科协帮助下，梁大碧于1999年1元承包野羊溪改土工程100亩，聘请农民合同工8人，累计投放资金50余万元，建起了农、林、果、牧科普示范基地，从美国、日本、澳大利亚、以色列、新西兰等国引进优良品种和国内的名优特新品种120多个，建基地当年实现产值8万余元。2000年收入20万元。西坝村、东河村、木罗坝村、水田坪村等科普示范基地亦相继建成。

四、学（协）会工作

1986年，南江县级学（协）会团体29个，先后成立了农学会、林学会、水电学会、农机学会、农经学会、建筑学会、教育学会、医学会、电子学会、会计学会、科技情报学会、农业区划学会、粮油学组、气象学组、计量学组、二轻协会、计生协会、酿造协会、珠算协会、质量管理协会、科教电影协会、科普创作协会、体育协会、水泥厂科协、交通学会、老年文史研究会、老年书法协会、供销合作经济学会、养猪协会。

1987—1989年，后成立烟草生产技术协会、农村卫生协会、大河区养猪协会、食用菌开发技术协会、秘书学会、茶叶生产技术协会、长赤区养猪协会；1992年成立了离退休科技工作者协会。

1996—1998年，先后成立了县文教印刷厂科协、南江黄羊发展协会、乐坝水泥厂协会和方山黄羊技术协会、樵河园艺场名优特新水果研究会、落山村果蔬技术协会和养殖技术协会等。至此，南江县级学术团体共有专门学会19个（其中3个规模较小的为学组）、协会16个、科协3个，拥有会员2.31万人。区、乡农村专业技术协会、研究会126个，有会员1.1万人。

五、学术交流工作

1986年后，县科协从南江实际出发，组织县级学会、协会积极开展学术交流活动。

1994 年 10 月，县畜牧兽医学会派出 2 名会员在河南郑州召开的“中国山羊生产与科技成果交流大会”上，对于“南江黄羊”的培育进展进行了交流；同年在南江举办了“全国肉羊学术研讨会”。1996 年 5 月，县畜牧兽医学会派出 3 名会员出席了在北京召开的“第六届国际山羊大会”，第一次向世界展示了南江黄羊的科研成果。是年，县农学会紧密结合林业生产实际每年都要举行学术交流会，为党政献计献策，会员撰写的《谈林业结构调整》、《发展经济林应注意的十个问题》等学术论文得到县委、县政府的高度重视和采纳。县农学会交流的《发展小区旱作农业》等学术论文，为大力发展南江旱作农业提供了理论依据。县教育学会与省内外 30 多个兄弟学会进行学术交流，有 33 名会员出席全国中小学各类学术交流，48 人次出席省级学术交流会，242 人次出席地区级学术交流会，会员共发表论文、研究文章 911 篇，其中国家级的 101 篇、省级 178 篇、地级 181 篇；27 篇获全国、省、地论文奖。

县医学会自 1986—1990 年共举办学术讲座 162 次，交流学术文章 225 篇，听众 4071 人次。第三军医大配合南江医院举办讲座 37 次，讲授了 39 个专题。1991 年以后，全县医技人员撰写学术论文 200 余篇，发表在全国性刊物 8 篇、省级刊物 4 篇。该学会近几年选送会员参加省、地的学术交流会 36 人次，交流学术文章 16 篇。

六、开展青少年科普活动

从 1994 年开始，县科协把青少年科普科技活动作为全民普及科技教育的重要内容。与县教育局、环保局、文体局等部门配合在全县中小学广泛开展青少年科技活动，并组织中小学生参加地、省、全国性的青少年发明创造和科学论文竞赛。全县有 123 人获地级的奖励，其中一等奖 12 件、二等奖 27 件、三等奖 80 件、优秀活动奖 4 件、优秀组织奖 23 个；24 件获得省级奖励，其中一等 3 件、二等 2 件、三等 19 件、优秀组织奖 3 个。1995 年南江中学学生李军等人的《巴山水青冈的生态调查》荣获第三届全国少年生物百项活动“优秀活动奖”。南江中学、实验小学等 6 所学校成为全县青少年科技活动示范校。

第五章　残疾人联合会

第一节　组织机构

南江县残疾人联合会（简称县残联），成立于 1988 年 4 月。1989 年 10 月，县委、县政府任命县残联理事长、常务理事等各 1 人，负责残疾人康复工作。残联实行独立核算自负盈亏。1995 年 12 月 5 日，召开了“南江县第一届残联代表大会”，出席代表 72 名，特邀代表 16 名，列席代表 65 名。大会选举产生了南江县残联第一届主席团委员和执行理事会成员。

第二届县残联代表大会于 1998 年 12 月 6 日召开，出席大会的正式代表 135 名、特邀代表 15 名、列席代表 10 名。会议通过充分酝酿讨论，选出了南江县第二届残联主席团委员 70 名，经主席团第一次会议推举，县政府任命县残联第二届执行理事会成员。

第二节 主要工作

一、宣传工作

县残联成立后，首先利用各种宣传工具和媒体，多次宣传残疾人工作的重要性、必要性，提高广大群众对残疾人和残联工作的认识、理解、关心和支持。全面宣传贯彻《残疾人保障法》，维护残疾人的合法权益，保障残疾人平等充分参与社会生活，共享社会物质文化成果；鼓励残疾人身残志坚、奋发向上，树立自重、自信、自强、自立的生活勇气和信心；动员残疾人积极参加各项社会活动，努力学习，提高科学文化素质、提高法制观念和民主意识；保护和调动残疾人的积极性和创造性。

二、残疾人普查登记

1990 年 5 月 20 日至 9 月 20 日，历时 120 天，对全县残疾人进行第一次普查登记。调查结果：全县有各类残疾人 27104 户、27630 人，约占全县总人口的 5%，其中男性 15023 人，占残疾人总数的 54.4%；女性 12607 人，占 45.6%。从年龄结构看：1～17 岁残疾儿童、少年 4153 人，占残疾总数的 15%；18～59 岁的青、中年残疾人 11052 人，占 40%；60 周岁以上的老年残疾人 12425 人，占 45%。从文化结构看：大中专 47 人，高中 1310 人，初中 4051 人，小学 9884 人，文盲 12338 人，分别占残疾人总数的 0.2%、4.7%、14.7%、35.8%和 44.6%。

第二次残疾人普查于 1995 年 4 月 1 日至 30 日进行，历时一个月，调查结果：全县有残疾人 29139 户、共 29752 人，约占当年总人口的 5%，比 1990 年普查时增加了 2035 户、2122 人，增加 7.7%。从年龄结构看：1～17 岁残疾儿童、少年 4512 人，占残疾人总数的 15.2%，比 1990 年普查时增加了 359 人，增加了 8.6%；18～59 岁的 11876 人，占残疾人总数的 39.9%，比 1990 年增加了 824 人，增加 7.5%；60 周岁以上的老年残疾人 13379 人，占残疾人总数的 45%，比 1990 年时增加了 939 人，增加 7.6%。从文化程度看：大中专 59 人、高中 1436 人、初中 4475 人、小学 10804 人、文盲 12942 人，分别占残疾人总数的 0.2%、25.5%、4.8%、15%、36.4%和 43.5%。

三、残疾人三项康复工作

1990 年 12 月 1 日至 31 日，为期一个月的康复调查工作结果：全县共有小儿麻痹后遗症患者 2764 人、白内障患者 3826 人、9 岁以下聋哑儿童 34 人。全县为此做白内障复明手术 2014 例，小儿麻痹后遗症矫治手术 241 人次、肢残矫治手术 31 人次，低视力康复训练 48 人次、肢残康复训练 66 人次、智力残疾儿童康复训练 79 人次、麻风畸残康复训练 285 人次、矫形器装配 26 人次、普及型假肢安装 35 人次、残疾人用品供应 1511 件（其中轮椅装配 146 辆）、放置和服用脊灰糖丸 25.6 万人次。接种天花疫苗 12.5 万人次。

四、城镇残疾人就业调查

1990—2000 年，先后调查 3 次，组织残疾人就业培训 13 次，培训达 1.6 万人次，共安置残疾人就业 253 户 259 人。

五、残疾人扶贫

1986—2000年，先后在全县开展残疾人贫困调查4次，为残疾人办种养加科技培训班148期，受训达4.13万人次；争取各级财政无偿扶贫款25万元。1999年9月，争取到位中残联扶贫贴息贷款80万元、地方小额扶贫贷款21万元，扶持贫困残疾人发展种养业812户823人，发展养殖业3166户3197人，发展家庭工副业32户32人。共投入贴息扶贫贷款110万元、小额扶贫贷款21万元、无偿扶贫资金25万元。

六、发展残疾人教育

1986年后，采取两种办法，发展残疾人教育。一是抓了残疾儿童少年的普通义务教育，采取减学费杂费等办法鼓励适龄残疾儿童上学，到2000年底全县残疾儿童的入学率基本达到了与其他少年儿童的义务教育水平同步发展。二是抓特殊教育，1992年县残联配合县教委培训2名特殊教育教师2名，招收弱智儿童少年小学班一个，开办三期，培训学生36人。在全县各中小学开设随班就读班74个，招收弱智学生438人次。扫除文盲的残疾人达6135人，参加科技培训的残疾人达1.5万人次。对此，南江县被省民政厅、教育厅和残联表彰为“特殊教育先进县”。

七、落实残疾人优惠政策

1997年9月10日至10月10日、2000年5月10日至6月10日，先后两次由县人大组织抽调司法局、法制局、工商局、税务局、民政局和县残联等单位的领导，组成检查组，深入到乡镇村社检查《残疾人保障法》实施贯彻情况。通过检查总结经验6条，找出差距5条，增添措施7条，以督促优惠政策的进一步落实。

1992年4月15日至5月15日、1995年10月10—30日、1999年5月5—30日，先后三次开展了对全县残疾人优惠政策落实情况的调查，每次都将调查情况如实向县委、县政府主要领导和分管领导作了详细汇报，把上级的要求和比邻地区落实残疾人优惠政策的情况一并作了汇报，并提出了对本县落实残疾人优惠政策的建议。县政府发了［1999］46号文件，有力地加快了残疾人优惠政策的落实步伐，全县92%的残疾人得到了义务工减免，82.3%的残疾人得到了各种公益事业费的减免，71.7%的残疾人得到了从事个体工商经营税费的减免、46%的残疾学生得到了学杂费的减免。孤老残疾人100%得到了民政救济或五保供养。

八、残疾人文化体育活动

县残联成立后，先后与教委和文体协调，要求各区、乡中小学、文化站、图书馆（室）免费让残疾人看报、看图书资料和参加适合残疾人的体育活动。县残联每年订购了《中国残疾人》、《三月风》、《爱心》等残疾人杂志250册，发到残疾人中传阅。1994年5月20日至25日，县残联举办了一次残疾人书画展，参展6人，展出书画作品15件。1995年8月和1999年3月，两次选送残疾人书法作品23件、绘画作品12件参加了巴中地区举办的残疾人书画作品展，均获第三名。

残疾人体育活动方面成绩显著。1988年5月22日，召开的南江县第一届残疾人运动会，参赛队16个，运动队员80名，开展象棋、乒乓球、田径等14个项目比赛，有42名获奖残疾运动员。1995年9月，选送运动员李刚、苏明元、蒋兵三人出席四川省第三届残运会，分获1000米中长跑金牌1枚、男子200米短跑银牌1枚、男子400米短跑银牌1枚。1999年9月，南江选派苏明元、董良平参加了省第四届残运会，分获男子90公斤级立举和卧举两枚金牌，男子200米游泳金牌1枚。

第六章　工商联

第一节　机构·人员

南江县工商联合会成立于1951年。1966年12月后，县工商联机构处于瘫痪状态。1988年10月10日，恢复南江县工商联合会。1989年11月15日，县人民政府发文明确南江县工商联合会为科级单位，群团编制序列。1990年6月，南江县工商联合会第七次代表大会召开，选举了主任委员、副主任委员和秘书长。办公地点设县人民大礼堂，机关行政编制6人。1992年6月，县工商联召开第八届会员代表大会，选举产生了执委25人、常委11人。1998年11月，县工商联召开第九届会员代表大会，选举产生了执委31名，正、副会长驻会3人，编委定编3人（其中行政编制2名、事业编制1名）。

第二节　主要工作

一、恢复区（镇）工商分会

1990年，县工商联恢复活动以来，首先着手恢复区（镇）工商分会11个，新老会员411人，其中团体会员2个、企业会员69个、个人会员241个。到2000年，全县工商联会员总数发展到972名，其中团体会员2个、企业会员116个、个体会员854名（其中非公有制经济会员664名）；经济工作者32名，经济理论工作者42名，法律工作者32名，有关部门负责人62名，工商联干部4名，其他20名。会员中高级职称16人、中级职称58人、妇女会员108人。建立区镇工商分会13个，乡（镇）工商小组54个、会员小组82个。

二、发展工商业

1990年，县工商联，协助有关部门积极发展工商业者，为南江经济建设服务。到2000年底，全县个体工商户已发展到2.14万户，从业4.3万人，私营企业175户，从业人员2845人，个体私营企业资产总额达4.5亿元，年创利润2075万元。

三、开展扶贫济困活动

1986—2000年，全县组织非公有制经济人士开展致富思源、富而思进的教育活动，不断加强爱国、敬业、守法教育活动的同时，积极引导他们为光彩事业、社会公益事业、失学儿童复学、救灾捐赠了现金120万元，协助非公有制企业安排下岗职工84人，扶贫济困13户、42人、7700元，资助失学儿童复学25人，资助资金1.05万元；捐赠希望工程1万元、兴办公益事业7.8万元。

四、维护工商业者合法权益

1988 年，县工商联按照党和政府对发展工商业者的有关政策法令和优惠政策。特别是《国务院关于鼓励支持和引导个体、私营等非公有制经济发展若干意见》和《四川省关于进一步加快民营经济发展的决定》出台后，县工商联采取多种方式宣传、贯彻其精神，使广大工商业者明确自身权益，并配合司法、劳动、工商等相关部门处理了 15 件重大侵权案件，深得非公有制经济界人士的好评。

第二十五篇　民　政

第一章　机　构

第一节　管理机构

一、县民政局

根据国家有关规定，县民政局具体履行全县民政行政管理等工作职责。1986 年，县民政局内设“一室二组”，即办公室、优抚组、救济组。1987 年 4 月，增设扶贫福利企业管理办公室（简称局企办），扶贫救济股更名为社会救济股。1988 年 8 月，设立地名管理办公室。1993 年 12 月，为与上级业务部门对口，局内增设财务股、社团股。1997 年 9 月，撤销民政股、社团股，改设社会事务管理股，与县地名办公室合署办公。同时，增设农村社会养老保险工作办公室（简称农保办）。1998 年机构改革，县民政局“三定”方案核定局内设办公室、优抚安置股、救灾救济股、社会事务管理股 4 个职能股室，地名办公室业务划归社会事务股，企业办公室业务划归救灾救济股。到 2000 年，县民政局内设机构除“三定”方案核定的 4 个股室外，局还保留设有财务股、企业办、农保办、县募办、县地名办，共 9 个职能机构或办事机构。

二、基层民政机构

1988 年以前，区（镇）、乡（镇）民政工作实行一人一职、几人一职或一人数职的助理员制，各区（镇）、乡（镇）设专、兼职民政助理管理辖区的民政事务。1988 年 9 月，全面建立区（镇）民政办公室。1991 年 4 月，全县建立乡（镇）民政办公室。区（镇）、乡（镇）民政办公室是同级人民政府的内部民政职能机构，受同级党委、政府的领导和县民政部门的业务指导。

三、民政工作人员

到 2000 年，全县民政系统有干部职工 154 人，其中县民政局机关 21 人（行政编制 16 人），局直属事业单位 23 人（事业编制 16 人），区、乡、镇 110 人（行政编制干部 83 人，民政临时人员 27 人）。在区、乡、镇民政干部职工队伍中，专职和兼职人员比例各占 50%。

第二节　直属·代管·社团机构

一、直属机构

1986年，全县有专门管理麻风病人生活供养的南江县民卫医院和专司城镇流浪乞讨人员收容、救助、管理、教育和遣送的南江县收容所。1987年，县民政局承接县劳动人事局管理的南江县公墓（即庙子岭公墓），同时成立南江县殡葬管理所，主要履行殡葬管理、殡仪服务、丧葬改革和公墓经营职能。1991年，省、地、县共投资62万元，建成以收养孤老优抚对象的优抚事业单位南江县光荣院。1992年，成立南江县婚姻管理服务中心，主要开展婚姻登记和婚事服务。1995年，更名为南江县婚姻登记管理事务所，1999年，定名为南江县婚姻事务所。到2000年底，县民政局辖直属事业单位共5个。

二、代管单位

1987年11月，成立南江县残疾人福利基金会，1988年1月，根据国务院办公厅关于地方残联统一名称的规定，更名为南江县残疾人联合会（简称“县残联”），由县民政局代县政府管理。1997年12月，县政府专题办公会议决定，从1998年1月起，县残联与县民政局分离，由县政府直管。

三、社团组织

1995年10月，成立南江县社会慈善协会，属于社会团体，是县民政部门唯一施行登记管理和业务管理的民间组织。协会秘书处挂设在县民政局，并具体组织社会慈善活动开展和负责日常工作。

第三节　非常设机构

1986年，县退伍军人和军队离退休干部安置领导小组办公室（简称“军安办”）挂设县民政局。1989年，县拥军优属委员会办公室挂设县民政局，县社会福利有奖募捐委员会办公室（简称“县募办”）挂靠县民政局。1991年，县拥军优属委员会更名为县拥军优属拥政爱民工作领导小组，办公室简称“双拥办”挂靠在县民政局不变。1992年12月，县委办公室、县政府办公室通知予以撤销，同时撤销有关民政工作的非常设机构还有：县军地两用人才指导委员会、县地名领导小组、县地名词典编纂领导小组、县残疾人工作领导小组、县“双扶”（扶持贫困户、扶持优抚对象）委员会，相应挂设在民政局的办事机构一并撤销，其职能任务交民政局承担。1996年4月，勘界及处理边界争议领导小组办公室（简称“勘界办”）挂设县民政局，1999年，又挂设了县社区服务工作领导小组办公室（简称“社区办”）。到2000年，县民政局保留挂设有县军安办、县双拥办、县募办、县勘界办、县社区办，共5个非常设机构。

第二章　村民自治工作

第一节　民主选举村（居）委会

1987年，国家颁布《村民委员会组织法》（试行）。1988年4—6月，全县大规模开展学习、宣传、贯彻《村民委员会组织法》的活动。4月12日至5月15日，在关路乡试点的基础上，于5月17日召开全县学习、宣传、贯彻《村民委员会组织法》的广播动员大会。随后，各区（镇）、乡（镇）分别召开类似会议595场（次），翻印《村民委员会组织法》3700张（册），发至乡、村、组各级干部，受教育达317900余人次。通过宣传，开始出现了“三转变”、“三积极”的新局面。即：乡（镇）政府转变了过去用行政手段“包村”的工作作风，改为积极指导村委会工作，为村民和村委会服好务；村委会开始转变依赖乡政府等、靠、要的思想，积极协助乡镇人民政府完成各项农村工作和搞好本村的公益事业；村民开始转变只享受权利、不尽义务的不良习惯，积极完成自己的应尽义务，做遵纪守法的新一代村民。1990年，《城市居民委员会组织法》颁布实施。1998年11月4日，《村民委员会组织法》正式颁布实施。村（居）基层民主政治建设走上法制化轨道。

1989年起，全县按村（居）委会组织法进行了四届民主选举。即：1989—1991年为第一届；1992—1994年为第二届；1995年至1997年为第三届；1998—2000年为第四届。与过去十届选举工作相比，有三个明显的区别：过去是间接选举、等额选举，其方法是鼓掌或举手表示通过；而实施“两法”后，采取直接选举、差额选举，采用无记名投票的方式进行。四届选举，无论从班子的年龄知识和管理素质等各方面，一届优于一届，冲破了过去“嘴上无毛、办事不牢”，凭资历，凭经验选村（居）委会干部的滞后局面。一大批有知识、会经营、懂管理的青年人加入村（居）委会班子，妇女在村（居）委会中占有一定比例，为村（居）委会自治带来了新的生机和活力。第四届选举期间：全县525个村，40个居委会，选举产生了村（居）委会成员3052人。其中村（居）委会主任551人，副主任323人，委员2180人。在各村（居）委会成员中，妇女干部占22%；年龄最小的22岁，最大的57岁，平均年龄43岁，比第三届降低2.5岁。村（居）委会主任中，初中以上文化程度占78.9%，会经营、懂管理的能人占51%。

第二节　村（居）民自治示范活动

1991年3月，全县开展了村（居）民自治活动。到2000年，全县525个村，村民自治示范达标359个，占68.4%；43个居委会，居民自治达标10个，占23%。

一、普法教育

在村（居）民普法教育中，全县统一印发了《宣传提纲》、《法律法规选编》、《村民委员会组织法学习手册》等宣传资料3500多册（份），举办各种培训班或以会代训，培训乡（镇）、村（居）委会干部2700余人（次）。结合“三五”普法，加大了对《婚姻法》、《母婴保健法》、《收养法》、《殡葬管理条例》等法律法规的学习宣传。村（居）委会干部及村（居）民的法律意识普遍提高。

二、制度建设

在村（居）委会建设工作中，县民政局统一印发的《村民自治章程》和应当建立的10个规章制度作样本，指导各村（居）委会结合实际，建立相应的行之有效的办法，规范村（居）委会及村（居）民的行为。干部行为约束制度有：村（居）民会议、村（居）民代表会议制度，村（居）委会工作制度，村（居）委会干部岗位责任制度，村（居）、组干部廉洁制度，村（居）委会工作报告制度。村（居）民自我约束制度有：村规民约，村（居）民议事规则，村（居）民档案管理，村（居）民教育等制度。

三、干部培训

县民政部门配合县委组织部、人事局、党校等部门，对每届当选的村支书、村（居）委会主任进行轮训，副主任由区（镇）、乡（镇）培训，以提高村（居）委会干部的自身素质，确保党的路线、方针、政策在基层贯彻落实。

四、民主自治

村（居）委会在民主选举的基础上，对村务、财务和村（居）委公益事业及牵涉广大村（居）民切身利益的事，交村（居）民或代表会议充分讨论，在村（居）委会内广泛实行民主决策，民主管理和民主监督，使村（居）民自我管理、自我教育、自我服务落到实处。

第三章　社会保障

第一节　优待　抚恤

一、拥军优属

1986—2000年，全县除在乡（镇）、村（居）委会开展经常性的拥军优属活动外，还在每年“八一”、“春节”集中开展声势浩大的“拥军优属”、“拥政爱民”（简称“双拥”）月活动，重点走访慰问中国人民解放军驻南部队，老红军、西路红军、烈属、军属和特一等伤残军人；发放慰问金、纪念品，帮助解决生产、生活中的具体困难。15年中，共发放慰问金（品）30余万元；拨款225万元，帮助老红军、西路红军和复员军人305户，维修和新建住房10000平方米，帮助治病3000余人次，较好解决了这些人的困难。1998年拨款帮助驻南部队搬迁营房，子弟兵从原来破旧的营房中住进了宽敞明亮的新营房，倍感第二故乡的温暖。驻南部队与县农行、县光荣院结对开展军民共建活动。1990 年县民政局评为达县地区“拥军优属”先进单位，南江县人武部评为“拥政爱民”先进单位。

二、优待

1986 年，全县有现役军人家属 810 户，群众优待由过去实物优待变为重点给现金优待，并多次提高优待金标准。1986 年优待金每年户平 200 元，到 1994 年提高到每年户平 400 元，1998 年再次提高为每年户平 650 元，2000 年每年户平享受群众优待金 750 元。

1994 年前，群众优待以乡统筹，乡（镇）兑现，由于负担不均，军属多的乡（镇）很难按时足额兑现。在调查研究的基础上，从 1995 年起改为以县统筹，区（镇）、乡发放，余缺调剂，均衡负担，保障了军属应享受的权利落到实处。同时，为鼓励战士安心服役，建功立业，1989 年，该县制定了军人立功受奖制度。规定战士凡立一等功由县民政局奖 200 元、二等功奖 80 元、三等功奖 30 元，收到了较好的效果。1999 年，对立功受奖标准进行了调整，即获大军区授予荣誉称号者奖金 1000 元，获省军区授予荣誉称号者奖金 500 元，立一等功奖 300 元，立二等功奖 150 元，立三等功奖 50 元，评为优秀士兵奖 30 元。到 2000 年，全县立功受奖战士 1130 人。

三、“三属”抚恤

1986 年，全县有革命烈士家属 409 人，因公牺牲家属 318 人，病故军人家属 93 人（以下统称“三属”）。国家给予定期抚恤，享受范围：三属的配偶、父母、未成年的子女及弟妹和抚养军人成人并依靠赡养的其他亲属。随改革开放，国民经济的发展，“三属”的抚恤标准经历了 5 次（即 1989 年、1994 年、1995 年、1998 年、2000 年）调整，大大改善了“三属”的生活条件。生活在城镇的“三属”的定抚标准略高，烈属除享受定抚外，还享受群众优待金，其标准是军属群众优待金的一半，使烈属的生活水平略高于当地群众的平均生活水平。

四、“二战”错案追抚

1986 年，县根据国务院国发［1983］91 号批转民政部《关于对第二次国内革命战争时期肃反中被错杀人员的处理意见的通知》和四川省委组织部、四川省民政厅党组《关于继续做好第二次国内革命战争时期肃反中被错杀人员平反昭雪工作的意见》精神，由县委组织部牵头，县民政局、县党史办参与，在全县开展“二战肃反”错杀人员的平反昭雪工作。自 1986—1990 年的 5 年间，抽调县、区、乡、村 1000 余人（次），复查了第二次国内革命战争时期肃反中在全县造成的历史冤案。他们采用接受遗属申诉或参阅历史资料，请老干部和基层干部座谈，经调查走访核实加以认定。对成批错杀的，可认定一处，解决一批等方法，认定在二战肃反中共错杀人员 2822 人，其中红军干部战士 436 人，苏维埃工作人员 420 人，工农积极分子 1966 人。此外，查清错杀了党员 8 人，群众 718 人，县团以上干部 22 人。按照川组发［1986］13 号文件规定：被错杀人员平反昭雪后，一般不宜追认为革命烈士，对其中的革命军人，革命工作人员，可按因公牺牲对待，其直属亲属由居住地的县市人民政府填发因公牺牲证明书，民政部门按因公牺牲军人家属给予定期抚恤。对其他人员可发给其亲属平反昭雪决定，他们的直系亲属生活困难的酌情给予一次性补助，最高不超过 200 元。在善后工作中，发因公牺牲证明书 401 份，户平一次抚恤金 200 元；发平反昭雪决定 1075 份，户平一次抚恤补助 180 元。对其中符合享受因公牺牲军人家属定期抚恤对象的 321 人，给予了每月 18～25 元不等的定期抚恤金。

五、革命伤残军人抚恤

1986年，南江县根据国务院发布并实施的《军人抚恤优待条例》，对革命伤残军人进行抚恤。1990年，南江县建立了在乡三等伤残军人医疗金制度，从群众优待金的节余部分，每人每年可享受200元医疗费，较好地解决了他们治病的实际困难。与此同时，拨款7.5万元，帮助45户伤残军人维修和新建住房3400平方米。为保障伤残军人的生活不因伤残受到影响，从1986—2000年，国家5次调高了伤残抚恤金和伤残保健标准，分别是：1992年、1995年、1998年、1999年、2000年。

六、优抚对象定期定量补助

优抚对象包括在乡老红军、西路红军、失散红军、复员军人、退伍军人。在乡老红军、西路红军、失散红军和复员军人，依据其参加革命的时间、对革命贡献等不同情况，全部都享受了不等量定期补助。1986—2000年，这四种优抚对象的定补，随国民经济发展进行了由低到高五次（即1989年、1994年、1995年、1998年、2000年）调整，保证他们的生活水平随社会经济发展和群众生活水平提高而同步提高。

除此而外，在乡老红军从1993年起，每人每年享受护理费300元，2000年护理费增到600元。在享受定补人员中，复员军人的定补较低，提高较慢。2000年10月是志愿军抗美援朝50周年，从中央到地方开展了慰问复员军人老战士和志愿兵活动。定补由1998年每人每月35元，提高到每人每月70元，并发放了一次慰问金人平70元，全县共发慰问金17万元。退伍军人中仅限于带病回乡（部队档案为依据），或老年体弱多病、生活特别困难的可适当享受定期补助，其标准一般在15～25元不等，按政策控制在0.5%。全县根据实际，享受定补的退伍军人达到了2%。

第二节 退役军人安置

一、安置

县根据国务院《退伍义务兵安置条例》，1986—2000年，共安置转业志愿兵253人，二、三等伤残军人34人，二等功臣6人，城镇退伍军人1129人。安置到行政单位的105人，事业单位的215人，中央省属企业296人，大多数退役士兵基本做到对口安置，使他们各得其所。南江县2000年被省民政厅评为安置工作先进县。

表25—1 南江县1986—2000年退伍军人接收安置统计表 单位：人

年份	接收人数	农村安置人数	城镇安置人数	年份	接收人数	农村安置人数	城镇安置人数
1986	335	215	120	1994	219	152	67
1987	316	220	96	1995	219	130	89
1988	211	114	97	1996	275	194	81
1989	174	91	83	1997	259	194	65
1990	235	127	108	1998	269	157	112
1991	231	119	112	1999	273	183	90
1992	202	107	95	2000	244	144	100
1993	220	105	115	合计	3682	2252	1430

二、军地两用人才

1986—2000 年，全县共接收退役士兵军地两用人才 1235 人。南江与达钢、重庆儿院、川橡集团等单位建立了合作关系，全县共推荐当工人、保安、务工达 965 人，担任乡、村、社干部 246 人，其中有种养大户 98 户，使用率达到 96% 以上。

1986 年，南江县被国家民政部、解放军总政治部评为“全国培养和开发使用军地两用人才先进县”。1988 年，南江县再次被国家民政部、解放军政治部评为“全国培养和开发使用军地两用人才先进县”。

第三节　军队退休干部管理

1986—2000 年，全县安置供养、经费有保障、离退休费足额发放，医疗基本实报实销，每人每年订两份报纸，严格做到了政治待遇、经济待遇两落实。县民政局拨专款解决了居住农村的军队退休干部住房问题，使他们退有所养，退有所乐。

第四节　救灾救济

一、赈灾

南江县自然灾害频繁，灾害种类繁多，有十年九旱之称，受“厄尔尼诺”现象影响，南江县从 1986 年到 2000 年的 15 年间，持续多年出现干旱，给人民群众的生活带来困难，赈灾就成了政府尤其是民政部门一项长期工作。

1986 年，受干旱、大风暴雨的袭击，全县农作物受灾面积 65.9 万亩，粮食减产 4500 万公斤，倒塌房屋 2050 间，死亡牲畜 57 头。灾害发生后，上级拨救灾款 60.5 万元，帮助生产自救，安抚灾民。

1987 年，全县受霜冻、大风冰雹及洪涝灾害的影响，农作物受灾面积 127.7 万亩，粮食减产 3587 万公斤，经济作物减收 120.4 万元，倒塌房屋 1587 间，猪牛圈舍 4854 间，死亡牲畜 570 头、家禽 2700 余只，损坏农具 14700 余件，吹倒电杆 628 根，冲毁塘库 1060 口，水渠 1270 多处 6150 米，冲毁桥梁 6 座、农田 1.45 万亩。在严重的自然灾害面前，县委、县政府积极组织灾民生产自救，邻里相帮，在上级的关怀支持下，拨给救灾款 59 万元，帮助灾民恢复生产。

1988 年，受干旱、大风、暴雨的袭击，全县 10 个区，56 个乡（镇），247 个村，271 个组，74176 户受不同程度的影响。农作物受灾面积 33.6 万亩（其中冲毁田 5170 块），粮食减产 2750 万公斤，油菜减产 3.7 万公斤，倒塌房屋 3298 间、猪牛圈舍 2481 间，死亡牲畜 275 头。灾情发生后，在上级的关怀下，拨款 54 万元，帮助灾民恢复生产，重建家园。

1989—1990 年，全县先后遭受大雪霜冻、洪涝、干旱、风雹、泥石流、低温等自然灾害的袭击，全县大、小滑坡 1.8 万处，粮食作物受害 14.1 万亩，毁坏农田 200 亩，垮塌房屋 3651 间，垮塌猪牛圈 2253 间，伤亡牲畜 379 头，粮食减产 7450 万公斤，油料减产 5.25 万公斤。灾情发生后，县委、县政府高度重视，发动机关干部捐衣物 1.8 万件（套）。争取上级救济款 52 万元，及时发放到灾民手中，帮助渡过难关。

1991—1992 年，全县有 10 个区 105 个乡（镇）不同程度遭受旱、涝、风雹、鼠害、霜冻、虫害的袭击。农作物遭灾达 90 万亩，粮食减产 8800 万公斤，经济作物损失 6400 万元，损坏房屋 2488 间，死牲畜 1052 头。吹断电杆 198 根，损坏变压器 6 台，吹断树木 7 万支根，受伤 36 人。病虫害和鼠害遍及全县 74 个乡（镇）。灾害发生后，县委、县政府发动群众互帮互济，同时发放救济款 111 万元，帮助灾民恢复生产，发动农科人员积极喷施药剂，扑灭病虫害。

1993 年，多灾并发。因灾全县粮食减产近两成，减产 2780 万公斤。全年全县粮食作物及其它经济损失共计 5690 万元，人均损失 109 元，是多年来损失惨重的一年。针对严重的自然灾害，在县委、县政府的正确领导下，民政部门积极组织灾后重建，争取上级救济款 65.5 万元，及时发放到灾民手中，发放救济衣物 2 万件（套），同时为重灾农户减免农税 20 万元，保证了灾年的农村社会稳定。

1994 年，全县遭受霜冻、春干、伏旱、大风冰雹、病虫害等自然灾害。特别是伏旱接秋旱，百年未遇。农作物受灾面积 45000 公顷，成灾面积 37178 公顷，粮食减产 69785 吨，棉花减产 0.52 吨，油料减产 970 吨，倒塌民房 325 间，损坏民房 993 间，死亡 3 人，死亡大牲畜 121 头，羊 986 只，受灾人口 438680 人，其中特重灾民 107400 人，经济损失 3460 万元。因灾缺粮人口 346236 人，需粮 16620 吨。灾情引起了各级领导的重视，上级拨给救济款 73.5 万元，有 101559 人次得到救济。

1995 年，全县 73 个乡（镇）525 个村 2421 个村民小组、13.1 万户、52.4 万人遭受不同程度的春旱、夏伏旱、大风冰雹的袭击。受灾累计面积达 41047 公顷，成灾面积 32980 公顷，粮食作物减产 29325 吨，油料减产 530 吨，死亡大牲畜 25 头，倒塌 87 间，损坏房屋 325 间，经济损失 4670 万元。因灾缺粮 108090 人，缺粮 2403 吨。灾情发生后，上级拨给 70.5 万元救济款，救济灾民 153240 人次，较好地安排了灾民的生活。

1996—1997 年，全县先后遭受大风冰雹、暴雨、夏伏旱、阴雨及虫灾等多种灾害的袭击。全县累计受灾人口 84 万人次，重灾人口 54 万人，直接经济损失 11218 万元。需要救济的灾民 15278 户，64913 人，全县 2 个月既无钱、又无粮的双缺户 6292 户，计 31289 人，分别占农业户的 4.8% 和人口的 5.9%。两年共拨给救济款 1384 万元赈济灾民，确保了农村的稳定。

1998 年 1 至 4 月，受春旱影响，小春歉收；5 至 9 月遭受历史罕见的洪涝和大风冰雹灾害；5 月 22 日遭特大暴雨袭击。全县 437860 人受灾，受灾人口 314576 人，死亡 6 人，因灾伤病 6125 人，紧急转移安置 238 人，死亡大牲畜 953 头。农房受损 2546 户，7770 间，农作物受损面积 40814 公顷，受灾面积 17710 公顷，绝收 3247 公顷，毁坏耕地 4213 公顷，直接经济损失 14642.6 万元。有 198 户、772 人成了无吃、无穿、无住房的“三无户”。为帮助灾民上级下拨救济款 156.5 万元，发放捐赠衣物 16.1 万件（套），棉絮 680 床，灾民得到了及时救助。

1999 年 3 月，全县遭受以春旱、秋绵雨为主，夹杂大风冰雹、暴雨等多种自然灾害的袭击；4 月连续阴雨，使小麦、豌豆、胡豆减产。5 月 9 日、7 月 28 日、8 月 31 日、31 个乡（镇）受狂风、暴雨、冰雹的袭击。以上灾害共损失农作物产量 641.5 万公斤，损坏农房 575 间，青瓦 48.5 万匹；冲毁公路 23 处，塌方 254 立方米，冲毁路面 11.5 公里，损毁乡村公路 57 处；吹断电杆 805 根，损毁电线 8750 米、变压器 3 台、电表 230 只、电视差转台 3 处、邮电线路 23 公里，13 个乡镇电话中断；冲毁田、地、水利设施、渠堰等 960 处。经济损失 1384 万元。灾情发生后，在县委、县政府的领导下，积极组织生产自救的基础上，上半年下拨救济款 37 万元，使 4850 户灾民得到救助；并接收了浙江衢州市捐赠衣物 810 包，于 11 月 20 日分发到高寒的贵民、上两、赶场、杨坝、大河、桃园等区（镇），较好地解决了灾民越冬问题。

2000年，全县春旱少雨。全县有68个乡镇480个村1934个社，7.1万户、28.5万人受灾。有3.1万户、12.3万人、10.8万头牲畜饮水困难，粮食作物成灾25万亩，粮食损失260万公斤，经济损失3500万元。6月下旬，全县突降暴雨，雨量230毫米，造成多处滑坡，部分地方房屋、桥梁被淹，农田、水利设施、公路损毁严重。工农业生产直接经济损失1500万元。在灾害面前，县委、县政府积极采取多项措施生产自救：一是抓好晚秋及小春生产；二是增养猪、牛、羊和小家禽等，增收自救；三是种好管好蔬菜，以菜代粮；四是组织重灾农户的剩余劳力外出务工；五是邻里相帮，亲朋互助；六是发动机关干部和街道居民捐款捐物，帮助灾民。同时，下拨救济款80.9万元和接收成都成华区的捐赠物资及时发放到需要帮助的灾民手中，解决吃、住等实际困难。保持了灾年的社会稳定。

二、社会救济

（一）农村五保供养

1994年前，“五保”供养工作是遵循《全国农业发展纲要》（简称六十条）的有关原则，即农村五保户由农业合作社对他们实行保吃、保穿、保住、保医、保葬。在1982年配合计划生育基本国策的实施，提高五保待遇，民政局曾给农村“五保”对象每人每月9.00元的定期补助，此举当时成了乡（镇）村社干部减少对“五保”对象的供给借口，认为“五保”应由民政部门保养。1986年全县“五保”供养对象1652人，供养标准为：人平每年300公斤粮，250元钱，每月每人1.5公斤肉，0.5公斤清油，每5年1套棉衣、被，1年1双鞋袜。1994年，根据《农村五保供养工作条例》规定，五保供养成为农村的集体福利事业，由乡人民政府负责组织五保供养的实施。全县在《条例》的指导下，一方面继续纠正对农村五保户定补的做法，一方面加大宣传贯彻《条例》的力度，对五保供养工作督促落实。是年，开展五保对象普查，全县共有五保对象2576人，其中孤老1347人，孤儿272人，孤残957人。其供养标准为：每年人平不低于300元钱，不少于300公斤粮，每人月供应肉2公斤、青油1公斤，每五年1套棉衣被，每年2套单衣，1双鞋袜，5~10年蚊帐1床。

1998年，全县有五保对象1213人，其供应标准粮325公斤、现金600元，每月人平肉3公斤，青油1.5公斤，另给零花钱5元，医疗费5元。3~5年1套棉衣被、蚊帐等。其供养方法为分散供养为主，集中供养为辅。2000年，全县有敬老院7所，入院27人。经过努力，2000年南江县被省民政厅评为五保供养工作先进单位。

（二）城乡居民最低生活保障

1998年，根据国务院《关于在全国建立城市居民最低生活保障制度的通知》的精神，在南江镇对4个居委会，15个居民小组，1351户5375人进行了摸底调查。调查结果，有26户、37人平均年收入仅278.9元，远远低于全县1997年人平纯收入1256元的标准。经调查核算，南江镇1997年最低生活开支为：大米25元，肉油15元，燃料15元，水电5元，蔬菜10元，月衣被消费5元，医药费5元，计80元。人年均需要960元才能维系最低生活水平。并提出了筹措低保资金的办法，县财政补贴50%，镇财政解决30%，剩余20%由民政部门在民政经费中列支，并制定了审批程序。1999年南江县人民政府第七次常务会议研究同意了民政局的“低保”方案，将资金渠道定为：南江镇解决40%，县财政和民政各补助30%。南江镇有33人首期领到了每月80元的最低生活保障金。同年9月国务院发布了《城市居民最低生活保障条例》“低保工作”纳入了法制化的轨道。巴中地区民政局根据党中央、国务院的决定，要求对实行城市居民最低生活保障制度的将最低生活保障水平提高30%，从7月1日起执行。

2000 年，乐坝镇、沙河镇、长赤镇、正直镇、大河镇、桃园镇共有 89 人进入低保。每月低保金为 104 元。同年在沙河镇进行了农村最低生活保障的试点工作。首期确定农村最低生活保障线为每月人平 50 元。首批有村民 50 人被列入低保。试点后，全县有 2199 人列入低保，解决低保补助 303 人，确保了农村社会稳定。

（三）扶贫安居工程

1986 年后，实施“扶贫安居工程”，旨在解决共和国成立 30 多年仍住在岩洞、窝棚和茅草房的农村特困户的生存条件。1994 年，全县住岩洞、窝棚和茅草的农户 310 户，其中住岩洞 5 户。县委、县政府下定决心，用 3 年的时间，改变 310 户住岩洞、窝棚和茅草房的农村特困户的居住条件和生存环境。1995 年，扶持建房 71 户。1996 年，完成扶贫安居工程 64 户，12 月，中华慈善总会领导到南江视察，肯定了“扶贫安居工程”的做法，向“扶贫安居工程”捐赠资金 7.5 万元，重点用于红星乡 15 户特困户的建房补助。1997 年，扶持建房 175 户，三年共用于“扶贫安居工程”的款项达 43.5 万元，全部完成了既定的扶持建房任务。使 310 户彻底告别了住岩洞、窝棚和茅草房的历史，开始了新的生活。

在实施“扶贫安居工程”的同时，对因灾害造成农户房屋倒塌的重灾户的重建工作也结合进行。如 1998 年全县遭受特大洪涝灾害，有 2546 户的 7770 间房屋受损。全县有 198 户因灾成为无吃、无穿、无住房的“三无户”。县委、县政府把灾民倒房重建列为工作的重中之重，适当集中人力、物力、财力搞好重建工作。民政局拨付专款 30 万元对治溪村、钟家湾村、柏垭村连片倒房灾民由区、乡政府统一选址、统一规划、统一建设的方法帮助重建。经过上下努力，1999 年春节，灾民们入住新房，安居乐业。同年，又帮助因灾房屋倒塌 30 户村民重建了家园。

（四）扶贫福利企业

1986 年，全县累计兴办以养殖、农副产品加工、采矿和服务业为主的福利企业 58 个。福利企业办公室应运而生。进入 20 世纪 90 年代，在经济体制改革的推动下，民政福利企业率先采取了“谁主办，谁管理”的措施。县民政局只对养鹿场、福利公司、民政汽车运输公司、土墙坪铁矿、五铜包铁矿和石矿联办煤厂直接管理，其余企业全部划各区（镇）、乡（镇）自行管理。到 2000 年，全县福利企业对解决部分优抚对象困难户、农村社会困难户和残疾人脱贫发挥了积极作用。但是，随着社会主义市场经济逐步代替计划经济，民政福利企业自身的规模小、档次低、管理差，投入不足、无创新能力等劣势日渐显露。区、乡、镇的福利企业全部改为民营企业，县直属的几家企业也正在改制中步履艰难。

（五）农房救灾保险

1995 年，南江县在关田乡进行农房长效保险试点工作，并当场对关田乡南溪村因火灾烧毁 5 户 10 间住房实施理赔，赔偿保费 2500 元。受灾村民及时得到救助，恢复重建，效果良好。在试点的基础上，制定出了全县农房长效保险应遵循的规则，规范了操作程序，当年参保农房达 6500 户。到 2000 年，全县农房参加农房长效保险已达 36720 户。同时，也及时、准确地对全县因灾受损 400 户参保农户赔偿现金 6 万余元。

（六）提高精减职工待遇

1984 年，享受原工资 40% 的精减职工 62 人，享受定期定量补助的精减职工 178 人，其标准为：城镇每月每人 10～15 元，农村每月每人 6～10 元。给予每年一次性临时救济的 67 人，人平给 39 元。1994 年，提高了精减职工享受定量和每年一次性补助的标准，提高后城镇精减职工定期定量补助为每人每月 40 元，农村每人每月 15～25 元。享受精减职工每年一次性临时救济标准为42～82 元不等，到 2000 年，全县有享受原工资 40% 的精减职工 65 人，享受定期定量补助的 177 人，享受每年一次性临时救济的31人。

第四章 社会事务管理

第一节 区划管理

1986年，全县设11个区（镇）、73个乡、522个村、24个居委会。后经省、地、县分别批准，在总体保持稳定的基础上，对部分乡（镇）、村（居）区划进行了微调。

乡（镇）行政区划 经省政府批准，1989年撤销沙河乡、长赤乡、正直乡、大河乡，以原行政区域分别设立乡级沙河镇、长赤镇、正直镇、大河镇。1994年撤销乐坝乡，升格设立区级乐坝镇。1998年撤销桃园乡、槐树乡，合并新设区级桃园镇。

村建制调整 1988年，经达县地区行署批准，小河乡析出6个村民组，人口1517人，面积8.65平方公里。碾盘乡析出6个村民组，人口1573人，面积11.16平方公里及水洞乡析出2个村民组，人口215人，面积3.52平方公里，划归南江镇管辖。同时，经县政府批准，南江镇增设元山村、公山村、红塔村、黄金村、庄房村，小河乡增设文光村。1990年红光乡析设黑池村。1995年乐坝镇析设鞍子沟村。

居委会调设 经县政府批准，1988年南江镇增设小河桥居委会，1990年沙河镇增设洛坪居委会，1995年乐坝镇撤村设立董家梁、瓦房湾两个居委会，2000年长赤镇增设乐园路居委会。

到2000年底，全县辖10个区、7个镇（其中区级镇3个）、66个乡、525个村、43个居委会。

第二节 地名管理

1986年，贯彻国务院发布的《地名管理条例》，县政府地名领导小组即从县民政局抽人开展地名业务工作。1987年，对各乡驻地的38个居委会区划名称规范命名，对县城的红星街、南磷路等“三街四路”重新命名。1988年，县民政局设立地名管理办公室，专抓地名管理。全面完成地名词条释文编纂工作，南江地名词条上《中华人民共和国地名词典·四川省分卷》62条，其中行政居民点地名31条，自然地名11条，革命纪念地名6条，交通地名2条，名胜古迹地名11条，水利设施地名1条。1989年，相继开展了地名补查和资料更新工作，增补了74个乡镇地名的最新信息。

1990年，对新建沙河、长赤、正直、大河四镇的路、街、巷名称进行标准化处理和发布，设置地名标志牌103块。同年，协助四川省测绘局对即将印行的《南江县行政区划图》标识地名进行了核实。1991年，对县城部分路巷命名，并设置了地名标志。1992年，县委、县政府决定撤销县地名领导小组，其地名管理职能任务交县民政局承担。1994年，将竹岭乡的范园村更名为花园村，对其他3个在县域内同名的村名一并予以更名。

1995 年，贯彻国家民政、交通、公安、建设四部关于国道两侧村镇地名标志设置标准，启动新一轮村地名标志设置工作，时年设村地名标志 351 个，农户门牌 4889 个。1996 年，县政府发布《南江县地名管理规定》后，地名管理任务更加明确，政策法规更具操作性。同年，参与《中华人民共和国县乡大辞典·四川省南江篇》编纂工作，南江县和各乡（镇）名全部录入辞典，共上地名 75 条。

1997—2000 年，重点开展了城镇建筑物（群）命名管理工作，清理整顿南江镇建筑物（群）300 多处，命名了 104 幢楼、房、场、厦以及公寓、苑、馆、店标准名称。同时，建立了地名使用证制度，首批颁发《地名使用证》80 份。

第三节　边界管理

一、边界争议处理

1986 年，四川省边界纠纷调解处理办公室牵头调处南江、旺苍县边界争议。两县人民政府签订了《关于解决边界争议的协议书》，经省政府批复，对南江县和旺苍县行政区域红藤垭口至老君庙段边界线进行了明确划分。

1990 年，县民政局对团结乡井田村樵家岩与县民卫医院的边界争议进行了调处。1991 年，县民政局依法解决了金盆乡天宫村与燕山乡楠坪村、九顶乡石寨村与黑潭乡樟木村的边界争议。

1992 年，由省、地民政部门和边界争议调处办公室牵头，对南江县仁和乡龙凤村与巴中县南阳林场之间的行政区域边界争议进行了调处。2000 年，南江县域边界和县域内各乡镇之间的行政边界线两侧地区基本安全和谐，尚无大的争议和纠纷发生。

二、行政界线勘定

1996 年，县遵照国务院和省、地关于全面勘界的安排部署，县政府成立了勘界及处理边界争议领导小组，下设办公室于县民政局，具体负责全面勘定行政区域界线的组织实施工作。由国家组织全面勘界，是中国有史以来的第一次。勘界的基本原则是核定法定线，勘定习惯线，解决争议线，并在实地竖立界桩，用现代技术手段形成准确反映实地边界线走向的文件、资料和地形图等界线档案，将各级行政区域界线固定下来。同年 9 月在沙河区进行了沙河镇、赤溪乡、八庙乡三乡交汇点界桩设置试点，并对全县勘界工作人员开展了勘界业务培训。

1997 年 8 月，南江县勘界办牵头与通江县勘界办联合勘定“通南”边界线 93 公里。1998 年 7 月，与苍溪县勘界办联合勘定“苍南”边界线 10.7 公里；同年 9 月，与旺苍县联合勘定“旺南”边界线 113 公里。四川省人民政府于 2000 年 10 月批复旺苍县和南江县人民政府联合勘定的行政区域界线协议书。

1998 年 11 月，与巴中市联合勘定“巴南”边界线 97.3 公里；12 月，协助省勘办勘定了“川陕”边界线南江段省界 94.2 公里。同年，全面启动县内乡（镇）行政区域边界线勘定工作，到 2000 年 3 月，全面完成行政区域界线勘定工作，共协助勘定省级界线 1 条，配合勘定县级界线 4 条，组织勘定乡镇级界线 215 条（其中乡镇行政区域界线 188 条，林牧场边界线 27 条），共设立“三交点”114 个，勘定界线总长 2500 公里。在省、县（市）、乡（镇）行政区域界线上设置署国务院的界碑 10 座，署四川省人民政府的界碑 328 座。共签署界线协议书 219 份，标绘与协议书相配套的1:50000边界线地形图600幅；解决边界争议12起，形成勘界档案778卷。经省、地勘办检查验收，南江勘界成果全部合格，多数被评为优秀和良好。

第四节　社团与民间组织管理

一、社会团体登记管理

1990年，调查统计得知，由业务主管部门成立或审批的全县各级各类社团组织90个，大多数社团组织在推动全县改革开放、繁荣经济、文化、科技、教育等事业中发挥了积极作用，但也存在着未经批准而擅自成立，从事与其名称和宗旨不符的活动，以营利为目的搞变相摊派，业务交叉重复加重基层和企业负担等问题。

1991年2月，县政府办公室发出《关于清理整顿社会团体工作的通知》，成立南江县清理整顿社会团体工作领导小组，下设办公室于县民政局，集中开展社会团体清理整顿和进行复查登记工作。至10月底，共复查社团85个，批准登记32个，完善登记发证27个，其中学术性社团13个，行业性社团6个，联合性社团8个，分别建立了社团登记档案。1992年，新审查登记全县性社团12个。1993年，新登记社团5个，配合公安部门查处和取缔了在县境内活动的非法组织“门徒会”。

1994年，对登记管理的45个社团组织进行年审，新登记社团2个，变更登记社团1个，对擅自成立的“南江县传统文化研究会”给予了查处。同时建立了南江县社会团体登记管理全国统一编码。1995年新审批登记社团2个，继续配合公安部门加大对非法组织“门徒会”的查处力度。

1998年，县委办、县政府办转发《关于党政机关领导干部不兼任社会团体领导职务的通知》，对49个已登记社团进行年检，其中有3个社团组织按规定和章程变更了领导人职务。

1999年，贯彻国务院新颁布的《社会团体登记管理条例》，对社团组织进行清理整顿，重新登记，核发新证。由此获准重新登记社团20个，新登记社团3个，依法注销社团23个，延缓登记4个。对县境内的气功类社团组织及活动情况进行了专项调查并向上级民政部门作出了专题报告。2000年，对社团秘书长进行了综合培训，全县登记管理的社会团体共19个。

二、民办非企业单位登记管理

民办非企业单位是指企业、事业单位、社会团体和其他社会力量以及公民个人利用非国有资产举办的从事非营利社会服务活动的社会组织。1999年，贯彻国务院《民办非企业单位登记管理暂行条例》，对全县民办非企业单位发展情况进行了摸底调查。时有27个单位，主要是民办学校、民办医院、民办幼儿园方面的社会服务活动机构。2000年，掌握在册民办非企业单位32个，申请登记和核准登记5个。

第五节　收容遣送

1986年，将城镇流浪乞讨人员收容遣送纳入社会治安综合治理内容，由民政、公安部门共同负责，实施管理。当年县城收容遣送107人次，其中由民政遣送回乡76人次，移送公安机关17人次，自费返回14人次。1987年为115人次。

1988年，县民政、财政投资14.5万元，新建收容站房舍200平方米，收容208人次，是收容遣送量最多的一年。其对象主要是因灾或其他原因造成生活困难人员，滞留县城的信访人员和厌家厌学的逃学流浪青少年，也有少数流浪成性、乞讨为生的闲散人员。对这些人员，经进站收容、街头教育和给予临时救济后，当即遣送回乡或自费返家。

1989—1994年，收容遣送量呈下降态势，每年在100人次左右。1995年，将收容遣送工作纳入流动人口管理的范畴，当年收容遣送86人次。1996—1998年为246人次。

1999年，随着庆祝新中国成立50周年活动的开展，外地流乞人员大量涌入偏远的南江县城，仅在"十一"前夕的一天深夜，街头突现痴呆傻和精神病员27人。当年收容遣送人员上升到172人次。2000年回落到83人次，但一些区乡场镇流浪乞讨人员增多并处于放任自流状态。流浪乞讨人员收容遣送难度加大，其原因主要是流入人员多为痴呆傻残和精神病患者，多为外省外县籍惯常流乞人员，多为屡遣屡返滞留人员。

第六节　婚姻管理

1986年，对全县75个婚姻登记机构、85名婚姻登记人员进行集中培训，统一启用省民政厅标准印制的新结婚证、离婚证、夫妻关系证明书、解除夫妻关系证明书等8种婚姻法律证书证件；正式启用省民政厅、公安厅颁发的"南江县人民政府婚姻登记专用章"和由省统一刻制县政府颁发的县辖内各乡镇"人民政府婚姻登记专用章"钢印。废止原用婚姻证书、证件，结婚证书由过去的八开大张改为十六开简装。1987年，又推行使用精装结婚证书。

1988年，改革婚事习俗，全县各乡镇普遍建立起"树新风理事会"，当年办理结婚登记2560对，有1071对在乡镇树新风理事会参加集体婚礼。1990年，组织全县广泛开展《婚姻法》颁布实施40周年纪念活动，大力宣传贯彻《婚姻法》、《婚姻登记管理条例》和《四川省婚姻登记管理实施细则》，使城乡居民对婚姻自由、一夫一妻、男女平等、计划生育和保护妇女、儿童合法权益等社会主义婚姻家庭制度深入了解。明确"结婚年龄，男不得早于22周岁，女不得早于20周岁"的必备条件，知晓当事人结婚或离婚必须持有关有效证件，双方亲自到一方户口所在地的婚姻登记管理机构，申请结婚登记或离婚登记的婚姻登记规定和程序。

1992年，县民政局发出《关于进一步加强婚姻管理工作的通知》，对"三早三非"（早婚、早孕、早育，非法同居、非婚怀孕、非计划生育）婚姻现象进行综合治理，依法撤销无效婚姻17对。1993年，向全县婚姻当事人发送省民政厅下发的《新婚知识》一书1000余本，部分乡镇开展了婚前知识培训。

1994年，为方便青年男女外出务工、经商，县民政局以婚姻登记档案为据，向需求人出具"未婚证明书"和"婚姻证明书"等证件。1995年，集中清理整顿婚姻证件，监督少数乡镇清退和缴销私购非法婚姻证件150余套。

1996年，建立了婚姻管理工作结婚、离婚、婚教、婚介、婚咨、婚庆服务等10项制度，紧急制止和纠正利用婚姻登记强迫婚姻当事人交款、投保、购物等行为，禁止在农村开展婚前健康检查收取费用。

1997年，依法注销新立乡政府为本乡一女青年与香港一男青年办理的结婚登记，重申涉外、涉港澳台的婚姻登记由省民政厅办理的法律规定。1998年，开展违法婚姻专项清查治理，共查出非法同居1382对（其中未到法定婚龄661对），骗取婚姻证件55对，重婚2人。通过区别处理，补办结婚登记745对，教育、劝说77对未到法定婚龄的自觉分居，依法解除婚约29对，对违法较重的478对婚姻当事人共处罚款14360元。1999年对婚前医学检查进行了探索和尝试。

2000年，全县有婚姻登记机构74个，婚姻登记员76人，共办理结婚登记3880对，离婚登记190对，离婚登记率达4.9%，离婚呈上升趋势。

表25—2　　南江县1986—2000年婚姻登记情况统计表　　单位：对

年份	结婚登记	离婚登记	年份	结婚登记	离婚登记
1986	3450	74	1994	3398	56
1987	4242	92	1995	4225	115
1988	2560	87	1996	4156	69
1989	3880	64	1997	3246	89
1990	4012	68	1998	4236	132
1991	3654	73	1999	2450	93
1992	4300	76	2000	3880	190
1993	4667	214			

第七节　殡葬管理

1986年，县政府安排县劳动人事、民政部门筹资8.3万元，修建悼念堂和骨灰陈列室502平方米，建殡仪职工住宅160平方米。1987年，县政府决定将县劳动人事局建管的占地19.5亩，主要为县级机关干部职工死亡后提供骨灰和遗体安葬服务的南江县公墓（即庙子岭公墓）划归民政局管理。同时批准成立南江县殡葬管理所，在县民政局的领导下，具体承担殡葬管理、殡仪服务和公墓管理职能。同年，县政府发布《关于推行殡葬改革实施办法》，规定除上两、贵民、杨坝等片区因交通不便为土葬区外，其余地区均属火葬区。土葬区统一规划墓地，禁止乱埋乱葬。国家职工死亡后不实行火葬的，一律不得享受丧葬补助费；提倡文明节俭办丧事，反对封建迷信和大操大办。

1988—1989年，县民政局在关路乡开展土葬改革试点，其试点做法被达县地区民政局文件转发各县。1990年，各乡（镇）、村相继建立红白理事会（亦称“树新风理事会”）579个，帮助丧主新办简办丧事1100件，节约资金30万元；建立村级公益性公墓2615处，当年入葬遗体734具；大力推行“三改一结合”（即改占耕地为非耕地荒瘠地、改垒大坟为不留坟包、改大棺材为薄棺深埋，实行墓、林结合绿化），破除丧葬中看“风水”、“开路”、“做道场”、大操大办等丧葬迷信和陋习。但收效不长，多有应付。

1991年，县民政局对燕山、赤溪、下两等乡修建“活人墓”、“生纪碑”的行为进行了纠正和查处。1992年，县殡葬管理所开办“丧葬用品专卖部”，开始制作和销售寿衣、寿帽、寿鞋、花圈、花篮、白花、黑纱、香烛等正当丧葬用品，限制使用鞭炮等用品，规范了丧葬用品消费行为。农村公益性公墓名存实亡，大多死者回葬家族老坟园，全县仅存有沙河镇转嘴、南江镇三道拐、梓潼宫和小河乡幸福村等4处公墓。

1994年，经省民政厅批准，同意县磷肥厂大理石分厂生产骨灰盒与墓碑，因效益不佳，不久后停产。1996年，县殡仪馆购进冰棺1台，开始使用遗体冷藏设备。1997年，县政府重新调整划定火葬区与土葬改革区。火葬为元潭乡、凉水乡、下两乡、赤溪乡、沙河镇、小河乡、乐坝镇、南江镇等9个乡（镇）政府机关所在地和巴（中）南（江）公路沿线两侧1公里以内地域，覆盖58个村（居）9.2万人口，幅员面积173平方公里。

1998—1999年，按照县城建设总体规划，集中实施庙子岭公墓和县殡葬管理所搬迁工程。经勘测、规划、选址，县公墓和殡仪馆西迁到南江镇黄金村龙家湾。搬迁中，共迁坟134座，骨灰墓40座（其中有革命烈士墓4座，老红军墓19座），县城干部职工碑墓150座，建制式墓穴70座，搬移存放骨灰248盒。新建公墓占地380亩，墓区有成片林木2万余株，命名为“南江金龙公墓”。同时新建悼念堂240平方米及其配套设施，殡葬服务设施得到了明显改观。2000年，重申殡葬管理和公墓管理的方针，规定了火葬管理、土葬管理、公墓管理、丧葬管理、殡葬事业单位管理的具体办法，强化了殡葬管理的法律责任。

自1986年至2000年的15年间，南江县的死者遗体就近运往巴中火葬场火化的1315具。实行火葬的多为国家公职人员、企事业单位职工及享受国家丧葬补助费用的人员。农村火化量很少，火化率多数年份几乎为零。

表25—3 **南江县1986—2000年遗体火化情况统计表**

年 度	1986	1987	1988	1989	1990	1991	1992	1993	1994	1995	1996	1997	1998	1999	2000
火化量（具）	30	41	51	54	20	93	87	106	117	132	116	144	107	103	114

第二十六篇 人事·劳动

第一章 人事管理

第一节 机构编制

一、编制

1985年，县委批转了南江县编制委员会《关于县级党政群机关编制的意见》，年度统计，南江县党群系统的机关编制162人，实有人数146人。区（镇）64人，乡（镇）382人，合计实有人数593人，其中县政府系统编制人数为578人（包括行政事业单位的县志办、干休所、档案局、幼儿园、党校、党史办共50人，财政补贴退库单位的广播电视局、医药分公司、二轻局、物资公司共60人在内），实有人数449人（包括行政事业单位23人，财政补贴退库单位79人在内）。全县派出区10个，实有人数121人，区级镇1个9人；乡73个496人，合计实有人数1124人。1986年此编制数未变。

1987年11月，南江县机构编制委员会核定全县党政群机关事业单位编制人数为3600人，其中：行政编制2336人（县级机关984人、区乡1352人），事业编制1272人（不含医疗卫生单位和中小学教职人员）。并对县级机关1980年以来成立的临时机构进行了清查，对已完成工作任务的80个临时机构予以撤销，对暂时还未完全完成任务的25个临时机构暂予保留，待完成工作任务后自行撤销。

1988年3月，新设立南江县监察局、南江县国土局，均列入县政府工作部门序列；4月，将南江县对外经济协作办公室、南江县侨务办公室、南江县外事办公室实行“三块牌子，一套班子，合署办公”。同年12月28日，南江县编制委员会为进一步理顺编制工作关系，强化编制管理，严格控制行政、事业人员增加，减轻财政负担，提出了对县级党政群机关和事业单位的职责范围、岗位设置、人员编制重新核定的方案，报经县委、县政府研究同意，全县党政群人员编制3100人（行政编制990人，事业编制2110人）。其中：党群系统编制247人（行政187人、事业60人），国家机关2431人（行政448人、事业1983人），政法系统355人（全为行政编制）、企业管理的事业单位编制68人。

1990年6月，县机构编制委员会再次对县级党政群机关及事业单位人员编制进行调整，核定为2994名，其中行政1015名、事业1979名（含县级医疗卫生单位人员，未含中小学教职工，南编发［1990］2号）。党群系统编制262人、人大28人、政协19人、国家机关2307人、政法系统854人、企业管理单位71人。

1991年5月，县编委核定全县党政群机关编制4658名（县级机关3306名），其中行政编制2351名（县级机关999名、区乡1352名），事业编制2307名（不含县区乡中小学校人员）。

1992年7月，中共南江县委、县人民政府原则同意县农业局等13个经济协作主管部门《关于转变部门职能，兴办经济实体方案》。部门之下成立总公司，与行政局（委）实行两块牌子、一套班子，行使管理、服务、经营三种职能。财政经费供给的人头经费、业务经费，以1992年预算为基础，三年中分别按90%、80%、70%划拨，逐年递减，不足部分公司自理。1992年5月，南江县人民政府法制科更名为南江县人民政府法制办公室，挂靠县政府办公室。1993年2月18日，“南江县法律顾问处”更名为“南江县律师事务所”；3月4日，设立“南江县林业科技服务中心”。9月10日，按省委组织部、省机构编制委员会的通知精神：“调整区乡镇建制后，乡（镇）确定为副科级机构”，“大的乡可设综合办事机构3~5个，其级别按股级对待”。南江县对乡（镇）级别和内设机构作了确认和调整。

1994年3月，县编委撤销南江县计划经济委员会、南江县工业局，分别设立“南江县计划委员会”、“南江县工业经济管理局”均列入县政府工作部门序列。同月，巴地编［1994］152号文件复函，同意撤销南江县文化局、南江县体育运动委员会，设立“南江县文化体育局”列入县政府工作部门序列。8月，县编委确定：区、乡、镇畜牧兽医站由集体事业单位转为全民事业单位，核定了自收自支事业编制350名。11月，将“南江县人民政府法制办公室”更名为“南江县人民政府法制局”，更名后其机构规格、隶属关系不变。1995年，南江县级机构增设南江县旅游局、南江县风景名胜管理局，为副科级单位，实行两块牌子、一套班子，合署办公。

1996年3月，县编委同意将“南江县国营林场”更名为“南江县林业总场”，9月，组建了“秦巴山区扶贫世行贷款南江县项目办公室（简称世行办），与县开发办合署办公。12月，县编委核定全县区、乡、镇农技站事业编制138名，其中财政全额74名、自收自支64名；农经站事业编制172名，其中财政全额84名，自收自支88名。1997年，根据省、地部署，南江全县开展机构改革。

二、机构改革

1997年1月，中共巴中地委、巴中地区行署批准《南江县党政群机构改革方案》。县级机构改革按38个机构设置，比改革前的50个减少12个，减少24%。其中县委工作机构6个、县政府工作机构32个、按法律和有关章程设置的8个机构和3个综合议事协调的办事机构予以保留。县委、县政府工作机构、议事协调机构的具体办事机构规格均为正科级。在机构改革中，县编制委员会，根据上级通知，对部分机构设置和人员编制作了适当调整：1997年3月，设立了“中共南江县委党建办公室”挂靠县委组织部、将区、镇“纪检组”更名为“纪律检查委员会”；将县委机要科更名为“机要局”，更名后的规格、隶属关系不变。6月，将南江县经济开展领导小组及其办公室更名为“南江县扶贫开发领导小组”和“扶贫开发办公室”。

1998年，县编制委员会［1998］2号核定《南江县县级党政群机关人员编制及内设机构方案》，全县县级党政群机关人员编制合计712名，其中行政编制647人，事业编制65人，内设机构154人。县委机关105人，县人大常委会19人、县人民政府办事机构556人、县政协14人、人民团体18人（政法部门编制444人除外）。县编委发［1998］52号、60号文件对县级个别单位的人员编制作了适当调整。(一)县委工作机构及职能调整：县纪律检查委员会机关与县监察局机关合署办公，为一个机构两块牌子的体制。县委政策研究室、机要局、保密局（含保密办）职能由县委办公室承担，挂县委政研室、机要局、保密局、保密办牌子。县委、县政府信访办公室改由县委办公室管理机构。县委老干局改由县委组织部管理。县精神文明办公室职能由县委宣传部承担，挂县精神文明办公室牌子。县委对台办公室职能由统战部承担，挂县委台湾工作办公室牌子。县委政法委机关与社会治安综合治理委员会办公室合署办公。(二)县政府工作机构及职能调整：县环境保护局为县建设委员会管理机构。撤销工业经济管理局，组建经济贸易委员会；撤销二轻工业局，工业经济职能交经济贸易委员会承担，保留二轻工业公司（手工业联社），成为经济实体。撤销文体局、旅游局，组建文体旅游局。国资局改为财政局管理机构。撤销畜牧局，组建畜牧食品局。撤销财贸工作委员会、商业局、酒类专卖局，组建贸易局。撤销物资局、医药局、外贸局吊牌，原商业局、酒类专卖局、医药局、物资局、外贸局的行政职能交由贸易局承担。保留商业总公司、医药总公司、物资总公司、外贸总公司，成为经济实体。军队转业干部安置办公室、职称改革领导小组办公室职能由人事局承担，挂军转办、职改办牌子。安全生产管理办公室职能由劳动局承担，挂安办牌子。复退军人安置办公室职能由民政局承担，挂复退军人安置办公室牌子。爱国卫生工作办公室职能由卫生局承担。公费医疗办公室由财政局转为卫生局管理，挂爱卫办、公医办牌子。法制、侨务、外事、民族事务、宗教事务、台湾事务、经济体制改革委员会、财贸委员会职能由县政府办公室承担，挂县政府法制局、侨务办、外事办、民族事务办、经济体制改革委员会、财贸办牌子（根据南江实际，经县委、县政府研究同意，将政府台、侨、民、宗办牌子挂于县委统战部内）。矿产资源管理、经济技术协作职能由计委承担，挂矿产资源管理局、经济技术协作办公室牌子。护林防火指挥部办公室、绿化委员会职能由林业局承担，挂护林防火指挥部办公室、绿化委员会牌子。江河管理、防汛抗旱办公室职能由水电局承担，挂江河管理、防汛抗旱办公室牌子。秦巴山区扶贫世行贷款南江县项目办公室由开发办承担，挂世行办牌子（根据南江实际，将世行办从开发办分出为县政府直属事业单位）。文艺创作办公室职能待事业单位改革时挂牌文化馆内。档案局与档案馆实行局馆合一为县政府直属事业单位。农业机械局更名为农业机械事业局，为县政府直属事业单位，保留行业管理职能。广播电视局为县政府直属事业单位，保留行业管理职能。(三)县人大机关内设2个综合办事机构：办公室、人大代表联络工作室；4个专业委员会：法律委员会、财经委员会、农业委员会、教科文卫委员会。(四)县政协机关内设一个综合办事机构：办公室；5个专业委员会：提案委员会、经济建设委员会、宣传联络委员会、科教文卫委员会、文史资料委员会。(五)乡镇设立党政办公室、集镇建设办公室、文明新村建设办公室、人员分流创收办公室和财政所，二类乡镇增设计生办公室、三类乡镇设计生岗位、挂计生办牌子。区委、区公所机关设党政办公室、农村工作办公室、集镇工作办公室、社会事务办公室、计生办公室和财政办公室。(六)编制核定：县级党政机构行政编制650名，工勤人员事业编制65名。核定县委机关编制105名、县政府机关编制556名、人大机关编制19名、政协机关编制14名、群团编制18名。县开发办行政编制由11名减少到7名；分别给统战部、技术监督局、信访办、国资局各增加行政编制1名，公安局、检察院、法院、司法局编制单列，为444名（其中行政编制398名、专项编制46名）。区乡镇行政编制1352名，已下达1300名，下余52名留作机动。(七)领导职数核定：县委设书记1人，副书记3人，常委9人；县政府设县长1人、副县长4人；县人大常委会设立主任1人，副主任4人；县政协设主席1人、副主席5人；县级各部门领导职数设2~3人；区委设书记1人、副书记2人（含兼职区长），区公所设区长1人、副区长2人，区纪委设书记1人，区人武部设部长1人；乡镇党委设书记1人，副书记2人（含兼职乡长），乡镇政府设乡镇长1人，副乡镇长2人，人大主席团设主席1人、人武部设部长1人，人大主席和武装部长也可兼职。

1998年5月，县设立“南江县行政学校”，与县委党校实行两块牌子，一套班子，合署办公的管理体制。9月，根据省政府通知，将南江县地方税务局移交省地方税务局垂直管理；根据《四川省事业单位登记管理办法》的规定，对全县事业单位进行了登记。12月，全县经过登记的事业单位有640个，逐年开展了年检。年底统计，全县县级党政群人员编制712人，事业编制650人。县级政法部门编制233人（行政197人、专项36人）。参照公务员事业编制121人。全县党政群、政法、直属事业单位人员编制总计1066人，其中行政844人、事业186人、专项编制36人。截至1998年底，纳入机构改革的78个单位（含县委、县政府工作机构38个，人大机关、政协机关，按法律和有关章程设置机构7个，议事协调机构的实体办事机构3个，部委局办管理机构4个，参照实施公务员制度的事业单位11个、区镇13个）的“三定”方案已全部审批结束。

1999年，按照全县党政群机关“三定”方案遵循“精简、统一、效能”的原则，巩固改革成果。新设立了招商局，撤销了文体旅游局，新组建了文体局、旅游局。

2000年2月13日，根据省地有关文件，南江县工商局系统人员上划省直管。2000年11月21日，县质量技术监督局系统人员编制行政10人、工勤事业2人、行政执法10人、事业单位36人，上划省技术监督局直管。这些单位上划后相应减少县级机关行政编制。截至年底统计，南江县党政群机关编制合计1949人，其中县级机关597人、乡镇机关1352人；政法系统编制合计445人，其中县法院100人、检察院63人、司法局48人、公安局234人。

表26—1　**南江县1986—2000年党政群机关编制统计表**　单位：人

年度	机关单位	总计		其中：县级机关		区、乡机关		备注
		编制	在职	编制	在职	编制	在职	
1986	合计	2308	2120	817	906	1491	1214	含群团
	中共党委	489	341	110	110	379	231	
	人大常委会	23	20	23	20			
	人民政府	1510	1476	578	740	932	736	
	人民政协	18	15	18	15			
	人民团体	268	268	88	21	180	247	
1987	合计	2308	2116	956	1033	1352	1083	
	中共党委	489	341	146	130	343	211	
	人大常委会	23	20	23	20			
	人民政府	1510	1476	649	744	861	732	
	人民政协	18	15	18	15			
	人民团体	268	264	120	124	148	140	
1988	合计	2264	2172	909	945	1355	1227	
	中共党委	489	369	146	134	343	235	
	人大常委会	23	23	23	23			
	人民政府	1562	1609	701	752	861	857	
	人民政协	18	15	18	15			
	人民团体	172	156	21	21	151	135	

续上表

年度	机关单位	总计		其中：县级机关		区、乡机关		备　注
		编制	在职	编制	在职	编制	在职	
1989	合　计	2361	2335	1009	1092	1352	1243	
	中共党委	489	474	146	137	343	337	
	人大常委会	24	22	24	22			
	人民政府	1526	1539	803	918	723	627	
	人民政协	15	15	15	15			
	人民团体	169	159	21	24	148	135	
1990	合　计	2365	2370	1013	1082	1352	1288	
	中共党委	489	489	146	146	343	343	
	人大常委会	28	28	28	28			
	人民政府	1526	1538	665	737	861	801	
	人民政协	18	17	18	17			
	人民团体	169	172	169	172			
1991	合　计	2351		999		1352		全县行政编制
	中共党委	470		127		343		
	人大常委会	28	28	28	28			
	人民政府	1654		793		861		
	人民政协	19	19	19	19			
	人民团体	180		32		148		
1992	合　计	2020	2044	668	814	1352	1230	
	中共党委	648	646	147	148	501	498	
	人大常委会	28	28	28	28			
	人民政府	1162	1196	451	591	711	605	
	人民政协	19	18	19	18			
	人民团体	163	156	23	29	140	127	
1993	合　计	2020	2044	668	814	1352	1230	
	中共党委	648	646	147	148	501	498	
	人大常委会	28	28	28	28			
	人民政府	1162	1196	451	591	711	605	
	人民政协	19	18	19	18			
	人民团体	163	156	23	29	140	127	
1994	合　计	2012	2089	660	864	1352	1225	
	中共党委	613	593	112	99	501	494	
	人大常委会	28	29	28	29			
	人民政府	1191	1298	480	692	711	606	
	人民政协	19	18	19	18			
	人民团体	161	151	21	26	140	125	
	人民团体	161	158	21	27	140	131	

续上表

年度	机关单位	总计		其中：县级机关		区、乡机关		备　注
		编制	在职	编制	在职	编制	在职	
1996	合　计	1950	2189	650	909	1300	1280	民主党派3人
	中共党委	605	577	105	95	500	462	
	人大常委会	28	26	28	26			
	人民政府	1137	1419	477	736	668	683	
	人民政协	19	26	19	26			
	人民团体	161	158	21	26	140	135	
1997	合　计	2012	2189	712	909	1300	1280	
	中共党委	606	577	105	95	502	462	
	人大常委会	19	26	19	26			
	人民政府	1224	1419	556	736	668	683	
	人民政协	14	26	14	26			
	人民团体	168	158	18	26	140	135	
1998	合　计	2012		712		1300		政法部门人员编制不在其内
	中共党委	607		105		502		
	人大常委会	19		19				
	人民政府	1224		556		668		
	人民政协	14		14				
	人民团体	158		18		140		
1999	合　计	2012		712		1300		政法部门人员编制不在其内
	中共党委	607		105		502		
	人大常委会	19		19				
	人民政府	1224		556		668		
	人民政协	14		14				
	人民团体	158		18		140		
2000	合　计	1949		649		1300		工商、地税系统人员上划
	中共党委	607		105		502		
	人大常委会	19		19				
	人民政府	1151		493		668		
	人民政协	14		14				
	人民团体	158		18		140		

注：1995年无资料。

第二节　人员配置

一、招聘·录用

1988年开始，南江县改革与日益发展的社会生产力和商品经济不相适应的干部人事制度，试行工作人员选聘制，从根本上打破“大锅饭”，端掉“铁饭碗”，废除干部终身制。为此，县委组织部、人事局提出了对行政单位的工作人员试行选聘制的意见和方案，吸收录用干部唯才是举，全年为政法、工商税务、金融等部门招收录用干部91人、招聘乡干部118人。在选聘干部中注重工作实绩和德才表现，将发展商品经济的能人择优录用，充实干部队伍。如“银花大王”王正金、“田状元”岳光良，省人大代表赵洪秀被破格招聘为乡干部。

1989年，全县招聘乡干部80名（优招22名、普招58名）。1990年组织考试1160人，考核527人，体检181人，招聘录用179人（其中招聘财政税务干部65人，农技干部53人，水利干部4人，乡干部39人，其他干部18人）。

1991年，上级下达南江县社招干部任务43人、从优秀乡镇聘用干部中录用16人、聘用乡镇干部86人，基层事业单位聘用干部19人，录用“五大生”到企业工作12人。1992年，对在乡（镇）任副职，并有突出贡献的17名聘用干部办理了录用手续。根据参工时间长短，获大专文凭的早迟，择优选报了10名机关“五大生”工人为录用干部；事业单位工人中的“五大生”31人转为聘用干部。对一名优秀厂长由工人录用为干部，将公、检、法和林业公安科中的工人39人录用为干部。

1993年，经过严格考察，择优办理了17名政绩突出的乡镇聘用干部转为录用干部手续；从农学专业和其他专业的自费大专毕业生中选拔26人，充实和加强了乡镇干部队伍；从民办教师中选招和社会上优招公办教师42名充实到区乡中心小学；从林业、广播岗位上招聘干部30人充实到农村基层组织。1994年，录用乡干部12人，从乡镇优秀聘用干部中吸收录用干部9人；从省人武管理干部学院毕业生中录用干部2人；从事业单位优秀工人中聘用干部19人；社招公办教师4人、民办转公办教师37人；从农村基层服务组织中聘用干部30人，录用“五大生”到企业工作9人；从企业优秀厂长经理中录用干部6人。

1995年，为补充乡镇妇女干部，新招专职妇女干部8人；从乡镇聘用干部中录用31人；录用补充政法系统干部22人；社招公办教师27人，民办转公办教师89人；从事业单位优秀工人中聘用干部159人；从基层服务组织在编人员中考聘干部61人；从集体全民企业优秀厂长经理中录用干部14人；从乡镇企业管理人员中聘用干部7人。1996年，乡镇聘转录23人；社招乡镇专职妇女干部7人；从农村小康村党支部书记、村主任中聘用干部2人；社招公办教师20人，民办转公办教师104人；从基层服务组织中考聘干部85人；基层事业单位考聘干部29人；从乡镇企业管理人员中聘用干部9人；录用“五大生”到企业工作11人。根据南委组干［1996］16号文件精神，县人事局组织公开报名考试考核选拔大中专毕业生175人到乡镇、教育、卫生、企业生产第一线工作，充实了基层干部队伍。1997年，从乡镇招聘干部中吸收录用干部43人；从乡镇选任制干部中聘用干部19人；从政法系统在编工人中录用干部20人；从事业单位优秀工人中聘用干部118人；民办转公办教师126人；从企业优秀厂长经理中录用干部36人。

1998年，从县级机关在非工勤岗位上工作的工人中考录干部117人；录用司法助理员5人；从乡镇聘用干部中录用干部38人；民转公办教师44人；从事业单位工人中聘用干部76人；从农村基层服务组织在岗人员中招聘干部70人；从企业优秀厂长经理中录用干部16人；录用“五大生”到企业工作14人。经公开考试，选拔1997年度大中专毕业生到乡镇、农村中小学、乡镇卫生院基层第一线工作82人。1999年，从全县党政机关非工勤岗位工人中，录用干部74人；乡镇聘转录干部92人；民转公办教师47人；从事业单位优秀工人中聘用干部162人。根据川人发［1999］22号文件精神，选拔应届大中专毕业生13人到基层农村工作。

2000年，全县机关事业单位聘用转录用干部292人，在非工勤岗位上的工人中录用干部49

人；从事业单位优秀工人中考聘干部66人；选拔中专毕业生到农村基层工作31人。

二、分配·调配

1986年，全县调配干部151人，其中调出县外29人，外县调进7人。安置军转干部62人，分配大中专毕业生35人（大专4人、中专31人）。1987年，为使调配工作更好地为开发山区、振兴南江经济服务，县委从实际出发，对全县74名符合调配原则的干部，进行了合理的调配。解决了8名干部夫妻长期分居，6名干部家庭的特殊困难和4名干部专业、特长不对口的矛盾。

1988年，按照调配原则和编制规定，调配干部94名，对口分配大专毕业生47人、中专毕业生125人，安置军队转业干部（含家属）22人。1989年，按照县委、县政府“凡调进县政府序列行政机关工作的人员，必须由人事部门先行考察，再由县政府集体审定”的规定，坚持“以岗选人”，保证调进干部质量。全年共办理干部调动45人，其中调整干部结构4人，解决夫妻长期分居的10人，科技人员归队3人，因工作需要的31人。

1990年，为进一步加强干部队伍的科学管理，保证人才合理流动和配置，优先为企业引进人才，鼓励和支持干部到基层工作，适当照顾干部的具体困难的原则，县人事局起草了“南江县干部调配管理暂行规定”。1991年，实行“两卡”（即计划增人卡和非计划增人卡），搞好人员调动工作。坚持“统筹安排合理使用，加强重点，兼顾一般，面向基层，加强生产第一线和学以致用、人尽其才”的原则，对县计委下达的派遣计划65人，全部派出。按省政府办公厅［1991］65号文件，推荐国家教委承认其学历的自费大专毕业生5人，落实森工转产干部7人；“三州”内调干部1人。

1992年，建立了干部上、下交流任职制。组织、人事部门相互配合，从机关中选调了69名青年干部充实到基层；又从乡镇选派了25名中青年干部到县磷肥厂、百货公司等25个经济效益较好的生产和流通企业挂职锻炼，时间半年，为中青年干部拓展视野、增强市场经济意识、提高经营管理能力创造良好的条件。1993年，面向基层，面向企业，采取双向选择的办法，首次把国家统一分配的大中专毕业生向企业和基层单位推荐，既做到对口，又为基层充实了干部力量。全县224名大中专毕业生中有207名派遣到企业和基层单位，占派出总数的92.4%。1994年，严格控制企事业单位人员进入机关，本着为南江经济建设培训急需的专业人才，审定批准了有关经济管理的农、林、牧、医、师等有关部门的148名大中专委培计划。全年分配大中专毕业生231人，其中选拔13名优秀大学毕业生充实到乡镇机关，197名大中专毕业生分配到农、医、教等基层事业单位。全县全年因工作需要调动干部54名，解决夫妻两地长期分居37人，照顾家庭困难8人。调进干部6人，调出干部42人，安置“三州”内调干部1人。

1995年，按“双向选择，介绍就业”的原则，全县派遣统招大中专毕业生57名，其中选拔30名大中专毕业委培生到乡（镇）工作。全年共调进干部6人，安置“三州”内调干部1人和优秀运动员1人。1996年，派遣国家统分的大中专毕业生179名（其中本科22名、专科45名、中专112名），对243名委培的大中专毕业生进行了考试面试工作。根据需要，全县从外地调进干部2人，调出干部39人。

1997—2000年，调进干部11人，调出干部28人，安置军队转业干部2人，派遣大中专毕业生到农村基层工作的44人。

表 26—2　南江县 1986—2000 年机关、事业、企业单位干部人数统计表　单位：人

年度	合计	机关	事业	企业	备注
1986	4693	2133	1263	1297	
1987	4579	2021	1272	1286	
1988	4433	1979	1232	1222	
1989	4324	1952	1201	1171	
1990	4324	1952	1201	1171	
1991	4447	1842	1465	1140	
1992	7607	2154	4462	991	
1993	7715	2212	4560	943	据人事局综合年报
1994	7585	1905	4790	890	据人事局综合年报
1995	8326	2548	5071	707	据组织部综合年报
1996	8249	2654	4967	628	据组织部综合年报
1997	7900	2394	4896	610	
1998	7908	2394	4931	583	
1999	7829	2394	4967	468	
2000	7751	2394	4889	468	

第三节　干部管理

一、领导职务任免

领导干部选拔任用程序　选拔党政领导干部的程序是民主推荐，广泛听取意见，提出选拔对象；组织人事部门考察，党委集体讨论决定后按干部管理权限上报；上级组织部门进一步考察后提请党委讨论审批，不符合上述程序的不审批。

干部管理权限　几经调整，至2000年的干部管理权限如下：（1）县委协助地委管理的干部：县级领导干部（含副县级以上调研员）；县公安局局长、政委，县检察院检察长，县人民法院院长。（2）县委协助地委组织部管理的干部：县委各部、委、室、校正职；县纪委副书记；县委组织部副部长；县长助理；县委组织员。（3）县委协助地级有关部门管理的干部：县人民银行、农业银行、工商银行、建设银行的副行长、总稽核，保险公司正副经理；县邮电局、税务局、气象局副局长；县烟草公司（专卖局）正副经理（局长）、县盐业公司正副经理；县稽征所所长。（4）县委管理的干部：人大、政府、政协党组正副书记、成员；县委委员、候补委员、县纪委常委、委员；县政府（含两块牌子一套班子的各总公司）、委、办党政正副职；公检法行政副职、党组正副职；区（镇）党政正副职、区（镇）人武部部长、区（镇）人大工委正副主任；县人大、政协、纪委、人武部内设机构正副职；县群团组织正副职；县供销联社、手工业联社正副职；乡（镇）党政正职；正副区级专职党委委员、正副区级调研员、正副区级纪检组组长、理论教员，正副区级预审员、侦查员、检察员、审判员、司法检查员；县人大常委会委员、县政协常委；县商业、供销、粮食、交通、教委、林业、二轻局的工会工作委员会主任；教师进修校、南江中学、南江二

中、职中、成人中专校、小河牧中、各区中学党政正副职、电大工作站正职；县人民医院、县中医院党政正副职；《南江周报》正副总编辑；副局级单位的党政正职；县委管理的干部中，宣传部、统战部、政法委、机要科，检察院、法院、公安局的副职，审计局、老干局、人事局、劳动局正副职的任免调动，需事先征得地区主管部门的同意。县纪委常委、监察局正副局长的任免调动需征得地纪委、地监察局的同意。（5）县委组织部管理的干部：局级单位党组（党委）成员、政工（人秘）股长、武装部正副部长；县委各部、委、室、校，县政府办公室、人事局内设机构正副职；团县委常委、县妇联常委、县科协、工商联秘书长；县检察院检察委员会委员、法院审判员、公安局、检察院、法院、司法局内设机构的正副职；副局级单位的副职；干事、主办干事、副主任干事（科员）；各区（镇）办公室主任、团委书记、妇联办事处主任。县委宣传部管理的干部：南江中学、南江二中、县成人中专校、县职业中学、各区中学内设机构正职、团委书记；区视导员；初级中学行政正职、南江镇一、二、三、四完小行政正职；区所在乡（镇）小学行政正职；文体局、广电局、教委、卫生局、计生委的内设机构及下属事业单位的正职；防疫站、保健站、卫校、区卫生院行政副职。（6）县纪委、监察局管理的干部：县纪委、监察局派驻各区（镇）、局级单位的纪检员、监察室正副主任、监察员。县委统战部协助县委管理非党干部。（7）县人事局管理的干部：政府各部门的办事员、科员、主办科员；各区（镇）组织、人事干部。各区（镇）委和县委各部委要协助管理本系统（本地区）内县委管理的干部，并指导本系统（本地区）各单位管好干部。做好本系统干部的年度考核、奖惩、职称评定、干部工资、干部年报；各区（镇）、局、委、办内设机构正副职及其所属企事业单位正副职（除县委组织部、宣传部、纪委管理的外），分别由各区（镇）、局、委、办任免。区（镇）财政所正副职由各区（镇）任免。（8）企业干部管理：在不改变职级待遇的情况下，县委对水泥集团公司、冶金矿山公司、非金属公司、电力公司、石油燃建公司、自来水公司、对外建筑承包公司、林业总场的党政正副职进行管理任免。

二、干部考核

自20世纪80年代起，全县各行政机关、事业、企业单位对干部实行岗位责任制和目标管理制。每年年初对各级干部都明确了岗位责任和目标任务，年终进行逐项考核，评出优秀、称职、不称职等级。对评出的优秀干部给予精神或物质奖励，不称职的干部给予批评教育或扣发奖金。

1990年，劳动人事机构分设后，县人事局制定了干部考核办法，对考核工作进行了规范。全县参加考核的2163人中，评为优秀的307人，不称职的12人，其余均属称职。1991—1993年，全县参加考核的干部共有6627人。考核结果：优秀978人，占考核总数的14.76%；称职的5605人、占84.58%；不称职38人，占0.57%。

1994年，在总结历年干部考核经验的基础上，根据《四川省国家公务员考核实施办法》，县人事局拟发了《年度考核实施意见》，规范了考核的对象、范围、实施办法，使考核工作健康有序进行，保证了考核质量。当年全县参加考核的干部1887名，其中优秀291人、称职1577人、不确定等次的11人、不称职的8人。1995年，全县考核干部总数2052人，考核结果：优秀275人、称职1750人、不称职27人。

1996年，全县共考核干部2281人，考核结果：优秀330人、称职1883人、不确定等次64人、不称职4人。根据川人发［1987］11号文件规定，对全县招聘干部聘用期满进行了考核，按程序办理了续聘手续的632人、缓聘2人、解聘1人。

1997—2000年，参加考核的干部共6619人，考核结果：优秀864人、称职5688人、不定等次102人、不称职37人。分别占总参考的人数的13.05%、85.93%、1.54%和0.56%，其中2000年分别占参加考核人数的11.2%、88.6%、0.18%和0.02%。

三、干部奖惩

奖励 1986年，地区行署、南江县政府对在本年度工作中做出显著成绩的国家机关、事业单位的672名工作人员进行了奖励，授予县及县以上先进工作者称号。发给奖金25元的有176名；给予表彰，授予物质鼓励的485人；报地区批准升级奖的11人。以后各年年末，都要分配奖励名额，由各单位评选上报。1988—1993年，全县共表彰奖励先进集体56个，先进个人816名。其中，受地区以上表彰的先进单位56个，先进个人123人。1994年，为避免部门、系统多头表彰，维护表彰工作的严肃性，使表彰奖励工作走向规范化、制度化轨道。县政府出台了《关于加强全县表彰奖励管理工作的通知》，使全县的表彰奖励工作有序进行。全年受县委、县政府表彰的先进集体51个、先进个人267人、推荐上报先进集体23个、先进个人48人。1995年，是南江交通建设取得决定性胜利的一年，县委、县政府对“两路”（二南路、沙南路）建设的先进集体、先进个人给予了重奖。分别授予“创业功勋”28人，每人奖金1000元至3000元；记“特等功”的24人，每人发奖金500元；授予先进个人称号1544人、红旗单位10个、先进集体188个，分别给予了现金奖励。1996—1999年，县委、县政府共表彰各类先进个人906人、先进集体100个，推荐上报先进集体58个、先进个人63人。2000年，全县受表彰的先进集体：省级2个、地（市、厅）级8个、县级21个；先进个人：省级6人、地市级35人、县级267人。

惩戒 1986年后，南江县根据《四川省国家行政机关工作人员奖惩实施办法》，对那些违反国家政策法令和政府的决议、命令以及玩忽职守、贻误工作的官僚主义等违法乱纪的人和事，进行了实事求是的处理。1988—1991年，全县共处分干部50人，其中开除公职4人、开除留用察看22人、记大过7人、记过4人、撤职2人、降级6人、警告5人。1992—1995年，全县共处分干部71人，其中开除公职3人、开除留用察看4人、撤职6人、降级27人、记大过5人、记过13人、警告12人。同时，因犯有一定错误而被解聘的乡镇干部3人、辞退2人。1996年，为进一步抓好干部廉政建设，严肃纪律，全县共处分干部10人，其中开除公职3人、降级处分2人、记大过2人、记过3人。1997年共处分干部7人，其中开除公职2人、降级1人、记大过1人、记过3人。此外根据干部本人表现，辞退2人、解聘2人。1998—2000年，全县共处分干部28人，其中撤职2人、降级19人、记大过3人、记过4人。自1988—2000年，全县共处分干部166人，年均处分13人左右。

第四节 工资 福利

一、工资

1986年4至5月，南江县根据中共中央、国务院《关于国家机关和事业单位工作人员工资制度改革方案》进行工资改革。凡国家机关行政专业技术人员的工资均改为行政职务工资为主要内容的结构工资制。即将现行的标准加上副食品补助、行政经费节支奖金，与这次改革增加的工资合并在一起，按照工资的不同职能，分为基础工资、职务工资、工龄津贴、奖励工资四个组成部分。国家机关、事业单位的工人，可以实行岗位（技术）工资为主要内容的结构工资制，也可实行其他工资制度。实行结构工资制的，分为基础工资、岗位（技术）工资、工龄津贴和奖励工资四个部分，其中工人的基础工资、工龄津贴与干部相同。教育部门和事业单位主办的普通中小学、国家机关和事业单位的幼儿园，实行新工资制度的时间从1985年元月1日开始。中央和地方各部门以及事业单位办的中等专业学校、技工学校等单位实行新工资制的时间，从1985年7月1日开始。南江1986年4—5月，对全县机关事业单位工作人员11954人实施工资制度改革，其中机关企事业单位7202人，人平增资17.4元，企业4752人，人平增资12.5元。普通学校和中等专业学校技工学校的教师、幼儿教师和护士长期从事本职业，除按工资发给津贴外，另外分别加发教龄津贴和护士工龄津贴。均按从事本职业工作的年限计算，从事本职工作满5年不满10年的，每月发3元；满10年不满15年的，每月发5元；满15年不满20年的每月发7元；满20年以上的，每月发10元。不从事本职业时，从第二个月起停发教龄津贴和护士津贴。全县实行教龄津贴1983人，护龄津贴106人。1987年5月，根据国家有关政策规定，全县1128人从1986年10月1日起按政策杠子升级，人平增资7.1元。

1988年，根据川工改［1988］3号文件《关于贯彻〈提高中小学教师工资标准的实施办法〉的通知》精神，从1987年10月1日起，将中小学和幼儿园教师执行的各级工资标准（基础工资、职务工资之和）均提高10%。全县公办教师3655人（含全民合同制工人），人平增资7.8元，民办教师838人，人平增资5.8元。根据劳动人事部劳人薪［1988］4号、川工改［1988］5号、川工改办［1988］62号文件的规定，全县1154人按政策杠子升级，人平增资7.4元，从1987年10月起执行。根据川工改［1987］69号和川职改办［1988］8号文件规定，从1987年10月起，全县1408名专业技术人员进入相应职务最低等级工资，人平增资10.6元。1989年，按有关政策杠子全县升级734人，人平月增资6.7元，按机动指标升级88人，人平增资7.7元，从1987年10月起执行。

1990年9月，根据国发［1989］82号和川府发［1990］58号文件精神，对全县机关事业单位的870名工作人员增加一级职务工资，人平增资7.2元，从1989年10月1日起执行。为解决一部分人工资“平分”问题，对1985年以来未升过级的，现行工资在本单位各职务工资标准最低档的办事员、科员（包括现在仍拿定级工资的大中专毕业生）、工作年限满十年的正副科长、工作年限满十五年的正副处长；1989年来未升过级，现行工资在最低档的，办事员、科员、正副科长、正副处长任职满三年的，可在普调的基础上再升一级，全县有7933名工作人员再升一级，人平增资6.8元。并对国家机关离退休人员，按在职人员相应职务普调一级的平均增资数额，增加离退休费，低于8元按8元发给，全县1361人增加了离退休费，人平增加11.3元。同时提高见习期、熟练期、试用期工资标准260人，月增资11.9元。

1991年12月，全县国家机关、党派团体和由财政全额核拨事业费的事业单位，按照四川省人事厅、四川省财政厅《关于国家机关工作人员增加奖励工资的通知》规定，对在职职工的奖励工资在原标准15元的基础上增加10元。执行国家机关、事业单位工资制度的企业（公司），其奖励工资按行政机关15元发的也可增加10元。1992年1月起，根据国务院《关于调整机关、事业单位工作人员工龄津贴标准的通知》精神，对全县实行结构工资的机关、事业单位的正式职工工龄津贴由每工作一年0.5元调为1元。1993年10月，贯彻中办发［1987］1号和川人工［1993］18号文件精神，对全县10444人提高一级工资，月增工资77300元，人平增资7.4元。

1994年7月1日起，根据国家人事部、财政部人薪发［1992］15号文件精神，结合南江实际，县级机关及区乡监察、纪检专职干部（以上级组织任命、批准为准）实行外出办案补贴，每人每天补助0.8元，不外出办案不发补贴。1994年8月，根据国办发［1993］85号、川府发［1994］34号文件精神，机关事业单位工作人员11148人实行工资制度改革。机关工作人员（除工勤人员外）实行职级工资制，其工资分为职务工资、级别工资、工龄工资和基础工资四部分。全县党政机关2436人，职务工资25.27万元，级别工资24.40万元，基础工资2.19万元，工龄工资5.06万元，人平月工资314.67元。机关技术工人实行岗位技术等级工资制，其工资由岗位工资、技术等级工资和奖金三部分构成，技术工人366人，岗位工资6.25万元，技术等级工资7880元，奖金（活工资）3.19万元，人平月工资279.56元。机关普通工人实行岗位工资，其工资由岗位工资和奖金两部分构成；普通工人15人，岗位工资2399元，奖金（活工资）1031元，人平月工资228.66元。事业单位专业技术人员实行专业技术职务等级工资制，其工资由专业技术职务工资和津贴两部分构成，事业单位管理人员实行职员职务等级工资制，在工资构成上主要分为职员职务工资和岗位目标管理津贴两部分。全县专业技术人员4851人，专业技术职务工资97.83万元、津贴（活工资）50.08万元，人平月工资303.88元。事业管理人员277人，职务工资5.77万元，津贴33003元，人平月工资327.37元。技术工人2443人，技术等级工资44.28万元，津贴33.81万元，人平月工资319.26元。普通工人136人，等级工资21075元，津贴13474元，人平月工资254.03元。机关事业单位中新参加工作的职工，仍实行见习期（工人为试用期、熟练期）制度。全县试用期（熟练期）人员624人，月工资1.14万元。大中专毕业生转正，按单位性质、本人学历和岗位确定定级工资。

1995年5月，根据川人工［1994］44号文件规定，对311人晋升级别并增加了级别工资，月增资6098元。同年按川人发［1994］7号文件规定，对全县82名原为主办科员的工作人员重新按科员职务确定工资，并高套一档职务工资，月增资2191元；根据川人福［1994］2号文件精神，对遗属生活困难补助相应作了调整，非农业人口由原来每人每月40元提高到60元，农业人口由35元提高到50元。1937年7月6日以前参加革命工作的人员逝世后，其遗属每人每月由原来60元调整为120元计发。1996年7月，按照人事部、财政部、人薪发［1993］112号和省人事厅、财政厅川人工字［1996］13号文件规定，对在职的符合政策规定的204名人民警察，从1993年10月至1995年9月补发警衔津贴24.6万元；离退休警察8人，从1993年10月至1995年9月补发11107元，由公安、检察院、林业局（公安科）在经费包干结余中解决。从1995年10月起由财政负担，在职人民警察中需警衔津贴13.58万元，离退休人员568.2元。同年10月，在1993年10月工资改革后，连续考核满两年称职以及其以上，按国家人事部、省人事厅的有关文件规定，对全县机关事业单位10171名工作人员实施等次正常晋升工资档次，从1995年10月1日起，月增资23.78万元，人平增资23.38元。

从1998年1月1日起给县级机关工作人员适当补贴，县级干部每人80元，主任科员及以下人员（含工人）每人每月75元，所增加的支出，由县级各部门在创收经费中解决。区乡（镇）机关和事业单位以及离退休人员参照执行。根据川人工［1998］4号文件精神，执行职级工资制的人员，其基础工资标准由原来每人每月90元调整为110元。机关工人和事业单位工作人员的职务（技术等级、岗位）工资在1993年10月基础上增加14元；见习期（试用期、熟练期）以及大中专毕业生定级工资在原来的基础上增加了20元。10月份，对全县机关事业单位的11409名工作人员调整工资标准，月增资24.62万元，人平增加21.58元；离退休人员人均增加20元，离退休（职）生活费，从1997年7月1日起执行。同时对连续考核为称职以上工作人员正常晋升一档职务工资。根据川人工［1998］3号文件，将1996年、1997年度的3%正常晋级指标合并使用，419人从1998年1月1日起，提前或越级晋升工资档次，月增资2.35万元。

1999年4月，根据巴中地区人劳福［1999］1号文件精神，结合南江实际，提高遗属困难补助。非农业人口提高到75元，农业人口提高到65元。根据川人工［1999］15号文件精神，执行职级工资的工作人员基础工资由110元调整为180元，级别工资分别提高。9月对11471名工作人员调整了工资标准，人平增资122.4元；对3095名离退休（职）人员增加了退休退职生活费。从1999年7月1日起，按南府人福［1999］231号通知精神，调整遗属生活困难补助标准：非农业人口每人每月提高到125元，农业人口提高到110元。同年12月，根据人薪发［1992］17号文精神，对司法助理员实行岗位津贴，从1999年1月1日起，对38人应享受司法助理岗位津贴的每人每月18元。1999年1月起根据巴地人劳［1997］100号文件，取消机关事业单位全民劳动合同制工人享受的10%工资性补贴。

从2000年开始，全县推行财政直接支付职工工资的办法，由财政性资金安排的职工工资拨付到代发工资的银行，银行再分发到个人工资账户上。财政直接发放工资的单位按编制供给，超编人员由单位自行解决。1986—2000年的“七五”计划时期，全县行政事业单位基本工资支出3592.39万元，“八五”计划时期支出8877.9万元，“九五”计划时期支出21446万元。

二、补贴

补贴是职工基本工资以外的补助费，包括粮价补贴、小单位伙食补贴、交通补贴、各种有毒有害保健津贴（或营养补助），以及其他按国家规定发给在职人员的属于国家规定工资总额组成范围内的专业津贴、补贴、奖金等。1986—2000年政策性补贴支出7729.74万元。

三、福利

1986年3月11日，县劳动人事局根据川劳人险［1986］2号文件的通知精神，对国营企业因工死亡职工的直系亲属，除按《劳动保险条例》规定发给抚恤费外，生活确有困难的，适当给予了补助。供养直系直属居住在五类工资区的县以上（含县）城市的每人每月24~29元，居住在乡镇的每人每月22~27元，居住在农村的每人每月20~25元，孤身一人的，在上述生活困难补助最高标准的基础上，每月可增加5元。五类工资区以上地方的每高一类增发一元。此规定从1986年1月1日起执行。对全县行政系统的30名有特殊困难的干部给予了适当的困难补助，共计补助金额3170元。国家机关事业单位工作人员的洗理费按每人每月不超过4元的标准发给。

1987年1月，国家机关团体成立工会组织，各单位按工资总额提10%的工会经费向工会拨交，用于会员福利事业。根据省委办公厅、省政府办公厅的通知精神，对未参加工改的47名离休干部每人每月增加补贴工资8.5元。按照达地劳人退［1987］14号文通知规定：退休干部在本县内跨区（乡）在场镇安置的，所住私房须维修的所需经费由县上酌情补助，但补助金额一户不得超过2500元。回农村安置的退休干部其住房需要扩建或维修的可酌情给予500~2000元的补助经费。

1992年，调整职工福利基金和职工教育经费计提基数。1993年，机关单位洗理费补助标准每人每月按12元发放。实行全额预算管理的行政事业单位在预算外资金列支。差额管理和自收自支以及企业化管理的事业单位，在收入中开支。1994年，遗属生活困难补助标准，改为以职级工资制度的基础工资为基数按一定比例计划补助，居住在城镇的每人每月按基础工资的50%~70%计发，居住在农村的，每人每月按50%~60%计发。

1995年，贯彻国务院《关于职工工作时间的规定》，实行每天工作8小时，每周40小时的工作制。从5月1日起实行。1996年，按上级有关文件规定标准，对死亡的27名职工发放抚恤金12.12万元、安葬费补助1.08万元；对有困难的22名干部遗属生活困难补助2750元；对在职职工困难补助2500元。此后，职工福利费按工资总额提取，单位掌握使用，或由组织人事部门统一调剂使用，年终结算不上缴。福利费的使用范围包括提取的工会经费、按标准提取的工作人员福利费、独生子女保健费、公费医疗经费、参加公费医疗单位的职工医疗费、因公负伤等住院治疗、住疗养院期间的伙食补助、病假两个月以上期间的人员工资（不含符合离休条件的现职人员）、职工死亡火葬费用、遗属生活困难补助费、长期赡养人员补助费、职工探亲差旅费、由原单位开支的退休金，退职人员及其随行家属路费以及由“预算包干结余”开支的集体福利支出等。

第五节　职务评定

一、行政职务

一般非领导行政职务序列　县级党政群机关一般非领导行政职务名称为：主任科员（主任干事）、副主任科员（副主任干事）、主办科员（主办干事）、科员（干事）、办事员。乡（镇）党政机关一般非领导行政职务名称为：科员（干事）、助理员（办事员）。

一般非领导行政职务任职资格　初中毕业生见习试用期满，转正后可定为办事员，办事员任职4年以上，具备晋升科员资格；科员任职6年以上，具备晋升副主任科员或主办科员资格；副主任科员任职5年以上，具备晋升主任科员资格。高中毕业（含中专）生见习试用期满，转正后可定为办事员；办事员任职2年以上，具备晋升科员资格；科员任职5年以上，具备晋升副主任科员或主办科员资格；副主任科员任职5年以上，具备晋升主任科员资格。大专毕业生见习试用期满，转正定级后可定为科员；科员任职3年以上，具备晋升副主任科员或主办科员资格；副主任科员任职5年以上，具备晋升主任科员资格。研究生毕业获得硕士学位的，可定为副主任科员或主办科员；未取得硕士学位（含取得双学士学位）的待其工作满一年后方可定为副主任科员或主办科员；副主任科员任职5年以上，具备晋升主任科员资格。晋升一般行政职务必须在年度考核为称职以上人员中进行，其中在同一职务的任职年限内，年度工作考核连续两年以上为优秀者，其晋升资格年限可缩短一年。年度工作考核有一次不称职者，其晋升资格年限相应延长一年。担任科员以上一般行政职务的工作人员年度考核有两次为不称职者，应降低一个职务等级。

一般非领导行政职务的评定　南江县从1992年8月开始，开展党政群机关一般行政职务晋升工作。根据川人发［1987］3号、111号，川人发［1991］94号，川人发［1995］94号等文件精神，分别对各年度非领导职务，按政策进行了晋升。其中1991—1997年，晋升副主任科员31人次，确定、晋升主办科员445人次，科员538人次，办事员131人次。1998年，晋升、转任主任科员7人，晋升、转任副主任科员15人，确定科员48人，办事员16人。1999年，全县确定科员58人，办事员13人。2000年，确定、晋升、转任主任科员17人，晋升、转任副主任科员31人，科员79人，办事员19人。

二、技术职务

1986年2月18日，国务院发布了《关于实行专业技术职务聘任制度的规定》，5月19日中共四川省委办公厅、四川省人民政府办公厅印发了《关于实行专业技术职务聘任制度的试行意见》。南江县根据上述文件精神，技术职务评定工作开始启动，首先成立了南江县职称改革领导小组及其办公室（简称职改办），职改办设在县科学技术委员会，具体承办职改日常工作。

1987年5月18日，县职改领导小组发出了《关于1987年职改工作部署的意见》，职改工作在全县范围内展开。遵照“精心指导、审慎行事、坚持标准、加快进度、按期完成任务”的指导方针，1987 年全县全民事业单位共 189 个，参加职改人数 4240 人，分三批进行：第一批在 5 月份开展了 5 个试点单位，第二批三批在试点的基础上相继铺开。

截至 1989 年 8 月，全县已评定各类技术职务 6598 人，其中高级 113 人、中级 1525 人、初级 4960 人；事业 5390 人、企业 1172 人、行政 26 人。

1991 年 4 月，南江县人民政府将县科委所管理的专业技术职称改革工作划归县人事局，县人事局下设职称股，与县职改办合署办公，负责全县职改工作。

1992 年 6 月，县职改办对各单位专业技术职务岗位进行了清理、核定，同时根据川职改［1992］39 号文的要求实行评聘分开。企业根据专业技术人员的学历、资历、水平和业绩，通过评审或参加全国专业技术资格考试，确定专业技术职务任职资格，不受专业技术岗位数或结构比例限制，不与工资待遇挂钩。企业可根据生产、经营、科研、技术改造等实际工作需要，按照工作性质、任务大小、责任轻重、所需资格条件，合理地设置专业技术岗位，按照专业技术人员的任职资格、履行岗位职责的能力和劳动态度，自主聘任技术职务。

1992 年，王维春（县畜牧局高级畜牧师）经国务院批准享受国家级政府特殊津贴。11 月根据省职改领导小组的通知精神，对不具备国家颁发的“专业技术职务试行条例”规定学历、资历、职务档次的专业技术人员，确有真才实学，成绩显著，贡献突出，符合条件的，可破格评审专业技术职务。截至 1999 年 12 月，全县共有 49 名优秀专业技术人员被破格评审为高、中级技术职务，其中高级 11 人、中级 38 人。

1993 年，会计、经济、审计、统计等中级专业技术职务任职资格实行全国统一考试。县林业局卢家健、县中医院蒲顺发等高级技术人员享受国家级政府特殊津贴。

1995 年 6 月 29 日，县职改领导小组印发《南江县规范职称改革工作的意见》，从职称改革工作组织机构、评委的组建，评审范围，专业技术职务申报程序及审批权限，申报材料及要求外语考试对象、年度考核及运用，受处分的专业技术人员的专业技术职务及工资待遇、专业技术人员档案管理等方面作出明确的界定和规范。12 月，县职改领导小组对专业技术人员首次实施“归口管理，分级实施指标限额，审核签章，通报结果，建立档案”的考核办法。

1996 年，组织了农业、畜牧、丝绸等部门乡镇农技推广人员不具备规定学历的专业技术人员 130 人进行培训，经过统一考试 65 人合格。

1997 年 3 月，经全国农技推广研究员审定委员会审定通过，县畜牧局王维春为农业技术推广研究员（教授级）职务。5 月，对全县范围内具有中专以上学历，但不具有专业技术职务（资格）的人员和具有初级以上专业技术职务（资格）的人员进行了调查。全县共有各类人员 11169 人（男 7990 人、女 1379 人），其中党政群 2290 人，专业技术人员 8879 人，其中高级 162 人、中级 2269 人；本科学历 811 人、专科 2009 人、中专 3843 人；年龄在 35 岁以下 3843 人、36～50 岁 3407 人、51～60 岁 710 人；取得科技成果：国际级 1 项、国家级 17 项、省部级 416 项、地厅级 430 项。1998 年 7 月，经国务院批准，县畜牧局贾正贵享受国家级政府津贴。到 2000 年，全县参加专业技术人员考核的共 5741 人。

第六节　离休退休

1986 年，全县按政策规定办理了国家机关、事业单位职工退休 14 人（干部 2 人、工人 12 人）。按川府发［1986］51 号文件要求，核实了行政事业单位退休退职职工人数，按每人每年 12

元的标准划拨管理费，落实各项政治经济待遇。1987年8月底统计，全县行政事业单位共有退休干部1106人，其中异地安置18人，外地来南江安置5人，居住农村的987人。全县实际管理的退休干部1093人。为做好退休干部工作，全县共建立退休干部管理机构180个，落实管理经费13104元，为离退休干部订阅各类报刊1500份，其中《晚霞报》1010份。

1988年，县人民政府批转县人事局《关于加强退休职工管理的意见》，使广大退休职工老有所养、老有所医、老有所学、老有所乐。做到政治、经济待遇“两落实”，是年办理机关事业单位103人的退休手续。1989年，全县办理退休手续的干部63人，其中行政人员12人，对全县未参加工资改革的47名退休干部每人每月增加补贴工资8.5元。1990年，共办理退休手续15名。当年对全县国家机关、事业单位的离退休人员1406人普调了离退休待遇（凡低于8元的按每月8元发给），人平增加离退休费11.3元。

1991年，对全县机关、事业单位退休干部1334人的“两个待遇”落实情况进行了检查。同时严格退休制度，坚持到龄即退，全年办理退休手续共15人。

1993年，按照上级文件，提高离退休人员政治、生活“两个待遇”，全县共增加离退休费27259.59元；按川工改［1993］18号文件，对1741名离退休人员提高生活待遇，全县月增离退休费12340.27元。贯彻落实川人工字［1993］40号文件，对1704名离退休人员增发离退休费6117元。1994年，全年办理到龄离退休手续的干部共27人的离退休手续。8月，根据国发［1993］85号和川府发［1994］34号文件精神，机关事业单位离退休人员的生活待遇进行相应调整，离休人员原则上按在职人员平均增资额的100%、退休人员按同职务人员平均数额90%、退职人员按50%计增退休、退职生活费。全县离退休（职）1947人，月增加离退休（职）费17.18万元，人平增加88.25元。

1996年，进一步完善离退休工作制度，凡达到退休年龄的，不管本人是否申请，一律从到龄的下一个月起，享受退休人员待遇。对年满男55周岁、女50周岁以上人员可办理提前退休手续，本年度内共办理提前退休手续的168人，其中县级机关28人，区乡140人。全年合计办理退休手续的达229人。

1997—2000年，均按上级文件规定，到达退休年龄的即办理退休手续。1997年办理离退休手续的有34人，1998年办理离退休手续的108人，1999—2000年办理离退休手续34人。

第七节　老龄工作

一、办事机构

随着人口“老龄化”问题日渐突出，机关、企事业单位退休人员逐年增多，老人权益亟待保护的实际，南江县于1984年首次成立了抓老年工作的专门办事机构——南江县老龄问题委员会，配备专职工作人员4人，归口县人事局管理。1990年2月10日中共南江县委决定成立中共南江县委老干部工作领导小组。同年5月24日，县委决定充实县老龄问题委员会组成人员。

1996年12月13日，县编委通知：将南江县老龄问题委员会更名为南江县老龄工作委员会。老龄工作委员会下设办公室（以下简称“老委办”），办理日常事务。办公室设在县老年活动中心。

二、工作实绩

阵地建设　在全县各级各部门的支持下，通过县老龄委的积极努力，于1994年建起了全县第一个老年活动中心，总投资150万元，总面积3361平方米。至2000年，又相继投资10万元办起了晚霞茶园、旱冰场、歌舞厅、老年大学、老年书画室、健身房等。赶场、下两、长赤、正直、乐坝、杨坝等地先后建起了老年活动中心和老年学校。县人大办、县委党校、县粮食局、县水电局、农业局、林业局、工商局、工商银行、建设银行等部门相继建立了老年活动室。赶场镇兴办了老年福利院。全县共办起老年活动中心10个、老年活动室35个、老年学校6所、敬老院和福利院9个，老年门球场30个，为老年人提供了良好的学习、娱乐、健身、陶冶情操、延年益寿、欢度晚年的场所。

老年群众组织建设 1993—2000年，在县城先后成立老年门球协会、老年体育协会、书法协会、文史研究会、钓鱼协会、花鸟协会、离退休妇女协会、诗词楹联学会等10余个老年人协会。这些组织的建立和发展，已成为党和政府联系老年群众的桥梁和纽带，成为老龄工作部门的得力助手。

宣传贯彻《老年人权益保护法》 《老年人权益保护法》自1996年10月1日颁布实施至1997年，全县各级各部门采取各种形式，大力宣传，认真贯彻实施。一是广泛发行《老年人权益保护法》小册子2370册，发行《老年人权益保护法》宣传画300套，发行各种宣传资料一万余（本）份；二是组织宣传车在县城广泛宣传3次；三是书写各类标语320余幅；四是各级领导发表广播，电视讲话70余人次，地县电视台新闻报道6次；五是组织文艺宣传活动10余次；六是编写了《老年工作简讯》13期。县老年大学自1994年建校以来，编写了《晚情诗抄》16期，出版《晚情诗集》一书印刷发行800本；七是1995年、1997年和1999年，分别办书画展板3次，展出图片300余张；八是结合宣传，对侵犯老年人合法权益的行为进行了坚决查处，据县人民法院统计，每年查处老龄案件在30件以上。2000年为贯彻落实中发［2000］13号文件精神，南江县出台了对老年人优待证的发放和办理办法，共发放优待证4320件。

开发老年人才资源 县委、县政府利用老干部、职工的丰富知识、技能和经验，继续为南江的两大文明建设作贡献。许多老人退休不退志、退位不退岗，在各个领域、各条战线上仍然艰苦奋斗，努力工作。高级农艺师黄恕退休7年来，不计报酬，每年下农村200余天，传播科学技术，帮助农民脱贫致富，被农民称为“财神爷”，先后荣获“四川省先进科技工作者”和全国老有所为先进个人称号。江淮甫等几名退休干部组织的经济律师事务所，五年中办案693件，非诉讼代理63件、代写诉讼状147件，法律咨询4955人次，先后担任51家企业常年法律顾问。原县人大副主席何崇寿、原党校校长余友三呕心沥血，把县老年大学办得红红火火，有力地促进了老年教育事业的发展。

为老年人办实事 南江县老年大学办起后，县委书记杨清镛、何长洋，县长刘谦祥先后亲临老年大学作报告，解决办学经费等问题。县委、县政府分管领导多次到老年大学看望师生并召开座谈会，为支持办好老年大学，表态每年县财政从预算中解决办学经费1万元。县级各部门坚持把老年工作纳入议事日程，动真格、办实事。一是定期不定期召开老年人座谈会，在老年人节日期间为老年人发放慰问金或慰问品；二是办老年活动室，购置活动用具，征订了有关报纸杂志；三是根据老年工作的特点和上级有关政策积极开展各类活动。1987年年初在县城举办越野环城赛跑；“九九”重阳节期间，在全县开展敬老爱老活动，并走访慰问百岁老人，对60～100岁老人的基本情况进行调查，召开老龄工作会，总结老年工作经验。1988年，对全县150名五保老人进行走访慰问，召开老干部座谈会，参加的离退休人员达1187人，看望住院老人136人；全县表彰“敬老好儿子金榜奖”和“老有所为精英奖”人物96名。1990年，涉老部门在县级四十多个单位调查研究，协助各部门建立离退休老年群众组织16个、门球队18个、钓鱼协会1个、老年活动中心（室）21个。

1993 年，落实上级文件精神，对 1694 名离退休人员按文件规定重新计算了离退休费，月增资 2.73 万元。1994 年，主要对全县 12 个区镇和县级部门落实“两个”待遇问题全面进行了检查。当年还建起县老年活动中心和老年大学，积极开展有利于老年人身心健康的活动，受到地委、行署的表彰，真正体现了党和政府对老年人的关心，使老年人老有所依、老有所学、老有所乐，过着健康欢乐的生活。

第二章　劳动与社会保障

第一节　劳动就业

一、安置就业

随着生产力的发展，社会剩余劳动力逐年增多，使青壮年人，特别是待业青年就业十分紧张。据统计，1986 年，全县城镇待业青年就达 2216 人。为缓解就业压力，促进社会安定，县委、县政府采取一系列切实可行措施，实行劳动就业安置“一把手”负责制，把劳动就业安置工作列入各级主管部门领导的任期目标，实行严格考核，采取分片包干，统筹兼顾的办法，加大力度安置待业人员。是年，全县对符合招工条件的人员主要采取招工、计划调配、退休补员、技校招生和自然减员补员等方式安置到全民所有制企业和各类集体单位（包括城镇小集体单位）。

1986 年 10 月以前，县劳动服务公司管理全县服务企业经济发展和待业青年安置。1986 年 11 月成立了南江县社会劳动力管理处，对全县劳动力资源进行综合管理，加大了劳动就业安置工作的领导和管理力度。自 1986 年至 1992 年 7 月间，全县共安置待业人员 4557 人，其中实行劳动合同制 913 人，待业率稳定在 3.5% 以内，完成了上级下达的目标任务。

二、剩余劳动力转移

1990 年，县委、县政府将劳务输出工作列为全县扶贫攻坚“八大工程”之一，把劳务输出办公室设在劳动局。1991 年 1 月，原劳动服务公司和社会劳动力管理处合并更名为就业服务管理局，隶属县劳动局，负责全县劳动者职业介绍、就业培训、待业保险、劳动服务企业管理工作。自 1992 年起，全县经济体制由计划指导性变为市场调节的市场经济后，劳动就业工作也相应变革。一是由原来的计划性安置就业变为市场调节性就业；二是由于企业改革、破产、重组等产生大批下岗失业人员通过就业技能培训，达到再就业；三是多渠道组织人员外出，加大劳务输出力度。

1995 年 5 月，成立县职业介绍所和县就业培训中心，各区相应成立了劳动就业服务站，由区委组织委员兼任站长，区委组织人事干部兼任办事员，办公室设在各区委办，主要负责辖区内剩余劳动力的劳务输出，劳动力市场管理和外出务工证件办理等工作。1997 年，县人力资源开发中心成立，通过秦巴世行贷款将全县 24 个项目乡、116 个项目村的农村剩余劳动力计 2.4 万余人输送到外地务工实现就业，该项目建设期为 6 年。

1997—2000年，全县通过小额直贷世行贷款340余万元共输送8000余人到新疆、广东、北京、陕西等地务工。1998年1月县再就业服务中心成立，对全县改制企业的下岗分流人员实行托管，各企业主管部门分企业相应建立托管中心51个。

三、下岗人员再就业

1998—2000年，全县进入托管中心的下岗分流人员共2450人，有502人每年在县就业局领取失业金67万元，在县“两保”办，按时足额领取下岗职工基本生活费62万元。县劳动局、就业局通过下岗职工就业培训，共培训电脑、厨师、美容美发、电工电焊等10多种劳动技能培训2767人，再就业2550人，实现下岗职工再就业51.3%。随着经济体制的改革，劳动工作职能由单一的招用工变为市场调节的企业自主决定用人安置，劳动用工、劳动合同、劳动仲裁工作为重点转向以劳动保障工作为重点的运行机制。自1992—2000年，全县企业招工锐减，技校招生略有上升。直到2000年4月全面停止企业招工，实行企业自主用人格局，年底，全县待业率稳定在3.5%左右，完成上级下达目标任务。

第二节 职工队伍

从1984年起，城市经济体制改革，企业不断增多，职工队伍结构变化明显。1986年，全县年末职工总数为20017人，其中全民所有制职工15822人，集体所有制职工4195人。1990年，全县年末职工总数增加到22048人，其中全民所有制职工17724人，集体所有制职工4324人。1995年，全县职工年末总数达26665人，其中全民所有制21790人，集体所有制职工4875人。此后，用工制度进一步改革，到2000年，全县年末职工总数为23672人，比1996年减少2646人，减10%，其中全民所有制职工16488人，比1996年减少4988人，减少23.2%，集体所有制职工3324人，减少1449人，减少30.4%。

表26—3　　南江县1986—2000年职工总数统计表　　单位：人

年度	职工总数	其中		国有经济单位职工中年末人数		
		全民所有制	集体所有制	事业	企业	机关
1986	20017	15822	4195			2566
1987	20550	16072	4478			2487
1988	22653	17792	4861			2658
1989	21912	17433	4479			2824
1990	22048	17724	4324	6834	7670	3220
1991	23642	18854	4788	6917	8127	3810
1992	24185	19244	4914	7194	8245	3805
1993	25792	20458	5334	5866	9888	4206
1994	26463	21272	5098	7082	11296	3985
1995	26665	21790	4875	6759	11564	4647
1996	22318	21476	4773	6289	10849	4338
1997	27709	22713	4996	6617	11581	4515

续上表

年　度	职工总数	其　　中		国有经济单位职工中年末人数		
		全民所有制	集体所有制	事　业	企　业	机　关
1998	22929	15724	3501	6907	4920	3897
1999	23305	15903	3531	7334	4540	4029
2000	23672	16488	3324	7396	5060	4032

注：资料来源于县《统计年鉴》。

第三节　经济待遇

1986年后，根据中共中央［1985］9号和国务院工资改革领导小组［1985］29号文件精神，对全县机关事业和企业工资进行套改，实行八级工资制。此次参加企业工资改革的有4530人，月增总额达5.45万元，其中套级标准月增资2.92万元，浮动创收月增资2.08万元，职务补贴月增资4525元，人平月增资12元。对工人工资实行试用期、熟练期和定级工资。实行宏观管理，绩效挂钩，定级审批制。

1991年，对全县9户工效挂钩企业，会同财政等单位进行清理，在31户国有企业中，工资总额同经济效益挂钩的238户，工资总额包干37户，全面完成工资宏观管理实行工资资金审核、监察。企业实行新工资标准后，对企业在职职工长、短期病假、死亡、探亲等劳动保障福利待遇，以调整工资标准后本人标准工资作为计算基数：离退休职工死亡后，按国发［1989］83号和财政部等五部委财综字［1991］44号文规定，增加的离退休费按原标准工资合并计算，作为一次性抚恤金或救济金；患职业病职工提前退休的经县劳动伤残鉴定委员会进行丧失劳动能力确认的，企业职工因工伤残，包括各种职业病，职业性中毒、职业性放射性病等完全或部分丧失劳动能力，需要退休或享受工伤待遇的，必须按上级劳动部门有关规定执行；不经县劳动鉴定委员会鉴定确认的，社会保障经办机构不予办理完全丧失劳动能力的退休手续，不列入退休费用社会统筹支付对象。

1994年，根据国家工资改革制度要求，再次对企业工人工资进行全面调整、提高。此次参加普调的工人有11627人，将原来的25元/月补贴进入标准工资就近就高靠级。12月又将工人工资人平普调增加50元/月，进入标准工资，劳动局只对其进行宏观管理，企业制定方案按职务职称进行考核升级调整工资。

1997年，根据川劳综［1997］61号文件精神，坚持效率优先的原则，使经济效益较好的企业职工工资水平有所提高，逐步缩小企业职工工资水平与全省工资平均水平的差距。1997年全省职工年平均工资5623元，全县平均工资为3045元；1998年全省平均工资为5969元，全县年均工资为3535元，相差2434元，比全省平均工资少40.7%。按照文件精神，不搞级别对应办法，全省企业职工顺加50元/月，就近就高套入新标准。同时把职工工资与相对技术等级挂钩，凡取得劳动部门核发的初级工按月顺加20元，中级工按月顺加40元，高级工按月顺加60元，技师按月顺加80元。参加普调工资有7467人，参加技能等级加薪的有2063人，月加薪总额达8.16万元。

1999年，根据四川省劳动厅川劳综［1999］42号文精神，对企业职工工资再次改革，每人在原基础上顺加70元/月，就近就高套入新标准，缩小与省平均工资差距，全县年平均工资水平达4539元，2000年达5376元。此次参加普调工改工挂人员达7217人，月加薪总额达3.17亿元。此外，按照省、地有关企业工资改革要求，经劳动、财政、经贸等部门对全县效益较好的24家工业企业实行法定代表年薪制。并依据资产增值率、资产收益率、资产负债率、社会贡献率、社保金征缴率、安全责任事故、目标利润和本企业职工平均工资水平等8项考核指标完成情况兑现年薪。当年，全县实行年薪制分配的企业有县水泥集团公司、县电力公司、县冶金矿山集团公司、乐坝水泥厂等4家法定代表人年薪超过3万元。对国有企业法定代表人实行年薪制的同时，对企业职工全部实行绩效挂钩的收入分配制，对集体企业法定代表人工资实行协商制，2000年全县试行2家，共427人参加。

表26—4　　南江县1986—1999年部分年度工资改革调整情况统计表

项目/金额/年份	职工人数	普调工资人数		每月增资金额（元）			每人每月平均增资金额（元）
		普调人数	再升一级人数	合计增资金额	调标金额	升一级金额	
1986	7679	4530		54463		20787	12
1991	9274	6623	1127	96236		11308	19
1994	13264	11627	1764	64370	50	39279	66
1997	12776	7217	2063	81620	50	77214	75
1999	13483	6367	2027	104510	70	56740	46

表26—5　　南江县1986—2000年国有单位职工平均工资表

项目/年度	年末工资总额（万元）	年末平均工资（元）	企业		事业		机关	
			总额（万元）	平均（元）	总额（万元）	平均（元）	总额（万元）	平均（元）
1986	1666.9	1197	748.9	1198	667.2	1187	258.8	1131
1987	1816.6	1237	793.3	1201	726.3	1256	297.0	1274
1988	2205.2	1375	1014.0	1318	846.1	1382	345.1	1361
1989	2488.8	1542	1188.5	1432	850.5	1423	449.8	1632
1990	2904.8	1592.7	1321.4	1560	1031.8	1558.4	551.4	1752.7
1991	3194.3	1663.7	1452.1	1827.7	1083.7	1693	658.5	1939.7
1992	3592.2	2010.0	1549.6	2070	1226.8	1836.0	815.8	2724.0
1993	4329.5	2169	1994.7	1916	1218.9	2078.0	1115.9	2653.0
1994	5757.9	2774	2831.7	2652	1534.9	2482	1391.3	3571
1995	6898.8	3252	2993.5	2772	2101.6	3539	1803.7	4032
1996	7247.2	3479	2866.2	2762	2468.9	4010	1912.1	4429
1997	8849.5	4043	3868.8	3535	2909.4	4430	2071.3	4731
1998	8104.0	5091	2219.1	4429	3591.4	5129	2293.5	5872
1999	9269.8	6223	2027.1	5232	4501.9	6209	2685.8	7296
2000	10751.7	7148	2683.6	5981	5066.4	7639	3001.7	7652

第四节　劳动安全监察

一、监察机构

南江县安全生产委员会办公室是县政府安全生产委员会下设的专职办事机构，1981 年挂靠县劳动局，行使辖区内安全生产协调指导，检查全县安全生产的常设职能机构。其具体职能是锅炉压力容器安全监察、矿山安全监察、职业安全监察和劳动卫生安全监察。安办主任由劳动局副局长兼任，至 2000 年底未变。

二、安全监察

1986 年，县安全生产委员会办公室依据南府发［1985］83 号文件所规定的职责职能进行安全监察。1992 年《矿山安全法》颁布实施，结合 1990 年《四川省企业劳动安全条例》之精神，县安全生产办公室加大了安全监察力度。1986—2000 年共进行安全生产大检查 26 次，其中拉网式大检查 11 次；办理矿山井下矿长资格证书 68 人，电工、焊工、架子工、起重工、司炉工、爆破工、瓦斯检验员等特种作业操作证 1761 人，基本实现持证上岗；建立劳动安全档案 114 个单位 11361 人，完善了安全生产检查会议制度、月报制度。在各企业主管部门、各企业单位、各乡镇成立安全生产委员 176 个，明确了安全生产职责，规范了制度，使安全生产走上法制化、规范化和制度化道路。共查处安全隐患 972 起，整改隐患 972 起，封闭桥梁 2 座，查封小煤窑 33 户、60 口，其中炸封 54 口，布局不合理小煤窑关闭 72 户，查处建筑施工不安全事故 63 件。2000 年不安全事故年发率均低于上级下达的指标。

表 26—6　　南江县 1986—2000 年部分年度安全生产隐患查处统计表

项目 年份	大检查（次）	查处隐患（处）	整　改（处）	发放特种作业证（本）	处　罚（件）
1986	2	11	11	13	1
1990	4	8	7	19	
1995	4	19	19	33	
1997	6	37	37	106	
1999	8	46	46	271	
2000	11	72	71	394	1

第五节　劳动争议仲裁

一、仲裁机构

随着劳动制度改革的深入，因企业开除、除名、辞退、自动离职或执行国家有关工资、保险、福利、培训、劳动保护等规定所发生的争议及因履行劳动合同或其他劳动关系而引发的劳动争议越来越多，故于1988年成立南江县劳动争议仲裁委员会，时任县人事劳动局长的王廷爵任主任，下设仲裁办于人劳局，具体负责全县劳动争议案件受理处理。

1990年，劳动、人事两局分设后，重新调整充实了劳动争议仲裁委员会，劳动局局长兼任主任，副主任兼任办公室主任。1999年7月，更换劳动仲裁委员会领导班子成员，同时建立了劳动争议仲裁庭和劳动争议仲裁员制度，设仲裁员3人，书记员1人，并培训提高仲裁员业务素质，完善各项仲裁争议规章制度。在各企业及企业主管部门共建立了劳动争议调解委员会114个。

二、争议仲裁

1988年，全县受理劳动争议案件3件，调解1件、仲裁2件，群众满意率为100%。

1993年《企业劳动争议处理条例》颁布后，劳动局坚持以调解预防为主，立案仲裁为辅，对辖区内劳动争议案件进行调解仲裁。当年接受劳动争议投诉13件，受理12件，其中调解成功6件，仲裁6件；并接待劳动争议咨询16次，维护了企业与职工的合法权益。

1995年，《劳动法》颁布实施后，对全县劳动争议案件依照法律进行严格处理，组织了基层调解委员会共127人次进行业务培训学习。当年接待劳动争议咨询36次，受理争议案件27起，结案27起，其中调解22起、仲裁5起，群众满意率100%。

1999年《失业保险条例》颁布实施后，全县企业因违反《劳动法》及《失业保险条例》之规定，涉及职工的保险、工资、福利、劳动保护而引起的劳动争议案件剧增。当年受理争议案件74起，结案69起，立案调解62起，结案62起；接待劳动争议咨询162次。

表26—7 南江县1988—2000年劳动争议案件处理情况表 单位：件

项目 年度	接受争议咨询	受理案件			结案率
		仲裁	调解	结案	
1988	2	1	1	1	100%
1989	7	2	5	7	100%
1990	11	4	7	10	100%
1991	13	8	15	10	100%
1992	19	11	8	19	100%
1993	16	6	6	12	100%
1994	27	10	17	16	100%
1995	38	11	17	28	100%
1996	39	29	10	37	100%
1997	36	5	22	27	100%
1998	94	21	73	94	100%
1999	162	12	62	69	100%
2000	174	37	137	139	100%

第六节　社会保险

一、失业保险

1987年3月19日，县劳动人事局、县人行、县工行、县建行四家联合发出《关于扣缴职工行业保险基金和退休养老基金办法的通知》，规定全县国营企业从1986年10月1日起按标准工资的1%缴纳待业保险金，全县国营企业待业保险制度正式建立。全县供销、二轻、信用联社等集体企业全部职工和机关单位合同制工人从1994年6月1日起参加失业保险。缴费比例由原来标准工资的1%变为按职工工资总额的1%征收。当年全县失业保险征收达22万元，失业保险扩面与失业保险征缴率均居巴中全区第一名。

1996年1月，县劳动、人事、财政、审计、人行、工行、农行、建行八家联合下发《关于开展职工个人缴纳失业保险费的通知》，规定参保单位职工必须从1996年1月起，每人每月按单位和个人2%标准缴纳失业保险费，当年征收失业保险金52.4万元。1997年，因南江白鹿饲料厂破产，8名失业职工全部得到了妥善安置。同时向县生物蛋白厂68名下岗特困职工发放救济金6800元，解决下岗职工特困生活补助。

1998年7月，失业金实行税务代征，同时失业保险比例由2%提高到3%。

2000年6月，县政府出台《关于实施〈失业保险费条例〉有关问题的通知》，财政供给的事业单位失业保险费按“三三制”原则，分别由财政、单位、职工个人按工资总额的1%负担，机关事业单位的失业保险费由财政代扣。当年扩面参保8543人，使失业参保人数达19610人，覆盖全县所有企事业单位和机关中的事业编制人员。年征收失业金122万元，连续7年失业保险扩面、征缴、清欠位居全省第一。当年失业金征收达129万元，发放502名失业人员失业金42万元，划入下岗职工基本生活费64万元。

二、养老保险

1986年12月，成立南江县职工社会保险事业管理处。1987年4月，按国发［1986］77号文“劳动合同制职工从参加工作之日起退休养老金实行社会统筹”的规定，企业按劳动合同制职工工资总额的16%，个人按标准工资的3%缴纳退休养老金，由职工社会保险事业管理处负责统一征集，统一管理，统一使用。10月，《国营企业因固定职工退休基金统筹办法》由南江县人民政府发布实施后，在全县境内的县属企业包括自收自支、独立核算事业单位及县直属单位的全部职工全部参加统筹。参统单位83户，在职职工6875人，离退休人员898人，从此企业离退休费用由社会保险机构统一征集、统一管理、统一调剂到支付。1988年，全县571名亦工亦农人员参加了退休金社会统筹。10月，社会保险统筹财务业务，开始运用微机进行管理。当年征收养老保险金340万元，征收工伤、生育、大病保险金60万元。

1990年，对全县所有参加养老保险的企业职工，实行“职工养老保险手册”和“养老保险卡”制度，全面建立了企业职工养老保险个人缴费记载档案。1991年1月，养老保险由县级统筹过渡到全地区统筹。参统单位共102户，参统职工为8923人；离退休人员有1974人。

1992年1月起，对退休实行全省统筹，规定了统一费率、统一项目、统一调剂、分级负责，共担风险的原则。南江县参统单位104户、9131人，离退休人员2062人。11月，开始企业职工退休费社会统筹工作，全县共26户、1405人参加统筹。同时，全县1154名土地工、临时工、集体工的退休费实行社会统筹。1994年10月，对企业职工退休费实行新的计发办法，把退休待遇与缴费挂钩，使职工义务与权利相统一。1996年，对所有参加养老保险的国有、集体企业实行基本养老金社会统筹与个人账户相结合的办法。

1998年6月，根据国家有关政策规定，全县开始实施私营企业员工和个体工商劳动者的养老保险和大病医疗保险制度，当年有126人参保续保。8月，实行税务式征养老保险，财政统一管理，建立基金收支两个专户，实行“收支两条线”管理。

1999年，将全县范围内企业养老保险一律实行统一的养老保险省级统筹，退休待遇的计算按全省统一的标准计发。9月，企业职工计发退休费办法改革实施后，对企业离退休人员基本养老金实行第三次大幅度调整，离休人员每人每月增资135元，退休人员每人每月增资55元。年征收养老金1200万元，年发放养老金1280万元，全部通过邮政、银行等形式社会化发放到12900余名离退休职工手中。

2000年，全县有3839个离退休人员参加了离退休社会统筹，企业职工基本养老金征收实行“双改革”，离退休人员不再缴纳养老保险费。当年征收养老金1440万元，发放养老金1680万元。

表26—8　　南江县1987—2000年养老保险参保基金收支情况统计表

项目 年度	参保		缴纳保险金		保险金支付		备注
	单位数	人数	比例	金额（万元）	人数	金额（万元）	
1987	89	6192	14.7%	33.3	982	17.1	10月起统筹三个月
1988	89	7612	14.7%	122.5	1104	89.8	
1989	93	7785	14.7%	119.7	1894	117.1	
1990	164	9507	20.5%	242.9	1438	224.8	
1991	146	10898	18%	306.9	2140	279.5	
1992	149	11797	22.5%	445.6	2826	390.2	省统筹18%，地统20.5%，县统人平15元
1993	149	11487	21.5%	506.9	2998	494.6	县统集体人平20元
1994	120	10373	20%	616	3214	519	其中个人2%
1995	136	10045	21%	689	3568	666	其中个人3%
1996	148	9329	22%	859	3885	1222	其中个人4%
1997	148	10791	26%	1467	4043	1409	其中个人4%
1998	148	11379	32.5%	1249	4340	1351	其中个人5%
1999	148	9926	31.5%	1212	4505	1523	其中个人6%
2000	148	8918	31%	1381	4539	1913	其中个人5%，全民、集体企业统一工资计

三、基本医疗保险

1992年10月，南江县开始在职工中试行大病医疗费社会统筹制度。大病医疗基金由单位按2.5元/人·月缴纳，个人按0.5元/人·月缴纳。

2000年6月，正式成立南江县基本医疗保险经办机构，城镇职工基本医疗保险改革和公费医疗管理职能划归劳动局，县医保肩负起了全县基本医疗保险制度改革的筹备和医疗保险业务的经办工作。12 月，县人民政府发出《关于建立城镇职工基本医疗保险制度的决定》，县政府办印发了《南江县城镇职工基本医疗保险实施办法》，28 日召开全县城镇职工基本医疗保险实施动员大会。年底统计，全县有 9844 名城镇职工参加了基本医疗保险和大病统筹。

四、其他保险

工伤保险 南江县实行工伤保险，始于 1995 年，当年参保 8831 人。2000 年开始，通过扩大保险覆盖面，先后对 20 多家企业实行浮动收费标准，其中对 12 家安全意识较强，安全设施齐备，事故很少，由原来的 2.5% 降到 1.8%，为企业节约参保费用 20 余万元，9 家企业因事故频发，提高了收费标准，责令限期整改，增强安全意识。全县矿山井下等高风险行业工人全部参加了工伤保险。

表 26—9　　南江县 1995—2000 年工伤保险参保基金收支情况统计表

项目 年度	参保		缴纳保障金		保险金支付		备注
	单位数	人数	比例	金额（万元）	人数	金额（万元）	
1995	96	8831	2%	8	2	2	从 7 月统筹半年
1996	96	8801	2%	8	23	4	
1997	96	8166	2%	41		26	
1998	96	9922	2%	56	29	31	
1999	96	11107	2%	46	12	18	
2000	96	8802	2%	55.1	12	24.7	

生育保险 南江县生育保险，从 1995 年开始实施，当年参保 8831 人，收保障金 15 万元。

表 26—10　　南江县 1995—2000 年生育保险参保基金收支情况统计表

项目 年度	参保		缴纳保障金		保险金支付		备注
	单位数	人数	比例	金额（万元）	人数	金额（万元）	
1995	96	8831	1%	15	5	4	从 7 月统筹半年
1996	96	8801	1%	44	312	33	
1997	96	8166	1%	23	83	13	
1998	96	9922	1%	29	235	26	
1999	96	11107	1%	27	237	32	
2000	96	8802	1%	32	307	43	

第二十七篇 军 事

第一章 机构·驻军

第一节 县人民武装部

1986年6月，县人武部改归地方建制，隶属达县军分区和南江县委的双重领导，既是同级地方党委的军事领导机关，又是同级人民政府的兵役机构。机关设办公室、军事科、政工科。1988年增设后勤科，均为正科（局）级。1991年，县人武部设立民兵武器仓库和民兵训练基地，为副科（局）级。1994年4月，巴中军分区成立后，南江县人武部由达县军分区移交巴中军分区领导与指挥。

1996年3月，县人武部收归军队建制，复名为中国人民解放军四川省南江县人民武装部，职能职责不变。编配部长、政委、副部长各1人。机关设军事科、政工科、后勤科。

第二节 驻 军

1966年6月26日，根据中央军委决定，南江县公安局武装警察中队改编为“中国人民解放军四川省南江县中队”，隶属南江县人武部领导，其职责为：看守监狱，维护社会治安。1975年，部队精简整编时，又将中国人民解放军四川省南江县中队改编为中国人民武装警察部队南江县中队。1993年前隶属中国人民武警部队达县武警支队。1993年10月，巴中地区成立后，隶属巴中地区武警支队。2000年12月28日，巴中撤地设市后，隶属四川省巴中市武警支队。

第二章　军队建设

第一节　军事工作

一、军事训练

1986 年 6 月，南江县人武部改归地方建制后，军事训练按计划进行。训练的主要内容仍以队列、投弹射击等基本技术，学习识图、用图、标图、军兵种知识和武器装备的应用等。

1996 年，县人武部收归军队建制后，认真贯彻“科技兴训，科技强军”的指导方针，以学习军事高科技知识为重点，加强“参谋六会”技能训练。通过训练，改变了人武部机关干部知识结构，使大多数官兵都能熟练地操作使用微机处理公文。在军事业务训练中，从实战出发，从难从严训练。

2000 年以后，县人武部紧紧围绕“科技练兵”主题，以“打得赢”为目标，严格按纲施训，圆满完成大纲规定科目和上级赋予的军事训练任务。同时，加强干部在岗业务训练力度，对县人武部机关全体干部进行了“参谋新六会”培训。

二、行政管理

1986—1996 年，南江县人武部移交地方建制后，仍然保持了军队的传统和作风。在行政管理工作中，严格执行军队的条令条例和地方有关规定，制定印发各级各类人员的岗位责任制，做到按级负责，责任到人。并建立了与之相适应的各项制度，使部机关一日生活制度化、条令化。认真组织实施四川省军区关于人武部建设“四个一”达标细则，促进了机关正规化建设，使机关工作、学习、生活、训练，秩序井然，避免了各类事故的发生。

1996—2000 年，县人武部收归军队建制后，针对人武干部队伍中存在军事机关意识淡化，军事素质弱化，思想作风民化的问题，认真开展教育整顿。通过查思想、查纪律、查作风、查条令学习和军事训练，建立和规范战备、训练、管理、生活四个秩序，较好地纠正了人武部军不军、民不民的状况。按照中央军委的要求，进一步加强八小时以外和双休日的管理，进一步使经常性思想工作和经常性管理工作落到实处。重点抓了对人员、车辆和枪支弹药的管理，完善了各种制度规定，加强检查落实，杜绝了各类事故和案件的发生。2000 年，县人武部按照内强素质、外塑形象的要求，以条令条例为依据，认真学习炮兵十八团从严管理部队的经验，从小事抓起，把大事管好。进一步严格各级管理责任制，做到形象端庄、纪律严明。

第二节 思想政治工作

一、领导班子建设

1986年，县人武部认真按照新《党章》和《关于政治生活若干准则》办事，建立健全党的民主集中制。研究人武部各项重大问题，实行党的民主领导下首长分工负责制。1994年，县人武部党委结合整党和“三讲教育”、“三个代表”学教活动，进一步加强党委民主生活会制度，认真落实党委议事规则，促进党委、班子思想统一，步调一致，互相支持。

1996年，县人武部主官轮流参加了省军区举办的理论读书班。1999年，按照“政治合格”的总要求，突出“革命化”这个核心，以邓小平建军思想和江泽民军队建设重要论述和“三讲”教育为主要内容，不断深化理论学习，强化理论根基。全年列出4个专题，用了40个学习日。并结合实际撰写心得体会和调研文章，其经验被省军区转发推广。

2000年以后，按照“三个代表”重要思想的要求，深入开展党委班子建设。认真落实中心组学习制度，先后组织学习了江泽民的重要讲话和《军队党委工作条例》，不断用科学理论武装头脑，提高科学决策和依法决策的能力和水平。在此基础上，从建章立制入手，不断加强廉政建设。先后作出《关于保持清正廉洁的决定》；出台《关于勤政务实，廉洁自律的规定》，制定了《关于党风廉政建设责任制的规定》，使廉政工作走上制度化。工作中，党委“一班人”自觉遵守，照章办事，不断提高工作透明度，接受社会和群众的监督，认真落实民主生活会制度，严格执行有关规定，维护班子团结，做到遇事多商量，多通气，大事讲原则，小事讲风格，充分调动党委成员的积极性，增强班子的大局意识、协作意识、自律意识和解决自身问题的能力。

二、干部管理

1986年前，县人武部的干部为军队现役干部，主要来源于野战部队和地方部队。其任免按照干部管理权限程序办理。1986年县人武部移交地方后，其管理、使用、调动、任免属中共南江县委组织部。县人武部部长、政委的任免属达县军分区和中共达县地委。科长及其以下干部由南江县委组织部县人武部提名，共同考核，按地方党、政干部任免权限任免。县人武部成立后，采取在职学习，集中训练，入学深造、下连队当兵，到基层锻炼等方法，不断加强对干部的教育培养。1999年，坚持“抓干部、强班子”，认真开展“青年军官学习成才”活动，干部的整体素质得到提高。有4名干部参加了省军区、军分区政工、后勤干部培训，2名干部参加本科大专函授。2000年，县人武部党委制订了提高干部知识结构和能力素质的具体规划，鼓励干部自学和参加中央党校函授。

三、政治教育

1986年，县人武部结合整党，大力开展宗旨教育。明确提出“五个不得”，即：不义之财贪不得，违法之事做不得，利己之心有不得，职级待遇伸手要不得，邪门歪点出不得。针对一部分党员干部怕人武部移交地方后一辈子住在山区，今后子女上学、就业无出路的想法，县人武部请老红军讲传统，请县委书记作报告，教育大家安心山区，献身军队建设。

1993年，县人武部通过深入开展学习邓小平理论，重点开展了爱国奉献、革命人生观，尊干爱兵和艰苦奋斗“四个教育”。县人武部按照“讲政治、顾大局、守纪律”的要求，引导官兵保持优良传统和艰苦奋斗精神，树立正确的世界观、人生观、价值观，正确对待得与失，自觉抵制不良风气的侵袭。廉洁自律，克己奉公。针对在市场经济、改革浪潮的冲击下，诸如“金钱第一”、“金钱万能”等不良思潮，教育官兵无私奉献，牢记全心全意为人民服务这个宗旨。

1994 年，县人武部和县武警中队把学习党的十四大、十四届三中全会文件和邓小平文选作为头等大事来抓。结合实际，积极开展学英模，见行动活动。通过学习，使大家明确方向，振奋精神。1995 年，县人武部成立中心学习组，学习邓小平建设有中国特色的社会主义理论，增强官兵服务经济建设和维护社会稳定的自觉性。

1996—2000 年，围绕“讲政治、讲学习、讲正气”的“三讲”教育活动，认真组织学习《党章》，邓小平理论和党的十届五中全会文件和党的十五大文献，以“顾全大局，讲服从，严纪律，树形象”为主题，对全体干部战士进行职业道德教育和香港回归的爱国主义教育。结合人武部收归军队建制，抓学习教育整顿；结合红军诞生 60 周年，组织参观红军石刻标语园；结合干部职工工作作风、纪律松散现象，播放法制教育录像；结合社会上酒绿灯红的影响，开展官兵人人讨论。2000 年，县人武部和驻南江部队紧密围绕“三个代表”重要思想学教活动，不断加强政治思想教育工作。

第三节　营房建设

1986 年 6 月，南江县人武部正式移交地方，当时仅有 30 年代修建的土木结构危房 4 座，计 1200 平方米，院内有不到 500 平方米的小土坝，机关干部职工挤在 9 间不到 10 平方米且漏雨透风的房间里办公。1987 年 10 月，县计委下达县人武部危房改建和办公用房及其附属设施投资计划。在县政府的大力支持下，县人武部立即动工修建，至 1989 年，先后建成办公楼、住宿楼和食堂，并平整了操场。

第三章　拥政爱民

第一节　扶贫帮困

1986 年，县人武部从实际出发，统一规划，统筹安排，在扶贫工作中，为群众办实事、办好事。人武干部采取“三送上门”（送党的政策上门、送资金上门、送技术上门）的扶贫措施，及时解决贫困户生产生活中存在的困难。

1987 年初，南江全县仍有 64717 户、30.4 万人还在温饱线之下，占全县总户数的 52.3% 和总人口的 60.5%。8 月，县人武部党委做出决定：把扶贫帮困，解决人民群众的温饱问题，作为当前武装工作的一项重要任务来抓，部机关各科室实行挂区联系。区、乡人武部共建立扶贫联系点 84 个，并确定全县最贫困的新民乡为县人武部的扶贫联系点。1994 年县人武部机关除派 1 名干部到该乡任科技副乡长外，还派干部职工轮流到该乡蹲点。通过扶志、扶本使该乡提前越过了温饱，继而又争取电站项目，并引进资金 24.56 万元，建成了年发电 170 万度的新民电站，使全乡结束了照松光的历史。

1987—1989 年，县人武部结合军事训练，利用民兵训练基地，为全县培训致富人才，共办班 11 期，培训 1050 人，有力地推动了科技兴农步伐。1990 年，南江全县人民顺利地越过了温饱线。

1994 年，南江县人武部认真落实省军区“千点扶贫攻坚计划”和“三带”工程。1997 年，根据巴中军分区安排部署，在全县开展“三三”扶贫帮带活动，实行一兵帮一户，一兵带一户。至 1999 年，全县人武部系统建立重点扶贫联系点 35 个，174 个建卡贫困户提前达到越温标准，顺利通过省政府的扶贫检查验收。县人武部为重点联系点——天桥村送去水泥 10 吨，协助开出平价水泥 30 吨，拉运铁矿碎石 100 立方米。同时，与沙河区、镇人武部一道，组织民兵群众大搞文明新村建设，使该村成为人武系统扶贫示范点。省军区扶贫工作会、全国贫困地区县委书记培训班等先后 9 次组织与会人员和学员到该村参观。沙河区人武部被省军区评为扶贫工作先进单位。贵民区、乡人武部与 23 户贫困户结成帮扶对子，先后争取资金 3 万元，帮助建卡贫困户发展养殖业，使其全部越温，并有 8 户 57 人达到脱贫标准。

2000 年，根据军分区扶贫工作的指示，南江县人武部党委研究印发《关于带领民兵投入西部大开发的通知》，要求各级人武部迅速建立相应的扶贫联系点，并确定沙河区赤溪乡的白岩村和杨坝区的严河村为部机关重点扶贫联系点。年内，部机关领导 55 次亲临联系点了解情况，谈发展优势，指发展路子，协调发展资金，解决实际问题。共协调扶贫资金 6 万元、炸药 3 吨、雷管 4000 发、导火索 5000 米，组织部机关职工捐款 3000 元。

第二节 抢险救灾

南江县属自然灾害多发区，每有灾害发生时，驻南部队都会迅速出动，积极投入到抢险救灾斗争中，以实际行动保护人民的生命财产安全。1991 年，南江县持续干旱 200 多天。县人武部派出机关人员深入乡镇，指挥民兵抗灾自救。杨坝甘溪乡政府所在地，学生、居民生活用水困难，县人武部与有关单位联系水车两台，坚持每天为灾民送水，直至旱情解除。6 月下旬，南江七区一镇的 20 多个乡镇又遭遇特大雹灾。县人武部在 3 个月内，组织动员民兵 3.2 万多人抗灾自救。抢修水渠 8000 米，引水育秧 2500 亩，挑背水育秧 3400 亩，抗旱保苗 3.1 万亩。1994 年 8 月 7 日，南江县正直镇村民张朝化房屋起火，眼看一座三合院瓦房被大火吞没，该村民兵连长贺汉云迅速召集民兵 45 人，奋战两小时，征服烈火，保住了群众的财产。

第四章 民兵建设

第一节 组织体制

一、领导体制

1986 年，县人武部划归地方建制，其军事机关的性质、任务和双重领导关系不变。将县委书记兼人武部第一政委，改为兼任人武部党委第一书记。1990 年，《民兵工作条例》规定，县、区（镇）乡（镇）和街道、企事业单位人武部负责办理本区域、本单位的民兵工作。1996 年，县人武部收归军队建制，健全乡镇和厂矿人武部机构，进一步完善民兵工作的军事系统领导。

二、组织建设

1986 年后，按照“减少数量，提高质量，突出重点，打好基础”的指导方针，不断加强民兵组织建设。1990 年，为应付突发事件，维护社会治安，成立民兵应急分队。1991 年，在公路沿线区、乡人武部组建民兵应急执勤分队。1992 年，贯彻省、地民兵工作会议精神，恢复建立符合条件的部分厂矿、企事业单位民兵组织。1994 年，根据巴中军分区指示，南江县人武部在中咀火电厂开展民兵整组规范化试点工作，并召开现场会，推广试点经验。1995 年，加强民兵专业技术分队建设，将八二迫击炮专业技术兵，以区为单位编组。1998 年，民兵整组中，将技术层次较低的木工、砖工、卫生员等专业技术人员不再作为专业技术人员储备。同时，对民兵应急分队进行扩编，全县分别组建中连和小连各 1 个。其后，本着“便于集结、机动，可靠管用”的原则，逐年调整应急分队人员编制。同时，按照“种类齐全，数量充足，实在管用”的要求，不断加强民兵专业技术分队建设和民兵信息网的建设。

第二节　军事训练

一、普通兵训练

1985 年，民兵军事训练以专业技术训练为重点，将周期训练改为年度训练，改乡训为区训，改冬训为夏训，改单一训为科技训，改月训为季度训，改普训为专训，改走训为住训，改单一整组为三结合（征兵、整顿、预备役登记）。全县步兵训练人数在 130 人左右，重点训练队列、射击、投弹及八二迫击炮和六〇迫击炮训练等科目。每年分别在长赤、赶场、正直、下两等地分点训练。

1988 年，南江县民兵训练基地建成后，民兵训练开始走上基地化训练。训练基地训练、教学、生活、设施完善，教学设备齐全，规章制度健全，实现了一日生活制度化，战备秩序经常化，军事训练规范化。同年 4 月，达县地区行署、达县军分区在南江县召开了人武部基地建设暨正规化建设经验交流会，学习推广南江经验。同时，县人武部民兵训练基地和正规化建设被省军区评为“一等奖”。

1991—1993 年，实施规范化训练，县成立训练队，设军事、政工、后勤组，由县人武部主要领导任队长、政委，机关科室领导任组长，并建立党、团支部，以保证民兵规范化训练的落实。1997 年，县将基干民兵训练的工作重点放在两个乡镇企业，在整组后进行了为期 7 天的训练。3 月下旬至 7 月初，分批对基干民兵和应急分队队员进行了军事训练。

2000 年后，围绕“科技练兵”主题，狠抓训练质量，严格按照大纲规定科目，加强民兵训练。训练的内容，一部分为共同科目，一部分为专业训练。共同科目以队列、射击、利用地形地物作战等为主要内容；专业知识训练为民兵应急分队训练内容；对基干民兵的训练以抢险救灾，应急突发事件，协助公安部门防暴制乱为主要内容。

二、技术兵训练

1984 年，技术兵训练采取两年的训练内容，时间一次完成，不少于 30 天。1994 年后，训练技术兵，实行统筹安排计划，按岗施训，确保参训人员、时间、内容的落实。此后，随着各种专业技术分队的建立和完善，对技术兵的训练工作不断加强，训练内容突出什么兵种就训练什么内容。

三、民兵干部训练

民兵干部训练同民兵训练一起进行，一般先训干部，后训民兵。1995 年，训练民兵应急分队干部 9 人。训练工作在巴中军分区考核中分获投弹优秀，队列、战术良好，射击及格。

1998 年，县人武部对全区新配及未参加过专职培训的 20 名专武干部，集中在民兵训练基地进行 20 天集训，对其他专武干部，采取以会代训的方式培训。同时，各乡镇利用民兵连长会、整组动员会对民兵连长进行了培训。1999 年，加强专武干部队伍建设，对全县 89 名专武干部进行了为期 7 天的学习培训。小河区人武部在专武干部调整后，采取座谈、个别谈心等形式，进行了整训。

2000 年以后，对专武干部、民兵干部，采取集中统一在民兵训练基地培训与地方党校联合培训等方法，有计划、有步骤，分期分批进行训练。训练的内容以队列、射击、利用地形作战、投弹等军事科目为主。2000 年 4 月，县人武部选送新任专武干部 12 名参加分区集训。

第三节　民兵政治工作

一、政治思想教育

20 世纪 80 年代中期，随着全党工作重点的转移，民兵政治思想教育重点围绕经济建设进行。针对民兵工作出现的新情况、新问题，以《民兵政治课本》为基本教材，结合南江实际情况，有组织、有计划地对全县民兵进行了党的路线、方针、政策、四项基本原则、革命人生观、价值观和社会主义法制教育。其主要教育形式：一是在民兵年度军事训练中，坚持用 10% 的时间进行政治教育；二是坚持基干民兵每月一次政治课（1984 年改为一年 4 次政治课），普通民兵每年 4 ~ 5 次政治课制度；三是发挥《中国民兵》、《西南民兵》和《两用人才报》等报刊作用，对民兵开展政治教育；四是创建“青年民兵之家”，组织民兵学习政治；五是开展各项活动，对民兵进行政治思想教育。

1991 年，将民兵政治教育纳入全民国防教育。具体内容为国防知识，人民战争思想、时事政策、党史、军史、现代革命史和民兵性质、任务等。教育中，各级人武部每年结合民兵整组、训练、征兵等工作，充分发挥“青年民兵之家”和“民兵训练基地”等活动阵地的作用，促使民兵政治教育落到实处。1999 年，县各级人武部以刊授教育为重点，订阅民兵刊物 521 份，举办电视、广播讲座 157 期。贵民区人武部通过升国旗、唱国歌，深入开展爱国主义教育活动。认真落实《参训民兵政治教育纲目》，训练中集中授课 32 小时。

2000 年，学习贯彻全军政治工作会议精神，围绕“打得赢”、“不变质”这两个重大历史课题，开展民兵政治思想教育。全县订阅民兵刊物 840 份，举办广播讲座 160 期、板报 52 期。同时，组织民兵参加了四川省迎接新世纪国防知识的学习竞赛。

二、人武干部队伍建设

1985 年 8 月，中央军委对基层武装部的设置和专武干部的配备作出规定。此后，选配任免基层武装部长严格按规定执行。1992 年，省人武干部学校成立后，县内专武干部的来源主要从人武学校毕业学员中选配，其次，在军队转业干部中、地方大专院校毕业生和其他党政干部以及退伍的优秀士兵中选配。1999 年，加强专武干部队伍建设，调整配备了专武干部 72 人（次），对 89 名专武干部进行为期 7 天的学习培训。2000 年，全县新选任专武部长 12 名。

第四节　经费保障

一、民兵事业费

县人武部民兵事业费由国家财政拨付。其开支范围：军事训练费，包括民兵训练的器材、教学用具购置等，训练中民兵干部、教员的伙食补助、勤杂费等；政治工作费，包括民兵政治教育所需的教材、报刊、宣传、资料等费用；武器装备管理维修费。

二、误工补贴和执勤费

20 世纪 80 年代初，基干民兵参加县、区军训，其报酬由县人武部在军训费用中统一列支。在农村按农民人均纯收入的 0.1% 的标准提取民兵训练费，作为误工补贴。由县农业局统一收取后，移交县人武部。在城市，按非农业人口人平 1.00 元收取民兵训练费。民兵执勤费用，坚持“谁使用，谁负担”的原则，由使用民兵单位负责费用。

三、以劳养武

1987 年以后，不断推进以劳养武活动的开展，既促进了当地经济的发展，又增加了民兵经费的来源。1990 年，以县民兵训练基地作为兴办以劳养武实体的突破口，先后投资 35 万元，增添设施，完善功能，使之成为一个设备配套、服务周到的以劳养武实体。五年间，接待县内外大小会议和客人 6500 多人（次），共创产值 320 多万元，实现利润 40 多万元。

1992 年，瞄准市场行情，逐步向外延伸，先后投资 25 万元，办起“小食店”，三叉河、底板河两口煤井和一个黄羊养殖场。至 1994 年，全县 526 个村民兵连，其中有 260 个兴办有以劳养武实体，占总数的 49%。84 个区（镇）、乡（镇）武装部，其中有 46 个兴办以劳养武实体，占总数的 55%。正直区武装部贷款 5 万元，办起劳武纸厂，年产值 6 万多元，产品远销巴中、苍溪、旺苍等县市。东垭乡武装部承包茶场 50 亩，年产茶叶 2000 多公斤。1995 年，下两区组织民兵致富，涌现出民兵养猪大王聂宗权、民兵木瓜大王李继民等。

1996 年，南江县大河区白院乡在以劳养武中，充分发挥民兵的作用，在民兵的带动下，当地群众积极搞养殖，带动了当地农民养羊业的发展，实现全乡人均养羊收入 100 元。1999 年，贯彻中央决定，全县逐步停止开展以劳养武活动。

第五节　作用与贡献

一、战备执勤

1989 年，县、区、乡组建民兵应急执勤分队，以维护社会稳定。1989—1994 年，全县先后出动民兵应急分队3110人次，抓获罪犯156人，协助破案465件。桃园乡人武部长蒋仁河率民兵70余人，擒获陕西3名越狱逃犯。1994年，赤溪乡人武部以民兵应急分队为主，组织3个夜巡队，对沙河公路沿线重点巡逻，4月19日配合沙河派出所在野洋溪抓获长期作案的盗窃团伙成员姜××等。乐坝乡人武部长带领民兵应急分队，在公共汽车上抓获盗窃犯5名。

1995—2000年，围绕稳定大局，积极组织民兵参加社会治安综合治理，处置突发事件，维护社会治安。全县共组织民兵2000多人次，协助公安武警进行严打斗争，抓获犯罪嫌疑人200多人，收缴脏物1000多件。

二、参加各类建设

道路建设 1990—2000年，南江县以民兵为骨干，先后掀起两轮交通大会战，先后对二南公路和南江县城至沙滩段、上两至寨坡段，巴南公路南江至元潭，通南公路南江至关田公路的拓宽改造，建成了巴南、通南、南旺、二南等省道，以及县至各区乡公路上千公里。

造林、护林 1985年，有11个乡各造林万亩以上，有4个乡基本实现绿化。桥亭乡山寨村的民兵，在海拔1517米的寨子山安营扎寨，全年营造速生丰产林1200亩；新民乡灌坝村基干民兵、林业专户董绍荣，一年营造速生林150亩，育苗5亩。1991年，沙河镇九青村民兵连在植树节期间带领民兵带上植树工具和干粮共栽树12400株，建成500亩桑园。至2000底，广大民兵不但积极植树造林，还主动承担护林防火任务。南江县未发生严重森林火灾事故，被林业部授予“护林防火先进县”称号，南江民兵功不可没。

三、民兵示范户（点）建设

1984年，在全县民兵组织中建立了84个科技信息网点，526个科技兴农活动小组，在民兵中广泛开展科技兴农活动。1988年，县人武部在民兵年度训练和应急分队训练时，聘请农牧、科技、科协等部门的专业技术人员讲课，举办技术培训班12期，为区乡培训科技骨干850人。区乡人武部又以这些骨干为基础，采取滚雪球的方式层层办班，培训民兵农用科技人才2.1万人。同时，办起民兵科技示范点607个。动员全县民兵大办“绿色工厂”。营造速生丰产林4万亩，板栗基地11个、5600亩，药园415个、4900亩。涌现出种植、养殖、加工的民兵专业户1.35万个。兴马乡齐家湾村基干民兵李元才，靠科技生产银耳菌种和水稻制种，家庭人均收入6000元，并出席达县军分区召开的民兵先代会。仁和乡青年民兵李永寿，创办“民兵菌种研究所”，1993年产年值9万余元，1994年产值达14万余元，带动了他所在村250家农户，有170多户成为食用菌种植户。邻村40%的农户也在食用菌上致了富。他拿出资金订了《中国民兵》、《西南民兵》、《国防时空》、《农家科技》、《山区开发》等20多种报纸杂志，建起了民兵活动阵地。1995年，南江县下两区组织民兵致富，涌现出民兵养猪大王聂宗权，民兵养殖能手黄义华，民兵木瓜大王李继民。1996年，大河区白院乡在以劳养武中，充分发挥民兵的作用，在民兵的带动下，当地群众积极搞养殖，实现全乡人均养羊收入100元。

第五章　兵　役

第一节　兵役机构

1955年起，实行义务兵役制。1986—2000年，在征兵期间，县成立征兵领导小组，县委、县政府、人武部主要领导担任正、副组长，成员由同级军事机关和公安、民政、卫生、财政、教育、交通等部门负责人组成，征兵工作结束时自行撤销。领导小组下设征兵办公室，设于县人武部内。

第二节　兵役制度

一、义务兵役制

1955年7月，根据《兵役法》，南江县实行义务兵役制。规定18~22周岁的男性公民有服兵役的义务，服役年限：陆军3年，空军地勤、海军陆勤部队和陆军特种技术兵4年，海军舰艇和船舶部队5年。1966年8月，分别改为2、3、4年，并将应征年龄改为18~20周岁。1984年5月，改为3、4、4年，并规定：服役期满后，可根据军队需要和本人志愿超期服役1~2年，其中专业技术骨干可转为志愿兵，继续服现役。1998年，根据修正的《兵役法》规定，兵役现役年限为2年；服现役期满符合预备役条件的，转服预备役。

二、义务兵与志愿兵结合制

根据第五届全国人大常委会第一次会议通过的《关于兵役制度问题的决定》，决定实行义务兵与志愿兵相结合的制度，规定义务兵服现役期限为陆军3年，空军4年，海军5年。义务兵超期服现役满5年，已成为专业技术骨干的，经本人申请，师以上机关批准，可改为志愿兵。志愿兵服现役年限自改为志愿兵之日起最少8年，最高不超过12年。服现役期间，享受比义务兵高的政治、经济待遇。1984年5月，新修订的《兵役法》规定，实行以义务兵役制为主体的义务兵与志愿兵相结合、民兵与预备役相结合的兵役制度。新《兵役法》规定的义务服现役年限为陆军3年，海空军4年，志愿兵服役年限仍为8年。1998年12月，通过修正的《兵役法》规定，实行义务兵与志愿兵相结合、民兵与预备役相结合的兵役制度。义务兵服满现役，按规定被选取为士官（志愿兵）者，实行士官分期服现役制度，服现役期限至少3年，一般不超过30年（年龄不超过55岁），其中，第一、二期各3年，第三、四期各4年，第五期5年，第六期9年以上。

三、预备役制

1984年重新颁布的《兵役法》和1998年修订颁布的《兵役法》，规定实行民兵与预备役相结合的制度。规定公民要依法服现役，退出现役的士兵和军官以及其他符合条件的公民，在规定年龄内要服预备役；服现役和预备役，都是公民必须履行的义务。预备役分为士兵预备役和军官预备役。士兵预备役的年龄为 18～35 岁。士兵预备役分为两类：第一类包括：经过登记服士兵预备役的35 岁以下的退出现役的士兵；经过登记服士兵预备役的 35 岁以下的地方与军事专业对口技术人员；其他编入预备役部队和预编到现役部队的 28 岁以下的预备役士兵。第二类包括：除服第一类士兵预备役的人员外，编入民兵组织的人员；其他经过登记服士兵预备役的 35 岁以下的男性公民。军官预备役包括：退出现役转服预备役的军官和文职干部；确定服军官预备役的退出现役的士兵；确定服军官预备役的高等院校毕业的学生；确定服军官预备役的专职人民武装干部、民兵干部；确定服军官预备役的非军事部门的干部和专业技术人员。各类预备役军官，按照规定服预备役已满最高年龄者，即退出预备役。

第三节　兵役工作

一、征兵概况

1984 年以后，明确规定城市征集高中毕业生、农村征集初中毕业以上文化程度的青年入伍。征集年龄一般为 18～21 岁，个别时间和特殊兵种放宽到 17～22 岁，女兵年龄 17～19 岁，身高要求几经提高，至 2000 年，男兵身高从 1.55 米逐步提高到 1.62 米，女兵身高由 1.50 米提高到 1.60 米。女兵因征集数量极少，先由专区、县两级征兵办分别征集，后改由市（地区）征兵办直接征集。

1995 年以后，由于市场经济的建立，相当一部分适龄青年外出务工经商，加之贫困山区优抚、优待滞后，农村青年参军热情受到影响，部分乡镇出现“征兵难”问题。为此，各级政府、人武部门，不断加大宣传力度，改进工作方法，建立完善征兵工作责任制，适当提高优待金，确保了历年征兵任务的完成。在每年度征兵工作中，县政府和县武装部，均发布征兵命令，明确征兵任务和政策规定；召开征兵会议，部署征兵工作；成立征兵工作领导机构，县、乡政府均有主要领导负责征兵工作；落实征兵办公室工作人员，并深入基层，调查研究，具体指导征兵工作；组织体检和政审人员进行培训。

二、征兵步骤

兵员动员　征兵宣传动员以《兵役法》和年度征兵命令为依据，以《征兵宣传提纲》为基本材料，充分发挥基层政权和民兵组织的作用，利用报纸、广播、电视、标语、板报和召开会议等多种形式，进行广泛宣传。集中宣传动员阶段一般为 10 天左右，宣传教育贯穿于征兵全过程。宣传的具体内容，为国防建设的重要性和人民解放军的光荣传统，征兵政策法规，增强全民国防观念，提高广大群众和青年依法服兵役的自觉性；明确征集范围，对象、条件，为保证兵员质量奠定思想基础，20 世纪 80 年代中期至 90 年代初期，出现参军热潮，广大适龄青年积极报名应征，每年报名数大都超过应征数的 10 倍以上。20 世纪 90 年代中期以后，由于适龄青年外出务工增多，大中专学校扩大招生，加之逐步进入独生子女适龄阶段和征兵条件逐步提高，农村青年参军热情有所下降，部分乡镇出现“征兵难”问题。为此，各级政府、人武部门，加大宣传力度，改进工作方法，实行征兵工作责任制，适当提高优待金，确保了历年征兵任务的完成。

体格检查 按照国防部制发的《应征青年体格条件》，由县卫生部门和征兵办公室协同抽调医务人员，组织体检组，加以培训，统一组织实施。抽调的医务人员要求新老搭配。20 世纪 80 年代以前，县以区划片设体检站，体检组巡回检查。1985 年开始，对拟批准入伍的青年，按全省统一的方法和下发的试剂，进行肝功能和乙肝表面抗原检查。1990 年，开始分批集中到县征兵体检站，实行封闭体检。1991 年起，增加尿液和性病检查内容。搞好体检复查、抽查，防止漏检。对海军潜、舰艇等执行特殊任务部队的“条件兵”全部复查，普通兵抽查，对边缘疑难问题，采取集体会诊，从严掌握；抵制不正之风，防止漏检、误检。对征兵体检实行责任制，坚持“谁体检，谁签字，谁负责”，并与职称晋升和奖惩挂钩。

政治审查 按照征兵政审条件，由县征兵办公室负责组织实施。政审以公安部门为主，分级实施。一是搞好政审干部培训。一般结合县征兵工作会议，以会代训，组织政审干部学习新兵政审规定，掌握新兵政审条件。有中央警卫部队征集任务的政治条件兵，县要专门召开会议，部署政审工作。二是搞好摸底初审、复审工作。由村、居委会、学校等基层组织，结合报名目测等工作，弄清适龄青年的年龄、文化程度，病史和有无明显违法违纪等情况。初审由区、乡（镇）、街道、公安民警、专武干部和机关、企事业单位保卫部门，查清体检合格青年的现实表现，应征态度以及家庭成员和主要社会关系的政治情况，填好政审表。对异地学校毕业生，外出时间较长的应征青年，则索取有关证明材料。复审由县征兵办公室政审组对体检合格的应征青年，进行全面审查。三是落实“重在政治表现”的政策。1983 年以后，对应征青年本人，在打击刑事犯罪中，外出务工中的表现情况及 1999 年取缔非法组织的斗争中的表现情况，予以重点审查，从严把握。四是接受群众监督。乡镇、街道等基层组织，在应征青年体检前，体检合格和初审定兵后，要三次张榜公布名单，接受群众监督。同时，设置举报电话、信箱，对群众举报的问题，派人认真调查处理。经查证确属违反政策规定的，及时予以调换。

定兵与交接 由征兵领导小组成员，体检、政审组长、专武干部、接兵部队负责人同时参加，集体审批，择优定兵。先确定“条件兵”，择优审批普通兵。从政治、身体、年龄、文化四个方面严格把关，防止责任退兵。新兵交接由县征兵办公室造具名册，向接兵部队逐个点交，做到人员、被装、档案三齐备，由征接双方负责人签字存档。1983 年以前，由部队派人到各县接兵，1984—1987 年，各县试行地方送兵和少量新兵自行到部队报到。1988 年后，恢复由部队派人到地方接兵。

第四节 招收飞行员

招收飞行学员与征兵工作分别进行。身体检查由县组织医务人员进行初检，地区招飞办公室进行详查，省招飞办公室和空军体检复查验收。政审由县招飞办组织专门人员对体检合格青年进行全面审查，经地区招飞办公室审查同意后，报省招飞办公室复审批准。1979 年前，招收应届初、高中（中专）毕业生；1979 年后，只招收应届高中毕业生。招收年龄，初中毕业生 16～18 岁，高中毕业生 17～19 岁。1985 年以后，招收飞行学员纳入军事院校招生计划，并规定文化考试录取分数线。招飞工作由军区空军招飞办公室和省招生委员会负责。至 1994 年，南江县共招收飞行学员 6 名。

第六章 国防教育

第一节 学校国防教育

1986年，南江所有中小学校国防教育采取升国旗、唱国歌，组织学生军训，请党政领导作形势报告，开办军校等多种形式，不断加强学校国防教育工作。1990年，南江县人武部同县教委对南江中学、南江二中的502名学生和南江镇第四小学学生进行以队列为主的军事训练。至2000年底，南江县人武部每年都派出干部到学校宣讲国防知识。同时，利用“六一”、“八一”等重大节日，组织青少年学生观看国防教育电影片，游览参观“红四门”、“长赤县苏维埃遗址”、“苏军烈士墓”等国防教育基地，激发学生的爱国热情，奋发努力学习，以实际行动支援国防建设。

第二节 社会国防教育

1950年后，南江县各级人武部门结合每年征兵、民兵整组、双拥工作和庆祝“八一”、“十一”等节日，对广大民兵、预备役人员以及广大人民群众开展国防教育，增强全民国防意识，使大家牢固树立“保卫祖国，人人有责”的思想。

1988年，贯彻实施《四川省国防教育大纲》和《四川省国防教育条例》，南江县把国防教育工作列入各部门工作任务。同时，建立完善国防教育组织机构，不断加强国防基地建设。南江县成立了由县委副书记任组长，县人武部政委、县人民政府副县长为副组长的国防教育领导小组，村建立国防教育联络小组，社建立国防教育联系点。在村、社、院落分别建立国防教育站、室、点，使民兵和预备役人员国防教育有了依托。各区（镇）、乡（镇）人武部普遍抓了一乡一校一厂的国防教育示范点，认真探索国防教育新路子。一是抓刊授教育。全县各级人武部每年都订有《国防时报》、《西南民兵》、《中国民兵》、《解放军报》等报刊，使全县刊授国防教育覆盖面达到85%以上。二是自编教材。1990—1994年，南江县委、县政府、县人武部先后组织编印《爱国宣传》、《川陕革命根据地南江斗争史》等地方教材，并创办《民兵工作简报》，不定期刊载国防教育材料。三是举办广播讲座。县人武部同县广播局开辟了“民兵之声”专题国防教育讲座。四是开展国防知识竞赛。1988—1994年，全县11个区（镇）、73个乡（镇）普遍开展了国防知识竞赛和小型军事比武活动。五是创办预备役军人专业班。

2000年，以刊授教育为重点，订阅民兵刊物840份，组织900余民兵干部、专武干部、基干民兵参加了四川省迎接新世纪国防知识的学习竞赛，全县举办广播讲座160期、板报52期。

第三节　预备役军人培训学校

位于南江县小河区东榆镇，距县城10公里。此学校开办于1991年9月，占地面积4000多平方米。它是南江县人武部军事科、南江县教委、南江小河职业中学联合承办的有利于军队建设和国防后备力量建设的一所两用人才学校，与小河职中实行两块牌子、一套班子的管理体制。在业务上接受县人武部的指导。学校办学宗旨是：为部队输送合格优质兵员，为国防后备力量建设输送合格的民兵、预备役人员，为地方经济建设输送优秀的两用人才。招生对象为初中毕业生，学制两年。招收新生按兵员征集的程序和标准，实行年龄、身体、政治文化审查，合格者方能入学，并在每学期对以上四项指标进行复查，不合格者一律退学。

该校成立了专门领导机构，下设教学组、政工组、训练组，制订有适合该专业特色的教学计划和教学内容。师资力量，除文化课在原有教师中调剂外，其余的军事技能、理论、国防教育都有专门人员授课。开设课程以军事技能为主，文化理论为辅。军事专业课内容有队列、射击、投弹、战术、军体拳等项；国防教育课内容为：爱国主义教育、革命英雄主义教育、革命人生观教育。每学期进行一个半月的军事专业训练和半个月的国防教育。学校设施比较完善，建有教育、宿舍、厨房、队列、战术、投弹训练场和射击场，学校按军队编制划分为连、排、班，设有连部、军械室等。制订建立了军事训练制度、一日生活制度、内务管理制度、请销假制度等制度。从开办至1994年，共招收四届学员，计359人，毕业257人。

第二十八篇　公安司法

第一章　公　安

第一节　户口管理

一、常住户口管理

1982 年，在全国人口第三次普查前，对全县常住人口进行一次为期 3 个月的清查。1991 年制发 5 个建制镇的居民门牌 4868 个，印制常住人口登记表 10 万余张，各种登记册 2000 份，非农业人口小户口簿 5000 本，农村小户口簿 14.42 万本。以区为单位，对全县 73 个乡镇兼职户政人员进行为期 3 天的业务技术培训，完成全县 13.2 万人农户小户口簿的填发工作，处理一批长期存在的户口遗留问题（应登未登的 2154 人，应销未销的 879 人，重漏登记的 365 人）。1996 年，开展城乡农村门牌清理整顿，完成全县 14 万户农户门牌编号，使门牌编制法制化、规范化。519 个村推行七统一的城市管理模式，纠正户口项目差错 1.2 万多项，纠正迁入未上户 5386 人、移出未销户 4827 人、重登 29 人、漏登 398 人。建人口登记站 525 个，培训乡镇户簿员 72 名，户口协管员 525 名，完善和建立起人口档案，为依法管理人员奠定了基础。

1997 年起，开始换发全国统一式样的居民户口簿和常住人口登记表工作。此项工作以乡镇为单位，逐村逐社，逐户核对户口，纠正差错，在核对无误的基础上，填写新的常住人口登记表和小户口簿。1998 年，换发 52 个乡新户口簿 11.10 万个，换新常住户口登记表 49.55 万份。同时进行居民身份证颁发纠错工作，历时两个月，共清理身份证 42 万个，纠错 3090 个。省公安厅、地区公安处转发了县公安局身份证纠错工作经验。1999 年，逐村逐社对人口登记情况进行清理核对，为 13 个派出所购置微机，为清理核对后的户口资料，全部录入电脑，实现人口信息微机化管理。

2000 年，从服务西部大开发战略出发，取消农转非的指标限制、条件限制和联合审批制度。对外来投资的，或从外地引进具有初级以上技术职称的技术人员，按照本人的意愿，为其配偶、子女及直系亲属办理城镇常住户口。为方便群众，缩短身份证周期，在完成全县户口整顿的同时，居民身份证号码升位回填工作按时完成。

二、流动人口管理

1986—1994 年，除抓好各级管理班子的建立健全外，主要是坚持流动人口登记发证制度；其次是租赁房屋暂住人口的管理，与房东签订《治安承诺责任书》及租赁房屋治安许可证，查验租赁者的居民身份证和暂住证，建立租赁报告制度和抵押金制度；对用工单位坚持“谁用工、谁负责”，“谁主管、谁负责”的原则，严禁聘用无暂住证人员务工，依法保护暂住人员的合法权益。

1995—2000 年，对外流人员，着重加强行前教育和跟踪管理，对外出务工、经商人员发放“外出人员介绍信”和“外出人员规约”，教育其合法经商，劳动致富，遵纪守法，争创文明公民。仅 1995 年外出务工人员达 3.45 万人，年创经济收入 4588 万元，签发边境通行证 885 人。巴中地区公安处在全区推广了南江对流动人口管理的经验。

三、“重点人口”管理

按照中央有关规定，经过调查核实，确有进行反革命或其他刑事犯罪活动嫌疑、尚不够立案侦查以及有危害社会治安行为；尚不够逮捕、劳教，年满 14 周岁以上的人，被确定为“重点人口”。1985 年全县列入重点人口 1403 人，已改好 889 人。

1986 年，全县列入重点人口管理的有 528 人，采取因人施教，对症下药，逐个落实帮教措施。认真贯彻“教育、挽救、感化”的六字方针，使他们认识错误，改恶从善，重新做人，使 105 名得到了好的转变。到 1996 年共撤管 587 人，新列重点管理的人口 244 人，新建档卡 244 人，补档卡 135 人，建帮教小组 1500 个，帮教力量 3756 人。对重点人口实行三级管理，对外流的重点人口坚持动态管理，做到“违法人员行千里，帮教工作不断线”的跟踪管理进行帮控。采取一抓管理、二抓考核、三抓整顿、四抓帮控、五抓教育、六抓档卡建设，增加了管理民警“六熟悉”基本功，强化了重点人口管理。1996 年列重点人口管理，列管率达 95%，控制率达 77%，改好率达 19%。提供破案线索 201 条，破获各类刑事案件 87 件，抓获违法犯罪分子 67 名，挽回经济损失数万元。

1998 年，对 1997 年原登记建卡的 957 名重点人口进行清理，对于改造彻底、无重新违法犯罪行为的 500 名重点人口撤管。新列管 175 名，对重新列管和新列管的 632 名重点人口全部完善了档卡、资料纳入微机管理。1999—2000 年，每年都要对重点人口进行一次考察，防止重点人口管理失控。

四、居民身份证管理

1987 年 4 月，南江县开始进行居民身份证试点工作，历时 80 天顺利地完成了试点任务。1988 年全县铺开，各区先抓一个试点乡，历时 15 个月于 1989 年 10 月底全部结束，提前一年完成了全县颁发居民身份证任务。购制居民身份证卡 11 万张，培训业务骨干 1019 人，培训打字员 54 名，上业务课 147 次，共发证 32.74 万人，缓发证 5.67 万人，不发证 789 人。应发证的占全县总人口的 62%，发证人数占应发的 93.76%。在办理身份证申请、换发、补领工作中，重点抓了对群众的宣传、教育。坚持使用、查验等管理工作。政府、金融、邮电、商业等部门，坚持使用、核查身份证制度，大大方便了群众，起到了保护好人、防范和控制坏人的作用。

第二节 特业·文化市场管理

一、特殊行业管理

随着改革开放的不断深入，全县的特种行业不断发展，至1985年全县共有特种行业365个，从业人员766人。为加强旅店业的管理，预防和减少犯罪，1988年1月，在全县旅店业中实行“违章记录卡”制度；3月，县人民政府批转公安局《关于加强城乡社会治安管理的意见》，《意见》对特种行业的申办和管理办法、从业纪律、违规者的惩处办法都作了详细的规定。1988年8月，正式将当铺归为旧货业，纳入特种行业管理。

1993年以后，市场经济体制的建立和不断完善，对特种行业管理进行了改革，走管理与引导、服务，重在服务的新路子，按照“你申请，我管理，你开业我支持，你经营我保护，你违法我查处”的原则，宽严相济，重在引导服务上下功夫。对申请开业的，只要符合条件，就尽快核发特种行业许可证，简化了刻制印章的审批手续，适当放宽了刻制钢印的范围，对旅店不再随意普遍查房，对违反治安管理的，不轻易采取查封、停业等措施，为市场经济发展提供了宽松的环境。对特种行业的治安管理，主要是帮助健全完善制度，规范经营行为。在管理中发现各种线索，为侦查破案服务。经过对特种行业的认真管理，每年都从中收集到许多有价值的破案线索，利用这些线索破获了一大批刑事案件。

表28—1　　南江县1986—2000年特种行业基本情况统计表　　单位：个

年度	合计	旅馆业				废旧金属			刻字业			印刷业			
		小计	国营	集体	个体	小计	国营	集体	小计	集体	个体	小计	国营	集体	个体
1986	279	192	9	85	98	71	3	68	16	4	12				
1987	269	205	8	86	111	45		45	15		15	4	2	2	
1988	316	224	9	87	128	71		71	15		15	6	2	4	
1989	261	196	10	70	116	50		50	11		11	4	2	2	
1990	304	216	10	81	125	66		66	16		16	6	2	4	
1991	300	223	10	78	135	53		53	12		12	12	2	10	
1992	300	223	10	78	135	53		53	12		12	12	2		10
1993	644	514	22	267	225	92		92	14		14	24			24
1994	483	374	29	158	187	77		77	12		12	20			20
1995	398	310	25	169	116	60		60	15		15	13			13
1996	322	229	15	64	150	57		57	18		18	18			18
1997	146	121	15	38	68	14	2	12	5		5	6		3	3
1998	399	296	156	64	76	26	2	24	25		25	52		3	49
1999	200	155	8	27	120	28	2	26	8		8	9			9
2000	233	205		27	176	15	2	13	5		5	8			8

二、文化市场管理

20世纪80年代初期，随着改革开放的不断深入，县内的营业性录像放映业逐渐兴起。随之而起的有舞厅、卡拉OK厅、音乐茶座、电子游戏厅，丰富了人们业余文化生活，成为新兴的服务行业。但在经营活动中，有的提供色情服务，有的为赌博提供条件，抽头牟利，污染了社会风气。为净化环境，将文化市场的规范管理纳入了公安治安管理的一项重要内容。

1985年4月30日，南江县广播电视局、公安局、工商行政管理局、文教局联合发文，制订《关于营业性录像放映管理的意见》，从营业性放映业主的申办、管理等进行了规范。1986年5月24日，四家又联合印发《关于加强文化市场管理的暂行规定》，从管理范围、管理原则、管理的具体措施进行了全面规范，将各类图书的租借、发行，各类展览、文艺演出，电影录音、录像放映，各类民间艺人演唱、表演，文化茶园，游艺活动等归入文化市场予以管理。1987年5月7日，南江县公安局、文教局联合行文，制订《关于营业性各界舞会的管理意见》。同年11月19日，四川省政府发布了《四川省文化体育活动场所治安管理办法》的通知，进一步明确了文化体育活动场所治安管理的范围和办法。

1996年元月1日，全县贯彻一手抓繁荣，一手抓管理的方针，从即日起成立南江县公安局文化市场治安管理办公室，并下发了《关于进一步加强文化市场管理的决定》，明确了管理职责和界限，理顺了服务关系，促进了文化市场的健康有序发展。1997年10月5日，县公安局印发《关于对文化娱乐场所规范管理的通知》，对文化市场的管理坚持属地管辖、分级管理的原则，把管理的重点放在帮助经营业主建章立制，强化安全管理上，多服务少处罚，多建议促发展，为文化娱乐业的发展，提供了一个宽松的外部环境。

1998年，先后对旅店、路边店、茶园、歌舞厅、发廊、录像放映点的业主进行规范经营行为教育，签订了安全防范责任书，按照“你守法我保护，你违法我查处”的原则，对群众举报属实的问题，坚决予以查处。依法打击了容留强迫少女卖淫的个体老板韩××，关闭了7家进行赌博活动的电子游戏厅，捣毁淫秽录像播放点5个，缴获淫秽光盘70余张。

1999—2000年，对全县文化娱乐场所的管理突出了以服务为主，不搞大的清查，实行了责任区民警与业主单位法人联系制度，建立健全各项管理制度，签订安全责任书，杜绝了公安机关内部的“三乱”行为，为经济发展提供了良好的社会治安环境。

第三节　枪支危爆物品管理

从20世纪50年代起，公安部门一直将枪支危爆物品的管理作为一项重要的专项业务工作进行。1986年3月，县公安局、物资局联合通知，加强对民用爆炸器材销售和购买的管理，就爆破器材的生产、储存、购买、运输、使用作出严格的规定。7月7日，对县林业局项目办未经审批购买炸药4.08万公斤，雷管7093发，导火索1.98万米，保管存储不符合安全要求的问题进行严肃查处，并重申了六条管理措施。1987年，贵民修筑长西路，公路指挥部非法加工、购运炸药71.44万公斤，雷管14万发，导火线12万米，擅自销售炸药3.63万公斤，雷管4万发，导火索1.75万米，工地盗窃、私存和卖炸药雷管现象严重，县公安局及时对此进行了查处。

1988年，根据乡镇采矿企业不断发展，为强化爆炸物品的管理，作出了统一管理、统一购置、统一保管、专库储存、专人保管发放的规定。1989年11月19日起，执行省政府有关规定，将烟花爆竹、民用信号弹、黑火药、烟火都纳入危爆物品管理范畴。

随着经济建设的发展，民用危爆物品需用量逐年增加。特别是1994年以后，巴（中）乐（坝）路、沙（河）南（江）路、二南路（南江—南郑）、双江（南江—通江）路等外出通道的新（扩）建，区、乡、村道路的新建，爆炸物品用量猛增。在点多、线长、人人作业、村村放炮的情况下，县公安局将危爆物品与枪支弹药的安全管理，列入了同等重要的地位，从各个环节管死卡住，杜绝了失控。1985—1997年的13年中，仅于1996年12月16日在正直镇发生一起鞭炮厂工人违章操作引发爆炸，造成死亡4人、伤6人的重大事故。无涉枪案件、事故发生。

1998年，加大对枪支危爆物品管理力度，清理登记全县军用、民用枪支，收缴非法制造、持有的民用枪支15支，整顿培训经营、使用危爆物品单位法人和爆破员队伍，对爆炸物品的购、销、运、保管、使用进行规范。签订安全管理责任书，做到审批合法，购销畅通，使用管理规范合理。全年审批炸药45万公斤，雷管100万余枚，导火索180余万米，购销烟花爆竹1万余标准厢，指导建筑爆炸物品存放点21处，取缔非法生产烟花爆竹地下工厂3处，销售点6处，危爆物品存放点8处，整改隐患85处，挡获查处无证购运炸药1.65万公斤，收缴散失炸药935公斤，雷管2288枚，导火索7208米，但无涉爆事故发生。1999年，对内部枪支实行分级集中统一管理。对全县13个公务用枪单位每季度进行一次安全检查，签订枪支弹药使用管理责任书。清理登记全县2000支公务用枪和民用枪支，规范枪库23个。收缴散存在私人手中的枪支21支。对全县的35处爆炸物品存放点进行规范整顿。取缔危爆物品非法销售点3个，整改隐患31处，挡获查处无证购运炸药15吨，做到审批及时，购销规范，使用合法。

2000年，针对全县公路建筑中爆炸物品使用量大的实际，一边加强对爆破作业的现场安全指导，一边加大对散存在社会上的爆炸物品收缴力度。全年共收缴散存群众手中的炸药8500公斤，雷管4168发，导火索1820米，收缴烟花爆竹20件。

第四节　交通管理

一、交通安全管理

1987年4月前，交通管理由交通监理所负责。1987年4月，划归公安机关管理。公安机关积极贯彻“安全第一，预防为主，综合治理”的方针，和“严字当头，以身作则，敢于管理，狠抓落实”的原则，在全县范围内开展交通安全检查，使道路交通安全取得前所未有的好成绩。

1988年后，道路交通安全管理始终围绕“压事故、保安全、保畅通”这个中心，大力开展交通法规和交通常识的宣传教育；建立安全责任制；严格车辆、驾驶员审验、认真开展路检、路查，纠正违章，查处交通事故。至1993年，连续五年实现交通事故四项业务指数全面下降。

1994—1997年，公路通车里程，由1994年以前不足1000公里发展到2200公里，各类车辆猛增至2200余辆，驾驶员增至2500余人，给道路交通安全管理增加了困难。1995年，恢复交通安全联组，加大对车辆、驾驶员的管理力度。1996年，把交通安全法规、安全常识的教育拓展到学校，启动以中小学生为对象的“娃娃教育工程”。南江镇实验小学成立了少年交警班，向公路沿线的中小学校派出校外辅导员，一季度落实一次交通法规、安全常识教育。在公路沿线村社聘请交通安全宣传员、公路治安信息员、义务交通安全员，增强了防范功能。同各车管单位、个体车主和驾驶员签订安全责任书，强化责任意识。严格清理整顿客运市场，纠正违章，强化车辆管理，保证了交通安全管理的良性循环。

1998年，组建南江县公安局公路民警巡逻大队，与交警大队共同肩负道路交通安全管理，查处破坏交通安全的违法犯罪行为，打击车匪路霸，保障道路交通安全畅通的职责。在交通安全管理中，继续坚持抓教育、抓宣传、抓路检路查、抓清理整顿等行之有效的措施，保证了畅通。全年共上交通安全课54堂次，办红绿灯节目18期，召开安全联组会36场次，与公路沿线住户签订三包责任书1390份，清理扣押无牌无证车辆114台，监督车辆报废37台，取缔违法载客农用车52台，全年共发生交通事故301起，死亡61人，伤120人，经济损失79.6万元。

1999年，以建“平安大道”“畅通工程”为突破口，立足山区实际，大力实施以娃娃为基础面向学生抓教育的教育工程，开展交通法规、安全常识的学习教育，向社会辐射；以重点集镇和过境场镇为基础，面向干部、职工、场镇居民、机动车驾驶员抓管理的管理工程。全年整治重点特危路段11处，为过往车辆提供安全服务125台次，上交通安全课48堂次，召开安全联组会38场次，在公路沿线聘请交通安全宣传员564名，信息员174名，与公路沿线住户签订三包责任书1300份。查处全县无牌无证机动车辆107台、监督车辆报废45台，取缔农用违法载客52台。全年共发交通事故112起，死亡55人，伤139人，经济损失50.64万元。

2000年，针对6月7日魏家坝至桃园路段S101线574公里加500米处（小地名范桶坝）发生的死14人、伤10人的特大交通事故的教训，自7月6日起，在全县开展为期半月的交通安全大整治。共出动警力1800人次，检查车辆8600台次，纠正违章4355起，处罚3532人，治安拘留12人，强制报废车辆57辆，暂扣车辆126辆，查处无牌无证39辆，临检391辆，发整改通知书89份，拆除随意增加座位165辆，督促保险107辆，召开联组会17次，与有车单位和驾驶员签订责任书532份，强化了人们的交通安全意识。

二、交通事故

据不完全统计，1986年1月至2000年12月的15年间，全县共发生交通上等级事故1019起，致144人死亡、288人受伤，直接经济损失321万元。最为突出的案例有：1986年12月18日，县运司驾驶员夏××驾驶108号客车行至柳贵路37公里+200米处因车速过快翻于80米高的岩下，造成夏××及乘客共20人死亡、轻重伤27人、直接经济损失13.20万元；1991年1月25日，县运司驾驶员宋××，驾驶峨眉牌大客车，装载旅客52人，由贵民返南途经长两公路零公里+800米处，因超速，下坡处理不当，致客车翻于约5米高的乱石岩下，当场死亡3人、轻重伤41人、车报废，直接经济损失12万元；1998年2月5日，县交运司临时驾驶员李××驾扬州牌卧铺大客车，由南江载客70人至西安，行至二南路65公里+800米处，因严重超载，翻于高岩下，驾驶员及两名乘客死亡，轻重伤67人；同年10月13日上午9时，个体驾驶员岳××驾驶北京212吉普车搭载教委干部下乡检查工作，车至双江路关路大桥，因车速过快，坠入20米高的桥下，驾驶员及5名乘客全部死亡，车报废。

表28—2 **南江县1986—2000年交通事故统计表**

年　度	次　数	死亡人数	受伤人数	损失折款（万元）
1986	51	32	57	11.85
1987	50	16	48	8.92
1988	47	33	87	13.29
1989	45	12	43	8.65

续上表

年　度	次　数	死亡人数	受伤人数	损失折款（万元）
1990	33	9	16	7.57
1991	63	34	67	11.26
1992	53	24	49	16.22
1993	31	19	37	7.2
1994	69	28	86	27.93
1995	39	65	101	18.77
1996	58	23	34	14.85
1997	70	44	92	30.02
1998	80	28	98	49.63
1999	70	37	86	3.89
2000	260	54	248	5.63

第五节　消防工作

1985 年 10 月 16 日晚，南江镇二居委龚××家电线起火引发火灾，经县党政军警和附近居民一千余人的奋力抢救，历时 1 小时，方将大火扑灭，经济损失 6 万余元。12 月又相继发生两起重大火灾，损失 2 万余元。每当火灾发生后，各级领导亲自上阵抓消防安全工作。在县委、人大等领导机关的带动下，全县 69 个单位、5 个区集资 8.19 万元，铺设了生活、消防两用水管 4 条 600 余米，安设消防火栓 32 具。1988 年在有条件的区、乡、镇和一级防火单位建立专职防火员，负责辖区内的安全工作。

1990 年 2 月 21 日，南江印刷厂发生火灾，损失折款 17.52 万元；11 月 3 日，南江县人民医院职工宿舍起火，火灾损失 5.29 万元。两次火灾发生后，县委、县政府批准购置消防车一台装备公安局消防科。广旺矿务局南江煤矿投资 22 万元购置黄河牌水罐车一台，使消防安全装备有了增强。北京青年电影制片厂与县公安局联合摄制的消防题材的电视剧《火云祭》，1991 年 4 月 29 日在中央电视台一套节目播出，使南江的消防宣传走向全国。

1994 年，全县发生火灾 7 起，死 1 人，伤 2 人，经济损失 16.3 万元；1995 年，乐坝、桥坝、白院农村连续发生 3 起火灾，损失达 30 余万元。针对严峻形势，加大宣传力度、对直管重点防火单位的法人代表、保卫干事进行培训；对县城的建筑、装饰装修工程进行清理整顿，不符合防火要求的责令整改；对易发火的下河街居民住宅、单位发出加强消防安全工作的公告，再一次明确重点防火单位。集中警力，对城内的歌舞厅、录像放映场、电影院等部位进行安全大检查，发现火险隐患 82 起，发整改通知书 25 份。1996 年火灾大幅度下降，火灾次数下降 58%，火灾损失下降 77%。

1997 年，县公安局消防科改为消防大队，中国人民武装警察部队南江县消防大队为区营级单位。年底成立消防中队，设专职人员 8 名。1998 年，根据消防法规宣传，检查安全措施落实，整改火灾隐患，增强防火安全意识。全年发火灾 7 起，经济损失 7.4 万元。

2000 年，加大对消防的预防工作力度，先后对 243 个防火单位进行检查，查出火险隐患 948 起，发整改通知书限期整改 706 起，发责令整改通知书 184 份，督促 63 个单位落实消防安全措施，增添消防器材82件，规范整改石油产品储存、销售库54家，民用34处。全年成功扑救火险11起，避免经济损失19.26万元。

表28—3　　南江县1986—2000年火灾情况统计表

年度	起数	其中		死人	伤人	损失（元）	火灾原因（起）							雷击汽车
		农村	城镇				纵火	违反操作	电器线	用火不慎	小孩玩火	自燃	火因不明	
1986	9	9	0	4	1	68850	1	3		3				
1987	12	10	26	1	2	127913	1	1		10				
1988	11	5	6			40027		1		9	1			
1989	16	11	5	1	2	44536	2	3	1	10				
1990	9	7	2		3	246087		2	2	4			1	
1991	10	8	2			35736	2	2	2	4				
1992	16	12	4		2	109245	3	2	1	6	1	2		1
1993	10	9	1			64551	3			6			1	
1994	19	14	5	1	4	342551	1	4	8	6				
1995	17	13	4			463021	2	3	5	6				1
1996	7	4	3	1		105964		4	1	2				
1997	6	2	4			1144700			1	3	1	1		
1998	8	2	6	1		294800			5	1	1			1
1999	7					73750								
2000	14					192600								

第六节　社会治安管理

一、治安组织

1987年，在个别条件好的乡（镇）建了治安室，治安员由乡干部兼任。1989年，各乡（镇）相继建立治安室。按万人以上的乡（镇）配2名治安员；万人以下的乡（镇）配1名治安员。全县有72个乡（镇）治安室，招聘治安员133名。乡（镇）治安室是在乡（镇）人民政府领导下，由公安派出所进行业务指导的治安保卫组织。机关、厂矿、学校和企事业单位的保卫科、股，受本单位和公安机关的双重领导，按照有关规定，担负本单位内部的安全保卫工作。

治安保卫委员会　是不脱离生产的群众性的治安保卫组织，是公安机关联系群众的桥梁。治保组织的设置，农村以村、城镇以居民委员会为单位设立；机关、厂矿、学校、企事业单位，一般按单位设立。治保委员会一般由3～11人组成，人员须经基层党组织和公安保卫机关审查，由群众选举产生，每年改选一次。城市和农村的治安保卫委员会，受基层党组织和公安派出所、公社治安员的领导；厂矿、企业、机关学校和其他事业单位的治安保卫委员会，受所属单位党政组织和公安保卫机关领导。

村治保会　1984年，结合公社改革，对村治保会再次进行整顿。调整后，全县治保会794个

（其中内部175个，城镇17个，村602个），治安保卫小组1834个（内部163个，城镇31个，村1640个），治安保卫人员8302名。至1997年，全县治保会组织683个，治保会成员3124人。1999年，通过清理整顿，全县治保会组织共586个，治保会成员1936人；其中农村治保会522个，成员1598人；街道治保会46个，成员208人；厂矿企业治保会13个，成员95人；学校治保会2个，成员7人；机关单位治保会3个，成员28人。

表28—4　　南江县1986—2000部分年度治安保卫组织统计表

年度	治保会总数		农村		街道		厂（场）		机关		学校		内部	
	个数	人数	个数	人数	个数	人数	个数	人数	个数	人数	个数	人数	个数	人数
1986	836	4053	522	3232	75	605	140	720	84	450	15	50		
1987	690	3706	547	2865	45	191	400	160	41	255	17	135		
1988	650	3428	582	3174	35	140	33	114						
1989	619	2864	509	2247	59	324	19	179	32	114				
1990	623	3131	476	2393	73	451	28	75	75	89	21	123		
1991	681	3655	563	2935	85	456							33	264
1992	660	2838	542	2319	77	380	13	45	20	78	8	16	38	360
1993	643	2969	529	2307	16	302							90	460
1997	683	3124	593	2664										
1998	626	1936	522	1578	66	208	21	95	15	48	2	7		
1999	586	1936	522	1598	46	208	13	95	3	28	2	7		

二、公共治安秩序管理

1986—2000年，南江县社会治安组织，主要抓了以下10个方面的工作：（1）进行社会主义法制宣传，推动乡（村）规民约的实施，开展五好家庭和创建文明村竞赛活动。1997年在全县建成了50个文明乡、镇和50个机关学校文明单位、400个文明村。（2）依靠治保会发动和依靠群众，推行各种治安承包责任制，做好防盗、防特、防火、防治安灾害事故等四防工作；贯彻执行民用枪支、易燃易爆、剧毒农药等危险物品管理规定，落实安全防范措施。基本实现了社会公共治安秩序好，发案少，群众满意的目的。（3）调查掌握违法犯罪人员情况，督促乡、镇企业，街道、村民委员会和家长，做好帮助教育工作，落实对刑满释放、解除劳教人员的教育和安置工作，促进了社会稳定。（4）依靠乡、镇所在的机关、学校、厂矿、企事业单位，发动和依靠群众，组织好治安巡逻和治安联防工作；加强重点地区，复杂场所，要害部位的安全防范工作；做好群众性的文娱、体育和庆祝活动的安全保卫工作。（5）各级、各部门的治保组织协助公安机关，加强对旅店业的管理，及时发现和控制违法犯罪活动，提供破案线索。（6）向群众宣传有关查禁赌博、取缔卖淫活动和迷信职业等的违法活动，收缴淫秽书画及严禁种植罂粟等方面的规定，积极向公安机关提供线索，协助搞好查禁、取缔工作。劝阻和制止其他违反治安管理规定的行为。（7）做好调解纠纷、疏导矛盾的工作，防止因民间纠纷引起各种矛盾激化而酿成治安、刑事案件。（8）协助公安机关和乡镇人民政府做好暂住人口登记和管理工作。（9）对现行违法犯罪分子及时扭送公安机关处理，对发生的案件要保护好现场，走访群众，提供线索，协助公安机关查破；对发生的治安灾害事故，要及时赶赴现场，维持秩序，积极参加抢险救灾工作。(10) 依靠村治保会，发动群众，依照有关法律规定，对被管制、刑释、缓刑、监外执行和被剥夺政治权利的罪犯以及监视居住的人，进行监督、考察、教育。

三、治安保卫工作

1986—2000 年，部门保卫科、股主要抓了以下几个方面的治安保卫工作：(1) 宣传教育群众，提高革命警惕，增强法制观念，依靠群众搞好四防工作。(2) 严密安全防范措施，保卫要害部位的安全。(3) 开展调查研究，发现反革命分子、特务、间谍分子和其他刑事犯罪分子。(4) 维护内部治安秩序，同危害治安的行为作斗争。(5) 配合有关部门同治安灾害事故作斗争，追查破坏和破坏嫌疑事故。(6) 协助有关部门做好保密工作，同盗窃、出卖党和国家机密的行为作斗争。(7) 领导治安保卫委员会，领导本单位民警的日常工作，对专职、义务消防组织和护厂（校）队进行领导或指导。(8) 贯彻执行公安机关的有关规定和交办的事项。

第七节　林区治安管理

一、森林公安派出所

为保护全县森林资源，维护全县林区的社会治安秩序，查处林政案件和治安案件，严厉打击破坏森林资源、野生动植物资源的犯罪分子，1984 年经省委、省政府批准成立南江县公安局森林派出所，置干警 8 人，所址设在南江县林业局，胡继安任所长，周开言任政治指导员。以后各年，历经变更，由所改科。至 1995 年，又单独建立“南江县公安局大坝林区派出所”，所址设魏家坝，以后所址又迁南江国营林场场部（今断渠），有干警 9 人。大坝林区派出所与林业公安科合并办公，实行两块牌子、一套班子。林业公安科和大坝林区派出所的工作活动范围，前者对全县而言，后者只限于 5 个林场（大江口、魏家坝、大坝、玉泉、沙坝），2 个人造板厂，1 个农业组（大坝），所辖经营面积 45333.33 公顷。

二、案件查处

1985—1997 年，全县共查处各类案件 1700 件，其中刑事案件 154 件，治安案件 272 件，授权处理的林业行政案件 1274 件。处罚 3136 人，其中逮捕 57 人，治安拘留 123 人，警告 2 人，治安罚款 130 人（次），行政罚款 2028 人（次），其他处罚 792 人（次）。收缴财物折款 84.21 万元，包括收缴木材 791 立方米折款 16.6 万元，治安罚款 9065 元，行政罚款 36.28 万元，追缴损失赔偿 6.46 万元，其它财物折款 21.29 万元。仅大坝林区派出所单独查处各类案件就达 198 件，其中刑事案件 6 件，治安案件 53 件，林业行政案件 141 件，处理工伤事故 8 件，处罚 148 人（次），其中，逮捕 4 人，治安拘留 11 人，行政处罚 116 人（次），追缴经济损失赔偿 17 人，收缴财物折款 1.01 万元，行政罚款 7139 元。

1987 年 4 月 21 日，南江县关坝乡村民康××、尹××为大坝经营所采伐病、腐木之机，勾结川陕两地木材贩子、汽车驾驶员，买通木材检查站工作人员，以偷运手段，廉价盗卖国家木材 37.56 立方米，获款 3925 元，造成直接经济损失 9389 元，康、尹获款 1100 多元，被法院判处有期徒刑。

1990 年 6 月 3 日，黑溪乡一村村民张××未经批准砍伐张××有争议的桤木树 5 根，张××又砍张××自留山及屋前后的桤木树 48 根。经干部调解后，张××又砍伐张××的自留山及屋前后各种树木 251 根，立木材积达 4.42 立方米。砍树 202 株，慈竹 284 公斤，直接经济损失 1307 元。张××也随同家人大肆砍，毁坏张××各种林木 509 根，慈竹 1600 公斤，直接经济损失 1753 元。两家竹木洗劫一空，损失惨重。两家共毁树 972 株，慈竹 1603 公斤，直接经济损失 3961 元。张××、张××，无视森林保护法规，大肆毁坏竹、木，情节严重，构成故意损坏公私财物罪，被法院判处有期徒刑，两家有关人员给予治安拘留。

1991 年 5 月 15 日，关坝乡羊村村民岳××毁林开荒，引起山火，起火面积 10.3 公顷，受灾面积 2.6 公顷，烧毁各种树木 9233 株，计立木材积 217 立方米，造成经济损失 1.14 万元。岳××毁林开荒，违章用火，造成严重经济损失，被判处有期徒刑一年。1992 年，广旺矿务局南江煤矿，乱收购木材，经多次调查被拒绝查账，林业公安干警耐心解释法律法规，终于接受查账，清理出该矿 1988—1992 年 3 月，无证收购排材共 1625 吨，枕木 156 立方米，依照林业政策法规补交了两金费 24684 元，同时罚款 11502 元。

1997 年，查处花桥乡 1 村何××、周××、余×等 12 人，从 1988 年 10 月至 1997 年 1 月发生盗伐九重岩国有林木案 21 件，共收缴各种财物折款 15879 元，其中罚款 9075 元，追收木材 4.68 立方米，赔偿损失 2294 元，其他处罚 310 元。1998—2000 年，共查林政案件 157 件。

三、打击盗伐林木专项斗争

1993 年 2 月 7 日，开展打击盗伐、滥伐林木、破坏森林资源犯罪专项斗争。全县组成 8 个专案组，分赴全县 8 区 23 乡 26 村 28 个社，与区、乡党政一道，按统一部署，边发动群众，边收集线索，边调查处理。历时 38 天日夜奋战，共查处各类林业案件 196 件，其中刑事案件 6 件，治安案件 42 件，林政案件 148 件。处罚 229 人（次），包括林政罚款 195 人（次），其他处罚 34 人（次），追收各种财物折款 4.27 万元。

1994 年 5 月，开展以打击毁林违法犯罪分子，保护森林资源，遏制盗、滥伐林木为内容的专项斗争。以槐树、柳湾两乡为重点，组织 5 个小案组，分赴两乡、3 个村、8 个社，和区、乡配合，通过 25 天的广泛发动群众，宣传林业政策法规，查证核实证据，依法公开处理，共查处各类林业案件 83 件，收缴各种财物折款 3.31 万元。还在其他部位查处各类林业案件 24 件，其中刑事案件 2 件，治安案件 5 件，林业行政案件 18 件；处罚 29 人（次），逮捕 1 人，治安处罚 4 人；林业行政罚款 16 人，其他处罚 5 人，收缴各种财物折款 3.31 万元，追回木材 12 立方米。

1995 年，开展打击陆生野生动物资源违法犯罪的专项斗争。选择野生动物资源丰富，破坏野生动物资源比较严重的川陕交界的上两区所辖的桃源、槐树、上两、关坝四个乡为重点，采取突击行动，重点清理餐馆和非法收购、猎捕的违法人员。历时 88 天，共查处各类破坏野生动物资源的案件 39 件，没收野生动物产品 60.3 公斤，收缴猎枪 18 支，兽夹 15 个，猎套 1400 余副，各类皮件 7 张，罚款和征收野生动物管理费 2.75 万元。

表 28—5　　南江县 1985—1997 年各类森林案件情况统计表

类别	数目 \ 单位	合　计	林业公安科	大坝林区派出所
查处各类案件	合　计（件）	1900	1700	200
	刑事案件（件）	160	154	6
	治安案件（件）	325	272	53
	林政案件（件）	1415	1274	141
打击处理情况	合　计（人次）	3280	3132	148
	逮　捕（人次）	61	57	4
	治安拘留（人次）	134	123	11
	警　告（人次）	2	2	
	治安罚款（人次）	246	130	116
	行政罚款（人次）	2028	2028	
	其他处罚（人次）	809	792	17
收缴物资情况	折款合计（元）	852239	842100	10139
	木材（立方米）	799	791	8
	治安罚款（元）	9065	9065	
	行政罚款（元）	369945	362806	7139
	赔偿损失（元）	64605	64605	
	其他物资折款（元）	21925	212925	
备　注				处理工伤事故 8 件

第八节　打击刑事犯罪

1983 年 8 月至 1986 年，进行严厉打击刑事犯罪的三个战役。其中 1985 年，抓获了公安部通缉的重大流窜盗窃越狱逃跑犯赵××；1986 年，办结了李××、何××重大诈骗案，追回赃款 8 万余元和价值 24 万余元的赃物，维护了党纪国法。1987 年，结合专项斗争、专项治理，开展破案战役，全年立案 185 件，破案 153 件。是年 5 月开始，以三个月时间集中警力，开展打现行、反盗扒、端窝子的专项斗争。10 月份起，集中三个月时间，进行治理社会丑恶现象、贩卖人口和赌博活动的专项斗争。全年立案 234 起，缴获赃款 17.21 万元、黄金 237.5 克、鸦片 1750 克。

1989 年，公安机关加强对政治案件、刑事案件的侦破。全年共侦破“9·29”特大反标案为代表的政治案件 9 件。9 月 29 日，犯罪嫌疑人蒲×，与国际国内敌对势力遥相呼应，共书写 191 条内容不同的反动传单 360 张到处散发，恶毒攻击党和国家领导人，诋毁中国共产党的领导和社会主义制度。案发后，公安局抽调 70 余名干警，在地区公安处 25 人工作组指导下，日夜奋战，经过 11 个昼夜艰苦奋战，一举抓获案犯蒲×。打击刑事犯罪方面，主要开展系列专项斗争。1—5 月在全县开展以保卫春耕生产为主要内容的打现行、反盗扒，保春耕斗争。5 月份，大张旗鼓地开展打击盗伐滥伐森林犯罪活动的专项斗争。7 月份开展打击流窜犯罪斗争。6 月至 12 月，深入开展打击拐卖人口犯罪活动专项斗争。全年共立刑事案件570起，破案465起，打击刑事犯罪分子609人，逮捕人犯146名，挽回经济损失212193.93元。

1990年，先后进行三次严打集中统一行动，穿插搞了二次破案战役，全年共立刑事案件1156件，破862件。1992年，8小时内破获新中国成立以来县内最大的一起现金被盗案，抓获盗窃犯张××、窝赃犯丁××，追回被盗现金2.86万元。

1993年初，开展打击人贩子的专项斗争。在大力宣传的基础上，发动群众检举揭发，举办人贩子参加的学习班，采取内审外查、政策攻心、分化瓦解的办法，教育其坦白从宽，检举揭发团伙和首犯。共打击处理104名，教育释放4名，收缴赃款5778元，赃物68件，处决罪大恶极的人贩子贾奎朝。

1995年3月，集中力量，分片包干，对12个区镇的重点部位，多发案地区，以“打盗窃、反抢劫、捣团伙、抓逃犯”的春季严打为攻势。6月以打击拐卖人口犯罪为重点；10月，开展“百日破案战役”，实行“定人、定案、定奖”三定责任制。全年共立刑事案件431起，破368件，出现“三升三降”的良好局面。

1998年，在打击刑事犯罪、侦查破案方面，持续不断地开展不同类型、不同规模的严打斗争。全年立刑事案件301件，其中重特大89件，破刑事案67件，破案率88.8%。打掉犯罪团伙21个75人，清理出历年在逃人员136名，追捕归案21名，刑事拘留244人，提捕84人，逮捕80人，起诉60人，劳动教养1人。

2000年元月18日，沙坝木竹垭发现一具人体白骨，通过对2省7区近2000名群众的调查，从漫无头绪的乱麻中找出作案嫌疑人苏××，成功地破获了县内首例白骨案。在全国统一开展的打击拐卖妇女儿童专项斗争中，全面清理了1985年以来的拐卖妇女儿童案件，开展了大追捕大解救。先后破获持续作案13年15起、拐卖儿童12人、未婚女青年4人，纵横八省十三市、在逃11年之久的集团案。破获花桥乡涉案26人、隐蔽较深的拐卖妇女婴儿犯罪集团，经过千里追踪，辗转广西、海南、广东等省区，终将主犯抓获，查清11名婴儿去向。县公安局获省厅表彰，刑警大队荣获集体三等功。

表28—6 **南江县1986—2000年刑事案件发、破情况统计表** 单位：件

年度	政治案件		刑事案件		重特案件	
	发案	破案	发案	破案	发案	破案
1986			126	101	25	22
1987			185	153	58	50
1988			234	196	54	45
1989	9	4	570	465	107	91
1990	3	1	1157	862	99	76
1991	1	1	1017	852	124	101
1992	2	2	714	640	142	122
1993	1	1	787	559	241	207
1994	6	6	652	368	211	180
1995	15	15	431	338	17	25
1996	6	6	395	297	98	83
1997	1	1	328	297	76	68

续上表

年度	政治案件		刑事案件		重特案件	
	发案	破案	发案	破案	发案	破案
1998			301	267	89	77
1999			314	267	81	78
2000	1	1	553	492	167	167

第九节　预审·看守监管

一、预审

1986 年，为适应新的形势需要，加强预审民警素质的提高，全年共审查报捕案件 37 件 60 人，提请检察院批捕 19 件 27 人，批捕率达 100%。通过预审挖采犯罪线索 19 起，查证落实 9 起，处理 14 人。协助区、乡处理久拖未决的疑难伤害案件 9 件 15 人。

1987 年，全年共受理批捕、起诉案件 74 起 110 人，全部审结无积案。1990 年，刑事案件发案数猛增，年内共受理预审案件 104 件 173 人，预审工作日夜加班加点，审结 103 件 170 人。

1989 年以后，案件逐年大幅度上升，1990 年发刑事案件达 1157 件，1994 年案件降至 600 余件。在案件数量增加人员未增加的情况下，完成了大量的预审起诉工作，适应了形势需要。1997 年底，建立覆盖社会面的大刑侦格局，实行侦审合一的刑侦改革思路，撤销预审监管大队，将预审业务与侦查业务合并，实行办案民警从立案侦查到起诉一体化工作程序，减少中间环节，提高办案效率和质量。

二、看守监管

监舍整治　1986—1998 年，南江县看守所设在县城东庙子岭，原通用机械厂旧址，虽经多次改建，但仍不适应看守工作的需要。1999 年，根据城区改造规划，看守所迁址北移于养生潭侧畔，于 1998 年 3 月动工，耗资 480 余万元。监所占地 0. 67 公顷，办公楼 600 平方米，建有监舍 35 个 1200 平方米，按设计年关押量 500 人，现月关押 160 人，属中型看守所，同时配套建成了武警中队营房，安装有监控、对讲、报警联动、有线电视、电视讲话、人像储存和微机化管理等 7 大功能的监控设备。

安全教育管理　首先是抓入监教育，向新入监的人员宣传监规和有关制度，发放学习资料和记录本，使入监人员懂得监内的各项规矩。其次是进行形势教育和典型事例教育，把看守所办成专门学法的学校，组织人犯经常学法律知识，使人犯明白什么是违法、犯法，犯法后要认真服法认罪，加强改造，要守法。第三是加强耳目建设，及时准确提供在押犯的思想、行动和表现，保证监所安全。第四是坚持定期或不定期的安全检查，防止和杜绝逃跑、自杀、行凶、暴狱、死亡等重大事故的发生。2000 年，南江县看守所被公安部命名为“二级达标看守所”称号。

第二章 检 察

第一节 机 构

一、机构沿革

南江县人民检察院1985年内设八科一室，即：批捕科、起诉科、法纪检察科、办公室、监所检察科、控告申诉检察科、林业检察科、驻坪河劳改支队检察科。1988年，成立南江县人民检察院举报中心。1989年，成立南江县人民检察院政工科、南江县人民检察院烟草检察室、南江县人民检察院民事行政检察科、南江县人民检察院纪检组。1992年，成立南江县人民检察院反贪污贿赂工作局。1998年7月，增设南江县人民检察院技术检察科，年底增设南江县人民检察院行政装备检察科。至2000年，上述检察办事机构未变。

二、职工队伍

南江县人民检察院的职工队伍，从实际需要和上级下达的编制指标，全院由1985年行政编制34人，增加到2000年60人的编制，其中1990年94人、1995年51人、1998年55人。

南江县人民检察院从1988年开始，突出抓了党风廉政建设，院党组作出了《关于检察干警保持廉洁的决定》，要求全体干警高标准、严要求，洁身自好，自觉遵守院党组的廉政建设的十项规定。1992年，为加强办案纪律，规范办案行为，确保秉公执法，院里作出了《关于加强款物及其他款物管理的决定》，增强了干警的纪律意识和廉洁自律意识。

1994年，主要是提高"两个素质"（政治和业务素质），强化内部管理。一是加强队伍自身建设，通过政治学习、党支部生活、规范制度等多种形势教育，提高干警政治素质；二是抓业务培训、学历教育、提高干部职工的业务素质；三是抓内部管理，实行分级管理、层层负责、定任务、定人员、按工作实绩定奖惩。全年有10名干警被评为先进工作者、6名党员被评为优秀党员。

2000年，坚持以改革为动力，年初实行了第三轮"优化组合、双向选择"，提拔使用中层干部，职工合理利用，树立文明办案形象和廉洁奉公形象。

第二节 刑事检察

一、审查批捕

1986年，遵照小平同志"一手抓建设、一手抓法制"的指示和全国、全省政法工作、检察长会议精神，坚持"严打"斗争，充分发挥检察机关"保护人民、打击敌人、惩罚犯罪、服务四化"

的职能作用，受理公安提请批捕案件51件70人，经审查批捕40件59人，不批捕5件9人。批捕中诈骗案12件15人，拐卖人口案9件18人，伤害案6件7人，盗伐森林案4件6人，盗窃案件9件13人。1987年，认真贯彻省、地检察长会议精神，紧跟改革的新形势，在总结“严打”工作的基础上，继续深入开展严厉打击危害社会治安的刑事犯罪活动。受理公安提请批捕案件44件74人，经审查批捕27件63人，不批捕5件5人，退回公安补查6件6人。在办案中坚持了“两个基本”，不纠缠细枝末节；坚持“大案第一、小案第二”的方法；坚持提前介入配合公安查处重大案件；坚持自查为主，退查为辅的原则。批捕的重大刑事案件43件43人，均在20天内办结。

1988年，批捕工作坚持以党的十三大为指针，以维护安定团结、保卫改革开放，促进经济建设为目的，坚持以严厉打击严重经济犯罪和刑事犯罪为重点。全年共受理批捕案件61件92人，按照批捕条件与被告人、受害人、证人三见面，批准逮捕45件67人，不批准逮捕7件11人，退查6件10人。当年刑事案件中盗窃、杀人、强奸案居多。办理了前所未有的贩卖淫画的案件。1989年，认真贯彻“通告”精神，与公安、法院紧密配合，严厉打击刑事犯罪分子，受理85件156人，批准逮捕73件118人，不批捕3件20人，退查4件9人，其中盗窃案35件63人，拐卖人口案25件29人。1990年，坚持“从重从快”严厉打击严重刑事犯罪分子的方针，倾斜力量、突出重点，全院干警积极投入“严打”斗争，共办理批捕案件155件304人，经审查依法批捕138件263人，不批捕4件20人，退回公安补充侦查10件13人，建议公安撤案2件3人。

1991年，以事实为依据，以法律为准绳，做到“一速”（速结案）、“两重”（重证据、重依法办案）、“三统一”（统一受案、登记、结案）、“四坚持”（坚持集体讨论、重大问题检委会讨论、多人来人往少来书证、提前介入制度）。全年共受理案件128件245人，其中公安移送批捕案125件242人，本院自侦部门移送批捕案件3件3人，经审查后依法批捕114件125人，不批捕9件20人，退回公安补充侦查3件5人，建议公安撤回案件1件2人。批捕案件中，拐卖人口案56件137人，盗窃案30件40人，杀人案3件3人，抢劫案5件10人，故意伤害案6件7人，强奸案5件7人，其他犯罪案9件11人。

1993年，认真执行“严格执法、狠抓办案、强化监督服务经济”的方针。共受理公安提请批捕案件78件130人，审结76件125人，批准逮捕65件102人，其中杀人案6件6人，盗窃案11件22人，强奸案6件9人，抢劫案9件29人，流氓犯罪案件4件6人，不批准逮捕16人，退回公安补充侦查7件7人。1994年，在中央政法委“6·6”电话会议精神指引下，继续坚持“从重从快”的方针，严厉打击刑事犯罪。受理提请批捕案件73件123人，审结80件136人，批准逮捕76件127人，不批准逮捕1件6人，退查3件3人。从案情看，当年度杀人、盗窃案成倍上升。

1996—1997年，坚持“从重从快”、“从重从严”方针和“及时、准确、有力”的原则，按照党委政府的总体部署，与公、法、司部门密切配合，深入开展“严打”斗争，突出重点，加大力度，打击犯罪分子的嚣张气焰。两年受理提请批捕案件166件311人，批准逮捕157件250人，不批准逮捕5件18人。

1998年，坚持开展“严打”斗争，受理案件69件85人，批准逮捕58件73人，不批准逮捕11件12人。1999年，切实贯彻执行修改后的《刑法》和《刑事诉讼法》，受理公安机关提请批捕案件90件117人，审查后依法批准逮捕86件108人，不批准逮捕4件9人。其中，全年共批捕、起诉重大恶性案件37件69人，其中团伙犯罪10件37人。

2000年，认真执行中央“把维护稳定作为压倒一切的政治任务”，严厉打击刑事犯罪。全年受理公安机关提请批捕案件103件162人，审查后依法批准逮捕95件141人，不批准逮捕6件14人。办案中，严格审查，不放过任何一个疑点，对犯罪的性质、事实、证据准确把握，全年无错捕漏捕案件。

表 28—7　　南江县 1986—2000 年审查批捕统计表

年度	受案		其中：公安提捕		批准逮捕		不批准逮捕		退回补查	
	件	人	件	人	件	人	件	人	件	人
1986	51	70	51	70	39	50	5	9	5	10
1987	44	74	44	74	27	63	5	5	6	6
1988	61	92	61	92	45	67	7	11	6	10
1989	85	156	85	156	73	118	3	20	4	9
1990	155	304	155	304	138	263	4	20	10	13
1991	128	245	125	242	114	215	9	22	3	5
1992	109	241	109	241	93	180	5	29	2	5
1993	78	130	78	130	65	102	6	16	7	7
1994	80	136	73	123	76	127	1	6	3	3
1995	85	189	85	189	79	123				
1996	87	193	87	193	83	137				
1997	79	118	79	118	74	113	3	5		
1998	69	85	69	85	58	73	11	12		
1999	90	117	90	117	86	108	4	9		
2000	103	162	95	141	95	146	6	14		

二、公诉审判检察

1985 年，起诉工作继续执行依法“从重从快、一网打尽”的方针，全年受理公安机关移送起诉案件 16 件 19 人，其中杀人案 2 件 2 人，强奸案 1 件 1 人，盗窃案 9 件 12 人，诈骗案 2 件 2 人，拐卖人口案 1 件 1 人，交通肇事案 1 件 1 人。经审查退回公安补充侦查 5 件，起诉 11 件 18 人，法院有罪判决 9 件 13 人，不起诉 1 件 1 人，免诉 1 件 2 人。

1990 年，依法对七类重大案件从重从快打击，坚持提前介入重大案件，确保打击重点突出，快捕快诉，从严惩处。全年办理起诉案件 179 件 347 人，经审查起诉 136 件 228 人，免诉 10 件 28 人，不起诉 4 件 5 人，改变定性 4 件 5 人，追诉被告 5 人，建议公安撤案 6 件 8 人。从案情看，杀人、强奸等重大恶性案件较多，盗窃、拐卖人口案件居高不下，分别为 53 件 77 人和 37 件 99 人。

1992 年，继续保持“严打”，依法“从重从快”打击刑事犯罪，全年共受理移送起诉案件 93 件 156 人（自侦 16 件 35 人），经审查决定免诉 12 件 17 人，不诉 2 件 3 人，建议撤案 3 件 3 人。

1995 年，认真做好出庭工作，切实履行侦查监督和审判监督职能。全年受理案件 76 件 112 人，起诉 72 件 95 人，不起诉 4 件 7 人，退回补充侦查 2 件 4 人，法院判决 72 件 95 人，纠正违法 3 件 2 人。

1997 年起，严格执行修改后的刑事诉讼法，受理公安机关移送审查起诉案件 62 件 72 人，审查后提起公诉 58 件 68 人。建议适用简易程序 8 件 8 人，退回侦查机关补充侦查 2 件 2 人，撤案 1 件 1 人。

2000 年，受理各类移送审查起诉案件 120 件 172 人（其中本院自侦 16 件 16 人），审结 119 件 173 人，依法向法院提起公诉 104 件 154 人（追诉 6 人），退回补充侦查 9 件 9 人，移送分院 6 件 6 人，法院审结案件，全部作了有罪判决。从案件情节看，重大刑事案件大幅度增加，受理的 84 件 122 人，其中故意杀人 9 件 9 人，抢劫 9 件 16 人，拐卖妇女儿童 18 件 38 人，盗窃 32 件 43 人，重大交通肇事犯罪 10 件 10 人，强奸 6 件 6 人。

表 28—8

南江县 1986—2000 年公诉工作情况一览表

年度	受案		起诉		不起诉		退查		公安撤案		追诉		法院判决		适用简易程序		无罪判决		被害人请求抗诉	提出抗诉		纠正违法	免诉	
	件	人	件	人	件	人	件	人	件	人	件	人	件	人	件	人	件	人	件	件	人	件次	件	人
1986	34	45	28	35	2	2																	7	7
1987	37	66	30	36	1	1																	2	2
1988	54	77	45	87	4	4																	2	7
1989	87	161	56	104	2	3																	9	17
1990	179	347	136	228	4	5																	10	28
1991	112	205	95	160	2	2																	8	20
1992	93	156	76	124	2	3																	12	17
1993	84	125	64	82																			5	17
1994	85	138	66	95	2	3																	8	23
1995	76	112	72	95	4	7	2	4	0	0	0	0	72	95	2	2	0	0	0	0	0	3		
1996	126	190	113	176	11	12	6	10	0	0	0	0	113	176	10	10	0	0	0	0	0	10		
1997	62	72	58	68	1	1	2	2	1	1	0	0	57	77	8	8	0	0	0	0	0	4		
1998	62	80	57	66	3	3									7	12								
1999	67	90	60	77	1	1	10	10	1	6	1	1	60	70	3	3	0	0	0	0	0	8		
2000	120	172	104	156	1	1	9	9	8	8	3	6	104	156	4	4	0	0	0	0	0	5		

第三节 经济检察

1986年，共受理各类经济案件21件24人，立案侦查12件15人，其中贪污犯罪10件10人，受贿犯罪1件1人，诈骗犯罪1件4人，为国家挽回经济损失5.9万元，协助有关单位追回外流资金26.1万元。1987年，在绝不放松打击刑事犯罪的同时，坚持不懈地打击经济犯罪，共受理经济犯罪案件24件25人，立案侦查13件13人，在办理县物资局生产资料服务公司一案中，涉及省内40多个单位的账目和十多名采购人员，县委大力支持，保证了案件预期侦查终结。

1989年3月，建立了县委领导下的打击经济犯罪联席会议制度。5月，组建了税务检察室，对307个纳税单位和个人进行检察，查出125户有偷税漏税问题，金额达29万元。全年受理经济案件17件26人，立案侦查10件14人。

1990年，经济检察工作重点对粮食、林业系统进行整治。在林业系统查办4件5人，批捕起诉3件5人；在粮食系统查办12件13人，批捕起诉7件8人。全县在本年度初查共36件41人，其中立案侦查23件28人，捕诉15名犯罪分子，挽回经济损失300万元。

1993年，以惩治贪污贿赂为重点，采取分组“五定”（定人员、任务、时间、质量、奖惩）责任制，全面实行“打、保、防、促”一体化服务的措施。受理罪案线索43件，初查28件30人，立案12件14人。其中万元以上大案5件5人，提请逮捕4件4人，移送审查起诉3件5人，免诉2件2人、撤案1件1人，移送纪委处理3件3人，为国家挽回经济损失96.5万元，其中沙河区建管所负责人携款1.388万元自首。

1995年，以反腐败为重点，突出查办贪污贿赂、挪用公款犯罪案件，全年初查经济案件24件25人，立案侦查16件17人，为国家挽回经济损失100万余元。

1997年，贯彻落实中央反腐败斗争的指示，重点查办了国家工作人员职务犯罪。年内共立案侦查经济案件17件19人，其中1万元以上大案14件，追回赃款和挽回经济损失120多万元。在查办县石油煤建公司一职工挪用公款案件中，召开职工大会加强法制教育，一并处理了10名职工长期挪用、拖欠公款问题，帮助公司收回欠款36万元。

2000年，按照高检院“规范、提高、建设、发展”目标及省检察院“查办职务犯罪统一行动”要求，立案查处贪污贿赂案件17件21人，为国家挽回经济损失150余万元。尤其是重点查办了发生在基层“七站八所”和群众反映强烈的贪污、贿赂案件，共办理11件11人，收到了良好的效果。

表 28—9　　南江县 1986—2000 年反贪工作情况一览表

年度	受案		初查		立案		刑事拘留		决定逮捕		取保候审		移送起诉		移送不诉		撤销案件		移交处理		法院判决		免诉		挽回损失（万元）
	件	人	件	人	件	人	件	人	件	人	件	人	件	人	件	人	件	人	件	人	件	人	件	人	
1986	21	24			12	15			9	12			9	12									3	3	34
1987	24	25	18	18	13	13			6	6			7	7			1	1					5	5	30
1988	17	26			10	14							3	4									5	8	29
1989	44	48	44	48	24	28							7	7			2	2					13	17	80
1990	36	41	36	41	23	28			15	15			15	15											300
1991	28	28			12	12																			43
1992			10	31	10	17			8	13															53
1993	43	45	28	30	12	14			4	4			3	5					3	3			2	2	96.5
1994	33	33			9	9											2	2					1	1	
1995	26	28	24	25	16	17	6	6	7	7	2	2	10	10	2	2	4	5			8	8			100
1996	25	25	21	21	18	23	4	4	3	3	2	2	6	6	2	2	5	6			4	4			102
1997	23	26	23	26	17	19	6	6							2	2	6	8			9	9			120
1998	25	26	19	19	13	14	5	5	5	5	3	3	5	5							5	5			140
1999	29	29	25	25	16	17	5	5	5	5	5	5	9	9							7	7			150
2000					17	21	4	4	4	4	3	3	10	10							6	6			150

第四节　渎职侵权检察

1986 年，共受理渎职案件 12 件 20 人，其中非法拘禁 6 件 12 人，伪证陷害 1 件 1 人，玩忽职守 1 件 2 人，刑讯逼供 1 件 1 人，故意毁坏公物案件 1 件 1 人，医疗事故 1 件 1 人。县委交办公安干警违法犯纪案件 1 件 2 人，立案侦查 1 件 1 人。

1987—1989 年，贯彻落实川检法［1987］12 号和高检法［1987］15 号文件精神，积极同侵犯公民民主权利和人身权利的犯罪行为作斗争，遵照“坚决、严肃、慎重”的方针，依法查处玩忽职守、重大责任事故、严重侵犯公民权利、人身权利的犯罪行为积极开展法纪检察工作。三年中共受理案件 32 件 58 人，其中立案侦查 6 件 14 人，逮捕 1 件 1 人，移送起诉 1 件 1 人，免诉 1 件 1 人。

1990 年，检察干警思想上树立“敢”字，行动上突出“快”字，保护公民合法权益。全年受理案件 23 件 31 人，立案侦查 5 件 9 人，受案后调解处理 9 件 12 人，转办 8 件 8 人。

1994 年，认真贯彻党的十四届三中全会精神，干警不畏权势、不徇私情、严格执法，共受理各类法纪案件 23 件，其中立案 4 件 8 人，结案 3 件 7 人，逮捕 3 人，起诉 5 人，免诉 1 人。

1997 年，把法纪检察纳入反腐败总体格局，以维护司法公正为己任，加大查办徇私舞弊等司法腐败案件。全年初查案件线索 11 件，立案查办 9 件 11 人，是建院以来查办法纪案件最多的一年，法纪检察工作跃入巴中地区前列。

2000 年，配合反贡部门“查办职务犯罪统一行动”，突出查办徇私枉法、玩忽职守等国家机关工作人员职务犯罪案件 2 件。

表 28—10　　南江县 1986—2000 年侵权渎职检察情况统计表

年度	受案		立案		拘留		逮捕		取保候审		移转处理		移送起诉		法院判决		挽回经济损失	免诉	
	件	人	件	人	件	人	件	人	件	人	件	人	件	人	件	人	万元	件	人
1986	12	20	1	1															
1987	14	29	3	9															
1988	7	10	1	1			1	1											
1989	11	19	2	4									1	1				1	1
1990	23	31	5	9															
1991	28		4	5														2	2
1992	39	48	4	6															
1993	34	37	7	9															
1994	23		4	8				3						5					1
1995			2	2															
1996			4	4															
1997			9	12															
1998			1	1															
1999	15		2	2															
2000	21		2																

第五节 监所执法检察

1986年，看守所先后关押罪犯101名，通过清监，遣送劳改单位8名，保外就医4名，刑满释放4名，在押73名。坪河劳改支队，依法从重从快打击犯人抗拒改造的嚣张气焰，共受理支队起诉7件8人。

1990年，检察院严格按照两个《细则》要求，全面开展监所检察业务，对215名在押人犯的看、管、收、押、值班等各个细节逐一检查，向看守所提出建议45条，提出纠正意见20条。受理坪河支队移送起诉案件6件7人，审查起诉后均被判决加刑。

1993年，严把执法检察关，发出《纠正违法通知书》，协助坪河劳改支队，派出6个工作组到陕西、河南、江苏收回外出务工罪犯21名。全年共办理再犯罪案件10件14人，受理控告申诉案件15件15人，其中自办3件3人，转办12件12人。

1995年，贯彻执行高检院“严格执法，抓办案”的工作方针，全面开展监所检察工作。共办理起诉和加刑案件9件10人，办理减刑案件69件69人，办理控告申诉案件10件。对管理差、发生罪犯与职工打架斗殴的水泥二厂外劳点建议撤出，避免了不良事故。

1997年，县检察院贯彻执行刑事诉讼法和监狱法，突出办案，执法监督：查办司法干警违法犯罪案件2件；依法起诉再犯罪案件6件6人。审查假释案件7件，减刑案件134件，保外就医案件4件，提出口头建议84条，书面检察建议4次，发出纠正违法通知书一次。

2000年，以加强执法监督为重点，维护监管场所的安全与稳定。严厉打击罪犯再犯罪活动，共审查起诉罪犯脱逃、诈骗等犯罪案件13件；协助监狱对在押犯人进行伏法教育、减少犯罪脱逃等再犯罪活动；对看守所关押的怀孕8个月的犯罪嫌疑人刘××，建议公安机关取保候审被采纳。与此同时抓好专项检查，督促将15名不符合监所服刑的交付监狱执行。

表 28—11

南江县 1986—2000 年监所检察工作情况一览表

单位：人

年度	受理移送审查起诉	受理申诉	办理	刑罚执行、监管活动监督情况										罪犯减、假、保监外执行情况					检察纠正超期羁押情况									书面建议纠正	口头建议纠正	重新犯罪	加刑
				合计	违法情况					监外执行情况		被监管人脱逃	非正常死亡	合计	减刑	假释	保外就医	检察发现不当	合计	超拘留期			超侦查期			超审查起诉期	超审判期				
					违法收押收容	违法释放解教	违法准予外出	违反规定使用械具禁闭	其它	年度实有监外执行罪犯	其中监管改选违法情况									小计	公安机关	检察机关	小计	公安机关	检察机关						
1986	8	8	8											27	7	5	15														
1987	10	10	5																										39	5	
1988	7	7	7	55						55																					
1989		7	7		45					45				102				12											20	7	
1990		5												152						70										4	4
1991		18	7											97	74	2	21	5											5	20	
1992		13	3											93																6	
1993		5	1											108	83	8	11													14	13
1994	14	8	6											90	79	2	9											6		10	2
1995		10	2	17						17				85	58	2	15											3	20		9
1996		10	2	35						35				145	100	17	28											2	60		
1997		6	5	7						7				145	134	7	4											1			
1998		10	8	20						20				140														5	30		12
1999		7	7	24						24				149	129		20		8	2	2		4	4			2	4	4		
2000	3		3	7						7		4		140	140																

第六节　控告申诉检察

1986年，共受理来信438件，接待来访143人次。1988年，实行“检察接待日制度”和“控告申诉检察工作细则”，共受理来信来访502件次，直接处理67件，转其他科室34件，其余转公安、法院办理。

1990—1993年，控申检察部门积极参与信访接待和办案，按照“交办案件优先办、控申案件全部办、告急案件立即办”的原则，4年中共受理来信1377件、来访220人次；检察部门直接处理的83件，其余转交有关部门查处。受理申诉案件2件，立案复查后改变原判2件。

1997年，积极创建省级文明接待室活动，坚持检察长接待日制度，接待来访群众402人，批阅信件302件。南江检察院接待室，被授予“省级文明接待室”称号。

1999年，控申检察以争创全国文明接待室为目标，使接待工作规范化、制度化，加强同群众联系，县检察院先后深入12个区（镇）开展巡回接待和检务公开宣传，受理群众举报。办理上级检察机关、县人大交办案件。查办性质不明的案件11件，交办案件7件。受理申诉案件6件6人，立案复查6件，维持原判1件，改变原判5件。

2000年，正、副检察长接待群众来访60人次，处理来信55件；查办了性质不明案件28件，办理群体上访3件，分流交办案件2件。受理申诉1件（不服县检察院其他处理裁定），经立案复查，维持原处理决定。

表 28—12

南江县 1986—2000 年控告申诉检察情况统计表

年度	受理								审查处理						初查			奖励		检察长接	重复
	合计	其中		本院管辖	其中			非本院管辖	合计	举报中心初查	分送本院其它部门	转交其他机关办理	直接答复	其他	移送立案	举报失实	挽回经济损失	人数	金额		
		来信	来访		贪污贿赂	渎职侵权	其他														
	件	件	件	件	件	件	件	件	件	件	件	件	件	件	件	件	万元	人	万元	(件)	(件)
1986	581	438	143								12	351									20
1987	452	339	113								11	32									86
1988	502	502									67	435									103
1989	714	500	214								13	97									59
1990	518	388	130								28	217									74
1991	356	356									12	281									64
1992	422	422									12	410									89
1993	291	211	90								31	131									68
1994	313	224	89								11	192									53
1995	325			106	89	17			325			102	109	109	8					58	
1996	328			155	108	21	26	173	328	17	136	128	128	36	9						
1997	360	272	88	161	71	34	56	199	360	23	199	70	70	68						302	
1998	274			148				126		25								14	1	127	
1999	267			158	129	29		109	267	48	110							32	4	247	
2000	209	55	154	120	102	18		89	120	28	92				1		28				

第七节　民事行政检察

1991年，南江县检察院民事行政检察科成立，开始民事行政检察工作。当年接待群众申诉15件15人，按规定进行了处理。

1992—1994年，按照“积极、认真、稳妥”的原则，坚持“三个有利于”标准，充分发挥职能作用。共接待申诉89件，根据法律进行了妥善处理，其中1994年，审查终结县人大交办的民事再申诉案件1件，并向巴中地区检察分院提请抗诉。

1997年，加强了民事行政检察工作，使广大群众对民事行政检察有了更深入的了解。全年共受理民事行政申诉案件24件，来访申诉人90余人次，审查结案16件，立案查办3件。

1999年，建立了律师申诉代理制度，提高了民事、行政检察知名度，扩大了案源。全年共受理申诉案件15件，终止审查1件，立案审查13件，其中提请抗诉9件，建议提请抗诉2件。

2000年，坚持以办案为手段，对确有错误的民事、经济、行政判决和裁定进行监督。全年共受理申诉案件33件，结审21件，立案审查13件，其中提抗诉5件，建议提请抗诉5件。在办案中，严把事实、证据、法律三关；在接待中，认真听取申诉人的陈述，对群众提出的问题耐心解释，以诚相待。支持人民法院的正确判决和裁定，维护了社会稳定。

第三章　审　判

第一节　机　构

一、机构沿革

1993年10月起，因行政区划调整，南江县法院受巴中地区中级人民法院的监督，在县内受县委的直接领导，并对县人大及其常委会负责并报告工作，接受其监督。内设机构有：审判委员会、刑事审判庭、民事审判庭、经济审判庭、控告申诉审判庭、行政审判庭、执行庭；机关行政办公室、政工科、纪检组、监察室、法医学鉴定室、司法警察大队、财务室以及各区所在地的人民法庭。

二、职工队伍

1985年，南江县人民法院编制人数68人，实有人数62人。1988年，县法院编制人数增加到84人，实有职工84人。1991年，县编委核定县人民法院行政编制83人。1998年县人民法院增编，人员达到100人（其中行政97人、专项编制3人）。到2000年，县人民法院职工队伍未变。

第二节 刑事审判

1986—1988 年，按照“一手抓建设，一手抓法制”的指导思想，开展“两打”斗争，为保障经济体制改革服务。以审理“蚯蚓”公司案和朱××盗窃集团等大案要案为主，带动其它各类刑事案件的审判。对个别重大案，从侦破阶段就介入阅卷，熟悉案情，或联合公安、检察机关共同查证。3 年内共审结各类刑事案 256 件，按年序分别为 68 件、93 件、95 件。

1989—1992 年，刑事审判工作经历反赌博，反盗窃，打击经济犯罪，打击拐卖妇女儿童等专项斗争，并积极开展对青年犯罪案件的审判工作，参与社会治安综合治理。4 年共审结各类刑事案 627 件，按年序分别为 128 件、181 件、194 件、124 件。

1993—1995 年，仍是开展“严打斗争，服务经济建设”。增加了打击的重点，即贪污、受贿、绑架妇女儿童、乡匪村霸、车匪路霸、破坏交通设备和通讯设备等犯罪行为。1993 年审结各类刑事案 157 件，判处罪犯 143 人。1994 年审结各类刑事案 171 件，次年审结 140 件。

1996—1997 年，刑事审判工作主要是深入开展“严打”斗争，全力维护社会稳定。两年内共受理各类刑事案 345 件，审结 334 件。判决书已生效的罪犯中，被判处 10 年以上有期徒刑的 28 人，5 年至 9 年徒刑的 33 人，4 年以下徒刑的 166 人，缓刑 25 人，拘役 8 人。在“严打”斗争中，坚持依法从快，不超法定期限，严把事实关、证据关、法律关。对具有自首，主动等法定从轻、减轻处罚的，以法从轻，减轻处罚。对贪污、贿赂、挪用公款，侵占公司财产等经济犯罪，予以严惩，追回赃物、赃款计人民币 40 余万元。并先后召开宣判大会 11 次，通过新闻媒体广泛宣传，张扬法制。对自诉刑事案件的处理，采取分案到人，分组突击，多调少判，限期审结的办法。

1998—1999 年，刑事审判工作侧重于 3 个方面：一是把握“严打”的重点对象，把打击的重点始终对准抢劫、强奸、杀人、带黑社会性质的恶势力和贪污、贿赂、挪用公款等犯罪分子，并依法从重从快判处。针对哪类犯罪猖狂，就集中打击哪类。二是将“严打”与实施修改后的“两法”有机结合，并以此为契机，加大审判方式改革力度。改革重点是规范庭审秩序和强化合议庭的“三权”（即审理权、指挥权、裁判权）以及审庭举证、质证、认证的质量。三是抓准了自诉刑事案的审判，采用限期审结，多调少判的办法，化解矛盾。两年受理自诉刑事案 70 件，占全年受理各类刑事案件的 53%，且伤害案居多。审结自诉案 67 件，其中调解结案 50 件，占审结数的 74.62%。两年共受理各类刑事案 270 件，审结 262 件（其中 1999 年审结 133 件），判处罪犯 195 人。

2000 年，在法院受理的刑事案件中，流窜盗窃耕牛多头，拐卖婴儿多人，贪污数额巨大的犯罪活动猖獗。针对这一情况，采取集中人力、集中时间的办法，依法从重从快判处。是年受理公诉案 121 件，审结 121 件，受理自诉刑事案 54 件，审结 46 件；共判处罪犯 187 人。

第三节 民事审判

1984—1986 年，民事审判人员严格执行“依靠群众、调查研究、着重调解、就地办案”的方针（简称新的“十六字”方针，后同），深入乡下，走村串户，实地调查，就地审理，并把调解贯穿到整个诉讼过程。3 年共受理各类民事案 1781 件，其中离婚案有增无减，赔偿纠纷急剧上升，宅基地、债务、继承、赡养、抚养等纠纷上升较快，房屋纠纷减少。3 年共审结民事案 149 件（按年序分别是 522 件、505 件、471 件），未结 283 件。积案多的原因是告案率高，结案率低。

1987—1988 年，以贯彻执行《民法通则》为重点，狠抓办案数量和质量。在改善执法活动方面，探索了民事审判工作的新思路：即执法要严、要快、要准，把严肃执法与疏导教育有机结合；采取“两方便、五就地、六及时”的办法（方便群众诉讼，方便法院办案；就地调查，就地审理，就地审批，就地调解或判决，就地执行兑现；决定是否受理要及时，查证案情要及时，审理要及时，宣传法制要及时，出现意外处理要及时，执行要及时）；试行“一次到位”的审理方式，即举证、质证、认证、调解、审理都要求在庭审中进行，调解不成，即行判决，避免久调不决，重复劳动；与各级党政机关、基层组织密切配合、协同作战。通过上述办法，3 年结案数显著上升，按年序分别审结各类民事案 667 件、793 件、716 件。特别是 1987 年 7 月底至同年 10 月中旬的 82 天，组织 24 人到发案率高的下两、正直、长赤、沙河 4 个区突击审结民事案达 235 件。1988 年提前 60 天完成全年的民事办案任务，在收案、结案、判决、上诉、维持原判这几个数量上都名列达县地区法院系统前茅。

1989 年，提前 5 个月完成全年办案任务，杨坝、城区、长赤、沙河 4 个法庭，每庭结案突破百件，小河等法庭年底已将积案全部审结。杨坝法庭 1 人审结民事、经济纠纷案 112 件，创造了南江法院个人年结案的最高纪录，迎得达县地区民事审判工作会议于 1989 年 7 月在南江召开。年底，县委领导和南江法院领导在全省五次民事审判工作上介绍了经验。

1990—1992 年，针对婚姻家庭、房屋、损害赔偿、债务等案件的持续上升和劳动争议，知识产权等新类型案件的出现，一方面继续执行新的“十六字”方针，发扬人民司法工作的优良传统和作风，深入乡村、场镇，巡回就地办案。另一方面积极尝试新的审判模式，推行当事人举证责任与法院调查取证相结合的办法，探索当庭举证、质证、认证的内容和形式。3 年共审结各类民事案 2295 件，按年序分别为 765 件、895 件、635 件。

1993 年，修正干警岗位责任制，规定统一立案、统一收取诉讼费的制度，并建立追究错案和健全审判委员会讨论案件制度。在审判工作中，狠抓严肃执法，制裁妨碍民事诉讼的违法人员，改进审判方式，注重庭审效果，提高了办案质量。是年，审结各类民事案件 671 件。

1994—1997 年，以改革审判方式为中心，推进民事审判工作。改革的重心是直接开庭审理，强化当事人的举证责任。将庭审前后的法官调查取证，改为庭审中的当事人举证、陈述，改庭审前后的审查证据，为庭审中的质证、认证。并要求以新方式审判的民事案件数达到 20%。1995 年，直接开庭审理并由当事人当庭举证、质证的案件，已达 468 件。此外，实行法官日志，完善干警岗位责任制，加强干警的业务培训，检查办案质量，实施量化管理办法，进一步推动了民事审判工作。4 年内共审结各类民事案件 4006 件，按年序分别为 907 件、1018 件、1028 件、1053 件。

1998—2000 年，在提高办案质量方面，针对过去上诉的民事案件中，改判和发回重审的占一定比例的情况，采取了如下办法：一是做到“三个坚持”，即：对重大、疑难案件，坚持由庭长、分管院长、审判委员会层层把关；对审判中出现的新情况、新问题，坚持多分析、多请示；在实际处理上，坚持公正、合法。二是抓基层法庭工作，法庭所结民事案件占全院所结民事案的比例最大，其质量如何，关系很大。三是发挥民事审判的表率作用和指导作用。四是建立案件流程管理机制，对立案、送达、开庭、结案等诉讼过程进行跟踪管理，平时抽查，年终普查结案质量。在深化审判方式改革方面，推行“当日立案，排期开庭，一月审结，公正裁判”的“十六字”要求。3 年内共审结各类民事案 3588 件，按年序分别为 1144 件、1214 件、1230 件。

第四节 经济审判

1986年，诉讼到法院的经济纠纷案成倍增长，共受理227件。是年审结103件，全部调解结案，其中货款纠纷61件，购销合同纠纷25件。借款合同纠纷12件，承包合同纠纷5件，诉讼标的总额119万元，已执行兑现40余万元。是年开展经济审判工作的具体办法是：优先办理争执金额大的，疑难的和一方当事人在外省外县的案件，认真贯彻执行法律面前一律平等的原则，纠正胳膊向内拐的不正之风。此举深受当事人好评，先后收到感谢信14封，锦旗3面。1987年，经济庭在人员少，案情复杂并涉及面宽的情况下，为弄清事实，先后去57个县市区调查取证。是年经济庭审结经济纠纷案68件，诉讼标的额达100多万元，为国家挽回经济损失40多万元，使面临倒闭的4个企业复苏。

1988年，在办案中试行当事人举证制度，并主动为经济建设服务，利用诉讼外调解的方式，为工商企业和银行收回货款、呆滞货款共300多笔，金额达100多万元，累计行程1150多华里，耗费工日850个，还主动向企业，个体工商户了解经营情况，提供法律帮助和咨询40人次，大大提高了经济审判工作知名度。对部分企业管理上漏洞，提出改进意见66次。是年经济庭审结各类经济纠纷案247件，标的额146万元，收到感谢信26封，锦旗4面。

1989—1990年，随着调整产业结构，紧缩信贷，压缩投资规模，控制基本建设过快增长，整顿流通领域秩序等措施的实施，市场暂时出现疲软现象，经济审判工作采取了一些相应措施。一是结合山区经济基础脆弱，但资源丰富的现状，抓紧案件的快审快结，使诉争的资金迅速投入生产、流通领域，以此缓解紧缩银根的压力。二是排除干扰，秉公执法。三是对那些经济困难的企业单位，竭尽全力帮助扶持。这两年共审结各类经济纠纷案819件，解决诉争标的额355.4295万元，执行兑现227万元。

1991—1993年，由于市场疲软，产品积压，企业流动资金不足的矛盾突出，拖欠货款的现象严重，形成“三角债”。个别企业产品质量低劣，或不善经营或盲目改变生产经营项目，面临破产的境地。金融系统投放的贷款，到期不能收回，加之新的经济格局尚未定型，调整经济纠纷的法律、法规也不可能定型化和具体化。对此，法院强调党和国家的政策对执法的指导作用，坚持有法律的依照法律，无法律规定的，依照党和国家的当时政策，把原则性与灵活性有机结合起来。首先，把经济审判工作重点放在与经济体制改革相关的经济纠纷案件上，积极慎重地审理企业承包、联营，乡镇企业转包，企业租赁经营，融资合伙经营等经济纠纷案件，以促进经济体制改革。其次，强化服务意识，为商品经济发展保驾护航。多次深入厂矿企业，了解生产经营状况，帮助清理债权债务，引导企业依法经营；举行厂长、经理座谈会，讲授经济法规，提供法律咨询和司法建议。第三，建立和完善经济司法联络员制度，这3年共审结各类经济纠纷案件670件，按年序分别为274件、129件、267件。

1994—1995年，共审结各类经济纠纷案件302件，受理和审结的案件中，保险、代理、信息、担保等合同纠纷案件以破产还债案件占一定比例。

1996—1997年，经济纠纷案件的标的额呈上升趋势，案情比较复杂，审理难度较大。从事经济审判工作的人员坚持审判工作服务经济建设的大局，注意工作方法，向当事人讲清处理原则，从稳定经济秩序出发，多调少判，并继续坚持财产保全和审、执结合的有效办法。两年共审结各类经济纠纷案4961件（其中1997年审结191件），标的额738万余元。

1998—2000年，经济审判工作从五个方面入手：一是早筹谋、早安排；二是完善经济审判工作的管理机制，实行量化管理，任务分解到个人，年终考核到个人；三是提高认识，更新观念，执法中树立大局意识，注意法律效果、政治效果、社会效果，找准严肃执法与顾全大局的结合点，克服地方保护主义，无论本地人或外地人，都一视同仁；四是注重审执结合；五是推进审判方式改革。这3年共审结各类经济纠纷案件762件，按年序分别是177件、283件、302件。

第五节　行政审判

20世纪80年代中后期，南江法院民事庭曾受理过本应属于行政诉讼的案件。当时，国家还设有行政诉讼机构及有关法律条款，如何裁判，无遵循的法律依据，只好按民事纠纷调解处理。

1989年4月，《行政诉讼法》颁布后，县法院成立行政庭，南江的行政审判工作正式开端。行政诉讼制度刚在南江实行时，由于受封建的法刑合一的法律观念的影响，个别行政机关，一是不理解，认为当被告不光彩，把被告与坏人、坏事等同看待。二是不习惯，认为行政诉讼束缚行政机关“手脚”，妨碍行政工作。经过一年的行政审判实践，发现个别行政机关在行政执法中，存在很大的草率性和随意性。更有甚者，采取违法侦查手段，诱骗他人作案后，予以处罚。是年，县行政庭在人员少（2人），业务新，人们还不了解行政诉讼的情况下，致力于行政诉讼的宣传教育，调办行政诉讼案6件（渔业行政案4件，林业行政案2件），其中撤诉2件，转办1件，判决3件。

1990年，行政审判庭人员配合有关机关宣传行政诉讼的法律法规，主要形式是办《专栏》，以案讲法和专题讲课。是年，审结行政案件4件。1991年，审结各类行政诉讼案件11件，收案数与结案数居达县地区各县第3位。审结案件中，撤销与维持行政行为的各3件，以其它方式处理的5件。被诉行政机关涉及公安、工商、税务、土地、计量、渔业、城市规划等。除1件因鉴定结论发生变化经过重审外，其余当事人均服判决，并自觉履行了裁判文书所规定的全部义务。1992年受理行政诉讼案7件，至年底审结6件，其中判决2件，撤诉4件，案件类型仅涉及土地、林业、城建这3类。是年，在总结前几年经验的基础上，除继续抓好对行政诉讼案的审理和业务学习外，执行了行政机关申请法院执行的非诉讼行政执行案件10件。帮助个别行政执法部门建立了执行室，建立了行政执法联络员制度。

1993—1995年，由于人民群众对“民告官”还心存余悸，因而行政诉讼案件极少，法院在这3年中仅受理20件，审结20件。各年受理与当年审结的件数相同，按年序分别为7件、5件、8件。在审判这些案件中，既保护行政管理相对人的合法权益，也注意维护行政机关的权威，重点审查具体行政行为的合法与否，不纠缠细枝末节。能维持行政处分的，则维持；确需撤销或变更的，指出具体行政行为的违法所在，并做好思想疏导工作，妥善处理，基本上达到双方满意。

1996—1997年，认真分析行政审判工作的状况，建立健全立案审案制度，积极受理案件，切实保护当事人的诉讼权和合法权益。两年共受理行政诉讼案件29件，共审结29件（1997年审结15件），其中，撤销行政机关具体行政行为的9件，维持的4件，裁定驳回起诉的6件，撤回起诉10件。在审判这些案件中，严肃执法，对行政机关正确的具体行政行为，坚决支持；对违法的行政行为不迁就，判决予以撤销，或指出其违法之处，由其自己纠正违法的行政行为后，再做行政管理相对人的思想疏导工作，撤回起诉。在审判行政诉讼案件的同时，加强了对行政机关申诉执行的非诉讼行政执行案的执行，1996年执结此类案件174件，标的额54万余元。这批案件的类型涉及城建、交通、环保、计划生育等。另外，还针对违法的行政行为，及时向实施具体行为的行政机关提出了司法建议。

1998年，行政审判工作理顺了“两个”关系。一是理顺了行政审判与行政执法的关系。对行政审判工作，既积极推进，又慎重从事；对行政机关，既监督，又支持；对具体行政行为，既重合法性审查，又不纠缠细枝末节，确需撤销的违法行政行为，做好工作，妥善处理，对涉及农民负担问题而引起的行政起诉，院长亲自过问，谨慎对待，及时与政府联系，做好诉外调解工作。二是理顺了延伸服务与依法治县的关系，通过开展行政审判活动，扩大办案的社会效果。由于理顺关系，行政审判工作有了新的突破，是年受理各类行政诉讼案件30件，审结28件。

1999—2000年，行政审判工作侧重于监督与支持，指导行政机关依法行政。对被诉的具体行政行为，既审查合法与否，又审查实体处理结果。对违法的行政行为，坚决撤销；对涉及企业“改制”和农民负担等“热点”问题的起诉，谨慎对待，妥善处理；对行政机关执行的非诉讼行政执行案件，审查后，依法迅速执行。两年各受理行政诉讼案件11件，各审结11件，其中判决维持具体行政行为的7件，撤销8件，撤诉7件。两年共受理非诉讼行政执行案24件，全部执行完结。

第六节　刑事申诉复查

1986—1987年，法院工作的重点是：按照中办发（1986）6号文件的精神，进一步落实党在刑事审判工作方面的政策，对历史冤假错案，特别是对“一个重点”、“两个遗留”方面的冤假错案，再次复查纠正。从1986年4月开始，组织力量清理和复查纠正，截至1987年3月底，基本结束。其间重点判处的反革命案件和其它破坏性案件共1089件，已复查1085件，其中维持原判861件，改判纠正224件224人。复查“文化大革命”运动遗留案件115件135人，其中反革命案44件44人，维持原判25件25人，改判纠正19件19人。普通刑事案件71件91人，维持原判64件82人，改判纠正7件9人。对有关统一战线方面遗留的27件案件和中共地下党员被错判的3件遗留案件，全部复查结束，作出了正确结论。1987年5月，法院依照立审分离，再审案件不由原审判庭审理，按审级处理申诉案件的原则，建立了告申庭。同年5月至年底，开展告诉审判工作的主要情况是：一是审查起诉、申诉材料。凡起诉、申诉的材料，由信访接待，告诉、申诉审查组审查后，符合民事诉讼法规定的立案条件的分别转民庭、经济庭、各人民法庭办理。二是继续复查历史遗留案件，慎重处理“严打”申诉案件，处结刑事申诉案43件，处结民事申诉案6件和经济纠纷申诉案2件。

1988—1992年，告诉申诉审判工作侧重于审查告诉及立案，建立健全管理制度，方便群众诉讼这3个方面。5年内共立案1186件（不含刑事公诉案，后同），审结各类申诉案件220件，其中维持原判189件，改判31件。调处各类简易纠纷150件（缺1991年数），处理来信来访9162件次。

1993—1995年，坚持院机关业务庭立审分离制度，纠正办案人员自己收案并收缴诉讼费的习惯。把解决群众“告状难”的问题放在首位，尊重当事人的诉讼，凡符合立案条件的及时立案。三年共立案1719件。改进接待室工作，克服“门难进、脸难看”的作风，认真做好来访者的思想疏导工作。开展诉前调解和运用督促程序，以减轻群众讼累。三年共调处简易纠纷138件，发出支付令58件。告申庭充分发挥审判监督职能，处理申诉案件时，对原判处案件的诉讼主体、案件事实，审理程序和判处结果，进行全面审查，然后依法维正纠错。1994年与第二年共受理各类申诉案58件，审结51件，其中维持原判处结论的32件，改判19件。

1996—1997年，继续执行“立审分离，审监分离”制度，强化审判监督，保障当事人告诉申诉权利。基本做到了“三无”（即：无应当立案而未立案的，无申诉复查的积案，无当事人缠诉），两年共立案1228件，受理各类申诉案件34件，审结34件，处理简易纠纷72件，处理来信来访1493件次。

1998—2000年，审查告诉及立案工作由专人负责，做到了立案及时，领导审批及时，转给业务庭及时，不拖、不推、不压。在接待群众时，做到了文明、礼貌、热情，认真处理来信、耐心解答来访。发现不利于社会稳定事件，及时报告，作了妥善处理，并坚持法定假日值班制度。对申诉案件，把好证据关，坚持不错不纠，有错必纠，全错全纠，部分错部分纠的原则，做到维持有理，改判有据，充分发挥审判监督职能。并依法办结有关部门转来的案件34件。三年内共立案2371件，受理各类申诉案95件，审结94件，处理来信来访4799件次。

第七节 执行工作

1985—1988年，案件积案较多，申请执行催促甚急。为此，法院调剂人员，于1986年组建了执行庭，配合各业务庭做好执行工作。调解结案的，原则上仍由原承办人执行。积案多的原因：一是部分被执行人无财产可供执行，而申请执行人却始终扭住不放，个别的蹲在法院不走。二是部分被执行人本有履行能力，就是拒不履行，或暴力抗法。有的借外出经商，东躲西藏，致无法执行。三是执行中干扰大，说情风盛行，帮助被执行人出主意躲避法院执行。为扭转被动局面，执行组（庭）和法院其他干警严肃执法，敢于碰硬，依照程序，注意方法，讲究策略，执行了一大批案件，执行工作开始转为主动。1986年与1988年，全院执结各类案件分别是385件、527件，合计912件，其中强制执行44件。执行案件的类型已涉及公证、防疫、环保、经济合同仲裁等。

1989年，全院执行各类案件980件，其中执行庭执结89件，其它业务庭共执结891件。由于坚持了调解结案的由原承办人执行的制度，所以审判人员在处理案件中，都很注意执行问题，许多案件当庭就执行兑现。小河“女子法庭”审理案件，特别重视对当事人进行耐心细致的思想疏导工作，为案件的顺利执行奠定了基础。是年，该法庭审结的案件，全部得到执行。执行庭、沙河法庭在执行卢××、赵××等房屋纠纷案件中，尽管当事人服毒耍横，暴力威胁，仍坚持依法强制执结。经济庭部分审判人员处理的案件，基本上件件执行兑现。

1990—1991年，法院执行工作取得突破，共执行各类案件2103件，执行现金和财物折款达120余万元。1992年，达县地区执行工作会议后，县法院成立了执行工作指导小组，全面负责和协调执行工作。从其它庭、室、科抽调部分干警，并招聘了部分人员，都充实到执行庭。在执行工作中，法院领导亲自参加大要案的执行，如：对关坝的胡××等案件的执行，依法拘留妨碍执行的人员6人，达到了震动一片的目的。是年，全院执行各类案件112件，执行标的额74万余元。

1993—1994年，执行庭针对当事人外流多，被执行人财产少，异地执行难度大，部分基层组织配合弱，不明情况的群众对立情绪高的现状，采取了相应措施：一是制定内部管理制度，实行定任务、定辖区、定人员，分案到人、分片包干、奖惩兑现的办法，增强了执行人员的责任心，调动了积极性。二是采取分散与集中相结合的办法，分散人员执行各地的简单、零星个案，集中人员执行难案，并适当使用强制手段，很多难案迎刃而解。如汉中地区供销社综合采购供应站拖欠南江县大河区供销社核桃款一案，两名执行人员在汉中市执行受阻，半月有余，扫兴而归。执行庭全体人员在分管副院长的带领下，前往汉中执行，历经风险，强制扣回汽车1辆，并对妨碍执行的2人处罚款与扣留，迫使该站履行了付款义务。全院执结各类案件682件，标的额250多万元。

1995—1997年，法院把依法执行与促进经济发展相结合，把严肃执法与有利社会稳定相结合，以此作为执行工作的指导思想。面对被执行人难找，执行财产难寻，协助执行难求，暴力抗法事件时有发生等实际问题，采用四种办法开展执行工作：一是对当事人试行执行举证制；二是对执行人员实行执行责任制；三是严格执行纪律，改进执行方法，提高执行艺术；四是思想疏导与强制手段相辅而行。通过实行以上措施，再加上执行人员的艰苦努力，推动了执行工作。三年中共执结各类案件933件（按年序分别为392件、393件、148件），司法拘留10人，维护了法律尊严。

1998年8月，巴中地区召开全区法院集中清理与执行案件的工作会议。会后，南江法院由分管院长挂帅，从各庭、室、科抽调15人，自9月开始，历时3个月，在全县范围内展开声势浩大的突击执行攻坚战。突击执行积案352件，执行标的金额263万多元。通过这次行动，缓解了“执行难”的问题，赢得了党委、人大、政府的理解和信任，受到人民群众的好评。12月，全区法院总结表彰会在南江法院召开，南江法院及3名参加执行的人员分别荣获先进集体和先进个人称号。是年共执结各类案件426件。

1999—2000年，为加强和改进执行工作，采取的措施有：一是充实力量，购置装备。对执行人员进行了调整与充实，为执行庭和法警大队合署办公后，执行力量由原来的5人增至10人。为执行人员配备了手铐、钢盔、录像机等，并调配小车1辆。二是实行“辖区管理，分案到人，排期执行，限期执结”的工作制度，提高了工作效率。三是坚持请执行人举证制。四是对老弱病残，下岗职工的案件，优先执行。2000年对此类案件在7日内执结的达65件。五是严肃执法，敢于碰硬。在执行中，依法拘留98人，罚款35人，采取其它强制措施640次。通过上述办法，强力推进了执行工作，取得显著成效。两年共执结各类案件971件，标的额达1251.5万元，其中2000年执结520件，标的额820万元。较之前几年，结案数和标的额显著上升。

第四章 司法行政

第一节 法制教育

1986年，全县“一五普法”宣传教育正式实施。各乡（镇）及县级机关各部门，分别成立普法领导小组及办公室，制定规划和实施方案，对全县干部、工人进行《宪法》、《民法通则》考试。1987年，在全县集中宣传贯彻实施“八法一则一条例”（宪法、婚姻法、继承法、税法、经济合同法、刑法、刑诉法、民诉法、民法通则、治安管理处罚条例）。1990年，宣传、贯彻“十法三条例”，重点宣传《行政诉讼法》。县上一次性培训干部613人，县二中、县实验小学为普法试点单位，“法制建设简报”成为宣传法制的重要喉舌。

1991年，县人大作出《关于我县实施“二五”普法规划，继续深入开展法制宣传教育的决议》。县委、县政府作出三大决策、十条措施的决定，抓好“二五”普法启动工作。1992年在全县职工中开展“二五”普法知识大赛和“全民普法月”活动，落实依法治理试点629个。全县25.7万人参加全县组织的法律知识考试，合格24.8万人。在达县地区组织的“二五”普法和综合治理两个竞赛中，全县参赛单位居全地区前列。有23个单位、676位职工受地、县的表彰和奖励。1993年，南江县法制建设领导小组制定出《南江县第二个“全民普法月”活动检查验收标准》，组织了全县第二个全民普法月学法考试。

1995年，广泛宣传、贯彻《教育法》、《代表法》，积极开展“二五”普法自查。县级机关以“口”为单位，各区、乡（镇）负责本辖区的自查。重点抽查大河区、小河区、水洞乡、黄金村、水泥二厂、县工商局等重点区、乡、村、企业及县级单位。积极推行部门执法责任制，清理执法主体20个，清理规范性文件205个，纠正违法案件4件次，颁发执法证件1634人（其中省颁494人、县颁1140人）。

1996年，认真实施“三五”普法规划，大力推进依法治县，为全县改革开放和经济发展创造良好的法制环境。12月，召开全县“三五”普法动员大会。县司法局收集编印《刑事诉讼法》、《行政处罚法》等普法资料4000余册，供全县干部、工人、农民学习。同时，对各乡、镇党委正、副书记，正副乡长、区乡妇女主任近300余名干部，进行法律、法规知识专题辅导，培训了大批普法干部。

1997年，县政府审定《南江县依法治县五年规划》，宣传贯彻实施《行政处罚法》、《四川省依法治理工作标准》（试行）。开展“三五”普法知识系列讲座。3月2日，省司法厅厅长、省监狱管理局政委率领省司法厅办公室、基层处、行财处、省监管局行政负责人一行9人，检查了坪河监狱的监管工作和南江县司法局司法行政工作。

1999年3月7日，县委召开全县依法治县工作会，县委、县政府主要领导作了重要讲话。县、区、乡党政干部参加了“三五”普法考试。翻印《宪法》、《行政诉讼法》、《国家赔偿法》、《行政处罚法》、《行政复议法》汇编成册5000本，发至全县。查漏补缺迎接上级“三五”普法验收。在小河乡、厂矿乡民主村召开全县民主法制建设现场会，推行以司法两所为载体的“211114”普法工程。1月主办《司法日报》，两开四版，每月刊出一期，印4000份，免费发至县、区、乡党政机关、学校、企事业单位。通过以案释法、法律咨询等多种形式宣传法律、法规，反映全县普法动态、先进事迹、成功经验，推动指导普法工作。省司法厅厅长、省法建办主任曾宪亲来函肯定：“内容好、形式好”。

2000年，在全县开展农村民主法制教育活动。县委成立农村民主法制教育活动领导小组。各区（镇）成立相应的领导小组。在加强村级组织建设、解决农村“热点”、“难点”问题的同时，切实加强普法宣传教育，全面推进社会治安综合治理，对“三五”普法进行全面检查和总结。

第二节　律师工作

一、组织

1980年，重建法律顾问处。1993年2月，“南江县法律顾问处”更名为“南江县律师事务所”。2月18日，新设“南江县经济律师事务所”。1995年，巴中地区司法局表彰南江县经济律师事务所为先进律师事务所。

1996年11月5日至12月5日，开展律师“三整顿”和调查活动。南江县律师事务所被巴中地区司法局表彰为严打先进集体。1999年，“南江律师事务所”更名为“四川巴中集州律师事务所”，“南江县经济律师事务所”更名为“四川巴中洪援律师事务所”。

2000年4月，经省厅批准，撤销国办的“四川巴中集州律师事务所”，将国办“巴中洪援律师事务所”改制为合作律师事务所。9月，成立律师工作改革领导小组。将原集州律师事务所上报省厅注销。原有工作人员，是行政编制的经本人申请、群众测评、组织考核，符合公务员条件的一并参加县上的机构改革，是事业编制的，经考试取得公证员资格后到公证处工作。

二、律师工作

1986年，全县开展法律顾问9次、刑事代诉40件、民事代理67件、经济代理20件、非诉讼代理6件、法律咨询2100人次、代写法律文书110份。全县共挽回经济损失达70万元。

1990年，全县共开展法律顾问21次，办理刑事代诉70件、民事代理108件、经济代理20件、非诉讼代理22件、法律咨询4036人次。并为群众代写法律文书241份。全年共避免和挽回经济损失达180万元。

2000年，共开展法律顾问4次、办理刑事诉讼54件、民事代理79件、经济代理24件、行政代理1件、非诉讼代理18人次，法律咨询1827人次。代群众书写法律文书119份，进行了法律援助1件。全年避免和挽回经济损失82万元。

自1986年至2000年的15年间，南江县律师工作，共开展了法律顾问350次，办理刑事诉讼793件、民事代理1909件、经济代理604件、行政代理34件、非诉讼代理420件，法律咨询57541人次，代写法律文书5084份，法律援助30件，共计避免和挽回经济损失2319.6万元。

表28—13　　南江县1986—2000年律师事务工作情况表

年度	法律顾问（次）	办理法律事务						避免和挽回经济损失（万元）	代写法律文书（份）	法律援助（件）
		刑事代诉（件）	民事代理（件）	经济代理（件）	行政代理（件）	非诉讼代理（件）	法律咨询（人次）			
1986	9	40	67	20		6	2100	70	110	
1987	11	29	27	38		16	1762	100	97	
1988	17	40	101	59		11	1100	36	58	
1989	22	60	140	30		40	3100	190	120	
1990	21	70	108	20		22	4036	180	241	
1991	20	41	104	20	2	30	2865	110	280	
1992	16	35	181	70	5	35	3298	90	360	
1993	46	35	110	30	1	36	3414	127	372	2
1994	33	37	164	25	1	37	4000	128	394	3
1995	37	39	188	21	4	30	3984	81.6	420	4
1996	42	80	227	30	7	39	4205	400	450	5
1997	30	80	133	116	4	28	8192	380	925	4
1998	24	91	134	61	4	45	4651	165	512	5
1999	18	62	146	40	5	27	9007	180	626	6
2000	4	54	79	24	1	18	1827	82	119	1

第三节　法律公证

1981年6月，成立南江县公证处，到1985年，五年共办理各种法律公证4816件。制止违法合同98件、假合同238起，不可行合同107份，挽回经济损失940万元。

1988年，成立南江县公证员职务评审推荐小组。12月，对全年办证案卷2545件分类进行重点检查，查处不符合质量的案卷65件，并给予纠正。1990年9月，南江县清理不合理负担工作领导小组办公室和司法局联合印发《关于纠正当事人申请公证的不当做法的通知》。1992年，组建南江县公证初级职务评审委员会；同年，大力推广计划生育合同公证。1996年5月6日，县司法局与县国土局联合发出《关于土地管理中加强公证工作有关问题的通知》，凡是土地使用权转让、出租、抵押未办理公证的，应督促当事人履行公证程序，完善土地法律制度。

2000年9月，法律公证实行脱钩改制，改制的公证处与司法行政变成行业管理关系，成为事业法人组织，独立承担责任。10月18日，完成对公证处1998—1999年度财务收支审计。

自1986年至2000年的15年间，县公证处坚持为经济建设服务，积极开展公证业务。累计办理各类公证2.49万件，其中经济合同公证7156件，揭露、制止假经济合同237件，避免和挽回经济损失1038.4万余元。公证后的履约率达到98%左右。

表28—14　　南江县1986—2000年公证工作情况统计表

年度	办理各类公证（件）			群众来信来访（人次）	调解合同纠纷（件）	避免可能造成的经济损失（万元）	纠正违法合同和假合同（件）
	经济关系公证	民事法律公证	其它公证				
1986	692	60	1	800	1	70	15
1987	530	780	10	2853	16	43.6	20
1988	1476	1630	70	1942	40	46	26
1989	1500	690	120	3255	18	30	12
1990	1186	3456	60	4860	3	24	3
1991	110	2403	40	2860	5	12.5	11
1992	295	4531	180	4001	10	80	20
1993	304	315	10	1006	12	34	22
1994	62	86	6	2008	5	70	18
1995	173	976	60	3560	6	80	23
1996	392	376	40	2892	16	41.5	18
1997	269	380	4	3101	25	289.9	15
1998	77	340	33	2399	15	37	9
1999	48	380	20	2501	10	60	5
2000	42	646	10	2890	6	120	20

第四节　民事调解

1980年11月，调解工作划归司法局管理。1990年3月，县在付家乡开展调解组织整顿试点工作，按“四落实”（组织、人员、制度、经费落实）要求，对付家乡的调解组织进行整顿和完善。同时，将取得的经验在全县推广。全县共建立农村基层调解委员会523个，选聘调解员2165名；共调解民间纠纷12.56万件，司法所直接调解6343件。同年7月召开1950年以来第一次全县基层调解主任培训会。从1994年开始，在每年的春耕大忙期间开展民间纠纷的专项排查工作。历年来，累计调解民间纠纷8564件，其中：防止群体械斗11件84人，防止非正常死亡9件10人，防止民转刑纠纷32件49人。

表28—15　　南江县1994—2000年主要民事调解情况统计表

年度	总件数	防止群体械斗		防止非正常死亡		防止民转刑纠纷	
		件数	人数	件数	人数	件数	人数
1994	978	2	15	3	3	7	9
1995	1103	1	8			3	3
1996	1498					1	2
1997	938			1	1	2	3
1998	1315	2	13			1	1
1999	1276	3	27	2	2	11	19
2000	1456	3	21	3	4	7	12

第五节　基层法律服务

一、机构

南江基层法律服务始于1985年1月。全县在10个区公所所在地设有10个法律服务所。1990年，区划调整后增设1个所。1994年，在新建镇的乐坝增设1个所。1995年，将全县法律服务所延伸到乡（镇），在9个乡（镇），各设一个法律服务所，至此，基层法律服务所增至20个。1999年，因工作需要又增加了一个乡镇法律服务所。全县累计设置法律服务所达21个。2000年，对乡镇法律服务所经过年检，对不能充分发挥作用和达不到条件的5个乡镇法律服务所予以撤销。2000年底，基层法律服务所总数为16个，执业人员从1985年的12人增至91人。

二、服务

全县基层法律服务机构在执业活动中，始终坚持便民利民的方针，努力为经济发展和社会稳定提供法律服务。为推动“送法律进万家”活动的进程，1998年5月，专线开通“148”（谐音“要司法”）法律服务热线电话。开通后共接待群众、企事业单位、机关、团体的法律咨询1.02万人次。1994—2000年，在基层法律服务中，突出强化为外出务工人员的追踪法律服务，在各区镇建立以法律服务所、司法所为依托的外出务工人员接待站11个，发放《致外出务工人员公开信》5万余份，法律联系卡6000张。7年共办理外出务工人员伤、残、亡案件268件，理赔金额1037万元。到2000年底，共办理诉讼案件7833件，非诉讼案件1876件，担任政府、团体、企事业单位法律顾问累计495家，其中担任村民委员会法律顾问244家。

表 28—16　　南江县 1986—2000 年基层法律服务情况统计表

年　度	总件数	其　　中		法律顾问数	其　中
		诉讼案	非诉讼		村委会顾问数
1986	152	101	51	2	
1987	150	103	47	3	
1988	216	104	51	6	1
1989	324	278	52	6	1
1990	421	183	238	19	8
1991	523	470	57	34	8
1992	578	428	150	37	11
1993	614	503	111	37	11
1994	713	543	170	41	11
1995	694	582	112	60	15
1996	814	775	120	110	37
1997	775	634	141	73	18
1998	886	712	174	110	87
1999	932	817	115	125	93
2000	7089	733	125	151	93

表 28—17　　南江县 1994—2000 年为外出务工人员法律服务情况统计表

年　度	总件数	其　　中			理赔金额（万元）
		伤（件）	残（件）	亡（件）	
1994	19	7	8	4	77
1995	25	10	7	6	93
1996	28	12	8	10	17
1997	45	18	12	15	160
1998	30	7	6	17	130
1999	40	15	7	18	100
2000	43	16	12	12	250

第六节　刑释帮教

1995 年，县司法局开始负责全县“两劳”（劳改、劳教）刑释解教人员进行过渡性安置帮教工作。当年成立了刑释、解教（刑满释放，解除劳教）过渡性安置帮教领导小组，按刑释帮教工作要求，对 1994 年以来的刑释解教人员进行摸底调查。1994—1996 年，对全县“两劳”刑释解教人员进行登记造册时有 186 名。1997 年，健全了刑释解教人员基本档案，选择乐坝镇为试点单位。1998 年，县级机构改革中，县编制委员会批准县司法局机关内设机构，增政工监审股，将刑释帮教纳入政工监审股工作职能。

1999年，县司法局依托司法“两所”，健全了刑释帮教工作网络，对“两劳”刑释解教重点人员负责帮教，实行“一帮二”，即每名司法“两所”工作人员负责帮教2名重点帮教人员。党组副书记罗福壁被省综治委表彰为“全省依法治理和刑释帮教先进个人”。

2000年，成立了“南江县刑释解教人员帮教工作领导小组”，办公室设于司法局，全年跟踪帮教“两劳”刑释解教重点帮教人员39人。

第七节　司法鉴定

2000年以前，南江没有成立司法鉴定机构，司法鉴定业务工作由公安局、检察院、法院的内部法医根据国家法律、法规，运用医学、生物学、人类学及物理、化学等方面的知识对与人身有关活体、尸体及生物物证等的检验鉴定工作，从而取得死亡原因、伤害程度、凶器种类、血型分析、事实确认等结论性意见。

第八节　法律援助

2000年以前，南江县没有成立专门的法律援助机构，所开展的法律援助是根据《律师法》的有关规定和领导交办的援助案件开展工作。组织律师、公证、基层法律工作者和社会志愿人员，为帮助某些经济困难的公民或特殊案件的当事人提供免费法律帮助服务。每年提供刑事、民事法律援助达100余件，给予减免、缓交代理费用，每年减、免代理费5万多元。

第二十九篇　教　育

第一章　学　校

第一节　幼儿园

南江幼儿教育几起几落，至1985年，全县有公办、民办幼儿园（班）253所，在园幼儿7883人。有私立幼儿园（班）8所，在园幼儿295人。

1986年，全县幼儿园均属公办，其中百分之八十附属于乡中心小学，百分之二十属于机关、企事业学位联办或自办，全县共设园（班）279所，在园幼儿7626人。1989年，鼓励、允许公民创办私立幼儿园，县上着重办好示范幼儿园。20世纪90年代开始，私立幼儿园逐步增多。沙河洛坪鸿雁幼儿园从1990年开办以来，占地面积1800平方米，其中园舍面积1000平方米，保教设备齐全，有全托、半托，大、中、小班，达到地区等级评选二类等级园标准。1993年，合并县机关幼儿园，成立“南江县示范幼儿园”。

2000年，全县私立幼儿园达70个，在园幼儿11670人，县城文教示范幼儿园集成教学楼、综合楼、儿童乐园于一体，占地面积1022平方米，有一批动、植物雕塑及大型哈哈镜等教、玩具860件，固定资产达280万元，是巴中地区第一所通过省教委验收合格的“合格示范性幼儿园”。到2000年底，全县有幼儿园214所，其中公立65所，私立149所。在园幼儿14272人，其中私立在园幼儿6167人。

表29—1　　南江县1986—2000年幼儿教育发展一览表

年　度	园　数	班　数	在园人数	教职工人数
1986	279	315	7626	332
1987	367	301	6584	314
1988	253	301	5766	306
1989	140	304	6100	319
1990	144	356	6750	378
1991	149	387	8359	417

续上表

年 度	园 数	班 数	在园人数	教职工人数
1992	166	513	12651	538
1993	152	508	11905	521
1994	220	512	12126	536
1995	195	432	11848	424
1996	216	438	11513	361
1997	128	389	10681	363
1998	203	472	12811	444
1999	215	513	13175	486
2000	214	515	14272	507

第二节 小 学

1986年，县确定1990年以前，要扎扎实实普及小学教育，稳步实施九年义务教育的奋斗目标。到1989年，全县小学学龄儿童入学率达98.4%，学年巩固率达97.1%，毕业率达88.4%，普及率达96.7%。全县基本达到普及初等教育的目标。

1990年，继续巩固普及初等教育成果，积极创造实施九年义务教育条件。县加大教育经费的投入，并广泛发动群众集资，引进县外单位、个人扶持捐资，着力改善学校的校舍、设备及环境条件。自1986年以来的五年间，全县累计集资1364万元，改造危房27900平方米，危房比例下降到0.9%以下；新建校舍122所，面积3.84万平方米；改建校舍191所，面积2822平方米。不少学校还多方筹集资金，建起多媒体教室，设置微机和语音实验室，安装闭路电视接收系统，并按标准建起图书室，自然实验室等多功能教室。教师充分利用先进的教学手段授课，基本改变了过去“一张黑板一本书，一支粉笔一张嘴”的传统教学模式。学校校风建设和校园文化建设焕发出新的风貌，南江镇四小、南江县实验小学为全省校风示范学校，南江镇小学、和平小学创建为地级校风示范学校。

1997年，县教委制订了《合格村校标准》，进一步提高村小办学条件和水平。初步建成了一大批合格村小和示范村小，县先后表彰了100名优秀村小教师。1999年底统计，全县有九年一贯制学校11所，乡镇小学66所，村小453所，教学点81个，私立小学24所，小学在校学生66958人。全县适龄儿童入学率达100%，小学在校学生辍学率控制在1%以内，小学毕业班学生毕业率达99.5%，15周岁人口初等教育完成率达到98.6%。南江县被巴中地委、行署表彰为“两基”工作先进县。

表29—2 南江县1986—2000年小学情况统计表

项目 数目 年度	学校数	班 数	毕业生人数	招生人数	在校学生人数
1986	728	2629	11214	12839	92238
1987	720	2663	11288	9804	87043
1988	701	2598	10988	8922	80417

续上表

项目 数目 年度	学校数	班 数	毕业生人数	招生人数	在校学生人数
1989	681	2502	13857	6401	68525
1990	666	2358	13103	5145	56906
1991	612	2172	12706	6712	50112
1992	656	2179	9874	8007	45059
1993	652	2081	7754	10575	46246
1994	646	2128	6663	10996	50115
1995	648	2158	5987	11683	55859
1996	545	2202	5131	10641	60435
1997	552	2220	5207	9429	64409
1998	544	2262	6893	9671	66699
1999	540	2279	10253	11318	66958
2000	512	2378	11719	11752	66177

第三节　中　学

1985 年，全县已有完全中学 5 所，单设区中学 6 所，乡初级中学 12 所，小学附设初中班 42 处。在校初中学生 1. 53 万人，高中生 2170 人，教职工 1092 人。1986 年，全县有高完中 5 所，在校高中生 2170 人，置教学班 36 班。有区设初中 6 所，乡设初中 12 所，小学附设初中班 42 所，全县在校初中学生 1. 59 万人，331 个教学班。当时学校较普遍地存在“互轻互重”的现象，即：重升学率，轻劳动后备军的培养；重读书，轻德育、体育和能力的培养；重少数，轻多数；重毕业班，轻非毕业班；重高中、轻初中。为纠正这种局面追求升学率的问题。

1988 年，对全县乡中心小学和乡初中实行分级管理，高中学生体育不合格的不得评“三好”生，不得报读高一级学校。次年，在全县普通中学开设行为课，高中新生进行军训。1990 年，全县高完中 5 所，在校高中生 3474 人；单设初中 6 所，乡级初中 21 所；小学附设初中班 43 所；全县在校初中学生 1. 86 万人。是年，初中毕业生升入高中的升学率为 27. 9%，小学毕业生升入初中的升学率为 49. 5%。

1991 年起，高中开始实施新教学计划、教学大纲，并推行全省会考制度。全县为使初中布点合理，校点减少，1995 年、1996 年两年，共撤并初中校点 28 处，全县初中校点减少到 10 个，规模由原来校平学生 270 人，达到 1995 年的校平 440 人。

1994 年，制订了《南江县普及九年义务教育规划》，开始“普九”教育。1996 年，调整了“普九”规划，召开了全县“普九”扫盲工作会议，建立了“普九”扫盲领导小组，与各区（镇）党政签订了目标责任书。1996 年后，县教委抓住一个中心（加强社会主义精神文明建设），两大工程（两基工程、两全工程）、三项建设（领导班子建设、教师队伍建设、校园环境建设）不放松。在 1997 年地区学校常规管理比赛中，南江中学、长赤中学分别获全区县城中学和农村中学第一名。

1997 年 4 月 16 日，县政府召开了“义务教育项目工作会议”，规划了 22 个乡（镇）26 所学校为“义务教育项目学校”。1998年，全县义务教育项目工程全面完成，经省政府验收合格。

1999年，乡镇所在地的初中，全部撤并到区中学，把11所乡初中与乡中心小学合并，办成“九年一贯制”学校（简称“九义校”）。南江县在地区高中教育综合评比中获第一名，高考上线394人，万人比6.22，居地区第一位。

2000年，全县有高完中5所，在校高中学生3416人，普通单设初中15所，初中教学点3个，“九年一贯制”学校9所，在校初中学生1.88万人。全县普通高中教育获全区办学水平综合评估第一名，长赤中学获全地区地级重点中学教育质量评估第一名。

表29—3 南江县1986—2000年中学基本情况统计表

年度	学校数	班数		毕业生数		招生数		在校学生数	
		合计	其中高中	合计	其中高中	合计	其中高中	合计	其中高中
1986	18	317	43	4973	682	6617	1073	19947	2581
1987	23	339	46	6170	744	6888	967	20720	2856
1988	23	369	51	5874	822	7743	1117	21746	3087
1989	24	390	54	5831	874	7868	1092	22196	3291
1990	26	409	58	6076	944	7449	1069	21586	3474
1991	28	412	60	6172	965	7518	1172	21762	3581
1992	34	447	64	5876	972	7762	1328	21620	4314
1993	34	456	68	5884	998	7805	1475	20057	4440
1994	37	449	72	5245	699	6880	1114	19712	3079
1995	34	390	70	5123	912	4908	1167	17412	3030
1996	28	346	62	4031	898	5194	876	15802	2674
1997	28	312	57	4796	767	5830	963	15584	2594
1998	28	326	56	4654	859	7186	1178	16716	2827
1999	20	386	55	4152	712	10068	1179	21173	2995
2000	20	453	60	4226	747	10830	1263	26248	3216

第四节 职业学校

一、职业高中

学校概况 1986年，全县职业中学4所，在校学生371人，9个教学班。1987年，县在南江农校试办职业高中班。1991年底，全职业高中2所，在校学生1100多人。1992年，建立南江县职业中学，县属职业中学2所，在校学生1200人（其中职高生848人），教职工126人，职业高中教师71人。1997年，职高毕业生升入高等专业学校学习的28人，1998—2000年，升入高等专业学校的289人。2000年，全县职高有教学班43个，毕业803人，在校学生1634人，职高教师60人。

职业中学选介 （1）小河职业中学：创建于1994年，2000年在校学生1316人，教职工85人（其中中学高级教师8人，一级教师25人）。设置8个专业，拥有计算机200台。建校18年中，共毕业学生2468人，其中招聘、录用为区、乡、村党政干部的106人，为部队输送兵员687人，担任营、连干部的68人，升入本科院校168人、专科236人，大学毕业后留校任教的5人，攻读博士学位1人，攻读硕士学位的3人，担任区、乡事业单位负责人的78人。原国家教委副主任王明达为学校题词是："小河职中是巴山职业教育的一面旗帜"，省教委副主任唐朝纪题词是："小河附中是山区职教的典范，致富农民的摇篮"。1992年，该校获国家教委、共青团中央、劳动部颁发的"实践教育活动先进单位"奖励。1993年，省教委表彰为"职业技术教育先进单位"。1995年巴中地委、行署验收为"地区重点职业中学"。(2) 南江县职业中学：原是"南江县第三中学"，1992年始改名为"南江县职业中学"。现有在校学生800余人，教职工70人，有财经、机械、建筑、文秘、电子、计算机、工艺美术等七个专业。该校校办企业"童星玩具厂"生产的系列玩具，在参加1992年"全国职校校办企业产品展销会"上获一等奖。1994年，在国家科学技术委员会、四川省人民政府在成都举办的"中国新技术新产品交易博览会"上获银奖。1995年，在四川省人民政府主办的"'95四川工业产品博览会"上获金奖，同年获"'95成都推荐产品博览会"银奖。1998年，学校组织研究的"教学、科技、生产一体化"教研成果，在四川省首届教学成果奖评审中获三等奖。

二、职业初中

职业初中教育在南江始于1958年的农业中学，当时多数乡都有举办。到1985年，职业初中在县城为商校、粮校、卫校，农村为农业中学。1987年，职业中学全县仅2所（分别是沙滩和关路职业初级中学），在校学生275人。1988年，职业初中增加到4所，在校学生715人。以后，实行"发展多层次，开展实用技术教育"的原则，在普通小学和初中进行"三结合"（职业技术、勤工俭学、科技联产）的教育形式和内容。同时，对职业初中的办学形式、学制、招生等，都打破传统模式，实行"灵活、多样"原则。1993年，全县定型的职业初中有关路和红顶两处，在校学生621人，教职工56人。2000年，两所职业初中均改为九年制义务教育学校。

第五节　成人教育学校

一、职业进修学校

教师进修学校　始建于20世纪60年代初，前身是县中师函授站，由文教局主办。学校迁建于南江中学东侧后，占地10.7亩，校舍建筑面积10000平方米。学校有教职工274人，其中高级讲师9人，讲师14人。高级讲师蒲守易，1996年被评为全国优秀教师。教师中有2人获省人民政府授予社会科学优秀科研成果三等奖，省人民政府教学成果三等奖，有113篇学术论文或教学经验文章，在省级以上报刊发表或在学术会上交流。1991年达县地区教师进修学校全面检查中获教学成果一等奖。2000年，学校被巴中地区授予地区实施教师继续教育登记制度先进单位。从1986—2000年的15年间，学校共培训小学教师累计3158人次。其中，专业合格考试培训2期123人，教材教法过关考试培训2期81人，短期学科师资培训14期384人，骨干教师培训10期449人，学校干部培训11期363人次。通过学历培训，有985人获中师文凭，507人获幼师文凭，191人获大专文凭。

南江县卫生进修学校　始建于20世纪50年代，后停办，1975年恢复。学校校舍宽敞，活动场地宽展，环境幽静，设备齐全，师资力量雄厚。2000年有教职工29人，其中专兼职教师23人，大专以上学历14人，有专业技术职称的27人，副主任医师5人，副主任中医师4人，主治医师6人。至2000年底，共举办各种培训班73期，共培训3238人次。

商业职工学校 1982年开始办学，学校隶属于县商业局（后为贸易局），在编教师3人，聘用教师4人，均系专科以上学历。学校主要从事学历教育和职业技能培训。1992年学校与达川商业学校联合办学，1994年，又与绵阳商业学校联合办学，招收计算机和会计专业一班。1997年开办微机培训班，培养中等专业学生200人。同时，还承担了国税、地税、检察等单位的职工微机培训。至2000年底，共办短期培训班10余期，培训1.6万人次。

二、农民业余学校

农民文化技术教育自50年代开始，中间时有起伏，但总是持续不断，逐步提高。1981年，全县有农民扫盲复习巩固班183所，参加学习的3450人；业余高小班94个，参加学习的2055人；业余初中6所，参加学习321人，各种专业技术班（短期带有季节性）294个，参加的共1.43万人；一年以上长训班48个，参加的2350人。1988年，全县有乡农民文化技术学校38所，40个教学班，在校学习的2200余人。1990年，第四次全国人口普查，全县15～45周岁人口中，有文盲、半文盲3.58万人。自1990年开始至1999年底，全县共组织3.52万名脱盲人员参加巩固提高学习。至2000年，全县共有乡、镇成人教育学校73所，村级农民文化技术学校453所，每年培训达17万人次，在九年义务教育，接受省政府评估验收时，全县成人教育、扫盲工作，顺利通过四川省人民政府的复查验收。

三、成人中专校

南江县成人中专学校，始建于1977年，原为南江县农民文化技术学校。由县农业局主管，1986年移交教育部门直管，并被地区确认达县地区八所县办农校之一，是年，全校教职工20人，在校学生140人，招生100人，毕业50人。1990年，教职工39人，在校学生208人，招生98人，毕业64人。1993年，改为成人中专校，校址在春场坝之北侧。学校的培养目标是培养中初级实用技术人才。5月，被省教委评为“四川省成人中等专业教育”先进单位。2000年，学校有教职工94人，其中专任教师50人，教师中讲师以上30人，全部具有专科以上学历。在校学生83人，毕业74人，招生28人。学校有计算机50余台。设有“三部一中心”，即大专部（1999年与西南科大联合建立起“本部远程教育中心南江站”，招收计算机应用、金融、工业与民用建筑等专业）、中专部（设普通中专和成人中专，招收家电、机电、计算机、工业企业电气化等16个专业）；初中部（面向全县招生）和南江县技能培训中心。学校成为一所集大专、中专、初中、技能培训为一体的综合性学校。2000年全国高考，升学率达65%。

四、电大站

1983年始建。首届学员由县经贸委电大班和县财贸电大班组成。站设主任1人主持工作。是年首届电大50名毕业生走向社会，得到社会好评。1986年，经县人民政府批准，正式成立南江县电大工作站，胡德湘任常务副站长。建校之初靠租来的一间教室、两间办公室，一台14英寸的黑白电视起家。按照“面向山区、面向农村、面向基层、面向社会”的原则办学。1987年，省电大为南江站安装了地面卫星接收站。1988年，联合国教科文卫组织奖励了录像机、电视机。1992年，四川省广播电视大学授予南江站“先进电大工作站”称号。站长胡德湘连年被评为先进个人。1998年后，修建校舍，增加硬件设施，开办远程教育本科班。

第六节　残疾人学校

残疾人学校，又称特殊教育学校。1990 年前，全县尚无专门的特殊教育学校，农村、城市“三残”儿童未能接受教育。1992 年 7 月，成立南江县特殊教育学校，附设在南江镇第二小学，廖远开任特殊教育学校校长，当年招生 11 人，主要是盲童、弱智、聋哑学生。当年各区（镇）、乡“三残”儿童也进入学校随班就读。1995 年，乐山师范特教专业分配一名教师到县任教。1996 年，县成立特教中心，王志恩兼任主任。据 1999 年底统计，全县“三残”儿童入学率达 66.8%，其中视力残儿童、少年入学率为 67.7%，体残疾儿童入学率为 66.7%，弱智儿童、少年入学率为 69.9%。

第二章　学　生

第一节　招　生

一、小学招生

1976 年及以前招生，均由学校在服务半径以内，招收六周岁的儿童。国家《义务教育法》颁布后，凡年满六周岁和适龄儿童，不分性别、民族、种族，一律入学接受规定期限内的义务教育。不入学受教育的，其家长或监护人，必须按每年 100 元标准缴纳义务教育延误费，乡政府负责征收，用于兴办教育、巩固义务教育成果。

二、初中招生

1995 年前，在小学毕业会考基础上，学生自愿报名，全县统一命题考试。1995 年后，逐步取消县统一考试，小学毕业实行免试就近入学，并试行保送生制度。同时，由教委严格管理，各校严格执行教委下达的招生计划。

三、高中招生

1990 年前，实行“报名自愿，从高到低，择优录取”的原则招生。1991 年，高中招生做了以下调整：其一，初中毕业会考实行分流。在全省毕业会考基础上，县加试数学、物理、化学、英语，举行选拔考试，考试成绩作为高中、中专中师招生的选拔成绩。其二，南江中学的高中招生，不得在计划外招收自费生、借读生，高一新生在全县范围内按同一送档线择优录取。本校和县城内其他学校的初中毕业生，均不享受降分照顾。其三，职业高中新生可招收少量的、具有同等学历的、政治表现好、未婚、具有一定实践经验的社会青年，由正住户口所在乡推荐，学校考试考核，教委批准录取。同时，继续实行保送生制度，由教委将保送生名额分配到办学效益好、教育质量高的初中。1990年后，严禁初中办复习班或招收往届生回校就读。

1992年开始，普通中专、中师招生政策作了改革，改变学生上普通中专由国家包下来的做法，统一招生计划，统一录取标准和收费标准，建立奖、助、贷金制度，实行上学缴纳部分培养费和毕业生在一定范围内自主择业。对老、少、边、穷地区，保留一定比例的定向生。二是开展中等学校“三合一考试”，以减轻学生课业负担，促进初中生合理分流和高中阶段各类教育协调发展，使高中阶段各类学校招生规范有序。三是中专招生经批准后，可超计划录取1%～3%的新生。四是严格控制定向生范围和规模：农业、林业中等专业学校可面向贫困山区招一定比例的定向生；国防三线、水电水利、地、矿、油、气象、劳改系统的中专校等艰苦行业可招收一定比例的定向生；上述系统职工子女，定向招生时，还可享受20分照顾。五是应届初中生获地级以上“三好学生”称号者，加15分；获地级以上“优干生”称号者，加20分供学校审录。六是加大对招生计划、录取划线、录取体制、办法等方面的管理力度，优化计算机管理程序，建立远程通讯网络。七是中师及音、体、美专业招生计划一律分解到县。八是考生体育成绩（30分）计入总分。

表29—4 南江县1986—2000年学校招生、毕业人数统计表

年度	小学		中学毕业人数		中学招生人数		成人中专及职中	
	毕业人数	招生人数	合计	其中：高中	合计	其中：高中	毕业人数	招生人数
1986	11214	12839	4973	682	6617	1073	261	698
1987	11288	8804	6170	744	6888	967	145	417
1988	10988	8922	5874	822	7743	1117	333	542
1989	13957	6401	5831	874	7868	1092	178	593
1990	13103	5145	6076	944	7449	1069	347	463
1991	12706	6712	6172	965	7518	1172	329	660
1992	9874	8007	5876	972	7762	1328	291	837
1993	7754	10575	5884	998	7805	1475	529	879
1994	6663	10996	5245	699	6880	1114	533	626
1995	5987	11683	5123	912	4908	1167	563	914
1996	5131	10641	4031	898	5194	876	363	712
1997	5207	9429	4796	767	5830	963	435	280
1998	6893	9671	4454	859	7186	1178	875	1135
1999	10253	11318	4152	712	10068	1179	1451	1198
2000	11719	11752	4226	747	10830	1263	1015	826

四、普通高校招生

1990年前，高中毕业生由全国统一命题考试，统一送档录取。1990年，后不再实行预选考试，直接参加高考，一律实行统招统考，部分高中实行保送生制度。1994年，后部分学校进行并轨试点，即同一招生计划体制，同一条分数录取线，同一个批次录取，同一个收费标准，其核心是上大学“双包”变为“双自”（“双包”即国家包上大学，毕业包分配；“双自”即由学生自己缴纳部分培训费，毕业后自主择业）。四川省于1996年实行调节性计划（委培、自费）招生“小并轨”。1997年，普通高校招生实行全面并轨。1998年，普通高校招生又作详细调整，调整了加分照顾政

策及累计方法。其具体规定：①不再实行第一志愿报考省内本、专科师范校或非师范校的师范专业的考生加四分的规定，但第一志愿报四川省及重庆部分师范院校的非师范院校的师范专业的教师女子可加10分。②不再实行“省级优秀学生干部、获省级以上科技发明创造奖者和学科竞赛获一、二等奖者，在专科录取时，最低录取档分数线下加10分上线且达到学校调档线的，由学校调档审录”的规定。③高中应届毕业生在高中阶段获省级表彰的“三好学生”，批线上加分由20分调整为15分，获省级以上科技发明创造奖或单学科（限数、理、化）竞赛一、二等奖者，批线上加分由20分调整为10分，获省级三等奖者不再享受政策照顾。④调整体育尖子加分项目与加分幅度，一、二级运动员由加30分调整为20分，三级运动员由加28分调整为加10分。⑤音乐、美术有特殊才能，经省教委认可的考生，由加20分调整为加10分。⑥若考生享受多项加分、降分政策照顾，在并轨计划录取时，除民族自治州、县的考生和少数民族聚居县的少数民族考生，以及内地散居的少数民族考生可再享受一项最高额照顾外，其他考生只享受一次最高照顾，在定向计划录取时，定向降分政策只和民族照顾政策累加。调整了定向招生范围和定向招生政策。严格执行“学校负责、招办监督”和“根据自愿、从高分到低分，按比例投档”的录取体制和方法。为了充分体现高招的公正性，1999年四川加入了全国普通高校招生网络录取的试点行列，招生管理手段现代化日趋完善。

表29—5　　南江县1986—2000年高考上线、录取情况表

年度	文科类				理科类				录取人数合计
	报考人数	上线人数	分数线	录取人数	报考人数	上线人数	分数线	录取人数	
1986	138	79	455	64	296	75	470	75	139
1987	196	45	450	31	383	88	465	73	115
1988	177	58	460	58	374	98	480	107	181
1989	225	37	467	47	416	84	483	98	177
1990	586	51	430	71	788	95	483	127	213
1991	510	76	459	66	730	85	504	86	201
1992	593	70	455	59	866	117	515	112	287
1993	546	66	432	34	863	99	468	85	280
1994	476	48	492	46	706	131	523	127	375
1995	412	41	506	44	628	92	510	99	284
1996	510	19	505	50	675	117	480	124	264
1997	394	113	455	109	569	217	427	228	265
1998	500	87	466	88	628	210	447	211	344
1999	408	87	468	159	597	213	433	253	510
2000	340	119	449	208	765	340	441	418	772

注：合计中含调节性计划招生数。

第二节　毕业与分配

1990年前，小学生毕业，实行毕业会考，由县统一命题考试，成绩上线则升入初中就读。

1990 年开始，小学毕业生全部实行免试就近升初中。同时，加强了初中生学籍管理，有力地克服重复教育，数量冲击质量的不正常现象。初中毕业实行分流，在省会考后，县加试数学、物理、化学、英语。1995 年后加试历史，初中毕业证书和高中毕业证书一律由县教委验印。未取得学籍者，不得参加毕业考试，不发毕业证书，不承认学历。对滥发毕业证书学校，追究校长和当事人责任。普通中、小学生毕业，主要面向上一级学校升学就读。大、中专毕业生，到县后，由县委、县政府、计经、人事、教育、劳动等部门组成的分配工作领导小组负责分配。根据分配原则，实行“两公开、三结合”的办法，即分配方案公开，参加分配人员公开；毕业生接收单位和组织派遣相结合。师范毕业生全部分配到乡、村小学任教，师范类大专院校毕业生分配到中学任教，本科生原则上分配到高完中任教，专科毕业生分配到初级中学（含附设初中班）任教。鼓励大中专毕业生到 33 个高寒乡工作，待遇上试用期领取定额工资，转正后再升一级。定向生和委培生必须到乡、村小学任教。职业教育师资毕业生，按专业对口的原则，到职业中学任教。高校毕业的自费生、函授生和电大普通专科毕业生，通过推荐和自愿、用人单位择优录用的方法，在多种所有制单位就业。

1997 年，建立起多层次、多类型和“双向选择”的毕业生市场，即南江县人才服务中心教育分中心。该中心行政上受教委领导，业务上受人才服务中心指导。该中心成立后，用人单位到服务中心现场考核录用毕业生，统一招聘，聘期一至五年，期满后再考核，称职者续聘。民师毕业生实行“哪来哪去”的原则，由教委直接派遣到原教区（镇），在编制内参加原单位竞争上岗，不纳入人才市场。定向生和委培生，只能到定向单位报名并接受考核。

2000 年开始，大中专的毕业生分配，完全实行“公开考核、统一招聘”。首先，县人才服务中心将有关考核事宜公开；其次，在统一时间、统一地点，各用人单位组织 1～3 人的考评小组，对应聘者从演讲、备课、上课三项考核（成绩是满分 100 分，其中演讲 20 分，备课 30 分，上课 50 分）；三是考评小组对应聘者考核的三项内容，进行量化，提出聘用意见报教委审核，经教委审核同意，报有关领导批准后，由人才服务中心督促用人单位与毕业生签订聘用合同（一式三份），履行有关手续。

表 29—6　　南江县 1986—2000 年中考上线情况表　　单位：人

年度	中专			中师			合计
	初中生报考中专	高中生并报中专	小计	初中生报考中师	高中生并报中师	小计	
1986	13	23	36	79	10	89	125
1987	22	29	51	94	14	108	159
1988	32	20	52	77	15	92	144
1989	24	32	56	72	23	95	151
1990	31	28	59	89	26	115	174
1991	28	27	55	83	26	109	164
1992	28	47	75	94	15	109	184
1993	33	23	56	74	21	95	151
1994	82	52	134	107	17	124	258
1995	316	18	334	111	42	153	487
1996	205	24	229	75	47	112	341

续上表

年度	中专			中师			合计
	初中生报考中专	高中生并报中专	小计	初中生报考中师	高中生并报中师	小计	
1997	294	14	308	101	41	142	450
1998	459	31	490	113	3	116	606
1999	456	9	465	153	—	153	618
2000	271	—	271	152	—	152	423

第三章　教　师

第一节　教师结构

1985年底，全县计有教师4544人，其中：幼儿教师297人，小学教职工3069人，中学教职工1092人，职业学校教职工86人。1986年后，采取多种措施，对全县各级各类教师进行充实和提高：（1）补充一定数量的大专以上师范院校毕业生到学校任教师；（2）通过考试、考评、择优录用的办法，从社会招聘一批优秀知识青年，到教学第一线任教；（3）对民办教师：一是通过考试进入中等师范学习，毕业后转为公办教师；二是凡获有县级以上表彰的，具有中师函授毕业以上文凭的民办教师转为公办教师；三是将在校任副校长以上职务的领导干部转为公办教师；四是将在教育教学上有突出贡献的民办教师转为公办教师；五是彻底清理、纠正“文化大革命”造成教职工冤假错案，落实知识分子政策，使其重新走上教育岗位，充实教师队伍；六是逐年清退代课教师，整顿教师队伍。至2000年全县小学教职工2928人，其中专任教师2626人；中学教职工1514人，其中专任教师1150人；职业中学及成人学校教职工176人，其中专任教师112人。全县教职工总计4618人，其中专任教师共3888人。

表29—7　　南江县1986—2000年教职工人数统计表　　单位：人

年度	小学教职工		中学教职工		职中及成人中专教职工		合计	
	小计	专任教师	小计	专任教师	小计	专任教师	小计	专任教师
1986	3092	2727	1145	828	98	70	4335	3625
1987	3608	2693	1248	915	86	61	4942	3669
1988	3041	2697	1362	953	88	63	4491	3713
1989	3038	2692	1394	997	105	72	4537	3761
1990	2973	2638	1489	1073	121	84	4583	3795
1991	2813	2457	1517	1207	203	123	4533	3878
1992	2828	2477	1642	1306	261	137	4731	2920

续上表

年度	小学教职工		中学教职工		职中及成人中专教职工		合 计	
	小计	专任教师	小计	专任教师	小计	专任教师	小计	专任教师
1993	2843	2490	1796	1270	305	179	4944	3939
1994	2886	2526	1849	1326	295	154	5030	4006
1995	2930	2597	1676	1183	326	177	4932	3957
1996	2967	2625	1542	1082	304	208	4813	3915
1997	3071	2719	1468	1408	198	117	4737	4244
1998	3007	2689	1441	1040	202	126	4650	3855
1999	3104	2783	1446	1062	155	111	4705	3956
2000	2928	2626	1514	1150	176	112	4618	3888

第二节 经济待遇

1984 年，县内来自外地的高寒地区教师发高寒补贴（全县计有 33 个乡），对专任教师增发教龄津贴，对大专生、小教 3 级、中教 5 级、行政 19 级以上和受省表彰的先进工作者，向上浮动一级工资。小学教师基本工资最低为 56.6 元，人均 76.62 元；中学教师工资最低为 62.5 元，人均 82.59 元。

1987 年，工资改革，以改革职务工资为主的结构工资制，改为按工资职位不同，分为基础工资、职务工资、工龄津贴、奖励工资四部分，其中工龄津贴逐年增长。除工龄补贴外，还按从教年限发教龄津贴，5～10 年每月 3 元，10～15 年每月 5 元，15～20 年每月 7 元，20 年以上每月 10 元。同时，对民办教师工资也作了调整。城镇民办教师按照公办中学改革工资规定执行，农村民办教师，以 1984 年底领取的工资补助加副食品补贴作基本工资，增长额为：任用民师，中学每月 13 元，小学 11 元；试用民办教师，中学每月 11 元，小学 9 元。民办教师的教龄津贴，每月按不满 10 年 3 元、10～15 年每月 5 元、15～20 年每月 7 元、20 年以上每月 10 元计发。这次工资改革范围内共 3040 人，人平增资 26.53 元。其中，教龄津贴人平 6.73 元，工龄津贴人平 7.22 元。全县教职工人平月工资为 88.07 元。1987 年 10 月 1 日起，全县教职工（包括民师）工资（基础工资 + 职务工资）均提高 10%。同时，认真开展职称评定、改革工作，中学教师职务设中高、中一、二、三级，小学教师设：小高，小一、二、三级。获中、小学特级教师称号的，每月分别增加 30 元、20 元，从 1993 年起，每月均提高到 80 元，且退休后继续享受。

1993 年，又实行工资制度改革，其主要内容是：（1）实行职级工资制，即专业技术和职务等级制，在工资构成上主要分为专业技术职务工资和津贴两部分，其津贴主要是课时津贴、教龄津贴、班主任津贴、特殊教育补贴；（2）建立正常增资制度：正常升级。凡连续两年考核为合格及以上的人员，可晋升一个工资档次；对个别考核优秀并作出突出贡献的专业技术人员，经主管部门和人事部门批准，可提前晋升越级晋升，比例一般控制在在编人数的 3% 以内。分段调整工资标准制度，即每满两年调整一次工资标准，津贴也相应提高。该制度从 1995 年元月 1 日起执行。从 1992 年 1 月起，教师工龄津贴标准，由每年的 0.5 元调加到 1 元。改革奖金制度。

从 1994 年起，对年度考核合格以上人员，年终发给一次性奖金，数额为当年 12 月份的工资

（含津贴）额。退休人员工资，按本人职务工资和津贴之和按一定比例计发。其中工龄35年以上按90%计发；30～35年按85%计发；20～30年的按80%计发。新中国成立前参工的享受政府津贴、教龄津贴均按100%发给。

1997年，人均增资30%，从1997年10月执行。截至2000年，教师人均工资与1986年同级相比，增加近20倍。

第三节　教育培训

1986年前，全县已建起三级函授教育网，且有一大批高、中、初师函授毕业生。1986年后，中小学教师素质的提高，从学历补偿教育向岗位培训为主的继续教育转轨，从既重视普通教育师资培训又重视职业教育师资培训转轨。教师学历以自学为主，以自考和函授为主要渠道，适当安排离职进修。教师岗位合格培训，以教师专项基本技能为主要内容，同时积极开展教学研究等多种形式，不断提高教师业务素质。教师进修校累计培训中小学教师3158人次。先后举办专业合格考试2期123人；教材教法过关考试培训2期81人；短期学科师资培训14期384人；骨干教师培训10期449人；干部培训11期363人次；接受继续教育3600人次。学历提高培训方面，一是鼓励教师参加全国自学考试、成人高考以提高学历；二是鼓励教师参加“三沟通”函授。自1990年9月至2000年7月，南江进修校先后与四川教育学院、重庆商学院、达师专等7所高等院校联办。通过学历提高培训，共有731人获大专文凭，985人获中师文凭，507人获幼师文凭。小学、初中专任教师学历合格率达到95.5%和80.6%。实施义务教育后新补充的初中、小学教师学历合格率均为100%，中小学校长全部取得岗位培训合格证，实现了持证上岗。

第四章　教　学

第一节　学制与课程

一、幼儿园

学制为四年，设有小班、中班、大班和学前班。小班课程有：语言、数学、科学、美术、社会、健康；中班课程有：语言、数学、美术、社会、科学、健康；大班课程有：语言、数学、科学、美术、社会、健康；学前班课程：语言、数学、科学、美术、社会、健康。

二、小学

学制六年，开设课程如下表：

表 29—8 南江县小学课程设置情况表

年级	课程
一	语文、数学、写字、品德与生活、音乐、美术、信息技术
二	语文、数学、写字、品德与生活、音乐、美术、信息技术
三	语文、数学、英语、品德与社会、音乐、美术、科学、信息技术、普通话口语训练
四	语文、数学、英语、品德、科学、音乐、美术、信息技术、普通话口语训练
五	语文、数学、英语、思想与品德、科学、音乐、美术、信息技术、实践与创新
六	语文、数学、英语、思想与品德、自然、科学、音乐、美术、信息技术、实践与创新

三、中学

初中 学制三年，各年级课程设置如下：

表 29—9 南江县初中课程设置情况表

年级	课程
一	语文、数学、思想品德、英语、历史、地理（地图册）、生物、音乐、美术、信息技术、人口与青春期教育课本《青春》、道德与法制
二	语文、数学、思想品德、英语、历史、地理、生物、物理、信息技术、音乐、美术、实践与创新、四川历史与社会
三	语文、数学、化学、英语、历史、生物、信息技术、音乐、美术、实践与创新、心理健康教育

高中 学制三年，各年级开设课程如下：

表 29—10 南江县高中课程设置情况表

年级	课程
一	思想与政治、语文、数学、英语、中国近代史、中国近代史地图册、地理、劳动技术、艺术欣赏、音乐、美术、信息技术
二	思想政治、语文、语文读本、数学 A、数学 B、英语、世界近代史（地图册）、生物、物理、化学、劳动技术、信息技术
三	语文、数学、物理、化学、英语、历史、地理、生物、信息技术

第二节 政治思想教育

1986 年，在学校师生中开展“五讲四美三热爱”和“学英雄、争三好、创文明班级、文明学校”活动。在教师节前后，以“人民尊重您，您该怎么办?”为题进行大讨论，深入师德教育。

1987—1988 年，狠抓少先队德育阵地建设，评选出国家、省、地、县红旗大队 364 个。

1989—1990 年，思想政治工作要求三到位：思想、组织、工作。完善德育工作保障体系，在大河乡中、小两校中推行行为课试点。各级各类学校掀起学“十佳”、学成洁活动，3 月、9 月集中时间整顿纪律、学风、常规。1991 年，以学习中国近代史、现代史和中国国情的“两史一情”教育，使师生明确只有共产党才能救中国的真理。1992 年，学习党的十四大精神和邓小平同志南巡讲话，转变观念换脑筋，提高思想政治修养。组织 3000 多名师生，参加暑假“二五”普法宣传教育活动。两乡师生参加普法知识竞赛，得到地区表彰。1994 年，进一步贯彻《中国教育改革和发展纲要》，继续深化爱国主义教育，学习贯彻《国旗法》、《中小学德育纲要》，构建学校、家庭、社会三结合的德育教育网络。1995 年，学习《中共中央关于加强和改进学校德育工作的意见》。1997 年学习党的十五大精神，贯彻《四川省中小学教师执业道德准则》。

1998—2000 年，主要对教职工进行形势教育和爱国主义教育，创建文明单位，整顿校风、教风、学风。改进学生德育教育的方法和手段，使学校德育更加符合青少年身心发展和认知水平。加强文明习惯养成教育，心理健康教育，社会公德、民主法制教育，崇尚科学反对迷信教育，爱国主义、集体主义和社会主义教育。努力创造学校、家庭、社会共同参与德育工作的格局。与此同时，各级教育行政部门，加强对中小学校的安全教育，杜绝了重大安全事故，南江镇第四小学等 11 所学校被地区授予道路交通安全教育文明学校、小河小学被地区授予道路交通安全示范校。

第三节　艺术体育卫生教育

一、艺术

1986 年后，教育由应试教育向素质教育转轨，艺术教育受到应有的重视。全县中小学在扎实上好音乐、美术课的同时，课外艺术活动也蓬勃地开展起来。以电子琴、钢琴、管乐器为主的器乐队、舞蹈队纷纷成立，南江镇二小、三、四小相继成立了艺术学校。1991 年，积极贯彻《全国学校艺术教育总体规划》，成功地开展了几次大型艺术活动。“五四”的文艺汇演，全县中小学选派学生参加，观众达 3000 人。南中、二中、长赤中学开始招收艺体生。南中、二中、实验小学在省歌咏比赛中获优秀奖。1994 年，县教委就艺术教育提出具体要求和考核办法，下两、沙河等地举办中小学生艺术节。1995 年，开展“忆国耻、铸国魂、追寻红军足迹”的“一二・九”歌咏大赛和爱国主义卡拉 OK 大赛，组织全县中小学生观看几部爱国主义优秀影视片活动。1997 年，以香港回归为主题，组织知识竞赛、文艺表演等爱国主义系列活动，达到校校开展、班班组织、人人参与。在四川省中、小学生艺术节上，南江县美术作品和文艺表演，分别获一、二、三等奖。南江四小女子钢管乐队表演，实验小学的《牧羊乐》，在参加四川省“首届中小学艺术节”中，分别获得二等奖、三等奖。截至 2000 年，全县共建成业余艺术学校 32 所，省教委艺体处长陈肇荣到南江县指导工作时，充分肯定了取得的成绩，并高度赞扬了城四小的艺术教育工作。

二、体育

1986 年后，国家对学校体育管理力度加大。1987 年，颁布了《十二年制体育教学大纲》和《中学生体育合格标准试行办法》，并改变各级各类学校课间操单调的状况，推广节奏快、动作变化大、具有较大运动量的健美韵律操。1990 年，正式实施《学校体育工作条例》，组织学校学生田径、篮球、排球运动会和第二届教职工篮球运动会、第八届“园丁杯”篮球赛，组织中学生男、女篮球队参加地区“三好杯”篮球赛，获男子第二、女子第四名的成绩。全县中小学建立了学生体检建卡制。由县体委牵头组织了体育场合格、锻炼达标以及“两个条例”的贯彻执行情况达标的大检查。1992 年，南江二中代表县参加地区“三好杯”排球运动会，获男子第一名、女子第二名成绩，并代表地区参加省业余体校男排比赛获第二名。1996 年，将课外体育活动纳入体育课程范围之内，使之成为正式课程之一。1986—2000 年间，学校体育不仅得到有效的提高，而且体育设施也大有改善。全县单设中学、中心小学体育设施均已达标，南中、二中、四小等 10 所学校被评为省、市体育传统项目学校。

三、卫生

1986年前后，学校均按教学计划，开设卫生课，从1988年起，针对小学营养方面存在的突出问题，进行营养知识教育，县城内小学实施“大豆”行动计划，有力保障学生营养供应。县城中学生，班班喝上纯净饮用水。1990年起，增设健康教育课，系统地对学生进行卫生保健教育。各单设中学配备有专职校医，设有医务室，各中小学有兼职医生。各学校还派工作热心的女教师，对女生进行青春期的卫生指导和教育。各学校建立了常规的卫生、安全管理制度，定期给学生进行身高、体重、视力的测量，并进行记录。

第四节 教学研究

1986年以后，“科研兴校”意识在学校越来越强烈，初步形成了县教研室—校教科室—学科教研组的三级教研网络。乡镇初中以单设中学为龙头，成立学科教研组及备课组，加强了各乡镇教研工作的横向合作。全县中小学普遍成立了教科室，配备有专、兼职主任。教改教研，主要实行8个方面的活动：一是传播教改信息，推广先进教学经验；二是总结本县中小学教改教学经验，指导本县中、小学各科教学改革，努力提高教学教育质量；三是进行上级教研单位分配的课题研究；四是用赛课、献课等形式，推动课堂教学的改革；五是以学术年会、研讨会的形式，交流、推广县内的教改教研成果；六是编辑出版专题著作和专项经验，向县内县外传播；七是与教师进修校合作，举办教师教改专题讲座和培训班；八是编写乡土教材。1986—2000年间，教研成果中《三标之花山区开》获全国教改三等奖，《小学数学课堂评估标准》、《珠算式脑算》、《学校教育环境研究与实践》、《教学科技生产一体化》分获省政府首届教学成果三等奖。《小学语文园地》、《小学语文精彩片断分析》、《小学语文整体训练》分别由广西教育出版社、北师大出版社、四川教育出版社出版发行。在国家、省级刊物发表文章100多篇；参加省、市级赛课获奖160人次；组织学生参加全国、全省英语、化学等学科竞赛，有400余人次获奖。

第五章 经 费

第一节 国家拨款

1986年起，根据中央“基础教育由地方负责，分级管理”的体制和教育经费“三个增长”的要求，结合本县实际，采取了“集中平衡，分级负责，自筹自用，不平不调，因地制宜，一年一定，加强管理，先进有奖”的原则，改革了农村教育费由国家和教育部门统管的管理体制。实行村小由乡、村共管，以村为主；乡镇中心校和乡（镇）初中由区、乡共管，以乡为主；区单设高中、职中、初中由县、区共管，以区为主的管理办法。把国家扶持、地方财力支持，社会各方面力量捐资助学，群众集资出力，学校勤工俭学等几种力量合在一起，切实加大教育经费投入。县委、县政府把征收教育费附加，列入全县攻关项目之一。县长、财政局长和各区区长、财政局长签订目标责任书，财政、审计、教委联合对全县各（镇）教育费附加的征、管、用进行审计，检查督促各地征齐征足教育费附加。1986—2000 年，累计征农村教育费附加、城市教育费附加、职工个人教育费附加、中小学改善办学条件附加费，宾馆、饭店等教育费附加共计 3666. 2 万元。

第二节　社会投入

一、群众集资

1988 年，县政府作出“发动群众集资办学，改善办学条件”的决定，从 1988 年秋季起，非农业人口的职工和居民家庭中的小学生，以学生人数计算，每人每期由家长交纳集资办学费 2 元，用于本辖区内的中小学危房改造。并规定，全县每一个劳动力出 3 ~ 5 个义务工用于学校建设。群众集资办学，坚持“自愿、量力”原则，贫困户、五保户、特困户不属集资对象。不得多头重复集资，人平集资最高限额为 10 元。从整体上采取“财政补助、单位捐助、群众集资”的多渠道集资的办法。并要求管好用好集资款，绝不允许挪作他用。1986—2000 年期间，群众集资办学的热情很高。在小河小学的建校中，驻村干部跟班劳动，挖土推沙，出力流汗；七村党支部赵书记，带领全村群众集资 20 万元，苦战八个月，把一所破烂的村小建成，拥有 6 间教室、6 间教师寝室，活动场地宽敞，花木齐全的漂亮小学。九顶乡流传着这样一句话：“今天我建校，子孙都受教，流血流汗有想头”。群众捐钱、捐物、投劳难以用准确的数字统计。八庙乡、凉水乡乡长把办公桌搬到建校工地现场办公。在八庙乡中心小学的建校劳动中，出现每天六七百人上工的壮观场景；学校校长、教师也为学校建设献计纳策，出力出汗，解决学校建设的燃眉之急。

二、社会捐资

社会各界深切地关注着山区南江的教育。先后有各级党政领导和机关干部、社会团体及企业家对南江教育给予了很大的支持，建成七所希望小学，救助贫困少年儿童 2400 余人。其中，1994 年，团中央和国家机关工委、四川省广播电视台、成都青羊区教委等十余个单位和团体捐（款）助款近 50 万元，衣物、文具、图书、器材共 5 万多件。富通集团公司为全县教育捐助款 30 多万元。宋宝瑞、秦玉琴、徐世群等 151 名省厅级干部及机关职工捐款 20 万元，建成乐坝希望小学。省政府办公厅、省林业厅、省交通厅、宁江机床厂的部分学校对南江许多学校捐款捐物。省民盟为小河小学 30 名学生每月捐款 300 元，并设立每年 6000 元的高考升学奖金。1996 年，中国工商银行两次捐资 25 万元，建成贵民希望小学和凉水希望小学。省佛教协会捐资 13 万元，救助 815 名贫困学生。成都川西住宅开发公司为高考状元捐资 23 万元。原省教委主任、现驻美总领事馆教育参赞卢铁城心系老区教育，捐资 1000 美元，支持南江教育。1997 年，四川平原公司董事长刘汉先生为县希望工程捐资 100 万元，中国工商银行全体职工为南江教育再次捐资 10 万元，用于凉水小学的建校。成都钢铁厂的职工救助了 120 名南江的贫困少年儿童，直到他们高中毕业。1998 年，社会捐助 64 万元，新建黄金小学、大河小学、关田小学等 3 所希望小学的教学楼。邵逸东捐赠 30 万港币，支援南江中学等两所项目学校的建设。

三、项目工程

1986年后，县积极争取，全面启动，实施了各类项目工程。一是狠抓“广厦工程”建设。自1995年起，先后投资1048.57万元，建成557套住房，建筑面积56817平方米，免收各种税费达总造价的30%左右，有效地解决了教职工的住房问题。二是全面实施中央义务教育工作第二片区项目。1996年实施项目乡10个，项目学校10所，投资额626.2万元。其中，中央补助185万元，地方配套441.2万元。改扩建面积达13426万平方米，投资505.9万元。购置教学仪器71.2万元；图书桌凳42.7万元。落实国家计委教育扶贫工程，中央投资70万元，地方配套46万元，用于元潭小学、赤溪小学的校舍建设。三是积极编报秦巴山区世界银行贷款教育子项目：通过多次调查，最后确定项目实施乡13个，贷款额预计50万美元，折人民币415万元。1998年，实施项目工程29个，其具体情况是：国家贫困地区义务教育项目工程、全面完工，于1998年7月顺利接受省政府的检查验收。改扩建学校26所，完成建筑面积40523平方米，投入资金1784.96万元，其中中央专款450万元，省增量配套250万元。世界银行贷款子项目工程，规划13个乡（镇），28所学校，其中中心校8所，村小20所。目前5所中心校，6所村小已完工，完成投资282万元（地方配套146万元，贷款136万元）。国家扶贫教育工程于1998年实施，国家计委投入本县75万元，分别用于赶场小学、乐坝小学的建设。

四、勤工俭学

1986年，县本着“积极发展，加强统筹，形成规模，提高效益”的原则，在中小学中大力开展勤工俭学活动。一是建设一支过硬的勤工俭学队伍。区、乡、校建立勤工俭学领导小组，形成“四有”格局（有领导机构、有责任制度、有实施计划、有考核评比办法）。二是兴办校办产业。绝大部分学校有商店、饮食店、理发店、照相馆、修理部；有的还办了种植养殖场、米面加工厂、煤厂、印刷厂等。临街的学校发挥优势，修、改、扩建门面，通过出租、承包经营多种形式为学校增加收入。农村学校，按照村小一亩、中心校中初中三亩、区中学五亩、职业中学十亩的规定量，采取租赁、承包、政府划拨、股份合作等办法，兴办农、渔、林、牧场。赶场小学的种植、养殖、旅游业，树立了全县勤工俭学的典范。燕山小学租赁20亩土地种草，200亩水面养鱼，年收入可达2万余元。双桂、九顶小学的橘园，东垭小学的茶场都收到较好的经济效益。有的学校通过将师生食堂、水电管理、小卖部、医务室等后勤服务从学校工作剥离出来，使后勤社会化，从而改善学校后勤服务工作，增加勤工俭学收入。20世纪90年代中后期，勤工俭学逐一退出中小学校。

表 29—11　　**南江县 1986—2000 年教育事业经费投入统计表**　　单位:万元

项目 \ 数目 \ 年度	1986	1987	1988	1989	1990	1991	1992	1993	1994	1995	1996	1997	1998	1999	2000
投入总计	624.84	580.2	713.6	782.6	938.7	911.6	1038.5	1433.8	2123	1812.6	2139	2270	2097	2523	3053
中等专业学校经费								20.8	32.6						48
职业教育经费	15.45	18.4	34.9	19.7	31.5	21.3	49.4	74.9	236.2	64.3	89	100	122	119	156
中学经费	197.76	192.2	217.3	279.6	339.5	314.9	332.8	522.6	711.5	604.9	789	868	604	627	795
小学经费	313.65	299.4	364.9	406.1	459.7	473.1	488.7	648.5	925.4	912.1	1084	1136	1243	1696	1956
幼儿教育经费	3.77	0.2	1.4	1.5	2.3	3	5.2	4.3	17.8	8.8	18	29	21	9	17
成人高等教育经费	0.28	0.2	0.7	0.7	1	10.3		1.6	3.1	4.1	6	5	2	3	
普通业余教育经费	3.91	2.6	0.6	0.1	2.5	2.5	17.1	2.5	3	37.3	4	2	63		
教师进修及干部培训经费	9.31	10.4	18.4	11.5	11.6	15.7	27.6	29.3	41.9	44.3	39	37	37	34	41
特殊教育经费							0.4	5.4	1.6	1.3	1	2	1	2	
广播电视教育经费		0.4	0.9	1.2	1.2	1.6	2	2	3.7	1.5	5	0.5	4	1	2
其他教育事业费	34.34	14.6	0.9	19.2	42	23.9	74.6	61	105.4	27.4	76	41		32	38
民办教师补助费	46.33		42.5	43	47.4	45.3	40.7	60.9	40.8	65.5	28	45			

资料来源:南江财政决算报表。

第六章 管 理

第一节 学校管理

1986年前，中小学统归县管。1986年以后，完全中学和区设中学的设立和撤并，由县委、县政府决定，报地区备查。单设乡初中、乡完全小学的设立与撤并，由县教委决定，报县委、县政府批准。村小的设立和撤并，由区决定，报县教委备查。职业中学、成人中专等学校，由县教委决定，报地区、县政府备查。全县各中学、教师进修校、成人中专，由校长、副校长、教务主任、政教主任、总务主任主持办理学校各项工作。“九年一贯制”学校及各小学由校长、副校长、教导主任（部分学校设总务主任）主持办理学校各项工作。各中学设团总支或团委、学生会。各小学设少先队大队部、各班设中队，并有大队、中队辅导员、班主任、团支部、学生会、少先队组织协助学校的各项管理工作。学校实行党支部领导下的校长负责制。校长负责学校全面工作，副校长协助校长工作。教务（导）主任负责教导工作，领导教学。总务主任组织安排师生生活及卫生保健工作，为教育教学提供后勤保障。学校各项工作分别由校务委员会、职代会、行政会等集中研究决定。乡（镇）中心小学对辖内村小负责行政管理和业务指导，学校负责人定期或不定期检查村小工作。

第二节 教职工管理

1986年后，对学校教职工的管理，逐步探索科学、民主的方法。1989年，深化领导体制改革，在全县中小学中推行领导干部任期目标责任制，对招聘或民主选举的校长明确责任。县委、县政府、组织部、宣传部、文教局根据管干权限，分赴全县中小学现场办公，调查研究校长负责制执行情况。对新上任的学校领导干部采取“帮、带、促”的办法提高管理水平。

1994年，废除校长负责制，建立领导工作目标考核制。在稳定的前提下，通过考察，坚持任人唯贤的原则，调整充实实验小学、沙河中学的领导班子。1997年，县委规定：县教师进修校、南江中学、南江二中、县职中、成人中专校、小河职中、各区中学党、政正副职，电大工作站正职，属县委管理的干部，其任免由县委组织部、宣传部、教委联合考察，报县委批准，由县政府出文任免；中层干部，由宣传部、教委联合考察宣传部出党内建议文件，由教委出文任免。乡（镇）初中、乡（镇）中心小学正副校长、正副教育办公室主任，由宣传部、教委、区委考察，宣传部出党内建议文件，教委出文任免；中层干部，由教委、区委考察，由区委出文任免，报教委备案。

为建立一支具有良好政治素质、结构合理、相对稳定的教师队伍，采取以下管理措施：（1）严格编制管理，调整教师结构。编制的具体标准是：重点高中4.5人/班，一般初中4人/班，成人中专校6.5人/班，教师进修校按全县教师总数的1%配备，职员1.5人/班，区、乡单设初中3.6

人/班，实验小学2.2人/班，乡（镇）中心小学1.9人/班，公办幼儿园2人/班，村小1人/班（完全村小增设1个编制）。（2）教师调动。乡（镇）内，由乡（镇）批准，报区教育办公室备案；区内调动（不含中、小学之间）由区（镇）教育领导小组批准，报教委备案；区（镇）之间、区以上单设中学之间调动，由教委批准。凡调县外或改行的教师，须经教委同意，报有关部门批准，方可办理调动手续。评为中级技术职称，必须在本县教育系统服务3年以上，大中专师范类毕业生服务必须满5年到8年，方可办理调动手续。调入县城中小学必须从严控制。确定补充骨干教师，应采取公开、公平、竞争、择优的原则，通过考试考核后选调。（3）考核与奖励。考核工作按“坚持标准，全面监管，注重实际，客观公正”的原则，考核内容以《教师法》、《教师资格条例》所规定的义务、条件、职责为基本依据，对教师的思想政治表现、工作态度、业务水平和工作成绩等进行全面考核。考核结果存入教师档案，填入《四川省教师考核工作登记表》，交人事局审查验证后备案。

第三节　学生管理

一、学籍管理

从1986年起，各中小学按照国家计划和规定录取的学生，须见《录取通知书》和有关证件在规定时间内到校注册入学，通过校务委员会审核。由学校列入新生学籍，按时到教育主管部门验印。严格执行停、转、复、留的各项制度，严格毕业标准。转学生要把学籍转到新的学校。至2000年基本未变。

二、成绩考核

学业方面，按照国家颁布的教学大纲和课程标准、教学计划的规定，分课程类、活动类、地方课程三方面，对学生实行全面考核。操行成绩，主要以《中小学生守则》和《中小学生日常行为规范》为基本准则，对学生的政治思想、道德品质以及学生在各种活动中的表现进行考查评定。对学生的成绩考核与评定，每学期和学年县教育主管部门要组织全县期末教学质量检测，并采取考试与考查相结合的方法进行评定。评定学生成绩，可用100分制记分法，80分以上的为优秀，60分为及格。也可用直线条的等级制、分别评定为A、B、C（每等中有+、-两档）三个等级，或优秀、良好、及格三个等级。操行成绩以当时考察为主，每期评定一次，并在学生手册（或家长关系卡、素质教育报告单、素质手册）和成绩卡上写上评语。操行评定不评等级，不记分数。

三、学生奖惩

学校对德智体美劳诸方面表现优秀的学生予以奖励，或授予“三好学生”、“三好标兵”、“优秀学生干部”、“优秀队干部”、“优秀少先队员”、“十佳少先队员”等称号。对违反纪律和犯有严重错误的学生，予以批评教育，帮助他们改正错误。

第四节　后勤管理

1986—2000年，为加强学校基础设施建设，优化学校后勤服务，积极鼓励学校后勤服务社会化。一是为学校师生食堂、水电管理、桌凳维修、护校等后勤服务，从学校工作中剥离出来，实现社会化服务。采取租赁、承包、股份合作等形式，对后勤服务员“断工不断出路”、“断奶不断生路”进行分流，由学校提供经营场地和经营项目，从业人员工资记入档案，向学校缴纳一定数额的承包费和管理费。对现有校办企业，采取出售、股份经营、租赁、承包等形式，放活经营管理体制，使承包者与学校双得利。三是加强实验室的基地建设，发展农科教、产供销一体化经营的教育产业，以解决教师子女的就业和提高教职工福利。

第三十篇　科　技

第一章　机构·队伍

第一节　管理机构

一、南江县科学技术委员会

1984年前，南江县科学技术委员会（以下简称县科委）、南江县科学技术协会（以下简称县科协）和南江县沼气办公室实行三块牌子、一套班子、合署办公体制，配置工作人员7人。1984年12月8日，县科委、科协分设，科委设置工作人员4人。1986年，南江县科委编制12名，1991年增加到14人，其中行政编制12人，事业编制2人。1998年，县编委核定县科委机关行政编制8名，工勤编制1名，直到2000年底，编制人数未变。区乡（镇）设有科技办公室，配有专兼职人员，专管科技工作。

二、南江县科学技术协会

南江县科学技术协会行政编制3人、事业编制1人 、编外人员2人，专事科学技术普及工作。县科协下属县级学会，协会、研究会共23个，会员10470人，区（镇）、乡（镇）设有科普服务站。此外还有农村各专业协会、研究会126个，会员1.1万人。

第二节　科研机构

一、南江黄羊科研所

1984年，成立南江县黄羊育种委员会，下设“南江县南江黄羊育种科学研究所”（简称“黄科所”），事业性质，人员编制核定15人，经费由县财政供给。黄科所是南江县南江黄羊育种委员会的研究机构，主要承担县育种委员会提出的育种任务，开展各项试验研究，搞好种羊鉴定和登记，收集整理育种资料，指导各场、乡村搞好育种工作。1997年，南江黄羊育种科学研究所与四川南江黄羊原种场实行两块牌子、一套人马，使科学研究所既有了实验基地，又有部分自筹资金能力。

二、南江县金银花研究所

南江县金银花研究所建立于2000年3月，全民性质科研事业单位，拥有员工10人，其中高级技术职称2人、中级6人、初级2人。南江县金银花研究所是专门从事金银花品种选育、种苗繁殖、栽培管理、采摘加工、贮藏保鲜以及产品深加工等技术研究。现有资金25万多元，资产负债率为23%。

三、南江县核桃科学研究所

2000年7月成立。其主要任务为在有关大专院校、科研院所的指导协作下，对南江核桃选优、采种、育苗、丰产培育、集约经营、低产林改造、病虫害防治、产品综合开发、品种改良、原生种质资源保护研究等进行一系列科学研究，努力提高核桃科技含量；承担全县核桃科学研究、科技普及、实用技术推广；建立采穗圃、品种实验园、对比实验园、丰产培育示范区、综合低产林改造示范片核桃病虫害生物防治、附属产品开发等综合或单项的科技园区。科研所现有科技人员12人，其中高级技术职称1人，中级技术职称10人，初级技术职称1人。核桃科研所属于林业局内设机构。

四、南江大叶茶研究所

南江大叶茶研究所成立于1988年，集茶叶科研、技术推广和茶叶产业建设进程督查于一体，以新技术、新品种选育应用推广为主题，快速推进南江县茶叶产业发展。南江大叶茶研究所属农业局全民性质事业单位，现有员工11人，其中专门从事茶叶专业的高级农艺师1人，农艺师6人，助理农艺师2人，技术员2人。该所与四川农业大学、中国茶叶科研所、四川省茶叶科研所联合进行业务联系，下设南江县茶叶协会、南江大叶茶发展协会、南江县南鹰村茶叶科技协会。到2000年研究所已建成黄草坪茶叶科技示范场面积10公顷，南江大叶茶繁育苗圃3.33公顷，购置微波杀青干燥机及名优茶加工设备10台（套），有南江大叶茶母本园33.33公顷。

第三节　科技领导小组及顾问团

1983年，成立中共南江县委科技领导小组，办公室设在县科委，县科委主任兼任办公室主任。其职责是：调查、收集、综合处理和反馈科技、经济等方面重大信息、提出需要研究处理的事宜，为领导决策提供依据，当好参谋；检查督促领导小组决议执行情况及交办事宜的落实情况；负责科技项目的评估、申请及组织实施，督促落实；办文、办会及印章管理，承办领导小组交办的其它工作。年底，成立南江县科学技术顾问团。顾问团办公室设在县科委，办公室主任由县科委主任兼任。顾问团由全县科技骨干代表和有关部门领导组成，具有技术职称的占70%。顾问团下设综合组、农业组、工业组、基础设施建设组、社会事业组等。至2000年底未变。

第四节　民营科技服务机构

1985—2000年，南江县共成立民营科技服务机构53个：黑潭乡农民天麻研究所、县日用建材厂、县养猪研究所、县碾盘木材拼花工艺厂、县油脂公司、县荣发贸易公司、县科学养猪服务部、白院乡科技开发中心、县运用化工研究所、大河校园经济科技中心、县水利电力技术服务中心、黑潭科技服务中心、野生动物研究所、县应用技术研究所、长赤科学养猪技术部、下两原石峰食用菌研究所、关路乡食用菌研究所、县适用技术研究所、县乡镇企业经济技术中心，乐坝镇獭兔养殖场、岳家河真菌研究所、县日用化工研究所、县实用科技信息服务部、县火炬节能技术研究所、县新型建材研究所、县建筑科技开发公司、县畜禽开发公司、县欣欣科技实业公司、县新技术研究所、县科技实业有限公司、县山区果树蔬菜研究所、县巴山畜禽开发公司、县大鲵繁殖科研基地、县环球科技实业有限公司、县康实实业研究所、新星科技信息服务中心、野羊溪农业科技示范基地、县正奎农业开发有限公司（县中药材研究所）。这些民营科技服务机构主要从事有关行业的新技术开发、新产品引进、试验、示范、推广和配套服务。

第五节　科技人才

1987 年，专业技术人员职称改革开始，截至 1989 年 8 月，全县已评定各类专业技术职务 6598 人，其中高级 113 人占专业技术人员的 1.7%，中级 1525 人占 23.1%，初级 4960 人占 75.2%；属事业性质的 539 人、企业 1172 人、行政 36 人。1992 年，对全民事业单位专业技术岗位进行核定，岗位总数 4025 个，其中高级 108 个、中级 1258 个、助理级 2130 个、员级 529 个。全民企业专业技术岗位总数 1359 个，其中高级 7 个、中级 227 个、助理级 716 个、员级 409 个。到 2000 年，全县实有各类科技专业人才 5320 人，其技术职称（职务）与聘用分离。技术岗位设置按各部门工作需要而定。

第二章　科技活动

第一节　科学研究与技术推广

一、南江黄羊

南江黄羊历经四十余年的培育，经国家畜牧专家及国外育牧专家的多次考查、论证。国家农业部确认南江黄羊是中国肉用性能最好的山羊新品种。为确保南江黄羊的快速繁衍，采取科学养羊，发展黄羊的质量和产量，1987 年在大河、正直、下两三区及十三个乡建立实施黄羊配种点 141 个，当年配种 6000 余窝（次），选育转繁母羊 7736 只，后备母羊 3176 只，产羔 13175 只。在中部山区推广饲料青贮饲养山羊技术。当年“南江黄羊选育技术研究”被列为省畜牧重点科研课题。1989 年，“南江黄羊肉用性能选育和杂交利用”被农业部确定为全国畜牧重点科研项目。1990 年，在四区五乡推广山羊圈养和夜间科学补饲技术。《南江黄羊选育技术研究》、《南江黄羊肉用性能选育和开发利用研究》的课题经国家农牧渔业部、省畜牧局鉴定验收合格，分别获省农牧厅科技进步一、二等奖。1991 年，在北极种畜场进行黄羊与本地山羊杂交试验。选择母羊 268 只，公羊 51 只，进行杂交培育，杂交改良效果显著，当年出栏羊只大幅增长。南江黄羊被列为省内重点推广的杂交改良本地山羊的优良品种之一。1992 年，在全国畜禽品种改良及种畜场工作会议上，南江畜牧局被评为“全国羊品种改良先进单位”，北极种畜场被评为“全国先进种畜场”。《南江黄羊肉用新品种选育》课题，分别在 1996 年获四川省人民政府科技进步一等奖，1997 年，获国家科技进步二等奖。1998 年 4 月，农业部批准“南江黄羊”为肉羊新品种，并颁发《畜禽新品种（配套系）证书》。当年 7 月，中央电视台拍摄的南江黄羊饲养管理科教片，在央视一套“田野”栏目首次播出。南江黄羊新品种的育成，为保证黄羊品质，开展了《提前南江黄羊早期生长发育速度配套技术研究》、《肥羔生产配套技术》、《南江黄羊不同饲养方式的对比试验》等课题的配套研究。截至 2000 年底，南江黄羊种羊已推广到全国 20 多个省、市、自治区，推广总量达到 10 万只以上。

二、南江金银花

南江县金银花有 8 个大类、32 个品种，细毡毛忍冬中的优良变种为该县主产种。早在 20 世纪 60 年代初，南江金银花就享誉全国。1981 年 5 月，南江县被确定为全国金银花基地县，2000 年 2 月，县农业部门专门成立了“金银花研究所”，进一步加强了对金银花的研究和推广。同年 12 月，中药材现代化科技产业（四川）基地协调领导小组批准南江为金银花示范种植南江科技示范区。

三、其他

1986 年以来，南江农林科技工作者以南江县核桃品种繁育为重点，与低改技术相结合，分别与四川农业大学、省林科院等大专院校、科研院所合作，狠抓核桃品种选育，大力推广核桃低改技术、病虫害综合防治技术和芽苗砧嫁接技术。银杏、核桃优良种质资源选择及繁育技术研究获省科技进步三等奖、核桃果实害虫综合防治技术研究获市科技进步一等奖，在第二届中国西部商品交易会上南江核桃获得金奖，南江被确认为“中国核桃之乡”、“全国经济林建设基地县”。南江大叶茶研究所负责南江大叶茶繁育推广和基地建设，通过近 20 年的努力，选育出“南江 1、2、20、91、93、99”六个单株，分别扦插繁育达 20 万株，定植品种园近 2 公顷。南江大叶茶研究所开发的“云顶茗兰”、“南江大叶茶”知名品牌，获有机食品认证及四川省著名商标，“云顶茗兰”、“云顶绿芽”率先在全省获得国家级绿色食品 AA 级认证，“云顶牌富硒茶”等绿茶，多次获国家、部、省金奖和银奖，南江大叶茶“南江 2 号”被评为国家级良种。畜牧科技术人员推广生猪“双推五改”、“二元杂交”、“三元杂交”成果，使全县生猪产业迅猛发展，南江被确认为“四川省无公害猪肉生产基地县”。自主开发的“长赤牌”翡翠米获得国家绿色食品 AA 级认证。

第二节 科学技术普及

1986—1989 年，围绕全县实施的国家“星火计划”项目“香菇技术开发”、省“星火计划”项目“刺梨综合技术开发”、地区“星火计划”项目“魔芋系列产品加工”及全县安排的其它“星火计划”项目，分年度、分阶段，对“星火计划”等项目开展了广泛的宣传和技术普及，受到科普宣传的群众，年均达 20 万人次。1988—1989 年，县科委牵头组织了全县的农村技术承包工作。两年中全县参加科技承包的总人数分别达到 1808 人和 2176 人，科技人员分别达到 238 人和

302 人，占农村科技人员的 36% 和 42%，参与其中的县、区、乡党政干部分别达到 855 人和 604 人，参与农户达到 10 万户，共签订农业技术承包合同分别为 32 项、102 项。全县通过项目培训班、现场示范会、广播教学、黑板报、印发资料等形式，培训人员 102 万人次。两年推广科技成果 34 项，全县水稻规范化栽培达 96%，玉米肥柱育苗达 70%，旱地改制达 90%，配方施肥和病虫害综合防治达 90%，改造低产田土 6666.67 公顷。

1990—1993 年，县科委首先在小河区碾盘乡开展第一轮科学技术综合开发试点乡（镇）工作。在该乡建立了科技示范片、点和科技示范户，并把其典型材料 39 篇编写成《春潮小康路》，印发 3000 多本，将部分典型拍成录像片和广播稿，在全县广泛宣传。

1993—1995 年，县科委在乐坝镇和碾盘乡开展第二轮科学技术综合开发试点工作，并挂扶碾盘乡明月村的小康村建设工作。在明月村实施“科技田园、花香果园、旅游乐园”的小康村建设规划，在乐坝镇实施小城镇发展规划，为全县树立了榜样。

2000 年 9 月，制定了《南江县绿色行动计划》和《实施生物工程发展绿色食品成员单位职责任务》，提出三大产业（南江黄羊、金银花、核桃），六大项目（南江黄羊、金银花、核桃、长赤翡翠米、南江茶叶、蚕桑）基地建设重点。元顶子茶场的云顶茗兰、云顶绿芽等绿色品牌经元顶子茶场申报，由国家环保局、农业部绿色食品开发中心检测，获准绿色食品 AA 级，成为当年全省唯一的有机绿色茶叶产品。南江成为全国三大基地县（黄羊、金银花、核桃），至此，南江三大产业化项目有了更好的发展机遇。同时，每年举办“三月科技之春”活动、“五月科技活动周”、“六月知识产权宣传周”、“五送三下乡”活动，统一编印了《南江核桃丰产栽培技术》、《茶树栽培与加工技术》、《南江黄羊养殖技术》、《南江金银花栽培技术》、《食用菌栽培技术》2 万套、10 万本。

第三节　科技扶贫

南江县是国定贫困县。为摆脱贫困，全县先后组织实施了南江县科技兴县十亿工程、四川省科技扶贫技术综合开发工程、科技兴巴“四百”工程等一批重大科技兴县工程。

“七五”至“八五”期间，全县科技扶贫工作面向经济建设主战场，盯住重点，集中力量狠抓“六大系列”开发。一是以优良品种、先进科学技术、改造低产田土为基础的高产农业开发；二是以南江黄羊为基础的山羊养殖技术开发；三是以南江大叶茶为基础的茶叶生产加工技术开发；四是以森林资源为基础的木材系列开发；五是以磁铁矿为基础的铁矿综合开发；六是以霞石为基础的非金属技术开发，建成年产 1.5 万吨精粉生产线。围绕六大系列开发，全县“七五”、“八五”期间，承担国家科委、省科委及县级科技项目 48 项，完成 45 项，累计新增产值 9348 万元，农民增收 8432 万元。国家星火计划“香菇技术开发”项目，在上海农科院的支持下，全县种香菇 15 万瓶，产干菇 5 万公斤，实现产值 100 万元，成为农民致富的骨干项目之一。国家火炬计划“霞石精粉生产技术开发”项目建成 1.5 万吨生产线，产品远销新加坡、日本等国。

“九五”期间的 1997 年 3 月，县成立了以县委书记任组长，县长为常务副组长，县委、县政府科技分管领导为副组长，18 个单位负责人为成员的科技扶贫领导小组。全县先后实施项目 352 项，累计推广科技成果和先进实用技术共 177 项，共实现产值 17.86 亿元。科技扶贫的有效实施，使科技进步对经济发展的贡献率达到 46%，农民人均年纯收入 1354 元，较 1994 年增加了 2.26 倍。全县贫困人口由“九五”初期的 18.28 万人减少到末期的 11 万人。在三大特色产业基地建设中，一是围绕南江黄羊良繁、推广、营销三大体系建设，积极开展科技攻关。南江黄羊高大快长系课题研究取得阶段性成效。“九五”末，全县建成商品羊基地16个、万羊乡5个、千羊村52个，养羊农户达到4.1万户，南江黄羊饲养量达50余万只。二是紧紧抓住南江县被列为“中药现代化科技产业（四川）基地县”的历史机遇，制定了《南江县优质无公害金银花产业发展规划》、《南江县金银花产业化发展管理办法》，规范发展金银花20万亩。“九五”末，建成成片银花基地5万亩，利用县金银花露饮料厂、巴山植化厂开发出“金银花露”饮料、绿原酸（C6H1809）等产品。三是针对核桃病害严重、品质低、产量锐减的严峻形势与省林科院等科研院所合作攻关，成功探索出了核桃良种无性繁殖及低产改造技术。选育出经国家级鉴定的优良核桃单株18万株，占全省优良核桃单株的三分之二，从川农大引进推广核桃芽苗砧嫁接新技术，良种核桃嫁接成活率高达70%。全县核桃产量达到290万公斤，比上年增产38%。在科技扶贫中，还实施了三大工程。即：万家科技致富示范工程，结合文明新村建设，把提高农民科技素质、庭院经济的科技含量和效益作为科技扶贫工作的重点；全县共抓科技示范乡镇14个、科技示范村100个，年人均纯收入达5000元以上的科技示范户有14651户，占总户数的10.9%；地膜覆盖温饱工程，针对山高气温低、缺水突出等问题，大力发展以玉米为重点的旱作农业和节水农业，全面推广地膜覆盖栽培及双免耕栽培技术，至“九五”末，全县仅地膜玉米就达10466.67公顷，总产达3800万公斤，促进了全县粮食总产持续稳步增长；环境保护工程，先后对竹坝、水码门、红山等重点生产企业的排污进行综合治理，推广“城镇污水净化沼气粪池”科技成果，并与基建配套，年处理率达80%以上，使“三废”得到一定程度的控制。同时，围绕以国家“火炬计划”项目霞石综合技术开发和磷酸萃取为重点的化工产品开发，培育两大支柱和骨干企业。

第四节　科技兴工

“七五”至“八五”时期，南江科技兴工的主要项目有“高锰铜衬板”达到了含锰12%～14%，含碳0.4%～0.5%，碳度40～50HRC，合格率100%，优质产品率80%，年产量300吨。“沙锯加工花岗石板材的工艺研究”，将大理石加工设备改造能生产花岗石板材；县大理石公司1993年完成的“龙门锯清水冷却改液体冷却延长圆盘锯的使用寿命”项目在全县石材企业大力推广；1993年竹坝铁矿完成的铁金矿输送管道运行中堵塞故障排除课题，找准了4500米输送管道堵塞的原因，排除了堵塞故障，提高了劳动效率。通过对“S195柴油机技术改造”后，节约燃油8%，提高效率2马力。在加工工业方面，如“精制大豆粉生产技术”的改良，使产品水分含量7.5（g/100g）、蛋白质含量58.66（g/100g），粗细度94目（120目筛），达到国内同类先进产品指标；年产75吨。“草粉饲料加工技术”推广到区（镇）、乡（镇）企业，年加工25万公斤。“菌蛋白开发”成功，并建成了一个年产300吨的生产线。

“星火计划”（1986—1990）——香菇技术的应用。在全县建成菌种生产厂（户）92个，形成年生产椴木栽培香菇点种66.7万瓶菌种，菌种成品率平均达93.96%，定植成活率平均达到95.4%。每瓶菌种一般产干菇0.6公斤，最高产量达到2.24公斤，干燥比为8∶1，花菇比率平均达31%。木屑袋料栽培香菇已形成占年产85%平方尺的能力，完成木屑袋料栽培香菇70.49万平方尺，压块栽培平均每平方尺产鲜菇1.24公斤，最高单产达1.79公斤，干燥比平均为9.6∶1。

“火炬计划”——霞石精矿粉，1993年已建成年产1.5万吨精粉生产线，并正式投入生产。1994年扩建年产3.5万吨霞石矿精粉生产线，最终达到5万吨/年生产能力。

南江在抓工业建设中，坚持以科技为先导，促进了南江工业的快速发展，2000年9月15日，科技部授予南江县“全国科技工作先进县”称号。

第五节　科技培训

1986 年 7 月 14 日至 8 月 3 日，省科委委托省科干院在成都举办了《南江县区乡科技干部培训班》，全县 86 名学员参训（含 81 名区乡科委专职副主任，县级局科技干事 5 名）。是年，配合有关部门对在职科技人员的知识更新进行培训，仅文教、卫生、财政、农林牧等 12 个系统参训人员就达 1989 人。在开展“星火计划”科技培训方面，主要对香菇、刺梨、魔芋、黄羊、金银花等国家、省科委下达的 5 个“星火计划”的项目管理人员、技术人员和基层干部进行了 27 期培训，培训人员达 1717 人。同时开展农村实用技术培训，共举办培训班 160 期，轮训了 24631 人。

1987 年，全县高层次培训 3000 余人，星火培训 25 万人次。在培训中充分发挥区乡科委的作用，大力开展以“星火计划”培训为主，大力培养当地实用技术人才，先后组织外出考察 110 余人，培训各类果树技术员 5500 余人，全县 33800 人掌握了 3 ~ 5 项生产实用技术。

1991 年 7 月 15 日至 7 月 17 日，全县区乡科委主任在县人武部培训中心参加为期 3 天的技术市场政策有关知识培训。达县地区科委、地区工商局、地区地税局等单位的分管领导和相关的理论教员主讲。1992 年，全县将技术培训到区乡，培训的项目农户，所有的成果普及面达到 50% 以上。1993 年 8 月 5 日，县科委、工商局举办了全县“两耳一菇”菌种行业技术培训班。

1998 年 3 月 31 日，由县委、县政府组织的现代科技讲座在县人民大礼堂举行，邀请四川联大教授讲课。各区分管科技的领导，县直机关全体干部，电力公司、县中医院、南中等县城内主要单位的正副职参训。1999 年 8 月 6 日，召开了各区（镇）科技专干会议，传达了 8 月 2 日—3 日巴中地区科委主任会议精神并对参会专干进行培训。沙河区、杨坝区、南江镇、小河区等区（镇）在会议上汇报交流了上半年科技工作以及取得的经验。

第六节　学术交流

1986 年，地科委牵头组织包括南江在内的 7 个山区县 19 名科技人员于 6 月上中旬赴河北省太行山学习考察。同年 11 月 27 日，县科委向县委、县政府提交《赴陕西省留坝县考察香菇开发情况的汇报》。12 月 22 日，常务副县长熊启伦在万源召开的省地“星火计划”暨表彰大会上发言，以《区乡两级建科委　培训人才播星火》为题进行学术交流。

1991 年 11 月 20 日，县科委在北京接待两名加拿大专家，一名是 BenTsa（曾立彬），另一名是 Johna. Smith（约翰·史密斯）。为南江引进无线通讯电讯网作技术改造工作，利用北京供电局的系统通讯设备作联试网络，配合加方设在北京的维修中心的成套设备进行调试，调试完好后由加方王一韦工程师专程来南江安装。

1994 年 10 月，县科委组织区、乡（镇）及部分企业参加了由国家科委举办的“1994 年中国新技术新产品交易会”，及由中国科委和成都市人民政府联合举办的“’94 全国星火科技精品博览会”等 5 次全国交易会。在交易会上，南江县选送的产品分别获得金奖 4 个，银奖 2 个，铜奖 1 个。

1997 年 9 月，马边县科委、广安地区科委等客人到南江考察学习科技推广工作经验。1998 年 4 月 21 日，副县长王治平在遂宁参加了全省技术综合开发试点县会议，代表县委县政府汇报了南江科技扶贫工作，受到与会领导的高度评价。1999 年 4 月，四川人民出版社出版《跨世纪优秀文选》收录了南江部分领导干部1998年撰写的反映南江工作方面的文章12篇。县委副书记何敏彰的《科技兴县成共识》、《十亿工程结硕果》及县科委主任马安国的《把扶贫攻坚的宝押在科技上》入编。

2000年5月31日至6月7日，南江县副县长王治平带领县科委、县畜牧局等单位参加了北京和上海举办的“西部七省试点县技术经济需求发布洽谈会”，达成意向协议13项。同年6月28日—29日，由国家科技部主办的全国星火西进对口洽谈会在成都召开，南江县科委牵头组织南江镇科委、土产公司、南江县科技实业公司、南江县肠衣厂、野羊溪农业科技示范基地等单位计15人参加会议。会上南江县制作展板7个，13个项目展出，发放资料2000余份，签订招商引资项目意向协议4项，资金达1500万元。

第三章 科技成果

第一节 科研项目

“七五”至“九五”期间，南江科研项目坚持以推广现代农业先进技术、先进科技成果、先进实用重点技术项目、技术攻关和技术开发为主题，安排县级科技推广项目37项，科技进步项目29项，科技攻关项目12项。承担国家部委重大科技计划项目2项，省重大科技计划项目5项，以及省、地、县有关业务部门下达的科研、推广项目200余项。

第二节 获奖成果

1986—2000年，全县获奖科技成果共183项，获得国家部委级奖10项，省政府奖7项，获省厅（地）级成果奖70项，获地区主管局奖22项，获县人民政府奖81项。其中1995—1998年，两次组团参加中国新技术新产品博览会，参展项目75个，获金奖7个、银奖4个。“南江黄羊肉用新品种选育”获得国家科技进步二等奖、省科技进步一等奖。

第三节 专利技术

1986—2000年，全县共申请国家专利42项。其中1989年，熊以焯的旋窝播种机等专利得到转让。1990年为加速南江县专利转让，县政府抽调下派的科技副区、乡长10余人成立了南江专利技术转让办公室，铅印了5项技术的小册子5000余份寄发全国各地，收到回函100封。通过3年时间的转让工作，任宗炬“无燃料自燃烧结砖”技术在1992年第四届中国新技术新产品博览会上获得银奖，专利技术转让到四川、湖北、云南等10个省（市）共计百家砖厂，同时也启动、促进了李全才、熊以焯、陈义林等人的专利技术的转让。至1998年，全县累计专利转让收入达300万元。

表 30—1　　南江县“七五”至“八五”期间安排科技推广项目

项目分类	项目名称	推广成效
农　业	杂交玉米 F1 种推广	推广 10 万亩占玉米种植面积 100%
	杂交水稻 F1 种推广	推广 24 万亩占水稻（正常年）种植面积的 100%
	水稻温室两段育秧	全县推广面积达 100%
	水稻用肥“底追一道清”	推广面积达 85%
	地膜覆盖栽培玉米	推广面积达 35%
	旱地改制	推广 8 万亩，推广面达 85%
	玉米肥柱育苗	推广面达 70%
	水稻宽窄栽培	推广面积达 95%
	油菜秦油 2 号	推广 2 万亩，占油菜种植面积的 32%
	红苕南薯 88	推广 8 万亩，推广面达 80%
	洋芋安薯 56	推广 10 万亩，推广面积达 75%
	中低产田土改造	改造 15 万亩
	下湿田改造工程与高产技术配套	推广 1000 亩
	稻—芋—油高产栽培	推广 1 万亩
	小春作物化学除草	推广 8 万亩，其中小麦 6 万亩，油菜 2 万亩
	半浮式水稻育秧	推广 45%
畜　牧	生猪生料饲养	推广面达 65%
	青饲料贮藏	推广面达 35%
	生猪短期育肥	推广面达 85%
	黄牛“双改”	推广面达 55%
	山羊圈养	推广面达 25%
多　经	西瓜丰产栽培	推广面达 85%
	老龄花园改造	推广面达 35%
	篾箭蔟养蚕	推广面达 65%
	“山袋蚕房”改造	推广面达 85%
	桑籽方格育苗	推广面达 85%
	烟叶稻草圈假植技术	推广面达 85%
	油菜假植移栽	推广面达 75%
	“燕山松针”茗茶	推广面积达 35%
	“巴山雪茗茶”	推广面达 35%
林　业	速生丰产用材林营造	推广 41 万亩
建　材	高节级烧结砖技术	推广到全国 10 余个省市的 50 家砖厂
其　它	喷施宝、高家乐科技新产品	推广面达 65%
	冷起动液	在农用机械中推广面达 100%
	微型电站	总装机达 100 千瓦
	圆、小、浅三结合水压式农村农用沼气池	推广面占农户总数的 1.5%

表 30—2 南江县“七五”至“八五”期间安排科技开发项目

项目类别	项目名称	完成时间	实施内容及成效
工 业	霞石综合开发	1993 年	建成年产 5 万吨霞石精矿粉生产线和年产 30 万平方米彩色釉面砖生产线，开发用于玻璃、陶瓷等行业的 2～3 个新产品。1993 年已建成年产 1.5 万吨霞石精矿粉生产线，并正式投产。1994 年扩建年产 3.5 万吨霞石精矿粉生产线，达到年生产 5 万吨能力
建 材	“拼木画砖”开发		优质杂木小块画特殊处理，粘边成规则的不同形状的木板制品，一般用于室内地面装饰。具有表面光洁度高，稳定性好，无毒、无污染，使用寿命长、安装简单，豪华典雅等特点，是建材装饰行业的佼佼者。南江已建成年产 20 万平方米生产线，产品质量达到国内先进水平
	大理石系列产品开发		开发出大理石板材的系列产品和工艺系列产品，年产大理石荒料 50 万立方米，合格板材 10 万平方米
	花岗石系列产品开发		已开发出花岗石板材的系列产品。年产花岗石荒料 20 万立方米，板材 5 万平方米
加 工	菌蛋白开发		建年生产 300 吨的生产线

表 30—3 南江县“七五”至“八五”期间省、地“星火”计划项目

项目名称	实施时间	实施内容及成效
刺梨综合开发	1985—1988 年	完成人工栽培优良刺梨 1 万亩，年产鲜果 250 万公斤，建成年生产刺梨糖果、刺梨饮料、刺梨糕点等系列产品 1000 吨，饮料 5 千吨的生产能力，产品质量达到国家标准。其中刺梨软糖、刺梨浓缩汁和刺梨醋获省优质产品称号
魔芋精加工	1986—1998 年	已建成年产 100 吨魔芋精粉生产，产品质量达到国家标准
南江黄羊综合开发	1986—1989 年	完成了 1 万只选育群基础母羊的纯繁群体，向省内外推广南江黄羊种羊 2 万余只，育肥商品羊 1 万余只、扩繁山羊 15 万只，并建立了皮肉加工生产线，达到了种羊双月龄公羊 12 公斤、母羊 10 公斤，六月龄公羊 25 公斤，母羊 20 公斤，周岁公羊 35 公斤，母羊 25 公斤，成羊公羊 50 公斤，母羊 36 公斤，育肥肉羊六至十二月龄屠前个体活量 20～30 公斤，胴体重 10 15 公斤，屠宰率 45%～50%，净肉率 32%～35%
金银花综合开发	1986—1988 年	已建成年生产干金银花 25 万公斤，年生产银花酒、银花浓缩汁 500 吨的生产线

表 30—4 南江县“七五”至“八五”期间国家科委下达项目

项目名称	实施时间	实施内容及成效
“星火”计划——香菇技术开发	1986—1990 年	建成菌种生产厂 92 个，形成年生产椴木栽培菌种 180 万瓶以上的生产能力。完成椴木栽培香菇点种 66.7 万瓶菌种，菌种成品率平均达 93.96%，定植成活率平均达到 95.4%，每瓶菌种一般产干菇 0.6 公斤，最高产量达到 2.24 公斤，干燥比为 8:1，花菇比率平均达 31%。木屑袋料栽培香菇已形成年产 85% 平方尺的能力，完成木屑袋料栽培香菇 70.49 万平方尺，菌种成品率平均达到 87.48%，压块栽培平均每平方尺产鲜菇 1.24 公斤，最高产量达到 1.79 公斤，干燥比平均为 9.6:1
“火炬”计划——霞石精矿粉生产	1993 年	已建成年产 1.5 万吨精粉生产线，并正式投入生产。1994 年扩建年产 3.5 万吨霞石精矿粉生产线，最终达到 5 万吨/年生产能力

表 30—5 南江县“七五”至“八五”期间安排科技进步项目

项目类别	项目名称	研究成效
农业	水稻粘虫的化学防治	找准了最佳防治时间和农药品种，以及施用浓度，杀虫率达 95%
	配方施肥	根据土壤普查资料和农作物对肥料种类的需求，进行配方施肥，节约肥料 40%，提高产量 15% ~20%
	黑膜洋芋—侧膜玉米	用黑膜覆盖栽培洋芋，再在黑膜的一侧播种玉米，有利洋芋、玉米高出苗，提高产量，降低膜的用量
	小区旱稻栽培	筛选高产品，探索旱稻——玉米间作，达到净作亩产 400 公斤，间作旱稻亩产 400 公斤，间作玉米亩产 200 公斤
畜牧	能繁母牛一年一产	在黑潭乡 8 村试验母牛 118 头，三年共产犊 352 头，年系列率达到 99.4%
	肉牛快速育肥	育肥肉牛 3302 头，育肥期 60 ~75 天，头平增重 50 kg以上
	瘦肉型猪种的繁育和推广	全县出栏 38 万头，瘦肉型猪占 15 万头
	牧草丰产栽培	引进牧草良种，种植 4 万亩
	仔猪科学补饲	应用仔猪早期补饲技术，抓住“早、全、旺”三关，提高断奶窝重和个体重，补饲推广到 3 万窝
多经	果园立体开发	根据果树生长习性，加强技术管理，提高果树单产；选择适应果园立地条件下的多经作物间套种植，提高果类单位面积产量，增加经济效益，推广 6400 亩
林业	优质建材林营造	引进日本落叶松在焦家河林区造林 4000 亩
	容器育苗	用塑料袋作容器，培育树苗，生长快、定植成活率高，年育苗 150 万株（袋）
工业	高锰铜衬板	含锰 12% ~14%，含碳 0.4% ~0.5%，碳度 40 ~50HRC，合格率 100%，优质品率 80%，年产量 300 吨
	砂锯加工花岗石板材的工艺研究	将大理石加工设备改造能生产花岗石板材，县大理石公司于 1993 年完成
	龙门锯清水冷却液体冷却延长圆盘锯的使用寿命	县大理石公司于 1993 年完成
	铁精矿输送管道运行中堵塞故障排除	找准了 4500 米输送管道堵塞的原因，提出了解决办法，排除了堵塞故障。1993 年由竹坝铁矿完成
建材	粉煤灰砖 75 号、100 号，抗折 3—Pa，抗压 8—Pa	合格率 95%，年产量 100 万块
机械	S195 柴油机技术改造	改造后节约燃油 8% 以上，提高效率 2 马力
加工业	精制大豆粉生产	产品水分含量 7.5（g/100g），蛋白质含量 58.66（g/100 g），粗细度 94（120 目筛），达到国内同类先进产品指标。年产 75 吨，南江县酿造厂于 1992 年完成
	复合调料生产	年产复合调味品 50 吨，产品质量达到地区水平，南江酿造厂于 1992 年完成
	草粉饮料加工	推广到区（镇）、乡（镇）企业，年加工 25 万公斤

续上表

项目类别	项目名称	研 究 成 效
医疗	可控性回肠膀胱成形有膀胱癌根治术中的应用研究	对全膀胱切除后排尿功能的重建术进行了探讨研究，克服了传统术式的部分缺点，再造膀胱贮尿量500～800毫升，可随意识控制经尿道自行排尿。南江县医院1991年完成
	保留浆股瓣、幽门成形、胃大部分切除治疗、胃十二指肠溃疡	探索治疗胃十二指肠溃疡的新的手术方式，达到最佳胃、肠术反动力学状态，减少并发症的发生
	经右下腹切口开阑尾切除术的临床运用	克服传统阑尾切除术入路的部分并发症和便于手术显露，术中同时可处理其它合并症的新的手术入路
	伤病员头发中微量元素测定临床意义的研究	通过人发微量元素的测定，参照人体发中微量元素的正常值，探索本地微量元素与某些疾病发生、发展、治疗、预防等关系
	细菌乙型检验临床运用	探索适合农村基层医院临床应用的适宜培养基和规范性的培养方法，总结出临床应用范围
	心肌酶谱在临床中的应用	探索基层医院应用心肌酶谱开展卫生临床检验，达到国家生化A级标准的经验和途径。主要用于对肝炎、心肌炎、胰腺炎、肺炎性心脏病等的早期诊断及确诊
	鲎试验检测细菌内毒素血症的应用	应用部颁标准的鲎试验，探索应用于临床各种细菌内毒素血症的检测，以达到简便、快速、直接的诊断目的
	义齿种植新技术的推广与改进	研究带回位体快速一次种义齿技术，义齿种植技术临床推广10齿以上

表30—6　　南江县“七五”至“八五”期间安排科技攻关项目

项目类别	项目名称	实施内容及成效
农业	水稻优质高产高效模式栽培	筛选优质高产品种，开发高产栽培技术和栽培模式的探讨。总结出水稻优质高产高效模式栽培技术。到1995年全县推广8万亩，平均亩产500公斤以上
多经	“南江大叶茶”速繁丰产栽培	1995年止，累计完成3000亩栽培任务，实现定植三年生条龄茶园亩平产细茶60公斤以上，成龄茶园亩平产细茶250公斤以上
	良桑田园化高产栽培	1995年止，累计完成15000株良桑栽培任务，集中成片，达到田园化。1995年全县平均株产鲜桑叶2公斤，总产鲜叶1000万公斤，共养蚕15万张，总产鲜茧450万公斤
	烤烟丰产栽培及烘烤加工	1995年栽烤烟2万亩，平均亩产烤烟150公斤；烘烤加工烤烟3000吨，烤烟质量上国标
	低产板栗改良	1995年止，改造低产板栗10万亩，实现板栗良种化，亩平增产50公斤；建立1万亩优质高产稳产的板栗基地
	低产核桃改造	1995年止，改造低产核桃20万株，实现核桃良种化，平均单株增产5公斤以上；建立0.7万亩优质稳产核桃基地
	无病魔芋种子生产基地建设	1995年止，建成3000亩无病魔芋种子基地，年产无病魔芋种子510万公斤，亩产平均1700公斤以上，达到魔芋栽培发病率不超过15%
	高产优质菌种选育及推广	1995年内，选育出黑木耳、香菇、银耳技术栽培高产优质菌种各1～2株，达到大面积栽培1万瓶菌种，平均每瓶（750g）菌种产干黑木耳0.6公斤以上，产干香菇0.75公斤以上，占栽培面积的80%以上；选育出香菇、银耳袋料栽培高产优质菌种各1～2株，达到平均栽培1公斤干料产鲜香菇0.5公斤以上，产鲜银耳0.75公斤以上，推广面达80%以上

续上表

项目类别	项目名称	实施内容及成效
工业	铁矿石铜、钴、硫分离技术研究	1995年，在红山铁矿建成铁矿石铜、钴、硫质量上国际，回收率85%以上
	南江原灶在旋窑水泥生产中的工艺研究	探讨改立窑生产水泥为旋窑生产水泥中运用南江原煤的技术关键
林业	松疱锈病	1993年完成探索松疱锈病的防治方法并示范推广
通讯	国产双工无线电站与进口终端机配套通讯	1986年引进加拿大终端机和技术，开始国产双工无线电站与进口终端机配套通讯的应用研究，经安装、改进试机，于1987年完成工程任务，达到当时的世界先进水平

表30—7　　南江县科技成果获国家部委奖励项目统计表

序号	项目名称	主要完成单位	主要完成人员	完成时间	授奖		
					时间	单位	等级
1	水稻氮肥一次全基施	省农牧厅	郑明东（南江）	1984	1985	农业部	三
2	盆地东北山区百万亩水稻低产变高产	达县地区农业局	郑明东、谭守林	1989	1990. 8	农业部	二
3	地膜玉米温饱工程	县农业局	郑明东、谭昌伟	1989	1989. 8	农业部	二
4	南江大叶茶“云顶茗兰”	元顶子茶场茶研所	黄开武、何焕周、苏光明	1992	1992. 10	首届农博会	银奖
5	南江大叶茶“云顶绿芽”	元顶子茶场茶研所	黄开武、何焕周、苏光明	1992	1992. 10	首届农博会	银奖
6	南江大叶茶“云顶茗兰”	元顶子茶场	何焕周、张礼平、赵忠凯	1995. 6	1995. 10	农业部	金奖
7	南江大叶茶“云顶绿芽”	元顶子茶场	何焕周、张礼平、赵忠凯	1995. 6	1995. 10	农业部	金奖
8	南江黄羊培育	北极牧场 元顶子牧场	王维春、何焕周	1996	1996. 11	国家科委	二
9	玉米新组合及配套技术	县农业技站	荀中明	1997	1997. 12	农业部	二
10	南江黄羊肉用新品种选育	县畜牧局		1997	1997. 12	国家科委	科技进步二等奖
11	农业基点调查	县农经站	陈明惠	1991	1991. 11	农业部	

表30—8　　南江县科技成果获省政府奖励项目统计表

序号	项目名称	主要完成单位	主要完成人员	完成时间	授奖		
					时间	单位	等级
1	暗褐地老虎	县农科所	官鸿辉	1978	1978	省政府	二
2	苹果乔砧矮化密植丰产试验	县茶果站	黄恕、孙子荣	1978	1979	省政府	三
3	盆周山区肉牛有效杂交	县畜牧局（协作）	王维春、何焕周	1983	1983	省政府	三等
4	四川省漆树品种资源调查	万源、南江土产公司		1983	1983	省政府	三等

续上表

序号	项目名称	主要完成单位	主要完成人员	完成时间	授奖		
					时间	单位	等级
5	刺梨综合开发	刺研所、县科委	黄恕、熊明钦	1987	1987	省政府	星火三等奖
6	改造低产茶园规范化技术研究	省茶科所	南江参加人员苏光明、杨明荣	1987	1987	省政府	三
7	南江黄羊培育	北极牧场、元顶子牧场	王维春、何焕周	1996.6	1996	省政府	一等
8	南江黄羊肉用新品种选育	县畜牧局	王维春、熊卓瑞、周光明、贾正贵等	1996	1996	省政府	科技进步一等奖
9	南江黄羊生产综合技术开发	县畜牧局		1998	1998	省政府	星火计划奖

表30—9　**南江县科技成果获省级部门、地区行署奖励项目统计表**

序号	项目名称	主要完成单位	主要完成人员	完成时间	授奖		
					时间	单位	等级
1	小麦快速繁育推广	县种站	冯建之	1982	1983	省农牧厅	四
2	推广7216生物农药	县植保站	张德元、严联奎	1982	1983	省农牧厅	二
3	推广7216生物农药	县植保站	张德元、严联奎	1985	1985	省农牧厅	三
4	水稻稻瘟病综合防治	达县地区植保站	严联奎（南江县）	1985	1986	省农牧厅	三
5	杂交水稻推广	县种子站	冯建之、龙从海、鲜仕德	1985	1986	省农牧厅	三
6	采取措施解决料秧	县种子站	吴维生	1985	1986	省农牧厅	三
7	南江县种植业区划系列成果运用	县农业局	罗禄全、李学渊、秦万承、邓继富	1985	1986	达县地区行署	二
8	魔芋间玉米粮经双丰收	县农业局	谭昌伟、邓继富、郑明东	1986	1987	省农牧厅	二
9	提供决策信息解决水稻缺秧	县农业局	谭昌伟、高开强、严联奎	1986	1987	省农牧厅	三
10	“两旱”培育	县种子站	鲜仕德	1986	1987	省农牧厅	三
11	建立农村合作基金会	县农经站	易明、罗小成	1986	1987	省农牧厅	二
12	配制杂交水稻组合早汕优一号	县种子站	鲜仕德	1986	1987	达县地区行署	二
13	稻田化学除草效果好	县植保站	县植保站	1987	1987	省农牧厅	三
14	改造低产茶园综合技术推广应用	达县地区农业局	苏光明（南江县）	1987	1988	省农牧厅	
15	山区地膜玉米栽培	地区农业局	郑明东（南江县）	1987	1988	省农牧厅	三
16	学以致用承包推广农业新技术	县农广校	张培银、谭守林、顾爱军	1988	1989	省农牧厅	二

续上表

序号	项目名称	主要完成单位	主要完成人员	完成时间	授奖		
					时间	单位	等级
17	水稻规范化栽培	地区农业局	唐时壁、杜维忠、何定生（南江）	1988	1989	省农牧厅	三
18	吨粮田建设	地区农业局	杨清白（南江）	1988	1989	省农牧厅	三
19	农情信息粮食保二争三计划	县农业局	秦万承、张仕发	1988	1989	省农牧厅	二
20	达县地区农业历史资料统计	地区农业局	吴英姿、陈明惠（南江县）	1988	1989	省农牧厅	三
21	病虫预报准、防治效益高	地区农业局	何绍成（南江）	1988	1989	省农牧厅	三
22	达县地区北部山区杂交水稻制种攻关	地区农业局	田飞（南江）	1988	1989	省农牧厅	二
23	无公害茶园病虫综合防治	县茶果站	苏光明、杨明荣	1988	1989	省农牧厅	三
24	吨粮田项目建设	地区农业局	杨清白（南江）	1988	1989	省农牧厅	三等奖
25	吨粮田项目建设	地区农技站	石远海（南江）	1989	1990	省农牧厅	三
26	山区水稻防综合高产技术	县农业局	谭昌伟、冯建之、郑明东等	1984	1985.7	省农牧厅	
27	南江大叶茶“云顶茗兰”	元顶子牧场大叶茶研究所	黄开武、何焕周、苏光明	1990	1990.5	省农牧厅	甘露杯第一名
28	南江大叶茶“云顶绿芽”	元顶子牧场大叶茶研究所	黄开武、何焕周、苏光明	1990	1990.5	省农牧厅	甘露杯第三名
29	GDT除草剂在茶园中的运用	县茶果站	董光洪、董锐昌	1990	1991	省农牧厅	三
30	杂交水稻规范化栽培技术	县农技站	王彬、袁旦、唐克弟	1990	1991	省农牧厅	二
31	15万亩聚土垄作改土综合配套技术	县农技站 县土肥站	罗忠、何利章	1990	1991	省农牧厅	三
32	杂交玉米制种技术	县种子站	苟中明	1990	1991	省农牧厅	三
33	旱地预留空行利用	地区土肥站	张登台（南江县）	1991	1992.9	省农牧厅	三
34	百万亩病虫草害综合防治	地区植保站	严联奎	1992	1993.3	省农牧厅	三
35	1992年十万亩洋芋丰产技术	农技站	杨清白、姚文、苟兴甫	1992	1993.3	省农牧厅	丰收三
36	1992年十万亩小麦丰产技术	农技站	蔡强国	1992	1993.3	省农牧厅	丰收三
37	南江黄羊选育技术	元顶子牧场	何焕周等	1994	1993.8	省农牧厅	一等奖
38	秸秆运用技术推广应用	县土肥站	岳战平	1992	1993.9	省农牧厅	二
39	农业基点调查	县农经站	陈明惠	1993	1993.12	省农牧厅	一
40	优质杂交水稻高产栽培	县农业局	谭昌伟、刘星成、马俊峰、何绍成、吴高成	1994	1995	巴中地区行署	一

续上表

序号	项目名称	主要完成单位	主要完成人员	完成时间	授奖		
					时间	单位	等级
41	农业基点调查	县农经站	陈明惠	1995	1995.12	省农牧厅	一
42	绿肥新品种高产技术	土肥站	杨清鹏、罗忠、吴给生	1997	1997	省农牧厅	三
43	1996年省“丰收计划”杂交玉米综合增产技术	南江县农业局		1996	1997.2	省农牧厅	一
44	1996年杂交玉米综合丰产技术	农技站	姚文、吴高成	1996	1997.8	省农牧厅	丰收一
45	地膜玉米配套技术	农技站	苟中明	1997	1998.3	省农牧厅	一
46	推广玉米覆盖栽培	农业局	郑明东	1987	1988.11	省农牧厅	农科进步三等
47	旱汕优一号	种子站	鲜仕德	1987	1988.11	省农牧厅	农科进步三等
48	分乡历史资料统计	县农业局		1990	1990.12	省农牧厅	农科进步三等
49	无公害茶叶生产技术	大叶茶所		1990	1990.12	省农牧厅	农科进步三等
50	杂交水稻制种	县种子站		1990	1990.12	省农牧厅	农科进步三等
51	病虫预测法	县植保站		1990	1990.12	省农牧厅	农科进步三等
52	南江水稻“三大”栽培	县农业局	鲜仕德	1995	1995.12	省农牧厅	农科进步三等
53	以工代赈农田基本建设	县农业局		1992	1992.10	巴中行署	科技进步三等
54	以粮代补改低产田土	县农业局		1992	1992.10	省农牧厅	农科进步三等
55	以工代赈农田建设	县农业局		1993	1993.11	省农牧厅	农科进步三等
56	1993年农业基点调查	县农业局		1993	1993.11	省农牧厅	农科进步三等
57	坡改梯技术研究及应用	土肥站	杨清鹏	1999	2001.5	省农业厅	科技进步一等
58	国产双二无线电站终端机实现全自动拨号	南江县林局	陈秀勇、周开言、何明金、龙先华	1987	1987	达县地区行署	二等
59	刺梨果醋	县酿造厂	王安怀、缪杰、吴明德	1987	1987	达县地区行署	三等
60	万源县、南江县地甲病普查与防治	南江、万源防疫站等		1989	1989	达县地区行署	三

续上表

序号	项目名称	主要完成单位	主要完成人员	完成时间	授奖		
					时间	单位	等级
61	马尾松地理种源试验研究	南江林业局	陈安淦、何鹏、向金山	1987	1987	达县地区行署	二
62	HSZ—J 型灰砂砖外加剂	南江县建材化工厂	黄华大、蒲清裕、周思奇	1987	1987	达县地区行署	二
63	南江黄羊生后期至周岁生产发育规律研究	县畜牧局、黄科所、北极、元顶子牧场		1996	1996	巴中地区行署	二
64	优质杂交水稻高产栽培	县农业局、长赤镇政府、长赤区公所		1996	1996.3	巴中地区行署	二
65	高节能烧结砖	县应用技术研究所		1996	1996.3	巴中地区行署	三
66	IMTS 与 DTMF 信令进兼容进入程控市话网	南江县林业局		1996	1996.3	巴中地区行署	三
67	硫酸污水处理暨废渣回收工程	南江县磷肥厂		1996	1996.3	巴中地区行署	三
68	珠算式脑算	赶场中心校、区财政所等		1996	1996.3	巴中地区行署	三
69	输液用具处理方法与反应研究	南江县人民医院、地区人民医院	周绍玉、刘元峰、蔡宏熙等	1991	1991	达县地区行署	三
70	AGNORS 变化在胃癌中定量分析的研究	南江县人民医院达川地区医院	郑仕成、孙林(南江县)	1999	1999.11	巴中地区行署	三
71	科学养猪技术	县畜牧局	王荣富、唐传春、夏文英等	1989	1989	省农牧厅	科技进步四等奖
72	寄生虫防治技术	县畜牧局	张兴荣等	1989	1989	省农牧厅	三
73	丙硫咪唑除牛羊寄生虫	县畜牧局	张兴荣等	1989	1989	省农牧厅	三
74	南江黄羊选育	县畜牧局		1991	1991	省农牧厅	三
75	南江黄羊开发	县畜牧局		1990	1990	省农牧厅	二
76	提高母猪繁殖技术研究	县畜牧局	彭成武等	1993	1993	省农牧厅	二
77	肉牛肥育研究	县畜牧局	唐世界、唐传春等	1994	1994	省农牧厅	一
78	大巴山肉羊秸秆利用推广示范	县畜牧局	王维春、杨子爵、陈瑜、石金全等	1996	1996	省畜牧局	一
79	南江黄羊生长发育规律研究	县畜牧局	王维春、熊朝瑞、尹仕泽、罗鸣等	1997	1997	巴中地区行署	一
80	提高黄羊繁殖性能技术研究	县畜牧局	熊朝瑞、周光明、王维春等	1997	1997	省畜牧局	二

续上表

序号	项目名称	主要完成单位	主要完成人员	完成时间	授奖		
					时间	单位	等级
81	南江黄羊杂交利用效果观测	县畜牧局	贾旌旗、李多强、蒋必先等	1997	1997	省畜牧局	二
82	南江黄羊育种体系建设	县畜牧局	尹仕泽、杨子爵、周文国、陈瑜等	1997	1997	省畜牧局	三
83	南江黄羊大巴山推广效果观测	县畜牧局	贾旌旗、王火明等	1993	1993	达县地区行署	三

第四章 科技管理

第一节 管理体系

科技领导体系。1986年后，县、区、乡层层建立科技领导小组，加强对科技工作的领导。按照提高县一级、加强乡一级、办好村一级的原则、全县11区（镇）、73个乡（镇）选配了科技副区、乡（镇）长，近41%的村科技副主任、科技社长，通过抓示范项目带动科技发展。在完善配备区、乡科委主任、副主任、委员及专职干事的基础上，全县25个业务局恢复和建立了科技股（科），配有专（兼）职管理干部。全县基本上形成了一个“县管区、区管乡、乡领村、村带社、社帮户”的管理格局。

科技决策体系。为避免决策上的重大失误，全县聘请有影响、懂技术、会管理的高、中级技术人员组建了“南江县科技顾问团”。

科技推广服务体系。乡乡建有农技站，发展科技示范户；建立了以县供销社为主体，以农资公司为中心，以“庄稼医院”为依托，以乡村技术服务站为基础的科技服务体系。

科技人才培训体系。县、区、乡、村基层企业四级人才培训体系，通过各级党校、文化学校、农广校、技术夜校为阵地，大力培训科技人才。

第二节 科技网络

自20世纪80年代中后以来，全县各乡建立“三站一院”，配备“八大员”。“三站”指农技站、林业站、畜牧兽医站；“一院”指庄稼医院；“八大员”：农业、农经、水利、林业、畜牧兽医、蚕桑（干鲜果）、烟叶（茶叶或药材）、生产资料推广技术员。区、乡有2～3名脱产技术员，村社有不脱产的农民技术员3～5人。全县形成一个以县各业务局（委）为中心，区、乡科委和科协为纽带，村社科普小组和农村专业技术协会为基础，科技示范户为细胞的具备科技管理、推广、服务、培训功能的科技网络。

第三节　项目管理

南江县对国、省、地科技项目实行一条龙管理办法，即从论证、立项、实施、验收及成果推广应用等全程管理。项目责任单位和项目实施单位拟定实施方案，签订技术承包合同或技术责任合同，明确双方的责、权、利，组织强有力的实施队伍，加强部门配合，严格验收，实施好的则申报县级科技进步奖。对项目实行目标管理责任制，责任落实到主要领导及管理人员身上，定期检查考核严格奖惩。科技人员和管理人员通过人才交流到乡企、农村和开发项目中，领办、技术承包（技改项目、攻关项目、科技成果推广项目）、技术服务。每个厂必须有1~2个大专院校、科研单位或大企业作为自己的技术后盾，聘请2~3名同行高级科技人员为顾问，搞新产品开发。

国、省、地科技计划项目主要有“科技攻关计划”、“星火计划”、“火炬计划”、“科技成果推广计划”、“新产品试制（鉴定）计划”、“国家软科技研究计划”、“第三产业科技贷款计划”、“科技开发贷款项目”、“科技型中小企业创新基金资助项目”等。1986—2000年，南江实施国、省、地科委下达的“星火计划”中“香菇技术开发”、“刺梨综合开发”、“南江黄羊开发”、“魔芋精加工”等多个项目的开发任务。

第四节　科技成果管理

1990年，南江县颁布《科技进步奖励条例》，制定《全县科技成果鉴定申报奖励实施条例》。对各部门的成果，由县科委及时组织鉴定、登记、申报、评审、奖励和推广应用，对获县级优等次成果奖的上报省、地成果主管部门审定。对科技成果档案实行严格密级，妥善管理。至2000年，全县科技成果管理系统逐步完善，使更多的科技成果获得各级各类科技奖励；科技成果推广转化取得了巨大经济和社会效益。

第五节　科技经费管理

1985年、1990年、1995年、2000年科技经费投入分别为8.6万元、11.9万元、16.3万元和33万元。科学事业费、科技三项费和科普费纳入同级财政预算。科学事业费高于财政经常性收入的增长速度，科技三项费占同级预算支出的1%，科技三项费和科研机构科学事业费全额划拨同级科委归口管理。财政安排部分资金作为科技周转金，由同级科委、财政共同安排使用。建立了科技奖励基金，用于科技人员在技术推广、技术承包、技术开发中应得的报酬，由科委和财政共同管理并报县委、县政府审批后使用。工业、商贸企业、乡镇企业建立技术开发专用基金。科技经费重点用于新技术的推广、成果转化、新产品研究和科普宣传。科技专项资金必须专款专用，禁止任何单位和个人挪用、克扣、截留，并依法接受审计、财政监督。

第三十一篇 文化·体育

第一章 文学艺术

第一节 文艺组织与队伍

一、文艺组织

南江县的文艺组织，是南江县文学艺术界联合会（简称县文联），成立于1996年，设主席1人、副主席3人、秘书长1人、副秘书长2人。2000年，县文联下属学（协）会有：作家协会、音乐家协会、舞蹈戏曲家协会、摄影家协会、书法家协会、美术家协会、诗词楹联学会，共有会员379人。

二、文艺队伍

1996年后，县文联加强了专业文艺队伍、业务文艺爱好者和以中学生为主的青少年文艺爱好者“三支队伍”建设。到2000年底，有5人加入中国楹联学会，2人加入中国诗歌、散文学会，48人加入省作协、书协、影协、舞蹈戏曲协会、楹联学会，县级协会会员共379人。会员中既有以汪隆重、蒲守易、樊万韬、蒋成俊、何崇寿、宋孝义、马善政为代表的老年文艺工作者，又有以王敦贤、彭华奎、杨德惠、何永方、何文明、王修德等为代表的中青年文艺队伍；还有以马东、黄海东、佘登科、李书伟、李常青、李杰、蒋红英、秦渊、张容等为代表的青年文艺队伍。组建了光雾山歌舞团专业文艺团体，确定了人员编制、经费。扶持了以南江赶场拐棍宣传队为代表的业余文艺团体；并以舞台演出、文艺培训、节庆活动为载体，发现和培养了一大批青少年文艺后备人才，全县各级各类文艺培训班累计培训各类文艺人才1万余名，输送到各类艺术院校达600余人。

第二节　文艺创作

一、文学创作

1986年，南江县成立“文学创作协会”，将一批文学创作爱好者组织起来，积极开展文学创作活动。主要是诗歌，其次是散文，偶有小小说见诸报端；杂文、报告文学无人写作，更没有文艺评论文章。在诗歌创作上，文化馆干部蒋成俊在国内外200多家报刊上发表了诗歌2000余首，同时在多家报刊上发表有小说、散文、评论等文学作品，多次获奖。文化局副局长何晓东在省内外报刊上发表20多篇介绍南江旅游风光的散文。

1988年，南江籍作家王敦贤为宣传南江旅游出版了《南江桃园揽胜》一书，后来又出版两本散文诗集。诗人蒋成俊在1993—1996年间出版了《另一个世界》等5部诗集及1部文集。作家樊万韬1994—2000年出版了《巴山残阳》等3部通俗小说集和发表了20余篇中短篇小说。剧作家汪隆重与人合作出版了一部电视文学剧本《东方女神》。在诗词楹联创作上，20世纪90年代异军突起，以“南江诗词楹联学会”会员和“南江县老年大学”学员为主体，创作了大量的诗词、歌赋和楹联，编印了会刊《蕊榜新花》1—10集，校刊《晚情》1—5集。

自县文联成立至2000年，全县共出版长篇小说6部、中短篇小说10余部、散文集8部、诗歌集10部和戏剧、小品、相声50余集（篇），创作、摄制、播出电视剧13集（篇），创作歌曲200余首、舞蹈80余个。其中《时代变奏曲》三集在中央电视台7套节目专题三次播出；长篇小说《不亮底牌》、《万韬中篇小说集》上、下册、《海东散文集》等正式出版发行；电视文学剧本《东方女神》、《巴山双娇》、《红霞映天》等出版筹拍。

表31—1　南江县1988—2000年个人专著及多人合集出版情况表

类　别	书　名	作　者	出版社	出版时间
散文集	南江桃园揽胜	王敦贤	重庆出版社	1988
诗集	另一个世界	蒋成俊	香港文光出版社	1991. 4
散文诗集	看山的风景	杨君伟	香港文光出版社	1992. 7
儿童诗集	含羞草	蒋成俊	香港天马图书有限公司	1993. 7
诗集	纷纭世界	蒋成俊	香港天马图书有限公司	1993. 7
电视文学剧本	东方女神	汪隆重、潘中海	成都出版社	1994
小说集	巴山残阳	樊万韬	成都出版社	1994
诗集	巴山杜鹃	蒋成俊	香港金陵书社出版公司	1996. 5
文集	蒋成俊文选	蒋成俊	香港金陵书社出版公司	1996. 5
诗集	歌手	蒋成俊	香港金陵书社出版公司	1996. 6
小说集	巴山夜话	樊万韬	黑龙江人民出版社	1997

表31—2　南江县1986—2000年国家、省级报、刊、台刊播作品情况表

类　别	作品名称	刊播报、刊、台	刊播时间	作　者
诗歌	窗帘	四川工人日报	1989. 2. 14	蒋成俊

续上表

类　别	作品名称	刊播报、刊、台	刊播时间	作　者
散文	妙趣横生的南江山歌	《群众文化》杂志	1989.6	何晓东
散文诗	雨过“红四门”	老区建设报	1989.10.17	蒋成俊
散文	乐乡行	文化艺术报	1990.1.27	蒋成俊
诗歌	春笋	《文学创作》创刊号	1986.1	蒋成俊
散文	栀子花	四川教育	1986.7	郭平陆
诗歌	老人和电视天线	四川农民报	1987.6.26	蒋成俊
诗歌	回电（外一首）黄昏，在海边	椰 花	1988.1	蒋成俊
诗歌	早晨，出发了一队现代化骑士	四川工商行政管理报	1988.10.6	蒋成俊
诗歌	折翅的信鸽	精神文明报	1988.11.9	蒋成俊
诗歌	留念晨雾	星星诗刊	1990.2	蒋成俊
歌词	淡淡的晨雾	音乐天地	1990.6	蒋成俊
诗歌	窗帘（外二首）汽车尾灯、蜘蛛呵蜘蛛	澳门日报	1990.7.16	蒋成俊
诗歌	一种过错（外一首）理所当然	《诗人》杂志	1990.12	蒋成俊
剧本	张飞认母	四川戏剧	1991	汪隆重
组诗	特魂续篇（8 首）碑、保温瓶、锁、门、大地、影子、太阳、云	香港文学报	1991.12	蒋成俊
诗歌	山村教师（外一首）山村教师的妻子	教师报	1992.2.2	蒋成俊
歌词	我家门前的小河	四川当代歌词选	1992.7	蒋成俊
诗歌	竹箫	中国文化报	1992.11.1	蒋成俊
诗歌	潮漫巴山（组诗选二）发薪水的时刻、抢手货	华夏诗人新作选	1992.12	蒋成俊
散文	回 答	语文周报	1994.3	李常青
诗歌	雁子	语文周报	1994.3	李常青
散文	为日子歌唱	《中学生大参考》	1994.4	李常青
诗歌	永不设防	绿风诗刊	1994.11	蒋成俊
诗歌	火柴盒与火柴	华文诗学通讯	1995.12.17	蒋成俊
诗歌	开始通邮	当代诗坛	1996.6	蒋成俊
诗歌	窗帘、钟表	台湾《秋水诗刊》	1996.7	蒋成俊
小说	喋血诺水	西藏文学	1996.10	樊万韬
散文	万古诗书梅花香	四川侨报	1996.11.15	李常青
诗歌	行吟的歌谣	南国诗报	1996.11.28	李常青
诗歌	你这罪魁祸首	台湾《乾坤诗刊》	1997.4	蒋成俊
散文	杨通印象	四川税务报	1997.5.21	李常青

续上表

类　别	作品名称	刊播报、刊、台	刊播时间	作　者
诗歌	卡拿饿客（外四首）枪声响过之后、五月的晒场、林子、争黄昏，一串清亮的笛声	新加坡《锡山文艺》、四川通信报	1998. 5	蒋成俊
评论	读《永远的重庆》	台湾《世界论坛报》	1997. 7. 5	蒋成俊
诗歌	秋雨	四川农村日报	1997. 9	李 杰
儿童诗	并蒂莲	台湾《小白屋幼少诗苑》	1997. 10	蒋成俊
诗歌	林 子	《芳草》杂志	1998. 11	蒋成俊
诗歌	网之悟	四川税务报	1998. 12. 16	蒋成俊
诗歌	排版	国土经济报	1999. 1. 15	蒋成俊
诗歌	我是卫星（外一首）太阳石	西南军事文学	1999. 2	蒋成俊
散文	夜宿牟阳城	四川政协报	1999. 12. 18	何晓东
散义	川北生物基因库	四川政协报	1999. 12. 25	何晓东
散文	醉人的焦家河	四川政协报	1999. 12. 28	何晓东
散文	清冽幽深韩溪河	四川政协报	1999. 12. 30	何晓东
散文	雄奇险峻燕子岩	四川政协报	2000. 1. 8	何晓东
散文	古朴秀雅普陀山	四川政协报	2000. 1. 15	何晓东
诗歌	闪光的珠贝（5 首）	四川人事	2000. 1	蒋成俊
歌曲	绿色的小鸟	春风歌曲	1986. 4	孔鸿声词 蒋成俊曲
歌曲	椰子树，轻轻摇	音乐世界	1987. 9	陈念祖词 蒋成俊曲
歌曲	彩色的小河	四川工商行政管理报	1988. 4. 7	石磊峰词 蒋成俊曲
歌曲	微笑	云岭歌声	1989. 1	金　津词 蒋成俊曲
歌曲	让祖国大地绿色常驻	巴渠之声歌曲选	1991. 5	蒋成俊词曲
歌曲	植物油工之歌	巴渠之声歌曲选	1991. 5	蒋成俊词曲
歌曲	临江，临江	巴渠之声歌曲选	1991. 5	蒋成俊词曲
歌曲	耍秋	祁连歌声	1991. 12	雷 鹏词 蒋成俊曲
歌曲	咱们是护林游击队	中央电视台	1993. 6. 8	蒋成俊词 佚　名曲
歌曲	校园风	青春之声	1994. 9	黄济福词 蒋成俊曲
歌曲	不要忘了老百姓	北方音乐	1995. 12	张枚同词 蒋成俊曲
歌曲	加快赶路	湘江歌声	1996. 1	张春明词 蒋成俊曲

续上表

类别	作品名称	刊播报、刊、台	刊播时间	作者
歌曲	等待	苗岭之声	1997.4	崔吉熹词 蒋成俊曲
歌曲	品味生活	歌曲	1998.10	张培育词 蒋成俊曲
歌曲	远航吧，生活的白帆	台湾《大海洋》诗杂志	1999.7	方立平词 蒋成俊曲
歌曲	野玫瑰的夏天	音乐生活	1999.7	海　夫词 蒋成俊曲
歌曲	青春的季节没有站台	歌海	1999.9	程绿竹词 蒋成俊曲
歌曲	想你	中国通俗歌曲新作选	2000.1	艾　梅词 蒋成俊曲
歌曲	当我不在你身边的时候	中国通俗歌曲新作选	2000.1	王志杰词 蒋成俊曲
歌曲	女儿心	中国通俗歌曲新作选	2000.1	苏　柳词 蒋成俊曲
歌曲	小草咏叹调	中国通俗歌曲新作选	2000.1	李雨氓词 蒋成俊曲
歌曲	太阳笑了	新世纪校园新歌作品集	2000.8	张春明词 蒋成俊曲

二、艺术创作

音乐　1986—2000年，县内的文娱活动十分活跃，音乐爱好者时有新歌创作问世。以县文体局副局长伍丹为主的业余创作团队，创作了100余首歌曲，舞蹈乐曲作品，其中《山妹子的喔喝》于1998年获省文化厅二等奖。作词的代表人物有张廷略、何晓东等。蒋成俊在1986—2000年创作了200余首歌曲在境内外近百家报刊上发表，时有获奖，歌曲《咱们是护林游击队》在中央电视台播放。

舞蹈　县文化馆郭洪君为地、县各类演出活动编排了大量舞蹈作品，深受群众喜爱。《情系马鬼》1991年获达县地区第二届文化馆（站）干部文艺汇演创作奖和四川省舞蹈新作调演优秀作品奖。《板栗熟了》、《矿工情》、《风雨之夜》、《银花姑娘》、《巴山之恋》、《茶山妹子》、《光雾山美》等舞蹈作品分别获地区优秀创作、编舞、伴舞、编导奖。

摄影　南江摄影爱好者1986—2000年拍摄了大量的作品参加省、地、县及中国西部乡村摄影大赛展出。其中樊万韬拍摄的《落叶归根》、《碧池玉彩》分别获四川省新闻摄影协会1992年赛、1993年赛二、三等奖。陈家军拍摄的《人与自然》获“1998年四川省人口、家庭、生活美术摄影作品展”优秀奖。

美术、书法、篆刻　文化馆美术干部何永方的美术作品参加过省、市美术展；彭华奎的书法参加比赛曾多次获奖。原南江县委宣传部部长何崇寿对篆刻颇有研究，退休后不停钻研，其作品发表于多家报刊。

表 31—3

南江县 1986—2000 年在国家、省级展演获奖作品统计表

类　别	作品名称	何种展(演)出	主办单位	展(演)时间	获奖情况	授奖单位	获奖时间	作者
摄影	落叶归根	四川省新闻摄影协会 92 年赛			二等奖	省新闻摄影协会	1992. 11	樊万韬
摄影	碧池异彩	四川省新闻摄影协会 93 年赛			三等奖	省新闻摄影协会	1993. 11	樊万韬
摄影	人与自然	98 四川省《人口、家庭、生活》美术摄影作品展			优秀奖	省委宣传部、省计生委	1998. 11	陈家军
舞蹈	我是巴山红杜鹃	省卫生系统文艺汇演	四川省文化厅、四川省卫生厅	1988. 10	三等奖	四川省文化厅、四川省卫生厅	1988. 10	何晓东词 钟雪梅曲 李克玉编舞
歌曲	山妹子的喔喝	四川省“社会、人口、家庭”文艺汇演	四川省计生委、四川省文化厅	1997 年	二等奖	四川省文化厅、四川省计生委	1997	张廷略词 伍　丹曲
电视剧	巴山妹子	全省电视短剧创作	四川电视台		二等奖		1998	何文明
电视剧	警钟长鸣		国家公安部		嘉奖		1998	何文明
小品	签字	全省电力系统文艺调演			一等奖	省电业局组委会	1998	张廷略
歌曲	喔喝声声	全省电力系统文艺调演			二等奖	省电业局组委会	1998	张廷略词 伍　丹曲
舞蹈	矿工情	2000 年全省舞蹈大赛			创作演出三等奖	四川省文化厅、四川省舞协、华西都市报社	2000. 9	

表 31—4 南江县 1986—2000 年在国家、省级征稿比赛上获奖作品统计表

类别	作品名称	何种征稿比赛	获奖情况	主办单位	获奖时间	作者
散文	育苗姑娘	草地杯	二等奖		1985	樊万韬
诗歌	汽车尾灯	“淝河杯”全国新诗大赛	佳作奖	《安徽重汽报》社“淝河杯”全国新诗大赛评委会	1990.1	蒋成俊
诗歌	想去椰岛	首届“黄鹤楼杯”全国诗歌大奖赛	特别奖	旅游导报社	1992.2	蒋成俊
散文	往日情怀	中国小作家丛书征稿及评奖活动	三等奖	丛书编委会	1992.12	李常青
诗歌	船	第二届袖珍文学大赛	优秀奖	袖珍文学编辑部	1993.6	李常青
诗歌	无名地址	’94 文学大赛	优秀奖	湖北省作家协会	1994.12	李杰
诗歌	为何哭泣	新江厦杯诗歌大奖赛	优秀奖	宁波《文学港》杂志	1994.12	李杰
诗歌	来自夏季的情诗	精短文学大奖赛	优秀奖	《写作》杂志	1995.8	李杰
诗歌	雨水从湖面升起	’96 中国当代校园诗歌大展	校园星群奖	当代校园诗人协会、中国校园读报	1996.10	李常青
诗歌	《河》、《寻找水源》	全国首届短诗大奖赛	佳作奖	广西文学艺术界联合会	1998.1	李常青
散文	生命中一件空虚的物	全国青年作品大赛	优秀奖	中国作家杂志社、女友杂志社	1998.10	李常青
散文	八月瓜	全国蓓蕾杯散文大赛	优秀奖	组委会	1998	宋孝义
杂文	贪官命短	好作品	四川日报年度奖	四川日报社	2000.11	樊万韬
歌曲	奔向那光辉灿烂的明天	洪雅林场场歌征集	最佳奖	《瓦屋山》报、瓦屋山国家森林公园、洪雅林场	1994.8	蒋成俊
歌曲	南江好	第三届“中国潮”金曲征歌大赛	金奖	《中华工商时报》社、中国民族文化交流中心、《青春之声》杂志社	1997.9	蒋成俊

第三节 文艺活动

一、文艺演出

1986年，南江演出单位仅南江县川剧团一个，有剧场920平方米，办公室80平方米，职工住房四楼一底。另有经商门面14间280平方米。1987年12月，县川剧团撤销，新组建了“南江县文化中心俱乐部”，原川剧团所有财产移交文化中心使用。1990年，南江县文化中心俱乐部更名为“南江县文化中心”，属县财政差额补助的文艺演出事业单位。1996年，为庆祝巴中地区建立三周年，成立了“南江县文艺宣传队”（2003年更名为“南江县光雾山歌舞团”）。

自1986年至2000年的15年间，南江县文艺演出，多为送文化下乡，共演出达300余场次。与此同时，挑选了一批文艺节目参加省、地汇报演出和比赛。

表 31—5

南江县 1986—2000 年在地（市）级展演中获奖作品统计表

类别	作品名称	何种展（演）出	获奖情况	授奖单位	获奖时间	作者	备注
歌曲	火红的杜鹃	达县地区第一届声乐舞蹈比赛	创作二等奖	达县地区文化局	1989	何晓东词 伍丹曲	
舞蹈	快活的牧羊人	达县地区第二届声乐舞蹈比赛	创作奖	达县地区文化局	1990.9	郭洪君 伍丹	编舞作曲
舞蹈	情系马嵬	达县地区第二届文化馆（站干部）文艺汇演	创作奖	达县地区文化局	1991.1.29	何晓东 伍　丹 郭洪君	剧本、歌词 作曲编舞
舞蹈	情系马嵬	四川省舞蹈新作调演达县地区预赛	优秀作品奖	达县地区文化局	1991.9	何晓东 伍　丹 郭洪君	剧本、歌词 作曲编舞
舞蹈	红军万岁	达县地区第三届声乐、舞蹈比赛	创作奖	达县地区文化局	1992.10	伍　丹 郭洪君	作曲编舞
舞蹈	板栗熟了	达县地区第三届声乐、舞蹈比赛	创作奖	达县地区文化局	1992.10	伍丹作曲 郭洪君编舞	
歌曲	开采太阳石的人	达县地区第三届声乐、舞蹈比赛	优秀创作奖	达县地区文化局	1992.10	王全词 伍丹作曲	
歌曲	红军标语闪闪亮	达县地区第三届声乐、舞蹈比赛	创作奖	达县地区文化局	1992.10	何晓东词 伍丹作曲	
舞蹈	巴山领头雁	巴中地区成立暨巴中撤县建市三周年文艺调演	优秀编舞奖	巴中地委 巴中地区行署	1996.11.18	郭洪君	
舞蹈	矿工情	巴中地区成立暨巴中撤县建市三周年文艺调演	创作一等奖	巴中地委 巴中地区行署	1996.11.18	伍丹曲 郭洪君舞	
小品	路　缘	全省山区公路建设现场会文艺调演和庆祝巴中地区成立五周年文艺汇演	一等奖	巴中地委宣传部 巴中地区文体局	1998	张廷略	
歌曲	路在彩云间	全省山区公路建设现场会文艺调演和庆祝巴中地区成立五周年文艺汇演	二等奖	巴中地委宣传部 巴中地区文体局	1998	张廷略词 伍丹曲	

续上表

类　别	作品名称	何种展（演）出	获奖情况	授奖单位	获奖时间	作　者	备　注
舞蹈	风雨之夜	全省山区公路建设现场会文艺调演和庆祝巴中地区成立五周年文艺汇演	三等奖	巴中地委宣传部 巴中地区文体局	1998	郭洪君舞 伍　丹曲	
清音表演唱	一和玉带连川峡	巴中地区文艺调演	编导三等奖	巴中地委办 行署办	1999.10.13	郭洪君 编舞	
舞蹈	巴山之恋	巴中地区文艺调演	优秀编舞奖	巴中地委办 行署办	1999.10.13	郭洪群 编舞	
舞蹈	茶山妹子	巴中地区文艺调演	创作二等奖	巴中地委办 行署办	1999.10.13	郭洪君 编舞	
伴舞	光雾山美	巴中地区文艺调演	优秀伴舞奖	巴中地委办 行署办	1999.10.13	郭洪君 编舞	
音乐小品	老抠请客	巴中地区文艺调演	创作一等奖	巴中地委办 行署办	1999.10.13	张廷略剧本 伍　丹曲	
歌曲	走上米仓山	巴中地区文艺调演	创作奖	巴中地委办 行署办	1999.10.13	郑开屏词 梅光辉曲	

二、电影发行放映

发行 1986年，全县有发行放映单位124个，发行16毫米和8.75毫米两种影片。1993年后，8.76毫米停止发行。县电影公司设立发行股，主要发行故事片和科教片。从1992年起，县公司自购拷贝并发行，上级调入县的拷贝继续留用。

放映 1986年，全县有电影放映队124个，乡乡有电影队，按计划一村一个放映点或一社一个放映点，有售票点的当场售票，无售票点的村社采取包场放映。

县电影院 省甲级影院，有座椅1216个，工作人员9～12人，设机务、服务、宣传三个组，正副经理均为兼职，负责影院工作。1999年，县电影院在旧城改造中被拆除。

表31—6 **南江县电影院1986—1998年影片放映收入统计表** 单位：元

年 度	放映收入	年 度	放映收入
1986	128486.84	1993	115000.00
1987	15137.05	1994	108826.27
1988	141107.26	1995	28500.00
1989	216007.10	1996	28578.00
1990	245847.80	1997	95427.50
1991	313539.93	1998	28906.06
1992	160643.35		

三、民间艺术

根雕 南江的根雕艺术始于20世纪70年代末，主要从事根雕艺术的有赶场镇的黄光照、桃园镇的胡大章、正直镇的吴星昭、县城的陈怀元等几位根雕艺术爱好者。吴星昭为正直和平小学教师，酷爱根雕艺术，他制作了大量根雕作品，作品大气，其中"中华石"一件是用一辆卡车搬运，1989年在南江镇一完小展出。"十八罗汉"的形态举手投足颇有风趣。随后，他将自己制作的根雕、石雕作品用大小几十个包装箱装好由汽车运至成都、汉中、西安等地展览出售，部分作品还被外国人购买收藏。胡大章，是上两乡一位农民，他以南江桃园为据点，常年租用民房将其自制的根雕作品展览和出售。其作品取材于桃园光雾山，雕刻精致，惟妙惟肖，深受桃园的旅游者喜爱，并多次在南江县城展销。黄光照，原为赶场小学校长，热爱根雕艺术，其事迹曾在《四川日报》等报刊作过介绍，他的作品富有诗意。陈怀元，县食品加工厂工人，不但爱好文学艺术，而且从事根雕艺术多年，其根雕作品注重内涵，富有情趣。同时他在南江河西岸捡有大量奇石，其中最为奇特的要数取名"中华寿贺"的一块奇石。

石雕 南江石雕历史悠久，民间石雕主要集中在石桥及墓碑、石桅杆上，也有的在古建筑的柱基上。所雕刻的图像有龙凤、仙鹤、飞禽、走兽、虫鸟、花卉、戏剧人物、神话故事等，雕刻方法分圆雕、浮雕、镂刻等。较普遍的石雕尚有大小石雕狮子，一般放置于大门外两侧，象征着镇邪。民间石雕工艺匠人当数大河镇的胡继奎，他所雕刻的狮子惟妙惟肖，颇有生机，受人喜爱。南江县大理石公司生产、加工的大理石雕刻工艺品，于20世纪80年代曾远销厦门。近年县城内还开办了几家大理石工艺品商店，主要销售一些小巧玲珑的装饰工艺品、玉镯首饰及文房四宝、生活用具等，商业价值极高，大大促进了南江石雕工艺的发展。

四、群众文化活动

南江县群众文化活动阵地以文化馆和区乡文化站为主。县文化馆的主要活动是：编辑内部报刊，开展创作辅导，组织文艺表演及赛事，举办各类书画展览。

报刊编辑 1986年，编辑出版6期《南江》内部资料性报纸。1987年编辑出版了《桃园诗文集》，刊发转载了“桃园散文诗笔会”中数十位省内外诗人、作家的诗歌、散文，宣传了南江桃园风光和旅游资源。1988年10月，将《南江》更名为《南江文艺报》，1990年《南江文艺报》更名为《南江文化报》。到1997年，《南江文化报》总共出刊22期；11月，《南江文化报》更名为《南江文艺》。到2000年底止，共出版报刊26期。

创作辅导 1986—1991年，利用暑假，文化馆开办了中小学暑期美术、乐器培训班27期，每班参加学习的学员最少时20人，最多时70人。1992年，文化馆开办少儿业余舞蹈培训班，参加学习的为实验小学一、二年级学生，本期业余学习5个月，培训学生80人。1995年，在一、三完小开办少儿舞蹈培训班。1997年，文化馆干部蒋成俊到南江中学为学生进行诗歌讲座。1999年，文化馆多名业务骨干深入沙河中学、赶场中学进行文学、美术、音乐、新闻辅导，共辅导学生达2000多人次。

组织文艺演赛 从1986年开始，每年农历正月初七为“灯火节”，举办全县性的龙灯狮舞调演赛。到2000年，共举办调演赛15次。1989年，举办了“县城文化单位春节文艺调演”和规模盛大的“国庆40周年文艺汇演”。1991年，全县各类文艺演出18场，观众达6万多人，演出节目300个。1999年9月底，举办庆祝新中国成立50周年文艺演出，12月举办迎澳门回归“新华杯”卡拉OK业余歌手大赛。2000年，举办的“南江首届‘经贸杯’卡拉OK大赛”等多种赛事活动，有力地促进了南江群众文化活动的开展。

第二章　文化市场

第一节　文化娱乐场所

南江县主要文化娱乐场所有：南江县新华书店、南江县图书馆、县电影院、南江县文化馆、南江县光雾山文化中心（前身为南江县川剧团）、南江县光雾山歌舞团（前身为南江县文艺宣传队）、各乡镇文化站以及民众自办的各类文化娱乐场所。

1986—1992年，全县已办起了录像厅28家、歌舞厅4家、卡拉OK厅11家、音乐茶座9家、台球馆7家、电子游戏厅6家、图书租赁10家、镭射放映厅10家、印刷业6家、复印打字4家。

1995—2000年，从事文化产业经营活动的单位和个体户已达2000余家。投资总额达500万元。其中，书刊经营28家、文化茶园100余家、台球58家、字画装裱7家、文化市场从业人员达6000多人，每天进入文化娱乐市场的消费者达8000多人次。

第二节　管　理

一、书报刊出版物市场管理

1987年8月20日，县组织召开文化、公安、工商等相关部门负责人会议，传达贯彻国务院《关于严厉打击非法出版物活动的通知》。8月28日至9月上旬，县上抽调20多人，组成5个工作组，对县城及区乡出版物市场进行严格检查，共查缴非法出版书籍、报刊564册，非法录像28盒。1989年10月16—22日，全县开展“扫黄周”活动，清扫的内容是：凡涉及资产阶级自由化或其他有严重政治错误的、淫秽色情的、夹杂淫秽色情内容有害于青少年身心健康的、宣传封建迷信、凶杀暴力的一切出版物。

1992年8月17日，南江县文化局印发《关于加强图书、报刊、挂历等出版物管理的紧急通知》，加强了对出版物的发行、零售工作管理，清理规范文化市场。明确规定：凡经营图书、报刊、挂历、年画等出版物的单位和个人必须在1992年9月30日前申请办理《四川省图书报刊经营许可证》和《四川省挂历、年历、年画经营许可证》，除持证经营外，并对其进行常规管理。

1998年，是文化法制年，全县集中进行了文化法规宣传，坚持“扫黄、打非、禁盗”共收缴非法、淫秽出版物808件，盗版字典201本、词语手册197本，依法查处了无证经营影碟7家、收缴淫秽光盘110盘、非正规教学音像制品20盒，并对违规经营者分别处以2000～3000元的罚款和行政警告处分。依法查处赶场区供销社图书发行员何××非法发行教辅读物，累计79526.30元，收缴非法所得6000元。

2000年上半年，对县内9所中小学进行抽查清理，查出购非法教辅读物的学校6所，收缴非法出版教辅读物6752册。到年底，全县共查缴非法出版教辅读物7058册，盗版字典词典43本，非法出版图书、杂志42册，封建迷信书籍28册。经清理整顿，至年底，全县共有新闻出版物市场46个，其中书（店）摊5家，打字复印32家、印刷厂9家。

二、印刷行业管理

1989年5月，召开全县各印刷厂长、业务人员会议，传达中央、省、地有关出版印刷的方针政策，对南江的印刷行业提出具体管理意见，要求各厂家进行重新登记换证，年底进行考评。

1997年，对全县印刷行业抓了七项基本制度的落实，即两证一照制度、准印证和委印书制度、内容验证登记制度、法人或企业变更申报制度、稽查举报制度、样品送审及质量检查制度，年审制度。到2000年底，全县计有3家印刷厂能承印中、高档报刊、广告等。

三、文化娱乐场所管理

从1986年起，南江县的文化经营活动，从单一的文艺演出、电影放映、书刊发行增加到录像放映、台球、舞会、民间文艺团体的营业性演出等项目。1987年2月，县文教局提出了《加强文化市场管理的意见》。1988年6月，成立南江县社会文化管理委员会，由副县长任管委会主任委员，有关领导任副主任委员，下设办公室于文教局，从而形成了一个主管文化市场的管理机构。1991年7—8月，为宣传贯彻落实《四川省文化市场管理暂行条例》（以下简称条例），出动宣传车及检查人员对全县6个区（镇）46个乡的录像发行租赁站、61个录像队、48个书摊进行全面检查。撤销了变相承包给私人经营的录像放映队5家，证照不齐、停业整顿的11家，收缴了部分不健康的书刊杂志。1994年3月，对全县文化娱乐场所进行了清理整顿、年检工作。1995年5月2日，经县政府批准，撤销原“南江县社会文化管理委员会”，成立了南江县文化市场管理委员会，下设办公室，为常设机构。1997年10月5日，县文化局请示县机构编制委员会同意成立了“南江县文化稽查中队”，与县文体局文化股合署办公。1998年11—12月，对全县文化市场进行年审，时有卡拉OK歌舞厅23家、舞厅1家、音像租赁销售20家、打字复印15家、电子游戏厅10家、旱冰场2家、文化茶园13家、录像放映6家、书摊8家，年创税利30万元。2000年，按照中央和省、地《关于加强娱乐服务场所管理和电子游戏经营场所专项治理》电话会议精神，集中在7、8、9三个月内，由文化、公安、工商配合完成治理和管理工作，对县城歌舞厅、音像制品出租放映、电脑网吧等场所进行专项整治。查出无证、无照经营户11家，责令限期整改，并完善相关手续。

第三章　图　书

第一节　发　行

一、图书发行销售

订单、门市销售　1986—1997年，南江新华书店主要是订单订货，常常造成图书适销不对路和存货积压现象。1997年后，随着业务的拓展，开始实行看样订货。1999年，巴中地区新华书店系统实行图书“四统一”即统一进货、统一配送、统一对外结算、统一退货后，图书品种大大增多，由1996年的3000余种上升到2000年的8000余种。

农村发行点寄销　1986年全县有9个区供销社设立图书门市部，开展图书寄销工作。由于供销社拖欠书款严重，图书寄销造成大量退货，大量积压和服务较差等原因，于1999—2001年间，县新华书店先后取消了与各区供销社教材图书代销业务。于1999年和2000年分别在沙河洛坪和正直街道自办新华书店图书门市部，发行销售。此外县内少量图书由个体书店经销。

二、教材发行

1986—1990年，南江教材发行一直由新华书店统一发行，比较正轨有序。1992—1995年，教材发行市场混乱，极少数学校、个体书商参与市场竞争，致使劣质盗版教材在学校泛滥，严重影响了教学质量。1996年，县政府对教材教辅发行渠道进行了规范。规定只能由南江县新华书店提供，其他任务单位和个人均不准插手教材发行市场，制止了教材、教辅发行混乱的局面。

第二节　借　阅

南江县图书馆设有图书外借、报刊阅览、过期资料查询、网上查询浏览、古籍典藏查询、读者辅导等读者服务窗口，每周开放56小时，节假日和双休日照常开放服务。坚持“以人为本，服务第一”的理念，做到“为人找书，为书找人”，积极掌握重点读者，千方百计为读者提供所需图书资料。据不完全统计，1986—2000年，来馆借阅、查询的读者达30余万人次，年均接待读者1.8万人次。流通图书40余万册次；发行借阅证1854个，年均发借书证103个。

表31—7　　南江县2000年图书馆藏书结构情况统计表

大部类	大　类	种　数	占总量（%）
马列主义、毛泽东思想类	A. 马列主义、毛泽东思想、邓小平理论	820	1.94
哲　学　类	B. 哲学	540	1.28
社会科学类	C. 社会科学总论	268	0.63
	D. 政治、法律	3200	7.58
	E. 军事	1450	3.43
	F. 经济	2840	6.72
	G. 文化、科学、教育、体育	5215	12.34
	H. 语言、文字	1850	4.38
	I. 文学	8320	19.70
	J. 艺术	2657	6.30
	K. 历史、地理	2856	6.76
自然科学类	N. 自然科学总论	1422	3.37
	O. 数理科学和化学	1334	3.16
	P. 天文学、地理科学	420	0.99
	Q. 生物科学	386	0.91
	R. 医药卫生	1830	4.33
	S. 农业科学	2450	5.80
	T. 工业技术	880	2.08
	U. 交通运输	476	1.13
	V. 航空航天	520	1.23
	X. 环境科学	340	0.80
综　合　类	Z. 综合性图书	2163	5.12
合　　计		42237	100.00

表 31—8　　南江县 1986—2000 年图书馆采购图书报刊及借阅情况统计表

年度	采购图书（种）	采购图书（册）	订购期刊（种）	订购报纸（种）	接待读者（人次）	流通图书量（册次）	办借书证（个）
1986	1400	1521	150	17	47522	551617	143
1987	1200	1422	150	17	23899	28776	110
1988	900	1200	150	17	25836	31046	121
1989	1200	1250	150	18	20616	19069	130
1990	1600	1670	145	18	17089	18739	123
1991	280	289	145	18	15401	17321	101
1992	520	525	145	20	12813	14782	80
1993	300	327	145	20	9924	10115	82
1994	500	520	140	20	9286	10581	87
1995	950	964	140	18	10891	40996	89
1996	480	500	128	18	24135	28242	96
1997	380	400	150	23	31020	33142	97
1998	180	187	140	15	18624	30024	93
1999	210	212	96	15	12661	15862	90
2000	100	137	120	14	11441	14230	116

第四章　文　物

第一节　文物保护单位

南江县博物馆（南江县文物管理所），主要职责任务是根据《文物保护法》及其《实施细则》和《四川省文物保护管理办法》对全县文物进行保护。工作的范围涵盖文物鉴定分类及权属确认、不可移动文物的保护管理、考古清理发掘、馆藏文物的保管、文物（含非物质文物，即习俗和行为）研究、民间收藏文物的管理和打击涉及文物的违法犯罪活动。

第二节　馆藏文物

1986—2000 年，南江县博物馆在县城设置有“南江县现代革命历史展馆”、“南江县红军石刻标语陈列园”（由原国家主席李先念题名）2 个固定的主题陈列，总计展出文物及资料 295 件；在桃园镇铁炉坝巴山游击队纪念馆辟有“巴山游击队指挥部旧址”、“巴山游击队史迹陈列室”2 个主题陈列，总计展出文物及资料201件。经过18年的征集、交换、清理发掘，接受捐赠和司法移交，南江博物馆（南江县文物管理所）有馆藏文物33190件，其中珍贵文物540件（一级文物27件、二级文物46件、三级文物467件）。

表31—9　南江县文物保护单位一览表

编号	分类号	名称	时代	级别	地址
（一）革命遗址及革命纪念建筑物					
1	1	红四门及城墙	近代	省级	南江镇
2	2	长赤县苏维埃政府旧址及石刻标语	近代	省级	长赤镇
3	3	辛亥保路同志军起义处旧址	近代	县级	大河镇元宝山寺庙
4	4	甑子垭红军战斗遗址	近代	县级	碾盘乡白鹤村
5	5	黄花碥红军战斗遗址	近代	县级	八庙乡小竹岭村
6	6	中魁山红军战斗遗址	近代	县级	长赤镇中魁村
7	7	红73师指挥部旧址	近代	县级	关田乡三溪村胡家老屋
8	8	红11师指挥部旧址	近代	县级	北极乡北极牧场石鹅寺
9	9	红军31军医院旧址	近代	市级	南江县委党校文庙
10	10	红军30军医院旧址	近代	县级	长赤镇小学龙池书院
11	11	巴山游击队指挥部旧址	近代	市级	桃园镇铁炉坝村
12	12	大坪双红烈士纪念碑	近代	县级	平岗乡大坪村
13	13	郭汝汾墓	近代	县级	关门乡白果村
（二）石窟寺					
14	1	西佛山摩崖造像	唐—清	县级	南江镇朝阳村
15	2	铜铃寺原雕造像	明—清	县级	碾盘乡石光村
16	3	瓮沟湾摩崖造像	清代	县级	沙河镇红旗村
17	4	佛儿岩摩崖造像	清代	县级	赤溪乡金银村
18	5	佛缘洞石窟寺	清代	县级	朱公乡官地坪村
19	6	八台山摩崖造像	清代	县级	高桥乡街道
20	7	大佛寺摩崖造像	清代	县级	高塔乡大佛村
（三）古建筑及历史纪念建筑					
21	1	八庙戏楼	清代	县级	八庙乡街道
22	2	文风塔	清代	县级	正直街道
23	3	何氏宗祠	清代	县级	正直镇龙潭咀村
24	4	王公祠	近代	县级	南江镇水码头
25	5	龙门溪石拱桥	清代	县级	大河镇郑家沟村
26	6	福兴桥	清代	县级	赶场乡街道
27	7	张氏宗祠	清代	县级	正直镇印合村
28	8	蔡氏宗祠	清代	县级	正直镇柳树村
29	9	蜡虫碑及岳氏宗祠	清代	县级	平岗乡张公堂村
30	10	演禅寺及宗教墓碑、牌坊	清代	县级	天池乡演禅村

续上表

编号	分类号	名　　称	时代	级别	地　　址
31	11	花拱桥	近代	县级	花桥乡花桥村
32	12	延庆桥	清代	县级	九顶乡广教村
33	13	接龙桥	清代	县级	石矿乡同心村
（四）古墓群					
34	1	岳之震墓群	宋代	县级	南江镇文星村
35	2	吴三策墓及牌坊	清代	县级	九顶乡广教村一社
36	3	赵心寅墓及牌坊	清代	县级	石滩乡雪花寺村
37	4	杨家湾墓群及墓碑	清代	县级	红光乡罗家垭村
38	5	石笋坝墓群及坟亭	清代	县级	石滩乡铺垭唐村
39	6	斑竹林墓群及红白墓碑	清代	县级	八庙乡谢家坪村
40	7	吴、刘、陈氏合葬墓及石亭	清代	县级	平岗乡大坪村
41	8	陈合晖墓及石券亭	清代	县级	长征乡大锣山村
42	9	徐炳唐墓	清代	县级	红光乡青山村
43	10	桃园庙坪汉墓群	汉代	县级	桃园镇焦家河村
（五）古遗址					
44	1	断渠古人类洞穴遗址	新石器时代	市级	碾盘乡明月村
45	2	阳八台古人类文化遗址	新石器时代	县级	碾盘乡白鹤村
46	3	牟阳城及瓦窑遗址	汉代	县级	玉泉乡大坝森林经营所
47	4	惠民寨古城址	清代	县级	红四乡惠民村
（六）石刻及其他					
48	1	蒲涧太子洞石刻及宋墓	唐—清	县级	南江镇朝阳村
49	2	琉璃关石刻及崖墓	汉—清	县级	南江镇元山村
50	3	皇柏林与米仓道小径及唐代石刻题记	汉—清	县级	南江皇柏林
51	4	照壁岩石刻	近代	县级	南江镇文星村
52	5	天马山石刻	清代	县级	金盆乡天马村
53	6	郑家洞博物馆	现代	县级	双流乡学儿梁村

第五章　档案史志

第一节　档　案

一、接收

自 1959 年 4 月 10 日建立南江县档案资料馆以后，根据不同的历史时期和当时的具体要求，有计划、有步骤地收集和征集了部分档案进馆。从1983—2000年，先后接收区（镇）、乡（镇）和县级机关、团体、企事业单位的档案及部分专业档案。县档案馆总共收藏档案190个全宗、32968卷（册、盒），总长650米。其中新中国成立前的历史档案2956卷，新中国成立后的文书档案28524卷、科技档案436卷（袋、盒），底图112张，专门档案993卷（册）、声像档案4盒、照片档案834张。

档案馆馆藏档案中，民国时期的档案仅占馆藏总数的8.7%，这主要是由于历史原因造成了这部分档案很不齐全。特别是旧县政府档案只有22卷，未能全面反映民国时期南江县田地赋税、治安司法等方面的基本情况。中华人民共和国成立以后的文书档案占馆藏总数的87%，这部分档案比较完整、齐全。能够全面反映新中国成立以来南江的政治、经济、文化、教育、科学技术等方面的发展变化情况，是县档案馆馆藏档案中的主体部分。同时，县档案馆还保存有占整个馆藏档案的4.3%的部分科技档案、会计档案、新闻报道档案、纪检档案，工业、人口普查档案、人事档案以及照片、录像等13类，这些档案的收藏，基本上能够从不同角度反映南江县历史的真实面貌。

二、保管

县档案馆于1990年在县委办公大楼后面左上方新建综合楼一幢，总建筑面积980平方米，其中库房面积570平方米。馆内设备有接待室、查阅室、资料室、整理室、裱糊室、微机室。2000年底前，还陆续添制有双面、单面木质档案柜103个。其中：资料柜95个、检索工具柜4个、文柜3个、卡片柜1个；灭火器6只、警报器1个、装订机2个、干湿温度计10支。

馆藏档案实行专人保管，主要工作是搞好档案存放、做好库房温湿度的观测记录，打扫卫生，做好防盗、防火、防潮、防尘、防鼠、防虫等安全保卫工作。与此同时，做好档案抢救和修复，使档案资料保持完好。

三、利用

县档案馆除负责档案收集保管职能外，还承担向社会提供查阅利用的职能。1990—2000年，共接待利用者1342人次，利用卷次6780人（次），利用资料250册（次），复制档案资料3427次，摘抄资料11万条字，用于编修史志2982卷，用于工作查考1517卷，用于经济建设805卷（次），其他利用173卷（次）。

四、档案编研

1992年以后，县档案馆组织力量进行了档案编研工作。2000年底，已编有红军石刻标语汇集、历届县长名录、大事记、南江历届党代会、人代会、政协会议简介、馆藏档案基础数字汇编、南江县档案利用事例汇编、南江县档案馆指南等资料11类37万余字。

五、档案室设置

全县各级机关、人民团体、企事业单位自1981年起陆续建立了机关档案室，到2000年底，全县共建有机关档案室258个，配备了专兼职档案工作人员268人，其中专职档案工作人员18人，室藏档案35000余卷，资料43000册。经过检查验收，共有94个单位的档案管理分别达到了省一、二、三级和合格标准。

第二节　党　史

一、党史研究

县委党史研究室，于1983年成立。1983年起，县委办、县委党史研究室通过会议、文件、资料、《情况简报》、《党史研究》、广播讲座、举办党史培训班、知识竞赛、党史展览、向上专题汇报、向各级提供相关资料等多种形式，大力宣传党史研究的意义、目的，提高各级、各部门抓好党史研究工作的自觉性、主动性。到2000年底，先后召开了全县党史工作会议20多次并制发相应文件20余个，办简报30余期。举办广播讲座10次，办培训班100多期，培训党史工作人员4000余人次。县级各部门和区乡均建立健全了党史研究机构并确定了专职办事人员，为开展党史研究工作打下了良好的基础。在开展党史理论探讨和研究中，党史研究室干部先后撰写各种论文、考证、记事文章40多篇，参加中央、省、地党史论文交流研讨会10余次。写出了一批理论水平较高的文章发表在地区、省、中央党史刊物上。刘昌惠撰写的《郑家洞博物馆》刊入《中共党史通讯》，崔洪礼写的《试论红四方面军渡嘉陵江与中央红军北上抗日战略方针的一致性》刊入《川陕苏区党史研究》、彭健写的《巴山游击队失败浅论》和《邓小平当好“人民儿子”的思想及其在南江的实践》等刊入省党史刊物上，并获党史论文竞赛优秀奖。

二、史料征集、编撰

1983—1993年，南江县专、兼职党史工作者和爱好者，通过多种途径，先后从县内外征集、调查、采访、查阅各类历史资料500多卷、8800余万字；征集到武器、工具、衣物等实物100多件，照片和图片300多张，红军家信、对联、歌谣、标语、口号等文字资料达20万字。先后派员赴贵州、云南等11个省、市、自治区及40余个地、州、县，累计行程5万多公里，采访2万余人次，收集到外调资料100多万字。在此基础上，根据征集到的资料，经过分类整理、分析研究、逐个核实，先后编印了《南江党史资料》1—8期，约100万字；编印了反映1933—1935年，红军在南江（含长赤）三年时间军事斗争、政治、经济、文化建设概貌长达30万字《川陕革命根据地南江斗争史》，并由中共中央党史出版社出版发行。还编印了100多万字的《民主革命时期南江地方史大事记》、《中共南江县委地下斗争概述》、《民主革命时期南江组织史》、《中共南江县委组织史（1986年前）》、《万进修传》、《肖国宝传》、《革命老区南江概览》等多部资料。邀请了徐向前、李先念、秦基伟、魏传统等10多位曾在南江战斗过的老红军为《川陕革命根据地南江斗争史》一书题词和题写书名。从2000年开始着手编纂《中国共产党南江历史》（1949—2007年）和《中共南江县大事记》两部党史资料。（此两部党史资料于2007年12月编成，已由“中共党史出版社”出版发行，新华书店经销，共计28万字。）

第三节　地方志

一、县志

清乾隆《南江县志资料稿》　清朝乾隆年间，为适应当时编写志书的需要，南江县有关部门为《保宁府志》和《四川通志》的编写提供了近万字的南江县地情资料，其内容包括行政区划、自然面貌、山脉、河流、主要物产、赋税、名胜和寺庙等。没有印刷成书，仅为手抄本原稿，存北京图书馆，20 世纪 80 年代南江一位干部出差北京时得知信息，抄录原本带回，现藏南江县志办档案室。

清道光《南江县志》 该志系时任南江县知事、湖北荆门州进士胡炳为主修，南江县教谕丹棱拔贡彭腆纂辑的首部南江县志。在此以前南江无志可稽，县衙案头所见者只有乾隆年间草辑的厚仅指许，且内容尤略的抄本资料。幸南邑教谕彭腆勤于数年，游山川、览胜景、采辑旧闻、纲罗散失、阅通志、参府志、裒然成帙，编为上、中、下三卷之县志，首天文山川、次田赋人物，再诗文杂记，以备谘诹，激励县人。该志除序言、凡例外，具体篇目为：上卷：天文、星象、舆图、沿革、疆域、形势、风俗、山、岭、岩、垭、洞、石笋、峡、水、河、涧、潭、池、井、衙署、关隘、堡、寨、寺观、名墓、桥梁、物产等 29 个栏目。中卷：田赋、户口、仓谷、盐法、茶法、官职、祀黄、文庙、武庙、文昌宫、名宦、乡贡、节烈、学校、书院、书院田地、义学田地、选举、进士、举人、副榜、武举、恩贡、拔贡、岁贡、职贡等 27 个栏目。下卷：诗、文、杂记。附三省边防摘要、跋。

民国《南江县志》 该志以国民党陆军 21 师步 81 团团长兼南江县知事董珩为监修，五等嘉禾章前广东临高县知事岳永武、四川存古学校毕业邑禀生何耀祖、县教育会长邑禀生岳正东为纂修，南江县视学岳阳为总理兼校订，前临时参事会议长邑增生岳询、团练局长邑禀生胡文煜、县实业所长康化成、县立高等小学教员邑禀生贾卓、县议会书记员陈侯周，前国史馆供事第五区董郭崧、华阳医学研究所所员邑禀生蔡绍周，还有李朝彝、陈焕新等参与采访。编纂始于民国 11 年 2 月，成于是年 3 月，时仅两月审验付印。该志共为四编组成，其中：第一编，下含疆域志、山脉志、河流志、关隘志、城市志、衙署志、交通志、风俗志、宗教志、古迹志等十个部分；第二编，下含户口志、赋税志、仓储志、物产志、气候志、实业志、教育志、选举志、储备志、祠庙志、灾祲志、慈善志、选举志等 12 个部分；第三编，下含人士志、烈女志、官师志三个部分；第四编，下含艺文志、志余、跋。

新编《南江县志》（1911—1985 年） 1983 年 2 月，成立了中共南江县委史志领导小组，下面分别设立党史和县志两个办公室，负责党史和县志编写的日常工作。地方志，开始由县政协办公室牵头筹备，1984 年 7 月 1 日，成立了南江县地方志编纂委员会，由县长任编委会主任，并抽调人员成立了县志办公室，专门负责培训、资料收集等具体工作，为编写第一部社会主义新县志作准备。从 1985—1990 年历时 6 个春秋，笔耕墨种，寒暑兼耘，四易其稿，完成了新编南江县志撰写任务。新编《南江县志》，记载了 1911—1985 年共 74 年全县政治、经济、军事、文化、自然环境及民风民俗的历史和现状。该志由建置、自然环境、人口、综合经济、农业、林业、畜牧业、工业、交通邮电、城乡建设、商业、粮食、财政税收、金融、党群政协、政权政事、劳动人事、民政、公安司法、军事、教育、科技、文化、卫生体育、社会风土等 25 篇 136 章 415 节，加上志首、志尾计 110 万字，是现存 4 部县志中的巨著，于 1992 年 4 月由成都出版社出版发行。

二、乡（镇）志

1984 年，为保证县志编写所需材料，对全县 74 个乡（镇）负责编写乡（镇）志的主笔集中在县城进行了为期 7 天的培训。在编写过程中，各地都经过了组建班子（每乡 3—5 人）、编制纲目、收集资料、编写初稿等环节，通过近一年的努力，先后完成了 74 个乡（镇）志（1911—1985）的编写任务。其中《大河乡志》、《兴马乡志》为质量较高的铅印本，有 30% 左右的油印本、70%的复写本。此次编写的乡（镇）志上限为1911年、下限为1985年，由于时间跨度大、资料缺乏，有相当部分志书内容简略，资料不够完整。

三、部门志（事业志）

1984年下半年，部门志的编写与乡（镇）志同时起步，当时规划应编写部门志的单位70个，到1986年5月，已完成编写任务的单位64个，其中《南江县人大常委志》、《南江县人民政府志》、《南江县工会志》、《南江县粮食志》、《南江县交通志》、《南江县农业志》、《南江县卫生志》等30个部门志为铅印本。有《南江县农村工作志》、《南江县财贸工作志》等25个部门志为油印本、复写本9个。其余6个单位因机构调整合并或撤销而没有编写，但主要内容已纳入相关部门。

四、地情资料

《南江民间文学集成》 根据文化部、中共四川省委宣传部关于编辑出版三套集成的要求，在南江县文教局的组织下县文化馆设立了南江县民间故事集成小组。从1985年开始，历时两个春秋，收集和征集稿件341篇，从中选出102篇，约16万字，于1987年7月编印成打字油印本资料卷。其中分为神话、传说、故事、寓言、笑话等，形式多样、语言生动，不失为南江民间文学精华。

《中国民间器乐曲集成·四川南江卷》 根据中央及省地关于编辑十大文艺集成的通知要求，在县文教局的直接组织下，由县文化馆牵头组成几支民间器乐普查小分队于1998年4月下旬在全县进行普查。重点收集了正直区的双河、菩船，长赤区的天池、红五、双桂、九顶以及沙河区的八庙，大河等地流传的民间唢呐曲共300余支，经选择后收入书中的84支。其中双河乡的唢呐班演奏的曲子风格统一，特点突出，可算其佼佼者，而天池乡的侯唢呐演奏的曲子另有一番风味，在传统曲子的演奏中，注入了新的内容。此集于1998年6月编成，并刻写成油印本，报送上级。

《中国曲艺志·四川南江卷》 为抢救南江境内的民间曲艺，文化馆于1991年4月组织人员开始下乡收集，走访民间艺人，查阅有关资料，综合整理成《南江曲艺志》，于1991年6月成稿，12月印刷成书。该卷是南江曲艺的缩影，是广大劳动人民和曲艺工作者智慧的结晶，是一笔宝贵的文化遗产。全书涉猎了南江的金钱板、荷叶、车灯、莲花落、四川清音、四川方言、相声、谐剧等曲艺。

《南江乡情》 《南江乡情》一书是南江县乡镇撤并后第一部系统介绍南江各乡镇基本情况，具有较强可读性和适用性。该书既翔实、准确地介绍了全县48个乡镇的基本情况，展示了各乡镇经济社会发展所取得的巨大成就，又勾画了63万南江人民与时俱进、开拓创新的壮丽前景。

第六章 体 育

第一节 机 构

1986—1994年4月，主管全县体育工作的机构为“南江县体育运动委员会”（简称县体委），行政编制7名。1994年4月，县体委与县文化局合并成立“南江县文化体育局”（简称文体局），内设体育股分管体育工作。1997年11月。南江县文化体育旅游局成立，内设文化体育股分管体育工作。1999年12月，县单设旅游局，恢复县文化体育局名称。内设体育股，主管体育工作，至2000年底，机构名称未变。

第二节 群众体育

1986年，南江县开展群众体育活动声势浩大。城区立项4个，参加体育活动的单位78个，运动员1086人，观众达80万人次。厂矿企业立项2个，参加活动单位5个，运动员148人，观众3000多人。区、乡体育活动立项4个，参加人数1884人，观众6万多人。活动内容有篮球、排球、象棋、乒乓球、龙狮、田径等传统运动项目。县老年门球队每周星期二开展单位之间的比赛活动已形成规律。是年，商业系统还组队参加了达县地区“文明杯”篮球比赛，男子队获地区第一名，女子队获第四名。县粮食系统组队参加了达县地区篮球、中国象棋、乒乓球运动会，女子乒乓球获团体第二名。

1987年2月，南江残疾运动员周建国参加了在郑州举办的全国伤残人运动会，在A6级1500米长跑比赛中打破了该组全国纪录，获得金牌，受到中国残疾人联合会主席邓朴方的亲切接见。同年4月，县文体局积极支持残疾人运动员周建国独自骑自行车周游全国的行动，周建国从南江出发，途经广元、西安、郑州、石家庄、北京、长春、哈尔滨，在到达北京时受到国家体委副主任张彩珍的亲切接见。《中国青年报》、《四川日报》、《通川报》等新闻媒体先后作了报道。

1988年，全县召开了首次伤残人运动会，男、女职工排球运动会。各区先后成立了以区为单位的体育运动委员会，进一步健全了群众运动的组织机构。1989年6月，举办了全县男子排球“冠军赛”、10月，举办了首届“农民运动会”，有十区一镇组队参加了男女篮球和象棋比赛。同年5月，县邮电局召开的男女篮球、乒乓球、象棋比赛，为南江群众体育运动的开展，起到了一定促进作用。

1991年7月，下两区举办了首届老年门球运动会。同年，先后成立了全县性的县体育协会，篮球裁判协会、老年体育协会、门球协会、钓鱼协会等。县人行、农行、工行、建行、保险公司等五个单位联合成立的“银鹰体协南江分会”。8月，县体委为提高本县教练员、裁判员的水平，专门举办了田径教练员培训班，从此了取得国家三级田径裁判员39人。

1993年，全县参加群众性体育锻炼的达18.5万人次，达到国家标准3.67万人。全年举办各类运动会18次。特别是为推动老年体育活动，特在“九九”重阳节专门举办了“老年门球运动会”。1994年，南江组队参加在陕西省举办的第七届老年门球邀请赛，获得第四名。

1995年，南江承办了巴中地区第二届“康乐杯”老年门球运动会。当年，县区乡分别举行了各类运动会6场次，全县参加群众性体育锻炼的有19.1万人次，达标率为93.6%，培训体育工作干部200人。是年，国家颁布了《全民健身计划纲要》和《体育法》。南江县为宣传贯彻，举办了全民健身培训班，培训100余人作为群众体育健身活动开展的指导员。

1997年5月，县老年大学成立了“武术队”，开展习练太极拳、太极剑为主要内容的武术活动。同年，南江县第一届“挑战杯”篮球运动会在南江镇举行，全县有14支球队参加了比赛。

1999年，是南江县群众体育活动开展得较为全面的一年。县第二届“挑战杯”篮球运动会在上两区公所举行，有13支球队参加；巴中地区第六届老年门球赛亦在南江举办，在川东北协作区

“新华杯”赛上南江队获第一名；县级各部门群众性体育活动普遍开展；县邮电局主办了“邮电杯”象棋大赛，文体局举办了庆“七一”文体旅游系统第二届文体活动，南江镇举办了“青春杯”篮球赛，进一步促进了全县群众性体育活动的开展。长赤区老年门球队被省老年体育协会评为先进集体。

2000年，县政府机关、电力、工行、农行、南江煤矿、电信、邮政等企事业单位，在“五一”节假期中分别举行了小型、多样的体育活动。在教师节期间，县教委举办了第五届教师篮球运动会。在农村体育活动方面，选择了有体育活动基础的乐坝镇牵头，组织了两次比较大型的体育比赛，在乐坝镇的带动下，全县有8个区（镇）分别召开了全区性综合运动会，参赛运动员达3000余人。据统计，当年，全县共举行了各类体育运动会21次，参赛运动员4750人，观众达16万人次。

第三节　学校体育

1986年，县文教局和体委共同制定了符合南江实际情况的《中学体育传统项目验收办法》和《开展小学体育达标工作评比奖励》两个文件，使各中小学体育达标工作纳入年初学校工作计划，并付诸实施。长赤中学体育卫生检查合格达标，是继南江中学、南江镇一小、南江镇二小先后的第四所达标学校。是年，全县学校传统项目初具规模，比赛形成制度，三级梯形的训练网络开始形成。1986—1987年，全县业余体校女子足球、男子足球、田径、男子排球在达县地区比赛中分别获得前三名的优异成绩。

1989年，为加强学校体育工作，县文教局和体委联合制发《关于加强学校体育工作的意见》、《关于业余训练工作》和《中小学体育竞赛制度》，对加强学校体育工作，搞好传统体育项目训练起到关键性作用。全县共设有传统“田径”教学点14所、排球7所、足球6所、篮球9所、武术2所，并定期举办项目比赛。同年，南江县业余体校女子足球队在参加成都举行的省业余体校女足比赛中获女子足球第二名。当年，全县学校体育锻炼达标率第一次突破2万人大关，获全省第7名。

1990年，以南江中学为主，在全县挑选中学足球和排球运动员组成的南江代表队，参加省第二届青少年运动会，获女足第二名，男排获第一名。1994年，在正直中学搞了高中学生体育成绩计入录取分的改革试点。1996年，南江二完小被巴中地区命名为传统项目学校。1998年，南江镇二完小、第四小学分别被评为巴中地区体育传统项目学校先进集体。南江县被评为1998—1999年度“全省达标先进县”。

2000年3月下旬至4月上旬，县文体局与教委配合，在县城召开了全县中学生田径，高、初中组篮球和城区四所小学参加的篮球运动会，参赛运动员520人。在田径项目中有52项、6人次打破县纪录，有4项3人创县纪录。同年4—5月，对全县区、乡级中学、南中、二中、城区4所小学的4000多名学生体能进行全面抽查，全县达标率实施面100%，达标人数56523人，及格率94.2%，优秀率13.4%。二完小、南江中学分别被评为2000年度达标先进学校，受到省体委、省教委联合表彰。

第四节 体育竞赛

1985年后，南江除组队参加地、市举办的“老年门球赛”、“业余运动会”、“青少年运动会”和省举办的“女足邀请赛”、“三好杯”赛以及第二、三、四届“青运会”等运动会外，还自行举办了七届“五一”职工运动会。1998年后，全县12区（镇）以抽签的方式开始轮流举办全县性的“挑战杯”篮球运动会，每年一次，已形成制度。

表31—10　　南江县1985—2000年参加地级以上运动会及各类体育竞赛成绩统计表

时　间	比赛地点	运动会名称	项　目	获奖名次
1986.2	自贡	四川省第三届女足邀请赛	女子足球	第一名
1986	达县	达县地区业余体校排球赛	男子排球	第一名
1986	成都	四川省女子足球邀请赛	女子足球	第一名
1986	达县	达县地区商业系统“文明杯”篮球比赛	篮球	第一名
1987	达县	达县地区第四届中学生田径运动会	田径	初中组第三名
1987	达县	四川省青少年运动会	女子足球	第一名
1987	达县	达县地区中学生“五好杯”运动会	男子排球	第一名
1987	达县	达县地区中学生“五好杯”运动会	女子排球	第三名
1987	达县	达县地区老年门球赛	老年门球	第二名
1987	成都	四川省业余体校重点班比赛	女子足球	第一名
1987	成都	四川省青少年运动会	排球	第三名
1987	达县	达县地区业余体校武术比赛	武术	第一名
1988	达县	达县地区第五届中学生田径运动会	田径	高中组第二名、初中组第三名
1988	达县	达县地区中学生“三好杯”排球赛	排球	男子第一名　女子第二名
1988	达县	达县地区学校传统项目田径运动会	田径	第六名
1988	成都	川东北中学生“三好杯”排球赛	排球	第三名
1988	达县	达县地区第一届青少年运动会	排球足球	男排第一名　男足第二名 女足第二名
1988	达县	达县地区第一届青少年运动会	举重	第一名
1989	成都	省业余体校排球比赛	男子排球	第二名
1989	成都	省业余体校女足比赛	女足	第三名
1990	达县	四川省第二届青运会	女子足球	第二名
1991	成都	四川省第二届青运会	男子排球	第一名
1991	成都	四川省青少年男子排球赛	男子排球	第二名
1992	成都	四川省青少年男子排球赛	男子排球	第二名
1993	成都	四川省青少年男子排球赛	男子排球	第三名
1994.8	成都	四川省第三届青运会	男子排球	第四名
1995	成都	四川省第四届青少年排球赛	男子排球	第四名
1998.7	巴中	巴中地区首届男子足球赛	男子足球	第一名
1999	巴中	巴中市首届“星光杯”五人制足球赛	男子足球	第一名
1999.5	广元	’99川东北片区《新华杯》门球邀请赛	老年门球	第一名

第三十二篇　新闻媒体

第一章　广　播

第一节　调频广播

1987 年 5 月，达县地区广播电视局批准南江广播电视局建立广播调频台。同年 9 月，在团结乡谷仓观完成土地征用，技术论证、电力线路、设备订购等工作。购买了重庆市北碚电子设备厂生产的 30 瓦调频发射机，发射点为 103.5MHz 。南江的调频广播信号采用 0.01 瓦的小型发射机，传输到谷仓观发射台，再由该发射台向全县辐射。时能覆盖 51 个乡（镇），占乡（镇）总数 73 个的 68% 。后因农村有线广播的滑坡，谷仓观调频广播于 1996 年停播。

第二节　有线广播

一、载波传输

1986 年 4 月，南江县邮电局、南江广播电视局联合发出《关于利用邮电专线载波传输广播信号的暂行办法》，主要解决一些未建广播专线而又无电话的边远分散农村农民收听广播难的问题，结果因线路太长、信号太差而终止。

二、专线传输

南江的专线建设开始于 20 世纪 60 年代，兴盛于 70 年代。从木电杆到石电杆再到水泥电杆的栽杆架线过程而发展起来。到 80 年代末，全县共栽电杆（木、石、水泥杆）19 万多根，共架线路 14000 多公里，共安喇叭 80000 多只，有线广播通乡率达 100% ，通村率达 95% ，通户率达 90% 。1995 年后，逐渐被高科技的同轴电缆闭路传输和 1998 年后的光纤电缆传输的电视信号所取代。

三、零线传输

1994年，县广播电视局开始在原小河、石矿、东垭、甘溪、流坝等乡的30个生产合作社推广应用照明零线传输广播信号的试验，至1996年底共安装广播喇叭5500多只，效果较好。随后广电局又抽派技术人员和配置核心设备在全县进行大量推广。1996年10月止，全县200多个村开通零线广播，当月巴中地区广电局在南江召开了建设零线广播现场会。

四、“一线两用”传输

1994年4月，县广播电视局引进获得国家专利产品的“广乐牌GI—1”广播电视程控设备，该设备是融广播、电话为一炉的高科技产品，时称“一线两用”传输。同年5月在长赤镇试点成功，属巴中地区首次推广。当年全县建成“一线两用”的乡广播站达7个，使全县实现了该项技术零的突破。尔后全县又在正直镇等10多个乡镇广播站建成“一线两用”广播。1998年后各乡（镇）开通同轴电缆电视和光纤联网电视后，“一线两用”广播传输自行告停。

第三节　农村广播

1985年底，县广电系统职工达到169人，县站机房设置有GY2×275、PY2×250扩大机各1台，输出总功率达1050瓦，控制台、收讯机、调压器、稳压器、调频接收机和高低频信号发射机各1部，各种型号录音机收录机15部；901多功能录音复制台1套、13—3扫频仪、多用测试仪、地线电阻测试仪等各1部。乡站中，有7个站建起质量较好的播控室，其中上两、碾盘、白院等乡站机房达到国家部颁一级标准。广播专线420杆公里，网络总长1.11万公里。安挂喇叭6.13万只，其中入户喇叭6.12万只，后由于农网线路维护跟不上，入户喇叭逐年有所减少。

1980—1989年的10年间，南江县广播事业坚持“以县站为中心、乡站为基础、专线传输为主、多种手段相结合、联结村村户户的农村广播网”的基本要求，加强了县站乡站广播事业建设。仅1989年，全县建乡站独立机房就达36个，购置“902”和“903”等设备89套，建村广播室316个。正直、和平、朱公、长赤、凉水、高桥、仁和、东垭等乡基本村村建起了广播室。

1992年，全县建有区广播站10个，乡镇广播站73个，乡以上广播网络实现4260杆公里，6652线公里。植电杆总数75430根（入级电杆33519根，水泥电杆27389根），安装喇叭63831只，广播通村452个，通村率达87%，通社1883个，通社率达78%，建村广播室427个，喇叭入户率达51%，全面入级乡站6个，乡站技术用房改造33个，网络入级乡镇41个，农村广播基本实现普及和提高。

表32—1　　南江县1986—1999年农村有线广播发展情况统计表

年度	农户总数（户）	乡广播放大站（个）	通播范围			广播喇叭				线路建设		
			区	乡	村	农村喇叭（只）	其中入户喇叭（只）	入户率（%）	高音喇叭（只）	总杆公里	网络总公里	植水泥杆（根）
1986	110044	73	10	73	432	61329	61200	55	129	420	11066	11812
1987	115435	73	10	73	356	36256	36000	30.1				

续上表

年度	农户总数（户）	乡广播放大站（个）	通播范围			广播喇叭				线路建设		
			区	乡	村	农村喇叭（只）	其中：入户喇叭（只）	入户率（%）	高音喇叭（只）	总杆公里	网络总公里	植水泥杆（根）
1988	116879	73	10	73	381	42333	42300	35.9				
1989	125203	73	10	73	388	42539	42480	36				
1990	125301	73	10	73	408	49487	49410	41.8				
1991	125381	73	10	73	445	55730	55700	44.7				
1992	125400	73	10	73	452	63831	63750	51				
1993	126748	73	10	73	462	59666	59610	49				
1994	131596	73	10	63	384	39030	39001	39.3				
1995	136117	73	10	68	406	45981	45910	36.2				
1996	138238	73	10	60	386	39447	39410					
1997	140574	73	10	59	332	37325	37280					
1998	143539	73	10	56	306	36531	36530					
1999	147860	73	10	54		33481	33401					

第四节　广播节目

一、转播节目

1986年及以后，县广播站全天播音2至3次，早上100分钟，晚上140分钟，逢三、六、九县城赶场天，增加中午播音1次，时间65分钟，全天固定播音时间在305分钟之内。其中，每天中午增加转播中央台“简明新闻”、“各地台站编排节目”30分钟，每天自办节目为105～135分钟。此种时间安排一直延续到1995年后，由于电视节目冲击广播时间，广播逐渐萎缩，上级新闻由上级电视台直播，时间30分钟，县级新闻由南江自办频道直播，时间15分钟。

二、自办节目

（一）新闻类节目

1986年，固定编播的新闻节目每天一期，专题节目时间：星期一“为您服务”，星期二“听众信箱”，星期三“大家谈”，星期四“农家顾问”，星期五“法制园地”，星期六“文学之窗”，星期日“巴渠各地”“一周行情”“市场信息”。每月编播两次“计划生育”专题节目，不定期地编播农、林、牧等专题讲座，全年组稿7514篇，播用稿4535篇。随着党的工作重点转移，南江广播站的宣传中心也随县委、县政府的工作中心而不断变化和调整。《南江新闻》的头三条消息，重点反映近期全县的中心工作动态，其余新闻节目多是反映全县经济、教育、文卫、交通等各条战线的新人新事、新动态。

（二）服务性节目

科技节目　20世纪80年代末，南江县广播站与县科协、县科委、农业局、林业局、畜牧局等单位共同办起了科技节目。这类节目除选择科技资料向听众播出外，还请一些科技人员系统介绍，专题讲科技知识。特别是在中央关于“科学技术是第一生产力”的指导下，县广播站加大对科技宣传的力度，增加科技方面的栏目，如《科技讲座》、《农科园地》、《农家顾问》、《专业户》、《庄稼医院》等栏目，为农民提供种植业、养殖业等方面的专业技术，介绍这方面的科技成果，回答群众提出的科技咨询，注重了科技宣传的指导性、实用性、针对性，一直坚持到90年代初。

联办节目 1987年后，县广播站同县级相关部门联办了《科技知识》、《法制园地》、《计划生育》、《市场动态》、《一周行情》、《为您服务》等大小栏目。这些栏目由相关部门提供素材，县广播站归类编发，通常是与当地党政、政法、工商、税务、供销、粮食、卫生、计生等部门联办节目。区、乡广播站还自办一些服务性节目，为当地党政工作和当地人民群众服务。办服务性节目都先后参加地、省评奖，获得了地区节目奖和省节目奖。1990年7月，燕山乡的广播节目《家常话》获得省优秀节目三等奖，时为全县乡镇广播站首次获得的最高节目奖；1993年2月，傅家乡广播站的《改革新鲜事》广播节目获达川地区第六届（1992年度）优秀奖，还同达川地区广播电台进行了节目交流。

会议节目 20世纪80年代初，农民实行联产责任制以后，召开群众性大会的难度较大，各乡（镇）党政就利用广播宣传党的路线、方针和党对农村的各项政策及经济方面的法律、法规等，使之家喻户晓，受到了鼓励和教育。1985年以后，各乡（镇）广播站每月平均召开的广播大会高达10多次，每次时间多达20分钟以上，均安排在每晚上广播电台（站）中转新闻之后，乡（镇）党委也根据不同时期的政治任务和生产任务，用广播进行安排和布置，均收到了良好的效果。

通知广告 20世纪80年代乡（公社）党委和乡政府（公社单委）常用广播的优势和职能播放本级的重要通知、决定、决议和上级党委、政府的指示政策、政令，使之家喻户晓。如防洪抢险、灭火抗灾、追捕罪犯、通知会议、交收税费、购买粮种、交售农副产品等等重大紧急的需及时告知民众知晓的事情常用广播通知。从90年代起，县、乡党委、政府常用广播发布广告传递信息，且逐渐形成了广告热。国营、集体、企事业单位及个人的产品广告，经济信息广告、业务咨询广告、招生广告、寻人寻物启事等等，多通过县、乡广播站向社会广播。广播时间，一般安排在《本县新闻》节目之后，最长不超过5分钟，一般重播2至3次。

广电大会 20世纪80年代，县、区、乡（公社）党政主要是利用召开广播大会把党政领导的讲话传输到群众之中的。全县性的公判大会，誓师大会、庆祝纪念大会、重点工程落成典礼、领袖人物悼念活动、盛大游行集会等等，均由县广播站将大会实况录音播放到区、乡广播站放大系统，再传输到千家万户，由区、乡（公社）组织收听。

气象预报 20世纪80年代，南江县广播站每天早晚的自办节目中都要播放翌日24小时内的南江气象预报。90年代，南江电视台也坚持每天在《南江新闻》节目中播送天气预报。南江广播站、电视台坚持每天播放天气预报。

（三）自办文艺性节目

20世纪80年代，主要是自办以红军歌谣、地方川剧、民间小调，歌颂党的领导、歌颂南江历史、歌颂南江精神、歌颂巴山游击队战斗以及反映南江优秀传统文化的南江民歌等自编文艺节目。特别是县川剧团老文艺创作者汪隆重编写的《点状元》获得中国文化部的二等编剧奖以后，对南江的文艺创作者以很大的鼓舞，南江的小型文艺作品与日俱增。县广电局编播了大量的小型文艺节目，献给了广大听众，大大丰富了该县城乡民众的文化精神生活。90年代后，县广电局的自办文艺节目逐渐被电视文艺节目所取代。

三、节目评优

1982 年以后，南江县广播站的节目，每年都参加地区和全省广播节目的评优工作，以提高宣传质量和提高南江知名度。每年底，县广电局或县广播站都要安排专人从事广播创优节目的评选和上送工作。从新闻、专稿、评论、对农、少儿、广播文艺、新闻编排等类别中选出好的稿件上送地区、省、国家广电部门评优，并且每年都有部分节目分别获得上级的优秀节目奖。至 2000 年，南江选送上报的广播节目先后获得国家级政府奖的有 3 件，获得省级政府奖的有 22 件，获得地(市）级奖的有 75 件。

四、广播节目制作

县广播站设备更新后，《南江新闻》节目采用固定设备，播音员把节目录制在磁带盘上，由执机人员按时播出。节目预报、天气预报、临时性通知等仍由播音员直接播出。20 世纪 90 年代起，县广播电视台（站）有专门的制作人员、编排人员和播音人员，除转播中央台、四川台的节目外，其余均采取录音制作等方法然后播出。2000 年起，县广电台不断购置了现代高科技先进设备，逐步实现了现场直播和采、编、制、播数字化。

表 32—2　　南江县 1985—1996 年有线广播台（站）稿件统计表

年度	县广播台（站）		区、乡广播站	
	来稿（篇）	用稿（篇）	自办节目乡站个数	组稿（篇）
1985	7154	4535		
1986	7910	4700	2	480
1987	8080	5247	5	1600
1988	7950	5100	8	2500
1989	8500	5520	15	4500
1990	8300	5170	16	4600
1991	7600	4700	29	7500
1992	8100	5300	45	9700
1993	8170	5360	38	8400
1994	7970	5100	31	5300
1995	6400	4100	27	4200
1996	2060	2050	20	2800

第二章 电 视

第一节 电视差转

一、县办差转台

1979年4月，县广播站在城西1.5公里的朝阳四社海拔800多米的三台山征地0.17公顷，修房100平方米建起了全县第一座小功率的电视差转台，接收华蓥山“704”台五频道信号用二频道向县城和城周的小河区转播四川台电视节目。

1988年春，县广电局在距县城8公里多的团结乡二社海拔1263米的谷仓观征地0.27公顷，修房240平方米，建起了第二座电视差转和调频广播发射中心台，接收四川台和中央一、二台的电视信号和四川广播电台的1套广播节目信号。覆盖县内61个乡镇的30多万人口，先后投资45万多元。1997年后，被有线闭路电视所取代。

二、区、乡办差转台

20世纪80年代初，县广播事业局积极鼓励指导各地发展区、乡电视差转台。全县区、乡和厂场、企业、学校也相继建成了功率大小不等的电视差转台。贵民区委、区公所发动农民和干部职工筹资，于1983年8月在区址后山海拔1800米的帽子顶建起了全县第一座农村电视差转台，解决了该区大部分农民看电视难的问题。继后，大河、赶场各建差转台1座，收转中央台第一套节目。到1991止，全县共建大小功率的电视差转台39座，总功率达到251瓦，加上卫星电视地面接收站，全县电视覆盖面达到46个乡、35万多人，覆盖率达68.7%。

第二节 卫星收转

1986年6月，县广电局在距城中心2公里的城南塔子山征地4亩修房100多平方米，各单位集资11.5万元建成了全县第一座卫星电视地面接收站，覆盖县城和小河区。收转中央台节目、转播县录像台节目和播放南江新闻。县城有线闭路电视建成后，停止转播。1987年7月，南江坪河石墨矿在坪河矿址建起了全县农村第一座卫星电视地面接收站，收转卫星电视频道节目。

县城卫星地面接收站的建成，促进了区、乡卫星电视事业的大发展。农村一些未通、难通有线电视的区、乡也先后建起功率大小不等的卫星电视地面接收站，直到2000年止，全县除极个别边远山村有经特批的卫星接收“小天线”外，其他卫星地面接收站逐渐被光纤电视所取代。

第三节　微波传输

1994年起，南江县先后投资30多万元，在谷仓观转播站新建微波电视转播站。1996年1月，与巴中电视微波工程联网，成功投入试运行，开始接转巴中电视台电视节目和四川台未上星的电视节目。同年2月6日，巴中地区广电局利用微波网台召开全区广播电视系统电视会议，南江设分会场，接转效果良好。5月25日，巴中地区各县（市）广播电视微波工程，经省广电厅传输发射中心测试，整个系统按5分计算，南江获得4.9分，符合国家标准。1997年1月，县广电局被巴中地委、行署授予“全区广电微波联网工程先进单位一等奖”。1998年止，先后开通沙河、下两、长赤、正直四个区的微波联网。2000年3月，南江与巴中地区光纤电视联网后，南江即停止微波建设与转播。

第四节　有线传输

1988年，在县城进行有线电缆电视试点；年底开通600户，隔频传输七套节目。1990年12月，县城闭路电视开通8000多户，县城居民都能收看到中央台和四川台的共七套电视节目。是年，鉴于区、乡电视差转台多数只能收转中央台的一套电视节目，少数台能收转中央台和四川台的共两套电视节目，不能满足农村群众精神文化生活需求，开始在区、乡发展有线电缆电视。

1996年，闭路电视普及到全县各区、乡（镇）和200多个村，县广电局又开始加密电视建设。加密电视是一项高投入、采用高科技的光纤传输、设计宽带为750兆赫集电视，通讯媒体，可传输60套以上的电视节目。当年首先在县城开通了加密电视，使居民能收看到20多套电视节目。继后又对农村区、乡有线电视站进行了全面整网，将原350兆赫网络整改为750兆赫网络，前端的隔频传输改为邻频传输，加增补频道，并增加了节目传输的多套设备，使县到各区、乡（镇）的加密电视网络形成，使区、乡（镇）的干部群众能收看到20多套电视节目。

1997年，全县先后共投资1000多万元，使10个区、1个镇、60个乡（镇）、200多个行政村开通有线电视，普遍能收转五至七套电视节目，共建有线电视台（站）152座，电视覆盖率达90%。

南江的光纤传输是在全县各区、乡分别建成有线电缆电视的基础上，通过先城区后区、乡（镇）架（埋）光缆主线而联结各光点形成的广电网络。1998年，普及城区，继后延伸到区、乡。2000年3月，实现了南江同巴中地区光纤网络的连接，实现了沙河、乐坝、长赤、下两等29个乡（镇）的连接，共建成了215.9杆公里、2241.8芯公里的光纤网络，通光纤电视户达到13741户。2000年底止，全县开通有线电缆电视的乡（镇）达72个，通村52个、通社1470个、通户138000户，覆盖人口57万。

第五节　“村村通”工程

鉴于边远贫困山村的农民投不起资，收看不到多套电视节目的现状。1998年，南江开始大力实施“村村通”广电战略工程。“村村通”广播电视网络工程是工作宽带为5500MHz的有线电视网络，它以乡镇光纤干线为依托大规模采用同轴电缆延伸，对农村分散用户实行MMDS无线覆盖。

1999年，县广电局组织精干技术力量，投资1000多万元，对国家补助给南江县“村村通”工程的150套设备全部安装结束，顺利通过省级验收。至此全县除24个无电源村外，其余501个村均通有线电视，共架光缆230杆公里、2500芯公里，实现了县广电局到各区（镇）、乡（镇）的光纤大联网，实现了与巴中地区光纤网的连接。

第六节　录像放映

20世纪80年代初，县广播电视事业局购置1台10瓦大屏幕黑白投影电视机，在院内公开放映，每晚观众达1500多人。县文化馆购置彩色电视机，县川剧团成立百花录像投影组，购进录像放映机、彩色投影电视机，在县城和附近区、乡厂矿放映。县文教局、民政局、计划生育办公室和县委宣传部相继购进录像机放映机和磁带，在城内售票放映。县电化教学馆、县蔬菜饮食服务公司、县水利综合服务公司、县劳动服务公司、民政福利社、一完小、长赤中学和部分文化站等纷纷购机设点，营业放映录像。90年代后，全县录像放映队进行了调整，允许个体和集体兴办录像放映队，但不能放映黄色录像带，要求为群众提供有益的精神食粮，全县的录像事业又再次兴旺发展起来。到1995年止，全县有集体和个体录像放映队100多家，有录像放映机200多台，有电视1万多台。随着有线电视的大力发展，电视节目频道的不断增加，1996年后录像放映业逐渐萎缩和萧条，到1998年全县的录像放映队自行停业。

第七节　摄　像

1986年，县广播电视局购回摄像机1台，开始拍摄电视节目。县广电局合作摄制的第一部电视专题片是《共产党员的风采》，主要反映了全县改革开放中涌现出的一批优秀共产党员的先进典型事迹。在南江电视台播放后教育影响很大，被省委组织部推广全省播放。1986—2000年，先后更新摄像机20多部，拍摄电视新闻30000多条，电视专题片120多部。特别是1996年5月县广电局记者现场拍摄的南江遭受特大风暴灾害的电视录像片，被中央电视台播放后，国务院副总理姜春云还亲自给南江县委、县政府和南江人民发来了慰问电，给南江全县干部群众以极大的关怀和鼓舞。2000年后，县广电局不断更新了县电视台的摄、录、编、播设备。

第三章　电视宣传

第一节　电视节目

一、转播节目宣传

1986年，县城塔子山卫星电视地面接收站建成后，开始向城区转播中央电视台第一、二套和四川电视台第一、二套电视节目及自播录像节目。1988 年，谷仓观电视差转台建成后，转播中央台和四川台一、二套电视节目。1994 年，谷仓观微波电视站建成，开始转播巴中地区电视台节目和接收巴中地区主会场电视信号。1996 年，南江县城和区、乡站有线闭路电视开通后，开始转播中央台、四川台、巴中地区台 6 套以上电视节目。1998 年起开始由县到区、乡、村的光纤网络建设。

二、自办节目宣传

南江的第一台电视摄录设备于 1986 年 8 月由县民政局购置，价值 10 万元左右，主要用于全县救灾救济，抗灾抢险资料的录制，同时也承担全县重大活动的宣传，其设备名称为索尼 DG1800 摄像机、V04800 型录像机。继后，电教馆、组织部、农业局、广旺矿务局南江煤矿相继购置了用于资料拍摄的 SHSM7、M1000 型摄录机。

随着摄、录、编、播设备的改进，南江的电视节目也逐渐丰富多彩。1987 年 5 月至 7 月，南江的第一个自制电视节目《改革中的共产党员》电化教育宣传专片，是由县委组织部、县委宣传部和县广电局联合摄制的。该片作为 1987 年建党节的献礼片，着重介绍了饶友全、莫怀理等 10 多名优秀共产党员的先进事迹。该片送省委组织部后受到高度评价，作为党教专题片在全省发行，部分节目在四川电视台《新闻联播》中播出。继后，又陆续制作了多部新闻短片播放。

1992 年 5 月，县广电局在成都外文书店购回了一套价值 13 万元的摄录设备。经过一月多的紧张工作，南江有线电视台自办节目于当年年 7 月 1 日作为向党的生日献礼正式开播。开播后的首期节目为《节目介绍》、《南江新闻》、《送你一支歌》等，其中《南江新闻》的头条消息是《南江农行党委成立》，栏目长播 10 分钟。

1994 年，南江电视台拍摄电视专题片 48 部，摄制小康村建设电视系列报道 24 期，《决战大动脉》反映交通大决战的系列报道 33 期，合制《共产党人的风采》专题报道 24 期，“拍摄”、“七一”演讲会，“七一”文艺晚会节目报道各 2 期，上送四川电视台电视节目和山东电视台播放节目各 4 期。

1997 年，《南江新闻》由每周一期改为每周三期，电视台工作人员也增加了 10 多人。是年县电视台摄制《红色南江今更红》、《扶贫攻坚》150 条电视专题片。是年 2 月，南江广电局与中国电视文化发展影视中心联合摄制的电视连续剧《时代变奏曲》在中央一台播出。是年南江电视新闻节目由每周一次增为每周三次；南江广电局与四川电视台合拍的《深山故事》电视片在美国洛杉矶熊猫电视节目中展播。

三、创优节目

南江电视台从 1996 年起，开始参加四川省电视节目创优行列。从 1996 年 5 月县广电台记者拍摄的新闻纪录片《南江遭受特大风暴灾害》在中央电视台播放。同年，《南江遭受特大风暴灾害》连续报道，获得省政府三等奖。自 1997 年开始参加巴中地区电视创优作品评先行列，县广电局上送的《保护公路设施人人有责》获得巴中地区电视创优节目二等奖后，至 2000 年止每年都有作品参评，先后获地区（市）级一等奖 22 件、二等奖 23 件、三等奖 20 件，市级提名奖 2 件。

第二节　通讯员（记者）队伍

一、业余通讯员（记者）队伍

1985 年全县业余通讯写作组达 50 多个，业余通讯员达 500 多人，用稿量达 5000 多件。1990

年，县广播事业局培训业余通讯员700多人次，县站组稿达7346件，其中业余通讯员稿件达6834件。乡广播站组稿达68345件，用稿19535件。

1991—1995年，由于农村有线电视的大力发展，农村广播事业就逐渐萎缩。由于电视通讯员的水平要求高，科技水平高，所以广播业余通讯员队伍就被电视职业和业余新闻工作者所取代了。但从20世纪60年代初期到90年代初期，全县成百上千的业余通讯员以各条战线、各个方面的典型事例、典型人物为题材，写下了10多万条具有鼓励、鞭策、教育、启迪的新闻稿件，为推动当时南江经济和社会的发展进步做出了很大的贡献。

1996年以后，县广播电视台的广电职业记者和县级部门的广电业余记者达100多人，这些记者都是具有大专以上学历和拥有采编设备的新闻报道者。他们中有不少人的广电作品分别获得了市、省、部的奖励，不少作品都被市台、省台、国家台所采用。

二、专技人员

南江广电局的中级专业技术人员包括记者、编辑、播音员和无线电工程师及会计师等。1988—2000年，南江广电局共有中级专技人员13人。他们分别从事广电新闻的采、编、播和广电工程设计、安装、修理、研究及广电财务管理。

三、稿酬和奖励

1985—2000年，南江县广电局实行新闻创优节目的悬奖攻关，鼓励通讯员创作优秀节目参加地区、省、全国的广电节目评比。规定：凡获国家级优秀节目1件者，奖现金500~1000元；凡获省政府级优秀节目1件者，奖现金300~500元；凡获地区级优秀节目1件者，奖现金100~200元。县委、县政府、县委宣传部、县广电局坚持2~3年对全县的模范通讯组和模范通讯员、优秀通讯员进行一次表彰，或发给奖状或发给荣誉证书或发给现金，以示鼓励。

第三节　电视宣传纪律

1986年，电视宣传一般稿件由县广电局宣传股负责人审签，重大新闻稿件由局长审签，后报县委宣传部审签；1989—1999年由分管广电宣传的副局长审签；2000年以后由县电视台总编室主任审签。宣传口径是：党的十一届三中全会以后，宣传口径坚持“一个中心”（以经济建设为中心）、“两个基本点”（坚持实事求是，坚持改革开放）的宣传，在政治上始终与党中央保持高度一致，不准发杂音；坚持“以科学的理论武装人，以正确的舆论引导人，以高尚的精神塑造人，以优秀的作品鼓舞人”的要求。记者或通讯报道失实，不仅对作者要作出不同处理，而且还要追究编辑、审稿人员的责任。

2000年10月25日，县广电局根据中共中央宣传部、国家广播电影电视总局《关于建立违纪违规广播电视播出机构警告制度的意见》的精神，专题研究制定了《实施警告制度的意见》，建立健全了警告制度，明确规定了宣传纪律：（1）突出宣传重点，多宣传县委、县政府的重大决策，重大活动，少作不痛不痒的一般报道；多宣传全县的重点工程和中心工作；多宣传基层，少宣传机关；多宣传集体，少宣传个人；多宣传老百姓关心的热点难点问题，少宣传日常会议。（2）坚持“十不播制度”，即：凡违背党和国家方针政策的新闻节目及电视剧不播；凡可能引起民族仇恨、民族歧视、破坏民族团结的录像片内容不播；虚假新闻不播；对可能引起社会不稳定的新闻不播；有淫秽、色情、赌博、暴力内容的录像片不播；涉及个人隐私、侮辱或诽谤他人，侵害他人权益的内容不播；凡法律、法规禁止的内容不播；没有审看的录像不播；没有领导审签的新闻不播；凡涉及乡镇以上领导人的宣传内容没有经过县委及组织部审签的不播。(3) 进一步加大执法力度，坚决取缔非法经销、非法安装卫星地面接收设施和非法转播境外台节目，坚决查处区、乡、村在网络上播放家庭影碟、打广告、点歌及宣传内容不规范等问题。(4) 严格新闻审稿、审片制度，抓好新闻宣传质量。下大决心把《南江新闻》办出特色，办出水平，办成名牌栏目，让县委、县政府领导满意，受老百姓欢迎。同时，办好《社会经纬》、《南江党建》、《天地方圆》等栏目，提高南江有线电视台的收视率。(5) 严格录像带的供片渠道，所有网络播放的录像节目必须由广播电视部门提供，严禁租借播放影碟，对已经播放影碟造成事故的要坚决查处。

第四章 广播电视管理

第一节 管理机构

1983 年 3 月，成立南江县广播电视局，属政府序列局，主管全县广播电视事业；73 个公社成立了广播站，1989 年公社广播站更名为乡（镇）广播电视站。翌年，区始设广播电视管理站。1992 年，县委批准成立了由县广电局直接领导的有线电视台。1997 年，县级机构改革中，南江县广播电视局改为南江县人民政府的直属事业单位，至 2000 年底未变。

第二节 无线设施管理

1987 年 7 月，县广电局制定《南江广播电视 1987—2000 年的综合发展规划》，要求到世纪末，建成一个有山区特色，县、区、乡结合，无线和有线，广播和电视结合，城市与农村并重，宣传质量较高，内容丰富多彩，节目多套覆盖，技术手段先进，设备完善配套，与全县两个文明建设相适应的现代化广播电视宣传网络，并切实加强其管理。1990 年以后，南江县广电局认真学习、宣传和落实国家《无线电管理条例》、国务院第 129 号令、《卫星地面接收设施管理规定》及《广播电视设施保护规定》、国务院《广播电视管理条例》、国家广电总局《关于加强广播电视管理若干问题》和《四川省广播电视管理条例》的精神，坚持了“五统一”（即广电工程建设必须坚持统一规划、统一设计、统一器材标准、统一施工质量、统一检查验收的原则），并设置了法规股专司其职，加强了执法管理。1994 年 7 月 13 日，县政府发出《关于转发四川省卫星电视广播地面接收设施管理办法的通知》，1997 年 9 月，县广电局制发《关于对宣传工作中出现差错的处理意见》，1998 年县广电局又制发了《南江县广播电视行业管理工作实施细则》，使管理有章可循。

第三节　有线设施管理

一、有线广播管理

1986年2月28日，县广电局发出《关于保护、管理对县至区、乡广播专线的紧急通知》，进一步规定了县、区、乡各自的管理责任和管理办法。4月10日，南江县邮电局、南江县广电局联合发出《关于利用邮电线路载波传输广播信号的暂行办法》，对邮电线路管理作了明确规定。1988年南广发［1988］11号《关于切实搞好“两网”安全，防止人为损毁事故的紧急通知》，县政府发出《关于改革广播电视站管理工作的意见》中，也对广播线路作了明确规定。

1988年开始，县广电局为提高广播传输信号的质量，为保证县、区、乡线路的畅通，开展全县广播线路的整治和乡站机房达标升级的整网工作。通过近两年的整网，全县投资200多万元，使县、区、乡三级的广播网络基本建成，使全县50%乡站机房达到了国家部颁乙级标准，不少乡站获得了上级表彰。桃园乡站、东垭乡站、碾盘乡站、白院乡站等，1989年荣获达县地区“先进乡镇广播站”称号；白院乡、碾盘乡等获得省“先进乡镇广播站”称号。

二、有线电视管理

1989年，县城首次开通5000户闭路电视网络后，接着从县至区、乡的同轴电视有线电视专线就开始架设。到1998年止，全县各级先后共投资2000多万元，用光纤传输联通区、乡（镇），并进行了较好的维护和管理。县城闭路线由县广电局负责维护和管理，区、乡有线电视由区、乡负责管理，层层明确了分工管理责任制和奖惩制，基本保证了由县至乡（镇）的电视专线的畅通传输。1993年2月，县广电局转发地广发［1993］13号《关于1993年广播电视工作实行目标管理的通知》；1998年县城开始光缆电视转播光纤电视信号后，1999年，县委、县政府转发了巴中地委、行署《关于全区农村广播电视事业发展的意见》，“意见”中对有线电视和光纤电视线路的管理也提出原则性管理意见。同年，县人大常委会、教科文卫委、县广电局联合转发了《四川省广播电视管理条例》，要求全县各级要大力宣传认真贯彻实施。同年11月，县广电局举办了深入贯彻实施国务院《广播电视管理条例》和《四川省广播电视管理条例》培训班，各区、乡、厂矿、企业、广电站负责人及建有电视前端的村社代表参加培训。

第四节　音像制品管理

1986年以后，县广电局与县公安局、县工商局、县文教局紧密配合，联合成立南江县音像制品管理领导小组，加强录像设备和录音制品的使用管理。一是全县的音像制品工作由县广电局主管，由一名副局长分管，县广电局设音像制品管理股，具体负责。二是凡有录像设备单位，均应向县广电部门登记备案，并建立严密的使用管理制度，指定专人负责。各专业部门的录像设备，原则上只用于录放本专业有关的业务资料，严禁任何人以任何借口利用录像设备的录制、翻录、播放反动或淫秽录像带和非法流入出境海外节目，各单位的录像设备一律不准转借私人使用。三是发行销售的录像制品，必须由国家批准的音像出版单位出版，其他任何单位和个人都不得从事音像制品的商品性复录生产业务。四是开展文化娱乐活动放映的录像带应限于以下范围：国内节目，国内电视台播出的节目，国内发行的国产和进口电影片。五是各部门、各单位只能保留与本专业有关的专业录像带。六是开办闭路电视应通过该单位的上级领导批准并向县广电部门登记备案。七是任何单位和个人，如开办营业性录像放映，均应经县广电、公安、工商部门共同审查批准，由工商部门发给营业执照，由广电部门进行业务指导和监督检查。八是进行营业性录像放映活动，必须持营业执照和国家正式批准的出版的供片证明和县委宣传部批准放映的录像带目录，并接受有关部门的监督检查。九是营业性录像放映范围，原则上应限于本县，立足面向农村，一般不跨省跨县放映。

1990 年 5 月，县广电局召开全县广电系统录像放映队（点）负责人会议，会上认真总结了音像放映工作的经验教训，提出进一步加强音像管理的具体措施。由于加强了对音像制品和放映的严格管理，全县音像管理市场运行有序，未发生过重大违规违法事故。

第五节　行政执法

1997 年，国务院《广播电视管理条例》和《四川省广播电视管理条例》（简称“两个条例”）下发后，县广电局成立了学习、宣传《两个条例》领导小组，利用广播电视台（站）向全社会反复宣传了“两个条例”及国办《关于加强广播电视有线网络建设管理的意见》等相关条规和文件，使全县广大干部和群众深入知晓了“两个条例”及相关法规文件的精神实质。并严肃查处违反“两个条例”的人和事。1999 年，县广电局根据中央和四川省广播电视工作电视电话会议精神，主动与县公安局、工商局等部门密切配合，对全县的电视台（站）进行了清理整顿，对 100 多个非法经销、非法安装卫星地面接收设施的单位和个人进行了查处，使治“滥”、治“散”取得了突破性的进展。2000 年 11 月，县广电局执法人员配合县公安局对损坏县城东沙溪坝和沙河镇洛坪坝地段的光纤线路的肇事者进行了依法查处，罚款 1000 元，共赔款 3000 元，对严重肇事者处以刑拘 15 天，并及时恢复网络，使当地 100 多用户及时看上了电视节目。

第五章　报　刊

第一节　南江报

一、办报沿革

南江县内经上级批准正式出版的只有《南江报》，1956 年 7 月创刊，为中共南江县委机关报。后经几次改名、停刊、复刊，于 1970 年 7 月按省委通知停办，终刊时共出刊 2049 期。1993 年 3 月，中共南江县委决定第五次复刊南江报，3 月 20 日正式出刊，报名为《南江周报》。1994 年 9 月 28 日，改《南江周报》为《南江报》。

《南江报》办报的原则是：在中共南江县委的直接领导下，以机关、工矿、学校及农民为主要读者的报纸，它是中共南江县委的机关报，同时又是通俗的群众性报纸。其办报的宗旨是："党和政府的喉舌、联系干群的纽带、现代信息的传媒、各行各业的知音"。具有党报性质，晚报风格。

二、编辑机构

1993年《南江报》第五次复刊时，《南江报》只设编辑部，由4人组成。1996年元月，《南江报》改为周二刊，《南江报》社编辑部由7人组成，下设四部即要文部、经济部、政文部、综合部。1998年5月，《南江报》编辑部由原四部改为二部，即要文部（即一、三版），经济部（即二、四版）。

三、出版、发行

1993年复刊时，《南江周报》四开四版铅印，每逢星期五出版，由南江县印刷厂承印，自办发行。1996年1月，《南江报》改周二刊，每周二刊，每逢星期三、六出版。1997年7月，宣传部、报社职工入股集资7万余元自购微机、扫描仪等设备，改铅印为激光照排，报纸质量大为改观。

《南江报》自1993年3月第五次复刊以来，截至2000年12月为止，共出报741期，其中增刊2期，文学副刊125期，最低发行量3800份，最高发行量12000份，主要发行范围：县城各机关、团体、企事业、厂矿、个人，送巴中地委、行署、地委宣传部、巴中日报社、巴中地区所辖四县（市）委宣传部、各新闻单位、报社，省、地新闻出版管理局，省委宣传部及省内友好新闻单位和报社，以及分布在全国各地的南江籍老干部、知名人士等。

四、办报经费

《南江报》办报经费主要来源于三个方面：一是政府财政资助，二是报纸收入，三是广告收入。1993—1995年，《南江报》为周一刊，县财政每年定额补助经费5万元。1996年《南江报》为周二刊，县委决定，每年定期由县财政补贴8万元，并纳入财政预算。财政补助、报款收入加广告收入，报社基本上能维持正常的运转。

第二节 南江县文史资料选辑

《南江县文史资料选辑》创刊于1987年12月，由南江县政协主办，历届县政协主席任主编。截至2000年底，共印刷11辑，13800册，约126万字。《南江县文史资料选辑》（以下简称选辑），具体由县政协文史资料委员会组织编纂，聘请撰稿人员编写稿件。主要内容为上至戊戌变法以来各时期的政治、经济、军事、外交、财贸、科技、文化、教育、卫生、体育、民族、宗教、华侨、社会生活等14个方面且具有一定历史价值。

《南江文史资料选辑》为不定期出刊。第1辑于1987年12月出版发行。1989年3月、1989年12月、1991年10月、1993年9月、1995年1月、1998年2月、1999年1月、2000年1月、2000年2月、2000年12月，先后出版发行了2～11辑。

第三十三篇　卫　生

第一章　机构·队伍

第一节　卫生行政机构

南江县卫生行政机构是南江县卫生局，于1978年成立。1984年4月，在机构改革中，设人秘股、业务股和计财股。1985年7月，县卫生局设6个股室：办公室、业务股、药政股、政工股、计财股及爱卫办。1997年5月20日，增设监察室。1998年8月23日，县卫生局设办公室（挂县爱卫办牌子）、政工股、业务股、计财股和公费医疗管理股。其行政职能在原基础上增加了全县公费医疗的监督、管理。

第二节　医疗卫生机构

一、机构概况

1985年，全县卫生部门有医疗卫生机构87个，其中县级卫生机构6个（含县级医院3个、县级卫生事业机构3个）、区卫生院10个、乡镇卫生院71个。1990年，全县卫生部门有医疗卫生机构88个，其中县级医疗卫生部门7个、区中心卫生院11个、乡镇卫生院70个。2000年，经过调整，全县卫生部门有医疗卫生机构84个，其中县级医疗卫生机构6个、区中心卫生院10个、乡镇卫生院68个。

二、县级医疗机构

县人民医院　1956年4月，由县卫生院更名为南江县人民医院（简称县医院），至2000年名称未变。1985年，全院职工238人，其中副主任医师1人、主治医师3人、主管护师1人、主管检验师1人。至2000年，在职人员260人，其中专业技术人员176名，有副高级专业技术职称16人、中级90人、初级70人，行管后勤人员84人，具有大专学历120人，占全院职工总数的46%。

内设机构有办公室、政工科、医务科、院感科、护理部、预防保健科、总务科、财务科、保卫科、信息科、经管科、审计室等。业务科室设置：门诊部设有急诊科、内科、外科、妇科、儿科、口腔科、中医科、肠道门诊科。住院部设有内一科、内二科、外科、五官科、妇产科、中医科、康复理疗科。医技辅助科室有检验科、放射科、功能科、药剂科、手术室、供应科。

县中医院 南江县中医院于 1984 年 5 月 22 日成立。院址在南江镇下河街，为集体所有制单位。1989 年 3 月，新建住院大楼 2500 平方米。1991 年转为全民所有制单位。1996 年，为国家二级乙等中医医院。1998 年 6 月，新建 4500 平方米的门诊综合大楼破土动工，2000 年 5 月竣工投入使用，时有在岗职工 144 人，专业技术人员 117 人，其中副高级 12 人、中级 34 人、初级 70 人。内设科室有行政办公室、人事科、财务科、医务科、预防保健科、总务科、护理科、药械科、医保科、中医基层指导科、保卫科、经济管理办公室。业务科室设置：门诊部设有急诊科、中医内科、中医儿科、中医外科、中医妇科、中医骨伤科、中医肛肠科。住院部设内科、外科、妇产科、五官科、麻醉科等。医技、辅助科室有检验科、放射科、CT 室、手术室、供应室、B 超、心电图室、放射免疫室、电子胃镜室、脑电地形图室、体外震波碎石等。

县卫生防疫站 1962 年 12 月由县卫生院防疫组更名为县卫生防疫站。1969 年与县妇幼保健站合并名称为县防疫保健站。1978 年分设防疫站，内设防疫、宣传、检验组，直到 2000 年县卫生防疫站名称未变。

县妇幼保健院 1985—1994 年名称为南江县妇幼保健站，1995 年更名为南江县妇幼保健院。主要承担基层卫生机构妇幼保健人员的业务培训和临床指导，掌握全县妇科疾病动态资料，为全县妇女、儿童提供高效、优质、安全、价廉的医疗保健服务。自 1983 年起开设妇保、儿保门诊。1989 年，设置基层保健科、妇幼保健咨询门诊和社会服务部、实行站科两级管理。院址一直在城北路 76 号。1993 年 12 月，新建占地 480 平方米，建筑面积 5900 平方米的业务综合大楼落成投入使用，院址随即迁往南江镇光雾山大道城庙路 87 号。2000 年有职工 54 人，其中专业技术人员 44 人，即：副主任医师 2 人，中级职称 20 人，初级职称 22 人；执业医师 24 人，大专文化 26 人。开设床位 38 张，开展住院分娩、妇产科疾病诊治、儿童预防接种、婚前医学检查等医疗服务。

县民卫医院 县民卫医院前身是南江县麻风医院，于 1958 年在桥坝乡成立，职工 23 人，1981 年更名为南江县民卫医院，全民性质，受县民政局、卫生局双重管理。其主要任务是收容、管理麻风患者，并负责麻风病的普查与预防工作。1983 年有卫生技术人员 8 人。1986 年，全国实行麻风病病员在家治疗后，卫生技术人员从桥坝乡搬进县城，开始了对全县麻风病的社会防治和工作指导。医院留 2～3 名医务人员和民政方面的后勤人员继续留守麻风村，负责无家可归病人的生活管理，其余卫生人员分流于南江县城开设伸点门诊。200 年有职工 22 人，其中卫生部门 16 人，民政部门 6 人。在卫生技术人员中有副高级 2 人，中级 2 人，初级 9 人。院址迁至南江镇光雾山大道城亩路段新建业务综合楼。

县卫生进修学校 始建于 1958 年的南江卫生学校，1983 年更名为南江县卫生进修学校，属全民事业单位，校址在南江镇城北路，建有占地 2.8 亩的教学楼、办公楼和职工宿舍。学校内设机构有办公室、教务科、后勤总务科、保卫科等。建有标本室、挂图室、尸库、尸体解剖室，技能操作室。自建校以来学校共举办各类培训班 70 余届，共培训医卫学员 3000 余人。

三 、区镇中心卫生院

南江镇卫生院 南江镇卫生院建于 1975 年，院址上河街。1984 年 5 月，合并到南江县中医院，保留南江镇卫生院牌子。1985 年 11 月，恢复南江镇卫生院，职工 5 人。院址在上河街桥头，负责南江镇防疫保健工作。1994 年，医院租借房屋开展门诊医疗活动。1997 年，防疫保健人员工资由同级财政预拨，定性为防保型卫生院。

乐坝镇卫生院 是 1994 年 10 月乐坝建镇后由原乐坝乡卫生院改建而成的一所具有一级甲等医院实力的集医疗、预防保健、康复理疗、卫生行政管理于一体的综合性卫生院，承担着全镇及周边 1 万余人的预防保健及救死扶伤任务和全镇计划生育服务工作。至 2000 年，全院有在编职工 13 人，开设床位 22 张，医院建筑面积 1943.5 平方米，院内设有内科、外科、妇产科、中医科、放射科、心电图室、检验科、预防保健科、新型农村合作医疗办公室等科室。

小河中心卫生院 南江县小河中心卫生院前身是小河区卫生院，位于南江镇城西路 68 号。卫生院建有用房 1200 平方米，内设内、外、儿、中医、放射、妇产、检验等科室。2000 年，有职工 17 人，其中中级技术职称 3 人，初级 11 人，工勤人员 3 人。

沙河中心卫生院 沙河中心卫生院位于巴中至南江、广元的交会处，辖乡卫生院 7 个，村卫生室 67 个。至 2000 年，有在编职工 52 人，其中执业医师 16 人、执业助理医师 8 人、执业护士 10 人。建有业务用房 1700 平方米，病床 32 张，设有住院部、门诊部、功能科、行政科四大主体。设有中医、防保、内科、外科、五官科、康复理疗科、财务科、行政办、农村合作医疗办等科室。是一所集医疗、预防保健为一体的一级甲等医院。

长赤中心卫生院 长赤中心卫生院坐落在长赤朱凌宫街中段。担负辖区 10 个乡级卫生院的管理和业务指导。其前身是长赤区卫生院、区划调整时改为现名。2000 年，有职工 53 人，有中级技术职称人员 20 人。医院占地面积 4862 平方米，开设急诊、计免、内、外、儿、妇、五官、骨伤、肛肠、针灸、康复理疗、检验等临床科室，是一所综合性一级甲等医院。

正直中心卫生院 该院前身系正直区卫生院，成立于 1958 年，区划调整时更名现名。医院占地 5.7 亩，有业务用房 3630 平方米。内设住院部、门诊部（开设内、外、五官、防保科）、行政办、财务科、合作医疗办、后勤保卫科、中西药房等 25 个科室。2000 年，有职工 41 人，其中专业技术人员 37 人（中级 13 人、初级 24 人）、工勤人员 4 人。设置病床 40 张，年门诊 5.5 万人次，系一所一级甲等医院。

下两中心卫生院 其前身为下两区卫生院，建于 1952 年。1998 年，区划调整时更名为下两中心卫生院。医院占地 5.4 亩，业务用房 3488 平方米。内设综合办公室、医务科、防保科、功能科、外科、内科、妇产科、五官科、肝病专科、中医科、理疗科、药剂科、计免门诊等科室。是一所集医疗、预防、保健、康复、培训乡村卫生人员为一体的一级甲等医院。2000 年，有职工 37 人，其中具有大专学历 8 人，主治医师 10 人、主管技师 1 人、医师 1 人、护师 3 人、会计师 1 人、药剂师 1 人。

大河中心卫生院 该院前身是大河区卫生院，始建于 1955 年，1998 年，区划调整时改为现名。医院占地 4.7 亩。有业务用房 3488 平方米。医院内设综合办、医务科、防保科、内儿科、计免门诊等科室，集预防、保健、康复、培训乡村卫生人员于一体的综合性医院。2000 年，有职工 59 人，其中专业技术人员 45 人（中级 10 人、初级 35 人）、行管后勤人员 5 人。年门诊 6 万余人次、住院病人 1500 余人次。

赶场中心卫生院 该院前身系赶场区卫生院，成立于 1965 年，区划调整时更为现名。全院占地 1.1 亩，有业务用房 3488 平方米。内设办公室、医务科、防保科、内儿科、外科、妇产科、五官科、中医科、理疗科、药剂科等科室。开设病床 21 张，年门诊 3.5 万人次，住院病员 350 人次，是一所集医疗、预防、保健、康复、培训于一体的综合性医院。2000 年，有职工 30 人，其中专业人员 24 人（中级 9 人、初级 15 人），行管工勤人员 6 人。

贵民中心卫生院 其前身是贵民区卫生院，占地1500平方米，业务用房800平方米。有专业技术人员14人，其中中级职称2人、初级12人。开设内、外、妇、儿、五官、中医等临床科室。开设病床12张，是一所集公共卫生，预防保健、基本医疗、新型农村合作医疗于一体的综合性医院。

上两中心卫生院 上两中心卫生院前身是上两区卫生院，成立于1953年，1992年区划调整后更名为上两中心卫生院。医院占地2000平方米，设内科、儿科、外科 、妇产科、中医科、五官科、骨伤科、计免科、检验、B超、X光、防保等科室。2000年，有职工21人，其中专业技术人员19人（主治医师4人，主管技师2人、医师2人、护师1人、医士8人）。是一所集预防、医疗、保健、社区卫生服务于一体的综合性医院。

杨坝中心卫生院 前身系杨坝区卫生院，始建于1966年，占地面积5.3亩，建有业务用房2745平方米。2000年，有专业技术人员10人，下设8个临床医技科室，开设病床12张。门诊设有内、外、儿、妇和医技功能科室，是城镇职工医疗保险、大病统筹，新型合作医疗、贫困医疗救助等定点医院。

四、乡镇卫生院

乡镇卫生院，是南江县三级卫生医疗网的枢纽。1984年，由公社卫生院更名为乡镇卫生院，到2000年底，全县共有乡镇卫生院68个。

五、村卫生室（站）

1983年，全县共有合作医疗站603个，村卫生人员974人。1985年2月，将合作医疗站更名为村卫生所。1988年，对全县村卫生所进行清理整顿，1990年统称为村卫生室。全县共有卫生室478个，卫生人员1175人。到2000年底，全县共有村卫生室500个，村卫生人员723人。

表33—1 **南江县1986—2000年医疗卫生机构统计表** 单位：个

年度	合计	医院（卫生院）			卫生事业单位	其它（共管）
		县级	区级（中心）	乡（镇）级		
1986	87	3	10	70	3	1
1987	87	3	10	70	3	1
1988	87	3	10	70	3	1
1989	87	3	11	70	3	1
1990	87	3	11	70	3	1
1991	87	3	11	70	3	1
1992	87	2	11	76	3	1
1993	87	2	11	70	3	1
1994	87	2	12	69	3	1
1995	89	2	12	69	5	1
1996	89	2	12	69	5	1
1997	89	2	12	69	5	1
1998	86	2	10	70	3	1
1999	84	2	10	68	3	1
2000	84	2	10	68	3	1

表 33—2　　南江县 1986—2000 年村卫生室情况统计表

年度	行政村个数	村卫生室个数	开办形式（个）					工作人员（人）			
			村办	乡村联办	乡卫生院设点	私人开办	其它形式	合计	乡村医生	卫生人员	其中接生员
1986	522	586	309	26	7	244		744	216	528	453
1987	522	587	328	16	8	235		894	212	682	535
1988	522	610	255	98	9	248		909	339	570	539
1989	527	610	310	98	9	193		912	339	573	542
1990	527	478	278	25	9	166		1175	338	837	576
1991	524	523	333	121	6	62		884	335	549	539
1992	523	510	247	89	7	166	1	891	324	567	536
1993	523	493	234	123	6	130		764	426	338	459
1994	523	494	265	129	3	97		882	446	436	425
1995	526	493	407	21	6	65		764	446	318	430
1996	526	500	422	15	6	57		755	446	309	435
1997	526	500	429	14	7	132		723	446	277	450
1998	526	470	326	26	16	102		930	446	484	392
1999	526	471	221	30	16	184	20	775	495	280	125
2000	526	500	218	39	11	214	3	723	495	228	125

注：资料来源于《南江县卫生志》。

第三节　医疗卫生队伍

1986—2000 年，随着国家对医疗事业的重视，加大了对医疗经费的投入，职工队伍逐年扩大，技术人员增长迅速。1985 年，全县卫生系统职工总人数为 1122 人，其中专业技术人员 951 人（副高级职称 1 人，中级 6 人，初级 458 人），管理人员 25 人，工勤人员 146 人。县区乡医院（卫生院）职工总数 924 人，其中县级 305 人；县区乡卫生事业工作人员 158 人。1990 年，全县卫生系统职工总人数发展到 1228 人，其中专业技术人员 1095 人（副高级 16 人，中级 526 人，初级 226 人）；县区乡医院（卫生院）职工达 921 人，其中县级 324 人；全县卫生事业工作人员发展到 367 人。到 1994 年，全县卫生系统职工是 15 年中职工总数最多的一年，总数已达 1421 人，其中专业技术人员 1262 人（高级职称 180 人，中级 599 人，初级 322 人）。后经过几年的调整，到 2000 年，全县卫生系统职工总数为 1272 人，其中专业技术人员 1120 人（副高级职称以上 24 人，中级 218 人，初级 530 人）。

表 33—3 **南江县 1986—2000 年医疗卫生职工队伍统计表** 单位：人

年度	合计	专业技术人员	管理人员	工勤人员	医院（卫生院）人数			卫生工作人员					县卫生局机关
					合计	县级	区乡级	合计	防疫站	妇幼保健院	卫校	其它卫生人员	
1986	1157	995	25	137	893	245	581	264	46	16	11	170	21
1987	1212	1053	25	134	914	327	587	298	50	16	12	199	21
1988	1216	1052	25	139	907	316	591	309	50	18	12	208	21
1989	1201	1027	25	149	902	313	589	299	50	17	12	199	21
1990	1288	1095	25	168	921	324	597	367	49	21	13	263	21
1991	1301	1109	25	167	912	322	590	389	49	21	12	286	21
1992	1358	1146	25	187	951	351	600	407	53	24	12	296	22
1993	1337	1139	25	173	776	270	506	561	53	22	15	449	22
1994	1421	1262	25	134	1013	364	555	408	49	22	15	301	21
1995	1348	1175	20	153	964	272	572	384	49	18	15	281	21
1996	1071	895	20	215	894	327	567	177	51	20	14	74	18
1997	1089	836	20	233	955	321	634	134	47	20	15	32	20
1998	1244	1065	20	119	1054	340	714	190	45	18	16	90	21
1999	1152	1093	20	39	1027	345	682	125	50	24	14	17	20
2000	1272	1120	20	132	1033	371	662	239	51	25	16	126	21

表 33—4 **南江县 1986—2000 年卫生部门专业技术人员统计表** 单位：人

年度	合计	其中					
		副高级以上	中级	初级			其它
				小计	师	士	
1986	995	1	5	455	113	342	534
1987	1053	1	5	521	105	416	526
1988	1050	16	125	491	184	307	420
1989	1027	17	190	604	308	296	216
1990	1095	16	201	526	300	226	352
1991	1109	6	178	665	333	332	260
1992	1146	10	178	702	330	372	256
1993	1139	8	172	701	327	374	258
1994	1262	11	180	599	322	277	472
1995	1175	11	180	499	316	183	485
1996	836	15	210	601	336	265	10
1997	895	17	223	596	325	271	16
1998	1065	18	220	585	330	255	242
1999	1093	17	216	580	328	252	280
2000	1120	24	218	530	295	235	348

第二章　公共卫生

第一节　疾病预防控制

一、健康教育

1986—1990 年，健康教育结合爱国卫生运动和贯彻实施《食品卫生法》、《公共场所卫生管理条例》和计划免疫（以下简称计免）达标活动的开展，由县爱国卫生运动委员会（以下简称“爱卫会”）牵头，在农业、卫生、广播、电影、科协等单位的共同努力下，筹资 8000 元，开展卫生科教电影下乡宣传活动，受教育群众达 27 万余人次。累计出动宣传车 45 车次，展板 41 场次，举办宣传橱窗 450 期，发放宣传单 14330 份，分发宣传画 480 份，书写大幅标语累计 11000 幅，卫生知识培训 925 人次，引进推广新技术 25 项。

1991—2000 年，在全县 12 个区（镇）、12 个乡（镇）及 526 个村配备了健康教育专、兼职人员，围绕初级卫生保健、爱国卫生、法律法规宣传、卫生咨询服务等工作，开展了全民健康教育。十年间，全县共发放《健康教育手册》13.5 万册、宣传资料 1.8 万余份，办卫生宣传专栏 3660 期，书写大幅标语 2100 余条。开展卫生法规政策咨询 1000 余人次，健康检查 25000 余人次，优生优育咨询 1000 余人次。放卫生科教片 32 场次，受教育群众达 6500 人次；发放健康宣传牌 800 张，爱国卫生公约 2500 张，卫生单位（村）、场镇标准 300 张，开展卫生知识讲座 42 次，印发健康手册 1500 本，受教育人数达 2800 人次，评选“卫生之家”1000 户。随着“全国亿万农民健康教育行动”活动在全县开展，县电视台免费播放“行动”节目 1～8 部，63 个乡镇电视台重播了“行动”节目；县卫生局、爱卫办自筹资金复制 80 盒录像带，下发给各乡镇电视差转台播放；广播电视台播放“行动”新闻稿件 25 篇，编发“行动”宣传资料 8000 份。全县 575 所中小学校，健康教育开课率达 100%，农村居民、中小学生基本健康知识知晓率分别达 73.82%、86%，健康行为形成率分别达到 71.24%、75%。

二、卫生监督监测

（一）食品卫生

1986—1990 年，全县范围内聘请 82 名卫生监督员，并对其进行了业务培训。加强全县食品卫生监督力度，对全县符合要求的单位或个体摊点 257 家发放《食品卫生许可证》，体检食品从业人员 1940 人，查出“五病”患者 24 人，全部对其调离工作岗位。监督检查 1659 家，处罚违法案件 14 起，罚款 982 元。开展了突击式的食品卫生检查，对 117 件各类食品进行监测，合格率为 86.32%；对 786 家给予没收销毁、罚款、限期改进、停业整顿等处理。

1991—1995 年，对全县食品从业人员 7762 人进行了健康检查，对其中的 7697 人发放了《健康证》，查出“五病”患者 65 人，全部对其进行了调离食品从业岗位。采集酒样 582 件，合格 567

件，合格率为97.4%，对生产不合格的酒厂进行整改；糖果采样136件，合格92件，合格率为67.7%；月饼采样55件，合格19件，合格率为34.6%；对其不合格的厂家进行《食品卫生法》的宣传，对工厂工人进行卫生知识的培训，对工厂进行整改。对40户严重违反食品卫生法规的经营者进行了处理，没收销毁不合格食品1134公斤。对全县1340户食品从业单位进行食品卫生许可证的年审及验证，从业人员体检率达95%。

1996年以后，针对区乡防保人员变更，防疫站重新调整了食品卫生监督员和检查员，对新任的监督员更换了执法服，并对其人员进行各种法律法规培训，增强了执法队伍的执法能力。对全县食品从业人员进行一年一次的体检，对查出“五病”患者全部调离工作岗位，对近1万人次发放了《健康证》。采集各类食品样1000多件，合格率为80%，对生产不合格产品的摊点和企业进行整改。对不合格产品进行分析，共中酒类主要是铅超标，属老法生产白酒所致，糖果类、月饼类、糕点类主要是细菌总数超标，属于生产过程和存放条件不合格，工人个人卫生意识差，老板一味强调经济效益，不注重产品卫生和质量所致。完成了对城区及乐坝、沙河、大河、赶场、下两片区的食品卫生监督检查，并对餐饮具消毒效果进行了监测。

（二）学校卫生

1984年，对27所中小学的264个班、14775名学生进行了健康体检和卫生指导；对长赤、赶场中学的72间教室作了采光、照明测定。1991年，对实验小学968名学生作了体检与建卡。对下两区、乡小学6875人进行了驱蛔治疗。1993年，对南中、实验小学的2896名中小学生进行了体检，对机关干部幼儿园和实验小学学前班的1085名儿童，采用氟离子渗透法进行了龋齿防治。1994年，完成了对县一、二完小2150名学生体检。

（三）职业卫生

1983—1987年，每年选定15~25个粉尘作业点和20个物理作业点进行监测，针对个别企业工作场所干式作业，卫生监督部门和企业一起想办法，改干式作业为湿式作业，降低粉尘对工人的健康危害。对县属32个厂矿、4000多人进行了健康检查并建立了健康档案。

1988—1992年，全县工矿企业11家，生产工人1337人，接尘786人、铅9人、锰9人、锌3人、氟（硫）化物138人，乡镇（企业、个体）37家，生产工人1001人，均进行了尘肺病流调，全部建立了健康档案。查出可疑尘肺73人，乙肝44人，全部报送市防疫站职业病诊断小组进行确诊，并调离了原工作岗位。对水马门铁矿、竹坝铁矿和县磷肥厂的工人进行劳动防护知识的宣传，工人作业点进行现场指导，对工矿企业进行监督，落实劳动用品的发放。继续开展工矿企业测尘工作，共选点139个，合格64个点，合格率为46.1%；物理作业选点31个，合格22个，合格率为71%；对部分工矿企业操作不合格的作业场所进行指导改进。

1993—1997年，对竹坝铁矿、磷肥厂等15个县以上集体工业企业建立了健康档案，共2426份，建档率98.91%。对全县15个全民厂矿企业进行了预防性监督。对9家乡镇企业的433名职工进行职业检查，查出可疑尘肺21人，报市防疫站职业病诊断小组，确诊后，将患者全部调离工作岗位；对乙肝42名工人，建立了健康档案。对县植物油厂、磷肥厂、竹坝铁矿职工进行职业体检，查出结核病23人，乙肝21人，对患有职业禁忌的工人全部调离了原工作岗位，同时，建立“双档”，完善“三图”“七表”。对130名接触有毒有害因素新上岗工作进行了上岗前体检，查出职业禁忌2人。继续开展对工矿企业生产场所的粉尘和物理监测工作，共采粉尘样品250件，合格165件，合格率为66%；物理作业点采样计147件，合格89件，合格率为60.5%；主要问题是设备老化，生产工艺落后，工人个人防护差。

1998年以后，组织卫生监督员对各工矿企业进行检查，对发现的问题提出整改意见，限期整改。对81名接触有毒有害的新上岗工人进行岗前体检，未发现有职业禁忌者。粉尘采样合格率为64.4%，物理采样合格率为58.6%。对水马门铁矿、竹坝铁矿、磷肥厂共计1000多人进行了职业体检，查出结核病25人，慢支炎362人，乙肝12人，对患有职业禁忌患者全部调离原工作岗位。对电力公司、铁山矿业公司、轧钢厂企业职工进行职业卫生检查，共检查800多人，查出患病23人，建立健全了健康档案。

（四）饮水卫生

1986—1990年，对全县自来水公司和乡镇供水站进行生活饮用水的监测，采水样12个，合格11个，合格率为91.7%。

1991—1995年，对全县自来水公司和11家乡镇供水站进行了监督，对于发现的问题提出整改意见，在限期内改正。采样185件，合格153件，合格率为82.7%；不合格的主要是细菌总数超标，对不合格的乡镇供水站进行了罚款处理，并把限期整改。

1996—2000年，加强对生活饮用水的监督，要求各片区卫生监督员每月对辖区的供水单位进行一次监督检查，对在检查中发现的问题及时纠正，以保护人民群众的身体健康。采水样计143件，合格118件，合格率为82.5%；对15家不合格乡镇水厂提出整改意见和措施，存在的主要问题是设备老化、工作人员责任心不强、消毒池设计不合理。

（五）公共场所卫生

1986—1990年，县卫生防疫部门开展对公共场所娱乐场所进行检查，体检、培训公共场所从业人员298人，查出“五病”患者5人，全部进行了调离。环境卫生无中毒事件发生。对66个单位建立了公共卫生场所卫生基本档案，对53个单位发放了“公共场所卫生许可证”。

1991—1995年，根据《公共场所卫生管理实施细则》的要求，对旅店业、咖啡馆、酒吧、茶座、公共浴室、理发店、美容店、游泳场（馆）直接为顾客服务的从业人员（包括临时工，）每年进行1次健康检查，其它场所直接为顾客服务的从业人员每两年进行1次健康检查。共体检从业人员995人，查出“五病”患者10人，全部调离工作岗位，对其余985人发放了《健康证》，持证上岗。检查公共娱乐场所241家，合格205家，合格率为85.1%；发放公共场所卫生许可证273个；对36家不符合《条例》要求的公共娱乐场所进行整改。

1996—2000年，各片区卫生监督员每月对辖区的公共娱乐场所进行一次监督检查。检查从业人员687人，查出“五病”患者12人，全部调离原工作岗位。全县共有公厕685个，其中卫生厕所618个，公共卫生厕所普及率90.02%。农村居民厕所128631个，符合卫生厕所要求的61570个，普及率达47.87%。建有沼气池8052口，粪便处理率达32.6%，安全卫生水受益农业人口524922人，占75.26%。

（六）放射卫生

1986—1990年，配合市防疫站，对14家有X光机的单位进行监测；对19个X线场所，21台照光机，27名放射人员进行监测与体检，合格率为92.9%。

1991—2000年，对全县23名放射人员进行了二月一周期，共六个周期的X线剂量测定。对全县厂矿14台X光机进行了检测，合格11台，合格率78.5%；对全县15个医疗单位从事医用X光机的22名放射人员进行了一年的工作量统计。

三、传染病防治

（一）疫情

1983年，全县法定传染病发病11种、906例，发病率为172.94/10万；病死12例，病死率为

1.33%。1990年，全县法定传染病发病17种、2428例，发病率为434.23/10万；病死9例，病死率为0.37%。2000年，全县法定传染病发病16种、1223例，发病率为200.85/10万；病死5例，病死率为0.41%。

表33—5　　南江县1985—2000年法定传染病情况统计表

年度	发病情况				病死情况		
	种数	例数	发病率（/10万）	发病率与上年比较（±%）	例数	病死率（%）	病死率与上年比较（±%）
1985	13	2197	416.61	+55.95	68	3.10	+20.62
1986	11	2610	491.31	17.93	21	0.80	-74.19
1987	14	2655	492.93	+0.13	29	1.09	+36.25
1988	14	1507	275.39	-44.13	14	0.93	-14.68
1989	19	1316	237.49	-13.76	12	0.91	-2.15
1990	17	2428	434.23	+82.84	9	0.37	-59.34
1991	18	1765	313.71	-27.75	5	0.28	-24.32
1992	20	2242	396.36	+26.35	5	0.22	-21.43
1993	19	1271	223.5	-43.61	9	0.71	+222.73
1994	16	1603	280.01	+25.28	4	0.25	-64.79
1995	14	1281	221.41	-20.93	3	0.23	-0.08
1996	14	1090	186.13	-15.93	4	0.37	+60.87
1997	16	2145	361.94	+94.46	1	0.05	-86.49
1998	17	2306	384.67	+6.28	3	0.13	+160.00
1999	12	2051	339.39	-11.77	3	0.15	+15.38
2000	16	1223	200.85	-40.82	5	0.41	+173.33

（二）计划免疫

南江县疾控中心及各级医疗卫生单位按照计划免疫程序，认真开展了计划免疫工作。1983年，全县完成各类疫苗预防接种任务共8.61万人份。1990年，全县完成各类疫苗预防接种任务共30.4万人份。2000年，全县完成各类疫苗预防接种任务共10.16万人份。

表33—6　　南江县1985—2000年计划免疫情况统计表　单位：万人份、万毫升（万粒、万支）

年度	麻痹糖丸		麻疹疫苗		百白破		百破		卡介苗		乙脑疫苗		其它	
	任务数	疫苗数	任务数	疫苗数	任务数	疫苗数	任务数	疫苗数	任务数	疫苗数	任务数	疫苗数	任务数	疫苗数
1985	2.45	2.70	2.46	0.70	0.94	0.90	19.5	11.3	2.00	0.18	2.04	1.52	19.6	14.0
1986	3.04	3.40	2.50	0.75	1.40	1.30	0.99	0.70	2.70	0.23	2.10	1.80	2.00	4.00
1987	5.40	8.00	3.20	1.00	2.00	2.60			5.00	0.42	3.50	2.70	5.00	10.0
1988	3.90	8.00	3.90	1.50	2.20	4.00	1.70	1.10	4.80	8.00	3.40	2.60	6.00	10.5
1989	3.00	7.50	4.20	1.50	2.50	4.50	1.60	1.00	4.80	1.50	2.70	7.50	6.50	5.50
1990	3.10	7.00	5.00	1.50	3.30	5.17	1.50	0.93	4.80	0.72	4.80	2.88	7.90	7.60

续上表

年度	麻痹糖丸		麻疹疫苗		百白破		百破		卡介苗		乙脑疫苗		其它	
	任务数	疫苗数	任务数	疫苗数	任务数	疫苗数	任务数	疫苗数	任务数	疫苗数	任务数	疫苗数	任务数	疫苗数
1991	6.70	10.3	5.00	1.50	3.50	5.35	1.50	1.00	4.70	0.75	5.80	3.50	5.50	6.50
1992	2.45	4.90	2.68	1.20	2.10	4.00	1.50	1.00	4.70	0.75	5.60	3.50	14.0	10.5
1993	2.45	5.00	2.80	1.00	2.10	4.00	1.50	1.00	4.70	0.75	3.00	1.50	10.3	2.50
1994	2.14	5.00	3.50	1.05	2.35	4.50	1.50	1.00	3.50	0.55	3.00	1.70	0.40	
1995	3.40	5.10	3.69	1.10	2.40	3.60	1.29	0.78	3.75	0.56	1.50	0.75	8.20	2.00
1996	2.40	5.10	3.69	1.21	2.40	3.60	1.29	0.84	3.75	0.57	1.50	0.75	0.20	
1997	4.85	5.60	3.85	1.20	4.56	3.80	1.25	0.79	4.05	0.60	0.15	0.08	5.20	2.50
1998	9.60	15.5	3.41	1.00	2.60	3.25	0.80	0.50	1.20	0.18				
1999	3.81	4.10	2.70	0.82	3.80	2.47	0.75	0.38	0.75	0.38				
2000	2.91	3.00	2.58	0.90	2.98	2.00	0.83	0.50	0.87	0.20				

（三）主要传染病防治

麻风病　1986年5月，对有麻风病人的65个乡、220个村、327个组、12013人进行了流调与疫点调查工作，查出新病人55例。至年底，全县累计病人692人，治愈病人229人，死亡223人，现症病人240人（在院24人，散在社会216人）。1990年，累计麻风病人727例，其中历年治愈387例，占52.23%，死亡84例，现症病例154例。

1994年，累计麻风人数742人，历年存活现居住全县境内396人（多菌型237人，少菌型159人，按其他方案治愈341人，联化方案治愈39人，现症病人16人），有31人留住院内，有365名散居全县64乡、156个村、191社，患病率为0.28‰。

艾滋病　艾滋病（AIDS）由人类获得性免疫缺陷病毒感染而引起的免疫缺陷综合症，导致被感染者免疫功能的部分或完全丧失，CD4细胞数目减少，继而发生机会性感染、肿瘤等，临床表现多种多样。该病主要通过性接触、血液及血制品、母婴垂直等三种途径传播。病死率高，且目前无法治愈，引起了各国政府和社会的关注。南江县1999年发现第1例艾滋病。

狂犬病　狂犬病是由狂犬病病毒引起的人畜共患急性传染病，病死率高。全县自1985—2000年底止，共发生狂犬病47例，死亡47例。发病集中在1985—1992年期间，其中1985年、1986年发病最高，分别达1.52/10万、1.32/10万。发病地点主要为小河、南江镇、下两、大河、长赤、正直、赶场等地，发病者多为农民。县委、县政府对狂犬病防治工作高度重视，成立了以分管副县长为组长的防治工作领导小组，同时加强狂犬病预防控制知识的宣传教育和对基层卫生人员相关知识的培训。通过对犬伤患者伤口及时处理与疫苗注射，在疫区采取积极组织灭犬、拴养等防护措施，最大限度地保护了绝大多数犬伤患者的生命安全，降低了狂犬病发病率。1993年以后无病例发生。但随着养犬数逐年增加，城市流浪犬增多，加之邻县疫情严重，使全县狂犬病防治工作形势严峻。

结核病　结核病是严重危害人类健康的慢性传染病。1990年，在南江县下两区进行了结核病流行病学调查，患病率为27.62%。1993年，世界卫生组织（WHO）宣布“全球结核病处于紧急状态”，把结核病列为重点控制的传染病之一。8月，南江县世界银行贷款结核病控制项目正式启动，历时8年余，县财政共投入经费22.5万元。县结防机构分片区对乡村医生、妇女主任集中培训。每年在各级防疫工作会上采取以会代训等多种方式，对全县防痨人员按项目工作要求，结核病防治新进展等内容进行了培训和强化提高。全县共发放培训材料10000余份，参加培训人员达2万余人次。在全县范围内张贴了由县长签发的政府布告5000余份。电视播放结核病防治知识500余次，广播2000余次，展板3000余期，报刊20期次，出动宣传车150余次，大幅标语1000余幅，发放宣传资料（画）35万余份。通过广泛宣传，使广大群众提高了结核病防治知识和防治政策的了解，积极动员结核病人及可疑结核病人到指定的机构、地点进行诊治，使项目工作得到群众的参与和支持。同时，全面落实结核病归口管理。在各级医疗保健机构建立健全了各项管理制度，实行了目标管理责任制，结防机构与综合医院实行“双向转诊”制度。加强了对项目管理工作的监督、考核，确保了项目工作的实施。

进行贷款结核病控制项目实施期，共接诊可疑结核病人30128例，摄胸片52123张，痰检31134人次，查出活动性肺结核病人9415例，免费治疗管理7873例。其中：初治涂阳病人5771例，初治涂阴病人（重症涂阴）812例，复治涂阳病人1290例，治愈涂阳病人6355例，治愈率90%以上，督导访视免费病人7873例。按时上报省、市各类报表76次共100余份，完成病历资料整理统计7873例。2000年，全国第四次结核病流行性调查结果，结核病患病率为7.18%，比1990年下降了18.78%。全县结核病疫情在项目期间呈现下降趋势，减少了现患肺结核病人。

表33—7 南江县1993—2000年肺结核病人发生情况统计表

年度	可疑者就诊（人）	摄胸片（人）	新发涂阳（人）	复治涂阳（人）	初治涂阴（人）	涂阳治愈率（%）	月阴转率（%）	痰涂片检查	
								初诊病（人）	随访病（人）
1993	1301	1345	82	69	95	72.00	54.00	256	199
1994	2415	3352	258	73	64	75.10	97.00	1499	761
1995	2695	3152	435	83	37	73.40	81.00	949	664
1996	1946	3837	325	115	11	76.00	86.30	773	865
1997	2484	3564	639	63	0	79.20	96.10	1341	1129
1998	2075	3879	669	74	11	76.10	83.00	1203	1048
1999	2116	5884	565	148	28	72.50	95.00	1500	1331
2000	2141	4488	615	164	22	87.50	65.70	1288	984

病毒性肝炎 全县1985—2000年中，1992年发病率最高，为245.90/10万；其次是1999年，发病率233.33/10万。

表33—8 南江县1985—2000年病毒性肝炎统计表

年度	发病情况			病死情况		
	例 数	发病率（/10万）	发病率与上年的升降比较（±%）	例 数	病死率（%）	病死率与上年的升降比较（±%）
1985	133	25.22	+2.31	0		
1986	246	46.31	+84.96	1	0.41	
1987	732	135.91	+197.56	2	0.27	-34.15

续上表

年度	发病情况			病死情况		
	例　　数	发病率（/10 万）	发病率与上年的升降比较（±%）	例　　数	病死率（%）	病死率与上年的升降比较（±%）
1988	705	128.84	-3.69	3	0.43	+59.26
1989	627	113.16	-11.06	1	0.16	-62.79
1990	912	163.11	+45.45	2	0.22	+37.50
1991	816	145.04	-10.53	0		
1992	1391	245.90	+70.47	0		
1993	548	96.37	-60.60	0		
1994	411	71.79	-25.00	0		
1995	279	48.22	-32.12	1	0.36	
1996	268	45.49	-3.94	2	0.75	+108.33
1997	485	82.32	+80.96	1	0.21	-72.00
1998	101	166.98	+106.39	0		
1999	1406	233.33	+40.46	2	0.14	
2000	505	83.59	-64.08	2	0.40	+185.71

流行性脑脊髓膜炎　1985—2000 年的 16 年中，1985 年发病率最高，为 217.50/10 万；1994 年病死率最高，为 22.22%。本病一年四季均发病，以 1～4 月发病较多。职业分布以学生为主。

流行性乙型脑炎　1985—2000 年，除 1991 年无病例报告外，其余年份均有发病。病死率最高为 1992 年，为 25.00%。本病有严格的季节性，发病集中出现在 7—9 月，发病年龄多为 3～5 岁，发病职业多为散居儿童、幼托儿童和学生。

表 33—9　　南江县 1985—2000 年流脑发病情况统计表

年度	发病情况			病死情况		
	例　　数	发病率（/10 万）	发病率与上年的升降比较（±%）	例　　数	病死率（%）	病死率与上年的升降比较（±%）
1985	1147	217.5	+177.72	56	2.27	-62.48
1986	90	16.94	-92.15	5	5.56	+144.93
1987	44	8.17	-48.94	6	13.64	+145.32
1988	21	3.84	-52.27	1	4.76	-65.10
1989	15	2.71	-28.57	2	13.33	+180.04
1990	15	2.68	-1.1	1	6.67	-49.97
1991	16	2.84	+6.67	1	6.25	-6.30
1992	9	1.59	-43.75	0		
1993	4	0.7	-55.56	0		
1994	9	1.57	+125	2	22.22	
1995	9	1.56	-0.64	1	11.11	-50.00

续上表

年度	发病情况			病死情况		
	例 数	发病率（/10万）	发病率与上年的升降比较（±%）	例 数	病死率（%）	病死率与上年的升降比较（±%）
1996	3	0.48	-66.67	1	33.33	+200.00
1997	2	0.32	-33.33	0		
1998	1	0.16	-50.00	0		
1999	0			0		
2000	4	0.64		0		

表33—10 南江县1985—2000年乙脑发病情况统计表

年度	发病情况			病死情况		
	例 数	发病率（/10万）	发病率与上年的升降比较（±%）	例 数	病死率（%）	病死率与上年的升降比较（±%）
1985	12	2.28	-14.29	0		
1986	15	2.82	+25.00	1	6.67	
1987	6	1.11	-60.00	0		
1988	4	0.73	-33.33	1	25.00	
1989	6	1.08	+50.00	1	16.67	-33.32
1990	10	1.79	+66.67	0		
1991	0			0		
1992	4	0.71		1	25.00	
1993	5	0.88	+25.00	1	20.00	-20.00
1994	11	1.92	+120.00	1	9.09	-54.55
1995	23	3.98	+109.09	1	4.35	-52.15
1996	11	1.86	-52.17	0		
1997	12	2.04	+9.68	0		
1998	31	5.17	+158.33	2	6.45	
1999	31	6.66	+28.82	2	6.45	
2000	25	4.14	-19.35	0		

流行性感冒 1985—2000年的16年间，其中1986—1989年、1993年、1995—1996年无病例报告；1992年发病率为23.34/10万，无病死。

菌痢 1985—2000年中，1987年发病率最高，为257.51/10万；其次是1986年，发病率为247.92/10万；死亡数最多的是1987年（14例）。以农民、儿童和学生发病较多；以0~4岁年龄发病最多；其次为15~24岁。

表 33—11　　南江县 1985—2000 年痢疾发病情况统计表

年度	发病情况			病死情况		
	例　数	发病率（/10 万）	发病率与上年的升降比较（±%）	例　数	病死率（%）	病死率与上年的升降比较（±%）
1985	190	36.03	+126.19	2	1.05	-55.88
1986	1317	247.92	+593.16	3	0.23	-78.10
1987	1387	257.51	+5.32	14	1.01	+339.13
1988	357	65.24	-74.26	1	0.28	-72.28
1989	228	41.15	-36.13	1	0.44	+57.14
1990	808	144.51	+254.39	2	0.25	-43.18
1991	518	92.07	-35.89	0		
1992	167	29.52	-67.76	1	0.60	
1993	199	34.99	+19.16	1	0.50	-16.67
1994	524	91.53	+163.32	0		
1995	496	85.73	-5.34	0		
1996	262	44.47	-47.18	1	0.38	
1997	351	59.58	+33.98	0		
1998	128	21.35	-63.52	0		
1999	102	16.91	-25.49	0		
2000	132	21.85	+29.41	1	0.76	

麻疹　1985—2000 年，发病率最高的是 1985 年，为 108.08/10 万；其次是 1986 年 96.00/10 万，发病率最低的是 1995 年，为 1.04/10 万。近年广泛采用减毒麻疹疫苗作预防注射，其发病率已显著下降，目前多为散发病例。

表 33—12　　南江县 1985—2000 年麻疹发病情况统计表

年度	发病情况			病死情况		
	例　数	发病率（/10 万）	发病率与上年的升降比较（±%）	例　数	病死率（%）	病死率与上年的升降比较（±%）
1985	570	108.08	+19.21	2	0.35	
1986	510	96.00	-10.53	1	0.20	-42.86
1987	42	7.80	-91.76	0		
1988	20	3.65	-52.38	0		
1989	11	1.99	-45.00	0		
1990	99	17.71	+800.00	0		
1991	77	13.69	-22.22	0		
1992	12	2.12	-84.42	0		
1993	131	23.04	+991.67	0		
1994	80	13.97	-38.93	0		

续上表

年度	发病情况			病死情况		
	例　　数	发病率（/10万）	发病率与上年的升降比较（±%）	例　　数	病死率（%）	病死率与上年的升降比较（±%）
1995	6	1.04	-92.50	0		
1996	21	3.56	+250.00	0		
1997	68	11.54	+224.16	0		
1998	48	8.0	-29.41	0		
1999	82	13.60	+70.83	0		
2000	54	8.94	-34.15	0		

四、地方病防治

地方病是指在一定地区内发生的生物地球化学性疾病、自然疫源性疾病与不利于人们健康的生产生活方式密切相关疾病的总称。据调查资料统计，南江县地方病有大骨节病、克山病、地氟病、碘缺乏病等。

碘缺乏病　碘缺乏病，是由于人类生存的自然环境中缺少碘导致人体甲状腺激素不足而引起的一组地方病。南江县碘缺乏病主要分布在白院乡、关门乡、平岗乡、仁和乡，其它地区也不同数量存在零星病例。1985年对原地病人进行了复查检诊，并密切配合盐业部门加强对病区碘盐的供应工作，1986—1998年开展常规监测报告工作。1999年为评估消除碘缺乏病进展情况进行了病情监测，对东、西、南、北、中五方位8~10岁适龄儿童进行检查，检查甲状腺445人，查出甲状腺肿大119人，肿大率为26.74%，校正肿大率为22.37%。

防治措施：一是大力开展碘缺乏病病情监测，及时发现病人、病区，掌握发病规律。二是积极治疗碘缺乏病现症病人，减缓病情与并发症发生，降低病死率。三是培训防治队伍，普及防治知识，积极协助盐业部门做好全县食用加碘的供应与监测，努力提高居民食用合格碘盐率。四是对重点地区重点人群口服碘油丸进行预防与治疗，1994年全县中小学生服用碘油丸25315人，1995年重点地区中小学生服用碘油丸16241人。

大骨节病　大骨节病是一种原因不明的地方性、多发性、变形性骨关节病，多发生于5~15岁儿童及青少年，主要表现为肢体关节增粗、疼痛、短指（趾、肢）、畸形、肌肉萎缩、关节功能障碍等症状。1986年开展了全县在校学生大骨节病普查，共查102028人，大骨节病临床检出815人，检出率为0.79%。1987年以后，开展了对大骨节病的常年监测和防治知识宣传工作，未发现新增病例。

第二节　妇女儿童保健

一、妇女保健

（一）妇女保健体系

南江县妇幼保健院主要承担基层卫生机构妇幼保健人员的业务培训和临床业务指导，并指导乡、镇卫生院的产科业务；掌握全县妇科疾病动态资料，进行预防指导。1983 年，开设了妇保、儿保门诊，同时妇保、儿保工作得到重视和发展。

1984—1986 年，全县县、区、乡、村保健网基本形成，县妇幼保健站 16 人，区专、兼职妇幼人员 11 人，乡兼职 71 人，村站 435 人。

1989—1990 年，南江县妇幼保健站设置了基层保健科、妇幼保健咨询门诊和妇幼保健社会服务部，实行站、科两级管理。

1990—1995 年，认真开展加强中国基层妇幼卫生服务项目工作，主要包括孕产妇系统保健、婴幼儿系统保健、儿童生长发育监测、小儿肺炎、腹泻防治口服补液盐和婴幼儿营养等内容。

（二）妇女保健

1986—1990 年，全县孕产妇系统管理率为 59. 1%；共开展妇科病查治 181102 人，患病 59609 人，患病率为 32. 9%；治疗 21922 人，治疗率为 36. 8%。

1991—2000 年，随着《母婴保健法》的颁布，农村初保工作的开展，在县委、县政府的高度重视下，全县的妇女保健工作取得了较大成绩。全县孕产妇系统管理率平均为 71. 3%；共开展妇科病查治 344715 人，患病 158249 人，患病率为 45. 9%；治疗 30022 人，治疗率为 19. 0%。

（三）"降消"项目

2000 年 4 月，正式启动降低孕产妇死亡率和消除新生儿破伤风项目（简称"降消"项目），将孕产妇死亡率以省（项目县总数）为单位在 2000 年基础上至少下降 1/3；新生儿破伤风发病率以县为单位下降至 1‰以下。项目覆盖南江县 48 个乡镇，522 个行政村。项目内容：人员培训、专家驻县蹲点、健康教育、建立孕产妇急救"绿色通道"和危急症孕产妇抢救中心、项目县（市）基本设备配备。

表 33—13　　**南江县 1985—2000 年妇女保健一览表**

年度	孕产妇系统管理率（%）	妇女病查治			婚前检查	
		检查人数	患病人数	治疗人数	男	女
1985		33795	13049	12300		
1986		31462	11415	10345		
1987		31129	10516	3327		
1988		42683	12256	2413		
1989		31844	11278	2400		
1990	59. 1	43984	14144	3437		
1991	64. 1	41894	11176	2896		
1992	68. 6	38285	10327	3209		
1993	73. 5	26135	7237	1100		
1994	81. 35	13883	5230	2211		
1995	85. 8	23883	8230	3211		
1996	86. 2	15542	5694	3694		
1997	85. 2	11542	3694	3011		
1998	32. 0	24561	8143	5067		
1999	79. 96	70440	72743	2747		
2000	55. 76	78550	25775	2876	17	13

二、儿童保健

儿童保健工作在县卫生局的领导下，通过《中国儿童发展纲要》的实施和《母婴保健法》贯彻执行，加强儿童系统管理，强化体弱儿的管理，认真开展儿童健康检查，托幼机构的管理。特别是近年来开展的新生儿疾病筛查工作，筛查率、婴幼儿死亡率控制在国家规定的指标内。儿童“四苗”接种，1994 年，出生儿童“四苗”单苗接种率为：卡介苗 99.42%，麻疹疫苗 98.86%，脊灰疫苗 99. 21%，百白破三联制剂 98.73%。0～7 岁儿童“四苗”接种建卡率 100%。1995 年全县活产婴儿 9753 人，死亡 200 人，婴儿死亡率为 20.5‰。0～6 岁儿童 60503 人，进行系统管理 41103 人，系统管理率 67.94%。全县孕产妇 97131 人，死亡 4 人，死亡率 4.12%/10 万。新法接生率为 92.3%，住院监护分娩率 100%，孕产妇纳入系统管理率达 85.6%。

表 33—14　　南江县 1985—2000 年儿童保健一览表

年度	婴幼儿死亡率（‰）	儿童系统管理率（%）	儿童健康检查	
			患病率（%）	缺点（陷）儿童率（%）
1985	53.22	65.2	9.1	1.3
1986	51.64	51.4	9.2	1.5
1987	50.08	49.2	8.4	1.7
1988	49.1	57.1	8.7	1.6
1989	47.32	5.53	8.6	1.8
1990	46.15	54.2	8.8	1.7
1991	44.67	51.9	8.9	1.6
1992	43.12	58.2	8.6	1.7
1993	41.98	56.4	8.7	1.5
1994	39.02	57.3	8.3	1.2
1995	20.51	67.9	8.5	1.3
1996	37.08	58.2	8.4	1.3
1997	36.13	72.5	8.6	1.4
1998	35.45	71.2	8.7	1.4
1999	33.56	72.4	8.8	1.4
2000	31.49	73.1	8.4	1.3

表 33—15　　南江县 1985—2000 年儿童四病发病率及治疗率统计表　　单位:%

年度	肺炎		腹泻		佝偻病		贫血	
	发病率	治疗率	发病率	治疗率	发病率	治疗率	发病率	治疗率
1985	24.78	86.9	43.1	78.25	21.35	70.67	61.49	85.13
1986	24.13	87.6	42.1	80.86	20.23	71.88	59.56	86.65
1987	23.75	88.1	40.9	82.53	19.45	72.01	58.12	86.78
1988	22.98	89.6	38.9	83.46	19.01	74.52	57.14	87.12
1989	22.13	90.2	37.5	84.98	18.79	76.15	56.57	88.68

续上表

年度	肺炎		腹泻		佝偻病		贫血	
	发病率	治疗率	发病率	治疗率	发病率	治疗率	发病率	治疗率
1990	21.57	91.1	35.4	85.26	18.02	77.53	54.15	89.12
1991	21.02	92.7	33.2	86.92	17.58	78.49	50.16	90.63
1992	20.54	93.1	32	88.41	16.59	80.12	48.25	91.02
1993	19.89	94	30.1	89.56	15.82	81.88	45.96	92.12
1994	18.75	94	28.6	90.17	15.06	83.12	44.05	93.27
1995	18.01	95.6	28	91.64	14.74	84.26	42.03	94.34
1996	17.75	96	26.5	92.38	13.95	86.13	39.57	95.62
1997	16.83	96.3	26	93.08	13.26	87.98	38.12	95.99
1998	16.01	96.8	24.3	94.16	12.87	89.05	37.52	96.42
1999	15.72	97.3	23.8	93.52	12.09	90.12	35.47	97.18
2000	14.86	97.9	22.2	94.09	11.75	91.53	33.18	98.02

第三节　爱国卫生运动

一、县城爱国卫生

1985年，确定每月最后一个星期六上午为“清洁卫生劳动日”，在节假日的前一周为清洁卫生突击周。在1985年县城第一个清洁卫生日时，出动了5200名清扫队员，全城清扫面积8万平方米，疏通阴阳沟达1300米、公路排水沟723米。南江镇采取财政、单位筹资的办法，购置自动装卸垃圾车1辆，垃圾桶134个，征收土地1.34公顷，作为垃圾堆放、处理场。

1990年4月，全国第一个“爱国卫生活动月”在全县开展。县委、县政府领导带领县城5000余名干部群众深入大街小巷打扫环境卫生，清除垃圾、疏通阴阳沟。并组织50名相关的专业技术人员在大堂坝开展了健康教育宣传咨询活动，受咨询人数2000余人。

1994年5月，县人民政府批转了《南江镇城区市容和环境卫生管理实施细则》，组建了城市综合管理办公室。同年10月，县政府在县人民银行召开创卫达标经验交流现场会，部署在全县城乡开展卫生城镇、卫生单位、卫生村、卫生之家创建活动。

1995年4月，县人民政府给予县人行和行长王树成通令嘉奖，奖现金1000元。《四川日报》报道了全县城市创卫达标抓典型的事迹，南江镇党委书记康定富书写33000字的“愿文明之花永远怒放”的文章在县广播电视台播放。

二、农村爱国卫生

1983—1989年，农村爱国卫生工作，以广泛发动群众参与为主的方式，组织开展以“两管”（管水、管粪）“五改”（改良水井、厕所、炉灶、环境、畜圈）、粉刷墙壁、创建卫生村、镇为主要内容的农村爱国卫生工作。全县建自来水站23座，打井、改井3069口，受益人口89600人。改厕1028户，改畜圈83253户，建三联式沼气池3126口，粉墙壁8534户，创建卫生村22个，卫生场镇6个。

1995年5月，卫生部门抽调30名相关的技术人员，分成10个组，对全县10个区、73个乡、524个村、2478个组的农村爱国卫生工作进行了检查。全县打手压机井2100口，建山泉自来水供应站（处）850处。全县两年新增11万人饮安全清洁卫生水，场镇自来水普及率达100%，改省柴节煤无烟瓷砖贴面卫生灶5万户，其中改防氟降氟炉灶2000户。在县政府确定的初级卫生保健一线五点上建三结合沼气池450口，粉墙壁19000户，改厕43000户。创建卫生村25个，其中省“十佳卫生村”1个，开展以“五改”（改水、改厕、改灶、改路、改畜圈）、“三建”（建园、建家、建池）为主要内容的爱国卫生工作。

1999年，南江县沙河镇联盟村使用自来水385户，打手压机井17户，建密封加盖山泉井3户，卫生灶397户，水冲式厕所364户，维修改建房屋351户，拓宽修建水泥村道路5公里，修入户路6公里，修塘池75口，改土20亩。受省爱卫会通报表彰。

三、除“四害”

除“四害”（老鼠、苍蝇、蟑螂、蚊子）始终是南江县爱国卫生工作的重要内容。近年来，南江把除“四害”的成效列入全国、省《卫生城市（县城）标准》，并作为申报上级卫生城市（县城、镇）的10个必备条件之一。1987年，根据《四川省人民政府关于在全省开展灭鼠防病保粮活动的通知》精神，全县共筹资236497.74元，购生产毒饵机器1套，慢性杀鼠谜原粉3500公斤，生产成型毒饵7万公斤，并从原达县爱卫办购成型毒饵500公斤，积极开展灭鼠活动。

1988年9月，从河南省长垣县卫生局引进技术，生产鼠药1250公斤，对南江镇辖区及小河区靠近南江镇的村进行广泛地灭鼠。此次灭鼠行动效果明显，南江镇鼠密度由灭鼠前的46.1%下降到0.62%，有鼠房间由灭鼠前的58.3%下降到1.75%，获达县地区行署表彰奖励。

1991年7月，县人民政府决定由县爱卫办牵头建立多部门参加，多功能运转的“南江县爱国卫生消杀服务站”，组织社区居民和退休人员开展经常性的除“四害”活动。1995年3月29日至4月5日在乐坝镇进行场镇、农田、农舍春季灭鼠试点示范工作。4月29日，南江县人民政府下发《关于推广乐坝镇灭鼠成果的通知》，并召开全县分管农业、卫生的区、乡（镇）长参加的春季统一灭鼠工作会议，县政府与各区（镇）政府负责人签订了农村春季灭鼠工作目标管理协议。从湖北仙桃友谊鼠药厂引进资金和原药，在南江就地生产17克/包的灭鼠毒饵60万包，开支经费41.41万元。灭鼠方法实行“七统一”（统一指挥、统一时间、统一行动、统一投放毒饵、统一经费、统一检查、统一监测），在投药中做到“七不漏”（乡不漏村、村不漏户、户不漏房间、不漏公共场所、不漏田块、不漏食物仓库、不漏卫生死角）。全县城镇鼠密度由投放前的28%降到3.4%，防治效果达87.57%；农舍鼠密度由灭鼠前的33%降到2.2%，防治效果90.33%；共捡死鼠575280只。同年10月县人民政府向省农牧厅、省爱卫会申报了农村灭鼠达标县。

1999年，县人民政府决定：每年四月为全县消杀“四害”和爱国卫生活动月。县财政按每年安排消杀“四害”经费2万元，县爱国卫生消杀服务站累计购机动喷雾器8台，手摇式高压喷雾器18台。全县统一使用世界卫生组织推荐的奋斗呐（乳油）都灭、卫生级敌敌畏、二氧化氯消毒剂等低毒消杀药品，淘汰农用敌敌畏等消杀剂。在城镇按照“谁受益、谁负担”的原则，每年统一组织消杀一至二次，在城区消杀面积年达到80万平方米。

第三章　医疗服务

第一节　医疗设备

一、病床

1983年，全县医疗部门有病床810张，其中县级医院240张，区卫生院286张，乡（镇）卫生院284张，平均病床使用率74.62%。1990年，全县医疗部门病床725张，其中县级医院260张，区卫生院197张，乡（镇）卫生院267张，平均病床使用率59.89%。2000年，全县卫生部门病床增加到1078张，其中县级医院280张，中心卫生院227张，乡（镇）卫生院352张，村卫生站218张，平均病床使用率53.72%。

表33—16　　南江县1983—2000年医疗卫生单位病床统计表　　单位：张

年度	总计	医院			农村卫生院（所、站）			卫生单位		
		人民医院	中医院	其它医院	中心卫生院	乡（镇）卫生院	村卫生站	疾控中心	妇幼保健院	其它卫生单位
1983	810	200	—	40	286	—	—	—	—	—
1984	776	200	32	40	230	—	—	—	—	—
1985	767	200	32	40	221	—	—	—	—	—
1986	772	200	32	40	226	—	—	—	—	—
1987	775	200	32	40	229	—	—	—	—	—
1988	733	200	32	—	234	—	—	—	—	—
1989	720	200	60	—	193	—	—	—	—	—
1990	725	200	60	—	197	—	—	—	—	—
1991	724	200	60	—	196	—	—	—	—	—
1992	729	200	65	—	196	—	—	—	—	—
1993	720	200	70	—	196	—	—	—	—	—
1994	720	200	70	—	209	—	—	—	—	—
1995	819	200	80	—	211	—	—	—	—	—
1996	1078	200	80	—	213	—	—	—	—	—
1997	1078	200	80	—	213	—	—	—	—	—
1998	1078	200	80	—	213	—	—	—	—	—
1999	1078	200	80	—	225	218	—	—	—	—
2000	1078	200	80	—	227	218	—	—	—	—

表 33—17　　南江县 1983—2000 年医疗机构床位使用情况表

年度	开放总床日数	平均开放病床数	实际占用总床日数	出院者占用总床日数	病床周转次数	病床使用率（%）
1983	295650	810	220614	221035	29.86	74.62
1984	283240	776	207190	206930	28.33	73.15
1985	279955	767	197144	197853	24.74	70.42
1986	281780	772	203755	203678	25.68	72.31
1987	282875	775	201181	201059	25.19	71.12
1988	267545	733	187870	187910	23.68	70.22
1989	262800	720	180255	180652	22.55	68.59
1990	264625	725	158484	158432	21.15	59.89
1991	264260	724	155279	155313	21.56	58.76
1992	266085	729	149886	149906	20.68	56.33
1993	262800	720	142464	142652	21.23	54.21
1994	262800	720	137077	136925	20.89	52.16
1995	266450	730	138154	138028	18.48	51.85
1996	267180	732	140404	140312	21.36	52.55
1997	267180	732	138105	138163	19.65	51.69
1998	267180	732	135941	135886	19.33	50.88
1999	393470	1078	206021	201069	18.87	52.36
2000	393470	1078	211372	211288	18.62	53.72

二、诊疗设备

自 1986 年后，全县医疗诊断设备在原有基础上，不断更新，并购进了一批先进诊断治疗仪器。到 2000 年底，全县拥有 1 万元以上的诊疗设备共 239 台（件），其中县级医疗单位 128 台（件），各中心卫生院 94 台（件），乡（镇）卫生院 18 台（件），总价值 1865.72 万元。

第二节　医疗技术

1986 年至 2000 年的 15 年间，以南江县人民医院为主的各级各类医院十分重视吸引、培养和使用卫生技术人才，每年投入大量资金将各科学术带头人和业务骨干选送到北京、上海、华西医大、三医大、重医等全国知名教学医院进修培训。20 世纪 80 年代，县医院能开展胸外科、脑外科手术、心包剥离术、二尖瓣分离术、骨髓检查、B 超等。南江县中医院设住院部综合病区和门诊部，能开展内、外、妇、儿、常见病、多发病的诊治。外、妇科开展有阑尾切除、疝修补、剖宫产等手术。辅助科室开展有三大常规化验检查、X 光透视、摄片、心电图检查等。90 年代，县人民医院新购置了 CT 机，大大提高了疾病诊治水平。内科：心血管专业开展了埋藏式永久型人工心脏起搏术、脉冲多普勒超声心动图潘生丁分级负荷试验、顽固心衰、心房调搏等技术项目；呼吸专业开展了肺心病、大咯血、呼吸衰竭救治等业务项目；神内开展了蛛网膜下腔出血、脑血管病的对症治疗；消化、肾病专业开展了上消化道出血、急性梗阻性化脓性胆管炎、急性肾功能衰竭等业务项目。外科：脑外专业开展了重度颅脑开颅探查、血肿清除、开放性颅脑损伤清创、颅内肿瘤切除术项目；泌尿外科开展了膀胱全切回肠膀胱尿道原位吻合、常温下肾切开取石；普外及肝胆专业开展了膀胱肝叶切除术、肠腔分流、门奇断流等项目；骨科专业开展了颈胸段柱脊柱骨折椎管探查、椎板减压、股骨颈骨折、股方肌代肌瓣移植、腘唇肌代股四头肌移植等项目；胸外开展了二尖瓣狭窄分离术，心包、胸膜纤维板剥离术，食道癌根治术等。放射科：开展了 CT、脑血管造影、肺部体层等项目。检验科：开展了血三脂测定、细菌 L 型培养鉴定、骨髓细胞分析等。功能科：开展了 B 超、彩超、心电图、电子胃镜、膀胱镜检查等项目。县中医院 1996 年 4 月，建立肛肠科，开设病床 6 张，开展对肛肠疾病的诊治，痔、瘘手术。住院部增设肝病科、骨病科等二级科室；门诊部设肠道病、痹症、结石病等专科。医技科开展梅毒抗体测定。放射科新开展 X 线造影检查。设胃镜室，开展纤维胃镜检查。医疗业务有较大发展，医疗质量明显提高，年门诊人次增至 8. 8 万，收治住院病人增至 1700 例，手术增至 800 余例，病床使用率达 70% 。并通过省地验收，达国家“二级乙等”中医医院标准。1997 年，增设细菌室，开展细菌培养和药物敏感试验。1999 年，与成都川齿医院联合，引进电视腹腔镜手术。骨伤科新开展股骨颈骨折带肌骨瓣移植术。外科新开展有胆总管空肠吻合术。妇产科新开展乳腺癌、宫颈癌根治术。五官科开展有鼻咽癌根治术等手术。中医院注重中医特色建设，推广引进中药科研成果 4 项，其中省卫生厅推荐的“手部烧伤与畸形的康复技术”、“复方丹参注射液雾化吸入治疗支气管哮喘”，均获得了满意的疗效。

2000 年，县人民医院已成名副其实的全县医疗和技术指导中心，业务水平达到了全省中上水平。外科在普外基础上，发展到脑外、胸外、泌尿外科 ，新开展了心脏二尖瓣分离术、心包分离术、高段腰椎病灶消除术、左半肝叶切除术、脑血管搭桥术、右手撑大部断裂移植术、颅内肿瘤切除术等高难度手术。内科开展了心血管、消化、神内、呼吸等专科。新开展了人工安放永久型埋藏式心脏起搏器、胎肝治疗再障、电击除颤等先进技术。妇产科开展了阴道镜应用。传染科开展了一秒钟肝穿刺活检技术。检验科开展了血气分析、胎肝悬液制作技术。放射科能开展脑血管造影、脑室造影、椎管造影，还增设了脑电图、纤维胃镜检查等。县中医院可开展颅内血肿微创清除术等脑外科手术。采用湿润暴露疗法治疗烧伤，骨伤科开展脊柱手术，体外超声波碎石等新技术。区卫生院普遍能开展下腹部手术，40% 的区卫生院能作中下腹部手术。在 70 个乡卫生院中，能开展刮宫、引产、男女结扎、计划生育手术的有 22 个，占 36%；能开展下腹部手术的有 6 个，占 8. 6%。长赤、沙河等区卫生院开展了甲状腺次全切除术，胃次全切除术、子宫切除术、开颅减压术、椎管探查术、乳腺癌根治术、胸腔闭式引流术等。50% 的乡卫生院开展了下腹部手术，30% 的乡开展了化验、照光项目。全县年门诊人次从 1984 年的 104 万增加到 1987 年的 130 万，住院人次由 12000 增加到 16000。治愈好转率提高 6% ，危重病人抢救率由 79% 提高到 89% ，病死亡率控制在 1% 以下，医疗差错事故逐年减少。传染病发病率由 1985 年的 217/10 万下降到 1988 年第 127. 78/10 万。

第三节　外援医疗服务

中国人民解放军成都军区和第三军医大学响应党中央、中央军委的号召，遵照国家卫生部、民政部、财政部、总后勤部的指示，怀着对老区人民的深情厚谊，从 1985 年 6 月起，至 1988 年 8 月止，先后派了 15 支医疗队和 1 支疾病普查队共 140 名队员，带着技术、设备、管理知识和奉献精神，对南江县人民医院，沙河、长赤、大河、赶场、贵民、上两等地的卫生建设进行了为期三年的大力支援。

医疗队坚持防病治病和治穷致富一起抓的方针，既精心为老区人民解除病痛，千方百计加强驻地医院建设，又努力帮助群众发展生产，改善生活。三年中，各队翻山越岭、走乡串户，行程两万多公里。巡回了8个区、49个乡，巡诊19800人次，免费19000余元。给24名老红军作了体检，为86名老干部建立了健康档案。医疗队在驻地医院为8万多名门诊患者诊治了疾病。经治住院病人5000余人次，做各种手术2600余例，抢救危重病人707例。

在来南江的140名队员中，有副教授8名，主治医师、主管技（护）师48名，医（技、药、护）师40名，助理军医、护药技士15名。分属内、外、妇、儿、五官、口腔、传染、护理、皮肤、中医、检验、放射、药剂、麻醉等14个科别。共举办了临床检验，心电图，心血管内科、妇产科、传染病防治、护理690个专题、1800余个学时的专题讲座，听众2万余人次。举办了全县性英语培训班10期，受训360人次，开展并传授新技术共395项。同时，成都军区和第三军医大所属各医院免费接受全县进修生近100名，第三军医大学新桥医院和三二四医院护校分别为全县免费代培护士各85名、30名。成都军区军医学校为全县免费代培4名放射医士。

在医疗队的帮助和指导下，全县受援医院的“五室”（手术室、急救室、X光室、化验室、消毒供应室）、“二房”（病房、产房）建设基本实现了正规化、科学化、实用化。三年间，中国人民解放军成都军区和第三军医大学共支援南江县区乡医疗卫生单位价值60万元的医疗设备（其中第三军医大学235种、3746件、价值14.486万元），使全县卫生系统的医疗设备大大改善，为防病治病提供了可靠物质保证。成都军区无偿支援南江县汽车25辆，单衣8000套，棉衣5000套。还对赶场养鹿场投资了50万元，联合经营，使之成为全县最好的扶贫经济实体。

第四章　卫生改革

第一节　管理体制改革

一、管理权属

1985年，南江加快卫生改革步伐，简政放权，把医疗卫生单位办成技术实体。到年底，全县70个乡卫生院全部交乡政府直接管理，实行“三权下放，乡办乡管”，调动了地方办卫生事业的积极性。各地因地制宜实行了各种形式的管理责任制，70个乡卫生院中，实行工资部分浮动有8个，“五定一奖”19个，奖金津贴浮动2个，小组个人承包30个，大包工5个。村级卫生机构改革实行村办村管，乡卫生院加强指导。采取多种形式，全县共建村卫生站492个，占行政村总数的94%，其中村办16个，个人办6个，乡医（卫生员）承包470个。

1990年，医疗卫生单位一律将承包责任制改为综合目标责任制。单位与卫生局、单位与科室签订服务质量、业务技术、智力投资、思想政治等综合目标管理责任制。防疫、保健工作实行政府卫生系列双线目标责任制，医疗科研工作实行课题目标责任制。医疗卫生单位举办的第三产业，可在严格管理下实行承包制。综合目标责任制对医疗卫生单位实行“四定”：定编制、定任务、定质量、定包干经费，建立考评委员会和各专业考评小组，制定考核标准、考核制度、奖惩办法、定期考核、综合评分，严格考核奖励。

二、乡村一体化管理

1997年，全县有38个乡开展了乡村卫生一体化管理，开展面达52%。10月中旬，地区行署在南江县召开了巴中地区乡村卫生一体化管理流动现场会。实行乡村卫生一体化管理的办医模式，主要是采取乡管村办、院站并网、提倡乡村卫生一体化管理委员会兴办工副业，以副养医等模式。在乡卫生院、村卫生室性质不变，人员体制不变，按劳分配原则不变的基础上，实行“三证”（村卫生室取得《医疗机构执业许可证》和《甲级村卫生室合格证》，进站人员必须取得《乡村医生证》或《卫生员证》）、“三制”（人员聘任制、综合目标承包责任制、风险抵押金制）、“六统一”（统一行政管理、养老保险、进购药品、财务管理、业务管理、监督）的管理方案。

三、分级管理

1990年，为深化卫生改革，加强医院科学管理，完善医院功能，加强医院规范化、标准化建设，根据卫生部和四川省卫生厅《关于综合医院分级管理办法》和《实施细则》的要求，成立南江县医院分级管理评审委员会，开始对全县医院等级标准，进行评审验收。1995年12月18日，南江县人民医院经巴中地区医院评审委员会评审达到二级乙等医院标准。1996年8月22日，经巴中地区卫生局医院分级管理评审委员会评审验收，南江县中医院达到二级乙等中医医院标准。同年11月26日，县医疗机构评审委员会对沙河、正直、长赤三区创建一级甲等医院进行评审验收，三院均达到了一级甲等医院标准。1997年，下两、大河、赶场区卫生院达到一级甲等医院标准。1998年，南江县卫生防疫站为县级二等卫生防疫站。同年2月12日，赤溪、沙河镇、和平、红五4个乡镇卫生院被评为一级乙等医院。

第二节　公共卫生体系建设

按照《南江县基层预防保健工作暂行管理办法》规定，对公共卫生人员坚持用人单位推荐、县卫生局考试考核并对审查合格者聘用的程序和原则。按照县政府领导的要求，聘用的预防保健人员必须是各级医疗机构中的在编人员，以利于养老、医疗、失业保险金的建立。全县预防保健人员102人（其中中心、乡镇医疗机构96人，县人民医院3人，县中医院2人，南江镇杨家河社区医院1人），基本做到专职从事预防保健工作并保持相对稳定。

健全了突发公共卫生事件应急机制，提高了处置能力。制订、完善了《南江县突发公共卫生事件应急预案》、《南江县突发公共事件医疗卫生救援应急预案》，增强了突发公共卫生事件应急处置能力。成立了以县长任总指挥、分管副县长任执行总指挥、有关部门负责人为成员的突发公共卫生事件应急处理领导小组，对公共卫生管理实行统一领导，统一部署，统一行动，确保指挥有力，反应快捷。开通了县、乡两级医疗机构疫情网络直报系统，实现了全县疫情的实时统计，提高疫情报告的及时性和准确性。健全了防控、救治体系，县疾病预防控制中心、妇幼保健院作为全县疾病预防控制和妇幼保健网络的龙头，全面履行疾病预防控制、监测检验、疫情收集分析、调查处理和健康教育、技术培训等工作；县人民医院、县中医院作为基本医疗与急救网络的龙头，全面履行医疗急救、业务指导和巡回医疗等职能职责；片区中心卫生院、乡镇卫生院等各网络分院均落实了专职人员，增设了专科门诊，公共卫生职能得到进一步增强。

第五章　管　理

第一节　医政管理

一、医疗机构管理

1986—1994 年，县卫生局及所属医院建立健全了岗位责任制为内容的各项规章制度。如岗位责任制、考勤制度、学习制度、值班制度、疫情报告制度、药品管理制度、财务管理制度、奖惩制度、卫生制度等制度，基本做到了管理制度化。

1995 年，县卫生局认真贯彻执行《医疗机构管理条例》，对要求注册申请登记的 500 多个医疗卫生机构进行了验收评审，发放《医疗机构执业许可证》共 201 个，其中县级 9 个（包括门诊）、区（镇）12 个、乡镇 30 个、村级 140 个、社团 10 个。完成了 135 名护十的执业注册登记和执业许可证的发证任务。

1996 年，完成了 423 个县、区、乡医疗卫生机构和 219 个乡、村、社团、个体办医共 642 个医疗卫生机构的行业登记工作。同时完成了 148 名护士执业证的注册登记，完成率 100%。

1999 年，贯彻《执业医师法》，在全县开展声势浩大的宣传活动，全县各单位举办培训班三期，参训人员约 1300 余人，按照上级主管部门的要求，对医疗卫生技术人员进行清理登记，规范了村卫生站的执业管理，对 701 名村卫生人员进行了注册登记。

2000 年，对村卫生室执业许可证到期的进行了重新核发工作，坚持“合格一个，办证一个，谁经办谁负责”的原则，做到法制化、规范化。

二、规范医疗市场

1995 年，县卫生局依据《医疗机构管理条例》有关规定，清理整顿医疗市场，依法取缔了长期在南江县的外来无证行医机构 3 家，医院职工私设诊所 1 家，查封药品及医疗器材价值达 5000 余元。2000 年，清理整顿医疗秩序，加大对乱收费、高收费、私收费的查处力度，规范社会办医行为，对不合格者全部依法进行规范和整顿。

第二节　公费医疗管理

一、管理办法

1985 年以前，县成立由财政、卫生、工会、人事等有关部门领导参加的公费医疗管理委员会，县卫生局确定一名干部负责公费医疗的日常工作。实行"定额包干，节余留用，超支自理"。按规定标准、人数全部拨给单位。1987年，取消公费医疗办公室，改由财政落实专人管理并实行公费医疗包干到单位。1998年8月，县卫生局设公费医疗管理股。管理方式有两种：（1）对区辖单位的管理。县对区实行收支挂钩，年初预算，包干到区。县财政视该区完成收支任务的好坏，进行核实超支金额，按一定比例给予适当的补助。（2）对县级政府、事业单位公费医疗的管理，参照对区包干的标准，实行公费医疗门诊包干。对因重危病人出现的超支，县财政按单位的性质（行政或事业）、单位自有资金的多少，结合县财政的财力状况，集体研定划分为几个负担标准予以解决。

二、享受标准

从1986年开始，县级机关、事业单位及各区（镇）的在职、退休人员实行每人每年50元，离休干部、老红军、二等乙级以上的残废军人，每人每年150元；退休干部每人每年80元的标准包干。对县级部门、事业单位同样以对区包干的标准，实行公费医疗门诊包干。在职、退休人员门诊费一律以每人每年50元的标准包干，个别因病住院开支的住院费，除个人负担10%外，其余部分由财政与单位共同给予解决。对老红军、离休干部、二等乙级残废军人实报实销外，其余的在职人员出现的超支，行政、事业单位分别以80%或60%的比例解决给单位，然后由行政、事业单位分别拿出10%、30%兑现给个人，行政、事业单位的享受个人均以住院超支的10%的比例自行负担。

第三节　药品监督管理

药品管理坚持了"金额管理、数量统计、实耗实销"的办法。药库的药品出入有据、定期清点、账实相符、药房日清月结。做到了药品分类存放、妥善保管、经常检查，保持了不霉烂变质、不过期失效。药库进货都基本做到以"少量、多批"为原则，克服了盲目进药，减少了药品积压损失，加快了资金周转。对毒、麻、剧、限药品及一、二类精神药品实行"五专"、"三专"制管理。县卫生局加强了药品监督管理，确保临床用药安全。

1983—1990年，全县累计出动3422人次，对全县药品经营单位、药品使用单位、个体药店、药摊进行了监督检查，药品抽样检查89批次，查出无证经营药品222个次，无证行医卖药的434个次，假劣药价值14.2万元，处罚款0.31万元。

1991—2000年，全县累计出动2000多人次，对全县药品经营单位、药品使用单位、个体药店、药摊进行了监督检查，药品抽样检查600多批次，查出无证经营药品167个次，无证行医卖药642个次，假劣药价值19.84万元，处罚款13.63万元。

表33—18　　南江县1985—2000年药品监督管理情况统计表

年度	出动人次	检查经营单位（个）	检查使用单位（个）	个体药店、摊（个）	药品抽样检查（个）	查处情况				
						无证经营药品（个）	无证行医卖药（个）	假劣药		处罚款（元）
								品种数（个）	金额（元）	
1985	70	50	0	0	0	0	0	0	40834	0
1986	461	36	78	51	0	144	115	637	27437	0
1987	501	65	102	0	0	0	206	39	1288	0

续上表

年度	出动人次	检查经营单位（个）	检查使用单位（个）	个体药店、摊（个）	药品抽样检查（个）	查处情况				
						无证经营药品（个）	无证行医卖药（个）	假劣药		处罚款（元）
								品种数（个）	金额（元）	
1988	1132	48	139	195	54	3	55	159	2186	75
1989	510	33	78	54	0	0	0	355	61085	0
1990	435	46	110	86	35	2	0	0	0	3000
1991	543	15	110	68	0	45	22	76	3359	600
1992	320	31	0	182	0	41	125	43	6000	1400
1993	108	24	64	134	0	0	0	225	19180	0
1994	120	47	14	140	64	0	0	100	6000	34000
1995	130	42	32	96	77	21	3	150	7000	5000
1996	40	45	18	135	78	0	0	305	1821	11590
1997	130	87	723	119	110	8	9	164	784	450
1998	125	45	80	63	133	5	8	9	295	180
1999	25	48	87	135	197	34	0	0	0	1000
2000	30	25	178	0	0	0	0	0	0	0

第三十四篇　社会生活

第一章　消费潮流

第一节　衣、食、住

一、衣着

20 世纪 80 年代后，随着人民物质文化生活水平的提高，男女衣着款式也不断推陈出新，面料日趋高档。夏季服装以西服、夹克为主流，款式多样，变化各异，追求庄重大方，除部分中老年人着中山服外，多以西装为主。女装以显露其外在美为目的，旗袍、短袖、连衣裙、无袖宽松式连衣裙，款式新颖，色彩艳丽。特别是城市女性追求甚广，农村大多数女性则以小翻领西装为主。冬季棉袄被各式太空服、羽绒服、夹克、呢子大衣、风衣所取代。青呢短大衣在男性中十分流行；女性中的长、中、短呢大衣、太空服、羽绒服尤其走俏，毛衣有“V”领、圆领、高领，秋衣以圆领、高领、中翻领等居多，质地有线羊毛、混纺、腈纶、海马线等，色彩斑斓。夏季，长短袖衬衫男女有别，花色缤纷。90 年代初期，时装伴随着改革开放的深化，各式各样的衣着令人眼花缭乱，男式衣服除西装、夹克外，休闲装开始在市面流行。冬季以男性皮夹克、女式高腰衣走俏市场。童装变化亦很大，由各色图案的针织品或各色花布料精制的童装样式新、色调美为最受欢迎。中小学生流行统制的学生服，款式整齐划一。90 年代中后期，男女服装多为真丝、毛料、混纺为主要流行衣着。中老年人衣着变化不大，中青年及童装款式变化较快，多趋于个性化、时尚化、曲线化、系列化。其间，前露胸、后露背、亮三寸、超短的有袖或无袖衣为中青年女性消费热潮。

下装与上装一样追求时尚，质地样式、色彩变化不断更新。20 世纪 80 年代后期，女式下装多姿多彩，主要流行绣花高腰裤、直管裤、紧身裤、丝裤、喇叭裤、背带裤、中长裤、短裤、牛仔裤、丝裙、套裙、大摆裙等多种款式。男性下装主要流行西裤、喇叭裤、牛仔裤。90 年代中期，下装款式更新潮。女式除直管裤、牛仔裤、薄裤继续流行外，一步裙、超短裙、礼仪裙深受女性喜爱。

鞋袜消费亦随社会的进步和经济的发展，其品种、样式不断更新。20 世纪 80 年代鞋类主要流行胶鞋、皮鞋、凉鞋、旅游鞋、运动鞋、大头鞋、保暖鞋、棉鞋、拖鞋等。到 90 年代，人们不断追求时尚，鞋袜质地、样式变换多端，特别是中青年赶浪潮，市面大量流行猪、牛、羊皮，人造革皮鞋及鳄鱼皮鞋等，其样式有方头、圆头、尖头。牛、羊、鳄鱼皮鞋价格昂贵，方头高矮帮军用皮鞋曾一度流行。女性高、中、低锥底皮鞋最受欢迎。男女半高跟、中高跟长尖皮鞋畅销一时。袜的消费，80 年代以棉袜、丝袜、尼龙袜为主，短袜居多。90 年代流行长、中、短丝袜，混纺袜；连裤袜最受女性喜爱，到了 90 年代后期，男女棉袜又备受青睐。

二、饮食

20 世纪 80 年代中后期，随着经济的发展，改革开放的不断深入，南江人的膳食观念亦发生了较大的变化，由数量型向质量型转化。一日三餐各具特色，尤其是县城居民变化明显，早餐多为稀饭、馒头、包子、面条、牛奶、豆浆、蛋糕、煎饼和其他糕点等。有进餐馆的，也有在家自做的。午、晚餐一般为干饭，大多数家庭均有荤素菜搭配。至 90 年代餐饮服务业大增，饭馆、酒家、小吃店、小吃街遍布县城、区乡场镇，尤以火锅、汤锅、砂锅格外诱人。庭堂内外，场景爆满。经济条件好的家庭，天天变口味，全家人到餐厅就餐较为频繁，来客接待大都以饭馆、酒家为主。农村与城镇有别，早、中、晚三餐大多数家庭以干饭为主，也有少数家庭早上吃稀饭馒头、面条的习惯。家餐以吃腊肉较为普遍。城镇家餐多以鲜肉为主，较为富裕的家庭也时常吃牛、羊、鸡、鸭、鱼肉的，卤菜在餐桌上亦为佳品，蔬菜自然不可缺少。

婚丧宴席，无论农村、城镇亦在不断更新。20 世纪 80 年代中后期，农村宴席多为 10 大碗、12 大碗（一品、二酥、三扣肉、四虾米汤、五干鱼块、六排骨、七糯米、八粉条、最后两碗砣子肉），主荤为猪肉，席间增至 6 ~ 8 个盘。90 年代后期，席上增至 24 菜（12 碗、12 盘），荤多素少，热、凉菜各半。鸡、鸭、鱼、牛、羊、木耳、香菌、银耳品种逐渐增多，城镇更为丰盛，过年过节，婚丧嫁娶，宴请亲朋好友，席上呈现山珍海味亦不为鲜见。农村富有人家完婚、乔迁、升学、寿诞喜庆之日多数进入县城酒店举办，其档次可与城里人媲美。席上饮酒入席 3 杯已为不成文的规矩，劝酒亦为习惯。酒的档次越来越高，由烈性白酒逐步改为啤酒、瓶装酒，由几元一瓶上升到几十元乃至上百元一瓶。由 80 年代的米仓大曲、烧老二、双冠醇上升到剑南春、小角楼、泸州老窖、五粮液、贵州茅台。

饮料，自 20 世纪 80 年代中后期以来，已由茶水逐步推行瓶装橙汁、可乐、矿泉水、汽水、豆奶、果珍、雪糕等。90 年代中期夜啤酒、刨冰等在县城流行。

三、居住

随着改革开放政策的落实，城镇、农村住房条件逐步改善。20 世纪 80 年代中后期，农村基本消除了茅草房，改建或新修了瓦房，由土木结构，逐步推行砖木结构，家庭多用石灰粉刷墙壁，安装了玻璃窗，“三合土”或石院坝。

20 世纪 90 年代后期，全县普遍实施文明新村建设，在大抓“五改三建”工程（改水、改厨、改灶、改厕、改圈、建池、建园、建家）中，砖木、砖混结构建房不断增多，4 ~ 5 层甚至 7 ~ 8 层，高层建筑楼房常见，客厅、饭厅、卧室、厨房、厕所配套功能齐全。临街店铺大多安装了铝合金卷帘门，阳台安上了铝合金窗，阳台上摆放着奇花异草，互相争艳。由水泥地板逐渐改装成人造大理石板或人造木地板，墙面用仿瓷、乳胶漆等涂料粉刷、装饰美观大方。富有人家十分讲究，壁橱、顶灯、壁灯、吊顶、墙裙、窗帘各具特色。农村人均住房面积由 1986 年的 24 平方米，1990 年 26.39 平方米，1995 年 30.05 平方米，到 2000 年，全县农村年末人均使用房屋面积达 33.97 平方米，比十年前的 1990 年人均住房净增 7.58 平方米，增长 29%。

第二节 休闲娱乐

一、歌舞、酒吧

1984年起，休闲娱乐从单一的看电视、电影放映逐步向多项目、多层面发展。1987年，县文化馆办起了第一家营业性歌舞厅，歌舞厅与酒吧共生，浑然一体，综合经营。随着经济的发展，南江人的思想观念更新，灯红酒绿的歌舞厅、酒吧已成休闲娱乐的地方。至20世纪90年代初全县卡拉OK舞厅15家。进入90年代中期发展到35家。90年代末期歌舞厅规模略有减少，但规格上升。消费者大多是中青年人，特别是家庭喜庆、节日欢度、迎接客人、业务洽谈等消费较为普遍。

二、影像放映

1986年录像放映首次登场，至1989年全县录像放映点33个，录像片发行站3家。1992年录像放映进展到镭射。20世纪90年代中后期电影基本上被录像所取代。随着“家庭影院”数量的增多，营业性录像厅及站点逐步减少并进入低潮。

三、游戏、网吧

20世纪80年代末，南江县城开始出现电子游戏厅，全县仅此2家。进入90年代，从县城逐步扩大到区乡场镇，渐成青少年娱乐的主要场所，不少孩子成了“戏迷”。从儿童到成年人上网人数增多，特别是八小时之外的机关及企事业单位年轻职工上网吧的多。老年人进网吧的极少。

第三节 美容美发

20世纪80年代中后期，伴随改革开放的步伐加快，人们对美的认识和追求更多，美容美发就是其一，原有的理发业远不适应，烫发美容逐渐流行。进入90年代，各种招牌的发屋、发廊、美容美发厅（院）风起云涌，装饰富丽堂皇，开展理发、洗头、美容、踩背、浴脚、按摩、保健一体化服务。

20世纪90年代中后期全县美容美发业发展很快，仅县城从事美容美发业的达30余家，有著名的“港式发廊”、“李氏发屋”、“黎明发廊”、“天姿发廊”等，装饰豪华，开展多种服务。男女发型向个性化发展，特别是女性烫发最为风行，有拉丝、中长披肩等，并染成各自喜欢的颜色。美容美体业务当受中青年女性的欢迎，主要有文唇、割做双眼皮、文眼圈、做睫毛、隆胸、文手脚指甲。还有部分女性以追求国外女性造型为时髦，男性侧重于按摩保健。

第四节 健身娱乐

浴足桑拿 20世纪90年代初期，桑拿浴足休闲健身方式在南江出现，且属高档消费。90年代中期大为时尚，全县有桑拿浴10余家，主要开办在县城，其休闲者大多是有钱人。至90年代后期，桑拿浴身的渐少，浴足较为流行，全县各式招牌浴足城发展到20家，消费者甚多，生意红火。

散步、爬山　1986年后，散步、爬山已成为南江城镇职工、居民健身娱乐新时尚。三五个、七八个好友结伴而行，散步、观景、吹壳子“三者”结合，乐而不疲。尤以爬红光山，沿绕城公路散步的人最多。

钓鱼　家居城镇的退休职工或喜好钓鱼的中老年人下河单独垂钓，或邀约几个朋友一同到没有污染的河段或农村塘、库垂钓，早出晚归，不计较钓鱼多少，只在乎山水之乐。1992年，县成立有钓鱼协会，组织爱好者开展活动。

文娱健身　以健美操、舞蹈、曲艺、民乐演奏、唱歌等多种形式。一人倡议组织，志趣相投者参加，聚而一群，自娱自乐。20世纪90年代中后期，在大堂坝广场及住宅小区的娱乐场所，群众自发组织群体娱乐，早晚参与人数少则数百人，多则上千人，以腰鼓队、健美操、扇子舞、迪斯科等娱乐活动最为常见。

第二章　民俗风情

第一节　社会风俗

一、婚丧寿喜

（一）婚俗

20世纪80年代，婚俗变化不大。在农村，从订亲到结婚，一般都要经过媒人介绍、“见人”、“合八字”、“看人户”、“送三回礼”、“见拜”、“送期”、“扎期”、“结婚登记”、“办酒迎亲”等过程。其间“看人户”男方要给女方打发礼金，少者几百元，多则上千元不等。见拜、迎亲，由女方给男方安排糖果糕点、衣物、猪肉等礼品，有的折合现金，数额较大。新婚出现要请“陪娘”，出嫁时由大哥、大姐背送出家门。有的在出嫁时“哭嫁”、“辞神”（即拜祖宗及长辈）。新娘出嫁皆有嫁妆（根据家庭经济情况而定），男方派出锣鼓、彩旗迎亲队伍，女方讲究的还伴有锣鼓送亲队伍。新郎新娘“拜堂”之后，男方要举行“谢媒”仪式。婚礼后的第二天新郎新娘“回门”（回娘家），当天返回（不能住在娘家），并从当年的新年起连续拜三年新年。婚宴及结婚仪式在家里举行。城市婚俗与农村有别，多数婚姻自由恋爱而成，结婚仪式及婚宴大多在餐厅举行，亦有在家里举行的。

进入20世纪90年代，农村婚姻自主，恋爱自由基本普及，城乡通婚比例大幅增加，陪嫁攀比更加愈演愈烈。农村除成套家具、床上用品、衣着、日常生活用品、一应俱全外，电视机由黑白的上升到彩色的，收录机上升到组合音响，家庭影院、VCD等高档电器设备逐年增多。男方给女方的聘礼也逐年上涨，由千元上升到几万元。到了90年代后期，婚礼更讲排场，车队迎亲、丰盛高档宴席，迎亲、陪嫁用品攀比成风，造成部分家庭婚后债台高筑。当然也有新事新办，根据家庭经济情况而定的，也有举行旅游结婚的。

（二）寿庆

20 世纪 80 年代中后期，随着经济社会的发展，人们的消费观念不断变化，过生日的礼俗亦渐趋隆重，不仅年满花甲（60 岁）的人才举行寿庆，而且连满周岁时的幼儿过生日也要大办。进入 90 年代，“寿庆”越来越时新。农村办寿庆主要是中老年人，城镇长幼皆庆。生日那天，亲朋好友欢聚一堂，献上庆贺礼金礼品、寿匾、寿联及吉祥物等。农村寿庆大多在家里举行，宴席档次越来越高，城市寿庆多在餐厅举行，排场讲究。经济富裕的人家，请乐队助兴，摄影、摄像留念，除举办盛大宴会外，余庆于歌厅、舞厅、酒吧，不惜钱财，尽兴方散。

（三）丧葬

1986 年后，丧葬礼仪，在人死后，普遍设置灵堂、播放哀乐、燃放鞭炮、点脚灯和烧倒头纸，写灵牌。遗体入中堂前要剃头、净身、穿寿衣、烧香、燃蜡、供奉食品等。农村由长子女向亲友族人报丧，通报死因和安葬日期。城镇则以发讣告的形式告知亲友，设灵堂哀悼。停丧期间，每餐饭前由孝子敬送饭菜并跪拜祭奠，夜间轮流值班守灵。吊孝者到灵堂时，子女陪跪祭奠。吊丧祭品，20 世纪 80 年代主要是送香蜡、纸钱、鞭炮；90 年代主要是以现金为主，城镇流行送花圈、挽联等。随着生活水平的提高，葬礼更为排场，花圈、孝伞、灵屋、纸人、纸马应有尽有；阴阳先生开路、盖棺、念诵佛经、超度亡灵，以成惯例。停丧时间短者一天一夜，一般丧事 3 ~ 5 天，特殊情况停丧更长，但均会择其吉日而下葬。在交通方便的地方，出灵时设置灵车，葬礼车队、鞭炮不断燃放、锣鼓掀天、送葬人等手持花圈、挽联、抬着祭品、送至坟前，直至安葬为止。也有的家庭葬礼从简，开个追悼会，送墓地安埋即结束。

机关、企事业单位工作人员去世后，根据殡葬改革原则，实行火化，公墓安埋。国家按政策给予抚恤。对城镇、农村居民，近年来大力宣传提倡火化。到 2000 年，县城公墓入葬火化率达 50%。

二、交往礼仪

随着改革开放的不断深入，民俗交往日益增多，礼仪也在不断变化。1986 年以来，除婚俗、寿庆、丧葬等礼仪外，还体现在生育、子女上学、参军、参工、乔迁新居、徒弟拜师、晋职晋级、造坟立碑、工程开工奠基、竣工、剪彩、商铺开业等，都兴邀请客人参加。对个人的祝贺一般是送现金、礼品、鲜花，应邀客人通常用吉利语言表示祝贺，对单位有相赠大型壁画、锦旗，亦有赠送礼金的，与邀请单位的领导或法人代表握手致贺。当日主人家设宴款待客人。

第二节　信仰民俗

一、宗教

佛教　中华人民共和国成立后至 1996 年，佛教在南江一直被解散。庙产分给农民，庙宇作为公房。1997 年后随着党的宗教政策的落实，经县人民政府批准，先后恢复了琉璃寺、龙华寺、凉水寺、普陀寺、天桥寺、观音寺、西佛寺、龙耳寺等八处寺庙，作为佛教活动的场所。到 2000 年，住庙僧尼 12 人，信徒近 2 万人。

基督教　1990—1994 年，大河、下两、赶场、南江镇等地先后发展教徒 314 人。1995 年在打击和取缔非法组织“门徒会”的专项斗争中，县公安局依法取缔了大河、兴马街道未经政府批准设立的基督教活动场所，并对自封传教人郑××、张××予以收审教育后释放回家。郑××不服，向上反映了情况。1995年6月27日国务院宗教局信访办公室以“四川省南江县搞无教区”为题，在其《信访摘报》第3期上进行了通报。省宗教事务局、巴中地区宗教办、行署副秘书长欧文宇层层批示，南江县人民政府派人调查此事，并将情况逐级上报。同年8月7日，县委统战部按上级和县委批示，配合有关部门对此问题进行认真调查，并将调查情况分别上报地区宗教事务办、四川省宗教事务局和国务院宗教事务局。根据上级指示，为认真贯彻落实党的宗教信仰自由政策，依法加强管理，1997年4月经县人民政府批准，开放登记了高桥灵恩堂为基督教活动场所，成立了“南江县基督教三自爱国运动小组”。

二、宗族

1986年以来，解放后已淡化的宗族意识在县内一些地方又开始复生。一些族姓筹措资金，新修（或续修）族谱。据不完全了解，已打印或铅印成册的有：《赵氏族谱》、《杨氏族谱》、《岳氏族谱》、《何氏族谱》、《惠氏宗谱》等。

第三节　陋　俗

一、赌博

1986年后，赌博的主要形式有打纸牌、搓麻将、诈金花、玩电子游戏机等多种式样，其中打麻将最为普遍，县人称之为“筑长城”、“搬砖”。参赌者有年轻人、中老年人，有群众，也有党员干部。赌资由几角到一元、五元、十元乃至五十元、一百元，甚至有上千元的。一些人搞赌博如痴如醉，通宵达旦。一夜之间输赢数百元、上千元乃至过万元。

二、算命看相

20世纪80年代以来，县城和乡镇一些背角巷道、桥头、路边，有算命、卜卦、测字、看相者摆摊设点，一些善男信女虔诚而至，问卜命运前程，吉凶祸福。

第三十五篇　人　物

第一章　传　略

许昌南

许昌南（1922—1988），男，1922 年 12 月出生于南江县平岗乡七村。1932 年 7 月参加中国工农红军，1940 年 10 月加入中国共产党。历任电话员、司号员、卫生员、警卫员、副排长、区队长、连长、副营长、团副参谋长、副团长、师后勤部副部长、副师长、正师职顾问等职。1955 年授予上校军衔，荣获二级八一勋章，二级解放勋章，三级独立自由勋章。

第一次国内革命战争时期，许昌南参加了中央苏区第五次反围剿，并亲历二万五千里长征。抗日战争时期，在延安联防司令部、中央军委警卫队从事警卫工作，长期工作在叶剑英等首长身边。解放战争时期，随首长赴北京同国民党进行和平谈判，以高度的政治责任感保证了首长的安全。

社会主义建设时期，他先后任东北战区摩托第 1 师摩托团副参谋长，东北军区装甲兵战车独 3 团副团长，16 军 186 师战车团副团长，69 军 107 师战车团副团长，65 军 193 师 398 团自行火炮团副团长，193 师司令部装甲兵科科长，坦克 7 师后勤部副部长、副师长，北京军区装甲兵技术部正师职顾问等职；1951 年随部队参加了抗美援朝作战。1980 年 1 月，离职休养，1988 年 5 月在北京军区总医院病逝，终年 66 岁。

何大仲

何大仲（1909—1989），男，1909 年 4 月出生于南江县长赤镇中魁村，1933 年 10 月参加中国工农红军，1934 年 6 月加入中国共产党。历任战士、排长、连长、营教导员、川北税务局科长、县公安局局长、检查站站长、县人武部长等职。1955 年授予少校军衔，荣获三级八一勋章，三级解放勋章，三级独立自由勋章，1988 年荣获二级红星功勋荣誉章。1963 年 4 月在云南省临仓县离职休养。1970 年 5 月转回南江县革命村休养；1982 年 9 月经组织批准享受副师职政治经济待遇。

何大仲幼年家庭贫穷，青少年时期给地主何大财放牛和当帮工，深恶统治阶层对贫苦农民的残酷剥削。1933 年 10 月参加了红四军，长征途中斩关夺隘，抢险飞渡，爬雪山，过草地，风餐露宿，经历了极其艰难困苦环境的考验。

抗日战争和解放战争时期，历任排长、连长、营教导员、中央警卫团教导大队长、政治指导员等职，参加了著名的平型关、淮海、长生口、历城、路城、千佛山、太原等重大战役战斗。1941 年 9 月，时任八路军总部营教导员的何大仲，带领一个侦察连战士，深夜潜入历城日军某师团驻地，杀掉层层岗哨哨兵，将 1 名日军师团参谋长，用麻袋装回交由刘伯承司令员审问，摸清了敌人的军事部署。第二天，他带领战士埋伏在要道，打了一个漂亮的伏击战。在战斗中，日军施放毒气弹刺伤双眼，并中枪弹伤断双腿，入住八路军总医院，治愈后安装双假肢，被评为二等甲级伤残。八路军总部给何大仲记大功 1 次，将收缴日师团参谋长佩戴的 1 支手枪、1 支钢笔、1 根皮带奖励给何大仲作为纪念。

新中国成立后，他先后担任川北税务局科长、仪陇县公安局长、云南省公安总队孟定检查站站长、云南省临沧县人武部部长等职。他时刻以革命利益为重，坚持原则，实事求是，宽以待人，从不计较个人得失，用自己的言行去教育影响青少年，为社会主义建设事业做出了积极的贡献。1989 年 7 月 19 日，何大仲病逝于南江县人民医院，在骨灰中找出 4 个弹头，2 个弹片，终年 80 岁。

刘述忠

刘述忠（1915—1990），男，1915 年 8 月出生于南江县大河镇。1933 年 1 月参加中国工农红军，同年 3 月加入共产主义青年团，1935 年 7 月加入中国共产党。历任红四方面军 73 师通讯员、宣传员，红 31 军宣传队分队长，冀南 129 师 385 旅政治部宣传队队长、青年股股长、政治指导员、总务股股长、管理科科长、太行 1 分区供给处政委、处长、太行 13 纵队供给部、18 兵团 61 军供给部副部长，南充川北土产公司总经理，川北军区后勤部副部长，军委总后勤部营房管理部财务处副处长，总后建筑部财务处处长，工程兵特种工程指挥部后勤部财务部副部长、部长等职务。1955 年，被中央军委授予上校军衔，荣获中华人民共和国三级八一勋章、二级独立自由勋章、二级解放勋章。1988 年授予二级红星功勋荣誉章。1966 年 1 月离职在北京干休所休养，享受副军职待遇。

刘述忠幼年家庭贫困，读私塾 1 年后在家务农。1933 年参加中国工农红军，积极宣传党和红军的主张。长征路上，两次穿越雪山草地，历经艰险。抗日战争和解放战争时期，他从事部队政治工作，在太行"五一"反扫荡以及天水铺、东洋关、关家巷、元氏、太岳等战役战斗中，作战英勇顽强，获模范干部称号之奖励。解放战争时参加了著名的"百团大战"。新中国成立后，在部队和总部机关后勤供给的业务领导工作，忠于职守，廉洁奉公，不怕艰难困苦，不怕流血牺牲，千方百计保障部队的供给。始终保持了党和军队的光荣传统，充分表现出一位老红军战士、老共产党员的崇高品德。1966 年 1 月刘述忠离职在北京休养后，享受副军职待遇，仍关心国家大事和部队建设，积极参加政治学习和组织生活，在政治思想上始终与党中央保持一致，处处严格要求自己，受到大家的爱戴和尊敬。1990 年 4 月 6 日，因心脏病突发抢救无效，在河北省石家庄市医院逝世，终年 75 岁。

郑子猷

郑子猷（1915—1991），男，汉族，1915 年 10 月出生于南江县大河镇一个富绅家庭，南充嘉陵中学高中毕业，民主进步人士。

1940 年 10 月，郑子猷任民国南江县大河乡公所乡长，1945 年 10 月，任民国南江县参议员，同年加入中国国民党。在长达 9 年的民国南江县基层任职期间，均以公正履职，保一方稳定平安为己任，不迫害进步人士，不欺压百姓。

中华人民共和国成立后，1950 年 3 月，郑子猷担任不脱产的各界人民代表会议特邀代表，协助新生的县人民政府征集粮食，清查民间散落武器。1951 年 4 月受县人民政府委派，出任巴南公路建设委员会股长，负责南江方面的全权事务，为南江的第一条公路建设巴中至南江立下了汗马功劳。1955 年 9 月，被川北行政公署任命为南江县人民政府副县长，在副县长工作岗位上连续任职六届。任职期间，亲自组织指挥，并与民工同吃同住同劳动，修通了野羊溪至正直、沙河至旺苍、赶场至大河等主要县内交通要道及县城南门大桥，在南江的基础设施建设上，留下了名垂千古的业绩。

“文化大革命”期间，郑子猷遭到残酷的打击、迫害，受到不公正的待遇，但他始终坚信共产党的领导、坚信社会主义制度，旗帜鲜明，立场坚定地为南江的建设事业奉献力量。

1980 年 12 月，郑子猷再次当选为第九届南江县人民政府副县长，以民主人士副县长身份，大力宣传党的统一战线政策，最大限度地把民主爱国人士、非党知名人士、港、澳、台、侨胞和一切可以团结的力量凝聚在党和政府周围，多次向台湾及海外亲属通信，宣传“一国两制、和平统一”政策，介绍故乡改革开放成就，鼓励海外亲属回乡探亲、投资，为和平统一祖国尽自己应有之力。

1983 年 11 月后，郑子猷连续三届当选为南江县政协副主席。在职期间，认真履行“政治协商、民主监督、参政议政”职能，积极为党和政府建言献策。为南江的改革开放和经济社会事业的健康发展做出了应有的贡献。1991 年 11 月，郑子猷病逝于南江县人民医院，终年 76 岁。

张双来

张双来（1924—1992），男，汉族，1924 年 5 月生于河北省井陉县。1945 年参加中国人民解放军，1946 年 7 月加入中国共产党。历任战士、副班长、副排长、副连长。在解放战争中，转战南北，冲锋在前，出生入死，屡建战功。特别是在 1947 年 3 月攻打太原的战斗中，胸部中弹并穿进肩胛骨，仍不下火线，坚持战斗，被评为模范共产党员。1949 年 10 月在攻克秦岭战斗中，作战勇猛顽强，荣立个人三等功。1952 年 3 月转业到南江工作，历任贵民区武装部长、区委书记，县委委员、常委，县公安局局长、县革委政法党组书记、县革委副主任、县人大副主任等职。

在三年困难时期，他深入农村，走村串户，夜以继日地工作，实事求是地指导开展农村工作，其业绩感召人，其行为激励人。在 20 世纪 60 年代中期平息红灯教暴乱和 70 年代初期，粉碎反革命集团“中国正义党”策划的暴乱中，冒着生命危险，带领干警，深入前沿组织指挥，细致侦察，彻底破获反革命集团，为南江的社会稳定做出了突出贡献。“文化大革命”十年动乱时期，他立场坚定、旗帜鲜明、信念执着、敢于斗争、善于斗争、理直气壮地与迎合“四人帮”的地方帮派势力，进行坚决抵制和针锋相对的斗争，始终坚持党的实事求是的思想路线，坚持全心全意为人民服务的宗旨，时刻把党和人民的利益放在首位。十年动乱结束后，他积极贯彻党的十一届三中全会后的各项方针政策，拨乱反正，恢复历史本来面目，以高昂的工作热情，全身心地投入到各项工作之中，勤勤恳恳，任劳任怨，清正廉洁，公道正派，深受干部群众好评。

1984 年离休后，被县委聘为老干部特邀调研员，他时时关心着南江的经济社会发展，积极为改革开放献言献策，充分发挥其余热。1992 年 10 月，张双来病逝于南江县人民医院，终年 68 岁。

冯晋彪

冯晋彪（1926—1993），男，汉族，1926 年 1 月生，山西省保德县人。1939 年 12 月参加革命工作，1945 年加入中国共产党。抗日战争和解放战争时期，任晋绥边区抗联干事、晋绥分局党校三部组教干事。1950 年至 1953 年 9 月，任开江县委秘书、宣传部长。1953 年 10 月至 1954 年 7 月，任南江县县长。1954 年 8 月至 1968 年 8 月，任县委书记，兼任县人武部党委第一书记、政委、第一政委。1968 年 9 月至 1971 年 2 月，任县革命委员会副主任、核心领导小组副组长。1971 年 3 月至 1978 年 8 月，任达县地委委员、组织部部长、地委副书记。1978 年 12 月至 1989 年 3 月任中国医学科学院简阳分院党委书记、四川省自然科学研究所党委书记、顾问。1989 年 4 月按正厅级待遇离休。1993 年 5 月 23 日，因病在成都逝世。

冯晋彪在南江任职的 19 年时间里，坚持用马列主义、毛泽东思想及党的路线、方针、政策教育和武装干部群众头脑，善于做耐心细致的思想政治工作，以情感人，以理服人，全县上下政通仁和、团结一心建设新南江。很多干群怀念说："冯晋彪当县委书记时，南江工作条件虽艰苦，但人心最齐，是干群关系最好的时期"。他坚持实事求是的思想路线，科学制定南江经济发展战略，实现了南江经济从 1953—1966 年的持续增长。特别是粮食连年增产、工业连续翻番。在全国生活最困难的 1959—1961 年，南江创造了全省少有的"三年遭灾、三年丰收、三年卖余粮，支援国家建设"的奇迹。《人民日报》、《四川日报》、四川人民广播电台都报道和表彰了冯晋彪的先进事迹。南江县被评为"四川省售粮先进县"。他坚持自力更生，艰苦奋斗办交通、水电、邮电、科教、文化等事业，修通了县城至 9 个区所在地的 350 多公里公路。修建了玉堂水库等 12 座中小型水库、1670 口山坪塘，总蓄水量 1933 万立方米，灌溉面积 79000 亩，为南江农业的发展奠定了坚实基础。他坚持调查研究、以点带面的工作方法，在全县 10 区、73 乡、1800 多个生产队、3 万多农户中留下了他的足迹。他坚持党的群众战线，一切为了群众，把关心群众的疾苦作为自己工作的出发点与落脚点。他坚持党的优良传统和作风，清正廉洁，率先垂范，从不搞以权谋私和特殊化，堪称南江干部群众的楷模。他坚持民主集中制原则，不搞"家长制、一言堂"，平易近人，以诚相待，干部群众无一不为冯晋彪的民主作风而称赞。他坚持"选贤任能"的干部路线，从不任人唯亲，在大讲"以阶级斗争为纲"的年代里，大胆起用了不少出身不好、政治背景不好的能人志士，为南江的建设与发展聚焦了大批的志士仁人。他重视教育文化，社会事业的发展，经常深入学校、医院、影院、剧场，关心过问教育、卫生、体育、文化的发展及川剧事业的振兴。他在 1958 年撰写的报告文学《红色南江》，被《人民日报》、《峨嵋文学》刊载，不仅在全国文坛引起了强烈反响，而且对南江的建设与发展起到了巨大的推动作用。

80 年代初，冯晋彪虽然离开南江到外地工作，但他时时都关心着南江经济社会的发展，不时电话询问南江的发展情况。特别是生病期间，不论是干部群众到他的家庭，还是去他的办公室探望，他都热情接待、私宴款待，并语重心长地询问和嘱托熟知的干部，“一定要把南江的事情给老百姓办好啊！不要给后人留下遗憾，老百姓的日子好过了，作领导的才能开心啊！才对得起党，对得起南江人民。”

1993 年 5 月 23 日，冯晋彪因病在成都逝世，南江县上百名干部群众自发赶赴成都悼念这位南江 60 万人民永远怀念的好领导。冯晋彪的一生是共产党员真实写照的一生，他的精神永远鼓舞着南江人民。

胡二栋

胡二栋（1922—1993），男，汉族，1922 年 5 月出生于山西省太谷县的一个贫苦农民家庭。自幼给地主放牧，割草拾柴，肩挑背磨，仍常年赤脚、衣不蔽体，受尽了折磨，养成了坚强的性格，练就了强壮的体魄。

胡二栋在八路军的培育下，参加了抗日敌后武工队，在“青纱帐”（玉米地）里伏击日军，在交通线上炸敌碉堡，火烧敌仓库，夜袭敌巢，使敌四面楚歌，防不胜防，牵制了敌兵力，配合八路军对日作战，日寇汉奸恼羞成怒，告示悬赏捉拿胡二栋未果，便将胡母抓去强迫写信劝降。胡母深明爱国大义，拒不写信并痛骂敌人。日寇汉奸用酷刑逼胡母，并武装胁迫群众开会，当众将胡母活埋，边埋边逼问胡母说出胡二栋下落，胡母被埋半身仍怒视不答。因群情激愤，众怒难犯，经打入敌基层政权组织的地下人员担保获救。胡二栋得知其母受敌残酷迫害和险恶用心后，毫未动摇抗日决心，率领武工队更加坚决有力地打击敌人，直到日军投降。

抗日战争胜利后，胡二栋所率的武工队，被合编为八路军警卫营。胡二栋先后被调到太行分区教导大队和二野 61 军教导队接受军事训练。经过长期战争考验，1946 年胡二栋光荣地加入了中国共产党，在刘邓大军中参与了“逐鹿中原”的历次战斗。在解放山西的战斗中，时任 549 团 3 营 8 连连长的胡二栋，在与阎锡山部队残酷决战中，利用自己对家乡一带的地理环境熟悉的优势，凭着自己多年的作战经验，带领全连机智勇敢地利用敌人的伪装暗道，第一个把红旗插上太原城头。战斗结束后，全连仅剩官兵 7 人，胡二栋身上 3 处负伤。在太原解放庆功会上，胡二栋所率 8 连被授予“钢八连”荣誉称号。山西全境解放后，胡二栋又率部队进军陕西，追歼胡宗南匪军于川东北。在胡二栋的战争生涯中，前后 9 次负伤，直到战争取得全面胜利才入住医院治疗。4 次荣获大功奖章。1992 年中央军委授予“二级红星功勋”荣誉章。

1950 年春，胡二栋随部队驻防南江。1951 年任南江县警卫营副营长，1952 年任县武装部副部长，同年 8 月任县武装部部长。在大巴山区清剿国民党残匪，镇压反动派，收缴枪支，稳定社会秩序，保障土地改革顺利进行。积极组训民兵，征集兵员，支援抗美援朝，保卫了新生的人民政权。1954 年 11 月，任南江县兵役局局长，步行下乡，慰问烈军属，帮助解决困难，为稳定服役军人安心服役起到了积极作用。

“文化大革命”时期，胡二栋曾主持全县工作，尽管各级党政机关受到冲击，领导被批斗，但印把子和枪杆子，始终控制在各级武装部手里，不让别有用心的人篡权得逞。有力地制止武斗，保境安民，全力抵制外来造反组织对南江的干预操纵，使南江没有卷入县外大型武斗中。在一次外县武斗队，真枪实弹驱车冲入南江县城的紧要关头，胡二栋率县中队官兵埋伏城外，在喊话劝阻不听的情况下，果断开枪击中车轮，迫使其撤离，免除了县城人民的一场兵刃之灾。为了保护干部，担任县革委会主任的胡二栋，在批斗干部的高潮时，将大批领导干部安排到“五七”干校“监督劳动”，派解放军守卫，名为“监督劳动”实为曲线保护干部。“文化大革命”期间，南江县干部无批斗刑讯致死者，大批干部得到了保护。

中共十一届三中全会后，胡二栋坚决拥护党的路线、方针、政策，解放思想，实事求是，积极工作。由于战争时期9次负伤，器官性疾病缠身，于1993年12月13日因病医治无效逝世于南江县人民医院，终年71岁。胡二栋的一生，正如挽联所书：“青纱帐抗日、钢八连反蒋、业绩彪炳史册；解放军英雄，共和国功臣，英名永著巴山”。

贺天龙

贺天龙（1917—1993），男，1917年2月出生于南江县双流乡新场村一个贫苦农民家庭。1933年5月参加中国工农红军，经历了二万五千里长征，1935年10月加入中国共产党。历任班长、排长、连长、科长、分院副院长、副主任等职。1955年荣获三级八一勋章，三级独立自由勋章，三级解放勋章。1988年获中国人民解放军二级红星功勋荣誉章。1965年离职休养，享受正师职待遇。

土地革命时期，贺天龙任红31军11师31连班长，参加了庐山、浪洲等战斗，出生入死，不怕流血牺牲，在枪林弹雨中多次出色地完成了战斗任务。抗日战争时期，担任115师606团轻机枪排排长，作战英勇顽强。1939年6月任白求恩学校管理员，面对伤病员，他耐心守护，尽力做好伤员的安抚工作。解放战争时期，在阴泉、孟县战斗中，冒着枪林弹雨从前线组织救护伤员，从死亡线上挽回了众多战士的生命，荣立小功2次。

1951年3月，时任19兵团第2机动医院2分院副院长的贺天龙，响应祖国的召唤，奔赴抗美援朝前线。他曾5次参加了战役战斗，在环境恶劣，供应中断的情况下，想尽办法筹措粮食，保证了医院工作的正常运转，圆满完成了组织交给的任务。回国后他先后担任65军编外人事处后勤科长、河北省军区后勤部营房科科长、534仓库副库长、491仓库副主任等职。他襟怀坦白，严于律己，艰苦朴素，廉洁奉公，不争名利，不计较级别待遇，敢于抵制不正之风，始终把自己当成一个人民的勤务员，展示了一个共产党员的高尚胸怀。

他离休后居住在北京军区后勤部北京第一干休所，仍十分关心军队建设，积极参加政治学习，关心国家大事，严格教育子女艰苦朴素，保持了一个共产党员的优秀品德。1993年12月23日，在北京军区总医院病逝，终年77岁。

廖永洛

廖永洛（1929—1994），男，汉族，1929年4月，出生于南江县花桥乡的一个贫苦农民家庭。1948年5月入伍，同年10月加入中国共产党。在部队期间，曾任战士、副班长、班长、副排长、排长、司令部侦察参谋、侦察主任、作训股长、轮训大队副大队长，少校军衔，多次立功获奖。离休后享受正团职待遇。

廖永洛，报名参军后被编到解放军第4纵队12旅34团12连当战士。1948年夏天，在攻打襄樊时，廖永洛所在营打先锋，经过两天一夜的激战，提前攻下襄樊城，直接攻击敌军康泽司令部，活捉敌上将康泽，歼敌万余人，他荣立二等功。同年冬天，在著名的淮海战役中，廖永洛所在部队接上级命令攻打敌据点——李土楼，由于敌机、大炮连日增援，火力猛烈，部队几次冲锋都未将鹿材（地名）炸开，伤亡惨重。在生死存亡的关键时刻，廖永洛挺身而出，主动请战，带领8名战友，在火力掩护下爬近鹿材，距敌军十米左右的阵地，时仅剩3名战友，廖永洛左臂已受重伤，忍着剧痛，将最后一颗手榴弹扔向敌军，趁着烟雾爬过鹿材，与敌军展开残酷的肉搏，抢夺下敌军1个连的阵地，打下5个碉堡。廖永洛荣获“战斗英雄”称号。

1949年5月，他被编入19军55师163团9连，担任副排长。在平利战役中，廖永洛随部队翻越十八盘山，涉过30里水路，他带领全排战士打先锋，对固守平利县城的敌军发起猛攻，经过两天一夜的战斗，解放了平利县城及老爷岭地区。廖永洛在战斗中荣立二等功。在平竹战斗中，他带领2排在火力掩护下发起冲锋，迅速突破敌军阵地，仅三十分钟就抢占了鹰嘴岩，活捉敌少将师长符树蓬、参谋长许绍贤，俘虏敌军五千人。7月31日，廖永洛带1个排的兵力随七、八连攻击安康小牛蹄岭，次日拂晓，大、小牛蹄岭战斗同时打响，敌军在飞机大炮的掩护下，从拂晓到黄昏，敌军先后反冲锋达15次之多。敌军不断增援，黄昏后，我军55师赶到牛蹄岭，岭上的敌军全部被击溃。他带领全排负责掩护部队转移，在战斗中右臂中弹，敌军又增加2个营的兵力，他负伤带领8名战士顽强抵抗。此次战役打了2天2夜，我军占领了大、小牛蹄岭及安康新老城，击溃敌军5个军。12月31日上午，接到上级命令，廖永洛随部队连夜赶往通江壁山，敌军闻风而逃，部队立即调头向大巴山追击。1950年1月初，部队追到泥溪场歼灭了敌新8军，俘虏敌军1000余人。次日上午9时，接到情报，敌军新编第5军正沿泥溪场向火天岗方向游动，他带领战友抢先占领王家坝和乱石沟有利地势，配合营主力三面包围，经过6个小时的激战，俘敌副军长徐继济及敌军1800余人。在审讯俘虏中得知，国军上将王凌云率新4军在鸡公背一带集结，廖永洛所在营奉命分两路向鸡公背前进，经过1天的激战，歼灭敌军2000余人，在李家营活捉敌军总司令员王凌云上将。

1951年8月，任19军55师163团侦察参谋，1952年10月任163团侦察主任，1957年6月任163团作训股长。1957年冬，廖永洛随部队奉命前往青海、甘肃、四川、西藏平叛剿匪，随部队常年在玛积雪山、唐古拉山、积实山、喜马拉雅山等地活动。经过3年时间完成了平叛剿匪任务。1962年，在刘伯承元帅的指挥下，参加了中印边界自卫反击战，廖永洛所在的团担任主攻任务，围歼、清剿20多天，歼灭印度军队5万多人。他先后获得战斗英雄和各类奖章、纪念章，荣立团二等功3次，三等功3次。

1964年12月，他转业到四川省达县地区商业局工作，担任政治处主任。1973年1月任达县地区基本建设委员会建材科长。他从不居功自傲，为人谦和，工作中恪尽职守，勤勤恳恳，廉洁奉公，曾多次被评为先进个人、优秀党员。1994年4月，廖永洛因病医治无效，逝世于达县地区医院，终年65岁。

何继海

何继海（1909—1994），男，1909年12月出生于南江县红星乡三村。

何继海幼年家庭贫穷，读私塾3年后在家务农。1932年12月参加中国工农红军，1933年1月加入中国共产党。从1932—1936年历任长赤县第一区苏维埃政府主席、区委书记、组织部长、保卫局长，麻元县、松潘县组织部长，宗化县保卫局长、独立营政委。1936年到延安中央党校学习1年后任中教部巡视员，1938年任庆环分区曲子专署第三科、第四科科长。1943年任陇东分区土产支公司经理。1945年任内蒙古锡林郭勒盟实业公司经理、盟党委委员，1947年任内蒙古自治区粮食局政委、局长。1949年从东北到南京，参加西南服务团南下，任川南行署财经处副处长、财政厅副厅长、川南行署粮食局局长，1952年9月后任云南省粮食局局长、党组书记、副厅长、纪检组长等职。先后当选为省党代表、省纪委委员、省政协委员、省政协常委。1980年离休后享受副省级待遇。

土地革命时期，何继海不畏艰难，不怕流血牺牲，坚持在南江等革命根据地开展游击战。后随红四方面军长征，爬雪山，过草地，历经千辛。抗日战争和解放战争时期，他先后从事教育管理工作和经济工作，在工作中认真执行党的各项经济政策，克服重重困难，积极筹措各类支前物资，较好地保证了地方和部队的需要。1947年在艰苦复杂的环境里，组建了内蒙古粮食总局任政委兼局长，带领干部群众，不断取得征粮工作的胜利。1952年9月，他到云南省组建粮食局任局长、党组书记，积极贯彻党对粮食工作的方针政策，经常深入农村和基层单位，宣传党的粮食购销政策，充分发动群众，全面完成征粮购粮任务。他对党无限忠诚，坚持原则，深入实际，团结同志，联系群众，廉洁奉公，平易近人，晚年带病坚守工作岗位。离职休养后，仍关心党的事业和国家的四化建设，勤勤恳恳为党和人民做出了许多有益的工作。1994年10月21日，因病医治无效，在昆明市人民医院逝世，终年85年。

孙洪道

孙洪道（1919—1995），男，汉族，1919年12月出生于南江县大河镇孙家山村。1933年1月参加中国工农红军，1938年12月加入中国共产党。历任战士、班长、排长、连长、营长、副团长、团长、副师长、师长、50军副军长、军长、陕西省军区司令员等职。1955年9月被授予上校军衔，1960年6月晋升为大校军衔。1955年5月荣获二级八一勋章、独立自由勋章、解放勋章，解放东北、解放西南纪念章，朝鲜战争纪念章。1988年7月获二级红星功勋荣誉。他是中国共产党第九次、第十次全国代表大会代表。

孙洪道十四岁参加中国工农红军，走上革命道路，亲历了著名的二万五千里长征，经受了严峻的考验。

抗日战争时期，他担任八路军115师第5旅特务连连长，山东军区1师2团2营营长，其间身置战斗一线，舍生忘死，冲锋陷阵，英勇顽强，转战晋察冀、苏鲁皖，先后参加“百团大战”、滨海战役以及陈道口、甲子山、关子堡、安东巴、岭平、诸诚等战斗，战功显赫。

解放战争时期，任东北民主联军1纵队3师9团团长，身先士卒，靠前指挥，先后参加和指挥了东北杨家杖子、秀水河子、大理水、金山堡、拉法、黑村子、张麻子沟、四平、江南等战斗百余次。在著名的辽沈战役、平津战役、渡口战役中，参与指挥了黑山阻击战、镇南浦等战斗。后又横渡长江，转战黔、桂、滇，参加了解放大西南等诸多战役、战斗，战绩卓著。

在抗美援朝时期，他担任志愿军38军114师342团团长，114师副师长，亲率部队参加了一至五次战役和河江防御作战，指挥了著名的戛日岺战斗，为抗美援朝战争的胜利做出了重大贡献。

在社会主义革命和建设时期，先后任38军112师师长，50军副军长。1967年任成都市委书记、市革委主任、警备区司令员，1968年任50军军长，1980年5月任陕西省军区司令员。在各个岗位较好地率领部队完成了党中央、中央军委赋予的各项工作任务，为军队的革命化、现代化、正规化建设贡献了毕生精力，建立了新的功勋。“文化大革命”中，他立场坚定，旗帜鲜明地与林彪、“四人帮”反革命集团进行了坚决的斗争。十一届三中全会后，他坚定不移地拥护党的路线、方针、政策，与党中央保持高度一致，勤勤恳恳地为党的事业和军队建设忘我工作，始终保持老红军的政治本色。

1984 年 12 月，他离休后仍关心党和国家的前途及军队建设事业，充分体现了一位老红军、老党员的高贵品质。1995 年 9 月，孙洪道因病逝世，终年 76 岁。

何尧阶

何尧阶（1911—1995），男，1911 年 2 月出生于南江县天池乡白鹤村。1933 年 6 月参加中国工农红军，1935 年 9 月加入中国共产党。历任红四方面军第 30 军 11 师迫击炮团、西路军班长、排长、连长、营长、科长、处长、总参谋部炮兵司令部后勤处处长等职。1955 年被中央军委授予少校军衔，荣获三级八一勋章、三级独立自由勋章、三级解放勋章。1992 年获中国人民解放军二级红星功勋荣誉章。

何尧阶 8 岁时，由其父何岳（当时与岳涔阳并称南江民间四大名医）教识字上学 3 年。1931 年随父参加了天池乡农民抗税暴动。

1933 年 1 月，红军解放天池，6 月他报名参加了红军。在凤凰山战役中，打掉国民党刘存厚部的 2 个机枪阵地和 1 个迫击炮阵地，缴获迫击炮 1 门，受到 11 师师长周仕元的嘉奖。1934 年 6 月任 30 军 11 师迫击炮兵团 2 营排长。期间在攻打宁强和阳平关战斗中，摧毁邓锡侯部 3 个团的防守阵地，俘敌 4000 多人。在嘉陵江战斗中，摧毁敌人沿江的 7 个碉堡和 1 个重机枪连阵地；在剑门关战斗中歼灭敌军 3 个团。先后两爬雪山，三过草地，在第 3 次过草地时他靠自己的一双牛皮草鞋充饥走出草地。1936 年 10 月下旬，红一、二、四方面军在会宁、将台堡会师后，率部从甘肃清远县虎豹口西渡黄河，与 10 余万马步芳军展开激烈战斗 20 余次。1937 年 1 月在临泽倪家营子战斗中，部队仅剩下 70 多人，被迫取消编制，被分配到西路军总部警卫营任 3 连连长，掩护西路军左支队首长西出祁连山，并在安西打了一仗，激战中他的右臂负伤。1938 年 2 月到达延安，在延安抗大学习 1 年，1939 年 3 月任冀中军区炮兵学校正营职迫击炮教官。解放战争时期参加了平津、淮海等战役。

何尧阶转战南北几十年，爬雪山，过草地，渡黄河，跨长江，出生入死。他为中国人民的解放和建设事业建立了不朽的功勋。他先后担任郑州炮校军械科科长、洛阳炮兵学校后勤处处长，总参谋部炮兵司令部后勤处处长等职。在工作中，他立场坚定，旗帜鲜明，坚持原则，无私奉献，始终忠诚于党和人民的事业。他时刻以共产党员的标准严格要求自己，保持革命晚节。1965 年 5 月离职休养于南江县革命村，1981 年 9 月离休。1995 年 10 月 8 日，何尧阶因病医治无效，在南江县人民医院逝世，终年 86 岁。

郭全君

郭全君（1918—1997），男，1918 年 11 月出生于南江县凉水乡。1933 年 8 月参加中国工农红军，1938 年 5 月加入中国共产党。曾任战士、文书、排长、副连长、连长、副营长、团参谋长、副团长、团长、军分区参谋长、副司令员等职；荣获三级八一勋章、三级独立勋章、三级解放勋章、二级红星功勋荣誉章。

土地革命战争时期，郭全君历任红四方面军第30军军部通信员，红31军91师274团12连战士、文书、排长等职务，参加了粉碎敌人三路和六路围攻、广昭战役、强渡嘉陵江战役。在二万五千里长征中三爬雪山，两过草地，出生入死，不屈不挠，勇敢作战。抗日战争时期历任八路军129师386旅772团9连副连长、连长、772团3营副营长等职。参加了长生口、神头岭、响堂铺、白晋等战役战斗，冀南、太行反扫荡战斗中粉碎日军九路围攻，参加著名的百团大战，荣立特等功1次，太岳军区授予“战斗英雄”称号。

解放战争时期，历任晋冀鲁豫军区第4纵队10旅30团1营营长、28团1营营长、2营营长，第2野战军4兵团13军38师113团团参谋长、副团长等职。参加了上党、闻夏、吕梁、汾孝、晋南、灵陕、淮海、渡江、南昌、广西、滇南等战役战斗，英勇善战，不怕牺牲，屡立战功。

中华人民共和国成立后，历任西南军区公安团团长，四川省军区达县军分区参谋长、副司令员等职。带领部队在甘孜、阿坝、凉山等地区剿匪治乱5年，受到总参谋部、总政治部通报表彰。

1970年7月离休，享受正师级待遇，仍十分关心党和国家的事业，关心部队建设。在大是大非面前，立场坚定，旗帜鲜明，顾全大局，对家属子女严格要求，始终保持老红军的优良传统和作风，为党的事业和军队建设贡献了毕生精力。1997年3月23日，因患肺心病，在陆军324医院达川分院医治无效逝世，终年78岁。

罗炳友

罗炳友（1917—1998），男，汉族，旺苍县东凡镇人。

罗炳友，1933年7月参加中国工农红军，编入31军93师279团1营1连。参加了万源保卫战、黄猫垭追歼战、剑门关攻坚战，战斗中表现英勇顽强，多次获奖。后随部队北上，两爬雪山，三过草地，历尽艰辛，到达陕北延安。1936年12月加入中国共产党。

抗日战争时期，他编入八路军129师389旅772团，在晋东南太行山与日寇进行过数次作战；在神头战役中，活捉2名日本兵，荣立个人三等功；在著名的“百团大战”中，更是勇猛顽强，前赴后继，战功显赫，荣立个人二等功。

解放战争时期，他被编入陈赓、谢富治兵团10旅30团1营3连任连长。在上党战役中，亲率部队深入敌巢侦察，为大部队提供了可靠情报，并指挥攻克负隅顽抗之敌堡垒，被旅部授予“战斗英雄”称号。淮海战役中身为营长的罗炳友，率领全营官兵与敌人进行了机智勇敢的艰苦战斗，在宿县双堆集与国民党黄维兵团激战时，身负重伤，被送往医院治疗。1951年伤愈，西南军政委员会根据其二等甲级伤残的身体状况，照顾他回家乡工作，任南江县武装科科长。在组训民兵、征集兵员、清匪反霸、土地改革和巩固新生红色政权等工作中做了大量工作。

1952年10月，转业到南江县沙河区任区委书记，带领全区人民群众，大力恢复生产，提高群众生活。1955年9月当选南江县人民政府县长，在长达12年的县长工作岗位上，认真执行党和国家的各项方针政策，努力改善和提高群众生活，为南江的经济社会发展做出显著成绩。1962年光荣地出席了中共中央在北京召开的七千人大会，受到了毛泽东、刘少奇、周恩来、朱德等中央领导的接见。1967年因病离开县长领导岗位，治病疗养。1981年10月，当选为政协南江县第一届副主席，1982年4月享受副厅级待遇离休。

他离休后，离而不休坚持每天看书读报，关心党和国家的大事，关心南江经济社会发展，经常到中小学校向青少年讲革命传统课，列席参加县委召开的各类会议，晚年写出了长达五万字的

"革命回忆录"，表现出了一个共产党员的高尚情操。1998 年 3 月，罗炳友因病逝世于南江县人民医院，终年 81 岁。

蔡南阶

蔡南阶（1908—1998），1908 年出生于南江县朱公乡。一生以医为业，曾任过村农会主席，土改团医疗队长，乡人民代表，朱公乡卫生工作者协会主任、诊所所长、卫生院院长。有"医界七十春，治愈万余人"之誉。

蔡南阶 7 岁发蒙识字，18 岁拜名医蔡静山学医，3 年出师。常就诊于巴中、南江、旺苍之间，所到之处病员往来如流，所诊之人无不拍手称道。其医不嫌山高路远，有请必往；不分贫富亲疏，一律低费。坚持"治病救人"、"救死扶伤"之宗旨，治病人之所需，急病人之所急，痛病人之所痛，精心诊治。专长于内科、妇科、儿科等方面的疑难病症，不拘于古，不唯于书，重在实践，独辟新径，用"望、闻、问、切、阴、阳、表、里、寒、热、虚、实"之常规，结合病人之主客体对症诊治，百不失一。1977 年，他被抽到县医院门诊部坐诊，治愈了许多疑难杂症。尽心尽责报国为民。1979 年退休，仍继续为民治病，享誉巴南。1998 年病逝，终年 90 岁。

阎光彩

阎光彩（1918—1999），男，1918 年 12 月，出生于南江县白院乡。1933 年 6 月参加中国工农红军，1936 年 10 月加入中国共产党。历任广西壮族自治区政协副主席、全国人大代表等职务。1986 年离休后居住在南宁市。

阎光彩幼年读私塾 3 年后在家务农，少年时代走入革命队伍，1933 年 6 月参加红四方面军任独立团战士。1934 年在万源县参加了青龙观、龙凤山战斗，两次分别获得奖励。随红四方面军三爬雪山，两过草地，历经千辛万苦。1935—1936 年任卫生班长、看护长。抗日战争时期，1938 年任 129 师 772 团卫生队医生、党支书、代队长，中条山 1 分区卫生处长。1942 年任 4 纵卫生部副部长。在著名的百团大战中英勇杀敌，被军区评为模范医生和模范卫生队长。

在解放战争时期参加了淮海战役和山西吕梁地区保卫战等大小战役战斗数十次，冒着敌人的炮火深入一线抢救伤病员。1948 年任豫西军区卫生部副部长，1949 年任河南军区卫生部副部长。中华人民共和国成立后，1950 年任河南省卫生厅副厅长，1952 年任中南军政卫生部医政处长，1953 年任广西壮族自治区卫生厅厅长，1957 年任南宁市市长，1964 年当选为第 3 届全国人大代表。1965 年任广西壮族自治区人民政府副秘书长，1971 年任广西革委会办事组副组长，1973 年任广西壮族自治区党委副秘书长，1978 年任广西壮族自治区政协第 4 届副主席。工作中发扬艰苦创业的工作作风，尽心尽力搞好工作，为社会主义建设事业做出了贡献。1999 年 7 月，阎光彩病逝于南宁市医院，终年 81 年。

魏正义

魏正义（1918—2000），男，1918年7月出生于南江县赶场乡井坝村。1933年2月参加中国工农红军，1937年7月加入中国共产党。历任战士、班长、排长、副连长、连长、副营长、营长、政委、经理、主任、省物资局纪检组长、副局长等职务，正厅级离休干部。

魏正义幼年家庭贫穷，对旧中国统治阶层深恶痛绝，报名参加红军后被编入红31军91师271团机枪连，历任战士、班长、排长、副连长等职，随部队参加了二万五千里长征，历经艰险，九死一生，英勇奋战。1936年在129师教导团学习，1937年7月任129师386旅772团青年干事。1938年3月任772团1营1连连长，同年6月任副营长，在一次战斗中烧毁了日军汽车180辆，团部奖手表1只，西装1套。1939年1月担任1营营长，1941—1945年在延安抗大和中央党校学习。1946年进入东北作战，1947年5月任独立4师7团1营营长，同年9月任独立4师后勤部副政委，1951年任146师供给后勤部政委，1952年12月任中南军政委员会合作管理局供应处副经理，1953年3月任广州商业局干鲜果公司经理，1959年1月后任四川储备物资管理局591处主任、局纪检组组长、副局长、正厅级顾问等职务。1985年10月离职休养。2000年9月，魏正义病逝于成都市第一人民医院，终年82岁。

第二章　简　介

（以姓氏笔画为序）

万曼琳

万曼琳，女，1926年8月出生在南江县红星乡一个贫苦农民家庭。

1933年，万曼林随哥哥参加了红军，不到9岁的曼琳是长征路上年龄最小的女战士，她人小脸圆，眼睛圆、鼻子也圆，浑身都是圆圆的，战士们亲切地叫她“小皮球”。曼琳性格活泼可爱，行军休息时，就给战士们唱歌、跳舞，是大伙儿的“开心果”。过河时，她就骑在战士的肩上或伏在战士的背上。三次过草地，九死一生，草地上的气候瞬息万变，风雨交加，雪花卷着冰雹漫天飞，曼琳人小，一不小心就“扑通”掉进泥潭里，多少次都是战友们用担架把已被稀泥淹到胸口的她吊出来，多少次战友为了救她而牺牲。1938年春天，党指派曼琳等24名10多岁的孩子组成“抗日流亡孩子剧团”，深入到白区、西安、临潼等地做宣传演出。1940年10月入延安中国女子大学特别班就读，之后在苏维埃边区及中央军委机要局工作。中华人民共和国成立后，万曼琳又先后在西北军区、兰州军区等单位工作。1954年，转业到西安市地方工业局任人事科长，万曼琳因病提前离休，享受副厅级待遇。

王三银

王三银，男，1920年4月出生于南江县八庙乡。1933年4月参加中国工农红军，1938年10月加入中国共产党，1955年授予中校军衔，1982年6月离休享受副厅级待遇。

幼年家庭贫穷，读私塾3年后回家务农。1932年12月红四方面军解放南江。1933年4月参加红军，王三银任南江县保卫局通讯员，1934年2月编入红31军93师277团任宣传员、勤务员，随部队亲历了二万五千里长征。到达陕北后在红军教导师3团12连学习测绘，1937年8月历任115师685团测绘员，测绘股长、科员、作战参谋、侦察参谋等职，参加过百团大战和太行山反扫荡等战役战斗。解放战争时期任东北6纵队16师侦察科副科长，43军127师侦察科科长，参加了辽沈、平津、渡江、广州等战役战斗。1950年2月任广东惠阳军分区第9团副团长，1951年6月任华南军区直属暂编师第6团团长。1952年3月至1957年2月，在中南军区干疗院治病，出院后调任广东省军区训练团团长。1958年12月转业调任四川省邮电管理局处长、政治部副主任。荣获三级八一勋章，三级独立自由勋章，三级解放勋章，二级红星功勋荣誉章。

王正乾

王正乾，男，1914年1月7日出生于南江县一个贫苦农民家庭。

1933年1月参加中国工农红军，1936年6月加入中国共产党。长征途中，爬雪山，过草地，历经艰辛，九死一生，勇敢作战。抗日战争和解放战争时期，历任军部司号员、侦察员、侦察通讯队队长、营长、代理团长等职。他参加过百团、淮海等重大战役，在战斗中冲锋陷阵，勇往直前，不怕牺牲，身受重伤，身体多处残疾，被送到多地医院疗养。1950年到南京邮电学院学习，1953年8月在北京邮电学院学习，1954年10月调青海省邮电管理局任电信科科长。荣获三级八一勋章、三级独立自由勋章、三级解放勋章、二级红星功勋荣誉章。1979年10月离休后居住在南江县革命村。

王维春

王维春，男，汉族，生于1939年8月，大专文化，中共党员，四川彭州人。曾任四川省南江县畜牧局副局长、总畜牧师。

王维春一直在大巴山区的南江县从事畜牧业务技术工作。早在60年代初，为提高培育山羊新品种，他采用对多种杂交羊群按性状分类，分群对比观测，从中发现并保留优秀个体培育。1967年起，择优组群进入横交选育，应用“限值留种法”开展品种选育。经10余年的潜心研究，取得了人工培育肉用山羊新品种的重大突破，形成了皮毛黄色、体格高大的育种群，编定了南江黄羊。此后，相继主持和实施由县、地、省科委和省畜牧主管部门以及国家农业部下达的一系列科研课题，按照“加强本选，建立群系，提高品质，扩大群体”的技术思路，应用综合指数法加大选择强度与逐段加强培育相结合，进行肉用性能的定向选育攻关，经过无数艰辛努力，达到了肉用山羊新品种的要求条件和标准。1995年农业部组织现场鉴定、审定。1996年国家畜禽遗传资源管理委员会派专家组现场对品种的命名进行了复审，均一致认定，南江黄羊是目前我国肉用性能最好的山羊新品种，并在南江黄羊新品种培育成功的基础上又取得了新的突破。他所主持和从事的科研项目，先后获地厅级以上的科技成果奖14项，其中四川省政府科技进步奖1项，国家科技进步二等奖1项。目前，已向国内30个省及四川省内的170多个县累计推广种羊8.5万余只，增创经济效益16亿多元。在从事畜牧技术和品种培育的过程中，先后撰写具有一定学术价值和生产应用价值的文章40余篇，有的已被编入《中国农业文库》、《世界学术文库》、《中国山羊业的成就和进展》。他先后编写了《南江黄羊育种成就与进展》、《南江黄羊生产实用技术》等科技书籍，丰富了家畜遗传育种学和养羊学的内容，为肉山羊生产提供了成套技术，被国务院批准享受政府特殊津贴。

刘泽沛

刘泽沛，男，1918年8月出生于南江县正直镇金鹞村（三村）的一个贫困农民家庭。1934年7月加入共产主义青年团，1936年12月加入中国共产党，1955年授予上校军衔，1980年11月离休享受副军级待遇。

刘泽沛幼年家庭贫穷，读私塾2年后辍学在家务农。1933年1月报名参加红军后，历任红四方面军4军10师30团通讯员、宣传员、勤务员，后随部队参加长征，三进雪山草地，历尽艰险。抗日战争时期，先后担任八路军129师385旅770团看护员、军委三局通信学校通讯员，第二兵站医院司药员，陕甘宁边区医院司药主任，河南人民抗日军第2支队司药长、医生。解放战争时期，历任中原军区第1纵队1旅3团卫生队队长，华东野战军第1纵队独立师3团卫生队队长，第18兵团61军某团卫生队队长。中华人民共和国成立后，历任解放军第9步兵学校卫生处处长，西南军区剑阁军分区后勤处处长，长春第3军医大学干部处处长，第2军医大学干部部代部长、校务部政委，解放军五三研究院院务部部长，第13研究院工程指挥部主任、副院长兼院务部部长，1980年2月任军事医学科学院顾问，同年11月离职休养。他将国家发给的抚恤费全部交了党费，成为全军党员干部学习的典范。荣获中华人民共和国三级八一勋章、二级独立自由勋章、二级解放勋章、二级红星功勋荣誉章。

向 英

向英，男，1921年5月出生于南江县长赤镇莲花村。

1933年1月参加了中国工农红军任儿童团连长，1933年2月至1939年7月在红四方面军总医院任看护战士和通讯员，长征途中，爬雪山，过草地，历经千难万险。1938年6月加入中国共产党，1939年8月至1948年2月，任山东冀鲁豫军区警卫员、干事、抗大七分校学员、教导师供给部青年干事，鲁西2分区教导大队中队长，7纵58团3营营长，鲁西军区2分区县大队副营长等职。参加过淮海等重大战役战斗，2次受伤，评为三等甲级残废。1948年2月后，任华东军区滁县分区嘉山大队参谋长、大队长，空军轮训大队学员，后勤供销部科长。1954年6月任江苏省建设局设计院院长。1956年6月到江苏省文化干校学习3年，1959年9月任江苏省建设厅监察员。1963年6月任江苏省机械化施工公司党委副书记，1964年11月任江苏省建筑机械厂党委副书记、副厂长。荣获三级八一勋章，三级独立自由勋章，三级解放勋章。1983 年 12 月离休享受副厅级待遇。

成　洁

成洁，女，汉族，1975 年出生于南江县八庙乡，从小天真活泼，好学上进。

1984 年成洁不幸被高压电击伤截去双臂后，面对命运的挑战，她没有消极，没有沉沦，而是以顽强的毅力与伤残作斗争，克服了常人难以想象的困难，以脚代手，学会了用脚吃饭、下棋、玩牌、穿衣、洗衣、梳头、刷牙等，还练就了一“脚”好字。她顽强学习，成绩一直名列八庙中学全年级前茅。同时还主动申请担任了图书管理员。在 1988 年的县残疾人运动会上，她获得女子跳远第 1 名，女子 60 米、400 米短跑第 2 名、第 3 名的好成绩。1988—1989 年，她先后被县委、县文教局授予“优秀少先队员”称号，被团地委评为达县地区“青少年十佳”之一。1989 年 10 月，她荣获了全国首届“十佳”少先队员金质奖章，并受到了江泽民、李鹏、邓颖超等党和国家领导人的亲切接见。中共四川省委发出通知“在全省开展学赖宁、学成洁、学‘十佳’”的活动。江泽民总书记听了赖宁、成洁等“十佳”事迹后非常感动地说：“如果我们的下一代都像这些孩子那样，有对祖国、对共产党的无限热爱、勤奋学习、坚韧不拔、具有钢铁般毅力和意志，我们的民族就是不可战胜的。”成洁的事迹被中央、省、地新闻媒体宣传报道后，成洁收到全国各地 1000 多封来信。她在非常困难的情况下，一面顽强刻苦地学习，一面挤出时间，先后给类似自己遭遇的朋友写回信 600 多封，鼓励他们重拾生活的信心。

成洁大学本科毕业后，被分配在江西省某中学从事教育事业。

宋万林

宋万林，男，汉族，1919 年 7 月出生于南江县九顶乡（原石庙乡宋家河）。

1933 年 3 月，宋万林参加木门苏维埃儿童团，任区儿童团中队长，同年 8 月在木门参加红军，为红 31 军 276 团 3 营战士，9 月加入中国共产主义青年团。1934 年任红四方面军医院卫生员，院部通讯员、班长、排长。1936 年 7 月第三次过草地前调入红二方面军 2 所工作，同年 8 月任红二方面军总指挥部通讯连电话排战士，1937 年 1 月加入中国共产党。1937 年 10 月至 1944 年 8 月参加山西晋北抗日根据地六次反扫荡，1940 年任八路军 120 师电话队排长，1944 年 12 月出席晋绥军区群英大会，被评为电话队劳动模范。1945 年调晋绥野战军电话队任排长，1946 年 12 月任野战军 3 纵队通电队副队长，1947 年任三军司令部电话队队长。1949 年任三军司令部 3 科副科长。其间参加了绥包、兴唐、大同、高家堡、榆林、清间、沙家店、宜川瓦子街、荔北、大同等大小战役战斗 20 余次，荣获中华人民共和国三级八一勋章、三级独立自由勋章、三级解放勋章，西北人民功臣章，中国人民解放军二级红星功勋荣誉章。1951 年 1 月任军委通讯部工程营营长，同年 6 月任志愿军空联司工程营营长兼党委书记，抗美援朝期间，入朝担负朝鲜平壤南北 7 个空军基地有线网的架设任务，保障了通讯线网的畅通，被授予朝鲜人民军功臣章、朝鲜三级国旗勋章，志愿军三等功臣章。1954 年 10 月从朝鲜回国后，任军委通讯部工程处有线工程科科长，1960 年任总后上海办事处副主任、总后华东物资局副局长、局长、党委书记（副军职），上海市徐汇区第 7、8 届人民代表，1983 年离休。

吴长泰

吴长泰，男，1920 年 6 月出生于南江县九顶乡白珠村。

吴长泰幼年家庭贫困，在本地读私塾 2 年后务农。1933 年 2 月参加红军，编入红 31 军医院任看护员、卫生员。1934 年冬，吴长泰随红军长征，三进三出雪山草地，历尽艰辛。1935 年加入中国共产主义青年团，1936 年到达陕北后进入国民革命军 129 师医训队学习。1937—1945 年先后担任冀南军区司令部卫生所医生，特务团卫生队长，第 1 军分区卫生处处长，第 2 纵队医政科科长，积极深入抗战前线，组织医务人员全力抢救前线伤病员，1938 年 8 月加入中国共产党。在解放战争时期，担任冀南军区 9 旅卫生处处长，第 10 军 30 师卫生处处长、后勤处处长。参加了淮海、平津、渡江、中原战役和挺进大别山、解放大西南等战役战斗。中华人民共和国成立后，历任海军航空机械学校卫生处处长，海军四一五医院院长，海军后勤部卫生部直属卫生处处长，海军司令部管理局副局长等职务。1955 年授予上校军衔，荣获中华人民共和国三级八一勋章，二级独立勋章、三级解放勋章、二级红星功勋荣誉章。1979 年 1 月离休，享受副军职待遇。

吴伯川

吴伯川，男，1917 年 10 月出生于南江县赶场乡石龙村。

1933 年 2 月参加中国工农红军，1935 年 5 月加入中国共产党。历任干事、排长、军分区（营、团）直属队特派员、保卫科科长、教导团大队政委、政治处主任、步兵预校政委、军分区副政委、军分区党委副书记、团党委委员等职。三过草地，两爬雪山，历经艰辛走完了二万五千里长征。参加了川西土门镇、天全、陕北蒋家大楼、天水铺、响堂铺等战役战斗，舍生忘死，英勇作战。抗日战争时期，参加了昔阳、广阳、平遥、老官庄、堂邑、马桥、高于路、大坡集、武营寨、威县、朝城、雷震庄等战役战斗，果断指挥部队出色地完成了各项战斗任务。解放战争时期和新中国成立初期，带领部队身先士卒，参加了挺进大别山、淮海、渡江、进军大西南、川西剿匪等数十次大小战役战斗。他 4 次负伤，轻伤不下火线，导致身体多处残废，多次受到军区表彰奖励。1955 年，授予上校军衔，荣获三级八一勋章，三级独立自由勋章，二级解放勋章，1988 年荣获中国人民解放军二级红星功勋荣誉章。1966 年离休后享受副军职待遇。

吴明现

吴明现，男，1917 年 12 月出生于南江县和平乡七村。

幼年家庭贫穷，读私塾 3 年后辍学为地主帮工。1933 年 1 月参加红四方面军，随部队两爬雪山，三过草地，历经艰辛，九死一生。1936 年 12 月加入中国共产党，历任战士、班长、报务员、报务主任、电台台长、通讯股长、通讯科副科长、科长，河南省军区通讯处处长等职。曾先后参加过反六路围攻、百团大战、上党战役、淮海战役、解放大西南等战斗。他在战斗中，出生入死，勇敢作战，不怕牺牲，排除万难，出色地完成了党组织分配的各项任务。荣获二级红星勋章，三级八一勋章，三级独立自由勋章，三级解放勋章，华北解放纪念章，解放华中纪念章。1955年授予上校军衔，1964年2月离休，享受正师职待遇。

吴祥元

吴祥元，男，1921年4月出生于陕西省勉县官沟乡谷家沟村。母亲早逝，1928年随父刘佐汉逃荒，被南江县寨坡乡石龙村农民吴全武收养，随吴姓取名为吴祥元。

1933年2月参加中国工农红军，任红四方面军91师医院护士，1934年5月加入中国共产主义青年团，1938年6月加入中国共产党。后随部队参加长征，两爬雪山，三过草地，历经万苦，2次受伤。抗日战争时期任八路军129师386旅771团看护、卫生长，1940年2月进入太行野战卫校学习，1943年1月卫校毕业后调任白求恩医院外科医生，参加了百团大战，太行山反扫荡、上党战役、平汉战役，在战地救护中，2次将自己的鲜血输送给重伤员，救治了一大批伤病员。解放战争时期，他先后担任二野3纵队卫生部手术组主任、医务科长，11军卫生部卫生主任，参加了陇海、鲁西南、大别山、淮海、渡江、解放大西南、华北、华中南等重大战役的战地救护工作，为1万余名重伤员作过手术，让重伤员转危为安重返前线作战。全国解放后，吴祥元于1950年1月任青岛海军医院院长，1952年2月任海军第一航校卫生处长，1955年2月进入上海第二军医大学学习，同年被中央军委授予中校军医军衔。1958年3月军大毕业后，他带领140名医务干部支边转业到广西任广西壮族自治区防疫站站长，1968年1月任中国卫生部桂林南溪山医院副院长，1972年4月任广西壮族自治区卫生厅副厅长兼中国红十字会理事，广西红十字会会长，广西医学科普委员主任委员。荣获三级八一勋章，三级独立自由勋章，三级解放勋章，华北解放纪念章，淮海、渡江、解放华中南和解放西南胜利纪念章。

1983年11月，吴祥元离职休养，离休后仍担任了几个卫生部门、社团的顾问和名誉领导职务，继续为党和人民的事业发挥余热，享受正厅职待遇。

李　林

李林，男，汉族，生于1954年3月，南江县南江镇人。毕业于中央党校函授学院和国防大学，本科文化。历任战士、班长、团政治处书记，组织股干事；师政治部宣传科干事、宣传科科长；军政治部宣传处干事、军教导大队教导员，军党委秘书；兰州军区司令部办公室秘书、处长、办公室副主任、主任；某装甲师师长，甘肃省军区参谋长（副军职）。

1976年1月入党，2月参加中国人民解放军，到西北边陲的河西走廊献身于国防事业，在荒凉的戈壁滩，与风沙酷暑严寒抗争，在艰苦的军营磨砺自己，从战士成长为我军高级指挥员。在军师团机关工作岗位，经常深入基层调查研究，掌握基层部队的第一手资料，成为首长科学决策的得力助手。他所撰写的文章，曾在《人民日报》、《解放军报》、《兰州军区报》、《甘肃日报》等报刊多次刊发和转发，对部队建设起到了积极的推动作用，受到总部及兰州军区的好评，并荣立个人三等功。在任某装甲师师长期间，认真学习贯彻毛泽东、邓小平军事理论和“三个代表”重要思想，科学组织装甲部队军事训练，创造性地加强部队的建设管理，部队各项管理处于领先地位，被兰州军区表彰为“优等师职指挥员”。

李长清

李长清，男，1924年2月出生于南江县小河乡上游村。1937年5月加入中国共产党，1955年授予中校军衔，1982年离休享受正师职待遇。

李长清幼年读私塾2年后务农。1934年2月在小河报名参加红军后，历任红四方面军12师34团3营勤务兵、司号员、报务员、报务主任、电台队长、副中队长、中队长、支前司令部通信科长、西南工兵司令部通信科长等职。长征途中，两爬雪山，三过草地，九死一生。抗日战争和解放战争时期，参加过百团大战、淮海战役、解放大西南、解放西藏等重大战役，荣获三级八一勋章、三级独立自由勋章、三级解放勋章、二级红星功勋荣誉章。新中国成立后，历任中国人民公安军司令部器材科科长、通信部副部长，二炮通讯处副处长1982年离休后居住在北京二炮干休所。

何太阳

何太阳，男，1920年生于南江县双流乡元包村。

何太阳幼年家庭贫穷，读私塾2年后务农。1933年3月在双流乡加入中国工农红军童子团，参加了川陕革命根据地反六路围攻和红四方面军过雪山草地，1936年由中国共产主义青年团转入中国共产党。先后担任红四方面军第12师后方医院看护员、宣传员、警卫员、通信员、八路军留守兵团政治部收发副连长，连长、副营长、参谋，南下纵队9团参谋长，豫中分局第16团副团长，第2纵队38团副团长、团长，支队司令，鄂豫陕军区西线纵队副司令，第12纵队102团团长，江汉军区独2旅第8团团长，襄阳军分区参谋长，黄冈军分区副司令员，武汉军区炮兵主任，武汉军区炮兵第一副司令员兼参谋长，武汉市江岸区武装部长，武汉市武装部副部长，湖北省军区副司令员，正军职顾问等职务。抗日战争和解放战争时期，何太阳吃苦耐劳，英勇杀敌，面对复杂多变的战斗局势，运用灵活多变的战略战术，指挥战士与敌人展开了英勇的斗争，多次受到上级首长的表扬和鼓励。1955年荣获三级八一勋章，二级独立自由勋章，二级解放勋章，1988年获二级红星功勋荣誉章。1999年回家乡为双流乡中心校捐款5万元助教。

何德元

何德元，男，汉族，四川省南江县天池乡人，1957年3月出生，1976年2月参军，1977年7月入党，政治学理论研究生学历。历任陆军第十九军五十五师一六五团二营机枪连战士、班长、营部书记，一六五团政治处组织股干事、股长，五十五师政治部组织科干事，十九军政治部组织处干事，兰州军区政治部组织处干事、副处长，青海省军区政治部组织处处长，1996年10月调任中国人民武装警察部队总部政治部组织处处长，1999年1月起先后任中国人民武装警察部队北京市总队第三师政治部主任、副政委、政委，现任武警北京市总队政治部副主任。1988年、1992年、1996年先后被授予少校、中校、上校军衔，2000年9月被国务院和中央军委授予武警大校警衔。

何德元，工作勤奋，作风深入，恪尽职守，有深厚的理论功底、很好的文字水平和丰富的政治工作经验，在不同岗位上为军队和武警部队建设、忠实履行职责使命作出了积极贡献。1986 年因宣传徐良等重大典型荣立三等功一次。1994 年因抓党建工作成绩突出被兰州军区党委评为“优秀党务工作者”，1997 年组织武警部队支队（团）主官集训，荣立三等功一次。先后担负了国庆 50 周年大阅兵及党的十五大、十六大、十七大，全国人大八届、九届、十届大会期间和中非合作论坛等重大安全警卫任务的组织指挥工作，圆满完成了任务，受到军委和武警总部的好评。

陈明占

陈明占，男，汉族，生于 1939 年 4 月，南江县朱公乡人。中共党员，中央党校函授学院毕业，本科文化，副教授。陈明占 1957 年 11 月参加工作，1959 年 3 月入伍，在部队工作期间，历任战士、文书、班长、测绘员、排长、参谋、副科长、科长、副师长兼团长、师参谋长、师长。

陈明占在部队师司令部任参谋和副科长、科长期间，协助首长完成了各项战备训练和战备教育任务，为部队的教育训练和建设做了大量的工作。在师团领导岗位上，科学组织部队教育训练，全面完成了部队战备、营建、援建任务。特别是 1983 年在山东临沂地区进行的临战前预备役师的紧急扩编演练，高质量、高水平地顺利完成任务，在总参谋部召开的“预备役部队扩编会议”上介绍了经验，其做法受到中央军委及总部首长的肯定。在 1984 年组织的“加强陆军师对坚固阵地防御无形进攻”实兵演练中，增加了飞机 1 个大队、坦克团 1 个、炮兵团 1 个，约 7000 余人，在正面宽 5 公里，纵深 10 余公里的范围内，连续三天三夜实施进攻“战斗”，演练长达 40 余天，无 1 人伤亡，一次性圆满完成任务，受到济南军区和 46 军的表彰。在抓好部队建设的同时，积极支援国家经济建设，先后两次带领部队支援胜利油田筑路、水库施工，按质按量全面完成了任务，为发展国民经济做出了突出贡献。

1986 年 11 月，他转业到吉林化工学院任党委副书记，主管党的建设、马列主义理论课、政治思想、群团等工作。经过 12 年的教育教学实践，完成了从军人到教师的转型，从助教、讲师晋升为副教授。先后被省、市评为“优秀教育工作者”“最佳党委书记”。1998 年 7 月，因病提前退休。

汪隆重

汪隆重，男，汉族，生于 1930 年 9 月，南江县正直镇人，无党派人士。曾任南江诗词楹联学会理事长，南江县一至六届政协委员，县川剧团团长，指导员。中国戏剧文学学会会员，四川省戏剧家协会会员，香港世界华人文学艺术研究会会员，国家二级编剧，受聘香港科学研究院顾问。

汪隆重，自幼父母双亡，跟随姨娘生活。读小学时就喜诗好文，读高中时作文受到老师“目光如炬，笔力如椽”的评价，常用闲暇时间去剧院看川剧，深受戏剧之感染。解放后执教于元潭小学，1954 年 2 月调南江川剧团首任指导员，在做好领导工作的同时，潜心创作，其作品《盼红军》、《红军松》等现代川剧被推荐到西南三省会演受到好评。1973 年调贵民中学任教，创作的歌剧《茶山风雨》在县群众文艺会演中引起强烈反响。1979 年调任县川剧团任专业编剧。1982 年创作的新编历史剧《点状元》获文化部、中国戏剧家协会优秀剧本奖。魔幻歌舞剧《聂小倩》，在第三届雾都艺术节演出后，随赴省汇报演出，在赴新加坡参加华人艺术节演出后受到国际好评，并获得殊荣。巴蜀神话歌舞川剧《人间好》、新编历史川剧《张飞认母》、《牛知县审牛案》获四川省调演剧本奖。

1987 年退休后，创作有《故国情》、《蜀国恨》、《希望》、《红梅情》、《泪美人》、《巴山游击队》、《东方女神》、《中华第一妃》和《观世音》等电视剧本，被国家级和省级电视台搬上银幕。其中《东方女神》获世纪论坛剧本一等奖。书法作品参加"世界华人艺术节"获优秀作品奖及世界荣誉金奖，多副书法作品入编《二十世纪中国著名书画家》世纪经典。出版有诗集《巴山吟稿》，散文《却话巴山》，剧本《点状元剧作集》等专著。个人业绩入编《川剧词典·作家名录》、《四川人才年鉴》、《中国当代艺术家名录》、《世界名人录》、《世界优秀人才大典》、《世界艺术家人才记录大全》等辞书。享有"世界杰出华人艺术家"、"共和国艺术家"、"文艺大师"、"世纪功勋艺术家"等称号。

张太荣

张太荣，男，1928 年出生于河南省偃师县李村乡寺上村的一个农民家庭，中共党员，高小文化，1939 年随父母逃荒到南江。1950 年 2 月参加工作，历任关门乡供销分社主任，大河区供销社副主任、主任，县供销社党组副书记、副主任、监事会主任，县供销社机关党支部书记、工会主任等职。1970 年被商业部授予"劳动模范"，同年国庆进京登上天安门城楼观礼，受到毛泽东、周恩来等党和国家领导人的亲切接见。

1958 年，张太荣调往条件十分艰苦的关门供销分社任主任，深入全社 8 个大队，41 个生产队了解社情民意，想农民所想，急农民所急，经常带领分社职工背上支农物资翻山越岭，走村串户送货下乡，及时满足农民生产生活所需，农民亲切地称他为"背篼主任"。1959 年在调查研究的基础上，积极发展多种经营，先在 3 大队 5 小队试点种植西瓜和香瓜，当年产量达到 1500 多公斤；组织群众种植海椒和大蒜，产量达到 3500 多公斤。在积累经验后，组织广大农民栽植金银花、红花、苡仁、贡术、丹皮等中药材，办起药园 21 个，茶场 3 个，药场 2 个，面积达 900 多亩，发展红梅 2.5 万多公斤，供销分社的销售额由 4 万元上升到 30 多万元，实现企业增效，农民增收。1960 年在物资供应十分紧缺的年代，指导农民大力发展糖萝卜和甘蔗，筹建糖厂，收购糖萝卜 7000 多公斤，甘蔗 4000 多公斤，加工生产白糖 800 多公斤，红糖 400 多公斤，满足了部分病人对食糖的需求。"文化大革命"中，他及时组织将农民所需的生产生活资料送到农户家中，还经常义务为农民理发。1968 年《四川日报》记者到关门乡采访农民后，于同年 4 月在《四川日报》上刊登了《支农先锋张太荣，全心全意为人民》宣传他的事迹。1969 年上半年，中商部派工作组到关门乡实地调查，对张太荣的工作给予了充分肯定。关门供销分社多次被省、地、县评为先进单位，他个人多次被评为先进个人、优秀共产党员、优秀党支部书记。

张辉昆

张辉昆，男，1940 年 1 月出生于云南省昆明市上马村，1957 年 7 月毕业于重庆师范专科学校，同年 8 月分配到南江中学担任数学教师。1960 年任南江中学副校长兼工会主席，1961 年 12 月被评为全国劳动模范，12 月 11 日在北京参加第一次全国劳模群英会，受到毛泽东、刘少奇、周恩来等党和国家领导人的亲切接见。

张辉昆早年失去父母，随堂兄长大，家境十分清苦，自幼酷爱学习。解放初参加夜校班和乡村速成中学学习，毕业后考入重庆师范专科学校数学系学习，学习毕业后被分配到南江中学任数学教师。他工作积极肯干，任劳任怨，不讲条件，不讲报酬，服从分配，坚持原则，廉洁奉公。在任南江中学副校长兼工会主席期间，是校长的得力助手，分管教育教学工作，认真贯彻落实党的教育方针，在连续 3 年自然灾害时期，忍饥挨饿，教育引导职工和学生战胜困难，该学校 1958—1961 年南江首届高中生毕业考试中，54 名学生考入各大专院校，占毕业人数的 50%。在“文化大革命”动乱年代，他备受迫害，始终坚守党的信念。党的十一届三中全会后他恢复了职务，迅速将学校教学工作引上正轨，在高考中多次创造了南江中学的辉煌，为把南江中学建设成一流的省示范普通高中，打下了坚实的基础。1964 年该学校男排、女排分别荣获达县地区中学生排球赛冠军、亚军。1984—1986 年南江中学女子足球队获省女足邀请赛“金杯三连冠”。学校多次被省、市、县评为先进单位。

孟　克

孟克，汉族，男，出生于 1920 年 2 月，南江县关门乡宝峰村人。

孟克原名谭孟军，3 岁时父母双亡，由孟氏爹娘抚养，取名孟开兴，后改名为孟克。8 岁入私塾，勤奋学习。1932 年 12 月参加中国工农红军，1933 年加入中国共产主义青年团，1937 年 2 月加入中国共产党，历任红四方面军 31 师 219 团宣传员、卫生员，新四军老 6 团挺进纵队电台报务员、分队长、副中队长、中队长、华东野战军 4 纵 3 科科长、23 军 200 团副主任、主任，高炮 63 师 609 团副政委、608 团政委、炮兵 63 师政治部副主任、主任，66 师政治部主任、炮兵第 9 师副政委、政委，南京军区炮兵副政委，上海警备区副政委，陆区第 20 军政委。1981 年 2 月离休。

孟克从 1933—1936 年在川陕革命根据地参加了反三路围攻、反六路围攻，在长征中翻过 4000 多米的夹金雪山，每天行军 70 ~ 80 公里，吃草根、树皮、皮带、皮鞋，同国民党军队展开大小战斗数百次。在八年抗日战争中，数百次投入反清乡战斗。解放战争时期，参加了苏中七战七捷，鲁南、莱芜、孟良崮、锦州、辽沈、平津、淮海、渡江战役等，荣获三级八一勋章、独立自由勋章、解放勋章。在抗美援朝中荣获朝鲜民主主义人民共和国二级自由独立勋章、三级国旗勋章。孟克先后在南京军政大学学习 1 年，南京军区师以上哲学政治经济学学习班学习 6 个月，北京政治学院学习 1 年。他当选为第四届、五届全国人民代表大会代表，1988 年获二级红星功勋荣誉章，抗战胜利 60 周年纪念章。

孟永明

孟永明，男，1921 年 2 月出生在南江县一个贫苦农民家庭。

1933 年 10 月参加中国工农红军，1939 年 12 月加入中国共产党。长征路上历尽艰辛，先后在红四方面军第 9 军 76 团、红一方面军 15 军团兵站医院、红二方面军政治部战斗剧社任卫生员、宣传员，参加了江油、两河口等战斗。抗日战争时期，任八路军后方总政治部烽火剧团演员，八路军前方总部朱德警卫团警卫员、八路军129师陆军中学学员。参加了黄眼洞保卫战、百团大战、太行山扫荡战役。1945—1949年，担任第2野战军2纵队11团4连指导员和3兵团10军28师10团营长，带领战士参加僚博、华南、倦南、民权、安阳、单县、高山铺、恢水店、淮海、渡江、进军大西南、剿匪等大小战役10余次，受军、师、团各嘉奖1次。先后荣获淮海战役、华北解放、解放大西南、解放华中南、渡江胜利、解放西北纪念章各1枚；授予中华人民共和国三级八一勋章、三级解放勋章、三级独立自由勋章。1955年被授予少校军衔。

1950—1958年11月，先后担任28师坦克团教导队副队长、炮兵团副团长、侦察科科长，69军炮兵司令部副参谋长等职。1958年12月转业后，历任四川石油管理局川中矿务局汽车修理厂厂长、南充炼油厂党委副书记，四川石油管理局处长等职。1962年被评为甲等工作模范，其先进事迹在《四川日报》刊载。1988年12月离休。

岳中第

岳中第，男，1940年出生在南江县关门乡柏垭子村。1960年7月，考入北京清华大学工程力学数学系，成为南江县第一个清华大学生。1966年7月加入中国共产党，大学毕业后自愿到西北黄土高原地处三线的中国飞机结构强度研究所工作。1989年初调中航一集团北京航空制造工程研究所工作，系中航一集团北京航空制造工程研究所研究员、科学家、硕士研究生导师。

岳中第出生在红军曾经战斗过的南江县关门乡龙头村，父母系农民，家境贫寒，自幼刻苦学习，立志报效祖国。“水木清华，厚德载物”的清华校训，把一切献给党、实现祖国的四个现代化成为他的理想追求。在国门紧闭的年代，为了承担国家的重点科研项目，掌握国内外航空科研的动向与进展，数十个春秋奔波于西安、武汉、上海、北京、胜利油田等地，完成了一个又一个航空科研任务，解决了大型稀疏矩阵处理技术等难题。1980年3月，他作为中国航空科学技术研究院的一名年轻代表，参加中国航空学会代表团，在英国出席了《第四届国际CAD学术会议及展览会》，参观了牛津、剑桥大学，访问了英国皇家科学院及多个国家实验室及CAD/CAM研究中心。1984—1987年，他作为中国航空技术专家组副组长率20多位专家参加了中国与德国的国际航空技术合作，其技术成果得到了国内外同仁的广泛认可。他先后获得了10项国家级与部级科技进步成果奖。1980年获航空部科技进步一等奖，1982年获国务院科技进步一等奖，授予陕西省劳动模范称号。1983年评为省国防工业系统模范共产党员，1984年航空工业部授予先进生产（工作）者称号。1985年获航空结构分析系统科学进步二等奖，1993年享受国务院政府特殊津贴，获航空部科技进步一等奖。1994年中国航空工业总公司授予科技贡献三等奖。1996年国家科委授予科技进步三等奖。1994—2000年与北京市机械局专家合作，主持了在某系统基础上的二次工程开发研究工作，负责北京市起重机厂BOCAF子系统及北京重型汽车厂的B2CAF应用工程，评为“AMSYS杰出应用优秀用户”。他的学术论文多次在国家级刊物上发表。

岳玉书

岳玉书，男，1968年2月出生于南江县大河镇佛石坝村。初中文化，长期从事石雕，技誉巴山，是南江县第一位被上级主管部门授予的中级农民雕刻工艺师。

岳玉书自幼聪颖，记忆过人。因父亲早逝，兄妹5人，家庭贫困，初中毕业后回家务农。1984年6月跟师学艺打粗石，修建石拱桥，打造墓碑，自我总结的錾字“三点合一法”，提升了雕刻技术。1986年出师远走他乡，在断渠办起了石材厂，投资3000多元，购买《古代武将线描图谱》、《古代神话人物白描画谱》、《青松白描画谱》、《菊花白描画谱》、《白描竹子图》等50多册，白天做工，晚上学习素描画；寻找古墓有记载的人物碑观摩作文、绘画，全面研究碑石技术，开展花岗石与白硬石料相配合，又与墓地环境美化实施园林综合开发，使墓碑美观大方，达到人景合一，使农村墓碑文化、孝道文化成为一道美丽的风景线。20多年来，他为巴中市三县一区、阆中、仪陇、苍溪、旺苍、广元、河南等地人民打碑6000余座，所雕刻的“二十四孝”、“八仙过海”、岁寒三友、松竹梅菊、龙凤花鸟等栩栩如生。他先后为中共中央第二代领导人邓小平同志故里，雕刻了书画诗词楹联，巴中市南龛坡将帅碑林红四方面军领导人陈昌浩、王树声、张国焘、倪志福塑像台座，雕刻姓名、碑文、楹联，南江县断渠公园春深亭雕刻门楣，光雾山巴山游击队纪念馆雕刻烈士碑文……为风景名胜区景点作出了精湛的石刻贡献，得到了世人的认可、同行的羡慕、来客的赞赏。

岳如云

岳如云，男，1922年8月出生于南江县北极乡中房坪村。

岳如云幼年读私塾1年后在家务农。1933年4月，年仅11岁的他报名参加了红军，任红31军91师277团3营战士、班长。长征途中，两爬雪山，三过草地，历经艰辛，九死一生。1937年1月至1945年12月，历任129师386旅机要组长、山西太岳2分区机要股长、太岳4纵队12旅机要科长等职，1938年10月加入中国共产党，参加了百团大战、太原保卫战、太行反扫荡等战役20余次。1946年1月至1949年12月，先后担任太岳4纵队10旅机要科长、2野4纵10旅机要科长、4兵团13军37师军械科长。参加了上党、晋南、淮海、渡江、南昌、广州、云南等战役战斗80余次，英勇善战，机智果断，不怕牺牲，屡立战功。在淮海战役中立大功2次，渡口战役中立中功1次。1951年7月，由云南调北京历任中国人民解放军公安部队司令部参谋训练队队长、机要训练队队长、管理科科长、管理处副处长、处长等职。1962年1月任中国人民解放军公安部队管理局局长，1979年3月任二炮司令部研究室副主任，同年8月调二炮后勤部任副军职顾问。1955年授予上校军衔，荣获三级八一勋章，三级独立自由勋章，三级解放勋章，1988年荣获中国人民解放军二级红星功勋荣誉章。1980年10月离休。

岳廷华

岳廷华，男，1944年2月出生于南江县北极乡，1966年初中毕业后被招进南江县石棉厂工作。1979—1986年任设备科科长，1986—1990年石棉厂更名为竹坝铁矿，担任生技科科长、助理工程师。2000年4月获全国劳动模范并参加了北京劳模表彰会，受到了党和国家领导人的亲切接见。

1990年，他在竹坝铁矿设备安装试车中，及时向设备生产厂家及安装单位提出了几个重要设备的关键部位存在的问题，为企业挽回直接经济损失26.5万元。1994年，他作为“竹坝铁矿输送管道技改”科技攻关项目带头人，经常深入管线科学分析论证后提出技改方案，使管道的年输送能力由 4 万吨提高到 10 多万吨，每年为企业节能降耗 50.8 万元。1995 年企业改制组建集团公司后，全面推行了“模拟市场价格成本倒推控制法”降成本，将 1000 多个技术经济指标下达到每一位职工头上，细化到每个岗位、每台机器上，年为企业创造直接经济效益 12.5 万元，当年被县科委评为“科技进步奖”。1998 年他带领一批年轻技术人员实施“破碎段技术改造”，入选品位由原含铁 34% 以上才能入选降到 17% 亦可入选，延长了矿山服务年限，年为企业节能降耗 70 余万元，该项成果在同类矿山中有广泛的应用价值。1999 年，岳廷华发明自制盘式磁选机，从尾矿中回收铁精矿，每年从尾矿中回收 400 ~ 500 吨精矿，年创效 5 万余元。同时，对原设计的选矿工艺流程进行变更、调整后，使选矿尾水集中排放干尾矿处理库中，脱水站不再进行抛尾，杜绝了部分尾矿水直接排入江河对环境的污染，11 月份，设计了矿山井下提升运输系统，成功地将 1310 米中段以上的废石料运至 1378 米中段的废石仓内，为企业节约 5 户农房搬迁费、30 亩土地征用费、30 人就业安置费、附作物赔偿费 55 万元。他先后就企业管理、技术革新、小革小改等方面向矿部、公司提交了 300 余条建议、方案、报告，实施后年为企业节能降耗 140 万元以上，提高了企业产品科技含量，实现企业年产值 13 亿元，利税 3.5 亿元。

岳宣义

岳宣义，又名岳煊一，笔名南江村。1943 年 1 月出生于南江县赤溪乡白岩村，中共党员，中央党校研究生学历，司法部副部长，中国人民解放军少将军衔，第九届全国人民代表大会代表，中央纪律检查委员会委员，出席中国共产党第十六届代表大会，当选为第十六届中央委员。

岳宣义出生于赤溪乡的一个贫困农户家庭，祖祖辈辈种田为生。1962 年 7 月高中毕业于南江中学，学习成绩优秀被保送上大学。在校期间，他积极响应党中央“上学服从参军”的号召，毅然投笔从戎。参军后历任战士、班长、秘书、干事、股长、团政治处主任、团政治委员、师政治部主任、集团军政治部主任、河南省军区政治委员、济南军区政治部主任等职务。1979 年岳率部参加对越自卫还击、保卫边疆作战。1989 年率部参加北京学潮戒严，1992 年被中央军委授予少将军衔。1998 年率部参加长江抗洪抢险，曾多次参加重大军事演习和抢险救灾等活动。他在从事部队政治工作中，用科学理论武装部队干部战士，用英雄事迹激励干部战士，用传统文化教育鼓舞干部战士，撰写了 20 余篇政治工作论文，《无敌的铁拳——五十四集团军军史》系列工程，在全军产生了广泛的影响。1999 年后，任中纪委派驻司法部纪检组长、部党组成员、司法部副部长。他在担任河南省作家协会会员期间出版了《衔吴钩的和平鸽》、《马鸣苍穹》、《香江灯火》等诗歌散文集。

岳俊聪

岳俊聪，男，中共党员，大专文化，1950 年 11 月出生于南江县燕山乡。1971 年 5 月参工到南江县铜厂，1972 年被单位选送到四川冶金地质公司学习岩矿鉴定及化学分析。1981 年 1 月，调南江县石墨矿工作，先后任副矿长、矿长、县非金属矿工业公司副经理、经理；1987 年 1 月加入中国共产党。1991 年 1 月任南江县工业局矿管股长，1992 年 1 月调竹坝铁矿，先后任党总支副书记、书记、常务副矿长。矿长；1995 年 10 月任南江县冶金矿山集团有限公司党委书记、董事长兼总经理，县人大副主任。1998 年当选为四川省第九届人民代表大会代表。

岳俊聪自幼刻苦学习，因家庭贫困高中毕业后应聘到南江铜厂工作。30 多年来，由一名普通的工人成为 13 亿元资产的董事长，凝聚了他的顽强拼搏和艰辛努力。在本职岗位上始终坚持以人为本，科技兴企、创新发展的经营理念，以“模拟市场成本价格倒推控制法”为核心内容的竹坝经验誉为巴中市的“邯钢经验”在全市推广；大胆进行股份制改造，投资 7000 万元与川威集团合作开发了会理县秀水河铁矿，投资 5000 万元在汉中安康建设年产 10 万吨的矿山采选生产线，引资 6000 万元与浙江业主共同开发南江县坪河 30 万吨非金属建材基地。携手川威集团投资 1.4 亿元在南江县组建四川南威水泥有限公司 2500T/D 熟料新型干法水泥生产线。已发展成为拥有 6 家子公司、3 家成员企业、在岗员工 1686 人，总产值 13 亿元的中型企业。企业先后被评为“四川省先进单位”“四川省黑色金属采矿业 10 强”、“四川省工业企业 100 强”、“四川省工业企业最佳经济效益 500 强”、“四川省思想政治工作先进单位”等称号。个人科研成果细菌炼铜和霞石选矿经验分别获部、省、市、县科研成果奖，连年获得“省冶金行业优秀企业管理者”、“法人代表任内卓越经营业绩”、“省优秀企业思想政治工作者”、“四川省首届青年科技创业奖”、“省最佳节能能手奖”，荣获四川省劳动模范、四川省优秀创业企业家、四川省优秀中国特色社会主义事业建设者称号。

邵俊武

邵俊武，男，1928 年 5 月出生于南江县石滩乡。初中文化，中共党员，1950 年 2 月参加中国人民志愿军，同年 7 月入朝作战，荣立特等功，受到朝鲜人民共和国主席金日成的亲切接见。

1951 年 4 月，邵俊武在上甘岭战役战斗中，为掩护战友杀出重围，身负重伤，转回国内某野战医院疗伤，康复后在野战军 59 团服役，协助地方政府进行土地改革和清匪反霸斗争，出色地完成了各项任务，荣立甲等功 2 次。1955 年 5 月加入中国共产党，1956 年 5 月转业被分配到南江县北极乡政府工作，1957 年 3 月调南江县铁厂任木炭生产、运输班班长，大胆管理，工作认真，运输班创造了日人工运输 28 吨的新纪录，受到县委、县政府的表彰奖励。1958 年 2 月任南江县上游钢铁厂运输队党支部书记，负责全厂的煤炭、焦炭、铁矿和其它生产材料的运输，肩挑背磨，顶烈日，冒严寒，吃干粮，喝凉水，保证了运输任务的完成，使上游铁厂成为全县工业战线的一面旗帜。1962 年 3 月，他光荣出席了四川省农业劳动模范代表大会，省人民政府授予“劳动模范”称号。同年 5 月，调任洛坪铁工厂党支部书记，后来先后在城管砖瓦社和建筑公司工作，被职工誉为“一颗永不生锈的螺丝钉”，多次被上级主管部门评为先进工作者，1984 年 11 月，因身体健康原因被组织批准提前退休。

唐国忠

唐国忠，男，1920 年 3 月出生于南江县长征乡五村的一个贫苦农民家庭。1933 年 9 月参加中国工农红军，1938 年加入中国共产党，1980 年离休后享受副军职待遇。

唐国忠 13 岁报名参加红四方面军后，历任军保卫局革命法庭看守员、保卫局战士、班长，长征途中，两爬雪山，三过草地，九死一生，历经千辛万苦。1936 年 2 月任延安抗大通讯员，1937 年 3 月任延安总兵站部杨立三部长警卫员，1939 年 4 月任兵站部警卫通讯排排长，1940 年任延安交通纺织厂工务股长，1945 年 2 月任吉林军区军需科长、经建处长，1947 年 5 月任四野 43 军 156 师后勤部部长、政委，1953 年 5 月任中央军委测绘学院物资保证部政委，1956 年 1 月任总后重庆 351 仓库政委，驻 296 厂总军事代表。1955 年授予上校军衔，荣获三级八一勋章，三级解放勋章，三级独立自由勋章。

梁大碧

梁大碧，女，汉族，生于 1948 年 1 月，初中文化，南江县高塔乡青春村人，连任村妇代会主任 32 年，高级农技师。连续四届当选为县人民代表，先后荣获省“三学三赛”先进个人、省“三八”红旗手、省“十大女杰”、省“农村科普先进工作者”，省“科技致富、勤劳致富”金杯奖、省“生产能手”、全国“农村科普先进工作者”、全国“三八”红旗手等各级表彰、奖励 130 余次。被省政府评为“劳动模范”，1993 年、1997 年分别当选为第八届、第九届全国人大代表。

梁大碧因家庭贫困，初中毕业回到农村，就立志靠科技改变家乡贫困面貌。改革开放后，她以勤劳朴实、乐于助人的精神认真学习并应用、推广农村科技知识，率先垂范开创了“庭院”经济发展的先河。她先后 8 次自费到北京等五省市学习考察，与全国 20 多个省市农业科技单位建立了合作关系。从国内外引进各类农作物 60 多个新品种，实行“粮果并重，果粮间作，果菜相依、长短结合、以短养长”的立体开发模式，1986 年“庭园经济”人均纯收入是南江县农业人均纯收入的 14.7 倍。梁大碧富了不忘乡亲，1987 年起，义务为 760 户村民传授技术、送种苗。1998 年，她投资 70 万元，承包了赤溪乡 200 余亩荒山，建立野羊溪优质苗木基地，不断引进、培育新品种，带动农民用科技武装头脑，用良种武装土地，大力实施农业产业结构调整。在担任全国人民代表期间，不忘代表身份，积极为西部地区争取政策和资金扶持，先后办理 30 多项提案和 60 多条建议，为巴中争取项目资金 1000 万元。梁大碧曾受到国家主席江泽民等党和国家领导人的亲切接见并合影留念。她的事迹在《人民日报》、中央电视台等多家报刊和电视台刊载播放。

梁天际

梁天际，男，1918 年 1 月出生于南江县八庙乡。1937 的 1 月加入中国共产党，1955 年授予少校军衔，1979 年 7 月离休，享受副厅级待遇。

梁天际幼年家庭贫穷。1933 年 10 月报名参军后，任红四方面军总医院护理员和看护员，长征途中，两爬雪山，三过草地，千辛万苦。1936 年到达陕北后，任红 88 师 3 团看护员。1937 年 8 月任八路军 115 师 687 团 2 营 5 连卫生员，1939 年 1 月任 689 团 2 营看护班长，1940 年 4 月任 688 团卫生队看护长、医生，1942 年 1 月任新四军淮海军分区泗述独立团门诊所所长，1946 年 2 月任淮海军分区卫生部第 1 休养所所长，同年 7 月到华东野战军卫生部轮训队学习，1947 年 7 月任华东野战军第 3 野战医院医疗队长，1950 年 2 月任华东海军南京 414 医院副院长，1958 年 8 月任安徽医学院附院副院长，1964 年 4 月任安徽省立医院副院长。先后参加了反六路围攻，平型关、涟水、孟良崮、开封、淮海、渡江、上海等战役，荣获三级八一勋章，三级独立自由勋章，三级解放勋章。

郭平陆

郭平陆，号奇武，男，1928 年 2 月出生于南江县关门乡石庙村。在其祖父郭登第（贡生）、父郭金儒（连保主任）的教育下，自幼刻苦学习，毕业于阆中省立高中。

1950 年 2 月开始在南江一完小、二完小任教，主要从事语文、数学教学，长期担任教研组长，教学成绩显著，被誉为全县知名教师，受到了师生和家长的好评。在 30 年的教学工作之余，刻苦钻研诗、书、画，集诸家之长，创自己之风，以本土文化和古老的传统文化艺术相结合，创作出大量的诗、书、画佳作。其作品传略已入编《世界美术家》、《世界华人文学艺术界名人录》、《中国美术家选编》等全国性、国际性 60 多种专集中。系中国青少年作家协会会员、中国书画家协会理事、研究员，特邀作家，高级书画师、中国书画总网签约画家、文化部文化市场发展中心艺术品获部 ISC2000 上网书画家，授予世纪文学艺术家、当代书画名人，世界金奖艺术家等多种称号。曾先后获得诗词、散文全国二等奖，在“和平杯”、“炎黄杯”等国际书画交流中捧回了金杯，在美国世界艺术中心“世界金鹅奖”大展赛中夺得了书画成就奖，并在日本、韩国、巴西、香港等国家和地区展出、收藏，或销售。在（文化部）中国文化艺术城世纪名家书画展中获 24K 黄金牌世纪名家创作奖，在“99 迎澳门回归中国美术精品展”中获“和平”金奖，作品入编《中国美术家选集》，获得 24K 镀金纪念币。个人专著《郭平陆画集Ⅰ Ⅱ》、《郭平陆行草书法集Ⅰ Ⅱ》、《恒清集Ⅰ Ⅱ》已传入海内外。

索　娜

索娜，女，藏族，原名索娜曲珍。1940 年 9 月出于雪域高原拉萨市一个大差巴家庭。家庭出身农奴主代理人，自幼在拉萨小学读书。1951 年西藏和平解放后，亲眼目睹了解放军为西藏人民所做的一切好事，感动了她全家，在与解放军的接触中结成了亲密关系。

1954 年党和政府把她选送到中央民族学院学习，1956 年被评为院优等生，被选为班长、团支部组织委员。曾 3 次参加国庆节的国家仪仗队，多次受到中央领导接见，1957 年受到毛主席接见并合影留念。她回到西藏后，1959 年西藏上层反动派发动叛乱，全家人跟着共产党走社会主义道路，无一人参加叛乱，还参加了平叛战斗。拉萨战役结束后，西藏军区将她安排到藏语文队任教师，培养军队翻译人才。1960 年被编入西藏军区步兵学校，同年参加了西藏民主改革（即土地改革）。1969 年，她随丈夫转业到南江县，被分配到柞蚕种场工作。1976 年调县城修建农校，克服了生活和工作中的种种困难，战胜疾病，艰苦朴素，吃苦耐劳，团结同志，完成了各项任务。1980 年被选为南江县九届人民代表和第十届人大常委会委员。1984 年，出席了达县地区民族团结进步大会。退休后，参加了县城老年妇女协会，被选为常务理事。在老有所乐、老有所为的大家庭中，积极参加妇协组织的各项活动，受到了妇协和社会的赞誉。

贾正贵

贾正贵，男，汉族，生于1955年10月，大专文化，中共党员，四川省南江县人。

贾正贵于1975年9月参工，就职于南江县团结小学。1979年2月毕业于达县农学院，后被调到南江县畜牧部门工作。他先后任团结乡畜牧站、南江县饲草饲料站（畜禽品种改良站）站长、南江黄羊科研所北极种畜场场长、科研所所长、南江县畜牧局副局长、南江黄羊产业发展中心常务副主任。兼任全国养羊研究会会员，省养羊专委会会员、理事，省、县南江黄羊育种委员会委员，县畜牧兽医学会副理事长，南江县农业技术推广研究员。

贾正贵在30年的工作历程中，有26年时间就职于畜牧战线，长期从事南江黄羊肉用新品种的培育研究和选育保种等技术工作。他参与和主持实施了黄羊选育、省级重大科研项目，先后完成了《南江黄羊新品种培育》、《南江黄羊育种体系建设研究》、《南江黄羊肉用性能选育和开发研究》、《南江黄羊肉用品种选育》等8个专题研究项目，技术指标均达到或超过设计要求，部分研究专题取得突破性进展。其中：获国家科技进步二等奖1项，获省人民政府科技进步一、二等奖各1项，获地（厅）级科技进步一等奖3项，二、三等奖各1项。先后6次被市、县评为科技“先进工作者”、“首届地级科技拔尖人才”、“巴中市首届学术和技术带头人”、“巴中市优秀人才”称号；被四川省政府评为“优秀创业人才”；被国家农业部评为“先进个人”。他被选入《中国企业之星》名录和《中华优秀人物大典》；被国务院批准享受“政府特殊津贴”。

康秀邦

康秀邦，女，1940年出生在南江县长赤乡乐台村一个贫苦家庭。

幼年因家庭生活困难无力上学，新中国成立后进识字班学习，当上了村里的广播员，1955年加入共青团，1959年加入中国共产党。1958年春天，县上号召大力发展棉花生产，长赤公社在乐台村搞示范，时任团支部书记、青年突击队队长的康秀邦带领几名女青年在雨包梁搞起了“棉花高产试验田”，从耕地、播种、施肥、管理等每项技术活路都是她亲手带头干，当年亩产籽棉208斤，创造了棉花高产奇迹，被社员称为“棉花姑娘”。同年，康秀邦还带领几个青年队员进行“火温室育秧”试验，育出来的秧苗移栽在浅水大田里，比一般栽秧提前一个季节，当年比常规秧的产量提高了15.3%。1958年11月荣获“四川省第三次青年建设社会主义积极分子”称号，同月荣获“全国青年建设社会主义积极分子”光荣称号，并出席了在北京召开的“全国第二次青年建设社会主义积极分子大会”，受到周恩来、朱德、贺龙、胡耀邦等中央领导同志的亲切接见并合影留念。1960年2月，出席了四川省第四次青年社会主义建设积极分子大会，同年出席了“四川省劳动模范大会”。多次受到了省、地、县表彰。

黄 恕

黄恕，男，1930年6月出生于四川省叙永县，1954年毕业于江津园艺学校，分配到南江工作。

他长期担任南江县茶果站站长，省高级专家，高级农艺师，1978 年被评为“四川省劳动模范”和“四川省先进科技工作者”，1996 年被省政府表彰为“实用技术培训先进个人”，1997 年被中宣部等 10 部委评为“全国三下乡活动先进个人”和“全国老有所为奉献奖”。在省内享有“茶果之王”盛誉，得到国家众多茶果专家的赏识，受到原国家主席李先念的接见。

1957 年，27 岁的共产党员黄恕在县农业局工作期间，因没按某领导的主观意图办事，在反右斗争中，受到批判。1958 年被下放到桃园干部农场劳动。1961 年，调回农业局工作，他顶着北风，前往河北、山东、安徽去考察苹果、梨子的品种栽培技术，吃苦耐劳的精神感动了砀山农场，送他一捆接穗带回南江。随后引进 50 多个水果品种，在南江县农场果园内培育出了又香又甜的砀山梨、美国蜜梨、日本白梨、河北金花梨、苍溪雪梨等等。1975 年他在和平乡 5 村 3 组，采用“苹果三段管理法”和“曲干促萌法”，创造了 1 年建园，2 年挂果，3 年亩产上万斤的奇迹。“苹果乔砧矮化密植”1978 年获得了四川省重大科技成果奖，大专院校果树栽培教材审编，黄恕跻身其中，令国外同行连声“OK”！为改变南江县“桃子剥开一包虫、梨子牙齿咬不动”的落后面貌，黄恕建起了第一个良种果园（县农场果园），指导 42 个低产果园连年丰收。为改变南江茶树零星分散和手工制茶，他与妻子建起了南江县第一个茶场兴马乡余家坪村茶场，面积 540 亩，培育出全国 15 个优良品种茶叶之一的大叶茶，研究制造了水力制茶机，并参加了国际博览会。1989 年，年近花甲的黄恕，担任吴家山千亩良种板栗基地建设副指挥长，身患疾病，带药出征，亲手嫁接，全面完成了从省外引进 22 个良种的 12 万枝板栗接穗的嫁接。他发表学术论文 10 篇。1990 年退休后仍坚持下乡指导农业技术，为南江农村走向小康奉献余热。

彭华奎

彭华奎，男，生于 1949 年，南江县正直镇人，四川师范大学毕业。曾任北京民族大学美术系副主任，现中国诗书画研究院研究员、中国书画函授大学教授、澳洲中国书画函授学院第一副院长、当代肖形印社社长。

彭华奎自幼酷爱书画艺术，数十年孜孜以求，诗书画印皆能。作品曾在百余家报刊上发表，在数十次全国性、国际性展览中获奖，并被一些美术馆、博物馆、纪念馆收藏。近年来多次在北京、广州、香港、瑞典、日本、澳大利亚举办个人书画展。《人民画报》、《中华英才》、《中国青年》、《北京周报》、《中国美术》、《收藏家》、广东电视台、海峡之声电台等数十家新闻单位对其进行过专题介绍。作品、小传被收《中国书画选》、《当代世界名人集》、《世界名人录》等数十部画册辞典。不少书法碑林石刻有其书法作品。被国内外数十家协会、书画院、大赛组委会聘请为艺术顾问、名誉会长、名誉院长、教授和评委。系列人物画《十八罗汉》在深圳“95 中国艺术品拍卖会”上以 31 万元人民币拍出。2002 年人物组画《中国古代十二位杰出诗人》，在深圳中国书画古董拍卖会上又以 23 万元人民币拍卖成功。《高人雅士图》以 33 万人民币在北京翰海 2007 春季拍卖会上拍出。另一套《十八罗汉》被日本长安寺以 500 万日元收藏。出版有《十八罗汉》挂历、《华奎师生作品精选》明信片、《华奎书画集》等。

彭秀才

彭秀才，曾用名李景智，男，1921年4月出生于南江县桥坝乡桥坝村。1928年5月加入少年先锋队任小队长，1932年12月加入中国共产主义青年团，1936年12月加入中国共产党，1961年列入编外休养，1974年转回南江县革命村休养，1982年离休后享受副厅级政治经济待遇。

彭秀才于1926年开始发蒙读书4年，因家庭贫困弃学回家务农。1933年4月参加中国工农红军任红四方面军保卫团战士，随后选派到川陕省通江党校学习1年，结业后分配到总政治部剧团任音乐股长、副主任、代理主任、宣传科干事、剧团主任、护士排长、护士长、甘肃庆阳医院指导员。1935年2月任红四方面军第31军警卫营排长，红33军补充师258团排长。在山西、河北一带与敌军作战，在战斗中2次受伤。在甘肃会宁战斗中，敌人子弹打入头部，致脑震荡。同年12月到野战军医院4分院养伤。1937年1月任八路军129师政治处宣传干事。1938年12月至1939年6月在延安无线电学校学习，后分配到中央红军总参谋部情报局任科员兼参谋，改名为李景智，与王进2人指派到肤施县（今延安市）国民党县党部从事军事情报工作，负责无线电通讯联络，自带无线电台全方位地搜索窃听和侦察敌情，在上级的指挥下拔掉了敌特钉子。1940年1月到抗日军政大学、八路军学院学习3年后回情报局工作，随后在八路军医院、边区医院、边区政府疗养院治病休养。1943年5月，彭秀才因长期患病组织上决定他退伍到安塞县高家沟杏河村落户，一边休养，一边帮助王民凤等3户农民干农活。1950年被安排在保安（志丹）县太平区第二乡任文书，1951年5月任太平区政府生产建设助理员，1955年4月任志丹县交通科科员，负责全县公路建设。1962年脑病复发，又患上心脏病，住院治疗3年后与6名退伍老兵在当地办起了曙光果园，多次评为地县先进工作者，县劳动模范。1983年10月29日《人民日报》对彭秀才在志丹县先进工作事迹进行了报道。

释了空

释了空（俗名任正文），男，汉族，生于1967年12月，四川省盐亭县洗泽乡人，现住南江县南江镇。

1990年高中毕业，自愿在峨眉山出家为僧。1995年进成都昭觉寺佛学院读书，1997年以优异成绩毕业。1997年7月经省佛协介绍来南江县琉璃寺任主持，并兼任龙华寺主持。1997年8月，当选为省佛教协会理事，1998年3月被推选为政协南江县第六届委员会委员，2000年被推选为政协巴中市第一届委员会委员，巴中市佛教协会副会长。

了空法师从小善良仁慈，尊师重道，见菩萨就生欢喜心。在中学读书时，他就坚持打坐练佛教的禅定功夫。到了高中阶段，他的修炼终于打通了任督二脉，从此他对佛教的追求便成为他今生今世的人生投入。1990年他到了峨眉山脚时，感觉到人间天堂就在眼前，为了表达学佛的虔诚之心，他从山脚行程120多华里一直走到海拔3077米高的金顶。到了金顶后，因其殊胜的佛缘，不到10天，现任四川省峨眉山市佛教协会副会长、金顶主持高僧通孝大师就收他当侍者，一直跟随其身边4年时间。1995年他进入成都昭觉寺佛学院学习，3年时间系统地对佛教的“三藏”和“十家”的佛学知识进行全面的学习了解，以名列前三名的优异成绩毕业。1997年7月来南江县琉璃寺和龙华寺任主持，仅5年时间，就建好琉璃寺大殿和综合楼以及龙华寺天五殿、观音殿和部分香房，总建筑面积近2000平方米。为发扬佛教的慈悲喜舍精神，1998年5月22日在南江县花桥乡二村发生大滑坡灾害后，琉璃寺僧众为灾民捐款1000元，捐物300余件，为修南流路捐资600元，为九顶乡6村3社贫困户张万全之子上大学捐资300元。有居士几百人，并定期和不定期地组织他们学习宗教政策、法律法规和佛学知识，引导广大僧众遵纪守法，爱国爱教，更好地为社会稳定、国家繁荣富强服务。

蒲守易

蒲守易，男，汉族，南江县凤仪乡人，生于1938年1月，四川师范大学中文系毕业。1963年参工，先后在下两中学、正直中学、县教师进修校任教。曾担任县人大常委会副主任、县政协副主席、四川省第七届人民代表大会代表。系南江县中教语文学会理事长，四川省楹联学会会员、吴芳吉研究会理事。多次受到省、地、县表彰，被评为全国优秀教师、县进修校高级讲师（副教授）、四川省老龄事业先进工作者。传入《全国英模大典》。

他在职从事教育工作36年，以“不为自身求富贵，但愿人子少痴愚”自励。在区中学任语文教师教研组长时，带头讲示范课，组织开展区级教研活动。调入县教师进修校后，在汗洒教坛的同时，他坚持笔耕不辍。几十年来，著述甚丰。计有：《论白居易〈琵琶行〉的音乐美与审美观》、《鲁迅旧诗笺注》、《毛主席诗词注释与资料汇编》、《古诗文及其教学》、《虚实结合内隐外显——论语文教学与思维训练》、《南江县建制考略》、《词体演变与苏辛词之异同》、《屈原与离骚》、《华夏姓氏文化笔谈》、《恨不此身是男儿——论南江清代女诗人杨古雪及其诗词》、《南江民国女才人石瑞莪》、《古集州艺文钩沉》等11项重要成果。他在任县人大副主任、政协副主席期间也写了很有价值的论文。如：《继续培训中小学教师势在必行》、《科教兴县、依法治教》等，同时参与了县人大等单位合编《红军歌谣》的编辑工作，并撰写了《大革命时期的风雨表——试论川陕苏区歌谣的特色》。此外还编辑：《南江人大论文选》、《秦巴山区统战论文选》、《桃园风光》（景点说明）、《南江诗文选》（二卷）、《南江政协文史资料》（共四卷）。退休前就任南江老年大学副校长，管教学并任文史教师，自编教材《文选》、《四川简史》、《诗词典律浅说》、《论中国传统文化的人生价值》、《中华文明多元文化的融合》，主编了南江老年大学校刊《晚晴诗集》二卷，同陈登枢、陆联壁等策划南江诗联学会会刊《蕊榜新花》四卷及《断渠大观》一卷、自著印《翠竹轩诗文集》。

谭伯仲

谭伯仲，男，汉族，生于1975年12月，南江县黑潭乡人，中共党员，当代军旅青年书法家、作家。现为中国书法家协会会员、中国楹联协会会员、成都市作家协会会员、四川省青年书法篆刻家协会常务理事等；现聘为中国国家画院教育中心教师、四川省雅缘书画院常务副院长、南江县政协书画院顾问、南江县红十字协会名誉会长等。

1991年入伍至成都军区联勤司令部，荣立三等功3次。先后入于中央党校、解放军艺术学院、北京大学、全军首届21人书法创作班、中国国家画院学习；作品入选军队、国家级展览数次；发表评介文章于《书法报》、《中华艺术家报》数万字。选调参加《全军首届21人书法创作班》成为全军最年轻的创作骨干之一。在此期间，作品得到40多位著名专家的点评，最终以大篆行世入选“第八届全国书法篆刻展”；尤其行书对联《起宏图冲霄汉》被中央军委八一大楼收藏，其大气磅礴之书风深受军委首长好评。受军委、总政首长之命以大篆书体再次为八一大楼创作文天祥三百余字的《正气歌》，影响深远。参加了成都军区、四川省文联、四川省书协联合主办《纪念邓小平诞辰一百周年，中国人民解放军建军七十五周年军旅书法家谭伯仲作品展》。借调总政宣传部主办《全军首届中国书法家协会会员展》其成绩突出，展览圆满成功。

个人事迹录入《中国书法家大词典》、《世界华人书画篆刻家大辞典》、《当代书法家精英大典》等书，中央电视台军事频道、《解放军报》、《书法报》、四川电视台、《四川日报》等媒体均有报道。结集出版有《谭伯仲戎墨居书画》、《草书艺术特刊》等。

廖俊华

廖俊华，女，1934年11月29日出生于南江县平岗乡四村一个贫苦农民家庭。

新中国成立后，豆蔻年华的廖俊华怀着对党对人民的赤胆忠心，积极投身到减租退押、清匪反霸、土地改革的火热斗争之中，多次出席区、县群英会。1955年加入中国共产党，同年6月招收为平岗乡妇女干部。她在工作中勤奋学习，忘我工作，成为全乡妇女学习宣传党的政策路线，开展社会主义农业改造，创办高级合作社和大搞农田基本建设、植树造林的“领头雁”，受到达县地委、行署的表彰奖励。1957年担任平岗乡副乡长，分管农业和妇女工作，她和乡党委、政府一班人精诚团结，精心运筹决策，广泛发动群众，当年使全乡农民走上了社会主义集体化道路，创造了全乡粮食产量的历史记录，组织全乡干群植树造林1200亩，兴修塘堰130多处，改土造田1500多亩。1958年10月，出席“全国妇女建设社会主义积极分子代表大会”，受到刘少奇、朱德、周恩来等党和国家领导人的亲切接见并合影留念。在中国3年自然灾害时期，男青壮年全部上山大炼钢铁的情况下，她带领全公社1000多名妇女和老弱病残，大力开展“以粮为纲”的农业运动，晴天一身汗，雨天一身泥，因地制宜，科学种田，使全公社粮食产量大幅度增产。为解决公共食堂供粮标准低，社员吃不饱，浮肿病蔓延的严重问题，她组织全公社人民一边发展粮食生产、一边发展渔牧业，发展代食品50多万公斤，确保了全社群众在三年生活极度困难的情况下，无一人患浮肿病，无一人死亡。1962年2月，被省人民政府授予“劳动模范”称号，1963年11月，出席了“四川省妇女建设社会主义积极分子代表大会”。1965—1998年，廖俊华在杨坝公社和县蔬菜饮食服务公司任职，为党和人民的事业散发着全部光和热，1998年5月退休。

魏于全

魏于全，男，汉族，1959年6月生，南江县人。1986年4月加入中国共产党，博士、教授、中国科学院院士、科学家。

魏于全于1977年7月在南江县当知青。1978年10月至1983年7月在四川医学院医学专业读书，获学士学位。1983年9月，在四川医学院、华西医科大学病理学专业读研究生，获硕士学位。1986年7月在华西医科大学病理科任助教、讲师。1992年3月在日本京都大学医学研究生院读博士研究生并获博士学位；1995年3月在日本留学期间被华西医科大学评聘为副教授。1996年3月任华西医科大学肿瘤生物治疗研究室主任、教授。1998 年 12 月任华西医科大学科研处副处长。1999 年 11 月任四川大学肿瘤生物治疗室“长江学者”教授。1999 年 12 月后，在四川大学人类疾病生物治疗教育部重点实验室工作，先后担任实验室主任，国家 863 计划生物工程技术主题专家组组长，国家自然科学基金创新研究群体负责人，中国科学院院士，国家科技部重点基础研究 973 首席科学家。

他是国家自然科学基金第七、八届学科评审组成员，国家新药评审委员会评审专家，第五届教育部科学技术委员会委员，中国临床肿瘤学会常委委员，《癌症》杂志副主编，Stem Cell and Cellular Therapy 副主编，《中华医学遗传学杂志》编委，《科学通报》、《中国科学》等特邀审稿人，肿瘤治疗及肿瘤免疫学家。主要从事肿瘤生物治疗的基础研究、应用开发与临床医疗。研究了利用主动免疫抗肿瘤血管生成为肿瘤疫苗及抗肿瘤血管生成治疗提供了新思路，并将异种同源基因与异种免疫排斥及自身免疫反应相结合，用于探讨肿瘤免疫基因治疗，可以克服自身抗原的耐受性。还对淋巴细胞在肿瘤微环境内杀伤自身癌细胞现象进行了观察，并对诱导及增强淋巴细胞杀伤自身癌细胞活性进行了研究。此外，发现了阻断 HSP70 表达，可诱导癌细胞凋亡。

第三章　表　录

一、出席全国、全省党政代表大会代表名录

表 35—1

姓　名	性别	出生年月	工作单位及职务	任党（人大）代表届（次）	任职时间
梁大碧	女	1948. 1	高塔乡青春村妇代会主任	第八届全国人民代表大会代表	1992. 3—1997. 2
				第九届全国人民代表大会代表	1997. 3—
杨清镛	男	1944. 5	南江县委书记	省第五次党代会代表	1988. 4—1993. 3
刘宗寿	男	1941. 9	南江县委书记	省第六次党代会代表	1993. 4—1997. 10
陈延荣	男	1956. 8	南江县委书记	省第七次党代会代表	1997. 11—2002. 10
袁光碧	女	1963. 9	县妇联副主席	省第七次党代会代表	1997. 11—2002. 10
张美秀	女	1950	赶场区副区长	第六届省人大代表	1982. 3—1987. 12
曹天健	男	1917	县医院副院长	第六届省人大代表	1982. 3—1987. 12
廖明才	男	1931. 3	县人大主任	第六届省人大代表	1982. 3—1987. 12
				第七届省人大代表	1987. 12—1992. 11
蒲守易	男	1938. 1	县人大副主任	第七届省人大代表	1987. 12—1992. 11
顾德诚	男			第七届省人大代表	1987. 12—1992. 11
赵洪秀	女	1953. 2	关路乡党委副书记	第七届省人大代表	1987. 12—1992. 11

续上表

姓　名	性别	出生年月	工作单位及职务	任党（人大）代表届（次）	任职时间
何茂兴	男	1939. 4	南江县委书记、县长	第八届省人大代表	1992. 12—1997. 11
李芝芬	女	1965. 7	长赤镇清泉村妇代会主任	第八届省人大代表	1992. 12—1997. 11
卢家健	男	1940. 10	县林业局副局长	第八届省人大代表	1992. 12—1997. 11
何长洋	男	1951. 6	南江县委书记	第九届省人大代表	1997. 12—
何家福	男	1949. 6	县人大副主任	第九届省人大代表	1997. 12—
岳俊聪	男	1950. 12	县人大副主任，县冶金集团董事长	第九届省人大代表	1997. 12—
罗运琼	女			第九届省人大代表	1997. 12—

二、健在的老红军名录

表 35—2

姓名	性别	出生时间	参军时间	历任职务	授予军衔	享受职级	原住址	现住址
盂　克	男	1920. 2	1932. 12	20 军政委，第 4、5 届全国人大代表	大校	正军	关门乡宝峰村	上海市第一离职干休所
何太阳	男	1920. 1	1933. 3	湖北省军区副司令员，正军职顾问		正军	双流乡元包村	武汉市干休所
宋万林	男	1919. 7	1933. 8	总后华东物资局党委书记		副军	九顶乡五村	总后上海干休所
吴长泰	男	1920. 6	1933. 2	海军司令部管理局副局长	上校	副军	九顶乡白株村	北京市海淀区阜成路友谊里 10 号
唐国忠	男	1920. 3	1933. 9	总后重庆军工厂军事代表	上校	副军	长征乡五村	重庆市
刘泽沛	男	1918. 8	1933. 1	解放军军事医学院副军职顾问	上校	副军	正直镇金鹞村	长春市干休所
岳如云	男	1922. 8	1933. 4	二炮后勤部副军职顾问	上校	副军	北极乡中房坪村	北京市二炮干休所
吴伯川	男	1917. 10	1933. 2	温江地区军分区党委副书记，团党委委员	上校	副军	赶场乡石龙村	温江县
唐克新	男	1921. 4	1933. 8	吉林省军区后勤部部长，顾问	上校	副军	金盆乡四村	长春市干休所
严　荣	女	1917. 2	1933. 2	中国中医研究院北京西苑医院院长		正厅	赶场乡白马村	北京市
赵显正	男	1916. 1	1932. 2	天津市民政局局长	上校	副省	南江县	天津市
姚德智	男	1916. 1	1933. 5	沈阳军区后勤部研究室研究员	上校	正师	红顶乡七村	沈阳市
吴祥元	男	1921. 4	1933. 2	广西壮族自治区卫生厅副厅长，红十字会会长	中校	正厅	寨坡乡石龙村	南宁市天桃路 31 号

续上表

姓名	性别	出生时间	参军时间	历任职务	授予军衔	享受职级	原住址	现住址
吴明现	男	1917.12	1933.1	河南省军区通讯处处长	上校	正师	和平乡七村	洛阳市西工凯旋西路8号
梁天际	男	1918.1	1933.10	安徽省立医院副院长	少校	副厅	八庙乡	
尹金生	男	1911.9	1933.2	华北制药厂第一副厂长		副厅	水洞乡金碑村	石家庄市华北制药厂
王正乾	男	1914.1	1933.1	青海省邮电局电信科科长		副厅	南江县	南江县革命村
李长清	男	1924.2	1934.2	二炮通讯处副处长	中校	正师	小河乡上游村	北京市二炮干休所
杨登福	女	1918.12	1933.8	宜宾专区邮电局党总支副书记		副厅	关坝乡五郎庙村	成都市文庙前街红军院
孟永明	男	1921.2	1933.10	69军副参谋长，四川省石油管理局处长	少校	副厅	南江县	成都市
彭秀才	男	1921.4	1932.4	总参谋部二局科员兼参谋		副厅	桥坝乡桥坝村	南江县革命村
程占彪	男	1917.9	1933.2	云南省政府参事室副主任，党组副书记		副厅	白院乡六村	成都市
何朝炳	男	1913.9	1932.1	乐山地委工交部副部长	中校	副厅	南江县	乐山市御史巷
向　英	男	1921.5	1933.1	江苏省建筑机械厂副厂长		副厅	长赤镇莲花村	南京市和会街35号
王三银	男	1920.4	1933.4	四川省邮电局政治部副主任	中校	副厅	八庙乡七村	成都市
万曼琳	女	1926.8	1933.5	西安市地方工业局人事科长		副厅	红星乡一村	西安市文艺路电职大家属院
何集斗	男	1916.2	1933.8	新疆兵团农六师微车厂副厂长		正团	沙河镇星光村	新疆五家渠市长征西街胜利巷师干休所
蒲国英	女	1921.7	1933.5	郑州制药厂厂长，开封制药厂工会主席		副厅	南江县	开封市
孙德昌	男	1917.11	1933.7	德阳县人大常委会主任		副厅	南江县九顶乡	德阳市
王尧中	男	1922.3	1933.4	北京军区后勤军需部微水仓库政委	少校	正师	南江县	北京市东城区朝内南街
雷永华	男	1921.9	1933.9	新疆墨石县委机关总支书记，区党代表，人民代表			南江县下两乡	达川地委彭家湾干休所
李　琳	女	1921.7	1933.8	四川日报印刷厂副厂长，党支书记			南江县	成都市
岳　克	女	1918.9	1933.5	空军部队东塔机场指挥员			南江县	北京市空军干休所
杨世贵	女	1920.3	1933.10	陕西省常宁宫疗养院药剂师		副厅	南江县红光乡	西安市
石　磊	男	1922.11	1933.2	银川市卫生局局长，党组书记	中校	副厅	南江县贵民乡	银川市
杜茂清	男	1918.7	1933.1	福建省漳州市纪委副书记		副厅	八庙乡桃树坪村	漳州市

续上表

姓名	性别	出生时间	参军时间	历任职务	授予军衔	享受职级	原住址	现住址
李福生	女	1920.9	1933.12	重庆交通学院幼儿园园长			天池乡二村	重庆市南岸区
赵德英	女	1917.8	1933.6	北碚铁厂档案管理员			南江县	重庆市北碚区红军院
何纯尧	男	1919.2	1933.5	重庆市人大常委会委员		副厅	南江县	重庆市渝中区太华楼一巷5号
袁玉林	女	1916.12	1933.4	兰州军区后勤部富平502库干部			南江县	兰州军区西安市小南门干休所
岳 坤	女	1924	1934	广西壮族自治区妇幼保健院院长、书记、区政协委员		正厅	南江县	南宁市纬武路区老干休养所
廖华仙	女	1920.3	1933.2	江西省赣州市药材公司批发部主任		副厅	长赤镇七村	赣州市清水塘1号
谢元珍	女	1915.12	1933.10	江西省吉安市某单位科员		副厅	南江县天路乡	江西省吉安市老干部休养所
杜文凯	女	1920	1933.4	江西省人民银行金银饰品店副经理			南江县	南昌市青山湖老干招待所
屈明兴	男	1918.12	1933				南江县北极乡	西河县何坝乡草坪村
刘继礼	男	1907.11	1933.11	张掖地区医院副院长		副厅	南江县正直镇	云南无线电厂
方 平	男	1916.11	1933	甘肃省武威地区粮食局干部			朱公乡九村	武威地区老干部休养所
徐家友	男	1916	1934	副营职军医	大尉		南江县	达川市干休所
王洪应	女	1917	1933	上海市虹口区委调研员		副厅	南江县	上海市虹口区
马玉莲	女	1916.11	1932.2	甘肃省张掖市老龄委委员			南江县小河乡	张掖市干休所
杨太福	男	1921.9	1933.12	四川省石油公司广元采购供应站党总支书记	少校		下两镇五村	广元市干休所
张元贵	男	1915.1	1933.4	南充市财政局局长			南江县红光乡	南充市顺庆区
杨玉山	男	1913	1933.3	南江县医院院长			南江县团结乡	南江县医院
颜本善	男	1919	1933	重庆市中区政协副主席		副厅	红四乡九村	重庆市
岳群章	男	1918.12	1933.1	重庆北碚区政协副主席		副厅	大河镇七村	重庆市北碚区红军院
何须如	男	1912	1933	平原荣军学校			南江县	南江县革命村
姜正兴	男	1917	1932	青海省公安厅厅长，兰州科学院书记	少将	副省	赤溪乡二村	兰州市干休所
夏云成	男	1918	1933	解放军报社编辑			杨坝乡柏林村	北京市总政治部黄东大院第二干休所
廖兴扬	男	1924	1933	离休干部			沙坝乡一村	沙坝乡一村
岳成帮	男	1916	1933				南江县	南江县革命村
苟兴礼	男	1918	1933				小河乡永河村	小河乡永河村

续上表

姓名	性别	出生时间	参军时间	历任职务	授予军衔	享受职级	原住址	现住址
何坤文	男	1919	1933	一等伤残老红军			长赤乡桥梁村	长赤乡桥梁村
吴明孝	男	1924	1933				和平乡四村	和平乡四村
王洪尧	男	1922	1933				下两乡十村	下两乡十村
郭官成	男	1917	1933				高桥乡三村	高桥乡三村
刘仕杰	男	1913	1933				西清乡一村	西清乡一村
杜惠琴	女	1919	1933				兴马乡街道	兴马乡街道
杨本才	男	1922	1934	西路红军			团结乡亭子村	团结乡亭子村
王连成	男	1923	1934	西路红军			和平乡和平村	和平乡和平村

注：2000年12月统计。

三、先进模范人物名录

表35—3　南江县1986—2000年获省级以上表彰的先进个人

姓　名	荣誉称号	授奖单位	授予时间
赵正贵	“严打”和加强政法工作建设先进个人	省委、省政府	1986年
何顺典	先进个人	农业部	1986年9月
张智华	从事财政工作30年贡献奖	财政部	1986年12月
彭德坤	从事财政工作30年贡献奖	财政部	1986年12月
赵尚贤	从事财政工作30年贡献奖	财政部	1986年12月
唐明鉴	财政管理先进工作者	四川省政府	1987年
肖正阶	从事会计工作30年贡献奖	商业部	1987年1月
张百举	从事会计工作30年贡献奖	商业部	1987年1月
尹延庆	从事会计工作30年贡献奖	商业部	1987年1月
何天屿	先进个人	农牧渔业部等11部委	1987年
邹光明	先进个人	农牧渔业部等11部委	1987年
谢仕忠	征兵政审先进工作者	国防部	1987年10月
杨建中	先进个人	四川省政府	1987年12月
李江游	“五一”劳动奖章	全国总工会	1987年
苗新阶	百名售粮模范	四川省政府	1988年
陈高贤	长期坚持农牧渔业财会工作贡献奖	农牧渔业部	1988年
陈明惠	先进个人	农业部	1988年
何永学	科技进步二等奖	四川省政府	1988年

续上表

姓　名	荣誉称号	授奖单位	授予时间
谢尚斌	全国农村青年星火带头人标兵	科技部、团中央	1989 年
何绍嶽	从事财会工作 30 年贡献奖	财政部	1989 年
何朝杰	从事财会工作 31 年贡献奖	财政部	1989 年
王天金	从事财会工作 32 年贡献奖	财政部	1989 年
陈高贤	从事财会工作 33 年贡献奖	财政部	1989 年
苗兴阶	销售模范	四川省政府	1989 年
朱银通	优秀教师	四川省政府	1989 年 1 月
鲜仕德	先进个人	农业部	1989 年 3 月
李绍庚	三大检查先进个人	财政部	1989 年 6 月
赵利生	全国优秀教师	教育部	1989 年 7 月
蔡含清	边防军人优秀妻子	民政部	1989 年 8 月
何　涛	全国优秀教师	教育部、财政部	1989 年 9 月
王志恩	四川省优秀教师	四川省政府	1989 年 9 月
黎明学	全国优秀教师	教育部、人事部	1989 年 9 月
胡　全	全国优秀教育工作者	教育部、财政部	1989 年 9 月
李维玉	优秀教师	教育部	1989 年 9 月
谢大武	优秀教师	四川省政府	1989 年 9 月
王志恩	优秀教师	教育部	1989 年 9 月
石伟民	全国教育系统劳动模范	教育部	1989 年 9 月
李茂才	全国优秀教师	教育部	1989 年 9 月
严治银	优秀教师	四川省政府	1989 年 9 月
周丞先	优秀教师	四川省政府	1989 年 9 月
文中英	省劳动模范	四川省政府	1989 年 10 月
成　洁	全国“十佳”少先队员	全国妇联	1989 年 10 月
彭永圻	率兵带兵扶贫一等奖	省政府、省军区	1990 年 4 月 1 日
张绍全	从事统计工作 30 年贡献奖	国家统计局	1990 年 8 月
胡　全	全国优秀教育工作者	人事部、教育部	1990 年 9 月
黄忠诚	全国优秀教师	教育部	1990 年 9 月
姜用贤	全国青少年绿化祖国突击手	中央绿化委、团中央	1990 年 11 月
陈明惠	先进个人	农业部	1991 年 6 月
吴作兴	全国优秀教师	教育部	1991 年 6 月
李康先	全国优秀教师	教育部、人事部	1991 年 9 月
张显昌	先进工作者	公安部	1991 年 10 月
谢仕忠	先进工作者	公安部	1991 年 10 月
赵光凡	先进工作者	公安部	1991 年 11 月
徐万华	“长城杯”审计知识竞赛优胜奖	四川省政府	1991 年 12 月

续上表

姓　名	荣誉称号	授奖单位	授予时间
李全才	新长征突击手	四川省政府	1992 年
董立龙	农村青年科技星火带头人	团中央、国家科委	1992 年
赵尚贤	三大检查先进个人	四川省政府	1992 年
陈明惠	先进个人	农业部	1992 年
石伟民	全国教育劳动模范	教育部	1992 年
冉德忠	广播优秀作品三等奖	广电部	1992 年
董立龙	全国农村青年标兵	团中央、国家科委	1992 年 4 月
杨清镛	全国百佳党管武装好书记	中央军委	1992 年 4 月
孟正奎	全国农村供水工作先进个人	水利部	1992 年 6 月
黄开孝	优秀教师	四川省政府	1992 年 9 月
刘德尧	全国优秀体育教师	国家体育总局等 14 个单位	1992 年 9 月
贾旌旗	先进个人	农业部	1992 年 1 月
贾正贵	先进个人	农业部	1992 年 10 月
蔡茂壮	全国少先队“五自”活动征文奖	团中央	1993 年
冯登第	省地方志编修先进工作者	四川省人民政府	1993 年 5 月
李玉克	全国优秀教师	教育部、人事部	1993 年 9 月
陈尚朝	全国优秀教师	教育部	1993 年 9 月
杨　琼	“三八”绿色奖章	全国妇联、林业部	1994 年 3 月
王　昕	全国优秀团员	团中央	1994 年 5 月
陈奇荣	先进工作者	国家计生委	1994 年 7 月
杨碧芳	全国乡镇企业管理基础工作一级企事业	农业部	1994 年 12 月
苟中明	先进个人	农业部	1995 年 3 月
刘宗武	省劳动模范	四川省政府	1995 年 4 月
周继银	省劳动模范	四川省政府	1995 年 4 月
梁大碧	省劳动模范	四川省政府	1995 年 4 月
余致田	三大检查先进个人	四川省政府	1995 年 5 月
邓荣富	“五一”劳动奖章	全国总工会	1995 年 5 月
梁大碧	科技致富能手	中国科协、全国妇联	1995 年 7 月
何思伦	全国优秀教师	教育部、人事部	1995 年 9 月
何先哲	全国优秀教师	教育部	1995 年 9 月
蒲守易	优秀教师	教育部、人事部	1995 年 9 月
张兴惠	希望工程园丁奖	团中央	1995 年 1 月
江治秀	先进个人	四川省政府	1995 年 10 月
蒋治金	先进个人	四川省政府	1996 年
杨发军	先进工作者	省委、省政府	1996 年
何延章	清产核资工作先进个人	四川省政府	1996 年 4 月

续上表

姓 名	荣誉称号	授奖单位	授予时间
简恩荣	国资管理工作先进个人	四川省政府	1996年4月
余致田	三大检查先进个人	四川省政府	1996年5月
余致田	三大检查先进个人	财政部	1996年6月
黄 恕	实用技术培训先进个人	四川省政府	1996年
郭兴政	省百名优秀教师	教育部	1996年6月
舒维霖	全国党纪政纪知识竞赛二等奖	中纪委、监察部	1996年10月
向桂华	全国党纪政纪知识竞赛二等奖	中纪委、监察部	1996年10月
邹光兴	优秀村干部	省委、省政府	1996年12月
沈万刚	绿化奖章	四川省政府	1997年
刘 卉	第一次全国基本单位普查国家级先进个人	国务院基本单位普查领导小组办公室	1997年
吴金萍	第一次全国基本单位普查国家级先进个人	国务院基本单位普查领导小组办公室	1997年
何吉林	耕地保护工作先进个人	四川省政府	1997年1月
王玉琳	绿化奖章	四川省政府	1997年
黄 恕	全国老有所为奉献奖	民政部、劳动部	1997年
黄 恕	全国文化科技卫生“三下乡”活动先进个人	中宣部、国家科委中国科协	1997年1月
陈立香	信访工作先进工作者	省人大常委会	1997年2月
梁大碧	三八红旗手	全国妇联	1997年3月
岳映斌	先进工作者	公安部、人事部	1997年6月
岳映斌	全国优秀人民警察	公安部	1997年7月
李爵懿	四川省特级教师	四川省政府	1997年9月
吴开金	先进个人	农牧渔业部等11部委	1997年9月
杨家骥	四川省教学成果奖三等奖	四川省政府	1997年7月
杨光泉	四川省教学成果奖三等奖	四川省政府	1997年7月
林胜民	四川省教学成果奖三等奖	四川省政府	1997年7月
杨新跃	四川省教学成果奖三等奖	四川省政府	1997年7月
谷自文	全省中小学德育先进工作者	省政府、省教委	1997年12月
黄 恕	全国“三下乡”先进个人	宣传部、科技部、卫生部、文化部等	1998年
贾正贵	享受国家特殊津贴	国务院	1998年
黄从荣	省教学成果奖	四川省政府	1998年2月
李 勇	省教学成果奖	四川省政府	1999年2月
陈延荣	三年农村基层组织建设和工作优秀个人	四川省委	1998年3月
王俊秀	全国希望工程园丁奖	团中央	1998年5月
徐万华	三大检查先进个人	四川省政府	1998年5月
王 莉	全国优秀教师	教育部	1998年9月

续上表

姓　名	荣誉称号	授奖单位	授予时间
成永笔	全国优秀教师	教育部	1998 年 9 月
杨绍谷	党务工作先进个人	中组部	1999 年
蒲守易	老龄先进工作者	四川省政府	1999 年 7 月
袁开典	全省文化工作先进工作者	四川省政府	1999 年 12 月
何先哲	论文评选活动优秀奖	教育部	1999 年 12 月
周辉斌	全国财政新闻三等奖	财政部	2000 年
惠芝勇	全国财政新闻三等奖	财政部	2000 年
周　杰	先进个人	四川省政府	2000 年
冯小平	先进个人	省委、省政府	2000 年
马智才	省教学成果奖	四川省政府	2000 年 2 月
何　涛	全国义务教育先进个人	教育部、财政部	2000 年 8 月
罗福璧	1996—2000 年全省法制宣传教育先进个人	省委、省政府	2001 年 7 月

四、获高级专业技术职称人员名录

（一）教育系统

表 35—4

姓　名	职　称	任职时间	姓　名	职　称	任职时间
金　鸣	高级讲师	1987	潘传武	中学高级教师	1988. 1
高吉昌	高级讲师	1987	张琦玉	中学高级教师	1988. 1
蒲守易	高级讲师	1987	张时俊	中学高级教师	1988. 1
魏开成	中学高级教师	1987. 12	唐中英	中学高级教师	1988. 6
官鸿辉	高级讲师	1987. 12	陈朝阳	中学高级教师	1988. 6
齐富春	中学高级教师	1987. 12	范乾武	中学高级教师	1988. 6
罗绍中	中学高级教师	1987. 12	魏传琪	中学高级教师	1988. 6
石觉先	中学高级教师	1987. 12	赵文学	中学高级教师	1988. 6
石伟民	中学高级教师	1987. 12	黄承诗	高级讲师	1988
刘丰国	中学高级教师	1987. 12	李明华	高级讲师	1988
李　爵	中学高级教师	1987. 12	吴祥瑞	高级讲师	1988
齐永富	中学高级教师	1987. 12	王学忠	中学高级教师	1989. 3
李茂才	中学高级教师	1987. 12	马正文	中学高级教师	1989. 12
陈绪骏	中学高级教师	1987. 12	蔡绪锷	高级讲师	1989
谷自文	中学高级教师	1988. 1	石永文	高级讲师	1989. 12
刘孝先	中学高级教师	1988. 1	吴作兴	中学高级教师	1992. 10

续上表

姓 名	职 称	任职时间	姓 名	职 称	任职时间
彭一萍	中学高级教师	1992.11	周国喜	中学高级教师	1998.12
赵家学	中学高级教师	1992.12	贾祥德	中学高级教师	1998.12
刘启华	中学高级教师	1993.12	陈鼎朝	中学高级教师	1998.12
刘文鼎	中学高级教师	1994.12	杜玉门	中学高级教师	1998.12
吴异德	高级讲师	1995.4	黄思立	中学高级教师	1998.12
刘部绘	中学高级教师	1995.12	李沛贵	中学高级教师	1998.12
谢富强	中学高级教师	1995.12	张纯凡	中学高级教师	1998.12
齐光勇	中学高级教师	1995.12	廖良国	小学特级教师	1998.12
杨正书	中学高级教师	1995.12	熊湘潮	中学高级教师	1998.12
吴作兴	中学高级教师	1996.12	黄万贵	高级讲师	1998
罗还科	中学高级教师	1996.12	周益全	高级讲师	1998
胡正渊	中学高级教师	1996.12	侯青龙	高级讲师	1998
李承善	中学高级教师	1996.12	李崇国	高级讲师	1998
戴仲琦	中学高级教师	1996.12	吴开聪	中学高级教师	1999.12
唐晓庆	中学高级教师	1996.12	刘丰国	中学高级教师	1999.12
杨光泉	高级讲师	1996.12	何大荣	中学高级教师	1999.12
陈悦朝	中学高级教师	1996.12	岳从明	中学高级教师	1999.12
岳义富	中学高级教师	1997.11	李朝勇	中学高级教师	1999.12
赵明行	中学高级教师	1997.12	文 锋	中学高级教师	1999.12
何琼章	高级讲师	1997.12	王 莉	中学高级教师	1999.12
黎才忠	高级讲师	1997.12	符开映	中学高级教师	1999.12
刘进全	中学高级教师	1997.12	陈家声	中学高级教师	1999.12
郑光励	中学高级教师	1997.12	杨家元	中学高级教师	1999.12
成文顶	中学高级教师	1997.12	刘文放	中学高级教师	1999.12
岳文培	中学高级教师	1997.12	胡德湘	中学高级教师	2000.12
任华程	中学高级教师	1997.12	刘 京	中学高级教师	2000.12
何先哲	中学高级教师	1997.12	李仕鹏	中学高级教师	2000.12
张伦科	中学高级教师	1997.12	袁益才	中学高级教师	2000.12
张映清	中学高级教师	1997.12	罗甫义	中学高级教师	2000.12
王守志	中学高级教师	1998.12	周叙臣	中学高级教师	2000.12
胡俊成	中学高级教师	1998.12	龙地金	中学高级教师	2000.12
符仕容	中学高级教师	1998.12	刘 亨	中学高级教师	2000.12
何跃东	中学高级教师	1998.12	苟农文	中学高级教师	2000.12
黄兴刚	中学高级教师	1998.12	杜友庆	中学高级教师	2000.12
薛科兵	中学高级教师	1998.12	岳秀聪	中学高级教师	2000.12
赵光旭	中学高级教师	1998.12			

（二）卫生系统

姓　名	职　称	任职时间	姓　名	职　称	任职时间
刘元峰	副主任医师	1987. 8	王大海	副主任医师	1992. 12
曹天健	主任医师	1987. 11	吴翼德	副主任医师	1995. 6
蒲顺发	副主任中医师	1987. 12	冯光宇	副主任医师	1996. 4
陈玉柏	副主任技师	1988. 6	尹治才	副主任医师	1996. 5
刘德茂	副主任医师	1988. 12	岳文仁	副主任医师	1996. 9
蔡宏熙	副主任医师	1988. 12	郭兴和	副主任医师	1997. 4
陈茂康	副主任医师	1988. 12	赵锡典	副主任医师	1997. 6
周立新	副主任中医师	1988. 12	李永开	副主任医师	1997. 6
杨春秀	副主任护师	1988. 12	何　进	副主任技师	1997. 6
石继美	副主任护师	1988. 12	刘晓芸	副主任护师	1998. 4
唐自铣	副主任中医师	1988. 12	杨树德	副主任中医师	1998. 6
丁德苓	副主任医师	1988. 12	张继伟	副主任医师	1998. 6
朱有余	副主任医师	1988. 12	吴星煜	副主任医师	1998. 6
何春萍	副主任医师	1988. 12	谢标三	副主任医师	1998. 6
李淑华	副主任医师	1988. 12	何远文	副主任医师	1999. 4
张玉华	副主任医师	1988. 12	王德政	副主任中医师	1999. 4
曾强才	副主任中医师	1989. 12	岳旭春	副主任中医师	1999. 4
梅　峰	副主任中医师	1992. 1	赵正强	副主任医师	1999. 6
张晋南	副主任医师	1992. 1	赵德和	副主任医师	1999. 6
金启荣	副主任医师	1992. 9	石芳华	副主任护师	2000. 4
王化莲	副主任医师	1992. 9	董成刚	副主任医师	2000. 8
邹晓春	副主任中医师	1992. 12			

（三）农、林、牧、水系统

姓　名	职　称	任职时间	姓　名	职　称	任职时间
艾方爵	高级畜牧师	1987	周福田	高级工程师	1989. 9
罗玉夏	高级畜牧师	1987	邓德全	高级工程师	1989. 9
黄　怒	高级农艺师	1988. 6	何永观	高级工程师	1989. 9
李学渊	高级农艺师	1988. 6	杨映生	高级农艺师	1992. 12
吴兴喜	高级农艺师	1988. 6	王维春	高级畜牧师	1993. 1
谭昌伟	高级农艺师	1988. 6	唐世界	高级畜牧师	1993. 1
卢家建	高级工程师	1988. 6	彭成武	高级畜牧师	1993. 1
贺　澎	正高级工程师	1989. 3	潘先业	副高级工程师	1994. 9
邓继富	高级农艺师	1989. 7	贾正贵	高级畜牧师	1994. 9
陈安淦	高级工程师	1989. 9	何焕周	高级畜牧师	1995. 5

续上表

姓　名	职　称	任职时间	姓　名	职　称	任职时间
吴高成	高级农艺师	1995. 7	王良立	高级农艺师	1997. 7
吴维生	高级农艺师	1995. 7	胡道斌	高级农艺师	1997. 7
杨德兴	高级工程师	1995. 12	杨子爵	高级畜牧师	1997. 12
孟正奎	副高级工程师	1996. 9	王荣富	高级畜牧师	1998. 3
李华农	高级农艺师	1997. 7	张兴荣	高级畜牧师	1999. 3
郑明东	高级农艺师	1997. 7	鲜仕德	高级农艺师	1999. 12

（四）工交城建邮电系统

姓　名	职　称	任职时间	姓　名	职　称	任职时间
廖远泽	高级建筑师	1988. 12	刘仁凤	高级工程师	1989. 12
何粹忠	高级工程师	1988. 12	何朝华	高级会计师	1989. 12
张昌让	高级工程师	1989. 12	白宝恩	高级工程师	1992. 12
童明杰	高级工程师	1989. 12	何先富	高级工程师	1994. 12

（五）其他系统

姓　名	职　称	任职时间	姓　名	职　称	任职时间
王化龙	高级经济师	1989. 12	黄琼华	高级茶叶技师	1993. 12
杨大洲	高级经济师	1989. 12	刘蜀北	社科副研究员	1996. 12
王育贤	高级经济师	1992. 12	汪隆重	二级编剧	1998. 12
周维银	高级经济师	1992. 12	李全才	高级工程师	1998. 12

附 录

一、先进集体

南江县1986—2000年获省级以上表彰的先进集体

获奖单位	授奖单位	荣誉称号	授予时间
县人民医院	国务院	全国计划生育先进集体	1986年3月
县农业区划办	四川省政府	先进集体	1986年
县人民武装部	四川省委	先进人武部标兵	1988年5月25日
县人民武装部	成都军区	先进人武部	1988年6月
县人民武装部	成都军区	先进单位	1988年11月
县人民武装部	成都军区	先进单位	1989年4月
县人民武装部	省政府、省军区	征兵先进单位	1990年1月20日
县人民武装部	省政府、省军区	率兵带兵扶贫二等奖	1990年4月29日
县粮食局	商业部	先进粮食局	1990年6月
县科教电影协会	广电部、中国科协等12部委	先进单位	1990年9月
县人民武装部	省政府、省军区	春季征兵工作先进单位	1990年10月
县粮食局	商业部	先进粮食局	1991年1月
县委、县政府	国务院	全国粮食生产先进县	1991年12月
县委、县政府	省委、省政府	民兵“四个一活动”先进集体	1992年2月
县人民武装部	省委、省政府、省军区	县级“四个一”达标单位	1992年5月
县人民武装部	省政府、省军区	冬季征兵工作先进单位	1992年10月16日
县畜牧局	农业部	全国羊品种改良先进单位	1992年10月
北极种畜场	农业部	全国先进种畜场	1992年10月
县人民武装部	四川省政府	“四个一”达标先进单位	1993年5月
县粮食局	商业部	先进粮食局	1994年
县人民武装部	四川省政府	四川省省级文明单位	1994年7月20日
县人民武装部	成都军区	先进单位	1994年11月1日
县农业局	四川省政府	先进集体	1994年11月
县农技站	农业部	先进集体	1995年3月
县委、县政府	省委、省政府	农村基层组织建设工作先进县	1995年12月

续上表

获奖单位	授奖单位	荣誉称号	授予时间
县委、县政府	省委、省政府	计划生育工作先进集体	1995 年 12 月
县委、县政府	省委、省政府	完成粮食定购任务先进单位	1995 年 12 月
县委、县政府	省委、省政府	党建工作先进单位	1995 年 12 月
县纪委	中纪委、监察部、人事部	全国纪检监察系统先进集体	1996 年 1 月
县粮食局	四川省政府	“四无粮仓”县	1996 年 3 月
乐坝粮站	四川省政府	“四无”粮库	1996 年 3 月
县委、县政府	省委、省政府	“八五”发展乡镇企业先进单位	1996 年 6 月
县国资局	四川省政府	清产核资先进单位	1996 年 3 月
长赤镇政府	四川省政府	耕地保护工作先进单位	1997 年
县邮电局	省委、省政府	省级文明单位	1997 年
南江中学	国家体委	先进集体	1997 年
县人民医院	四川省政府	省级文明单位	1997 年
长赤镇政府	四川省政府	先进单位	1997 年 1 月
县政府	四川省政府	南江黄羊肉用品种选育成果科技进步一等奖	1997 年 3 月
县委、县政府	国务院	南江黄羊肉用新品种选育成果国家科技进步二等奖	1997 年 5 月
南江镇四小	四川省政府	四川省教学成果三等奖	1997 年 9 月
县电影公司正直管理站	农牧渔业部等六部委	先进集体	1997 年 9 月
西清乡电影队	农牧渔业部等六部委	先进集体	1997 年 9 月
林业局电影队	农牧渔业部等六部委	先进集体	1997 年 9 月
南江中学	国家体委	全国群众体育先进集体	1997 年 10 月
南江中学	省政府、省教委	中小学德育工作先进单位	1997 年 12 月
县委	四川省委	四好班子	1998 年 10 月
南江镇四小	省委、省政府	四川省文明单位	1998 年 12 月
下两小学	四川省政府	四川省扫盲工作先进单位	1999 年 9 月
南江县	四川省政府	全省科技工作先进县	1999 年 9 月
明月村	国家绿委	全国造林绿化千佳村	2000 年 6 月
县委、县政府	科技部	全国科技工作先进县	2000 年 9 月

二、文献辑存

（一）重要文件选录

中共南江县委　南江县人民政府
关于进一步完善全县农村双层经营体制的意见
（南委［1988］28号）

各区（镇）委、区公所、镇人民政府，局级以上单位：

今年以来，按照中发［1987］5号文件和川委办［1987］62号文件精神及县委、县府的安排部署，全县农村普遍开展了完善农村双层经济体制的工作，收效显著。从已开展了完善农村合作制的地方看，今年的农业生产抓得主动扎实。大大减少了自然灾害所造成的损失，促进了农村各项工作的发展。总的形势是好的，但还存在不少问题。这些问题突出反映在：一是发展不平衡，至今仍有个别地方的试点工作未结束。面上工作未开展；宣传发动不够，建立服务机构不力，建制工作抓得不扎实。合作社难以发挥职能作用，甚至有图形式、走过场的现象；二是招标竞选农业合作社社长多数地方尚未进行；三是财务清理不彻底，问题揭露多，管用措施少；四是随增加干部人数，加重农民负担，造成不良影响。对此，各级党政部门一定要引起足够重视；要在今年下半年内集中主要精神，一鼓作气把完善农村双层经济体制的工作进行到底。为此，再提出如下意见：

一、端正态度，提高认识，加强领导，把完善农村双层经营体制工作进行到底

完善农村双层经营体制，是当前深化农村改革的头等大事，关系着理顺各种关系、促进农村生产的发展、推动农民共同致富的根本问题。因此，各级党委和政府必须加强对这一工作的领导，主要领导亲自挂帅，各级干部全力以赴。要认真改进工作作风。脚踏实地，深入调查研究，走好群众路线。在处理各种问题时，既要尊重群众意愿，一切从实际出发，不搞一刀切；又要坚持政策、原则，坚决反对走过场。要按照县委、县府的安排部署，对已开展的地方要进行复查补课，缺不缺啥。没有开展的地方，要集中主要精力，集中主要力量利用农闲的大好时机把项项工作抓彻底。整个面上工作要求在十一月底前结束，不留尾巴。各区要将完善农村双层经营体制的情况形成书面材料于十二月初报县委、县府。

二、凡经社员大会（或社员代表大会）民主选举产生的社长，原则上不再变动

但要完善任期目标，签订目标责任书。未经社员大会（或社员代表大会）民主选举或未选举社长的要广泛推行招标竞社长的办法，为农村合作经济实现企业化管理增压力、添活力，使新建起的农业合作社具有新的生机，完善地区性合作经济组织，关键是选好干部，造就一支精干的基层合作经济组织的干部队伍。特别是合作社社长一般应由招标竞选的办法来产生，农业合作社工作人员由社长组阁。社务委员的聘用由社长提名，社员代表大会通过。农业合作社干部要确定任期目标，建立健全岗位责任制，并把当年目标、任期目标同经济效益挂钩，实行基本工资同效益工资相结合，凡尽到岗位职责的，基本工资照发，经费从提留中解决；当年全社的粮（产量、定购）、钱（总收入、税金、提留）、超过计划和人（计划生育）、文（精神文明）、治（社会治安）达到要求的应予奖励。乡（镇）应把所得各种奖金、组织费以及财政分成等经费实行乡、村、社分成。用于奖励村、社干部，不再增加农民负担。对新办开发性项目，当年有收益的实行利润分成，效益工资上不封顶，下不保底，对那些新办具有开发性质、生产周期较长、任期内不能见效的，也可由乡（镇）设立专项奖金，有收益时兑现。这些社的社长还可以自荐延长任期年限，实行换届考核。社员认为搞得好，可不经过换届选举，让其继续任职，对所办企业产生效益时，仍可利润分成，以保持干部的相对稳定。避免社干部经营上的短期行为。确保农村经济的持续发展。

三、加强财务管理

在普遍进行账务清理的基础上，对清出的问题要当众公布，分别作出处理。少数人贪污、盗窃、挪用集体资金及侵占公物的要坚决退赔，数额过大，一次性难以退清的，实行转贷、限期退赔。过期加计利息，处以罚金。情节严重的还要依法处理。对折价到户的耕牛、农具款作为生产抵垫金，长期周转，待承包合同终止时予以收回。对平分到户的公积金、公益金、储备粮基金和出售国家财产的现金收入以及未平分的其它欠款，一般要实行有偿使用。对个别呆账，实属找不到负责人的，报经乡政府批准，予以核销；无偿还能力的特困户欠款，经社员讨论同意，村民委员会审查，报乡政府批准，酌情予以减免；对于外迁户或死绝户的欠款，由财产或遗产继承人偿还；对无偿还能力的老人的欠款由子女偿还；对社员超支欠款和外单位欠款也应收回。有的社员一时还款有困难的，可以采取投工、投劳、以工抵债的办法偿还。以工抵债仍还不清的，亦应实行以欠转贷、按期偿还。对集体债务（包括社员的应收款），也应确认和偿还。在弄清债权债务和搞好退赔的同时，农业社要健全财产、物资、现金、积累等管理制度。年底前，要结合财务清理，加强拖欠款的清退工作。组织专门力量，形成一个人的声势，使拖欠款的清理回收工作有一个新的起色，回收金额达到70%以上。

四、要把建立农村合作基金会、管好用活集体资金作为一件大事来抓

根据中办发［1986］27号文件、川府发［1988］63号文件和县府发［1988］26号文件精神及各地的实践经验，在建立农村合作基金时应注意遵循以下几条原则：（一）建立资金金融通服务组织应坚持不改变所有权，不设金库和民主管理等项原则，农村合作基金会是以乡农经站为依托组建的，要坚持以服务为宗旨，不以盈利为目的。（二）融通资金的主要来源是集体长期的和暂不用的资金，如历年提留的积累资金、新上交的承包款、提留款、财产折价款、征用土地补偿费、回收的欠款、农民集资、乡村企业筹集、乡财政包干分成等。同时，提倡向个人和集体单位吸收资金入股分红。（三）资金的投入要兼顾经济效益和社会效益，应以增加农业投入为主，以缓解种、养业流动资金不足的困难为主，以短期小额为主，同时要十分注意扶持贫困户生产经营资金的需要，使他们尽快脱贫致富。建立健全基金会要从实际出发，讲究效果。方法上要注意点面结合，以点带面，逐步推开。要把融通资金和制度建设紧密结合，切忌搞形式主义，增加农民负担。（四）在坚持有偿使用资金的前提下，参照国家金融部门流动资金借款的利率标准，区别情况适当浮动。（五）要搞好资金融通组织的内部管理，要建立岗位责任制，建立健全民主管理制度、财务会计制度、收益分配制度等必要的管理制度。特别是数额较大的投资一定要民主讨论决定。同时要采取一定的措施，提高工作人员的政策水平和业务工作能力。当前应着重做好三个方面的工作：第一要广泛宣传农村集体资金融通的重要作用，各级领导要提高认识、支持和协调好各方面的关系。第二各级农村合作经济管理部门要把集体资金融通工作作为经营管理工作的重要任务加强指导和服务，没有开展的应迅速开展起来；已开展的地方，应及时总结经验，解决工作中的问题；第三要抓紧回收

欠款工作，增加融通资金数额，各地在清财中采取的各种回收欠款的行之有效的办法要继续实行。目前少数地方由乡财政来管理使用集体资金，出现了财政资金向集体资金性质混淆。甚至有极个别乡将代管理的集体资金用于修办公楼宿舍，发奖金或办招待，改变了集体资金的用途，账目记载不清、农民负担加重的现象。这些做法是不妥当的，一律应予以纠正，增加乡财政财力，应坚决纠正用集体资金或向农民摊派的做法。必须严格区分乡财政所同乡合作基金会管理的资金范围，必须长期坚持这样一个政策，乡财政要扶持合作基金会的发展，只能管理财政资金，基金会管理集体资金。

五、健全服务体系，强化农业合作社的服务职能

为农户提供各种服务，一是完善双层经营体制的核心，也是农村合作经济组织自身存在和发展的前提，是发展农村商品生产的基础。如果把服务体系建设视作是可有可无或多此一举，则是狭隘的小农经济意识的反映，必须坚决纠正。要坚持国家、集体、个人一齐上的方针，建立健全多层次、多形式、多功能的社会化服务体系，对国营下伸到乡的部门，主要是完善内部服务职能，明确服务范围和目标。充分发挥其农村信息、流通、资金和生产资料服务的主渠道作用，乡（镇）要建立农技服务站（把农村等技术人员融为一体）、农经服务站（与合作基金会合作并办公）、畜牧服务站，也可把农技、农经站合并为农业综合服务站，实行统一领导、分别核算，各负盈亏，可以实现技术服务同经营服务相结合，既开“处方”又卖药，村级应建立由各业中心技术员组成的经济技术服务组或服务主，接受各乡（镇）各站的技术、业务指导，各个服务领域或项目，农民间接受益的实行无偿服务，直接受益的实行有偿服务，坚持谁受益谁负担的原则，有偿服务费可以随服务随收取，也可在服务范围内统一筹集，服务站和服务社对农民实行亮牌服务，即向农民公布服务内容，服务方式使农民所需要的服务得到及时满足。要搞好农村服务体系，不仅是加强服务组织内部的管理，尽力把它办成经济实体，还要在政策上给予优惠，为增强农业发展后劲，各地要参照国务院办公厅今年四月对加强农村基层农业技术服务组织建设等问题所发通知精神执行，文件规定对农村乡镇企业、畜牧兽医、农机、经营管理站允许实行有偿服务，开展综合经营生产产品的有关税收问题；开展种植养殖、饲料加工、农副产品加工所得收入，其所得税向税务机关申报，给予二至三年的减免税照顾；开展技术咨询、技术服务方面的所得收入，可比照集体企业的有关优惠政策执行，开展其他方面的经营收入，纳税确有困难的报经税务机关同意，也可适当给予减免照顾，工商部门要开“绿灯”，放宽政策，给这些服务机构办理营业执照，服务组织的资金、物资、财产，任何单位和个人不得平调或挪用，到乡（镇）村服务机构指导工作的科技人员应与当地服务组织的经济效益挂钩，可以获得相应的资金。一定要确立正确的指导思想，“立足服务办实体，办好实体促服务”。一切为了方便农民，服务农民，真正有利于农业的发展。

六、完善承包经营，在家庭承包经济上，主要是完善土地承包

要坚持“大稳定、小调整”的原则，继续因地制宜推开“两田制”。要完善承包合同和管理制度，凡是过去没有或没有按照法定程序签订承包合同的都要补签或修订承包合同。农业合作社是土地等生产资料的发包单位，社长是法人代表，合同必须明确发包，承包双方各自的责、权、利以及违约的处理办法，并经合同管理机构监证，使承包合同真正具有法律效力。社员在承包地上增加了投入，只要不破坏地形地貌，发展什么项目应尊重他们的经营自主权，对土地承包费用的收取数额，原则上控制在完善双层经营体制前农业税和集体提留总额的水平上，承包费用的增加必须同农民所得增长的比例相适应，绝不能借口增加积累变相增加农民的负担。

在集体山林、养殖水面、塘库、机动田、茶、果、桑园、企业以及其它生产设施等专业承包上，应在原订合同的基础上进行完善，一般不作大的变动。特别是承包投入大、经济效益好的，要警惕“红眼病”，坚决维护合同的严肃性。但对那些仗权承包占便宜、不按合同上交承包收入、因价格变化上交数额很不合理，或经营管理不善、损坏集体生产资料者，要区别情况或补交费用，赔偿损失的补偿，该修订合同的要修订，个别不符合承包条件的可收回另行发包。

在完善承包合同的同时，建立健全土地、山林等的管理制度，并相应建立乡、村合同管理机构（乡建立农村经济合同管理委员会，由乡长任主任，吸收调解员、农经干部及文书参加；村建立合同管理小组，由村主任任组长，吸收专业会计参加）。负责合同监证、指导、监督甲乙双方履行合同，调解合同纠纷，行使违约仲裁等职责。

七、采取措施，稳定和加强农村经营管理队伍

完善农村双层经营体制，农经队伍负担着越来越重的任务，但目前这支队伍不齐不力、管理体制不合理，与任务要求很不适应，为此，要继续按照省政府办公厅［1987］88 号文件和县府［1988］26 号文件规定，进一步健全农经队伍，加强农经队伍的自身建设，要按照国家规定的编制，通过行政部门及内部调整和大中专生的分配，配齐能胜任此项工作的干部、财政划拨的财会人员培训费不能挤占，必须专款专用，已挤占的要通过清理、加以纠正，要充实专业会计队伍，乡一级农经站一般要有二至三名工作人员，分别担任总会计、总出纳和合作基金会业务员。

中共南江县委　南江县人民政府
关于尽快解决农村贫困人口温饱问题的决定

1996 年 11 月 20 日中共南江县八届九次全委（扩大）会议讨论通过

（南委［1996］68 号）

到 1998 年，基本解决全县农村贫困人口的温饱问题，是县委、县府根据党中央、国务院、省委、省政府和地委、行署制定的战略目标。各级各部门要从讲政治的高度，充分认识实现这一目标的极端重要性、紧迫性和艰巨性，进一步提高认识，统一思想，下更大的决心，采取更有力的措施，确保如期完成这一历史重任。为此，特作如下决定：

一、坚决如期完成扶贫攻坚任务

十年来，扶贫开发取得了显著成效。全县绝大多数贫困农户稳定解决了温饱，贫困人口由十年前 30.4 万人下降到 1995 年的 19.98 万人，占全县总人口的比例由 58.5% 下降到 34.3%；交通、能源、通讯及农业基础设施得到改善，农村经济获得快速发展，党的基层组织建设，民主法制建设进一步加强，教育、科技、文化、卫生等各项社会事业协调发展。但是，我们必须清醒地看到，虽然全县贫困人口的绝对数量大幅度减少，但解决贫困人口温饱的难度却越来越大，扶贫开发已进入攻坚阶段。一是思想观念封闭保守，小农经济意识根深蒂固；二是现有贫困人口主要集中在高寒山区、石山区、多灾地区和地方病高发区，地域偏远，交通、通讯不便，经济发展缓慢，文化教育落后，社会发育程度低，生产生活条件恶劣，成为扶贫攻坚的“硬骨头”，导致脱贫稳定性差，返贫现象突出；三是我县必须在 1998 年内基本消除绝对贫困，时间较短，每年解决温饱的人数与前十年相比要多得多。如期实现扶贫攻坚目标，尽管难度很大，但也有许多有利条件：一是有上级党

委、政府的高度重视和正确领导，有广大干部群众脱贫致富的积极性；二是随着全省生产力布局的调整，川北秦巴片区成为全省重点扶贫对象，加之，国家对中西部地区发展实现倾斜政策，为加快脱贫致富步伐提供了难得的历史机遇；三是即将实施的世行项目对扶贫攻坚将起到极大的推动作用；四是十年来的扶贫开发，创造积累了许多经验，探索出一些好的发展路子；五是经济和社会事业的进一步发展，基础设施的极大改善和正在实施的农业“四大工程”，为开发山区资源，加快脱贫步伐创造了条件。只要我们下定决心，坚定信心，充分利用这些有利条件，全力以赴，持之以恒，实现“三年脱贫”战略目标是完全可能的。

二、扶贫攻坚的指导思想、奋斗目标和工作重点

（一）指导思想：以党的基本理论、基本路线、基本方针为指导，以扶贫开发总揽农村工作全局，把解决贫困人口的温饱问题作为首要任务，以建卡贫困户为中心，以贫困乡村为重点，继续发扬“不等、不靠、不怨”的精神，走好“自力更生、自加压力、自我积累、自我发展、自我提高”的路子，实施开发式扶贫，全党动员，全民动手，团结苦干，合力攻坚，全面完成“三年脱贫”任务。

（二）奋斗目标：到1998年，全县解决绝对贫困问题，农民 人均纯收入达到1200元以上，人均占有粮食500公斤以上。具体要求是1996年确保15598户、7.26万人稳定脱贫；1997年确保13180户、6.39万人稳定脱贫；1998年确保138258户、6.33万人 稳定脱贫。以乡（镇）为单位对贫困户进行建卡登记，1996年脱贫36.3%，1997年脱贫32%，1998年脱贫31.7%。脱贫标准是建卡贫困户达到“两个稳定”，即：按90不变价计算，年人均收入稳定达到500元以上，人均占有粮食稳定达到400公斤以上；实现“六个一”，即：每个建卡贫困户人均有0.5至1亩高产稳产基本农田，每户建成1亩找钱地或人均有20至30株经济林木的小庭园。每户有1个种植、养殖业的多种经营项目，每户培训1个“明白人”，掌握1至2门实用技术，每户至少转移1个劳动力从事第二、三产业，每户建成1口300方以上的蓄水池。

（三）工作重点：扶贫攻坚的主战场是12个特困乡和19个贫困乡及其所属村、社，主要对象是建卡贫困户，主要路子是发展解决群众温饱问题的种养业，全面推行开发扶贫，切实抓好扶贫攻坚“八大工程”建设。一是抓好10万亩的地膜玉米，县上抓5万亩地膜玉米示范片，投入100万元，每亩补助20元，其余5万亩由区（镇）、乡（镇）负责实施。二是抓好以新增恢复蓄水5000万方为内容的水利建设工程。“九五”期间，每年新增恢复蓄水量1000万方，到“九五”末，全县总蓄水量达到1亿立方米。三是抓好“万家畜禽致富工程”。全县集中发展1万户畜牧大户，户平均饲养10只羊，人平出栏1头猪，户平均饲养1头商品牛，户平出栏20只商品禽；人均牧业收入2000元。四是抓好50万亩经济林建设工程。“九五”期间，全县新发展经济林25万亩。五是抓好5万亩改田改土工程。“九五”期间，全县每年完成1亩改田改土任务，其中县上每年抓2000亩示范工程。六是抓好教育“普九”工程，大力发展义务教育，广泛实施希望工程。七是抓好科技示范工程。实施科技扶贫，争取列为全省科技推广示范县。八是抓10万劳务输出（转移）工程。每年组织10万劳动大军向外输出就地转移，年劳务收入争取突破2亿元。

三、选准扶贫攻坚的突破口

（一）从解放思想、更新观念入手，实现观念扶贫。坚持扶贫与扶志结合，把解放思想、更新观念作为扶贫攻坚的先导工程，引导广大干部群众破除封闭保守意识，树立开明开放观念。破除温饱即安的思想，树立发展观念；破除自给自足的小农意识，树立市场经济观念；摒弃粗放经营积

习，树立集约经营的效益观念，宁愿苦干，不愿苦熬，克服“等、靠、要”的思想，依靠自己的力量解决温饱问题，努力提高自我发展的能力。要把扶贫开发转移到依靠科技进步、提高农民素质的轨道上来。积极组织科研单位和科技人员深入贫困村社传授实用技术，以“星火计划”、“丰收计划”为龙头，开发科技承包和科技服务活动。鼓励科技人员到贫困村社领办经济实体，带动贫困户脱贫。稳定和充实贫困乡村的教师队伍，普及九年制义务教育，发展职业教育。通过各级扶贫培训中心、职业中学、农广校和区乡现有科技组织，帮助贫困村社培训人才，推广传授农业生产实用技术。充分发挥农村科技能人的示范作用，广泛开展“以一带十”活动，提高农民的商品生产技能。

（二）从解决温饱入手，为扶贫攻坚奠定基础。解决贫困人口的温饱是脱贫的前提，其根本途径是实施农业“四大工程”。一是抓好以微水为中心的农田水利基本建设。在加快水利体制改革，落实管护措施，充分发挥现有水利设施效益的同时，以“两点一线”区域和旱点旱片为重点，坚持以人饮为主、以微水为主、以户为主、以自力更生为主的微水建设与池园建设结合，微水与人饮结合，建池与建家结合，抓好水利设施建设，切实解决人畜饮用水和农田灌溉用水的困难。二是全面推行旱地改制，大力发展力争 1997 年玉米产量达到 2 亿元，超过小春，1998 年玉米总产达到 2.5 亿斤，与水稻持平。三是继续调整林业结构，加速经济林发展，重点发展板栗、银杏为主的干果、“三木”药材，适度发展名、优、特、新小水果和茶叶，把庭院建设与成片开发结合起来，适当集中，形成规模，提高经济效益。四是大力发展以草食牲畜为重点的畜牧业，突出发展南江黄羊，到“九五”末，黄羊存栏达到 50 万只。

（三）从调整经济结构入手，实施开发式扶贫。按照自然法则、价值规律和经济规律的客观要求，抓好经济结构调整。一是调整所有制结构。在坚持公有制主体地位的前提下，加快非公有制经济发展，扩大个体私营经济成分，积极扶持，放手发展。对国有、集体企业要实行改制、改组、改造。二是调整产业结构。坚持“以农业稳基、以种养富民、以工业兴县”，在切实抓直接关系群众温饱的种植业、养殖业、林果业的基础上，充分发挥资源优势，抓好资源开发，大力发展乡镇企业，建成有市场、风险小、效益高的冶金、建材、食品饮料、机械化工方面的工业骨干企业。通过兴办扶贫企业，组织贫困人员进厂务工，稳定增加收入，带动贫困户脱贫。三是围绕市场和效益调整产品结构。大力实施名牌战略，抓好南江黄羊、南江大叶茶等地方名特优产品开发，扩大批量，提高质量，形成骨干。四是调整就业结构。坚持对外输出，与对内转移相结合，不断扩大非农户业的就业人员。五是调整经营结构。鼓励和引导农户之间、乡村之间、城乡之间进行产品、市场、技术、信息、资金、劳动力等优势联合，兴办股份制、股份合作、联营企业，增强市场竞争能力，提高规模效益。六是调整投资结构。围绕主导产业，引导投资方向，坚持“集资保重”的原则，避免资金分散，讲求投资效益。

（四）从改善生产条件和生存环境入手，加强农业基础设施建设。改善生产条件和生存环境的关键在于治水、改土、兴林、修路、办电。一是治水。坚持“一手抓改革，一手抓发展”，动员广大农民积极筹资投劳兴水治旱，特别是帮助贫困户搞好微水的规划建设，三年内户建一口 300 立方米以上的蓄水池。二是改土。大力抓好中低产田土改造，全县每年在贫困乡村建设 1 万亩旱涝保收、稳产高产的基本农田，“九五”期间完成 5 万亩改造任务，其中高寒山区、石山区，人平建成一亩水平梯地。三是兴林。引导和帮助贫困户利用房前屋后空闲土地，大力发展以经济林为主的小庭院，力争三年内每户建成一个经济林园。四是修路。在巩固干线公路改造成果的同时，尽力而为抓好乡村道路建设，重点抓好乡村公路的改造和养护。五是办电。利用南江作为全国第三批电气试点县的机遇，大力发展乡村小水电，尽快完成中咀三号机、高龙坝电站的建设，到 1998 年基本实现电气化。同时，引导贫困户逐步改善居住条件，满足基本生活需求。对缺乏基本生活条件的少数特困村社的农户，政府可统筹安排并尊重农民意愿实行开发式移民。

（五）从全面落实各项扶贫政策入手，实施政策扶贫。

（1）落实优惠政策，提高扶贫实效。一是对未解决温饱问题的贫困户，免除粮食定购任务，并按照农业税条例的有关规定，减免农业税和农业特产税。二是对确有能力承贷扶贫资金的贫困户承贷1000元以下的小额贷款，不受自有资金比例限制，免去经济担保和抵押，不允许以新贷款冲抵原有贷款。三是对贫困乡村新办企业和发达地区到贫困乡兴办的企业，三年内免 征所得税。四是取消贫困户年纯收入5%统筹上交以外的各项摊派。五是取消与实现脱贫目标无关的各类检查、评比、达标活动。六是贫困乡村到其它地方兴办扶贫企业，税利全部返还。七是对尚未解决温饱的特困户独生子女因经济困难失学的，可在计划生育补偿费和留区的教育附加费中解决义务教育阶段的学杂费。八是继续落实兑现过去关于扶贫开发一系列优惠政策。

（2）建立多元化的投入机制，切实增加扶贫投入。一是利用国家高度重视扶贫、加快西部地区发展及全省行政区划调整的有利机制，千方百计争取国家以工代赈资金、扶贫贴息贷款和其他发展资金，确保每年到位在2000万元以上。二是各国有商业银行和地方金融机构每年争取安排一定比例的信贷资金，用于特贫乡、贫困乡有效益和有偿还能力的扶贫开发项目。三是从明年起，县上每新增收入100万元用于扶贫开发。四是用好用活义务工、积累工、积极引导农民投资投劳改善生存、生产条件和发展环境，增加原始积累，努力扩大再生产。五是租赁、拍卖荒山坡水域的经济权和使用权，先发展，后规范，再收费，集聚社会闲散资金投入扶贫开发。六是制定和落实优惠政策扩大开放，吸引外资，寻求发达地区的对口帮扶。七是积极争取世行项目贷款。八是动员和组织全社会捐资捐物，扶贫济困。

（3）加强扶贫资金项目管理，确保扶贫资金的投向和使用效益。一是对扶贫资金实行“一个漏斗向下”的管理办法。所有渠道下达的扶贫资金，遵照县委决策、政府实施的原则，按程序统筹安排使用，由扶贫开发领导小组具体负责，组织各有关部门规划和实施项目。以贫困户为对象，解决温饱问题为目标，以有助于直接提高贫困户收入的产业为主要内容，按集中连片的贫困区域统一规划，统一设计，统一评估，一次批准，分年实施，分期投入。将各类扶贫资金捆绑起来，集中使用。二是扶贫资金主要投向特困乡、贫困乡和世行项目乡，扶贫资金、物资至少85%投放到村。优先、重点支持直接关系群众温饱的种养业项目，优先用于发展“三高”农业和区域性支柱产业。严格投资比例，投入种养业的扶贫资金不得低于总额的85%。所有扶贫项目必须经县扶贫开发领导小组立项，然后交金融和资金管理部门评估、论证，力争做到项目、资金同步。任何单位和个人不得在此之外随意另立项目，回收再贷资金的安排，也应严格照此办理。三是切实保证扶贫资金及时、足额到位。县上每年上半年将扶贫资金落实到项目，各级各部门必须按项目规划的建设内容、额度及时到乡镇、村社、贫困户，严禁任何单位和个人改变资金的用途和使用范围，不准挪用、拖欠和挤占。要保证资金使用期限，非特殊原因，不得提前催收。四是实行扶贫资金和扶贫项目直接与扶贫责任挂钩。今后，所有使用扶贫资金的单位和个人，都必须承担扶贫责任并签订责任书。种养业项目要直接覆盖到片区的贫困户，加工业项目根据使用的贷款额度和性质，按要求安排贫困劳力进厂务工。不能解决贫困劳动力就业的，每年按有关规定收取扶贫开发基金，用于解决特困户的温饱问题。五是各级党政要配合扶贫资金主管部门抓好到逾期资金回收，加快滚动发展。六是加强对扶贫资金使用情况的监督检查。审计、监察、财政、开发办、金融等部门要对扶贫资金的使用情况进行经常性检查，每年开展一次扶贫资金专项审计，对于挤占、挪用、截留扶贫资金，擅自提高或变相提高利率的，要追究责任，从严处理。

（六）从项目扶持入手，着力开发种养业、林果业。立足资源优势，突出抓好家家都能干、户户都受益，有助于直接解决群众温饱问题的种养业、林果业和以当地农副产品为原料的加工业发展。各地既要抓好覆盖全县的黄羊、干果、“三木”药材发展，又要突出本地的产业、区域优势，按照因地制宜、科学规划、突出特色、规模开发的原则，推进种养加一条龙、贸工农一体化的农业产业化。北部地区要依托广阔的荒山荒坡和丰富的矿产资源，重点抓好黄羊、核桃、油桐、花椒、板栗发展和铁矿、石材、煤炭、木材等资源开发；南部地区要利用较好的农业基础重点抓好粮食生产和黄羊、生猪、肉牛发展及畜产品综合开发，加快蚕桑、银花、杜仲等经济林建设；“两点一线”区域要利用交通优势，抓好乡镇企业、第三产业发展和“菜篮子工程”。在实施好国内扶贫项目的同时，积极做好世行项目的争取和实施工作，各项目区要层层成立领导小组，落实责任，明确任务。按规划可行、编制合理、符合县情的原则开展项目准备，按因地制宜、因户制宜、自愿参与的原则，落实项目，制定并完善村级规划。保证必要的人力、物力、财力投入，确保世行项目的顺利实施。

（七）从打扶贫攻坚总体战入手，实施社会扶贫。扶贫济困是全社会义不容辞的责任，各级各部门和社会各界都要各尽所能，为扶贫攻坚作贡献，为贫困地区献爱心、送温暖，形成合力，打好扶贫攻坚总体战。建立健全社会化服务体系，坚持信息、资金、技术配套输入，产前、产中、产后系列服务，搞好千家万户生产与千变万化市场的衔接，引导农民进入市场。特别是抓好农业上的良种统供、水电统售、病虫统防（治）、农资统配等服务工作。积极发展农村合作医疗，搞好村级卫生站建设，逐步建立农村基本医疗保障制度，减少因贫致病、因病致贫返贫的现象。逐步建立农村社会养老保险和人身、财产保险制度，抓好社会救济，妥善安排好贫困人口的基本生活。

（八）从加强领导、改进工作方法入手，全面提高工作质量。

（1）落实扶贫攻坚党政一把手责任制。解决群众温饱的问题，实现三年脱贫，是全县一切工作的中心，也是一项重大的政治任务。各级党政必须高度重视，精心组织，主要领导要对扶贫攻坚工作负总责，以高度的政治责任感和历史使命感亲自抓扶贫开发，要经常深入农村调查研究，帮助解决扶贫开发中的具体困难和问题。县上成立以县委书记为第一责任人，县长为第二责任人，分管副书记、副县长为第三责任人，扶贫开发办主任为第四责任人，农行（发行）行长为第五责任人的扶贫开发领导小组。各区（镇）、乡（镇）也要成立相应的扶贫开发领导小组，负责本辖区扶贫开发工作的组织领导、规划编制、业务培训和检查落实。县扶贫开发办和世行办要认真履行职责，抓好扶贫项目及世行贷款项目的储备、筛选、论证及项目申报和管理，搞好督促检查、协调和指导区乡编制扶贫规划，落实攻坚措施，加快脱贫进程。对扶贫实行一级抓一级，一级促一级，层层抓落实，限期完成扶贫攻坚任务。特困乡、贫困乡党委书记和乡长，三年内不予调动，限期完不成脱贫任务的就地免职。

（2）建立和完善扶贫攻坚激励机制。一是实行干部包乡、包村、包户责任制。县级领导实行“四个一”扶贫责任制，即：联系一个乡、一个村，帮助1至2户贫困户，救助一名失学儿童。其中县委常委、人大常委会主任、政协主席、副县长、人武部长和政委各抓一个特困乡；副区级以上干部每人抓一个村的扶贫，副乡级以上干部每人包1至2户贫困户脱贫，县级部门分别抓一个乡、县属骨干企业各抓一个村的扶贫。二是实行先富带后富。全县确定100名个体户、专业大户，每户帮带3户贫困户，带动300户贫困户脱贫。三是选派300名年轻干部到贫困村担任村支部书记或副书记，不脱贫不脱钩，成绩突出的要提拔重用。四是特困乡增配一名政治素质好、有农村工作经验、责任感强的年轻干部担任乡党委副书记或副乡长，专抓扶贫工作。五是各区（镇）成立扶贫开发办公室，并确定2至3人专人办公，由分管领导兼任办公室主任。六是除教育师范外，今年新分配的大学生和公选录用的委培大中专生一律安排到特困村工作一年，供给关系保留在原单位。七是县上每年筹集100万元资金，作为贫困乡村、户发展生产和基础设施建设的投入。八是县上对提前或如期脱贫的区（镇）奖现金3万元，并奖励一个10万元的项目，乡（镇）奖现金1万元。九是对县级部门和厂矿企业对口扶贫情况，分年度进行检查考核，纳入单位、企业年度工作考核和领导干部政绩考核内容，凡未完成年度脱贫目标任务的，实行“一票否决”，单位及其领导不能评选先进。

四、实施综合开发，切实搞好扶贫攻坚的配套建设

（一）扶贫开发要坚持四个结合。一是坚持扶贫工作与计划生育相结合，把计划生育工作纳入扶贫攻坚总体方案，坚持两项工作同部署、同检查、同考核，实行生产、生活、生育一起抓。把计划生育同贫困户的利益结合起来，将扶贫开发项目、资金、物资向实行计划生育的贫困户适当倾斜。严格控制第二胎，杜绝多胎生育，努力摆脱“越穷越生、越生越穷”的恶性循环。二是坚持扶贫攻坚与加强农村基层组织建设相结合，扶贫攻坚关键在党、关键在人，要如期实现脱贫目标，最根本的是依靠各级党组织带领广大群众艰苦奋斗。要下决心按“五好”要求，抓好以村党支部为核心的农村基层组织建设，为扶贫攻坚提供强有力的组织保障。三是坚持扶贫开发与实施农业“四大工程”相结合。实施农业“四大工程”是扶贫工作由救济型向开发型转变的关键，是贫困户脱贫致富的主要途径。各地要帮助贫困乡、村、社、户搞好“四大工程”的规划，并认真组织实施，坚持不懈地抓下去。四是坚持扶贫开发与发展集体经济相结合。发展村级集体经济是关系贫困脱贫致富，关系巩固农村基层政权、增强党支部凝聚力、号召力、战斗力的大事。对集体拥有的自然资源，可由村级集体采取承包、租赁等形式组织开发，形成较为稳定的集体收入来源；在不具备创办集体企业条件的地方，可以选择那些经营效益好的个体、私营企业，进行集体参股或发动农民入股，逐步将这些企业引入具有集体经济成分的股份合作道路。

（二）扶贫开发要正确处理的两大关系。一是正确处理脱贫与富民的关系。脱贫是基础，脱贫就是稳定解决贫困人口的温饱，因此，各级各部门必须做到“五到村五到户”，即：工作深入到村，部门对口帮扶到村，计划分解到村，资金安排到村，责任落实到村；扶贫对象到户，帮助措施到户，扶贫项目到户，扶贫贷款到户，领导联系到户。切实解决好贫困人口的绝对贫困和温饱问题。二是正确处理富民与富县的关系。富民是基础，是前提，兴县是关键，是目的。要突出重点、难点，集中人力、物力、财力，首先把农村贫困问题解决好，让贫困农民尽快富裕起来，从而推动县域经济的发展，为实现兴县的目标奠定坚实的基础。

县委、县府要求，各级各部门必须认真贯彻落实中央、省、地、县关于扶贫开发的各项政策措施，团结苦干、扎实工作，开拓进取，为全面完成尽快解决贫困人口温饱这一伟大历史任务而努力奋斗。

中共南江县委　南江县人民政府
关于大力发展民营经济的决定

（南委发［1997］35号）

各区（镇）、乡（镇）党委，南江镇、乐坝镇人民政府，各区公所，各乡（镇）人民政府，县级各部门：

改革开放以来，我县民营经济得到了较快发展，对发展社会生产力，促进全县经济持续、快速、健康发展发挥了积极作用，已成为我县重要的新的经济增长点。要实现脱贫、富民、兴县的阶

段性战略任务和2010年远景发展目标，必须进一步加快发展民营经济。根据省委、省政府《关于进一步加快民营经济发展若干政策的意见》（川委发［1997］33号），结合南江实际，特作如下决定。

一、充分认识大力发展民营经济的重要意义

民营经济主要指个体、私营等非公有制经济以及各种形式的国有民营、公有民营企业和民营科技实体等，它是我国社会主义初级阶段国民经济的重要组成部门，是能够极大促进生产力发展的公有制的实现形式之一。民营经济的特点是民资、民有、民办、民营，其生产经营具有较强的灵活性和适应性。大力发展民营经济，不仅适合现阶段生产力发展的水平，而且有利于挖掘民间经济潜力，增加生产资本金；有利于扩大城乡劳动力就业，有利于深化国有企业改革，优化产业、产品结构；有利于财政增收和群众增收，是富民裕县、加快全县经济和社会发展的客观需要和必然选择。尽管我县民营经济通过长期发展，已具有一定经营规模和实力，但还存在发展速度缓慢，管理水平低下，经济效益不高等问题，民营经济的总体实力还比较薄弱，其优势和作用没有得到应有的发挥。各级各部门必须进一步深化认识，解放思想，更新观念，坚持“发展才是硬道理”，不争论姓“资”姓“社”，积极探索，大胆实践，用民营经济构筑我县新的经济框架。

二、明确民营经济发展的指导思想、目标、重点和对象

指导思想：坚持以党在社会主义初级阶段的基本理论、基本路线为指导，以“三个有利于”为判定标准，以市场为导向，坚持经营范围、经营方式、经营规模、发展速度、发展比例和发展对象“六个不限制”，放手发展，放胆经营，政府扶持，照章纳税，使民营经济在全县经济结构中的比重显著提高。

发展目标：1998年全县民营企业发展到130家，个体工商户发展到20000户，纳税实现1800万元；1999年全县民营企业发展到165家，个体工商户发展到22000户，纳税实现2200万元；2000年全县民营企业发展到200家，个体工商户发展到25000户，纳税实现3000万元。

发展重点：按照符合市场需求、符合国家产业政策、符合南江资源实际的原则和主攻“两点一线”，辐射带动全县的区域发展布局，科学选择民营经济发展项目，狠抓经营大户的培育，引导民营经济向生产型、加工型方向发展。农村以发展庭院经济为重点，抓好“四荒”开发利用，大力发展以干果、花椒、“三木”药材、茶叶、油桐为主的种植业和以生猪、黄羊、肉牛、水产为主的养殖业；城镇以发展民营企业为重点，依托石材、煤炭、木材和农副产品等，搞好资源开发及精深加工；突出发展商业、服务业、餐饮娱乐业、旅游业和交通运输业，积极引导社会力量办学等社会服务事业和投资从事市政、市场、道路、桥梁、电站等基础设施建设。

发展对象：（一）党政机关、事业单位分流的干部职工；（二）离退休人员；（三）国有、集体企业职工；（四）农民；（五）城镇居民；（六）外来客商。

三、放宽民营经济发展的优惠政策

（一）经营人员不分地域、民族，凭身份证或户口簿均可直接向工商行政管理部门申办注册登记手续，除从事民营爆炸物品、采掘、建筑、医药、交通等特种行业和对环境有重大影响的行业外，其他行业的许可证和专项审批，不作为民营经济发照的必备条件，可以先经营，后补办。需要专业主管部门核发许可证或专项审批的，有关部门在接到申请后十五日内回复审核意见。

工商行政管理部门和行业主管部门按照“手续一律从简、收费一律从低”的原则，在注册资

本金、经营场地、从业人员等规定上，尽可能放宽尺度，为民营经济业主办证、办照提供方便。对外来个体工商户和民营企业主，优先注册，优先安排生产经营场地，优先办理入户手续，优先解决子女入学入托。

（二）个体工商户和民营企业凡在国家法律、法规和政策许可范围内，无论从事何种生产经营，均不受经营范围限制。

（三）组织、人事、劳动、企业主管局等有关部门制定相应的政策和措施，鼓励党政机关、事业单位的分流人员和国家、集体企业的下岗职工从事民营经济；鼓励机关、企事业单位干部、职工买断工龄或辞职，与单位脱钩，发展民营经济。

对已参加社会统筹的国有、集体企业的分流人员，不再保留原单位关系和身份、个人继续按当地统筹比例交纳养老保险金，投保年限可连续计算，达到退休条件时，可享受退休金待遇。

党政机关、事业单位的干部职工，经批准并履行必要手续后，均可停薪留职或辞职发展民营经济。停薪留职时间长短不受限制，来去自由，其工资及福利待遇由本人与企业协商确定。

转业干部、城镇复退军人从事个体、私营经济或到民营企业中就业，其关系在1年内保留在负责安置的政府相关部门。

大中专毕业生（含委培）自愿从事个体经营或到民营企业就业的，人事部门负责办理接待手续并管理其档案，公安部门负责办理户籍手续。

（四）鼓励民营企业向国有、集体企业投资入股。允许有能力的民营企业通过参股、控股、承包、租赁、兼并、收购等多种形式参与公有制企业改革，利用国有企业资产从事生产经营活动。

（五）加快国有、集体（乡镇）企业向民营企业的转化步伐。除关系国计民生的重要行业实行国家专营、专卖外，其余国有、集体（乡镇）企业均可转化为民营企业。

国有、集体（乡镇）企业有净资产的，可直接将资产出售；净资产为零的通过考核，只要对方有经济实力和经营能力，并承担债务和接受人员，可采取零价转让的办法转化为民营企业；资不抵债的，可将有效资产出售，购买方同时承担有效资产相应的债务和接受一定的人员；如购买方不愿承担债务和接受人员，可按资产评估价格出售。

加大依法破产力度，进行资产重组，将国有、集体（乡镇）企业转化为民营企业。采取风险抵押承包或租赁形式将国有、集体（乡镇）企业转化为民营企业。对整体转让确有困难的国有、集体（乡镇）企业，可采取化整为零的办法逐步转化为民营企业。在国有、集体（乡镇）企业转化为民营企业过程中，要做好职工安置、清产核资、债权债务清偿等工作。

（六）农村集体所有的塘、库、园场、站等，要通过租赁、拍卖和股份合作制等形式转化为民营经济。

（七）各地各部门、各行业要根据市场法则，大胆探索，试行多样化的公有制实现形式，积极发展民营经济。党政机关、事业单位现有的经济实体，可采取改革的办法转化为民营经济。

（八）鼓励民营企业和民营经济业主相互参股，联合经营，组建企业集团，扩大经营规模，积极推进两个转变，不断提高产品科技含量，促进民营经济上档次、上规模、上效益。

（九）民营经济的税收可以根据不同情况给予一定的优惠照顾。

民营企业安置或吸纳特困企业下岗人员、国有、集体企业富余人员超过从业人员总数30%的，按先征后退的办法，3年内全额退还所征企业所得税。安置“四残”人员达到生产人员总数的30%以上，取得社会福利企业证书的民营企业，经国税部门审查批准，可享受增值税集征集返的优惠照顾。

新办工业项目投资规模在200万元以上，从事第三产业固定资产投资在50万元以上的民营经济，从生产经营之月起2年内所征企业所得税按50%返还。

县外企业在我县开设窗口从事经营，实行独立核算，年纳税10万元以上，所征企业所得税按50%返还。民营企业和港澳、台及外商合资、联办企业的，享受国家“三资”企业的优惠政策。

（十）民营企业研究开发新产品、新技术、新工艺发生的各项费用，在严格财务管理的基础上，按规定计入制造费用。

（十一）民营经济投资参与交通、能源、市政、市场等基础设施建设和“希望工程”建设的，免收招标费、审计费、统建费、邮电设施费，减半收取公用设施配套费、规划管理费。有关部门在规划、立项、安置、能源、通讯、治安管理等方面要简化手续，给予方便。

（十二）进一步拓展投融资渠道，建立以个人投入为主体的民营经济投入机制。各金融机构尤其是商业银行，按照“三有一不”（有市场、有效益、有信誉、不挪用）的信贷原则，把对民营经济的贷款指标纳入年度贷款计划，并确定一定的投资比例，对符合条件的贷款申请，尽力予以支持，择优扶持一批基础好、有发展潜力的民营骨干企业。

（十三）坚决制止“三乱”，切实减轻民营企业的不合理负担，财政、物价、监察、审计部门，要根据有关法律、法规、规章，严格规范对民营企业的各种行政事业性收费的收取办法、项目、标准，严格“搭车收费”。凡未经有权机关批准的收费项目一律取消。所有行政事业性收费项目均由财政、物价等部门提出实施意见报县府核准，由物价部门颁发许可证；建立“收费卡”制度，实行“统一收取，分别划转”的收费办法（具体办法另行制定）。收费必须使用财政部门统一监制的专用票据。对有幅度的收费标准，一律按下限标准收取。任何部门、社会团体不得随意去民营企业进行检查或要求企业参加评比、竞赛、联谊、学会等活动。民营企业有权拒交违背国家规定的各种收费和集资摊派。

（十四）财政、税务、审计、统计等部门要督促、帮助民营企业按照国家有关法规建立健全会计、审计、统计制度，按时编报财务、统计报表。税务机关应坚持统一税法、保证应缴税金入库和培植税源的前提下，不断改进和完善税收征管方式。对个体工商户和私营企业可以根据不同情况分别采取查账征收和定期定额征收的办法。民营企业和个体工商户必须建立健全账务，严格履行纳税义务，并主动接受税务机关的监督检查，把享受优惠政策返还的税金用于扩大再生产。

（十五）对具备条件的民营企业，有关部门要指导帮助建立党、团、工会组织，并逐步理顺组织关系。各级党委在推荐人大代表、政协委员时，要适当增加优秀民营企业管理者的比例。对发展民营企业有突出贡献者，要纳入评选劳动模范、先进生产者和职称评聘范围，并享受相应的政治经济待遇。

（十六）有关部门要帮助民营企业进一步深化改革，加强管理，不断拓展发展领域和空间，充分调动经营者、生产者的积极性，最大限度地提高企业经济和社会效益。

（十七）各级各部门要按照“先发展后规范，边发展边规范”的原则，为民营经济的发展搞好协调服务。要切实保护民营经济的合法权益，增强生产经营者的安全感。对有令不行、有禁不止，损害个体工商户和民营企业利益，阻碍民营经济发展的单位和个人要严肃查处。个体劳动者协会、私营企业协会要做好“自我教育、自我约束、自我管理、自我服务”工作。

（十八）进一步加快小集镇建设和市场建设，量力而行、尽力而为抓好区、乡道路建设，积极引导民营经济向公路沿线发展，向小集镇集中，尽快建成沿路经济发展带。

（十九）民营企业和个体工商户要提高“爱国、敬业、守法”的自觉性，自觉遵守市场规划，维护市场秩序，公平竞争，依法经营，不制造和销售假冒伪劣商品，不哄抬物价，不牟取暴利，严格遵守《劳动法》的规定，尊重和自觉维护员工的合法权益。

四、加强领导，促进民营经济快速、健康发展

今后一定时间内，全县原则上不再新办国有、集体企业。各级各部门要按照“发展民营经济的胆子还要更大、思路还要更宽、速度还要更快”的要求，把大力发展民营经济列入工作的重要议事日程，统筹安排，精心指导。对民营经济要在政治上给地位，政策上给扶持，经营上给环境，发展上给条件。要从产业导向、教育培训、职称评定、资金、技术、能源、信息等方面给予支持和帮助。妥善处理好发展中的具体问题，为民营经济的快速、健康发展创造宽松和谐的外部环境。

县委、县政府成立“南江县民营经济发展领导小组”，各区（镇）、乡（镇）也要成立相应机构，抽调专人办公，做到主要领导亲自抓，分管领导具体抓。各级党政领导干部要抓点示范，带头联系1至2户民营经济大户。县民营经济发展领导小组负责制定民营经济目标考核办法，每年对全县民营经济发展进行一次综合考评。考核目标以个体工商户和民营企业的发展速度、年纳税额、年产值或营业额为主。对作出贡献的机关单位、党政干部和民营经济业主，要在同级财政当年民营经济新增税收中提取5%以上作为奖励基金，进行表彰重奖。

附：南江县民营经济发展目标任务分解表（略）。

1997年8月25日

中共南江县委　南江县人民政府
关于进一步加快文明新村建设的决定

各区（镇）委、区公所，南江镇、乐坝镇、桃园镇人民政府，县级各部门：

为进一步贯彻落实党的十五届三中全会精神，改善农民生存环境和发展条件，提高农民生活质量，加快脱贫致富奔小康步伐，根据省委谢书记的指示精神和地委的要求，县委、县府决定进一步加快文明新村建设。

一、充分认识加快文明新村建设的重大意义

党的十一届三中全会以来，我县农村取得了巨大成就，特别是基础设施建设、扶贫攻坚、农村基层组织建设等方面取得了长足的进步和发展。但由于历史和自然的原因，农村经济发展仍然比较缓慢，农民生存环境和发展条件差，经济基础比较脆弱，相当部分的农民观念陈旧、思想保守、现代文明意识较差。要切实解决这些问题，必须进一步加快文明新村建设。

加快文明新村建设是越温后向脱贫致富奔小康迈进的战略决策，是一项民心工程、德政工程。它以“六改三建”（改水、改土、改路、改厕、改圈、改厨、建池、建园、建家）为主要内容，以发展池园经济为主要特色，具有户办户营、产权明晰、利益直接的特点，符合现阶段农业生产力发展水平。它通过政府引导，促使农民加大投入，努力改善生存环境和发展条件，提高生活质量，符合广大农民的迫切愿望，有利于调动千家万户的积极性。它在一家一户综合经营的基础上，培育池园经济大户，形成大户联市场、市场联基地、基地联农户的格局，加快农业产业化进程，从而有利于促进农民增收。它通过依靠先进的管理手段和先进科学技术的推广运用，培育自身的产业，有利于促进农民学科技、用科技，增大科技投入和智力投资，提高农业科技含量。同时，它把基础设施建设、农民思想政治教育、科技推广应用和社会治安综合治理融为一体，坚持物质文明和精神文明协调发展，不仅能改善农民生存环境和发展条件，改变农村落后面貌，全面繁荣农村经济，促进农

村社会稳定，而且能转变农民的思维方式，提高农民文化素养，形成良好的道德风尚和社会风气，必将对农村精神文明建设起到巨大推动和促进作用。

二、文明新村建设的指导思想、目标任务和标准

指导思想：以邓小平理论为指针，深入贯彻落实党的十五大和十五届三中全会精神，按照深化农村改革、建设社会主义新农村的要求，坚持因地制宜、效益优化、分类指导、发展大户、产业带动、综合配套的原则，以池园经济为特色，以“六改三建”为内容，以农村基层组织建设为保障，以农民增收和农村稳定为目标，实行路、水、土、林、电综合治理，并池园机气配套建设，种养加运服协调发展，民主政治建设和社会事业共同进步，推动农村经济持续、加速、健康发展。

目标任务：在抓好已建文明新村的巩固、深化和提高基础上，每年建好20%～25%的村，用三至五年时间，分期分批把全县70%～80%的村建成文明新村。1999年，重点抓好150个文明新村建设。

文明新村的标准：

（1）户户建有池园经济骨干项目：全村人均池园经济收入2000元以上，池园经济收入20000元以上的加工专业大户的10%以上，年纳税2000元以上的种植专业大户、3000元以上的加工专业大户、5000元以上的运销专业大户3～5户，骨干项目或特色产品值占全村总产值60%以上。

（2）村村实现五通：村通公路，户通自来水，户户通电，有条件的村通程控电话、通闭路电视。

（3）户户建成文明庭院：按“六改三建”的要求，70%以上户通文明路，人平庭园改土达到0.5亩；户建瓷砖灶、卫生厕，粉墙座脊，硬化地板，改造圈舍，有条件的实现沼气配套，农户整洁卫生，环境优美，贫困户住房得到彻底改善。

（4）建立一个好班子：严格按照公推公选、联绩联效联心的要求，建立健全五种激励机制，推行村级班子公推公选，加强对村干部的民主评议和考核，督促其履行职责承诺。村级班子年龄、文明、知识结构合理，富有战斗力；其他村级组织健全，村社干部兼职合理，职能作用发挥好；落实好村社干部待遇，搞好养老保险。

（5）建立一支好队伍：党员干部占村社干部的60%以上；党员先锋模范作用发挥好，村级组织活动室规范、管理利用好。严格按照条件，积极发展新党员，为基层组织增添活力。

（6）健全一套好制度：认真贯彻执行《村民委员会组织法》实行民主选举、民主决策、民主管理、民主监督。建立村级财政管理制度，机构健全，职责明确，账务清晰，制度落实。每月5日公开村务财务。党群干部关系融洽。

（7）村集体经济不断发展壮大：集体固定资产实行卖、租、股改革，积极创办集体经济实体；严格兑现新增财力70%返还到村政策；村集体经济收入达到4万元以上，集体资产管理有专账，使用合理。

（8）建立一个好的育人阵地：每户培养1～2名科技致富能手，村有文化体育设施，适龄儿童入学率达到100%。积极推进农村合作医疗建设，人人享有初级卫生保健。村社计划生育率达到100%。

（9）有一个良好的社会治安环境：村民遵纪守法，无赌博，无封建迷信，无重大刑事案件，民事纠纷少，家庭团结，邻里和睦，自觉履行应尽义务。“双文明户”达到40%以上。

三、强化措施，加快文明新村建设步伐

（1）加强领导，落实责任。应成立由县委书记任组长，县长和有关县级领导任副组长，相关

部门负责人为成员的文明新村建设领导小组，负责统筹规划和协调指挥。领导小组下设办公室，抽调专人统一办公，对全县文明新村建设进行检查、指挥、督促、考核。各区（镇）、乡（镇）要层层成立领导小组区（镇）委书记、乡（镇）党委书记的第一负责人，村支书、村主任是文明新村建设的直接负责人，负责文明新村建设的具体规划、实施。对未列入当年文明新村建设规划的乡（镇）也要各抓一个文明示范村（社）。县级各部门要密切配合打总体战，切实帮助解决文明新村建设中的资金、技术、物资等问题。实行领导干部挂联责任制，每个县级领导干部抓一个村，县级各部门抓一个村，区（镇）党政一把手各抓一个村，并层层签订目标责任书，实行目标同向、责任同负、技物同配、风险同担的办法，不达标不脱钩，扎实推进文明新村建设。

（2）科学规划，重点突破。按照“因地制宜、突出特色”的思想和“一年巩固一批、新上一批、分期分批、抓出成效”的办法，制定文明新村发展规划，规划坚持起点要高，建设分步实施。一是规划要落实到户到项目。要层层制定文明新村建设中长期和当年建设规划，将池园经济收入、基础设施建设、专业大户发展等主要目标落实到农户和具体项目上。二是突出正路、下关路等干环公路沿线的文明新村建设，辐射带动边远地区文明村社的发展。三是突出特色，选准项目。按照产业化、特色化的要求，突出抓好以南江黄羊、生猪为主的养殖业，以玉米、薯类作物加工为主的加工业，以魔芋、西瓜、核桃、“三花”、茶叶为主的种植业，实现农民增收和财政增收。

（3）创新机制，加大投入。建立以农民投入为主、信贷投入为辅，政府以奖代补的多元化投入机制。一是以各类用于农村开发的支农资金、信贷扶贫资金、新增财政扶贫资金、以工代赈资金、支援不发达地区发展资金、世行贷款等，要按照“渠道不乱，用途不变，捆绑使用，各计其功”的原则，采取无偿资金实行以奖代补，有偿资金实行钱物结合的办法，50%集中用于文明新村建设。按照规划标准，用实物形式以奖代补到农户的工程项目。二是积极引导农民加大投入力度。充分开发劳动力资源，用好用活“两工”。采取投工、借工、换工互助等方式。以村为单位，统一调剂使用“两工”，缓解投入不足的矛盾。同时，引导农民把资金投入到文明新村建设上来。三是鼓励城乡居民和机关、企事业单位及其职工购买、承包、租赁农村集中荒山、荒坡、林园、塘库，盘活农村集体资产存量，广泛吸纳社会闲散资金。集体用于公益性、基础性项目建设。切实加大科技投入力度，提高文明新村的科技含量。切实加强农村技术培训，大力推广农业适用技术，广泛开展送技术下乡和科技承包活动。全县从农业、林业、水电、农机、畜牧、交通、建委等部门抽派150名科技人员，下派到村任科技副主任，负责技术服务和技术指导。

（4）强化管理，提高效益。一是要切实加强农村财务管理。清理整顿乡（镇）农经站和村社财务，实行村务、财务公开，全面建立起村级财政管理制度和村民议事会制度；各类到村到户用于文明新村建设的资金，严禁截留和挪作他用。二是要切实加强农民负担管理。落实农民合理负担实行定项限额，一定三年不变的政策，严禁借文明新村建设之机，巧立名目加重农民负担。三是要切实加强农村集体资产的管理。加快农村集体资产拍卖、租赁、股份合作制改造后的深度发展。四是要切实加强质量管理。严格按照文明新村建设的标准，加强质量监管，在保证质量的前提下，加快文明新村建设速度。

（5）逗硬考核，严格奖惩。把文明新村建设作为农村工作的重要内容，纳入干部年度工作进行考核。对各级各部门挂联文明新村的领导干部和科技人员实行绩效挂钩，经严格考核验收，对当年完成文明新村建设目标任务的先进单位和个人，实行重奖，奖金来源按在新增财政税收返还中提取一点，财政安排一点的办法，实行分级负担。对当年完不成文明新村建设目标任务的，实行“一票否决”。

（6）加强督查，务求落实。各级党委、政府一定要高度重视文明新村建设，组织动员广大干部群众，认真组织实施；县级挂联领导、包村部门及驻村科技人员要到岗到位，抓好各项措施的落实。县文明新村建设领导小组办公室要充分履行职能，定期不定期地深入区乡村社进行巡回督查，县委办、政府办要加强信息反馈，对行动好的要通报表扬，行动差的要通报批评，限期整改，确保文明新村建设顺利进行。

1999年1月26日

（二）政府工作报告摘登

在县第十一届人大一次会议上政府工作报告（节选）

三年来，县人民政府的工作，坚持党的四项基本原则，坚持改革开放，坚持两个文明一起抓，依靠党的各项方针政策，依靠科学技术的推广运用，依靠全县人民的艰苦奋斗，初步开创了一条适合山区特点，发展商品经济的路子。经济、文化及社会其它各个方面发生了深刻的变化。

一、在改革中，山区发展的路子逐步明朗，农村新体制的框架已经初步显现出来

第一，深入改革，新的体制初步确立，农村实行以家庭联产承包为主的生产责任制，扩大了生产者的经营自主权，为商品经济的发展创造了重要前提。粮食实行合同定购和市场收购并行的“双轨制”。企业扩权，推行厂长（经理）负责制和价格体系、财政体制、商品体制等的改革正在继续进行。随着商品市场的发展，劳力、资金和技术等开始横向流动，计划指导下的市场体系开始出现。通过调整农村产业结构，原来那种单一经营和城乡分割的产业结构已被突破。经济领域出现了双层经营、承包经营、租赁经营、合伙经营、股份制经营、不同所有制间的整合经营等形式灵活多样的经济组合。全民所有制经济进行了初步改革，合作经济正在完善，个体和私营企业有一定发展。

第二，打破封闭，积极开放。采取走出去学习、汇报，请进来考察讲学，引进技术、资金、人才。引进资金8000多万元，争取国家“星火计划”项目1项和省“星火计划”项目4项，同全国各地大专院校、科技机构和厂矿企业等30多个单位建立了联系，与陕西南郑县结为“友好县”，并筹建了驻汉中办事处。

第三，抓住优势，突出重点。一是抓好农业，加速农业资源的开发利用，促进粮食和多种经营的持续稳定增长；二是大力发展林、牧、水产业和第三产业；三是大力开发地下矿藏，加速地方工业和乡镇企业发展；四是交通能源建设毫不松懈，为发挥区域优势和经济振兴奠定基础；五是发展地方建筑业和劳务输出；六是敞开南北大门，合纵连横。

第四，依靠科学，开发人才。一大批知识分子走上领导岗位，县成立了科技顾问团，完成了农业区划的综合报告和各专业报告，组织力量对我县经济发展战略进行科学研讨。各区（镇）、乡科委、科协相继成立，民间各种科技协会、科研机构大量涌现，农业新技术推广的广度和实际效益极其明显。

二、全县经济保持着较高的发展速度

1986年，在1983年的基础上工农业总产值达到2.13亿元（1980年不变价格计算），比1983年增长44.82%，三年平均递增13.1%；农村改革的政策措施推动了整个农村的发展，农业总产值

平均递增8.8%，1984年粮食产量达2.22亿公斤，比1983年增长14.7%；多种经营中的养殖业、加工业和农村第三产业在整个农业中的比重有较大幅度上升；工业总产值比1983年增长523%；乡镇企业产值3540万元，比1983年增加2.25倍。农业内部结构的改善，为促进城乡共同发展奠定了基础。三年来，新建公路58.5公里，改建公路182公里，架设桥梁12座780米。修通南江至南郑、南江至通江及县内的断头路，促进了经济的开发和流通的活跃。三年来，新增机动车509辆，占全县机动车总数的40%。1986年县内财政收入840万元，比1983年净增166万元，与工业总产值同步增长，达历史最好水平。1986年全民所有制职工年平均工资1092元，扣除物价变化因素，每年职工实际所得增加80元左右。农民人均纯收入245元，扣除物价变化因素，比1983年实际增加90元左右。在1983年的基础上，社会商品零售总额增加了2600万元。

三、社会事业有了较快发展，精神文明建设取得了显著成效

三年中，办学条件得到改善、改造新建中、小学校舍3.7万平方米，教育结构逐步调整，教学科研工作成果显著，教育质量明显提高，共向国家输送大专新生364人。中等专业教育规模扩大，向社会输送毕业生333人；计划生育率为89%，人口出生率18‰，连续3年分别受到国家计生委和省政府的表彰。医疗水平和服务质量明显提高。新建电视差转台10个，县女子足球队在一年一度的省女子足球邀请赛中，荣获“三连冠”。安置待业青年2614人，接收安置转业、复退军人417人。新增职工住宅面积4.7万平方米，新增农村住宅面积164万平方米。

在县第十二届人大一次会议上政府工作报告（节选）

十一届人大一次会议以来，本届政府坚持以农业为基础，动员和组织全县干群改革开放、治理整顿、发展生产、振兴经济、扶贫开发、解决温饱、努力建设社会主义精神文明。三年的艰苦努力，实现了三个转移：一是加强农业基础，农村经济转移到粮经协调发展的新阶段；二是扶贫开发，全县基本解决了温饱，扶贫开发工作转移到以脱贫致富为主要目标的新阶段；三是稳定了政治、经济形势、社会主义精神文明进入一个新的发展阶段。全县经济繁荣、社会安定，发展势头比预计的要好。

1989年，全县工农业总产值已由1986年的2.18亿元增加到2.61亿元，增长19.7%；粮食总产由21万吨增加到22.7万吨，达到历史最高水平；农民人均纯收入从245元增加到425元；县内财政收入由780万元增加到1771万元，实现了三年翻番的快速增长，提前一年完成和超过“七五”计划目标；6.47万贫困户经过3年扶贫开发，提前一年基本跨过了温饱线；人口出生率由18‰下降到15.13‰；农村教育、卫生事业迅速发展，其他各项工作都取得了显著成就。

在县第十三届人大一次会议上政府工作报告（节选）

县政府动员组织全县人民发扬红军精神，解放思想，深化改革，开拓进取，真抓实干，两大文明建设取得重大进展。1992年底，全县社会总产值达到7.2亿元，比上年增长5%，比1989年增长19.5%；全县工农业总产值达到6.24亿元，比上年增长4.7%，比1989年增长22.4%；县级财政收入实现2499万元，比上年增长8.5%，比1989年增长41.1%，人口自然增长率由1989年的8.9‰下降到6.13‰，开创了经济不断发展、社会事业兴旺、人民生活有较大改善的新局面。

（一）调结构，搞开发，农村经济上台阶

1989年底，全县农民提前一年越过温饱线后，农村经济转入了开发脱贫的新阶段。在工作运筹上，以调整产业结构为突破口，以科技兴农为动力，卓有成效地组织实施区域经济开发，建立骨干商品基地，农民经济又迈上了新台阶，1992年底，农业总产值达到4.62亿元，比1989年增长13.5%，比上年增长2%。在具体工作上，主要抓了六个方面的重点：一抓粮食生产。1990年总产量首次闯过5亿斤大关，1991年创历史最高记录达到5.16亿斤，荣获国务院粮食生产先进县表彰奖励，1992年虽受灾最重，仍保持在5亿斤；二抓结构调整，因地制宜兴办“绿色工厂”，抓住以烟、桑、茶、药、芋、食用菌、猪、牛、羊和经济为重点的多种经营发展，产量和质量都大有提高。1992年乡企产值达1.06亿元，劳务输出16万次，收入1.29亿元；四抓改善农业基础条件；五抓服务体系建设。全县先后组建村级综合服务站203个，建立了以县为中心，乡为纽带，村为重点的农村社会化服务体系，积极开展产前、产中、产后系列化服务。

农村经济的发展，带来了农民生活的改善，1992年全县人均纯收入达到561元，比上年增加65元，农村居民人均住房25.23平方米，人均存款97元。

（二）转机制，上项目，工交生产形势看好

县府分别制定了发展工交商贸企业的决定，确定了县级领导和部门抓重点建设项目的制度，实行分年考核，悬奖攻关，1992年工业总产值达1.62亿元。主要抓了三个方面的工作，一抓重点项目建设；二抓企业“转机”，推进企业改革；三抓企业达产增效。

（三）挖财源，活流通，财贸金融不断发展

1992年底，社会商品零售总额1.89亿元，贷款余额3.41亿元，保险储金和保费收入534万元。

（四）变环境、添后劲，基础建设步伐加快

（五）兴科教、育人才，社会事业长足发展

三年共向高等院校输送新生1082名。科技工作制定了《南江县科技发展十年规划和八五计划》，提出了“八五”期间重点开发项目21个，狠抓科技示范和科技攻关，推广实用技术67项，培养实用技术人才5万名。

（六）抓治理，纠歪风，促进社会稳定

行政执法部门围绕经济建设中心，发挥职能作用，严肃查处违法违纪案件，为经济建设服务。

三年政府工作，有以下四个方面的鲜明特点：“敢”字当头，解放思想；“活”字引路，启动各方；“实”字落脚，运筹全局；“神”字提劲，两手都硬。

在县第十四届人大一次会议上政府工作报告（节选）

五年来，县政府始终坚持以经济建设为中心，奋力实施“狠抓基础，调整结构，开发资源，建立支柱”的发展战略，正确处理改革、发展与稳定的关系，克服和战胜各种困难，胜利完成“八五”计划，稳步实施“九五计划”，全县经济和社会事业持续、快速、健康发展。1997年完成国内生产总值6.016亿元（90价，下同），比上年增长10.4%，比1992年增长42.1%；粮食总产量达到2.8亿公斤，比上年增长5.1%，比1992年增长14.3%；县级财政收入克服诸多政策性减收因素，仍实现4872万元，比1992年增长1.3倍；农民人均收入达到1150元，比上年增加227元，比1999年增加1.05倍；人口自然增长率7.94‰。较好地完成了县十二届人大确定的各项主要任务。

（一）改革不断深入，开放不断扩大

认真落实党在农村的基本政策，在稳定家庭联产承包责任制和统分结合的双层经营体制的基础上，放活土地使用权和小型水利设施经营权，公开拍卖、租赁水利设施3076处，集体林园和荒山荒坡19.7万亩，收回资金1897万元。采取卖、租、股、兼并、破产等形式，大力推进以产权制度改革为核心的县属企业改革，改制面达100%，成功地组建了冶金、石材、水泥、煤炭、电力、交通运输等企业集团。

（二）以扶贫攻坚总揽农村工作全局，农村经济全面发展

坚持开发式扶贫，以“六个一”为目标，从观念扶贫、政策扶贫、项目扶贫等8个方面入手，奋力实施扶贫攻坚“八大工程”，全面落实八条措施，全县贫困户生存环境和贫困人口分别由1992年的5.37万户、64万人减少到1997年底的6158户、2.43万人。

改革传统耕作制度，在稳定水稻的基础上，突出发展旱作农业和节水农业，战胜连续5年自然灾害的袭击，粮食产量创历史新纪录。按照“抓三年、打三仗、迈三步”的要求，把玉米生产作为山区农业的一场革命来抓，奋力实施10万亩地膜玉米工程，继1996年实现玉米播面、单产、总产三个超历史后，1997年玉米种植面积20.8万亩，总产达到8500万公斤，实现超小春目标，创造出水田坪村、铁炉坝村等旱地改制典型。

大力调整农村经济结构，全面启动以种养业为重点的“百村万户”庭院经济建设示范工程，以农户庭院为依托的农业产业化经营开始起步。1997年畜牧业总产值达到27274万元，占农业总产值的43%。五年共发展经济林30万亩。乡企总产值达10.73亿元，被评为全省“八五”期间乡镇企业发展先进县。有序输出劳务42万人次、收入8.5亿元。

（三）牢固树立工业主导意识，工业经济持续增长

围绕冶金、建材、食品饮料、机械化四大支柱行业，五年新上、续建重点技改工业项目20个，完成投资12378万元，开发出获省博览会金奖产品11个。深入开展“学邯钢、学竹坝”活动，全面加强以成本控制为核心的企业内部管理，狠抓企业扭亏增盈工作，工业经济效益始终名列巴中地区前茅。1997年，完成工业总产值4.8亿元，工业实现税利2200万元，冶金矿山集团有限公司实现税利突破500万元大关，荣获“’97四川工业企业最佳效益500强”和“’97四川黑色金属矿采选业最佳效益10强”称号。

（四）以公路建设为重点，基础设施建设取得突破性进展

交通建设实现历史性跨越，成为全省山区公路建设的典型。五年共投资3亿元，改造干线公路198公里，其中，建成二级水泥路159公里，三级以上油路34公里，沙南路通过省级文明路初验；新修、改造四级以上标美路250公里，结束了红岩、汇滩、红星三个乡不通公路的历史；新修村道路1020公里。全县通车总里程达到2184公里，以干线公路为骨架、区乡道路为纽带的交通运输网络基本形成。普（济）乐（坝）铁路建成通车，结束了南江不通铁路的历史。通讯建设达到国内先进水平，完成“西（安）成（都）”光缆南江段建设，全县程控电话装机容量达到1.4万门，县城开通移动通讯2.8万户，比1992年增加1.2万户，南江被定为全国第三批电气化建设试点县。城镇建设日新月异。五年新建各类水利工程29984处，新增蓄水总量达到7108万立方米，解决了16.5万人、18万头牲畜的饮水困难，南江被确定为川北水利大样板建设试点县。五年改造中低产田12万亩，治理水土流失面积80平方公里。

（五）民营经济快速发展，所有制结构调整迈出可喜步伐

坚持“三个有利于”标准，把民营经济作为全县经济发展的战略重点，把“两点一线”区域作为民营经济发展的走廊，对乐坝镇和桃园乡实行封闭式开发、开放式管理，不断优化民营经济发

展环境。1997 年底，全县个体工商户发展到 1.8 万户，私营企业发展到 106 户，分别比上年增长 51%、41%；民营经济实现产值（或营业额）32454 万元，实现税收 1536 万元，分别比上年增长 51%、56%。

（六）坚持适度从紧的财政信贷政策，财政金融紧中求活

按照“一手抓发展，一手抓管理”和“基础财源抓企业，骨干财政抓工业，后续财源抓第三产业”的思路，狠抓财源基地建设。五年全县新增税收 3000 余万元，1985 年以来年年财政收支平衡并累计消化赤字 1979 万元，基本实现了“两保一促”目标。金融部门积极组织存款，努力拓展信贷规模。1997 年，全县金融机构存款余额 49576 万元，贷款余额 92313 万元，分别比 1992 年增长 337%、171%。保费收入实现 644 万元。理赔支出实现 336 万元，有效地增强了社会保障能力。

（七）城乡市场繁荣活跃，人民生活进一步改善

放开放活市场，流通环境不断优化。红四门市场、畜产品交易市场、乐坝综合农贸市场等一大批市场建成投入使用，各类市场总面积达到 5.3 万平方米。1997 年，全社会消费品零售总额达到 42437 万元，比 1992 年增长 1.6 倍。城镇居民人均生活费收入达到 2393 元，比 1992 年增加 593 元。农民人均纯收入年均增长 21.6%。城乡居民储蓄存款余额 41000 万元，比 1992 年增长 2.8 倍。

（八）各项事业协调发展，社会治安保持稳定

坚持教育优先发展，积极实施教育工程项目，56 个乡镇“普九”基本合格，高标准扫除青壮年文盲通过省政府验收。五年共有 3234 名学生考入各类大中专院校。加强科技三大体系建设，实施“科技兴县十亿工程”，五年共推广各类科技成果和先进实用技术 125 项，《南江黄羊品种选育》获 1997 年度省科技进步一等奖和国家科技进步二等奖，南江被列为全省科技扶贫综合开发试点县。计划生育被评为全省“八五”期间先进县。初级卫生保健通过国家验收。地方病防治工作受到省政府表彰，80% 以上的医院都达到了等级标准，县医院、中医院达到二级乙等标准。广播电视、新闻工作健康发展，结束了电视覆盖空白历史。

社会主义民主法治建设进一步加强。深入开展“严打”斗争和禁毒、“扫黄”、“打非”等专项斗争，有力地打击各类严重刑事犯罪和经济犯罪。扎实开展“二五”、“三五”普法教育，全民法制意识有所增强。依法行政水平不断提高，勤政廉政建设、反腐败斗争、领导干部廉洁自律、大案要案查处和纠正行业不正之风等工作取得明显成效。监察机关受到中纪委、监察部、人事部的表彰。

在县第十五届人大一次会议上政府工作报告（节选）

1998 年至 2002 年的五年中，县政府动员和组织全县人民以经济建设为中心，以结构调整为主线，以跨越式发展为主题，以增收富民为目标。解放思想，迎难而上，苦干实干，开拓创新，“九五”计划顺利完成，“十五”计划稳步实施，全县经济和社会事业持续、快速、健康发展。五年来，国内生产总值年平均增长 8.5%，2002 年达到 16.75 亿元（现价下同）；全社会固定资产投资年均增长 14.5%，2000 年累计达到 17.2 亿元；社会消费品零售总额年均增长 8.2%，2002 年底达到 6.3 亿元，县级财政总收入年均增长 45.6%，2002 年达到 26540 万元；人口自然增长率稳定在 6.5‰以内，胜利完成了本届政府的各项主要目标任务。

扶贫攻坚成效显著。坚持以扶贫开发统揽农村工作全局，奋力实施“十大扶贫工程”，狠抓“九到村九到户”工作，19.5 万户建卡贫困人口基本解决温饱，于 1999 年提前一年通过省委、省政府越温确认。扶贫到村到户的做法在全国贫困地区县级干部培训班和中西部地区乡镇党委书记培

训班上进行交流。全省信贷扶贫资金到村到户现场会两次在南江召开。大力推进新村扶贫工程，全县50%以上的村和50%以上的农户基本达到文明村、文明户标准，成为全国扶贫攻坚先进典型，受到中共中央政治局委员、国务院副总理温家宝的充分肯定。“新村扶贫”写入《四川省农村扶贫开发规划》在全省推广，2002年南江被列为“全国扶贫开发工作重点县”。

绿色经济初具规模。加强对291万亩天然林管护，退耕还林10万亩封山育林10万亩，建生态公益林10万亩，森林覆盖率由1997年的39.9%提高到49.5%，南江被评为“全省天然林资源保护和退耕还林工程建设先进县”。通过培植南江黄羊有限公司、油脂有限公司、翡翠米有限公司、元顶子茶场绿色食品加工企业和108个专业村，1.6万户专业大户，带动三大产业化项目发展和南江黄羊、金银花、核桃、茶叶、翡翠米、生猪六大绿色食品基地建设。2002年南江黄羊饲养量达到67万只，银花产量达到108万公斤，核桃产量达到352万公斤，优质茶园面积达到3万亩，生猪出栏68万头。元（潭）台（上）绿色经济长廊、6条万亩核桃走廊和3条万亩金银花带初具规模。南江被确认为“全国金银花标准示范区”、“中国核桃之乡”、“全国经济林建设先进县”、“四川省无公害羊肉生产基地”、“四川省无公害生猪生产基地”和“四川省生态猪之乡”、“云顶茗兰”、“云顶绿芽”率先在全省获得国家绿色食品AA级认证，参展成都国际茶博览会获得银奖，“长赤牌”翡翠米和“长赤牌”食用油获国家绿色食品AA级论证。南江黄羊、“和牌”南江金银花证明商标和“米仓牌”南江山核桃商标获准注册。“云顶茗兰”、“云顶绿芽”和“金银花茶”被选定为中南海特供品。南江绿色食品品牌数居全省第二。

工业经济提速增效。工业总产值以年均10.9%的速度递增，2002年达到5.42亿元；工业企业继1999年整体扭亏为盈后，每年净利润保持在200万元以上，2002年达到401万元。县冶金矿山（集团）有限公司2002年利税突破1000万元。

民营经济大力推进。放手发展以个体私营为主的非公有制经济，全县累计发展个体工商户22709户、私营企业213户，分别比1997年增长22%、96%，民营经济增加值占全县GDP的47.2%，上交税金占县级财政收入的50.2%。

旅游经济超常发展。完成光雾山旅游开发总体规划，成功举办川陕片区旅游协作会和“四川南江光雾山红叶节”，米仓山国家森林公园申报成功，神门风景区被批准为省级风景名胜区，光雾山被列为全省旅游四大优先发展片区。旅游总投入以年均61%的速度增长，2002年实现收入4580万元。

城镇形象整体提升。县城和部分小集镇总体规划修编完成，县城旧城改造、春场坝新区建设基本结束，朝阳新区开发全面启动，重点小集镇建设速度加快，城镇框架进一步拉大。西门沟综合市场、红星桥、红四门平桥等重点市政工程全面实施，城镇管理体制进一步理顺，整体形象得到提升。建立土地储备制度，以地生财、经营城镇的理念基本形成，城镇化进程进一步加快。全县城镇面积和城镇人口分别比1997年增长34%和68%。

基础建设实现跨越。新修改建县、乡、村公路2400多公里，其中新铺水泥路126公里，铺筑双江（南江—通江）、下（两）关（路）、南（江）杨（坝）、野（羊溪）正（直）、鹿（角垭）西（清）等油路183公里，基本完成沙南路、二南路116公里大修，县到片区道路全面硬化达标。公路通车里程达到3229公里，比1997年增长46.4%，100%的乡镇、90%的村通公路。引进国网，47%的乡镇完成农网改造，村组供电率达100%，建成巴中至南江天然气管道，全国第三批电气化建设试点县通过验收。治理水土流失115平方公里，兴修各类水利工程5万多处，南江被评为“全省农田水利基本建设先进单位”，57%的村和38%的组安装程控电话，75%的乡镇能接收移动电话，广播电视“村村通”工程受到省政府表彰。

社会事业健康发展。科技对经济增长的贡献率提高10个百分点。南江先后被评为“全国科技工作先进县”、“全国科技进步先进县”、“四川省农业科技扶贫工作先进县”和“四川省科普示范县”。“两基”工作通过省政府督导评估，受到省政府表彰，南江中学通过省级示范普通高中验收，小河畜牧职业中学畜牧兽医专业被教育部确定为全国中等职业教育示范专业。

“三下乡”活动丰富多彩。“亲民工程”在全省推广，体育工作受到国家体育总局表彰。乐坝镇、黄金村分别被表彰为全国先进文明集镇先进文明村。文化市场管理和文物保护工作不断加强。计划生育率、计生科技服务面分别达到92.5%、90%。初级卫生保健通过国家验收，城乡医疗保障体系基本建立，医药行业管理不断加强，工业污染治理通过省政府“一控双达标”验收，效能监察和统计执法力度加大。第五次全国人口普查全面完成。

民主法制得到加强。扎实开展“三五”、“四五”普法，推进“三建设”，落实行政执法责任制，依法行政进程加快。提请县人大及其大会制定3件地方性规章，社会治安综合治理和“严打”专项斗争卓有成效。办理“两会”议提案和建议意见2000多件，及时处理人民群众来访，一批久拖不决的难点问题得到妥善解决。

人民生活明显改善。6658名下岗职工和城镇失业人员实现再就业。“两保”按时足额发放，城镇居民最低生活保障基本实现应保尽保，尽力安排灾区群众生活，多方救助特困群体。加快城乡公用设施建设，群众生活质量显著提高。2002年农民人均纯收入达到1460元，比1997年增加306元。城镇居民人均可支配收入达4869元，比1997年增加340元。

回顾五年来的政府工作主要有以下体会：

始终坚持把加快发展作为第一要务统揽政府工作。

始终坚持运用改革的思路和办法创新政府工作。

始终坚持创新机制，突破常规推动政府工作。

始终保持依靠群众，勤政为民促进政府工作。

始终坚持加强自身建设，提高执政水平，落实政府工作。

三、艺文选录

（一）诗词楹联

1. 铁船正乘风

胡大泉

1984年7月4日，县政协副主席胡大泉陪同省政协副主席骆是愚等视察贵民，于沙坝作：

云海连林海，铁船正乘风。
贵民甲桂林，人在画图中。

2. 沁园春·南江城

蒲守易

几水潆洄，公山环绕，一座新城。望天开蕊榜，红遮照壁；路穿林海，绿淹浮尘。群岭争高，层峦竞秀，碧浪盈川接彩云。登高处，看朝阳喷薄，气象峥嵘。

天然画图集成，况市内琼阁映日星。喜桥梁大道，南通成渝；汽车电缆，北上巴秦。商旅观光，人文采访，虎步龙骧倍有神。瞻前景，赋沁园春曲，共度良辰。

3. 迎归澳门

汪隆重

大中华，光四海，香港一统照澳台。金瓯完整主权在，庆回归，歌奏凯，归去来。
南海滨，珠江外，一朵莲花向阳开。澳函长虹飞玉带，连三岛，壮异彩，归去来。
中华史，早记载，一五一二岁月怪。葡萄牙人窃宝岛，延续今，四百载，归去来。
邓公策，抒慷慨，一国两制畅胸怀。澳人治澳快人心，骨肉聚，亲情爱，归去来！

4. 龙耳山长联

杨建儒

龙有耳，难耐惊涛，适彼乐土。聆听清江流韵，渔村莺鸣，锦难绝唱，古刹钟声；远眺米仓重岚，剑门群峰，谷峡奇险，巫山卿云；卧看银鷂嬉池，三凤扑地，更多苍松劲柏，鸟啭幽林。身居仙境，应知沧桑巨变，浪潮频生，何必入海称圣。

天无私，留此胜迹，登临极顶。细品孙令题咏，廖公摩崖，名师放歌，秀才挥毫；畅游古寨营垒，民俗祠堂，佛缘洞府，梵宫新宇；坐观白塔立渚，一水走南。复见叠嶂层峦，霞飞霄飞。人在画图，当记明末兵燹，文革风雨，还须以德安邦。

5. 美丽的光雾山

杨安民

在那川陕相连的地方
有一座美丽的光雾山
秀峰托起巴山月
碧峰飞瀑雾闪银光
你是巴山一块迷人的翡翠
你是神仙居住的地方
啊，光雾山诺水河
是你林海茫茫有童话般的美丽
啊，诺水河光雾山
巴山儿女热爱你
永远把你向往
纵情把你歌唱
在那遥远的米仓山古道旁
有一条神奇的诺水河
绿波荡起巴山魂

千年故事在流淌
你是光雾山下如梦的丽峡
你是神州溶洞之乡
啊，光雾山诺水河
看你气势磅礴有瑶池般的风光
啊，诺水河光雾山
巴山儿女热爱你
永远把你向往
永远把你歌唱

（作者系原巴中市委书记）

6. 桃园的山

高　平

进了南江桃园
是山看人，
不是人看山，
群峰绕着游人脚步旋转。
千姿百态的峡谷，
在云雾中忽隐忽现；
五彩缤纷的林海，
像盛大的华丽服装展览；
山洞高深莫测，
山泉宝镜映天。
三步一声赞叹，
五步一处景观；
一个角度一个画面
转换就在转身之间，
是谁？什么时候，在这里
集合这么多奇妙的峰峦！
窈窕的仙女站在悬崖上苦恋，
解缆的石船在水声中扬起石帆，
远望一线天像一把利剑，
巨大的鲤鱼偏偏在龙门搁浅。
有一种石兽供你观看，
有一个个传说由你新编。
呵，桃园的山，是大自然雕塑的杰作，
桃园的山，
是丰富想象力的摇篮。

九寨看水，
桃园看山。
山水不全看，
不算到四川。

（作者系中国作家协会会员，甘肃省专业作家）

中国作家协会副主席蒋子龙为光雾山题词：
“光雾奇观山奇水奇奇中奇，南江宝地敬宝护宝宝生宝”。

7. 在这个地名上

李　杰

再次写到这个地名：南江
一个宁静和弥满水气的名字
漂洗了我的前半生

地址长在西南的右肩上，河的尾巴
执拗向南延伸，使外乡人置疑而着迷

一树桃花拉近了雾的距离
路在攀爬中生出新枝，起点覆盖终点
炊烟清朗，凝望一口深井藏在
田野上的眼眸

一次次用十指握紧土质和水流
晨暮中，多少的我们挥臂、望眼
完成了犁铧、锄头与土地的亲近

把水色养在内心和山顶，浸泡干涸的
石块和充饥的块茎
一块块倾斜的坡地，说出苞谷、洋芋的俚语

景致在山的庇荫下兀自美丽
数着清晰的星辰梳妆，憨厚地自语
繁花冷了，又一地霜冻静默地
遮掩红叶的足迹

一群羊幻想着在平地上撒欢
一个人想像着把浮动的山峦换回海浪
一个地名轻柔地拥着我诚实的身体和乳名
使我再次酣恬入睡

8. 我是犁铧

蒋成俊

铸造田，我悄然成型，
工人们赐我一副铁骨钢筋，
于是我满腔激情奔向田畴，
整日同大地朋友亲昵，热吻。

春日，怀着火红的念头，
今秋，捎上幸福的音讯。
只知前进，从不后退，
身后拽出谱线根根。

纵使岁月砥突了棱角，
却热望未消，志气未沉，
毅然掷身炉膛，
换一副铁骨铮铮。

犁啊，把板结的犁松，
犁啊，把浅薄的犁深，
把瘦瘠的犁肥，
把坎坷的犁平。

我如此地犁着田畴，
又如此地犁着生活。
在闪光的田野上犁呵犁，
犁得今天甜蜜崭新。
虽未插好高骛远的翅膀，
却深知神圣的使命：
——不歇地开拓呵，
——埋着头耕耘。

呵，我是犁铧，
永远高唱粗犷而骄傲的歌声。

9. 为美好的事物祝福与悲伤

李常青

你只看到了我的欢乐
是因为我一直坐在黑暗中
你看不到我的寂寞
就像看不到我深深的失落
内心的伤痛，体内潜伏的疾病
以及曾在我瘦弱的十指上
轮回了多年的春天

感谢这一个夜晚
两只盛满蝴蝶与花瓣的酒杯
让我们在第十个春天里重逢
为美好的事物祝福与悲伤
让我们在诗歌的边缘
继续流浪和放牧牛羊
多好的青草，多新鲜的空气
多单纯的词
我们将和牛羊一样健康
茁壮成长

酒干了，起风了
我们最后躺在三楼的阳台上
手中的烟头还在明明灭灭
多像是两只行走在寂寞午夜的灯盏

10. 巴山绿茶

杜荣国

翠叶青香质地优，提神明目解忧愁。
一杯玉液待亲友，绿茶美名扬九州。
巴岭金杯大叶茶，茗兰云顶一奇葩。
今朝专供中南海，双A级别赞国花。

11. 题画南江城山水

清·孙清士

暖人东郊路，川更绿渐生。
沙痕留雁影，雨力壮滩声。
一水绿环市，万山青抱城。
风光就本地，助我笔纵横。

（作者孙清士，系滇南进士、清光绪十年任南江知县）

12. 咏下院寺

龙德渊

古木山间寺，清幽一径通。
苔深僧扫石，雾厚鹤立松。
殿静灯光小，径残馨韵空。
人游仙犬吠，鸟宿晚钟冲。
树密春长在，溪深水不穷。
龙吟潭现月，虎啸竹生风。
雨洗尘埃地，云封殿阁东。
庄严诚法界，信在雷音中。

（作者系江苏高邮元德乡人，1941 年 3 月至 1946 年 6 月，任南江县县长）

13. 咏　菊

杨古雪

疏花不艳总精神，别有幽香绝等伦。
霜后亭枝显傲骨，秋容犹是旧诗人。

（作者系清代诗人杨继瑞［女］，南江县人，生于乾隆中叶）。

14. 题光雾山红叶节

谷向阳

红叶题诗添意思；
黄羊煮酒长精神。

（作者系中国楹联学会副会长）

15. 题蜀门秦关联

（一） 蜀门联（叶子彤撰）

雄关亘古今重睹去来一任风光随地尽；
胜迹分秦蜀漫寻左右更依情兴逐天宽。

（作者系中国楹联学会副秘书长）

（二） 秦关联（孟繁锦撰）

云中出马跨世经年驭万乘可驰今古；
天上来人腾霞驾雾据一关而锁蜀秦。

（作者系中国楹联学会会长）

16. 瞻仰红四方面军纪念碑林

韩邦彦

烽火硝烟，想铮铮铁骨，浴血千山万水；
伟业盛世，奏朗朗凯歌，扬眉四海五洲。

（作者系四川省原副省长）

17. 题光雾山

常　江

红叶飘时光雾潋；
巴鱼聚处米仓丰。

（作者系中国楹联学会副会长）

18. 题光雾山红叶节

常治国

层峦光雾接秦地；
秋叶霄霞灿蜀天。

（作者系中国楹联学会副会长）

19. 题米仓山森林公园

蒋有泉

八百里米仓，诸岳逶迤，摩天屏地。
三千年古道，群雄追逐，争霸称王。

（作者系中国楹联学会副会长）

20. 题光雾山景区联

蒲守易

蜀汉秦关浮碧海；
秦巴大道入青天。

世外桃园古巴国；
人间仙境光雾山。

21. 龙耳山寺联

马善政

龙山好作西天界；
耳际犹闻南海潮。

22. 观十八月潭有感

何特殊

飞流十八月潭深，溅玉飘珠色泽莹。
淌出丛林幽谷外，回头不似在山青。

23. 龙耳山赋

马善政

米仓之阳、云顶之南、担阴灵高观而峙其中，界巴南苍旺皆边其缘，膺市级之名胜，实秦巴之景观。名为龙耳，传说不一，有龙太子之恋朱蛾，抗天命而化为青山；有龙竖耳以达天听，傲苍穹而耸入云端。媲雄关之虎踞，铺逶迤之龙盘，凡山以龙名者，其山必险；凡水以龙名者，其水必渊。荞形山有棱、凌空而下，故曰三凤朴地。碧峰尖如大椽，毫锋锷刺；俨然玉笔擎天。山腰一林带、环山而塬、其中松柏茂密、林涛震天；兀立小龙耳，肖如父子，贴身婧卫近侍，一夫当关。登峰顶，瞰麻鷂潜入西池、听锦鸡鸣于东山。菩船不渡邪恶，朱公广种福田。羞孙山尾其金榜，觐凤仪勤于桑园。御双流而锁三汇、潜黑潭以跃元潭。龙口笑迎香客，涓流溅玉龙泉。天桥无壑，两侧松柏夹道成荫，猴咀挺立，每与钟鼓晨昏和鸣。万木莘荣，春绿而冬翠，八寨雄峙，武备而文修。苍柏虬松，浓荫蔽日。粗壮者须数人合围，挺拔者仰万竿齐天。结义柏，其三株连理，鸳鸯树，恰偕老无间。开若根葱，根细而中壮，蔽开胸怀，上直而底空。睹形貌之各异，感气象其万千。概其目不暇接，欣其步移景观。

杨公集团练，以拒流寇，致战马累死；清士题诗咏，佐名龙耳，始文风初展。垒石寨 以庇群生，建梵宇而接佛缘。北门巩固，南寨仁和。允矣北门锁钥、巍然西蜀崇隆。影横云天接远树、窗含剑门壮观瞻。云龙风虎，赏张星垣之笔意风流；九重得意，窥何浩霖之志气轩然。断碑两道，叹乱世之风颓、见何葆萼文词之沉郁；残楹几副，证民风之古朴，展方思贤书法之凝练。廖纶题龙耳，已七十有七；汪杨赋长联，绋耄耋之年。

庙宇废兴，足显岁月沧桑，摩崖题咏，历见时代之变迁。文物遍毁于秦火，其谁罪也，森林独保其龙耳，莫世功焉。

邓公挽狂潮于既倒，改革解黎庶于倒悬。于是乎，政通仁和，百废俱兴，有杨清华、谭永达、文正书等诸多志士贤达，白手创业，四方化缘。重起庙宇于平地，构建景区于蜀川。使公路通于山腰，把石梯铺向山巅。而今金碧辉煌，庙舍俨然。

已矣乎，听林涛之诉，感逆旅之短暂，名山巍巍之不易，过客匆匆而频繁，叹画谱其频张，揽近水而遥山，临朝霞以抚夕照，空宇宙而乐河山。

（作者系中国楹联学会会员）

（二）散文

1. 天开蕊榜献京华

蒲守易

四川省南江县地处秦巴山南麓，位于米仓古道中枢，川陕大道二南公路纵贯其间，北上三秦而通中原，南下四川而达成渝，今无蜀道之难也。宏观疆域，六合二南二省地；微观环境，八山一水一丘田。山川形胜，峰峦耸翠，沟壑凝碧。自然风物雄险奇秀，人文景观卓异独绝，已属国家景区，川陕金三角，蜀北新亮点。中外旅客络绎不绝，争相壮游世外桃园古巴国，人间仙境光雾山。

南江县不仅以山川名胜著称，而且钟灵毓秀，其县城自古即有公山几水之胜，天榜报贤之说。城南面对天榜山，又名挂榜山，壮如三角形，其形如“厶”字，左依梓潼山有若一撇，右靠塔子山好似一捺，三山构成一个“公”字，总称公山。公山半腰陡然叠起，横呈矩形石壁，形同“天庭挂榜”，市民俗称照壁岩。其下江水碧波雪浪，由北而南，斗折七曲，穿城绕市，组成五个“几”字，世称几水。“巴国集州新气象；公山几水大文章”，余曾作联赞南江城也。清代储仁获有《坚瓠集》记载：“明岳虞询中科甲，山忽崩坠，每岁花朝前后，百花尽发，千红万紫，竞艳夺奇，中有一二种，秀出群芳，称国色天香者，人藉以卜科云”。公山每年春花秋华繁茂与否，可征兆当年春闱、秋闱科甲之盛衰得失。自此以后，文人辈出，科甲鼎盛。清代顺治南江县令王经芳有咏《天榜》诗云：“不向尼山即南墙，桂花香处榜初张。玉蟾有分留题字，许共巴流一字长”。南江人文鼎盛，可见于此矣。道光知县、教谕莅南得知此等人文佳话，便在公山照壁岩镌刻榜书“天开蕊榜”，上款“道光庚寅良月张云行书”，下款“荆门胡炳立”。榜书每字七尺见方，笔力雄健，结构谨严，神韵俊逸，大展唐风。按当时惯例，多题“天开金榜”或“天开文运”来称赞文风之盛。

光绪年间，四川学政张之洞称其卓绝异常，曾勒令南江知县拓片送成都，今载商务印书馆《中国历史图册》。

南江县自先秦汉唐宋元，改置不一朝，统属不一郡，或州或县，莫能尽废。河山依旧，县志可稽。民风质朴勤农，循理守分，文化悠久，国史早有记载。自明清以来，顺治京闱，科甲蝉联，震惊朝野，“咸谓得人之盛，未有如是科者”，即有岳贞和岳维、岳度父子三进士两翰林；女诗人杨古雪奉嘉庆帝之命，刊《古雪集》于杭州；又如岳森为张之洞高足弟子，入北京掌教皇族子孙，名家赠联云：“八旗书生皆北面；九重天子是东家”，俨然是学界泰斗。全县有书院四所：县城设公山书院和东垣书院，乡下有龙池书院和清源书院，文德教化颇为盛行。清嘉庆年间西清河畔，有红塘私馆，一年考中秀才举子十二人，县令亲赠大匾“榜花争艳”，予以隆重表彰，可见当时文教之盛况。文化于家于国异常重要。南江县光绪年间最后一次科甲进士、肃州知府徐炳堂曾作公山书院大门联云：“河岳英灵钟此辈；国家元气在斯文”。至今读来，徐进士所题与今日“科教兴国”已有共识。当时南江县举子傅文藻曾与康、梁公车上书，参加戊戌变法；郭汝棻是北京“五四”运动学联组织者之一；郑佐周等读书成都在南江大河组织保路同志会起义。今日南江县每年都有莘莘学子考入北大、清华等重点大学，也出过许多留学生、博士生，南江人魏于全就是中科院最年轻院士。南江县光雾山国家级风景区誉满全国，天榜报贤自古名动京师。南江城隋朝始称公山镇，原是座古城，只有三条小街道，好像英文A字横卧公山几水西岸。现在大厦林立，依山崛起，欲与天公试比高。城市现代化，由光雾山大道与朝阳大道、滨河路与上下河街、米仓大道组成三条平行大街，中贯七曲几水，车水马龙，全在大“川”中飞奔前进。我住该城几十年，亦作过《沁园春·南江城》赞曰：

“几水潆洄，公山环绕，一座新城。望天升蕊榜，红遮照壁；路穿林海，绿掩浮尘，群岭争高，层峦竞秀，碧浪盈川接彩云。登高处，看朝阳喷薄，气象峥嵘。　天然画图集成，况市内琼阁映日星。喜桥梁大道，南通成渝；汽车电缆，北上巴秦。商旅观光，人文采访，虎步龙骧倍有神。瞻前景，赋沁园春曲，共度良辰。”

今日南江城不再是山城如斗，而是山中有城，城中有山，山水相依，天人合一，物华天宝之城了。

2. 啊，八月瓜

宋孝义

说起八月瓜，孩提时候的一幕幕就显于脑际。一曲歌谣像清清流水浸润心田：“八月瓜，九月开，哥儿吃了力气大，嫂嫂吃了生个胖娃娃。”小孩儿唱，大人和，唱得嘴角儿流涎水，使艰涩的日子添了美趣。说实在的，这种野瓜儿不曾见过，更不说饱什么口福。随着岁月的流逝，环境的改变以及对瓜果的广泛接触，意识中的八月瓜也就隐没于生活的底层记忆的夹缝。那称谓（俗称或雅号）无从考究，也无暇问津。它在城市不插足，在庭院不立身，倒像是乡间泥腿子娃娃，任其撒野田垄丘岗，只能在山民嘴里繁衍，在小字辈心里扎根。

还是去年十月，主动到深山辅导业余文艺骨干的四川省歌舞院的舞蹈家谢家勤老师有约，一同前往光雾山风景区游览，偶然提起八月瓜的事儿，我记忆的残片随之被打捞起来。说来也是一种缘分和情分，在景区的小路边就发现隐身杂树间一根手指粗的劲藤上挂着一颗毛乎乎张着小口形似纺锤的玩意儿。谢老师喜出望外：“八月瓜，看，八月瓜。”好家伙，今日才一睹芳容。我正跃跃欲试，近旁高树间悬挂的碗口粗的蜂包里飞出一只牛角蜂（又称马蜂），射箭一般俯冲过来，吓出我们一身冷汗。唾手可及之物哪能望而却步善罢甘休？还是群策群力。每个人手执树梢，预防不测。我更是全副武装冲锋在前。头罩薄膜塑料袋，双手高举竹叉轻脚妙手将果实摘了下来，躲过了恶蜂的几次冲击。谢老师手捧着八月瓜，声情并茂，犹如现场教学般的比划："你们看，这来之不易的仙瓜啊！"她剥开软壳开始让我们五六个人分享这仅存的硕果，得意劲儿如同品味西王母的蟠桃。那瓜肉细嫩，不绵不絮，如芒果胜香蕉；味儿甘美甜润，不绒不腻，似鲜桃赛哈密。边品尝边听谢老师诗歌朗诵般解说："她多么超凡脱俗呵，伴春草而生，友荆丛而居，舒腰展臂，婀娜多姿，在这荒野山间，淡淡花开淡淡花香，极不惹眼，似民女纯良憨厚。仲秋时分，季节之神悄然叩访。她默默开启紧闭的门窗，像蝴蝶亮翅，笑傲枝头；如河蚌纵情袒露胸怀，爽朗地把一腔赤诚无余地奉献。"谢老师语重心长地告诫："切莫疏忽那药用价值。它可以舒肝理气，活血养阴，更有补肾之功。十年前在凉山演出，办培训班得了重病，彝族学员为我采来补身子，使我很快恢复了健康。"这时，我嗓门痒痒的，情不自禁地唱了那首儿歌，引得谢老师乐哈哈带头鼓掌应和起来。

我将它宝石般的几粒种子带回家，小心翼翼地种植花盆，连同古老而新鲜的儿歌。希望在不断膨胀，每每在梦中也少不了八月瓜藤的缠绵萦绕，但是最终没有希望的绿芽破土向上，心中不免有着像牛角蜂袭来的蜇痛。细想起来，此果真是信马由缰，偏爱山野不畏贫瘠安分守己的志士吧。

今又重阳。省里一行十数人观光又到景区。其中一位年过半百的演奏家周老师精神焕发，蛮有深意地启发我："听说大山里的八月瓜很好，是么？""对对对"，我像介绍世界珍稀而一说不休，仿佛自己也成了八月瓜，炫耀这独领风骚的骄傲。我像熟悉亲友的门牌号码一样把客人带到神往的地方。待纵目四顾，不觉茫然。那悬着的蜂包哪去了，八月瓜的芳踪倩影哪去了？面对周老师质询的目光，尴尬极了。去年这个时节，那撩拨心弦入情入理的讲解，欢声笑语的歌谣清晰地翻腾在心海……我反省自己的行为，追悔由我而引发的后继者雷厉风行，爱以"连根拔"的举止……周老师揣摸到我的难堪，淡淡地说了几句："临走前，谢老师在病中嘱托，看看山里的八月瓜。能否再带几粒种子回去培植。"从话语中马上能悟到他们之间的关系。

我如沉铅般接过周老师手中的微型摄影机在四野搜索寻求寄予。陡地发现崖畔的一蓬粗壮遒劲的曲藤上无数蝴蝶翩翩欲飞。"周老师，你看，八月瓜。"周老师在镜头中审视着，"是，的确是。"我们长长地舒了口气，这时周老师才袒露，去年谢老师带回去的种子经过培植已是枝叶繁茂，即将看到收获。可见谢老师是怎样的尽心竭力，像培训学员那样付出了多少心血和代价。

营养过艺术家的八月瓜哟，当你在省城经过苦心栽培而崭露头角的时候，那首山野滋味的歌谣，更会充满新的内涵。

3. 巍然独秀的龙岩峰

黄治新

千里大巴山，巍峨挺拔。西段米仓山腹地，林海莽莽，云蒸霞蔚。在这莽莽林海中，蕴藏着一颗尚未被众人知晓的灿烂明珠。她那秀丽的山峰、奇异的洞府、俊美的怪石、绝妙的云海、倒挂的古松，构成了一幅幅完整的图画。她就是巴山深处的桃园。

桃园，位于我省南江县与陕西南郑县交界的地方。清朝时期为纪念三国时期刘、关、张桃园三结义，建了刘、关、张之庙。因此命名桃园寺。1967 年 12 月，更名为桃园。

桃园，是红军的故乡。1933 年 1 月，红四方面军创建了川陕苏区，建立了桃园村苏维埃。1935 年 3 月，红军西渡嘉陵江，留下了红军营长赵明恩、刘子才等同志，在这川陕交界之地，以焦家河、盘龙湾、龙神殿为天然屏障，领导"川陕边区镇守游击队"，建立了以桃园为中心，纵横

100 多公里的游击队根据地，组织了百余人的群众武装，与国民党军阀及地方民团进行了殊死战斗……

桃园，群峰叠翠，浩瀚无际。她像海洋中陡然卷起的九级浪，险峰迭起，奇谲万状。它展示于世人的，在这一面是巍峨和雄奇，在那一面则是妩媚和娟秀。龙岩峰、神女峰、飞来峰、孤云峰，诸山如涛，千峰竞秀。独具特色的燕子崖石林，雄伟宏观的莲花洞，它们与山间怪石和幽谷云海浑然一体。

桃园，也是一个天然植物园。内中植物可细分乔、灌、草、藤近 2300 种，其中木本就达 91 科、236 属，600 余种。与森林为伴的还有各种珍稀动物，其种类多达 26 目，61 科，195 种。

桃园，四季皆美。春有木兰，夏有杜鹃，深秋层林尽染，隆冬雪柱冰峰，宛如无字的诗，立体的画。

从桃园出发下一公里，便来到了桃园风景之一绝——巍然独秀的龙岩峰下。仰望龙岩峰，既巍峨雄奇，又端庄秀丽。它自焦家河畔兀自拔地而起，横亘在青山绿水与蓝天白云之间。它从左至右不足千米，却井然有序地排列着十八座形态各异的奇峰：有的如出水青莲，含苞欲放；有的像出鞘青锋，直刺蓝天；有的似蓑笠老翁，独钓江雪；有的如出洞巨蟒，曲曲盘旋。它从上到下仅三百米，却又明显地分为三层：上层，如带绵延，似嶙峋的龙脊；中层，雄健如躯，像庞然的龙身；下层，十八奇峰，又如飞舞的龙须龙爪。上中下三层相互浑然一体。这奇观，不正是神话中的“渴龙奔江”吗？

再进龙岩峰下的莲花洞，又使人一饱眼福。洞外的小山峰系十八峰之一。隔河一望，恰似一朵含苞待放的青莲。溶洞内的各种造型也都酷似朵朵莲花，故名莲花洞。

莲花洞共有五个厅堂，纵深约三百米。

第一个厅堂宽敞明亮，门口有尊石头造像。好像一位忠实的“护门者”，北朝厅内，面向焦河，有人说：这恰似“蓑笠老翁”在“独钓江雪”。

第二个大厅门口，一道十分壮观的“门帘”垂下，犹如一道刚刚拉开的帐幔。帐幔正中，是“天犬护门”，左壁上是“美好采莲”和“飞犬奔月”。右壁是“海螺站岗”和“蛤蟆扑食”。后壁上除了朵朵“莲花”外，还有一“如来尊佛”，其神姿，似乎正在闭目合掌。

第三个大厅内是千姿百态、分外妖娆的“群莲争艳”和拔地而起、直撑洞顶的“擎天玉柱”。其间，有一栩栩如生、含苞欲放的“巨莲”，高约两米，其上呈纺锤形的荷苞有面盆一样大，细看酷似雨后初晴，一朵青莲正待开放。

进入第四个厅堂，有一条长六十余米，宽三米的走廊。走廊地面全是朵朵“云霞”镶嵌而成，状若高级地毯。两边约高七米的石壁全是盏盏“宫灯”重叠组合而成，恰似一道九天落下的“银河飞瀑”。瀑布间，一座高四米，共二十四层的“清真宝塔”更为壮观，引人注目。回首洞门，便是绝妙的“玩猴抱崽”。

走廊南端，无数道门纵横交错，易入难出，如入“迷宫”。迷宫门口，一条如船的“莲藕”直至左侧。宫内后壁有一小门可入，里面仅八平方米，一朵茶盘大小的“荷花”显露在清澈的水面。

走廊北端，上七级台阶经三根“玉柱”并排组在“玉屏”。侧身而入，更是奇丽异常：四十九根“玉柱”井然有序，排列其间，不是天宫胜似天宫！不管是谁，一到这里，实在是要飘然到了天上宫阙的“琼楼玉宇”之感。难怪人们深情地赞誉莲花洞说：莲花宝洞满是莲，花开十丈藕如船。天仙聚会莲花洞，疑是又进金銮殿。

相传，这龙岩峰，本是一条青龙，因其醉走天宫，为非作歹，惹怒了玉帝，后被二郎神捉住拴在它过去修身经营活动的洞门之外进行示众。由于青龙酒醉，欲饮不能，奇渴难忍，便拼死挣扎铁链的羁绊，情景极为悲惨。大慈大悲的观音见状，才挥动柳枝，撒下净瓶中的甘霖，点龙为石。所以至今留下了龙岩峰——这“渴龙奔江”的扭曲盘旋、痛苦挣扎的凝固体态。

4. 桐　树

黄海东

桐树是一种极普通的树，在村里随处可见。从桐树上长出来的桐果可以卖钱，所以村民对桐树都十分爱护。田地边，桐树的枝丫尽管伸得老长，即使遮挡住大半个地块，村民也不愿砍掉一个枝丫。因此，村里的桐树是最自在的了，想咋长就咋长，想咋伸就咋伸，长大的桐树都是劲杆旁逸、疏影横斜的样儿。

我家的桐树大都生长在桐林湾，那个地方取名桐林湾是因为桐树特别多。桐林湾是我家的责任地，土质疏松，光照充足，十分适宜桐树生长。几十株脸盆般大小的桐树就站立在一块块地坎边。记忆中，每年春节后，山里的气温一天天上升，暖暖的阳光照得我们蔫蔫恹恹的，直到四月，忽然一天气温陡降，村民说：“冻桐子花了”。迎着料峭春寒，不几天，在桐林湾我们真看到桐花开了。在盘虬横柯的树梢上，巴掌大的绿色叶子衬着一丛丛白色花束，透过树隙花叶间洒落的那片阳光，纷纷馥馥的，极像空中的雪花回旋，又像千千万万白色蝴蝶漫天飞舞，在空中升升沉沉聚散离合，又纷纷飘下坠落，坠落在我们仰看的脸上、头上、身上，坠落在地面，铺满地，阳光落在上面，泛出点点银光，远看就像迸溅的水花，仿佛在流动，近看犹如少女的脸庞，一抹浅红从花蕊深处漫溢开来，似欢笑，又似在回味。

长大后，从书中得知，从桐树上落下的都是雄花，雌花留在树上，结成果实，雄花交配完成，便纷纷坠落。由此看来，雄花使命完成，离枝离叶，其实并不哀伤。这时，留在树枝上的雌花早已悄悄承接着一颗小小的桐果了，迎着充足的阳光，要不了多久桐果就长成鸡蛋般大。时令已是盛夏，散开的桐叶严严地遮挡住汪洋恣肆的阳光，我们在桐叶覆盖下的地里，顺苕藤、或除草、或采豆摘瓜，那种快意实在比在阳光下舒适多了。趁歇气之机，有时我们也爬上桐树，看一颗一颗的油桐如何长大、成熟，偶尔伸手摘下一颗桐果，随便划开一个口，稠稠的、亮晶晶的桐油便溢了出来。在老家时，我们常用这种油替代胶水粘这粘那。但这样做大人们一般是不允许的。

眼看到了夏收季节，地里的玉米成熟了，我们便迫不及待地掰下些嫩玉米剥开，在石磨上磨成稀糊状，再去桐林湾采摘一些桐叶，用清水洗净，母亲熟练地将桐叶挽成一个小小的叶兜，用铁勺一勺一勺舀了玉米浆倒进去，再包裹上叶子，折叠成一个三角形的馍，放进灶上一口大铁锅里的篾笆上，盖好锅盖，不一会，锅里的水沸了，满屋子蒸气缭绕，玉米馍的清香味儿也随着散发出来，馋得我们直流口水。那个时候，村里家家户户都做桐叶馍吃，夏秋天日长，乡亲们上山干活上街赶场，自已就拎上一串桐叶馍，饿了充饥。我们去村小上学，书包里有时也装着几个这样的馍。桐叶馍陪伴着我们，陪伴着村里每一个孩子长大。

初冬时节是收获桐果的季节，疏影横斜的枝丫举起一团团金黄，成熟了的桐果或棕黑、或金黄，犹如一个个小铃铛掩盖在片片泛黄的桐叶之下。这个时候，我们站在树下用一根长长的竹竿一阵乱敲，成熟了的桐果便纷纷掉落地上，然后一一拾进背篓背回家，剥开外层取出桐仁晒干就可以背到粮站卖钱了。

记忆中，在我读小学的时候，村里的桐树都归集体所有，生产队打完桐果后，在草丛里或乱石间，依然有遗落的桐果 。学校老师便常常组织我们到野外捡桐果，开展勤工俭学活动。尽管遗落的桐果近乎沙中淘金，大海捞针，但是我们一帮学生仍在一棵棵桐树下不停地奔走，弯腰俯首，就像虔诚的朝圣者一样，双双目光不停地在草丛中或乱石间扫来扫去，一次次将双手深情地俯向大地，捡拾起那些被遗落了的桐果。几天过后，在教室的一角居然放了一大堆捡回来的桐果。这些桐果变卖的钱，老师都用来添做了教具或添制了桌凳，或美化了校园。

三十年后的今天，在这遥远的小城，没有一朵桐花招惹我的视线，没有一棵桐树为我遮挡阳光，更没一颗成熟的桐果需要我虔诚俯首弯腰捡拾了。我只有一次次回首，在眺望里捡拾桐树的风景，捡拾那段鲜为人知的情感。就像每个在土地上生活过，后来又离开了土地的人一样，我深切地怀念着桐林湾的桐树和在那些桐树下度过的美好岁月。虽然我知道，实际的情形是艰苦的，但当艰苦过后，成功的喜悦总会成为我们内在的自信与刚强。

末了，顺便还要记上一句，收获桐果之后，我们还要将掉在地上的桐叶拾回家作粪肥，干枯了的桐树也要弄回家当柴烧。桐树给予我们的真的很多。

5. 在梦幻与文字中飞翔

黄政钢

莽汉看张爱玲的小说，并非没有可能，比如我。自己并不是个内敛的人，在阅读中间，这个现实透了的女人，把我挑逗得心如潮涌。直面她那一堆琐屑而又联想丰富的个人体验，仿佛是在灯光阴暗的小剧场看老妇的独角戏。这绝对“私人化”的奇异体验，让我沉醉。

地球是一个村，空间感消失。情感渗水，透明得一览无余。这是一种真实。这真实杀入我的眼球，让我不得安宁。我不是圣人，自然想寻找安逸的桃源，对于心灵家园的皈依感常常主宰着我的软弱，让我在饮鸩止渴的抉择中幻想着解脱与超越；而能够做到这一点的，大抵只有文字吧。

贵为万户侯，写的还是中文；虽为“圣旨”，还是免不了“腹诽”，这便是文字的妙处。在文字面前人人平等，而阅读者可能有居高临下的霸气；亦可有唯唯诺诺、山呼万岁的卑谦，但我以为二者皆是不必的。在我心中从来把所有的文字看成平等对话的伙伴，这样好些。不管你是不是圣贤，只要能够用思想的光芒为来者开启智慧之门，力量其实是一样的——时下一些招摇过市堆砌文字的匠人是不能做到这一点的。伏尔泰说过：我们所尊敬的是用真理的力量征服我们思想的人，而不是用暴力奴役我们思想的人。归结到文字，道理是一样的。只是于文字而言，由于刊行方式的广泛以及无关文字的种种，对于文字怀有暴力倾向的并不在少数。轻易褒贬或轻浮为之、阅之，其实折射出的是使用文字的人的人性复杂性。暴力固然可能产生畸形的快感，但这快感却因了心态的不健康而无异于自宫。金圣叹先生在阅读《西厢记》时，无不敬畏之如神明一般，言需扫地、焚香、对雪、对花而方能读之；真是得天下读书种子之神韵呵！只有沉心静气，抛开俗事的繁琐，让无拘无束的思想放牧那天马行空、独来独往的想象，才能真切感受到思维的痛快。

文字，既可演绎出智慧的华章，亦可堆砌无聊的垃圾；但我所沉湎的当然是前者。文字其实是现实的转译，并不能做到对现实真实到百分之百；在这转译的过程中，真相被有意或无意的误读了。但这缺憾里人性那翻云覆雨的本性真是得到了淋漓尽致的映现，阅读与领受的感觉，就如同在现实中从事与之对接的种种活动一样，鲜活而富有生机。在这些文字中，或诉人间悲欢，或言天下韬略，或洞俗情真伪，或抒心胸宽窄。此间种种，不一而足。最妙的是，在阅读过程中并不是一次漫无目的的游览，而是一次智慧的历险。因为你既可以领受被“轻舟已过万重山”的眩晕感撩拨得非一口气读完不可的欣悦，又可沉浸在“万马齐暗究可哀”的境界替古人担忧，全在自我的把握。通过自我的思维，从而完成了对阅读对象的二度创作，在感悟新谛见中获得愉悦。

整日奔波于办公室与寓所之间，为着微薄的薪水而活着，真难。这其实也正是我为什么在喜欢文字的同时喜欢梦幻的原因。科学家说，人类的大脑仅仅开发利用了一小部分，还有更多的好货留在寂默中等待开发呢。梦幻中的那种场景感，美似红罂粟般的意境营造，那个美呀，真不想醒。尤其是自已，在梦幻中，自已好像游移于自我之外，既是审视者，又好像是主角；在清晰与混沌中间那角色的位移、转换是对智慧的一次清洗，就如同洗牌一样，将整个大脑的逻辑打乱，从而在解构与重造中获得快感；而这与阅读有着异曲同工之妙。因为大脑其实是喜欢被颠覆的，尤其对于像我这样的市井人物而言，这种颠覆无疑是快慰心灵的一剂迷药，使我们能够永远做着这样的梦直到死去。

还是庄周好呵，他老人家早在几千年前就为像我们这样的人设计了一只扶摇直上九万里的大鹏。真想做一只大鹏，在梦幻与文字中特立独行地飞翔。

（三）碑文

1. 南江东道修路碑记

明·岳虞询

南邑于蜀，盖弹之丸，面之黑子也。治设在兰鄢之变，兵火烽燧之余。垒石为垣，环峰作嶂，层峦绝献，荟蔚郁翠，攀跻云霄，崭山堙谷，仅可通轨迹。幅员险远：下达岩渠，上接汉沔。其间鸟道插天，巉崖壁立，迂回峭峻，目悸心摇，而往通江之大险崖为甚。其间万争流，山涨奔腾，震动天地，而往通江之南屯河为甚。人险崖一带，旧为羊肠，峭壁侧立千尺，人不敢比肩，马不能并驾，历来失性命者不知几许！南屯水道，旧有舟楫，守吏为裁减，遂至慈航无苇，飞渡无术，历来坠壑而浮者又不知几许！南邑之人，袂云汗雨，击摩累累。究无发大慈悲，捐大施舍，以辟其路，渡其流，救人之险于危，而拔人之厄于流者。

独张子愤然曰："是途乌可不修？流乌可无渡？"乃为钻石磴崖，使人无颠蹶陨越之惨，而又为徒杠舆梁，使人无临深履薄之危。迄今通、巴、南、广之民，登其途而坦如，临其江而跃如，往来其中而欣如，则张子之功，之力，之德，利赖无穷，不可掩也。况其更作大投，廓东郊之旧路，计其匠作之费，凡用粮糗若干，工石资若干，皆捐自张子之家，出自张子之襄，而毫不以粒米寸丝及于十方之士女。盖独今创之，独力成之，独计划之，以求不愧于天，而天下亦于冥穆之中，垂青张子之善，锡以多福，爰昌厥后，天之报施张子，又何其若合符节而丝毫不爽乎？吾意千百年而下，有张子之桥在，即有张子之名誉在，张子故称不朽。而后之欲为张子者亦并不朽也。予故表而出之，所以美张子，兼以励石来之为张子者。渤海吴道行书。

2. 张公塘《虫园碑》记

岳钊林

南江县平岗乡张公塘村有一建于民国5年（1916年）的《虫园碑》碑高2.2米，宽1米，厚0.20米。碑文记载了该村从光绪二十一年（1895年）起，开始引种虫树（即白蜡树），规模已成，渐食其利，思何护而维持之，故设规立石以志。其内容对于研究当时农业和产业结构观念的转变、倡导种植经济林木、促进农村经济的增长、制定乡规民约、提高农民的思想素质，均有很高的历史价值。

碑文云：产虫之树，投资少，收养巨，三年乃登。如菽、粟、谷、麦之可定期收获，其为利甚厚，故乡近以之致富饶亦甚多。吾乡地气高寒，山令围蔽，暑气不侵，以畜早也为宜，顾人利，至今年而大获。于是乡人拟立规约，勃之碑石，用垂永久，而属序于余。

余维吾乡素称瘠苦，自先高神定居聚族戚而处，历世六七，历年二百，贫民终岁勤取给而外，莫外一钱。号称小康之家，亦只收益租人，仅温饱。盖先民安于耕凿，蹈常习，帮不知讲求生利之方，开源之法驯，致地力日尽，生齿日繁，而乡邻日益围困穷，而不可为术。当余但种虫树时，饥为荒芜田园，得不偿失者有之，疑为事出侥幸，难期成效者有之。创始之难者若此，孰知二十年后，乃为穷乡僻壤开一利源耶！

嗟夫！吾乡生产之富，竹树之繁，苟移植于通衢大都，无扬不可取。信称之息，徙以僻在穷荒交通闭塞，乃悉废弃而所用。然山泽之利原野之沃，前人贻留面未宣泄开辟者，至多且厚，果能察其用途辨其土宜，经营树艺，生财之道，奚止早树一端，惟早树之利既薄，其效既著，思所以保护而维持之，俾永以不坠，而于未开之利源，亦藉以发其端，振其绪，观感兴起，用待来者，是则乡人所以设规立石之意。余虽不文，又何取辞。乃并为次定规约六条，列于后方，乡间子弟庶知 所遵守焉。

保虫树。牛吃虫树一丛，赔钱一百文，人毁虫树一丛，赔钱二百文。其钱分作三股，树主拿获之人各一股，归公一股，见而不拿者同罪。窃虫与入室窃物同罪，隐匿不拿亦同罪。

谋公利。拴虫之年，一方同拴，不冷在前缩后，任意私拴败坏利源。拴虫之年不准捡蜡，免损虫子，违者议处。

体虫商。虫客头此。所带钱物点交园户。被窃，归园户全赔，如无钱物之人，不准住宿，以防菲痞冒充虫商，扰害地方，乘客畏嫌。

议价值。众客各园户同议妥，虫分第价，有高低，白后始行升碗，用公用之碗，虫客不得贪买，私行添价，园户不得减价滥售，明为少价，暗用小碗欺客，或添或减仍需同议妥告白，违者钱虫一并充公。

遵陈例。虫客不得私买零虫，有坏园规，佃树与人之园户，不得捡虫于树之下，恐致佃树主人生疑。捡虫之人不得迁道未摘树下，以远嫌疑并不得与摘虫者搀列，免其斥责以养廉耻。

守信义。虫客到时所交钱物说明买虫，园户务将交数足，如准售与别人。先交数者先口虫，少不得接客钱贻误远人，虫客亦循天良，勿施机诈。

民国五年阴六月上浣日，岳克勤新如撰，岳延辅相源书（碑文拓片）。

其碑柱上还刻有楹联。碑联：规条共守期利益，买卖自然得公平。

纵观《虫园碑》全文，其大意是：一、张公塘这个地方，历代以来均以种植菽、粟、谷、麦虽然有吃，但经济并不富足。清光绪二十一年起，有人发现此地“虽地气交寒，山令围蔽，暑气不侵，以畜虫也为宜。”可是无人种植，乙未年有人倡导种植“虫树”（白蜡树），其规模由小到大，逐渐成园，并且获利，为了保护好种虫成果。乡人拟立规约，并树立碑石，以召示乡间子弟遵守。

二、文称张公塘其地，早有先民聚居，考证有二百余年历史，贫民终年劳作，还是衣食不保，由于只知道求生，不知道开源增资。自从光绪21年开始，引种虫树者为此地开辟了一大财源，给当地乡民找到了一条经营树艺的生财之道，并且效益越来越显著。为使其生财之道持久，必须采取措施加以保护，故乡里民众发启设规立石，用垂永久。

三、此碑刻的乡规条款虽只六项，但规定严密，从种植“虫树”到保护虫商；从产品质量到销售价格；从遵守商业条规到诚守信用，在文中都规定详明。

首先，其规定既对损坏虫者提出了处罚规定，又对保护蜡虫的有功者提出了奖励原则；既统一了“捡虫”的时间，以对违者提出了警示；既强调了虫商加以保护，又忠告了乡民警惕骗局；既标明了合理议价，又规定了议价后任何人不得擅自少价；既告诫了“虫客”不得私自交易，又警告了园户不得与“虫商”私通破坏园规；既反映了要诚守信用，又规定了公平交易，不搞假不欺诈。

其次，通过这块碑的内容考证，此地早在民国五年就提出了“致富”、“小康”和“温饱”的概念，并且就把调整农业产业结构和发展园林经济提到了议事日程，故不能小看这块《虫园碑》，它提示了一个问题，只有发展经济才是硬道理，并且，人们的生活才会蒸蒸日上；只有改革原始的生产方式，才能解放生产力；只有解放思想，放弃陈规，生产力才会得以发展。

再次，在封建社会时期，国家机器不够健全，国家律制就更无从谈起，先民们为保护好完成的事业自觉制规立约，加强管理，已成例制。在各种乡规民约碑中，像《虫园碑》把发展林园经济提高到致富，解决“温饱”实现“小康”上去认识，在巴中地区是首次发现，在改革开放的今天有着极大的借鉴意义。

3. 下两黄桷树大桥碑文

下两河乃南江明江汇合处亘古是为天堑即便秋水安澜或夏流急之湍车马合趸运不栖□行人非舟楫而盘恒两岸咫尺不可即纵有急务成阻绝不啻病涉渡之苦更患商贾分流之厄下两区党政全体同仁顺乎民意力主建桥形共识朝野动奠深博上政道旨遂于一九九二年孟夏筹备金秋十月动工至翌年元月前任区委书记兼建桥指挥长徐勇升擢继任区长吴志平以武设风格勇挑重担率众攻坚伐鏖战三关□山寒水瘦首战土石围堰区党政领导运筹帷幄亮甲出马司技人员殚精竭虑革放破难涉建民众群情昂沸凌寒抢战□□□十余天完成土石八千余方木竹笼深水围堰竞达四点五米破三点八米省纪录下至重墩二十二米一关告捷虽时间仓促器材紧固然区委动员全体干群献计纳策备显神威鸠工庀材□锋而试多方砥励桥工夙兴苦战秉灯夜搏抢架双拱躲过汛期二关获胜正值建桥火旺之际资金瓶颈制约指挥长吴志平束装就道顶风淋雨四上省府八赴地区数进县城备尝劳顿丐清殊援幸蒙垂青省地县交通部门云行雨施拮据状况涣然冰释地委书记韩忠信行署专员周登全行署副专员刘宗寿对此桥关注备至县委书记何茂兴县长熊启伦副县长何粹忠等多次深入工地现场视察慰问排忧解难省地县交通部门实地踏勘指导协助资金筹措原县交通局长张光发副局长侯冀川为大桥立项筹建奔波操劳下两全区党政干部及六万黎民为建桥节衣缩食筐倒庋由是感召县内外各界人士及有关单位慷慨解囊均收到金镶玉助之效三关寒旗两年建桥指战员流血汗斗寒暑斩关夺隘所向披靡一座长在二百零六点六米宽高三十一点八七米引道二十米总投工十四万个动用土石五万三千七百方耗资二百七十万元的石拱大桥横卧碧波终于奏凯从此天堑变通途巴南公路下两至贵民支脉再无雍隔给明江流域于广土众民造就历史性福祉更助地区经济腾飞大桥以黄桷树命名者一示其桥位所在一喻其荫 济行人象征其青春永驻此桥落成是党群合为征服大自然之巨大成果实令流流景仰凡我爱国爱乡者莫不欢欣鼓舞拍手称快筚路蓝缕勤绪珉简述肯 昭后世谨序公元一九九四年十一月十日竣工谷旦

4. 武功碑记

清·袁祖惠

南江县城东，有唐人菖蒲涧记，志未说载。予守斯土，因访之。距城不二里而遥，两山胚胎，蜿蜒狭长。清涓涓，穿巢走罅人间，嘉木棰荫，鸟声在林，菖蒲披纷，湿翠千叠，选石内履，古苔染衣。旧刻在苍崖盘石之上。剔藓扪萝，濯以流水，览其文，想当日之胜。今则徜此境在大江以南，大江以北，定有一抱香茅，四围修竹而筑室于其间者，嘻！钱塘袁祖惠记，同游者上元孔继钰、胡世钫，拓记者江宁常馥合牵连得书。　　（作者袁祖惠，清鲜宗道光时任南江知县）

（四）民间故事

1. 周仓惩罚不孝子

正直镇龙山村的龙耳山上，庙宇香火十分兴旺，常年一些善男信女上山求神拜佛，祈福消灾，烧香还愿的络绎不绝。相邻有一关帝庙，殿前塑有周仓、关平的神像，香火同样兴旺，十分显灵。

民国初年，龙耳山下住有一户人家，姓刘名之焕，其妻朱氏，其家境殷实，育有三女一男。女名玉竹、玉梅、玉兰，男名光中。由于受重男轻女、男尊女卑的封建思想的影响，对儿子刘光中自幼娇生惯养，百依百顺，宠惯成了家中的小霸王。稍长即送学堂读书，刘光中既不听老师的教诲，也无心学习，还常与同学打架斗殴，闹得学校鸡犬不宁，被师逐出校门。其父母仍不思教，继续惯宠，使之养成了衣来伸手，饭来张嘴，恶习不断滋生，稍不随意便打骂父母，视父母为眼中钉、肉中刺，愿其早死。二老只得忍气吞声，凑合度日。随着三个姐姐出嫁，二老年岁已高，刘光中更视父母为累赘，为使父母早亡，竟将屎尿屙在父母的泡菜缸里，活活地气死了母亲。父亲只得向天诅咒，向龙耳山关帝庙祈祷神灵惩罚这不孝之子。事有凑巧，时隔不久，刘之焕夜得一梦，梦一黑汉自称周仓，自语："吾奉关帝爷之命，前来为你惩罚不孝之子，叫他到朱公场、镇子坝、锦鸡垭三场镇，逢场时喊街示众。"说来也怪就在父梦之夜，刘光中也得一梦与父梦近似，梦见一黑汉，牵着他到朱公场、镇子坝、锦鸡垭示众，并自高喊："为人莫学我刘光中，气死母亲，虐待父亲，犯逆天之罪"。梦醒刘光中周身开裂，似刀砍一般，白口无血，痛彻骨髓。在疼痛难忍的情况下，刘光中便遵从梦中所指，用了三天时间，分别到三场镇喊街示众，裂伤之痛才有所减轻，待喊街示众三日期满回到家中的晚上，便七窍出血而亡。（惠煜贤收集整理）

2. 龙凤山传奇

在正直镇上游，和平乡下游的清花江两岸，东岸称龙山，西岸称凤山，二山曾出现过龙凤呈祥之景。

龙山居江之东岸，其岩上生一直径约30厘米，长约80厘米的石柱，酷似一男性外生殖器，直对西岸石洞；凤山居江之西岸，其岩上长有一直径约30厘米的石洞，酷似一女性外生殖器，与东岸石柱遥相呼应。二山之下有一巨大水潭，其上游约0.4千米处河心有块巨石，其形似鼓；鼓石东侧石岸壁上，凸显一直径约70厘米的圆，其形似锣；鼓石下游约0.1千米的河滩，乱石天成一石梁，其形似龙，洪峰巨浪无摧。据传，很久以前，有周期性的半夜十分，鼓、锣自然齐鸣，龙即腾跃，凤即起舞，河雾猛升掩目，犹如屏风帐幔，龙凤二山自成合璧交欢。

清道光年间，人称"大善人"的惠崇，广施善缘，独资在铜鼓石左侧溪沟上建造一拱桥（该桥前志有载），以解人们行路之忧，造福后生。在建桥封拢的头天深夜，主匠师得一梦，梦见一白发老者曰："明天桥封拢时，吾将至踩桥"。匠师醒来，剖析其梦，推测可能为德高望重之贵人，桥封拢时会来封赠。第二天，匠师及众徒，忙于将建桥的一切事做完，单留下拱桥封拢之石料，等待贵人封赠后即下封口石料，直到日落西坠，亦不见来人。正在焦虑之时，猛见一条不足30厘米长的小蛇向桥心游来，匠师不知是龙，用手中工具将蛇击死，眼见天黑，急下石封了拢口，拱桥竣工，随之匠师及众徒突见河中石梁消失。自后，再无闻鼓、锣鸣，再不见凤起舞，龙凤二山再未出现过呈祥之景，只有石鼓、锣、男、女生殖器及龙鳞、凤姿留存于岩石及河滩。

（惠煜贤收集整理）

（五）书画、篆刻及其他

何崇寿 国画《浣纱女》

张琼英 国画 《国色天香朝盛世》

郑海长 国画《挺进巴山》

周泽安 国画《亭亭净植》

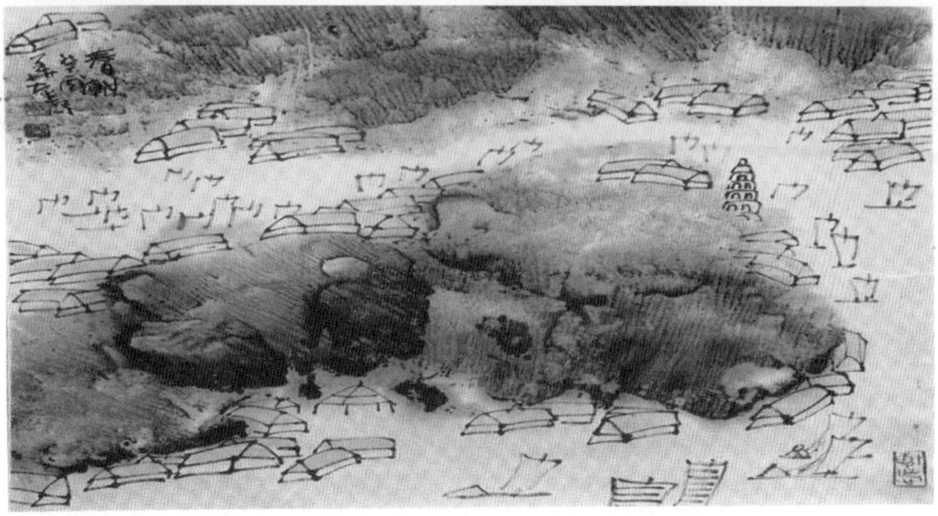

彭华奎 国画《春潮》

蒋成俊《春意》

何永芳《山妹子》

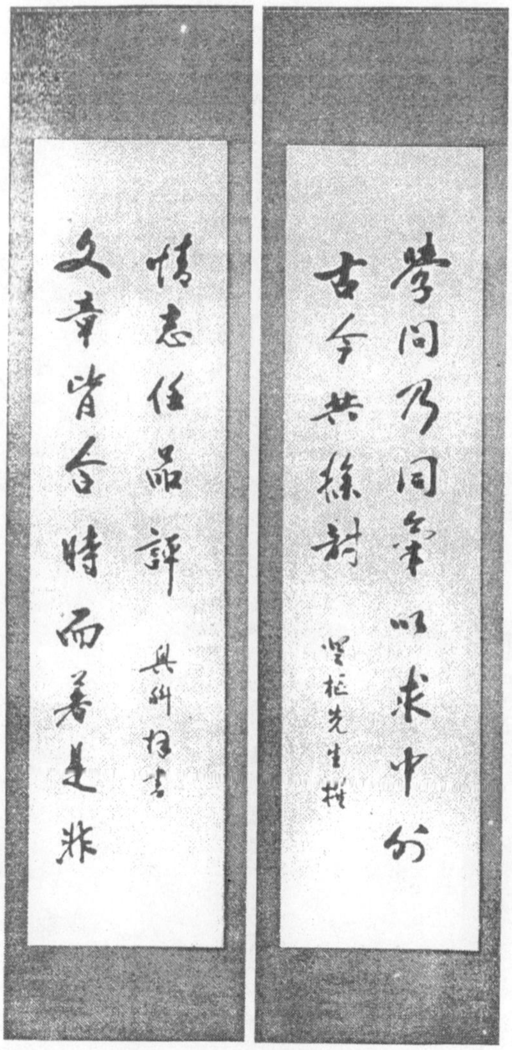

高兴科书，陈登枢联语

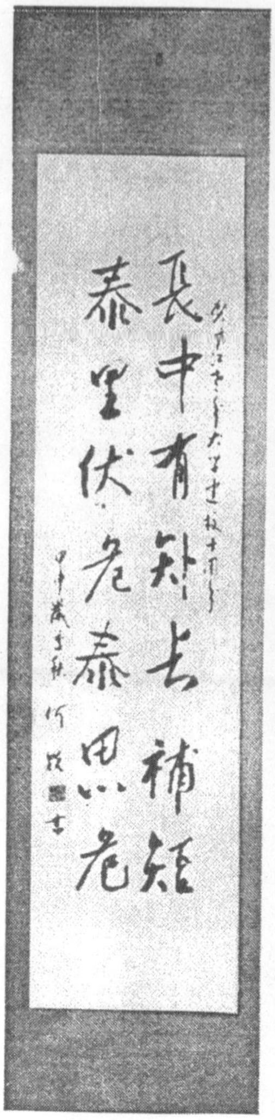

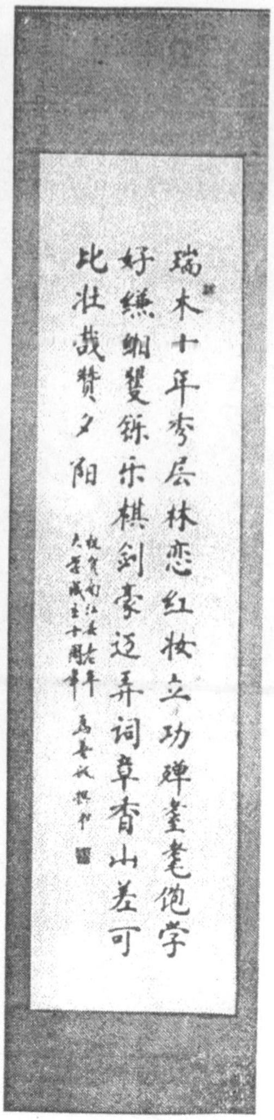

何锐联墨　巴中政协委员马善政贺词

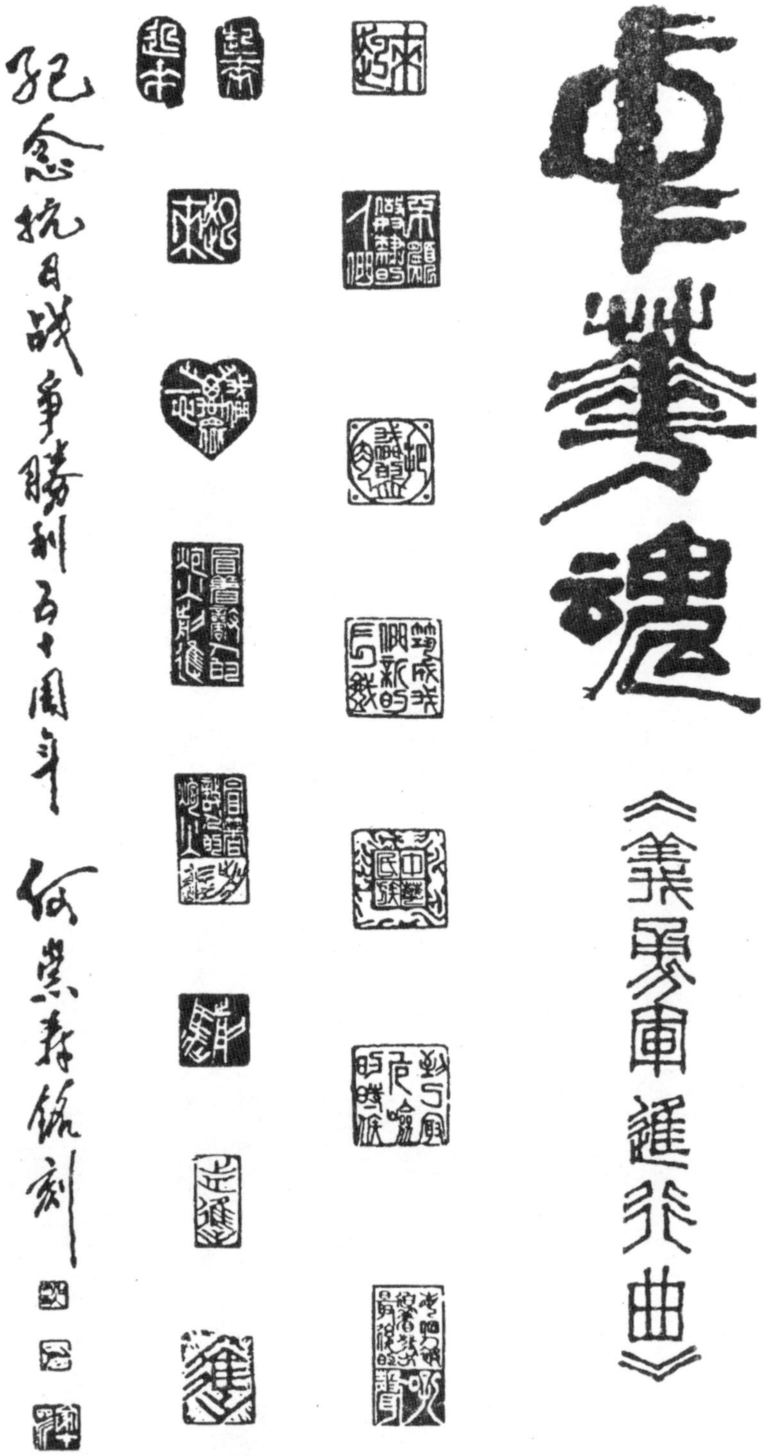

何崇寿篆刻《中华魂——国歌》

四、前志更误补遗

（一）更误

1. 第31页顺数第16行“林业模范廖俊华（平岗公社），出席全国青年社会主义建设积极分子大会”，应为：“出席全国妇女建设社会主义积极分子代表大会”；“1962年2月，四川省人民政府授予四川省工农业劳动模范”；1963年11月，出席四川省妇女建设社会主义积极分子代表大会。

2. 第1页倒数第10行“最低乐坝乡”，应为“凤仪乡”（桑树坝）。

3. 第99页顺数第7行“天然落差134600米”，应为“134.60米”。

（二）补遗

1. 大事记

被誉为棉花姑娘的长赤公社乐台村康秀邦，1958年11月，出席了四川省第三次青年社会主义建设积极分子大会；同年12月，出席了全国第三次青年社会主义建设积极分子大会；1959年10月出席了四川省农业劳动模范大会；1960年3月，出席了四川省第四次青年社会主义建设积极分子大会。

2. 南江历史上四进士

岳度，南江县人。康熙丁卯（1687）年中举人，甲戌（1694）年二甲第4名进士，诜翰林院庶吉士，乙亥（1695）年散馆，丁丑（1697）年授检讨。壬午（1702）年以检讨充山西乡试主考官。在翰林院任职操行不凡，学识博赅，每为诗文，尤于制义文章得心应手，词馆及曹阁文士，无不推尊，极负时名。

岳维，南江县人。康熙丙子年（1690）年中举人，丙戌（1706）年三甲第38名进士。签分贵州，四十七年至五十一年（1708—1712）署荔波县知县。政绩尤著，名噪一时，为南江前清名人，与兄岳度同祀乡贤祠。

徐丙唐，字玉山，南江县红光乡人。同治丁卯（1867）年中举人，辛未（1871）年三甲第195名进士。先由岁贡而中举，以孝行称世。为文以清捷爽朗称胜，主讲公山书院，从学者络绎不绝，后补兰州令，未官卒于候所。

何岚崧，字文玑，号少峨。生于清道光16年（1836），正直镇东坡（现正直镇荆江村）人。自幼天资聪颖，勤奋好学，广涉史诗，清同治年间科举中岁进士。中岁进士时，时值国势垂危，列强入侵，军阀混战，民生凋敝。面对人生仕途，不苟全于乱世，不求达于“诸侯”，胸怀丧权辱国之耻，甘淡濡修，不盼其官，兴办私学，立志育人报国，桃李满门，成为一代鸿儒。一生禀性耿介刚直，无畏权贵，敢作敢为，威名远扬，获两混名，一曰：“吊书袋”（好引古喻今，指斥时弊）；二曰：“摘顶老爷”（对当地办案官吏，不为民公道者，摘除顶戴），轶闻趣事广为流传。何岚崧终生勤俭清贫，晚年靠书撰，礼祭谋生，述而不作，少文迹存世，现仅有正直白塔门对“一支文笔冲星斗，万派长河镇水源”、和平乡与花桥交界处狮子石太平桥撰书碑文及一些石壁匾额题字。真迹手书纸稿仅存8首诗歌，9篇寿文，147副对联于后孙。

3. 人物传补遗

郭汝汾

郭汝汾（1894—1920），派名绍武，男，1894 年 2 月出生于南江县关门乡太平山（现白果树村）的一个书香之家，其父郭文炯系清末监生。

郭汝汾自幼聪慧睿敏，中学时期即关心国事，对军阀割据，战乱频仍，生灵涂炭，痛心疾首！立志从政以扭转时局，为民造福尽一份力量。1915 年中学毕业后，以优异成绩考入北京法政大学，被师生推选为法政大学学生会领袖。

第一次世界大战后，各帝国主义在巴黎和会上蛮横拒绝中国提出的收回山东主权的正义要求，中国外交失败的消息传到北京，群情激愤。1919 年 5 月 4 日，北京学生 3000 多人在天安门集会，举行示威游行，郭汝汾和其他高校学生领袖带头高呼："外争国权，内惩国贼！""誓死争回青岛！"等口号，游行队伍遭到北洋军阀政府的镇压，出动马队冲闯，军警拦截，殴打抓捕，扭送回校，站岗戒严，封锁校门。郭汝汾等学生领袖，在残暴的反动势力威胁下，并没畏缩，通过各种渠道联络，学校统一行动举行罢课。军阀政府立即通知学生代表商谈，执政者假惺惺地劝令复课，郭汝汾等学生代表提出复课条件："1. 收回青岛主权，不能在和约上签字；2. 惩办卖国贼以谢国人；3. 释放爱国学生，惩办凶手！……"，执政者诒以先复课后办理，代表们见当局无诚意，组织同学继续上街讲演。6 月 2 日，在王府井、西单等繁华街头，郭汝汾屹立于重迭起的 3 张大方桌上，愤怒揭发帝国主义瓜分中国的阴谋，北洋军阀政府丧权辱国的罪行，义正词严，声泪俱下，爱国热情，溢于言表，行人为之驻足，交通为之阻塞，军警前来弹压，听众群起痛斥！军阀恼羞成怒，出动大批马队，向人群横冲直撞，棍打马踏，撞倒桌子，郭汝汾从高台摔下跌伤右腿，幸被工人背走藏匿得免于难。次日，军阀政府凶相毕露，大肆逮捕爱国学生，点名缉拿郭汝汾，军警进驻学校，查抄了郭的衣物，并在街道挨户搜查。在工人、市民的资助掩护下，郭化装乘马车逃出北京，为防追兵，至长辛店雇马绕驿道再奔，行直西安，路资剩余无几，借贷无门，只得孤身 1 人，拖着伤腿扶杖而行，步履蹒跚，走走停停，近 2 个月始归故乡。

郭汝汾爱国负伤，未能及时治疗，长途奔波，加剧伤势，形成骨髓炎。当时山区医疗条件极差，虽经多方诊治，不仅伤腿干枯，寸步难行，而且病毒扩展全身，1920 年 5 月，缠绵病榻数月之久的郭汝汾，在家中被恶魔夺走了生命，终年 26 岁。郭汝汾墓被列入近代县级文物保护单位。

潘风楼

潘风楼（1906—1935），字业修，男，1906 年 1 月 16 日出生于南江县凉水乡下坝村，1922 年巴中中学初中毕业，1925 年保宁联中高中毕业，1926 年随其父潘开岭（当地名医）学医，1932 年 12 月在通江苦草坝参加中国工农红军，任川陕省苏维埃政府秘书，同年底任秘书长。

1933 年 5 月加入中国共产党，任川陕省直属机关支部书记，出席长赤县、木门寺党员代表大会，1934 年担任川陕省政府机关直属团团长兼政委，与党中央派往川陕苏区临时工作的廖承志（化名何柳华）密切配合，并肩战斗，率部在南江孙家山、天洞子、八庙垭，通江空山坝、巴中与南江接壤的五角包、鸡公寨、观光山、甑子垭等地方与国民党军队和地方武装作战。随同省苏维埃主席熊国炳率军队在天洞子与敌激战三个昼夜，全歼抢劫红军运输过境武器和杀害乡苏维埃主席的敌军，夺回全部武器弹药。1935 年底，潘风楼率部北上，在北渡黄河的战役中不幸壮烈牺牲，时年 29 岁，南江县人民政府追认为革命烈士，并载入《革命烈士英名录》。

孙国藩

孙国藩（1900—1950），又名宣宗，清光绪25年（1900年）出生于南江县朱公垭场（现朱公乡）孙家山（现杨岭村）。其祖父孙高珊，清同治秀才，父孙佐卿，民国初期团总，南江县政府收支所所长。自孙的高祖至孙国藩皆为孙氏族长。

民国12年（1923年），孙国藩凭借父亲的势力，当上了朱公垭团总，横霸一方，欺压民众。民国20年（1931年），朱公垭场设立了伪联保办事处，孙国藩以孙氏族长、朱公垭红帮礼字号大爷身份当上了办事处主任，横行乡里，鱼肉百姓。民国22年（1933年），中国工农红军进驻通、南、巴，建立红色政权，地方各级均成立苏维埃政府，地方反动政权被摧毁，土豪劣绅闻风逃离，孙国藩逃往剑阁县躲藏。民国23年（1934年）冬，经孙国藩策划在汉阳铺（现广元市境内），杀害了朱公垭场王高轩。民国24年（1935年）3月，红军北上抗日，孙国藩为躲逃红军，为死于绵阳的父亲办完丧事回朱公垭场后，责令其兄弟伙孙克文，以设宴为诱饵，在朱公垭场中街击毙了仅当了几个月的伪团总孙纯甫，后又以“通匪罪”杀害了孙克文。

民国25年（1936年）后，因连年大旱，朱公垭场，穷苦百姓生活极端困苦，以树皮草根为食，不少因饥饿死亡，社会混乱，匪祸丛生。办事处的团丁白天是正人君子，晚上尽为匪类，偷耕牛，抢钱粮，被劫民众向联保办事处投诉，孙国藩却暗地里与抢劫者坐地分肥，任随民众投诉什么案件，甚至命案，也被孙国藩不了了之。匪患盛行，民国政府明令清捕，担任联保办事处主任的孙国藩为掩人耳目，借机杀害与己有过节的穷苦农民孙克和、杨正均等。民国35年（1946年），孙国藩同其次子、复兴乡乡队副孙作宾合谋将积谷400余石据为己有。孙国藩在任伪联保办事处主任期间，采用各种手段，冠以莫须有的罪名，杀害了穷苦百姓、红军家属及地下工作者39人。

1949年冬，朱公垭场人民获解放，孙国藩继续与人民为敌，支持孙国法及次子孙作宾参加反革命组织，攻打恩阳区公所。1950年12月，作恶多端的孙国藩被人民政府镇压，

刘宗堂

刘宗堂（1915—1973），男，1915年7月出生于南江县大河乡三村一个贫苦农民家庭。1933年1月参加中国工农红军，1936年8月加入中国共产党，1955年授予中校军衔，1966年离休，享受正师职待遇。

幼年家庭贫穷，13岁报名参加红四方面军，历任战士、班长、排长，长征途中，爬雪山，过草地，千辛万苦。抗日战争和解放战争时期，历任连长、营教导员、团政治处副主任，参加过百团大战、辽沈、平津、淮海等战役，勇敢作战，英勇杀敌。荣获三级八一勋章，三级独立自由勋章，三级解放勋章。新中国成立后，先后任中国人民解放军黑龙江省鹤岗市人民武装部政治委员、副政委、政委、市委常委等职，在社会主义革命和建设时期，勤勤恳恳，兢兢业业，全心全意为人民服务，为党的革命事业作出了贡献。1973年11月3日病逝于黑龙江省鹤岗市人民医院，终年58岁。1973年11月5日，省军区、合江地委、地革委、合江军分区、鹤岗市委、市革委、市武装部、矿务局党委、矿务局革委、铁路地区党委等领导在运输处俱乐部参加了刘忠堂的追悼会。

杨昌义

杨昌义（1914—1977），男，1914年10月13日出生于南江县上两乡石龙村一个贫困农民家庭。1933年1月参加中国工农红军，同年8月加入中国共产党，历任红四方面军73师战士、班长、排长、连长、营长、游击大队长、团参谋长、副团长、代理团长、团党委副书记、南江县副县

长、土改工作团分团长、达县地区工会主任、地委工业交通部副部长、地委委员、常委兼地委工业交通部部长等职。

长征路上，爬雪山，过草地，英勇杀敌，九死一生，历经艰辛。抗日战争和解放战争时期，先后在八路军、河南豫西洛阳军分区、陕州军分区、中南军政委员会、西南军区等部队任职，南征北战，经受了革命战争和艰苦环境血的考验，不怕牺牲，英勇作战，多次立功受奖，为中国人民的解放事业和夺取全国革命的最后胜利做出了较大的贡献。在社会主义革命建设中，服从组织分配，努力为党工作，为南江土改工作和地方经济发展呕心沥血，积极献计纳策，全力组织实施。他经常深入乡村调查研究，为彻底打破达县地区交通制约瓶颈做出了积极的贡献。1977 年 2 月 25 日，杨昌义病逝于达县地区医院，终年 62 岁。

孟永福

孟永福（1918—1983），男，1918 年 2 月出生于南江县一个贫农家庭。1933 年 4 月参加中国工农红军，经历二万五千里长征，1938 年加入中国共产党。历任战士、班长、区队长，教导大队副队长、队长，二野警卫团副团长兼参谋长、团长，西南军区军政大学八分校副教育长、18 军后方司令部运输处政治委员、师参谋长、昌都警备区副司令员、西藏军区工程指挥部副指挥长、西藏军区司令部副参谋长、四川省军区顾问等职。1955 年授予上校军衔，荣获三级八一勋章、二级独立自由勋章、二级解放勋章。1983 年 1 月 30 日不幸病逝，终年 64 岁。

孟永福在长期的革命战争中，不畏艰难困苦，不怕流血牺牲，服从命令，听从指挥，果断指挥，英勇善战，多次负伤，圆满地完成了各项任务。1934 年随部队三过草地，历尽艰难，参加过懋功两河口等战斗。1941 年任太行 3 分区决死队 1 队队长，坚决执行党的抗日战线政策，采用深入细致的思想工作方法，团结教育广大抗日官兵。1945—1947 年担任晋冀鲁豫军区警卫团副团长兼参谋长、团长期间，忘我工作，大胆管理部队，警卫执勤和作战工作多次受到军区机关和首长的表扬。1948 年 5 月，他深入到敌情严重、环境恶劣的新蔡县，机智灵活地指挥部队沉重打击土匪和地方武装，巩固和扩大了解放区。1948 年 7 月至 1949 年 2 月，先后担任豫皖苏独立旅 30 团、18 军 53 师 157 团团长，带领部队先后参加了陇海、汤阴、鲁南、挺进大别山、淮海、成都等战役，多次立下战功，为中国人民的解放事业做出了贡献。

中华人民共和国成立后，他参加了进军西藏，平息叛乱，民主改革和边防的对敌斗争，带领部队完成了川藏公路修筑任务，为建设西藏，保卫边疆，巩固边防做出了贡献，荣立三等功 2 次。1952 年随中国人民解放军赴朝实习团到朝鲜参加抗美援朝。回国后组织指挥部队战士修建了西藏的主要战备机场、沿江公路、中尾公路，经常带病深入工地，提前完成了工程任务，受到中央军委的表扬。他一生艰苦奋斗，以苦为荣，长期坚持在高原工作，为加强部队建设、民兵建设和边防建设贡献了自己的全部力量。他在病重期间仍关心国家大事，念念不忘党的工作，为党的事业一直奋斗到生命的最后一息。

熊登甲

熊登甲（1902—1984），男，1902 年 1 月出生于南江县沙河乡联盟村。1922 年考入四川省立第一甲种工业学校学习 2 年，毕业后先后担任国民党士兵、司务长、连长、旅参谋长、上校参谋长，1949 年 1 月向中国人民解放军投诚。

熊登甲于 1907 年私塾发蒙，1918 年入读长赤高小，1921 年入保甯联中读书，1922 年入成都华西中学学习，同年考入第一甲种工业学校。1924 年任四川警办公署副官处准尉差遣，警卫团 2

营5连准尉司务长，团部上尉行营副官，第3营上尉营附，第10连上尉连长。1925年去武汉由20军党代表住武汉办事处处长朱德分配去第4军张发奎部；1926年任第4军第1补充军官中尉教官，1927年任20军第1补充团中尉教官、中校团附，1929年任涪陵城防副司令、独立旅参谋长；1930年任川东边防军第2旅中校副官长，21军第2团附；1931年任通、南、巴联团办事处科员、南江中学军事教官、南江第6区区长、第29军特务团中校团附；1933年任独立师中校参谋，1936年毕业于中央陆军军官学校，1937年任41军第1补充团营长，1938年任41军124师365团团附；1942年毕业于广西柳州步兵学校，任22集团军军务处兵役科中校科长；1948年任72军122师上校参谋长，1949年1月开放了陈官庄的东北大门向解放军投诚，为消灭国民党徐州剿总前线指挥部，活捉杜聿明，击毙邱清泉、结束淮海战役创造了一定的条件。

1975年3月18日，山东战犯管理所将熊登甲特赦释放，由中共四川省委统战部介绍到南江安置工作。同年5月任县各界人士学委会委员，1981年11月后历任县政协第1届、第2届常务委员。

1984年6月8日，熊登甲因脑溢血病逝，终年82岁。1985年7月，政府给熊登甲颁发投诚人员证明书，对其遗属按规定发给定补生活补助费。

夏前远

夏前远（1916—1985），男，汉族，1916年8月出生在南江县红光乡黑池子组一个贫困家庭，8岁时进私塾读书，12岁辍学，回家务农。

1932年红四方面军解放南江。同年10月，夏在本乡加入中国共产主义青年团，任黑池子区委宣传部长，召开各种会议，宣传党的土改政策，领导广大贫困群众打土豪、分田地。1933年1月参加红四方面军，任总政治部宣传员，长赤二区区委少共宣传部长，参加多次剿匪活动。

1935年，夏前远随红军长征，三进三出雪山草地，历尽艰辛，担任天泉县二区少共书记，道佛县二区区委书记。1936年7月，红四方面军与红二方面军在兰州桃河三十里铺会合，夏任红二方面军政治部民运干事，15军团78师3团青委干事，同年12月在延安中央团校学习并转为中共正式党员。

抗日战争爆发后，夏先后在八路军18集团军红74师政治部，延安留守兵团警备4团2营6连任干事，副指导员，经常同战士交心谈心。1943年在抗大第8期学习期间任学习班长，积极参加延安整风、大生产运动，刻苦学习，成为审干抢救运动的骨干力量，被评为政治模范。

解放战争时期，历任吉林军区吉兆军分区榆树县保安团政治处副主任、政委，沈阳军区独立2师3团政委、第4野战军后勤部4分部1大站政委等职务。参加过东北地区的剿匪、四平保卫战、四平攻坚战、三下江南、四保临江和辽沈、平津、衡宝等大小著名战役20余次，既当指挥员，又是战斗员，在战斗中临阵不慌，果断决策，英勇杀敌，将自己的青春奉献给了中国人民的解放事业。1948年在解放东北地区战役中获二级解放东北奖章，1949年在解放西南地区战役中获西南地区胜利纪念章，1950年在解放华中南地区战役中获解放华中南纪念章，一级华北解放奖章。

1950年，夏从陆军调到海军，参加海军院校的筹建工作。先后担任第一海军学校总务处政委、海军修造部驻上海全权军事总代表，海军修造部驻上海办事处主任、海军第一研究所政委、国防部第七研究院第一研究所政委、东海舰队上海基地代管等职务。他在海军院校初期建设中，因公负伤截去一条腿（二等甲级残废）仍坚守工作岗位，为接收上海船舶设计院做了大量的工作，吸取苏联海军有效的管理方法，与苏联专家密切配合。他的足迹踏遍了沿海所有的舰艇，探索总结出一套完善的适合中国国情的干部管理办法，为海军装备建设作出了重大贡献。1954年荣获解放军一级英模代表奖章，1955年获得中华人民共和国二级解放勋章、三级独立自由勋章、三级八一勋章，授予大校军衔。

1980年8月在海军干休所离休，享受副军职待遇。晚年积劳成疾，患有肺心病、过敏性哮喘、肺气肿等多种疾病。但他积极响应党中央对老同志的号召，挥笔撰写革命回忆录50余万字，为中国民众提供了一部爱国主义活教材。1985年5月25日，夏前远在北京解放军总医院与世长辞，骨灰盒安放在巴中市南郊南龛山顶川陕苏区将帅碑林红军陵园，终年68岁。

王怀明

王怀明（1920—1985），男，1920年12月3日出生于南江县金盆乡五村的一个贫农家庭。1933年5月参加中国工农红军，1937年3月加入中国共产党，1955年授予少校军衔，1980年7月离休享受正厅级待遇。

王怀明幼年务农，对旧社会深恶痛绝。13岁参加红四方面军历任战士、宣传队分队长，随部队爬雪山、过草地，历经艰辛走过了二万五千里长征。

抗日战争时期，历任晋东南游击支队政治部宣传队队长、教导队指导员，晋鲁豫军区特务连指导员，冀鲁西南5分区游击队政委等职。在抗日大学和延安党校五部参加过学习，参加过百团大战和太行反扫荡等战役。

解放战争时期，历任冀鲁豫军区卫生部第1野战医院政委，独立1旅政治部保卫科长，第2野战军第5兵团17军51师保卫科长，后勤部政委等职，参加过淮海、平津等战役，勇敢作战，不怕牺牲，2次负伤，出色地完成了战斗任务，为中国人民解放事业立下了不朽的功勋，荣获三级八一勋章，三级独立自由勋章，三级解放勋章。

1950年2月，他担任军委民航局贵阳站站长和西南民航局组织科科长，1952年8月从部队转业到地方工作，先后担任沈阳航空工业学校干部科科长、党委副书记、西南航空工业学校党委副书记、顾问等职，为社会主义革命和建设作出了积极的贡献。1985年12月25日，王怀明不幸病逝于西安市医院，终年65岁。

4. 获奖人物补遗

姓　名	荣誉称号	授奖单位	授予时间
惠煜贤	优秀政工干部	陆军第十九军（党委）	1983年

索　引

《南江县志》索引有目与子目（目录未列入部分）索引、人名索引、地名索引、表索引四部分。目与子目索引、人名索引、地名索引按汉语拼音字母顺序排列，表索引按先后顺序排列。

目与子目索引

A

B

C

D

E

F

G

H

J

K

L

M

N

P

Q

R

S

T

W

X

Y

Z

地名索引

B

J

K

L

M

人名索引

表索引

后 记

根据中国地方志指导小组和省、市的统一部署，在县委的领导、县政府的主持下，《南江县志》（1986—2000）的编修工作，从2001年开始启动，到2009年全面完成了编纂任务，并报经巴中市人民政府批准出版，历时9年。

在编纂过程中，2001年至2006年，中共南江县委、县人民政府多次召开修志工作专题会议，部署全县修志工作任务，调整、充实地方志编纂委员会成员，强化对地方志工作的领导。各乡镇、县级各部门均建立了修志机构，调配专兼职编修人员。县地方志办公室利用广播电视等媒体大力宣传修志的目的、意义及重要性，争取各级各部门的支持。并利用县上召开的会议，采取以会代训的办法，三次培训修志人员，数次深入乡镇、部门指导督促。到2006年6月底，乡镇志完成82.2%，部门志完成84.4%，为县志的编纂奠定了扎实的基础。同时，县地方志办公室对县志纲目进行了7次修改调整，并通过了县政府的审查同意。2006年7月至2009年4月，县地方志办公室全体工作人员和聘请人员，集中全力广涉史料、科学合理地组织《南江县志》（1986—2000）的初稿编纂，经反复修改、补充，五易其稿，通过了市、县有关领导和专家的评审。2009年5月至12月，根据评审意见，再次进行了补充和完善后，经县政府审定，报巴中市地方志编纂委员会审查，巴中市地方志评审委员会验收合格，巴中市人民政府批准《南江县志》（1986—2000）出版发行。

《南江县志》（1986—2000）付梓成书，得益于县委、县政府的领导，省、市志编委和修志专家的指导；得益于各乡镇党委、政府和县级各部门的支持配合；得益于许多老同志和社会各界人士的鼎力相助；得益于全体参编人员默默耕耘、无私奉献的精神和严肃、严谨的编修作风，力求史出有据，真实可信。尤其是副主编惠煜贤、编辑秦万承同志对编纂该志付出了艰辛努力，作出了积极的贡献。在此，特向在本志编纂中付出辛勤劳动的领导、资料提供人员、参编人员和关心支持地方志工作的各界人士，一并表示衷心的感谢。

书虽已成，全体编纂人员既欣慰又内疚。欣慰的是，二轮志书成于吾代，为南江人民及子孙辑成了宝贵的史料；内疚的是，因编纂水平有限，书中错漏难免，敬请读者剔弊匡正。

《南江县志》编辑部

曾任《南江县志》（1986—2000）编纂委员会人员名单

主　任：	李晓春（2004.4—2009.4）	刘谦祥（2000.5—2004.4）
副主任：	王自力（2000.5—2009.4）	张根生（2000.4—2009.4）
	郑开屏（2000.5—2001.8）	王治平（2000.5—2001.8）
	沈万刚（2001.8—2004.4）	温奇志（2001.8—2009.4）
委　员：	冯登第（2000.5—2001.8）	杜光鉴（2000.5—2004.4）
	何超德（2000.5—2001.8）	缪志刚（2000.5—2001.8）
	徐万华（2000.5—2009.4）	黄治新（2000.5—2009.4）
	何　涛（2001.8—2009.4）	张登台（2001.8—2009.4）
	岳映兵（2004.4—2009.4）	蔡映武（2004.4—2009.4）
	符大纲（2004.4—2009.4）	

曾任南江县地方志办公室成员名单

主　任： 冯登第（1993.9—2001.12）
副主任： 郭江东（2002.1—2005.11）

《南江县志》（1986—2000）资料提供人员名单

马善政	马琦明	马行健	付　智	王化龙	王家舜
冯登第	龙从云	石兆辉	张　翼	张登全	李光烈
李术武	李科年	李兆廷	郑海长	杜林枢	吴　瑶
吴天升	吴祥俊	乌有山	汪玉梅	汪兆勇	何廷远
何晓东	沈仕成	陈昌荣	陈家军	陈道力	陈高贤
陈鼎言	杨清龙	杨鹏程	杨　雄	罗　静	罗学生
周东平	周茂全	周席弘	岳　强	岳大禹	岳玉光
岳占仁	岳河山	岳俊举	岳通明	岳辅邦	范中游
范家成	徐光永	胡仕成	秦万承	黄　江	黄国玉
惠芝涌	惠煜贤	赵子爵	赵明珠	熊正明	蔡笃周
蔡伦太	蔡德生	彭明德	肖洪波	夏文冰	

图书在版编目（CIP）数据

南江县志 ：1986～2000 / 四川省南江县地方志编纂委员会编. -- 北京 ：中国文史出版社, 2011.4
ISBN 978-7-5034-2958-3

Ⅰ. ①南… Ⅱ. ①四… Ⅲ. ①南江县－地方志－1986～2000 Ⅳ. ①K297.14

中国版本图书馆 CIP 数据核字(2011)第 069183 号

责任编辑：李春华
封面设计：天隆文化

出版发行：中国文史出版社
网　　址：www.wenshipress.com
社　　址：北京市西城区太平桥大街 23 号　邮编：100811
电　　话：010-66173572　66168268　66192736（发行部）
传　　真：010-66192703
设计制作：四川省天隆文化传播有限公司
印　　装：精一印刷（深圳）有限公司
经　　销：全国新华书店
开　　本：889×1194　1/16
印　　张：59
字　　数：1660 千字
印　　数：2000 册
版　　次：2011 年 10 月北京第 1 版
印　　次：2011 年 10 月第 1 次印刷
定　　价：398.00 元